『钟爱阅读』的结绳记事

（一）经由阅读思考大学教育

"LOVE READING" ...TTING NOTES

肖建飞 编著

江苏大学出版社
JIANGSU UNIVERSITY PRESS
镇 江

图书在版编目（CIP）数据

“钟爱阅读”的结绳记事. 一，经由阅读思考大学教育 / 肖建飞编著. -- 镇江 : 江苏大学出版社，2024. 12. -- ISBN 978-7-5684-2396-0

Ⅰ. G252. 17

中国国家版本馆 CIP 数据核字第 20244QR227 号

“钟爱阅读”的结绳记事 ·（一）经由阅读思考大学教育

“Zhong’ai Yuedu” De Jiesheng Jishi ·（Yi） Jingyou Yuedu Sikao Daxue Jiaoyu

编　　著/肖建飞

责任编辑/徐　文　李　娜

出版发行/江苏大学出版社

地　　址/江苏省镇江市京口区学府路 301 号（邮编：212013）

电　　话/0511-84446464（传真）

网　　址/http：//press. ujs. edu. cn

排　　版/镇江文苑制版印刷有限责任公司

印　　刷/镇江文苑制版印刷有限责任公司

开　　本/710 mm×1 000 mm　1/16

总 印 张/55. 75（全三册）　　总插页 36 面

总 字 数/984 千字（全三册）

版　　次/2024 年 12 月第 1 版

印　　次/2024 年 12 月第 1 次印刷

书　　号/ISBN 978-7-5684-2396-0

总 定 价/168. 00 元（全三册）

我们之间

——致读书会的同学们

我们之间不是主根与侧根
我们之间不是树干与树冠
我们之间不是花朵与枝叶
我们之间不是雨露与幼苗
但我们都愿意这样开始
分享收获同时坦陈困惑
学习阅读、思考和对话
重要的是我们选择开始

召集教师：肖建飞　雷婉璐　彭亚媛　申屠晓莉　郑淑珺

参与学生：邱　琴　李　颖　马金凤　张旭辉　陈　莹
范元培　杜利利　谢冬雪　戴兆雯　王彦祺
严俊强　张泽同　杨　涛　戴思佳　翟安琪
郭子韵　方雨涵　程羿文　卞煊雅　王睿熙
金　玲　刘可欣　邓雨婷　张国翔　孙　畅
杨明伟　王一诺　耿红梅　咸舒竞　许　玺
王婉君　李明慧　乔先辉　张奕文　朱乐乐
袁　鑫　徐　可　高　涵　刘栋楠　次仁旺加
刘家齐

指导教师：肖建飞；雷婉璐参与《法学野渡》一书的阅读指导。

收录说明：鉴于阅读书籍主题相关性，2021—2024 年间部分读书会文稿未能收入本书；同时依据本辑主题，指导教师重新改写、编辑、审校了读书会实录内容；在阅读准备的记录文字中，师生姓名一般采用简称。

书籍比课堂更重要，大学比专业更广博。从探讨法学的核心知识、思维方式到剖析大学的功能定位、社会责任，本辑收录了读书会师生对法学教育与大学教育文献的研读思考，以期激发学生的阅读兴趣，拓展学生的智识空间，培养学生的判断力。

江苏大学法学院
钟爱阅读
读书会
书籍推荐
《美国陷阱》
一座城市因有一所追求卓越的大学而骄傲
一所大学因有众多钟爱阅读的学子而骄傲
领读同学
严俊强、王彦祺、张泽同、杨涛、高涵
谢冬雪、郭子韵、方雨涵、翟安琪
与谈教师
雷婉璐、彭亚媛、申屠晓莉、郑淑珺
指导教师
肖建飞
活动时间：2021年 10月29日
19:00—20:30
地点：三江楼16楼法学院
玻璃房

（郭子韵设计）

江苏大学法学院

推荐书籍：
《纽伦堡审判》

20世纪的欧洲去地狱里走了一遭
欧洲要找到一个走出地狱的出口

钟爱阅读读书会

领读同学：

程羿文、卞煊雅、王睿熙、
金玲、刘可欣、邓雨婷、
张国翔、孙畅、戴思佳

与谈教师：

雷婉璐、彭亚媛、申屠晓莉、郑淑珺

指导教师： 肖建飞

活动时间：
2021年11月10日
19：00—20：30

活动地点：
三江楼十六楼法学院玻璃房

（金玲设计）

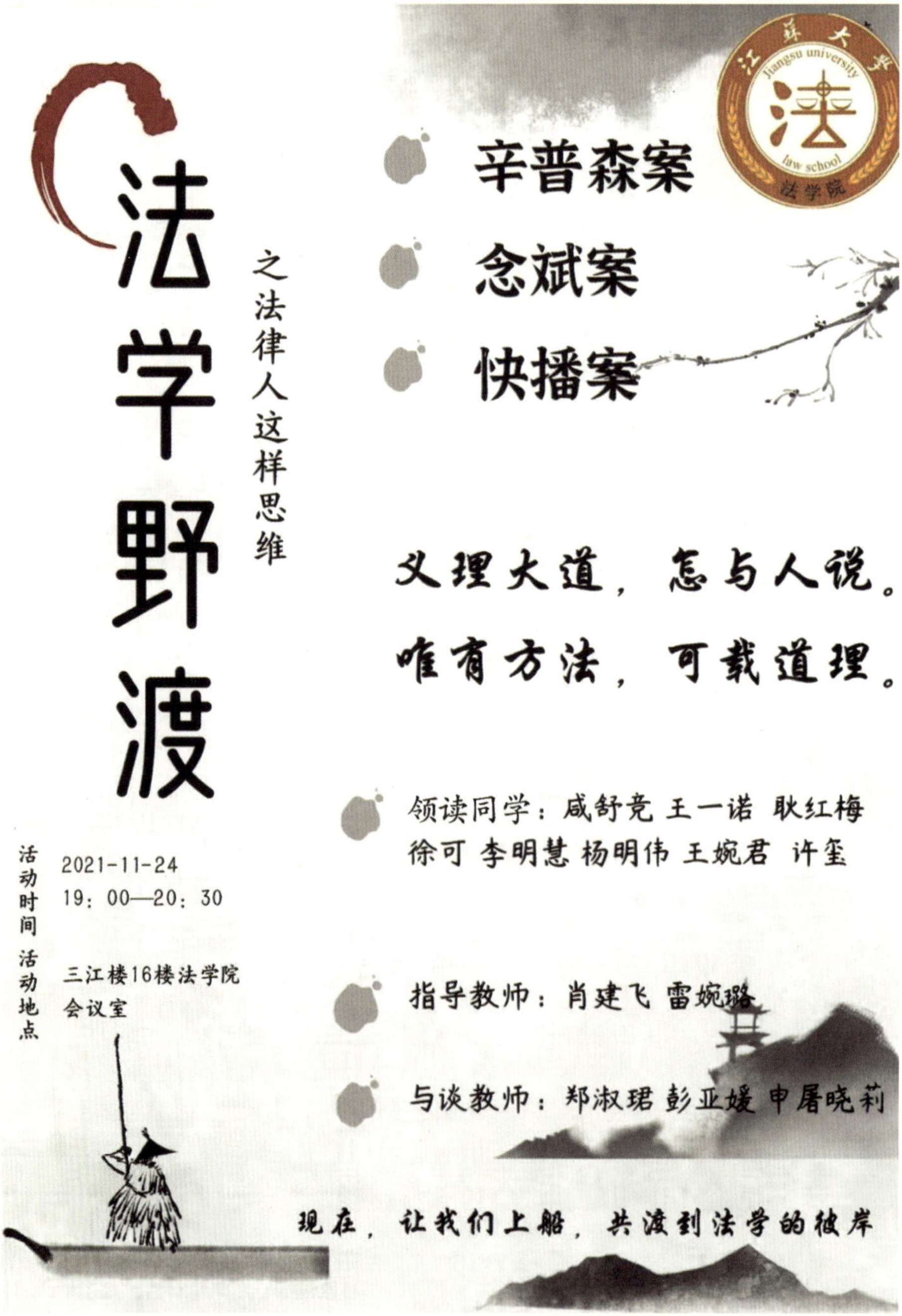

法学野渡
之法律人这样思维
辛普森案
念斌案
快播案
江苏大学
Jiangsu university
法
law school
法学院
义理大道，怎与人说。
唯有方法，可载道理。
领读同学：咸舒竞 王一诺 耿红梅
徐可 李明慧 杨明伟 王婉君 许玺
活动时间
2021-11-24
19：00—20：30
活动地点
三江楼16楼法学院
会议室
指导教师：肖建飞 雷婉璐
与谈教师：郑淑珺 彭亚媛 申屠晓莉
现在，让我们上船，共渡到法学的彼岸

（袁鑫设计）

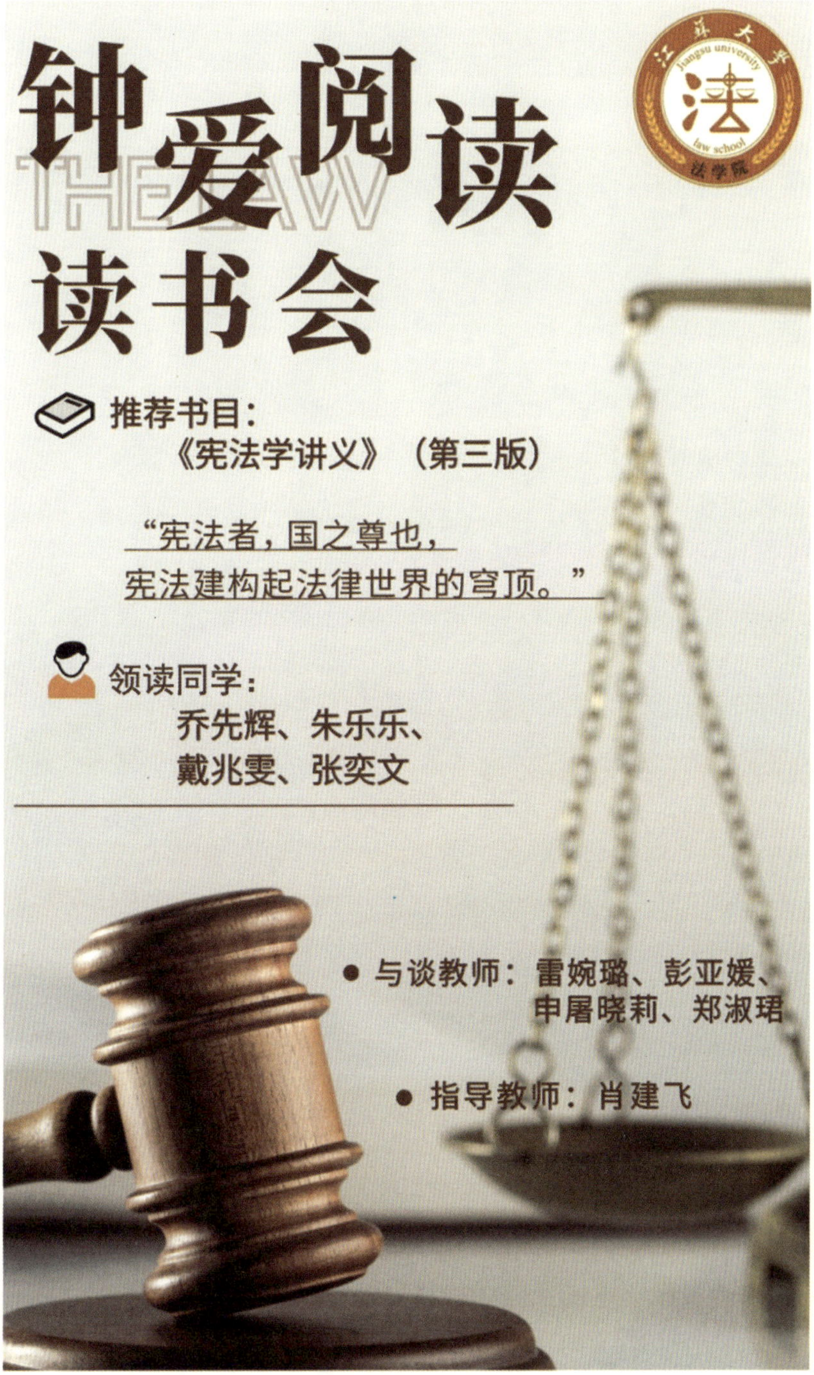

时间：2021年12月8日19：00-20：30

地址：三江楼16楼法学院会议室

（郭子韵设计）

江苏大学
Jiangsu university
law school
法学院
江苏大学法学院
钟爱阅读读书会
阅读：一扇等待开启的门
主持人：牛玉兵
主讲人：肖建飞
嘉　宾：李炳烁 雷婉璐
彭亚媛 申屠晓莉 郑淑珺
时间：2022年9月26日 19:00-20:30
地点：三江楼16楼法学院玻璃房
腾讯会议号：190-462-069

（范元培设计）

钟爱阅读读书会第11期

推荐书目《乡下人的悲歌》（J.D.万斯）

领读人：李颖

主持人：邱琴

评议人：张旭辉、陈莹

记录人：杜利利

指导教师：肖建飞

嘉宾教师：雷婉璐、彭亚媛

时　间：2022年10月26日　12:30-13:30

地　点：三江楼玻璃房

腾讯会议号：360 165 437

（李颖设计）

钟爱阅读读书会第12期

推荐书目：《“读书的料”及其文化生产——当代农家子弟成长叙事研究》（程猛）

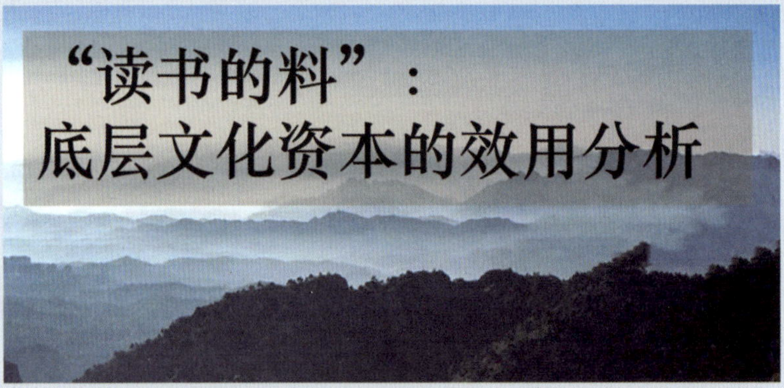

领 读 人：马金凤

主 持 人：陈莹

评 议 人：邱琴、李颖

记 录 人：杜利利

指导教师：肖建飞

嘉宾教师：雷婉璐、彭亚媛、申屠晓莉、郑淑珺

时　　间：2022年11月2日 12:30-14:00

地　　点：三江楼玻璃房

腾讯会议：130-766-637

（马金凤设计）

目录

阅读
一扇期待开启的门

法律陷阱背后的经济利益链

阅读《美国陷阱》

纽伦堡审判中的罪与罚

阅读《纽伦堡审判》

法律思维及其运用

阅读《法学野渡》

宪法中的基本权利与『得体』政治

阅读《宪法学讲义》

从米德尔敦到耶鲁

教育的自我重构力量

『读书的料』

底层文化资本的效用分析

一辑小结 知行意分离

法科生的阅读之洞及填补

阅 读

一扇期待开启的门[①]

阅读提要

食物塑造体质，阅读塑造思想。通过参与观察教学过程并进行问卷统计分析，肖建飞老师发现：法学院学生阅读量偏低、阅读内容匮乏，这在全国高校亦是普遍现象。阅读匮乏的弊害在于，弱化高等教育的功能，助长“绩点至上”的浮躁学风，导致学生思想创造力低下，个人生活意义也趋于模糊。主动阅读、习惯阅读，本应是基础教育，至迟是高中阶段的教育目标，当下不得已推迟到大学阶段。这不是人生季节的颠倒，而是个体心智成长的延滞。不过，开拓精神自由空间，培养判断力、想象力、审美力和创造力，从任何时候开始都不失其价值。把大问题分解成小问题，带着问题进行专业阅读，往往会和部分答案不期而遇。

彭亚媛老师分享了自己在准备法考期间阅读《苏菲的世界》的收获，阅读更有难度的书籍时，发现备考变得轻松。申屠晓莉老师回忆，读大学期间收到的礼物极多，但保存至今的只有书籍。雷婉璐老师直指要害，同学们刷抖音、打游戏、追剧的时间都可以转化成阅读时间。牛玉兵副院长认为，深度阅读能让我们从工具性学习中解脱出来，并对个人生活意义有所反思。他鼓励同学们不要将求学目的仅仅限定于获得一张文凭、多份证书，更重要的目标是让自己的生命充盈起来。

（肖建飞供稿）

---

① 本期读书会报告人为江苏大学法学院教师肖建飞，主持人为江苏大学法学院副院长牛玉兵。

楔子

持续阅读，慢慢走上热爱阅读之路

各位同学，我是主持人牛玉兵老师。

今天晚上的活动是我们法学院“钟爱阅读”读书会2022年秋季新学期的第一次活动，也是我们在新装修的玻璃房教室进行的第一次学术活动。今天来的同学非常踊跃，有大一的新生，也有研一的同学。我代表学院和读书会，对大家的到来表示欢迎！

今天晚上的主讲教师是我们非常敬爱的、深受同学们喜爱的肖建飞老师。肖老师在加入法学院这个大家庭后，已经带领我们的同学连续做了两个学期的阅读活动了。肖老师带着我们大一的同学阅读过《美国陷阱》、《纽伦堡审判：对德国法西斯的法律清算》（简称《纽伦堡审判》）、《法学野渡》、《宪法学讲义》，也带着我们的研究生同学阅读过《江村经济》，并开展了中国乡村生计系列阅读。

在连续做了两个学期的读书会之后，我们的一大批学生走上了阅读这条路，慢慢地爱上了阅读。“钟爱阅读”读书会发挥了积极作用，所以我们非常感谢肖老师的付出。

今天晚上出席我们阅读活动的还有几位嘉宾，我来介绍一下，一位是我们学院的朱玲萍书记，坐在前面过道边的是彭亚媛老师，亚媛的后面是郑淑珺老师，淑珺的后面是雷婉璐老师，婉璐的右侧是申屠晓莉老师。对于几位老师，大一的同学还不是特别熟悉，但是后面会慢慢熟悉起来的。

今天要特别感谢申屠晓莉老师，她为我们带来了校外资源，那就是北京大学出版社的赠书活动。这个活动在读书会的最后一个环节进行，有30位同学将抽奖获得赠书，有5位可以获得书袋，还有8位可以获得冰箱贴，共43位同学获得礼物。

今天晚上肖老师给我们分享的主题是“阅读：一扇期待开启的门”，接下来我们就把时间交给肖老师，大家欢迎！

主题报告

站在阅读的门前

引言　三个问题与四位作家

各位同学，我们就此开始。我用了“期待开启”这样一个短语，大家可以推测我的心态——这里边多多少少会有一些期待，也隐含着对现状的一些担忧。这次读书会我做得很正式，我希望大家以后也能如此。当我们向别人展示一个东西的时候，首先要提纲挈领，清晰地告诉别人接下来主要说什么。

（一）三个问题：阅读情况、匮乏之害与阅读呼吁

我想跟大家聊的一个话题就是我们的阅读状况。我做了一些问卷调查，统计结果显示：本院学生的阅读量很低，而且阅读的内容单一。口说无凭，一会儿我向大家呈现证据。但是这不只是我们学院的问题，而是全国高校的一个普遍性问题。阅读匮乏有很多弊害。对于我们这些受过高等教育的人来说，阅读匮乏是弊害，因为阅读匮乏助长了“绩点至上”的浮躁学风，也弱化了高等教育的功能，导致学生思想创造力低下，个人生活意义也趋于模糊。尽管我比较喜欢文学的表达，可是我们法学是不太用修辞的。稍后我会跟大家一起分析，为什么我会用“欠然”来形容人生意义的缺失，而非简单说“匮乏”这个词。

我始终认为阅读应该是高校师生的习惯性行为。我们毕竟要进行的是专业性阅读，尤其是我们法学专业面对的通常是一些宏大的命题。进行专业研究，专业阅读是基础。我们如何把那些大问题分解成一个个小问题，然后带着这些小问题进行专业阅读呢？相信在阅读过程中，我们会和部分答案，不可能是和全部答案，不期而遇。如果阅读的书籍中已经有了全部答案，那么你就没有研究、思考的空间了。在与部分答案不期而遇的基础上，我们要主动思考，给出自己的答案。

我关注的是高校学生阅读这个话题，而由此衍生的就是高校的教育功能。高等教育的产品就是在座的你们和站着说话的我，高等教育关注的是我们每一个人的思想创造力和人生意义。

我今天主要讲三个问题，希望能够在一个半小时之内结束。第一个问题，我们真实的阅读情况是什么样的，阅读匮乏有什么害处。然后便是我们为什么要加入阅读者的行列。还有一个是我的疑问，即三四年后你们想带走什么。我希望，也相信同学们能够从一入学就带着问题学习。一直有一些大问题困扰你们的头脑，也许会让你们在离开的时候多一些收获感。

（二）四位作家：卡尔维诺、博尔赫斯、马尔克斯、老舍

大家也看到了，海报上有四个人。大家可能觉得很奇怪，他们都是谁，为什么是这四个人？

秋季学期第一周，我阅读了一本书——《阅读的故事》，作者是唐诺，一位台湾地区作家，也是比较优秀的读书人。他对阅读有比较深入的分析，他就像一个指路天使，指引着我，但是他本人和他的书不是我的最终目标和目的地，他是引导我走向目的地的中间人物。经由他，我重新认识了几位杰出的作家，比如说马尔克斯、卡尔维诺。其实，我阅读卡尔维诺的书始于十几年前，但唐诺的书把我再次引向了这几位作家。

卡尔维诺，一位极其出色的意大利作家。有些作家擅长观察，有些作家善于想象。卡尔维诺的出色就在于，他既擅长观察，又善于想象。但是我认为他更善于想象。卡尔维诺给出了关于经典的 13 个标准。让我印象深刻的是："一部经典作品是一本每次重读都像初读那样带来发现的书。一部经典作品是一本即使我们初读也好像是在重温的书。"① 这个标准不单单适用于文学领域，在其他的领域也是通用的。

博尔赫斯是极富想象力的人。我经常想，如果有一天我失明了，我会读盲文。我相信我会。但是，有人问博尔赫斯："你失明有什么样的感觉？"博尔赫斯的回答真正表现出他是一个内心无比强大的人。他的回答更具哲学意义。他说自己没觉得很痛苦，只是觉得黄昏慢慢降临了，它像夏日的黄昏慢慢降临。② 即便失明了，他还是写了很多的作品，不停地听别人给他读书，虽然那些书基本上都是重读。我第一次阅读博尔赫斯的书时，难以揣测这个人的头脑里有多大的存储量，才能够度过失明后的漫长日子。博尔赫斯也是一个非常优秀的读者，他的阅读规则是，"我尽量视所有的作者为我的朋友。有时我也失败，也遭受挫折，但我依然如故。我

① 卡尔维诺：《为什么读经典》，黄灿然、李桂蜜译，译林出版社，2006，第 3-4 页。
② 威利斯·巴恩斯通：《博尔赫斯谈话录》，西川译，广西师范大学出版社，2014，第 84 页。

尽量从每一本我读到的书中汲取欢乐”。[①] 他坚信“书本确能激发人的想象力……阅读是一种经验，一种千真万确的经验”。[②]

卡尔维诺和博尔赫斯这两个人的想象力非常丰富。而我更偏爱马尔克斯。唐诺在《阅读的故事》里面也总提到他。近期在看同学们的写作课作业时，我不单读了博尔赫斯的《沙之书》、卡尔维诺的《为什么读经典》，也读了马尔克斯的《迷宫中的将军》（讲的是玻利瓦尔的故事）。马尔克斯确实有极强的观察力，他甚至可以做历史学家和社会学家的工作。在玻利瓦尔去世 150 年后，马尔克斯写玻利瓦尔漫长的“弥留”，其实他扮演的是一个历史学家的角色。我也喜欢马尔克斯的长相，因为他特别有“喜感”，光看照片就让我感到高兴。你要我说出马尔克斯的核心魅力是什么，我想是他的想象力和观察力，同时具备这两项优点的作家少之又少。没有观察力的话，怎么能够写出《百年孤独》《霍乱时期的爱情》《迷宫中的将军》这些作品呢?！让我决定必须把马尔克斯放到海报里的另一个原因，是他对真正成名之前的回忆——自传体回忆录《活着是为了讲述》，一个作家找到了他的天职。生活不是我们活过的日子，而是我们记住的日子，我们为了讲述而在记忆中重现的日子。[③] 马尔克斯自知，作家的职责是讲述。作家的叙事方式是写下来，因此，作家讲述的东西一定是作家记得的、印象深刻的。若给作家排“想象力+观察力”综合榜，马尔克斯在我这儿稳居前列。我特别喜欢他的昵称——“加博”，似乎加博是所有人的朋友。我们也可以这么亲切地称呼他，拉近与他的距离。

在准备讲座时，我也读了另外几本书。我知道老舍的《茶馆》跟茶树、茶叶一点儿关系都没有。读老舍的《茶馆》，是想看他如何记录北平的市井人情，欣赏其中戏剧性的讽刺和幽默。老舍是一个观察力特别强的人。然而，《茶馆》这部作品没给他带来一点儿好运气。这部话剧是 1957 年写完的，1958 年演了一次，如果我没记错，1962 年或者 1963 年又演了一次，没有获得什么好评。为什么没有好评？原因较为复杂，那是一个比较动荡的时期，只能说这部作品“生不逢时”。更令人心痛的是，“文化大革命”开始不久，老舍先生就自绝于人世了，实在是文学界的悲剧。

四位作家各有千秋，都是非常优秀的作家。尽管他们都从事文学创

---

① 威利斯·巴恩斯通：《博尔赫斯谈话录》，西川译，广西师范大学出版社，2014，第 259 页。
② 威利斯·巴恩斯通：《博尔赫斯谈话录》，西川译，广西师范大学出版社，2014，第 233 页。
③ 加西亚·马尔克斯：《活着是为了讲述》，李静译，南海出版公司，2015，扉页。

作，而非法学研究，但他们的作品确实在一定程度上帮我了解到了宪法治理的历史细节。

一、真实的阅读状况如何

接下来一起看看同学们的阅读情况。这是2021年秋季学期第19个教学周（约2022年1月，临近期末考试）我做的一次问卷调查：覆盖学院2021级几乎所有的本科生119人（入学人数是122人）和大部分研究生97人（入学人数是131人），包括全日制和非全日制的学生。216份全是有效问卷。本科生的参与率为97.5%，研究生的参与率也达到了74%。所以此次问卷调查的结果可以比较真实地反映出我们的阅读情况。

（一）阅读数量

我关心的第一组数据就是“读了多少书”。这一学期我们的研究生都忙着准备法考，除教材和法考书这两种书以外，同学们还读过什么？不限于法学领域，其他领域的书籍也可以。

所有的本科生中，自认为读书超过了10本的仅1人，研究生有4人。一会儿给大家看研究生读的书目。4~10本的占比，不足15%。更让人震惊的是“低于4本”，哪怕翻一页也计算在内，研究生和本科生的占比都在70%左右。再加上那些几乎没有进行专业阅读的，两个数据合在一起，超过80%。就是说30天的时间里，同学们的阅读量不足一本书（见表1）。这不是法学院独有的问题，在全国高校也是普遍性问题，这难道不足以让大家警醒吗？

表1 2021年秋季学期江苏大学法学院2021级学生的阅读量

阅读数量	2021级本科生		2021级研究生	
	人数	占比	人数	占比
超过10本	1	0.84%	4	4.12%
4~10本	14	11.77%	13	13.41%
低于4本	92	77.31%	66	68.04%
几乎没有进行专业阅读	12	10.08%	14	14.43%
合计	119	100%	97	100%

（二）阅读变化

第一组数据足以让我们警醒。再看“不同阶段的阅读量变化”（见表2）。我本来预判，为了法考，大家必须把难关给攻克了。在我看来，法考就是赢得自由的考试。毕竟大家是来读研究生的，不是只为了拿一个法考证。如果你说法考对科研有用，能提高自己的研究能力，这纯属天方夜谭。一个小时前，我在本科生课堂上谈到，法考考查的是法律方法论——应用法律的能力，没有真实案例支撑，本质就是纸上谈兵。除了应试能力，研究生阶段的学习思考能力难道不重要吗？

表2　江苏大学法学院2021级学生相对于高中或本科学习阶段的阅读量变化

阅读量变化趋势	2021级本科生		2021级研究生	
	人数	占比	人数	占比
明显更多	6	5.04%	21	21.65%
稍多一些	44	36.98%	51	52.58%
大体相当	43	36.13%	20	20.62%
更少一些	26	21.85%	5	5.15%

回归“阅读量变化”：对比此前的学习阶段，比如说大一相对于高中，研究生相对于本科，阅读量有什么变化？结果是：极少数同学的阅读量明显增加了；约40%的本科生、超50%的研究生认为，自己的阅读量比以前有所增加。可是当下的阅读量不过就是一点儿，书读得还是太少！以前怎么读的书，读了多少书，这个关联问题尤其值得关注。还有部分同学认为，自己的阅读量与前一阶段大体相当。这只能证明这部分同学在高中阶段就没自主阅读和深度阅读的习惯。高中、本科再加上研究生这三个时段，十年时间，同学们在成长的黄金时期竟没有培养出自主阅读能力。到了大学，进入人生的盛夏，你们能散发多少香气主要取决于这个盛夏，你们的人生境界、阅读品位也在这一时期逐渐呈现出来。

（三）阅读匮乏的原因

接下来我们再看看同学们是怎么解释自己阅读匮乏的。研究生中相当大比例的同学在准备法考，也有同学说是因为课程太多了，部分同学给出了多个选项。这点我深有体会：比如说我们这次读书会也是几经协调，才把部分同学从课堂上“借”出来的（当晚有学校安排的军事理论课）。可见课程真的挺多。

更值得注意的是另一组数据：超半数同学说，“我没有阅读，因为没有人指导我，没有读书氛围”。这让我和婉璐老师不能理解。因为我们读本科或者读研的时候（两人都就读于吉林大学法学院），就没有什么阅读指导。其实阅读指导只不过是老师把你“领进门”，读什么、怎么读，终归是你自己的事，老师能做的，是考察你的阅读的深度和广度。但“想不想读，有没有主动走在阅读路上”，得靠自己。看数据更直观：只有30%左右的同学从自身找原因，承认“缺乏兴趣，没有阅读习惯”；剩下的，全“甩锅”外在原因。可见同学们更多的是做外在归因，而不是自我归因（见表3）。

表3 学生自查阅读不足的原因

阅读不足的原因	2021级本科生		2021级研究生	
	人数	占比	人数	占比
课程太多或准备法考	55	46.22%	70	72.16%
缺乏兴趣，没有阅读习惯	40	33.61%	29	29.90%
缺乏阅读指导，缺乏读书氛围	62	52.10%	46	47.42%
社团活动太多或者工作太忙	42	35.29%	17	17.53%

（四）阅读书目

然后大家再一起看看，同学们读了什么？这是研究生的阅读书目，我把阅读人次比较多的书做了一个简单总结。阅读人次最多的是博登海默的《法理学》，这本书估计是老师推荐的；然后是梁慧星老师的书、周安平老师的书，大概率也是老师推荐的，因为很多同学并不了解周安平老师；还有《洞穴奇案》，这是法理学老师常读的一本小书，易读；邹碧华的《要件审判九步法》；《民法总论》，作者难猜，我只能推断可能是梁慧星，也可能是史尚宽或王泽鉴，我不知道作者是谁，大家只写了书名；接下来是《论犯罪与刑罚》《法治及其本土资源》（见表4）。说实话，看到这些书目，我“欲哭无泪”——阅读面太窄了。

表4 研究生阅读超过5人次的图书

序号	书名/作者	人次
1	法理学/博登海默	12
2	裁判的方法/梁慧星	12

续表

序号	书名/作者	人次
3	常识法理学/周安平	7
4	洞穴奇案/彼得·萨伯	7
5	要件审判九步法/邹碧华	6
6	民法总论/梁慧星、史尚宽或王泽鉴	6
7	论犯罪与刑罚/切萨雷·贝卡里亚	6
8	法治及其本土资源/苏力	5

注：学生未写明《民法总论》作者，三位作者系笔者推断。

这是我们阅读量最大的一个同学（该生共列出10本书）。我把他所有的书都记了下来，前面几本是《常识法理学》《法理学导论》《刑法学讲义》《要件审判九步法》《论犯罪与刑罚》《裁判的方法》《论法学研究方法》，然后是两本与法学论文写作方法相关的书，唯一的非法学图书是《如何阅读一本书》（见表5）。

表5 研究生中阅读量最大学生的阅读书目

序号	书名/作者
1	常识法理学/周安平
2	法理学导论/舒国滢
3	刑法学讲义/罗翔或张明楷
4	要件审判九步法/邹碧华
5	论犯罪与刑罚/切萨雷·贝卡里来亚
6	裁判的方法/梁慧星
7	论法学研究方法/陈瑞华
8	法学论文写作/何海波
9	法学学位论文写作方法/梁慧星
10	如何阅读一本书/莫提默·J. 艾德勒、查尔斯·范多伦

不看不知道！这些书目暴露的问题很扎心：第一，阅读太“粗浅”。只读与部门法学习有关的辅助性书籍，甚至很多都是入门性书籍。第二，阅读太“被动”。比如说法理学老师推荐了几本书，有一些同学就翻看一下，容易受老师的影响。第三，阅读太“功利”。读的工具书和有关方法

介绍的书多一些，几本学术经典都没有好好读过。我不相信天天抱着法学论文写作一类的书看，就能写出一篇好论文。

由此衍生出如下几个问题。第一，同学们真的没有时间阅读吗？真的到了课太多，不能再读书，再读头就要爆炸了的程度吗？第二，应不应该由大学老师来负责组织阅读？在我看来，阅读指导和兴趣培养本来应该是初中和高中老师的职责，怎么现在要让大学老师来承担？如果大家确实没有阅读习惯，那么到了大学，也得培养。第三，我们现在做阅读指导工作有什么作用？身为大学教师，我们也知道现在组织阅读有点儿晚了，但亡羊补牢的工作总得做。“羊”（阅读习惯）丢了一些，好在“狼”（人生考验）还没来，大家现在上大一或者研一，人生的盛夏刚刚开启，所以我们得抓紧做一些亡羊补牢的工作。

二、阅读匮乏的弊害何在

“阅读匮乏，会怎样”，这是第二个核心问题。

（一）高等教育功能的弱化

阅读匮乏的第一个危害就是高等教育功能的弱化。我和大家一样，都是大学的“产品”，到现在为止，我从来没有离开过大学。我只是从一个大学到了另一个大学。作为教师，我们在塑造产品，同时也为大学所塑造。对于学校和教师来说，教育是有对象的，学生就是我们教育的对象，学生也是我们服务的对象、我们的作品。教育产品的品质是由受教育者的学识和著述成果所呈现的，你们的毕业论文就是教育产品品质的直观呈现。

其实所谓“教育”，无外乎涉及三方——教师、学生和大学（见图1），我们在大学里面。但大家不妨算算，很少有课排满一天的情况，每天的上课时间加起来4~5个小时是比较正常的。剩下的时间都是你的。课堂传递的知识实则有限，我今天讲了4个小时的课，仍有好多的知识没有讲完，意犹未尽却受时间限制。想仅凭课堂的听讲就拥有多聪慧的头脑，不过是痴心妄想。成长，终究要

图1 教师—学生—学校的关系

靠自己阅读、自己思考。

在大学阶段，同学们务必阅读，尤其是阅读经典。整个求学生涯中，我们的身份在不断地转变。终有一天你会踏上写作之路，写毕业论文的时候，你就是作者。人生历程之中，我们一直在作者和读者之间转变。比如说这样的一个小讲座，我此刻就是作者。我把自己阅读、思考所获得的有价值的东西写出来，然后要把它做成PPT，最后面对你们讲出来，跟大家交流，所以我是作者。当然我也是读者（见图2）。

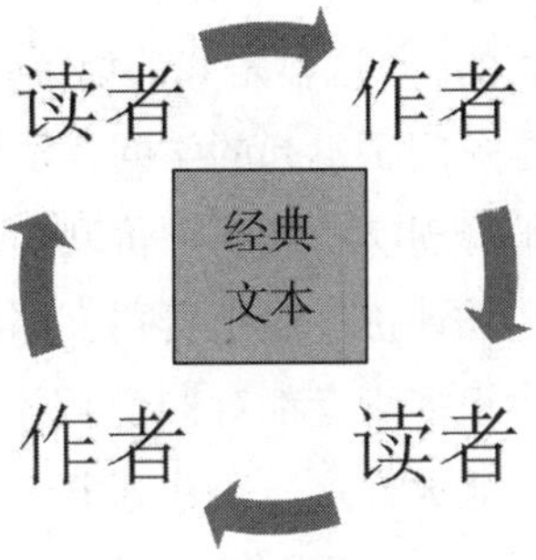

图2 经典文本—读者—作者的关系

我还有一个阅读办法分享给各位同学，叫“阅读排毒”，不是“排毒养颜”那种字面意思，而是当你书桌上有读起来不愉快的东西（差的写作像“毒素”）时，你可以选择用优质的文字（好的写作是“美味”）去稀释、冲淡。我在写博士论文觉得有些苦恼的时候，就看卡尔维诺的小说，比如说《我们的祖先》和《看不见的城市》，还有文学史讲座的演讲稿《美国讲稿》。说“排毒养颜”，这个词确实不太合适。我想表达的是，大家阅读时也需要这样的调剂。在看2021级硕士研究生同学们的论文写作课作业时，我太“难受”了，就读了博尔赫斯的两本小说，相互中和了一下，避免“中毒”。我不知道牛院长是怎么排解“毒素”的，不知道他是怎么“熬过来”的。每年3—6月，他要反复看研究生的毕业论文。

我们接下来再说，不阅读行吗？阅读的目的是什么？

知识传承就是你先“吸收”别人的东西，然后“消化”“反刍”，形成独立的思考，再表达出来。教育的特别之处就在于既要重复又要传递，还不能原样照搬。就像史诗演唱和戏剧表演一样，同样的东西，经不同人的演绎、传播，会衍生出多种理解，听者吸收和再传递也是不一样的。

教育在重复的过程中传递，其实就是在相当长的一段时间里，一代人读同样的书。阅读时，作者对世界的感受和理解被种入读者的心中，让读者在未来世界里能够自由地呈现他所接受的东西。渠敬东教授认为，教育就是一个在持续理解自身中不断地激发传统的过程。关键是让现实的人的心理、存在条件、生活感受不断地与传统接壤。人文学科就是要读经典，更重要的是思考、了解现实是如何形成的，解析现实的经验构成，不断试图建立起更好的解释体系。专业研究者必须扎根学术传统，厘清前人的研究脉络。所以要阅读经典，一个人是不能拔着自己的头发，就把自己拔离地面的。[①] 这不是我的原话。我只是借渠敬东教授的解释发挥一下。社会学是一门了不起的学问，法学也是一门了不起的学问，因为法学并不满足于解释现实，还要评价现实、改造现实。但如果你对现实知之甚少，就开始妄加评价、滥用责罚，那后果就太可怕了。

很多学者都对同学们不读书这件事感到苦恼。不止我们江苏大学这样，北大也这样。钱理群老师认为，我们的教育有一堆问题，但是最大的问题，就是我们不读书了。老师不读书，学生也不读书；或者说，老师只读教学参考书，学生只读和应试有关的书，学校里完全没有自由阅读的空间和时间。在他看来，要办好教育，需要三个条件：第一，要有好校长，好校长的一个重要品质就是喜欢读书，并且能物色、培养一批好教师；第二，要有好教师，爱教育，爱学生，爱读书，这样的教师有教育理想、良知，有奉献精神；第三，有一个好的图书室，不能只有与考试有关的书，得有古今中外的经典名著，还应配上电脑设备。[②] 钱理群老师对于好教师的排序是爱教育、爱学生、爱读书。让我排序的话，我会把顺序稍稍调整一下，爱读书、爱教育、爱学生。毕竟所有老师都是从做学生开始的，得先爱阅读、会阅读，才能把阅读的价值传递下去。

（二）“绩点至上”的浮躁学风

接下来再聊第二个缺陷。其实不用多解释，就像今天晚上的读书会，几经周折，一部分人才能从别的课堂搬到这里，大家的课太多、活动太多。

为了绩点，同学们被动穿梭在密集的课堂与社团活动中，很难真正实现自我设计、自我教育、自我成长。这种看似丰富、热闹的课程、活动安排，背后往往是精神的空虚或躁动不安。目前各个大学都采取计算绩点的方式考核和评价学生，评优、评先进、评奖学金及保送读研究生都看它。“绩点至上”，也不止是我们学校的问题。之前，我给学生发了劳佳琪老师在北大和白建军老师做实证研究的链接。劳老师说，自己最不喜欢的就是

---

① 渠敬东：《教育的本质是什么?》，搜狐网，http://www.sohu.com/a/283980076_563944，访问日期：2022年9月15日。

② 钱理群：《中国教育病症已不是观念问题，而是利益问题》，《青年教师》2017年第7期，第41-42页。

点名，有的老师一堂课上还会点好几次名，她不能忍受。这次我使用的北大资料较多，下次我找清华的资料对比看看。

“课堂对于学习者来说其实是一种巨大的束缚，要遵守时间和课堂纪律，不能随便进出，不喜欢听也得听下去。而阅读则没有任何约束，喜欢读就读，不喜欢读就放下。”[①] 我有时也纳闷，为什么人家在乎出勤率，而不在乎阅读量？我自己也在课堂上待过，有时候我对自己的课堂也没底。每次上课之前我都很紧张，很多次上课之前我都会失眠。尽管在课堂上你们感觉不到，可是我自己知道。比如说，这次课我没有看两遍讲稿，根本不敢站上讲台。想起钱理群老师的一篇文章，他说文学系请来了一位特别有名的诗人林庚老先生做讲座。老先生 80 多岁，用了半个月的时间来准备，虽然只是小范围地讲。讲座当天，老先生找了同那次讲座相协调的衣服、鞋子、领带。[②] 对比之下，我做到了吗？相差太远。我今天也只不过穿得像一株植物一样，为了配合我今天的课堂主题——土地问题。但在“敬畏课堂、认真准备”这点上，我们真该跟老先生学一学。

读书是自由的，课堂却是有约束的，有一些老师还会提问，有一些老师还会点名。我有时也会点名、提醒。在一些课堂上，我们的确很有收获，但是有的时候，我们也不能期待在课堂上有多大收获，老师不是播音员，也不是演员，难保一直有吸引力。那时候课堂上的你怎么能坐得住呢？支撑你坐在课堂上的动力是什么？你怎么会愿意上课胜于愿意读书？难道只是为了拿到绩点，不得不上某一些课？

话语往往转瞬即逝，文字却可以流传千年。即便是孔子、苏格拉底这些大师，若没有弟子把他们的讲课或对话记录下来，他们逝去后，他们的思想与主张也不过是人走灯灭。但文字不一样，它至少可以保留一段时间，经时间检验后，有价值的内容可能会影响数代人，甚至被捧读千年。

书籍比课堂要“厉害”得多，课堂上有的内容书籍上基本都有，反过来，书籍上有的内容课堂上却不一定有。如果说书籍是海洋，课堂则顶多算是一个水池。老师的主要任务是上课，学生的主要任务是听课、做笔记和考试，考试成绩是评价学业好坏的主要标准。但仅此是不可能让一个学生成才的。学生的成才主要通过自己读书、思考来实现，学校为学生提供

---

① 高玉：《文科大学生最重要的学习方式是自己读书》，《写作》2020 年第 1 期，第 5-10 页。

② 钱理群：《如何“最划算”地度过大学四年》，澎湃新闻-湃客，https://m.thepaper.cn/baijiahao_3800898，访问日期：2022 年 9 月 15 日。

学习的条件和环境，比如图书、学习和交流的氛围。读书、思考是做研究的最基本条件，能培养学生的科研和学术能力，以及学生的良好学习习惯和学术品行。

无论就读于哪一所大学，阅读都是学生个人成长最核心、最有效的途径。北大苏力老师真诚地提醒，“也许有些课程，甚至一些原来很看好的课程也很乏味；也许发现原来大名鼎鼎的教授也很平常”，“千万不要指望导师——哪怕是名师——会教给你什么成功的秘诀。真正的学习动力、值得研究的题目以及成功从来都来自自身，来自你对自身能力的发现，来自对自身恰当的社会定位；而导师在某种程度上只是一个辅助，最多也只是你走出校门时贴上的一个‘商标’”。[①] 钱理群老师也发现很多学生“满怀希望进大学，结果一上课就觉得老师的课不怎么样，对老师不满意。我觉得其实每个大学都有一些不太好的老师，北大也一样！不可能所有课都是好的”。但这又有什么关系呢，如果你走向未知，你会找到新的师友，“大学里，关键在你自己，时间是属于你的，空间是属于你的，你自己来掌握自己，自己来学习”。[②]

（三）思想创造力的低下

食物塑造体质，阅读塑造思想。食谱广的人更健康，阅读深的人思想更丰盈。对于做学术研究的人而言，阅读经典、深度阅读是基本功，研究生需要了解学科内部的传统。为思考找起点、寻依据，应该从阅读经典开始。你可能会说，有这么多学分要修，这么多事情要做，看不完一列列的经典著作，这点我也认同。但是任何一个学科都有自己的历史，大学学习“不是或主要不是记忆，不是背诵，不是复述，最重要的是要学会如何发现和研究问题，要学会理解和想象，进而才可能创新”。研究的本质是“进入一个学术传统，并在这个传统中作出你的贡献”。[③] 同学们不是非要读四书五经，读西方所有的名著，起码大家要了解自己学科内部的传统。[④]这样毕业论文的参考文献就不至于只来自《法治与社会》《法制博览》和

---

① 苏力：《发现你的热爱》，澎湃新闻-湃客，https://www.thepaper.cn/newsDetail_forward_19978098，访问日期：2022年9月15日。

② 钱理群：《如何“最划算”地度过大学四年》，澎湃新闻-湃客，https://m.thepaper.cn/baijiahao_3800898，访问日期：2022年9月15日。

③ 苏力：《发现你的热爱》，澎湃新闻-湃客，https://www.thepaper.cn/newsDetail_forward_19978098，访问日期：2022年9月15日。

④ 渠敬东：《教育的本质是什么?》，搜狐网，http://www.sohu.com/a/283980076_563944，访问日期：2022年9月15日。

入库的硕士学位论文。这些参考文献本身就暴露了写作者阅读面窄、根基弱、起点低等问题。

浙江师范大学的高玉老师，他也有着与钱理群老师近似的观点："不读书才是大学人才培养问题的根源。不以读书为求知方式的大学教育正在形成一种教育模式，而且越来越通行，它不仅深刻地影响着中国今天的人才培养，而且将深刻地影响未来中国人的素养。极而言之，当代中国大学教育很多问题都可以说是不读书造成的，比如写作能力、逻辑思维能力、知识水平等问题，还有为人处世、道德品质修养的问题。这些不足都可以通过读书而提高，都可以在阅读中解决，人生所需要的知识和智慧等都可以在书中找到答案，只不过有的是直接答案，而更多的是间接答案，需要读者去悟。"① 大学教育要解决的"知识单一和偏狭"问题，只能通过读书解决。大学能够提供思考空间与交流伙伴，"思考是需要环境和心境的，是需要以静心阅读为基础的，不能凭空思考"。② 大学真正让我们受益终身的是其对思维方式的训练与对精神世界的塑造，因为"知识可能会过时，专业也可能会落后和淘汰，但学会读书则是终身有用的本领"。③

（四）个人生活意义的欠然

大学阅读话题与"意义感"有关，换一种通俗的表述方式就是——阅读为了什么？"意义感"这个词听起来非常宏大，把它放到大学的自主阅读中来聊，绝对不是虚张声势，反而值得"小题大做"。

高中背书、刷题是为了考大学，大学背书、刷题是为了通过法考。这就够了吗？想必在座很多同学都有这样的困惑，人只有跳出了自身的行为体系，以旁观者的角度审视自己所做的事，才算是脱离了主观预设与自我设限。

有些价值本来就应该追求，但它们可能是很内在的，未必能够直接体现出来，比如说阅读后你可能有心智上的成长以及精神空间的拓展。阅读匮乏，容易导致人生意义的"欠然"。

得说明白：惘然和欠然都是针对价值的，但二者又是不一样的。惘然是我真的知道我缺了什么，那是一生一次、一期一会的，错过了，就没有了。换言之，就是我知道我缺了什么，是怎么缺的。比如，你跟恋人本来

① 高玉：《文科大学生最重要的学习方式是自己读书》，《写作》2020 年第 1 期，第 8 页。
② 高玉：《文科大学生最重要的学习方式是自己读书》，《写作》2020 年第 1 期，第 10 页。
③ 高玉：《文科大学生最重要的学习方式是自己读书》，《写作》2020 年第 1 期，第 9 页。

有一次约会，但你因为各种各样的原因未赴约，可能你们之间的姻缘就断了，无法续写了。或者你因为没有赶上火车，就失去了见爷爷最后一面的机会，百里、千里之外，爷爷处于弥留之际。这就是惘然，你清楚自己失去了什么，以及是怎么失去的。欠然是不一样的感受。欠然是似乎生活中缺少了什么，于是开始反思缺少的是什么，为之付出时间、精力是否值得，追求它对不对，甚至不知道所追求的是不是自己最终认可的。

这让我想起契诃夫的小说《醋栗》。故事很简单：主角是一对兄弟，借哥哥伊万·伊万内奇之口说了弟弟尼古拉·伊万内奇的故事。尼古拉是乡下的一个小公务员，一直盼望着自己过上好日子，梦想有一片属于自己的地，然后能种上醋栗。醋栗是广泛生长于中亚草原与欧洲平原的一种浆果。一天，这个小公务员尼古拉实现了理想。他娶了一个寡妇，这个寡妇有很多的土地。没过几年寡妇去世了，尼古拉就成为土地的继承人，有了一大片梦寐以求的土地。于是他买了很多醋栗树苗，挖了鱼塘，建了非常好的房子。他甚至想在乡间办一所学校，让周边的孩子接受教育。

伊万去看他时，感慨道：“我看见了一个幸福的人，他的心心念念的梦想显然已经实现，他的生活目标已经达到，他所渴望的东西已经到手，他对他的命运和他自己都满意了。不知什么缘故，往常我一想到人的幸福，就不免带一点哀伤的感觉，这一回亲眼看到幸福的人，我竟生出一种跟绝望相近的沉重感觉。”[①] 这不是很奇怪吗？树立一个目标，努力地去实现这个目标，并且感觉到意义，绝大多数人的生活不都是这样吗？为什么契诃夫会觉得它是沉重的、令人绝望的？他接着在小说中用“壕沟”做了比喻：“一个有思想的活人，站在一道壕沟面前，本来也许可以从上面跳过去，或者在上面搭座桥走过去，却偏要等它自动封口，或者等它让淤泥填满，难道这样的事还说得上什么规律和合法性？再说一遍，为什么要等？等到没有了生活的力量才算吗？可是人又非生活不可，而且也渴望生活！”[②] 假设有一条沟渠横在你面前，一个有行动力的人应该跳过去。可是弟弟尼古拉没有，他等待着淤泥慢慢地填满沟渠。尽管不是所有的人都会为实现意义感而跳过沟渠，但一个有思想活力与行动力的人理应去创造自己的生活之道，而非被动地、不思考地接受外力的植入、拥塞或者填充。

---

① 契诃夫：《醋栗》，载《契诃夫短篇小说精选》，汝龙译，人民文学出版社，2002，第 207 页。
② 契诃夫：《醋栗》，载《契诃夫短篇小说精选》，汝龙译，人民文学出版社，2002，第 209 页。

意义分为外在与内在，比如绩点高、保了研，作为刷题高手在法考、考公中顺利通过，找到一份在外人和自己看来都比较满意的工作，有房有车，这都是外在的意义。而读书、思考，不为功利地应对考试，而是收获成长，这种意义就偏内在。有意义的生活，既有大众选择，也有自我设计。重构有意义的生活的人很可能就是你自己。比如父母一心想让你读法学专业，毕业后当法官。但你在法院实习了一个暑假后，极不喜欢法官“5+2”“白加黑”的生活和工作状况，毅然决定做律师。

当然，鼓励大家阅读也可能会产生一种“危险”倾向——精英主义，你觉得自己看托尔斯泰的《战争与和平》、马尔克斯的《百年孤独》，比刷朋友圈、刷抖音高级，甚至夸大自己阅读的意义。但这不是阅读自身的弊害，而是阅读者心智不成熟的表现。可以确定的是：若没有必要的阅读，我们的大学生活也会有种“欠然”。

三、为何要加入阅读者行列

（一）大概念分解为小问题

接下来谈谈为什么要加入阅读者行列。

法学专业的阅读往往都是从抽象概念开始的，课堂上常常有大堆的抽象概念，比如说我不太敢同大一的学生聊本体论、目的论、方法论及价值论。我觉得挺难为大家的，这些都不是一般概念。但是法学还有很多这样的大概念，例如民主、共和、人权。可怎么办？我们不得不同这些概念“打交道”。

其实只要认真琢磨这些大概念，就会发现很难找到一个终极答案。面对这样的问题，很难找到一劳永逸的终极答案。大家也可以想一下，有哪个有重大法律意义的问题是容易回答的？有哪个有重大法律意义的事项是容易决定的？征税还是减税？环保还是发展？哪种国家治理方式好，总统制、半总统制，瑞士的委员制度？一个国家是采用一党制、两党制好，还是像德国一样采用多党制好呢？这些问题都没有标准答案。

既然没有一劳永逸的终极答案，那么人类思想的每一次成功都是一个小小的进展。虽然其中有很多不安的、暂时性的成分，但这时或许可以像笛卡儿一样，把一个大问题拆解成一个个小问题，然后步步为营。

专业研究的核心在于问题。面对问题，研究者要积累经验，推导结论并去验证结论的有效性。专业研究源自对某个巨大、切身、普遍且无可遁逃大问题的专注追索，这类问题往往贴近人类共同处境。但研究者很快会发现，研究不是孤立现象和个别性难题，而是一种普遍性的关注和集体意义的思维开展，必须像笛卡儿那样拆解问题，大家分进合击。而且，一个问题还会引发新的问题，并随环境和时间变化，绝不是一代人能想透、解决的，所以研究者必须保持耐心和谦逊，把自己置放到研究学术脉络里，弄清楚前人的思维成果并在此基础上持续前进。专业研究处于一个长时间建构起来的思维传统之中，这就赋予了研究工作某种坚实性和严肃性，不能随个人兴致忽起忽落。

（二）对三种宪法解释的困惑

通过阅读建构思想空间，延续学术对话。对于法学研究而言，这尤其重要。这样解释过于抽象，为此结合我和同学们共同学习的经历，给出一些论证。先比较一下几本常见教科书对宪法特征的解释。

1.《宪法学》(胡云腾、胡锦光、李林)

该书不定义，仅做描述：近代宪法的主要调整对象是国家组织与国家机构之间的关系，宪法规定“最根本”问题，制定修改程序“严格”，具有“最高”法律效力。①

2.《中国宪法》(胡锦光、韩大元)

该书在多元文化背景下解释宪法含义，但未明确下定义，仅提出考虑因素：宪法是历史概论，是公共价值与阶级性的统一，是普遍性与特殊性的统一，是事实与价值的统一。②

3.《宪法》(许崇德、胡锦光)

该书从四个角度来定义宪法：第一，在原始意义上，宪法是国家组织法；第二，在立宪意义上，宪法规制国家权力、保障人权；第三，在部门法意义上，宪法是调整国家与公民关系的法律部门；第四，在根本法意义上，宪法有最高的效力与地位。③

4.《大国治理的法治基石：宪法素养提升十讲》(李勇)

该书认为：宪法是人类文明的伟大发明，是科学管理国家的思维方式

---

① 胡云腾、胡锦光、李林：《宪法学》(第二版)，高等教育出版社，2020，第 18-22 页。

② 胡锦光、韩大元：《中国宪法》，法律出版社，2018，第 23 页。

③ 许崇德、胡锦光：《宪法》(第六版)，中国人民大学出版社，2018，第 2-5 页。

与治理办法，是国家与公民的总契约，是治国安邦的总纲领，亦是国家的基本法。[①]

上述解释让我有如下疑问：

（1）宪法如何能实现诸多统一（普遍性与特殊性、事实与价值）？这些判断有多少事实依据，还是仅为理想诉求？有实现的可能性吗，能在怎样程度上实现？

（2）部分表述是否混淆了宪法的预期功能和实践价值？如果说彻底混淆了，是否就只剩画饼充饥、望梅止渴的心理效果？我们目前能不能清晰地回答什么是宪法、宪法的价值？

（3）宪法的特征是什么？既然很难给出一个普遍性的结论，或许需要结合语境进行分析。通过阅读，回归不同国家宪法治理的时空背景去考察，会不会是一个更为可行的方法？

（4）除了规范宪法学，我们是否需要政治宪法学、历史宪法学的分析视角？

读者得把宪法放回时间之流中思考：宪法是如何被建构并发展成如今的模样的？制定的背景与假设是什么？它依赖何种可替换或者不可替换的时空条件？历史上有多少不可逆转的机运影响了它？它曾在什么状况下被赋予过多价值预期？其实读者需要的不是知道宪法有多成功，反倒是要努力剥离其成败的偶然性，真正去理解它的功用、限制、弱点。为此，读者需要更多线索，去捕捉高度抽象的法学词汇，尤其是法理学、宪法学的词汇，进而为大概念、大主题接上一道时间纵轴，寻回人类思维曾绵密走过的路。[②] 回归历史语境，并不一定要进行分类学意义上的法学书籍阅读，很多意外收获往往来自非法学书籍的阅读。

我准备宪法课时就很清楚自己缺什么，既然知道缺什么就要补什么。读者与书籍的关系是多样的，有时候这本书太浅了，远远不能满足你的胃口；有时候这本书太难，当下的你还不能够跟作者的思想对接。但没关系，慢慢来，总有一些书能让你有收获。

在这里我还想说，有时候阅读目标可以是多样的。最初我只想排解一下糟糕的课程作业带来的不愉快，读了《阅读的故事》《迷宫中的将军》

---

① 李勇：《大国治理的法治基石：宪法素养提升十讲》，中共中央党校出版社、国家行政管理出版社，2022，序第3页、第37-48页。

② 唐诺：《阅读的故事》，九州出版社，2020，第218页。

《为什么读经典》《茶馆》，却有了意外的收获。这时我发现，一个人的阅读目标可以是多样的，只要你脑子里有问题，很多书都会给出解答。在他人看来，《阅读的故事》《迷宫中的将军》《为什么读经典》《茶馆》这些书与宪法没有什么关系，但我却觉得联系很深。对于习惯阅读的人而言，阅读目标是复杂的。目标并非在阅读之前就确定了，而是在真正展开阅读的过程中逐步明确的。阅读过程中的意外收获会激励读者，让读者不断振奋、跃起。

（三）《阅读的故事》中美式民主之偶然

唐诺在《阅读的故事》（这本书我有电子版，我会发给大一的同学）中分析了美国的政治体制，认为美国的宪法治理是比较成功的，这几乎就是“神迹”，在其他国家，这样的“历史偶然”很难复制。

美国在200多年的历史上有着独一无二的、无法复制的先决条件。两个多世纪前，英国在这个世界上找到了只此一处、再无他处的“白色殖民地”。美国诞生于广阔富庶的、200年不受强敌侵扰的、相对独立的大陆上；拥有着可吸纳大量人口、化解冲突、突破种种社会发展困境的大西部。这些都是美国所独有的条件。

美国的发展还依赖于一些今天已很难找到的政治信念、意识形态和道德行为规范。现在再把杰斐逊的“农业共和国”构想、汉密尔顿的“工商立国”理论搬出来，美国人还会相信吗？

很多政治学学者认为，美式民主的诸多制度设计古老、过时、充满危险，例如四年一次、赢家通吃的总统选举方式，真正制约超强总统合法权力的，不是孟德斯鸠、洛克、杰斐逊、汉密尔顿，不是美国“国父”设计的制度制衡，而是一系列特殊的历史条件。比如最初的13个州如“独立加盟国”般强大，州权至今仍有一定的对抗力量；最早开始运行、发展也最为成熟的层级分明的选举制度；大量独立媒体和中间团体代表的成熟强大的社会力量；还有设计上“最没道理”的，已成美式民主“最大神迹”的大法官制度，大法官们“仍奉真理之名，超越了拥有一切资源和武力的行政力量，还超越了拥有一切民意的议会立法力量，意思是既超越了代议制的议会至上，还超越了绝对民权”。而这么强大且终极性的权力，就只是9个“宛如壮丽民主神殿中九只安静小甲虫”的老头子（现在已经是5男4女）。这9个宪法之神还实行“终身制”，由总统提名，国会通过，一旦任命完成，只剩下一种力量可以阻止他们，那就是死亡。[①]

我举唐诺先生评论美国宪法治理的这个例子，是想说明优秀读书人的思考会带给我们很多的启发。所以只要你脑子里装着问题，你就会在阅读的过程中有所收获。

（四）《迷宫中的将军》中南美共和国之梦

若想真正了解美式民主制度的真相与局限，不妨看看拉丁美洲一次又一次悲惨的失败经验，看看当美式民主缺乏非制度性的偶然因素或者机制保护时，和普遍人性碰撞后，会产生怎样的真实结果。

美洲大陆的历史转折，要从 1492 年哥伦布抵达算起，另一历史转折点则在 200 年后。西蒙·玻利瓦尔一生的抱负与战绩、追随与背叛、爱恋与荣誉，在弥留之际都变得愈加清晰。梦想如秋叶纷纷凋零，生命的大幕已徐徐合上，主人公是否还有能力操控自己的命运之舟，驶向一片未知之地？玻利瓦尔选择执着前行，在行军路上完成告别之旅。150 年后加博（哥伦比亚人这样亲切地称呼加西亚·马尔克斯）沿河踏访，写下《迷宫中的将军》，沉睡 150 年的将军的故事被唤醒。这条河既是马格达莱纳河，也是历史之河、生命之河。写完此书时，加博 61 岁，比离世时的玻利瓦尔（47 岁）年长 14 岁。恰是在这样的年龄，加博才能写出将军的弥留之际，一个爱惜名誉、尊严的精神贵族，一个作为美洲豪富出生、接近赤贫而亡的前领袖，一个为宏大政治理想纵马骑行一万八千多里也不会放弃最后一丝残存的理智和意志的理想主义者，一位连衰老、病弱和贫穷都会被别人的眼睛放大数倍的重负者……书写者的创作巅峰和被书写者的政治生涯谷底重叠，格外令人动容。很多评论家质疑甚至指责加博：你怎么能这么写玻利瓦尔？你不能把将军赤裸裸地呈现在读者面前，要给将军穿件衣服。但是加博偏要写一个这样的玻利瓦尔，他也亲口承认："这是一本报复性的书，报复那些随心所欲写玻利瓦尔的人。"

玻利瓦尔将殖民已 300 年之久的西班牙人彻底赶出南半球的这片三角形大地，想要建造一个统一的大南美国家，把美洲变为世界上最庞大、最不平凡、最强盛的国家联盟。但这个宏大理想在他有生之年就破灭了，玻利瓦尔确实解放了整块大陆，但各方割据力量旋即又将这个大陆拆解了，逐步形成诸国林立的状况。将军总结说："我们双手创造的一切，正遭到

① 唐诺：《阅读的故事》，九州出版社，2020，第 219-221 页。

别人的践踏。”① 当他离开南方向北方进军，或者离开北方向南方进军时，身后的地区就失去了控制，他的政治生涯就是他的军事生涯，他永远在行军路上。这就是玻利瓦尔的命运。

经历 1775—1783 年的独立战争，北美大陆军把英国人赶走了。召开制宪会议前，宪法之父们做了一系列准备和筹备，最重要的就是当时 13 个州的民众普遍有组建一个新国家的愿望。此外，也有华盛顿自身的影响力、人格魅力这一重要因素，他身边有很多志同道合的人。但是玻利瓦尔身边，却没有那样志同道合的政治盟友。

与西班牙人比起来，真正难以应对的是这块大陆上的民众不曾有统一的记忆。要凭空创造不存在且无线索的记忆，近似寄望于神话，还要用这个神话来说服大部分不想听也听不懂的人。书末玻利瓦尔绝望地说道：“美洲是难以驾驭和统治的，进行革命等于在大海上耕耘，这个国家将无可救药地落在一群乌合之众手中，之后将被形形色色的令人难以察觉的暴君掌握。”②

(五)《为什么读经典》中鲁滨逊的三重身份

关于理性、自然人与其财产权的理论，可以从丹尼尔·笛福（Daniel Defoe，1659—1731）的《鲁滨逊漂流记》一书中找到图解式的描写。这本书不是儿童读物，作者想通过鲁滨逊那段不寻常的人生经历，为理性法学家的社会理论提供一个佐证，让社会契约理论有具体的、真实的个案支持。

鲁滨逊在乘坐的轮船沉没后，漂流到荒岛上，他只是自然人，而不是法律上的人。这个自然人具备上帝所创造的人应该具备的能力——劳动：他用 30 天的时间从失事的船上搬下大量的生活必需品——面包、面粉、大米、大麦、小麦、干酪、羊肉干、糖、木板、圆木、绳子和枪支；种植并收获了大麦和小麦；采来野葡萄，晒成葡萄干；饲养温驯的山羊，获得奶制品和肉食。鲁滨逊向上帝表示感恩，表达生的欢乐。构筑针对自然界的安全保障，鲁滨逊尚不需要他人。不过鲁滨逊不忘实现对无主岛屿的占有，宣告了占有这块土地，成为这个小世界的统治者。

但如果鲁滨逊要成为法律上的人，就必须产生权利义务关系，而这需

---

① 马尔克斯：《迷宫中的将军》，王永年译，南海出版公司，2014，第 13 页。

② 马尔克斯：《将军和他的情妇：迷宫中的将军》，申宝楼、尹承东、蒋宗曹译，南海出版公司，1990，第 220 页。

要他与人相遇。荒岛并非真的无主，被称为“食人生番”的野蛮人住在那里，只是鲁滨逊并未将其视为同等意义的人，而后者也没有占有资源、积累财富的愿望和行动。“食人生番”的所作所为使得鲁滨逊极为恐惧，因为在“食人生番”的眼中，陌生人与水果别无二致。鲁滨逊只能和“食人生番”远远地保持距离，而他们无法组成一个社会共同体，相互之间是敌对关系，没有任何法律上的意义。这时“星期五”进入了鲁滨逊的生活世界。在面对一个与自己不同种族，有不同宗教信仰和文化的人时，鲁滨逊的第一个反应是要取得白人基督徒的优势地位，他给这个年轻人取名为“星期五”，让他称自己为“主人”。鲁滨逊也不忘开化“星期五”，教给这个仆人英语、新的观念和思想。此时两个人之间是主仆关系。

敌人之间或主仆之间，都不是平等的自然人之间的契约关系。鲁滨逊后来遇到了英国船长，有机会和条件回到市民社会，两者之间发生了有法律意义的关系。双方达成协议，鲁滨逊帮英国船长夺回船，船长允许他搭乘该船回到英国。这就产生了契约关系，双方互相享有权利，也互相承担义务。之后成为法律人的鲁滨逊返回巴西庄园，发现葡萄牙船长诚实肯干，于是决定每年付给他一百葡萄牙金币，并在他死后每年付给他儿子五十葡萄牙金币，作为他们的终生津贴。这是平等自然人之间的另一项长期契约。

丹尼尔·笛福，1659 年生于英国伦敦，父亲是一名商人，经营屠宰业。笛福受过中等教育，但没有受过古典人文教育和大学教育。他坚持不同于英国国教信仰的立场，政治上倾向于辉格党。1674 年，年轻的笛福开始寻找机会，学习当一名牧师，但没能成功。他经营过内衣、烟酒、羊毛织品、制砖业。1685 年笛福参加了蒙茅斯公爵领导的反对天主教国王的叛乱；1688 年荷兰信奉新教的威廉率军登陆英国，继承英国王位，笛福参加了他的军队。1692 年笛福经商破产，负债高达 17000 镑，以后又屡屡失败，因而不得不用各种方法谋生。笛福曾充当政府的秘密情报员，涉足过各种开发事业，同时也间或从事写作。1698 年笛福发表《论开发》，提倡筑公路、办银行、立破产法、设疯人院、办水火保险、征所得税、办女学等。一看这些建议就知道，在那个时代笛福是锐意进取、呼吁改革的人物。《鲁滨逊漂流记》发表于 1719 年，年近六十的笛福摇身一变成了小说家，他以赛尔科克（被船长遗弃在南美洲大西洋中的无人荒岛上，生活了四年）的传奇故事为蓝本，创造了当时中小资产阶级心目中的英雄人物

"鲁滨逊"，这个人物也是西方文学中第一个理想化的新兴资产者形象。

笛福既避免了17世纪的浮夸文风，又避免了18世纪欧洲文学作品中的滥情。他的语言冷静而简练，可比拟为"商业报告"。卡尔维诺说《鲁滨逊漂流记》是典型的具有"商业品德的日志"，蕴含着小资产阶级之梦。笛福发明了水手兼商人这个第一人称叙述者，该叙述者能够像记账簿一样精准记录自己所在环境的"善"和"恶"，且能够精确计算他所杀的"食人生番"的数目。这种写作风格在那个时代是得体、恰当的。笛福的作品如同"商业报告"或"产品和器具目录册"一般，不加雕饰，又细致入微。笛福对鲁滨逊手工作业的描写，可谓不厌其烦，包括挖石窟、做房子、建围栏、造大船、烧制罐和砖。笛福对鲁滨逊的技术进步"津津乐道"。与17世纪守规则的商人的做法相似，"礼拜时间一到就上教堂，捶胸忏悔，但接着就赶快回去工作，以免浪费时间。伪善？他的行为如此公开和迫切，根本不会让你想到要指责他"。[①]

《鲁滨逊漂流记》不仅是政治文学和社会文学，也是一部法律文学，可以对它做一种隐喻式的解读：这里要追问的是，有资格缔结社会契约的自然人是鲁滨逊这类人吗？"食人生番"是谁？韦伯所言的从一无所有开始、以工作为天职的第一代英雄资产阶级，是怎样把一个没有产权关系的世界变成产权关系明晰的世界的？当第一个智人圈起一块地、建起房子时，用法律建构社会秩序的历史就开始了，后产权关系从此扩展至全球。

(六)《茶馆》中的清末民国宪制闹剧

晚清至民国，城市平民熙来攘往的茶馆完全是国家与民族历史命运的微观镜像。《茶馆》可以作为宪法社会学研究的绝佳个案。在"帝王官僚国家—军阀兵匪国家—权贵资本主义国家"的更替中，统治正当性的维系与重构、民众的政治社会预期、有效治理的必要条件等在这一部话剧中均有深刻体现。

别人问老舍先生为什么写《茶馆》，他说因为自己有足够的素材来写《茶馆》：贫贱的出身，在市井环境里长大，没有接触过多少达官贵人。他熟悉这些茶馆里三六九等的各色人物。老舍先生有一点儿幽默的天分，又关注市井人情，因此写别人的故事也带着天性里面的幽默感。老舍先生说，自己不会咬着一点儿小事儿、嚼着个人感受不放，然后看着月牙就稀

① 卡尔维诺：《为什么读经典》，黄灿然、李桂蜜译，译林出版社，2006，第115页。

里哗啦地掉眼泪，他不是那样的伤春悲秋的人。这些都是老舍先生的自述，他还说："茶馆是三教九流会面之处，可以多容纳各色人物，一个大茶馆就是一个小社会。这出戏虽只有三幕，可是写了五十来年的变迁。在这些变迁里，没法子躲开政治问题。可是，我不熟悉政治舞台上的高官大人，没法子正面描写他们的促进与促退。我也不十分懂政治。我只认识一些小人物。这些人物是经常下茶馆的。那么，我要是把他们集合到一个茶馆里，用他们生活上的变迁反映社会的变迁，不就侧面地透露出一些政治消息么？这样，我就决定了去写《茶馆》。"①

《茶馆》其实给了我很多的触动，老舍先生真的是一个特别善于观察的人。他借助说快板人之口，把清末到民国的动荡写进了几段快板词里。不信可以看看各幕前的唱词。

第一幕　幕前

官儿阔，百姓穷，朝中出了一个谭嗣同，

讲维新，主意高，还有那康有为和梁启超。

这件事，闹得凶，气得太后咬牙切齿直哼哼。

她要杀，她要砍，讲维新的都是要造反。

这些事，别多说，说着说着就许掉脑壳。②

第二幕　幕前

闹军阀，乱打仗，白脸的进去黑脸的上。

赵打钱，孙打李，赵钱孙李乱打一炮谁都不讲理。

为打仗，要枪炮，一堆一堆给洋人老爷送钞票。

为卖炮，为卖枪，帮助军阀你占黄河他占扬子江。

老百姓，遭了殃，大兵一到粮食牲口一扫光。③

第三幕　幕前

自从那，日本兵，八年占据老北京。

……

国民党，进北京，横行霸道一点不让日本兵。

---

① 老舍：《答复有关〈茶馆〉的几个问题》，《文艺研究》1979年第2期，第34页。

② 老舍：《茶馆》，人民文学出版社，2018，第75页。

③ 老舍：《茶馆》，人民文学出版社，2018，第75页。

王掌柜，委屈多，跟我一样半死半活着。

老茶馆，破又烂，想尽法子也没法办。[①]

依宪治理成功与否的奥秘不在各国看似精美、高雅、堂皇的制度文本里，而藏在千回百转的历史之中。

我前面提到的都是文学文本，相当程度上是因为我认同卡尔维诺的阅读喜好：“就主观倾向而言我是个杂食性的读者，况且在我的专业工作之外，还有出版社审读工作。但我努力节省出尽可能多的时间，用于毫无功利的阅读，用于我喜爱的作家，他们富于诗的本质，这是我所相信的真正食物。”[②] 人生需要的知识和智慧并不都能在书中找到答案，更别指望读一本书就找到所有答案。虽然找不到所有答案，但在阅读中，总会收获部分答案，有直接的，有间接的，甚至有一些可能是相对边缘的。读书毕竟不是点金术，一点哪里，哪里就是金子。阅读过程中，读者只要主动提问、思考、体悟，就一定会和很多答案不期而遇。

结语　三四年后能带走什么

我讲这么多，到底要表达什么呢？

只要你脑子里边有自己的问题，你就一定会在阅读的过程中有所收获。你们想在三四年之后带走什么呢？这让我想起卡尔维诺的问答：“我们是什么？我们中的每一个人又是什么？是经历、信息、知识和幻想的一种组合。每一个人都是一本百科辞典，一个图书馆，一份物品清单，一本包括了各种风格的集锦。在他的一生中这一切都在不停地相互混合，再按各种可能的方式重新组合。”[③] 无论人生宽度如何、能织成多大的一张网、包含多少种可能性，或许都需要一种内在的统一性。

博尔赫斯堪称最优秀的读者之一，他说：“我知道我命中注定要阅读，做梦，哦，也许还有写作。但这并非我非做不可的事。我总是把乐园想象为一座图书馆，而不是一座花园。”[④] 最重要的不是我们拥有多少书，而是有多少东西进入我们心中驻留不去，成为我们自身的一部分。博尔赫斯

---

① 老舍：《茶馆》，人民文学出版社，2018，第 76 页。

② 卡尔维诺：《为什么读经典》，黄灿然、李桂蜜译，译林出版社，2006，前言第 3 页。

③ 卡尔维诺：《美国讲稿》，萧天佑译，译林出版社，2012，第 119 页。

④ 威利斯·巴恩斯通：《博尔赫斯谈话录》，西川译，广西师范大学出版社，2014，第 235 页。

坦言自己一生读过的书不是很多，大部分时间都在重读。[①] 重读的最极致的形式便是记忆。记忆将书籍的外壳剥离，使其成为最轻盈的携带形式。

主动阅读、习惯阅读，本应是基础教育的教学目标，现在推迟到了大学阶段，而在大学阶段能否达成仍是未知。这不是人生季节的颠倒，而是个体心智成长的延滞。好在开拓自己的精神自由空间，挖掘和发展自己的想象力、审美力、思维能力和创造能力，什么时候都不晚。

阅读不是“看见”，而是思索、启示与理解，阅读的收获不取决于我们眼睛移动的速度，而取决于我们心智可延伸的深度和广度。入学通知书、学历证书、文凭及各种各样的资格证书，它们确实很重要，但并都不能有效抵御时间的风蚀，书籍才有可能。作为师者的我们，能给大家的非常有限，借用博尔赫斯的自省，“我能教给你们的是爱，不是去爱我都无法掌握的文学，而是去爱某几个作家，不，那都有点太多了，爱某几本书，或许还有一些奇特的诗篇”。[②]

研讨互动

嘉宾点评

牛玉兵：自主学习、自主阅读、获得成长

刚才肖老师用一个多小时时间，做了一次非常精彩的报告。我在听讲的时候，有一段时间有点走神，为什么？（“走神”是不准确的表述）或多或少是超脱了吧！平时做行政工作，什么事都要处理。在这儿听报告的时候，我在想，有些时候在办公室坐得久了，原来给同学们上课是一个很享受的过程，可以交流。有那么一个时间段，让你从繁杂的事务当中暂时抽离出来，进入另一个过程当中去。今天晚上的讲座，我就有这种感受。

阅读也能让我们从繁杂的事务性工作中解脱出来，从工具性活动当中走出来，让大脑进行真正的思考，比如肖老师对大学生活意义的一种反思、一种思考。今天下午上课的时候，我还跟研一的同学讲，读书有时候

① 威利斯·巴恩斯通：《博尔赫斯谈话录》，西川译，广西师范大学出版社，2014，第 6 页。
② 豪尔赫·路易斯·博尔赫斯：《博尔赫斯：最后的访谈》，汤笛译，中信出版社，2019，第 151 页。

要读那种“看似无用的”——哲学、历史之类的书，它们能够给我们很多启发。别光盯着考试书！当然，法考对我们未来的职业发展是重要的。

刚才肖老师讲的一句话我非常赞同，在同学们成长的过程中，本科、研究生是最好的时间段，多好的年华。我们在学校里做老师，有一个非常大的好处，那就是我们看到的永远是年轻人。我们总是希望年轻人，尤其是大一的学生，在大学本科期间、研究生期间，不仅仅获得一个文凭，不仅仅获得证书，更要让生命充盈丰富起来。你看到很多的事，有很多的思考，有很多的想法，甚至你围绕着自己的想法做了很多的事情，所有这些都会构成你生命的一部分。

肖老师跟我讲读书会、讲学生的阅读量时，我真的很焦虑、很着急。她说看硕士论文、同学们的课程论文（特别是 4 月份）会花大量的时间。开学科组会议，都是从晚上 7 点开始弄到第二天凌晨 1 点，一篇篇过，过程很痛苦。

所以我们才请肖老师花时间讲一讲，不仅要让一年级的同学听到，也要让其他年级的同学知道。今天我给各班班长也发了信息，如果同学们不能到现场就在线上参与。我的想法是让我们的同学在江苏大学法学院这个集体中，在读本科或者研究生的三四年时间中，通过老师，更重要的是通过自主学习、自主阅读成长起来。我们希望同学们有一个光明的未来，可是这个未来是要自己努力去创造的，不能依靠老师上课。我们就几十分钟的上课时间，同学们要想了解到或者学习到更多东西，这绝对是不够的！

今天我们有几位嘉宾、几十位同学，一次读书会就是一次交流的机会，不能设太多的规矩。大家有什么想法，可以跟肖老师或其他几位老师做交流。

彭亚媛：备战法考的同时阅读《苏菲的世界》

我想跟大家分享一下自己的经历。我是江大本科毕业的。不知道大一同学有没有去过江大的图书馆，2010 年我入学时，图书馆刚建好，法学书放在三楼的一个小角落。刚开始的时候我也和大家一样，大一、大二、大三没正经读过“难书”，那时候我最常去的地方是放小说的书架，读了很多中外小说，包括外国大部分侦探小说，但这些都是休闲阅读，算不上严肃阅读。

真正开始有意识地读“难书”，是在我备战法考的时候，就像肖老师说的，要通过法考很难，但如果同时做一点儿更难的事情，反而会觉得法考简单。我当时一边准备法考，一边读《苏菲的世界》。这是一本哲学书，揭示了西方哲学发展的历程，难读到看一下就能睡着。于是，我突然觉得法考比较简单。

其实我想说，我们更多的是要进行一些严肃阅读。作为法学人，阅读难免有偏向性，大部分读的是和法律相关的书。等到了我这个年纪的时候，同学们会向更深远的方向发展。比如去年和肖老师一起办了读书会，我们聊过女性生存的困境、女性权利保障的天花板，包括生育保险这些话题。在谈论这些之后，我们也能看到相关事件慢慢发生了变化，我不知道是不是巧合。女性原先领生育保险金，都是以婚姻为前提的，必须有结婚证。我国立法与司法实践原先是不支持单身生育的，但是自从深圳有了未婚生育申领生育保险金第一案之后，各地正在积极改进。政策也慢慢在调整，这其实就是思辨的力量。

如果说法治是一项事业，那么就该多关注身边的事情。大家觉得法学是一门很有用的学科，因为每次回家总被问“我家某某刚发生了车祸，怎么办?”“我家亲戚离婚了，怎么办?”实际上在课堂当中学不到这些，知识不仅来自课堂，建议大家多看人生百态。阅读其实也是需要通过自身的经验去驱动的，比如说为什么我会关注保险，因为自己买了保险，出险就要把所有的条款都研究一番，甚至还可能和保险公司打官司。所以说我们法学人的兴趣点应该是非常广泛的。

用法学思维看到更广阔的世界。比如说去年和肖老师一起读《美国陷阱》，正好赶上孟晚舟被加拿大警方“应美国发布的逮捕令”任意拘押。这本书就讲了美国的司法系统是如何帮助美国公司去对付其他国家的大公司和他们的竞争对手的，可以帮助我们了解整个事实。后来我发现，自己真正的兴趣不仅在于法学，也在于政治。

读书最棒的地方，就是帮助你发现真正的兴趣。2022 年初，肖老师推荐的第一讲是中国乡村系列，也推荐过项飙的《全球“猎身”：世界信息产业和印度技术劳工》。这本书讲述了印度的计算机工人数量为什么会成为全球第一。在阅读的过程中，我们会不断发现自己的兴趣。不管什么样的书，大家都去看一看，增长知识。虽然我们图书馆的法学书不多，但大家可以利用图书馆的多种功能。看到好的书，就向图书馆推荐。

申屠晓莉：大学时期获赠的书保留至今

我简单说两句。希望大家今天不只是为这批争取到的书而来，更希望大家在讲座中能够有所收获，能够收获一些真正的东西。听了肖老师的分享，感触非常深刻，我之所以常常感到痛苦，就是因为太狭隘，读的书实在太少。

关于今天的书，趁机稍微说明一下。这批书中有一些法学专业书籍，也有一些工具书，它们可能属于肖老师所列举的那些可能不是特别值得收藏的书，是反证。但你抽中了就把它当作一个奖品，不用太纠结是不是“经典”。

出版社的活动还在继续，参与抽奖依然有获得奖励的机会。图书馆也同意在公众号推送今天的相关活动，所以可能还会有第二批赠书。有时间和机会，咱们再搞一次读书会，接着赠书。我读大学收到的礼物很多，但是一直被保存到今天的只有书。我们班来了几位同学，请举手示意下。他们知道，我每次给他们开班会的时候，都会送出一本书。我希望他们毕业的时候，每个人都能收到我送的一本书。

雷婉璐：用读书来抵抗诸多诱惑

我就站着说两句。首先还是感谢肖老师，因为肖老师今天一天都有课，晚上又来做讲座，一天一直在说话，真的非常辛苦，再次感谢肖老师给我们做阅读分享。感谢牛院长、朱书记，还有几位老师的参与！刚才朱书记和彭老师都向大家介绍了读书的经验，我听了也很有收获。我比较惭愧，正应了朱书记说的“书到用时方恨少”，没有太多成功的读书经验。但我可以介绍一下失败的读书经验，就是读不下去的经验。

在听肖老师讲完以后，我的感受是热血沸腾，恨不得马上把她推荐的书全部买下来。当收到书的时候，我也会欣喜地看一下，封面、封底都翻一翻，不过下一次再翻起就不知道是何时了。我相信刚才有同学在网上查这些书，这次报告多少会产生些影响。我也可以选择找肖老师要一下书单，先把书拿到手，证明我今天听了这个讲座，我已经努力了，我有所行动。我以前也经常这样。

我相信很多同学有着跟我一样的感受，觉得读书的好处是不言而喻的。就连我奶奶也会劝我多读书。但是我们可以选择不读，不读不也活得很好吗？肖老师今天一直在说，作为一个大学生，你可以选择不读，可你应该阅读。读书其实不难。难的是在这样一个时代，怎么让书籍从各种资讯里抢时间，如何用书来抵抗其他的诱惑。

其实我理解同学们，读法考书、读教材、读试卷。大家要想拿到证，不去读怎么办？但是除了备考之外的其他时间，你刷了多久短视频，打了多久游戏，追了多久剧，大家自己都心里有数吧！娱乐两个小时觉得还没玩够，该睡觉了，十一二点了。读书两个小时挺慢的，怎么十分钟才读了几页，十分钟像一个小时，肯定是这个感受，对吧？所以关键还是要看大家。肖老师刚才也说了，读书还是应该靠自己，师父领进门，修行看个人。如果你能把阅读变成一种兴趣，就能够抵抗其他的焦虑，能够释放你的压力。希望大家能朝这个方向努力，尽管很难。

肖老师其实是我的一个“工具人”。此话怎么说呢？如果大家想读书，可是不知道读什么，不知道该怎么读，也不知道就一个主题怎么选书，就去问肖老师，她会迅速给出一个答案。我写论文的时候不知道该用什么工具，上课的时候不知道该用什么案例，或者我想要知道什么，却不知道该读什么，都是找她。

法律陷阱背后的经济利益链

阅读《美国陷阱》[①]

阅读提要

《美国陷阱》的作者弗雷德里克·皮耶鲁齐把自己沦为“经济人质”的不幸遭遇记录下来，该书因此成为大型企业集团、企业高管和员工合规经营、自我保护的经典教材。皮耶鲁齐受刑、阿尔斯通被“肢解”这一事件，既可做抽丝剥茧的个案分析，也可做全球经济规则运行的宏观分析。

阅读报告分两部分进行：第一部分从微观角度出发，以“阿尔斯通如何陷入‘美国陷阱’?”为题目，从皮耶鲁齐被捕事件入手，分析美国司法部是如何对阿尔斯通编织法网并主导美国司法的力量的。第二部分从宏观角度出发，以“美国法律体系背后的经济利益链”为题目，从美国《反海外腐败法》的出台与实施入手，剖析美国综合软实力的全球运用、诉辩交易中的效率与公正、监狱成本收益与罪犯人权保护及针对美国经济暗战的法律应对等问题。

（谢冬雪供稿）

---

① 本期读书会领读人为2021级本科生谢冬雪、郭子韵、翟安琪、王彦祺、严俊强、张泽同、杨涛、高涵，主持人与指导教师为肖建飞。

楔子

“钟爱阅读”是你们的舞台

肖建飞

各位老师、各位同学，晚上好！我是理论法学教研室教师肖建飞，非常有幸能在各位同学入读江苏大学法学院的这个秋天，召集、组建“钟爱阅读”读书会，并见证“钟爱阅读”读书活动的正式启动。这是我院本科教育史上的一次有意义的尝试。

发起这个读书会，基于三个最基本的考虑。

第一，延续三江文脉。“三”意味着“多”，有“三生万物”“万物相长”之意。“三江五湖”不仅是我国华东地区的代称，也是重要的文化符号。1902 年设立的三江师范学堂是“中国师范学堂之嚆矢”，“堪与京师大学堂比美”。1952 年，全国高校院系调整，自南京大学调整出工学院、师范学院、农学院等院系，分别组建了包括南京大学、东南大学、南京师范大学、河海大学、南京农业大学、江苏大学等至少九所大学。江苏大学以农科、工科闻名，蜚声学界，但始终未懈怠过对法学、经济学、文学等人文社会学科的建设。历届师生辛勤耕耘，使三江文脉绵续至今。

第二，营造社交空间。在外地人的眼中，一座城市拥有悠久的历史、丰富的文化会令人心生羡慕，而如果这座城市有一所好大学，则会更令人尊重；在本地人看来，城市因有一所追求卓越的大学而骄傲，一所大学因有众多钟爱阅读的学子而骄傲。教育家艾德勒有言：“一个人文素养优良的高中，就算什么也没做，也该培养出能达到分析阅读的读者。一个优秀的大学，就算什么也没贡献，也该培育出能进行主题阅读的读者。”[①] 和多数大学一样，我们所在的江苏大学也是“巨无霸”式的，教学楼、实验室、宿舍、食堂、礼堂等一应俱全，俨然五脏俱全的“小城市”。但作为一所追求卓越的大学，必须有一个“标配”——钟爱阅读的师生。我们的校训“博学、求是、明德”，也在提醒我们这些为人师者要承担领读人的责任。

---

① 莫提默·J. 艾德勒、查尔斯·范多伦：《如何阅读一本书》，郝明义、朱衣译，商务印书馆，2004，第 28 页。

第三，实现自我转变。在应试教育体制与虚拟社交逐渐主宰高等教育的当下，对于很多“阅读唯课本、交往唯手机”的法科新生而言，如何实现“尚法厚德、笃学守义”（江苏大学法学院院训）的转变是目前面临的重大问题。而阅读、思考与交流是实现自我转变的重要契机。

2018 年 12 月 1 日，美国借加拿大之手，以华为与伊朗有贸易交往、违反美国《反海外腐败法》（简称 FCPA）为由，逮捕孟晚舟。美国政府此举醉翁之意不在酒，而在于遏制中国的高新技术产业发展，事件本身已不再是单纯的法律问题。早在孟晚舟事件发生的五年前，2013 年 4 月 14 日，在美国纽约肯尼迪国际机场，法国阿尔斯通集团锅炉部全球负责人弗雷德里克·皮耶鲁齐也遭遇了类似的问题。美国的跨国企业是其经济实力的内核，为了维系自己的全球“经济帝国”地位，美国统合立法、司法、外交力量，使司法、政治、意识形态均成为其维护经济实力的“武器”。这场经济暗战的矛头，直指世界 500 强公司。在美国公共权力体系中，司法部门是这场经济暗战中最锐利的“武器”。

皮耶鲁齐在服刑期间创作了《美国陷阱》一书，他把自己沦为“经济人质”的不幸遭遇记录下来，使该书成为大型企业集团、企业高管和员工合规经营、自我保护的经典教材。皮耶鲁齐受刑、阿尔斯通被“肢解”这一事件，既可以作为典型案例，就事件本身的前因后果做抽丝剥茧的个案分析；亦可置于美国法律体系维系其“经济帝国”地位的宏观背景之下，分析经济、立法、司法部门之间如何形成合力、运作，并将触角延伸至全球。

本期读书会领读人分别是谢冬雪、郭子韵、翟安琪、王彦祺、严俊强、张泽同、杨涛、高涵。我们还有幸邀请到与谈教师雷婉璐、彭亚媛、郑淑珺。因家中发生紧急事件临时离开的方雨涵同学和申屠晓莉老师，虽然身在他处，但亦心系镇江。本期最大的惊喜是方晓霞院长和罗好老师结束了一天的工作后，特意空出晚上的时间来参加我们的读书会。

“第一次”是神奇的——它既给人施加压力，同时也赋予了力量。

让我们从“第一次”开始！

主题领读

阿尔斯通如何陷入“美国陷阱”？

一、全球反腐败斗争中的“超级警察”

方雨涵①

《美国陷阱》是弗雷德里克·皮耶鲁齐根据亲身经历写作而成的，带有自传性质。皮耶鲁齐以第一视角，从自己在纽约肯尼迪机场被捕开始叙述：他被指控于法国阿尔斯通公司投标塔拉罕发电站项目期间向一位印度尼西亚议员行贿。这一行为属于向外国公职人员行贿，受美国《反海外腐败法》规制。

（一）一起杀鸡儆猴的案件

皮耶鲁齐不接受辩诉交易，就可能会被判125年监禁。此外，高昂的律师费、庞杂的卷宗资料、漫长的诉讼周期及恶劣的监禁条件都在消磨他的意志，逼迫他认罪。

通过逮捕皮耶鲁齐，美国司法部门向阿尔斯通高管们展示了不配合调查可能引发的后果，以此逼迫其他高管合作，承认公司与本人的行贿罪行。阿尔斯通最终支付了7.72亿美元罚款。而在皮耶鲁齐被诉期间，阿尔斯通没有向自己的员工提供任何帮助，还拖欠了皮耶鲁齐9万欧元的离职补偿金。

通用电气以承诺帮助管理层同美国司法部协商，免于追究刑事责任为诱饵，收购了阿尔斯通。此项商业交易得益于阿尔斯通首席执行官柏珂龙的推动，他本人也因此豁免10年以上的刑事指控。直到最后柏珂龙都在国民议会调查委员会上充当“爱国者”，声称“美国司法部的案件调查和阿尔斯通出售业务的决定完全没有关系”，强调“联合对阿尔斯通有利、对就业有利，也对法国有利”。他还坚称，通用电气会支付给阿尔斯通123.5亿欧元，用以清偿轨道交通部门的所有债务。

---

① 因家中发生紧急事件，方雨涵未能参加2021年10月29日的现场领读，由本组谢冬雪同学代为领读。指导教师为部分报告加了题目与子标题，并修改、补充了后半部分内容。

(二) 反腐“超级警察”的收益

相信同学们都知道一个世界经济常识，即美国政府掌握着美元霸权，这一权力相当于在全球范围内掌握着“印钞权”。美国只需开动印钞机，就可轻松获得他国实实在在的财富，攫取“铸币税”。[①] 但大家可能并不熟悉美国的另一角色——全球反腐败斗争中的“超级警察”。

在阿尔斯通涉嫌商业行贿案调查期间，美国司法部副部长科尔曾向国际社会发出警告：“请允许我再次申明：行贿在全球市场中绝无立足之地。通过这次调查，我们向全球各地的企业传达了一个清晰无误的信号。”[②] 在此前后，美国司法部先后对4家法国大公司处以罚款，为美国增加了16亿美元的财政收入。加上2014年对法国巴黎银行的89亿美元罚款，2015年法国农业信贷银行支付的7.87亿美元罚款，2018年法国兴业银行支付的10亿美元罚款，上述罚款总和超120亿美元，甚至超过了法国的年度司法财政预算。这些罚款如留在法国意义巨大。2018年9月，法国总统马克龙提出的“消除贫穷大型计划”，预算也仅仅是80亿欧元。

这起案件是“地下经济战”的冰山一角。正如皮耶鲁齐在《美国陷阱》开篇所言，“本书讲述了一个地下经济战的故事。十几年来，美国在反腐败的伪装下，成功地瓦解了欧洲的许多大型跨国公司，特别是法国的跨国公司。美国司法部追诉这些跨国公司的高管，甚至会把他们送进监狱，强迫他们认罪，从而迫使他们的公司向美国支付巨额罚款”[③]。

二、美国司法部对阿尔斯通编织法网

翟安琪

(一) 通用电气与阿尔斯通

美国通用电气公司（GE）是世界上超大规模的多元化服务性公司之一，业务涵盖飞机发动机、发电设备、金融服务、医疗造影、电视节目、

---

① 美国前财政部长约翰·康纳利曾大放厥词：“美元是我们的货币，却是你们的麻烦。”美元拥有一种具掠夺本性的“嚣张的特权”。美联储主要通过两类货币政策从他国攫取经济利益：第一，“开闸放水”，即在“美国货币政策处于扩张周期时，大量资本流向全球，助推资产价格泡沫，赚取高额增值收益”；第二，“落闸限流”，即在“美国货币政策进入收缩周期时，资本回流美国，把本币大幅贬值、资产价格崩盘的恶果留给他国”。参见杜静、欧阳为、张欣：《“我们的货币，你们的麻烦”——起底美元霸权》，新华网，http://www.news.cn/，访问日期：2022年11月7日。此为指导教师后期整理文稿时加注。

② 弗雷德里克·皮耶鲁齐、马修·阿伦：《美国陷阱》，法意译，中信出版社，2019，第250页。

③ 弗雷德里克·皮耶鲁齐、马修·阿伦：《美国陷阱》，法意译，中信出版社，2019，引言第1页。

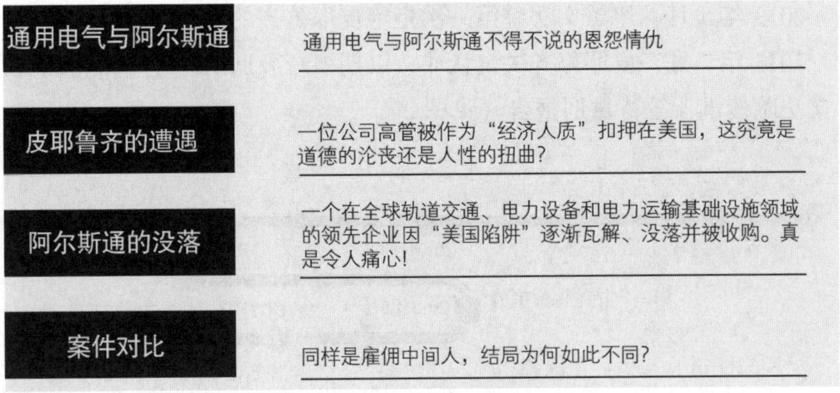

图 1　安琪汇报的核心问题

塑料制品等，致力于通过多项技术和服务创造拓展全球业务。目前，GE 的业务遍及全世界 100 多个国家，拥有近 30 万名员工。

在经营领域，通用电气与阿尔斯通有很多重合业务，两家公司是竞争对手。通用电气曾一度将业务重心转移到金融行业，但在 2008 年金融危机后，新上任的首席执行官为挽救企业危局，决定降低金融业务的比重，重新将公司业务重心定位于制造业。

收购阿尔斯通集团的提议，就是通用电气在进行战略转型的契机下提出的。通用电气希望通过并购降低通用在金融板块的营收比重，并将大量资金投到更具有战略意义的项目中，尤其是能与自身现有业务单元产生良好协同的成长性业务中。

无论是为了维护商业资本扩张的利益，还是基于维护国家利益的目的，美国司法部的官员们都愿意为这些大企业们充当“先行官”。

（二）皮耶鲁齐的遭遇

2013 年 1 月，阿尔斯通全球锅炉部负责人皮耶鲁齐飞往美国出差，在肯尼迪机场被捕。

2013 年 1 月第一次开庭时，美国司法部控诉皮耶鲁齐违反了《反海外腐败法》。具体事由是在 2003 年 4 月印度尼西亚的塔拉罕项目竞标过程中，他参与贿赂印度尼西亚政府官员，以获取项目开发资格。

2013 年 1 月第二次开庭时，法庭提出需由阿尔斯通支付 150 万美元、皮耶鲁齐支付 40 万美元，再加上一位美国公民的房产作为保释金，皮耶鲁齐才能获得保释机会。因暂时交不齐保释金，皮耶鲁齐被投入怀亚特看守所。

2013 年 5 月，纽黑文法院第一次拒绝皮耶鲁齐的保释申请。

2013 年 7 月，皮耶鲁齐决定认罪，以期缩短服刑期。他本人再次被纽黑文法院传讯，等待量刑报告（见图 2）。

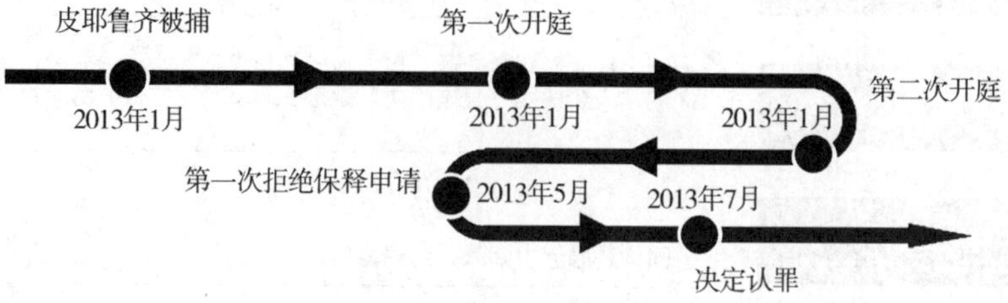

图 2　审前重要节点

2013 年 9 月，阿尔斯通以“擅自离岗”为由，向其发送了解雇邮件。

2013 年 10 月，纽黑文法院第二次拒绝皮耶鲁齐的保释申请，并推迟了审判时间。

2014 年 6 月，皮耶鲁齐被保释成功，支付了 300 万美元保释金（阿尔斯通与他本人各占一半），同时还有两处美国公民的房产做抵押。

2017 年 9 月，皮耶鲁齐行贿案作出最终判决，皮耶鲁齐被判处 30 个月的有期徒刑。

2017 年 11 月，皮耶鲁齐被押送到莫斯汉农山谷改造中心服刑。

2018 年 9 月初，皮耶鲁齐被成功引渡回法国服刑。

2018 年 9 月末，博比尼法院通过了皮耶鲁齐的假释申请，皮耶鲁齐结束长达 25 个月的监狱生活（见图 3）。

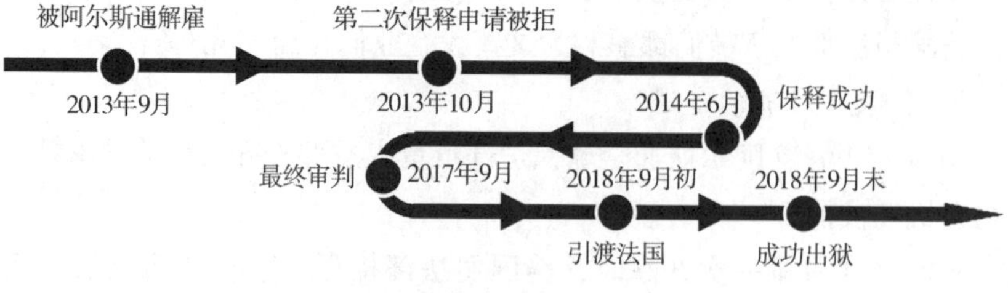

图 3　审判前后至出狱前的重要节点

（三）阿尔斯通的没落

早在 2009 年，美国司法部就展开了对阿尔斯通集团的反腐败调查。随后，美国起诉阿尔斯通在国际投标中存在行贿行为，并对其开出巨额罚单。阿尔斯通 CEO 柏珂龙与法国政府仓促应战。在相当长一段时间内，阿尔斯通表面承诺与美国司法部合作，实际却阳奉阴违，这令美国司法部恼羞成怒。于是便有《美国陷阱》一书开头的一幕，美国联邦调查局于肯尼迪国际机场逮捕皮耶鲁齐。

这一事件产生了极大的警示乃至恐吓效果。2014 年 4 月 24 日，阿尔斯通将核心的能源业务以 130 亿美元的价格出售给通用电气，并接受了美国司法部 7.72 亿美元的罚款，其业务只剩下轨道交通。

（四）同类案件对比

与阿尔斯通被处罚、被收购案类似的案件有很多，这里只例举其中几件（见表 1）。皮耶鲁齐曾对比法国阿尔斯通案与美国凯洛格 · 布朗 · 路特案：在凯洛格 · 布朗 · 路特行贿案中，首席执行官艾伯特 · 杰克 · 斯坦利领取 1000 万美元回扣，仅被判处了 30 个月的监禁；而阿尔斯通的涉案金额远小于前者，皮耶鲁齐在达成塔拉罕交易时仅仅是一名“小职员”，没有拿一分钱回扣，却面临如不接受辩诉交易，就可能被判 125 年监禁的局面。

“久病成医”，在查阅大量资料后，皮耶鲁齐意识到，“这并非我一个人的战争。这是一场关系到我们所有人的战争，一场比军事战争更复杂、比工业战争更加阴险的战争，一场不为公众所知的战争：这是一场法律战争”①。

表 1　同类案件摘录

被罚对象	美国凯洛格 · 布朗 · 路特公司	法国阿尔卡特公司	日本丸红株式会社	法国阿尔斯通公司
主要事实	20 世纪 90 年代中期，为签订向尼日利亚伯尼岛油田提供装备的合同（价值 20 亿美元），公司找到一名伦敦律师，向尼日利亚官员支付了 1.88 亿美元贿款。2004 年 5 月，案件线索在法国被发现，法官审讯中间人	阿尔卡特为获得在哥斯达黎加签订契约的资格，聘请中间人行贿，拉美地区副总裁经理监守自盗，收取 30 万美元回扣	与阿尔斯通组成联合体，共同与美国企业竞标，雇佣两名中间人，成功拿下项目	2002—2009 年，阿尔斯通向印度尼西亚的国会议员和国家电力公司官员行贿，成功拿下塔拉罕发电站项目和雅加达淡水河口电站项目，项目金额分别是 1.18 亿美元、2.6 亿美元

① 弗雷德里克 · 皮耶鲁齐、马修 · 阿伦：《美国陷阱》，法意译，中信出版社，2019，第 333 页。

续表

被罚对象	美国凯洛格·布朗·路特公司	法国阿尔卡特公司	日本丸红株式会社	法国阿尔斯通公司
处罚情况	法国与美国协商后，案件转由美国审理，首席执行官艾伯特·杰克·斯坦利领取1000万美元回扣，被判处30个月监禁，公司总共被罚5.79亿美元	涉案人承认自己赚了不义之财，被判处10年有期徒刑	会社认罪态度良好，被罚8800万美元后成功脱身	高管皮耶鲁齐被监禁长达25个月。阿尔斯通被处以7.72亿美元罚款，其核心业务被通用电气收购，轨道交通部门被西门子收购

三、作为全球最大律所的美国司法部

谢冬雪

我们要读懂《美国陷阱》这本书，需先了解美国司法体系。我将从三个方面介绍美国司法体系和其运行情况。

（一）美国司法部的“豪横”地位

美国司法部被称为“世界上最大的律师事务所”。它拥有292亿美元预算，超过11.5万名员工，以及30多个办公室、业务部门及执法机构。在组织结构方面，司法部包括反垄断部门、民事部门、民权部门、刑事部门、环境与自然资源部门、司法管理司、税务司、国家安全部门等。

那么美国司法部为何如此“豪横”呢？主要有四个原因：美国的全球霸主地位、庞大的情报系统（其将商业监听视为国家安全的一部分）、司法解释的范围、强迫交易的解决方案。最后一点需要重点解释：第一，如果被追诉者同意合作，自证其罪，将面临与司法部的漫长谈判和天价罚款；第二，如果被追诉者选择反抗，则要走极其复杂的诉讼程序并支付高昂的诉讼成本；第三，如果被追诉者采取拖延战术，也就是该书中阿尔斯通采用的战术，只会惹怒美国，从而引来更高昂的罚款，乃至更重的刑事责任。

（二）司法部在阿尔斯通案中的作为

我们不妨从该书中探究一下美国司法部在阿尔斯通案办理期间的作为。

美国司法部自2009年开始调查阿尔斯通，在掌握大量证据后，借此指控皮耶鲁齐在2003年前后向印度尼西亚官员行贿，涉嫌违反美国《反海外腐败法》，同时涉嫌多次洗钱、腐败、同谋等10项罪名，最高可被判处125年监禁。

美国司法部认定：逮捕了涉案企业的高管，对方就会愿意坐下来谈判。司法部一旦怀疑企业行贿，就会与涉案企业的CEO联系，为他提供两种可能的选择：要么合作认罪；要么反抗，走司法程序。前者占已处理案件的99%，做出后一选择的企业凤毛麟角。接下来要回答的问题就是，为什么海外企业都愿意认罪？这就不得不补充一个背景，美国司法部打官司的胜算率是98.5%。基于诉讼成本与胜诉概率的考虑，绝大多数企业都不会选择与美国司法部这只“老虎”正面交锋。在阿尔斯通案件中，美国司法部设计的陷阱再次成功。皮耶鲁齐被逮捕后，阿尔斯通高管人人自危。阿尔斯通首席执行官柏珂龙甚至在自家公司被通用电气收购中进行积极斡旋，在法国国民议会、欧盟委员会奔走游说，最终促成了这一收购案。皮耶鲁齐对美国司法系统运行机制的评价极为简练、明确：所有的案子都是一场“交易”。

从皮耶鲁齐的自传和相关资料中，可提炼出司法部达成“司法交易”的两大工具：第一，长臂管辖，这最初是民事诉讼中的一个概念。大致含义是，如果被告有意地在法院所在地做出某一有法律意义的行为，并有权依据法院所在地法律取得权利或利益，法院就对由该行为引起的诉讼拥有管辖权。最初法院对人的管辖权可及于本州以外的外州人，主要用于交易行为和侵权行为。后来该管辖权不仅适用于美国的州际诉讼，也扩大到国际上，包括对外国国民进行长臂管辖。例如，2020年7月总部位于迪拜的Essentra FZE公司，因向朝鲜非法销售产品而支付了约66.5万美元的罚款。该公司是英国Essentra PLC的子公司，主要生产香烟过滤嘴。尽管所有交易方都不是美国人，但因Essentra FZE在朝鲜的客户通过三种电汇方式支付货款，既使用了美国银行系统，也使用了美元结算系统，因此违反了美国财政部海外资产控制办公室（OFAC）的制裁规定。第二，《反海外腐败法》（1977年颁布实施），该法律是实体制度，其全球效力加上长臂管辖，让美国司法部能以“正义”为名，将“魔爪”伸向全球。

（三）司法部与相关部门的职能关联

通过对背景知识的学习和了解，可以看到美国司法绝非单一力量，其背后是司法、经济、政治等多种力量的交织。从皮耶鲁齐的经历中我们看到，他被关进了环境极为恶劣的看守所。在第二次庭审前，根本没有人送他到庭，法官则因为被告没能及时到庭而决定延期再开庭。与此同时，保释条件也极为苛刻，法院一次次地提高保释金额。尽管理论上犯罪嫌疑人或者被告人有权查阅针对自己的指控文件和证据，但是皮耶鲁齐面对的是1500万份文件，而在看守所里使用电脑需要提前申请，并且每次使用仅限一两个小时。

设置了上述种种应诉障碍后，美国司法部的检察官便积极劝说皮耶鲁齐认罪。律师告诉皮耶鲁齐，如果他选择认罪并且揭发公司的行贿事实，刑罚就可能被降至6个月；同时还恐吓他，美国司法部同时逮捕了阿尔斯通的其他高管，如果别人先招供，他的招供价值就不大了，也将失去减轻刑罚的机会。6个月是很有诱惑力的条件，因为算上已经在看守所待的时间，几乎马上就可以出去了。然而当皮耶鲁齐最终决定承认罪行的时候，司法部却没有放人，检察官违背了原来的约定。这时皮耶鲁齐才完全明白，自己其实就是个“人质”。

在这种博弈格局中，被关押的皮耶鲁齐的个人罪行到底有多重，已不重要。对美国司法部来说，重要的是让阿尔斯通投降，然后帮助通用电气并购阿尔斯通。这时司法已沦为经济工具。

通过阅读《美国陷阱》，以及对美国司法背景知识的浅薄梳理，可见美国法律体系的两面性——对内保护资本集团的利益，对外维护美国霸权。无论是高调进行海外反腐，还是扩展长臂管辖原则，实质都是将美国国内的立法权、司法权凌驾于国际法和国际社会之上。唯有认识到这一点，才能“师夷长技以制夷”，积极参与到全球的法律治理中去。在全面开放的中国，国内经济与国际经济高度关联。为此，中国需要加快构建中国特色社会主义法治体系，为全球法律治理提供一个中国方案。

四、美国司法剧场外的全球经济目标

郭子韵

（一）阿尔斯通的行动与法国政府的应对

前面两位同学均谈到了美国长臂管辖制度与《反海外腐败法》。在这里我想分享二者给法国带来的影响。阿尔斯通市场业务拓展威胁到通用电气的利益，美国借诉讼与收购双管齐下，维护自身全球经济优势才是其最终的目的。

在电力业务大幅下滑、美国司法部追查、皮耶鲁齐等高管被抓的多重打压下，阿尔斯通手足无措。而此时通用电气提出收购协约。迫于压力，柏珂龙代表阿尔斯通，接受了并购协议。

该项协议引来了法国政府的注意，时任法国经济工业部部长蒙特伯格迅速推动法国政府出台了一项法案。该法案规定，在能源、设备、电站和运输等涉及国家安全和健康的领域，国外投资需要得到政府同意。同时法国政府希望与西门子合作，实现政商联合。但在美国司法部的施压下，加之通用电气承诺提供收购福利，法国政府和阿尔斯通最终妥协了（见图4）。

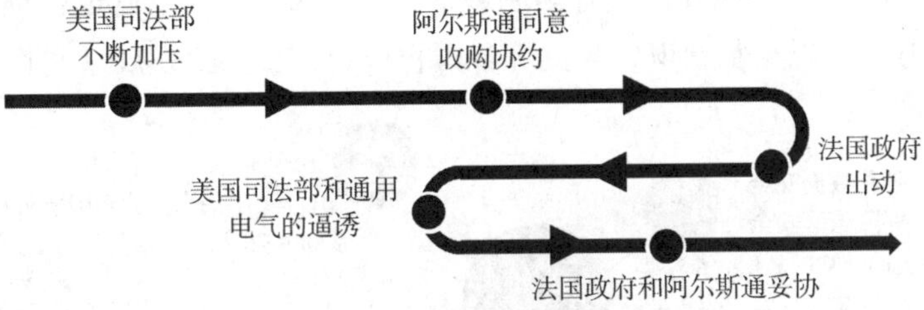

图4　阿尔斯通被收购的流程

（二）“美国陷阱”给法国及其他国家带来的重创

2014年6月，通用电气和阿尔斯通签署收购协议，皮耶鲁齐被准获保释。5个月后，法国时任经济工业部部长蒙特伯格换届。但就在交易真正达成的那一天，协议的内容发生了天翻地覆的变化：美国司法部要求阿尔斯通支付7.72亿美元罚款，交不起就从通用电气的收购费中扣除；原来协议的平等合资，也变成了通用电气享有80%的绝对控制权。

5年后，头发花白的蒙特伯格已经没有了斗志，眼里有了更多遗憾：“我们不该做任何的退让，但如果国家都放弃了战争，我还能再争取什么呢？”

在这场对外经济战中，法国苦心经营半个世纪的阿尔斯通，最终沦为威胁法国主权的工具。失去自主制造涡轮的能力后，法国就此丧失了在全球能源市场的技术主导地位。

美国打响的经济战，打击的不仅是部分国家，也是这些国家中每个人的发展权。美国不允许其他国家在国防、能源、军工、科技信息等战略领域拥有绝对优势。20世纪，日本崛起的半导体行业、伊朗石油在全球市场的地位，都让美国吹响了对外经济战的号角。进入 21 世纪，这类经济战并未完结，类似的事件至今仍在发生。

（三）面对“美国陷阱”，我们是否束手无策

2021 年 9 月 25 日，孟晚舟抵达深圳时发表了简短的感言：“经过 1000 多天的煎熬，我终于回到了祖国的怀抱。异国他乡的漫长等待，充满了挣扎和煎熬，但当我走下舷梯，双脚落地的那一刻，家乡的温度让我心潮澎湃，难以言表。祖国，我回来了！”① 面对霸权反抗到底，中国书写了不一样的历史。皮耶鲁齐接受采访时表示，支持中国采取与法国政府不同的应对策略。

除了帮助华为积极应诉外，我国也出台了《中华人民共和国数据安全法》和《中华人民共和国反外国制裁法》。当然，我国企业也在提高自主研发能力与合规经营意识，与世界各国积极合作，共谋发展（见图 5）。

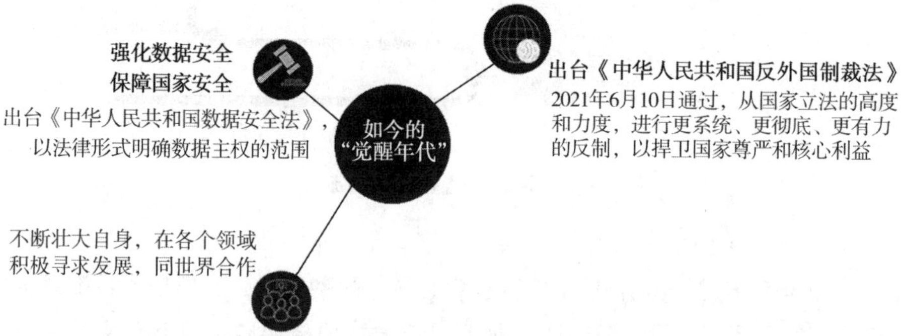

图 5　中国应对经济战的部分措施

美国法律体系背后的经济利益链

一、《反海外腐败法》的出台与实施

王彦祺

（一）FCPA 最初颁布实施的目的

1977 年，美国证券交易委员会调查发现：400 多家美国公司在海外存在非法或涉嫌违法交易；大量企业通过向外国官员、政客、政治团体行

① 孟晚舟：《“祖国，我回来了！”》，《环球时报》2021 年 9 月 26 日。

贿，以达到非法目的。此前“水门事件”① 也让美国政府高层和大企业主管的诚信受到社会质疑。同年，为重振国家信誉，美国国会通过最初版本的《反海外腐败法》。最初该法仅规制美国公司，目的是防止美国企业向外国官员行贿，整顿市场秩序，维护交易环境与市场主体的整体利益；同时，重塑联邦政府的公信力，提升国家的诚信度。

（二）FCPA 的两次修订

FCPA 于 1988 年首次修改，这也是修改幅度最大的一次。该法施行后，美国公司已经难以继续贿赂海外官员，逐渐在海外市场竞争中处于劣势。为此，美国开始推进 FCPA 的国际化，扩大该法的适用对象，并要求其他国家也出台类似法律。1998 年，美国国会再次通过修正案，进一步扩大了 FCPA 的管辖范围，将外国企业和自然人在美国境内实施的违反 FCPA 的行为也纳入规制范围。

就实施效果看，FCPA 刚出台时，美国政府严格执行该法，有效抑制了本土企业贿赂他国官员的行为。但随着 FCPA 管辖范围扩展至全球，美国政府在执行时开始实行“双重标准”，刻意包庇本国公司，遏制他国公司拓展业务，特别是在某些科技领域领先的企业。典型案例就是美国利用该法大力打压法国阿尔斯通，却对本国公司通用电气的违法行为“高抬贵手”。就此看，该法逐渐丧失其公正性，沦为美国谋求全球经济优势的“武器”，成为美国经济霸权的“保护伞”。

（三）作为“现金奶牛”的涉案企业

2012 年，《纽约时报》的一篇报道统计：因违反 FCPA 被罚以重金的

---

① “水门事件”（Watergate scandal），也称“水门丑闻”，堪称美国历史上“最不光彩”的政治丑闻之一，该事件也是政治史、宪法史与新闻史上的经典案例。1972 年美国总统大选期间，共和党支持下的尼克松（Richard Milhous Nixon）欲谋求连任，以首席安全问题顾问詹姆斯·麦科德（James W. McCord，Jr.）为首的共和党竞选班子的 5 人潜入民主党全国委员会办公室（位于华盛顿水门大厦），在安装窃听器并偷拍文件时，被当场抓获。尽管 1972 年 11 月尼克松以压倒性的选票击败了对手乔治·麦戈文（George McGovern），赢得连任，但因民主党在国会占多数议席，该党提议并通过了设立特别调查委员会的议案，对总统竞选活动发起彻底调查。水门事件委员会掌握的重要线索不断浮现，从 1971 年初起，为了记录与手下的谈话和电话内容，尼克松下令在白宫办公室里安装窃听系统。该委员会要求尼克松交出有关录音带和文件资料，但尼克松拒绝交出。尼克松政府中众多官员的违法行为被陆续揭发出来，并直接指向尼克松本人，从而引发严重的宪法危机。面对调查压力，尼克松下令要求司法部长免除特别检察官考克斯（Archibald Cox）的职务，因拒绝执行命令，两任司法部长先后辞职；尼克松还动用 FBI 封锁特别检察官及司法部长、副部长办公室。尼克松政府销毁录音带上对己不利的内容，最终交出的电话记录被大幅删改，大量重要内容被替换。其间尼克松继续强调总统行政特权，表示“遵循从华盛顿到约翰逊历届总统所遵循与捍卫的先例，决不做任何削弱美国总统职位的事情”。总统与联邦政府滥用行政权力的系列行为，招来国民的严重指责。1973 年 10 月，美国众议院决定由该院司法委员会负责调查、搜集尼克松政府的罪证，并准备弹劾总统。1974 年 6 月，司法委员会公布了弹劾尼克松案的全部证据。7 月底，司法委员会连续通过了三项弹劾尼克松的条款。8 月 8 日尼克松致信时任国务卿基辛格（Henry Alfred Kissinger），宣布辞职。

前10家公司中，仅一家是美国公司。依靠该法律，2009—2011年美国财政部进账30多亿美元，涉案企业要么"养肥了宰"，要么沦为"现金奶牛"。美国公司与司法部联手，利用该法打压外国竞争对手，不仅让美国公司和美国政府都获得大量的经济利益，同时也维护了美国在科技领域的领先地位。

可见，FCPA制定的初衷有正当性，早期也产生了良好的治理效果，为世界反腐败、构建良好市场秩序助力。但到后期，美国政府开始利用该法铲除科技领域对美国有威胁的外国企业，德国西门子、法国阿尔斯通、日本松下等均深受其害，其中也包括中国华为。

FCPA是美国主导的全球资本主义体系的缩影，代表资本主义的"符号生产"，并把制度成本转嫁给他国。[①] FCPA以维护公平交易秩序为始，以维护美国全球经济优势为终。类似逻辑也体现在人权法领域：对有实力支付高昂制度成本的主体，美国的人权法看似完善；对无力负担制度成本的群体而言，人权保护的微光无法照亮他们；同时人权保护也可以作为打压他国的"武器"（如新疆棉事件）。所谓正义"公器"至此成为国际竞争的"武器"——"屠龙者"终成"恶龙"。

二、美国综合软实力的全球运用

高　涵

美国何以成为"超级大国"？

众所周知，美国拥有全世界领先的军事科技实力与经济实力。除了这些，美国还拥有每个国家都不容小觑的软实力。那美国是如何运用其软实力的呢？

（一）法律制度——长臂管辖

以《美国陷阱》一书案例为例，美国出台《反海外腐败法》限制美

---

① 此处借用温铁军对当代全球化的实质的理论概括，即"成本转嫁论"。"自近代以来，在全球化所形成的世界体系中，核心国家和居于主导地位的群体不断通过向外转嫁制度成本而获取收益，得以完成资本原始积累、实现产业资本扩张和向金融资本跃升，广大发展中国家及底层民众则因不断被迫承受成本转嫁而深陷'低水平陷阱'难以自拔。当代全球化本质上是一个因不同利益取向而相互竞争的金融资本为主导、递次向外转嫁成本以维持金融资本寄生性生存的体系。"在此情形下，经济主权残缺的国家通常会被迫再次"被殖民化"，例如乌克兰；尽管应对巨额成本转嫁的方式有所不同，但主权完整的国家大都会强化本国政府对核心经济主权的掌控，例如中国。参见温铁军：《八次危机：中国的真实经验1949—2009》，东方出版社，2013，国仁文丛总序第8页、概念提示第17页。

国公司贿赂国外政府官员。这乍看没什么问题，但其管辖范围覆盖“在美国有经营活动的公司”。作为世界500强的阿尔斯通，其股票在美国上市，这使得美国可以通过这部法律，进行长臂管辖。美国通过这种方式使阿尔斯通高管皮耶鲁齐身陷囹圄，成为美国司法部门手上的一颗“棋子”，并借此向阿尔斯通施压。最终阿尔斯通被通用电气并购，美国的阴谋得逞。类似例子还有很多，例如瑞士AAB公司也因行贿被美国司法部罚以重金，德国西门子公司也因行贿被美国证券交易所处罚。美国美其名曰“主持全球正义”，实则是为获取最大的经济利益，维护其经济霸权。即便在我们看来，这种手段并不光彩。

（二）软性外交

美国的软实力体现在“软性外交”上，《美国陷阱》一书中提到，其重要内容是培养“青年领袖”：美国政府邀请各国政治新贵去白宫培训，现任法国总统马克龙也在受邀之列，当时马克龙担任经济部长。培训内容虽不得而知，但不难推断美国政府的目的就是结交各国高官，为政治结盟、政治游说铺路。马克龙曾言：“没有国家能规定企业跟谁合作。”但这句话与美国政府致力于帮助通用电气收购阿尔斯通的行径相比，颇有讽刺意味。

“软性外交”的另一途径，是美资企业进驻其他国家提供审计、法律等服务。美国资本几乎触及全球，其利用大量国家市场尚不成熟、准入机制不健全、成本低等特点，强势渗透。即便是在法国这样的老牌资本主义国家，巴黎大部分的律师事务所、审计事务所和商业银行也多是美资企业。这就导致法国的经济在相当大程度上依赖美国，法国的“经济主权”在无形中被减损。为此马克龙曾公开呼吁欧元国际化，以应对美国借美元及美式制度体系施加的长臂管辖，挽回经济颓势。

（三）文化渗透

美国软实力最不可忽视的，是美国的文化和价值观渗透。美国是如何对他国进行文化渗透的呢？第一，利用科学优势来宣扬西方价值观；第二，以基金的形式培养“公知带路党”①，带偏社会舆论，煽动人民对本

---

① “公知”是公共知识分子的缩写，原为褒义，指具有学术背景和专业素质，同时亦有进言社会并参与公共事务的知识分子，其是具有批判精神和道义担当的理想者。现在则被应用于部分贬义语境，指有目的性地带偏舆论或发表不当言论，并自诩为“公共知识分子”的特定人群。“带路党”一词可追溯到清末八国联军侵华时，当时有部分民众充当八国联军的带路人。

国政府产生不满；第三，掌控自媒体与部分公共媒体，给下一代灌输“西方至上，娱乐至死”的观念。另外，美国文化输出能力堪称一流，有多少人鼓吹“自由美利坚”“个人英雄主义”，有多少人热爱好莱坞与NBA？这些“好感”已经深入到很多人心中。即便在涉及中美政治立场问题上，例如NBA火箭队经理莫雷发表涉港不当言论，遭到中国球迷的批判，也无法完全阻挡中国球迷对NBA的喜爱，由此可见美国文化输出能力的强劲。大众文化与意识形态相互勾连，政治又通过社会舆论引导文化的发展方向。我们无法完全避开美国文化的影响，但要努力去打破对美国文化的幻想与美化，尽管这仍是一大难题（见图6）。

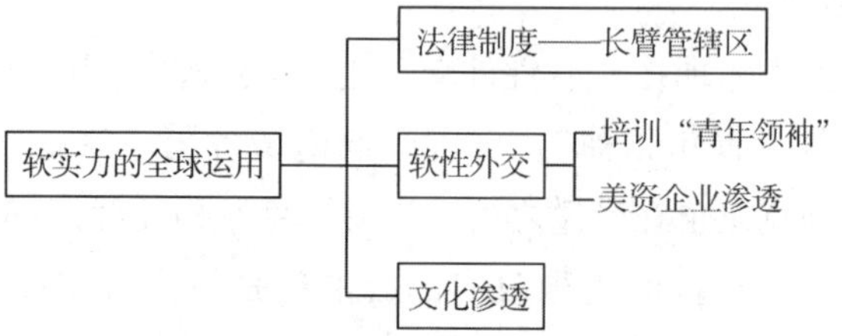

图6 美国软实力的全球运用

三、辩诉交易中的司法效率与公正

严俊强

辩诉交易，是检察官与被告人之间进行的一种关于“认罪”的“讨价还价”行为。通过这一制度，检察官、法官能用最少的司法资源处理更多的刑事案件，提高办案效率；同时，罪犯也可能获得较原罪行更轻的刑事处罚。

司法关涉的效率与公平问题，远没有简单的万能解决方案。公正是司法的本质属性，效率则是司法的评价标准与价值尺度之一。一味追求效率，就免不了会对司法程序有所忽视，程序不正义则将导致个案公正审理无法实现；而如果充分保障程序公正，就意味着需要增加诉讼环节，这将降低诉讼效率。

（一）辩诉交易偏离公正

美国的辩诉交易主要有三种：减轻指控、放弃部分指控、量刑交易。美国犯罪率居高不下，在此情况下，司法部门实行诉辩交易制度，的确可以大大减少成本投入，提高效率，节省有限的司法资源，同时也能让罪犯承担一定的法律后果。

辩诉交易制度更多体现的是提高诉讼效率的需求，公正层面则在一定程度上被忽略。这项制度的确可以让罪犯承认自己的一部分罪行，承担一定法律后果。但问题也随之而来：辩诉交易可能使无罪公民枉受有罪判决，削弱刑罚的犯罪预防功能。

如《美国陷阱》所述，辩诉交易过程中，检察官可动用 FBI 等部门搜集到海量的物证，同时撇除无罪证据。毕竟检察官是国家的律师，为国家赢得官司而战。而被告人若想要脱罪就必须自己聘请律师，可检察官有压倒性的资源优势，海量举证和高额的律师费用会给被告人造成巨大负担。

《美国量刑指南》颁布后，检察官几乎掌握了实质上的量刑权。刑事司法体系中，检方的强势地位使被告在面对检察官提出的交易条件时，几乎没有拒绝的可能。被告及其律师知道，检察官所说的“或者接受交易条件”，“或者等着陪审团审判并被处以更严厉刑罚”，不是虚张声势，而是事实。检察官了解全案的证据情况，可以选择起诉罪名，并且其量刑建议基本就是法官裁定的结果。在此情形下，无论有罪还是无罪，被告都倾向于接受辩诉交易。经此程序后的定罪量刑决定，很难说是被告自主、理性抗辩后认可的裁判结果。

（二）保释制度与辩诉交易的关联

在美国，保释制度就是通过缴纳一定保释金换取开庭前一定时间的自由，即在此期间对被告人进行无罪推定，如果被告人潜逃，保释金不返还；如期到庭，保释金会返还。

保释制度和辩诉交易看起来无关，实则联系紧密。保释金的设置主要由法官针对被告人的危险性来核准确定，而被告人的危险性又是检察官参与自由裁量权的领域。检察官可以通过设置极高的保释金来威胁被告人，若无力支付，被告人就会失去保释机会。正如书中皮耶鲁齐遇到的情况，被迫接受检察官提出的辩诉交易条件，配合检察官、法官提高“司法效率”。

四、监狱成本收益与罪犯人权保护

杨　涛

美国是世界上少有的实行监狱私有化改革的国家，其以“赢利”的名义尽可能地降低监狱的运营成本。①

(一) 私营监狱的起源

"廉价劳动营"的初步登场是在西、北欧人移民北美建立13个殖民地的时代，此时就有私营监狱的传统，监狱是资本早就盯上了的一块"肥肉"。私营监狱的运行逻辑可以简单概括为：低成本运营+廉价劳动力+庞大生产需求。在不断压榨囚犯的过程中，大量私营企业牟取暴利，仿佛重回奴隶制时代，监狱掌权者就是"农场主"，犯人就是"奴隶"，新兴的"监狱农场"正"如日方升"。

在经历了200余年的监禁史后，美国逐渐演化出各类私营监狱公司，如美国惩教公司（CCA）等。私营监狱拥有最为特殊的私有化运营方式——囚犯外包，在提高监狱行政体系效率的同时，自身也赚得盆满钵满。利用犯人牟利，私营监狱每年利润高达50亿美元，资本将监狱变成了新的逐利舞台。

在美国，富人掌握着社会绝大部分财富，贫富差距悬殊，再加上枪支、毒品泛滥，以及种族矛盾日益激化等种种因素，希望的"灯塔"逐渐成为犯罪的"黑塔"，美国的犯罪率一直居高不下。囚犯数量的日益增加，对美国监狱的运行造成了极大压力。庞大的犯人基数不仅让监狱更拥挤混乱、难以管理，同时使聘请狱警、保障犯人衣食和医疗等事项的开支也日益增长，成为美国财政的一大负担。此时，私营监狱顺势登场，成为美国监狱运行体系的"救星"。

目前，在美国230万名囚犯中有约13万人被关押在私营监狱。假设每位犯人一天的食物开销标准是3美元，那么这13万名犯人每天将会为政府减少近40万美元的开销，这个数目足以让身在高位的官员们"笑开了花"。与此同时，私营监狱与众多公司合作，打造狱内生产线，生产洗手液、鞋子等日常用品，把监狱变成"剥削廉价劳动力的天堂"。

(二) 天堂VS地狱

在CCA的监狱里，有图书馆、足球场、篮球场等设施，也有电脑、电器维修等课程，囚犯还可以通过远程教育系统准备高中毕业水平测试或

---

① 20世纪80年代，"为缓解公立监狱人满为患的压力，以购买服务方式委托部分企业开办私营监狱"，美国政府启动监狱私营改革，此后私营监狱规模不断扩大，并因此形成了利润丰厚的产业和庞大的游说集团。参见吴晶、韩亚栋：《以营利为目的、沦为"奴隶工厂"——透视美国私营监狱乱象》，澎湃新闻，https://www.thepaper.cn/newsDetail_forward_18600266，访问日期：2022年10月1日；程春华：《私营监狱：美国的人权黑洞》，《光明日报》2022年6月2日，第12版。

研究生入学考试。似乎私人监狱为犯人提供了很好的容身之处，让部分犯人改过自新，重返社会创造价值。

可资本怎么会放过犯人们“最后的剩余价值”呢？1856 年，美国国会批准了宪法第 13 条修正案，但留下漏洞：“在合众国境内受合众国管辖的任何地方，奴隶制和强制劳役都不得存在，但作为对于依法判罪的人的犯罪的惩罚除外。”① 这意味着，惩罚罪犯时，奴隶制和强迫劳动并不违法，这就使得奴隶制在监狱内“合法化”。

以此为依据，私营监狱与政府签订合同，让罪犯成为生产线上的“奴隶”。在多数情况下，犯人们没日没夜地工作，在监狱内过着“007”的日子，但得到的平均时薪却仅为 12~63 美分（最高仅为 2 美元），远低于美国法定最低时薪 15 美元。同时，美国公立监狱对犯人一天的食物开销标准约为 3 美元，而部分私营监狱为了最大限度地赚取利润，给犯人定的标准是 1.8~2 美元，远低于联邦政府规定的标准。就这样，经营者的钱包鼓起来了，犯人们的肚子开始“受苦了”。

私营监狱的医疗体系也饱受诟病。皮耶鲁齐在书中提到：“他们遵循着一个毫无人性的原则：剥夺待审犯人——除非是有钱人——一切能够为自己辩护的手段。”② 通常在私营监狱中，为犯人治病就意味着机构自掏腰包，除非犯人愿意自己支付，否则若不是身中数刀、性命垂危，监狱会想尽办法拖到最后——他们巴不得某一天你能自己痊愈。再回到书中，怀亚特看守所工作人员把提审皮耶鲁齐的事情给忘记，看似荒唐可笑，实则合乎监狱的运行逻辑。监管机构对被告人权利保护置若罔闻。美国仍自诩为“第一人权大国”，大谈“保护犯人权益”——这难道不是一种讽刺？

(三) 强迫劳动+司法腐败=暴利生意

监狱私有化堪称“双赢”：喂饱了私营机构，提高了私营机构的社会地位；同时也减轻了政府的财政压力，增加了税收。

当下私营监狱和美国司法部门勾结，成为一个庞大的利益集团。政治保驾、法律护航，私营监狱成为一条维系罪恶的产业链。达成合作关系后，美国司法机构在制定刑事司法政策的过程中，不以“减少犯罪、节省纳税人的钱”为目标，而是回溯性地影响到刑事司法系统，使之为经济效益所驱动。为了最大限度地摆脱法律束缚，各大私营机构在游说政府上投

① 托马斯·帕特森：《美国政治文化》，顾肃、吕建高译，东方出版社，2007，第 689 页。
② 弗雷德里克·皮耶鲁齐、马修·阿伦：《美国陷阱》，法意译，中信出版社，2019，第 123 页。

入了巨资。美国立法交流委员会甚至打着“致力于限制政府权力，捍卫自由市场”的旗号，通过司法行政系统在幕后为CCA长期提供巨额捐助。这是一条深深埋藏在美国司法行政体系内部的“经济利益链”。

正因如此，罪犯作为最下等的“奴隶”能享受到多少人权？政府和私营监狱的口袋鼓鼓，逐利目的严重影响了司法正义。究竟是什么样的国家才会希望自己的监狱爆满？当监狱运营成为一门“生意”，成为资本家们的“印钞机”时，被监禁者还有人权可言吗？

五、针对美国经济暗战的法律应对

张泽同

（一）中国的应对

作为中国人，我首先关注的是中国如何去应对美国发起的经济战。

1. 遵循联合国公约，开展反腐败斗争

《联合国反腐败公约》是由联合国主导签署的具有法律约束力的国际性公约，该公约于2005年12月生效。截至2018年6月，已经有186个缔约方，国际影响力广泛。虽然美国凭借经济体量优势，使其《反海外腐败法》所倡导的反腐败行动国际化，但是联合国是一个多边组织，我国可以依托联合国的影响力和话语权，借助《联合国反腐败公约》减少美国《反海外腐败法》对我国企业的不利影响。

2. 完善我国反海外腐败的相关法律制度

我国企业需严格履行《联合国反腐败公约》，同时应充分借鉴其他国家和地区的经验。学术界一直探讨“是否有必要制定专门的反腐败法或反海外腐败法”，而更可行的方案是在相关法律制度中补充修订反海外腐败条文，例如在《中华人民共和国刑法》第八章“贪污贿赂罪”中增设“关于贿赂境外公务人员或国际组织”的罪名。这样既能遏制海外腐败行为，回应美方所谓“中方法律不健全”一类的指责，也能缓解美国长臂管辖机制给中国企业海外发展带来的压力。

3. 对跨国企业建立有效的合规管理制度体系

随着中国综合国力的不断增强，中国企业“走出去”的规模将越来越大，特别是在“一带一路”倡议下，中国与其他国家和地区的经济合作日益密切。然而，随之而来的问题是：如何有效预防腐败？如何确保企业经营行为符合其他国家和地区的法律制度要求？近年来，中国的部分跨国企业被列入世界银行的制裁名单，也有一些企业受到了美国司法部的处罚，执法依据就是美国《反海外腐败法》。这些案例都在提醒我们：中国企业跨国经营必须高度重视相关的法律制度，必须不断提高海外经营的合规水平。对中国跨国企业而言，需做到两点：第一，构建一套适用于自身发展的廉洁风险防控体系和合规经营管理体系，不断增强廉洁意识与合规意识；第二，因地制宜地修订自身的规章制度，深入分析投资国或地区的法律环境，避免违规。

（二）其他国家的防范

除中国外，其他国家也需采取措施应对美国经济暗战，可从政府与企业两个层面发力。

在政府层面可做如下努力：第一，应根据本国国情完善本国的反腐败法，减少美国 FCPA 的适用空间；第二，要始终捍卫本国的司法主权和司法独立，确保公正司法，杜绝外部干预；第三，也是最根本的措施，坚持自主实现科技创新，增强本国实力。当本国战略性企业受到不公正待遇时，国家要适时出手保护。

在企业层面可做如下努力：第一，杜绝通过非法手段来获取利益，坚持合规经营、独立发展，这是长久生存的根基；第二，全力提升科技研发能力，增强竞争力，唯有自身强大，才能扛住大国打压。

导师接续

开始的意义

肖建飞

听同学们发言时，我一直在思考如下三个问题：“钟爱阅读”的阅读成员、阅读方式与阅读收获。

第一，阅读成员。作为教师，此时距离我初登讲坛已 16 载，婉璐与亚媛老师入职我院近 2 年，淑珺老师入职约半年，我们的任教时间相加是 16+2+1＝19 年——恰好为在座各位同学的平均年龄。最初报名参与读书会的有 38 人，是召集人的教龄与同学们的平均生理年龄之和，两个“19”共同开启了“钟爱阅读”的旅程。

第二，阅读方式。筹备首次读书会时，我便和与谈教师约定：我们的阅读方式应该是全员参与。教师既是召集人，同时也应给予必要的指导。教师是舞台的搭建者，各位同学是主角。从选择书目、领读人分组，到确定单元主题、标题、问题链条，以及设计海报、录音、录像、拍照工作，我们都鼓励、支持同学们自己动手、亲力亲为。感谢台前幕后紧张忙碌了半个月的同学们，没有你们，再华丽的剧场也将失去意义。

第三，阅读收获。同学们用一个多小时对《美国陷阱》做了分析与讨论，看得出大家上场前做了很多功课，已经开始从基础阅读、获得信息资讯转向分析阅读，能提炼出书本的要点和精华。作者的观点成为我们思考的起点。阿尔斯通被收购时，法国的前经济部长、现任法国总统马克龙曾直言：“我深信，美国司法部的调查与阿尔斯通向通用电气出售资产的决定存在因果关系！”2021 年 9 月，法国与澳大利亚签订价值达数百亿美元（一说是 660 亿美元）的潜艇出口合同，最终因美英干预而告吹，这让法国多年的努力付诸东流。有媒体报道，澳大利亚撕毁协议后，法国派出使团游说台湾，拟向台出售潜艇。在复杂的国际局势中，中国的利益链在哪里？我们对主权的认知曾停留在政治军事层面，而当下以经济和货币力量为后盾，经济主权与政治主权是否更密切地交织在一起，甚至发生了地位倒转？华为事件引发了中国经济学界、法学界对企业合规经营问题的思考，合规经营与企业的可持续发展息息相关，但如果国际经济规则的制定、解释、适用权被某一国家垄断或主导，其可以利用货币政策在全世界“割韭菜”、利用司法武器围堵竞争企业，他国企业又该如何提高法律风险防控能力？这是当下面临的现实。我们既不能自负，也不能自卑。

期待这期读书会后，大家思考的问题比得到的答案多。这才是真正的开始。半月前我在朋友圈写下一段话：

我们之间不是主根与侧根
我们之间不是树干与树冠
我们之间不是花朵与枝叶
我们之间不是雨露与幼苗
但我们都愿意这样开始
分享收获同时坦陈困惑

学习阅读、思考和对话

重要的是我们选择开始

再次谢谢所有同学的参与！

自登上大学讲坛，虽难有闲暇享受周末，但还是希望各位教师周末愉快。

阅读准备

群公告1：书籍选择与阅读目的

各位同学：

现就2021年秋冬季阅读的几个问题，做如下说明。

1. 书籍选择

（1）弗雷德里克·皮耶鲁齐、马修·阿伦：《美国陷阱》，法意译，中信出版社，2019。

（2）何勤华、朱淑丽、马贺：《纽伦堡审判》，商务印书馆，2015。

（3）郑永流：《法学野渡》，中国人民大学出版社，2017。

（4）林来梵：《宪法学讲义》（第三版），清华大学出版社，2018。

选定的四本书中，《美国陷阱》《纽伦堡审判》这两本书是专著，主题明确，讨论的问题远远不是简单的法律适用；《法学野渡》《宪法学讲义》这两本书虽是通论性质的“准教材”，但能跳出寡然无味、缺乏观点的教材写作通病。

《美国陷阱》涉及国际经济暗战，美国司法机关成为维护本国企业利益、占领国际市场的重要武器；《纽伦堡审判》围绕20世纪40—50年代最重要的国际刑事审判展开，其背景是二战前后国际政治格局的急剧变化，审判本身也涉及服从命令能否开脱罪责、官员的职责、公民的反抗权利、国家强力与人性良知等重要问题。这两本书有助于我们对经济犯罪或反人类犯罪、刑事司法程序、司法政治建立起更丰富、立体的认识，也能启发我们对重大问题的思考。

《法学野渡》的知识性多于思想性，《宪法学讲义》兼具思想性和知识性，两本书都是很好的专业入门读物。但与《美国陷阱》《纽伦堡审判》相比，《法学野渡》《宪法学讲义》涉及法学的多个主题，涉猎面更广，需要更长时间、更细致地阅读，因此这两本书放到后面。

2. 阅读顺序

初步计划于2021年10月27日、11月10日、11月24日、12月8日晚19:00—20:30组织读书会，阅读书目依次是《美国陷阱》《纽伦堡审判》《法学野渡》《宪法学讲义》，一次集中阅读一本书。12月初完成四期读书会，这样就不会影响到大家准备期末考试。

3. 读书方式

计划把有意参与的同学分为四组，依次进行四次主题领读，各组领读人和大家分享阅读收获，也可就阅读中思考的问题进行交流，当然还可以提出自己的困惑，和大家一起讨论。不做领读的同学也要提前阅读，这样才能和各领读人进行有效交流，包括帮助领读人解答困惑，而不是简单地做听众。

4. 购书问题

指导教师会将选定的四本书的电子版发到班级学习群中，故同学们不用买书。

5. 读书目的

食物影响身体健康，阅读决定头脑容量和思维层次。组织读书会，是想通过阅读实现相互交流思想的目的，同时也想培养大家对专业阅读的兴趣。当然只有长期阅读才能学会提问、学会思考、学会对话，这不是四次读书会就能实现的。重要的是，我们要开始。上路才能找到路。

群公告2：精读选择与领读分组

各位同学：

早上好！

这里是“钟爱阅读”群，我们因钟爱阅读走到一起，不只是因为专业，更不是依据班级。

目前群内有30位同学，请大家浏览一下阅读书目，并于今晚（2021年10月18日）20:00前将自己最有兴趣的书目编号（注意是编号）发到群内：

1.《美国陷阱》

2.《纽伦堡审判》

3.《法学野渡》

4.《宪法学讲义》

作为召集人，我和婉璐老师会根据同学们的申报情况，为大家分组（见表2）。希望每位同学都有机会做领读人。若各本书申请做领读的人数极不均衡，召集人会与同学们协商调整。后加入群的同学可以参与讨论，但不再担任领读人了。

另请各位同学在“钟爱阅读”群中使用真实姓名，以方便联系、交流。谢谢！

希望读书会能成为同学们转变认知的开始，它也是我教师职业生涯的另一段开始！

表2 初步阅读分组

书名	申请领读同学	人数
美国陷阱	王彦祺、严俊强、张泽同、杨涛、高涵、翟安琪、郭子韵、方雨涵、谢冬雪	9
纽伦堡审判	程羿文、卞煊雅、王睿熙、金玲、刘可欣、邓雨婷、张国翔、孙畅、戴思佳	9
法学野渡	王一诺、耿红梅、咸舒竞、许玺、王婉君、袁鑫、徐可、李明慧	8
宪法学讲义	乔先辉、张奕文、朱乐乐、邓昕莹	4

注：邓昕莹同学等因备考退出，后加入的同学有杨明伟、戴兆雯、次仁旺加、刘栋楠和汽车与交通学院的刘家齐。

群公告3：阅读要求与问题提示

各位同学：

因2021年10月27日、11月10日晚玻璃房有课，第一期、第二期读书会活动时间改为10月26日、11月9日（提前到周二晚）19:00—20:30，地点不变。

以下是召集人的建议：

1. 第一期读书会召开的时间不足一周，请各位同学（不只是领读的同学）阅读《美国陷阱》，以便参与讨论，进行深入交流。

2. 请领读组的9名同学——王彦祺、严俊强、张泽同、杨涛、高涵、翟安琪、郭子韵、方雨涵、谢冬雪，精读本书，做好笔记摘录。请领读组同学再分成 2 组——4 人组、5 人组，选出负责人，合作撰写读书报告、制作 PPT、现场汇报，成员之间的具体分工由 9 位同学决定。请 9 位同学在明晚（10 月 20 日）20:00 前告诉我分组情况和各组负责人。

3.《美国陷阱》以皮耶鲁齐受审、阿尔斯通被收购事件为主线，但涉及的问题较多，如能带着问题阅读会更有收获。例如：

（1）通用电气对阿尔斯通的收购计划及运行策略。

（2）美国《反海外腐败法》的制定目的、运行情况及效果。

（3）美国的软实力、巧实力或韧实力。

（4）诉辩交易的制度预期及其运行效果。

（5）监狱私有化的利弊。

（6）审判不公对受审人造成的伤害，及其生活秩序重建的可能。

（7）书中使用的类比推理，例如皮耶鲁齐与霍斯柴尔德、霍普金斯、冯波尼的受审情况，美国政府对阿尔斯通行贿的追诉、美国政府扶持的苏哈托政府与沙特政府。

（8）世界经济暗战中的法律战，包括对中国合规性审查机制建设的挑战与启发。

建议领读组同学围绕问题（问题很多，绝不限于上述 8 个）进行领读，但不要选择同样的问题。

期待“钟爱阅读”的书友们能提出更多有价值的问题，尝试着解答，并能在读书会上一起分享！

与俊强[①]男生组（5 人）沟通题目与提纲

一次自拟

题目：美国司法制度的资产阶级内核初步窥见

提纲：

1. 检方和受检方的不等地位

2. 美软性外交

3. 美国监狱制度

4. 以美《反海外腐败法》为代表的资本主义制度下法律的演变和实际应用

① 指导教师与学生的沟通多称其名，故部分保留原沟通方式，后不再加注。

5. 美国保释制度

导师反馈

1. 题目有方向，但用词偏政治意识形态。

2. 提纲都涉及宏观问题，但欠缺条理性，立法目的→立法内容→司法审判（包括保释金制度）→监狱执行（包括引渡与缓刑）。

提议：请进行宏观思考。

二次修改

题目：美国司法制度初探

提纲：

1. 《反海外腐败法》的起源与演化（立法）

2. 美司法过程（检察官、保释制度）（司法程序）

3. 美监狱制度（结果）

4. 展望（我国等诸国对《反海外腐败法》的应对）

导师反馈

题目：美国法律体系背后的经济利益链

提纲：

1. 《反海外腐败法》的出台与实施

2. 美国综合软（巧/韧）实力的全球运用

3. 辩诉交易中的司法效率与公正

4. 监狱成本收益与罪犯人权保护

5. 针对美国经济暗战的法律应对

与冬雪女生组（4 人）沟通题目与提纲

一次自拟

1. 介绍阿尔斯通公司，介绍《美国陷阱》及事件的完整经过（因为书中的线索不明确）。

2. 美国公司凭借司法权打击竞争对手，介绍美国的司法运作。

3. 书中的案例对比，了解作者的观点和处事思维（难度大，要对书很熟悉）。

4. 美国监狱私有化。

5. 备选问题：美国《反海外腐败法》的实施。

冬雪：老师，我们组从整本书出发，挑出一些比较值得关注的问题进行讨论。

导师反馈

1. 从个案入手，但内容上宏观与微观的分析线索不清。

2. 阿尔斯通收购事件中，美国企业、检察部门、司法部门的合力，本身就可以作为讨论主线，提纲没能以小见大，只是摘取原著章节。

提议：进行个案思考。

二次修改

题目：“美国陷阱”下的博弈

提纲：

1. 前景概要

2. 皮耶鲁齐的逮捕

3. 美国司法的背后

4. 法庭之外

导师反馈

雪，这一稿比昨天的版本好很多。阿尔斯通的背景、作者的被诉可以作为两个问题讲。

你们要有领读题目（像文章标题一样），将四个问题作为一级标题，分别由四个同学汇报。

下午你们商量一下领读题目（总标题）和四个一级标题，20:00 前写给我。

还有两点提醒：

1. 题目和一级标题都是书面化的短句；

2. 题目能概括一级标题，一级标题之间有逻辑关系。

导师建议

题目：阿尔斯通如何陷入“美国陷阱”？

提纲：

1. 法国阿尔斯通公司的前世今生

2. 美国司法部对阿尔斯通编织法网（注：包括皮耶鲁齐等人四起案件）

3. 美国通用电气对阿尔斯通的收购策略

4. 失去工业明珠的经济社会政治影响

肖建飞与郭子韵：沟通海报设计

子韵：老师，以后其他组的海报设计也可以找我，我正好有授权会员，也比较喜欢设计海报。

肖飞①：学院非常愿意为我们打印、张贴海报，想让更多同学知道“钟爱阅读”，爱上阅读。

能否在活动地点三江楼16楼水晶玻璃房（切线+点）下面，加上我们的“豪华”阵容：

报告同学：严俊强、王彦祺、张泽同、杨涛、高涵

谢冬雪、郭子韵、方雨涵、翟安琪

指导教师：肖建飞

与谈教师：雷婉璐、彭亚媛、申屠晓莉、郑淑珺

同学两排、教师一排，字号可以小一些。

不急，中午修改就可以。

肖飞：子韵，建议你做如下调整：

（1）把海报文案放在醒目位置，即

一座城市因有一所追求卓越的大学而骄傲

一所大学因有众多钟爱阅读的学子而骄傲

（2）加大领读同学名字的字号，把你们的名字排在与谈教师之前。

（3）补写指导教师的名字。

子韵：我的心不是很细，经常搞错事情。

肖飞：没关系，子韵。感谢你们的参与支持、亲力亲为，这才是“我们”的读书会。

指导教师总结

1. 虽然同学们自设的题目不成熟，缺乏总结提炼，但你们至少开始思考，相互交流，避免重复讨论，愿意接受召集人的意见，继续修改。

2. 持续一对一交流，最大限度地动员学生，给每个同学机会，激发他们的潜力。读书会是学生的舞台。

3. 读书—思考—交流，最重要的目的是开拓视野、提升思维层级，问题意识与论证能力应作为读书会持之以恒的训练目的。

---

① 肖飞即指导教师肖建飞，保留同事、学生对指导教师的简称。本辑不再加注。

肖建飞与翟安琪：失而复得的喜悦

读书会结束后，指导教师没有及时保留翟安琪同学的汇报内容。时隔一年后，再次联系翟安琪，她已经把电脑格式化，无法恢复旧文档。本已不抱期望，但第二天郭子韵同学神奇地找到了翟安琪同学做的 PPT，我们师生的喜悦难以言表。

肖飞：安琪，你好！学院认为读书会资料有出版价值，想把文稿集结成书，不知去年关于《美国陷阱》的这期读书会，你的发言是否有 word 文档？

安琪：不好意思，老师，我是在草稿纸上写了一些关键词，然后上台看着 PPT 讲的，没有发言稿！

肖飞：那 PPT 是否保留？

安琪：郭子韵或者谢冬雪应该有吧。我的电脑上个月格式化了，文件全没了。

肖飞：好的，安琪，来年春天你们有望收到读书会专刊。

安琪：嗯嗯。谢谢老师！

肖飞：不客气，这是我们成长的记录。

肖飞：安琪，冬雪和子韵都没有你的 PPT，不知你的网盘、云盘是否有保留？我希望每一个参与领读的学生的文稿都有机会收入书中。

安琪：老师，我们每个人各做了几页 PPT，我负责第一部分，如果她们有完整的 PPT，内容的第一部分应该就是我做的。我的网盘里没有找到。

肖飞：安琪，她们两个都只保留了自己的发言。如果你想让发言稿收入书中，可以补写一份，不用太长，1000 字左右就可以。

安琪：老师，我搜了好久，实在是没有办法找回来了。主要是最近临近期末，事情挺多的，再加上读这本书已经特别久（一年前）了，忘得差不多了。我晚上想了半天，现在让我写，确实是写不出来什么东西了。能参加读书会是我的荣幸，这份记忆就已经是成长的记录了，没有收录进去，也没关系，能留个名字我已经很满足啦！谢谢老师，您举办了这么棒的读书会，而且一直想着我们！

肖飞：安琪，你是我们现场同学中第一个发言的，不能收入你的发言稿，实在有些惋惜。期待你有更多学习收获！

肖飞：安琪，子韵找到了你的发言稿，失而复得。

安琪：天哪！真的太好了！谢谢老师！也谢谢子韵同学！

肖飞：是天助，更是人助！

肖建飞与严俊强：珍藏的读书记录

俊强组的五个男生都是婉璐担任学业导师的 2021 级 4 班的学生，并且是同一宿舍的。整理文档时，我联系俊强一一核对了领读次序。俊强获知可能集结出书，很是兴奋。

肖飞：俊强，你好！学院为计划资助我们，把读书会资料结集成书。你能否把五个领读人的名字按以下顺序写给我？

俊强：好的，稍等，老师。

肖飞：谢谢，来年春天你们有望收到读书会专刊。

俊强：好的，感谢老师。

肖飞：不客气，整理大家的资料，似乎回到了去年。

俊强：是的，是的，我们的 PPT 还保留着呢！

纽伦堡审判中的罪与罚

阅读《纽伦堡审判》[①]

阅读提要

这场审判没有成文法可依，没有先例可循，没有统一行使的审判权与检察权，更没有成熟的法律依据和诉讼理由；检察官意见不一，律师拒绝合作辩护，法官在一年的审判工作中边审边学——即便如此，这一场审判不得不为。纽伦堡审判不仅是司法行动，也是国家政治行动，在政治妥协与法律理想之间，可以看到美国人的锐气自信、英国人的圆通务实、法国人的弱势自尊、苏联人的大国强势。尽管争议与批判从未停止，但纽伦堡审判仍不失为具有开创性和革新性的伟大历史事件。若没有这场审判，将是人类历史难以弥补的缺失。

阅读报告以“纽伦堡审判中的罪与罚”为主题，基于结构—关系的视角，剖析审判要素与典型案件，围绕九个子问题展开，分别是“纽伦堡审判：政治权衡与妥协后的选择”“由谁审判：军事法庭中的检察官与法官”“依据什么审判：法律依据的制定与适用”“对谁审判：选择个人被告与组织被告”“如何定罪处罚：四项指控认定与量刑”“邓尼茨的轻刑：潜艇战的有效辩护”“沙赫特的无罪：理性与感性的争锋”“罗森堡的死刑：宣传行为的定性之争”“纽伦堡审判的回溯与展望”。

四位与谈教师逐一点评九位同学的报告思路、文本准备和现场表达，同时提出自然法学与实证主义法学之争、“平庸之恶”如何追责等法哲学难题。对法哲学难题的剖析，既能启发同学们进一步思考，也破解了阅读期间的诸多疑惑。

（张国翔供稿）

① 本期读书会领读人为2021级本科生张国翔、刘可欣、戴思佳、邓雨婷、金玲、程羿文、卞煊雅、孙畅、王睿熙，主持人与指导教师为肖建飞。

楔子

为什么选择纽伦堡审判？

肖建飞

地狱之行

历史学家伊恩·克肖认为“20 世纪的欧洲去地狱走了一遭”。四个相互交织的要素促成了欧洲的全面危机：第一，基于族裔与种族的民族主义的大爆发；第二，激烈且不可调和的领土要求；第三，尖锐的阶级冲突——以沙俄为代表的旧帝国爆发布尔什维克革命；第四，旷日持久的资本主义危机。四个致命因素相互作用，催生了一个异常暴烈的时代，导致了比第一次世界大战的破坏性还大得多的第二次世界大战。①

从西欧到远东，从北大西洋到南太平洋，第二次世界大战是人类难以愈合的伤口。殖民征服和种族清洗的双重目标并行，意识形态又与经济需要密不可分，这场战争导致 7000 多万人丧生，平民的死亡人数远超作战部队，整个欧亚大陆乃至全世界都被拖入战火。

寻找出口

欧洲在波澜起伏的 20 世纪上半叶堕入了深渊，1939—1945 年更是跌至谷底。1945 年后暗夜渐显微光。正如自然界拒绝绝对的真空一样，人类历史也拒绝绝对的停滞，历史从未结束，一个时代总孕育着下一个时代的胚胎。与人类历史上所有的战争相比，国际社会对二战的不正义性达成了广泛认识，惩罚罪行更是同盟国的坚定决心。欧洲试图结束“地狱之行”，期盼在战火的余烬中涅槃重生，踏上回归之路，而纽伦堡审判正是走出地狱的出口。

纽伦堡之光

这场审判，没有成文法可依，没有先例可循，没有统一行使的审判权与检察权，更没有成熟的法律依据和诉讼理由；检察官意见不一，律师拒绝合作辩护，法官在一年的审判工作中边审边学——即便如此，这场审判不得不为。纽伦堡审判不仅是司法行动，也是国家政治行动，在政治妥协

---

① 伊恩·克肖：《地狱之行：1914—1949》，林华译，中信出版社，2018，“导言 欧洲自我毁灭的时代”第 2 页。

与法律理想之间，可以看到美国人的锐气自信、英国人的圆通务实、法国人的弱势自尊、苏联的大国强势。尽管争议与批判从未停止，但纽伦堡审判仍不失为具有开创性和革新性的伟大历史事件。若没有这场审判，将是人类历史难以弥补的缺失。

本期领读同学有张国翔、刘可欣、戴思佳、邓雨婷、金玲、程羿文、卞煊雅、孙畅、王睿熙。与谈教师雷婉璐、彭亚媛、郑淑珺、申屠晓莉再次参与读书会。

在第 2 期读书会策划期间，我们师生 10 人计划对《纽伦堡审判》进行结构—关系性分析。审判由四个基本要素组成：由谁依据什么对谁如何定罪处罚。纽伦堡审判中各方关系的复杂程度在人类司法史上可谓“空前”：订立规则者（立法者）与起诉者（检察官）、审判者（法官）身份彼此重合；控诉方与审判方内部既有合作也有对峙，无论是起诉还是审判都需跨越重重法律陷阱；被告人与辩护人虽处于弱势，却也不乏有触底反弹的表现。

接下来，让我们把时间留给读书会真正的主角们！

主题领读

纽伦堡审判中的核心问题与三位受审人

一、纽伦堡审判：政治权衡与妥协后的选择

张国翔

（一）选择在纽伦堡审判的特殊含义

纽伦堡是纳粹运动的发源地、纳粹党人的精神大本营。熟悉德国近现代史的人都知晓，这座城市有过一段特殊的泣血经历。1935 年，希特勒在纽伦堡宣布了臭名昭著的《种族法》。这部法律剥夺了犹太人的公民权，使他们沦为希特勒“第三帝国”的“下等人”，此举也打开犹太人被成批杀戮的大门。希特勒领导的国家社会党的发迹始于纽伦堡。1933—1938 年，该党在这里多次举行过大规模阅兵和游行，最多的时候聚集了 5 万多

人。所以在纳粹党的“老巢”清算纳粹的暴行，再合适不过了。

二战期间，纽伦堡遭受了盟军11次报复性的轰炸。在最后的围攻中，又经受了炮火的狂轰，以及激烈的街垒战。德军投降后，纽伦堡市区91%的建筑已被摧毁。这个昔日帝国的“宝藏”城市，变成了一座没有电、公共用水、公共交通、电话、邮政、电报设施的城市，甚至没有政府机构。美国人甚至宣布，纽伦堡是欧洲大陆的一座“死城”。

然而，在这座城市的西边还幸存着一座建筑——司法大厦。这座沥青铺顶的三层石头建筑，外边陈旧灰暗，细看弹痕满布，它原本是巴伐利亚省政府的法院。1945年11月20日至1946年10月1日，举世瞩目的纽伦堡审判就在这里举行。这座建筑也因此颇具传奇色彩。

其实，审判地的选择也引发了各国激烈的讨论。英国推荐巴伐利亚的慕尼黑，但那里已被盟军的轰炸机夷为平地，无法举行大型审判。美国提出在纽伦堡进行审判，并列举了多项优势，其中非常重要的一点是这座城市位于美占区。在1945年只有美方具备充足的经济实力承办如此大型的审判。英法代表也赞同这一建议。但苏联代表提出反对意见，尼基钦科强烈主张在柏林举行审判，因为柏林是德国的中心，并由四国联合管制，适合做审判地。

最终选择纽伦堡而非柏林，实则涉及各国间的政治权衡与妥协。战后柏林大部分地区长期被苏联控制，且城市局势不稳定，不利于开展对众多纳粹战犯的审判。而当时西方政界试图对审判工作和战后利益分配施加更大影响：选择在英占区，苏联代表极不愿意；选择在法占区，法国代表可能会“不好意思”，毕竟没有盟军就解放不了法国。因此，各国经过多方权衡，最终达成一致：在纽伦堡举行审判。

（二）一战与二战对待战犯的差异

大家有没有想过，为什么纽伦堡审判会发生在二战结束后，而不是一战结束后呢？其实对于一战，大家通常有一个固有的印象：这场战争是“狗咬狗”的非正义战争。除了极个别国家是为争取独立、为正义而战，其他参与国都是为了争夺世界殖民地而发动战争的，堪称“强盗”之战。既然参战国都是非正义的，那么即使是战胜国也无法对战败国发起审判。因为大家都一样，我犯了罪，你更甚之，大家都是为了本国的利益着想。在这种情况下，若战胜国追责，在舆论和道德上根本站不住脚。

但这并非一战后未审判战犯的唯一原因。一战后未审判战犯也是政治权衡与斗争的结果。一战结束后，法、英、美等协约国作为战胜国，企图通过签署《凡尔赛条约》，对德国战犯进行一系列军事审判，但这些计划均在实践中“破产”了。主要原因有二：第一，战胜国无法强制德皇威廉出席法庭。德国革命发生后，德皇逃到荷兰。荷兰拒绝按照战胜国要求交出威廉，认为这不仅是欺凌弱小之举，也是对荷兰主权的侵犯。第二，协约国试图在军事法庭上审判其他德国人，然而此举几乎导致和平协议破裂。1920 年，德国政府交出一份 900 多人的名单，包括皇储、高级文职官员，尤其是军事领导人，但是却拒绝将他们交付审判。德国政府利用国内舆论，煽动民众抵制协约国的审判计划，最终迫使协约国做出妥协——劝德国政府成立法庭，审判列入名单的人。这场由德国人自行组织的判决以彻底的失败告终。①

不过，失败并不代表徒劳。尽管一战后莱比锡审判夭折，但这一时期国际社会为审判所做的努力，表达了惩治严重危害人类和平与安全犯罪的强烈愿望。第一次世界大战至少给人们解决战争罪行问题提供了新思路，发展了一种观念，即领导人应该为其导致罪行的政治决策受到惩罚。这正是纽伦堡审判的观念共识。

（三）英美法苏间的政治权衡与妥协

1945 年纽伦堡审判前夕，英美法苏四国的共同目的是战后惩治德国纳粹分子的罪行，总结二战的深刻教训，确保世界可以长时间保持稳定和平。

其间，各国媒体和公众提出的惩治战犯的手段各异：有人提议将罪孽深重的纳粹分子活埋；苏联的看法是所有穿过纳粹军服的德国人都应该直接被枪毙，或被送往西伯利亚服苦役；英国代表建议对“第三帝国”的主要战犯不经审判直接处死；也有人提议进行公开、公平、公正的审判，依法处置战犯——美代表罗伯特·杰克逊就坚持这一主张。

杰克逊认为，如果不经过审判便直接处死战犯，法庭就失去了存在的意义，人们也会对法律失去信仰和尊重，通过审判让战犯服罪才是解决问题的最佳途径。用公平来培育正义，用理性来巩固和平，审判确实是兼顾各国利益、维护世界和平稳定的最好选择。

---

① 何勤华、朱淑丽、马贺：《纽伦堡审判：对德国法西斯的法律清算》，商务印书馆，2015，第 39 页。

二、由谁审判：军事法庭中的检察官与法官

孙　畅

（一）审判方和控诉方的组成

要想弄清纽伦堡审判，首先需明确审判方和控诉方的组成。

审判一般由法院组织进行，但纽伦堡审判的情况特殊：欧洲战场的四大战胜国（英、美、苏、法），经过商量，达成《伦敦协定》和《国际军事法庭宪章》（也称《伦敦宪章》），最终由四国各派出 1 名法官、1 名助理法官组成纽伦堡军事法庭，即临时军事法庭（见图 1）。

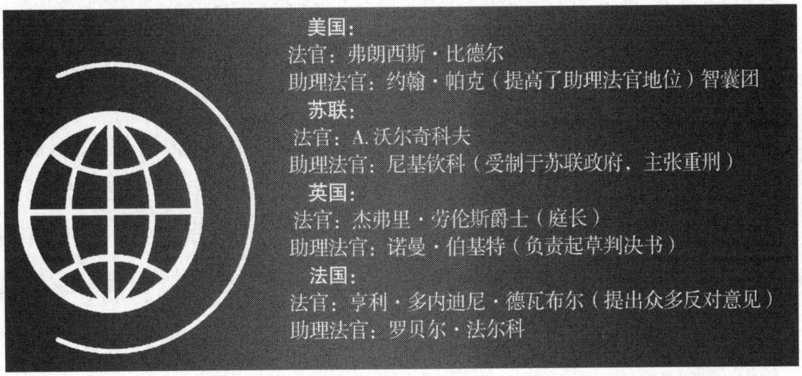

图 1　法官任命情况

值得注意的有两点：第一，法庭组成人员的国籍各不相同，意识形态有资本主义和社会主义之分，法律背景涵盖大陆法系和英美法系，多元构成，暗藏分歧。第二，法庭性质是临时机构，《伦敦协定》和《国际军事法庭宪章》仅是四国为了进行审判而签订的文件，无长期约束力。签订时，四国也未预期为日后同类审判确立规范。

尽管法庭组成多元，甚至时而发生冲突，法庭性质也是临时的，但纽伦堡军事法庭却对后世产生了深远影响：1998 年，罗马外交官大会依据“纽伦堡原则”通过了《国际刑事法院罗马规约》；2002 年，在吸收纽伦堡审判经验的基础上，国际刑事法院正式设立。

控诉方的构成与审判方类似，由英、美、法、苏四国的检察官组成起诉委员会（见图 2）。

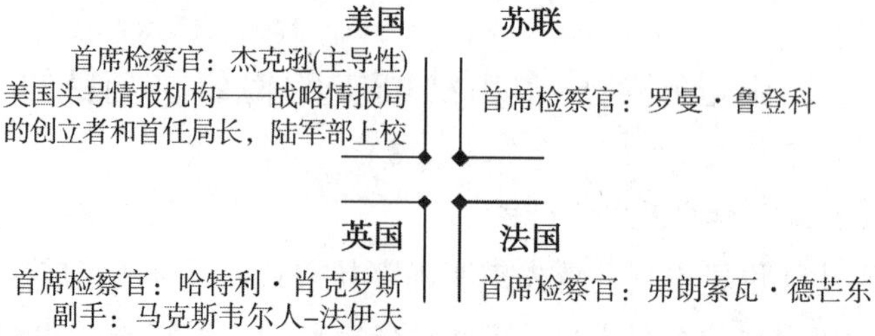

图 2　检察官任命情况

（二）控诉方和审判方的关系

接下来分析控诉方和审判方的关系。

控审分离是刑事诉讼最基本的原则，它既能保证诉讼职能发挥最大效能，也能为辩护工作提供充足的空间，支撑起合理的刑事诉讼结构。可是实际上，在纽伦堡审判期间，起诉委员会的首席检察官杰克逊就是《伦敦协定》与《国际军事法庭宪章》的主要制定者，美国法官比德尔也参与了上述文件的起草——见微知著，纽伦堡军事法庭未能落实控审分离。

理想状态下，法官应保持独立，对案情进行独立分析，不偏袒控诉方和辩护方。可是在纽伦堡军事法庭开庭之初，法官对案情了解甚少，甚至连被控告人的身份也不了解。不过，经过一年的审判，他们几乎都成了纳粹研究的专家。

三、依据什么审判：法律依据的制定与适用

刘可欣

1945 年 8 月 8 日，出于适当的庄重仪式的需要，四国代表签署了两份简短的文件：其一为《伦敦协定》，其二为《国际军事法庭宪章》。前者是同盟国之间的协议，为建立国际军事法庭奠定了基础；后者是前者的重要组成部分，也是审判将要依据的法律基础。两份文件共同为军事法庭的组成、权限和运行提供了最基本的规范依据。

《伦敦协定》决定对战犯进行审判，明确其犯罪行无特定的地域性——无论其作为个人被告、成员被告，抑或两者兼具，被起诉后均具有同等性质。

《国际军事法庭宪章》包括七个部分，最核心的是“权限和一般准则”。第六条则是整部宪章的灵魂。第六条明确了“战争罪”，主要列举

了屠杀、恣意破坏城镇、掠夺公私财产等传统战争罪行，引发的争议不多，但对“危害人类罪”这一新罪行的描述，则既复杂又混乱。在列举了一系列诸如“奴役”“灭绝”等行为之后，第六条第三款继续叙述道，“属于法庭有权受理的业已构成犯罪或与犯罪有关的迫害行为，不管该行为是否触犯进行此类活动的所有国的法律”，这些规定中的行为也是危害人类罪。①

四、对谁审判：选择个人被告与组织被告

戴思佳

（一）被诉组织

被诉犯罪的组织包括：党卫队及其警察、情报机构和军事部队；盖世太保（国家秘密警察）；冲锋队（纳粹党的私人军队）；德国政治领袖集团。

党卫队（Schutzstaffel，简称 SS），为德文 Schutz（护卫、防护、亲卫）与 Staffel（团队、编群、队伍）的组合词，是一个德国纳粹党用于执行治安勤务的编制组织，与纳粹党武装战斗执行部队的冲锋队并立，负责纳粹党的情报和监视、拷问和行刑工作。党卫队原是纳粹党专为希特勒设立的个人随护团，后隶属于冲锋队；1925 年独立，专门用于保护纳粹党所有的高官、反刺杀、情报搜集及政风监察；1929 年后演变成执行纳粹党的调查“审问”、治安维护、“巡逻”任务的治安部队。1936 年，党卫队全国领袖希姆莱担任德国警察总监，党卫队成为德国实质上的国家公安机构。

盖世太保是德语“国家秘密警察”（Geheime Staats Polizei）的缩写 Gestapo 的音译，由党卫队控制。它在成立之初是一个秘密警察组织，后加入大量党卫队人员，共同实施“最终解决方案”，屠杀无辜。为适应纳粹巩固政权的需要，盖世太保发展成为无所不在、无所不为的恐怖统治机构。纳粹通过盖世太保来实现对德国及被占领国家的控制。

冲锋队，德语为 Sturmabteilung，缩写为 SA，是德国纳粹党的武装组织，于 1921 年 8 月 3 日成立。因队员都穿着褐色制服，又称“褐衫队”，

---

① 何勤华、朱淑丽、马贺：《纽伦堡审判：对德国法西斯的法律清算》，商务印书馆，2015，第 90 页。

佩戴“卐”字袖标。在成立的宣言中，冲锋队发誓愿作“钢铁的组织”，为纳粹党效力，“心甘情愿地追随领袖”。冲锋队最初主要从事破坏革命运动、冲击其他党派群众集会及进行街头斗殴等活动。该组织参与了1923年11月8日的啤酒馆暴动。

（二）个人被告

主要包括22名被告，涉及如下五类人物。

1. 纳粹高官

赫尔曼·威廉·戈林，纳粹德国政权第二号人物，空军总参谋长，国家元帅，处决前自杀。

约阿希姆·冯·里宾特洛甫，第二任外交部长。

马丁·鲍曼，希特勒的秘书，希特勒死后任纳粹党党务书记，缺席审判。很多资料都称此人在1945年已死。

鲁道夫·沃尔特·理查德·赫斯，国防委员会成员，纳粹党书记处负责人，希特勒的第二继承人。

威廉·弗利克，纳粹党立法领袖，内政部长。

恩斯特·卡尔滕布鲁纳，第二任中央安全局局长。

2. 军方代表

威廉·凯特尔，陆海空三军总参谋长，陆军元帅。

阿尔弗雷德·约德尔，陆军总参谋长，陆军上将。

埃里希·雷德尔，第一任海军总司令，国防委员会成员，海军名义总监。

卡尔·邓尼茨，德国海军潜水艇舰队司令，第二任海军总司令。希特勒临死前指定的继承人。

3. 经济界头面人物

瓦尔特·冯克，政府新闻总署和宣传部负责人，德国经济部长，战争经济全权委员会负责人，德国国家银行总裁。

阿尔伯特·施佩尔，军备、军需及军火部部长。

弗里茨·绍克尔，冲锋队和党卫军将军，劳工事务全权负责人。

亚尔马·沙赫特，国家银行总裁，战争经济全权委员会成员。

4. 占领区高官

汉斯·弗兰克，纳粹党司法领袖，波兰占领区总督。

阿图尔·赛斯-英夸特，奥地利总督，荷兰占领区总督，希特勒死后任外交部长。

康斯坦丁·冯·纽赖特，第一任德国外交部长，国防委员会委员，驻波希米亚—摩拉维亚“保护长官”。

弗朗茨·冯·帕彭，第一任德国总理，内阁副总理，驻奥地利、土耳其使节。

5. 纳粹思想鼓吹者

尤利乌斯·施特莱彻，反犹刊物《前锋报》主编。

巴尔杜尔·冯·席拉赫，全德青年领导人，驻维也纳总督。

阿尔弗雷德·罗森堡，纳粹党思想领袖，东部占领区部长。

汉斯·弗里切，宣传部国内新闻司司长。

（三）起诉理由

（1）共同策划或密谋罪。

（2）破坏和平罪，指计划、准备、发起或进行侵略战争或破坏国际条约、协定或承诺的战争，以及参与共同策划或胁从实施前述任何一项行为。

（3）战争罪，指违反战争法规或战争习惯的罪行。这类犯罪行为包括但不限于：屠杀或虐待占领区平民，或以奴隶劳动为目的，或为其他任何某种目的而将平民从被占领区或在被占领区内放逐，屠杀或虐待战俘或海上人员，杀害人质，掠夺公私财产，恣意摧毁城镇乡村，或任何非属军事必要而进行的破坏行为。

（4）危害人类罪，指在战争爆发以前或在战争爆发期间对平民进行的屠杀、灭绝、奴役、放逐或其他非人道行为，或借口政治、种族或宗教的理由而犯的属于法庭有权受理的业已构成犯罪或与犯罪有关的迫害行为，不管该行为是否触犯进行此类活动的所在国的法律。

五、如何定罪处罚：四项指控认定与量刑

邓雨婷

纽伦堡审判工作可谓艰巨，盟国做了大量的证据收集工作：开庭历时218天，公开审判403次，传唤240名证人出庭作证，宣读了30万条证词、2630份文件，英文诉状副本达17000页，所缴获的德国文件中多达100000份被查看，其中约10000份作为具有证据价值的文件而被重点审

查。最终，法官宣读了长达250页的判决书，公布了对被告人及各组织的判决。

有了法律依据后，法官仍面临着挑战：起诉书有“共同策划或密谋罪、破坏和平罪、战争罪、危害人类罪”四项指控，但是受审判的22个个人被告的罪行差异极大，戈林等纳粹高官被判处死刑，沙赫特、帕彭、弗里切则被判无罪。其中的影响因素复杂。德国内阁、纳粹党领袖集团、党卫军、盖世太保、冲锋队、德军参谋总部和国防军最高统帅部，均被认定为四项指控都成立。

纽伦堡军事法庭判决的重要性，不仅在于怎样忠实地解释过去，还在于如何认真地面对未来。作者在书中引用了杰克逊的话：“最拙劣的法律程序较之于最好的暴力措施，更能减少不公正。……我们不能坐等法庭完善无缺后，才来制止人们以武力解决纠纷。”① 纽伦堡国际军事法庭对德国战犯的审判，是依据国际法对战争罪行进行审判和处罚的成功范例，既创立了惩治战犯的各项原则，也为以后建立国际审判机制积累了经验。它赋予了一度软弱的国际法以强制效力，明确了个人在国际法上应当承担的责任，不仅改变了国际法结构，也奠定了现代国际法的思想基石。

六、邓尼茨的轻刑：潜艇战的有效辩护

金　玲

卡尔·邓尼茨（Karl Doenitz，1891—1980），纳粹德国海军元帅、海军总司令，兼武装部队最高统帅，希特勒选定的继任者。

1891年9月16日，邓尼茨出生于柏林近郊的格林瑙镇。母亲早逝，父亲是工程师，总是督促他努力学习，并注意培养其学习兴趣。

1910年4月，邓尼茨从魏玛高中毕业后，便参加了德国海军，先在“赫尔塔”号巡洋舰接受舰上训练，后考入弗伦斯堡-莫威克海军学校。1912年秋天毕业后，被分配到“布雷斯劳”号巡洋舰任候补军官。是年冬，巴尔干战争爆发，邓尼茨随舰到地中海参加封锁黑山港的行动。次年5月，参加西方列强在阿尔巴尼亚的登陆行动，阻止塞尔维亚人在亚得里亚海边定居。1918年10月4日，邓尼茨在袭击了一支英国商船队后被俘。

① 何勤华、朱淑丽、马贺：《纽伦堡审判：对德国法西斯的法律清算》，商务印书馆，2015，第35页。

在战俘营中，邓尼茨开始研究新的潜艇战术，提出了“狼群战术”。在二战初期的大西洋战场上，“狼群战术”曾给英美等国的海上运输造成极大威胁，邓尼茨因此被盟军称为“面目狰狞的海底魔王”。

审判中，邓尼茨的辩护者证明他并未参与战争发动计划，因此共谋指控不能成立。但另外两项指控——破坏和平罪与战争罪，皆成立，且邓尼茨被认定于 1939 年下达第 154 号战争令，发动了无限制潜艇战，最终被判处 10 年监禁。

七、沙赫特的无罪：理性与感性的争锋

程羿文

审判沙赫特期间，呈现出的理性与感性的交锋，极为吸引人。该案不仅为当时的审判工作做出了表率，还成为此后审判的典范。

（一）感性直觉：沙赫特似“罪不可赦”

从感性方面看，沙赫特堪称纳粹的一大“帮凶”。如果没有他的帮助，希特勒上台就不会如此顺利。纳粹组织成立后，沙赫特为希特勒提供了经济支持，也为纳粹军事力量的发展助了一臂之力。在纳粹组织当中，沙赫特曾身居要职，掌管经济大权长达数年。正因如此，在当时的媒体与大众眼中，如此“罪不可赦”之人，应当像戈林等人一样，被判处无期徒刑甚至死刑。可是最后的结果却出人意料，沙赫特最终被宣告无罪。

（二）理性思考：沙赫特可“全身而退”

事实上，有大量证据可以证明沙赫特对希特勒的扶持与帮助是有前提的：以建设一个强大、独立的德国为目标，且应奉行与其他欧洲国家相互尊重的平等外交原则。由此可见，这与希特勒最终建立的独裁专制、惨无人道的纳粹帝国完全不同，希特勒违背了沙赫特的初衷。

纳粹执政后期，沙赫特曾积极支持反纳粹德国的运动，为盟军提供有价值的情报。此后，他在纳粹组织中发挥的作用与影响力也日渐衰退，甚至沦为集中营里的囚犯。种种迹象都表明他与希特勒存在矛盾分歧和理念冲突。与纳粹领导集团中那些凶残的刽子手与屠夫相比，沙赫特的行为远不具有可比性。

正因如此，法官们尽管意见不一，但最终顶着巨大的压力，依据证据与事实，维护了“只有通过一场公正的审判使被告的权利得到保障，才能

惩罚实施犯罪行为的个人”这一原则。[①] 法庭未让审判随意受公众舆论的摆布，这是法官理性的彰显（见图 3）。

分 歧

帕克：“非黑即白”的套路（法庭要么无罪释放沙赫特，要么严惩沙赫特），认为大部分证据都有利于被告，而沙赫特最终加入反抗运动的事实也极具说服力，法庭无法排除合理的怀疑，因此被告很可能会被判无罪。

劳伦斯：认为沙赫特是个有道德的银行家。尽管沙赫特没有参加霍斯巴赫会议，但那次会议的存在说明，在1937年11月之前，德国的各界领导人还没有认同希特勒的侵略战争计划。

法尔科：德国占领奥地利已使希特勒的侵略计划不证自明，沙赫特仍向其表示祝贺，认为沙赫特有罪，并应承受较重的处罚。此外并不重视沙赫特参加反抗运动的事实。

德瓦布尔：定罪，并从道德层面上出发适用较轻的绞刑。

图 3 法官的意见分歧

（三）贵族风范：沙赫特的优雅与务实

能够让沙赫特全身而退的原因不限于上述几种。面对被列为主要战犯的指控，沙赫特始终保持冷静，有条不紊地运用有利于自己的所有证据和事实；同时在法庭上始终保持优雅的风度与务实的态度，以此博得审判者的好感，为自己争取到减免刑罚的机会。倘若他像绍克尔般是个“粗人”，是否还能全身而退呢？

梳理案情可发现：第一，沙赫特被希特勒踢出纳粹核心集团，其在“第三帝国”的职位和影响，离战争决策、战场、集中营都相对遥远；第二，沙赫特参与反抗运动、为盟国提供情报，配合法庭审判，气质与谈吐颇具贵族风范，均拉近了其与盟军、盟国政府、法庭、法官的距离。这“一远一近”促成了其无罪的结果。

对沙赫特的审判是理性的胜出。对审判者而言，如若让感性占了上风，就会像墨索里尼之死般，成为狂热主义与盲目复仇的闹剧，“与其容许公众实行报复，毋宁诉诸正当的法律程序和国际裁决”。[②] 换言之，对被审判者而言，如若让感性占了上风，只会使局势恶化，甚至错失维护正当诉求、恢复社会秩序的良机。正是由于审判者与被审判者对理性的坚持，此次审判才达到了各自的目的，达成了一个双方都较为满意的结果。

---

① 何勤华、朱淑丽、马贺：《纽伦堡审判：对德国法西斯的法律清算》，商务印书馆，2015，第一版序第 1 页。

② 何勤华、朱淑丽、马贺：《纽伦堡审判：对德国法西斯的法律清算》，商务印书馆，2015，第 38 页。

八、罗森堡的死刑：宣传行为的定性之争

王睿熙

大家好，今天我想分享阿尔弗雷德·罗森堡的案例。为什么罗森堡必须死？在阅读《纽伦堡审判》一书时，我注意到一句话："在被绞死的12名被告中，罗森堡是距逃脱死刑最近的一个。"① 我当时很不解，罗森堡是一个握笔杆子明显多于握枪杆子的人，手上几乎不沾什么血。他是一个哲学家、理论家、宗教学者。比起刚刚讨论的邓尼茨，他更不像是一个战犯。但事实上，罗森堡必须死。这是为什么呢？

（一）一个相关人物：艾希曼

解释这个问题前，先介绍另一个战犯，他叫艾希曼。② 纽伦堡审判的时候，他已经潜逃到阿根廷，后来被以色列的特工抓获，1961 年在耶路撒冷接受审判。这个人如果放到当代，堪称"996"工作制之下的最强"卷王"。他是负责对犹太人进行种族屠杀的"死刑执行者"。在希特勒自杀当天，他还送了整整两火车的犹太人去集中营。对艾希曼进行审判时，《纽约客》的一位评论家说："比起一个战犯，他更像一个兢兢业业的银行经理。"犹太裔思想家汉娜·阿伦特，依据艾希曼审判事件写了《艾希曼在耶路撒冷：一份关于平庸的恶的报告》一书，提出了"平庸之恶"概念。我们需要思考：究竟是什么让艾希曼染上了"平庸之恶"？是什么让一个兢兢业业的员工变成冷酷杀人机器的一部分？

（二）罗森堡的思想载体

罗森堡是哲学家、理论家和宗教学者，是当时纳粹德国最为著名的思想领袖人物之一，担任过许多重要职务，他在纳粹党中的资历甚至比希特勒还要深。他写过一本书《二十世纪的神话》，这本书和希特勒的《我的奋斗》一起成为德国当时最流行的书，几乎每个家庭都有一本。罗森堡也牵头举行了很多纳粹活动。他作为纳粹的核心理论家，创建了所谓的"犹

---

① 何勤华、朱淑丽、马贺：《纽伦堡审判：对德国法西斯的法律清算》，商务印书馆，2015，第 323 页。

② 阿道夫·艾希曼（Adolf Eichmann，1906—1962），早年深得德国纳粹党二号人物莱因哈德·海德里希（Reinhard Heydrich）的赏识，逃离德国前一直参与与犹太人转移、屠杀相关的行动。潜逃 16 年后，艾希曼被以色列特工强行绑架并运到以色列，因犯反人类罪等 15 宗罪名，于 1962 年 6 月 1 日被处以绞刑。相当程度上，艾希曼在学术史上为人所知是因为汉娜·阿伦特的著作——《艾希曼在耶路撒冷：一份关于平庸的恶的报告》。此为指导教师后期整理文稿校改加注。

太问题研究所"。其著作《种族论》被奉为纳粹德国的经典，成为迫害犹太人的理论依据。罗森堡还为纳粹德国寻找新的宗教认同：排斥基督教，试图建立以雅利安人为主体的所谓"血缘教"（religion of blood）。他宣称雅利安人是人类最优秀的种族。为了给德国寻求扩张提供正当性，他提出了所谓的"殖民地"（lebensraum）理论。这个理论也成为德军对苏联发动战略进攻的理论依据之一。

对罗森堡的审判结束后，法庭最后认定其四罪俱全（破坏和平罪、战争罪、违反人道罪、共谋罪），主要依据是他在挪威和东方占领区的活动：他曾被委以重任，负责希特勒与德国海军将领之间的联络工作，这为德国入侵挪威提供了便利。在针对低地国家和法国的军事行动中，罗森堡负责掠夺这些国家的文化遗产。1941 年 7 月 17 日，这位布尔什维克主义威胁论的鼓吹者被任命为德国东部占领区部长，负责该地区的内政事务。

（三）身份即是行为

在审判时法官们本应就罗森堡的行为给他定罪，但讨论最多的却是罗森堡对"纳粹哲学家"这一身份的辩护，即作为纳粹党的哲学家，罗森堡的理论作品是否对纳粹分子攫取政权产生重大影响？其作品是否在蛊惑德国青年穷兵黩武方面发挥了积极作用？可以肯定的是，像艾希曼这样的人，包括另一名战犯，即书中提到的恩斯特·卡尔滕布鲁纳（他在纽伦堡审判的被告席上哭诉："我只是履行了情报机关应该履行的职责。我拒绝做希姆莱的替罪羊！"），他们的言辞诚然是不能洗刷其罪行的。但这引发了一个思考：在二战这样一场有共谋意味的集团犯罪里，个人承担罪责的限度在哪里？

很多战犯在审判席上痛哭流涕地表示，没有外在声音来唤醒他们的良心，所以他们所做的不能全由自己一个人承担。同样，在海因茨·赫内的《党卫队：佩髑髅标志集团》中记载了一位奥斯维辛幸存者的回忆："在我所认识的党卫队员中，几乎没有一个人说不出自己不曾救过别人的性命。虐待狂是少数。真正具有病态主动犯罪的不超过百分之五至十。其他都是完全正常的人，他们完全能分辨善恶。他们都知道发生的是什么事情。"① 这些纳粹的刽子手在生活中都是有道德感的公民，比如《苏菲的

① 海因茨·赫内：《党卫队：佩髑髅标志集团》，江南、杨西译，商务印书馆，1984，第 445 页。

选择》中所描绘的奥斯维辛司令霍斯①就是这样一个人，他对女人和自己的孩子不乏柔情，但是在杀害犹太人一事上，却是忠于自己的工作。这样理性和非理性的奇怪统一要归罪于罗森堡这样的哲学家。

罗森堡一类人的罪行，不在于用刀枪杀害了一个又一个无辜的生命，而在于把邪恶的种子播撒到了本可善良的人的心中。正如我曾辩论的“被排斥与被同化何者更可怕”，本来善良的德国人被纳粹思想同化，犯下了二战这样可怕的滔天罪行。罪魁祸首恰恰就是希特勒、罗森堡这样的人，他们把邪恶的思想包裹在华美的文字下，把一切罪恶包裹在美丽的谎言下，促使很多没有分辨能力的人一步一步走入陷阱，妄图消灭犹太人、吉普赛人、性少数者，鼓吹消灭了他们，德国人、雅利安人就能过上更美好的生活。这些宣扬者诚然没有获得好下场，但是雅利安人与世界上千千万万无辜的人却付出了巨大的代价。因此，即便手上没有血，即便鼓动家是最“干净”的战犯，但“罗森堡必须死”。

九、纽伦堡审判的回溯与展望

卞煊雅

我想从历史角度分析纽伦堡审判的成就与缺憾。内容分为三部分：悬而未决的弊病、铸就希望的灯塔及审判总结与展望。

（一）悬而未决的弊病

弊病之一是违背罪刑法定原则。审判所用的罪状、罪名违背了现代刑法的罪刑法定原则，包括法不追溯过往原则。大家都知道，二战时没有危害人类罪的相关国际法规定。纽伦堡军事法庭事后用危害人类罪来制裁宗教迫害和种族灭绝的行为，缺乏说服力。

弊病之二是各国各谋其利。当审判可能危及自身利益时，各国往往会放弃审判的公平正义。当论及战争罪确立与否时，法庭担心同盟国利益而犹豫再三；英美不愿出示涉及本国的部分资料，担心自己损害他国利益的行为会被辩方“反控诉”，被戳穿“你也不例外”；同为暴行制造者的苏联，将卡提恩大屠杀的罪行束之高阁，对入侵波兰的计划讳莫如深……掺

---

① 鲁道夫·霍斯（Rudolf Franz Ferdinand Höss，1900—1947），纳粹德国党卫队官员，奥斯维辛集中营指挥官，最早提出使用齐克隆 B（氰化物化学药剂）屠杀犹太人，1947 年被波兰法庭判处绞刑。

杂着各种私欲、双重标准和例外主义的审判，究竟是主张正义的审判，还是胜利者的“作秀”呢？我个人认为，这一点值得商榷。

弊病之三是大国操纵的政治剧本。这里我所说的“大国”主要指美国。即使盟国委员会由英美法苏四个国家组成，我们也不难看出美国在这场审判中掌握着主导权。史料显示，美国法官中有大量犹太人，罗斯福身边也不乏犹太政客，因此其目的昭然若揭。此外，美英当局的政策侧重清算纳粹党和该党高官，相当程度上对德国军队网开了一面，跟纳粹不沾边的职业军官基本不受波及，即便涉及也是轻判。这样使原本对苏军心怀恐惧的德国军官团完全倒向了美英，为二战后的欧洲格局定下了基调。这也是一些德国高级将领未被重判的原因。美国精心操纵下的政治剧本，虽然暂时清算了纳粹体制，但对德国军队的清算并不彻底，留下了历史遗憾。

（二）铸就希望的灯塔

审判虽有缺陷，却也铸就了希望的灯塔。第一，二战结束时，国际法相当不完善，没有任何先例可以遵循，这次审判不只是对纳粹首要战犯的审判，还是一次突破性的法治尝试。正如美国总检察官杰克逊所言：“最拙劣的法律程序较之于最好的暴力措施，更能减少不公正。……我们不能坐等法庭完善无缺后，才来制止人们以武力解决纠纷。”① 第二，审判推动了国际人权法的发展，首次赋予了个人在国际法上的主体地位，个人承担责任是审判的重要目标。第三，战胜国以法律而非复仇方式追究战败国的犯罪责任，是历史进步的表现。自古以来，战争结束后，战胜国多持复仇心态，多以暴力手段消灭敌人。二战结束时，同盟国虽然对德国纳粹和日本军国主义分子们拥有绝对控制权，但却成立了纽伦堡和东京国际军事法庭，依据国际法来追究责任，彰显了人类的理性与智慧。

（三）审判总结与展望

辩证地看待纽伦堡审判，有缺憾也有成就，终究瑕不掩瑜。这场审判是人类法治史上的一座里程碑，以理性终结了癫狂时代，为开启和平时代带来了希望。

但应该注意，二战和冷战时期无缝衔接，美国不断发展经济实力，迅速跃升到世界霸主地位。美国在冷战中对共产主义的遏制，冷战后对伊拉

① 何勤华、朱淑丽、马贺：《纽伦堡审判：对德国法西斯的法律清算》，商务印书馆，2015，第35页。

克等国的军事侵略，对中俄等国的经济制裁，是在谋求另外一种霸权。纳粹分子的罪行经审判被施以法律制裁，西方大国的霸权主义、强权政治给世界带来的创伤又何日才能得到正义的审判？

显然，国际争端的裁判权依旧掌握在强国手中，“弱国无外交”的现实依旧存在。作为中国公民、法律人，我们应学好专业知识，为中国乃至世界的法律事业贡献力量。

研讨互动

嘉宾点评

雷婉璐：纽伦堡审判的艰难

纽伦堡审判确实是一场艰难的审判：在没有实体法、程序法的背景之下，却要求程序和实体双重公正。

我是通过大家的领读来进行学习的。刚刚领读的同学也说，必须从程序上进行审判，那么为什么不能把他们（战犯）直接活埋了呢？纳粹战犯的罪行虽令人发指，但经过正当程序来实现实体正义，才是法治的核心。审判中“定什么罪，由谁审判，依据什么，判处什么刑罚”等问题，都关乎实体正义。这场审判充满波折。

推荐大家看一部纪录片《纽伦堡审判》，它记录了施佩尔、戈林、赫斯从被逮捕到审判的过程，可以加深理解。

彭亚媛：纽伦堡审判对国际法发展的作用

纽伦堡审判为国际法发展积累了关键经验，直接推动了《国际刑事法院罗马规约》的通过和国际刑事法院的建立。《国际刑事法院罗马规约》1998 年通过，2002 年生效，国际刑事法院于 2002 年建立。该法院审理战争罪、危害人类罪等一系列相关罪行。顺便为国际法竞赛打个广告，国际刑事法院每年都会举办竞赛。建议大家好好学习刑法，同时也要好好学习英语，争取大二的时候参加这个竞赛。

郑淑珺：纽伦堡审判关涉的两大争议

纽伦堡审判更多集中在国际刑法领域，我提两个争议。

第一个是关于“恶法非法”与“恶法亦法”的争议。这个争议实质是在追问，纳粹的法律是否应该遵循？“恶法非法”是自然法学派的一个观点，其核心主张是只有善法才是法律，邪恶的法律是不应该有效的；“恶法亦法”则是实证法学派的观点，其核心主张是法的效力来源于主权者的命令，哪怕它是邪恶的法律，只要符合立法程序，在程序方面没有任何问题，就应该遵循。

第二个是关于“平庸之恶”的争议。如王睿熙同学提到的，法律能否审判“平庸之恶”。“平庸之恶”是说在意识观念层面上，行为人无独立思考与决策能力，助纣为虐者难以承担责任。法律不能强人所难。试想一下，处于这种无自主意识状态下的行为人，很难判断他到底是自愿还是非自愿，因为他无法表达自己的意愿，他实际上是在机械地完成“本职工作”，如果拒绝履行本职工作，可能就会失去生命或者没有办法养家糊口。如果恶法强行要求他做一些事，善法要求他不应该跟纳粹分子走而应该去帮助同盟国，实际上就是在“强人所难”，事后是否应对这种助纣为虐的行为进行审判？

我们或许觉得不应该审判这种纳粹国家体系中的小人物，但是将这一类人整合起来、形成体系，比如甲是集中营的看门人，乙是士兵，丙是押送犹太人的司机，这些人的行为汇聚到一起，就形成了屠杀犹太人的流水线。他们当中每个人都不是“无辜”的，都应该被审判。就像之前提到的那句话，“穿过纳粹军服的德国人都应该直接被枪毙”。是否应该审判这种“平庸之恶”？其实很难做出判断。大家有兴趣可以思考一下，究竟应不应该对这些人进行审判？如果审判，具体应该作出怎样的判决？

申屠晓莉：刑法对指定行为如何追责

本来上一次的读书会就应该跟大家见面，但是因为家里有事未能参加，非常遗憾。

这一次读书会，我做了非常详细的记录。我在本科时读过这本书，那个时候的我肯定没有同学们钻研得深，所以我觉得大家都很棒。不过我想稍微说一下，各位同学需要注意的地方。

本场的 MVP 应该是我身边这位同学（王睿熙）。但她没有在 PPT 上展示名字，导致我现在也不知道她叫啥。

另外一位同学（孙畅），鉴于你的介绍内容和表现，可以算是金牌辅助！虽然弄坏了 PPT，但你不仅是唯一全脱稿的同学，而且风趣幽默。虽然举的那个宿舍的例子有点酸，带有非常强烈的个人情感，但你还是蛮清晰地介绍了自己的那部分内容，呈现的效果非常好。

金玲对卡尔·邓尼茨介绍得非常详细。但 PPT 中的德文名出现了乱码，可以把它删除。

9 个人共同研读一本书，前期的团队交流可能还是太少了，大家对这本书的连贯性解释，有点欠缺。

郑老师提到纳粹的法律到底是不是法，这是个真正的法理学问题，很重要。若承认“恶法非法”，就要遵循法律所设定的行为规范，即刑法中的指令行为。这就意味着，那些人、那些长官和士兵，他们仅仅是因为执行上级的指令而实施了具体的犯罪行为。对此，我们则倾向于不应该承担刑事责任，这就是一个刑法问题。这个问题的上层问题，是法理学的问题。道德和法律的关系问题让法学家十分头痛，如果法律和道德必须联系起来，那么恶法不是法；如果认为法律是完全独立的，与道德不相关，那就可以认定纳粹的法律依然是法律。我认为，这个问题很重要，领读环节我旁边的这位同学（王睿熙）稍微提到了个人承担罪责的限度问题，其实还是有自己的思考的，所以我觉得大家对这本书有了一个初步的认识。

另外，我稍谈一下战争对德国的影响，尤其是二战。无论从哪类文献看，德国人对二战的反思都较为深刻。有一部电视剧叫《兄弟连》。剧中，两个美国大兵到达战败的德国，看到有一个乐队在演奏。其中一个说，德国人是很有整理东西的能力的，只要给他们一点莫扎特就可以了；另外一个说，是贝多芬，不是莫扎特。其实稍微了解莫扎特和贝多芬的同学应该知道，他们的音乐是直面现实的，像鲁迅先生，直面惨淡的人生。其实，德国人是非常勇敢的，对于战败、对于审判，他们确实怀有一个比较坦然的态度，同时也怀有一种重建德国的信心。

大家都讲得非常好。“法不溯及既往”这个问题也特别重要，但大家触及得比较少，可以进一步研究。

导师回应

对纽伦堡审判四个问题的补充

肖建飞

我先来回应一下老师们的问题。

自然法学和实证主义法学的区别

自然法学坚持的是超越于现行国家制定法之上的道德原则或公理。核心观点：“制定出来的法律是否公正？违背正义原则的法律要不要执行遵守？”实证主义法学认为：国家权力机构制定出来的有约束力的规范性文件，就是法。主张不需要反思，只需要执行就行了——这是其与自然法学的主要区别。

关于二战后审判的法律溯及既往的问题：1945 年底起草的《国际军事法庭宪章》确实存在“秋后算账”的争议。战争结束，才开始立法。战争罪以前存在，破坏和平罪和危害人类罪以前没有，也没有共谋罪的规范依据。但有一个重要问题，即在整个战争期间，随着部分人逃离德国，尤其是 1943 年以后关于德国人迫害犹太人和斯拉夫人的消息已经不胫而走，当时盟军无数次给轴心国下公告，禁止继续迫害，但公告反而导致德军加速迫害，甚至在波兰一带建立了集中营。（稍后再说集中营。）所以不能单纯断定“法庭章程溯及既往”，而要看这个法从哪里来。德国既然要屠杀犹太人，那纳粹政府不可能说屠杀犹太人的法律是无效的。但是对同盟国来说，“我方已经多次指责了这件事情，无数次地发出公告，我方在战后处理这件事情，是有依据的”。而且那时候德国已被四个战胜国分区占领了，政府也没有了。所以，这不单纯是是否溯及既往的问题，还要看它的法是从哪里来的。

二战之前实证主义法学占据主流地位，战后新自然主义法学复兴。新自然主义法学复兴的标志是德国法学家拉德布鲁赫从一个坚信实证主义的法学家变成更认同自然主义法学观点的学者，这意味着二战引导法律从一种非常典型的实证主义转向自然主义。这一转变堪称纽伦堡审判的重要贡献。

汉娜·阿伦特与“平庸之恶”命题

关于“平庸之恶”，我特别回应一下。本来想鼓励同学们去读《艾希曼在耶路撒冷：一份关于平庸的恶的报告》，但是这本书对于现阶段的同学来说，有点难。那场审判发生在纽伦堡审判结束后的16年，1961年。当时以色列的特工在阿根廷抓住了艾希曼，后将其带回耶路撒冷进行审判。汉娜·阿伦特把这本纪实审判报道之书命名为“平庸之恶”。但关于“平庸之恶”，还需要深入辨析、论证。汉娜·阿伦特非常了不起。她给了我推荐阅读这本《纽伦堡审判：对德国法西斯的法律清算》的动力。

汉娜·阿伦特最大的贡献在于提出了一个非常深刻的问题。从20世纪50—70年代开始，世界各国有影响力的知识分子都逃离不了“善和恶”的问题，我们如何去认识与行动？面临着一系列压力时，“恶的力量”排山倒海般袭来时，人如何坚持“善”？汉娜·阿伦特最先直面这个问题。但她的一些观点值得推敲，比如：“平庸之恶”真的“平庸”吗？恶没有深度吗？艾希曼在法庭上的表现像一个典型的纳粹的底层官吏，毫无生机、非常刻板。但他也一直想有“出色”表现，赢得上司的认可。开始他一直没有好好表现的机会，主要负责运输工作，一开始是在奥地利，后去了匈牙利，把犹太人往波兰运输送到集中营。他确实尽职尽责，但是我们该追问他为什么“尽职尽责”——必然是为得到上司的认可。希特勒对下属的治理方法就是，“我不给你们明确方案，你们去竞争吧！我看你们谁的表现最好，然后我给谁机会”。所以他手下的官员，不管是军方还是政府高层，尤其是核心助手（如戈林、戈培尔、希姆莱），都擅长领会领袖的意图，且最大限度地实现，所以能说纳粹官僚在纳粹系统中没有任何主动性、自主性吗？我根本不相信。

二战前后德国人的集体心态

对于德国人的集体心态，《纽伦堡审判》一书没有写，大家不妨去读一读《地狱之行：1914—1949》，这本书中有相对细致的社会心理记录。二战结束以后，德国人整体的社会心理处于一种错愕、迷茫状态，他们不知道自己会有什么样的命运。整个战争期间，尤其是战争中后期，纳粹在东欧和波兰迫害犹太人不是秘密，那些士兵或多或少会把这些消息说给家人听。战争初期，东线西线的节节胜利让德意志民族非常自豪。1943年后，东西两线战场都可能不保。他们（德国军队）必须战斗到最后一刻，因为他们在东欧犯下了累累罪行，战败后，东欧人、俄罗斯人能饶了他们吗？成千上万人的生命啊！所以他们必须战斗、自保。战后最初几年德国人之所以茫然，是因为他们不明白这个民族发生了什么。有一些律师想要为自己的民族“洗白”，否定整个民族犯罪。在社会心理上，德国人在战争初期一直处于自傲状态，后来则是自保，战争结束后，又陷入不知所措的状态。战争结束时德国没有政府，多年后才有西德（1949 年 5 月）和东德（1949 年 10 月）政府。所以说纳粹官员不过是“平庸的恶”，是官僚机器在作孽，我不太认可。

恶或许是人性的潜质之一

大家可以反思这些细节：你（部分纳粹军官）杀人就杀人，为什么要听着音乐杀人呢？

这让我想到莫言《生死疲劳》中关于乡绅地主西门闹之死的故事。新中国成立前西门闹家的马生了双驹，来看双驹的乡民络绎不绝。西门闹准备了茉莉花茶和绿炮台烟卷招待来访者。还是半大小子的黄瞳偷了西门闹家的一包烟卷，被人拧着耳朵拖到主家面前。西门闹不仅放了黄瞳，还送他一包茶叶带给黄父黄天发喝。黄父是个豆腐匠，也是西门家的佃户。黄父第二天挑着一担老豆腐来道歉赔情，西门闹让太太白氏送黄父二尺青直贡做双新鞋过年。两家本有多年交情，但土地改革后担任民兵连长的黄瞳受命枪决西门闹。黄瞳本可以用温和的方式枪决西门闹，却选择了残忍的方式。西门闹自叹：“我自然知道你是听人之命，但你完全可以对准我的胸膛开枪，给我留下个囫囵尸身啊！你这忘恩负义的杂种啊！”① 可见制度约束的必要性。权力可以作恶（哪怕是小微权力），恶也是人性的潜质之一，所以恶必须由制度来约束。

① 此故事是补记。参见莫言：《生死疲劳》，浙江文艺出版社，2022，第二章“西门闹行善救蓝脸 白迎春多情抚驴孤”。

导师接续

汉斯·弗兰克：那些未见诸审判的故事细节

肖建飞

结束时，我想提醒同学们注意之前未给予过多关注的一个罪犯——汉斯·弗兰克（Hans Frank）。

起诉书中的罪行表述

1932 年到 1945 年，弗兰克几乎是德国最知名的“法学家”，曾是德国司法统一调整全权代表、国际法律协会主席、德国法学院院长、波兰占领区总督。

检察官控诉被告人弗兰克利用种种职务便利、个人影响及与领袖的密切关系实施如下行为：促成纳粹密谋分子夺取政权、巩固纳粹分子对德国的控制、在波兰占领区犯下战争罪和危害人类罪。这段控方的控诉缺乏人格化色彩。弗兰克的工作地是德国倾倒、吞并领土上“劣等种族”的垃圾场，垃圾场的真实名字叫作“罗兹集中营”“奥斯维辛集中营”，被“倾倒”的人不下百万。

人民同志与人格减等

人民同志与人格减等是“第三帝国”时期使用的法律概念，足以看出语言不仅是语言，还涉及政治、经济、历史因素。1935 年，弗兰克主导草拟的《帝国公民法》获得希特勒认可，种族主义成为该法首要的指导原则。在“帝国公民”中，划分出第二阶级的“次等自然人”。此后弗兰克在任波兰总督期间，严苛地管理当地的居民，毫无底线。法学家为纳粹政权提供的另一项罪恶智力支持是建立“剥夺人民同志权利地位”的法律技术。刑事法官可以给被告人判决“无耻”。人格减等共 10 级，一旦失去全部等级，“无耻”的人民同志只能作为一个劳动动物生活下去。1942 年，纳粹德国政府通过所谓的“人民法典”，把德国人绑附在了纳粹的战争机器上。

曾作为编号存在的人

纳粹对不合作的德国人实施人格减等，对犹太人则只需要在大规模杀戮的官僚程序中将人名编号即可。普里莫·莱维（Primo Levi）是一位犹太裔意大利化学家、奥斯维辛的苦工。他写下被剥夺了身份特征的感觉——“把一个人完全毁掉”。“我们失去了一切属于自己的东西。他们拿走了我们的衣服、我们的鞋子，甚至我们的毛发……就连我们的名字他们都会拿走。”① 他是第173417号囚犯，这个号码被刺在他的左臂上。正如历史学家伊恩·克肖所言：“一旦为了非人道的目的而去除或扭曲对行为的一切法律制约，人会犯下多么可怕的滔天罪行。集中营成了‘二战’最突出的象征之一，在那个噩梦般的世界里，人命一文不值，生死只在掌权者的一念之间。”②

在那个时代，共谋者加入恶的洪流非常容易；旁观者不参与恶却需要有足够的定力与自制力；反抗者违逆恶的洪流则需要巨大的志与勇。对战犯的审判早在半个多世纪前结束，但关于善与恶的思考却永远不会停止。就此人们也不乏道德共识，如加缪所言：“杀人凶手的心灵是盲目的，而没有远见卓识就不会有真正的善和高尚的爱”。③

阅读准备

肖建飞：提示领读题目与写作思路

问题提示

各位同学：

《纽伦堡审判》涉及的法律问题极多，且有复杂的政治背景，建议大家带着如下问题阅读。

1. 为什么要审判战犯，可结合一战、二战后对战犯的不同处理来思考。

2. 由谁来主持审判，控诉方与审判方的关系。

3. 对谁进行审判，战犯选择的考虑，辩护方与被告人、检察官、法庭的关系。

4. 依据什么来审判，法律依据的制定与适用，如何解决溯及既往

---

① 伊恩·克肖：《地狱之行：1914—1949》，林华译，中信出版社，2018，第397页。

② 伊恩·克肖：《地狱之行：1914—1949》，林华译，中信出版社，2018，第434-435页。

③ 加缪：《鼠疫》，刘方译，上海译文出版社，2011，第113页。

问题。

5. 以何罪名定罪处罚，共谋的适用，违反和平罪、战争罪、危害人类罪罪名的适用。

6. 轻罪抑或重罪：邓尼茨案的审理难题。

7. 有罪抑或无罪：沙赫特案的审理难题。

8. 坚持抑或妥协：影响审判的因素分析。

9. 纽伦堡审判的历史意义。

请二组领读同学程羿文、卞煊雅、王睿熙、金玲、刘可欣、邓雨婷、张国翔、孙畅、戴思佳，思考领读的主题与内容。

准备建议

各位同学，这周请先完成如下工作：

1. 选择一位负责人，并通知我，建议本组同学添加我的微信，以便联系。

2. 确定领读的主题（总题目）、涉及的问题（9 个一级标题）。

9 位同学都要分享，分别撰写发言稿、制作 PPT。

如何确定题目和提纲，建议本组 9 位同学事先商量，把握以下 3 个标准：

（1）总标题要能涵盖 9 个问题（9 个一级标题）；

（2）9 个问题的排列要有逻辑关系；

（3）9 个问题要相关但不能重复；

请二组负责人把总题目与一级标题于 11 月 3 日晚 20:00 前发给我，文稿与 PPT 于 11 月 7 日晚 20:00 前发给我，这样我们有时间商量修改。

3. 领读组制作一份海报，建议于 11 月 8 日 8:00 前发给我。

4. 领读组请未参加二期读书会的同学帮忙录音、拍照、拍摄小视频。

5. 撰写新闻稿，建议于 11 月 12 日 8:00 前完成。

6. 11 月 10 日读书会结束后，请整理参与讨论的同学和与谈教师的发言，建议于 11 月 14 日 20:00 前完成。

一轮选题

各位同学：

1. 国翔设计的问题与思佳设计的问题接近，国翔可对纽伦堡审判做概括性介绍。

2. 现在有 3 人（张国翔、程羿文、王睿熙）选问题 1，2 人（卞煊雅、刘可欣）选问题 6，重复选择不合适。

3. 第 5 个问题是关于罪名与刑罚适用的，可由一位同学做总体介绍；之后选出 3 个你们认为有争议的案例，由 3 人分别领读，这样领读内容更加丰富。大家不要限于我给的问题，可以细化。

4. 领读要有总题目，请先思考。

5. 读书会需要海报文案，请先构思。

领读设计

各位同学：

雷婉璐、彭亚媛、申屠晓莉、郑淑珺老师都会参加本期读书会。申屠晓莉老师留学慕尼黑大学，专门研究刑法，郑淑珺老师也研究刑法，她们都是最适合的与谈人。

有几个问题与大家商量。

1. 本次建议不再分单元，由本组同学依次领读，先介绍审判背景，然后分析审判流程与关键点（审判组织、依据、对象与罪名、刑罚等，这一部分是重点），最后分析审判影响，可将有争议的案件的审理情况融入其中。

2. 我们几位老师作为召集人，更关注读书会的实质，关注同学们是否投入阅读、认真写作、制作 PPT，最终的领读应该是阅读与写作收获的呈现。在这个过程中，大家要亲力亲为，不能委托替代。

3. 读书会时间紧，同学们需要投入大量时间。这个周末是最佳的阅读写作时间。

4. 同学们近期的活动较多，确实没时间阅读、写作、领读的，请事先通知我。不一样的活动，有不一样的收获。大家只有尝试比较后才能得出结论。读书、写作的前提是自愿，不能勉强。

5. 如果有同学已经开始阅读和写作了，但存在与社团活动冲突的问题，也请事先通知我。我们会与学院沟通，尝试解决。

设题技术

各位同学，标题设定有技术要求。

1. 总标题和一级标题都是书面化的短句。

2. 总标题能概括一级标题，各一级标题之间有逻辑关系。

请同学们于今晚 21:00 前斟酌好一级标题，用清晰明确的短语概括自己领读的内容，并发给思佳（二组负责人）汇总。

请思佳同学在整理9位同学拟定的一级标题时，注意逻辑顺序与词语表达是否清楚、简洁，尽可能让一级标题表述统一。

再次感谢同学们的参与！

希望同学们收获的是真切的思考！小问题都会一个个解决的。

一轮自设题

思佳：老师，孙畅和王睿熙要去法辩到不了，张国翔也到不了。他们准备了稿子，但是需要有人帮忙读一下。

总标题：纽伦堡审判的背景介绍及其个案分析

同学们的分工如下：

张国翔：背景介绍。

孙畅：由谁来主持审判，控诉方与审判方的关系。

邓雨婷：以何罪名定罪处罚，共谋的适用，违反和平罪、战争罪、危害人类罪罪名的适用。

卞煊雅：纽伦堡审判的历史影响。

下面是5个人的个案分析：

戴思佳：分析威廉·凯特尔的罪行。

王睿熙：分析阿尔弗雷德·罗森堡的罪行。

刘可欣：分析赫尔曼·威廉·戈林的罪行。

金玲：分析埃里希·雷德尔的罪行。

程羿文：分析亚尔马·沙赫特的罪行。

回复同学

各位同学：

大家能开始思考，拟定总标题（主题、题目）、一级标题（提纲），并选择个案，这很可贵。

我们对纽伦堡审判进行分析，要做的是找到本书的骨架、轮廓与要点。刑事审判有四个关键要素（1）谁——审判组织；（2）依据什么——裁判的法律依据；（3）对谁——行为人（个人或者组织）的犯罪行为；（4）如何判罚——对涉案行为的认定罪名与科以刑罚。这四个要素缺一，领读就是残缺不全的。

目前总标题、一级标题与个案选择，存在如下问题：

1. “纽伦堡审判的背景介绍及其个案分析”中“背景介绍”是为了引出后面的内容，因此可以作为一级标题，但并不适合作为总标题；“个案分析”试图对应后面的5个个人被告，5个被告人是同学们从宣判的22个被告人中选择出的，但“个案分析”是描述性词语，没有对22个个人被告和6个被控犯罪的组织进行高度概括。现在的总标题缺乏画龙点睛的关键词，好的题目能告诉参与读书会的师生，我们二期同学领读的主题、关键点，并能引导大家思考。

2. 在目前的一级标题设计中，“由谁来主持审判”与“以何罪名定罪处罚”之间缺乏衔接，缺少两个部分——依据什么来审判和对谁审判。如果用一个四肢健全的人来比喻完整的报告，我们现在有的是一顶帽子（背景介绍）、一个小小的头部（审判组织）及庞大的四肢（5个个案），没有胸部（审判依据）和腹部（审判对象）。

3. 目前同学们选择的个案是威廉·凯特尔、阿尔弗雷德·罗森堡、赫尔曼·威廉·戈林、埃里希·雷德尔、亚尔马·沙赫特。这些被告人的个人经历及其在“第三帝国”的影响也许是同学们做出选择的原因，但可能同学们也无法清晰地说出理由。我们建议大家在选择被告人时，以定罪量刑争议大小为第一标准与考虑因素。以此为标准，有些个案是否仍值得作为重点予以分析就有待商榷了。例如，赫尔曼·威廉·戈林作为帝国政府与纳粹核心集团的代表、威廉·凯特尔作为军方的代表，对之定罪和量刑，争议不大；埃里希·雷德尔案件的争议要远小于卡尔·邓尼茨案。

4. 讲完纽伦堡审判的历史影响，参加读书会的师生就会认为读书会已经结束，后面再讲5个个案分析，逻辑上说不通。个人案件放在“以何罪名定罪处罚”与“纽伦堡审判的历史影响”之间更合适。

在通读全书后，确定总标题和一级标题是撰写文稿和制作PPT的前提。不确定总标题和一级标题，就不知道领读什么、如何领读。请大家再次斟酌总标题与一级标题。

不可能做一次报告就学会主题阅读，但在阅读过程中不断反思、完善自己的想法，把它们记录下来，并能够有条理地讲给别人，就是同学们真正的收获。

和你们一起策划读书会，我也在不断反思，修正想法。

希望大家有更多收获！

补记：当天中午沟通后，思佳同学选定了“审判对象的选择及其依据”，可欣同学选定了“依据什么审判”，金玲同学选择了卡尔·邓尼茨案件个案分析。做了这些调整后，报告结构变得更完整了。

再回复

各位同学：

昨晚与今早大家陆续拟定了各自领读部分的一级标题。很高兴三次修订提纲后，同学们终于呈现出审判的前因、核心要素、典型个案与影响。

我按照背景→审判四要素（谁审理、依据什么审理、审判对象与罪名刑罚）→三个案件→审判影响进行排列，9 个标题如下：

1. 张国翔：纽伦堡审判是历史的选择
2. 孙畅：控与审，审谁主
3. 刘可欣：论审判的根据
4. 戴思佳：审判对象的选择及其依据
5. 邓雨婷：在虚无中寻找意义
6. 金玲：卡尔·邓尼茨的个案分析
7. 程羿文：沙赫特的审判——理性与感性的争锋
8. 王睿熙：阿尔弗雷德·罗森堡审判的个案分析
9. 卞煊雅：纽伦堡审判历史角度下的辩证观点

目前提纲存在如下问题：

1. 部分标题没有突出审判要素。例如：(1)“控与审，审谁主”想要表达检方与法庭的关系，但并没有表述清楚，也存在语法问题；(2)“在虚无中寻找意义”没有突出要讨论的是定罪量刑问题，还会引起误解，读者或参与读书会的同学会认为，纽伦堡审判没有法律依据或者被告人没有罪行，但雨婷想表达的是，审判依据是战后制定的，适用《伦敦公约》与《国际军事法庭宪章》面临着溯及既往的问题，同时 22 个个人被告与 6 个组织被告涉案行为差异巨大，适用法律困难；(3)“纽伦堡审判历史角度下的辩证观点”没能提示读者或参与读书会的同学要自己思考、阐释纽伦堡审判有何历史意义。

2. 部分标题只是对事件的直接描述，没有观点。例如，“卡尔·邓尼茨的个案分析”“阿尔弗雷德·罗森堡审判的个案分析”。

3. 部分标题用词的准确性有待推敲。例如：(1)“纽伦堡审判是历史的选择”，“历史”是我们以后来人的角度来看待这次审判，当时英美法苏各国的审判是政治权衡与妥协后的选择。(2)“纽伦堡审判历史角度下的辩证观点”，“辩证观点”只是煊雅同学个人的角度，并没有指示性。

4. 标题的表述不一致，缺乏协调性。例如：(1) 有句子“纽伦堡审判是历史的选择”“在虚无中寻找意义”，有短语“论审判的根据”“审判对象的选择及其依据”；（2）有直接叙述“纽伦堡审判历史角度下的辩证观点”，有问句“控与审，审谁主”；（3）有的有观点“沙赫特的审判——理性与感性的争锋”，有的无观点“卡尔·邓尼茨的个案分析”“阿尔弗雷德·罗森堡审判的个案分析”。

一级标题应该具备整体性、协调性，语言表述尽可能一致。以下一级标题供大家参考，也期待各位同学能合力构思出更好的总题目与提纲：

总题目：纽伦堡审判中的罪与罚

提纲：

1. 纽伦堡审判：政治权衡与妥协后的选择
2. 由谁审判：军事法庭中的检察官与法官
3. 依据什么审判：法律依据的制定与适用
4. 对谁审判：选择个人被告与组织被告
5. 如何定罪处罚：四项指控认定与量刑
6. 邓尼茨的轻刑：潜艇战的有效辩护
7. 沙赫特的无罪：理性与感性的争锋
8. 罗森堡的死刑：宣传行为的定性之争
9. 纽伦堡之后：规则创设与适用难题
9. 纽伦堡之后：留有缺憾亦点燃希望

补充：煊雅的标题9最难定，因为纽伦堡审判的影响是多方面的，这个还需要你再斟酌思考，重新确定。

肖建飞与张国翔：用中性词概括事实

斗争还是权衡

国翔：老师，我能看下他们的题目吗？“审判是政治斗争与妥协的抉择”这个行吗？

肖飞：“权衡”也许比“斗争”一词更中性。

国翔：“审判是政治权衡与妥协的抉择”可是具有影响力的人之中有很多都参与了政治斗争啊，权衡是国家之间的。我感觉“斗争”更偏向个人。可能也有权衡，比如苏联代表，好像还是“权衡”更好一些。

肖飞：尽管个人有性格差异，但检方与法官都代表国家，他们的行为不是个人行为。

国翔：嗯。

突出核心观点

肖飞：国翔，看得出你下了很多功夫，尽管还没有完成，但 PPT 的内容已经较丰富了。以下建议供你参考。

1. 关键与核心观点没有凸显出来，即审判如何显示了四国之间的权衡与妥协。

2. 没有二级标题，以下是供你参考的标题。

（一）选择在纽伦堡审判的特殊含义

（二）一战与二战对待战犯的差异

（三）战后惩治诉求与秩序重新需要

（四）英美法苏间的政治权衡与妥协

3. 目前 PPT 比较重要的是第 15、18、19、20 页，但内容并不精练，也没有提取出要点。很多内容不必写在 PPT 上，例如第 2 页上侧的“我们在进行《纽伦堡审判》的正文阅读前呢，肯定会看到这么两句话”，右侧的“我觉得这两句话不仅对我们阅读这本书很有帮助，而且对我们的人生也很有启迪作用”，还有第 3、4、6 页，这样的表述在时间允许的情况下，口头说出就可以了，不用在 PPT 上呈现。

4. 另有一项艰巨任务，那就是 9 位同学的报告合在一起，前面要有一个总标题与 9 个一级标题组成的目录。目录就由第一个领读的同学来介绍，那就是你。针对目录，介绍报告的整体思路：审判的前因，也就是背景；审判四要素——谁审理、依据什么审理、审判对象与罪名刑罚；有争议的个案；纽伦堡审判的意义与影响。

从整体看，现在的 PPT 上不重要的内容比较多，缺乏核心内容，主次不分明，重点不突出，也没做到有纲有目。继续修改吧，期待你们的优异表现！

详略得当

肖飞：国翔，有些 PPT 制作技术反馈给你。

1. 各部分除了提纲没有具体内容，过于简略了。可参照奕文的模板，PPT 上要有提示内容，也要有解释内容，主要放最重要的观点、数据、关系图表等，提纲要与个人讲解结合。简洁不等于“瘦成皮包骨”，你原 PPT 的很多内容依然可以用。

2. 尽量不要把文字竖排，这不符合大部分人的阅读习惯。

3. 讲的时候可以使用稿子，实在记不住就看稿子。但有一个小技巧！把PPT上没有呈现的但又需要讲解的关键信息（提示性的），写在一张对折的纸上，讲解时瞄一眼，就知道接下来说什么了。

肖建飞与孙畅：专业阅读要对某一问题给出解释

回复提纲

肖飞：孙畅，看得出你认真准备了，你对四大国家、八位法官、两大法系的分析都很有意义。但是，提纲中仍存在几个问题，你再考虑一下：

1. 《伦敦协定》与《国际军事法庭宪章》仅是四个盟国为了对首要战犯进行审判而订立的，二者都声明不能约束四国占领区的法庭。当时订立协定与宪章时，四国并未预期为日后同类审判确立规则，尽管协定与宪章确立的罪状、罪名确实对后来的战争类犯罪审判产生了深远影响。也就是说，当时设立的纽伦堡军事法庭是临时的。

2. 1998年罗马外交官大会通过《国际刑事法院罗马规约》，2002年国际刑事法院设立，因此把国际刑事法院放在前面介绍不是很合适。

3. 纽伦堡审判并没有实现控审分离，杰克逊本人就是《伦敦协定》与《国际军事法庭宪章》的主要制定者，比德尔也参与了上述文件的起草。尽管审判期间有众多分歧，但通过司法程序惩罚战犯是检察官与法官的一致立场。看到你列出的控审分离、控诉统一、相互制约，我推测不出你想要表达什么。

孙畅：收到，谢谢老师！我再改改。

肖飞：不客气，想想再修改，自我修正想法就是最大的读书收获！

回复正文

肖飞：孙畅，老师为你能开启专业阅读而高兴，但专业阅读并不是简单的摘取，而是在通读之后细读，就某一问题给出解释。

目前尚不知道你发来的文档是PPT的文字版，还是汇报的全部内容。这些句子并不精练，估计是领读内容，而非PPT上呈现的要点和核心观点。

发现如下问题，反馈给你：

1. 文档多处都没有展开介绍、分析。例如，没有对检察官与法官的任命进行介绍，其实各国对此都是持慎重态度的；也没有分析助理法官为什么不同意法庭最初的安排，他们又是如何争取到足够的权力的。

2. 没有分析主导性的力量。美国的实力确实使之获得了更多话语权，美国有能力调动人财物力收集证据、组织审判，美国的检察官及其服务团队强大。美国还配备了为法官提供法律服务的智囊团，这在相当程度上解决了“共谋”认定问题。认可美国检察官与法官的强大力量，不等于说他国的法官没有发挥作用，例如英国的劳伦斯有庭长特权、伯基特起草了判决书；法国的德瓦布尔提出了众多反对意见；苏联的尼基钦科更多受制于本国政府，主张重刑，但也不乏必要妥协。

3. 有些观点比较武断。“理想的法庭审判中，法官是独立的”，但你是否考虑过，在公众高度关注、舆论压力大、政府也有意向性的情况下，英美法的法官还是相对依据事实表达了个人的法律意见；苏联法官确实更多听命于政府，但苏联要求重判也并非无理要求，毕竟最惨烈的战场在东欧、苏联西部地区。另外，你认为“法官对案情了解甚少，甚至连被控告人的身份也不了解”，这只是最初审判时的状态，一年后，他们几乎都成了纳粹研究的专家。

写好文稿的前提是认真研读推荐书目，不下足够的功夫很难达到预期的深入研读目的。

肖建飞与邓雨婷：整体介绍，避免重复

雨婷：肖老师，我之前选择这个题目时，是以为我要完成的是关于四项罪名的商榷与适用。看到后面建议我做 22 个个人被告和 6 个组织被告的定刑分析，我大概搭建了报告的结构，对书本内容做了选取。今天再看发现，如果我脱离案例分析，在这之前提到这四项罪名就会同刘可欣的部分重复，所以我是否只需要将 22 个个人被告、6 个组织被告的定罪做初步分析后提出争议点即可？以下是我的初稿。

肖飞：雨婷，你做了很多基础性工作，但你负责的是整体定罪量刑部分的介绍，所以需要一个基于整体的思路，现在你在思路上有欠缺。

以下建议供你参考：

1. 检方无法帮助法官明晰指控罪名，法官在工作中学习，解决法律难题。

2. 四项指控的难点，共谋的判断标准，即比德尔-韦克斯勒方案，总共谋只限于危害和平罪、时间始于 1939 年，“知道”（知道战争目的）与“合作”（继续留任服务纳粹政权）标准及其可能面对的问题（可参考第六章第七节）。

3. 对 22 个个人被告的整体定罪和量刑情况（可以根据表格总结，附录四）。

4. 组织犯罪的认定情况，哪些组织被认定有罪，哪些无罪。

5. 最后可以适当提及邓尼茨、沙赫特、罗森堡 3 个争议较大的案件。接下来 3 个同学就开始分析这 3 个案件。

肖飞：你可以直接在 PPT 中呈现这个表格；3 个组织被认定为犯罪组织、3 个组织未被认定为犯罪组织的原因也可制作成表格。

雨婷：老师，我先前已经将表格加到 PPT 中了，我修正一下内容，所以我的重点还是在四类罪行的定罪争议点上是吗？

肖飞：我觉得争议更有价值。

雨婷：嗯，明白了。我之前在做这一部分的时候害怕会和法律依据、适用内容相撞。谢谢老师！

肖飞：可欣写的是《伦敦协定》和《国际军事法庭宪章》的出台，你们没有重叠。

雨婷：好的，老师辛苦了！

肖建飞与程羿文：提出观点，精炼表达

表达观点

肖飞：羿文，建议把你的 PPT 作为样本，让别的同学都以你的版本为背景。你是否同意？

你汇报的第四个问题“思考与分析：理性与感性”，应该体现自己的观点，但你没有，只有标题，这并不合适。请从刚刚你发的文档里摘出观点来。

另外注意两个小问题：

1. 可能不是“法官始终未被情感冲昏头”，法官要面对的是舆论压力，会受到公共舆论的影响。

2. 除了沙赫特与希特勒后期产生矛盾被投到集中营以外，沙赫特本人在战时为盟军提供情报，被捕后寻求与检方、法庭合作，其自我辩护能力与优雅举止也为其被认定为无罪提供了有利条件。

PPT 制作建议

各位同学：

关于 PPT 制作有一些建议。

1. 形式

（1）每人制作的形式不一，而且每个人上去领读都要开文件、关文件，很麻烦。（2）首页写自己领读的一级标题，领读人姓名。（3）每个同学的一级标题，用“一、二、三……”依次排列；每个同学领读的各部分内容，用“（一）、（二）、（三）……”依次排列。

2. 内容

PPT 只呈现要点、核心观点、重要数据与图表，不要把自己讲的内容都粘贴上。以程羿文的 PPT 为例，可以从 200 多个字减缩到 100 多个字。

羿文原文：伊万诺认为这种做法是合适的，而且控方该对被告的主动表示有个交代。对辩方有利的证据很多，如沙赫特曾试图将希特勒的注意力从发动侵略战争转向对殖民地的争夺。在这一努力失败后，他就试图切断财力上的供应。结果，他被踢出纳粹阵营。接下来，他参加反抗运动，直至沦为阶下囚，并最终被投入集中营。而且，美国预先得知的德国要进攻苏联的消息或许是由沙赫特提供的。因此，应给沙赫特一个在法庭上证明的机会。两人争论的核心在于：杰克逊认为该案应该几乎全部采用书面审的形式，伊万诺则希望多用证人。

后期减缩：伊万诺指出对沙赫特有利的证据：（1）试图将希特勒的注意力从发动侵略战争转向争夺殖民地；（2）试图切断财力供应；（3）参加反抗运动，被投入集中营；（4）为美提供进攻苏联的消息。美国检察官有不同意见：杰克逊认为沙赫特案应书面审，伊万诺希望多用证人。

3. 数量与时间

（1）PPT 建议在 8 页之内，最好 6 页（加一级标题和领读人姓名页）。（2）每人的时间建议在 7 分钟内。

肖飞：羿文，你的认真让我感动，意思表达得很清楚了，而且你的文笔不错，表达流畅。

是否考虑加上这样一段话来总结沙赫特案：沙赫特被希特勒踢出纳粹核心集团，其在“第三帝国”的职位和影响，离战争决策、战场、集中营都相对遥远；沙赫特参与反抗运动、为盟国提供情报，配合法庭审判，气质与谈吐颇具贵族风范，均拉近了其与盟军、盟国政府、法庭、法官教育背景的距离。这“一远一近”促成了其无罪的结果。

肖建飞与卞煊雅：谈实质，切忌空泛

肖飞：看了你的领读内容，我还是对你自定的题目“纽伦堡审判在历史角度下的辩证观点”持怀疑态度，因为“辩证观点”只是表达立场，比较空泛，不及实质。

可否考虑这个标题“纽伦堡之后：留有缺憾亦点燃希望”。不过这个标题也不是很理想，因为“缺憾”“希望”这样的词对于严肃的法学表达来说，过于文艺，也没有很精确地说出实质。

内容部分发现如下问题，相关建议供你参考：

1.“弊病”这个词是否过于严苛。溯及既往是在未有立法、未有先例背景下的无奈之举。四国确实为自身利益考虑，并想为苏联、英国战争初期的行为遮丑。虽然战争初期英法放纵德国、苏联参与瓜分波兰，但这些都不能为纳粹大屠杀开罪免责。审判确实存在着大国操纵，但至少各国有一个基本共识，即通过审判程序来惩治战犯，而非直接处刑。

2. 多处观点表达不准确或缺乏说服力。

（1）通过“查阅史料，我们可以得知美国法官中有四分之三都为犹太人”，这里的“美国法官”指的是美国联邦法院法官，还是整个司法体系的法官，有准确出处吗？

（2）纽伦堡军事法庭没有认定德国国防军参谋部为犯罪组织，并不意味着“对德国国防军却网开一面”，占领区法院可以继续审判高级军官，实际上也确实审判了相当一部分人。

（3）新纳粹在近年来确实有所抬头，主要表现在对待移民与难民的排斥态度上，但其对德国的政治影响力不应夸大。同时要注意，新纳粹是自保性的，和纳粹的扩张性很不一样。

（4）二战的罪恶在于赤裸裸的种族主义，与冷战时的意识形态对抗存在着实质区别。

（5）美国对共产主义的遏制，对中俄等国的经济制裁，是为了维系自身在全世界的领导地位。

上述行为确实不利于公正的世界秩序的构建，威胁着我国的政治经济安全，但与纳粹仍存在显著区别。

法律思维及其运用

阅读《法学野渡》[①]

阅读提要

郑永流教授将法律方法之功用精辟概括为："在用法、造法中，法律方法显现出这样一个不断逼近目标的功能链：方法改变前提，前提改变结论，结论改变行为。或者说，方法改变着法律，法律改变着人的行为。"对于法科生而言，系统地接受专业训练、熟练地掌握法律方法，也就掌握了法律人安身立命的利器。因此，肖建飞老师选定了《法学野渡》第五卷"法律人这样思维"，同时建议将辛普森案、念斌案与快播案作为分析样本，以引导同学们剖析三起案件的司法结论的得出过程，从而对法律方法形成初步的认知，并进一步思考法律方法的生成逻辑与实践意义。

阅读报告分为两个单元进行：第一单元从宏观角度切入，解释何谓法律思维、法律思维特点及法律判断形成的关键步骤；第二单元从微观角度深入，分析三起引起公众广泛关注的案件中，存在的事实认定与法律适用问题，具体包括辛普森案中的"正当程序原则"与"美国刑事司法审判中的证明标准"，念斌案中的"死刑复核制度的变迁及功能""刑事案件证据的证明标准""刑辩律师的职业困境与作用"，快播案中的"庭审直播与媒体舆论""举证、质证与认证""行为定性与刑罚适用"。

领读结束后，两位老师从部门法学和法理学维度，对八位同学的领读进行了点评与指正，同步阐释了无罪推定原则、一事不再理原则及中立帮助行为的法律责任等问题。此番分析与讨论有助于澄清同学们对中美刑事案件证据标准差异的误解，并使同学们对疑难案件审理中法律方法的重要作用有了更直观的认识。

（咸舒竞供稿，雷婉璐修改）

---

① 本期读书会领读人为2021级本科生咸舒竞、王一诺、许可、李明慧、耿红梅、王婉君、许玺、杨明伟，海报由2021级本科生袁鑫制作，指导教师为雷婉璐、肖建飞，雷婉璐指导本期读书会，肖建飞做回应和总结。

楔子

法律人思维的特殊性

雷婉璐

野渡，是荒野的渡口；法学野渡，是抵达法学彼岸的渡口。郑永流教授甘当摆渡人，引领刚上船的法学新人，共渡到法学的彼岸。

义理大道，何以与人说？唯有方法，可载道理。

法律思维关乎人的身家性命、财产安全与社稷天下。法学是最古老的学问之一，它不仅是知识，也是一门艺术。因此，法律人游走于事实与规范之间，如同戴着镣铐跳舞：追求逻辑之美，求真亦求善。法律人应当严谨、理性、善良、冷静，却不可冷漠。这无疑体现了法律人思维的特殊性，或者说是法律思维的特殊性决定了法律人不是“一般人”。那么，操持法学这门艺术的究竟是怎样的一群人？

这群人，以行动的法律后果为基本考量，而不过于注重对信念的认识，那是哲学家的工作。

这群人，以现行有效的实在法体系为依据，分析法律案件的处理结果，而不过于关注一个犯罪者的犯罪原因是否源于童年缺爱，那是社会学家的任务。

这群人，以问题情景的出现为思维起点，而不拘泥于抽象的原则或教义，那是宗教学家的职责。

这群人，以严谨的论证和说理服人，而不依托于情感的抒发，“飞流直下三千尺，疑是银河落九天”的唯美意境属于诗人。

这群人，以价值为导向，关切的不是“逻辑上必然的推论”，而是“可理解且有信服力的思想步骤”，发现客观的自然规律是自然科学家的使命。

这群人，以正义为终极追求，超越伦理学的求善、政治学的权宜、经济学的效益。

可见，法律人善于用法律依据分析法律现象，解决法律问题，同时为这种解决方案提供充分且必要的理由。

然而，上述描述仍难以穷尽法律思维的全貌。欲知法律思维究竟为何？请看今晚的主角如何诠释。现在，让我们“上船”，共渡到法学的彼岸——从具体法律案件中，窥探法律方法如何塑造法律思维，法律思维如何判断法律适用。

主题领读

辛普森案、念斌案、快播案中的关键问题

一、法律人这样思维

戚舒竞

各位老师、同学，我将向大家介绍郑永流老师《法学野渡》中“法律人这样思维”一章的核心内容（见图1）。

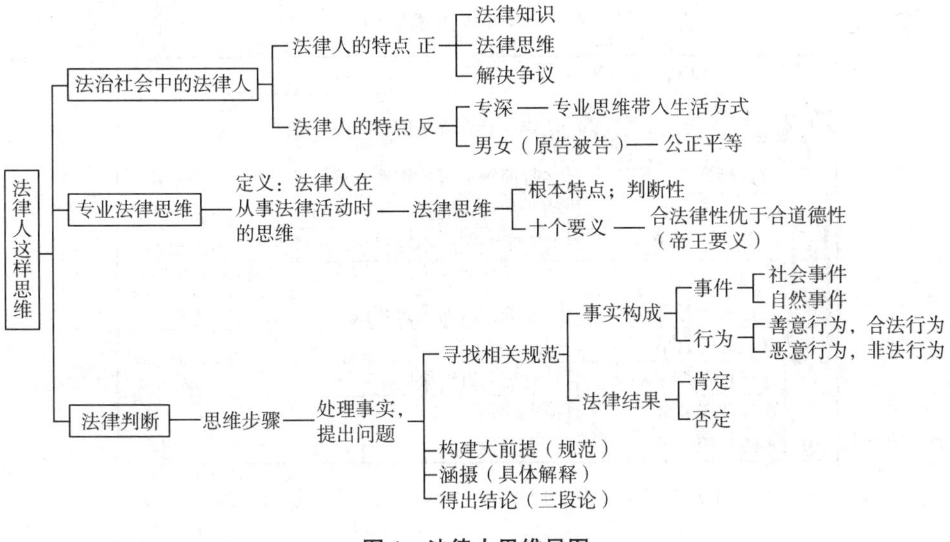

图1 法律人思维导图

（一）法律人的能力

专业工作对法律人提出以下能力要求：第一，要掌握法律知识，包括了解国家现行的法律体系、常用的基本法律部门的内容、法律规范设定的

权利义务关系；第二，拥有法律思维，依循法律逻辑，进行有价值取向的思考，并且能够进行合理论证；第三，解决争议的能力，依据法律规定，做出合乎事理的判断，预防、处理争议，参与建构维护公平和谐的社会秩序。

法律人常将专业思维带入生活，甚至用专业思维塑造生活方式。由此难免引发疑问：法律职业是否过分专深？有一个玩笑说：“当你走出法学院时，没有男人女人，只有原告被告。”

（二）法律思维特点

郑永流老师基于狭义法学或法律教义学，也就是法律规范及其应用的视角，分析法律思维的特点。不同于当事人参与诉讼，法律人从事法律活动时，其思维的根本特点在于判断性，集中于两大领域：第一，建构规范，判断哪些事实应由法律调整；第二，应用规范，判断事实是否与规范相适应。

法律思维的特点，体现为“多个原则或者要义并用”。在10项法律思维基本原则中，位次在先的优于位次在后的，但前后原则之间不是排斥关系（见表1）。法律思维原则不是数学公式，用了一个公式解题就难用别的公式。郑永流老师的总结是：

表1 法律人思维原则

序号	内容	理由
1	合法律性优于合道德性（合法性、合理性）	法律本身体现了道德
2	普遍性优于特殊性	多数原则、可操作性、节约成本、社会的安定性
3	复杂优于简约	行为的可预测性、社会的安定性、结论的公正性
4	形式优于实质	公开、透明、平等对话、可操作性、节约成本
5	程序优于实体	公开、透明、平等对话
6	严谨胜于标新	判断关涉人的重大利益
7	谨慎超于自信	（同上）
8	论证优于结论	结论更具有说服力
9	逻辑优于修辞	（同上）
10	推理优于描述	（同上）

注：本表来源于郑永流：《法学野渡》，中国人民大学出版社，2017，第78页。

要义1为帝王要义；要义2~5作用于规范建构和应用；要义6~7指向法律人的品性；要义8~10为方法倾向的。罗列10种，或有浮泛之嫌，或又失之缜密，但不外期待法律人：要出乎法律其外，先入乎法律其内；抑情感而开启理性；重方法训练而少恃机智、才气；人文关怀与科学精神兼具；知行统一，更勇于践行。①

（三）法律判断形成的关键步骤

法律人的工作就是依据法律处理个案，法律人的目光在个案关键性事实与法律规范之间往返流转，审视个案关键性事实能否被法律规范设定的行为模式涵盖，目的在于得出一个有说服力的法律结论。

郑永流老师总结，法律人做出法律判断的基本步骤如下：第一，处理事实和提出案件问题（认定小前提），分析事实是法律工作的前提。第二，寻找相关规范，在我国主要是寻找制定法和司法解释。第三，分析事实构成，也就是法律规范所设定的典型行为模式的构成要件。第四，建构大前提，法律规范就是大前提（具有一般性），规范的意义不是显而易见的，而是需要解释的。建构具体的适合个案事实的大前提，就是要经由解释从一般规则中释放出其丰富含义。第五，涵摄，将法律规范设定的行为模式分解成要件（大前提），再将个案关键性事实进行分解（小前提），归入行为模式要件。第六，得出结论，经过涵摄，如大小前提相合，则通过演绎方法得出结论；如大小前提不吻合，则要重新寻找法律依据（见图2）。

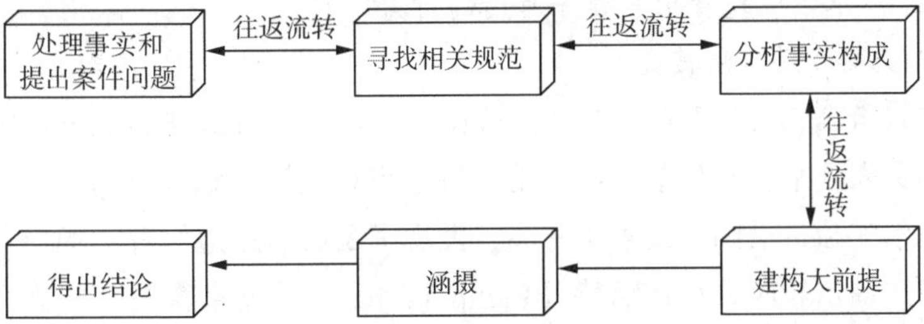

图2 法律判断的思维步骤

注：本图来源于郑永流：《法学野渡》，中国人民大学出版社，2017，第82页。

二、辛普森案：正当程序原则的作用

王一诺、许 可

（一）什么是正当程序原则

正当程序原则源自英国普通法的“自然正义”理念，其核心就在于，坚持公平、正义的权利是与生俱来的、不言而喻的。1215年，英国约翰王

① 郑永流：《法学野渡》，中国人民大学出版社，2017，第81页。

在停战协议上盖上了王玺，这份文件被叫作《自由大宪章》，其第39条规定：“任何自由人非经贵族院依法判决或者遵照王国的法律之规定外，不得加以扣留、监禁、没收其财产、剥夺其公权，或对其放逐，或受到任何伤害、搜查或者逮捕。”1354年，英国国会通过《伦敦威斯敏斯特自由令》，该法令第3章第28条规定：“未经法律的正当程序进行答辩，对任何财产或身份的拥有者一律不得剥夺其土地或住所，不得逮捕或监禁，不得剥夺其继承权，或剥夺其生存之权利。”这是最早见于法律文件中的“正当法律程序”（due process of law）用语。后世法学家把这两份法律文件视为英美普通法中有关正当法律程序的最早渊源，但不认为这两份文件具有宪法意义。

1994年，橄榄球明星O. J. 辛普森（Simpson）因涉嫌谋杀前妻妮可·布朗·辛普森（Nicole Brown Simpson）及其男友罗纳德·戈德曼（Ronald Goldman）而被起诉。经历了漫长的诉讼，陪审团裁定辛普森谋杀罪名不成立。该案中辛普森最终获释的原因在于，检方提供的证据均存在瑕疵。进言之，取证程序存在重大瑕疵。故该案中正当程序原则的运用是我们分析的重点。

（二）本案中违背正当程序原则的行为

1. 警察涉嫌非法搜查

1994年6月13日清晨5时，马克·福尔曼（Mark Fuhrman）等4位白人刑警来到辛普森住宅门前。他们按了很久电铃，无人应门。在等待之际，福尔曼独自沿围墙搜索了一圈，发现围墙后门路边停着一辆白色福特越野车。福尔曼叫警长瓦纳特（Philip Vannatter）过来查看，并称在驾驶员位置的车门把手上发现了微量血迹。警长与其他警察担心住宅内的人有生命危险，便决定翻墙而入，进行紧急搜查。这一未经允许的搜查之举对本案结局有很大影响。美国法律要求，警员需经法官审核批准，颁发许可证之后，才能进入民宅搜查。

2. 辛普森血液样品“不翼而飞”

在审问过程中，瓦纳特告诉辛普森警方在他的住宅内发现了可疑血迹。为澄清真相，辛普森表示愿意提供血液样品。于是，警署护士便从辛普森身上抽取了血液样品。但获得血样后，瓦纳特警长并未将血样送至警署刑事化验室，而是携带血样去了32公里以外的凶杀案现场。3个小时后，这位警长才将血样交给刑事检验员。庭审期间，警署护士出庭做证时说，他从辛普森身上抽取了大约7.9~8.1毫升血样。可是，辩方专家在警方实验室只发现约6.5毫升血样。两个数字之间相差1.4~1.6毫升，辛普森的部分血液样品不翼而飞。

3. 警方涉嫌在“血袜子”上作伪证

福尔曼警官在辛普森住宅二楼卧室的地毯上发现了一双沾有血迹的袜子。作为重要物证，这双袜子也面临如下质疑：第一，辩方专家指出，重要物证袜子两边的血迹相同。依据常识，袜子如穿在脚上，血液应当是从袜子左边外侧浸透到左边内侧，再滑过脚踝浸透到右边内侧，而物证袜子上的血迹相对匀称，更像是事后有人涂抹上去的；第二，案发之日16:13拍的现场照片上没有血袜子，而16:35拍的现场照片中却出现了血袜子，血袜子可能是事后被丢到地毯上的；第三，在检验袜子上的血迹时，辩方专家发现了高浓度的防腐剂。辩方律师提醒陪审团，案发之日警方在辛普森的血样中添加了防腐剂，而恰恰这份血样丢失了1.4~1.6毫升。

（三）正当程序原则的价值及意义

《美国宪政历程：影响美国的25个司法大案》中提到：世纪审判中，辛普森之所以被无罪开释，并非由于辛普森向法官和陪审团行贿或违反诉讼程序，而是由于“梦幻律师队”善于利用规则，充分抓住检方和警方的失误，借助现有的法律、判例和刑事诉讼程序，合法挑战检方呈庭证据和警方证人的种种疑点，成功地为被告开脱了罪名。这些法律和程序在制定之时，根本不知有辛普森其人。遵循公正程序是现代法治的基本原则之一，但是一味强调公正程序，常会出现忽视寻求案情真相、放纵涉嫌罪犯的弊端，毕竟任何事先规定的公正程序，都无法准确预判未来发生的全部情况和具体个案。①

在法治社会中，正当程序是追求实体公正的必要条件与基础，唯有遵循正当程序，实体公正才可能得到践行与实现。正当程序是一系列明确、具体、可操作的程序规则，是“看得见的正义”。如《法学野渡》中，郑永流老师提到“程序优于实体”的法律思维原则。实体结论的公正需靠公正程序保障，遵循正当程序原则，能大幅减少冤假错案。

（四）排除合理怀疑原则

1. 证明标准的等级划分

在美国刑事证据法中，“证明标准”指控诉方运用证据证明被告人有罪必须达到的程度，从而有效避免在证据不足的情况下作出对被告人不利的判

① 该案细节参见任东来、陈伟、白雪峰等：《美国宪政历程：影响美国的25个司法大案》，中国法制出版社，2014，第439-470页。

决。美国联邦最高法院哈兰大法官指出：“证明标准代表了一种努力，以期指示事实的发现者，要达到何种程度的信念才能做出正确的事实结论。”①

在英美证据法里，依据证明所需的确定性程度，刑事证明标准由高到低共有以下九等，且不同诉讼阶段、类型，对证明标准有着不同要求。

（1）绝对确定：无论出于任何法律目的均不作此要求；

（2）排除合理怀疑：为刑事案件作出有罪裁决所要求；

（3）清楚且有说服力的证明：适用于某些民事案件及某些司法区对死刑案件中保释请求的驳回；

（4）优势证明：适用于民事案件及刑事诉讼中的肯定刑事辩护；

（5）可成立的理由：适用于签发令状，无证逮捕，搜查和扣押，提起大陪审团起诉书和检察官起诉书，撤销缓刑和假释，以及公民扭送等情况；

（6）有理由的相信：适用于拦截和搜身；

（7）有理由的怀疑：足以宣布被告人无罪；

（8）怀疑：可以开始侦查；

（9）无线索：不足以采取任何法律行为。

2. 辛普森案对这一标准的贯彻

在辛普森案件中，尽管检方提供了一系列证据，但都属于间接证据，而且辩方从多个角度指出证据存在重大瑕疵，达不到排除合理怀疑的证明标准，故不能对辛普森作出有罪裁决。

（1）刑侦专家李昌钰指出，两名受害者间有一堆碎纸片，通过放大现场勘查照片发现，碎纸片上面的半个鞋印与检方指称的被告人辛普森所穿的鞋不匹配。

（2）割喉杀人是黑社会惯用的凶杀手段，两位被害者皆被利刃割喉，但辛普森非职业杀手，并不擅长此类行凶方式。

（3）本案重要证据之一血手套，其尺码小于适合辛普森戴的手套尺码。

（4）检方提供的辛普森血样，被检测出含防腐剂，而血袜子上也出现了有防腐剂的辛普森血迹。

（5）福尔曼警官证词前后不一致，其自称没有种族歧视倾向，却在10年前接受一位剧作家的访谈时（访谈留下约14个小时的录音资料）使用“黑鬼”这一侮辱性用语达41次，证言也因此失去法律效力。

---

① 贺恒扬：《审查逮捕的证明标准》，《中国刑事法杂志》2006年第2期，第87页。

三、念斌案：有多少生命可以重来

李明慧、耿红梅

（一）案情回顾

2006 年 7 月 27 日晚，丁云虾和陈炎娇两家人一同吃晚饭，分别吃自家煮的稀饭，并一起吃丁云虾做的青椒炒鱿鱼和煮杂鱼，炒菜用了丁家铝壶中的水。

当日 22 时左右，丁云虾 8 岁的女儿俞悦首先出现中毒症状，俞攀和俞悦于 28 日凌晨相继死亡。医院诊断两名死者是食物中毒，症状和鼠药中毒相似。

7 月 30 日，警方陆续从死者的心血和呕吐物中检验出“氟乙酸盐”有毒成分，认定死者系氟乙酸盐鼠药中毒死亡。

警方经过侦查，从念斌食杂店通往案发现场的门把手上检出氟乙酸盐离子，故认为念斌及其妻子有重大作案嫌疑。

8 月 7 日，警方对念斌进行测谎，念斌未通过，当天被留置盘问。

8 月 10 日，公安人员查封了念斌的食杂店，并向 100 多名村民宣布念斌是投毒案凶手。从 7 月 27 日到宣布破案只用了 12 天。

自 2008 年 2 月第一次开庭起到 2014 年 8 月念斌获释，此案经历了长达六年半的审理周期（见图 3）。

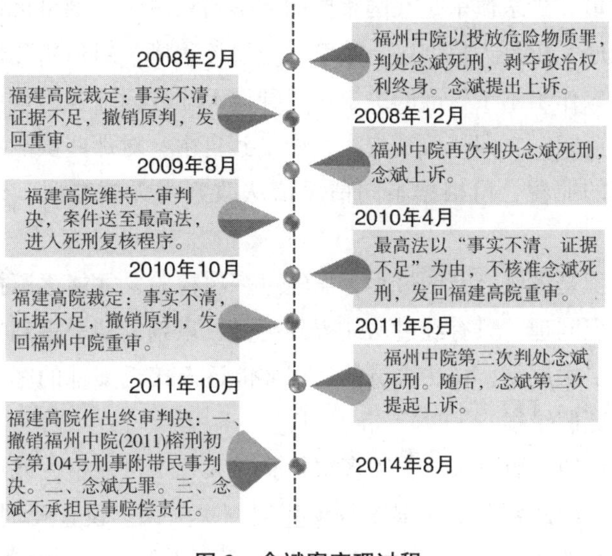

图 3 念斌案审理过程

(二) 死刑复核程序

死刑复核程序，指最高人民法院对死刑立即执行案件进行复查核准、高级人民法院对死刑缓期二年执行案件进行复查核准时，所遵循的审判程序（见图4、图5）。

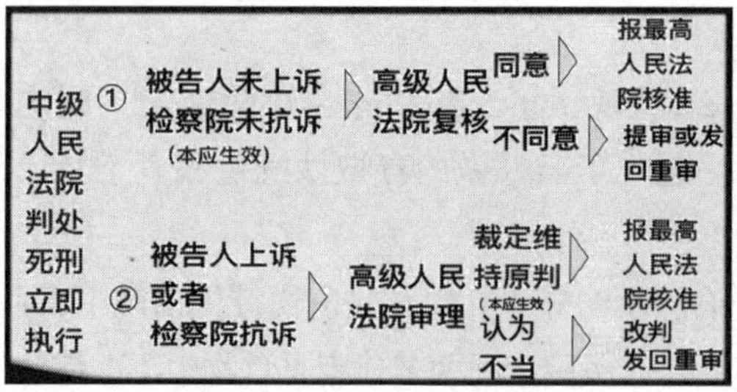

图4 死刑复核流程图1

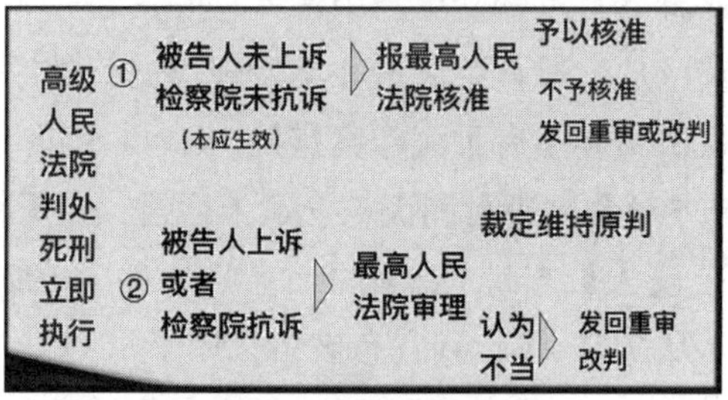

图5 死刑复核流程图2

严肃谨慎、少杀慎杀是我国重要的刑事司法政策，刑事诉讼法中设立死刑复核程序，正是为贯彻这一政策。通过该程序，对适用死刑不当的判决、裁定，应作出不予核准的决定；对纯属无罪或因证据不足应判无罪的人，应纠正冤案，立即释放被告人，恢复其自由；对那些虽然有罪，但不应判处死刑的罪犯，可根据不同情况依法改判为无期徒刑、有期徒刑等刑罚。

人的认识是螺旋上升的过程，需经过多次检验，才能逐渐接近客观实际。诉讼认识同理，只有经过从侦查到起诉、审判，从一审到二审、审判监督程序等多次反复，司法人员的认识才能逐渐接近案件的客观事实，最大限度减少冤假错案。

死刑案件通常更复杂，更需多次检验。人死不可复生，死刑一旦执行就无法补救，因此更需最大限度减少死刑判决失误。设置死刑复核程序，意味着死刑案件在一审和二审的基础上，又增加了一道检验和保障机制，对保证死刑的正确适用意义重大。

（三）证明标准问题

证明标准又称证明要求、证明任务，指由承担举证责任的人提供证据，对案件事实加以证明所要达到的程度。

《中华人民共和国刑事诉讼法》第200条规定：在被告人最后陈述后，审判长宣布休庭，合议庭进行评议，根据已经查明的事实、证据和有关的法律规定，分别作出以下判决：（一）案件事实清楚，证据确实、充分，依据法律认定被告人有罪的，应当作出有罪判决；（二）依据法律认定被告人无罪的，应当作出无罪判决；（三）证据不足，不能认定被告人有罪的，应当作出证据不足、指控的犯罪不能成立的无罪判决。

在主要证据均存在重大瑕疵的情况下，念斌被羁押达8年之久后最终获释。出现超长羁押、案件在判决死刑与发回重审间反复的主要原因有三：第一，"有罪推定"办案思路影响颇深。司法实践中，公安机关可能会先入为主地将犯罪嫌疑人视为犯罪分子（在确定意义上），故而忽视乃至无视其正当诉求、辩解事实和理由，甚至在侦查程序出现刑讯逼供、将供述转化为证据的情况。第二，破案压力型塑的定式思维，尤其是"命案必破"作为指标被推行。第三，公检法"配合"有余、"制约"不足。根据现行刑诉法第7条，"人民法院、人民检察院和公安机关进行刑事诉讼，应当分工负责，互相配合，互相制约，以保证准确有效地执行法律"。但制度实践偏离制度文本，在一段时间内，从立案到审判，刑事诉讼的全过程近似于流水作业式结构，法院的独立审判职能在一定程度被削弱。

（四）律师有效辩护

有效辩护概念发轫于美国，源自美国联邦宪法修正案第6条对被告人享有"获得律师帮助的权利"的规定。1937年，美国联邦最高法院首次提出"律师的有效辩护"概念，并在之后的判例中指出有效辩护的重要性。有效辩护更强调律师的作用，即尽力为当事人提供法律帮助和服务。

当下学界一般认为，有效辩护有广义和狭义之分。广义的有效辩护，指保障被指控人获得律师平等、及时和有效的帮助，以及与有效辩护相关的具体措施。狭义的有效辩护，则指刑事诉讼中律师认真履行职责，包括律师就相关实体权利与程序权利事项，对被告人提出建议，根据通行的职业标准合理履行辩护职责。① 从辩护效果的角度定义有效辩护，指辩护主体能够依靠法律规定，充分有效地利用各种辩护资源，获取案件信息，使辩护意见能够被法官积极采纳，最大限度保护犯罪嫌疑人和被告人的合法权益不受侵犯，实现司法的公平和公正（见图6）。

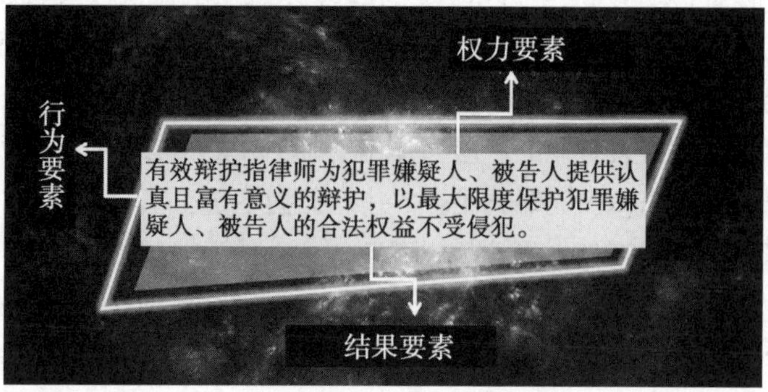

图6 有效辩护核心要素

念斌案件中，张燕生律师及其辩护团队聚焦于本案核心证据的瑕疵，展开辩护工作。念斌案的重要证据之一，是丁云虾家的烧水铝壶和用来煮稀饭的高压锅。水壶和高压锅的提取时间是控辩双方的争议焦点。公安机关的现场勘查笔录中记载，提取水壶的时间是 2006 年 7 月 28 日；后公安机关出具情况说明，称水壶和高压锅于 8 月 9 日提取并送检；再次开庭时，办案警官又重新变更且统一口径，平潭县公安局 4 名警察均称，水壶和高压锅的提取时间是 2006 年 8 月 8 日下午。这一天下午念斌招供后，他们再次来到案发现场进行勘查，同时提取了水壶和高压锅这两件物品。

更为重要的证据，是分别被标示为“俞悦尿液”与俞攀的“心血”及“呕吐物”的样本。公安部门出具检验报告，认定上述样本中均检出氟乙酸盐鼠药成分。律师团指出：样本之一，死者俞悦尿液的质谱图与机器检测时使用的标准参照图谱一模一样。即“俞悦竟然能尿出一个氟乙酸盐的标准样品来”，这是“荒唐无比”的。样本之二，俞攀的呕吐物和心血均来自于同一个检材，这是“令人震惊”的。毒物专家审查该质谱图得出结论：用来检测的标准样品的质谱图被当作了送检样品的质谱图，而呕吐物与心血的质谱图也完全一样。此外，呕吐物、尿液、血液等样本的检测

① 《认罪认罚案件中的有效辩护》，个案图书馆，http://www.360doc.com/content/21/1105/11/70808058_1002854753.shtml，访问日期：2023 年 1 月 3 日。

均未按照规范操作，有“被污染的可能性”。①

念斌案走到今天，是一个既没有“亡者归来”，也没有“真凶落网”的案件。但从证据上来看，这是一起检方举证不足、辩方因此完胜的案件。此案凸显了律师的作用，正如张燕生所言：“念斌案律师团，是一群为了纠正冤案而手挽手团结协作、前赴后继、英勇无畏的律师们。”②

四、快播案：实体、程序与舆论监督

王婉君、许玺、杨明伟

（一）对传播淫秽物品牟利罪的解释适用

《中华人民共和国刑法》第 363 条为制作、复制、出版、贩卖、传播淫秽物品牟利罪，该条规定：“以牟利为目的，制作、复制、出版、贩卖、传播淫秽物品的，处三年以下有期徒刑、拘役或者管制，并处罚金；情节严重的，处三年以上十年以下有期徒刑，并处罚金；情节特别严重的，处十年以上有期徒刑或者无期徒刑，并处罚金或者没收财产。”

快播案的认定难题在于，其行为是否属于“利用互联网、移动通讯终端制作、复制、出版、贩卖、传播淫秽电子信息”（见最高人民法院、最高人民检察院《关于办理利用互联网、移动通讯终端、声讯台制作、复制、出版、贩卖、传播淫秽电子信息刑事案件具体应用法律若干问题的解释》）。快播不是原始视频的提供者（未直接制作、复制），不是播放者（未直接贩卖），不是观看者（也未组织观看），其是否负有阻止观看、阻止播放的义务有待分析。那么，快播是否满足“传播淫秽物品”中的“传播”行为模式呢？快播仅为“提供技术，不提供内容”的网络技术提供者和经营者，“携带、运输、仓储”淫秽物品是否构成“传播”？这可分解为如下子问题。

1. 如何理解传播淫秽物品牟利罪中的“传播”

无论如何解释“传播”，其核心语义都是“分享信息”。根据信息发出与接收的方式，分享包括一对一、一对多、多对一、多对多等形式，信息受众人数越多，则传播性越强，规模越大。同时需注意，“传播”不是

---

① 《复盘念斌案》，张燕生律师事务所，https://www.zyslawfirm.cn/page/226.html，访问日期：2023 年 1 月 3 日。

② 陈薇：《念斌案辩护律师团：法治的胜利》，《中国新闻周刊》2015 年第 6 期，第 28 页。

某一具体动作，而是动态过程，因此中间环节的受众也可能成为传播者。具体回到快播案：被告人不是原始视频的提供者，没有直接实施播放行为，但快播软件实现了信息在多数受众之间的分享，符合“传播”行为模式。

2. 快播公司是否实质地介入淫秽视频的传播

对这一问题的认定，关键在于查明快播是否存在明知。就案件事实情况看，快播主要通过两种途径——免费提供 QSI 软件（QVOD 资源服务器程序）和 QVOD Player 软件（快播播放器程序），为网络用户提供网络视频服务。[①] 由此可以得出一个阶段性结论：快播在淫秽物品传播过程中发挥了实质性作用。快播案一审判决认定，“快播公司放任其缓存服务器存储淫秽视频并使公众可以观看并随时得到加速服务的方式，属于通过互联网陈列等方式提供淫秽物品的传播行为”。[②] 快播公司的作用在于，提供缓存于服务器内的视频点播服务，并设立了缓存技术规则。

3. 提供缓存服务行为能否认定为帮助他人传播淫秽物品

快播案中，站长是传播淫秽物品的正犯。基于此，就淫秽视频传播影响因素而言，快播公司提供缓存服务是在帮助传播淫秽物品。2004 年，最高人民法院、最高人民检察院颁布《关于办理利用互联网、移动通讯终端、声讯台制作、复制、出版、贩卖、传播淫秽电子信息刑事案件具体应用法律若干问题的解释》，其中第 7 条规定：“明知他人实施制作、复制、出版、贩卖、传播淫秽电子信息犯罪，为其提供互联网接入、服务器托管、网络存储空间、通讯传输通道、费用结算等帮助的，对直接负责的主管人员和其他直接责任人员，以共同犯罪论处。”在这一规定中，包含了“提供网络存储空间”的行为，缓存服务也可以涵盖在网络存储范畴之内。

4. 快播公司牟利的途径

相关证据显示，快播公司的主要盈利渠道为快播事业部的广告费和会员费等，即主要来自快播播放器的安装和使用。2008—2013 年，快播公司营业收入逐年快速增长，仅事业部 2013 年收入就达到人民币 1.4 亿元，其中资讯快播营业收入为 7046 万元，占 49.25%；第三方软件捆绑营业收入为 3948 万元，占 27.59%。[③] 由此可知：虽然快播没有直接上传发布淫

① 《曾拥有 3 亿用户的快播主体被吊销！创始人出狱后另起炉灶》，《中国证券报》2022 年 5 月 8 日。

② 陈兴良：《快播案一审判决的刑法教义学评判》，《中外法学》2017 年第 1 期，第 19 页。

③ 《快播王欣获刑 3 年半　曾说“技术无罪”的他罪在哪》，《新京报》2016 年 9 月 14 日。

秽视频，但任何网络用户均可以使用 QSI 软件分享淫秽视频。快播公司对此未加监管，通过有条件地为存储、调取行为提供技术支持，相对为用户上传、搜索、点播淫秽视频提供了便利，致使淫秽视频大量传播。快播播放器借此得到推广，快播公司也因此大量获利。当然，快播是通过帮助行为间接获利（广告费和会员费），而非直接获利（出售淫秽视频）。因此，可认定快播公司具有以非法手段牟取利益的目的。

基于上述分析，可以认定：快播的行为属于“利用互联网、移动通讯终端制作、复制、出版、贩卖、传播淫秽电子信息”。

（二）快播案是否存在程序违法

先简单回顾快播案的主要程序节点。首先，北京市海淀区文化委员会依据《中华人民共和国行政强制法》的规定，查封了快播公司的 4 台服务器。接下来，公安机关对从 3 台服务器中提取的 29841 个视频文件进行鉴定，认定其中 21251 个视频文件属于淫秽视频。此后，公安机关将搜查的证据提供给检察院，检察院对王欣等人提起公诉，并给出检察意见。最后，法院按照《中华人民共和国刑法》相关条款作出判决。

1. 电子数据鉴定程序的合法性

程序看似无问题，为何辩护方律师一审时一直强调程序违法呢？辩方认为，问题出在公安机关搜查证据环节：北京市公安局搜查时，王欣等当事人并未在场，且北京市公安局未通知王欣等人，这违反了相关程序规定。

辩方质疑的重点是本案的电子数据鉴定程序合法性，具体争议如下：第一，电子数据的鉴定和真实性审查，是否合乎法律规定？辩方认为，公安机关提取、开启数据和鉴定手段不合法，涉黄服务器保管程序不合法，不排除证据遭到破坏、被调包的可能，涉案服务器的原始性和完整性可能遭到破坏。第二，电子数据鉴定程序，是否合乎规范？辩方认为，公安机关对“何为淫秽视频”缺乏鉴定标准，鉴定人的鉴定检材来源不明确，鉴定过程缺乏详细记录。其中最明显的问题是，两个鉴定人中一人的签名是代签的。

2. 法院裁判的中立性和公平性

在这个案件中，最重要的环节是法院的审判过程。法官是代表公正的，应兼顾两边的公平，摒弃多余的情感影响，手握法律这柄利剑，立于天平中央予以裁决，而不应考虑起诉人和被起诉人双方的身份地位。

我们小组思考的另一个问题是：法院能否仅因为被告人认罪，就作出有罪裁决呢？“坦白从宽，抗拒从严”这一观念根深蒂固，但逻辑存在矛盾，坦白的一定是事实吗？抗拒的一定不正义吗？李久明杀人案、内蒙古呼格吉勒图奸杀案等冤假错案，已向世人敲响警钟。法官作为专业裁判者，对事实和法律有独立的思考和判断，在判定被告人是否有罪时，仅能依靠法律与证据，这是法律人应有的基本共识。快播案中，王欣因认罪态度良好从轻处理。但法院不应因为被告人认罪就作出有罪判决。无论法院作出怎样的判决，其在判决书说理部分都只能基于证据是否被采纳作为事实认定的依据，而不能把被告人认罪作为判案的理由。

综上所述，我们小组认为：快播案中公安机关、检察机关和审判机关在审理案件的程序上存在一定问题。

（三）庭审直播与媒体舆论

2016年1月7日、8日，轰动一时的快播涉黄案在北京海淀区人民法院开庭审理，案件因“公开庭审”“媒体直播”“法院全程微记录”等审理形式而备受舆论关注，舆情热度持续上升，仅仅24小时，“快播涉黄”单个微博话题阅读量就突破1亿。

1. 快播案的四波舆论风潮

经观察，快播案舆情走向呈现出几个明显的上升波段：第一波段，庭审现场的各种信息爆料，信息量及关注点主要围绕控辩双方的理由及辩论过程展开，形成以庭审现场为辐射点的舆情波澜。第二波段，《人民日报》的《快播的辩词再精彩，也不配赢得掌声》一文刊发后形成的舆情对冲。这篇预先写好的定调文章，对平息快播案的舆论并没有发挥预期作用，反而激起了更大的波澜。第三波段，新华社的《要对快播案“狡辩的权利”报以掌声》一文刊发以后，部分媒体及网友对官媒是否持有不同立场提出猜想，许多媒体纷纷以“人民日报VS新华社”作为标题，制造舆情热点。第四波段，1月10日舆论场中出现大量评论文章，有的以法律入手，有的以事实入手，还有的剖析现象，引发网友热议。

2. 快播案引起广泛关注的原因

（1）快播涉黄案满足了许多人对情色欲望的本能需求。性是一种动物本能，人当然也不例外，只不过人在现实生活中对“性”本能的释放方式会受到社会法则、思想价值、道德理论、现实秩序等多种因素的无形约束。而在虚拟的网络世界里，这种对情色欲望的宣泄极有可能获得空前的释放，且不用担心来自现实社会的各种怀疑。网上网下截然不同的自由尺度，使快播案迅速俘获舆论关注。

（2）出于对快播的情感反馈，部分网民即便清楚快播利用涉黄获取流量利益，也愿意为其喊冤。快播舆情持续发酵后，网民评论中出现最多的说法就是“其他网站哪个不涉黄，为什么偏偏要查快播?”从舆情反映上看，大多数网民都非常清楚“快播利用涉黄来获取流量利益”这一基本事实，但因在快播免费享受到了现实社会无法给予的情色欲望的宣泄服务，对其充满感激，从而在立场上具有倾向性。

（3）部分媒体与受众利用舆论的围观心理制造吸睛点，使得快播案能迅速刷爆我们的“朋友圈”。快播案与网民黏合度很高，有其他突发舆情所没有的关注基础。媒体往往对这种舆情题材表现出浓厚的传播兴趣，尤其是当海淀区人民法院选择“向社会全公开”的方式进行全程网络直播时，无疑给这些媒体打了“鸡血”。这些媒体不断利用快播案中的细节，制造出“快播案何去何从”“技术无罪”等吸睛点。

（4）快播案件的精彩庭辩，为部分网民对快播的情感反馈找到了适宜的谈资和载体。当部分网民预设的立场是为快播涉黄辩护时，他们就会带着“放大镜”寻找支持快播的数据、事实及细节。辩方在庭审现场的辩词堪称经典，为部分网民对快播的支持立场提供了支撑。

（5）针对网络色情泛滥，监管长期缺位是影响快播案舆情走向的背景基础。与现实秩序相比，网络空间秩序的建立与维护都呈现出明显的滞后性，这直接导致色情文化在网络中传播泛滥，利用“情色”照片、影像、文字赚取利益的现象在网络中普遍存在。这种在现实秩序中不被认可的现象，在网络中肆意弥漫，治理难度极大。

（四）舆论对于审判的影响

社会舆论，包括网络评论对司法审判的影响是双重的。一方面，社会舆论既可能推动司法审判活动的公平公正，有利于实现司法审判的社会效果；另一方面，社会舆论也可能与司法审判之间发生价值冲突，包括社会舆论自由和司法审判独立的冲突，社会舆论道德正义与司法审判法律正义的冲突，社会舆论感性和司法审判理性的冲突。

基于此，法治和舆情应当以正义为交点。快播案呈现出“技术与法律、舆情与司法交织”的局面，这是网络时代对司法审判工作提出的要求：既要在接受舆论监督中，秉持司法独立、公正审判，也要及时回应舆论关切，向公众释疑。唯有如此，才能让正义成为法治与舆情的交汇点，让公众观点与法治理念得到磨合。审判公开是确保公平正义的方式，但其目的不止于此，审判公开亦可实现面向社会的普法教育。对快播这类专业性很强的案件，司法机关在秉持公开、独立审判的同时，应借助互联网+的传播手段，用专业知识主动、及时为公众释疑解惑，让判决被信服。

研讨互动

嘉宾点评…

郑淑珺：无罪推定原则与一事不再理原则

我主要讲一下念斌案涉及的无罪推定原则。从同学们所讲的案例当中可以知道，由于死刑复核程序，念斌终于被认定无罪，但是在这 8 年里他正常的工作和生活受到了极大的干扰。我们学法律的都知道，迟来的正义是非正义的。所以，对于解决迟来的正义问题，刑法中有一个非常重要的原则——无罪推定原则。

关于无罪推定原则，我国 1996 年刑事诉讼法就已对其作出规定，但从念斌案可以看出，这个原则仍未被完全适用。真正的无罪推定原则包含三方面内容：第一，证明的责任由控诉方承担；第二，疑罪从无，这个也是最重要的一个内容；第三，被指控人享有沉默权，即不得要求其自证其罪。疑罪从无原则的核心是，当事实不清、证据不足，没有办法认定被告人有罪时，应当直接作出无罪判决。但念斌案中，在事实不清、证据不足的情况下，最高人民法院、福建高院多次作出发回重审的决定，没有直接作出无罪判决，导致念斌案耗时 8 年之久。

2012 年《中华人民共和国刑事诉讼法》修订后，无罪推定才被进一步落实。现在的判决不可能出现像念斌案中的这一类问题了。修订后的《中华人民共和国刑事诉讼法》规定，如果刑事案件因为事实不清、证据不足发回重审，只能发回一次。事实上，无罪推定原则之所以在我国很难落实，主要原因在于我国传统的刑事诉讼理论中占主导的“不枉不纵”——不冤枉一个好人，也不放走一个坏人。这种说法是以审判结果为衡量尺度，强调不能放走一个坏人。在实践中极易滑向“宁枉勿纵”。宁可冤枉一个人也要把案子判出来。这就导致刑事司法实践中容易出现重刑主义、重打击轻保护、重实体轻程序的问题。

念斌案还涉及一事不再理原则。这是大陆法系的基本原则，在英美法系叫作禁止双重危险原则。简单地说，就是对于判决发生法律效力的案件，除法律另有规定之外，不得就同一事实再行起诉和受理。念斌案已作出无罪判决，公安机关却以发现新证据为由再次起诉，这严重违背了一事不再理原则。

申屠晓莉：牟利认定与帮助行为的定性

我来谈谈快播案。快播案审理期间，我在读研究生，那时我们围绕实体法开展了非常多的讨论会。

今天同学主要围绕程序法进行分析，说得很到位，包括公安机关和检察院等方面的问题，而且法条都找出来了。这个案子最精彩的部分是庭审，不知道大家有没有看过快播案庭审的文字稿。王欣非常睿智，他在庭审中有非常多经典语录，比如他提到其他媒体涉黄等。其实最重要的、最核心的实体问题是技术问题：在技术中立的情况下，他人利用你的技术传播淫秽物品，技术方是否应当承担刑事责任？当时公诉方和法院提出，作为技术方，平台上已经有大量涉黄视频，为何不设限、不实施技术转型？不屏蔽？王欣的回答是，若按此逻辑，为电信诈骗提供便利的中国电信和中国移动两家公司都有罪。

关于牟利认定。检方认为快播软件完全靠传播淫秽物品牟利。但王欣不那么认为，他觉得在所有的视频中，淫秽视频只是非常小的一部分，并非公司的主要盈利来源。他当时说："假货不会成就今天的淘宝。"言下之意是，缓存系统中虽有淫秽视频，但并非公司发展的推动力或盈利的主力。大家可以上网查看庭审文字稿，非常精彩，有很多巧妙的思路。

我们确实应当思考中立帮助行为的定性问题，如今平台责任备受关注。理论上，上传视频的人才是正犯，而技术方本身只属帮助犯。既然没有抓到正犯，也没有判正犯的罪，又怎么能认定帮助犯有罪？这是不符合刑法中共同犯罪原理的，违背了刑法常识。因此，法院认定王欣等人构成共同犯罪，属共同正犯，必须经过一定论证，以此说明就算是提供技术也应担责，但实际上技术方本应只是帮助犯。所以这里存在着悖论，正犯未被追责定罪，帮助犯却被定罪了。

随着社会的发展，部分中立帮助行为已被纳入犯罪范畴，这在快播案之后的刑法修改中有所体现。比方说资助黑社会犯罪，你只要提供了资金、武器，即便未参加犯罪活动，也要受到处罚。刑法对中立帮助犯的处罚力度不断加重。但需反思的是，对中立帮助犯予以刑事处罚的界限在哪里？我们究竟应该设定怎样的边界来惩罚部分中立帮助行为。另外，要尊重知识产权，比起淫秽物品，我们更应该反思视频版权问题，这涉及知识产权犯罪。

导师回应…

法律论证的难题在于价值判断

肖建飞

我们组织读书会只有一个目的：引起大家的兴趣，让大家觉得学法学是有趣的。法学专业的课程虽多，但一天最多 6 节课，一节课 45 分钟，在课堂的时间也不过 4 个多小时。更何况不可能天天 6 节课，没有那么密集的课程安排。大学 4 年课程有限，同学们每天至少有 4~6 小时属于自己的时间。把这些时间好好地利用起来，真正掌握一些硬本领，才是最重要的。我们组织的 4 期读书会作用有限，只是想通过阅读文本和分析案例激发大家的阅读兴趣。也许我们只能陪大家进行 4 次阅读。接下来还有很漫长的路，需要大家自己走。

这次读书会可能涉及一些以后我没有时间讲或者在课堂上不会再讲的问题，希望每一个来的同学都能有所收获。

形式逻辑三段论与法学三段论的区别

我讲过法律逻辑学，举个典型的例子：大家千万别把法律论证想成三段论那么简单。“所有人都会死，苏格拉底是人，苏格拉底也会死。”这个推理没有提供新知识。因为你的头脑里面已经预设了所有的生命体都会死，你知道苏格拉底是人，你也是人，肖飞也是人，有一天都会死。法学三段论中最难的是什么？小前提的认定。快播案中，快播到底有没有传播淫秽物品？这要通过众多证据印证，结论有较高的盖然性。盖然性高到什么程度呢？我们先认定事实，然后选择解释适用法律，最后得出结论。有同学谈到抢劫问题："用暴力、胁迫或者其他方法抢劫公私财物的，处三年到十年有期徒刑。"这里隐含了"应当"这一规范词，即抢劫应当判刑。法律是要解决"应当"的问题，这是价值判断，不是简单的事实。为什么说法律命题难以作出，法律判断难以给出，因为我们要通过众多证据还原一个有较高盖然性的事实。

以念斌案为例，要排除合理怀疑，就是他（被告人）干的，再没有别的可能，就要有足够的证据证明。故意杀人的人应当被判处死刑、无期徒刑、十年以上有期徒刑，这是应然性命题，包含价值判断。因此，法律论证最难的就在于，一方面要证明规范的正当性。为什么故意杀人应处以重刑？你能够通过什么样的证据证明这个事情就是被告人干的？所以法律论证要比三段论难得多。另一方面是高度盖然性事实证明，规范要选对，规则本身要有正当性。法律论证始于三段论，终于三段论，在论证过程中，法律人要比做形式逻辑三段论推理的人承担更多的论证责任。

程序法的核心含义及其作用

刚才领读时，同学们提到"流程"即程序问题。我和婉璐老师此前也有交流。建议同学们在分析上述三起案件时要与正当程序理论结合。想想刑事诉讼法最核心的不就是证据吗？非法证据的排除问题不就是正当程序问题吗？其实法律是先有实体法后有程序法的，随着现代法的发展，程序法越来越发达，那些能够归于流程与步骤的、能够归于过程性的法律，我们就称为程序法，剩下那些大部头的、没办法归类的就是实体法。程序法的重要性不言而喻。

念斌案的审理与司法改革节点

关于念斌案，有相当重要的几个时间节点，必须澄清：2007 年，最高人民法院收回死刑复核权，此前，各个高院都可以进行死刑复核。但各省标准不一，严重违背人权，故 2007 年最高人民法院收回死刑复核权。念斌一家人就是在这个时候看到了希望。最高人民法院办理死刑复核的法官到福建高院，跟念斌交流的时候说，这个案子是站不住的。这给了念斌一个希望。另一个很重要的时间节点，2013 年我国修订了的《中华人民共和国刑事诉讼法》。在 2013 年庭审过程中，公安机关办案警官作为特殊证人出庭了，专家证人也出庭了。几经周折，念斌被判无罪释放。正如同学们所说“有多少生命可以重来”。

快播涉黄案件中的多种证据

补充一下杨明伟同学提到的“坦白从宽，抗拒从严”。他主要分析了服务器里的视频是怎么被解读的。但是快播案件定罪的证据可不单单是服务器里的视频。这个是最重要的，可以说是第一证据。其他的证据包括：深圳文化管理部门曾对快播两次作出行政处罚，理由是涉黄。快播公司缴纳了罚款，其高管们明知软件被用于传播淫秽视频。快播的高层开过会，决定把视频碎片化处理，以减少被文化管理部门发现的可能。所以快播案并非依据单一证据定罪。因此，分析证据时不能只看单一证据。

我国非法证据排除规则与美国存在明显差异：对于违反法定程序收集的证据，刑事诉讼法规定侦查机关可以补证和作出合理说明，我国对于非法证据排除规则适用的严格程度远低于英美法系。这一点大家一定要搞清楚。虽然大家没有学过刑事诉讼法，但是希望大家不要简单地把辛普森案件同念斌案、快播案作对比。

“零修辞”的法学语言风格

法学的语言风格特点之一是“零修辞”，即讨论法学问题时，要将文学性的修辞降到最低、降到零。新闻媒体可以说，“念斌，你死了四五次，你都没有死成”。但从法学角度，应表述为“念斌能够保住生命，是因为每一次庭审都处于刑事司法改革的节点，否则他可能无法存活”。

此外，我比较佩服念斌案件的辩护律师张燕生，她至少有 15 年的刑事审判工作经验。但是在打赢念斌案之后，张燕生和她的律师团队就基本从这个舆论的风潮中退隐了。她说了非常经典的一句话：做律师不是为了挣名气、扩大影响，有些东西远比这些更重要。当正义出场的时候，我们就该退场了。

表达叫作“构建小前提”，查明事实只是第一步，接下来的重要一步则是识别法律，寻找法律渊源，并恰当合理地解释法律规范，这一过程被称为寻找法律依据。希望若干年以后，大家能以这样的胸襟和气魄站在辩护人席上，成为出色的出庭律师。

导师接续

法律方法、思维塑造与适法判断

肖建飞

本期读书会推荐阅读郑永流老师的《法学野渡》第五卷“法律人这样思维”；同时选择辛普森案、念斌案与快播涉黄案作为分析样本，目的就是引导同学们剖析三起案件的司法结论的得出过程，从而对法律方法形成初步认识，并且能够思考这样两个问题：法律方法是怎么产生的？为什么法律人需要方法？

基于发生学角度，法律方法的出现源于法学的永恒使命——定分止争。法律人为定分止争而生，这一群体有基本的思维步骤：首先，收集、鉴别证据材料，运用证据材料还原事实，这一过程被称为认定事实，更学术化的表达叫作“构建大前提”；此后才是将查明的事实置于明确的法律规范之下，这一归入过程的学术化表达为“涵摄”；大小前提均已确定后，法律人则会就个案得出法律判断——涉案行为是否违法，当事人是否应该承担责任，责任的轻重。

这样的思维步骤总结自然过于简单。实践中经常会有待决案件证据资料残缺不全、案件事实模糊不清，没有法律依据或者法律规范表述不甚清晰的情况，也就是个案事实与法律规范不对称，于是便出现了疑难案件。辛普森案、念斌案在证据收集、事实认定环节便出现了诸多矛盾和疑点，无法合理解释。快播涉黄案庭审初期，4 台服务器中存储的视频是否具备证据资格是控辩双方辩论的焦点，再次开庭后双方辩论的焦点则集中在对已查明事实的定性上：搜取、缓存行为可否认定为是陈列、传播淫秽物品？快播对提供淫秽物品的缓存、下载服务是否明知且放任？快播是否有牟利目的？快播有无履行网络监管义务的可能？每一个问题都得到了“是”或“有”的判断时，快播行为则符合《中华人民共和国刑法》第 363 条规定的传播淫秽物品牟利罪的 4 个要件，这是标准的归入分析或者涵摄分析。法庭认定，快播提供淫秽物品的缓存、下载服务构成传播淫秽物品牟利罪，这一判断实质性地扩大了对“传播”“牟利”等关键概念的解释。即便我国不是实行判例法的国家，法官运用法律方法，适用法律解决纠纷时，也是在创造法律。如郑永流老师所言：“在用法、造法中，法律方法显现出这样一个不断逼近目标的功能链：方法改变前提，前提改变结论，结论改变行为。或者说，方法改变着法律，法律改变着人的行为。”①

在法学院学习期间，同学们不是运用法律方法作出司法裁判的法官，但法律人的思维模式是同构的，同样的法律方法训练对法律人思维同构性的塑造功不可没。把线穿过针眼人人都能做到，把骆驼穿过针眼的才是高手。换一个说法，事实清楚、法律明确的简单案件，不能突显法律专业教育、法律方法训练对法律思维塑造、专业能力培养的价值；恰恰是事实晦暗不明、法律含混不清的疑难案件，也就是事实与规范存在不对称性的案件，才能突显出法律专业教育、法律方法训练的价值。义理大道，何以与人说。唯有方法，可载道理。法律的生命在于应用，“舍应用，方法又有何用？”大学四年专业训练，掌握了法律方法，也就掌握了法律人安身立命的利器。

郑永流老师在《法律方法阶梯》中讲述了一则幽默故事“如实作证”：

> 法官：证人，你在作证之前，我应该告知你，在法律面前，你只能讲你亲眼看到的事情，不要讲从别人那儿听到的事，明白吗？
>
> 证人：明白了！
>
> 法官：你先告诉我，你是何时何地出生的？
>
> 证人：天哪！我尊敬的法官，我无法告诉您，因为这是我母亲告诉我的。②

尽管这样的对话让法官极为尴尬，证人确实是难缠的主儿，但身为法律人，我们期待自己有如证人一般迅速掌握法律人思维要点、才思敏捷的能力。

阅读准备

雷婉璐与肖建飞：辛普森案件的问题链

婉璐：肖老师，辛普森案的问题包括：

1. 非法证据排除规则。主要阐释何为非法证据排除规则，本案中哪些属于非法证据，这些证据是如何被排除的。

① 郑永流：《法律方法阶梯》，北京大学出版社，2008，第22页。

② 郑永流：《法律方法阶梯》，北京大学出版社，2008，第10页。

2. 正当程序原则。主要阐释何为正当程序原则，正当程序原则的价值和意义，本案是如何体现正当程序原则的。

肖飞：婉璐，问题2是否已经包含问题1了？

婉璐：是有些交叉，那就合并为一个问题——正当程序原则，主要包括：何为正当程序原则，本案中哪些行为违反了正当程序原则，正当程序原则的价值和意义。然后再讨论一下美国刑事案件定罪的证据标准。

肖飞：婉璐，刚才我快速梳理了一下辛普森案件，主要是看证据细节和“梦幻律师队”的盘问技巧，具体如下，供你和领读同学参考。

1. 证据问题。

（1）第一现场没有提取妮可肩上的血迹，是取证疏漏。

（2）第一现场白被单盖尸体是重大瑕疵，DNA证据资料效用打折。

（3）福尔曼等4人从第一现场赶往第二现场，血迹污染，是重大侦查取证瑕疵。

（4）福尔曼等没有经过法官许可，搜查和采集的血手套和血袜子都被辩方视为非法取证，应被排除。

（5）瓦纳特警长持血样到第一现场，3个小时之后提交化验室，1.4~1.6毫升血样丢失，这是重大侦查取证瑕疵。

（1）~（5）都是侦查环节出现的问题，或明显违背证据法规定，或不符合证据收集规范。我认为这些都属于正当程序问题。上述瑕疵、疏漏乃至错误，致使证据链条不完整，部分证据无效。这些体现了“梦幻律师队”的逻辑论证技巧。

2. 盘问技巧。

盘问环节设置了陷阱问题，打出“种族牌”，更多体现的是修辞术。以下是建议：

（1）问题可以是普遍性的，但要从个案出发。

（2）可以考虑正当程序原则与排除合理怀疑。

雷婉璐与肖建飞：念斌案件的问题链

婉璐：肖老师，我建议学生就念斌案分析如下主要问题：

1. 死刑复核程序。包括：我国死刑复核程序是如何规定的？念斌案中死刑复核程序所起的作用如何？

2. 辩护律师在刑事案件中的作用。包括：何为有效辩护？辩护律师对于念斌案的作用如何？有效辩护是如何在念斌案中体现的？

3. 证明标准问题。包括：我国刑事案件证据的证明标准是如何规定的？这一标准是如何在念斌案中得以体现的？

肖飞：婉璐，念斌案的分析顺序调整一下是否更好？

1. 死刑复核制度变迁及其功能。

2. 刑事案件证据的证明标准。

3. 刑辩律师的职业困境与作用。

雷婉璐与肖建飞：快播案件的问题链

婉璐：肖老师，快播案建议学生分析如下问题：

1. 传播淫秽物品牟利罪的认定。何为传播淫秽物品牟利罪？这一罪名如何解释与界定？本案中法院是如何认定的？

2. 本案中是否存在程序违法行为？

3. 围绕网络舆论对快播案呈现“一边倒”的倾向，谈谈新闻舆论与司法审判的关系。

以上这些问题同学们基本都提出来了，只不过思考比较零散。

肖飞：婉璐，快播案可否考虑如下二级标题。

1. 庭审直播与媒体舆论。

2. 举证、质证与认证。

3. 行为定性与刑罚适用。

婉璐：好的，这个主要是为了引导他们。

肖飞：建议同学们做 PPT 时放图片，是想告诉同学们，我们尊重他们，珍惜他们的劳动，他们也该尊重我们的工作。

咸舒竞与肖建飞：《法学野渡》的领读人

舒竞：老师，推荐书目有什么阅读要求？

肖飞：小咸，知道一起事件、掌握一门学科知识、了解学科思想前沿，对读者有不同的能力要求。你逐一阅读四本书后，会有体会的。

肖飞：小咸，你倾向于选择哪一本作为领读书目？

舒竞：《法学野渡》。

肖飞：《法学野渡》第一部分要做理论分析，接下来就三个案例进行讨论。第一部分难度较大，你是否愿意做第一部分的领读人？

舒竞：好的，老师，我愿意。

宪法中的基本权利与“得体”政治

阅读《宪法学讲义》①

阅读提要

《宪法学讲义》有三大板块：宪法基本理论，它为理解、解释宪法典中基本权利与国家机构规范，提供了知识准备和理论基础；国家机构部分，探讨组织规范，组织规范为国家权力运行设定规则，组织规范的正当性源于对基本权利的确认与保护；基本权利部分，也就是人权规范研究，这是宪法学的重心所在。组织规范的地位相当于“程序法”，人权规范的地位类似于“实体法”，程序服务于实体。而人权规范得以生发的基本前提是对人格尊严的确认，对有理性之人的主体地位、权利能力的确认——公民有权充分参与政治、社会、文化等公共生活，并参与重大事项决定。基本权利不能被懈怠、轻慢、无视，乃至践踏。四位同学分别探讨了公民基本权利的一般理论，“撤村并居”事件对农民财产权、生存权和发展权的影响，“双减”对公民受教育权平等保护的积极意义，计划生育制度改革与生育权保护的关联。

与谈教师提出计划生育行为的法律定位、宅基地使用权的属性、宪法解释的驱动力等有待深入研究的问题，拓展了同学们的思考空间。正是在阅读交流中，同学们逐步实现自我修正和自我提高。

书写展现品质，对话又何尝不是更直接地展现对话者的品质。读书会现有正式成员四十一人，“四十一人不止四十一人，四册书卷后还有四册书卷”，这是学生与教师、课上与课下、指导与与谈、阅读与写作的奇妙互文。

（戴兆雯供稿）

① 本期读书会领读人为 2021 级本科生乔先辉、张奕文、朱乐乐、戴兆雯，肖建飞指导并主持。

楔子

写作表现品质

肖建飞

好的教材如同精确绘制的地图，可以帮助学生建构起对一门学科的基本知识体系，并打开宽阔的思想空间；差的教材则是人为构建的迷宫，杂乱无章地堆砌观点、学说和理论，实则缺乏主旨、思想与灵魂。撰写一本好教材，绝非学术新手或平庸之辈能够胜任。在国内常见的宪法学教材中，林来梵教授的《宪法学讲义》是广受欢迎的教材之一，这本书广受赞誉的原因是多方面的。

理念

《宪法学讲义》的知识较密，均是基于"规范宪法学"的方法论进行体系化布局。历经三版，作者始终追求三个目标，或者说基于三个理念进行写作："一是在宪法学之中理直气壮地引入了法学固有的思考方法，即规范法学的方法，尽力去除那些空洞的政治话语，尤其是大话、套话与假话……更加重视对政治现象的规范考量。"① 换言之，规范宪法学并非无视宪法的政治性，而是更关注如何让政治行为遵守规范。"二是考虑到本书毕竟是面向法科初学者的一部讲义，又兼具宪法启蒙读物性质，为此在表述方面尽量做到深入浅出、生动有趣，具有可读性。"② 宪法学既不同于法理学偏重于对法学基本理论问题的探讨，也不同于部门法贴近现实生活、解决实际问题，故大部分本科生对宪法学的态度是敬畏有余、兴趣不足。《宪法学讲义》则将理论蕴含于宪法案例或事例之中，基于案例、事例阐释理论，这种有现实感、实践感的宪法教育有助于改变宪法学"上不着天、下不着地"（郑永流老师语）的局面。"第三个目标，即进一步确立中国主体立场，修复中国问题意识，努力推动宪法学理论的中国化。"③ 在所有法律部门中，宪法几乎是国别色彩最浓的一个门类。宪法学有"祖国"，但这不意味着宪法学的教学与研究可以像鸵鸟一样，只顾埋头苦干。

① 林来梵：《宪法学讲义》（第三版），清华大学出版社，2018 年，第二版序第 3 页。
② 林来梵：《宪法学讲义》（第三版），清华大学出版社，2018 年，第二版序第 3 页。
③ 林来梵：《宪法学讲义》（第三版），清华大学出版社，2018 年，第二版序第 4 页。

进行宪法的国别比较时，从宪法制度到实际功能，再到法律文化，逐步深入，没有足够的学养是难以完成的。

结构

《宪法学讲义》（第三版）全书约45万字，超过450页。在结构与篇幅上，基本理论、基本权利与国家机构“三分天下”。但三部分各有分工，顺着林来梵教授的写作思路：宪法基本理论为理解、解释宪法典中基本权利与国家机构规范，提供了知识准备与理论基础；国家机构部分，探讨组织规范，组织规范为国家权力运行设定规则，组织规范的正当性源于对基本权利的确认与保护；基本权利部分，也就是人权规范研究，这是宪法学的重心所在。组织规范的地位相当于“程序法”，人权规范的地位类似于“实体法”，程序服务于实体。而人权规范得以生发的基本前提是对人格尊严的确认，对有理性之人的主体地位、权利能力的确认——公民有权充分参与政治、社会、文化等公共生活，并参与重大事项决定。基本权利不能被懈怠、轻慢、无视，乃至践踏。“如果大家都默默忍受基本权利遭受侵犯，那么基本权利就会像猫咪一样在睡懒觉。”①

风格

该书采取典型的“讲义录”的写作体裁与风格，力图深入浅出地把宪法学的教学内容讲清、讲通、讲透，文字比较口语化，有代入感，表达流畅，不时有俏皮话，但没有大话、空话、废话。比如鼓励学生思考：“美国联邦最高法院在自己的一楼大厅里展示了一尊马歇尔的大型雕像，虽然晚年的马歇尔已严重谢顶，但这尊雕像仍然给他披上了一头浓密的头发。……同学们啊，请大胆地思考吧！即使头发都掉光，未来的雕像还能恢复你的发型。”②

惜名

《宪法学讲义》多次再版，数以万计的读者成为此书良好品质的有力证明。正如林来梵老师所言，“对于一部书而言，时光所能给予的最好待遇，就是再版”。林老师的选书标准也值得借鉴，选爱惜名誉者的著作，“爱惜自己名声的学者写的东西都比较可靠。……如果某个人不爱惜自己的名声，甚至说自己不喜欢成名，那么一般而言，这种人是非常可怕

---

① 林来梵：《宪法学讲义》（第三版），清华大学出版社，2018年，第373页。

② 林来梵：《宪法学讲义》（第三版），清华大学出版社，2018年，第442-443页。

的——不喜欢名誉，那他喜欢什么呢？吾等也就只能浮想联翩了”。[1] 对于一位学者而言，著述就是他的名片，也是他学术学品的体现。

书写展现品质，对话又何尝不是更直接地表征对话者的品质。四位与谈教师——雷婉璐、彭亚媛、申屠晓莉、郑淑珺，三度为读书会奉献学识和智慧，今晚她们又如期而至。接下来我把时间留给四位满头浓密黑发的同学——乔先辉、朱乐乐、张奕文、戴兆雯。祝愿我的学生们不会因思考而脱发，发丝与思想共同强韧生长！

主题领读

居住权、受教育权、生育权的宪法保护

一、作为现代宪法实体的基本权利

乔先辉

《宪法学讲义》约三分之一篇幅在论述基本权利的理论与不同的权利类型，这在国内出版的宪法学教材中很少见。因时间关系，我今天只介绍基本权利的重要性、分类、保障和限制三方面内容。

（一）基本权利的宪法地位

为什么基本权利这么重要，以至于它有资格在宪法典中占有独立的一章？

基本权利是写在宪法上，为宪法所实定化，也是为宪法所保障与限制的人权，宪法所保障的就是人作为人的尊严。我国是人民民主专政的国家，本质是人民当家作主，制定宪法的目的就是保障人民权益，为人民服务。作为宪法中的人权规范，基本权利条款就是人民当家作主在法律中的体现。对于人民来说，基本权利旨在保障公民的尊严和自由，从而减少、避免国家公权力对基本权利的侵犯。

我国 1954 年制定了第一部宪法《中华人民共和国宪法》，其中就规定

---

① 林来梵：《宪法学讲义》（第三版），清华大学出版社，2018 年，第 37 页。

了基本权利。1982年全国人大对宪法（也称“八二宪法”）进行了全面修改。修改过程中，一个关键就是将“公民的基本权利和义务”由原来的第三章提前到第二章，放在了总纲之后、国家机构之前。这种前后位置的变化，既突出了公民基本权利的重要性，也反映了公民基本权利与国家机构之间优先性的价值取向，即国家机构的权力来自人民的授权，应为人民服务，组织规则的正当性来自人权规则。“八二宪法”对公民基本权利条款进行了增添，基本权利内容因此更为明确、具体、充实，这个变化体现出我国对宪法中的基本权利越来越看重。

无视基本权利，有大量的历史教训。保障人权不仅是国体的要求，也是吸取历史教训的结果。“文化大革命”时期，是我国法治被践踏最严重的时期。正因为惨痛的历史教训，所以1982年修改宪法时，全国人大特别强调保护基本权利的重要性。

（二）基本权利的规范分类

基本权利的分类，在学理上有多种说法。例如洛克提出三分法，即生命、自由和财产；美国《独立宣言》，提出生命权、自由权和追求幸福的权利；芦部信喜深受耶律内克思想的影响，做了三分法划分——免予国家干涉的自由、参与国家事务的自由、依赖国家保障的自由。此外，二战后卡雷尔·瓦萨克提出非常重要的理论——三代人权学说，第一代人权产生于资产阶级革命时期，强调三大自由，即人身自由、精神自由和经济自由；第二代人权产生于社会主义运动和革命时期，宪法中增加了各种社会权，包括生存权、受教育权、各种劳工权利；第三代人权是在二战前后反对殖民主义、争取民族解放运动中产生和发展起来的，包括国家或民族的生存权、发展权和民族自决权等。但是这些学理上的分类，与我国宪法规范本身所搭建的权利体系存在差异。这并非说基本权利的学理划分没有意义。基本权利的学理分类具有极大的借鉴意义，在一定程度上能够为宪法解释提供指南和标准，甚至可能影响到人权条款或人权规范的修订和增设，并对这些条款的具体解释产生学术影响。

基于解释学角度，根据宪法条文对基本权利进行分类具有实用性。我国基本权利的分类有多种学术观点，有的依据1982年宪法中所列举的基本权利，将其划分为十大类，也有概括性的四大分类法和五大分类法，以及林来梵教授提出的八大分类法。我认为，林来梵教授的八大分类法更合理。因为这一分类将人格尊严权放在了第一位。虽然在我国宪法中，“公民的基本权利和义务"一章首先规定的是平等权，但是人格尊严权的地位更基础、更核心。

既然要了解基本权利的分类，就应该为基本权利找到基础与核心，找到一个出发点，确定一项元权利，该权利具有基础性价值原理的意义，这项权利就是人格尊严权。人格尊严指每个人作为"人"所应有的社会地位，以及应受到他人和社会最基本的尊重。我把你当人看，而不是动物和奴隶；因为把你当成一个有尊严的人，所以我尊重你的基本权利；如果不把你当人看，不在乎你的尊严，就没必要在乎你的不公平待遇，也就没必要保护你的名誉权、生存权、受教育权，甚至生命权。作为人，你和其他人是一样的，拥有平等的法律地位，尊重保护的是你作为"人"这一主体的地位与自主性。

（三）基本权利的保障方式

基本权利极为重要，但是如果没有必要保障，基本权利就是口头的谈资和一纸空文。没有对基本权利的限制，基本权利就可能变成恣意而为。

基本权利的保障有三种方式，即绝对保障方式、相对保障方式、折中保障方式。绝对保障方式、折中保障方式都需要具有实效性的合宪审查制度，而我国还不具备，故"马工程"教材和《宪法学讲义》均认为，我国的宪法保障方式是相对保障方式。基本权利限制的预期目的应是维护基本权利本身。对于我国来说，当下更重要的是加强对基本权利的保障，而非限制。

我国的基本权利保障最大的问题在于，宪法规定的基本权利需要借助普通法落实，而目前普通法尚未充分保障基本权利。具体表现为：第一，普通法在具体化基本权利的同时又对其进行了限制。宪法中的人权规范多为原则性规定，普通法在保障基本权利方面作用有限，某种领域处于"立法不作为"状态。第二，普通法对于基本权利虽有保护，但多采取行政法规和行政规章的保护方式。第三，在权利救济上，法院只受理具体行政行为侵犯基本权利的案件。对于行政法规、地方性法规、部门规章侵犯某些基本权利的，难以通过行政诉讼来实现救济。

这是对基本权利的重点介绍，在我们的生活中，基本权利亟待保护。接下来三位同学将结合具体案例，分析与我们生活息息相关的受教育权、生育权及农民的财产权、生存权与发展权的保护问题。

二、撤村并居事件：农民的财产、生存与发展

朱乐乐

先让我们回顾一下山东德州撤村并居事件：2014 年山东德州地方政府规划将包括张庄村、官庄村、小郭村等 8000 个自然村全部拆除，建 1000 个左右大型社区。2019 年山东省以打造乡村振兴齐鲁样板为名，在全省范围内突击合村并居，拆除农民房子。由于德州财政紧张，不得不靠贷款建社区，并向农民收取部分建设成本，同期还降低了建设质量标准。结果是农民用原计划到城市买房的积蓄买了质量很差的住房，搬到社区后，不仅生活质量下降，生产生活更加不方便了。农民对此叫苦不迭，怨声载道。

地方政府违背农民意愿、追求土地财政，撤村并居，侵犯了农民的哪些权利？其背后的动力是什么？除了上级部门叫停以外，还有什么救济途径？这是本次读书会我要和同学们一起分析的问题。

（一）宅基地使用权多重复合权利属性的制度依据

宅基地是指农村的农户或个人用作住宅基地而占有、利用本集体所有的土地，包括建了房屋的土地、建过房屋但已无建筑物或房屋已经不能居住的土地及准备建房用的规划地三种类型。宅基地的所有权属于农村农民集体所有。从以上论述我们可以看出，农民对宅基地享有占有、使用的权利。

《中华人民共和国民法典》第 3 分编第 13 章对宅基地使用权有相关规定：第 362 条规定，宅基地使用权人依法对集体所有的土地享有占有和使用的权利，有权依法利用该土地建造住宅及其附属设施。第 363 条规定，宅基地使用权的取得、行使和转让，适用土地管理的法律和国家有关规定。第 364 条规定，宅基地因自然灾害等原因灭失的，宅基地使用权消灭。对失去宅基地的村民，应当依法重新分配宅基地。第 365 条规定，已经登记的宅基地使用权转让或者消灭的，应当及时办理变更登记或者注销登记。既然《中华人民共和国民法典》已明确农民对宅基地享有上述权利，那他们的权利又为什么会被侵害呢？

（二）撤村并居事件的政治经济驱动力

1. 集约利用土地的需要

当前，人们普遍对城镇化盲目热衷，很多政府官员与民众认为现代化

的过程就是脱离农村的过程。因此，部分民众热衷于高楼林立、道路畅通的繁华都市。地方官员尤其热衷城镇化，因为规整的城镇是政绩的体现，也是增加地方财政的主要途径。

2. 土地财政的推动

2021 年前各地地方政府财政收入严重依赖出让土地使用权。在城乡建设用地增减挂钩政策下，尝到“甜头”的地方政府，都努力“寻找”能够节余出来的土地，而撤村并居所节余的土地，恰好能为地方政府换来巨大的收益。其间，部分地方政府只给村民极少的补偿款，却能通过后续的土地出让获得丰厚的土地出让金和税收收入（例如房地产税和建筑税等）。

3. 用地指标的约束

为坚守 18 亿亩耕地红线，国家对建设用地指标采取严格规划，明令限制土地跨省占补。虽然中央政府在分配建设用地指标过程中，已经最大限度地考虑了不同地区经济发展对土地的不同需求，但从实际结果看，东部沿海地区经济发达省份更缺乏用地指标，这些地区虽然有国外投资意向，却因缺乏建设用地指标，导致项目无法落实。因此，撤村并居实际上已变为缓解用地指标紧张局势的途径之一。①

（三）对撤村并居政令进行违宪性审查

2020 年 5 月，山东德州地方政府采取各种软硬兼施的手段逼迫农民拆房子，引发严重舆情，中央随即责令山东停止强迫农民上楼。此后滨州纪检委发布通报，对相关工作人员给予党纪行政处分。

宪法明确规定，公民合法财产不受侵犯。违背民意的撤村并居，严重侵害了农民的财产权、生存权和发展权。滨州市政府的拆迁决定属于政府行为，对此本级人大与上级人大有监督权。但地方人大未能充分履行宪法监督与法律监督职责，没能对拆迁行政命令进行合宪性、合法性审查。

财产权是文明社会的标志，对财产权的保护程度是衡量一个社会文明程度的重要标尺。在处理合村并居这样的问题时，必须将宪法、民法典对公民人身、财产、人格保护的规定落到实处。对于政府以规范性文件等抽象行政行为侵害公民基本权利的行为，人大应履行宪法和法律赋予的监督职能。

---

① 郑风田、丁冬：《撤村并居中的土地问题：现状、原因与对策》，《现代城市研究》2013 年第 6 期，第 20–24 页。

三、“双减”教育改革：受教育机会与条件公平

张奕文

1993 年俞敏洪创办新东方，客观上提高了一代人的英语受教育水平。2006 年新东方成为国内第一家赴美上市的教育企业，“大辅导”时代从此开启。在线教育行业融资金额随之暴涨，资本进场，乱象顿生。普通人的教育公平越来越得不到保障。

2021 年 6 月 1 日，市场监督管理部门公布一批关于校外培训机构虚假宣传、价格欺诈的典型案例，对新东方、学而思、掌门一对一等 15 家培训机构共处罚金 3650 万元。7 月 24 日，“双减”政策公布，《关于进一步减轻义务教育阶段学生作业负担和校外培训负担的意见》规定“学科类培训机构一律不得上市融资，严禁资本化运作”，由此斩断培训机构的资金链；“培训机构不得高薪挖抢学校教师”，继而试图解决优质师资流失问题，保证公立学校的教育质量（见图 1）。

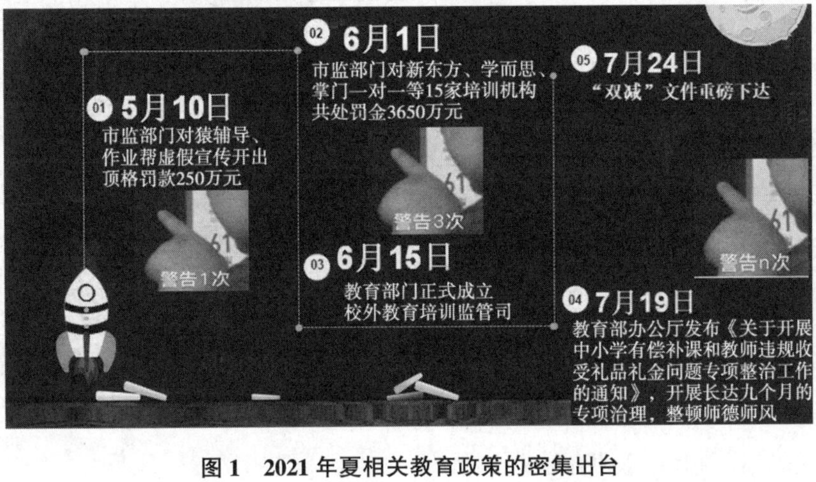

图 1　2021 年夏相关教育政策的密集出台

教育属于重大民生事项，不能让资本先低价垄断市场，再抬高价格收割人民，堵住本就拥挤的普通人的上升渠道（升学就业）。优质的师资和可负担的学费，应该是每个中国人都能享受到的公共服务。

（一）受教育权的双重属性

受教育权是公民根据宪法应享有的基本权利，属国际社会公认的基本

人权。根据当代人权理论，其核心是，依据法律规定，公民从国家那里获得均等的受教育条件和机会的权利。① 受教育权作为一项人权，于1948年联合国大会通过的《世界人权宣言》中确立，后来《经济、社会和文化权利国际公约》第13条对《世界人权宣言》规定的受教育权进行了细化，保障受教育权成为各缔约国的一项义务。

当前从权利性质的角度来解释受教育权，存在着多种理论，包括接受教育的权利说（基于个人知识与能力提升的受教育诉求）、生存权说（也称经济性权利说）、学习权说（凸显主体在享受受教育权利时的主动性、自由性）、公民权说（将受教育权归入第一代人权）、社会权利说（将受教育权划入第二代人权）。②

在我看来，公民的受教育权要得到实现，必须依靠国家公权力的介入。若国家没有积极地作为，受教育权就无法得到落实。由此可以看出，受教育权的社会权属性非常明显。第二代人权包含经济、社会和文化权利，因此受教育权可被划入第二代人权（见图2）。

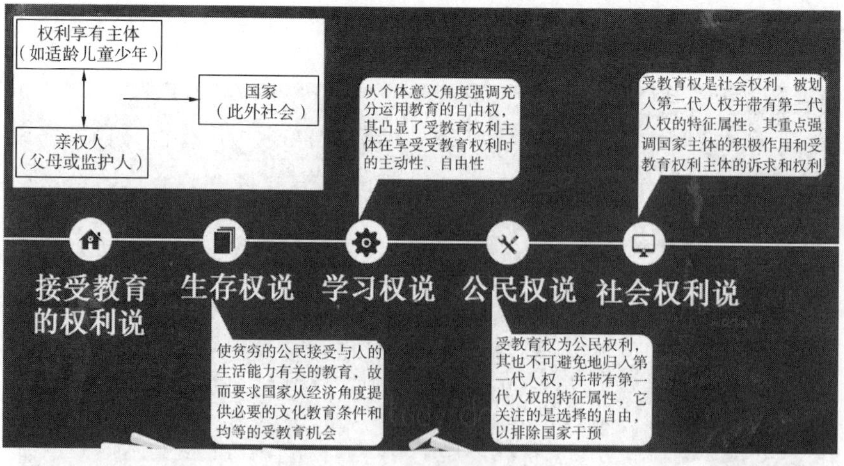

图2 受教育权的属性

（二）为什么教育不能产业化

教育产业化指在国家财政性教育经费严重不足的背景下，以效率增长

---

① 李海涛、尚锡东：《论受教育权及司法保障》，《甘肃政法学院学报》2004年第6期，第38页。

② 近年来，学者们对受教育权的权利属性研究更为全面。基本达成如下学术共识：第一，基于受教育权的性质和内容，更为强调国家的积极义务，即根据国力为受教育者提供充足、适当的物质条件保障；第二，基于受教育权对应的尊重、保护、实现的义务，侧重加强国家的保护义务，强调非歧视原则与教育平等价值；第三，基于权利发展的角度，国家在教育的可获得性、可进入性、可接受性和可适应性四个方面承担的义务具有长期性。参见申素平：《重申受教育人权：意义、内涵与国家义务》，《清华大学教育研究》2020年第6期，第30-31页。

为主要追求，借市场机制“经营”教育，靠市场手段扩大教育资源。①

自1992年以来，教育产业化开始植入我国的教育政策中。在全民经商的氛围中，教育被迅速“激活”。近年来，人们普遍认为，在产业化、市场化的动力及利益集团驱动下，入学机会平等、学业能力标准的原则被突破了，经济话语占据了教育的主导地位。在基础教育领域，“教育产业化”导致课外培训热、“名校办民校”、“小升初”择校竞争等乱象。“择校热”还滋生了不少教育腐败案件，如2008年原中关村三小校长等人涉嫌贪污、2008年广西大学附中4名副校长贪污等。

综上，教育产业化是基于发展主义、经济至上思路，在财政能力不足的情况下，把教育职能转嫁给市场。其运行基础不是扩大社会参与来增加供给，而是采取“宏观垄断，微观放开”的政策，通过“名校办民校”“独立学院”等形式，降级、替代公办教育。教育产业化导致学费畸高，诱发“新读书无用论”“因教致贫”等问题，导致教育的职能与价值被明显降格。阻止教育产业化是当下教育体制改革面临的一大难题。

（三）以公平为基础的多样化

“双减”掀动了一场教育风暴，用强制性手段减负，避免义务教育被资本市场、房地产机构和培训机构裹挟。当教育的外部环境得到大清理后，问题便又回到了公办教育自身。在学习型社会和多元利益格局的环境中，需要重新认识和构建市场与教育的关系，提升政府的教育治理水平。因此，国家需要通过改革激活公办学校，同时继续发展民办学校，增加学校系统的丰富性、多样性。

教育回归非营利化，需要国家开展公办学校办学体制改革。过去在义务教育发展过程中，“等级化的学校制度”等问题的出现，造成义务教育学校差距过大。当下则需要按照《中华人民共和国教育法》《中华人民共和国义务教育法》，取消对义务教育学校三六九等的区别对待，取消“重点学校”的招生特权及其在人、财、物等方面的特权，义务教育学校实行属地化的统一管理，从而促进义务教育优质均衡发展（见图3）。

发展义务教育的最佳机制，既不是资本机制，也不是行政化的权力机制，而是非营利机制。所以国家应该在教育领域淡化所有制思维，按非营

---

① 领读人张奕文同学对教育产业化的弊害分析与未来教育多元化发展的建议，主要借鉴杨东平教授的观点。参见杨东平：《从“教育产业化”到教育的“非营利化”》，腾讯网，https://new.qq.com/rain/a/20211117a04x9h00，访问日期：2023年1月3日。

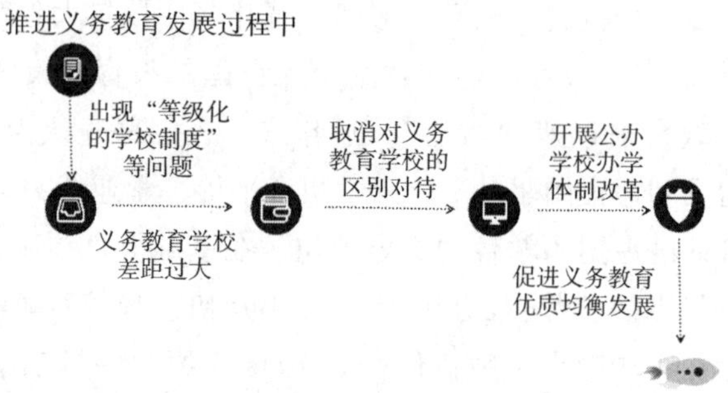

图3　义务教育体制改革方向

利组织的规范管理义务教育学校，构建公办学校与民办学校一视同仁、共同发展的制度框架。

在“后普及教育时代”，公众“有学上”的需求基本得到满足后，下一步目标是实现“上好学”。国家提出的目标是“发展公平而有质量的教育”，但何为公平，何为教育质量，仍然需要凝聚共识。除了规范性的统一教育之外，“上好学”的一个主要内容是关注学生的个性化、差异化发展，满足公众选择性的教育需求。

纵观教育发达的国家，在基础教育阶段，民办教育都不是作为公办教育的对立物而存在的，其功能和价值在于，满足多样化的教育需求。近20年间，我国民办教育迅速发展，在基础教育领域发挥着重要作用。“双减”政策实施后，仍然需要重视民办教育在扩大资源方面的重要价值，落实学校的办学自主权，增加教育活力，形成多样化的办学特色；同时，也需要对民办教育的核心价值和功能进行重新定位，赋权给地方政府和学校，同时确定相应的办学准则。

四、权利抑或义务：计划生育制度改革分析

戴兆雯

大家好，我是这期读书会的领读人戴兆雯。我分析的是公民的生育权问题。

生育权并非女性的特权。生育权指的是公民享有生育子女及获得与此相关的公共服务的权利。但社会资源有限，国家也有长远发展的战略目标，我们生活在同一片土地上，如何最大限度地实现生育权，与我们每个

人息息相关。

要理解生育权，先来看一下基本权利的概念。这是宪法对生育问题的两条规定。我们看到，宪法并没有明确规定公民的生育权为一项基本权利，这与其他基本权利不同，例如选举权、结社权等。在我国，修宪程序严谨，不会轻易启动。公民的生育权是一项基本人权，不应被剥夺和不当限制。生育权与我们每个人密切相关。近年来，生育问题越来越受到公众的关注。我国单行法《中华人民共和国人口与计划生育法》在生育权的问题上给予了公民更多自由与保障。我国计生法律越来越尊重和保障生育权，为公民的生育决策提供了更大的自由选择空间，这一点后续会深入探讨。

对比宪法和单行法：

（1）从宪法有关“计划生育”的条款，以及《中华人民共和国人口与计划生育法》的规定，可以看出，宪法已经对生育权作为一项基本权利做出了默示确认，其地位是毋庸置疑的。也可以预测，在未来的修宪过程中，生育权很可能会被写入宪法之中。

（2）从这些法条中，我们也可以看到公民不仅享有生育的权利，同时也承担了计划生育的义务。也就是说，生育权是有边界性的。基本权利本身存在两个界限：内在界限和外在界限。内在界限指的是基于权利本身性质的限制和边界，即公民享有平等的生育权，而非一部分人享有不受限制的特权；外在限制指的是从外部对权利行使所加诸的限制，例如资源环境、社会经济发展水平、国家的人口承载力与国家建设目标等，这些外部限制也为宪法本身的价值目标所容许（见图4）。

- 宪法第25条：国家推行计划生育，使人口的增长同经济社会发展计划相适应。
- 宪法第49条：夫妻双方有实行计划生育的义务。

- 《中华人民共和国妇女权益保障法》第51条：妇女有按照国家有关规定生育子女的权利，也有不生育的自由。
- 《中华人民共和国人口与计划生育法》第17条：公民有生育的权利，也有依法实行计划生育的义务，夫妻双方在实行计划生育中负有共同的责任。
- 《中华人民共和国婚姻法》第16条：夫妻双方都有实行计划生育的义务。
- 计划生育规定从民法典中删除了，更加说明了国家生育制度设计的变化。

图4　生育权的主要法律条款

我们生活在一个社会共同体之中，生活在一个国家共同体之中，因此权利设定与行使也理应受到限制。国家作为一个政治共同体，其资源和供给能力有限，为了实现繁荣兴盛的目标，有必要设定权利的边界以保障权利的平等实现，生育权也不例外。

（一）国家计生制度的40年之变

下面，来看我国计生制度40余年来的演变：改革开放初期，我国面临着巨大的人口压力，人口逐渐成为前进道路上的阻碍。

进入21世纪，我国逐渐成为世界第二大经济体，与此同时，劳动力持续减少、人口老龄化问题日益严重、人口结构严重不合理，新的计生制度应运而生。2012年，中国特色社会主义进入新时代。根据第7次人口普查结果，我国人口生育率持续走低，老龄化问题更加突出，人口主要矛盾由总量压力向结构性压力转变，这是14亿人口大国面临的新挑战。为此，我国2015年、2021年两次修订《中华人民共和国人口与计划生育法》，其中最大的变化就是出台了鼓励生育三孩的政策（见图5）。

图5 计生制度的重要修订

（二）计划生育管理的国家视角

从上述政策，我们看到了公法对生育问题的管理和限制。但同时，公法也有对生育权的保障和关怀。在最新修改的《中华人民共和国人口与计划生育法》中，设立了大量的生育权保障措施，在劳动、就业、教育、税收等多个方面出台新举措，致力于保障生育权的实现。

由此可见，国家为保障生育权提供了更多的人文关怀与公共服务，国家政策越来越多地由生育管理转向了生育保障，努力为公民提供更多的生育选择和生育服务，让公民从生育负担和压力中解脱出来。

（三）国家对公民所负的积极义务

如今，很多人对计生制度尚缺乏更深入的了解。新时代，我国的计生制度不断迈向法治化。随着2015年计生法的修订，许多地方条例也进行了相应的调整，计划生育的强制管理性与命令性逐渐弱化。计生制度采用

“原则+列举+兜底”的立法范式，明确了公权力调整的范围，构成规范国家权力、保障公民权利的边界。第一，“原则”体现为，以权利保障原则、公益性原则、价值协调和互补原则等，作为公权力调整生育权合理性与合法性的标准。第二，“列举”体现为，再生育子女的条件由法律、法规设计，而非地方立法设计；同时，夫妻双方户籍所在地的省、自治区、直辖市之间关于再生育子女的规定不一致时，按照有利于当事人的原则适用地方规定。第三，“兜底”体现为，法律、法规可规定“再生育子女”，公法调节有更多弹性、活力和更大空间。公权力对生育问题的调节以行政指导为主、行政强制为辅；同时充分考虑具体情况，计生法更旨在保护公民的生育权，促进国家的经济社会发展。

上述法治化的进步，体现出人文关怀、权利救济和保障的同步性，标志着我国计生制度从生育管理向生育保护的转变。

人口不是冷冰冰的数字，而是鲜活的生命体。当下，我国的计生制度设计致力于为生育权提供更多的服务和保障，依赖于不断完善的制度，寻求个人生活的最大幸福，实现个人利益和国家公共利益的统一。

研讨互动

嘉宾点评

雷婉璐：听领读认真程度超过听“大咖”讲座

其实我不太擅长讲宪法，感觉自己的宪法水平跟在座的同学差不多。这是最后一期读书会，四期我都参与了，收获挺大的。每次听大家分享，比听很多“大咖”的讲座还要认真，因为确实能学到东西。

我刚才以为还有一个同学要领读，问郑老师，没有了吗？觉得没听够。肖老师，同学们谈论的基本权利案例应该是你给他们的吧？（肖建飞：“对，这些都是我的命题作文。”）应该是你给他们命题，然后让他们自己找资料。

刚才在听的过程中，朱乐乐讲具体权利时，提到撤村并居这个行为，可以进行违宪性审查。我当时特别想听的是，如何进行违宪性审查。（肖建飞：“她理解错了，一会儿我来回应。”）宪法是规定了农民对宅基地有占有和使用的权利，不容其他单位和个人侵犯，对吧？那得讲讲宪法是怎么规定的，撤村并居这个行为为什么违反了宪法，是怎么违反的。领读的时候，从这个逻辑出发，应该才是老师的初衷。

关于生育权，戴兆雯同学也说它不是宪法规定的权利，是解释出来的权利。她提到我国计划生育政策经历了从“一对夫妇只生育一个孩子”到二孩、三孩这样一个演变过程，体现了我们国家对于生育权保护力度的加强。我们“90后”，可以说是要承担计划生育政策后果的最后一代。因为我们是上有老下有小，中间也没人帮。但反过来想，四个老人帮一对夫妻养育子女，也挺好。关于我国生育政策的放开，难道仅仅考虑的是对生育权的保障？我觉得不是，可能还有更多的考量，并不只是从权利保障的角度去思考。

申屠晓莉：在德国补学有关宪法权利知识

我的宪法学知识不算完备，也没有读过《宪法学讲义》，很惭愧。大一的时候，我学了宪法学。又问了一下郑老师，发现对基本权利的印象已经非常少了。总觉得宪法学对国体、政体这些政治概念讲得比较多。

我的宪法学知识体系是在德国建立起来的。我对比了一下，中国与德国的宪法学教育确实有非常大的差异，最大的不同就是，德国课堂上只花五分之一的时间来讲国家组织，花将近五分之三的时间来讲基本权利，还有五分之一的时间讲解行政法。所以，我在德国很系统地学了基本权利，课堂上会具体地讲每一个基本权利。而在德国考试中，我也只学会了违宪(合宪)性审查。学期考试就是出一个案例，让学生模拟法院大法官写审查过程，所以我在德国只学会了一件事，就是违宪性审查。但在中国的司法实践中，违宪审查很少见。

我用违宪性审查的思维来套了今天的三个案例。比如宅基地，宪法其实也是没有明确宅基地使用权。应该没有明确吧，我查了一下。(肖建飞：“宪法里面没有写明。”)在德国，要做的第一件事情是你必须把权利先定位到宪法中的基本权利里。关于宅基地使用权到底是财产权还是居住权呢？这个问题大家也可以思考一下，一开始我觉得是居住权，但是后来发现其实不是，这个案子应该也涉及对财产权的保护。既然第一个问题是定域，那么就牵扯到诉求保护的权利是不是宪法权利问题。任何关于宪法的案例，首先要思考诉求保护的权利对应到宪法中的哪一项权利。

关于生育权，其实宪法也没有写明。德国也没有把生育权归于宪法权利。刚才戴兆雯同学说，将来生育权可能会被写进宪法，我觉得未必。有些权利不写进宪法也该受到保护。而生育权很明显是人权的一个衍生权利，不写进宪法，也能够得到很好的保护。

张奕文同学讨论的受教育权，宪法还是比较明确地规定了。日本宪法理论借鉴的是德国宪法，我们的宪法理论较多借鉴了日本。所以像林老师（日本留学）这一代人，他们几乎把该搬的、该学的，全部拿来了。所以我对比两个国家的宪法体例发现，其实日本有的，我们都有；日本没有的，我们也有，比方说序言。

所以我们缺失的是什么呢？我们缺失的不是宪法，而是违宪性审查，比如宪法诉讼。相当程度上，诉讼几乎是唯一（至少是最重要的）解释宪法条款的机会。如果没有诉讼，宪法就没有办法和刑法、民法一样得到应有的解释。但是事实上，我们可以在学理上和教材中发现，国外有的权利规定，我们其实都有。比方说法律保留问题。其实，每一项基本权利，在德国也是有法律保留的。大家可以关注一下我国宪法第 51 条，这是一个略显奇怪的兜底条款，导致所有的法律保留理论在这条规定下，都会显得有些尴尬。现在怎么办呢？如果没有诉讼，这些条款就难以在实践中得到真正的解释。真正让普通公民都能理解的那种解释，其实是很难做到的。

在德国，即便是一个没有系统学习过法律的公民，他在日常生活中，也能非常深刻地体会到某个规定是否违宪，是否侵犯了自己的基本权利。因为他们每年都有很多的违宪性审查案子。而且，普通公民有权提起违宪性审查。主要的提起违宪性审查的主体，就是联邦德国的公民。所以，这就是两个国家的不一样。现在我们有了先进的宪法理论和越来越完善的宪法条款，但是如何让宪法真正成为“我们的宪法”，其实还有待解决。

郑淑珺：要求生育是不是反向限制

我也没什么宪法基础，主要是来学习的，想请教肖老师一个问题。新冠疫情期间，美国看武汉封城就宣传中国有违人权。我也知道，美国对于人权的保护和我们对于人权的保护不一样，他们强调个人自由，我们更强调公共利益、集体利益，这是在不同政治制度下的必然选择。

刚刚讲到计划生育，最初计划生育被看成对人口快速增长的限制，以达到最优结果。之前有计划生育——一对夫妻生育一个孩子，后面允许生育二孩、三孩，放开了之后，可能还是没有更多人愿意去生育，会不会出现强制生育？这样的话，选择不生育也是生育的权利，强制生育会不会就是对生育权的反向限制？

彭亚媛：三代人权与三个案例的关系

“‘双减’教育改革：受教育机会与条件公平”让我印象深刻，很惊艳。先辉对于三代人权的阐述也很棒。国际法当中，人权分为三代人权。第一代人权就是政府不能侵犯的，比如说财产自由、生命自由；第二代人权是政府要积极保障的，比如说劳工权利、受教育权；第三代人权就是我们说的集体人权，比如刚刚先辉提到的民族的发展权或国家的发展权，以及环境权等。当然现在还有第四代人权，大家讨论得比较多的是数字人权，但并不构成通说。

我刚开始以为，张奕文同学讲解受教育权时，肯定要说到齐玉苓案。不知道同学们是否了解齐玉苓案？这是很有名的关于受教育权保护、关于教育公平的案子。大家都知道有些省是高考大省，虽同用一张卷子，录取分数线却差很多，由此就产生了教育公平问题。张奕文同学讲到了第一代权利到第二代权利的演变，首先从公民个人排除政府不当干预权利，演变到社会权利，再演变到要求政府积极作为，去保障教育公平，这个思路没问题。但我们看到，现在的教育公平基本靠教育政策，也可以说是靠政府的管制性行为推动的。这和第二代人权充分保障的距离有多远呢？第二代人权的核心是政府要保障。值得思考，政府推动或者行政手段是保护第二代人权的方式好还是不好。像张奕文同学所说的，既然已经达到了“双减”目标，那么“上好学”就是要解决教育本身存在的问题，比如教育公平问题。有一些事项是可以外在管制的，有一些事项是要靠法律去落实的。齐玉苓案发生之后，宪法学者以为宪法相关诉讼会延续下去，可实践却没有继续推进，这个案件反而是昙花一现，一下子就过去了。

从政治和法律的关系，我们来谈谈计划生育。现在的生育制度改革到底是为了落实人权保障，还是为了服务我国的经济发展？目前，我国生育制度改革大部分是经济学家在主导。就像同学们说的那样，如果有一天生育权写入宪法了，我们法律学者要做的不是为生育权入宪唱赞歌，而是解决更多问题。比如说生育权并非女性特权，男性也有。事实上，存在着男性生育权与女性生育权冲突的情况。比如妻子怀孕了，不想生，决定终止妊娠，就没有告诉丈夫。如果丈夫去法院起诉，法院是不予支持的。我们采取了一个比较消极的态度，但真正的问题是，为什么不去解决呢？这方面的问题还有独身女性、单身女性的生育权保障。现在的生育权主体主要是夫妻，未婚生子面临很多问题和限制条件，包括出生证、打疫苗、上户口等。这些都是和夫妻关系联系在一起，甚至很多事项都要丈夫签字。我们知道“五险一金”里面就有生育保险，是每个工作的人都要交的。但只有你结婚生孩子即有婚姻关系后才可以申请，未婚生育是没有办法申请的。假设真的要把生育权作为基本权利，这些做法就不合理。大家要思考的是生育制度不能仅仅为经济服务，还涉及正义和公平。

关于第一个案例，我特别想听到对农民的发展权和撤村并居之间关系的分析，但是很可惜，朱乐乐同学没有提到，这个话题是很有意思的。为什么要以发展权去驳回撤村并居？发展权是第三代人权，我们一般认为发展权是群体性的权利，把发展权用在农民身上是可以的。但是用在德州那8000个村子的农民身上，尤其是撤村并居事项中，并不合适，我不觉得发展权与撤村并居有实质性的关联。

江雪松：用宪法知识解决宪法问题

我今天来读书会，是因为对宪法很陌生。我看过《宪法学讲义》这本书的第二版，没看过第三版，不知道今天讲的这几个案例和基本权利的内容，是不是书里面的？（肖建飞：“书里没有这些案例，都不是从书中选择的。”）案例都是肖老师选的，是吧？也就是说你们是从这本书里面汲取知识并加以运用，而不是对这本书进行复述，那这个层次就更高了，格局也不一样，肖老师的教学方法非常高明。

刚才我也征求了赖秀兰老师的意见，她说授权给我讲了。那么我就把赖老师应该讲的时间，再“抢”过来讲一下，总共两分钟。就这个活动的形式，谈一下我的体会和感受。

四位与谈老师刚才的讲话很有深度。我也替同学们感到庆幸，因为你们碰到了肖老师这么好的老师，把这个活动组织得如此好。她在我们法学院也是出了名的，上课非常用心。

整个读书会由同学来汇报，看到同学上来汇报，我觉得非常开心。因为我在你们这个年龄，是远远不如你们的。今天的四位同学讲得非常精彩。可能是刚刚接触这门课程的缘故，同学们对一些具体问题的把握还有待加强，刚才四位与谈老师也分别非常精准地指出来了，她们指出的问题值得每个同学好好思考。

具体讲到读书会的内容设计，先（乔先辉）是整体上分析基本权利。然后讲（朱乐乐）到宅基地权利，申屠晓莉老师从德国法、比较法层面上考察，她的结论是可归为财产权，这是一个很鲜明的高见。它不仅是住宅权，还是财产权，最为根本的是财产权。跟洛克的财产权理论相呼应，所以整个思想脉络、权利逻辑，同学们要进一步去把握。“双减”涉及受教育权，就是一个词“学习”，这也和每个人都相关。第三个同学（戴兆雯）讲的是生育权利。这三位同学，包括前面第一位同学（乔先辉），都很有勇气。问题很宏大，而你们讲的内容我们都听进去了，你们是花了功夫的，讲得很好。另外，你们结合《宪法学讲义》，挑出这三个受社会关注的话题，勇于探讨，并且进行了自己的宪法学解释，是非常棒的。

有一句话说得好，没有无能的立法者，只有无能的解释者。所以说，解释（不管是有权解释还是学理解释）能够有效提升、训练你们的法治思维、法理思维。读书会对于同学们来讲，是非常好的学习机会。但是很可惜，今天的读书会是这学期的最后一次了，我们期待下一学期。

导师回应…

关于基本权利保护问题的六点补充

肖建飞

生命、自由和追求幸福的最初表达

刚刚先辉提到生命、自由和财产权，说美国宪法明确了生命权、自由权和追求幸福的权利，这里稍稍有点谬误。生命权、自由权、追求幸福的权利最初明确表达于《独立宣言》，杰斐逊起草这份宣言时深受洛克思想的影响，这是第一个问题。

计生法修订与国家人口规划

第二个问题是关于生育权的保障问题，包括申屠、淑珺的问题都与此相关。在我看来，生育权部分的讨论，兆雯做得非常好。不管是她的PPT，还是她讲的内容，都特别棒。大家也能够看得出来，她课后下了非常多的功夫，但她没有充分地利用这个图表。生育制度为什么在六年之内变了多次，从“一孩”“二孩”变成了“三孩”。原因很明确，也是刚刚两位老师讨论的，我们的计划生育立法政策调整主要不是权利诉求推动的，而是经济社会发展推动的。当前，我国人口严重老龄化，人口结构不合理。“二孩”政策出台初期，国家决策部门很高兴。因为2015—2016年我国的新生儿数量增长速度很明显。但是2017年以来连续下降，到2020年我国的新生儿只有1200万，比2019年整整降了265万，尽管有新冠疫情的原因。刚刚兆雯用的图表里面，我国60岁以上的老人约占总人口的19%，这是令人震惊的。我们的人口和计划生育制度历次改革，主要的智囊团成员是经济学家和人口学家。人口政策肯定是基于国家的角度来设计的，所以从“一孩”“二孩”到“三孩”一直有国家计划在发挥作用，由国家来规划。

对生育权理解的国别差异

第三个问题是对生育权理解的国别差异。我要稍稍回应一下三位老师——淑珺、亚媛，还有晓莉。刚刚晓莉说道，德国宪法没有规定生育权，这是很容易解释清楚的，其实就是中国和德国、中国和美国观念的区别。美国宪法也不会说公民有生育权，因为生育是天经地义的。对于像我们这样的人口大国而言，实行计划生育政策、长期控制人口数量增长是非常重要的国家发展战略问题。

世界人口的发展趋势

第四个问题是世界人口的发展趋势。准备读书会期间，我给参加本期读书会的同学分享了人口学家王丰在“一席”上的演讲。他说，自己作为一个人口学家，怎么也没有想到二十年、三十年前研究的人口问题，跟当下自己研究的问题根本不是一回事。那时候人口学家想的是怎么控制人口数量，现在想的是如何鼓励中国人生育。他发现，富裕与人口增长负相关，包括像印度这样的人口大国，印度半岛南部比较富裕的地区，人们不愿意多生育；北部相对贫困一些的地区，尤其是农村，人们反而倾向于多生育。所以他得出一个普遍性结论，凡是经济高速发展的国家，即便政府不采取严厉的计划生育政策，人口也会自然下降。不知道各位同学是否注意到，当下中国的计划生育政策，包括计生法的修订，经济学家和人口学家起了更大的作用，而不是法学家在发挥作用。这点补充是对婉璐的回应。

齐玉苓案不属于宪法案例

第五个问题就是亚媛提到的齐玉苓案。齐玉苓案在宪法学界备受关注。以我浅薄的宪法知识来看，该案根本不是一个宪法案件。原因很简单。第一，既然教育法已经规定了公民享有受教育的权利，那么普通法自然优先适用。只有一个情况下能适用宪法，那就是发生法律冲突的时候，也就是说教育法作为普通法，违背宪法了，法官或可以援用（间接引用）宪法。但是教育法已经明确规定了公民享有受教育的权利，包括盗用别人的名字，冒名顶替。如果教育法已经有明确规定，为什么要用宪法？齐玉苓案适用法律的准确性有待商榷。另外，典型的宪法性案件通常都是什么情况呢？法官在审理一个具体案件的时候，这个诉讼所涉及的普通法或者规范性文件，主要是宪法的下位法，违背了宪法，侵犯了宪法保护的基本权利，才构成所谓的宪法性案件，所以至少宪法学界对齐玉苓案件已经有了定论：它不是一个宪法案例。

生育权的公法与私法问题

第六个问题就是单身女性生育问题，也是对亚媛的回应。比如，男方想生育，女方不想生育，那这个问题不是公法问题，而是私法问题，是婚姻家庭法调整的问题。但是亚媛说得很好，如果单身女性想生育孩子，即便她没有婚姻，想生育孩子，采取其他方式，包括人工辅助受精的方式生育自己的子女，但是国家不为她提供相应的生育服务，包括生育保险、产假，或者在孩子未来养育、抚育、就学的过程中，设置重重障碍，就是公法问题了，可能侵犯公法意义上的生育权。

生育权的内容包括生育选择自主，包括生育与不生育的决定。公民不想生育，国家若强迫其生育，则是典型的侵犯生育权，是公法事件。这是对淑珺的回应。

导师接续

宪法建构起法律世界的穹顶

肖建飞

人权规范之重要性

现代宪法之要义，在于确立公民与国家之间的“得体”政治。人民授予国家机关管理权，国家机关保障人民的平等与自由，基于此构建出国家权力机关的组织与运行规则——人民制宪、代议制机关立法、政府执法、法院司法。宪法建构起法律世界的穹顶，确认与保障基本权利是宪法价值体系核心之所在，亦是国家治理正当性之基础。

对国家权力运行规范与人权保护规范的高度关注，使得宪法学不同于其他学科。人权也被称为基本权利、宪法权利，韩大元老师在《中国宪法学说史》中总结道：“一个世纪里，人权在被践踏被蹂躏被侮辱中也被热切地期盼和追求，在救亡与启蒙的内在紧张中寻求着生机，在个人主义、集体主义、国家主义的竞争中艰难定位，在社会的发展中实现着主体与内容的扩张，在时代的大变革中进行着从工具理性向价值理性的转换。”①

权利内涵经解释充实

基于宪法规范设置情况，我国宪法确立了 7 大类基本权利，但这并不是宪法所保障的全部权利。面对政治社会变革，原则性的宪法条款要经由解释获得理解、赢得共识。其间普通法可能走在宪法修订之前，其确立的权利类型有待提升为基本权利。宪法对基本权利的保护始终处于未完成状态，总有未列举但需保护的权利纳入等待保护范围。

宪法与普通法的解释存在明显差异：普通法的解释主要借助体系解释方法，在寻求支持时，主要援引宪法所确立的基本价值体系；宪法解释则不能局限于法律体系内部，而是要超越法律体系自身的封闭空间，向重大的政治经济社会变革实践与非法学的人文社科理论寻求解释资源，宪法解释也普遍涉及重要的价值判断。解释普通法时，解释者的目光在法律规则与个案事实之间流连往复；解释宪法时，解释者的目光则在法律体系与重

① 韩大元：《中国宪法学说史研究》，中国人民大学出版社，2012，第 552 页。

大政治社会变革之间回旋往返。解释快播公司是否贩卖淫秽物品的难度，要远远低于解释生育权是不是公民的基本权利，公民受教育权如何能获得平等保护，如何保护农民的财产权、生存权与发展权。

改变与接受的平衡

如何理解宪法基本权利的内容、建构基本权利保护体系，切实保障基本权利的实现？这涉及宪法解释问题。在此借用一句话——“改变不能接受的，接受不能改变的”。

生育问题，改变仅仅把生育作为管理事项、把人口的数量与结构视为行政规划运行结果的幻想，国家尊重公民的生育意愿，接受公民的生育选择，同时提供平等的生育机会与服务；教育问题，改变“单纯财政视角”或者“经济主义路线”的教育改革，国家接受个人、社会的多元发展需要，增加教育的丰富性和可选择性；城乡土地利用问题，改变增减挂钩机制，消除地方政府点“土”成金的幻想——违背农民意愿拆除民宅，将宅基地复垦为耕地，以便生出巨额财富。国家要信任农民的生存理性，接受其选择。住楼房好还是住家宅好，如同选鞋，合不合脚只有自己知道。

四书后还有四书

本期读书会也是这学期的最后一期，作为召集人，该做个总结。

在课堂上，教学内容在师生间传递，师生关系更接近于电台主持人与听众，学生是接收器，教师努力地“发送”信息。读书会则全然不同，尽管指导教师会一一指导同学的写作，但此时师生关系更像是棒球赛中的投手与捕手，指导教师只给出方向和线索，学生则要自己判断是否接受、修正或否定写作方向与线索。师生关系在读书会期间发生倒转，学生有判断决定权。教师是召集人、指导人、与谈人，学生则是领读人、写作者、演说者。读书会召开前，学生要花大量时间阅读、写作、准备领读。课堂上的听众或单人阅读的读者却不必这样做。在读书会上，比起充满主动性的写与说，读与听则是相对被动的。阅读内容、写作线索、领读思路与内容就像棒球赛，主动、活力是师生双方共有的，不是从教师那里开始，在学生那里终结，而是在双方之间反复传递。只有当捕手与投手密切合作时，读书会才会成功。

读书会现有正式成员 41 人，除了 1 位同学因考试退出读书会（思佳）、1 位外院同学没能参与读书会（家齐），还有 7 位同学因参加比赛、生病等原因没能参与领读，27 位同学和 5 位教师实质性地参与了“钟爱阅读”的四期读书活动。从筹备开始，指导教师和与谈教师就秉持着这样一种信念：让每一位参与的同学有所学、有所思、有所获。读书会能善始善终，不只得益于召集人和与谈人的愿望、决心，更归功于同学们的全心投入和不断自我修正。相当程度上读书会也受益于学院的支持。此外要感谢天南地北的师友、同学对读书会的持续关注。

“四十一人不止四十一人，四册书卷后还有四册书卷。”这是学生与教师、课上与课下、指导与与谈、此地与彼地的奇妙互文。

以林来梵老师的一首小诗收尾：

学问的欢愉与艰辛如鱼饮水
冷暖自知
我将犁向一片冬天的思想里
它的废墟形形色色

我对此诗作加以改写：

为师的艰辛与欢愉如鱼饮水
冷暖自知
我正翻起一片古老、一片新生的土壤
期待无数颗种子破土而出

阅读准备

肖建飞与乔先辉：读有难度的书才有收获

肖飞：先辉，谢谢你的参与，也欢迎你的加入！

目前“钟爱阅读”读书会同学比较多，你参与读书，和大家一起讨论完全没问题。只是本学期不一定有机会做领读人了。

先辉，你抽空看一下《宪法学讲义》的绪论部分，体会一下林叔叔（林来梵教授）丰厚的学养与教书育人的热情。《宪法学讲义》是四本书中知识和思想分量最重的一本。认真阅读、写作笔记、总结分析，就能得到最大的收获。因为读书报告时间有限，这本书我们重点读“基本权利”“宪法保障”两个部分。你看后，如有兴趣与信心做这本书的领读人，请回复我。

其他的书也要看，否则就成了听众，没办法参与讨论。你可以再找一下读书会中愿意担任《宪法学讲义》领读人的同学，尽管这本书阅读、分析难度更大，但读完收获也会更多。我和婉璐老师希望每本书能有 8 个人 2 个小组（每组 4 人）做主题领读。

你再找找志同道合的同学，同组同学相互合作。目前 1 班的张奕文、咸舒竞也会做《宪法学讲义》的领读。你先通读吧。“基本权利”“宪法保障”是我认为很重要的章节，指定教材写得比较浅白，你读后可能会发现更重要的问题。

肖建飞与领读人：领读主题及人选的确定

受教育权问题的领读人

肖飞：次仁旺加，12 月 8 日我们将举行本学期的最后一期读书会，计划分析宪法中的基本权利，你是否有兴趣做领读人？

次仁：老师，我更愿意听取同学们的读书报告及他们传达的知识。

肖飞：次仁旺加，这期读书会建议先看《宪法学讲义》第三编“基本权利”。然后我为领读同学分析资料，主要分析生育权、生存权与发展权、受教育权三项权利。受教育权这一个话题也许你会有自己的看法，如能和同学合作领读，对自己也是一种锻炼。

次仁：好的，老师，我知道了，我考虑一下。

肖飞：认真做了就有收获，不要有压力。

肖飞：次仁旺加，奕文负责受教育权问题，如时间允许你可以协助她准备汇报文稿。

次仁：那我不用领读吧？我可以协助。

肖飞：你不愿意领读，参与撰写稿件也很好。

次仁：OK，尽我所能。

肖飞：奕文，你准备有关教育权问题的文稿时，可以邀请次仁旺加参与撰写，他不参加领读，但愿参与撰稿，他的受教育环境可能对你的写作有帮助。这样他才是实质性地参与了读书会，也是收获。

奕文：好的，老师，我跟次仁旺加讨论下一起撰稿。

撤村并居与农民生存权、发展权保护

肖飞：乐乐，你是否在农村出生？

乐乐：是的呀，老师。

肖飞：太好了，乐乐，因为我们四期读书会要讨论一个关于农民发展权的问题，家在农村的同学更容易进入话题，你是否有信心来做这个问题？明天我发新闻资料给你。

乐乐：可以呀，老师，但是我也不是特别有信心。

肖飞：别担心，还有我呢。

乐乐：好的。

四期小组公告

各位同学好！

尽管本期读书会领读人较少，但这是大家完整阐释自己观点的好机会。

先辉负责整体介绍基本权利，乐乐负责农民财产、生存、发展权，兆雯负责生育权，奕文负责受教育权，次仁旺加协助奕文撰稿。

请大家认真阅读自己对应的领读文献资料。

周四晚 20:00 前列出个人领读的题目和提纲，发给我。

肖建飞与书友们：四期读书会海报文案

各位同学：请大家投票选择四期读书会文案，谢谢！时间截止今晚 20:00。

文案 1：宪法者，国之尊也，宪法建构起法律世界的穹顶。

文案 2：确认与保障基本权利，是宪法价值体系核心之所在，亦是国家治理正当性之基础。

41 位读书会成员中，26 人参与投票，一致选择文案 1。

肖建飞与乔先辉：确定领读主题与内容

先辉初稿

先辉：老师，以下是我的题目和提纲。

题目 1：基本权利：宪法之核心

题目 2：我国宪法基本权利

提纲：

一、其之重，何以成章

1. 基本权利之历史沿革

2. 当今基本权利之厚重

二、其之形，体系结构

1. 基本权利之分类

2. 基本权利之架构

三、其之用，如何落实

1. 基本权利之主体

2. 基本权利之保障与规范

修改建议

肖飞：先辉，建议提纲做如下修改。

题目：基本权利：宪法之实体

提纲：

一、权利之重，何以成章

1. 基本权利之历史沿革

2. 当今基本权利之厚重

二、权利之形，结构为何

1. 基本权利之分类

2. 基本权利之体系

三、权利之用，如何落实

1. 基本权利之保障

2. 基本权利之限制

注意：

1. “核心”这个词也可以，但不太能凸显你要讨论的是一个法学命题，人权法为实体法，组织法为程序法，这是林来梵老师的观点。

2. “其”是代称，用在标题中不是很合适，替换成“基本权利”又数次重复，用“权利”一词，结合总标题，便可知道你讨论的是基本权利问题。

3. “结构为何”是回应另外两个同级标题，实现表述一致。

4. “架构”更多是基于立法者或者立法建议者的视角，对宪法的基本权利规范进行分析，用“体系”更合适一些。

5. 基本权利主体内容争议不大，基本权利的保障与限制更值得探讨。

6. 本部分是引论，涉及基本权利的重要理论问题，15 分钟很难说清楚，故应介绍最重要的内容。

领读重点

肖飞：先辉，你写稿子、做 PPT 时，保留一、二级标题就可以了。建议重点解释三个问题：

1. 为什么基本权利在宪法中有着重要地位？

2. 为什么对基本权利进行学理解释重要，为什么为基本权利找到元权利（最核心、最基础的权利）重要？

3. 为什么在中国尤其要加强基本权利保障，而非限制？

先辉：老师，主要看看观点或者论述方面有没有问题，口语化、错别字和不明确的表述，我会细细查找。

肖飞：先辉，你这部分是引论，是最难讲的。目前的内容本身没有大的问题，但还是需要突出问题，为什么在宪法结构中基本权利部分重要，为什么在基本权利中人格尊严重要，为什么当下在我国对基本权利的保护比限制更重要。文稿缺乏代入感，另外 PPT 模板不是很符合我的视觉习惯。

另外补充一点，林来梵老师的书再版了好几次，这本身就是声誉证明。基本权利占《宪法学讲义》约三分之一篇幅，只占“马工程”教材约十分之一篇幅。两者可以相互补充，分析权利是对指定教材内容的延伸与补强。

肖飞：先辉，你不要急于求成，想想怎么把你的观点更好地呈现在 PPT 中。

注：先辉是一个行动力很强的学生，我提出问题后，他在 10 分钟内就返稿了，读书会前一日他四次修改返稿。

展示技术

肖飞：先辉，你的 PPT 评论与观点性内容多，更应该注意如下问题。

1. 规范使用一级、二级、三级标题，目前很混乱，见以下所列：

一、二、三……

（一）、（二）、（三）……

1. 2. 3……

2. 给同学们看的应是精练的内容，PPT 上不要出现口语化的句子，要用书面语、规范化表达。

比如你的表述：

（1）宪法条款人权规范多为原则性规定，普通法律在保障基本权利上并没有多重要，在这方面也可以说是处于某种“立法不作为”状态。对于基本权利的问题，也多采取行政法规和行政规章的方式，还有普通法在具体化基本权利的同时又对其进行了限制。

（2）权利救济上，法院只受理具体行政行为侵犯基本权利的情况，并且对于某些类型的基本权利，就算行政主体一不小心侵犯了，也难以通过行政诉讼来进行救济。

可以简练表达：

（1）存在“立法不作为”情况；

（2）以行政法规和政府规章的方式替代法律，保护的同时亦限制基本权利；

（3）普通法具体化基本权利，同时亦对其进行限制；

（4）法院主要受理具体行政行为侵犯基本权利的案件。

你看一看行政诉讼法。

肖建飞与戴兆雯：确定领读主题与内容

兆雯一稿

题目：我国生育权与计划生育的联系

提纲：

一、我国计划生育政策的变化与发展

二、三孩政策的出台与实施

三、如何看待和解决我国目前生育率低下的问题

四、未来我国计划生育政策可能的发展方向

五、人类是生态系统的一员

兆雯：老师，这个方向可以吗？

一稿建议

肖飞：再推敲一下，现在的二级标题像政策分析。你负责的部分是有难度的。把这次提纲的文字发给我，不要截图，我先替你保存，看看两天后你能否想出更好的。

兆雯：老师，关于这份资料①，其实我没太搞懂题目。资料中说，进入三孩时代，我们如何理解计划生育的宪法规定。理解宪法中的计划生育

① 资料为陈伟：《进入三孩时代，我们如何理解宪法计划生育条款?》，澎湃新闻，2021年9月17日。

规定不是我们一直要做的事吗？

肖飞：兆雯，你的认识和我一样，陈伟只做了粗浅的规范分析，就此就得出计划生育制度旨在保护生育权这个结论，有待商榷。所以才需要你进一步分析。

肖飞：兆雯，你分析的重点是公法意义上的生育权，即公民生育权的内容与界限，为此国家不得干涉什么、国家应该积极做什么。

兆雯二稿

题目：我国公民的生育权和人口与计划生育法的规定

提纲：

一、从根本上理解生育权

二、我国计划生育政策的发展与实质

三、公法调整生育权的方式和边界

四、受救济的生育权和有人文关怀的计划生育

兆雯：大体思路在这儿，谢谢老师的资料，老师要注意早点休息呀！

二稿建议

肖飞：兆雯，这一稿明显好于前一稿，提纲涉及计生制度与生育权的发展演进和实质问题，但还是缺乏观点提炼，法言法语的规范表达能力尚不足。毕竟你们是大一新生，自己写出提纲就已实现了突破和超越。

以下题目、提纲供你参考！

题目：权利抑或义务：计划生育制度改革分析

提纲：

一、我国计生制度的40年之变

二、计划生育管理的国家视角

三、生育权利保障的公民视角

四、国家对公民所负的积极义务

兆雯三稿

兆雯：老师，这是我的新提纲。

题目：保障抑或侵犯：计划生育制度改革分析

提纲：

一、公法视角下的生育权

二、计划生育制度的40年发展变化

三、生育权亟须救济

四、计划生育制度需要人文关怀

三稿建议

肖飞：兆雯，认可你不人云亦云，愿意精益求精的精神。个人认为，一、二级标题仍存在问题：

1. “保障抑或侵犯”这样的非此即彼的评价过于武断。改革开放之初实行计划生育政策也是在我国处于农业国转型、人口持续增长压力之下的选择，国家不是有意侵犯公民生育权，尽管当时的确给很多妇女和家庭带来了伤害。

2. “生育权亟须救济”“计划生育制度需要人文关怀”都是口号式的呼吁，没有实质性的分析内容。

建议方案 1

题目：计生制度改革：从生育管理到生育权保护

提纲：

一、我国计生制度的 40 年之变

二、计划生育管理的国家视角

三、生育权利保障的公民视角

四、国家对公民所负的积极义务

注意：先梳理制度改革，再基于国家视角分析如何进行生育管理，基于公民视角分析如何主张生育权，面对人口老龄化，鼓励生育、保护生育权，国家应承担何种积极义务。

方案 2

题目：计生制度改革：从生育管理到生育权保护

提纲：

一、计生制度 40 年发展变化

二、公法视角下的生育权含义

三、基于生育权保障的制度构建

注意：先说历史制度变迁，符合思维逻辑；阐释生育权含义，应该放在中国当代历史背景下；制度构架要考虑教育、劳动、税收、社保等主要配套制度。

写作技术

肖飞：兆雯，你的稿子最口语化，适合讲座使用。

兆雯：老师，辛苦啦，我会好好改进哒！

肖飞：兆雯，你的稿子写得很好，就是开头没有代入感，应让读书会同学感觉到人口与生育是国家的重大问题，生育权与你我息息相关。

解释依据

肖飞：兆雯，《中华人民共和国民法典》《中华人民共和国母婴保健法》《中华人民共和国人口与计划生育法》的制定与修改工作走到了宪法修订工作之前，通过法律解释可认为生育权是宪法保障的基本权利。

基于民法典解释自然人有私法上的生育权没问题，说公民有公法意义的生育权要结合其他法律，否则就是缺乏依据的明显的扩大解释。我得说清楚，以免误导你。

兆雯：好的，那我还需要再改我的稿子吗？

肖飞：我想扩展你的认识，你可以选择不改稿子，因为系统解释与扩大解释很难用几分钟说清楚。

兆雯：明白啦，谢谢老师！

兆雯：我把那句毋庸置疑的话删掉啦，至少显得不那么绝对和武断了。这次我对生育权的解释确实不全面，到时候请老师在最后总结的时候补充和纠正一下。

兆雯：以后再有类似的情况，我会争取做得再好些。

肖飞：你做多少、想多远，收获就有多大。

肖建飞与张奕文：确定领读主题与内容

肖飞：奕文、次仁，这两篇文章[①]可以帮助你们了解受教育权，但你们的领读要基于“双减”政策展开。“双减”政策针对义务教育阶段，主要涉及受教育的机会公平与受教育的基本条件平等、教育公平与教育选择平衡问题。

奕文初稿

题目：资本退位、机构让位、教育归位——让“双减”政策助推受教育权的实现

提纲：

一、“双减”政策的落地与实施和受教育权简介

二、“双减”政策在四重维度上保护受教育权

① 资料为劳凯声：《受教育权新论》，《教育研究》2021年第8期，第23-24页；申素平：《教育立法与受教育权的体系化保障》，《教育研究》2021年第8期，第35-47页。

奕文：肖老师，这是我关于受教育机会公平的一点小想法，但感觉逻辑上有问题，能给一点意见吗？

初稿建议

肖飞：奕文，看得出你下了很多功夫，也有自己的初步思考，题目、提纲的问题在于：第一，一级标题，尤其是副标题更像是新闻报道题目；第二，二级标题过于简单，没有明确表达或凝练观点。以下供参考：

题目：“双减”改革：资本退位、机构让位、教育归位

提纲：

一、人权体系中受教育权的位序

二、教育产业化诱发受教育不公

三、教育回归非营利的国家责任

四、以教育公平为基础的差异化

奕文：关于您提到的四个问题。就受教育机会公平问题，我们想从受教育机会平等入手。义务教育之所以实行免费、免试、就近入学的规则，就是为了保障入学机会这一起点的公平。从以往的“重点高校制度”等模式来分析，“双减”政策提出改革高中招生模式，不再一味“唯分数论”，逐步提高优质普通高中招生指标分配到区域内初中的比例，一定程度上减少了学生与家长为进名牌高中将升学压力“内卷”至小学的行为，减少了优质生源、优质教学资源集中的现象，使得区域内教学质量趋于平衡。

关于教育条件请求权，资料中提到其包括公民对教育条件的利用请求权和创设请求权。“双减”政策中提到要促进义务教育优质均衡发展，各地要巩固义务教育基本均衡的成果，积极开展义务教育优质均衡创建工作，促进新优质学校成长，扩大优质教育资源。

关于教育公平这一问题，我们了解到，如今教育公平的困境主要在于教育资源配置的严重失衡，社会流动中的分层枷锁，城乡教育的二元壁垒等。“双减”政策腰斩了课外培训机构，减少了资本逐利性给教育行业带来的弊端，使得家庭经济状况不相同的学生有机会接受一样的教育资源。教育资源、教育环境的公平化同时也能促进社会阶层的流动。教育培训行业在城市十分繁荣。“双减”政策的落地使得城市学生丧失了这一天然优势，也可以缩小城乡教育的差距。

关于教育选择平衡。过去，民办学校大多在大城市，民办学校由边缘进入中心，由于享受考试招生的自主权，其升学率高于公办学校，成为家

长追捧的“新宠”。而“双减”政策推动民办学校增加教育的丰富性与选择性，让非营利化走向基础教育，诸如为珠三角外来务工人员子女提供寄宿制学校等，让学校成为具有公共性、公益性、自治性等的非营利性组织，拓宽了学生教育选择的权利。

发现小问题

肖飞：奕文，PPT做得非常棒，比稿件出色。有两个小问题：

1. 建议把首页的副标题“——双减改革与受教育权保障”删除。

2. 第4页数据是否可靠，人数1、人数2是什么意思？

肖建飞与朱乐乐：确定领读主题与内容

肖飞：乐乐，你要查阅法律中有关农民财产权的规定，比如宪法、民法典等。宅基地不是一般意义的财产，其有社会保障性质，对于农民的生存、发展有重大意义。

乐乐初稿

乐乐：老师，这是我的题目和提纲。

题目：“乡村振兴”下农民权利的损害

提纲：

一、“撤村并居”的争议

二、争议下官方的做法

三、官方做法体现的农民权利

修改建议

肖飞：乐乐，撤村并居问题确实比较难，对于大一学生来说很难列出与宪法权利保护相关的分析提纲，你列的提纲问题有三。

1. “乡村振兴”是“三农”工作的目标或者远景，其与“农民权利的损害”构成题目，不太能凸显你的目的。

2. “‘撤村并居’的争议”与“争议下官方的做法”，是在描述事实，没有观点凝练。你的重点是撤村并居所侵害的农民的基本权利（有宪法权利属性的），以及如何保护农民权利。

3. “官方做法体现的农民权利”，这句话也没有表达清楚官方的什么做法，保护了农民什么权利。

以下供参考：

题目：撤村并居事件：农民的财产、生存与发展提纲：

一、宅基地多重复合权利的制度依据

二、撤村并居事件的政治经济驱动力

三、对撤村并居政令进行违宪性审查

PPT 制作

肖飞：乐乐，你的 PPT 背景很合适。主要问题是目录页排版紧密、文字过多（如第 6、10、12 页）、字号太小。

再次提醒：PPT 不是直接把文稿的大段文字粘贴即可，PPT 的文字是事件、观点的精炼。对着 PPT 讲，而不是对着念。PPT 字号不可过小，建议标题文字不小于 32 号、正文文字以 24 号为宜。

仍有大幅删改余地。

肖飞：乐乐，你删减得还是不够多。

以下是你的部分原文：

撤村并居事件的政治经济驱动力

1. 国家处于快速城市化进程中，为了增加耕地有效面积，提高耕地质量，节约集约利用建设用地。

2. 土地财政推动。当下各地地方政府财政严重依赖出卖土地所带来的款项，撤村并居恰好能换来巨大的收益。很多地方政府甚至都不用向农民支付征地补偿款，只需要给村民极少的补偿款，就可以得到丰厚的土地税收收入（例如房地产税和建筑税），还能得到土地相关非税收收入（例如土地出让金）（刘元胜等，2011）。

3. 用地指标约束。国家对建设用地指标有严格规划，明令限制土地跨省占补。虽然中央政府在分配建设用地指标过程中考虑了经济发展对土地的需求，但从实际结果看，较发达省份依然受到严格的用地指标限制，这使得许多项目无法落实（陆铭，2010）。因此，撤村并居实际上成为缓解用地指标紧张局势的途径之一。

4. 热衷城镇化。当前，很多地方官员普遍对城镇化盲目热衷，认为现代化的过程即为建立社区。

可修改为：

驱动力 1：集约利用土地需要

国家处于快速城市化进程中，为增加耕地面积，提高耕地质量，需集约利用建设用地。

驱动力 2：土地财政推动

撤村并居能换来巨大的收益，只需给村民极少补偿，就可得到丰厚的土地税收，尤其是非税收性的土地出让金（刘元胜等，2011）。

驱动力 3：用地指标约束

国家严格规划建设用地指标，限制跨省占补。实践中，经济发达省份受到更多限制，许多项目无法落实（陆铭，2010），撤村并居可缓解用地指标紧张。

驱动力 4：地方政府热衷城镇化

政府官员将城镇化作为治理成果与政绩标志。

保留原 PPT 版本

肖飞：乐乐，尽管你用了很多梨子、橘子、橙子，但你怎么就固守最初版本呢？

1. 你的 PPT 从头到尾都是文字，而且都是横排，难免让观者产生视觉疲惫。

2. 第 3 页标题文字过小。

3. 第 6、7、13、14 页仍基本是稿件文字的直接粘贴，分不出明显的要点和必要的提示。

4. 没有规范使用一、二、三级标题。比如第 6、7 页。

乐乐：老师，我这次改动了一些，麻烦您再看一下有没有不合适的地方吗？

肖飞：乐乐，你刚刚发错了版本，实际是第 6 版，发给我的是第 4 版。

肖飞：第 12 页是撤村并居违背农民意愿非常好的证据，但是截图很不清楚，建议重新截图，一页显示不清楚，就两页展示，现在你的文字数量不多了，可以增加一两页 PPT。没关系的，别浪费好的证据材料。

肖建飞：给四位同学的建议

文稿写作是基础

各位领读同学：请大家周末集中精力认真写稿子，并于 12 月 5 日（周日）18:00 前发给我。字数在 3000 字以内。

文稿写作与 PPT 制作提醒

1. 文稿要口语化，文稿是周三晚领读的基础。在现有稿子的基础上，大家自己读两遍看有没有错别字，有没有表述烦琐、令人不解的地方。目前大家的文稿都已经成型，但在表述上仍有改进空间。

2. 文稿是制作 PPT 的基础，但 PPT 文字不宜多。能用图则优先用图，不能用图则用表，实在不行才用文字。文字要先列出观点，再用简短的文字进行解释，做到纲目清楚。

3. 虽然提纲我和四位同学都一一讨论过，但大家不要把稿子变成论述题。领读一定要有问题意识，就是通过领读向参与读书会的同学解释清楚一个问题。你的问题从哪里来，一定要在领读一开始就说明，有问题就有代入感。例如兆雯可以利用第 7 次人口普查数据，在一开始就说明我国面临着人口增长速度减缓、老龄化加重、家庭规模缩小等问题，而且这里完全可以使用数据图表加以说明。

4. 建议四位同学商量一下 PPT 的模板选择，可以统一，也可以各选各的。附件的 PPT 模板供大家参考。

补充文稿写作与 PPT 制作

1. 每人将时间控制在 15 分钟内，讲稿在 2000 字左右比较合适，不要超过 2500 字。

2. 不算首页、感谢页（可以不加）和分页（各部分标题页），PPT 不要超过 10 页。

3. 注意写作规范，语句通顺、表述清晰。同组同学可以相互交换阅读稿件，给对方提提意见。

资料整理分工

各位同学，为了保留完整资料，也为了给大家的大一生活留下记录，读书会结束后还有一些后续事宜：

1. 新闻稿件的写作，由兆雯负责。

2. 申屠晓莉老师与雷婉璐老师的点评，由先辉负责整理出文字资料。

3. 彭亚媛老师与郑淑珺老师的点评，由乐乐负责整理出文字资料。

4. 江雪松老师的点评和我的回应，这两部分由奕文负责。我的录音整理到“夫妻的生育争议属于私法问题、单身女性生育权保护属于公法问题”为止，后面的我早已经写好了，不必浪费时间整理。

大家要逐字逐句整理，本周日晚上前发给我就可以。

另请奕文把录音资料发给先辉和乐乐。

从米德尔敦到耶鲁

教育的自我重构力量①

阅读提要

《乡下人的悲歌》是 J. D. 万斯对家族三代人的回忆录，同时因关注美国工人社区半个世纪的生活，成为一部深刻的社会评论著作。万斯以“局内人”的角度看问题，并引导读者深入审视美国白人蓝领阶层所面临的困境与危机。李颖简要回顾万斯家族努力跻身中产阶级的经历，继而展示万斯的童年悲剧和令人心碎的成长环境，旨在从美国社会阶级固化与悲观文化流行两个层面，剖析社会“悲歌”产生的原因；同时聚焦万斯本人是如何抓住人生的机遇，通过家庭教育、社会教育、学校教育的积极互动，完成“乡下人”的自我觉醒和向上流动的。

针对“乡下人”的悲歌与作者逆袭的过程，张旭辉认为，身处苦难并不可怕，可怕的是随波逐流；陈莹则认为，美国社会更强调个人自由，而白人工人把自由当作放纵，丧失了阶层跃升的空间和能力。由此反观中国的乡村教育，国家应提供均等的教育资源和受教育机会，但受教育者本人对于教育的渴望和追求是至关重要的。

雷婉璐老师联想到如下问题，“寒门难出贵子”和原生家庭缺陷能否通过个人努力去克服？万斯是幸运的少数，我们应当思考的问题是，如何通过个人努力与社会支持机制，把幸运的少数变成多数。彭亚媛老师将万斯视为美国版“寒门贵子”，但是中国的寒门不同于美国，中国的传统观念是尊重教育、严于律己、克勤克俭。周爱春老师认为，好的教育是社会和家庭共同努力的结果，传播知识、引导思考是学校的职责，习惯养成与社会交往则是家庭的职能。制度机制或可帮助更多底层子弟突破家庭教育的不利影响。

基于叙事完整性、文学品质、发现的问题与引发的思考等方面考量，肖建飞老师比较了《乡下人的悲歌》和《你当像鸟飞往你的山》，并做出取舍，前书被推荐阅读的原因在于，其观察的范围更广、涉及的问题更重要。

（杜利利供稿）

---

① 本期读书会领读人为 2021 级硕士研究生李颖，主持人为 2021 级硕士研究生邱琴，肖建飞指导并总结回应。

主题领读

局内人视角下的蓝领困境与逆袭叙事

一、米德尔敦：万斯家族三代人的悲喜剧

《乡下人的悲歌》是J. D. 万斯的自传。我们先了解一下万斯家族和他们生活过的米德尔敦。

（一）阿公和阿嬷

万斯有两位极为重要的家人——吉姆·万斯（阿公）和邦尼·布兰顿（阿嬷）。16岁的阿公让只有13岁的阿嬷怀孕，在外界的压力下，他们奉子成婚，但他们两人的第一个孩子还在襁褓中就夭折了，后来又生育了三个孩子，两女一男——贝弗（母亲）、吉米（舅舅）、洛莉（姨妈），其间阿嬷多次流产。婚后数年阿公酗酒成为常态，夫妻争吵不断，三个子女都深受影响。

1983年，阿公把酒戒掉了，在和阿嬷分居多年后又和好了。他们试图修复曾经造成的伤害，帮助莉姨从争吵不断的婚姻中脱身，借钱给万斯的母亲贝弗，帮她看孩子，承担万斯和姐姐琳赛家长的角色。他们的余生都在弥补早年的过错。

（二）姨妈、舅舅和母亲

面对阿公与阿嬷之间的打架争吵，莉姨有时不得不躲在地下屋，大部分时间不去上课；高二时和男朋友偷偷吃迷幻药；16岁从高中退学，然后结了婚。随后莉姨发现，自己陷进了充满暴力的家庭，丈夫常把她锁起来，不让她见家人。幸运的是，莉姨最终从家暴的丈夫那里逃脱出来，重新找了一个好丈夫。

吉米舅舅18岁后找了一份没有前景的工作，遭到阿公的强烈反对。后来通过夜校学习，吉米舅舅重新找到了一份不错的工作。

母亲贝弗是唯一的“悲剧延续者”。高中毕业后由于怀孕而结婚，之后在“乡下人”司空见惯的家庭矛盾中离了婚。她带着小女儿回到娘家，也放弃了再上大学的机会。从此不断地更换男朋友，后又成为一名瘾君子，直到万斯毕业前又迷上海洛因，最终被继任丈夫逐出家门。

（三）姐姐和万斯

万斯和姐姐琳赛的童年没有得到父母的足够陪伴、没有稳定的生活，甚至没有快乐，更多的是无穷无尽的酒精、毒品和暴力，还有明天不知道家在哪儿的茫然。这不是万斯一个人的遭遇，是铁锈地带（Rust Belt）众多孩子的童年，万斯只是其中的千万分之一。在这里，运气好一些的孩子长大后可以自给自足，不用靠救济金生活；运气不好的，可能早早就在海洛因和暴力中失去生命。

琳赛最终找了一个既善待自己又有份不错工作的丈夫，成了一个深爱自己孩子的好母亲。她住在离阿嬷家不远的地方，走上了人生的正轨。

二、乡下人的悲歌：阶层固化与悲观文化

（一）何为“乡下人”？

“乡下人”指美国的白人工人阶级，更具体地说，是来自阿巴拉契亚地区的白人工人阶级。他们认为，自己是苏格兰-爱尔兰人的后裔，是没有获得大学文凭的数百万白人工人阶级当中的一员。对于该群体而言，贫穷是家庭的传统，他们的祖先当年在南方做过奴工，随后则充任佃农、煤矿工人，在较近年代又成为机械工和工厂工人。美国人称呼他们为“乡下人（hillbilly）”“乡巴佬（redneck）”“白色垃圾（white trash）”。[①] 这些词汇都强调了一个族群的经济贫穷、教育缺失、思想落后，暗示了较低的社会阶层和不体面的生活方式。但“白色垃圾”一词是贬称中的贬称，更强调被指称群体缺乏道德感，生活在社会边缘，被主流社会视为危险分子，常和犯罪沾边，行为不可预测，对权威、法律和道德缺乏尊重。至此，一个群体的画像已被三言两语勾勒出。

（二）悲从何来？

1. 自身因素：消费主义、政客许诺、哭穷抱怨

万斯认为，白人工人家庭的悲剧源于工人群体对“产业空心化”引发的不利境遇采取了不当的应对方式。皮尤研究报告称，白人工人阶级是美国最悲观的群体。拉美裔移民也普遍面临难以想象的贫穷，非洲裔美国人

---

① J. D. 万斯：《乡下人的悲歌》，刘晓同、庄逸抒译，江苏凤凰文艺出版社，2017，引言第3-4页。

的物质生活水平仍落后于白人种族，但白人工人阶级比他们更悲观。[①] 该书引言部分的一段话绘出了一幅白人工人阶层的现世图景。生活在铁锈地带的白人工人阶级，虽然算不上经济最差的，但他们却普遍认为，所有的努力和选择都毫无意义。白人底层社区弥漫着消极的情绪，居民仇视比自己过得好的人，认为是后者导致自己一事无成的，这一群体迁怒他人、转移责任，自己却不思进取、懒惰成性。

虽然每每有人提醒万斯说：“白人工人阶级的前景确实恶化了，但你把本末给倒置了。他们的离婚率在增加，结婚率在降低，幸福感也在下降，但这是因为他们的经济机会下降了。只要他们能得到更好的工作，他们生活的其他方面就会相应地好转。”[②] 但万斯却不同意这种说法，他通过写作本书表达了一个观点：美国经济社会停滞，除了向上流动通道变窄，另一重要原因在于很多白人穷人不再努力工作，企图借助消费主义、政客许诺、哭穷抱怨，不劳而获地轻松实现“美国梦”。

尽管万斯摆脱了“白色垃圾”的命运，但他不认可，延续既有公共政策，政府就能真正解决社会问题。在宗教组织和政府救助之外，万斯认为，真正能解决社会问题的是个人。这是万斯给出的答案：跨越阶层往往需要几代人的努力，“乡下人”改变自己命运的方法，就是选择出走。他自己没有吃免费的“午餐”，从海军陆战队退役后，他凭借退伍军人的身份抵消了一部分学费。究竟是什么原因让这些“乡下人”在美国这个以自由为傲的国度中找不到合适的出路？真的只是因为他们不够努力吗？如果“乡下人”的悲剧只是源于个人的选择与应对不当，为何这曲悲歌仍在下一代的身上循环演绎？

2. 社会因素：失业救济金和低收入家庭住房补贴

该书对失业救济金和低收入家庭住房补贴这两项政策的效果予以否定。有一大部分人甘愿靠着失业救济金生活，而非像往昔劳动阶级一样努力工作；后者领着微薄的薪水，却眼看着联邦和州政府从自己的有限收入中扣除所得税。“我们那个药物成瘾的邻居买丁字牛排的频率可能比我领工资的频率还高，我穷得不能给自己买丁字牛排，但在山姆大叔强制下，我的钱最终被别人拿去买了。”[③] 在米德尔敦，30%的年轻人一个星期的工

---

① J. D. 万斯：《乡下人的悲歌》，刘晓同、庄逸抒译，江苏凤凰文艺出版社，2017，引言第5页。
② J. D. 万斯：《乡下人的悲歌》，刘晓同、庄逸抒译，江苏凤凰文艺出版社，2017，引言第5页。
③ J. D. 万斯：《乡下人的悲歌》，刘晓同、庄逸抒译，江苏凤凰文艺出版社，2017，第131页。

作时间加起来不会超过 20 个小时，但这些年轻人意识不到自己的懒惰。在某种程度上，美国文化鼓励社会溃败，在铁锈地带努力工作的人时而会陷入绝望中，他们憧憬着更美好的生活，却被领失业救济金的人们“嘲笑”。一生劳作的人只能勉强度日，而游手好闲的人却能拿纳税人的钱买酒和手机。

针对低收入家庭的住房补贴政策使得穷人和穷人住在一起，阶层向上流动的可能性几乎为零。在米德尔敦，20 世纪 20—50 年代的移民潮使得成百上千的“乡下人”涌入工厂工作，围绕着工厂迅速发展壮大的社区被划分为三个迥异的地理区域，高中学校附近是富人的居住地，阿姆科工厂附近是较为贫困家庭的居住地，废弃仓库和阿姆科工厂外围是赤贫者的居住地。居住隔离使得富人和穷人、知识分子和文盲、上流社会和工人阶级之间的分化加剧。在经济萧条时，处于较低阶层的社区显现出脆弱性。一旦工厂关门，那些受过良好教育的人、有钱人及有关系的人可以选择离开，而留下的人就被困在萧条的社区中，再也没有可以满足其生活需要的相对优质的工作了。

面对社会经济困境，白人工人阶级较少从自身找原因，而是到处埋怨，社区中充斥着各种阴谋论，包括关于奥巴马出生和宗教信仰的阴谋论。阴谋论广为传播实际上就是对体制的否定和对自身发展没有信心，这一点也符合特朗普对所谓“建制派”的挞伐。白人工人社区对主流媒体不信任，却盲目相信网络上流传甚广的阴谋论，例如认为奥巴马是外国人。实际上，如果奥巴马不是美国公民，那么他就不可能成为美国总统。作为美国历史上第一位黑人总统，奥巴马未能完全获得非精英白人群体的信任。特朗普当选美国总统的重要原因在于，没有上过大学的白人选民中超65%的人支持他。当特朗普喊出“Make America Great Again”，宣称要振兴美国制造业，解决美国人民的钱包问题时，这条口号的政治纲领得到了部分中产阶级的欢迎，白人工人阶级为此重新燃起希望之灯。2016 年美国大选时，美国的贫富差距已达到 19 世纪末“镀金时代（Gilded Age）”以来的最高点。不平等问题加剧、社会地位流动性下降给美国蒙上了一层致命的阴霾。对美国人来说，在“正确”的家庭出生，在“正确”的社区长大，已经日益成为人生成功的重要前提。有鉴于此，白人工人阶级对总统的期待是一个代表他们利益的纯正的共和党白人男子，而不是对非白人族群实施福利制度损害白人工人阶级利益的民主党候选人。然而，特朗普能改变他们的命运吗？很显然结果并不如白人工人阶级之所愿。

3. 教育因素：家庭收入的差距催生巨大的教育鸿沟

自20世纪70年代开始，美国企业通过将低附加值的产业大规模转移至发展中国家，收割了全球化红利。但产业转移给美国传统工业带来的负面影响巨大，铁锈地带企业关停、工人失业、产业凋敝，其附带影响是收入降低的贫困家庭的开支不断缩减，直至取消教育投入。

“穷人放弃教育、富人热衷教育”构成了同一叙事的两面。美国学者安妮特·拉鲁采访了近百个来自不同种族、阶层的家庭，发现工薪阶层家庭倾向于让孩子自然成长，中产阶层家庭则倾向于干预和介入孩子的受教育过程，并为之投入较多的金钱与时间。两种教育模式产生出不同的教育结果：中产及高收入家庭的孩子更容易在学校和职场取得成功，这一教育模式的红利还将继续代际传递。例如，超过95%的耶鲁大学法学院学生来自中产阶级或更高阶层的家庭，大多数学生的家庭非常富有。家庭收入差距制造了教育鸿沟。

万斯通过教育完成了阶层的向上流动。通过教育改变命运也是阻断贫困代际传递最为有效的路径之一，这一结论已在社会科学研究语境下达成了广泛共识。但是对于贫困家庭的子女而言，社会投入的资源太迟了。部分政客认为，给大学生提供资助是帮助穷人的唯一途径。但是有很多底层家庭的孩子在高中时就涉足暴力、吸毒，成为未成年父母。他们因此无法毕业，前途渺茫，能升入大学的概率很低。

三、天才与家产之外：教育的自我重构力量

尽管万斯生活在不良环境中，但当他和阿嬷一起生活时，生命中就注入了一束光，那就是阿嬷对他的爱护和指导。此后，海军陆战队和俄亥俄、耶鲁两所大学均对万斯产生了积极影响。

（一）阿嬷：家庭教育

根据万斯的描述，阿公阿嬷的家也有暴力冲突，但这一切在他出生之后就改变了。母亲贝弗因滥用药物精神崩溃，差点杀死万斯，后被警方带走。强悍的阿嬷知道后，再也不能坐视不理了，于是将万斯强行接过来与自己同住，督促他学习，赶跑他那些不务正业的狐朋狗友，在经济上支持他，给他买学习用品、书籍等。阿公和阿嬷给了万斯稳定的家，替代了万

斯父母的角色。尤其是阿嬷，对万斯成长的影响深远。

阿嬷是一位洞察力极强的女性，她意识到环境对孩子发展的重要性。阿嬷在家里有三项规定：考个好分数，找份好工作，别偷懒——不管阿嬷做什么家务，万斯都得过去帮忙。这三项规定是在训练万斯对自己负责、对家庭负责、对社会负责。在他们生活的那个社区，当时流行努力无用论、读书无用论。万斯也曾不写家庭作业，不学习，甚至逃学。高中第一年他差点没能顺利完成学业，平均绩点才 2.1 分。当时万斯没有意识到这一切有何不妥，因为周围的孩子都跟他做着同样的事情。阿嬷不允许万斯随波逐流，即便她知道，生活有时并不公平，走出困境也很难，但是她还是告诉万斯，相信自己，做个有用的人，而且永远不要在别人身上找借口。

阿嬷是万斯灰暗人生中的第一束光，让万斯获得了安全感和归属感。此后，万斯开始努力学习，成绩也稳步提升，并在 SAT 考试中取得了优异的成绩。

(二) 海军陆战队：社会教育

高中毕业之后，万斯同时收到了俄亥俄州立大学和迈阿密大学的录取通知书。考虑到学费的沉重负担、家庭经济条件的有限，加之没有得到任何升学指导，在偶然听到海军陆战队征兵的消息后，万斯毅然决定报名参军。万斯决定先应征入伍，也是源于对自己的不自信。在收到大学寄来的包裹，面对各种信息和表格时，万斯手足无措。未知的大学生活也让他感到恐惧，他得独自承担起生活中的每一件小事，从保证饮食健康到支付账单，万斯自知自己还没有做好准备。

四年的军旅生活彻底改变了万斯的人生态度，成为他人生的第二束光。四年的从军经历也是长达四年的性格教育课。其间，他学会了铺床、洗衣、早起、规划自己的开销等社区未教的事。军队的细节训练，培养了他自信的性格、自律的习惯，而这在他的米德尔敦同学与邻居中是极为罕见的。贫穷留给白人工人社区居民的是自卑懒散、觉得自己的选择无所谓、习惯抱怨等，它们像长在身上的毒瘤。海军陆战队就像外科医生，帮万斯切除了这些毒瘤。全力以赴的生活方式彻底地改变了万斯，改掉了他身上那些习得性的懒惰，让他充分发掘了自己的潜力。

(三) 俄亥俄与耶鲁：学校教育

虽然阿嬷和海军陆战队给了万斯以家庭引导与社会锻炼，但他最终是通过教育完成阶层流动的。从军队归来之后，万斯进入了俄亥俄州立大学，为了支付学费，他同时做三份兼职。虽然很多时候他一天睡不到四个小时，但也获得了回报。在俄亥俄州立大学仅仅待了 1 年零 11 个月，万斯便以最优异的成绩获得了双学位。不久他收到了耶鲁大学法学院的录取通知书，这是一张跻身上流社会的入场券。接受高等教育是万斯浴火重生的契机，让他拥有了用新角度看待事物的机会和独立思考的能力，从而能以客观理性的眼光审视自己和家庭，找到真实的自我。

在万斯生活的社区里，大多数孩子都无法顺利从高中毕业，更不要说接受高等教育。美国的教育系统分为四个阶段：学前教育、初等教育、中等教育、高等教育，高等教育之前均属于义务教育阶段。20 世纪 90 年代，"零容忍"政策进入大众视野。1994 年，克林顿总统签署了《无枪学校法案》（Gun Free Schools Act of 1994），标志着联邦政府将"零容忍"政策作为全国性的学校管理政策。美国教育部民权办公室对"零容忍"政策的解释如下：对涉及任何一项或多项特定罪行（武器、暴力、毒品等）的学生，进行严厉的惩罚或强制驱逐，以减少或遏制不良行为的出现。严厉性、惩罚性、排他性是其显著特点。1996—1997 年，美国多数州先后颁布了惩戒不良行为的"零容忍"政策，其惩戒范围逐渐超出了《无枪学校法案》的规定，1997 年毒品被纳入惩戒范围。有研究文献提供了如下数据：94%的学校针对枪支和武器、88%的学校针对毒品、87%的学校针对酗酒、79%的学校针对打架等违法行为，实施了严厉的排他性惩戒（停学、开除）或将学生移交司法系统。至此，"零容忍"政策已超出其原本含义，成为学校管理人员放弃承担"问题儿童"教育责任的手段。此后，更多学生因为暴力、毒品断送了升学求职这唯一的上升途径。

四、耶鲁以后：万斯持续的心理与行为调适

万斯顺利从耶鲁大学法学院毕业、成功进入社会精英阶层以后，社会阶层跃进并未如他设想般完成。

万斯仍然会明显感到自己与中上阶层的差异。他不知道白葡萄酒还分众多品种，不知道餐桌上三把刀叉的用途，会当众把喝到口中的苏打水吐出来……那些他经历过的种种不幸，烙在他的骨子里，也时常反映在他的日常行为中。他暴躁易怒，无法控制自己的情绪，自卑又自负，遇到事情

只知道逃避。如万斯一样，对于那些从底层“爬”出来的大多数人而言，实现了阶层的向上流动，并不意味到达了人生的终点。阶层固化的毒瘤、原生家庭的劣根性，会不时闪现，要想彻底摆脱出生阶层带来的影响，还有很长的路要走。对于人生而言，重要的节点有很多。而当万斯开始真正地正视自己，审视自我，认识到自我特性的优劣，以及其形成的根源，并学会理性思考，正确看待父母、亲人和周围生活环境时，他也能够正确评价家庭与社区的正负影响，继承好的一面，克服有缺陷的一面，努力弥补年少时生活环境对自身成长造成的伤害。唯有如此，才能成长为独立的生命个体，从而摆脱依附，避免成为大环境的牺牲品。

在该书引言中，万斯写道：“我所做过的最棒的事——至少是名义上的，就是从耶鲁法学院毕业。这是我 13 岁时连想都不敢想的。……有的是一份不错的工作、一段幸福的婚姻、一个舒适的家，还有两只可爱的狗。”① 由此想到，在我国，近年来“寒门难出贵子”为众多人所认同。生活在欠发达地区的孩子也许和 13 岁时的万斯一样，从未想过以后会怎样生活，因为家庭环境给不了他们太多想象的空间，教育基础和社会环境对他们的帮助也有限。但这些孩子和少年万斯不一样，他们面对的不是吸毒、倦怠、抱怨的家庭环境和社区环境，他们的父母也许正身处异地打工，为他们挣得学费。给予这些孩子均等的接受义务教育与高等教育的机会，是国家和社会要致力解决的社会问题。

研讨互动

学生与谈

张旭辉：随波逐流则每况愈下

这本书是作者对自己家族三代人经历的描述。为什么这本书叫“乡下人的悲歌”呢？作者来自美国普通家庭，但是他通过自己的努力考上了耶鲁大学法学院，这本书是他对自己逆袭过程的记录。

我国也有这样的学子，在求学的过程中，因为家庭的原因，会有迷茫

① J. D. 万斯：《乡下人的悲歌》，刘晓同、庄逸抒译，江苏凤凰文艺出版社，2017，引言第 1 页。

和困难。家庭对个人的成长，尤其是青少年时期，影响非常大。该书中，万斯受家庭和社区环境影响，变得懒散，对很多事情充满抱怨，但他最终克服了惰性。可见，在求学与自身努力的过程中，能获得更高的眼界，学习到更多的知识，克服原生环境的不足和缺陷。这本书给我带来的最大收获是，身处困境并不可怕，可怕的是随波逐流。环境在相当程度上会影响一个人的性格，但如果当事人不想“逆行”去解决问题，只想随波逐流，就会每况愈下。

跟作者相比，我们大部分同学的生活还是有保障的。最起码我们不用为生计奔波，不用在上大学的时候打几份工，不用为每天的生活费、学费发愁，所以我们就更没有理由允许自己放纵，而应克服身上存在的惰性。

陈莹：放纵欲望不等于自由

我从这本书了解到美国社会中存在的机会差异，以及由此形成的不同的财富通道。那些缺乏公平机会与选择自由的“乡下人”，陷入基于原始欲望的放纵，失去了阶层跃升的空间和能力。教育是走出贫困的途径之一，但是并不是所有人都能够像万斯一样，通过教育走出贫困的深渊。我国农村也存在发展落后现象，大家也注意到教育政策在农村的落实情况。国家对农村的政策逐年加强，但国家力量其实是外部的，我认为，受教育者自身认识的改变，自身对于教育的渴望和追求是最重要的。如何将国家政策与受教育者及其家庭的内生动力完美地结合，助力更多年轻人、更多家庭真正地走出落后，仍需持续思考。

嘉宾点评

雷婉璐：国家如何能把万斯这样的少数转变为多数

首先非常感谢李颖的领读！万斯为什么能实现向上流动及其是怎么向上流动的，是我关心的问题。这其实跟近年讨论的“寒门难出贵子”话题类似。原生家庭对于个人成长的影响，能不能通过自身努力克服（此处仅指负面影响）？其实这类话题近年来讨论得挺多的，影视、文学作品也常涉及。

刚才听同学们的领读和与谈，万斯显然是一个幸运儿，同样也是少数，甚至可以说是非常个别的案例。我们要思考的是，个人、社会、国家需付出怎样的努力，才能够使万斯这样幸运的少数增加或者扩大成多数？

其实对于普通人或者普通家庭来讲，最容易改变命运的方式之一就是教育。刚才与谈同学也说了，成功要靠个人的努力。如果万斯在这间教室，他也会这么告诉我们的。但我想追问，我们也知道知识改变命运的关键点在这个人自身，可他有没有接受知识的机会和意识呢？如果万斯没有外公、外婆，他会主动学习吗？他知道学习能改变命运这件事吗？他还能靠自己的努力，实现向上流动吗？大概率不能。

就像肖老师之前推荐的另一本书《你当像鸟飞往你的山》，主人公的爸爸认为受教育会违背自己的宗教信仰，视教育为政府的阴谋。孩子在这种家庭和社区环境中，怎么能够接触到教育呢？

解决这种现状，确实要靠个人的努力，但我认为仅仅靠个人的努力不足以彻底解决，关键是怎么让学生和他的家庭认识到教育的意义，让他们知道教育能够改变自己的命运。

家庭比较贫困的同学可以获得助学金。平时同学们也会做一些兼职，比如送饮用水、做接线员，挣的钱用于买手机或书本，这些同学有的现在读了博士，有的成为出色的律师，他们确实靠教育与知识改变了命运。但前提是他们原本就有接受高等教育的机会。

彭亚媛：教育观念与教育制度之间有相互塑造关系

这本书是一本社会学著作，影响力非常广。我们不能只把这本书当作一个故事脚本来看，而应视其为白人工人家庭少年的求学历程，一个从底层跃迁到上层的励志故事。大家会发现，当中有一个非常重要的因素：制度塑造观念。从书中可以看到一个非常不公平的现象：工薪家庭买不起牛排，领补助金的人却可以经常消费。作者也谈到这种补助金制度，包括食品券、房产补助制度，穷人有坐享其成的观念，这种补助制度反而滋长了其懒惰心理。当然其中也有社会或者经济因素的作用，制度体系没有给底层提供上升的通道。

这是美国版“寒门难出贵子”。美国非常崇尚个性自由，但是这种自由却变成了一种非常懒散的生活状态。反观我们中国面临的“寒门难出贵子”，和美国完全不一样。我们的问题在于什么，我也说不清楚。但起码不是观念（个性张扬、生活懈怠）问题。我们国家大部分人认为，要勤奋，要勤劳，要往上。我们更多面临的是人才流向大城市、流向东部，很少有优秀人才愿意留在西部或者中小城市，很少有年轻人去建设乡村的问题。

周爱春：好的教育是家庭、社会、国家共同努力的结果

昨天肖老师把这本书发给我，我也仔细阅读了。刚刚听了同学们的分享，非常赞同教育是社会和家庭共同努力的结果，知识的传授是由学校完成的，但是人格的塑造主要靠父母，所以家庭教育非常重要。

婉璐谈到，如果万斯没有外婆的指引，他就不可能成才。所以家庭教育责任承担者不一定是父母，可能有其他一些替代人员。亚媛也提到，向上的自信心与个人的自律，从个体看，自信和自律永远都是有力量的。出生于社会精英阶层，家庭平台特别好，你就有退路，下面有人给你兜底；身处底层，没有人时刻来托底，但是无论在哪个层次，自律、自信都是非常重要的。

另外，国家干预也非常有必要。亚媛讲的问题对我很有触动。一项制度，包括法律制度一旦发生变化，绝对会引发蝴蝶效应，包括会引发人的行为的改变。所以制度的创设、落实、推进是非常重要的，无论是在制定制度时，还是在推进制度时，都要慎重。因为在制度实施的过程中，结果是多方面的。国家一定是要通过制度来帮助更多人的。婉璐提到，如果万斯没有外婆怎么办？但是我在想，如果国家制度可以介入，那就可能让万斯一类的青少年有更大的概率突破家庭对他的不利影响，成功的概率也会更高。

导师回应…

对学生与谈和嘉宾点评的三个回答

肖建飞

因为今天时间特别紧凑，没有时间再做更多分析了，我就先简单回应一下刚刚同学们提到的部分问题。

没有系统阅读，只能捕捉到几个词而已

针对李颖的领读，旭辉、陈莹其实只提到了一些词、几句话，但是都没有对文本、领读进行深入分析。李颖对这本书的分享，基本上是对书籍内容的一种再梳理，没有自己的深入分析。没有系统阅读，能捕捉到的信息不过是几个词、几句话而已。

比如，有评论认为，这本书预言了特朗普的上台。“美国第一”“美国是美国人的美国”等竞选口号，旨在赢得白人下层或者白人工薪阶层的支持，是特朗普竞选中的一种政治策略。这些口号在美国国内滋生了排外主义，同时在国际社会也产生了影响，政客要把国内社会矛盾转向国际社会，比如特别针对中国发动了贸易战。这种超出微观社区的问题，大家几乎没有涉及。

糟糕的环境加糟糕的应对，结果会更糟

就学校教育与家庭教育的关系，我想补充一个事例。万斯曾经重返母校与老师交流，老师在提到白人工人社区学校教育面临的突出问题时，用了一个比较贴切的比喻，即社会希望老师和学校是“牧人”，看护好一群无辜的“羔羊”，老师和学校确实想做好“牧人”，教育好这些“羔羊”，可是他们在家里面对的是“狼”——有毒瘾的父母。老师是想表达这样的观点：对部分出生于白人工人社区的孩子来说，面对早已千疮百孔的家庭，学校教育、社会支持这些帮助都来得太晚了。

这让我想到万斯妈妈30年变幻不定的婚恋史，20年的吸毒史。但是万斯妈妈并不是一无是处，在万斯很小的时候，妈妈鼓励他阅读。万斯妈妈无法控制自己，作为一个吸毒的人，她想戒毒，也尝试过数次，但她无法对抗毒瘾，正因为吸毒，家才被搞得乌烟瘴气。对于这些问题，同学们都没有进行很细致的分析。

社会、经济资源突破阈值方成为动力

接下来回应旭辉所说的“个人努力”，陈莹提到的“个人、家庭和社会各自要承担什么样的责任”。婉璐与周老师也分析过。我个人认为，这里面是有个“阈值”的，底层平民家庭的社会资源和经济资源可以不多，但是它不能够少到一定限度，否则孩子难以走出困境。可用木桶理论来解释，一只木桶能装多少水，是由它最短的那块板子决定的。家庭经济情况、家庭教育环境必须达到最低值，这样孩子的人生，尤其是学业才能有起步。基础条件达标，最短的那块“板子”就不再是绝对制约因素。有了最基本的经济保障，家庭和谐稳定，孩子就可以获取更多发展资源，发展得更好。但如果家庭经济情况、家庭教育环境低于阈值，那么孩子就很难突破阶层的固化。

个人、家庭和社会各有责任，三者如何形成一种积极的互动，是教育公共政策需要持续解决的难题。个人依然认为，家庭仍是最核心的因素。

导师接续

书目取舍:《乡下人的悲歌》与《你当像鸟飞往你的山》

肖建飞

源于对教师身份与教育功能的思考，起初，我把《乡下人的悲歌》与《你当像鸟飞往你的山》都发给了李颖同学，最后我们做了取舍，稍后我会解释原因。

这两本书都是近年来让全世界青年为之一振的励志书。万斯和塔拉·韦斯特弗两个人都出生于社会底层家庭，都通过教育改变了自己的命运，而且都是“80后”作者。写书的时候，二人都在30岁左右。这两本书不是单纯的个人回忆录，也不是一部家族史。某种意义上，这两本书都是作者及其出生的社会阶层的社会史，有较大的阅读阐释空间。

接下来我想跟大家交流一下，我们师生二人在做选择时遇到的困难——选哪本书来读？本来我是想让李颖对照着读，毕竟我们的读书会也是从多人读一本书，发展到两个人读一本书，再发展到现在一个人读一本书的，但当下对我们的同学来说对照阅读两三本书，即便是硕士生同学，依然是困难的。

《乡下人的悲歌》与《你当像鸟飞往你的山》的两位作者都得益于教育而实现了自救。也就是说，两位作者借助学校教育实现了对家庭教育和社会教育弊端的克服。两本书既然这么畅销，最基本的写作技巧肯定都是具备的，也就是说两本书都具备叙事的完整性。两位作者都发现了各自社区发展面临的关键问题，《你当像鸟飞往你的山》更具个体性、文学品质，观察面偏窄，主要涉及犹他州和爱达荷州的摩门教徒；《乡下人的悲歌》

涉及的是整个五大湖区，也就是美国东北部和中部的众多社区共同面临的发展难题。比较而言，《乡下人的悲歌》能够引发我们对当下美国更具普遍性的社会问题的反思，所以我们选择了这本书。

在本期读书会总结部分，作为指导教师，我想比较一下两书的叙事完整性、文学品质、发现的问题与引发的思考。我在提要部分用了耶鲁和剑桥两所学校极具标志性的建筑，但想必大家关注的不只是建筑本身，不只是教育带来的经济收益，还有诸多不可计算的让受教育者受益终身的无形价值（见图 1）。

内容提要

《乡下人的悲歌》与《你当像鸟飞往你的山》的作者都受益于教育实现了自救，借助学校教育实现了对家庭教育与社区教育弊端的克服。两书都具备叙事的完整性。两位作者都发现了各自社区发展面临的主要问题，《你当像鸟飞往你的山》更具个体性、文学品质，观察面偏窄；《乡下人的悲歌》能引发对当下美国更具普遍性的社会问题的思考。

图 1　分享的内容提要

一、叙事完整性

《你当像鸟飞往你的山》的作者塔拉，生于一个自绝于社会的摩门教家庭，她从铁笼一样稳固的家庭中出逃，从她一度认为难以翻越的巴克峰和拆卸不完的垃圾场中出逃。17 岁时，塔拉经过一段时间的准备，考到了杨百翰大学。杨百翰（Brigham Young，1801—1877）在 19 世纪中叶带着摩门教徒辗转迁移到犹他州，并且在那里确立了自己的教主地位，所以杨百翰大学是一所以摩门教创始人名字命名的大学。塔拉进入杨百翰大学就读期间，获得了到剑桥大学交流的机会，在剑桥大学又获得了攻读博士学位的机会，读博期间又获得了去哈佛大学短期访学的机会。由杨百翰大学升入剑桥大学，后来成为有批判力的历史学家，塔拉成为教育的受益者。教育让她从爱达荷州到剑桥，之后再回到爱达荷州，将离开与归来连接起来，让她逐渐卸掉对他人、社会的戒备，让她不再相信垃圾场与图书馆之间有难以跨越的距离，但这一切变化都不及教育对受教育者心性的改造重要，“由一个改头换面的人，一个全新的自我”做出人生选择。①

《乡下人的悲歌》中，万斯的故事要分好多段来讲。他生于充满抱怨与戾气的铁锈地带——底层社区，母亲在30年间有多次婚恋史，还有20年的吸毒史。万斯从过山车一样陡变急转的家庭生活中出逃，从他一度认为最有效的以力相搏和最无奈的鸵鸟战术的处事方式中出逃。在铁锈地带的米德尔敦，在全州最差的高中，万斯以优异的成绩毕业，但他暂时搁置了学业，去海军陆战队服役4年，有了足够的心智、阅历和必要的经济准备后，他先进入俄亥俄州立大学，再升入耶鲁大学，学成后成为一名律师。

以下是万斯生活链条中让他受益的因素：16岁之前，他跟母亲一起生活。16~19岁，他有了阿公、阿嬷的陪伴，有了比较稳定的生活环境。19~23岁，万斯到了海军陆战队，过着非常励志的生活，这里重塑了万斯的生活习惯。24~26岁，万斯就读于俄亥俄州立大学，边工作边读书，用不到两年的时间就拿到了双学位。没有过人的精力和顽强的意志，是难以在短期内取得这样的学业成就的。29~31岁，万斯就读于耶鲁大学法学院。在耶鲁，万斯和同学们会遇到英国前首相布莱尔这样的知名政治人物。耶鲁大学法学院的学生毕业时，会有联邦最高法院大法官来参加他们的毕业典礼。这就是社会资源的差异，不同的大学带给学生的社会资源相差悬殊。

如果不是读了塔拉的书，我也不会注意她出生的州——爱达荷州，因为这个州太远了，像个榔头、棒槌或水泡，也有人说像锯齿。我只知道俄亥俄州就在五大湖的湖底，是非常典型的工业带。两位作者的故事一个发生在爱达荷州、一个发生在俄亥俄州。爱达荷州下面是犹他州，这里是摩门教总部所在地。在该州摩门教徒不但有社会影响力，还有一定的政治影响力。当然，摩门教徒在美国社会掀起不了多大的波澜，他们的问题不如白人工人阶级的问题触及面那么广。

另外强调一下，下次在做领读时一定要给别人一个概观，即你说的是发生在哪里的事。在做PPT的时候务必注意一下设计。我希望呈现给大家的内容是有价值的。

---

① 塔拉·韦斯特弗：《你当像鸟飞往你的山》，任爱红译，南海出版公司，2019，第379页。

二、文学品质

塔拉的书更具文学性，一个论证是书名、序、尾部都出现了“山”的形象，印第安公主以守候者的形象出现。“一座平缓的山倾斜而上，继而将自己与山脚缝合。如果抬头望去，我便能辨认出印第安公主的黑色身形。漫山遍野铺满了野生小麦。如果说针叶树和山艾是独舞演员，那么麦田就是一个芭蕾舞团。大风刮过，每根麦秆都跟随大家一起律动，宛如无数位芭蕾舞者一个接一个弯下腰来，在金黄的麦田表面留下凹痕。那凹痕的形状稍纵即逝，和风一样倏忽不见。”① 少女塔拉的疑问是，“如果我离开这座山，如果我漂洋过海，发现自己置身于陌生的地面，再也无法在地平线上搜寻那位公主时，我该怎么办”。② 27 岁的塔拉再次站在山脚下，意识到自己误会了公主峰。“她并未因我的离开而生气，因为离开也是她生命周期的一部分。她的角色不是圈养野牛，不是动用武力将它们聚拢起来，加以限制，而是为它们的归来而庆祝。”③

万斯的写作则有社会学家的白描风格。他曾自白：“尽管我讨厌学校，我更讨厌的是家。每当老师说我们在放学铃响之前只有几分钟的时间来收拾自己桌子的时候，我的心就沉了下去。我盯着钟表看，就好像是在看一个定时炸弹。”④ 距离自耶鲁大学法学院毕业只有几个月，万斯本该站在自己的世界之巅，但此时他却得知母亲开始吸食海洛因，“母亲给我的触动不是让我对她产生恨，或爱，或愤怒，而是害怕。害怕她安全不保，害怕琳赛不得不再次面对母亲的毒瘾问题而我远在几百英里以外帮不上忙。最害怕的是我还是无法逃脱这件糟心事”。⑤ 这时阿公、阿嬷早已经入土，姐姐琳赛已经是三个孩子的母亲。万斯没有地方可以逃，也无人能为他分担压力。他发现自己仍在纠结过去的经历和心理阴影，“我们这样的人能否真正改变”。作为一个“乡下人”，意味着有时候会把感情当作一场“战争”，无论是夫妻之间，还是父母与子女之间。

---

① 塔拉·韦斯特弗：《你当像鸟飞往你的山》，任爱红译，南海出版公司，2019，第 1 页。
② 塔拉·韦斯特弗：《你当像鸟飞往你的山》，任爱红译，南海出版公司，2019，第 3 页。
③ 塔拉·韦斯特弗：《你当像鸟飞往你的山》，任爱红译，南海出版公司，2019，第 369-370 页。
④ J. D. 万斯：《乡下人的悲歌》，刘晓同、庄逸抒译，江苏凤凰文艺出版社，2017，第 63 页。
⑤ J. D. 万斯：《乡下人的悲歌》，刘晓同、庄逸抒译，江苏凤凰文艺出版社，2017，第 221 页。

三、发现的问题

（一）《你当像鸟飞往你的山》中的“自然人”与迷途骑士

在阅读《你当像鸟飞向你的山》时，我发现了一个背景性问题，它跟我们法律人密切相关。摩门教在19世纪下半叶的美国宪法史上留下了一笔。19世纪中期摩门教首领杨百翰率领教众迁徙到犹他州，在他的领导下，摩门教徒建立了自己的神权政府，并且拒绝接受联邦政府的管辖。1857年，摩门教和美国军队发生对峙，面对强大武力的威胁，杨百翰不得不向联邦政府妥协，在名义上接受联邦政府的管辖。但摩门教徒口服心不服，仍然坚持自己特有的习俗——一夫多妻制。1862年，美国国会通过了《莫里尔反重婚法》，明确取缔一夫多妻制，但是依然有很多摩门教徒以身试法，其中最具有代表性的是1874年的乔治·雷诺德案。一名地位崇高的摩门教长老乔治·雷诺德，自愿“测试”反重婚法的合宪性。他主动向联邦特工承认，自己和多名女性存在婚姻关系，为此主动接受审判。塔拉就读的大学就以杨百翰命名，她对未来生活的一大恐惧就是自己会是某个男子众多身穿白色婚纱的妻子之一，尽管多妻习俗已被联邦法院宣布违宪，但部分虔诚教徒仍致力于恢复传统。

1. 现代美国的“自然人”

该书开篇就确定了摩门教徒与联邦政府之间的关系。塔拉的父亲担心政府会强制子女去上学，实际上7个子女中有4个没有出生证明，所有子女都没有医疗记录，也没有入学记录。塔拉9岁时才获得了一张延期的出生证明。但在这之前，对爱达荷州和联邦政府而言，塔拉不存在。17岁之前塔拉从未踏进过教室一步。尽管有媒体称，摩门教社区和塔拉的原生家庭是现代文明的“死角”①，但我把摩门教徒视为美国当代版的“自然人”。

2. 迷途骑士式的父权

塔拉有一颗牙已经腐烂多年，修补好要花1400美元。哪怕只支付一半，剩下的钱也不够她继续完成学业。塔拉给家里打电话。母亲同意借钱

① 《人物志 塔拉·韦斯特弗》，https://www.sohu.com/a/593492857_121124390，访问日期：2022年10月20日。

给她，但父亲提出附加条款：明年暑假必须为他工作。塔拉想都没想便说，这辈子再也不会和废料场有半点瓜葛，说完就挂断了电话。当时塔拉手里连200美元都没有，无论她如何想办法，即使卖掉了所有的东西，也没办法应付医疗支出与教育支出。她没有什么值钱的东西，就连仅有的一匹马也卖了，但也不过卖了100多美元。在贫病交加的时候，塔拉对学习失去了好奇心。“好奇心是一种奢侈品，只有经济上有保障的人才有权享有。”① 她的心思被更多迫切的问题占据，钱、账单、租金……

最后她接受了牧师的建议：“申请助学金！你很穷！助学金就是为这个存在的！”在获得了4000美元资助后，塔拉开始体会到拥有金钱的优势，那就是自己有了“考虑金钱以外的事情的能力”。教授们突然清晰地进入视野，在获得助学金之前，塔拉好像一直在透过模糊的镜头看他们。因为在此以前塔拉只是为了拿到学分，不拿学分，她就得不到奖学金，拿不到奖学金就没有办法再继续上学。支付所有必需的开销后，塔拉开始看懂了课本，并发现自己可以读更多的书，远超出必读书目的要求。正是在此状态下，塔拉第一次听说“双相情感障碍”这个术语。在基础心理学的课堂上，老师在屏幕上写下这样一行字“抑郁、狂躁、偏执、欣快、夸大妄想、被害妄想”，并大声读出这些症状。塔拉坐在那里听得饶有兴趣，认为她的父亲就是这样，并在笔记上写道：“教授描述的正是他的症状。”这就是父亲，心理学家眼中的“双相情感障碍”患者，女儿眼中的“迷途骑士”。②

（二）《乡下人的悲歌》中的社会分化与双重道德

1. 社会分化

写下这本回忆录时，万斯已是31岁的年轻律师。这本回忆录的价值在于通过记述个人经历与家族历史，反映出美国社会内部深刻的矛盾，“富人和穷人，知识分子和文盲，上流社会和工人阶级，这两个群体越来越分化。我是从一个群体来到另一个群体的文化移民，深知这两者之间的差异”。③

在美国，历史上有两波从阿巴拉契亚山区向东北部工业发达地区的移民潮。第一次是在一战后，那时从战场上回来的士兵发现，在肯塔基州、

① 塔拉·韦斯特弗：《你当像鸟飞往你的山》，任爱红译，南海出版公司，2019，第237页。
② 塔拉·韦斯特弗：《你当像鸟飞往你的山》，任爱红译，南海出版公司，2019，第238-243页。
③ J. D. 万斯：《乡下人的悲歌》，刘晓同、庄逸抒译，江苏凤凰文艺出版社，2017，第237页。

西弗吉尼亚州和田纳西州这些尚未工业化的山区，找到工作的机会极少，于是前往五大湖区的工业城镇寻找机会。这波移民潮直到北方工业地区惨遭20世纪30年代的大萧条才结束。阿公和阿嬷所置身的是第二波移民潮，这次移民潮中有从二战战场上归来的士兵，还有阿巴拉契亚山区的年轻人。20世纪40、50年代，阿巴拉契亚山区的人口大量迁出原居住地，工业化地区的城市人口数量急剧增加。与北部各州相比，肯塔基州和西弗吉尼亚州经济落后，这里有两种重要的输出品——煤炭和乡下人，原材料与劳动力这两样输出品恰恰是北方工业地区所需要的。[①] 50年代，阿公和阿嬷的中产生活仍带有“乡下人”的文化特征，阿巴拉契亚山区白人移民到城市后，仍被称为“乡下人”。这与肤色无关，与美国社会各阶层细分后，表现出的生活地域、城市化进程与社会经济地位差异有关。与阿公和阿嬷的生活经历相比，短短一代人，不足30年，母亲贝弗的生活则滑向了另一个极端。

2. 双重道德

当下铁锈地带直接指向的是20世纪70年代以后美国的五大湖区，也就是美国的中北部和东北部。从工业社会向后工业社会转变，这些地方没有实现向知识经济和服务经济的顺利转型，出现了持续的经济萧条。铁锈地带是世界性问题，它也被用于指代德国的鲁尔地区和我国的东北地区。

与大部分经济学家、社会学家不同，万斯虽然也认识到了美国去工业化后的社会危机，但他更关注危机之中工人家庭的应对，这一群体的更大不幸在于，以最坏的方式应对危机。在20世纪20—80年代的中部、北部工业地带，工人阶级的价值观与生活方式、家庭模式发生畸变，“在白人工人阶级存在着两套不同的道德观念和社会压力。我的外祖父母所代表的是一种：老派、默默的忠诚、自力更生、勤奋努力。我母亲和我们社区越来越多的人所代表的则是另一种：消费主义、与世隔绝、愤怒、不信任他人”。[②]

3. 悲歌之源

两代人之间，记录工人家庭生涯的集体作品是悲歌的多重唱，其“是一个社会学上的问题，但同时也与心理学有关，与社区有关，与文化有

① J. D. 万斯：《乡下人的悲歌》，刘晓同、庄逸抒译，江苏凤凰文艺出版社，2017，第18页。
② J. D. 万斯：《乡下人的悲歌》，刘晓同、庄逸抒译，江苏凤凰文艺出版社，2017，第140页。

关，与信仰有关”。[1]

与《乡下人的悲歌》中万斯的故事相比，塔拉的故事更偏重于个人经历。相当程度上是因为摩门教徒数量要远远少于白人工人，其家庭教育严苛、更崇尚强力、远离尘嚣，不似部分白人工人家庭解体重组之频繁、毒品泛滥，并怨怼政府。《乡下人的悲歌》的写作背景更能反映美国的社会问题——白人工人家庭如何失去自强自励精神而萎靡不振。

四、引发的思考

（一）《你当像鸟飞往你的山》：不平视则不理解

这两本书都各自引发了一些思考。对于塔拉和她的这本自传体著作，我认为，最重要的命题是“不平视则不理解”。可以设想：一个人要么排斥一切，被排斥的可能是政府、他人和社会；要么仰望某一事物，被仰望的可能是一本书、一个经典，也可能是一个权威人物。

杨百翰大学的克里老师，有一个讲座的题目是“历史是由谁书写的？”塔拉记得当时这个题目让她感觉奇怪。在剑桥时，塔拉已下定决心不研究历史，而是研究历史学家。“我知道误解被纠正是什么感觉——改变重大的误解便是改变了世界。现在，我需要了解那些伟大的历史看门人是如何向自己的无知和偏见妥协的。”[2]

她敏锐地意识到，“个人对过去的了解是有限的，并将永远局限于别人所告诉他们的”。[3] 阅读书籍不需要崇拜，也不需要摒弃，只需将之视为朋友，对之寻求理解。塔拉终于完成了博士学位论文初稿，她选择了19世纪的四种思想运动，研究它们是如何与家庭责任问题作斗争的，她跳出摩门教来看其对美国社会的影响。“我心目中的历史学家不是人类；那是像我父亲一样的人，与其说是人类，不如说是先知。他们对过去的看法和未来的憧憬都不容置疑，甚至不能补充。现在，当我穿过国王学院，走在宏伟的教堂投下的影子中，我从前的胆怯似乎显得有些可笑。历史是由谁书写的呢？我想，是我。”[4]

---

① J. D. 万斯：《乡下人的悲歌》，刘晓同、庄逸抒译，江苏凤凰文艺出版社，2017，第136页。

② 塔拉·韦斯特弗：《你当像鸟飞往你的山》，任爱红译，南海出版公司，2019，第277页。

③ 塔拉·韦斯特弗：《你当像鸟飞往你的山》，任爱红译，南海出版公司，2019，第277页。

④ 塔拉·韦斯特弗：《你当像鸟飞往你的山》，任爱红译，南海出版公司，2019，第368页。

(二)《乡下人的悲歌》：天助自助者

对于白人工人社区的孩子而言，他们成长中的不利因素具有连续性，从幼年时安全感和稳定感的严重匮乏，到面对升学求职时“觉得自己的选择无所谓的感觉”，再到悲观、怨怒地面对自己应承担却无力承担的成人世界的责任。针对这些问题，万斯认为自我觉醒和行动比政府的措施更重要，辛勤的努力远比天生的才能重要。

面对做什么能解决“乡下人”的问题，万斯认为，“乡下人”想听到的是这样的答案：“一项神奇的公共政策或一个创新的政府计划”。但是这些家庭、信仰和文化的问题不像魔方那样可以简单拼接完好。万斯不认可存在一般意义上的解决方案。《乡下人的悲歌》的价值不在于学术性，而在于真实性，万斯也没有提出一个完整的理论，我们可以把他的观点提炼为一个命题——“天助自助者”。

如将《乡下人的悲歌》与《扫地出门：美国城市的贫穷与暴利》、《杀死一座城市：缙绅化、不平等与街区中的战斗》进行比照阅读，更可发现对立观点的争鸣。马修·德斯蒙德（Matthew Desmond）的《扫地出门：美国城市的贫穷与暴利》记录了八个贫困家庭，写作背景是2008年后经济危机之下的威斯康星州密尔沃基市。作者写作的重点不是讲述贫困故事，而是分析贫困旋涡是如何形成的：高租金—欠租或违约—忍受蜗居+被驱逐—无力维权—更难求租+更高租金。彼得·莫斯科维茨（Peter Moskowitz）的《杀死一座城市：缙绅化、不平等与街区中的战斗》则呈现了新奥尔良、旧金山、华盛顿、纽约四座城市的底层居民是如何流离失所的，这一过程被称为缙绅化（gentrification），实质则是钱权暴力。两本书其实都表达了如下的观点：政治与经济力量建立起的结盟制造出更多贫困。从社会经济现象出发，回归政策和政治议题，两位作者无疑期望有更多的政府干预，包括动用共有地、新建公共住宅、增加租金管制、发放住房券和租房补贴、增加城市公共服务（包括司法救济）。彼得·莫斯科维茨也意识到，要想获取上述支出的财源，则需要向富人增税。与马修·德斯蒙德相比，彼得·莫斯科维茨的解决方案对城市治理模式的改革力度更大，但也只是温和改良。有待思考的是，如果说以政府为代表，一个国家的运行依赖于固有的自由市场理念体系，其如何能阻挡这部成长机器对各种资源的不平等分配呢？

当然《乡下人的悲歌》留下了更多值得深究的问题。第一，词与物、能指与所指的离合，“乡下人”“乡巴佬”所指已经远远超出其字面含义，其不仅是具有贬义和歧视性的俚语，对被指称群体造成冒犯；同时也将美国中部、南部各州的移民与东北部工业带的发展关联在一起，具有历史、种族、地理、社会、文化等多重含义。第二，最好的学府意味着什么，知识资本、社会资本与经济资本如何聚合？第三，后工业社会发展的趋势及工业地区如何转型，即面对经济衰退—房屋贬值—社会活力消解—亚文化渐成主流，工业地区如何走出这一恶性循环？

阅读准备

把李颖同学的领读排在第 11 期是基于她当时的状态。李颖同学的硕士毕业论文选题确定为“义务教育学校劝退学生行为的合法性”，但缺乏与该主题直接相关的经典文献。这个秋季李颖考试遇到了一些挫折，于是指导教师推荐她阅读《你当像鸟飞往你的山》和《乡下人的悲歌》这两本励志书，希望有助于她调整心态，找到动力和方向。

肖建飞与李颖：两书主题与价值比较

肖飞：李颖，你确定以《乡下人的悲歌》为领读书目吗？

李颖：是的。

肖飞：李颖，我忘了问你，你认为《你当像鸟飞往你的山》和《乡下人的悲歌》哪一本更适合分享，为什么？

李颖：《乡下人的悲歌》。因为我在《乡下人的悲歌》里看到了更多东西，而且问题更普遍，它描述的不仅是一个人的悲歌，还是乡下人（白人工人阶级）的悲歌。另外这个悲歌有白人工人阶级自己的因素、社会因素，比如失业救济金、低收入家庭住房补贴政策、从民主党到共和党的执政策略转变、阶层分化和固化等。我感觉《你当像鸟飞往你的山》更偏向个性化问题，作者的阻碍大多来自原生家庭。

肖建飞与李颖：设定题目，确定思路

肖飞：李颖，我前面发的读书会方案三拟的题目，只是临时拟定的。

建议你再读一下《乡下人的悲歌》的引言，重新斟酌题目。

李颖：好的。

肖飞：李颖，设定题目和编制写作提纲时，要考虑普遍性问题，不能只看个案。

李颖：老师，这是我想的两个题目。题目 1“教育与自我重构”，题目 2“寒门贵子自我重构的力量”。

肖飞：题目主旨是一致的，你先写稿子，然后再思考题目，写作时请考虑家庭教育、社会教育与学校教育的关系。

李颖：老师，我还想了一个题目“《乡下人的悲歌》：生命废墟之上的重建”。

肖飞：“从米德尔敦到耶鲁：教育的自我重构力量”，可能还有更好的题目。

另外建议：

1. 你可以梳理万斯在不同教育环境中，包括米德尔敦的小学和中学、海军陆战队、俄亥俄州立大学、耶鲁大学法学院，学习态度的变化，以及激发他向上的因素。

2. 万斯更关注个体性因素对抗白人工人家庭社会危机的作用，但社会结构性因素是否更重要？你认真思考一下这个问题。

肖建飞与李颖：完善提纲与内容

李颖自拟提纲

一、循环的悲歌

（一）阿公和阿嬷

（二）姨妈、舅舅和母亲

（三）姐姐和我

二、固化的阶层与文化

（一）何为“乡下人”？

（二）悲从何来？

1. 自身因素

2. 社会因素

三、教育的自我重构力量

（一）阿嬷：家庭教育

（二）海军陆战队：社会教育

（三）学校教育

四、作者流入上层社会后发现的问题

导师修改提纲

一、米德尔敦：万斯家族三代人的悲喜剧

（一）阿公和阿嬷的离合

（二）母亲的迷失与舅姨的步出

（三）姐姐琳赛和万斯的自救

二、乡下人的悲歌：阶层固化与悲观文化

（一）何为“乡下人”？

（二）悲从何来？

1. 自身因素

2. 社会因素

三、天才与家产之外：教育的自我重构力量

（一）阿嬷与阿公：家庭教育

（二）海军陆战队：社会教育

（三）俄亥俄与耶鲁：学校教育

四、耶鲁以后：万斯持续的心理与行为调适

肖飞：李颖，这几天的持续准备，辛苦了。稿件的主要问题如下：

1. 原三级标题过于简单，没有很好地回应题目，具体可见修改后的提纲。

2. 文稿内容只是复述了万斯的家族故事，并没有剖析和评价。第一，第一部分之前，缺少引言，引言应高度总结《乡下人的悲歌》写的是什么，你为什么会选择阅读这本书并就其做领读？第二，第一部分要加上阿公、阿嬷晚年和好这一事实，尽管他们不在一起生活，但阿公每天必来阿嬷这里。第三，第一部分也要简单补充一下琳赛的婚姻生活。第四，第二部分可以补充美国企业兴办社会事业的情况，阿姆科公司经营业绩好的时候，为本地学校设立了奖学金，兴建市政公共设施，这一模式有何弊端。第五，第三部分需要补充万斯的学业成就不是源于他是天才，更不是源于经济条件——他家基本是赤贫。第六，第三部分应该加上万斯进入耶鲁的收获。第七，第四部分过于粗略，也没有对全书的评价，这是报告最大的问题。

3. 还有一个写作技巧问题，直接引用原书时没有转化人称，建议不用“作者”而直接用“万斯”这个名字。

肖建飞与李颖：领读顺序与时间安排

肖飞：李颖，你修改完稿子发给我。另外你和同学们商量一下谁来主持，请两个评阅人就可以了。学院周三 13:30 有讲课比赛，我们三个老师都要参加。海报要有时间和嘉宾老师的信息。

李颖：老师，是我和您讲完了之后，再请同学评议，是吗？

肖飞：不是，你讲完、同学们评议、老师点评，然后我再讲，先回应一下大家提出的问题，再讲两本书的取舍。你准备 40 分钟的发言，7500~8000 字。

肖飞：不要因为你一个人领读就担心，大大方方的，我们就是小范围交流。

李颖：嗯嗯，好的，谢谢老师鼓励！

肖建飞：推介《扫地出门：美国城市的贫穷与暴利》

《扫地出门：美国城市的贫穷与暴利》记录了八个贫困家庭，写作背景是 2008 年经济危机之下的威斯康星州密尔沃基市。作者不是在写贫困故事，而是在写一个难以逃离的贫困旋涡是如何形成并不断扩大的：高租金—欠租或违约—忍受蜗居+被驱逐—无力维权—更难求租+更高租金。

驱逐事件连接起穷人与富人，底层社区空间、房地产市场与政府公共服务部门、法庭。贫困成为食租者获利的源头，政治与经济力量建立起的结盟制造了更多贫困。贫困者不是工业流水线上的被剥削者，去工业化已经使他们失去了在正规经济部门就业的机会，甚至连被工业体系剥削的机会都得不到，于是只能不断地突破生存底线。该书层层展示了何谓“剥夺积累性体制”，密尔沃基被扫地出门者的经历成为美国式贫困的缩影。

这本书共三个部分、二十四章，如二十四部微电影组成的影视民族志，把每一个家庭的阶段性际遇呈现在读者面前，让读者的视线跟着一只“看不见的手”移动，却无法从密尔沃基的联排式出租房、拖车集中营中移开。失去双脚的拉马尔为了抵消一部分房租，主动要求为房东粉刷一套刚刚空出来的房屋，两个儿子和把他的家当成自己家的八个男孩组成了一支粉刷队，平日嬉笑怒骂的孩子们不厌其烦地将滚刷、油漆刷伸进大油漆桶，蘸满油漆，然后一层一层地往墙壁上刷。他们特别认真，出租房内弥漫着严肃的气氛。过了一会儿，有的孩子索性脱去帽衫和上衣，光着膀子干起活来。拉马尔看着两个儿子——卢克和埃迪，滚筒上的白漆像雾一样弄花了男孩们黑色的皮肤，感叹道："我有两个好儿子。"等孩子们粉刷完后，拉马尔打了电话让房东谢伦娜过来验收。谢伦娜到现场一看，发现孩子们不但没有把墙上的小坑小洼补好，还把白漆滴到了墙壁咖啡色的边饰上，甚至忘记了粉刷食物储藏室。她连一毛钱也不肯从拉马尔所欠的房租中扣除。房子刷砸了，要赔偿 260 美元，加上房租，拉马尔欠债 290 美元。

这本书极有可能是马修·德斯蒙德的第一本专著，该书构思巧妙、素材剪切与编排得当、节奏控制得恰到好处。作者把自己深藏在幕后，用第三人称的方式写作，这些都着实让人敬佩。一部出色的民族志的真正吸引力不在于写作技巧，而在于写作主题的重要与分析的深刻。到了最后一章和有关写作经历的后记，德斯蒙德才有理论提炼与升华，但他没有求助于任何艰涩的概念，观点表达直接、平易、符合常识。家既是本源、支持，也是动力、希望，驱逐一个家庭则是对家庭生存基础的摧毁，被驱逐者不仅失去了栖身之所，还失去了社会资本与收入来源，"人先要能安居，心情才能安定。心定，才能花心思在持家与社会交际上。安居，孩子才不用东奔西跑，才更有机会在学业上精进及累积。人能安居，社区才会稳定，街坊之间才能培养感情，守望相助的观念才能成形。……人穷，不代表不能过稳定的生活；而穷人的流离失所往往是被胁迫的。除了被剥夺安稳的生活外，驱逐也会导致身家财产的损失。住户不仅要和自在的住家、钟情的母校和熟悉的街坊告别，他们还会失去有形的财产：家具、衣服与书本。要想重建家园谈何容易，金钱和时间的付出势必相当可观，但驱逐却可以将之一笔抹杀"。①

作者给出的解决方案是一个体系，至少包括如下要点：第一，政府为贫困者提供公共住房和租房券，家庭只需负担租房成本的 30%，同时打破租房市场的资本垄断，政府工作人员可利用精算和分析工具，避免房东收取高额房租，也可防止房客挥霍。第二，将财政补贴重点，从业主的税务优惠转向贫困者的租房补贴。2008 年联邦政府对前者的补助（1710 亿美

---

① 马修·德斯蒙德：《扫地出门：美国城市的贫穷与暴利》，胡䜣谆、郑焕升译，广西师范大学出版社，2008，第 386 页。

元）是后者（402 亿美元）的四倍多。第三，增加司法资源，增设公设辩护人、法官、书记员，改变法庭作为驱逐令生产流水线的地位。

故事会有结尾，生活和关切不会结束。“对一位田野工作者来说，难的不是出发，而是挥别。而最大的道德困境不是被要求出手相助时该如何回应，而是面对他人的无私与付出时要怎样回应。我很幸运可以在密尔沃基遇到书里这些人，他们一次又一次不计理由地帮助我。每当他们这么做，我都会想起他们拒绝屈服于困苦的优雅身影。贫穷再不堪，也动摇不了他们内心深处的良善。”① 夜深了，对着电脑，我其实很想对德斯蒙德说，虽然民族志写作完成了，但这不意味着在生活中与朋友挥别便是永诀，再见意味着期待相见。

---

① 马修·德斯蒙德：《扫地出门：美国城市的贫穷与暴利》，胡䜣谆、郑焕升译，广西师范大学出版社，2018，第 444 页。

“读书的料”

底层文化资本的效用分析①

阅读提要

本期推荐书目为《“读书的料”及其文化生产：当代农家子弟成长叙事研究》，该书底本为程猛的博士学位论文。作者借助自传社会学与深度访谈方法，深入一群中国农家子弟的内心，探索支撑这些“读书的料”寒窗苦读的底层文化资本。领读人马金凤认为，该书作者通过对农家子弟跨越城乡边界向上流动的深描，揭示了先赋性动力、道德化思维、学校化的心性品质这三种动力的作用，也深刻剖析了底层文化资本的局限，包括源于出身的社会排斥与心理焦虑、单向度优越的陨落、缺乏归属感的边缘人。该书阐释了中国底层文化资本的特殊价值，继而提出中国文化资本非均质性、非垄断化的特点，同时该书也存在着理论冗余与对象群体单薄等不足。

基于农家子弟向上流动的漫长过程，邱琴认为，农家子弟的创造性和主动性都是在文化资本缺失的背景下产生的。李颖则认为，“读书的料”虽受限于经济条件，但其所身处的阶层也赋予了他们创造文化的能量。姜楠对“读书的料”的成长经历感同身受，心理焦虑与自我排斥是现实生活中大多数生于农村的求学者的真实写照，因为自卑和敏感，农家子弟多将在校期间关注的重心定位于学习。

彭亚媛老师认为，社会学著作反映了寒门子弟在上升过程中面临的困境，法律人应当反思教育制度如何与教育实践衔接。雷婉璐老师认为，“读书的料”与“榆木疙瘩”这两种对应观点暗含着些许宿命论的预设，即农家子弟能否改变命运取决于其是不是“读书的料”。申屠晓莉老师指出，我国绝大部分人奉行的是“知识改变命运”。教育不仅有改变物质生活的工具目的，也有塑造灵魂的价值目的。郑淑珺老师确信，知识能改变命运，关键是要重视教育观念的代际传承。周爱春老师认为，读书是一个

---

① 本期读书会领读人为2021级硕士研究生马金凤，主持人为2021级硕士研究生陈莹，肖建飞指导并总结回应。

人获得成长的有效路径之一，通过横向的对比、纵向的自我改变，个人可以完成自我重塑。肖建飞老师发现，尽管在主题把握、行文能力、批评阅读上，同学们有明显进步，但仍缺乏对现场的掌控能力，这多源于同学们的不自信。

（杜利利供稿）

主题领读

底层文化资本的作用、局限与隐忧

《“读书的料”及其文化生产：当代农家子弟成长叙事研究》这本书始于程猛的博士学位论文，书中记录了一群有志于通过教育改变命运的农家子弟，他们一次次穿梭于家乡和繁华的城市，穿过漫长而严苛的向上流动之旅，进入高等教育机构。其中少数人通过教育走出农村、改变命运，这些成功者的故事充满励志色彩。作者对此评价道：“他们的故事，并不是像字面所展现的那样一个天赋异禀的故事，也不是一个逆袭的励志故事。它是一个农家子弟负重前行，充满了矛盾冲突和困惑挣扎的故事。”①

“读书的料”是与“榆木疙瘩”相对应的评价性概念，“读书的料”似乎有种天赋异禀的能力，指那些在学习上特别灵光的孩子。取得高学业成就的农家子弟，就是该书所说的“读书的料”。“高学业成就”被定义为进入“精英大学”，包括“985 工程”高校、“211 工程”高校及海外知名大学。作者将该书的农家子弟限定为 1978 年改革开放后出生并踏上求学旅途的农家子弟。与农家子弟近似的概念还有农民子弟、寒门子弟等。

在经典著作《学做工：工人阶级子弟为何继承父业》中，保罗·威利斯（Paul Willis）阐释了英国工人阶级的文化生产逻辑：工人阶级子弟反对学校主流文化，延续继承父业的惯习，主动放弃通过教育向上流动的可

① 程猛：《“读书的料”及其文化生产：当代农家子弟成长叙事研究》，中国社会科学出版社，2018，再版前言第 1 页。

能性，最终陷入阶层复制的自我诅咒中。布迪厄（Pierre Bourdieu）则认为，在一个社会中占据优势地位的阶层，会把他们在经济和社会方面的优势转化为文化资本，从而进行文化再生产。

基于中国当代农家子弟的成长经历，程猛认为，农家子弟可能取得高学业成就，最终实现阶层突破，但这群人被选择性地遗忘了。对于农家子弟而言，客观的经济条件不是宿命，底层文化资本不是永恒的达摩克利斯之剑，心理和情感结构的藩篱也并非不可逾越。基于农民家庭底层文化资本，"读书的料"将自己引入向上流动的通道，这一进程中蕴藏着对威利斯的文化生产理论与布迪厄的文化再生产理论的突破，甚至可能颠覆欧美经典的文化理论。接下来我们一起了解一下程猛的研究发现。

一、底层文化资本正效用：农家子弟寒窗苦读的动力

（一）先赋性动力

城乡差异可能导致农家子弟的不平衡心态，使其迫切想通过教育的阶梯跨越社会阶层，而这也是农家父母最迫切希冀的。孩子考上大学，离开家乡，农民会说这是"祖坟上冒青烟"，是"光宗耀祖"。[①]

因与城市中上阶层子弟的家庭经济条件有别，农家子弟深知自己的生存境遇，因此耐得寒窗苦读，衍生出向上的动力。尽管农家子弟并不具有先赋性的客观优势，却因自身的现实处境，自然而然地生发出向上拼搏的动力。换言之，不利的处境或事件也可能转化为学习的韧性，与命运抗争的"先赋性动力"成为农家子弟向上拼搏的原动力。

（二）道德化思维

中国父母对子女的教育较为重视，他们为子女所作的牺牲经常让处于他种文化中的人们诧异。相比于家庭所拥有的资源总量来说，贫寒农家的父母为让子女接受良好教育所投入的财力、物力、人力是巨大的。父母的牺牲会使农家子弟对钱更敏感，并因此背负较重的道德责任——欠父母、兄弟姐妹的经济债与感情债。农家父母容易在孩子取得优异成绩时对他们抱有较高期待，甚至将自己人生的全部意义寄托在孩子身上，并通过言语

---

① 程猛：《"读书的料"及其文化生产：当代农家子弟成长叙事研究》，中国社会科学出版社，2018，第117页。

和行为向孩子传递这种期待。这种高期待导致高负担，学业成败关乎父母的付出，甚至家庭的荣辱，农家子弟因此认为，学习好就是对父母的回报，获得好成绩就可以减轻自己背负的道德债务及强烈的负疚感。

这种思维模式使得农家子弟倾向于把学习作为一种道德事务，从而更专注学习，并把成绩当作自己的唯一目标。书中记录的这类故事很多：

> 那是我生平第一次看电影，十几个孩子排着高低起伏的队，高高兴兴地步行了几里路，印象最深的是中途还遇到了我的母亲，她给了我一块钱，我现在已经无法体会一块钱对于那时的我的意义。
>
> 全家的唯一经济来源就是爸爸送液化石油气挣的1000多元/月，爸爸的工作很辛苦，无论刮风下雨还是节假日，总是骑着自行车，带着七八十斤重的煤气罐奔波，楼上楼下地搬运，每瓶才赚2元，所以在初中以前，钱在我心中又有着特殊的位置。我从不买零食，弄丢了一支自动铅笔，我从学校哭着回家；全家改善生活只是意味着买5元钱的猪肉炒炒，爸爸、妈妈再推推让让，多给我吃些。①

（三）学校化的心性品质

1. 求知欲强

农村艰苦的生活条件赋予了寒门子弟吃苦耐劳、坚韧不拔的心性品质。这种心性品质促使他们在学校生活中更能吃苦，也更加勤奋。这与校园文化对“勤奋”的看重相契合。

2. 尊师敬师

在教育孩子时，越是底层的父母越依赖学校和教师，希冀他们能够帮助自己的孩子改变命运。父母教育孩子要“听老师的话”，让老师在孩子不听话时“随便教训”。而在学校里，农家子弟更渴望得到教师的关注和欣赏。正如一位受访人所言：“到了初中，一开学我就是老师们关注的对象。初中老师上课时，眼神总是在我这儿，而我，也丝毫不敢懈怠，紧紧跟着老师的思路，尽管有些东西老师没讲时我就懂了，但我还是会认真听，和老师眼神的交流让我觉得很幸福。那也一直是我学习的动力。”②

---

① 程猛：《“读书的料”及其文化生产：当代农家子弟成长叙事研究》，中国社会科学出版社，2018，第127页。

② 程猛：《“读书的料”及其文化生产：当代农家子弟成长叙事研究》，中国社会科学出版社，2018，第139页。

3. 同辈竞争

农家子弟和城市中上阶层子弟都需要在学校生活中确证自己存在的意义，在群体中获得有尊严的身份，而成绩是实现自我的核心。被打上“贫寒”标签的农家子弟迫切希望通过优异的成绩获取优越感，从而建立自己的自信和尊严。对于农家子弟而言，优异的成绩是自身存在意义与价值的明证，也几乎是获得承认的唯一方式。对于他们而言，成绩几乎就是一切，不光关联着家庭的付出，而且关乎自己在班级的地位和老师的喜爱。一旦面临学业挫败，老师的目光开始转移，他们就会陷入得而复失的痛苦之中，校园生活也随之变得暗淡。很多受访人讲述了自己确证身份的方式系学业表现，在升学或者进入学习能力更强的班集体中，自己会经历极大的心理与情绪落差。

我不再是唯一一个优秀的，也不再是最优秀的。我考进了最好的班级，却只是第三十六名。这让一向骄傲的我有些接受不了。班里的活动不再由我组织，老师也直接选择了学习更好的同学当班干部，我在其中无足轻重，甚至找寻不到一种归属感。

高中是我第一次住校，除了生活中的各种烦恼，还有学业压力，在考试结束后就会痛哭，觉得自己考得太差了，对不起父母，内心总是充满种种自责和羞愧。……初中的时候还有成绩可以让我炫耀，然而高中的成绩也不是我的资本了。[①]

二、底层文化资本之局限：农家子弟学业成就的暗面

（一）源于出身的社会排斥与心理焦虑

虽然“阶级”这一较为政治化的概念当下已经很少被使用，但在提到“农民”时，人们往往联想到的不仅是一种职业，同时也是一种身份或准身份，乃至一种生存状态与心理结构。即便是在中国，仍然存在对农村人微妙的社会排斥，比如“城里人不要找农村人谈恋爱或结婚”，对“凤凰男”的污名化。对于农家子弟而言，农村出身就是阶层差异的标志，经济社会地位的落差隐匿着种种社会排斥和个人痛苦。社会文化区隔和隐性歧

① 程猛：《“读书的料”及其文化生产：当代农家子弟成长叙事研究》，中国社会科学出版社，2018，第144页。

视并不是直接加诸农家子弟的身上，而是通过具体的生活实践渗入农家子弟的心灵深处。农村出身的外在标签和内化的心理感受会使这种隐形歧视被放大。一位受访人谈道：“看到同班同学的穿着和说话，就深深感受到自卑，觉得自己不会搭配，衣服穿得好丑，洗漱用品也不会挑选，对生理的各种改变非常惶恐……”①

1. 心虚与自卑

“平时不提也不觉得什么”，但每次说到与自己农村背景相关的事情，比如一说到自己父母的职业时，就有点心虚。有受访人回忆自己的生活细节：

> 生活上，那时候我记得很清楚，一两饭是2毛钱，青菜是5毛钱，肉是1块还是1块5，我记得我那时候特别穷，2两饭，一个青菜，不敢在食堂和大家一起吃，自己装饭盒带回宿舍吃。觉得蛮自卑的，别人都吃那么好，我一个人装在饭盒里吃，就怕别人知道我吃的这么清淡。②

2. 敏感与自尊

高度的自尊与敏感是农家子弟的心理共性。“那个时候比较喜欢打游戏，我又属于打得比较好的，总能赢他（出身于城市家庭的学生），他就特别不服气。结果有一次好像是连赢了他好几把，他就有点怒了。他就说：‘除了这个，你还有什么比我好？’”③ 这是来自城乡不同家庭的学生之间的交流，来自城市家庭的学生自认为，无论是家境、形象等，自己都有优势；生于农村家庭的学生通常无法反驳，因为对方所说的是“事实”，只能把屈辱藏在心里。

3. 过度懂事所引发的代价和风险

很多农家子弟从懂事的那一刻起，就看见了父母的辛苦，理解了父母沉甸甸的爱，但他们的童年也随之中断。俗语言，“穷人的孩子早当家”。而对于一些“早当家”的孩子，人们常常会用“懂事”来褒奖。懂事的含义是利他、自立、回馈，甚至是压抑自己的需要，懂事不再是一种外部规范，

---

① 程猛：《“读书的料”及其文化生产：当代农家子弟成长叙事研究》，中国社会科学出版社，2018，第155页。

② 程猛：《“读书的料”及其文化生产：当代农家子弟成长叙事研究》，中国社会科学出版社，2018，第156-157页。

③ 程猛：《“读书的料”及其文化生产：当代农家子弟成长叙事研究》，中国社会科学出版社，2018，第153页。

而成了内在的要求。过度懂事也导致农家子弟对家庭有着复杂的感情。

（1）家庭情感淡漠

"懂事"加在农家子弟身上，有了独特的内涵，比如要回馈家庭、疼惜父母的付出、不给家里添麻烦、保持优异的学习成绩等。这可能会导致农村家庭的父母与孩子之间感情淡漠，子女很少会向父母直接表达情感及倾诉生活细节。

（2）爱怨交织

农家子弟懂事的过程充斥着爱、牺牲、愧疚。当农家子弟走上工作岗位，成为中产阶级后，他们可能会在享受生活时突然想起家庭对自己求学所作的巨大牺牲，而后感到愧疚。而这一感觉却恰恰是其对父母深沉的爱和感恩。中产阶级家庭会对孩子的成长予以事无巨细的指导和关心。农村父母则较难为子女提供成长所必要的知识和经验，这会使农家子弟产生某些抱怨，即使他们知道自己不该抱怨，应该体谅父母的处境和难处，但这种失落又难免会产生，从而就变成了难以言说的、深藏心底的秘密。

（二）单向度优越的陨落

在中学时期，以成绩为中心的教育教学模式可以为农家子弟提供持续不断的激励；成绩也暂时给他们提供了足够的自信心和优越感，并使他们维持着这种单向优越的心态。不同于中小学的"以成绩论英雄"，进入大学之后，运动会、篮球赛、科研项目、班级社团等活动更能得到同辈群体的认可，较之于城市出生的大学生，农村出生的大学生更少参与班委、学生会和团委等组织活动。家庭经济的困窘和单向度优越的心态，使得农家子弟很难具备学业之外的特长。但当失去成绩的保护后，其信心的重要来源也被阻断了。

在大学中，他们更有可能成为片面的"苦修者"，虽然仍然有先赋性动力，有出人头地的雄心，却很容易失去发力的来源，找不到自己的位置，陷入迷茫之中。这一巨大劣势使他们在大学阶段面临生活和交际上的多种不适应。

（三）缺乏归属感的边缘人

高学业成就的农家子弟在村庄生活中显得格格不入，又难以融入城市中上阶层的生活圈子，很容易成为两种文化中漂泊的流浪者，挣扎于文化夹缝中的边缘人，难以建立起对特定文化的归属感。这种情况是大学毕业工作后，农家子弟持续多年的生活状态。

三、底层文化资本之隐忧：农家子弟阶层流动的瓶颈

(一) 幸存者偏差

程猛引用了一项研究结论，在"80后"群体里，城市户籍学生上大学的机会是农村户籍学生的4倍，农村户籍学生在我国一本院校学生总数中所占比例只有16%。也许那些取得高学业成就的人，身上确实具备着想与命运作抗争的先赋性动力。黄国平在博士论文致谢中写道："我走了很远的路，吃了很多的苦，才将这份博士学位论文送到你的面前。二十二载求学路，一路风雨泥泞，许多不容易。如梦一场，仿佛昨天一家人才团聚过。"黄国平回顾了自己如何一路走出小山坳，以勤勉与命运抗争的故事，并打动了大批网友。① 确实有农家子弟成功的案例，但这并不能激发所有农家子弟向上流动的欲望，具备吃苦耐劳心性品质的农家子弟并非一定能够取得高学业成就，也有不少在奋勇向前的路上就被淘汰了。几年前一个考入北大的女孩做了一场名叫"感谢贫穷"的演讲，她把自己的乐观坚强都归于贫穷。② 但是贫穷和不幸真的值得感谢吗？

"小镇做题家"和程猛所提的"读书的料"基本是同义的，均指进入"985"、"211"、"双一流"院校的农家子弟。很多进入二本院校和普通一本院校的农家子弟甚至没有资格称得上是"小镇做题家"，尽管他们可能超过90%的农家子弟，具备作者所说的先赋性动力、道德化思维、学校化的心性品质，但仍未能挤进精英大学，而只能进入各类普通大学。从某种程度而言，二本院校的学生折射了中国最为多数的普通年轻人的状况，他们的命运勾画出了中国年轻群体最为常见的成长路径。

(二) 先赋性动力、道德化思维弱化

该书所提到的"寒门贵子"是以"80后""90后"为主要的研究对象，对于如今的大多数"00后""10后"而言，书中所描述的很多情况

---

① 《论文致谢刷屏，中科院博士再出金句》，澎湃在线，https://m.thepaper.cn/baijiahao_13290820，访问日期：2023年1月10日。

② 作者是衡水姑娘王心仪。与其说王心仪将"乐观坚强都归于贫穷"，毋宁说她在贫困中选择了充盈的精神生活，"物质的匮乏带来的不外是两种结果：一个是精神的极度贫瘠，另一个是精神的极度充盈。而我，选择后者"。原文来源于网易订阅，https://www.163.com/dy/article/DO79P6QJ0518L5FC.html，访问日期：2022年1月10日。

其实是不存在的。例如，黄国平在致谢中写道：“家徒四壁，在煤油灯下写作业或者读书都是晚上最开心的事情……高中之前的主要经济来源是夜里抓黄鳝、周末钓鱼、养小猪崽和出租水牛。那些年里，方圆十公里的水田和小河都被我用脚测量过无数次。被狗和蛇追，半夜落水，因蓄电瓶进水而抹黑逃回家中……上课的时候，因拖欠学费而经常被老师叫出教室约谈。雨天湿漉着上课，屁股后面说不定还是泥。夏天光着脚走在滚烫的路上。冬天穿着破旧衣服打着寒颤穿过那条长长的过道领作业本……”不能说当下这类情况已彻底消失，但确实是越来越少了，几乎就快要“绝迹”了。

如今，农村居民已经基本摆脱物质上的匮乏和困苦，很多农民家庭在乡下盖着大楼房，在城里还买了一套房。农家子弟不会为没有钱买校服、买图书甚至没钱吃饭而发愁，他们几乎在小学就人手一部手机，零食娱乐样样不缺。随着互联网的深入，信息差异的鸿沟被抹平，农村孩子和城市孩子玩着同样的游戏、说着同样的网络流行语、刷着同样的短视频。然而，物质世界的极大丰富，使得“贫穷”变得更为“隐形”。程猛在书中多次提到的贫富差距带来的物质上的“自卑感”，信息差距带来的知识上的“局促感”，那些原本属于城市的消费符号，农村孩子现在也可以消费得起了，但这只是现代系统的一个侧面。

《2019 年全国未成年人互联网使用情况研究报告》显示，我国农村未成年人互联网普及率为 90.3%，手机是未成年人最常使用的上网工具，未成年网民将手机作为上网设备的比例为 93.9%，手机是未成年网民拥有比例最高的上网设备，达到 63.6%。[①] 要想毁掉一个孩子，请给他一部手机——认同这句话的家长不在少数。记者调查发现，农村未成年人沉迷于手机的现象越发严重，有的孩子甚至借上网课、做作业之名欺骗家长，以达到长时间占用手机的目的。不少农村家长由于缺乏防沉迷意识，眼看着自家孩子沉迷网络而无计可施。[②] 此外，兴趣班、夏令营、聘请名校毕业生做家教老师，甚至无须参加高考直接保送名牌大学、留学海外，这些大多在农村孩子与农村家长的认知之外。

---

① 《2019 年全国未成年人互联网使用情况研究报告》，中央网络安全和信息化委员会办公室网站，http://www.cac.gov.cn/2020-05/13/c_1590919071365700.htm，访问日期：2023 年 1 月 10 日。

② 《想毁掉一个农村娃，就给他一部手机？》，《人民日报》2021 年 5 月 21 日。

以前贫穷是可感知的，这种感知力促使农家子弟产生与命运抗争的先赋性动力，成为“向上爬的人”；家庭的贫困和父母的牺牲，让他们有强烈的“道德化思维”，更专注于学习，自制而专一。而现在，这样的故事越来越少。平常乃至不佳的家庭背景不再成为改变命运的原动力，物质限制也不再是大问题，父母远在他乡，不能耳提面命，而至于身体上的处罚和劳动的规训也早已不复存在，部分农家子弟向上流动的韧性和动力被消磨掉，其中部分人的命运是去读中职学校或高职学校、二本大学，或者辍学打工。农村孩子和城市孩子的隐形差距会越来越大，而他们对此一无所知，可能要等到大学毕业找工作时才开始意识到这一差距。农家子弟依然在负重前行，依然面临矛盾冲突和困惑挣扎。

（三）素质教育 VS 高考工厂

谈到素质教育就不得不提到应试教育。熊易寒认为，应试教育侧重考查知识和智力，素质教育则更多是在考查见识和修养。前者更多与学生的智力水平和勤奋程度有关，后者更多与学生的家庭背景相关。[①]

教育界的种种励志故事、毛坦厂人头攒动“万人送考”的场景、衡水中学气势宏大的“激情跑操”都是我们对中国应试教育的普遍印象。诸如毛坦厂可归于“高考工厂”一类的教育模式，其往往出现在经济欠发达地区，招收的学生中有不少来自底层家庭。应试教育饱受诟病，以分数为中心的教学模式也有很多弊端。但对“高考工厂”的批判忽略了“沉默的大多数”。

这种“高考工厂”有助于农家子弟通过学业成绩实现社会流动。当满怀理想主义的研究者批判目前的工厂式教育教学模式是对人性的摧残、对个性的抹杀时，他们忘记了教育并非不食人间烟火之物，它与阶层、文化的再生产紧密相关。对许多孩子来说，能否通过接受教育考入好的大学是他们和父母最关切的。“毛坦厂模式”可能确实不恰当地夸大了高考的价值。但将“高考工厂”全然视为对人性的摧残，不免太过片面和偏激。

---

① 熊易寒：《“打工人”的自嘲，救不了素质教育的下一代》，https://baijiahao.baidu.com/s?id=1681349344807860298&wfr=spider&for=pc，访问日期：2023年1月10日。

四、该书的理论价值与写作欠缺

（一）该书的价值：观点与方法

作者程猛将中国当代农家子弟获得学业成就的原因这一议题放置到教育人类学和社会学的经典议题中，洞察既有理论的不足，即文化生产理论与文化再生产理论没有关注中国农家子弟这一阶层突破者的命运；文化资本并非均质化的存在，文化资本不仅为上层社会、精英群体所有，底层文化群体也能从自身处境中找到努力向上、力争上游的动力。

同时程猛使用了自传社会学和深度访谈的研究方法。自传具有个人经历的独特性，能够真实地反映出自传者本人的主观世界。阅读该书，读者可以了解到自传社会学研究方法的操作与应用，为以后的研究找到借鉴和指引。

（二）该书的不足：理论冗余与对象群体单薄

1. 理论冗余

程猛大段引用其他学者的原话，有许多地方甚至与内容并无直接相关性。套用各种理论使研究话题表现出某些外在的"合理性"，看似是一种学术对话，实际是其学术不自信的表现。例如，书稿用了大量篇幅解释威利斯和布迪厄的理论，内容冗长、晦涩难懂；书稿到四分之一处才进入真正意义上的研究主题；"读书的料"与《学做工：工人阶级子弟为何继承父业》中的"循规者"是不同时代、不同社会、不同文化情境下的两个群体，可比性其实并不大。

2. 对象群体单薄

程猛界定的"读书的料"是指1978年以后出生、接受过重点大学高等教育的农家子弟。这一研究对象群体狭窄，且程猛更多是以自身的成长经验为标准，寻找的也多是"80后""90后"中农家出身的大学生。

就此而言，作者的研究对象只是农家子弟中的很少一部分，而忽略了大量的农村高职生和二本学生。城市家庭子女内部也存在显著的差异，其与农家子弟有何差异和共性等问题，作者均没有涉及。另外强调一下，不同的时代，"读书的料"遇到的具体困境也是千差万别的。该书讨论的是"读书的料"在读本科和研究生期间的经历，对他们的婚恋、生活、工作等没有太多涉及，但其成长叙事并没有就此停止。

此外，该书的性别视角不强。农家子弟中的女性同时承受着阶层、性别和城乡三层桎梏，其文化生产的机制与男性有何差别，其如何应对婚恋困境、承担职业与家庭的角色责任，传统的性别期待和权利意识觉醒之间的矛盾等都是可以扩展研究、持续研究的问题。

研讨互动

学生与谈

邱琴：文化资本缺失是因，农家子弟负重前行是果

通过这本书我们可以了解到农家子弟通过求学向上流动是一个漫长的过程，而且随时可能掉出队伍。但这里我有一个疑问，就是根据布迪厄的文化资本理论，平民家庭及其子弟缺乏足够的经济资本与社会资本，然其学业成绩却是财富堆出来的；在一个社会中占据优势地位的阶层，会把他们在经济和社会方面的优势转化为文化资本，然后让他们的子弟继承这种资本，但是平民子弟就没有，所以更容易被边缘化，在学校里面遭受冷漠对待。

按照这个逻辑，农家子弟考不上好的大学，是因为他们缺少中上层的文化资本，只有通过弥补文化资本，才能够进入到好的大学。作者程猛其实是不赞同布迪厄的文化资本理论的，他说这个不可能仅是一个弥补农家子弟缺陷的过程，此过程中农家子弟有自己的社会实践，他们是有创造性的，且是主动参与的。

通过阅读该书，我认为程猛所做的访谈内容其实都指向了文化资本缺失，农家子弟的创造性和主动性都是在这一前提下产生的，文化资本缺失是因，农家子弟负重前行是果。少部分的农家子弟虽能够凭借努力和运气坚持到最后，结果也是“寒门难出贵子”。所以，程猛的论证和文化资本理论是不冲突的，而且没有偏离文化资本理论。这本书在文化资本理论的基础上，结合中国的实际情况做了进一步分析，但是作者个人的关注更偏向于农家子弟的内心世界。

我认为，资本主要包括两个方面：第一个方面是有形的物质资源，经济基础决定上层建筑。虽然农村家庭也很在意子女的教育，尽最大的力量培养他们，但是他们能在孩子很小的时候就随时带他们去动物园吗？金凤刚说到城乡差距在缩小，现在农村孩子和城里孩子接受着同样的教育，也能上网、玩同样的游戏。第二个方面就是无形的非物质资本——知识、智慧，包括眼界、格局。农家父母很少同子女谈专业知识，特别是随着孩子越长越大，父母通常都只会说：“我们也帮不了你，就只能靠你自己。”填高考志愿的时候，农家父母虽然也帮助孩子做选择，但他们提供的帮助是非常有限的。所以孩子们虽然能够接触到网络，能够利用网络，但是很多重要的知识是被排除在他们的认知之外的。在文化资本缺失的前提下，有的人其实没有走出来，就像《乡下人的悲歌》中万斯所说，白人工人社区的人是习得性无助，也很早就给自己定性了，觉得自己不行，然后就开始怨天尤人。

当然，也有少部分人走出来了。他们这群人不认同农村的一些文化，比如说早婚早育，也抗拒贫穷。他们认为，“走出去”是唯一的出路，因此变得特别懂事，如程猛所说，极致的懂事之下就是极度的自我压抑，他们很早就失去了自我，没有童年。在这样的成长经历中，农家子弟在有了自我意识之后才发现，他们是没有自我的，所以他们一直在做的一件事就是找寻自我。这期间，他们的内心又充满着迷茫和焦虑，不断追问：“我要做什么，我能做什么，我想做什么，我的价值在哪里？”

李颖：心理、情感动力能超越客观经济条件限制

现在中产阶级凭借他们的文化资本，完成了他们的阶级复制。那群农家子弟也都通过他们自身独特的底层文化资本，如先赋性动力、道德化思维、学校化的心性品质完成了学业，实现了向上流动。虽然受制于经济条件，但是客观的经济条件并不是宿命。“读书的料”的高学业成就、心理和情感动力使得他们能跨越经济条件的限制，拥有进行文化生产的能量和创造文化的主动性。

姜楠：作者不是在写书，而是在写我

我对这本书中的很多观点产生了非常强的共鸣。我感觉作者不是在写书，而是在写我。

作者在说两方面问题，第一个问题就是学习动力是道德化思维，以及学校里追求上进的品质。先介绍一下，我来自新疆南疆一个比较偏的小县城，生活在城乡接合部。作者说的那些情况我都能在平常的学习生活中看到，而且我身边的同学基本都属于他所说的“读书的料”。

第二个问题是作者对农家子弟现状的分析，这一部分也深深地引发了我的思考。比如说心理焦虑、自我排斥，我觉得大学期间会表现得非常明显。南疆施行高考加分政策。到了大学之后，我发现其他的同学分数基本上都比自己高，而且高得还不是一点儿，可能别人都是600分往上，自己就是550分出头，相差很多。自己的重心基本都放在学习上，其他同学则会有比较丰富的课余活动。在平时的交流当中，多少都会感到自卑、敏感。

最后，我关注的问题在于，这本书中有很多的作者分析，但是没有给出一些解决方案和建议。无论是属于少数的10%（学业有成的“读书的料”），还是属于绝大多数的90%（大部分的二本生、高职生），我发现，作者都没有给出一些合理建议，对此我也期待同学的分享。

嘉宾点评

彭亚媛：法学识别问题，试图通过制度化的方法去解决

我想这本书之所以广受欢迎，是因为它不仅写了一个阶层，也写了我们整个时代，具有一种时代性。恢复高考没有多少年，大家从一个比较贫困的状态走向城市也没有多少年，所以这本书恰好写给从乡村走出的迷茫的（一代）人。

当然这本书也是一部具有人类学特色和社会学特色的书，它用文化资本理论，探索了贫困学生实现上升的过程，分析了他们的内心世界。我们借此可以去了解社会学学科。刚刚姜楠同学说得很好，我们法学学科更多地在识别问题，然后通过制度化的方法解决问题。社会学研究者指出了这些农家子弟在寻找上升通道的过程中遇到的各种问题，在实现自我的过程中遇到的各种磨难，包括个人心理、家庭经济的问题。

我们要考虑的是社会制度如何和这些问题相衔接？姜楠同学也说到了大学的奖学金政策或者补助、资助政策。到底哪些制度设计能帮助经济贫困的同学适应大学生活，实现自我？这本书并未写这些问题。我们自己可以反思一下，或者说我们作为一个法科学生，在读完这本书后可以延伸出一些论点，比如高校奖助政策的法律效力，或者高校的奖补政策有什么地方需要改进等。这才是一本书可以给我们带来的一个视角，或者说一本书带来问题，我们可以结合自己的学科优势进行深入思考。

雷婉璐：以“读书的料”为题，似有宿命论的感觉

最近两期读书会的主题有点类似，今天和上期读书会有联系也有区别。今天上午，肖老师在群里面（江苏大学法学院工作群）发了论文摘要，想从文学的非虚构写作和社会科学区别的角度来探讨这本书。我确实没时间看这本书，但我看了肖老师发的文稿，程猛在“一席”演讲用的题目就用到了“读书的料”。

邱琴同学提到这本书用了布迪厄的文化再生产理论，但从道德化思维和学校心性品性塑造等方面，提出了农家子弟在取得高学历成就向上流动这一过程中究竟如何进行文化生产。这本书也是社会科学著作，作者提出了中国农家子弟的文化生产理论，但是这个理论仍需要探讨，探讨其是否切合实际。所以我想听听肖老师怎么说，因为我有一个疑问，我想知道这个理论是否成立。

我看完了“一席”的视频，演讲一开始程猛就说：家长、老师经常挂在嘴边的话是“你是不是读书的这块儿料”此类话，要么就是“你榆木疙瘩上面挖了两个眼儿”，有一种宿命论的感觉。好像在说，你学习好不好，你能否通过知识改变命运，取决于你是个“榆木疙瘩”还是“读书这块儿料”。我想这里面有宿命论的色彩，即我们的命运取决于我们是什么材料。

申屠晓莉：更重要的是用知识改变自己的精神生活和灵魂

程猛讲述的其实是农村的现象和问题，农家子弟如何通过读书来改变自己的命运。实际上我们可以看到，在近现代特别是现代，域外教育的特点是发展精英教育。也就是说，社会上的优秀群体，从一开始就有非常好的家庭条件，这在资本主义国家尤其明显。所以你会发现，社会上层特别是精英人士，例如总统、总理这些有身份的人的家庭条件特别好，他们可能都没有吃过什么苦，从小到大接受的都是最好的教育。

我们国家的情况不一样，我们更加奉行“知识改变命运”的观念，所以认为读书可以改变自己的现状。

怎么理解“知识改变命运”这句话？其实就是，如果你觉得处境不好，通过求学或许可以改变你的物质生活，但更重要的是，用知识改变自己的精神生活，改变自己的灵魂。无论是富裕的人，还是贫困的人，如果他认为读书是在改变自己的灵魂，再经过灵魂的改造改变命运，那么他就可以克服许多问题，无论是贫穷问题，还是心理问题。

郑淑珺：处于放养状态的孩子得不到家长的观念引导

首先跟大家道歉，由于时间原因，这本书我还没有看。今天听了大家的讲解，我认同晓莉老师的观点，知识改变的其实是灵魂。“寒门”之所以难出“贵子”，经济条件确实是一个非常重要的制约要素，但更重要的是观念上的代际传承。

在大城市，你可以看到，很多从农村地区来打工的家庭的经济水平普遍不高。他们能给孩子提供哪种教育呢？虽然父母可以让自己的孩子同城市孩子一样参加补习班，或者课外兴趣班之类的活动，但是，大部分父母不太关注孩子在心理或者观念上的成长状态，很多的小孩基本上处于放养状态，他长成什么样子，就靠自己。这些孩子可能确实不缺钱，一定程度上的经济要求也是可以得到满足的，但是他在心灵的成长上几乎得不到关照。

就像马金凤同学所说：现在，物质贫富差距已经非常小了。就近年的变化而言，现在限制着寒门子弟、农村学生上升的因素，更大程度上是家长观念上的代际传承而非经济因素。城市家长可能看到了更多的东西，给孩子们带来了更多的信息。但是对于农家孩子，他们很难得到来自家长的观念引导。

周爱春：横向成长取决于平均数，纵向成长取决于个人生活的丰满

昨天肖老师发了“一席”演讲资料，我看后，有三个方面蛮受启发的。

第一个方面：该书采用了社会学的研究方法。我们法学也可以借鉴，通过叙事的角度，从一个实际案例或者事例出发，以小见大，以一个观察者的身份来分析事例或者案例，总结出其中的理论问题。

第二个方面：农家子弟的成长问题。我认为，读书是成长的路径之一，虽然它不是唯一路径，但它相对来说是比较有效的。这里的成长，我个人理解应该包括横向比较和纵向比较。横向比较难度大，因为要把自己和他人做比较，达到一个平均数。申屠老师讲到的心灵上的、精神上的成长，我认为这是纵向比较，是自我认知的改变，可以通过读书实现。哪怕生活中有一定的困惑，或者遇到了阶段性的困境，读书可以让我们在认知上做出一个更好的应对，让我们的生活变得更丰满。

第三个方面：文化生产及重要性。我们讲阶层改变，更多是从经济角度来谈的。但是我认为，应从多元化的角度来谈，包括文化或者其他一些层面。成长本身应该是多重的，不仅涉及经济变化、社会地位的改变，还会涉及其他一些层面，比如文化方面。

导师回应

读书会的持续改进

肖建飞

各位同学，今天是2022年11月2日，我们这一期是第12期读书会。我们于2021年11月29日启动“钟爱阅读”第1期读书活动。我们不敢说自己做了什么了不起的尝试，取得了什么样的成果，但至少我们在不断调整、改进、超越。

阅读书目的选择与基本考虑

2021年秋冬季读书会，依据一年级本科生的认知状态，我们最终选定了《美国陷阱》《纽伦堡审判》《法学野渡》《宪法学讲义》。《美国陷阱》和《纽伦堡审判》更偏重事件性，分别是新近热点事件或者重大历史事件，召集人的预期是通过阅读激发一年级本科生的专业兴趣，让他们了解到法律不是单纯地处理案件，也需要思考与法律相关的“大问题”。《法学野渡》和《宪法学讲义》也被作为阅读书目推荐给同学们，目的是弥补“法学导论”和“宪法学”课程指定教材的不足。在普遍缺乏读者关照的教材写作氛围中，这两本书都明显带有演讲体风格，郑永流老师与林来梵老师学养深厚、教学经验丰富，又都极富师者仁心。法科学子可以真切地感受到，学界前辈面对看得见和看不见的学生循循善诱的过程和诲人不倦的精神。同时为了增加本科新生学以致用的成就感，我指定学生阅读重要章节，包括《法学野渡》的第五卷“法律人这样思维”和《宪法学讲义》的第三编“基本权利”，并给同学们分发了案例资料，让其利用这两个章节的基础知识和基本理论进行案例分析。

2022年春季读书会，我们阅读的书籍以社会学、人类学书籍为主。张承志的《牧人笔记》可以视为散文体的民族志，他用10章把游牧生活的重要环节串联起来，构成一个完整的游牧生计记录；费孝通的《江村经济》是研究微观社区的经典学术文本，结构严谨、富有理论性；林耀华的《金翼》同样是微观社区的生计民族志，将学术深藏在文学性中；梁鸿的《中国在梁庄》与《出梁庄记》是和当下农村生活状况最接近的文本，记录了梁庄人的生活、际遇、命运，同类事件在现实生活中俯拾即是。就文本与读者的距离而言，梁鸿的这两本书最容易读。

2022年秋季读书会的选书考虑不同于前两季。第9期读书会没有指定阅读书目，基于我的部分文学阅读，包括唐诺的《阅读的故事》、马尔克斯的《迷宫中的将军》、卡尔维诺的《为什么读经典》、老舍的《茶馆》，我发现很多素材，可以弥补多部宪法学教材对宪法本质与特征解释的疏漏——过于追求一致性解释与普遍性结论，而忽视了历史情境。我将阅读上述文学作品之后获得的法学专业发现分享给同学们。继第5期读书会后，第9期读书会是我做的另一次主题阅读示范。刚好又是一个新学期，也借此机会唤醒新生的阅读兴趣与求知热情。接下来的三期读书会则再次回归研究生的论文写作——邱琴同学以农民工权益保护为写作主题，李颖同学以学龄儿童受教育权保护为写作主题，马金凤同学以研究生招生制度改革为写作主题。我推荐、同学试读，师生共同选定了领读阅读与辅助阅读的书目，领读阅读书目分别是刘绍华的《我的凉山兄弟：毒品、艾滋与流动青年》、J. D. 万斯的《乡下人的悲歌》与程猛的《“读书的料”及其文化生产：当代农家子弟成长叙事研究》，辅助阅读书目分别是罗木散的《春去冬回：凉山彝族农民的流动生活》、塔拉·韦斯特弗的《你当像鸟飞往你的山》、黄灯的《我的二本学生》。

读书会成员及其角色调整

2021年秋季，召集人邀请了近30名本科生，吸纳他们为读书会成员。读书会由本科生担任主角，其中前三期读书会分别有8~10人做了分享，每个同学的发言时间短则5分钟，长则15分钟。该季读书会旨在锻炼本科生的写作能力与表达能力。尽管同学们的参与热情很高，但指导教师发现读书会仍存在多种问题：第一，领读时间有限，不能完整地呈现阅读收获并进行深入分析；第二，领读学生的阅读存在断章取义现象，比如说某位同学负责一章，他就只看这一章；第三，相当一部分学生用于阅读的时间和精力不足，只听不读的情况比较普遍。

2022 年春季，我们进行了乡村系列阅读。从中国北方到中国南方，我选择了四本比较经典的社会学、人类学书籍或非虚构作品。书籍是根据我个人的阅读偏好选择的，同时也适度考虑了硕士生要做毕业论文开题与写作准备工作。就组织读书会一事，指导老师时常感觉能力不济，读书会虽然在推进，同学们的表现可以说是相当不错，甚至很棒，但仍有瑕疵和不足，这稍后再谈。2021 年秋冬季读书，采取“混打”模式，每次上场的人都不一样，最多的时候有 10 人，最少的时候是 4 人。到了 2022 年春季学期，读书会采取“双打”方式：第一位学生负责介绍整本书，第二位学生要找出书中的一个关键问题，进行深入分析，两个人都要写文档，彼此需相互配合、衔接。此后是学生评议，嘉宾教师发言和点评，最后由指导教师总结。

到 2022 年秋季，读书会又改变了运行方式。这一季读书会，严格地说只做了三期集体阅读，因为第 9 期由我自己做主题讲座。之后三期读书会采取的方式为：学生领读，学生评议，嘉宾教师发言和点评，指导教师先做总结，此后接续主报告做比较分析或扩展分析。就整体结构而言，第 10—12 期读书会是学生与指导教师的“双打”。这一模式的实质是领读学生做分析阅读，指导教师做主题阅读。不断尝试，不断调整、不断改进，三个学期的 12 次读书活动一直在进行自我改进。我认为，这些自我改进对于提高同学们的阅读、写作、表达能力，是有直接帮助的。

不能站起来讲话缺乏的是勇气

2021 年秋冬季读书会在法学院圆桌会议室进行，大一本科生站在幕布前进行领读和阅读心得分享。尽管大部分学生无法做到完全脱稿，但每期都有表现出色的学生，他们不仅能脱稿，而且轻松自若，语言诙谐。

在 2022 年春季、2022 年秋季读会书上，领读同学暴露出一些共性问题，最直观的缺陷就是坐着说、念稿子。当然，本科生的领读方式与研究生的不同，本科生的领读类似于混打、联唱、足球赛，领读时间长短不一，大致在 5~15 分钟，故对记忆力与表达力的要求较低；研究生要么是双人组合，要么是一人领读，相当于对唱、独唱或者羽毛球双打、单打，领读时间较长，普遍在30~60分钟，这对领读人的记忆力与表达力构成了较大挑战。

我不止一次地建议，同学们站起来。站起来说话跟坐在那说话的感觉是不一样的。你站在这儿，随便环视一下，就可以看见全局，你的眼睛也可以跟坐着的人交流。可是如果你坐下来，你就对着电脑，就对着一页纸，读来读去的，朗读成了你自己的事，而朗读不是讲解。这毕竟是个读书会，大家是要有分享、有交流的。

站着讲优点众多：第一，你只有站起来，才有一种对现场的控制感。第二，站起来了，就是自己在独立表达；接下来你的表达能让听众更好地了解表达的内容，你也能和听众进行交流；你也才会注意到自己说的内容在听众那里引起了什么反应。第三，主角设定——讲者与听者、身体姿态——站着与坐着、内在状态——事先准备、组织语言、即兴发挥与听取领读、理解反思、提出问题，这之间存在着复杂的互动与张力关系。唯此才能形成一个有效交流的场域，这种场域普遍存在于课堂、法庭之上。今天邱琴在努力跨越，她站起来发言了。不管第一次我们成功也好，失败也好，只要尝试了总能发现自己的不足。如果不尝试，你就永远不知道自己的缺陷在哪里、自己的长处在哪里。这是第一点不足，表达方式的选择和自信程度直接相关，坐着读是因为缺乏表达自信。

对阅读书籍理论参照系分析不足

2021年秋冬阅读以兴趣激发、知识应用为主，不强调理论分析，但指定的四本书也均有理论价值，只是读书会组织本科新生阅读的目的不是进行理论研读。2022年春、秋两季读书会均推介了理论书籍。比如费孝通和林耀华两位先生的著作，都是经典的社会学、人类学田野调查著作，均有自己的理论参考系，也确立了理论范式。程猛的《"读书的料"及其文化生产：当代农家子弟成长叙事研究》明显是想回应布迪厄的文化再生产理论，有破有立。

可是有的同学到现在为止，对理论参照系的分析深度远远不够。比如说第12期提到的布迪厄的文化再生产理论，这一理论有什么观点，回应的是什么现实问题，有多大的解释力？我相信，在座的同学基本都不了解，包括两位评议同学也不懂，虽然李颖歪打正着，她的猜测是对的，但并不是基于布迪厄的书而提出的，这点我能听出来。程猛强调，底层文化有自己的生产力，并不是只有社会的中上阶层才能进行文化生产。比如说在中国底层，底层的生活就是底层人民的文化，他们的生活状态、家庭习惯、生存意志都可能成为一种文化内容、要素和动力机制。如果说这种底层文化，可以推动农家子弟努力学习，实现社会流动，那么底层文化也是一种文化资产。

这与欧美学界的文化理论，尤其是布迪厄的文化再生产理论是不一样的。布迪厄的文化再生产强调的是文化在同一阶级内部不同代际之间的循环，中上阶层实现了自身的阶层复制与文化延续。但是程猛讲的是，"别看我是农民，我没有文化，但我可以通过严格的家教，对我自己的孩子提出学业上的高标准、严要求"，望子成龙、望女成凤，父母、老师可以督促平民子弟往上走，这就是中国的底层文化。这种中国的文化生产，实际是底层创造出来了中上层没有的文化，这才是底层真正的文化生产力。这跟布迪厄的文化再生产不是一回事，具体我一会儿再解释。但布迪厄的文化再生产理论绝对是程猛创作这本书最重要的理论参照系。

现在我们的领读人做不到对理论问题的深入分析，这次主题领读没有深入分析中国的底层文化参照系。稍后我也会再谈这个问题。我认为，程猛这本书的瑕疵之一就是主要的理论参照系不合适，因为中国自古就有"学而优则仕"的传统。即便布迪厄的理论很流行，可以解释很多西方国家的文化状况，但是挪到中国来作为学术研究最重要的理论参照系，个人觉得不是很合适。我们既然有自己的传统，就应从这个传统出发，审视历史的嬗变及历史与当下的关联。

研究生需要具备系统分析、解决问题的能力，问题意识则是学习兴趣这一动力机制的核心。阅读完一本书相当于经历了一系列逗号、分号。读者若只是为自己的阅读活动画下句号，那么不过是或多或少地了解了书中的内容；读者画下的若是叹号，表示其认可作者的观点，乃至赞赏作者的创建；读者画下的若是问号，则表示在了解作者的思路、观点的基础上，对其视角、方法、结论有所追问、怀疑，乃至批评。研究生指导教师均深知，句号、叹号是基础，但问号比句号、叹号更有力、更有价值。

明显缺乏持续对话与深度对话

好的阅读分享过程就是持续对话与深度对话的过程，其中有文本与读者、读者与读者之间的对话。具体到读书会阅读活动，对话的层次应该更丰富。这期间有我与领读人之间的对话，领读人与阅读图书作者的对话，读书会成员与阅读图书作者的对话，领读人与读书会成员之间的对话。

在领读题目选定、思路设计、提纲编制、内容撰写及 PPT 制作等环节，领读人与指导老师之间有频繁交流，文稿质量不存在显著问题。读书会最显著的问题表现在如下两个环节：第一，与谈同学对文本阅读的程度不够，不要说精读、做笔记，甚至连泛读都未做到，这在与谈环节展现得一清二楚。与谈同学多是现场捕捉信息或者粗读文本，根据自己对文本的模糊印象发表意见，既没有深入文本内部，也没有针对领读人分享的内容提出有针对性的评论或问题。第二，领读人不能回应与谈同学的问题与嘉宾教师的点评，更多是我对此回应总结，我成为读书会的“接盘手”。当然领读内容是提前准备好的，现场与谈、现场点评提到的问题是领读同学之前无法准备的，对之即时回应对领读同学来说是极大的挑战。这要求领读人有更多积累、更深入的思考。就此而言，与谈同学的发言不及文本与汇报内容的实质，是态度问题；领读同学无力回应评议或者点评，是能力问题。态度是能力提升的基础，没有认真阅读，何来能力提升？

在总结读书会进展时，我已经回应了同学们刚刚提出的部分问题，比如说李颖提到的文化再生产问题、邱琴提出的文化生产问题。这里再稍稍说一下“精致的利己主义”，这一概念起初是钱理群老师提出的，他是北大退休的老教授，主要做鲁迅研究，这个评价有对中国高等教育发展与人才培养的隐忧。①

读会书的实质是分享阅读收获与不同观点，它的前提是把阅读图书吃透。这里还是特别强调，首先得把阅读的那本书吃透。阅读文本如果是学术著作，那么它就一定有理论性，读者得先把最重要的理论吃透。你们都已经是研究生了，如果讲个故事都担心，都害怕，都得拿着稿子讲，只能证明我们的研究生教育存在失误。理论虽然难讲，有的时候可能来不及深入解释，或者没有能力深度解释，但直接呈现作者的结论，看似能让别人更一目了然，在理论认知与分析深度上却未必是合格的、负责的。因此一定要尝试讲理论，先要能讲，再想办法讲好，大家一定要自信，站起来讲。

---

① 钱理群：《大学里绝对精致的利己主义者》，腾讯网，https://view.inews.qq.com/a/20220124A0004100，访问日期：2022 年 11 月 1 日。

申屠老师和周老师都在讲自己对教育作用的理解。申屠老师提到欧美精英教育，举一个特别简单的例子，大家可以查查美国总统、法国总统或者是英国首相、德国总理，看看他们是否基本上都出身名门，都就读于本国最好的私立高中、最好的大学，然后平步青云。我们上周读了《乡下人的悲歌》，万斯虽就读美国最好的法学院，但对于其所处的阶层而言，并不具代表性。不过，大家可以看到耶鲁给自己的学生创造的机会，优质的教育资源和庞大的社会网络，都是耶鲁给学生提供的，这就是知识资本、社会资本。

申屠老师也提到了知识改变命运，或许你不能改变周围，也难以改变自己的经济地位和社会地位，但是至少可以改变自己的知识结构、改变自己的眼界、改变自己的内心状态。读书有两类目的：一类就是功利主义目的、工具主义目的，读书是为了获得更优渥的经济条件和更高的社会地位；另一个目的是丰富读者自己的生活。这个划分也许不是很恰当，但是大体可以解释工具理性和价值理性。如果你只是为了价值理性，我相信任何一个人通过读书都可以做到。如果把读书作为一个文学和哲学问题，那就是价值理性。但是我们现在毕竟是把受教育、求学作为一个社会学问题，视角偏社会学或者政治学，可以说当下大部分人读书都带有功利主义目的的，毕竟我们得先立业，然后才能增强自己的信心和底气。

导师接续

如何记述底层贫困：文学、非虚构写作与社会学文本的对比

肖建飞

剩下的时间，我稍做分享。内容不一定是姜楠同学和婉璐老师所预期的。

为了准备读书会，我在这一段时间里读了几本书，它们的共通之处就在于，都涉及底层的贫困。说到底层、贫困的时候，不同学科的作者或者研究者的表达方式、想象力、社会关怀，可能都不一样，有一些差别。所以我想就这个题目跟大家交流一下，一起看一看，文学的、非虚构的和社

会学的不同文本，是怎样记述底层、分析贫困问题的。

这一次读书会，我的分享起点是底层的贫困，这不是私人问题，不是个体性问题，而是公共性问题，所以我们可以说这个主题的阅读非常有意义。我的阅读书目中有标准意义上的文学作品《活着》，有介于文学与社会学、人类学之间的非虚构作品《我的二本学生》，还有非常典型的社会科学著作《“读书的料”及其文化生产：当代农家子弟成长叙事研究》。

文学自然有它的优长之处，即作者可以叠加多个人的经历。余华，他是福贵吗？余华的父亲是福贵吗？他们都不是。余华可以叠加20世纪30—80年代中国农民的经历，可以最大限度地发挥想象力。文学无须突出观点和理论，尤其是宏大理论。如果想阅读宏大理论的话，就不用看文学作品了，读者可以选择阅读哲学、历史学、社会学作品。每个人都可以带着自己的参与感去阅读文学作品，文学既不寄望自身是理论，也不希望自身是教条或者理论教化的。非虚构写作，这种文体的想象力要弱于文学，理论性也弱于社会科学。但非虚构写作有自身的优长之处，其现实感要比文学更直接，因为文学要加工。在叙事的深度上，相较于其他社会科学，非虚构写作也有优势。这里要简单补充一下，社会科学其实也需要作者发挥想象力，这里的发挥想象力指向的是，提出问题与理论解释的预设，通过多种素材资料证实或者证否这个预设；把自己思考的问题与更宏大的社会结构建立起联系，让问题有更宽广的思考空间、更全面的关联性。缺乏想象力的研究不是一项好的社科研究。如果涉及极少群体，甚至是个人，也就没有必要进行社科研究了。也就是说，一部社科作品最有价值的部分在于，作者可以就公共议题独立地阐发自己的观点，并且实现理论推进，要不然就是一个失败的作品。

《“读书的料”及其文化生产：当代农家子弟成长叙事研究》已经是做得很不错的社科研究了，这本书是一位在1990年前后出生的年轻老师的首作。我觉得这本书很有价值，毕竟获得较好学业成就的农家子弟这一群体之前没有被社会学家关注过。程猛有自己的理论敏感性，但是他在理论参照系上选择了布迪厄，尤其是布迪厄的文化再生产理论。我认为，文化再生产理论的妥当性是有待商榷的。

我主要是围绕这几个关键词，就贫困，对此看到不同学科的文本怎么进行表达，对作者的想象力有什么要求，不同作者有什么样的社会关怀（见图1）。

摘　要：底层文化与贫困是公共议题。无论是典型的文学作品《活着》，介于文学与社会学、人类学之间的非虚构作品《我的二本学生》，还是社会科学著作《"读书的料"及其文化生产：当代农家子弟成长叙事研究》，都依赖大量参与式社会观察。文学的优长在于作者可以叠加多人的经历，最大限度地发挥想象力，无须突出观点与理论；非虚构写作的想象力弱于文学，理论性弱于社会科学，但其现实感较文学直接，在叙事深度上较社科著作有优势；社科研究需要作者发挥想象力把研究问题与更宏大的社会结构建立起联系，其最有价值的部分在于作者可以就公共议题独立地表述观点与推进理论。《"读书的料"及其文化生产：当代农家子弟成长叙事研究》有理论提炼，但在理论参照系选择的妥当性上有待商榷。

关键词：贫困；语言表达；想象力；社会关怀

图1　摘要与关键词

一、问题语言表达

（一）盐

我相信在座的大部分都读了《活着》，现在高中毕业的人几乎都读过这本小说，或者看过巩俐、葛优主演的同名电影。但是如果你看完小说，可能就不会再看电影了。因为电影太直白了，电影能够表达的远不及小说深刻。

小说开头部分，那个拖着拖鞋、戴着草帽的人就是余华。这就是作家了不起的地方。我们做人文社会科学研究的人，好像有多了不起，一定要有什么观点，有什么发现。但是我们可以看看那些了不起的小说家们，他们最优秀的作品往往不是他们的自传，他们写下来的别人的故事常常是他们作品之精华。看吧，余华以"二流子"的身份出现在村里，跟小媳妇、小姑娘打情骂俏，他把自己塑造得有些"猥琐"，反正不怎么体面。余华说，刚开始自己不知道怎么写，怎么能写完福贵的故事呢？余华本想以一个观察者的角度写，但是尝试后，发现自己写不下去了。直到有一天余华毅然决定，自己不能再以转述故事的主角出现，应该让福贵自己说话。

有庆这个孩子非常不幸。这个孩子最后死在一家没有人性的小医院里面，死在献血的过程中。福贵不敢回家，他天天跟妻子家珍撒谎，说有庆生病了，在医院里。他每一天都要到村头，在他儿子的坟头边坐很久。有一天深夜他回到家的时候，家珍跟他说……其实我特别不想讲这部分，因为实在太让人心酸了。

> 家珍：我夜夜听着你从村西走过来，我就知道有庆死了。……
>
> 福贵：我看着那条弯曲着通向城里的小路，听不到我儿子赤脚跑来的声音，月光照在路上，像是撒满了盐。①

在我这个读者看来，这句话几乎是整部小说的“神来之笔”。这个句子属于作者，但又不尽然属于作者。对于那个时代的农民，那一群难以计数的人，也就是我的祖父辈、你们的曾祖父辈而言，我相信他们都有过盐一样的生活，走过撒了盐一样的路。大家也许都还记得，有庆为什么总是赤着脚？母亲家珍生了重病瘫痪，还要打草鞋。他们家养羊，有庆自己想养羊，他特别喜欢羊，每天中午都要从学校跑着回家，穿着草鞋一路啪啪哒哒地回家，割完羊草，把羊喂完，再跑着回学校，所以他的鞋坏得特别快。福贵因此打了有庆，问儿子，你是吃鞋还是穿鞋。从此以后有庆就不穿鞋了，就光着脚跑。

余华三十二岁写完《活着》，在写《活着》的时候，他已经意识到用简单的语言叙述不是一项容易的工作，这部小说的语言超出了他此前熟练掌握的语言系统，时常因为一句简单的话耽搁几天，非要找到准确的表述，直到自己满意为止。日文译者饭塚容教授告诉余华，《活着》很难翻译。按这位译者的说法，《活着》的语言确实简单，可是很有味道，要把这样有味道的语言翻译出来很难。

除了盐的故事，所有的故事我都可以讲得比较平静。盐的苦难之后，所有的苦难都不再是无以复加的、孤绝于世的苦难了。

（二）风

黄灯老师差不多跟我同龄，可能比我大两三岁。黄老师90年代大专毕业，然后读了自考本科。90年代，考研压力没有那么大，她复习了半年，就考到了武汉大学中文系。硕士毕业后，到中山大学继续读博。博士毕业后，任教于广东的一所金融学院。近期我看她去了深圳的一所学院，估计是因为《大地上的亲人》《我的二本学生》这几本书出版后给她带来了声誉。《我的二本学生》是非虚构作品，写作对象是跟黄灯老师接触和交往的二本学生，主要是“80后”和“90后”的学生，她记录下学生的求学、择业、事业、家庭等人生经历。

---

① 余华：《活着》，作家出版社，2010，第126页。

这是黄灯老师的一个学生写的作文《风》：

很久没有写作了，可没想到再次提笔时却是自己的心情糟糕得不能再糟的时候，我没有心情去体会风的呼啸，只能用呼啸的“风”来写自己的心情，外面那一阵阵凄厉的风声不正好是自己此时内心的哀鸣吗？

想想自己现在的处境，内心免不了一阵阵剧痛。“我要上大学”的呼喊在我耳旁回响，承受着村里人“不孝”的看法，抱着贷款的最后一线希望来到大学，写“贫困证明”、写“贷款申请”等等那么多的努力，今天可能却要被“你父母才四十五岁，还很年轻啊”一句话宣告白费……如果贷不了款，我不知道等待我的会是什么？将来的日子该怎么过？父母一个月加起来的工资还不到一千，一个弟要上高三，一个弟要上初三，想借钱也没处借，而自己也差不多半年没拿过生活费了。如果不能贷到款，自己该如何向父母交代等等，别人觉得不可思议的问题可我却不得不一一去考虑。高中的时候多么向往大学生活，到了大学才知道大学对有钱人家的子女来说是天堂，而对自己却有更多的痛苦。面对连下一个月的生活费都不知从何而来的困境，我不得不去考虑更多。虽说在校学生应以学业为主，可我为经济、为生活的时间却远远多于学习的时间，此时对我来说，或许生活已经更为重要。①

这是一个十八九岁的大一女孩的一种真实内心状态。在这个故事里，我看不到神来之笔。但它却记录了一个刚刚入学的女孩进退两难、进退失据的处境，她不知道自己下一步该怎么办。

如果不是阅读了黄老师的书，我绝对无法想象，在广东竟然有那么多较为贫困的家庭。广东计划生育政策执行得特别严格，按规定一对夫妻也只生育一个子女，可现实中广东农民家庭一对夫妻可能生 3~5 个子女，有很多家庭的确就是靠打工生活，缺乏稳定收入。

（三）钱

我们接下来再看《“读书的料”及其文化生产：当代农家子弟成长叙事研究》，看这本书就更不会有情感的波澜了，只需要看程猛的描述就可以了。在 32 篇城市中上阶层子弟的自传中，有 44 次提到了钱，而在仅 23

① 黄灯：《我的二本学生》，人民文学出版社，2020，第 23-24 页。

篇农家子弟的教育自传中却92次提到了钱，相当于每一篇农家子弟的自传平均提到了4次与钱有关的体验。中国人常说“钱财乃身外之物”，可是对这些农家子弟而言，钱不可能是身外之物，钱对他们来说永远是“稀缺”的，钱在他们的家庭生活中占据支配性的地位，自然也是家人之间最常讨论的话题。

二、作者的感受力

（一）父亲的哀痛

福贵失去了儿子，刚刚埋下儿子，极其悲痛，他看着月光下的小路……余华知道，“只要一句话就够了，多了没有意义”。那时，余华个人的感觉是，“写一句到两句话把福贵悲痛的情绪表达出来就够了，好比是格斗里的最后一刀，如果写一千个字，那就是对格斗的铺垫了，不是最后一刀。福贵是一个农民，他对那条小路的感受应该是一个农民的感受”。怎么写这一段呢？余华自称，写不下去，耽搁了几天，最终找到了“盐”这个意象，因为盐对农民来说是很“熟悉”的。什么是痛？就是明明他已经受伤了，还要在他的伤口上撒盐，所以这个痛是任何一个人，不管识字与否都能听懂的。余华写福贵看到那条通往城里的小路，“月光照在路上，像是撒满了盐”。想想那是一条怎样的月光下的小路——撒满了盐，这个意象表达的是“悲痛在无尽地延伸”，因为盐和伤口的关系是所有人都能够理解的，所以当一个作家用“朴素”的语言写作时，比用花里胡哨的语言更困难，因为前者没有地方、没有机会来掩饰，后者随时随地都可以掩饰。

文学的真实是什么？文学的真实是不能用现实生活的尺度去衡量的，它的真实包括感受、体验、同理心，也包括想象、梦境和欲望。

（二）师者眼中的教育慢性病

黄灯老师出生于70年代，接受的是精英教育，大学是象牙塔，大学生被视为天之骄子；“80后”“90后”的学生大多在2000年后入学，接受的是大众教育，往往入学就为成绩、就业、谋生发愁。

> 教育像一场慢性炎症，中小学时代服下的猛药、抗生素、激素，到大学时代，终于结下了漠然、无所谓、不思考、不主动的恶果。学

生内心的疲惫和大学时代的严苛压力，成为他们精神生活的底色。[①]

我读高中时也的确有考试的压力，我的家没有那么穷，但是我们全班同学也没有去上辅导班的，全班同学都跟我一样没有吃过"小灶"，都吃一样的"正餐"。我的学生时代肯定跟你们的差别极大。从我们大学毕业以后，高等教育迅速扩张，得到普及化，不上大学的高中毕业生反而是少数。

（三）发现底层文化资本

程猛发现，底层文化资本成为"读书的料"获得优异成绩的基础：第一，先赋性动力，耐得住寒窗（物质秩序）苦读（精神秩序），能在底层看到未来的意义世界，产生了向上拼搏的动力；第二，道德化思维，将学业成就归功于老师的教导和自身的努力，学业不佳则会对父母、兄弟姐妹产生深深的愧疚；第三，学校化的心性品质，求知欲强，尊师敬师，朋辈相互促进。

再强调一下底层文化的生产，底层可以生产出文化，不是布迪厄意义上的中上阶层"自己玩"，像巴黎高师一样，学生中有20%是教师家的孩子，甚至有6%是巴黎高师教授家的孩子，子女与父母在同一所大学。[②]

三、作品的社会关怀

（一）文学的后面是社会文本

余华认为，文学创作和现实生活有双向作用，一方面，文学创作需要深入现实生活的内部，"无论是现实的写作还是超现实的写作，是事实的还是变形的，都应该在现实生活里有着扎实的支点，如同飞机从地上起飞，飞上万米高空，飞了很久之后还是要回到地上"；另一方面，现实生活为文学创作提供素材，"现实生活又给予了文学创作重塑的无限可能，文学可以让现实生活真实呈现，也可以变形呈现，甚至可以脱胎换骨地呈现"。[③] 文学故事是多人经历的叠加，作者是富有想象力的"偷"故事的人。

"每一个文学文本的后面都存在着一个社会文本"，这是讲述文学如何

---

① 黄灯：《我的二本学生》，人民文学出版社，2020，第40页。

② 布迪厄使用的是20世纪60—80年代的统计数据。参见P. 布尔迪厄：《国家精英：名牌大学与群体精神》，杨亚平译，商务印书馆，2004，第292页。

③ 余华：《夏季台风》，长江文艺出版社，2019，第281页。

广阔时最宏大的一个话题。在《兄弟》的后记里，余华写道：中国人四十年就经历了西方人四百年的动荡万变，这四十年对作者来说是很重要的写作，自己以后再也不会写这么“大”的作品了。①

（二）二本学生关联国运

二本学生不是少数派，如黄灯老师所言：“二本学生作为全中国最普通的年轻人，他们是和脚下大地黏附最紧的生命，是最能倾听到祖国大地呼吸的年轻群体。他们的信念、理想、精神状态，他们的生存、命运、前景，社会给他们提供的机遇和条件，以及他们实现人生愿望的可能性，是中国最基本的底色，也是决定中国命运的关键。”②

（三）农家子弟成长能量和局限

《“读书的料”及其文化生产：当代农家子弟成长叙事研究》有助于农家子弟重新看见自己经历的一切所可能具有意义，“让过去变得有意义，我们才能真正拥有未来”；可以帮助读者理解农家子弟成长的特殊性以及他们的成长能量和局限，看见其生命体验的复杂性。

在渴望关注—优异成绩—欣赏支持—保持优异成绩这一关系结构中，“读书的料”取得的只是单向度的优越，智商+努力=成就，在这一结果前要加上定语“学业”，“读书的料”的社会化远未完成。那些家境贫寒的孩子，家庭能给予他们的具体支持太少了。个人天赋强烈地依赖于外部支持，依赖于社会公平正义。

四、持续思考贫困

（一）更可怕的是思考、表达的贫困

余华多次以作者的身份议论过福贵的人生。意大利的中学生向他提出了一个十分有益的问题：“为什么您的小说《活着》在那样一种极端的环境中还要讲生活而不是幸存？生活和幸存之间轻微的分界在哪里？”各位同学，这是意大利的中学生问出来的问题，你们能问出来吗？我也没问出来。我这里想说的是，贫困很可怕，可是现在大学生交不起学费、吃不上饭的情况已经很少了。更可怕的是精神上的贫困，我们没有思考和表达的

① 余华：《兄弟》，作家出版社，2012，第631页。

② 黄灯：《我的二本学生》，人民文学出版社，2020，“序言 看见他们”第3页。

能力。对于这个提问，余华的回答是这样的：

在中国，对于生活在社会底层的人来说，生活和幸存就是一枚分币的两面，它们之间轻微的分界在于方向的不同。对《活着》而言，生活是一个人对自己经历的感受，而幸存往往是旁观者对别人经历的看法。《活着》中的福贵虽然历经苦难，但是他是在讲述自己的故事。我用的是第一人称的叙述，福贵的讲述里不需要别人的看法，只需要他自己的感受，所以他讲述的是生活。如果用第三人称来叙述，如果有了旁人的看法，那么福贵在读者的眼中就会是一个苦难中的幸存者。①

（二）重回教育本源图景

我们再看黄灯老师做的一些努力，她开始在金融学院实行自愿的学业导师制，为学生提供学业指导；进行课程改革，鼓励学生深入思考，发现自身与世界的关联。阅读她的书，我发现她对很多同学都有持续多年的关注，学生的成长也成为她职业的坐标。

在"一地鸡毛"的大环境中，上述努力的目的是"重回教育本源图景"。

学生如果没有系统的思维训练，所有的知识，必然无法参与他们的个体成长，也无法在具体的生命实践中，达到活学活用的目标。……所谓的重点大学和一般大学，学生最大的差别，并非来自智商，而主要来自他们是否拥有更多的机会，进行学术思维的训练。这种综合的训练，和以前的应试思维完全不同，如果大学教育无法通过课堂将应试的痕迹剔除干净，这些孩子就算找到了工作，也无法彻底释放自己的潜能，上升的瓶颈会立即出现。②

（三）"谁的文化是资产?"

面对"谁的文化是资产?"这一理论问题，"读书的料"要回应的代表性理论有二，其一是威利斯的文化生产理论——英国的工人阶级子女反学校文化，在校"找乐子"、离校学做工；其二则是布迪厄的文化再生产理论——学校文化与中上阶层家庭子女的"惯习"相吻合，文化再生产固化了教育不平等与阶级不平等。威利斯与布迪厄均是基于对资本—文化资本—教育投资—教育体制的批评，建构自己的理论体系的。底层文化生产

① 余华：《活着》，作家出版社，2010，日文版自序第7页。
② 黄灯：《我的二本学生》，人民文学出版社，2020，第199页。

与精英文化再生产是发达资本社会阶层两极化的一体两面。与前述代表性理论相比，程猛力图证明，文化资产不是某一阶层所固有的，资产本身也非均质的（见图 2）。

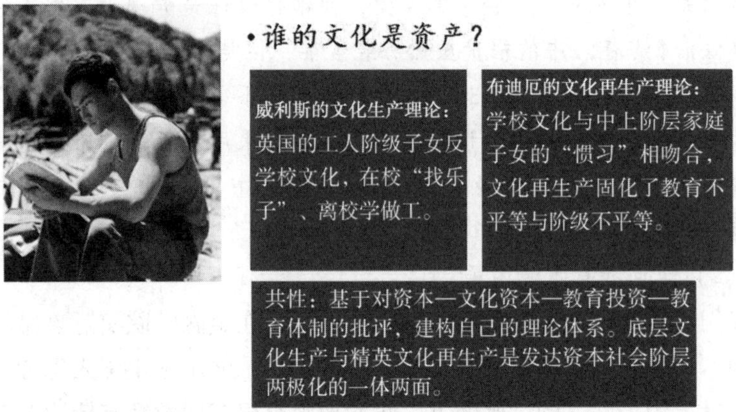

图 2　威利斯与布迪厄理论的差异与共性

程猛最重要的理论参考系统是布迪厄的文化再生产理论。布迪厄所使用的"文化资本"概念是指由社会中上层人士所占据并在自己阶层内继承的文化，而底层向上流动往往要对中产阶级文化进行模仿，以获取"文化资本"。

布迪厄理论的关键词如下：[（habitus 惯习）（capital 资本）] +field 场域=practice 实践。其中，资本有三种基本类型：

（1）经济资本，类似于购买古典音乐会门票的钱。

（2）社会资本，类似于一起欣赏古典音乐表演的社会群体网络与结构关系。

（3）文化资本，类似于熟悉欣赏、演奏古典音乐的教育资源与文化符号。文化资本包括：

① 身体形态，表现为心智与身体的长期性情，例如擅长思考（中上阶层子弟的特点），还是擅长动手（底层家庭子弟的特点）。

② 客观形态，表现为各类文化产品，如图片、书籍、器乐、机器，喜好古典音乐或摇滚乐也可代表社会分层。

③ 制度形态，表现为教育文凭对求职择业、经济社会地位的影响。

经济、社会、文化资本三者之间密切相关，身体、客观、制度形态相互表征（见图 3）。

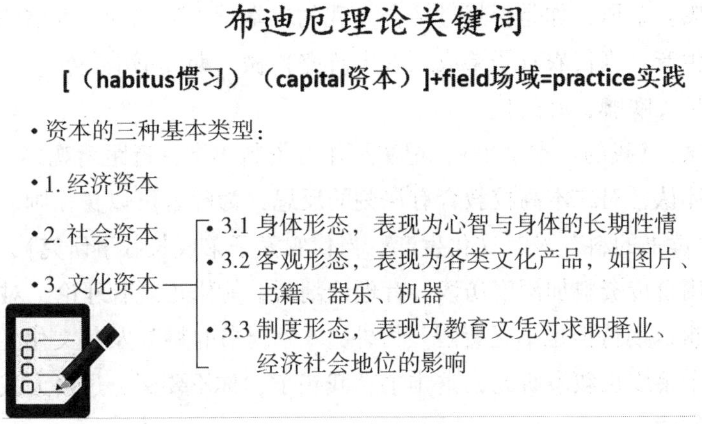

图3　布迪厄理论的关键词

中国不同阶层"文化资本"间，并非如布迪厄所设想的存在着"多"和"少"的差别，以布迪厄理论为主要理论参照系是否合适？"学而优则仕""朝为田舍郎，暮登天子堂"。在中国，家长与学生对学校持有"先验的善意"。纳入教育机制的社会流动机制，为农家子弟提供了社会阶层跃升的机会，也成为当下中国社会重要的减压阀。

中国有尊师重教的传统。我也想提醒小同事、小伙伴们，不是所有的国家都尊师重教，不是所有的学校和老师都能够得到同学们的尊重，所以我们能够得到尊重，在相当程度上受惠于教育传统！

阅读准备

肖建飞与马金凤：调整顺序，提前排期

金凤通过了法考客观题考试，一直在为主观题考试做准备，我不忍占用金凤的复习时间，安排她做报告。但进入10月，各地新冠疫情不断，多个疫情严重地区无法进行客观题考试，主观题考试更是遥遥无期。原计划第12期读书会由旭辉同学做主题领读，由于疫情，旭辉滞留在洛阳家中，未能返校。于是，我在10月中旬与金凤协商能否提前做主题领读，金凤当即同意。为了不给金凤带来过多压力，我建议金凤三天后再给出明确答复。三日后，金凤表示可以做主题分析和领读。

肖飞：金凤，你是否想过结合《我的二本学生》与《“读书的料”及其文化生产：当代农家子弟成长叙事研究》做一期读书汇报？

金凤：噢噢，好的！

肖飞：《我的二本学生》，纪实写作、资料丰富，近距离观察，有超越代际的体认，对二本高校教育有深刻的反思，为师者可以身作则、自我改进；《“读书的料”及其文化生产：当代农家子弟成长叙事研究》，学术写作，使用自传资料加深度访谈，有理论剖析，能修正既有理论，对“读书的料”报以期待但也不乏警醒。另外，《“读书的料”及其文化生产：当代农家子弟成长叙事研究》这本书，我买了，你不要买，过两天我带去学校借给你读。

金凤：老师，下下期（此时正在准备第 10 期）的读书会我可以参加的。

肖飞：是你主讲，一人领读，有精力做吗？

金凤：是的，我可以做。

肖飞：好的，那就着手准备吧，先定题目和列提纲。有想法就发给我。

肖建飞与马金凤：修改提纲，确定思路

金凤：老师，这是我想的题目和提纲，我想了两个题目，但是不知道行不行，提纲后的括号里的内容不是小标题，是我想到的改写内容。您看一下有什么问题吗？

金凤自拟的题目和提纲

题目

备选 1：“读书的料”：农家子弟的矛盾冲突和困惑挣扎

备选 2：打破阶层的诅咒：文化生产视野下的“读书的料”

提纲

一、“读书的料”背后的动力支撑

1. 先赋性动力

2. 道德化思维

3. 学校化的心性品质

二、躺平及丧文化：农家子弟的暗面

1. 农村出身的社会排斥与心理焦虑（凤凰男的污名化、心虚、自卑、

敏感、屈辱）

2. 过度懂事所引发的代价和风险

（1）家庭情感淡漠

（2）爱怨交织

3. 单向度优越的陨落

4. 缺乏归属感的边缘人

三、底层文化资本能否继续成为“读书的料”实现阶层流动的基础？

1. 幸存者偏差（提升一分，干掉千人：对剩余90%学历群体的思考）

2. 先赋性动力、道德化思维不复存在

四、对未来农家子弟的故事的设想

1. 教育体制：素质教育推行

2. 城乡二元格局：城乡差距弥合

导师建议

题目

“读书的料”：底层文化资本的效用分析

提纲

一、底层文化资本正效用：农家子弟寒窗苦读的动力

1. 先赋性动力

2. 道德化思维

3. 学校化的心性品质

二、底层文化资本之局限：农家子弟学业成就的暗面

1. 农村出身的社会排斥与心理焦虑

2. 过度懂事所引发的代价和风险

（1）家庭情感淡漠

（2）爱怨交织

3. 单向度优越的陨落

4. 缺乏归属感的边缘人

三、底层文化资本之隐忧：农家子弟阶层流动的瓶颈

1. 幸存者偏差

2. 先赋性动力、道德化思维弱化

四、培养更多“读书的料”：重构农家子弟的教育

1. 推行素质教育

2. 弥合城乡差距

另有两点补充：第一，建议你在开头解释一下“读书的料”“底层文化资本”；第二，第四部分的两个标题比较空洞，没有实质内容，你再想想。

肖建飞：对本期领读内容的建议

初稿修改建议

1. 保罗·威利斯、布迪厄讨论的主题是英法完成工业化后城市居民的社会阶层固化，和程猛所说的城乡二元有明显的语境差异。

2. 当下农家子弟向上流动的韧性和动力减弱，城市底层家庭、个体户家庭子弟也面临同样的问题。

3. “素质教育更多地考察见识和修养，见识和修养主要取决于家庭，应试教育比素质教育更公平”，这个评价没有给出足够证据，更何况我国高考、公务员招录考试、事业单位招录考试基本都是应试考试。

4. 第四部分“培养更多‘读书的料’：重构农家子弟的教育”虽提出两项主要建议——弥合城乡教育差距、政府的教育支持体系，但这部分内容仍然比较空洞，与前面三部分没有交集，也没有明显的逻辑关联。建议第四部分评述一下程猛的书的理论贡献与不足，比如基于该书的主题，有什么问题是应该讨论却没有讨论的，或者有所提及但没能深入分析的问题。

二稿修改建议

1. 第四部分标题改为“本书的理论价值与写作欠缺”，并重新写作后，看似没有前三部分表达流畅，但这些是你自己的话。尽管有些粗糙，可是有你自己的观点，这才是真正值得分享的。本书的不足之处，“理论冗余与对象群体单薄”，其中 1～2 均为理论问题，3～7 都是对象群体问题，可以归为研究对象是农家子弟极少的一部分。

2. PPT 背景选择相对不错，但和邱琴、李颖存在同样的问题，大段地粘贴文字。这样不是讲解，只是诵读。

3. 与文稿一致，建议 PPT 第四部分的重点是评程猛的书，介绍评价其在学术研究与理论方面的创新（问题、资料、观点等）；哪些相关的重要问题没有被关注或者分析不足，哪些观点你不认可。

4. 可以找李颖借用她上期海报的模板，自选图案和底色，选好图片发给我看看，同时申请腾讯会议。

一辑小结　知行意分离

法科生的阅读之洞及填补

肖建飞

摘要：阅读行为、意愿与认知构成了阅读三角，三者既可相互强化，亦可相互弱化。通过对江苏大学法学院学生发放问卷调查、组织读书会并进行参与观察发现，法科生有限的阅读粗浅零散，有阅读意愿却难以转化为阅读行为，对阅读层次的认知模糊不清。被动阅读、狭窄阅读、浅层阅读、零散阅读形成了法科生的阅读之洞，阅读不足严重影响了法学教育质量。导师组织小组会议、教师召集读书会、师生创办阅读公众号均可作为推进阅读的尝试途径，助力部分学生解决阅读中知行意分离、意愿悬浮的难题。

关键词：法科生阅读；知行意分离；阅读之洞；阅读能力培养

自主阅读是大学生实现自我教育、自我塑造的重要途径。近年来，大学生的“知行不一”、怠于阅读问题引起了学界的普遍关注。此前有多位学者撰文讨论大学生在阅读过程中的知行矛盾问题，并试图通过改变阅读方式、丰富阅读载体、延长阅读时间，来提升阅读质量。[①] 准确诊断是开具处方的前提，制定阅读推进方案也须先了解学生真实的阅读情况。正基于此，如下问题有待进一步探讨：第一，随着高等教育的普及，教育分层也表现为阅读广度与深度的差异，除了 985 大学、部分 211 大学（简称“精英大学”）之外，大量非 985 大学、非 211 大学（简称“双非大学”）中的学生真实的阅读情况如何。第二，未来职业规划让法学院学生自入学起就知晓表达能力的重要性，但在面临极端泛滥的信息、复杂的课程安排与国家统一法律职业资格考试压力的情况下，法科生对阅读是否有理性认知，并付诸阅读行动。第三，阅读认知是否仅限于读者知道阅读的重要性，还是需要读者了解阅读层次差异与自身应具备的阅读能力。

---

① 李师龙、潘松华、张红生：《泛在知识环境下大学生阅读危机干预体系构建研究》，《图书馆学研究》2013 年第 18 期，第 52–56 页；邱相彬、沈书生、徐晓拉：《移动网络环境下“浅阅读”对“深阅读”的影响分析：基于对浙江六所高校大学生的实证研究》，《图书馆学研究》2016 年第 1 期，第 71–75 页；周国正、张学敏：《大学生阅读倾向对高校图书馆利用的影响》，《情报探索》2016 年第 8 期，第 84–86 页；李蒙：《大学生阅读中的知行矛盾》，《图书馆论坛》2018 年第 8 期，第 141–146 页。

本文数据与案例均来源于对江苏大学法学院学生进行的调查问卷及对读书会的观察。江苏大学是省属本科一批次招生院校。在全国 600 多所法学院系中，江苏大学法学院连续多年排名在前 1/6，目前招收本科生与硕士研究生。问卷于 2022 年 1 月初发放，2021 级本科生 119 人、硕士生 97 人参与问卷调查，收回问卷 216 份，均是有效问卷。2021 级本科生（122 人）参与率为 97.5%，硕士生（131 人）参与率达到了 74%。2021 年秋至 2022 年末，笔者和五位同事组织了 12 期读书会。在策划、组织读书会期间，笔者与本科生、硕士生有深入交流。

本文旨在客观记录法科生的阅读意愿、认知与行为的密切关联，并试图回答是什么样的阅读意愿、认知导致法科生的阅读量严重不足，从基础教育到高等教育，阅读之洞始终存在，法学院师生能为缩小、填补阅读之洞做些什么。阅读意愿、认知与行为不是单向的线性推导关系，而是交互的循环联动关系。法科生阅读不足、浅表阅读的状况，在相当程度上是其阅读意愿与认知缺陷作用的结果，故本文按照由表及里、由浅入深、由果寻因的逻辑链来展开。

一、浅表零散的阅读行为

（一）月读不足一本书的现状

第十九次全国国民阅读调查结果显示，2021 年我国成年国民人均纸质图书阅读量为 4.76 本，人均电子书阅读量为 3.30 本。① 问卷调查发现，除了教材与考试用书，70%左右的学生一学期的阅读量不足 4 本书，一学年累计不足 8 本。每月阅读量不足 1 本书的学生和几乎没有进行专业阅读的学生合计约 85%。硕士生的阅读量略高于本科生，但差别并不明显（见表 1）。这与国民阅读调查结果大体一致。换言之，与家庭、其他社会组织相比，大学校园并未彰显其阅读优势。

（二）延续多年的阅读匮乏

阅读匮乏不是学生初入大学的短期现象。本次问卷调查结果反映出，学生在高中阶段每学期的阅读量不及本科，硕士生的阅读量稍高于本科

---

① 《第十九次全国国民阅读调查结果发布　我国成年国民图书阅读率为 59.7%》，澎湃媒体·公益时报，https://m.thepaper.cn/baijiahao_17793262.，访问日期：2022 年 4 月 25 日。本文多次引用该报告数据，后文不再注释。

生：一学期阅读量超过 10 本书的硕士生比本科生高 3. 28 个百分点，阅读量在 4~10 本书的硕士生比本科生高 1. 64 个百分点（见表 1）。2021 年全国国民阅读调查结果显示，我国年均阅读量最大的群体是 14~17 周岁的青少年，年均课外图书阅读量为 13. 10 本。即便如此，也很难与有全民阅读习惯的国家（如以色列、俄罗斯）相比。何况这些课外书多是为了配合初高中语文教学而指定的书目，是课堂教学的延伸，而非学生的自主选择。

表 1　法科生阅读实践情况

阅读实践		本科生		硕士研究生		小计	
		人数	占比	人数	占比	人数	占比
阅读数量	超过 10 本	1	0. 84%	4	4. 12%	5	2. 31%
	4~10 本	14	11. 77%	13	13. 41%	27	12. 50%
	低于 4 本	92	77. 31%	66	68. 04%	158	73. 15%
	几乎没有专业阅读	12	10. 08%	14	14. 43%	26	12. 04%
阅读变化趋势	明显更多	6	5. 04%	21	21. 65%	27	12. 50%
	稍多一些	44	36. 98%	51	52. 58%	95	43. 98%
	大体相当	43	36. 13%	20	20. 62%	63	29. 17%
	更少一些	26	21. 85%	5	5. 15%	31	14. 35%
阅读参与	5 次以上	12	10. 08%	9	9. 28%	21	9. 72%
	3~5 次	26	21. 85%	21	21. 65%	47	21. 76%
	1~2 次	17	14. 29%	39	40. 21%	56	25. 93%
	0 次	64	53. 78%	28	28. 86%	92	42. 59%

（三）半数为零的阅读参与

超过 50%的本科生、近 30%的硕士生没有参与过任何校园阅读活动，加上参与 1~2 次校园阅读活动的学生，参与阅读活动低于 3 次的学生超过全体学生的 2/3。本科生中参与 3 次以上校园阅读活动的略高于硕士生，原因在于，笔者与同事组织的 2021 年秋季读书会面向本科生纳新，35 位成员均是 2021 级本科生。参与 1~2 次校园读书活动的硕士生比本科生高 25. 92 个百分点，原因在于，硕士生实行导师负责制，导师们或多或少组织过小组会议，学生集体参与过文献阅读。硕士生中，参与导师组织的读书活动的有 49 人，参与学院其他教师组织的读书活动的有 43 人，参与同学自发组织的读书活动的有 10 人。由此可见，校园有限的阅读活动基本仰赖于指导教师的组织推动，学生自发组织的阅读活动少、影响较小。尽管学生参与的校园阅读活动有限，但绝大部分学生是微信读书、喜马拉雅 FM、小红书或樊登读书的用户。校园阅读活动与阅读平台活动的差别显著在于：校园阅读活动需要学生事先阅读推荐书目，全程听取汇报并参与讨论；作为平台用户，学生事先不需要做阅读准备，其随时可以选择暂停、中断或者终止。

（四）工具目的的阅读选择

当下高等教育体系中出现了明显的阅读分层，即精英大学组织学生阅读经典，双非大学多不开设阅读课，学生的阅读范围基本限于考试类图书，这在法学教育中也较为常见。学术图书与考试类图书的重大区别不仅在于“知识的系统性和深入程度”，还在于是否有“社会关怀意识和批判精神”。[①] 由于专业课程教育与通识课程教育都难以兼顾法学教育的职业培训和学术研究目的，无法引导学生实现对问题语境、原理理由、精神理念和思想方法的深层把握，吉林大学法学院自 2012 年起开始以实验班的形式，在大三开设原典精读课程，阅读文本是哈特的《法律的概念》（*The Concept of Law*）。该课程旨在拓展法科生对法学基本问题的理论视野，引导学生深入法学知识、观点、思想的生产过程，培养学生的分析、论证与批判能力，构建学生的认识结构，培养学生的思考原创力。自 2014 年起，西北政法大学为本科生开设公法名著导读课程；自 2016 年起，清华大学为中国法律史专业研究生开设法史学经典著作研读课程；中国人民大学法学院开设有西方法学名著选读和公法文献选读等课程；中国政法大学和北京大学法学院开设有法学经典选读课程。如课程教师所言，原典精读是针对“僵化的本科课程设置”开设的“实验”课程，是“特殊目的下的阶段性产物”。[②] 尽管不具有一般意义和推广价值，但至少对于不满于以信息灌输为主要形式、以考试为导向的法学院师生，尤其是对双非院

---

① 刘宇、李武：《阅读中的冷漠与自觉：当代大学生阅读倾向调查》《中国图书评论》2013 年第 4 期，第 104 页。

② 2018 年，教育部发布《普通高等学校法学类本科专业教学质量国家标准》。该文件相对固定了法学专业课程设置，并在此基础上设置一定的通识课程。鉴于专业课与通识课几乎都以 introduction 式讲授为主体，班级规模较大，师生互动稀少，学生大多只是“概括性地掌握某一课程的总体知识体系”。就实践效果看，“兼顾式思路难言成功，不仅不能弥合法学教育二重性之间可能存在的内在冲突，甚至有可能固化这种矛盾”。参见刘小平：《法本科生为什么要精读原典：基于对当下中国法学本科课程体系的反思》，《法学教育研究》2019 年第 4 期，第 133-141、146 页。

校而言，可视原典精读或者名著导读为法学教育模式改革的参照系。

在参与问卷调查的硕士生中，有 64 人写下了 2021 秋季学期阅读的 176 本图书名称。就阅读书目看，远达不到培养目标：第一，书籍类型基本限于课程学习辅助资料，大部分图书停留在入门书或者工具书层面上，达不到法学专业论文写作所需参考文献的学术标准。第二，功利性阅读目的极为明显，阅读部门法注释类书籍是为了备战法考，阅读论文写作类书籍则是想迅速掌握论文写作方法和技巧，故这两类图书更多被阅读。第三，少部分同学会进行理论书籍阅读，阅读书目多来自任课教师的推荐。第四，跨学科阅读稀少，非法学专业书集中于文学、历史学与哲学等人文社会学科（见表 2）。

表 2　研究生阅读超过 5 人次的图书

序号	书名/作者	人次	序号	书名/作者	人次
1	法理学/博登海默	12	5	要件审判九步法/邹碧华	6
2	裁判的方法/梁慧星	12	6	民法总论/梁慧星、史尚宽或王泽鉴	6
3	常识法理学/周安平	7	7	论犯罪与刑罚/切萨雷·贝卡里亚	6
4	洞穴奇案/彼得·萨伯	7	8	法治及其本土资源/苏力	5

注：学生未写明《民法总论》作者，三位作者系笔者推断。

二、搁置悬浮的阅读意愿

（一）对阅读不足的清晰认知

阅读“打开了通向几乎所有重要事物的知识之门”，阅读被视为获取知识的途径与自我提升的工具，这是常识。① 尽管未必有系统的阅读、理性的认知，但法科生均知晓并认同阅读的重要性。超过 2/3 的学生认为，相对于专业能力提升的要求，自己的阅读量明显不足；认为自己的阅读量非常合适或者相对合适的学生不足 1/4（见表 3）。本科生自评的阅读充分程度低于硕士生，部分原因在于，硕士生对专业写作要求有所了解，阅读量略高于本科生。此外，本科生刚刚告别高中生活，对大学期间学识的增长有更多想象与期待。

---

① 弗兰克·富里迪：《阅读的力量：从苏格拉底到推特》，徐弢、李思凡译，北京大学出版社，2020，导言第 1、9 页。

表3 法科生阅读意愿情况

阅读意愿		本科生		硕士研究生		小计	
		人数	占比	人数	占比	人数	占比
阅读数量自评	非常合适	3	2.52%	3	3.09%	6	2.78%
	相对合适	21	17.65%	24	24.74%	45	20.83%
	明显不足	87	73.11%	64	65.98%	151	69.91%
	没有想过	8	6.72%	6	6.19%	14	6.48%
阅读不足原因	课程太多或准备法考	55	46.22%	70	72.16%	125	57.87%
	缺乏兴趣，没有阅读习惯	40	33.61%	29	29.90%	69	31.94%
	缺乏阅读指导，缺乏读书氛围	62	52.10%	46	47.42%	108	50.00%
	社团活动太多或工作太忙	42	35.29%	17	17.53%	59	27.31%
参与集体阅读意愿	参与各期汇报	10	8.40%	14	14.43%	24	11.11%
	参与部分汇报	54	45.38%	35	36.08%	89	41.20%
	只旁听不汇报	43	36.14%	41	42.27%	84	38.89%
	不参与	12	10.08%	7	7.22%	19	8.80%

（二）对无暇阅读的客观归因

就自身阅读量的不足，学生更重视外部原因，即课程太多，尤其是准备法考成为硕士生不阅读或者少阅读的首要原因。无论是本科生，还是硕士生，都认为缺乏阅读指导和读书氛围是阅读不足的重要原因。参与问卷调查的学生较少进行自我归因，即分析自身原因——缺乏兴趣，没有阅读习惯。除了上述共性表现外，本科生与硕士生对阅读不足的原因解释也存在区别。硕士生自入学起就全力以赴备战法考，本科一年级学生则没有法考压力，故影响硕士生阅读量的首要原因是法考。通过法考，现已成为法科生的首要目标，精英大学与双非大学的法学院莫不如此，法科生集体性地感知到法考带来的压力和紧张。与硕士生相比，本科新生更热衷于参与社团活动，也更愿意在社交上投入时间（见表3）。

参与2021年秋季读书会的一个本科新生向笔者提出的如下三条建议，反映出学生的普遍阅读状况：第一，适当延长读书周期，比如一个月或三周读一本书；第二，希望能将阅读内容细化，比如布置这一周读1~3章，下一周读4~6章；第三，建议老师安排阅读任务，尽管该生也认为，"怎样安排阅读是学生自己的事，但如果老师布置任务，学生阅读的动力会更足”。可见半月阅读一本书或者部分章节这一阅读任务仍对学生们构成压力。同时学生们更习惯以课业的方式进行阅读，而非自主阅读。

（三）只听不做的阅读选择

互联网时代，也被称为富媒体时代，同时期成长的一代人被称为“数字原生代”。信息过量、媒体干扰、注意力涣散均对专注阅读、严肃研究产生明显负面影响。正因为印刷品阅读文化面临严峻挑战，于是才有“书籍终结”“作者之死”“读者之死”等论断。① 问卷调查结果显示，愿意参与部分读书汇报（召集教师每学期组织 4 次读书会）、只旁听不愿做汇报的学生分别占 41.20%和 38.89%；愿意参与各期汇报的学生略多于不愿参与读书会的学生（见表 3）。在 2021 年秋参与读书会的 35 名学生中，无人表示不再继续参与。上述数据说明，相当程度上读书会获得了参与学生的认可。大部分同学选择四期分组阅读模式，一人参与一期读书汇报，与指导教师反复沟通，细化主题，撰写文稿，并担任领读人。这也说明参与一次分组汇报符合大部分学生的阅读速度、写作能力与参与意愿。

鉴于 2021 年秋季有部分报名参加读书会的学生并未精读推荐书目，2022 年春笔者发出读书会成员招募信息，同时将推荐书籍的电子版发给 2021 级全体本科生；同时要求，有意愿担任领读人的同学就 4 本书中任何一本写 500~1000 字的读书报告，并预留出 10 天时间。在收稿日期截止之时，只有 2 个学生投递了读书报告。这个不能称之为“门槛”的写作要求，让几乎所有的本科生都自动止步。与大部分法科生相似，江苏大学法学院学生也会时不时产生阅读的想法，入学之初这种想法更为普遍。一旦需要投入阅读行动，不是以作业形式强制要求完成，大部分学生便会自动放弃翻开第一张书页。

三、模糊不清的阅读认知

（一）有所听闻的阅读层次

笔者对阅读层次的划分主要借鉴莫提默·J. 艾德勒、查尔斯·范多伦在《如何阅读一本书》中的观点，从低到高，阅读层次渐进提升：第一，

① 弗兰克·富里迪：《阅读的力量：从苏格拉底到推特》，徐弢、李思凡译，北京大学出版社，2020，第 42 页。

基础（初级或初步）阅读，摆脱文盲状态的读者能在阅读中了解语句、句群的含义；第二，检视阅读（略读或预读），读者需要在很短时间内找到一本书的重点，了解该书的主题、结构与组成部分；第三，分析阅读，以“追寻理解”为目的，读者咀嚼与消化一本书；第四，主题（比较）阅读，读者带着自己的问题阅读同一主题的多本书，寻找答案，同时构建起自己的分析框架，并试图实现对已有著述的超越。①

《如何阅读一本书》是阅读类畅销书，被多位中小学教师、大学校长、著名阅读推广专家推荐，30 多万名网友在中文网站上购买并评论。但对该书阅读常识普及作用不能高估，问卷调查结果也证实了这一点。大部分学生自称，对阅读层次只有初步认知，或有所听闻。学生虽知道四个阅读层次的递进关系，但并不了解四个层级阅读目标设定与能力要求的区别，能区分的学生不足 10%。这是本科生与硕士生的共性表现（见表 4）。

表 4　法科生阅读认知情况

阅读认知		本科生		硕士研究生		小计	
		人数	占比	人数	占比	人数	占比
阅读层次区分	能清楚区分	8	6.72%	11	11.34%	19	8.80%
	有初步认识	50	42.02%	32	32.99%	82	37.96%
	听说过但不理解	43	36.13%	32	32.99%	75	34.72%
	完全不清楚	18	15.13%	22	22.68%	40	18.52%
分析阅读含义	理解语句、段落含义	30	25.21%	15	15.46%	45	20.83%
	找到文章或书籍重点	27	22.69%	22	22.68%	49	22.69%
	读透一本书并做评价	54	45.38%	47	48.45%	101	46.76%
	比较阅读，找到相关性	8	6.72%	8	8.25%	16	7.41%
	不清楚	0	0	5	5.16%	5	2.31%
所需阅读层次	基础阅读	14	11.77%	9	9.28%	23	10.65%
	检视阅读	5	4.20%	4	4.12%	9	4.17%
	分析阅读	67	56.30%	55	56.70%	122	56.48%
	主题阅读	27	22.69%	22	22.68%	49	22.68%
	不清楚	6	5.04%	7	7.22%	13	6.02%

① 莫提默·J. 艾德勒、查尔斯·范多伦：《如何阅读一本书》，郝明义、朱衣译，商务印书馆，2004，第 18-21 页。

（二）普遍知晓的分析阅读

与基础阅读、检视阅读相比，分析阅读至少要把握如下阅读要点：第一，读者要把一本书按学科与主题归类；第二，透视这本书，识别关键词，找到作者的核心观点，判断其写作主旨；第三，公正评价一本书，赞同抑或反对作者。分析阅读是更为全面的、有深度的阅读。[①]

为了测试法科生的阅读认知，笔者设计的一个题目是从五个备选答案中选择分析阅读要解决的核心问题，接近半数的同学能选出正确答案——“读透一本书并做评价”，这或可归因于初高中语文课程的课外阅读要求和训练。但仍有半数学生把分析阅读错认为基础阅读或检视阅读。也就是说，半数学生的阅读层次仍停留在理解语句、段落含义或者找到文章或书籍重点的阶段，而非阅读并读透整本书。在此问题上，硕士生与本科生的判断力几无区别（见表1）。

（三）裹足不前的阅读定位

与基础阅读、检视阅读、分析阅读相比，主题阅读需要读者完成如下阅读要求：第一，反客为主。读者要调转阅读重心与顺位，不是试图理解作者，而是提出问题让多位作者回答。第二，客随主便。在阅读过程中，读者（作为主人）要让多位作者（作为客人的作者群）上场发言。第三，界定议题。读者设计出自己的问题，不能为作者的问题所置换。当作者群的成员一一陈述观点时，读者要聚焦作者群的论点与论据。第四，分析讨论。只有围绕同一问题，作者群成员的观点存在争议时，此议题才有研究价值。

本科阶段与研究生阶段的培养目标存在显著区别：本科阶段的培养目标在于传授知识，培养学生的自主学习能力；研究生阶段的培养目标则在于，鼓励引导学生探索未知，培养学生的科研能力，创造出新的知识。就此而言，步入大学，学生要完成从分析阅读到主题阅读的层级跃升。从本科到硕士阶段，娴熟地进行主题阅读是科研起步的标志。“会读才会写”，社科写作具有“交互主体性特点”。无论是发现新问题，还是使用新的研究方法，都是在对话性的学术传承过程中完成的。[②] 就此而言，主题阅读

---

① 莫提默·J. 艾德勒、查尔斯·范多伦：《如何阅读一本书》，郝明义、朱衣译，商务印书馆，2004，第55-147页。

② 菲利普·钟和顺：《会读才会写：导向论文写作的文献阅读技巧》，韩鹏译，重庆大学出版社，2015，第119-120页。

应是法学院学生所需的阅读层次。

半数以上的学生把自己的需求定位为分析阅读，本科生与硕士生均如此，将阅读层次定位为主题阅读的学生不足1/4（见表4）。四个备选答案依次排列，依据思维惯性，学生可以推断出基础阅读、检视阅读、分析阅读与主题阅读之间的层次递进关系。在知晓主题阅读层级高于分析阅读的前提下，选择分析阅读是学生基于自身的阅读情况对自身能力的评估，而非随意而为。学生的阅读需求选择与阅读层次认知、分析阅读内涵判断相互对应。正因为学生不清楚本科生与硕士生的阅读能力要求，多将分析阅读，而非主题阅读，作为自己的阅读能力要求与能力提升目标。这说明学生对自己的阅读目标定位与培养计划（尤其是研究生）的目标定位（需具备进行主题阅读的能力）之间存在较大差距。在分析阅读尚处于稀缺的情况下，大部分学生确实不知道如何进行主题阅读，而这正是教师开展专业阅读训练要解决的问题。

四、阅读之洞及填补

（一）知行意分离的阅读之洞

阅读能力、写作能力和解决问题能力是法学教育质量的基本评价标准，表达写作、解决问题的能力又以阅读能力为基础。[①] 在阅读过程中，“意”“知”“行”是三个基本环节：“意”是读者开启阅读的意愿，它既可以是系统规划，也可以是偶尔闪念；“知”是读者对阅读层次、阶段与价值的认知，它既可以是理性认知，也可以是误识误判；“行”则是指读者的阅读行为，它既可以是步步深入的，也可以是浅尝辄止的。阅读意愿、阅读认知、阅读行为构成了阅读三角，三者既可能相互强化，形成聚合结构；亦可能相互弱化，形成离散结构（见图1）。

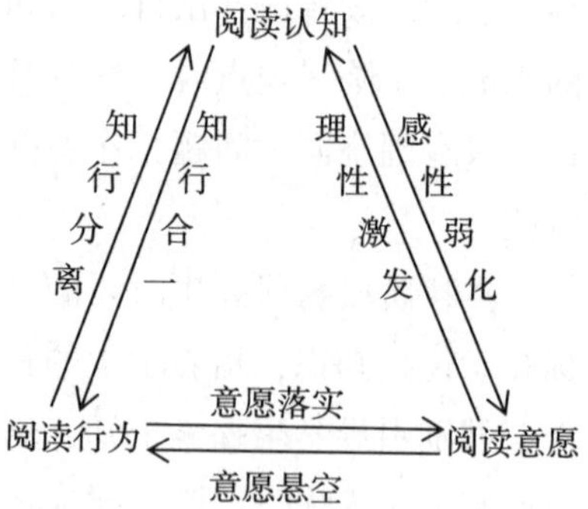

图1 阅读三角

① 何美欢：《论当代中国的普通法教育》，中国政法大学出版社，2005，第103页。

知而不行，乃至知行断裂、知行相悖，确实是大学生普遍的阅读状态。[①] 明知阅读重要，却不付出足够的时间去阅读；迫于备考压力，阅读不感兴趣的书；把大块的时间用于追剧、刷朋友圈；数字阅读夹杂其间，学生有深入阅读的想法却长期在浅表阅读层次上空转。从本科到硕士阶段，理想阅读状态是主动阅读、广泛阅读、深度阅读、系统阅读，阅读实践却是被动阅读、狭窄阅读、浅层阅读、零散阅读。阅读预期与阅读实践相背离的原因主要有二：第一，数字阅读对深度阅读的稀释。人人一部手机的现实成为瓦解课堂秩序的首要力量，泛滥的信息成为与课堂教学争夺学生注意力的最大现实"敌人"（不是"假想敌"）。如果把视频、音频、图片也列为广义的阅读对象，那么数字阅读多属于快餐式、跳跃性、随意性及功利性的"浅阅读"。[②] 换言之，当下端坐在书桌旁的"深阅读"正在被网络浏览的"浅阅读"加速替代。[③] 第二，"绩点至上"的目标定位导致学风浮躁。为了获得绩点，学生出现在密集的课堂与社团活动中，而非潜心阅读。

就此而言，包括法科生在内，当下影响大学生阅读数量与质量的不是知行不一，而是一时兴起的阅读愿望空悬日久，对阅读缺乏理性认知，无法将意愿转化为行动；同时阅读匮乏又弱化了阅读意愿，故而呈现出知行意分离的阅读状况。这一负循环链条可概括为，一时之念—感性认识—行动无力—意愿弱化。

（二）大学阶段填补洞穴之需

随着高等教育的普及，以二本院校为主体的双非大学更多采用数字技术（微信群、点名、课堂刷脸等）管理；精英大学的学生更有机会"以最古老的方式，端坐在图书馆阅读泛黄的纸质书籍"。[④] 这一差距并非不可弥补，各大学教育质量的差异主要表现在，是否为学生提供了足够的思维训练机会，"所谓的重点大学和一般大学，学生最大的差别，并非来自智商，而主要来自他们是否拥有更多的机会，进行学术思维的训练"。[⑤]

---

① 李蒙：《大学生阅读中的知行矛盾》，《图书馆论坛》2018 年第 8 期，第 141-142 页。

② 邱相彬、沈书生、徐晓拉：《移动网络环境下"浅阅读"对"深阅读"的影响分析：基于对浙江六所高校大学生的实证研究》，《图书馆学研究》2016 年第 1 期，第 72-74 页。

③ 周国正、张学敏：《大学生阅读倾向对高校图书馆利用的影响》，《情报探索》2016 年第 8 期，第 85 页。

④ 黄灯：《我的二本学生》，人民文学出版社，2020，第 181-182 页。

⑤ 黄灯：《我的二本学生》，人民文学出版社，2020，第 199 页。

如对博雅教育进行狭义解释，将其核心定位于如何引导学生进行全面深入的思考，那么法学教育定位之争——职业教育、专业教育抑或博雅教育、素质教育，则变得无足轻重。“真正的专业法学教育并不教授实务技能，并不仅教授法条”，其核心在于“素质教育”。①

法学院的师生需要考虑如下问题：第一，本科或者硕士课程是否多到明显剥夺了学生的阅读时间的程度，还是课余时间被非阅读事项占据？第二，如果阅读指导、阅读兴趣培养本应在义务教育阶段或高中教育阶段完成，那么当下进行阅读指导、培养阅读兴趣是不是本科乃至硕士阶段课程教师或指导教师应承担的工作？第三，阅读能力培养工作被推至大学阶段，虽然可能为时已晚，但是大学要做哪些工作才能实现亡羊补牢？第四，如果大学依然延续绩点模式，培养学生的阅读习惯，使学生养成自主学习能力的难得机会被再次放弃，会给高等教育与学生个人发展带来怎样的弊害？长久地看，这是不是高等教育所不能承受的损失？

（三）亡羊补牢为时不晚

1. 导师召集组会

“如果你开始读一本书，读到十五到二十页的时候还觉得它对你来说只是一项任务，不如把那本书和那个作家的其他作品都暂时先放在一边，再读下去也没有任何助益。”② 博尔赫斯的这种阅读标准只适用于有丰富阅读经验的、有一定书籍鉴别力的读者。在此博尔赫斯极有可能把学生想象成了自己，把学生的阅读体验置换成了自己的阅读体验。“我首先是个梦想家，然后才是个作家，另外我最幸福的时光就是身为读者自由自在读书的那段时光。”③

对于硕士生导师而言，学术指导工作的基础在于，让学生掌握学术规范，获得最基本的学术训练，实现科研起步，小组会议是重要的学术指导载体。鉴于研究生学位论文评审趋于严格，导师组会多以阅读本二级学科的期刊文献为主，辅以经典著作。导师设定阅读书目时，不可能让学生随意选择，学术训练不是儿戏，不可能“乘兴而至”，“兴尽而归”。就此看，导师组会可被视为教师和学生同等程度参与的小规模阅读课程，其不仅适用于硕士生，也适用于本科生。以江苏大学法学院为例，本科班级都

---

① 何美欢：《论当代中国的普通法教育》，中国政法大学出版社，2005，第60-62、81页。
② 豪尔赫·路易斯·博尔赫斯：《博尔赫斯：最后的访谈》，汤笛译，中信出版社，2019，第99页。
③ 豪尔赫·路易斯·博尔赫斯：《博尔赫斯：最后的访谈》，汤笛译，中信出版社，2019，第131页。

设有学业指导教师，学业指导教师有条件和机会以组会的方式，指导本科生阅读文献。实践证明，本科生有更广泛的兴趣、更强的好奇心和行动力。大学生创新项目与科研项目的指导教师也可开组会，师生进行深入交流。

导师组会可小范围开展研习活动，但为了实现更好的指导效果，因材施教、个别辅导将替代组会，成为教师指导学生更为有效的方式。导师为此要付出大量的时间和精力，工作量也随之倍增。其间为了“治疗”学生学习与思想上的“懒惰”——“没有学习计划，也没有职业规划”，教师难免要承担“决定者、主导者”的角色，而非“简单的引导者”，师生的关系模式则是以“强制为主，互动为辅”。①

2. 教师自愿召集读书会

如果说导师组会的主要功能在于实现科研起步，很难超越功利目的（写出达到评审合格标准的论文），那么教师自愿召集读书会则以超越功利目的为主旨。读书会的目标应设定于，从常规教学过程中“出离”，由浅入深、步步为营地提供阅读训练，激发法科生对社会事件、法律问题与理论观点的认知兴趣，激发学生深度思考、求根究底的求索欲望，激发学生主动阅读的动力和行动，提升学生更高层次的研究素养。填补阅读之洞的过程也是弥合阅读知行意分离的过程。

读书会的起步阶段可以教师领读为主，然后逐步过渡到学生分析阅读与教师主题阅读相结合，再进入以学生为主的主题阅读阶段。这种阅读方式符合素质教育、博雅教育的要求，可为有研究潜质的学生提供更多的学术训练机会。自主阅读的核心价值则在于，培养读者的自我判断力与辨别力。故而读书会应高度关注阅读的精神维度——“发掘和深化自身所处时代的根本道德关切与社会想象”，“法学的实践品格在根本上来自政治与道德共同体的自我实践反思”。②

3. 师生创办阅读公众号

导师组织的组会阅读，无法给学生提供自主阅读的空间，且阅读文献及主题都相对狭窄。虽然读书会的阅读书目可以不限于法学学科，扩大活动自主性，但阅读难成系统。此外，无论是导师召开小组会议，还是教师

① 蒋志如：《调研报告：西南科技大学法学院法律学徒社读书会情况》，《中国法学教育研究》2019 年第 4 期，第 225-271 页。

② 王凌皞：《法学的实践品格与经典阅读》，《法学教育研究》2017 年第 4 期，第 194 页。

召集读书会，其所推荐的阅读书目都十分有限，难以满足“求知愿望强烈、知行合一”学生的阅读需求。

师生创办阅读公众号则为博闻强识、以学术研究为志业的学生提供了另一类阅读交流平台。在读书会的基础上，阅读公众号可以对阅读广度、深度、系统性实现全方位拓展，进而使学生通过自主学习、自我教育，最终实现自我塑造。广度是就学科与主题而言，指向阅读的广泛性①，不仅可以在法学学科内进行跨越二级学科的阅读，还可以进行跨人文社科的阅读；深度是就图书的理论含量而言，超越部门法知识普及与法律理解适用这一“法匠”的阅读层次，阅读对本学科理论问题有系统阐释的图书；系统性与深度直接相关，读者需要了解某一学科、某一主题的研究情况，因此系统阅读与主题阅读存在着相当大的交集。

导师组会、读书会、阅读公众号各有优长、功能有别，三者结合能更好发挥学术指导效果（见图 2）。除了创办阅读公众号外，导师组会、读书会均被笔者与同事付诸实践。为创办阅读公众号做前期准备，笔者曾连续两年在朋友圈写书目推送文章，2021 年推荐书籍 50 本、2022 年推荐书籍 120 本。经历了多种阅读推广尝试，笔者也发现不同措施的作用范围与限度：第一，即便是导师组会能付诸实践，也主要依赖于导师的自愿奉献，更遑论组织读书会与创建维护阅读公众号。鉴于高校科研写作压力逐年增大，愿意进入不同主题的阅读语境、组织指导学生阅读、付出大量时间和精力的教师并不多。第二，上述途径更有助于求知欲强、阅读意愿强烈的学生，而对阅读意愿不足（尤其是排斥阅读）的学生的影响力有限。第三，上述途径当下未必适用于所有的法学院系，设有博士学位点的法学院施行条件更充分。致力于拓宽学生视野、提升学生专业能力的法学院系，尤其是设有硕士学位点的法学院系，也可尝试开展专业阅读活动。

图 2　法科生阅读能力培养三途径

① 叶帮义：《大学生阅读的四个“度”》，《中国大学教学》2018 年第 1 期，第 70 页。

结　语

“知者行之始，行者知之成”，本文分析的重点不是法科生阅读的知行分离，而是知行意分离、阅读意愿悬浮的表现，以及成因与可能的解决机制。阅读匮乏不仅是法科生的学习现状，弥补阅读之洞也不仅是法学院师生的共同难题。考虑到法科生的法考压力之大与考研竞争之激烈，其他人文社科专业学生阅读不足的情况或许更严重。

“大学的文凭应该代表着一般大学毕业生的阅读水平，不但能够阅读任何一种普通的资料，还能针对任何一种主题做个人的研究。”① 无论是哪类高校、哪个学科，都应以学生成长为中心，以专业思维训练、自主学习能力提升为培养目标，直面阅读匮乏，填补阅读之洞，师生合力解决。

---

① 莫提默·J. 艾德勒、查尔斯·范多伦：《如何阅读一本书》，郝明义、朱衣译，商务印书馆，2004，第28页。

『钟爱阅读』的结绳记事

"LOVE READING" KNOTTING NOTES

（三）从乡土中国到城乡中国

肖建飞 编著

江苏大学出版社
JIANGSU UNIVERSITY PRESS
镇 江

图书在版编目（CIP）数据

“钟爱阅读”的结绳记事. 三，从乡土中国到城乡中国／肖建飞编著. -- 镇江：江苏大学出版社，2024. 12. -- ISBN 978-7-5684-2396-0

Ⅰ. G252. 17

中国国家版本馆 CIP 数据核字第 20259HY109 号

“钟爱阅读”的结绳记事·（三）从乡土中国到城乡中国

“Zhong'ai Yuedu” De Jiesheng Jishi·（San） Cong Xiangtu Zhongguo Dao Chengxiang Zhongguo

编　　著/肖建飞
责任编辑/徐　文　李　娜
出版发行/江苏大学出版社
地　　址/江苏省镇江市京口区学府路 301 号（邮编：212013）
电　　话/0511-84446464（传真）
网　　址/http：//press. ujs. edu. cn
排　　版/镇江文苑制版印刷有限责任公司
印　　刷/镇江文苑制版印刷有限责任公司
开　　本/710 mm×1 000 mm　1/16
总 印 张/55. 75（全三册）　总插页 36 面
总 字 数/984 千字（全三册）
版　　次/2024 年 12 月第 1 版
印　　次/2024 年 12 月第 1 次印刷
书　　号/ISBN 978-7-5684-2396-0
总 定 价/168. 00 元（全三册）

附近，　我们的阅读空间

——致读书会的同学们

附近是 50 米、500 米、5000 米
附近是家庭、邻里、校园
附近是中心、场景、视域
附近是经验、认同、符号

附近有形状、尺寸、边界
附近有质感、密集、丰富
附近有体认、辛劳、充实
附近有关爱、理解、支持

在附近，我们不断寻找观察世界的基础
在附近，我们尝试建构起意义的锚点
在附近，我们找到位置并彼此呼应
在附近，我们编织关系并选择行动

附近连接起师者与学生
附近连接起相关与差异
附近连接起极近与极远
附近连接起自身与世界

因为你们，附近不会消失
因为书籍，智识不会消失
因为阅读，求索不会消失
因为钟爱，传承不会消失

召集教师：肖建飞　牛玉兵

参与学生：杜利利　汪小川　郭权鑫　林星宇　朱晁薇

解　越　金纯羽　王海旭　李明澄　范佳宗

指导教师：肖建飞

收录说明：鉴于阅读书籍主题的相关性，2021—2024 年间部分读书会文稿未能收入本书；同时依据本辑主题，指导教师重新审读、编校了读书会实录内容；阅读准备的记录文字中，师生姓名一般采用简称。

本辑收入读书会文稿都源于对费孝通先生著作及学界相关研究的研读思考。学生完成主题领读后，指导教师进行接续扩展分析，此后主要围绕学生领读内容进行研讨互动。与早期读书会流程略有不同，本辑文稿编校按上述流程进行。因主题相关且讨论详细，故本辑收录了肖建飞与杜利利就硕士毕业论文选题设计的对话。

钟爱阅读读书会 2023—2024学年“人地关系”阅读季 第20期

学术自觉：舍文学创作择社科研究

——阅读费孝通的《茧》及相关作品

领读人：肖建飞
主持人：郭权鑫
与谈人：朱晁薇、林星宇
记录人：解 越、金纯羽

三江楼1620教室

2023年12月6日 12:00-13:30

设计师：李明澄

（李明澄设计）

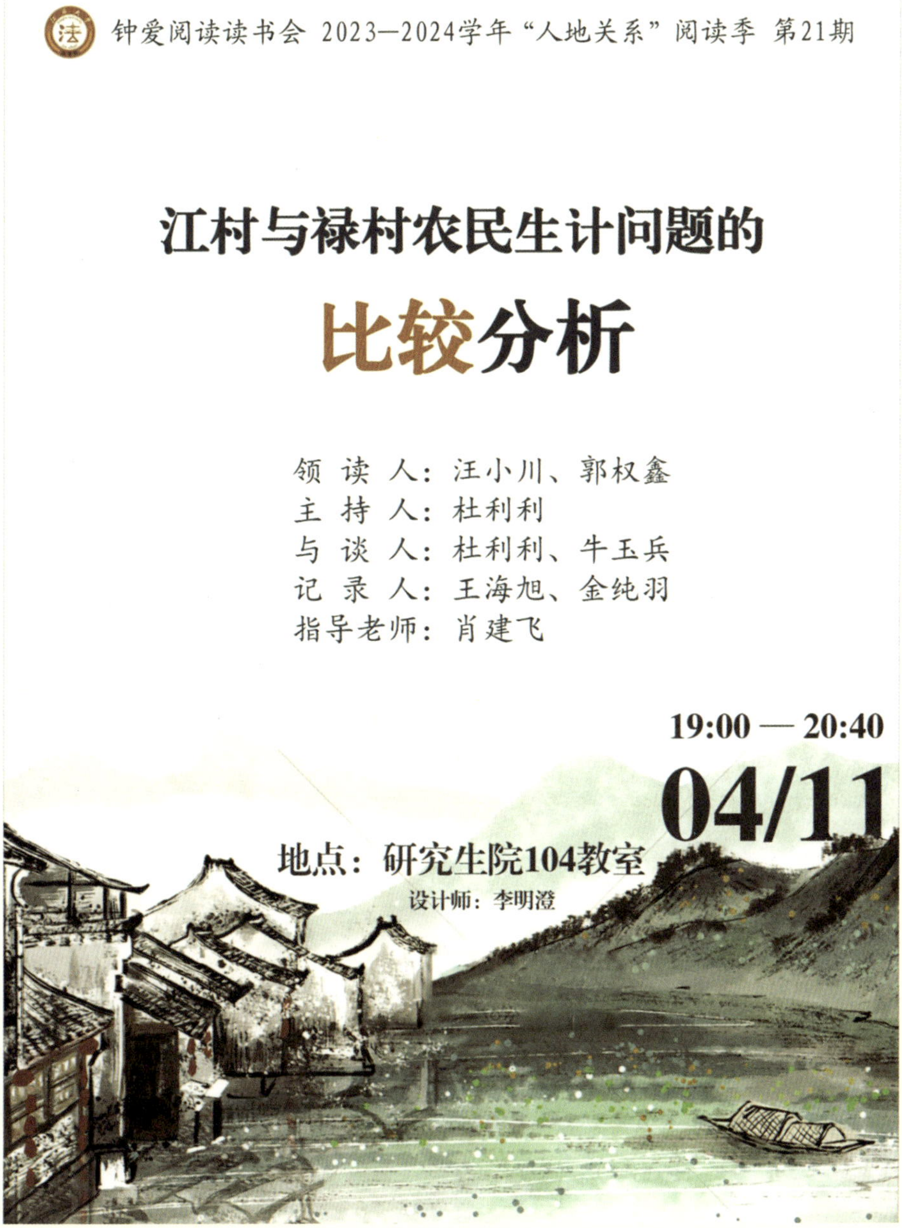
钟爱阅读读书会 2023—2024学年“人地关系”阅读季 第21期
江村与禄村农民生计问题的
比较分析
领 读 人：汪小川、郭权鑫
主 持 人：杜利利
与 谈 人：杜利利、牛玉兵
记 录 人：王海旭、金纯羽
指导老师：肖建飞
19:00 — 20:40
04/11
地点：研究生院104教室
设计师：李明澄

（李明澄设计）

钟爱阅读读书会 2023—2024学年“人地关系”阅读季 第22期
从社会思想到社会理想
——阅读《乡土中国》与《乡土重建》
领 读 人：王海旭、金纯羽
主 持 人：范佳宗
与 谈 人：杜利利、牛玉兵
记 录 人：汪小川、郭权鑫
指导老师：肖建飞
04/18
19:00—20:40
研究生院104教室
设计师：李明澄

（李明澄设计）

钟爱阅读读书会 2023—2024学年“人地关系”阅读季 第23期
华中乡土派学术视野中的城乡关系
——阅读《新乡土中国》与《乡村的视角》
领 读 人：解 越、杜利利
主 持 人：王海旭
与 谈 人：王海旭、牛玉兵
记 录 人：朱晁薇、林星宇
指导教师：肖建飞
04/25
19:00 — 20:40
地点：研究生院104教室
设计师：李明澄

（李明澄设计）

钟爱阅读读书会 2023—2024学年“人地关系”阅读季 第24期
城市与农村土地产权之别
——阅读周其仁的《城乡中国》
领 读 人：朱昆薇、林星宇
主 持 人：李明澄
与 谈 人：范佳宗、牛玉兵
记 录 人：解 越、杜利利
指导教师：肖建飞
04/28
19:00 — 20:40
研究生院104教室
设计师：李明澄

（李明澄设计）

如何找到真问题——
对《靠地养老：豫村耕地承包经营权的社会保障功能研究》
开题报告的分析
【汇 报 人】杜利利
【与 谈 人】金纯羽、解越
【指导教师】肖建飞
01 | 08
15:30—17:00
[地 点]
三江楼16楼法学院会议室
钟爱阅读读书会·2023—2024学年“人地关系”阅读季特辑

（严海桓设计）

学术自觉：舍文学创作择社科研究
——阅读费孝通的《茧》及相关作品
领读人：肖建飞
主持人：郭权鑫
与谈人：朱晁薇、林星宇
记录人：解越、金纯羽
时间：2023年12月6日12:00-13:30
地点：三江楼1620教室
钟爱阅读读书会·2023—2024学年"人地关系"阅读季　第20期

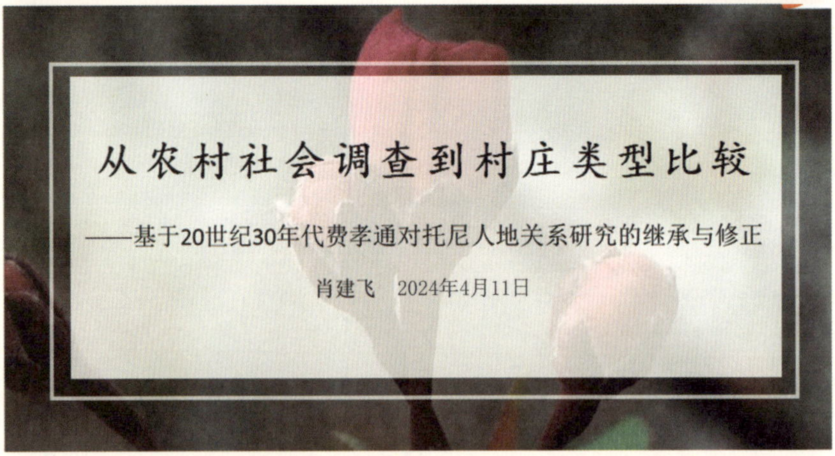
从农村社会调查到村庄类型比较
——基于20世纪30年代费孝通对托尼人地关系研究的继承与修正
肖建飞　2024年4月11日

抗战时期的社会思想与社会理想
——《乡土中国》《乡土重建》写作时期知识界片段追忆
肖建飞 2024年4月18日

指导教师的扩展分析

目录

阅读费孝通的《茧》及相关作品

阅读《江村经济》与《禄村农田》

阅读《乡土中国》与《乡土重建》

阅读《新乡土中国》与《乡村的视角》

阅读《城乡中国》系列作品

豫村靠地养老研究的师生对话

阅读费孝通的《茧》及相关作品[①]

阅读提要

《茧》是费孝通写的唯一一部文学作品，也被视为《江村经济》的文学版。小说的核心内容是太湖流域蚕丝业由家庭手工业向现代工业的转型，记述了转型期间的核心人物、事业目的、民众基础、政治社会阻力与国际政治经济形势。即便是小说，其文体也类似社会调查报告和非虚构写作。

费孝通回顾自己的学术生涯，平静地写下："我这一生一直在写文章。"对于这样一位自愿书写并坚持一生、著述等身的学术大家而言，《茧》或许只是费孝通先生著作博物馆中放在偏僻一角的展品和学术盛宴上的开胃小菜。

对此作品，或可择取如下问题链条阅读：

1. 《茧》如何塑造知识分子、权贵阶层与乡村平民等不同人物类型？这部中篇小说能否被视为20世纪30年代中国社会冲突的切面？

2. 近代以来，中国传统手工业经历剧烈的变迁，丝织业成为面对空前危机的首批产业。《茧》与《江村经济》对中国丝织业危机研究的侧重点何在？碍于研究角度与获取研究资料困难，是否有内容被舍弃或者遗漏？

3. 林耀华与费孝通都记述过乡村稻作，汪曾祺与费孝通都记述过西南挑夫，他们在写作志趣与叙事风格上有何差异？费孝通是否是基于"学术自知"，选择了学术研究，舍弃了文学创作，一生"从实求知""志在富民"？

（肖建飞供稿）

① 本期读书会领读人为江苏大学法学院教师肖建飞，主持人为江苏大学法学院本科生郭权鑫。

楔子

理解经典需要知识积累和岁月打磨

各位老师、同学：

大家中午好，欢迎来到“钟爱阅读”第 20 期读书会，我是本期读书会的主持人郭权鑫。

本期读书会以费孝通先生的《茧》为阅读文本，探讨这部文学作品的独特价值与费孝通先生践行一生的治学理念，并运用比较阅读的方法，分析文学创作与社科研究的联系，以启迪我们更好地进行社科研究与写作。

《茧》是费孝通先生写的唯一一部文学作品，被称为《江村经济》的文学版。它是费孝通先生众多经典作品中的一朵奇葩，既有一定的文学价值，又有重要的社会科学价值，对于我们认识 20 世纪前期乡土中国的面貌，了解当时乡土社会并存的种种新旧传统、思想和行动的本质特征与问题，理解一种社会思想的生成过程，都有着重要意义。

何谓经典？意大利作家卡尔维诺在《为什么读经典》中写道，经典作品是那些我们正在“重读”而不是正在“阅读”的书。费孝通先生的《乡土中国》《江村经济》等著作已然成为中学生必读经典，可是回想一下，我们昔日基于自身思维局限性的朴素简单的思考，与今日之所思所虑已经大相径庭。正如作家余华在今日头条和江苏卫视联合出品的外景纪实类读书节目《我在岛屿读书》中所言：“遇到读不懂的书不要着急，可能你还没有到与它相遇的时候。”理解费孝通先生的社会学理论研究、田野调查经历与民族志的创作方法，亦需要知识的积累和岁月的打磨。

一次阅读就是一次思维的碰撞与升华，愿我们可以积极思考与讨论。

下面有请肖老师为我们做领读汇报！

主题领读

学术自觉：舍文学创作择社科研究

——阅读费孝通的《茧》及相关作品

肖建飞

摘要：《茧》是费孝通写的唯一一部文学作品。《茧》的写作背景是20世纪30年代太湖区域蚕丝业由家庭手工业向现代工业转型，核心内容是记述现代工业引入带来的城乡经济社会文化变革。该部中篇小说为读者提供了丝绸主产区社会冲突的切面，故《茧》被视为《江村经济》的文学版。《江村经济》的写作基于村庄社区调查的微观视角，《茧》的写作视角则扩展到太湖区域城乡关系。费孝通更关注蚕丝业萧条的资本技术原因，而非国内外政治经济形势的宏观变化。只此一次的文学写作尝试，部分因为学术旨趣与自省，部分因为必要的生存智慧。费孝通生前未发表《茧》，他没有从事文学写作的计划，《茧》仅是其学术盛宴上的“开胃小菜”。

关键词：费孝通；《茧》；学术自觉；社科研究；文学创作

引言 植桑养蚕、缫丝纺织之于江南

《国风·豳风·七月》记录了妇女们蚕桑纺织之事：

> 七月流火，九月授衣。春日载阳，有鸣仓庚。女执懿筐，遵彼微行，爰求柔桑。春日迟迟，采蘩祁祁。女心伤悲，殆及公子同归。
>
> 七月流火，八月萑苇。蚕月条桑，取彼斧斨，以伐远扬，猗彼女桑。七月鸣鵙，八月载绩。载玄载黄，我朱孔阳，为公子裳。

七月大火向西落，九月妇女缝寒衣。春天阳光暖融融地洒在田野上，黄鹂婉转鸣唱。姑娘们提着深深的竹筐，一路沿着小道走，她们伸手采摘鲜嫩的桑叶。春来日子渐渐变长，姑娘们忙着采白蒿。这本来是美好的季节，她们心中却深感伤悲，怕随贵人嫁往他乡，远离亲人。

七月大火向西落，八月收割芦苇。三月修剪桑树枝，取来锋利的斧头，砍掉高高的长枝条，攀着细枝采摘嫩桑。七月伯劳鸣叫声声，八月开始织麻布。纺纱织绸，再染成黑黄色，而最鲜亮的是朱红色。可惜这些劳作都不是为了自己，而是为给王公贵族做衣裳。

文明多样性不仅以艺术、宗教、哲学为载体加以呈现，也以更为具象的方式呈现，例如织物、服饰。从西亚、北非到欧洲，传统织物的重要原料是羊毛和亚麻，南亚次大陆则以棉花为主，美洲则是羊毛和棉花，而在以中国为代表的东亚，除了棉麻以外，还有中国独有的丝纤维，它或可作为中国文化的象征符号。①

据目前的考古发现，最早的人工育蚕缫丝可以追溯到新石器时代晚期，河姆渡遗址发掘出原始纺织工具等，仰韶文化遗址发现了碳化的丝麻制品等。这一时期长江下游与黄河中下游先民都开启了从驯化野蚕到缫丝织绸的历史进程，建立起原始蚕桑丝绸业。②

“生民之本，以衣食为天”，服装位居衣食住行之首，但丝绸锦缎映射的是达官贵人的锦衣玉食、饫甘餍肥、雕梁画栋、宝马香车，与普通百姓的日常生活相距较远。自商代以来，服饰成为区别社会阶级的标志，丝绸服饰是供王公贵族享用的奢侈品，底层百姓的服装多是麻衣或葛衣。商代在绢绮之外已有刺绣，战国时期添加了织锦，西汉初已大量织造丝绸。《说文解字》收录的“纟”旁字多达267个。③“锦绣山河”这个词不仅反映一个丰饶的国度，同时也彰显了封建社会时期的等级制度。毕竟锦绣与上层社会有关，就像中国古代汉字书写在相当长一段时期是贵族阶层的特权。

位于太湖周边的苏州丝织业历史悠久。明清之际，苏州的缫丝工艺渐

---

① 象征符号出自美国逻辑学家、符号学家查尔斯·S. 皮尔士（Charles Sanders Santiago Peirce，1839—1914）的符号分类。皮尔士符号学说的分类体系极为庞杂，为人们频繁引用的仅为三种，即相似符号（icon）、标引符号（index）、象征符号（symbol）。相似符号即图像符号，指符号载体与所指对象之间存在着高度相似性，如一张照片、一幅图画、一张地图等。“标引符号”的使用范围不局限于词典或书面文献的“索引”，包含着由一种状况寻求、推导另一种状况的含义。相似符号自身有独立于所指对象的物质属性。标引符号与相似符号的差别在于，标引符号反映了符号与对象之间存在显著的物质关系，标引符号的形成需借助所指对象的影响和作用，符号与对象之间在时间上前后相继，在空间上邻接相近，在逻辑上存在因果关联。象征符号的含义取决于解释者如何理解或解释符号，这种理解或解释并非随心所欲，而是受到解释者所处的社会或共同体规范的制约，例如丝绸或四大发明之于中国便是象征符号。与相似式模态和标引式模态相比，象征指涉更为复杂，相当程度上是相似符号的“升级版”，是相似符号间系列高度复杂的系统关系的产物。参见爱德华多·科恩（Eduardo Kohn）《森林如何思考》的“导言：鲁纳美洲豹人”注释、第一章“敞开的整体”，该书由毛竹译，上海文艺出版社，2023年版；亦可阅读爱德华多·科恩2013年5月10日于伯克利大学的科学技术医学与社会中心的讲座“Thinking with a Forest's Thoughts”，俞洲总结整理并注解，载知乎，https://zhuanlan.zhihu.com/p/36325009，访问日期：2023年12月1日。

② 周匡明：《中国蚕业史话》，上海科学技术出版社，2009，第9-10页。

③ 林梅村：《丝绸之路考古十五讲》，北京大学出版社，2006，第4-8页。

趋成熟，成为全国丝绸的重要生产基地，丝织业的繁荣一直延续到民国初期。苏州和杭州在中国手工业发展历史上的地位，相当于欧洲的罗马和巴黎，是中国古代奢侈品的制造地。19 世纪下半叶以来，清政府被迫开放大量通商口岸，在外国资本购买力的刺激下，苏州传统丝织业走向鼎盛，潜伏的危机也逐渐显现出来。费孝通先生（文中简称“费先生”或“先生”）称自己调查的苏州吴江开弦弓村（学名“江村”），“丝价高涨时，这村子里的人民，虽则很少见过和用过西洋的轻绸软缎，可是收入的增加，的确使他们得到了一时很优裕的生活。他们可说是莫名其妙地占得了这便宜，不久又莫名其妙地把这便宜失去了”①。

学界普遍了解费先生有放弃医学从事社会科学研究的经历。先生 1928 年考入东吴大学医学预科，因参与抗议校医打人的学生运动，被迫转学到燕京大学学习社会学。② 但不为人知或鲜有人知的是，先生也有一个文学梦。《茧》（*Cocoons*）这部中篇小说是先生唯一一部文学作品。1938 年春，先生在伦敦政治经济学院（LSE）完成了博士毕业论文答辩，想做一件轻松愉快的事打发时间，于是开始写作。《茧》的文稿于同年春末完成，先生将它献给他的导师兼师兄弗斯（Raymond William Firth，1901—2002）及其妻子。弗斯夫妇生前一直珍藏这份手稿，目前手稿存于伦敦政治经济学院图书馆弗斯档案（Firth Papers）中。2016 年，北京大学社会学系博士孙静在弗斯档案中发现了《茧》的英文手稿。2021 年初，孙静和王燕彬尽量按照费先生的语言习惯将这篇小说翻译和校订了出来，故《茧》是最晚与读者见面的费先生的作品。尽管编者将之视为《江村经济》核心部分的“文学版”③，但若删除李义浦、宝珠、王婉秋之间的感情纠葛，完全可以把这部小说更名为“江村乡土工业的起步与夭折”，其文体将更接近于非虚构写作。这部小说的背景是太湖区域蚕丝业由家庭手工业向现代工业转型，核心内容是记述现代工业引入带来的经济社会文化变革，涉及转型期的核心人物、事业目的、民众基础、社会政治形势与阻力。

先生生前没有出版这部小说，大概不是忘记了这部作品。只此一次文学写作尝试，或是基于先生的学术旨趣与自省，或是出于最基本的生存智

① 费孝通：《禄村农田》，载《江村经济》，上海人民出版社，2013，第 311 页。

② 1930 年费孝通先生参与抗议运动，被学校暗示需要转学，该事件促使先生决定放弃医学，转而研究中国社会问题。

③ 王铭铭：《编校说明》，载费孝通《茧》，孙静、王燕彬译，生活·读书·新知三联书店，2021，第 137 页。

慧——故事中有很明显的影射，“蒋老”如何公器私用，凭借上海金融资本兼并刚刚起步的民族工业企业。先生此后再无文学创作尝试。庆幸的是，中国少了一位现实主义作家，但多了一位卓越的社会科学研究者。

《茧》出版以来，引起部分研究者的关注：杨清媚分析了《江村经济》与《茧》中的城乡关系，总结提炼出费先生的现代转型理论①；张芬、邱傲东将《江村经济》与《茧》视为互补性文本，分析费先生对中国社会文化的思考，以及《茧》的文学价值②；凌鹏、孟奇基于《茧》所呈现的民国时期社会经济与家庭结构转型，剖析工厂与现代个体诞生的密切关联③。既有文献对以下问题未加关注或者分析不足：《茧》在费先生的学术生涯中占据什么样的位置？文学版的《茧》与社科版的《江村经济》的写作角度、写作素材如何影响到费先生对研究问题的设定？费先生的学术旨趣、写作风格如何成就了其学术研究？这些问题构成了本次阅读分享的线索。

一、《茧》：20 世纪 30 年代中国社会冲突切面

《茧》塑造了不同人物类型，足以说明费先生对知识分子、乡村农民、小镇权贵的了解，对世风人情的深入洞悉，其中也有对上层政治人物的批判。Cocoons 既可以是保护膜、防护层、软罩，也可以是封闭、局限，于是才会有“information cocoons”（信息茧房）一词。但先生使用这一单词时，想到的对应汉语词汇更可能是“化茧成蝶”“浴火重生”“希望”……这在某种意义上，也可以解释先生 20 世纪 40 年代末的政治抉择。

（一）知识阶层三类人

留美归国的吴庆农是一位持有改良主义思想的知识精英，学业有成且家产丰厚。他卖掉祖产土地，在大运河边上开办了一家合作丝厂。其开办工厂的目的不在于赚取利润，而是进行乡土工业创新与社会改造实验。吴庆农总结了彼时欧美国家与中华民国的经济体制，大致将其化约为一个公

---

① 杨清媚：《城乡关系及其现代化：对费孝通〈江村经济〉与〈茧〉的比较》，《社会》2021 年第 3 期，第 39-62 页。

② 张芬、邱傲东：《从〈江村经济〉到〈茧〉——费孝通小说的社会文化思考及其文学价值》，《中国现代文学研究丛刊》2022 年第 2 期，第 152-168 页。

③ 凌鹏、孟奇：《家、工厂与中国现代个体的诞生——对〈茧〉中人物生活世界的分析》，《社会》2023 年第 1 期，第 173-202 页。

式："资本←生产←生计"[①] ——经济体系的基础是资本积累，以资本积累作为社会经济体系运行的核心价值准则，民众的生计屈从于生产，生产则是为了资本积累。民众生计在生产过程中的地位无足轻重，对于经济体系运行的影响微乎其微，故引发国内（阶级冲突）、国际（市场争夺）的种种冲突，这一模式导致的可能后果是"战争和毁灭"。吴庆农创建合作工厂，试图按照另一种相反的公式或逻辑运行，"资本→生产→生计"[②] ——资本服务于生产，生产服务于提升大众生活水平。"资本自身没有任何价值，它的价值仅在于对生产的贡献。"[③] 吴庆农致力于进行"人道主义经济体制"的实验，他给村民提供40%的蚕茧预付款，并派技术人员进行现场指导，村民可以更高价格售卖蚕茧，并能获得足够多的资金来种植水稻；同时年轻女性不必在家缫丝，可在工厂务工，所得的收入是此前的两倍。

吴庆农有一种英雄主义情结，可视为对传统士大夫使命感的当代承继。[④] "正是他这名英雄才是历史的动力，而非普罗大众。……大众只能跟随，不能创造。创造依赖的是意志，而意志是个人的。……吴庆农，毫无疑问是这样的个体，而非大众。"[⑤] 有时吴庆农也会陷入精神上的孤独，他不愿意加入任何团体，缺乏活力与激情，只愿意为理想而工作。其根源可归结为吴庆农的社会身份焦虑，"外在世界仍是模糊不清、身影不明，他甚至感受不到它的存在。工厂，蚕茧，丝绸，劳工，这些统统虚幻不实，自身毫无价值可言，只是通往理想的临时桥梁而已"[⑥]。

厂长助理李义浦有着共产主义、革命主义倾向，认同"现代欧洲经济体制正在将人类引向厄运"，但他不认为这一趋势背后是"资本主义与人道主义对立的问题"，而认为"谁将控制生产资料"才是分析世界经济体制的关键。[⑦] 他发现，吴庆农的公式低估了政治因素，因此也低估了中国社会阶级冲突的重要性。政府的作用恰恰在于维护既得利益者的特权，不改变政治体制则无法改变经济体制。尽管受雇于吴庆农，但这位雇员不认

---

① 费孝通：《茧》，孙静、王燕彬译，生活·读书·新知三联书店，2021，第22页。

② 费孝通：《茧》，孙静、王燕彬译，生活·读书·新知三联书店，2021，第22页。

③ 费孝通：《茧》，孙静、王燕彬译，生活·读书·新知三联书店，2021，第22页。

④ 传统士大夫精神最著名的表述便是北宋张载的"横渠四句"："为天地立心，为生民立命，为往圣继绝学，为万世开太平。"

⑤ 费孝通：《茧》，孙静、王燕彬译，生活·读书·新知三联书店，2021，第24-25页。

⑥ 费孝通：《茧》，孙静、王燕彬译，生活·读书·新知三联书店，2021，第113页。

⑦ 费孝通：《茧》，孙静、王燕彬译，生活·读书·新知三联书店，2021，第26页。

同雇主吴庆农的“英雄主义倾向”和“对大众力量的不信任”。[①]

李义浦对自己试图接近、依赖、领导的阶级也不乏疑问和困惑，“现在工人们并不知道如何斗争，他们一味服从，但奇怪的是，他们自己倒是互相斗来斗去”。他有时会质疑自己的身份，并不断自问：“为什么我这么没有耐心？我是否属于工人阶层？我的立场在何处？资本家把我视作敌人，大众也不把我看作他们的朋友。难道我是中间派？像我这样的中间分子又该何去何从？”[②]

王婉秋是一位受过新式教育但自私狭隘的女性。在大学时期，她从未正视过李义浦，也没有发现其身上所展现出的男性魅力，直到应聘到吴庆农的工厂负责女工管理工作，才像发现新大陆一样重新发现李义浦的特质。王婉秋可以选择放弃“中国摩登女性的寄生生活和摩登城市的物质享受”[③]，但却渴望着“一个家，一个窝，一个扎入泥土中的根，以及一个孩子”[④]。在她的生活世界中，合适人选是李义浦，“能使她安定下来、建立家庭、生儿育女”。就此而言，李义浦对她“只是一座桥梁，是她实现人生目标的手段不可或缺的部分”[⑤]。

王婉秋信心满满地认为，李义浦已在自己的掌控之中，却未曾想到这位男士接触了左翼运动，对自己的“小布尔乔亚思想”予以批评[⑥]，且“从不接受任何未经自己判断的命令”[⑦]，无论是政治命令，还是感情操控。遭到李义浦的冷静拒绝后，王婉秋把女工宝珠视为自己的情敌。尽管她也暗自思忖，若自己去散布流言，那么她和李义浦的嫌隙无法消除，感情更会渐行渐远。她该怎么办？“是毁了李义浦还是挽救他？是同他决裂还是等待良机？”[⑧] 但在暴怒下，王婉秋选择了下策，抹黑李义浦与宝珠之间的关系。王婉秋这个人物以现代教育为包装，却难改自负、自私的性格。意识到因为妒忌，自己几乎毁掉了合作丝厂，王婉秋在醒悟和悔恨中选择离开。她只身一人飘零德国，与汉语环境几乎隔绝。小说结尾时，王婉秋得知丝厂毁于日军轰炸，说了一句“我知道路了”。小说故事叙说者

---

① 费孝通：《茧》，孙静、王燕彬译，生活·读书·新知三联书店，2021，第 27 页。
② 费孝通：《茧》，孙静、王燕彬译，生活·读书·新知三联书店，2021，第 28 页。
③ 费孝通：《茧》，孙静、王燕彬译，生活·读书·新知三联书店，2021，第 46 页。
④ 费孝通：《茧》，孙静、王燕彬译，生活·读书·新知三联书店，2021，第 47 页。
⑤ 费孝通：《茧》，孙静、王燕彬译，生活·读书·新知三联书店，2021，第 47 页。
⑥ 费孝通：《茧》，孙静、王燕彬译，生活·读书·新知三联书店，2021，第 47 页。
⑦ 费孝通：《茧》，孙静、王燕彬译，生活·读书·新知三联书店，2021，第 47 页。
⑧ 费孝通：《茧》，孙静、王燕彬译，生活·读书·新知三联书店，2021，第 93 页。

“我”（王婉秋的老同学、留学生“通先生”）也说，“我知道她早就找到了路”[①]，暗示着王婉秋已获得新生。

（二）贫民阶层一家人

张婶含辛茹苦，拉扯儿子三福、儿媳宝珠长大，心力与体力都已经到了需要退出养家责任、只待含饴弄孙的状态。尽管生在乡村，但张婶并不抱残守缺、故步自封，迫于家庭经济压力，她同意儿媳宝珠到工厂做工。张婶对现代机器缫丝所知甚少，“她看不懂这机械式的工作节奏。她所熟悉的场景是人们在稻田里劳作，他们能花一半时间抽烟或者聊天。而眼前这些工人怎么能干这么久活都不用坐下歇息片刻？”[②]

宝珠是一个有着强烈自尊心与上进心的乡村女性。工厂成为宝珠的新世界，她两周内就成为工作表现最突出的员工，并当选女工自治会主席，对劳动能力与适应能力的信心取代了“我是个女人，我什么都不会”的胆怯与退缩。[③] 宝珠的工作表现不同于丹尼尔·笛福（Daniel Defoe）笔下富有创业精神、白手起家、不浪费时间和精力的鲁滨逊，却有更多费先生的姐姐费达生的气质。费达生毕业于江苏省立女子蚕业学校，后留学日本学习制丝技术。1923 年，费达生回乡推广科学养蚕，改良纺织工具。1929 年，她在开弓弦村创立了“生丝精致运销合作社”，组织蚕农入股，并争取贷款，旨在复兴乡村工业。

宝珠这个年轻女人时常会陷入困惑，这种困惑一方面来自自己所在的社会阶层，工厂与工人是什么关系？工厂“确实给村民送来了钱，但这难道不是因为好人吴厂长，像父母一样慈爱地救济贫弱吗？”李先生为什么说“必须为自身权益斗争”？[④] 另一方面来自情感世界，她脑海中经常会出现两个不同形象的男人，一个男人是近在咫尺的上司李义浦，对于此人，宝珠只有“零碎的片段”，“有时候是他强壮有力的双手，有时候仅仅是他深邃的眼眸，有时候又是一些清晰犀利的话语，有时候则是他急促的步伐”[⑤]。另一个男人是同在一镇却不得相见的丈夫三福，“具体的、真实的，熟悉而确然”“她对三福如此熟悉，也从未提过任何超过他能力的

---

① 费孝通：《茧》，孙静、王燕彬译，生活·读书·新知三联书店，2021，第 136 页。
② 费孝通：《茧》，孙静、王燕彬译，生活·读书·新知三联书店，2021，第 18 页。
③ 费孝通：《茧》，孙静、王燕彬译，生活·读书·新知三联书店，2021，第 50 页。
④ 费孝通：《茧》，孙静、王燕彬译，生活·读书·新知三联书店，2021，第 54 页。
⑤ 费孝通：《茧》，孙静、王燕彬译，生活·读书·新知三联书店，2021，第 55 页。

要求，也因此，从未对他有过焦灼的企盼”[①]，三福是她自己的一部分。透过李义浦这个模糊的影子，宝珠发现了自己的“无知和欠缺”，发现了“引领她通往新世界的道路”。[②] 她希望丈夫三福能像李义浦一样“渊博”。

宝珠是有能力控制自己情绪的人，在人格上更理智、成熟。即便面对让自己内心波澜起伏的李义浦，她仍可以平稳坚定地讲述关乎工厂生死存亡的大事。最终识破并戳穿杨保长、储老板、史大爷阴谋的也是宝珠。“如果你们今天把姑娘们带回去，工厂就垮了。我们已签好售丝合同。你们要罢工，我们就完了。他们随即会来接管工厂，不会借钱给你们，不会保护你们的利益。他们会将你们的姑娘变成奴隶。谁来承受这样的后果？我们所有人！现在一切为时不晚，决定权在你们手中。只有你们自己能够保护自己的利益，也只有你们自己可以毁灭自己。”[③] 面对被煽动起来、围攻工厂的女工们的父兄，宝珠似乎瞬间变成了“革命者”。化茧成蝶，或许《茧》这一本书的书名择取系因宝珠的转变。

三福是一个老实、缺乏主见和自信的男人，甚至会以粗暴行为来掩盖自己的怯懦。但三福并非没有优点，他孝顺母亲、深爱妻子，将两人视若自己的生命。他不是李义浦那样以事业为重的人，家庭几乎是他人生的全部意义。“我师傅和史扒皮制定了一个方案，打算攻击你的工厂。我听到他们密谋威胁村民不要交出蚕茧，并且已经和上海那边达成协议，要切断工厂的财政支持。他们还在策划一次罢工。我很抱歉今天晚上没有当面和你说。但是我会随时告诉你事情的进展。”[④] 300 元的出师费在彼时太湖周边乡村是一笔“巨款”，即便可能失去免除出师费的机会，三福还是写信给宝珠，因为他把宝珠视为丝厂方代表。但他更担心自己与宝珠的差距越来越大，他推断宝珠对自己不忠，诬陷她，侮辱她，攻击她；又在真相大白后幡然醒悟，倾尽所能地捍卫宝珠的名誉。宝珠为三福的变化感到“欣慰”，但失落感也同时到来，一道“无形墙”将这对年轻夫妻分隔开。当丈夫三福仍停留在传统社会经济结构下男人养家、女人持家的观念中，妻子宝珠却在时代变迁的推动下摆脱了这种观念。宝珠既是社会变革的积极参与者，也是自身命运的掌控者。

---

① 费孝通：《茧》，孙静、王燕彬译，生活·读书·新知三联书店，2021，第 55 页。
② 费孝通：《茧》，孙静、王燕彬译，生活·读书·新知三联书店，2021，第 55 页。
③ 费孝通：《茧》，孙静、王燕彬译，生活·读书·新知三联书店，2021，第 133-134 页。
④ 费孝通：《茧》，孙静、王燕彬译，生活·读书·新知三联书店，2021，第 83 页。

（三）权贵阶层及附庸

吴庆农的合作丝厂威胁到了镇上的丝行、茧商和高利贷者的利益。赵老板、储老板、史大爷都以低价收购蚕茧、放高利贷发家，对镇上大烟囱冒烟的新工厂既恨之入骨又垂涎欲滴。费先生将这一类人视为汲取乡村农民血汗的寄生虫，“在城镇生活的人依赖的是商品和货币的流动。成千上万在太阳底下劳作的人则用他们的血和汗喂养着这群人”①。赵老板是茧行老板，大体可归为初级市场收购商。储老板是丝行老板，初级市场收购商中的领军人物，经营着镇上最大的丝行，也是三福的老板，故赵老板愿意找他出山做迎战新工厂的“话事人”。史大爷则黑白通吃，是出了名的“扒皮”，也是逼迫三福父亲自杀的元凶。三福父亲在债主家中自杀，此事在本乡激起众人的同情，债主迫于压力没能收走三福家的土地。父亲留下遗言：“若是没了地，我便养不起儿子，愧对祖宗。若是我的死能替我保住地，死比活着强。”②

丝行老板们尽管互有竞争，却在应对新工厂一事上结成了利益联盟。对此，李义浦有清晰的认识，“我们贷款给农民，对那些扒皮是重重的一击。我们直接从农民那里收购蚕茧，冲击了镇上采购商的生意。机器纺丝业将会取代传统纺丝业，这样一来旧的丝行就会衰落。这些人都是我们的敌人，他们一直寄生在蚕农身上，如今遭到我们计划的威胁”③。赵老板、储老板、史大爷策划阴谋鼓动工人罢工。杨保长被这些人收买，在村里散布谣言，称工厂是共产党开办的，工厂的男性管理人员调戏女工。

最后一个总代理人、老板中的顶级人物是“蒋老”。此人授意自己控制的银行拒绝向财务紧张的现代丝厂提供资金支持，并抢在日本企业之前，收购了设备最好的丝厂。工厂易手后，蒋老成为新老板。报纸竟发社论称赞此人对抗帝国主义。吴庆农认为，“这肮脏的交易却用爱国主义的美名来掩盖。名头越美，其实质越不堪。他不会向民众公开真相，同时得到工厂和民众的传颂。真是‘大英雄’”④。吴庆农有预感，自己的丝厂作为太湖之滨经营得最有起色的企业，也被虎视眈眈的蒋老列为收购目标。他寄望于自己的人道主义经济可挽救工厂于危机。毕竟自己的企业关爱工

① 费孝通：《茧》，孙静、王燕彬译，生活·读书·新知三联书店，2021，第31页。
② 费孝通：《茧》，孙静、王燕彬译，生活·读书·新知三联书店，2021，第42页。
③ 费孝通：《茧》，孙静、王燕彬译，生活·读书·新知三联书店，2021，第33-34页。
④ 费孝通：《茧》，孙静、王燕彬译，生活·读书·新知三联书店，2021，第59页。

人、支付高薪、谨守工时，上海几家丝厂却奉行逐利原则，“剥削工人，压低薪水，延长工时”①。而李义浦的看法更冷静、更接近现实，“是否关心工人利益”这一差别不足以实现自救，政府不足为信，其黑手已经伸向本厂。与政府相比，李义浦更信任工人，社会改革离不开政府的支持，但工人也是“维持经济体制的重要而活跃的因素”②。

吴庆农身陷资金危机时，上海金融寡头、通商口岸的买办势力集团头号人物蒋老的特使应时出现。此人代表“上海金融界幕后黑手”，背诵着业界人士皆知的台词：“蒋老对中国丝织行业的发展一直甚是关注。当然了，一旦您开口，他将非常乐意为您排忧解难。……民族危亡之际，我们更应放下个人利益，精诚合作。对付共同的敌人。”③ 吴庆农知道这些“脏狗”最终的目的，“蒋老似乎比起我们的共同敌人更关心我的工厂”④。当杨保长组织女工们的父兄围攻工厂时，蒋老及其控制的金融资本家正伺机而动，想趁丝厂资金未及时回笼之际低价收购。丝厂内外交困、生死一线。

(四) 阶层与社会关系

《茧》的故事主线是合作缫丝工厂的发展与危机，小说所揭示的主要问题不仅是乡土手工业的成败与新生，同时也为分析城市、市镇与乡村经济关系、乡土的社会关联、不同阶层的精神结构及其变化提供了线索。

《茧》分析了三种经济形态——传统乡村中农工并重、市镇丝行手工业、现代丝业工厂。费先生对乡土工业给予极高的期望，他把乡土工业视为挽救半饥半饱的中国乡村的“诺亚方舟”。合作工厂将现代工业技术与管理组织方式带到乡村，推动乡土社会的变革，连工厂的哨声也似乎是乡村的福音。“工厂有规律的哨声已然成为镇里居民日常生活的一部分。它给大家提供了一个公共时钟。有了它，甚至集市也有了一种新的节奏感，而家家户户的烟囱升出袅袅炊烟的规律也有所调整。”⑤ 先生在创作小说《茧》时，头脑中一定不时会出现江南水田阡陌中树立起高高烟囱的画面。这或许受益于理查德·托尼的著述，“在内陆各地那些已经被公路、水路或铁路改造过了的地方，到处都有烟囱耸立在被两千年来辛苦的农业耕作

① 费孝通：《茧》，孙静、王燕彬译，生活·读书·新知三联书店，2021，第60页。
② 费孝通：《茧》，孙静、王燕彬译，生活·读书·新知三联书店，2021，第60页。
③ 费孝通：《茧》，孙静、王燕彬译，生活·读书·新知三联书店，2021，第115-116页。
④ 费孝通：《茧》，孙静、王燕彬译，生活·读书·新知三联书店，2021，第116-117页。
⑤ 费孝通：《茧》，孙静、王燕彬译，生活·读书·新知三联书店，2021，第44页。

拖垮的田地里。这些烟囱所代表的制度，在西欧已经是常见的现象，但在中国却是一个另类”①。

相对于抽象理念，彼时的费先生更为认同：应采取实际可行的措施，消除饥饿贫困、改善生活，救民于水火。先生相信实际利益对民众行为的驱动力与思想的改造力。没有借助课堂启蒙，在合作丝厂工作了一年，女工们亲身体验到工厂提升了自己的家庭地位。她们不再被婆婆看管和讥讽，不需再事事顺从丈夫。上述变化的原因直接、浅白，“她们挣回去的钱，才能创造这等奇迹。谁愿意回到从前的苦日子？一旦离开工厂回家，那她们所有的追求、期冀就是一场空了”②。

城市与乡村、知识分子与农民之间存在着“启蒙和被启蒙”的关系，吴庆农、李义浦扮演着启蒙者的角色，身为管理人员的王婉秋无力承担启蒙责任。宝珠被赋予回应启蒙的觉醒者的角色，三福则更为守旧、迟钝。宝珠与王婉秋相比，前者代表着从被启蒙到自我启蒙的“自信”，后者则更多暴露出“启蒙者的虚弱感”。③ 未进入工厂前，宝珠的生活世界以家为核心；进入工厂后，宝珠生活世界的空间得以拓展。宝珠与家、工厂这两个社会空间产生联结，其身份发生重叠——妻子、儿媳与工人、工人自治会主席。在生活世界重构的过程中，宝珠的自身主体性不断挺立，她开始重新认识家和工厂，进而是村庄和国家。④

《茧》不仅塑造了三种社会阶层——城市知识精英、乡村平民、市镇坐食者，同时也记述了三种婚恋关系——乡村婚姻、现代婚恋、超越性婚恋。宝珠与三福是乡土社会的夫妻；李义浦与王婉秋是没有结果的现代单相思；李义浦与宝珠是诞生于现代工厂中的新异性关系，但超越雇员与管理层的关系，超出了朋友、兄妹、情侣、夫妻等关系。⑤ 宝珠对传统家庭伦理有所扬弃，但却未彻底抛弃家庭责任、乡村道德，也没有拥抱现代社会的个人主义、婚恋自由。《茧》中的社会关系结构见图 1。

---

① 理查德·亨利·托尼：《中国的土地和劳动》，商务印书馆，2014，第 116 页。

② 费孝通：《茧》，孙静、王燕彬译，生活·读书·新知三联书店，2021，第 127 页。

③ 张芬、邱傲东：《从〈江村经济〉到〈茧〉——费孝通小说的社会文化思考及其文学价值》，《中国现代文学研究丛刊》2022 年第 2 期，第 158 页。

④ 凌鹏、孟奇：《家、工厂与中国现代个体的诞生——对〈茧〉中人物生活世界的分析》，《社会》2023 年第 1 期，第 185-188 页。

⑤ 杨清媚：《城乡关系及其现代化：对费孝通〈江村经济〉与〈茧〉的比较》，《社会》2021 年第 3 期，第 43 页。

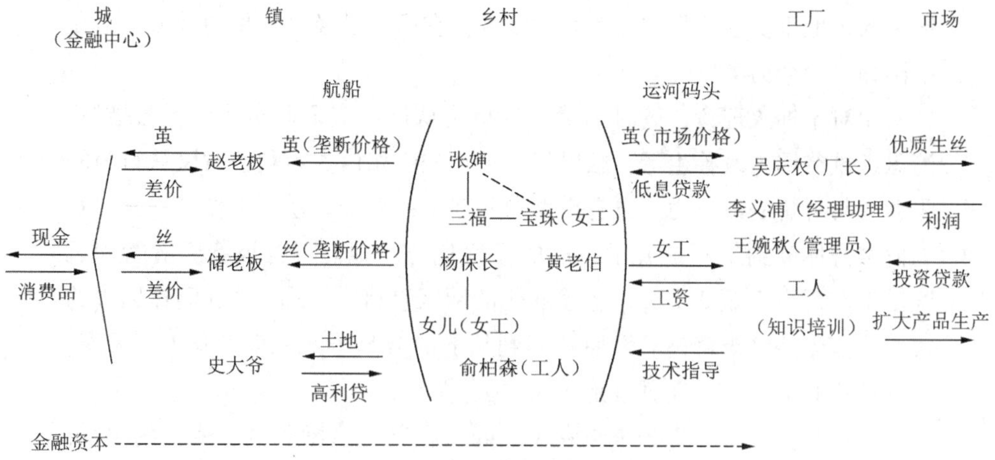

图 1　《茧》中的社会关系结构

注：图片来源于杨清媚：《城乡关系及其现代化：对费孝通〈江村经济〉与〈茧〉的比较》，《社会》2021 年第 3 期，第 44 页。

清华大学中文系副教授袁先欣比较了《茧》与当时流行的左翼农村小说，认为两者之间有诸多相似之处，例如都有宏大的社会构图，都对社会问题进行总体判断。但《茧》和左翼小说的区别在于，前者没有明确提出暴力推翻某个剥削阶级的诉求。[①] 结合费孝通的乡村建设思想，有研究者大胆猜测，在中国文化语境中，“义”与“孝”对应；在运河流域，“浦”与“通”对应，小说中最接近作者本人的知识分子角色是李义浦。费孝通先生将自己的身份茫然、价值疑问投射到李义浦这一人物身上，后者曾扪心自问，“难道我是中间派”。20 世纪 40 年代末期，费先生本人面临重大的政治抉择，他曾短暂参与过在国共两党之外寻找“第三条道路”的政治活动[②]，但后来选择留在大陆，参与建设新中国。

二、《江村经济》：丝业研究之所见与未见

近代以来中国传统手工业历经剧烈的变迁，丝织业成为直面空前危机的首批产业。以江苏吴江开弦弓村为研究对象，《江村经济》更多揭示的是太湖周边乡村经济的构成、运行、失调和变革力量。《茧》则在关注乡

① 仇广宇：《人类学者费孝通从未透露过的小说〈茧〉》，《中国新闻周刊》2021 年 3 月 14 日。

② 张芬、邱傲东：《从〈江村经济〉到〈茧〉——费孝通小说的社会文化思考及其文学价值》，《中国现代文学研究丛刊》2022 年第 2 期，第 158-159 页。

村经济生活的同时，也关注城乡经济关系重构，以及重构期间伦理观念、社会文化环境所发生的变化。《茧》的写作带有主观叙事色彩，更能反映现代工业带来的“社会组织结构变革”。这部小说“让原本在《江村经济》中的社会学旁观者笔下的数字和行动主体获得了血肉之感”[①]。文学和社会学之间存在互动、互补关系，故《茧》不是对社会学研究的复写。在此有必要回顾《江村经济》中对于丝织业危机的分析，可以发现费先生关注的是引发丝织业危机的资本技术因素。碍于当时的研究条件，《江村经济》对国内外宏观政治经济因素的关注稍显不足。

（一）近代民国太湖区域丝业的沉浮

江村位于太湖东南岸，水运便利，早早就脱离了自给自足的单纯农耕经济形式。《中国作物栽培史稿》记载，18 世纪末，江南丝织业生产规模巨大，在江宁、苏州、杭州和镇江等地均已出现拥有一千台织机、三四千工人的大型手工工厂。[②] 江村农民除了种植水稻外，最重要的生计来源就是出产生丝并出售给城镇丝行。太湖沿岸的村庄都以发达的手工业见长，“耕田植桑”“男耕女织”是该地典型的生计形态。

丝绸对于制造生丝的农民家庭来说是奢侈品，此类服饰原料不可能普遍用于自家消费，而是用作外销的高等商品。养蚕缫丝的农户需要借助船主、丝行卖出生丝，每家的生计都与都市工商业关联，乃至受其支配。如先生所言，“江村是附近都市的附庸，代表着受现代工商业影响较深的农村社区形式”[③]。

太湖周边丝织业的发展在 20 世纪初经历了两次起伏。鸦片战争后，海运畅通，江村生丝远销到海外，生丝曾一度成为中国最重要的出口商品。尽管晚清政府财政每况愈下，但生丝产业却使得太湖周边的商家盆满钵满，农民家庭也相对殷实。商家积累财富，农家生活安稳，都是拜生丝产业大发展所赐，是这种特殊贸易品大量高价输出的溢出效应。但 20 世纪初，日本引进并改良了缫丝机器，太湖周边传统的手工业敌不过现代化机器生产，生丝市场萎缩，价格一落千丈，甚至无力支付生产的成本，太湖周边村庄生计与城市经济都遭到毁灭性的打击。

---

① 张芬、邱傲东：《从〈江村经济〉到〈茧〉——费孝通小说的社会文化思考及其文学价值》，《中国现代文学研究丛刊》2022 年第 2 期，第 154 页。

② 唐启宇：《中国作物栽培史稿》，农业出版社，1986，第 379 页。

③ 费孝通：《禄村农田》，载《江村经济》，上海人民出版社，2013，第 311 页。

中国传统丝织业日趋衰败之际，正是日本丝织业后来居上之时。1868 年日本开启明治维新，实施“二线”（丝线和航线）国策，大力发展蚕丝业，把蚕丝业作为兴业强国的主导产业，引进西欧先进的蚕丝技术，设立蚕丝科教机构，官民合一开拓海外生丝市场，提升出口创汇能力。鼎盛时期，日本60%以上的农户养蚕，桑园面积占全国耕地面积的 26.3%，生丝出口占西方市场的 75%。① 自 1909 年起，日本取代中国成为世界上最大的生丝输出国。1911—1915 年中国生丝出口量（7649 吨）较之 1871—1875 年（3941 吨）增加了 0.94 倍，日本则增加了 14.59 倍（从 691 吨到 10771 吨）。② 清末至民国，中国在世界蚕丝市场的领先地位已不复存在。详见表 1。

1914—1918 年，西方国家陷于第一次世界大战，无暇顾及对中国市场的掠夺，中国本土民族工业因之快速发展。至 20 世纪 20 年代初，苏州丝织业处于短暂的“黄金时期”。辛亥革命爆发后的 1912 年，苏州海关年出口绸缎量陷入低谷，仅为 583 担（1 担为 50 kg），1921 年达到最高点 2890 担，但自 1925 年起出现断崖式下跌，1931 年降至最低点 261 担（表 2）。苏州作为重要丝织品贸易地，1935 年剩下丝行 10 家，1937 年在日军统制下全市仅存丝行 4 家。③

表 1　1871—1915 年中日两国的生丝出口量

年度	中国生丝		日本生丝	
	出口量/t	指数/%	出口量/t	指数/%
1871—1875	3941	100	691	100
1876—1880	4175	106	1033	150
1881—1885	3342	85	1360	197
1886—1890	4035	102	2056	298
1891—1895	5403	137	3006	435
1896—1900	5629	166	3459	501
1901—1905	6355	161	4865	704

① 钟旖：《向仲怀：中国蚕桑业如何走上 21 世纪“新丝绸之路”?》，http://www.chinanews.com.cn/gn/2022/02-18/9679991.shtml，访问日期：2023 年 12 月 1 日。

② 沈浩、杨虎：《国潮视域下民国苏州丝织业的改进：从传统到近代》，《中国蚕业》2022 年第 4 期，第 61 页。

③ 沈浩、杨虎：《国潮视域下民国苏州丝织业的改进：从传统到近代》，《中国蚕业》2022 年第 4 期，第 62 页。

续表

年度	中国生丝		日本生丝	
	出口量/t	指数/%	出口量/t	指数/%
1906—1910	7191	183	7448	1078
1911—1915	7649	194	10771	1559

注：本表来源于沈浩、杨虎：《国潮视域下民国苏州丝织业的改进：从传统到近代》，《中国蚕业》2022 年第 4 期，第 61 页。

表 2 1909—1931 年苏州海关出口绸缎情况

年份	出口绸缎数量/担	价值/关平两	平均每担价格/关平两	资料索引/(册-页码)
1909	1117	986269	882.96	60-157
1910	1420	1253781	882.94	60-157
1911	1404	1229860	875.97	60-157
1912	583	414732	711.38	60-157
1913	1174	971152	827.22	63-668
1914	1076	942716	876.13	67-491
1915	1247	1074469	861.64	71-498
1916	1189	1170605	984.53	75-520
1917	1236	1216204	983.98	79-531
1918	1405	1382825	984.22	82-524
1919	2480	2493908	1005.61	87-467
1920	2154	2305309	1070.25	89-453
1921	2890	3288167	1137.77	91-454
1922	2671	3298483	1234.92	93-456
1923	2584	3110880	1203.90	95-475
1924	2452	2978899	1214.89	97-483
1925	1703	2061992	1210.80	99-593
1926	1430	1773930	1240.51	101-574
1927	1272	1732464	1362.00	103-532
1928	1038	1235782	1190.54	105-530

续表

年份	出口绸缎数量/担	价值/关平两	平均每担价格/关平两	资料索引/(册-页码)
1929	475	659792	1389.04	107-534
1930	261	363831	1393.99	109-581
1931	261	362793	1390.01	111-584

注：本表来源于沈浩、管虎：《国潮视域下民国苏州丝织业的改进：从传统到近代》，《中国蚕业》2022年第4期，第63页。

费先生测算，20世纪30年代下半叶，江村一户农民家庭为维持正常生活（包括日常生活必需品、礼节性费用、赋税和地租以及再生产所需的资金等），每年需要200元支出；出售余粮后所得约68元，亏空约为132元。[①] 农民无法单靠农业维持生计，农工结合势在必行。

缫丝产业兴旺时，依赖生产生丝，江村一般农户年收入约300元，除去生产费用（约50元），可盈余250元（包括家庭成员劳务薪酬在内）。[②] 在此情况下，农民有结余开展各种文娱和礼节性活动。当时农村少有职业分化，纺丝工人是为数不多的专门职业之一。这些工人住在村庄，为附近集镇上的丝行工作，类似于《茧》中的三福。经由航船主人做中介，丝行从村民手里收集土法缫制的生丝，因质量不一，出口或卖给丝织厂前，需经纺丝工人重新整理。丝行把生丝分配给纺丝工人，整理完成后，发放计件工资。但非常不幸的是，20世纪30年代以来生丝价格陡跌，从最高价格每两超过1元，降到1935年2两丝约值1元。尽管生产量没有任何降低，但一般农户每年仅能获利45元。[③] 丝业衰落构成了江村生计研究最基本的经济背景，这个背景大体可以解释《茧》中张婶为何同意儿媳宝珠进厂做工。

（二）费先生重点关注资本技术因素

日本引进现代制丝业的先进生产技术后，中国乡村丝业开始迅速衰落，乡村手工业者的命运随之改变。中国乡土手工缫丝技艺、质量与资本、组织方式没有明显变化，域外生产技术与生产方式却发生了重大变化，故影响生丝价格的因素来自外界。费先生认为，利用传统生产技术所

① 费孝通：《江村经济》，上海人民出版社，2013，第157页。
② 费孝通：《江村经济》，上海人民出版社，2013，第157页。
③ 费孝通：《江村经济》，上海人民出版社，2013，第157页。

获利益难以平衡家庭预算，太湖周边农民家庭处于饥饿线的边缘。费先生较为关注家庭缫丝的技术工艺情况，指出问题是“家庭缫丝质量不匀，不适合高度机械化的丝织工业的需要”①。

1. 不具备防疫卫生条件

用传统方法养蚕，在最坏的年景里，蚕能成活到最后阶段并结茧的概率只有 30%，吐丝量明显减少。出现上述情况的原因是农民对蚕的病毒传播没有预防意识，没有采取有效措施，在喂养新蚕前，不对房屋和器具进行消毒。他们习惯把病蚕或死蚕作为肥料扔在桑树下，导致细菌持续传播，桑叶将细菌带入蚕房，蚕蛾将致病性微生物带给蚕卵，病毒代代传递，无法消除。

2. 温湿度、桑叶质量均无保障

在蚕生长过程中，温度和湿度得不到调节。农民不依据气候变化，在蚕第三次蜕皮后便停止烧火。同时由于村里桑树不足，农民从邻村购买桑叶，无法保障桑叶新鲜，乃至常用干萎的桑叶喂蚕，喂食桑叶的质量无保障。

3. 旧式缫丝技术水平低

缫丝的基本原则是把蚕茧的丝纤维抽出来，把数条纤维合成一根丝线供纺织用。旧式缫丝机器分成三部分：煮水的炉子、绕丝线的轮子、连着踏脚板的旋转轴。当丝纤维合成一股丝线后，踩动脚踏板使轮子转动，抽缫丝线。

缫丝前需要用热水将蚕茧的黏性物质溶解。旧式缫丝方法水温不稳定，溶解程度不匀，不仅影响丝的光泽，同时也导致纤维容易折断。因纤维折断率高，轮子转动不均匀，旧式手工缫丝机器不能保障丝线粗细匀称。农村生产的生丝大部分用于出口，却不能适应西方国家纺织工业的技术发展需要。②

费先生寄望于发展乡村合作工业，进行社会组织与技术条件变革。“为了改进技术，引进蒸汽引擎，必然引起一种从家庭个体劳动到工厂集体劳动的变革。”③ 新工业组织的原则是“合作”，需要政府、技术部门与农民通力合作，蚕业学校作为“传播现代工业技术的中心”，其本身不以

---

① 费孝通：《江村经济》，上海人民出版社，2013，第 158 页。
② 费孝通：《江村经济》，上海人民出版社，2013，第 159-160 页。
③ 费孝通：《江村经济》，上海人民出版社，2013，第 160 页。

营利为目的，人民应该是工业改革的受益者。“蚕丝工业曾经是而且应该继续是一种乡村工业。……通过引进科学的生产技术和组织以合作为原则的新工业，来复兴乡村经济。”①

（三）费先生不具备条件进行国内外形势分析

费孝通先生启动江村研究的初衷在于，分析外来力量影响下中国生丝产业面临的危机，“世界经济萧条及丝绸工业中广泛的技术改革引起了国际市场上土产生丝价格的下跌，进而引起农村家庭收入不足、口粮短缺、婚期推迟以及家庭工业的部分破产”②。碍于当时调研条件有限——不具备查阅历史档案与国家统计资料的条件，先生开展了微观村庄社区研究。如先生所言，学者需限定自身研究范围，并期待后续研究，“身处村庄的调查者不可能用宏观的眼光来观察和分析外来势力的各种影响。……他当然应该把对这些势力本身的进一步分析留给其他学科去完成。调查者应承认这些事实，并且尽力约束自己去跟踪那些可以从村庄生活中直接观察到的影响”③。先生只能把彼时国际丝织业技术发展、消费市场风潮变化、国家财政海关政策等问题留给后代学者。

1. 国内外的技术差异

直至20世纪初，苏州丝织业基础仍是家庭手工业，“农户—丝行—丝厂”的行业组合，以数量扩张为目的，未能实现技术革新。鸦片战争后国内外市场扩大，苏州丝织业迅速发展；同时碍于丝绸生产的特殊工艺要求，外国资本短期内难以渗透，苏州丝绸商人一度沾沾自喜。20世纪初，日本织造业实现了三次技术改良，最初是逐渐放弃意大利大纡式直缫丝车，采用效率更高的复摇式坐缫丝车，随后又逐步推广更为先进的多绪式缫丝车。

2. 消费潮的由中转西

辛亥革命以后，民国政府除旧布新，提出“剪辫易服”，以期革除旧制旧俗，改良社会，但更旨在确立新政权的合法性。易服的对象是礼服而非便服，丝绸等高档服装面料受到冲击。在官场上，弃龙袍朝服而全采西服，由此导致柔软轻薄的丝织品消费量下降，质料坚厚的毛呢原料的消费量增长。苏州丝绸行慨叹，“我中华自光复以来，人民咸疑改装易服，不

---

① 费孝通：《江村经济》，上海人民出版社，2013，第161页。
② 费孝通：《江村经济》，上海人民出版社，2013，第18页。
③ 费孝通：《江村经济》，上海人民出版社，2013，第18-19页。

敢制办绸缎布匹等品华衣，转购呢绒洋货，改服西装，顿使我华绸缎、纱罗、布匹各项国货，日形滞销”①。在此情势下，1911 年苏州织造局停织②。苏州纱缎庄以往的主要业务是向北京供货，包括提供王室、官吏服制衣料，销量约占苏州丝织业全部产量的 20%，该年这笔最大的业务绝迹。苏州生产的漳缎历来作为清王朝皇亲贵族和文武百官外衣马褂的重要物料，此后这一传统丝织名品难觅出路。

在苏州织造业凋零的情况下，进口的呢绒、洋绸、各类棉毛织品与人造丝织品大量入境倾销，吞噬着传统丝织品的阵地。清末民初，涌入市场的大量洋货中也有平民消费品，例如花色鲜亮、细密平滑的棉布，因制作精巧、美观实用而备受群众青睐。即便是消费能力有限的农民，为了出入重大场合也会竭力置办一套洋布衣服。以丝绸为代表的传统奢侈品布料则迅速被冷落。

完全是基于自保的本能，苏州丝织从业者极力宣传和屡次请愿。以中华国货维持会为代表，向政府提交请愿书，旨在让政府颁行“服用国货”的法令。1912 年 10 月，北洋政府颁布《服制案》，确立了以西装为主的新式服装形制，但在用料方面多处规定使用本国丝织品，诸如“大礼服式如第一图，料用本国丝织品，色用黑”“甲种式……料用本国丝织品……”“大礼帽式……料用本国丝织品，色用黑”“关于大礼服及常礼服之用料，如本国有相当之毛织品时，得适用之”③。《服制案》关于使用国内织造品的规定，一方面表明，在江南织造业动员下，北洋政府对民族资产阶级做出了必要妥协；另一方面也恰恰说明，彼时中国纺织市场的主导力量是国外资本。在太湖周边，从社会上层人士穿的毛呢到社会底层人士穿的棉布，大部分非中国制造。

3. 丝绸业捐税的高昂

韩愈曾说，“赋出于天下，而江南居十九”。太湖地区是国家赋税重地。北洋政府时期，连年军阀混战，各地财政枯竭，丝织业成为政府加税

---

① 苏州市档案馆：《云锦公所转请商务总会呈省议会书》，丝织业同业公会档案第 114-546 页。转引自王翔：《辛亥革命期间的江浙丝织业转型》，《历史研究》2011 年第 6 期，第 25 页。

② 明清时期，江南成为全国最重要的丝绸产区，南京、苏州、杭州三个官营织造局合称“江南三织造”，代表彼时中国传统丝织生产最高技术水平和组织能力。康熙年间江宁制造局的负责人是曹頫，就是《红楼梦》作者曹雪芹的父亲（一说是叔叔）。有研究者认为贾政的原型就是曹頫。

③ 中国第二历史档案馆：《北洋政府公报影印版》（第六册，1912 年 10 月），上海书店出版社，1988，第 115-116 页。转引自沈浩、杨虎：《国潮视域下民国苏州丝织业的改进：从传统到近代》，《中国蚕业》2022 年第 4 期，第 62 页。

以充军饷的重要税源。震泽丝绸业者哀叹：“今既加丝捐，又加经捐，援照浙章每百斤拾贰元纳税，较前清加十分之二，明明于苏经捐率额外加征。”① 南京国民政府成立后，向苏州丝绸行业征税更是近水楼台。1927年5月，国民政府向苏、浙、皖丝绸业“加收二五特捐，以助充军饷”。1928年，国民政府设立江苏省丝织品税总局，规范丝税征收，同时进一步增加税率。② 当时的有识之士认为，“旧丝之所以兴，华丝之所以衰，固不外乎负担之不同，盖日本对于原料之茧无捐，对于出口之丝无捐，国内运输绝无捐税……反观我国，……是百斤之丝，共负担捐税至103元之谱”③。

4. 财政被控而非自主

有同学会问，晚清、北洋、民国时期，外国资本主义想凭借其工业技术的优势向中国大量倾销丝绸布匹等产品，彼时中央政府为何不对这些外国产品征收高额进口关税，让国外产品运不进来，同时降低中国丝织品的出口关税，以此来保护民族工业？这就触及了另一个问题。

19世纪末，西欧国家与日本对中国丝产品的进口重点从绸缎转向生丝，历史学家将之称为“引丝扼绸”政策，即通过掠夺原材料来遏制中国丝绸业发展，同时对华倾销洋绸。至光绪末年，丝绸这一中国持续出口的产品出现倒流现象。④ 鸦片战争后，中国逐渐失去关税自主权，对外国施行“片面协定关税”，给予外国单向优惠待遇的关税税率⑤。民族工商业失去海关壁垒保护，而国外丝绸只需缴纳少量海关税和子口税，便可经由通商口岸运销到中国内地各个市场。⑥ 以当时对中国税收财政影响最大的英国政府为例，英国希望中国政府降低对英国企业的进口关税，这样销往中国的商品可低价出售，更容易打开中国的市场；同时英国企业可以从中

---

① 中国第二历史档案馆：《中华民国史档案资料汇编》（第三辑·农商），江苏古籍出版社，1994，第789页。转引自沈浩、杨虎：《国潮视域下民国苏州丝织业的改进：从传统到近代》，《中国蚕业》2022年第4期，第61页。

② 周德华：《70年前的苏州丝绸国货救济运动》，《丝绸》1999年第8期，第45页。

③ 陈真、姚洛合：《中国近代工业史资料》（第一辑），生活·读书·新知三联书店，1957，第712-713页。转引自沈浩、杨虎：《国潮视域下民国苏州丝织业的改进：从传统到近代》，《中国蚕业》2022年第4期，第61页。

④ 王翔：《中国传统丝织业走向近代化的历史过程》，《中国经济史研究》1989年第3期，第81-83页。

⑤ 1842年《南京条约》签订后，中国政府即开始丧失关税自主权。晚清海关长期被英国控制，第一任海关总税务司司长李泰国、第二任赫德、第三任安格联都是英国派驻中国海关的实权人物。民国时期中国海关行政权仍掌握在外国人手中，在税率改订问题上，仍需要取得外国人的同意。直到1949年，中国海关行政权和关税自主权才真正回到中国人手中。

⑥ 王翔：《中国传统丝织业走向近代化的历史过程》，《中国经济史研究》1989年第3期，第83页。

国低价收购工业原料，降低工业生产成本。但对于中国企业出口的制成品，英国则征收较高关税。先是日本“先后加税至五六倍、十余倍不等”，随后俄国也“值百须抽数十”，致使“我苏纱缎一项，向以该国销数为最巨，自受加税影响，竟至绝迹”。[①] 就国产生丝、丝绸出口一事而言，“协定关税”的实质是对中国出口丝绸产品征收高额关税，致使中国丝织业的国内外市场进一步萎缩。

在近年来发表的研究文献中，学者们对上述问题进行了深入讨论，有助于读者全面认识《茧》与《江村经济》的写作时代。如费先生在《社会调查自白》一书中所言，“任何知识都不属于哪一个人私有的。它是全社会实践经验的积累，是共同智慧的结晶。个人从社会里得来的智识应当回到社会里去，这就要靠代代相传。后一代要在前一代人的思想基础上进一步更新发展”[②]。

三、四作比较：分析论证不同于文学叙事

后代学人敬重费先生的才学、胸襟，但不能将先生“神化”，认为先生是十项全能冠军。在志业选择上，先生确实能择己专长、扬长避短，后代学人更该了解先生是如何扬长避短的。

（一）费先生与林先生的稻作记述

《茧》作为社会学家的文学作品，并不是孤例。费孝通先生与林耀华先生（本文简称“林先生”）同为吴文藻先生的弟子[③]，林先生 1940 年写作的《金翼：一个中国家族的史记》（以下简称《金翼》）既是家族史，也是文学人类学小说著作。

费先生与林先生在完成博士论文后，分别写作了《茧》和《金翼》两部小说，两人文风各异。这里进行一处细节比较：位于太湖的江村，人多地少、劳动力富余的问题极为突出，三分之二的农户是佃户，农民没有耕畜，耕作全靠人力。费先生对稻作的叙述是零修辞：“农民手握木把的一端，把耙举过头先往后，再往前甩，铁齿由于甩劲插入泥土，呈一锐

---

① 王翔：《中国传统丝织业走向近代化的历史过程》，《中国经济史研究》1989 年第 3 期，第 82 页。

② 费孝通：《社会调查自白》，湖南人民出版社，2022，第 2 页。

③ 吴文藻先生有四名高徒：费孝通、林耀华、瞿同祖、黄迪，四人均出生于 1910 年，属狗，故吴文藻的夫人谢婉莹（也就是著名作家冰心）戏称他们为“吴门四犬”。费孝通、林耀华、瞿同祖都在 20 世纪前半叶享誉学界、高寿并终老于国内。太平洋战争爆发后，黄迪去了美国，逐渐湮没无闻。

角，然后向后拉耙，把土翻松。这个村子不用犁。翻地以后，土块粗，地面不平。第二步就是耙细和平地，使用同一工具。一个人翻耙平整1亩地需要四天。”① 同样是关于稻作场景的记述，林耀华先生似乎就是站在现场讲故事的人，他甚至可以移情于一头水牛：“大哥扶着犁，鞭打牛使之前行。水牛似乎生来就是负重的命，它抬脚前进，犁铧翻卷土块，一波一波，就像天空交叠的云彩。耕地是为来年的播种做准备，以产出更多的粮食，而粮食是黄家人生存和宗族延续的依靠。”②

《茧》和《金翼》的创作至少存在如下区别：第一，在写作时间与写作延续性上，《茧》写作在前，是费先生有意而为之的学术延续；《金翼》写作在后，与林先生的博士论文没有直接的衍生关系。第二，在叙事角度上，费先生身为局外人与观察者，其最重要的信息报道人是姐姐费达生与开弦弓村民；林先生则是以参与者（黄家的“小哥”）的身份，基于“内视”角度记录家族发展史。第三，在写作重心设计上，费先生关注的核心问题是工厂兴衰、个体觉醒；林先生关注的核心问题是家族兴衰、家族绵延。第四，在写作技术上，费先生有意着墨于细节刻画，致力于情节的节奏和故事冲突；林先生则更专注于铺陈家族成员的行动与其生活的物质世界，其文笔风格细腻、精确，表达富有条理性和均衡性。比较两位先生的写作会发现，《茧》中刻画了“理想化”的农民形象和“脸谱化”的“传统势力形象”，对写作对象的“精神世界的共情和提炼能力还需努力”。③

（二）费先生与汪先生笔下的背夫

20世纪30年代末，费先生在禄村看到“一群群的苦力：衣衫百结，面有饥色，垂着头，背负着100多斤像石块般的盐巴。一步步踏上那高低不平的石板大道”④。这些苦力在农忙时节被本村小地主雇为短工，农闲时则运货赚取生活费，“除了卖工之外，别无求生之道，才不得不尽量地出卖劳力，以求一饱，这是没奈何”⑤。

人背与畜驮在本地运输中都较为普遍。禄村位于从产盐中心的猴井到

---

① 费孝通：《江村经济》，上海人民出版社，2013，第130页。

② 林耀华：《金翼：一个中国家族的史记》，庄孔韶、方静文译，生活·读书·新知三联书店，2015，第78页。

③ 张芬、邱傲东：《从〈江村经济〉到〈茧〉——费孝通小说的社会文化思考及其文学价值》，《中国现代文学研究丛刊》2022年第2期，第167页。

④ 费孝通：《江村经济》，上海人民出版社，2013，第343页。

⑤ 费孝通：《江村经济》，上海人民出版社，2013，第344页。

禄丰县城的运盐大道上。没有土地的农业雇工们另一重要收入来源是背盐。1938年11月，背100斤盐从猴井到禄丰，一来一往需要三天时间，工钱是国币8角，每天平均工钱2角7分。除去饮食，一天净收入2角，是当时农村散工工资（每日1角）的2倍。1939年背盐的工钱涨到一次往返3元5角每100斤，每天1元1角7分。扣去伙食费2角5分，一天净得工钱9角。一年之内工资增长3倍有余。但此工作过于辛苦，禄村去背盐的人并未增加。期间禄村劳力供给减少，相当一部分人去修筑滇缅铁路。与人背相比，牲畜驮运获利更多，人力远不能和畜力相比。一匹牲口可驮运盐150斤。1939年运费为5元2角，两天一次往返，每天一头牲口驮运可获得运费2元6角，扣除1升市价约1元的饲料（蚕豆、玉米或黄豆）费用、住店和吃草费用约2角，牲口的主人一天净收入1元4角。一个人可赶5头牲口，一天净获利7元。不过牲口也需要调休，约1/5的牲口处于休息状态。因下雨或其他原因，赶牲口的人一年四分之三的时间在工作。如主人有5头牲口，平均每天净收入约4元。当时能背150斤盐的牲口，每头的市价在100元之上，主人须有500元的资本，村里极少有人能做此投资。同时，牲口的死亡率极高，牲口的主人需有一定的损失承担能力。①

汪曾祺先生（本文简称“汪先生”）在云南也常常看到脚夫，汪先生称这些人既没有“人”的意义，也没有人形，这些行走者是“背东西的兽物”②，他们鱼贯而行，“一队一队的，少者三个五个，多的十个八个，沉默着，埋着头，一步一步走来”③，没有声音、没有歌唱、没有号子，双唇紧闭，不知他们如何排遣单调、鼓舞精力？有足够的生活阅历的人知道，力气没有用尽的人是会歌唱、打号子的，无声无息是因为处于持续用力中，喘息时、歇息时不愿耗费任何能量。“他们上山下山，全身都用气力，而颈部用力尤多，所以都有极其粗壮，粗壮到变形的脖子。”④他们粗壮的脖子上套着的木板状如刑枷；他们手握的木杖形如第三条腿。“他们在路上休息时并不把背篓取下，取下时容易，再上肩费事，为养歇气力而花更大的气力，犯不着，只用那一根杖舒到后面，根着地，背篓放

① 费孝通：《江村经济》，上海人民出版社，2013，第355-356页。
② 汪曾祺：《在西南联大》，文化发展出版社，2012，第215页。
③ 汪曾祺：《在西南联大》，文化发展出版社，2012，第216页。
④ 汪曾祺：《在西南联大》，文化发展出版社，2012，第217页。

在月牙形手板上，自己稍微把腰伸起，两腿分开，微借着一点力而靠那么一会儿就成了。”①

脚夫们没有筷子，没有碗，只有一只布口袋，里面装着红米干饭，“以口就饭而喋接。随吃，随把口袋向外翻卷一点，饭吃完，口袋也整整翻了个个儿，抖一抖，接住几个米粒，仍旧还系于腰裤间”②。他们不像庄稼汉、小贩、工人，不像其他体力劳动者那样，吃饭吃得痛快过瘾，“吃得那么香甜、那么活泼、那么酣舞、那么恣放淋漓、那么快乐，你感觉吃无论如何是人生的一点不可磨灭的真谛”③。看这些脚夫吃饭，你不会动一点儿食欲。“他们并不厌恨食物的粗砺，可是冷淡到十分，毫不动情的，慢慢慢慢的咀嚼，就像一头牛在反刍似的！也像牛似的，他们吃得很专心，伴以一种深厚的，然而简单的思索，不断地思索着：这是饭，这是饭，这是饭……”④ 当年20多岁的汪先生也许只有一些模糊的疑问，时隔40年他已是花甲老人，可以清晰地表达疑问：“这种人如何饮之以酒，不加限节，必至泥胡醉死。醉了，他们是什么样子呢？他们是无内外表里，无层次，无后先，无中偏，无小大，是整个的：一个整个的醉是什么样子呢？他们会拥抱，会砍杀，会哭会笑？还是一声不响的各自颓倒，失去知觉存在？”⑤ 这些人留在汪先生记忆中的是混沌、封闭的形象，“他们几乎是永恒的，不动的，既非明，也非暗，不是明暗之间酝酿绸缪的暧昧，是一种超乎明暗的浑沌，一种没有限界的封闭。他们一个一个的坐在那里，绝对的沉默，不是有话不说，是根本没有话，各自拢有了自己，像石块拢有了石头。你无法走进他们里面去，因为他们不看你一眼，他们没有把你收到他们的视野中去”⑥。

汪先生对背夫们的形象、衣着、姿态、饭食，以及他们深潭一样的沉默均有记述，他留给文学史的是一群雕塑式的人物。费先生的文风特点是说理清晰、条分缕析，擅于观察而不擅于移情，擅于说理而不擅于讲故事，他把禄村周边人力与畜力运输写成了一段清晰明了的账本记录。比较两位先生的写作，谁更适合做学术、谁更适合写小说，读者会有非常清晰

① 汪曾祺：《在西南联大》，文化发展出版社，2012，第217页。
② 汪曾祺：《在西南联大》，文化发展出版社，2012，第219页。
③ 汪曾祺：《在西南联大》，文化发展出版社，2012，第219页。
④ 汪曾祺：《在西南联大》，文化发展出版社，2012，第219-220页。
⑤ 汪曾祺：《在西南联大》，文化发展出版社，2012，第220页。
⑥ 汪曾祺：《在西南联大》，文化发展出版社，2012，第220-221页。

的判断。

（三）研究风格与表达方式之别

质性研究不同于定量研究。在获得了相对充分可信的调查资料后，质性研究者如何使用上述资料进行写作，这涉及研究风格与表达方式的选择问题，对此既不可能也无必要恪守一致标准，更得不出哪种风格与方式更好更优的结论。

自20世纪三四十年代以来，我国社会学与人类学的村庄研究就逐渐形成了两种研究方法，李培林将之总结为：一种以费先生的写作方法为代表，可称为“文本概括法”，“把调查的资料和受访者的话语……转化成比较精练、比较条理化的文本语言表达出来”。这种学术表达不是借助大量使用学术概念的逻辑推论，也不是诉诸情感与想象的文学语言，而是重在相对客观地表达“事实”。另一种以林先生的写作风格为代表，可称为“文学概括法”，其擅于“把调查的原材料进一步加工成文学的语言，更具体地说，是小说的语言”[①]。《金翼》采用小说体裁写就人类学著作，是使用“文学概括法”写作的代表。

庄孔韶认为，《江村经济》深受中国传统文论的影响，费先生的写作风格反映了中国历史上的古典论述架构与论理方式。与之对应，以《金翼》为代表，林先生以“如竹叶般”的小说笔调，“展示对区域文化与人性真谛的理解”，但该作最终归结到“中国宗族乡村是如何运转”的这一人类学研究主题。[②]

一个人很难既是客观研究者，又是文学创作者。费先生的思维特点与写作风格明显有别于汪先生的纯文学创作，也不同于林先生的小说体家族志写作。在早期通信中，费先生曾反复提及自己不认同林先生“为学术而学术”的社会学观念，费先生也不会“为了讲故事而写作”。[③] 这或许也让费先生自省，不断改进自己的学术研究，不再浪费精力进行文学创作。

① 李培林：《透视“城中村”——我研究“村落终结”的方法》，《思想战线》2004年第1期，第22-23页。

② 庄孔韶、王晓义、赫苏民等：《民族学中国学派理论与方法学术研讨》，《广西民族大学学报（哲学社会科学版）》2010年第5期，第39页。

③ 张芬、邱傲东：《从〈江村经济〉到〈茧〉——费孝通小说的社会文化思考及其文学价值》，《中国现代文学研究丛刊》2022年第2期，第167页。

结语 从实求知 志在富民

《社会调查自白》一书是费先生对自己学术之路的回顾，20 世纪 30—40 年代先生致力于乡村研究，50—60 年代先生致力于民族研究，80 年代先生致力于小城镇研究与区域发展类型比较研究。该书中，先生自己讲自己，自己剖析自己的研究经历，他只是给出样本、个案，不是给出公式、套路。阅读该书有助于我们在组织人地关系阅读中，找准阅读文本在先生学术研究史上的位置。在费先生数百万字的著述里，《江村经济》《乡土中国》《乡土重建》《禄村农田》尤其值得阅读。

费先生本人既有传统士绅阶级的文人特质，又是熟悉现代学术体系的知识分子。先生完成《江村经济》写作，相当程度上已经走上人类学研究之路。《茧》不过是“闲笔之作”，尽管两文有“表里关系”，但先生没有做“文艺家”的计划。[①]《茧》不是入选的推荐文本，但此书是我个人的阅读文本。这本书是先生 28 岁时完成的、从未想到要发表的作品。或许相当程度上，写作这部中篇小说只是为了自娱自乐或者愉悦朋友。与先生同一时期的学术作品相比，《茧》只能视为先生学术写作之余的“边角料”。这本书是先生著作博物馆中放在偏僻一角的“次要展品”和学术盛宴上的“开胃小菜”。此后，先生舍弃文学创作，选择社科研究。准确地说，先生从来没有想过从事文学写作。先生有极强的学术敏感，能进行敏锐的社会观察与文化批判——迅速捕捉到政治社会文化议题，找到症结、剖析因果，基于实际给出相对可行的方案。这是先生一贯的治学风格。

费先生自愿书写、坚持一生、著述等身。回顾自己的学术生涯，他平静地写下“我这一生一直在写文章”（见其《简述我一生的写作》一文)。费孝通先生的学生、北京大学的赵旭东教授认为，先生有三种身份，重要性依次降低：“首先看成一位中国文化传统中的能书写的文人，其次才是一位做研究的学者，最后则可谓是一位真正有着基层社会关注的社会活动家。”[②] 但先生作为研究者的特殊之处在于行走四方，“行行重行行”，把

① 张芬、邱儆东：《从〈江村经济〉到〈茧〉——费孝通小说的社会文化思考及其文学价值》，《中国现代文学研究丛刊》2022 年第 2 期，第 161-163 页。

② 赵旭东：《总序 一个重读费孝通时代的开启》，载费孝通《社会调查自白》，湖南人民出版社，2022，第 2 页。

见识与思考落诸文字，这使得他不是中国传统意义上的文人，也不是擅于行动不擅书写的社会活动家。先生代表着那一代学人的一种精神气质，胸怀祖国，乐观坚毅，从始至终坚持平民路线。“从实求知”是治学态度，“志在富民”则是学术追求。先生一生践履从实求知、志在富民，是中国现代社会科学的奠基人之一。

互动研讨

学生与谈

朱晁薇：一部文本兼具文学性与说理性有难度

《茧》是费孝通先生唯一的一部文学作品，融入了先生在江村所做的调查研究，因此亦被视为《江村经济》的相关文献。从文字角度看，《茧》并不是一流的小说。结合老师上次读书会上提及的有关文学性和说理性之间的差异，文学作品很难透彻说理，调查研究也很难兼具文学性，在此处不能过度苛求作者。费孝通先生长期从事社会研究，他关心中国农村，关心农村社会自发组织情况。即便《茧》是一部文学作品，也有社会调查研究的影子。非常庆幸，诚如肖老师所言，中国少了一位非一流的作家，多了一位从实求知、志在富民的一流学者。

与此同时，也分享我所看到的精彩书评。该书评将《茧》与《金翼》作比较，费孝通先生和林耀华先生是同时代的泰斗级人物。巧合的是，两人都用小说的形式对当时的中国社会结构做出记录和思考。相同的是两位大师内心对中国社会“基石”（乡土社会）的深爱和严谨的治学态度。

我的一大收获是发现，《茧》中展现了不同阶级、不同类型的人的生活状态。我在其他著作中也了解到有关江浙蚕丝的生产过程和社会状况，其中所蕴含的社会体制矛盾由来已久。该书中也提及，在面积较小的乡村，妇女负责蚕业，男人负责农业，女人便不必下田，女人会帮助踏水车，而男人会帮助养蚕，久而久之便成了风俗。这实际上是两性分工的表现，而不是平均分配劳动和家务。随着丝织业凋敝，女性的工作量降低了，自然其劳动的社会价值也降低了。家庭经济拮据，正是童养媳现象出现的主要原因。

费孝通先生和汪曾祺先生都写过脚夫的文段，费先生为他们算了一笔经济账，汪先生生动地描绘他们的工作状态和神色。

林星宇：“茧”具有双重指涉意味

作者费孝通是著名的社会学家，《茧》中许多微小情节都展现出20世纪30年代江南地区的丝织业由家庭手工业向工厂加工业的转型，揭示了当时社会的宏观变迁。例如，村庄人看到镇上升起的黑烟囱，普遍相信它会破坏小镇的风水，进而带来灾祸；并且相信只有扔进一个孩子，才能使这个烟囱停止冒烟。张婶到镇上工厂寻宝珠时，感觉到工业条件下的时间与农业条件下的时间的鸿沟。宝珠在丝厂发现，女性也具有自身价值，这对她在农村传统父权制下塑造出的依附人格构成了强烈冲击。工厂劳动开始重塑宝珠的自我价值认知，并引发了传统农村家庭内部关系的危机与调整。

从小说的题目出发，不难发现“茧”具有双重指涉的意味：蚕茧占据着小说叙事的中心位置，代表着养蚕缫丝，是乡村工业实验得以展开的物质基础；在艺术层面上看，作者也想要借由蚕茧来呈现彼时江南乡村生活变革的复杂性，经济生活、社会关系与人心状态的变动关系都可以用“茧”来象征。传统乡村耕作、丝行手工业、现代丝业工厂，依托于三种生计方式的人群之间发生密切的关联。三者之间的矛盾冲突，正是新旧变革的集中体现。最典型的事件是丝厂建立之后，女性因经济地位的上升发生了心理上的变化。“桑蚕吐丝作茧，蚕蛹破茧成蝶。蚕茧本身有何用呢?”蚕茧象征着束缚宝珠的家庭，甚至是整个乡土社会和保守传统，蚕蛹破茧好比宝珠的蜕变。工厂使一群乡村人从沉睡中“觉醒”，整个过程是动态的。但是“蚕茧本身有何用呢”？觉醒的个体最终是不是要彻底离开乡村？这是小说中宝珠犹疑和茫然的地方，也是作者费孝通关于乡土中国应该如何转变的发问。

《茧》作为《江村经济》的文学版，代表了作者在“志在富民”的毕生学术追求中的另类写作经验，也为《江村经济》提供了更为有效、更为感性的理解路径。

导师回应

围绕着主线来读书

肖建飞

我有一种很深的感触，如果不做读书会，我便不会逼着自己阅读和写作。

举一个例子，我做这一期读书会，初稿只写了一万七千字，昨天通过阅读杨清媚、张芬、邱傲东等学者的文章，我将文稿扩充为一万九千字。自读书会开展以来，个人认为最难的一期是领读马尔克斯的《百年孤独》，那一期我写了三万多字的文稿。上一期领读李娟的《羊道》系列，我大约也写了两万三千字的文稿。每一篇文稿都是一篇硕士论文的容量。在这个写作过程中有没有什么捷径？我认为没有，写作能力就是靠你写出来的。

不管最开始有多难，大家还是要有一个方向，要找到动力，当你有自己的阅读主线时，你就会围绕着阅读主线来读书，你会逐渐意识到你读到的内容是有价值的。没有阅读主线，阅读就成了一些片段，没有办法形成一个线索。对我来说，组织读书会并领读确实有压力，但这样的压力也是动力，会促使我去写作。

当然我希望读书会不仅考验我，也可以考验大家，大家要自己阅读、写作。如果你不做，你永远不知道做了会给你带来什么积极的影响和意义。在我成长的过程中就没有谁给我改过稿子。我一度认为，老师的角色就是给学生方向，不必改学生的稿件。可是当我组织读书会时，我几乎做到了全程参与。

很多同学不自信，把大段文字放在 PPT 里。我有的时候也用很多文字，朋友提醒我，文字是不是太多了？可是作者写得太好了，比如汪曾祺对脚夫的记述，我不能用自己的话转写，我选择保留他原来的文句。但不到不可替代、不得改变的程度，我们就要用自己的话把要表达的内容简练表述出来，这就是做 PPT 的价值。大家也能够看得出来，我的确在做 PPT 上用心了。这并不是说我做得有多好，但是我至少实现了图文相符。只有经历了完整的阅读过程、参与了多期读书会，才能感觉到读书会的变化。

我对读书会有两个期待：第一，同学们必须得动起来；第二，阅读必须成体系。举一个例子，我们今天读了费孝通的书，明天读瞿同祖的书，后天我们随便找了一个人的书去阅读，假如说我们这些阅读的主题之间没有关系，到最后我们读的内容就是碎片化的，我们没有对某一个领域形成最基本的认知。所以我认为，有主线的阅读是非常重要的，这可以保证自己阅读和写作的连贯性。

阅读《江村经济》与《禄村农田》①

阅读提要

《江村经济》是费孝通先生在20世纪30年代中期对江苏太湖东南岸开弦弓村的实地考察报告，该书被视为社会学中国学派的奠基之作，在国际学术界备受赞誉。《禄村农田》则是先生在30年代后期对云南禄村的实地调研成果，该书成为边疆民族志的代表作。在西南边疆，如费孝通先生一样的学人们以艰苦卓绝的工作、创造性的智力成果迎接抗战胜利，期待实现“富民”理想。“逝者如斯而未尝往也。生命、劳动和乡土结合在一起，就不怕时间的冲洗了。”先生的墓志铭是他一生为学为人的浓缩。

从《江村经济》到《禄村农田》，费孝通先生以超脱的视角、严谨的态度，细致观察中国社会，抽丝剥茧，把真实的农村生活图景展现在读者面前。在阅读这两部作品时，可以关注以下问题：

1. 江村地处江南水乡，农工结合，深受现代工业影响；禄村地处西南边疆，以农为主，尚未发展出现代工业。两者在生产活动、土地制度和生活状态上存在哪些显著差异？是何原因造成了上述差异？

2. 以农民生计问题为研究对象，涉及哪些生计项目？用什么概念可以准确表达农民生计？费孝通先生采用何种调查方法来进行乡村研究？

3. 农民生计具有脆弱性。面对政治和外来经济力量，江村和禄村的农民生计受到何种影响？影响程度有何不同？

4. 为何曾富甲天下的江南江村处于“半饥半饱”状态，而被层层大山环抱的西南禄村却能形成“消遣经济”？形成消遣经济的物质条件与社会心理是什么？

5. 费孝通先生关注促使农村生计变化的外界力量和承受变化的传统力量之间的张力关系，张力关系在江村和禄村有哪些不同呈现？基于这两部作品，我们能否提出乡土中国社会变迁规律的理论假设？

（汪小川、郭权鑫供稿）

---

① 本期读书会领读人为江苏大学法学院本科生汪小川、郭权鑫，主持人为江苏大学法学院硕士研究生杜利利，吉林大学法学院李拥军教授予以点评，江苏大学法学院教师肖建飞指导，并进行了扩展阅读分析工作。

楔子

从“在地经验”提炼“本土知识”

各位老师、各位同学：

大家晚上好！欢迎来到我们的“钟爱阅读”读书会第 21 期，我是今天的主持人杜利利。

非常高兴我们的读书会将“阅读—写作”作为常态化的“思维训练—思想呈现过程”，并且成为文献阅读和写作课程的一部分，这要特别感谢学院对我们的支持和帮助。

今天也特别荣幸邀请到了吉林大学法学院的李拥军教授对我们的读书会进行指导。李老师这两天在学院接连开办了两场精彩的讲座，也特别辛苦，特别感谢李老师能在百忙之中参加我们的读书活动。

本期读书会是由法学院的本科生汪小川和郭权鑫同学为我们比较分析费孝通先生笔下的江村和禄村的农民生计问题。

在《江村经济》和《禄村农田》中，我们看到的是太湖东南岸的开弦弓村和处于西南边疆的禄村的两幅不同的农村生活图景。费孝通先生根据两村的田野调查经验，提炼乡土重建的知识。在江村和禄村中，农民的生计有何不同，因何不同，如何理解促使农民生计变化的外在力量和承受变化的传统力量之间的张力？这将是今天小川和权鑫为我们解读的问题。

接下来，就由小川和权鑫为我们做主题汇报。

主题领读

江村与禄村农民生计问题的比较分析

汪小川、郭权鑫

摘要：《江村经济》与《禄村农田》均是先生在 20 世纪 30 年代写作的乡村调查作品，也是社会学中国学派的代表作。江村地处江南水乡，农工结合，深受现代工业影响；禄村地处西南边疆，以农为主，尚未发展出现代工业。两者在生产活动、土地制度和生活状态方面呈现出一系列区别，江村与禄村代表着不同的村庄类型。先生发现，外界力量和传统力量之间的张力关系促使农村生计发生变化。两村调研完成后，先生确信了“农村合作化工业”之路的可行性。

关键词：《江村经济》；《禄村农田》；农民生计；村庄类型比较

引言　研究背景与两村村情

大家晚上好！我是本期读书会的领读人汪小川，另一位是郭权鑫同学。我负责汇报前半部分：江村和禄村农民的收入来源、农民支出类别及特点这两节，后半部分的外因影响下的生计变迁和结语则由郭权鑫同学汇报。

本次读书会分享的图书是费孝通先生的《江村经济》和《禄村农田》，汇报则围绕农民生计这个核心问题，我们将生计问题继续往下分为收入、支出和外因影响，这也是今天汇报的三个主要部分。

先生是中国社会学和人类学的奠基人，一开始知道先生缘自高中时的必读书目《乡土中国》，其中让我印象最深刻的莫过于“差序格局”这个概念。不同于西方的“团体格局”，“差序格局”则是指亲密关系以自己为中心像水波那样一荡一荡地推展开来，愈推愈远、愈推愈薄，且能放能收、能伸能缩。“差序格局”概念可谓中国味十足，体现了先生的高度文化自觉。但这一概念并非空穴来风，其来源于先生深入考察乡村后的智识发现。本次阅读的两本书是先生对江南江村和西南禄村的考察研究结果，阅读理解两书，能帮助我们更全面地了解先生的研究。

先生认为，“小范围的深入实地的调查，对当前中国经济问题宏观的研究是一种必要的补充”①。中国的农村是再理想不过的研究对象。“麻雀虽小，五脏俱全”，一个小村落仿佛是整个中国的缩影。1936 年暑假，先生在姐姐费达生的安排下，前往吴江县庙港乡开弦弓村实地考察。在马林诺夫斯基教授的指导下，他于 1938 年完成了博士论文《中国的农民生活》（即《江村经济》）。当年秋天，他来到云南大学社会学系任教。不久先

---

① 费孝通：《江村经济》，上海人民出版社，2013，第 13 页。

生选择了云南楚雄禄丰的禄村作为田野考察点，与之前调查过的江村进行对比研究。调查工作于1938年11月15日开始，持续到12月13日。随后1939年夏季，先生再次前往禄村实地调查，调研时间持续两个多月。1940年《禄村农田》最终问世。

在先生对两村做实地考察期间，中国正处于面临多重挑战的艰难时期。战争蹂躏使得农村和城市遭受严重破坏，战争环境下的征兵、增税、物价上涨无疑加重了人民的负担。同时，在沿海地区，现代工业生产方式对传统家庭手工业构成冲击，乡村手工业生产无力与现代工业生产竞争，农民收入来源大幅减少，农民的生计更加困难。正是在这一背景下，先生承担起知识分子的使命和责任，迫切希望寻求到改善民生的途径。

社会学调查的重要目的之一是对部分事实进行考察，以验证社会学理论。禄村的实地考察正是为了回答《江村经济》遗留下来的问题：在一个受现代工商业影响较轻的农村中，其土地制度是怎样的呢？

接下来我们介绍两个“主角”——江村和禄村。江村是位于太湖东南岸的小村子，村民主要从事农业种植和蚕丝生产。凭借着优良的蚕丝品以及优越的地理位置，江村的土丝在海外市场上享有极高声誉。然而随着现代工业的崛起，日本的蚕丝出口量赶超中国蚕丝的出口量，挤压了中国蚕丝的海外市场，中国传统制丝手艺丧失了竞争力，土丝价格急剧下降，导致江村经济遭受重创。农民收入减少，不得不依赖市镇资金的援助，这导致农民变成没有土地的佃户。1936年江村全村已有70%的人家沦为没有田的佃户。① 江村的情况可以概括为，传统手工业受到现代工业影响而萎缩，导致农民丧失土地权，农民维持生计艰难。

江村是靠近都市的农村，深受现代工商业的影响；禄村则还处于受现代工商业影响的初期。② 禄村位于距离昆明西100公里的禄丰县，这里的村民生活朴素，碍于村庄地理位置、文化传统等因素，其与外界的联系较为有限。禄村是以农业为主要生产方式的典型内陆农村，农民采用简单的农业技术，依靠土地生产维持日常生计。当地劳动力众多，总体上供给大于需求，土地分割细小，拥有大量小土地所有者。

---

① 费孝通：《禄村农田》，载《江村经济》，上海人民出版社，2013，第312页。
② 费孝通：《禄村农田》，载《江村经济》，上海人民出版社，2013，第314-315页。

一、农民收入的多种来源

（一）家庭主业

1. 江村：稻蚕结合

江村农业发展历史悠久，约76%的人家以农业为生，有90%以上的土地用于水稻种植。当地河网密布，土地被河流分成小块，称作“圩”。圩的边缘留有相应的土地种植桑树，桑树的种植则是为当地的蚕丝业提供充足的原料（见图2）。

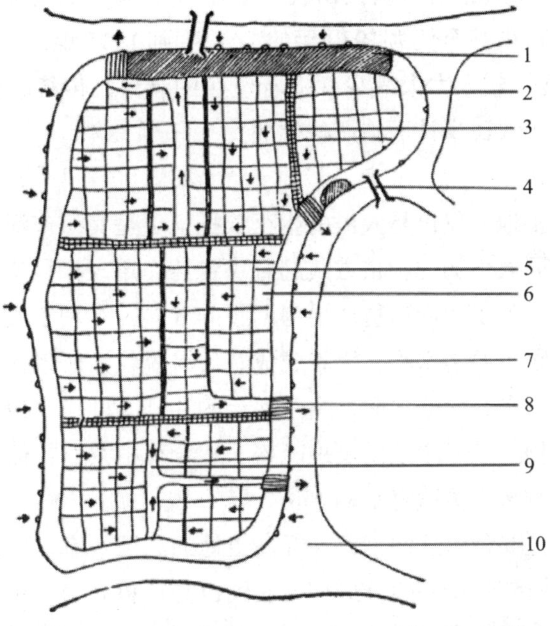

1. 房屋 2. 种桑树的边缘地 3. 两墐田中间的埂 4. 桥 5. 两小块田之间的埂 6. 一小块田 7. 车水灌溉点 8. 集体排水点 9. 公用排水渠 10. 河

图2 西长圩农田的安排

注：本图来源于费孝通：《江村经济》，上海人民出版社，2013，第127页。

在江村的家庭经济中，男性主要从事水稻种植，在种植水稻以及农作物的保养过程中发挥着重要作用；女性则主要从事养蚕缫丝的生产。这种性别分工的现象深刻地反映了当地经济生活的特殊情况和实际需求。水稻作为主要粮食作物，在家庭经济中扮演着重要角色，男性劳动力的投入使得农田生产经营活动得以世代延续。而在养蚕缫丝的生产中，女性承担着主要的责任。通过桑树的种植和蚕丝的生产，女性在家庭中负担了另一种经济责任——为家庭带来收入以应对各种支出。这种经济模式使得家庭能够在小块农地上生活，并能实现收支平衡。

蚕丝业是江村村民的主要收入来源。家庭蚕丝业对当地农民维持生计不可缺少，农民依靠它支付日常必需品花销、礼节性费用和生产成本。[①]蚕丝业在整个江南地区十分普遍，太湖周围村庄的蚕丝业尤为发达。[②] 江村所在区域蚕丝业曾盛极一时。苏州是蚕丝业中心之一，盛产“辑里丝”，不仅出口份额大，还为周边的大型纺织工业提供原材料。缫丝工业兴旺时，生丝生产可让一般农户年收入 300 元，去除生产成本可得利润 250 元。但是 1923 年后，出口量便出现了断崖式下降，生丝价格下跌，1934 年的生丝价格水平甚至仅为 1930 年的 1/3。[③] 到 1935 年，一般的农户每年仅能盈利 45 元，收入大大减少。随着丝业的衰落，传统家庭经济模式受到了极大冲击，农民生计面临严峻挑战。

2. 禄村：豆谷种植

在禄村，土地不仅仅是农民的生存依托，更是其生产活动的基础。地理环境对于不同农作物的种植方式起着决定性作用。禄村位于盆地，其独特的地理位置造就了比周边村庄更为温暖的气候，有利于农作物生长。当地种植的农作物主要是水稻，因谷粒成熟后易脱粒，所以作物的收获时间较短。禄村处于东西两河之间，由于河流的冲刷与堆积作用，不同地块适宜种植不同作物。东河附近的土地疏松，适合种植蚕豆；而西河下游的土壤含黏土成分较多，更适宜水稻生长。

禄村农民主要种植豆谷，旨在提高土地的利用效率。农民的生计来自土地收获，但农作物有其生长周期，农民也需顺势而为。禄村的农忙季节约 180~200 天，留下将近半年“人地两闲”的时间。为了充分利用土地，农民在收割水稻后会种植豆类，等到豆子收获后再次种植水稻。男女分工很明确，一般来说，男子从事比较重的体力劳动，如掼稻、背谷子等，女子则负责割稻、运稻和捆柴等工作。在种豆阶段，男子会负责开沟，而女子会点豆。到收豆时，男子会挖田，女子则负责割豆和打豆。

由于禄村的作物成熟较快，不同农户之间甚至在同一生产周期内，种

---

① 费孝通：《江村经济》，上海人民出版社，2013，第 157 页。
② 费孝通：《江村经济》，上海人民出版社，2013，第 23 页。
③ 费孝通：《江村经济》，上海人民出版社，2013，第 23-24 页。

植或收割时间也有所不同，导致不同村庄和农户之间的生产时间错位。若农闲期间劳动力不足，农民可雇佣外来劳动力或进行换工，提高劳动力利用率。这样的错时生产方式，体现出禄村农民的智慧和对土地资源的有效利用。

（二）家庭副业

1. 江村：养殖、贩卖、做工

养殖是江村当地新兴的家庭副业，其兴起并非源自某个人的倡议，而是由于镇里新发展的羊胎产业和新生的羊羔收购店铺为该村提供了新的商机。由于江村大部分土地为农田，难以放养羊，缺乏适合放羊的场地，因此村民们便盖起了专用的羊圈来饲养羊群。这种做法不仅使得饲养更为便捷，还方便收集羊粪用作肥料。同时，养羊业也促进了家庭劳动的有效分工，让孩子们参与割草工作，更大限度上利用家庭人力资源，密切了家庭成员的经济联系。在资金需求方面，开展养羊业需要一定的资金投入，至少要有购买母羊的资本。村民们采取“分羊”方式，共同承担养羊责任，也共享收益，形成了一种独特的合作模式。通过养羊，村民获得来自新生羊羔的销售收入，母羊每年能带来相对稳定的额外收入。

除了养羊业外，贩卖行业也成了农民收入的重要来源。农民在较长的农闲季节里从事贩卖活动，通过运输货物到邻省浙江贩卖，从中获得收入。这种流通方式有利于地区间的贸易，但也反映出农民为了获得收入不得不出卖劳动的现实。据当地人反映，从事贩卖可以带来一定收入，收入的多少则取决于贩卖货物的种类及价格行情的波动。20 世纪 30 年代中期相关船只的数目也有所增加。

村民可以选择通过在镇上的丝行工作或者在村内的合作工厂工作，来获得收入。在丝行工作的村民负责将手工制作的生丝进行加工，而在合作工厂工作的村民以社员的身份参与其中，他们负责供应原材料，借助机器进行大规模生产。工厂所获得的利润则会按照一定比例分配给社员，既增加了村民的收入，也促进了当地经济的发展。

2. 禄村：贩卖、运输、修路

“像禄村这种连简单的手工业都不发达的农村，差不多全部人口压力都由土地来负担。”[①] 但是仅仅依靠土地，显然无法满足一般家庭的正常

① 费孝通：《禄村农田》，载《江村经济》，上海人民出版社，2013，第 347 页。

开支。于是禄村部分村民在从事农业生产之外，做一些“兼职”获得额外的收入。

在禄村，有27%的农户从事了其他职业，除去少数完全脱离农田的，仍有20%以上的农户从事了兼职。“除了马店，杂货店，豆腐店，药店之外，在外表是不易看出来的。”① 人们从事上述副业十分随性，有些是隔几天才做生意，有些生意没有定期，也许上午还在田里做工，下午就在打铁。除了医生、教员这些职业需要一些专业知识，其他基本上都是些手艺活。需要注意的是，与邻里间的互帮互助不同，表3所列的职业都是要索取一定报酬的。

表3　禄村职业分化表

职业	户数	职业	户数
马店	9	泥匠	1
杂货店	3	女巫	1
豆腐店	3	道士	1
木匠	3	算命	1
凉粉摊	2	屠户	1
铁匠	2	酒户	1
药店兼医生	1	教员	1
医生	1	弹花	1
共计		32户	
占全村户数百分比		27%	

注：本表来源于费孝通：《禄村农田》，载《江村经济》，上海人民出版社，2013，第348页。

禄村与其他云南农村一样，其主要贸易中心是街子。街子是买卖双方定期聚集进行交易的场所，任何人都可以在街子上进行销售，这里为生产者和购买者、消费者提供了直接交易的机会。农民可以将自家种植的农产品带到街子上贩卖，从而减轻家庭的经济负担。在这种商业模式下，卖家以买家为重，定期集聚形成规模较大的集市，吸引了更多的买家，同时买家可以在众多卖家中找到所需商品，进行比价后购买自己满意的商品。

① 费孝通：《禄村农田》，载《江村经济》，上海人民出版社，2013，第348页。

村子里和县城中都有街子，但是禄村人主要在县城的街子进行贸易活动。因为与本村相比，县城的街子规模更大，有1000多个卖家，还细分为米市、蔬菜市、盐市等，价格也相对更实惠。禄村的街子和县城的街子相比，无疑是小巫见大巫。除了将农产品拿到街子上贩卖外，还有许多人从事贩卖事业，这在禄村十分普遍。部分人利用不同街子的时间和价格差异进行倒买倒卖，这种商业模式的核心是赚取差价。

小本生意是街子贸易的一个特点。同样都是贩卖，但人们的贩卖方式却不同。例如，在隔壁村街子上，猪肉价钱比县城街子低1/4，炭和柴则便宜一半，便有人利用价格差异将隔壁村的猪肉等运到县城和禄村贩卖。还有些人会在县城街子上购买农产品和家禽，等过段时间，市场价格上涨后，再转手卖出去，以此谋利。此外，一些店主从外地进货，然后在店内出售，有时甚至将价格提高到县城街子市场价的一倍之上。

部分村民通过运送货物获取报酬，将远处产出的盐运送到禄丰，有时甚至从昆明背货物到禄村，要走100多公里的路程。运输有人力运输和牲口运输这两种方式。这可是个辛苦活儿，禄村本地人除非落魄到迫不得已，是不会从事这样的工作的。从事这项工作的劳动力大多是来本村讨生计的流浪劳工，他们都是从外地来的，既没有田，也没有专门的职业，只能寄居在别人的家里，靠卖工度日。背着100多斤重的盐进行长途运输，比起从事农业生产要辛苦得多，这是一项纯粹的体力活儿，要用自己的汗水来换取收入。

当然，运输也可以借助牲口来进行，但风险较大且收益不稳定。一头牲口可以驮运150斤的货物，一次可能需要驾驭5头牲口，一天的净利润可能达到7元。可是牲口并非每天都能够行走，它们也需要休息和轮换，加上天气等各种因素的影响，运输时间有限。根据费先生的估算，一个拥有5头牲口的主人，购买每头牲口需要100元，仅作为初始投资，总资本即需500元。再考虑到牲口的高生病率和死亡率，大多数禄村人无法负担用牲口运输盐货的成本。

禄村中没有耕地的居民需要依靠出卖劳力来维持生计，如流浪劳工或季节性外来劳动者。这些人常常寻找他人购买自己的劳动力，被雇佣从事农业生产或高强度运输等工作。但在1938年后，滇缅铁路的修建需要大量劳动力，这项工作的报酬相比农业和运输行业的报酬更高，也相对轻松，因此吸引了许多禄村农民。到了1939年秋季，长期在外做工的禄村农民超过27人。而早出晚归的劳动者更多，自9月10日至10月初，每日都有三四十人离开禄村前往他处做工。

二、农民支出的类别与特点

（一）日常支出、礼仪支出、税费与地租

1. 江村：佃农平时节俭以尽力维持平衡

在江村农民的日常生活中，节俭是一种美德，体现在衣食住行当中。文化规定了人们消费物资的标准，强调需求适度和必要性。[①] 人们注重俭朴的生活方式，教导孩子们不要浪费，并且惩罚挥霍的行为。俗话说“天有不测风云，人有旦夕祸福”，若一个家庭没有省下来足够的积蓄，遇到突发事件，如家里人生病或收成不好，户主便不得不借债，从而可能失去对自己土地的部分权利。若是失去祖宗的家产，那么户主会被视为“不孝”，受到身边人的责备。

如果说节俭是生活的一种常态，那么举办婚丧礼仪则是一种非常态。此时节俭思想便烟消云散了。在大多数人的传统观念中，婚丧礼仪中的开支并不属于个人的消费，而更像是履行一种社会义务。办丧事也要准备最好的棺材和坟墓，毕竟死者为大；婚礼也是尽可能准备最体面的彩礼与嫁妆，因为毕竟是难得的喜事，要图个好兆头。

一个普通的四口之家，假设平均寿命为50岁，那么每隔五年将有一次礼仪事务。费先生对于礼仪事务的最低开支估计如下：出生30元，结婚500元，丧葬250元，平均每年开支50元，这个数字为每年全部开支的1/7。[②]

经济萧条让上述人生礼仪受到了影响。出于更加经济便利的需要，当地逐渐用“小媳妇”制度来代替传统的婚嫁模式，但是这对亲属关系产生了不良影响。更多的农户则选择延迟或取消婚嫁来减轻家庭的经济负担。

在江村如果一个农户要向政府纳税而不需要支付地租，那么他大概率是土地的完全所有者。毕竟在江村，56.6%的农田在城镇地主的手里，拥有土地的农户少之又少，剩下的大多是佃户（见表4）。

---

① 费孝通：《江村经济》，上海人民出版社，2013，第95页。

② 费孝通：《江村经济》，上海人民出版社，2013，第105页。

表 4 江村的土地利用人类型

名称	合法权利	报酬	责任	农具的所有者
雇工 （a）短工 （b）长工		日工资、年 工资、食宿	耕种 耕种	不是或是 不是或是
承租者	暂时使用田面	产品	耕种、付给 出租者地租	是
佃户	永久地拥有田面	产品	付给不在地主 地租、耕种	是
不在地主	拥有田底	向佃户收租	向政府交税	不是
完全所有者	拥有田面及田底	产品	向政府交税	是

注：本表来源于费孝通：《江村经济》，上海人民出版社，2013，第 142 页。

税费和地租是农民需要固定上缴的、与土地相关的费用。税费是土地所有者向政府缴纳的税款，地租则是承租者向地主支付的租金。在太湖区域，农民每年的收成被存储起来供一家人消费，并出售一部分，获得的现金用于纳税、交租以及购买其他消费物品。根据当时的法律，一块土地的权利被分为田面和田底两部分。只有拥有田底的人才被认为拥有该土地的所有权，而田面的权利根植于田底权利。地主拥有土地的田底权，但田面的使用权属于佃户，佃户向地主支付地租。完全所有者指的是拥有田面和田底、享有完全土地权利的土地所有者。相反，承租者只拥有暂时使用田面的权利，需要向地主支付地租。

2. 禄村：土地保有情况决定生活质量

在禄村，土地制度决定了本村的社会结构与劳力利用。不同于江村不在地主拥有大多数农田的情况，禄村存在着大量的小土地所有者。土地的所有者可以选择自营、出租或以雇佣的方式经营土地，无论是雇佣工人，还是将土地租出去，土地所有者脱离劳动的倾向是普遍存在的。全部脱离农田劳动的男子在 30%之上，部分脱离农田劳动的为数更多。有田者可以脱离劳动是因为在土地私有制的法律下，土地所有者可以自由处置土地的收益。

在禄村，农田产出的三分之一即可满足家庭的温饱，剩下的三分之二则用于购买服装、礼仪性开支、税费等，农民整体生活状况要比江村好一些。在同样维持温饱的前提下，大多数的在村小地主选择雇佣其他劳力，毕竟没有哪个小地主愿意辛苦自己下地劳动。如果有着更轻松的生活方式，又有谁不愿意去选呢？

相比之下，没有田的人则要辛苦许多，他们要么是外来的新户，要么是流浪的劳工。没有土地，必须通过出卖劳力来换取生活：或是租种地主的土地，交纳地租；或是受他人雇佣，做长工或散工，每天早出晚归，不堪重负。

费先生调研了禄村 5 户人家的生计开销，将其编号为甲、乙、丙、丁、戊。甲、乙拥有较多的自营田地，生活质量属于禄村的上流，他们有自己整齐高大的房屋，女主人佩戴着银饰，每天能吃上肉，还常备着点心小吃。丙的生活质量则相形见绌，仅有自营田 7 工（“工”是当地土地计量单位），要租种 30 工地主的土地，房屋破落不堪，甚至没有足够的医疗费治病。丁、戊的生活则更为辛酸，他们是一辈子都没有田的苦命人，没有自己的屋子，只得租别人的房屋住，白天做工，只有晚上才回到残垣断壁般的屋子。

（二）生存经济与消遣经济的分野

1. 江村：收入锐减，处于饥饿边缘

江村共有 1458 口人，村里极少有完全不干农活的人家，但是有 56.5%[①]的土地被不在地主所有，剩下不足一半的土地归村民所有。租用不在地主的田地需要支付沉重的租金，按佃农的平均土地拥有量，每年必须向地主交付相当于总生产量的 40%，即 24 蒲式耳的稻米作为地租。在正常年景下，每亩地每年可生产 6 蒲式耳的稻米，户均总生产量是 60.36 蒲式耳，剩下的 36 蒲式耳仅仅够一户一年食用。[②] 一旦遭遇洪水或其他灾荒，江村农民便处在饥饿的边缘。蚕丝业兴盛的时候，尽管地租很高，农民生计仍绰绰有余，除去日常开支，还能有积蓄。随着蚕丝业的萧条，村民的平均收入减少了 1/3，即便压缩日常消费、推迟礼仪性开支，也频繁出现入不敷出的困境。为了应对收入不断下降的状况，村民不得不节省开支，延迟婚礼，出售应急的储备粮食，艰难维持生计，但结果仍是年复一年的经济亏空。

---

① 此处存在数据不一致的问题。在《江村经济》中，费先生记载村里 2/3 的土地为不在地主所掌握，而在《三访江村》中又记载全村有 56.5%的土地被地主占有。不在地主的人数一定少于全体地主人数，所以不在地主的土地不可能比不在地主的土地占有量多。

② 费孝通：《江村经济》，上海人民出版社，2013，第 157 页。

江村一户家庭的生活基本开支包括了食品、衣料、礼仪开销、作物生产以及再生产所要的各项开销，除此之外还要缴纳土地税或支付地租，还有对农民威胁最大的高利贷。正如前文中所说的，受现实经济环境所迫，江村四口之人家一年的平均最低开支为 200 元，除去家庭直接消耗的粮食，卖粮有约 68 元收入，单靠农业生产显然不能够维持生活，每年还要亏空 130 余元。因当地生丝价格下跌，农民家庭生计往往入不敷出，因此不得不借贷借粮，维持着最基本的开支。① 长期的经济萧条、高额的地租使江村农民不堪重负，村民普遍贫困，故无法求助亲友，又难以取得低息贷款。75%的农民家庭靠租田和借高利贷过日子，成为高利贷的牺牲品。

2. 禄村：小地主不劳作、吸鸦片

禄村的土地所有者多是在地（生活在本村）的小土地所有者，他们不能像不居住于江村的大地主一般专靠租息生活并在城镇安居。禄村地主住在村子里，他们想要经营农田很方便。但在工商业不发达的内地，由农田上解放出来的劳力和时间，并没有很多机会可以利用在其他获利较多的事业上。土地所有人不管农事，就无事可管。

在禄村，部分地主脱离农业劳动后，依然能获得农田产量的一大部分。禄村职业分化简单，农家副业不发达，脱离了农业劳动的小地主无事可做。这群人把大多数时间用于闲逛、赌博、吸鸦片。这种选择并非缺乏经济规划，而是根植于一种特殊的生活态度。这种生活态度将欲望置于生活规划的核心，试图通过节制欲望来减轻劳动带来的痛苦，费先生称之为“消遣经济”的思维模式。部分人会选择节流，愿意牺牲一些享受来避免劳作。对于小地主来说，降低消费、减少欲望可能并不是完全不合理的经济规划。他们选择通过减少消费、节制欲望来避免劳动，以寻求更轻松的生活方式。

发生在禄村的消遣经济模式，其基础并非农民有了足够的生产资料从而享受生活，而是小地主在拥有土地所有权的同时，雇佣他人劳作，自己不劳而获。

---

① 费孝通：《江村经济》，上海人民出版社，2013，第 157 页。

三、外因影响下的生计变迁

先生认为，“强调传统力量与新的动力具有同等重要性是必要的，因为中国经济生活变迁的真正过程，既不是从西方社会制度直接转渡的过程，也不仅是传统的平衡受到了干扰而已。目前形势中所发生的问题是这两种力量相互作用的结果”①。因此，外力影响大致可以分为两类——促使变化的外界力量和承受变化的传统力量，这两种力量的相互作用导致了农村人口生计的变化。接下来我们一起探究在外因影响下，江村和禄村村民的生计变迁过程。

（一）工业经济影响集中于沿海区

1. 江村：被日本机制丝挤压，经济凋敝

先生调研期间，江村经济发生了明显变化。一方面，自19世纪末起日本机器缫丝业获得迅速发展，进入20世纪30年代世界经济深陷大萧条，国产生丝价格下跌；另一方面，以水稻种植为主，稻米收入在江村家庭经济预算中的重要性有所提升。

如前文所述，江村每户年均在稻米种植方面的盈余是33蒲式耳，出售剩余稻米可以获得约68元收入，而江村家庭平均年支出为200元，亏空132余元，均仰赖于养蚕缫丝。在繁荣时期，江村为毗邻的盛泽镇丝织业提供原料。丝织业衰退前，盛泽号称“日出万匹”。丝价高涨时，江村农民即便很少穿着西洋的轻绸软缎，但至少过着衣食无忧的生活。

日本引进现代丝织技术后，我国丝业迅速衰退。地处传统丝织业中心地带的江村首当其冲受到影响，当地家庭收入减少，不但缺乏生产资本，连日常生计都难以维持。江村农民家庭普遍陷入贫困状态，具体表现如下：第一，家庭收入不足，食物短缺；第二，文娱活动停止，年轻人婚期推迟；第三，农民迫于生存压力，以土地为抵押物借取高利贷，数年后极有可能变成失去土地的佃户。

为满足农民的正常生活需求，需要对丝织业进行技术变革。但农民专业知识有限，缺乏资本，靠他们自己无法采取任何有效的行动，发起和指导技术改革的力量来自外界。江苏省立女子蚕业学校是太湖沿岸丝织业变

① 费孝通：《江村经济》，上海人民出版社，2013，第13页。

革的积极力量。费先生的姐姐费达生自1924年起在江村创办蚕丝改进社，向村民传播新技术知识。费达生早年留学日本，在青年时期就树立了实业救国的理想。留学归来后，她便在深陷蚕业危机的江村开始组织自救工作。这位女子“以敌国为师”，坚持长达14年的蚕丝乡建，直到苏州被日本军队占领，这一事业堪称“人道主义经济的一次尝试”。[①] 费先生也在姐姐费达生的蚕丝试验田中找到了中国乡村工业重建的“最佳观察点”。[②]

2. 禄村：延续传统，没有工业经济参与

与太湖沿岸相比，云南既没有绵延无尽的平阔水田、纵横交错的水道交通，也没有千年繁荣的商业都市、通江达海的商贸口岸。云南位于青藏高原东南部，省域被高山大河分隔。该省内大部分河流均不具备通航条件，现代公路与铁路建设起步较晚。由于交通困难，云南大部分乡村受现代工商业的影响不深。云南的交通建设集中于抗战时期，也就是国民政府西迁的20世纪30年代末至40年代初。

禄村手工业不发达，几乎全部人口的生计都由土地来担负。本村村民职业单一，或是有田地的小地主，或是受雇于小地主的雇工。该村经济以种植业为主，只有少量副业。禄村所在区域缺乏现代工业经济，劳动力集中于农业。

（二）战时经济影响波及全国城乡

1. 江村：深陷日战区，经济全面停滞

抗战全面爆发后不久，苏州沦陷，日军便开始通过杀人放火制造恐怖气氛。1938年5月，日伪江苏省政府在苏州成立。此时的苏州丝织业近乎“风中之烛”，江村经济也遭遇毁灭性打击，丝织业处于绝迹状态。

先生在《江村经济》中提及，“日本人占领并破坏了我所描述的村庄，我被剥夺了在近期做进一步的实地调查的机会”[③]。在写作《禄村农田》时，先生身在云南，隔着战火燃烧的大半个中国，剖析江村深陷的经济困境：“西方的工业革命至少威胁到了中国农村的小农们成为工业家的潜在劳动能力。对于没有组织起来的自营小手工业者的大众来说，这是一场没有希望的战争。无论他们如何技艺娴熟，他们是在与机器进行一场注

---

① 于建刚：《越来越多的蚕丝被，越来越少的养蚕人》，“食通社”公众号，访问时间：2024年4月10日。

② 堵力、李超：《城乡破局者——“新江村”从历史中走来》，《中国青年报》2023年12月21日。

③ 费孝通：《江村经济》，上海人民出版社，2013，第16页。

定失败的战斗，但他们必须坚持斗争，因为不然的话他们将无法生存。”[①]不是远在西南的禄村，而是地处江南的江村代表着中国农村经济的“两个基本事实”：第一，我国传统手工业散布在众多村庄中；第二，农民们不是单纯依靠农业，而是通过工农互补获得生存保障。失去了乡村手工业，失去了依托于手工业发展起来的现代乡村工业，“中国最终将变成一个农业国，纯粹而又简单，而一个农业的中国将不可避免地是一个饥饿的中国”[②]。

2. 禄村：处于后方，获得新经济机会

1938 年 12 月，滇缅公路投入使用。尽管频繁遭遇临时禁运与日军轰炸，这条公路仍然运行至 1942 年 5 月，成为抗战时期重要的物资供给线。禄村地处滇缅交通线上，自抗战以来村民获得了更多从事非农劳动与经营活动的机会。

《禄村农田》对村民获得的新经济机会记述如下：第一，马店行业兴旺，运盐的马队从产盐中心猴井前往禄丰，途经禄村会住宿一晚，1938—1939 年马的草料费增加了 10 倍。第二，背夫工资增长，1938—1939 年从猴井背盐到禄丰，背夫净收入从每日 2 角增加到 9 角。第三，从军、修路导致禄村劳动力大量外流，1937—1939 年约 20 个月的时间内，禄村净流出 60 个农作骨干，他们原多在禄村从事农业雇工工作。这些雇工脱离农业生产后，原来好逸恶劳、吸食鸦片的小地主不得不亲自下田劳动了。[③]

结　语

因缺乏手工业、现代工业、城市商业等经济类型，《禄村农田》的研究范围较之《江村经济》狭窄，研究中心在于土地制度。但如先生所言，两书在研究方法上保持一致，均“采取以村落为单位的实地观察”，但又略有差异，《禄村农田》采用“解释和叙事并重的社会调查方法”，即“叙论将一贯的以理论为经，以叙事为纬，层层推进以达到整个的解释禄村人民由利用农田而发生的种种现象为目的”。[④]

---

① 费孝通：《禄村农田》，载《江村经济》，上海人民出版社，2013，第 514 页。
② 费孝通：《禄村农田》，载《江村经济》，上海人民出版社，2013，第 514 页。
③ 费孝通：《禄村农田》，载《江村经济》，上海人民出版社，2013，第 350-351、355、377 页。
④ 费孝通：《禄村农田》，载《江村经济》，上海人民出版社，2013，第 311 页。

先生把《禄村农田》视为《江村经济》的“续编”。① 在江村，先生亲历并记录下现代工业经济对乡村手工业的排挤与替代，都市资本流入农村，农村土地权大量外流，外来因素介入导致江村村民收支出现严重失衡。因禄村缺少手工业传统，较少受到现代工业影响，故禄村经济建立在农田之上，可作为《江村经济》的对照，以检验《江村经济》的研究结论。探求适合中国农村的工业类型，摆脱贫困，是两书一致的研究目的。江村与禄村调研完成后，先生更确信“农村合作化工业”② 之路的可行。

导师接续

从农村社会调查到村庄类型比较

——基于20世纪30年代费孝通对托尼中国土地制度研究的承继与修正

肖建飞

摘要：托尼在《中国的土地和劳动》中大量使用农村社会调查资料，勾画出抗战前我国农村土地制度、劳动力使用情况的全景，剖析农村普遍贫困的原因，他认为发展工矿业可为农村提供机遇。托尼的研究为青年费孝通提供了我国乡村整体图景和问题方向，但费孝通创造性地使用了以村庄为研究单元的社区调查方法，在江村与禄村调查期间，他对土地制度、人地关系的地域差别、现代工业的影响力差别有更深入的认识。费孝通确信土地制度改革对改善民生的作用有限，并将希望寄托于发展乡土工业。以土地制度差异为研究重心，江村与禄村成为应用村庄类型比较研究方法的最早样本。

关键词：中国农村土地制度；农村社会调查；托尼；村庄类型比较；费孝通

民国时期我国农村社会调查最初由受聘于国内大学的外籍教师完成，

① 费孝通：《禄村农田》，载《江村经济》，上海人民出版社，2013，第311页。

② 费孝通：《禄村农田》，载《江村经济》，上海人民出版社，2013，第515页。

外籍教师的工作启发了我国本土的农村研究。外籍教师与本土学者都极为关注农业生产经营体系中人地两大要素的关系问题，尤其是农村土地制度的运行情况。任教于南京金陵大学的约翰·洛辛·卜凯①1930年出版《中国农家经济》（*Chinese Farm Economy*），1937年出版《中国的土地利用》（*Land Utilization in China*）。受太平洋国际学会委托，理查德·亨利·托尼②1930年来华调查中国的农业与工业发展情况。除了实地调查获取研究数据资料外，托尼大量利用金陵大学农学院和南开大学经济研究所等机构研究者提供的文献资料，于1931年10月在太平洋国际学会第四次年会（在上海举行）上提交研究报告，次年《中国的土地和劳动》（*Land and Labor in China*）正式出版，在中国学术界引起了强烈的反响。此时我国学界缺乏能提供乡村经济状况全景的著作。

《中国的土地和劳动》写作主要利用相关领域学者前期积累的农村社会调查资料，基于中国与西北欧历史发展差异的比较视角，对20世纪30年代初我国人地关系、土地制度予以恰当判断——人多地少，以小自耕农为主，工业主要集中分布于东南沿海，在广袤国土上呈斑点状分布。经济停滞与政治混乱形成循环，农民如站在齐脖颈的深水中，随时面临没顶之灾。托尼对中国整体经济形势的判断，对各地自耕农比例差别的分析，对重新分配土地以便改善民生之有限作用的分析，对改良乡村工业的寄望，均深深影响到费孝通先生。先生称赞该书是中国农村经济研究领域“最好的一本书……这是在当时所能得到数据的基础上，对1931年以前中国的经济形势所作的一个总结”③。当卜凯、托尼正值学术壮年时，费先生还是初出茅庐的学术“青椒”，于20世纪30年代后半期在江村与禄村进行农村社区调查，开创了村庄类型比较研究。先生多次向自己的老师们致谢，其导师团包括吴文藻、潘光旦、史禄国、马林诺夫斯基，实际上他的学术致谢名单中还应该加上托尼。

近年来托尼与费孝通学术研究的关系问题，引起了部分研究者的关

① 约翰·洛辛·卜凯（John Lossing Buck，1890—1975），美国纽约州人，农业经济学家，1914年自康奈尔大学农学院毕业后来华从事农业实验和推广工作。1921年起担任金陵大学农学院农业经济系教授兼系主任。卜凯被视为20世纪30年代欧美学界关于中国农业经济研究最优秀、最权威的学者，也有人称其是研究中国“三农”问题的先驱。

② 理查德·亨利·托尼（Richard Henry Tawney，1880—1962），英国著名经济史学家、费边社思想领袖，长期任教于伦敦经济学院，从事经济史教学。《中国的土地和劳动》是20世纪30年代我国乡村研究最重要的著作之一。

③ 费孝通：《禄村农田》，载《江村经济》，上海人民出版社，2013，第486页。

注。王君柏发现，托尼与费孝通的思想渊源可追溯到英国的费边社传统，其共同的研究传统在于历史视角与整体视角。[①] 黄志辉认为，托尼判断民国时期中国的城乡关系是金融关系，费孝通是托尼观点的最好继承人，但费孝通在乡土工业道路、城乡关系判断等问题上进行了更为系统深入的研究。[②] 杨清媚发现，托尼对英国经济转型的分析构成了费孝通江村和禄村研究的参照，费孝通基于共同体、知识分子、世界市场和国家四要素关系构建中国现代化转型方案。[③] 张亚辉、庄柳通过比较托尼与费孝通为中国乡村现代化设计的两条不同发展路径指出，托尼强调园艺改革，费孝通则主张以乡土工业为基点。[④] 夏志远、郑伟研究发现，托尼提出中国应以农业工业化重塑城乡产业格局，费孝通则建议在中国通过“新士绅”促进农村传统手工业向工业化转变。[⑤] 基于托尼提供的中国乡村图景与问题导向，费孝通如何把握土地制度这一核心问题，其与托尼在研究目的、对象与结论上有何关联与差异？费孝通如何创造性地使用了以村庄为研究单元的微观社区调查方法？费孝通在江村与禄村调查期间有哪些发现？其对托尼人地关系与土地制度研究有哪些继承与修正？上述问题构成本次阅读分享的重点。

一、研究起点：研究目的与问题

托尼的研究对象是作为整体的中国农村社会，基于了解中国农村社会的目的，其持有的是自外向内的观察视角；费孝通的研究对象是不同类型的乡村，基于变革求生的目的，其持有的是从内向外的观察视角。

（一）托尼：从整体上认识中国的农村社会

托尼在中国进行了两个多月的调研，其所掌握的一手文献有限，但利用了同时代大量中外学者的调查资料，完成了《中国的土地和劳动》一书

---

① 王君柏：《托尼的中国研究及对费孝通乡村研究的影响》，《中国农业大学学报（社会科学版）》2015年第5期，第47-54页。

② 黄志辉：《托尼的乡土中国重建方案与青年费孝通的三次系统回应》，《开放时代》2018年第2期，第118-133页。

③ 杨清媚：《土地、市场与乡村社会的现代化——从费孝通与托尼的比较出发》，《社会学研究》2019年第4期，第218-238页。

④ 张亚辉、庄柳：《从乡土工业到园艺改革——论费孝通关于乡村振兴路径的探索》，《厦门大学学报（哲学社会科学版）》2020年第1期，第60-68页。

⑤ 夏志远、郑伟：《知识分子“在场”与社会秩序“表征”——基于20世纪二三十年代乡村改造思想比较分析》，《社会科学论坛》2023年第2期，第163-166页。

的写作。托尼对该书的定位是为“不懂中文、不谙中国历史而造访中国的人”提供一份中国经济状况的总结，而非“想在中国的经济组织和社会问题研究方面作出原创性贡献”。[①] 南开大学张伯苓、何廉和方显廷，社会调查所的陶孟和及其同仁，晏阳初及其同事，陈立廷、刘大钧等，尤其是金陵大学农学院的卜凯及其夫人赛珍珠，上述人员或是托尼的信息报告人，或是文献资料提供者。

在托尼这一代英美学者眼中，中国是与欧美地理隔绝、经济停滞的国度。“一直以来，中国既未影响到西方，也未曾受到西方的影响，所以直到晚近，中国沿着自己的轨道前行。”[②] 托尼的分析框架建立于20世纪中国农业社会发展停滞与西北欧工业社会快速发展这一显著差异之上，但他无意在中西之间做简单对比，找到其中的共性与差异。托尼认识到中国农村问题不是欧洲农村问题的重复，故拒绝将中国视为欧洲中世纪的延续，更旨在发现中国在“经济文明特定阶段属性特征”，及其遭遇的重大转型问题。[③] 托尼在探讨关键问题时，持有“宽广而灵活的历史视角”[④]。

在乔治·马戛尔尼（George Macartney，1737—1806）1793年访华半个世纪后，英国完成了第一次工业革命。一个多世纪后，西北欧与美国陆续在一战前后完成了第二次工业革命。中国依然延续着一个半世纪前的经济模式，且日益衰落。尽管沿海地区工业已经起步，但大部分地区还处于“工业文明以外的另一个经济文明阶段”。[⑤] 托尼发现，中国绝大部分地区与西北欧、美国在工业技术和产业组织领域代表着两个维度：第一，在发展阶段上，前者大部分的制造业还属于“前资本主义时代”或“资本主义摇篮时期”，后者已经完成第二次工业革命。第二，在生产工具与机械化程度上，前者依赖人力与畜力，后者则依赖机械动力。第三，在经济形态上，前者家庭生计以农为主、以工为辅，制造业的主体是手工作坊，后者则发展出股份制公司与金融企业。第四，在社会组织结构上，前者的社会上层是拥有政治资本的官员，地主、商人与放贷人主导着乡村经济[⑥]，最基本的社会关系是农副产品—价格—地租与高利贷；后者则形成庞大的

---

① 理查德·亨利·托尼：《中国的土地和劳动》，安佳译，商务印书馆，2014，作者弁言第1页。
② 理查德·亨利·托尼：《中国的土地和劳动》，安佳译，商务印书馆，2014，第3页。
③ 理查德·亨利·托尼：《中国的土地和劳动》，安佳译，商务印书馆，2014，第2页。
④ 理查德·亨利·托尼：《中国的土地和劳动》，安佳译，商务印书馆，2014，导言第3页。
⑤ 理查德·亨利·托尼：《中国的土地和劳动》，安佳译，商务印书馆，2014，第115页。
⑥ 理查德·亨利·托尼：《中国的土地和劳动》，安佳译，商务印书馆，2014，第116页。

工薪阶层与经济权威阶层，最基本的社会关系是工资契约（见表5）。

表5　中国与西北欧、美国经济社会结构关系比较

比较的项目	中国	西北欧、美国
发展阶段	“前资本主义时代”或“资本主义摇篮时期”	完成第二次工业革命
能源动力	人力与有限畜力	机械动力
经济形态	以农为主、以工为辅	股份制公司与金融企业
社会上层	官员、地主、商人与放贷人	工薪阶层与经济权威
社会关系	农副产品—价格—地租与高利贷	工资契约

注：该表由领读人肖建飞制作。

托尼形容，19世纪下半叶中国与英国的相遇如“易碎的花瓶撞上了铜器”，英国凭借舰船军队，“野蛮之手再次从南方破墙而入”。[①] 尽管彼时中国旧王朝土崩瓦解，但传统秩序的影响力依然存在。托尼关注的问题是自19世纪下半叶以来中国的历史进程，以及影响未来发展趋势的重要因素将如何发挥作用，重要因素包括“中华文明的根基异常稳固”“长期的闭关自守”“西方掌握的科学和技术的新资源”。[②]

（二）费孝通：认识村庄类型以期变革求生

先生在开弦弓村开展调研工作的时间是1936年7—8月。选择开弦弓村作为调研点的原因在于，该村所在地苏州吴江是国内蚕丝业的中心之一，该村可作为中国乡土手工业向现代工业变迁的代表性案例。同时该村所在地系繁荣千年的鱼米之乡，传统农业极为发达，加之水网纵横、水上运输便利，河道勾连起城镇与乡村，城乡经济联系密切。先生的导师马林诺夫斯基指出，“土地的利用和农户家庭中再生产的过程”是贯穿《江村经济》的主题。[③] 费先生更为关切的问题是，“伟大祖国，进退维谷，是西方化还是灭亡？”[④] 先生将该书写作目的归为“了解人民的生活”[⑤]，说明“正在变化着的乡村经济的动力和问题”[⑥]，也就是太湖沿岸乡村人口与手工业的解组情况及原因。在先生写作时，传统稻作与缫丝结合的经济

① 理查德·亨利·托尼：《中国的土地和劳动》，安佳译，商务印书馆，2014，第178页。
② 理查德·亨利·托尼：《中国的土地和劳动》，安佳译，商务印书馆，2014，第3页。
③ 布·马林诺夫斯基：《〈江村经济〉序》，载费孝通《江村经济》，上海人民出版社，2013，第10页。
④ 布·马林诺夫斯基：《〈江村经济〉序》，载费孝通《江村经济》，上海人民出版社，2013，第10页。
⑤ 费孝通：《江村经济》，上海人民出版社，2013，第17页。
⑥ 费孝通：《江村经济》，上海人民出版社，2013，第13页。

模式仍勉强延续，但资本主义工业生产日益成为传统经济的瓦解力量。先生认为，只有新的技术资本因素注入，方能维持人民的日常生计，如其所言："强调传统力量与新的动力具有同等重要性是必要的，因为中国经济生活变迁的真正过程，既不是从西方社会制度直接转渡的过程，也不仅是传统的平衡受到了干扰而已。目前形势中所发生的问题是这两种力量相互作用的结果。……观察的这个村庄的经济问题，只有在考虑到两方面的情况时才能有所理解，一方面是由于世界工业的发展，生丝价格下跌，另一方面是以传统土地占有制为基础的家庭副业在家庭经济预算中的重要性。"①

先生在云南禄村调查的时间为1938年11月15日至12月23日、1939年8月3日至10月15日。相当程度上，禄村是作为江村的对照案例进入先生的学术视野的。江村位于平坦的太湖平原上，这一区域开发较早，村庄密集，城镇众多，水道纵横，交通便捷，现代工业已深入村庄，大量农民失去土地成为佃农，该村经济社会结构均已经发生变化。而禄村位于山间平坝上，这一区域开发较晚，村庄散落，城镇稀疏，交通不便，受现代工业影响不深，农耕经济占主体地位，自耕农是农民的主体（见表6）。先生被如下问题吸引："一个受现代工商业影响较浅的农村中，它的土地制度是什么样的呢？在大部分还是自给自足的农村中，它是否也会以土地权来吸收大量的市镇资金？农村土地权会不会集中到市镇而造成离地的大地主？"②《禄村农田》延续同一主题，即"现代工商业发达过程中农村社区所发生的变迁"，尤其是土地制度变迁。③

表6 江村、禄村调查情况比较情况

比较的项目	江村	禄村
调研时间	1936年7—8月	1938年11—12月、1939年8—10月
区域特点	太湖平原，开发较早，村庄密集，城镇众多，水道纵横，交通便捷，现代工业深入	云南盆地，开发较晚，村庄散落，城镇稀疏，交通不便，受现代工业影响不深

① 费孝通：《江村经济》，上海人民出版社，2013，第13-14页。
② 费孝通：《江村经济》，上海人民出版社，2013，第312页。
③ 费孝通：《江村经济》，上海人民出版社，2013，第314页。

续表

比较的项目	江村	禄村
土地制度	租佃+完全所有制	完全所有制+农作雇佣
社会分层	不在地主+佃农	在村小地主+雇工
非农经济	蚕丝业一度发达， 20 世纪以来衰落	无手工业传统， 受现代工商业影响有限
社会问题	生丝价格下降、收支失衡、 技术落后	消遣经济、劳动力闲置

注：该表由领读人肖建飞制作。

先生认为，“小范围的深入实地的调查，对当前中国经济问题宏观的研究是一种必要的补充”[①]。乡村调查的优点在于：第一，调查者有机会走进调查人群，对村庄生产生活进行深入、细致、密切的观察记录，其调查单位不能过大；第二，以村庄为研究对象，这一社会单位也不至于过小，能呈现一个社区的经济社会样貌。在先生调研的 20 世纪 30 年代，村庄“应能提供人们社会生活的较完整的切片”[②]。从《江村经济》起，先生开始了他的社会人类学应用研究，也开启了“从实求知”“志在富民”的学术之旅，这一学术之旅也是“民生社会人类学”研究之旅。

二、研究重心：人地的资源配置

托尼最擅长的研究领域是乡村社会史，对中国土地制度，也即土地与劳动力两大生产要素配置问题的分析是《中国的土地和劳动》一书的精华。托尼发现中国以农为本，人地资源配置的特点是人多地少。费孝通延续了托尼的研究主题，同时发现人地资源配置存在着显著的地域差别。

（一）托尼：“巨人”国度的“侏儒”农业

中国幅员辽阔给托尼以极大震撼，他认为，欧洲任何一个国家都不能作为中国的对应分析单位，整个欧洲才可与中国做比较分析。[③] 在幅员辽阔的中国，微观人文地理景观呈现为，“从小山丘或城墙上眺望平原，一眼望去就能看见许许多多的村落。这些村落星罗棋布，就像西方国家的私

① 费孝通：《江村经济》，上海人民出版社，2013，第 13 页。
② 费孝通：《江村经济》，上海人民出版社，2013，第 17 页。
③ 理查德·亨利·托尼：《中国的土地和劳动》，商务印书馆，2014，第 177 页。

人农庄密集相连一样”[①]。20 世纪 30 年代初，中国的农业是典型的“小农经济”[②]，约 7000 万农民家庭从事农业生产，3/4 的人以耕种土地为生，间或从事手工业生产与小买卖。尽管各省区耕地肥力、面积、人口、种植结构有别，但都以种植业为主，畜牧业作用微乎其微，几乎可以忽略不计。

托尼对中国农业的评价是“巨人的国度经营着侏儒的农业”[③]。人地关系特征表现为土地细分、耕地破碎，“小微农业模式”[④] 最典型的表现是各家所有的土地极为有限。20 世纪 30 年代初国内的抽样调查显示，农民户均约有 1/2 英亩土地；卜凯的抽样调查结果显示，农民户均约有 1/3 英亩土地。在农业中国，土地细碎是人地两要素配置的结果。农业之外，再无产业吸纳过量人口。除了东北外，也再无可以扩大利用的耕地资源，同时受限于交通不便，移民极为困难。农民对外界缺乏了解，本土意识不断滋长。难以扩充的有限耕地与不断繁衍的巨量人口的矛盾，最终导致农民在本已“人满为患”的土地上，艰难地寻找“立足之地”。[⑤]

卜凯进行中国农村调查时发现，中国农业机械化程度极低。托尼引证了相关资料，他发现，同时期的美国已经普遍使用机械，家庭农场信贷资金来自银行，贷款维系着农场经营，大量家庭农场抵押土地。因经营失败，农民有可能成为失地流民。这一农业经济转型被约翰·斯坦贝克（John Steinbeck，1902—1968）写入《愤怒的葡萄》这一文学作品，被蒂莫西·伊根（Timothy Egan）写入《肮脏的三十年代：沙尘暴中的美国人》这一非虚构作品。托尼认为，中国农业的突出特点就在于，“资本不足与人力过剩同时并存”[⑥]。正因如此，在有限耕地上投入大量劳动，精耕细作，成了中国农业的特色。精耕细作这一传统农作经验得益于两大要素：第一，施肥保持耕地肥力是物质基础；第二，农民对耕地“无时无刻的关注”与“吃苦耐劳的精神”。托尼发现，因缺乏生产工具，农民投入大量劳动，甚至以体力劳动代替机械力，目的在于使手中的土地获得最大产

---

① 理查德·亨利·托尼：《中国的土地和劳动》，商务印书馆，2014，第 16 页。
② 理查德·亨利·托尼：《中国的土地和劳动》，商务印书馆，2014，第 24 页。
③ 理查德·亨利·托尼：《中国的土地和劳动》，商务印书馆，2014，第 32 页。
④ 理查德·亨利·托尼：《中国的土地和劳动》，商务印书馆，2014，第 34 页。
⑤ 理查德·亨利·托尼：《中国的土地和劳动》，商务印书馆，2014，第 39 页。
⑥ 理查德·亨利·托尼：《中国的土地和劳动》，商务印书馆，2014，第 46 页。

出[①]，“尽力从既有土地上榨取最后一粒粮食”[②]。

托尼称，中国大部分农民是有小地产的自耕农，“没有土地贵族阶层”[③]。农民家庭拥有的地块在 5 至 40 块之间，肥瘠不一、位置各异、各有用途，农民借此分散各种自然风险。农民家庭理想的人生图景是仓廪充实，而非财富增殖。在自然资源、生产要素约束下，农民希望把自己的土地相对均衡地分配给儿子们。诸子长大时，父亲按照耕地良劣、高低、水旱差异，相互搭配，给每个儿子分一份产业。尽管自耕农比例存在区域差异——北高南低、西高东低，但租佃权也可出租、抵押、买卖、继承，相当程度上具备了“准所有权”性质，完整所有权与租佃权并存决定了中国土地的双重所有权属性。

托尼认为，中国农民对“经济”（节约）有着相对一致的观念体系与行为逻辑，一切皆需节约利用，只有森林与人力除外，这一经济逻辑展开则是一套深入生活的教义体系，“要旨就是空间的经济，物质的经济，器具的经济，饲料的经济，燃料的经济，废物的经济；总之，除了森林（森林已经胡乱砍伐殆尽并造成了水土流失）和人力（社会习俗使得人口众多且又廉价）二者之外，各个方面都要讲求经济”[④]。这种不吝惜家庭成员体力投入的生产模式，被黄宗智称为“过密化”或“内卷”。但即便如此，碍于过于狭小的耕地面积，农民人均产量极低。恰恰是人均产量，而非亩均产量，实质性地决定着农民的生活状况。于是托尼得出一项阶段性结论：农业中国不能实现经济的繁荣，仅有人口不断增长。[⑤]

（二）费孝通：资源约束条件下人地关系的调节

江村土地约 3065 亩，耕地 2758.6 亩，约占全部土地的 90%；人口 1458 人，其中男性 771 人，女性 684 人，另有不明年龄、性别者 3 人；全村拥有耕地的家庭 274 户，户均耕地 10.06 亩，另有 10 户为外来户，均是从事非农职业的移民。全村 90%的耕地用于种植水稻，全村消费的水稻约占总产的 1/2。[⑥] 太湖沿岸有诸子均分土地的传统，尽管子女数量是家业丰厚或单薄的象征，但为了预防贫穷，村民普遍采取控制生育的策略。

---

① 理查德·亨利·托尼：《中国的土地和劳动》，商务印书馆，2014，第 40 页。
② 理查德·亨利·托尼：《中国的土地和劳动》，商务印书馆，2014，第 43 页。
③ 理查德·亨利·托尼：《中国的土地和劳动》，商务印书馆，2014，第 62 页。
④ 理查德·亨利·托尼：《中国的土地和劳动》，商务印书馆，2014，第 44 页。
⑤ 理查德·亨利·托尼：《中国的土地和劳动》，商务印书馆，2014，第 46 页。
⑥ 费孝通：《江村经济》，上海人民出版社，2013，第 22、24、27–29 页。

先生发现了江村农民的生存智慧，他们重视传宗接代、延续香火，厌恶杀婴，但又不得不选择流产，这使得江村土地户均耕地拥有量“趋向平均化”①。碍于没有其他吸纳劳动力的行业，加之地块琐细，江村几乎一切劳动都是手工完成，没有畜力辅助，农业体力化程度要高于托尼的预测。先生发现，并非如托尼所言，农村因缺乏机械而大量使用人力，江村农民不使用抽水机，是因为使用机械将造成更大限度的劳动力闲置，另还需缴纳动力泵费用。

先生提供了如下一组数据：太湖沿岸普通农民家庭一年维持正常生活需支出200元；出售余粮后可得约68元，亏空为130余元。丝业兴旺时，养蚕缫丝户均收入约300元，除去生产费用可盈余250元。但20世纪30年代以来生丝价格持续下跌，从最高价格每两超过1元，降到1935年每两约为0.3元。农户保持原产量却仅有45元收入。因靠近大城市苏州，大量城镇资本下乡，导致江村田底与田面的权利分离，不在地主制（地主住在城镇，而非本村）盛行，大部分农民成为佃农。住在城镇的地主占据江村2/3的土地，加之蚕丝业的萧条使农村家庭平均收入减少约1/3。失去自有土地，加之蚕丝业的衰落，构成了江村农民生计失衡的两大诱因。深知太湖沿岸农村情况，先生可以从村民的视角分析其普遍面临的生计难题——丝价下跌致使农民无力偿还债务，高利贷重压使得农民失去土地，故先生将传统手工缫丝升级为机器缫丝视为最紧迫的经济问题。

与江村的稻蚕兼业不同，禄村的社会结构和社会关系单纯建立在土地制度之上，有无土地决定了劳动力利用（工作抑或不工作）、衣食住行质量（有保障抑或拮据）情况，乃至社区参与（能否管理公田、担任保长等）情况。无地的劳动力出卖者构成了劳工阶层，小土地所有者成为有闲阶层。禄村村庄的历史很短。有地与无地者的差别仅仅在于来到村庄的先后次序，先来者有土地并获取社区资格，后来者成为佣工佃户。禄村村民所有的耕地约690亩，经营的耕地面积（包括禄村村民在外村承租经营的土地）约1080亩。登记户数95户，实际户数122户，村中男359人、女335人。每家平均自有耕地约5.7亩，每家经营耕地约8.9亩；自有耕地最多的农户拥有自有耕地约25亩，经营耕地最多的农户拥有经营耕地也不足30亩。全村38家无耕地，其中4家从事专业经营，34家靠出卖劳动

---

① 费孝通：《江村经济》，上海人民出版社，2013，第35-38页。

力为生。禄村生产的水稻约1/3用于本村消费。

江村靠近桑蚕产业中心，尽管江村约2/3以上的人口主要从事农业生产，但纺丝工人占相当高的比例。禄村几乎没有手工业，村民生计依赖土地。这在相当程度上也印证了托尼的研究结论，即中国农民占绝大多数，同时大部分地方有乡村手工业传统。但托尼未注意到西南边疆地区存在无手工业的村庄。

禄村与江村的生计模式有两大区别：第一，土地所有制有别。在社会学视野中，制度即关系。如先生所言，“从利用农田而发生的一套社会关系，或称作土地制度”①。江村约2/3土地的所有权（田底权）为身居城镇的地主所有②，农民仅保有田面权，租种居住在城中的地主的土地，两者几无接触，农民甚至不知道保有田底权的是什么人。禄村的小土地主过着消遣生活，稍有田产的地主便不事劳作、吸食鸦片，女人与雇工均无地产，却是劳作主力。与江村一样，禄村耕地采取男性的单系继承制度，女性与田产无关。与江村女性负责家务、养蚕缫丝、不事耕作不同，禄村女性不仅是自家耕作的主力，还是与邻居换工的主力。尽管有上述差异，但也不乏共性，彼时中国耕作实践与收益获得之间并不存在直接相关性，“依现行法律，劳动并不是享受土地利益的必要条件；享受土地利益的是土地所有者。不论他自己劳作不劳作，他所有的权利是不受影响的。土地使用根据于土地所有，不是土地所有根据于土地使用——这是个现行的原则”③。第二，乡村手工业发展有别。江村有着千年养蚕缫丝的历史，手工业发达。20世纪20年代以来，日本机器缫丝技术获得空前发展，抢占了大量国际市场。由于手工制作的生丝价格下降，江村农民被迫多卖米，无米下锅则借贷。乡村资金短缺，农民向城镇举债，不得已抵押土地，失去所有权。城镇资本进入乡村，成为乡村资源的劫掠者。质言之，“农村经济活动不能不依赖市镇资金的接济。市镇资金流入农村的另一面就是农村土地权的流入市镇，因为农民们除了土地所有权之外，很少有其他可以吸引市镇资金的东西。用土地权来换取市镇资金却有如饮鸩止渴”④。禄村没有手工业，交通不便，商品经济不发达，贸易不过是小范围的定期集

① 费孝通：《江村经济》，上海人民出版社，2013，第317页。

② 先生后来补充，1936—1949年，地主占有江村土地为56.5%，约2/3的家庭靠租地和高利贷生活。此处有数据不一致的问题，不在地主人数一定少于全部地主。

③ 费孝通：《江村经济》，上海人民出版社，2013，第345-346页。

④ 费孝通：《江村经济》，上海人民出版社，2013，第311-312页。

市。禄村的生计分化发生在村庄内部，因耕地制度差异引发生计分化。而江村的生计分化发生在城乡之间，原因在于乡村工业萧条，城镇资本进入而导致大量农民失去土地，农民普遍陷入贫困。

在生产经济、消费经济之外，禄村小地主发展出另一种经济类型——消遣经济，此种经济模式在江村农民家庭中是不存在的。托尼发现中国农村社会普遍贫困，农民有吃苦耐劳的品行，但他没有发现消遣经济的存在。为避免自己劳动，禄村小地主雇工种田要花费50多元，约占家庭现支的17%；雇工工资加上伙食支出，则占家庭全部消费量的20%。禄村小地主的传统经济态度是，把不劳动的闲暇放在更多物质享受之先，“宁可牺牲生活程度来避免劳动”①。其乐趣和安慰来自“烟榻上，赌桌边，街头巷尾的闲谈中，城里的茶馆里”②。这一群体的理想生活是“少劳作，少消费，空着时间，悠悠自得，无所事事的消遣过去”③。但在1938—1939年间，因征兵、修路，雇工外出机会增加，雇工成本上升，生产成本增加，小地主开始下田劳动。

三、研究发现：农村危机与出路

托尼与费孝通都深刻意识到贫困、战乱对中国农村经济的灾难性影响，并认为土地改革只能延缓危机，实现工业化才是农村发展的希望所在。与托尼相比，费孝通对乡土工业发展机遇与面临的困难有更深入的认识，对乡村工业复兴的资金与技术力量有更细致的考虑。

（一）托尼：走出农业经济模式，发展工业矿业

托尼判断，农业中国的危机或重大问题来源于，中国静止的农业经济模式与西北欧快速发展的工业模式遭遇。尽管中国的一角已经发生变化——东南沿海、长江下游及中游部分城市的现代工业已经起步，但整个国家仍处于农业经济模式中。如何应对西方现代性挑战，关乎中国存亡。

“贫困、战乱与饥馑”是当时中国农村危机的集中表现，经济要素匮乏严重降低了农民生活水平。托尼根据部分调查资料推断，中国40%～50%的农民家庭无法靠土地获得生活必需品，农民的生活状况较两个世纪

① 费孝通：《江村经济》，上海人民出版社，2013，第423页。
② 费孝通：《江村经济》，上海人民出版社，2013，第404页。
③ 费孝通：《江村经济》，上海人民出版社，2013，第409页。

前更为恶化。托尼对中国农民生产生活状况有同情式的理解，他认为贫困是一种生存状态的泛称，此贫困不同于彼贫困，差别在于贫困程度。“中国农民中实际上有很大一部分年复一年地挣扎在贫困线上”，饥荒不是短期食物短缺，而是广泛人群的长期忍饥挨饿。农民能勉强生存下来，部分是因为农民所具备的“令人敬佩的创造力和坚忍不拔的意志”，例如“减少了自己的必要消费，并耗尽了自己的体能资本”；部分则是因为“家族中的共产主义”，以家庭、家族为单位共同应对生存危机。①

托尼将中国农村的整体贫困归于两类问题：第一，自然资源要素缺陷，包括耕地有限、地力消耗、森林被毁、旱涝交替等，托尼称其为“自然的或历史遗存的缺陷”；第二，组织制度要素缺陷，包括交通不便、技术停滞、债务或租税盘剥、人口过剩等，托尼称其为“经济组织或社会习俗的缺陷”。比较而言，第二类因素的影响更为明显。②

托尼对中国农业发展提出了系统性建议，包括修筑铁路和公路，改善交通，降低运输成本。交通可打破地理封闭；教育和科学可打破思想封闭，促进观念交流。除了东北适宜大规模机械化耕作，其他农区更适宜在保留传统农法基础上，采用新农业技术。推进平民教育，向大众普及实用知识，也是促进农民自助合作的必要途径。但面对中国“土地稀少”“人口稠密”③ 的国情，除了东北、西北外，彼时绝大部分省份都是农业人口聚集的“壅塞之地”④。托尼对分配地主土地给小农耕种的政策持保留态度。他认为，除了耕地资源丰富的东北有进行大量移民并施行重新分配土地政策的可行性，大部分地区的大田产均已经细分为小地块并出租给佃农，故可供重新分配的土地极少。更为可行的办法是分流农民，使之寻得土地之外的其他生存途径。使用机械动力发展工业制造业以及矿业，是更为根本的改善农民生计的措施。托尼的历史参照系是欧洲从农业经济向工业经济的转型，“欧洲今天之所以能够供养 5 亿人口，而且 5 亿人的生活标准又高于 1800 年的 1 亿 8 千万人口的生活标准，其主要原因即在于此”⑤。

中国的重工业发展处于起步阶段，在国民经济中占比较低，这类产业

① 理查德·亨利·托尼：《中国的土地和劳动》，商务印书馆，2014，第 74 页。
② 理查德·亨利·托尼：《中国的土地和劳动》，商务印书馆，2014，第 81-83 页。
③ 理查德·亨利·托尼：《中国的土地和劳动》，商务印书馆，2014，第 103 页。
④ 理查德·亨利·托尼：《中国的土地和劳动》，商务印书馆，2014，第 108 页。
⑤ 理查德·亨利·托尼：《中国的土地和劳动》，商务印书馆，2014，第 113 页。

不仅落后，而且大部分掌握在外国人手中；纺织业尽管发展得较快，但也没有脱离“幼稚阶段”[①]，能进行大规模生产的企业少之又少。工业集中于东南沿海，在沿长江地带少量分布，尚未进入内陆。这是一种“非自然的束缚经济带态势”[②]，恰如血液循环受阻，“本来应该循环于全身的血液，因为一根绳子的束缚而淤积在一条腿上”[③]。托尼给出的工业发展方案是改善交通，开拓本地农副产品市场，选择某些产业制定发展策略。他建议，把乡村手工业改造成订单工业，其可作为过渡经济形态，未来中国的工业模式是在国家支持下发展大型工矿业。

（二）费孝通：分配土地救急，以发展乡土工业为基

托尼与费先生都认识到，农民不能只为自己的生活消费进行生产，他们必须借助交易满足生产生活所需。托尼引用西方各国农业合作运动的箴言，“更好的交易，更好的耕种，更好的生活”[④]。生活与交易顺序的安排或许可视为传统农业与现代农业差别的标志。

与托尼相比，费先生则看到中国农村贫困的细节，并表现出更强烈的忧患意识，“一个站在饥饿边缘上的村庄对谁都没有好处”[⑤]，这是最起码的政治社会常识。恢复广大群众的正常生活、实现温饱，迫切需要决策者采取应对危机的方案。这确实“不是一个哲学思考的问题，更不应该是各学派思想争论的问题。真正需要的是一种以可靠的情况为依据的常识性的判断”[⑥]。这对政治决策者而言，确实如此，不可不为。对于食利者阶层来说，并非如此，能拖即拖。分歧不仅在于“对事实的误述或歪曲”[⑦]，还在于视而不见、听而不闻。托尼与费先生均发现，当时中国劳动力和资本的价格走向两极，劳动力价格极其低廉，资本价格则极为昂贵。正因如此，城乡普遍缺乏引进新技术的需求和资本。

托尼与费先生均认识到平民教育、农民互助合作的重要性，以期让农民摆脱高利贷与重税高压，增加农民销售农产品的获利机会，并解决技术支持、资金筹集、生产资料购买、产品销售乃至保险等问题。较之于资金与商业利益，两位学者都认为教育的效用更为基础、更为深远。给托尼启

---

① 理查德·亨利·托尼：《中国的土地和劳动》，商务印书馆，2014，第132页。
② 理查德·亨利·托尼：《中国的土地和劳动》，商务印书馆，2014，第147页。
③ 理查德·亨利·托尼：《中国的土地和劳动》，商务印书馆，2014，第148页。
④ 理查德·亨利·托尼：《中国的土地和劳动》，商务印书馆，2014，第99页。
⑤ 费孝通：《江村经济》，上海人民出版社，2013，第15页。
⑥ 费孝通：《江村经济》，上海人民出版社，2013，第15页。
⑦ 费孝通：《江村经济》，上海人民出版社，2013，第15页。

发的是晏阳初在河北定县与同仁展开的平民教育，以及由华洋义振会发起、金陵大学农学院参与的信用合作社；给先生启发的是姐姐费达生在苏州吴江组织的桑蚕合作社。以农民为主体的中国人的技术创造力具有深厚的历史根基，两位学者都对之保有足够的信心。托尼认为，“中国老百姓的灵巧、聪敏、富于机智以及最重要的美感，是一种无法估量的社会的和经济的资产”①。

托尼与先生都寄望于借助合作制度，将农业生产经营扩展到与农业相关联的手工业，这类手工业遍布中国每个地区、每一个乡村。托尼关注发展农业合作社，他建议保留以家庭、村庄为基础的小生产单位这一产业组织方式，同时“要设法推动建立信贷、销售以及购买原料的合作社，以使这些传统小生产单位在融资和商业方面获得大规模组织的优势”②。费先生 20 世纪 30 年代关注的是通过村庄合作改造“乡村手工业”，发展分散的“乡土工业”。

考虑到土地改革的复杂性，对于当时中国农村最重要的两大阶级矛盾问题，托尼与费先生都建议渐进改革。托尼提出，设立永久机构，根据本地情况调整并确定地租。部分地方改革试验成功后，将合理的制度方案作为范例推广到其他地方。托尼的参照系依然是欧洲与印度的经验。③ 费先生更关注的是重振乡村手工业，认为重新划分土地是解决农民饥饿问题的过渡性政策，姑且能实现农民的不饥不寒，但无法保障农民实现小康生活。他认为，土地问题确实“生死攸关”，但“恢复农村企业”才是根本措施。④ 同时，先生期望地主阶层完成自我改造，放弃寄生生活，加入新产业形态。

对于彼时的中国农民和农村而言，现代工商业带来的不是“福音”与“喜讯”，而是“灾难”与“悲剧”。先生调查发现，曾富甲天下的苏南江村农民较之西南边地禄村农民更为贫困，这足见“在中国，哪里商业发展了，哪里的租佃关系也随之出现，而在商业不发达的地方，我们可以发现更多的自耕农”⑤。在现代工商业最早起步的东南沿海地带，外国商品逐渐侵蚀乡村传统手工业市场，市镇资本继而攫取农民的土地所有权，农民

---

① 理查德·亨利·托尼：《中国的土地和劳动》，商务印书馆，2014，第 100 页。
② 理查德·亨利·托尼：《中国的土地和劳动》，商务印书馆，2014，第 100 页。
③ 理查德·亨利·托尼：《中国的土地和劳动》，商务印书馆，2014，第 106 页。
④ 费孝通：《江村经济》，上海人民出版社，2013，第 213 页。
⑤ 费孝通：《江村经济》，上海人民出版社，2013，第 512-513 页。

日渐贫困的同时，失地风险也同步增加，“与西方工业的接触是影响目前中国土地占有状况的最重要的因素”①。先生为处身饥饿边缘的中国乡村走出困境提供的方案是走合作化之路发展乡土工业，“以分散的工业作为农业的补充”。乡土工业复兴不能依赖农村自身的资源，需要国家和城市资本伸出帮助之手，而非“攫取之手”，“无辜的中国农民的命运正掌握在那些将决定中国未来工业模式的人手里”②。

四、研究推进：方法互补与认知拓展

卜凯使用社会调查方法（social-survey-method）③，托尼则大量使用了卜凯等人的调查资料。但与卜凯不同，托尼试图在认识中国整体状况与文化特征的前提下，研究中国的乡村经济。费先生将自身角色定位为“文化阐释者”，需拥有“深入田野研究方法和关于文化差异性的意识”④。先生的研究以独立的问题意识为导引，这一独立的问题即现代性转型中中国农村变革与未来路径选择。先生也试图在方法论意义上，回应并超越此前的中国乡村研究，故与卜凯、托尼有别，先生使用基于农村社区类型差异的比较社会学研究方法。

（一）研究对象与调研主体的限缩

在费孝通先生的《江村经济》《禄村农田》发表以前，最重要的中国农村研究是卜凯的《中国农家经济》《中国的土地利用》、托尼的《中国的土地和劳动》。卜凯当时利用在金陵大学农学院任教的机会，发动学生进行社会调查。《中国农家经济》调研时间是1922—1925年，调研范围涉及7个省、17个地方的2866个农家；《中国的土地利用》调研时间为1929—1933年，涉及22个省、168个地方的16786个农场、38256户农家。卜凯将调查地区划分为两大农业地带和八大农区，首次从现代农学角度对我国农业进行区划。⑤ 此后民国政府农村复兴委员会采取招募临时调查员的方式开展农村调查工作，相当程度上借鉴了卜凯的调查方法。1930

① 费孝通：《江村经济》，上海人民出版社，2013，第513页。
② 费孝通：《江村经济》，上海人民出版社，2013，第522页。
③ 费孝通：《江村经济》，上海人民出版社，2013，第487页。
④ 费孝通：《江村经济》，上海人民出版社，2013，第500页。
⑤ 《卜凯：创办金陵大学农业经济系　回望百廿南农　致敬农经先贤》，南农经管公众号，访问日期：2024年4月10日。

年托尼在华调研两个多月，查阅了大量文献资料，包括卜凯的调查资料。20世纪30年代，费先生先在江村单枪匹马开展调研，后在禄村与张之毅、张宗颖合作开展调研。费先生的两次调研都以村庄为研究单位。

费先生发现，在开展面向广阔区域的大规模研究时，不得不招募数位乃至雇佣一组助手收集数据资料，以便后续进行统计分析。招募或者雇佣的人员大多只能完成机械性记录工作，这种记录性工作对于训练有素的社会学研究者缺乏吸引力，没有经验的受雇者又不能胜任上述工作。被招募、雇佣的人员在工作中常有疏忽、不诚实表现，以致存在数据造假的风险。“资料收集者的工作是机械的，没有给创造性留下任何空间。”① 先生举了一个例子，在调查期间，调查员询问农民每天能获得多少鸡蛋，农民回答没有。调查员后来发现这一家有两只鸡，便提出疑问，农民回答“公鸡哪能下蛋”②。对调查员采取善意嘲笑态度的农民大有人在。此外是否有足够多的生活经验与乡村知识也影响到调研工作的质量。费先生发现卜凯获取的云南农村大米产量明显高于自己调查的结果，故怀疑调查员把未脱壳的稻谷视为去壳的大米。

彼时社会调查在我国刚刚开展，其缺点在于设计调查问卷或者访谈提纲的“专家”倾向于用自己熟悉的概念来解释现实，“专家”不亲赴现场，从事实地观察者多是一些没有经过必要科学训练乃至对调查工作本身没有多大兴趣的“雇员”和“学生”。专家或许有能力修改理论与概念，却远离现场；和现实接触的人，却没有能力来修改概念，其调查工作无外乎是依照表格填写，“用了死的表格来说明活的事实”。③ 相当多的社会调查者将自身责任定位于“供给素白的社会事实”，并把理论构建的责任移交给其他人。这种分工在技术操作事务上或许是可行的，但在理论研究上却是相当危险的。费先生认为，没有理由相信“一个和实际事实没有亲密接触的人是最配解释这些事实的人”。④ 记录者若只满足于记录者的身份，会为后续理论分析带来两个难题：第一，记录者不是全景无死角的拍录机器，社会事实的复杂性决定了全面记录毫无可能，记录者提供的信息与研究者所需的信息之间可能存在极大偏差；第二，记录者与研究者之间通常

① 费孝通：《江村经济》，上海人民出版社，2013，第490页。
② 费孝通：《江村经济》，上海人民出版社，2013，第490页。
③ 费孝通：《江村经济》，上海人民出版社，2013，第402页。
④ 费孝通：《江村经济》，上海人民出版社，2013，第402页。

是雇佣关系，研究者可以为记录者设定观察、记录的范围，“结果使调查者以为可以只以技术人员自视，置调查的目的于不问”[①]。

（二）对研究方法效用的自知自觉

费先生认可卜凯的研究是彼时极为重要的研究参考，“不仅为农村经济和土地利用领域的各种各样的论题提供了大量的信息，而且奠定了使用调查方法研究中国经济和社会问题的基础”[②]。费先生亦发现，进行社会调查的核心准备工作在于调查者在进入工作地点前事先准备好一份问卷表，设计好备选答案。观察的事项预先已经设定，问题是封闭的，答案也是相对封闭的。身为农学家，卜凯的主要兴趣在于“提高土地的经济产出”[③]。换言之，其更关心如何在技术上改进中国农业。

社会调查与社区调查的差别之一在于目的，“社会人类学家试图获得一幅完整的图景，而社会调查工作者则满足于无关联的定量数据”[④]。尽管两者都专注客观事实，但各自的研究范围与深入程度存在差异，“在社会人类学家发展出他们的深入研究方法的同时，他们必须以限制他们的研究范围为代价。要完整地研究社区生活，调查者必须把他的观察领域限制在一个很小的区域，这样他自己才能完全地参与进去”[⑤]。社会学家擅长以苍鹰之眼纵览全局，社会人类学家则擅长为麻雀做手术、见微知著。

作为燕京学派的代表，先生深知社会调研实为“测量之学”，具有教条化特征；也可能只收集到片面、有限信息，沦为“搜集见闻”。故其试图发展具有地域性、整体性、解释性与动态性的社区调查方法。[⑥] 社区实地调查的意义在于，可以切近地接触调研对象，与之发生深度关联，找到研究问题的“景深”，在全面了解调研对象的基础上获得真知。就此而言，社区调查具有深入与全面的优势。社会人类学研究者不仅是社会活动的“记录者”，其更重要的角色是“解释者”。学者们需要找出事实中的“共相”并说明意义。从记录事实到提出理论，并检验修正理论，是巨大的跨越。对于一个从事理论研究的学者而言，其需要兼有观察记录者与分析建构者的双重身份。以费孝通先生为代表，尽管研究者事先也基于某种理论

① 费孝通：《江村经济》，上海人民出版社，2013，第403页。
② 费孝通：《江村经济》，上海人民出版社，2013，第487页。
③ 费孝通：《江村经济》，上海人民出版社，2013，第487页。
④ 费孝通：《江村经济》，上海人民出版社，2013，第500-501页。
⑤ 费孝通：《江村经济》，上海人民出版社，2013，第501页。
⑥ 周飞舟：《社会学本土化的演进与本位》，《中国研究》2022年第1期，第5-6页。

假设和概念体系设计调研方案，但在实地调查期间，则倾向于用现实修改观念，使理论与观念体系更适合解释新现象。

以土地制度为主线，《江村经济》与《禄村农田》是比较社会学与文化分类学研究的两个优秀范本，采用了二阶研究方法。第一阶段的分类层次，参照了两个村庄的土地制度——江村的不在地主制与禄村的雇工自营制，来界定两个村庄的特征。同时，考虑到影响土地制度形态的一般性因素，包括人口压力、职业分化程度、使用雇佣劳动力的普遍性、手工业发展程度、资本主义工业的影响等。第二阶段的解释层次中，江村的租佃经营不同于禄村的雇工自营，江村的土地向市镇集中，禄村耕地则分散于本村小地主手中。尽管有上述区别，但两村村民在对土地的重视程度、诸子平分土地等制度上仍有相似之处。可见促使土地集中、农民失地的资本积累不是来自乡村，而是来自市镇，这是在江村出现的情况。来自工业和商业的财富积累投资于农村土地，当大量农村小土地所有者的生存境况不断恶化、生活水准持续下降之时，土地的集中情况会更加突出。土地所有权的集中和不在地主制体系是市镇财富持续积累且不能够有效地再投资的伴生物。

从江村到禄村，从太湖流域到西南边疆，先生的研究工作不以记录为限，而是旨在扩大观察范围，不断修正既有认识，找到现代性对传统乡村生计、社会结构、社会关系的影响，从中找到乡村变迁的“共相”。费先生将之称为“比较社会学”的研究工作。一个乡村社区的研究，从内部要素联系与结构条件着眼解剖，观察其构造和运作，则是提供了一个具体的标本。基于此，将相似结构与条件的社区归类，将相异结构与条件的社区区别开来。比较社会学研究实质即聚焦于不同社区的类型或模式问题，或可称之为“类型比较法”①。

纳入研究视野的样本不限于共时性的研究样本，还包括历时性研究样本，不同的村庄案例可归入不同的形式，而形式本身可以超越时空。在费先生看来，深入社区不是为了获取个别案例、特殊知识，而是为了探究一般知识、普遍意义。个案研究积累了类型认知，并有助于构建起更为完整的“文化分类学”。中国的千万个乡村，既非千篇一律，也非千变万化、自成一格。先生的目的是找到“类型”或“模式”，其理论预设是“在相

① 费孝通：《禄村农田》，载《江村经济》，上海人民出版社，2013，第483-484页。

同的条件下会发生相同的结构，不同的条件下会发生不同的结构。条件是可以比较的，结构因之也是可以比较的"①。

在社会学起步阶段，先生将类型研究作为认识中国的治学路径，"由一点到多点，由多点到更大的面，由局部接近全体。类型本身也可以由粗到细，有纲有目，分出层次。这样积以时日，即使我们不可能一下认识清楚千千万万的中国农村，但是可以逐步增加我们对不同类型的农村的知识，步步综合，接近认识中国农村的基本面貌。这种研究方法看来有点迂阔，但比较实地。做一点，多一点，深一点"②。选择这一治学方法与进路不是因为其"最好"，而是因为先生以自己半个世纪的学术实践验证这一路径"可行"。

（三）调研深度与结论解释力

卜凯也不乏自省，认识到社区调查方法存在着一定的片面性。他注意到中国与美国同样存在着租佃关系，但并未探究同土地利用类型相关的政治、经济和社会关系，尤其是土地使用权状况对租佃关系的影响被他视为次要问题。当然卜凯的研究目的也并非是呈现出"一幅中国村庄的经济生活和土地制度的完整图景"③。卜凯把土地所有者和非土地所有者作为划分土地使用类型的重要乃至首要依据，采用了美国传统的土地使用分类法——所有者、半所有者和佃农，基于调查数据得出"中国的农业租佃关系并不比其他许多国家严重"④ 这一结论，例如在四川佃农占比是47%，而美国也高达42%。但这一表面的数据分析忽略了更多基础性的事实，例如中美家庭农场的规模和家族聚居程度及其对土地流转的影响、土地出租者的社会与经济地位、机械化程度、农村金融供给、农户的生活标准、营养状况等。社会调查明显的缺陷在于，关注单一事项，忽视关联性事实，无视土地制度的政治经济社会背景。受社会调查方法启发，农村复兴委员会1935年有关云南农村的调查遵循美国的分类方法，将村民分成地主、半地主、自耕农、佃农和无地雇农，以及不从事农业耕作的村民。

托尼不是技术型的农业专家，他的研究视域远比聚焦于耕地和劳动力两大要素的"土地利用类型"研究更广。他意识到，必须将经济组织和政

---

① 费孝通：《禄村农田》，载《江村经济》，上海人民出版社，2013，第484页。
② 费孝通：《禄村农田》，载《江村经济》，上海人民出版社，2013，第484页。
③ 费孝通：《禄村农田》，载《江村经济》，上海人民出版社，2013，第488页。
④ 费孝通：《禄村农田》，载《江村经济》，上海人民出版社，2013，第488页。

治制度纳入研究视野。但托尼没能在华进行充分的实地调查，而是大量利用已有调研资料，其中相当一部分是“未经训练的人按孤立的方式收集的数据资料”①。

费先生给予《中国的土地和劳动》一书极高的评价，认为该书是研究中国乡村经济、农村社会的最好文献。托尼本人也意识到，不能简单地将当时的中国和中世纪欧洲进行类比，同时也意识到中国不同地区租佃关系的普遍性差异。例如托尼发现，“不同的租佃权的分布情况受到了中国各地不同的历史、土地条件、耕作类型和总体经济环境的影响”②。珠江三角洲、长江三角洲佃农占比极高，而在陕西、河南、山西、山东等农业发达的地区，自耕农占比较高。托尼认为，中国南方地区土地更为肥沃多产，农业剩余产品多，经济商业化进程更快，土地投资的吸引力更大。但先生认为，托尼的部分论点仍需要重新检验，乃至应加以否证。以江村调研发现为例，太湖周边以租佃经营为主，原因不在于太湖周边土地肥沃，而是这里深受现代工商业的影响，工业资本与生产力以破坏性力量摧毁了乡村手工业，农民失去手工业生计来源，被迫流转土地，沦为佃农。市镇商业资本投资购买农村土地，于是租佃关系普遍化，可见“土地的肥度只是导致产生租佃关系的一个可能条件，而不是直接原因”③。在中国沿海地区靠近商业都市的乡村，土地所有权向身居市镇的地主集中，这无法从土地肥沃程度这一因素中得到解释。

土地所有权集中程度、不在地主制与租佃关系的普遍化程度，这些是彼时中国重要的政治经济社会问题，对此有解释力的研究应该从“土地买卖的制度化背景开始”，不能仅仅关注土地与劳动力的组合，即“土地利用类型”。对“土地利用、劳动力状况、土地所有权分布，以及耕作利润、经济态度、继承权和各种各样财富积累渠道”等问题的调查也均应纳入研究者的视野。④ 开展大范围社会调查是浩大的研究工程，在不具备人力财力物力的情况下，做社区分析、社会类型比较分析是可行且有效的。

卜凯的调查更接近于抽样调查，托尼的研究更接近于文献分析，而费先生在江村与禄村的调查是“典型调查”，费先生的研究能克服卜凯和托

---

① 费孝通：《禄村农田》，载《江村经济》，上海人民出版社，2013，第491页。
② 费孝通：《禄村农田》，载《江村经济》，上海人民出版社，2013，第492页。
③ 费孝通：《禄村农田》，载《江村经济》，上海人民出版社，2013，第493页。
④ 费孝通：《禄村农田》，载《江村经济》，上海人民出版社，2013，第493页。

尼研究深入性不足的缺陷，在完成全面、详尽考察的基础上，深入认识研究对象的性质。与托尼，尤其是卜凯所做的宽而浅的研究相反，费先生试图做一项窄而深的研究。故他更关注农村最重要的生产资料土地与劳动力之间的关系，即以土地制度、人地关系为基础，扩展分析农村的社会结构和社会关系的维系原因、变化趋势与动力，农民生计保障情况，走出乡村贫困现状的可能路径。费先生认为，社区调研这一典型研究也有局限，即“缺乏研究范围上的广度，结论就往往具有很强的条件性”①。

无论是在江村，还是在禄村，先生都采取“剖析麻雀”的方法，条分缕析，全面了解村民的生产生活、收入支出。例如在江村，2/3 的农民是佃农，从居住在市镇的地主手中获得土地使用权，即田面权，地租缴纳给收租局，佃农与地主之间不仅存在物理空间隔阂，还存在经济社会地位的隔阂。在禄村，很少有小地主出租自家本已极为狭小的耕地，因公田在本村占比较高（约 1/3），这一类公田由管理人出租给村民。在江村，因租佃经营普遍存在，需支付高昂租金，且因生丝价格持续下降，农民已处于饥饿边缘，不可能有余力支付雇工工资。而在禄村，尽管没有手工业等副业收入，但因 1/3 的粮食收获量便可满足本村人饮食需求，且在 1938 年前剩余劳动力大量存在、雇工耕作的工资低廉，故而小地主放弃田间劳作、雇佣无地者耕作是普遍现象。

如果暂且搁置从土地所有人或者管理人那里流转土地使用权这一有限的、单一的事实，就会发现不仅美国乡村经济状况与中国没有太多可比较性，即便在中国，对云南佃农的处境与江苏佃农的处境也不能做浅显的社会表象比较。就上述事例看，基于严肃的科学研究方法要求与工作投入，单一项目调查结果不仅“没有给出一幅反映实际情况的图景”②，而且在缺乏对拟观察研究社区结构的完整认识的情况下，制订出问卷，按图索骥、缘木求鱼，所得结论“即使没有误导之嫌，也是无用的”③。

尽管托尼与先生都认识到，中国的土地制度、人地关系、经济模式、政治制度与西方参照系之间存在显著差异，但两位学者对现代性，尤其是工业化都充满信心。新中国成立后我国进行土地改革、发展重工业是费先生亲历的历史事件。20 世纪 80 年代后先生再次获得从事学术活动的机会，

① 费孝通：《社会调查自白》，湖南人民出版社，2022，第 16 页。
② 费孝通：《禄村农田》，载《江村经济》，上海人民出版社，2013，第 490 页。
③ 费孝通：《禄村农田》载《江村经济》，上海人民出版社，2013，第 490 页。

投身于小城镇建设与乡村工业发展研究。时隔40年，先生“志在富民”的学术理想获得实现条件。从30—40年代乡村社区研究到80—90年代的小城镇研究，在长达半个多世纪的学术生涯中，江村与禄村是先生认识中国社会的“起点”。

研讨互动

嘉宾点评

鸟随鸾凤飞腾远，人伴贤良品自高

李拥军

肖老师是我师妹，她把我们吉林大学的传统带到了江苏大学。我在吉林大学也在开设读书会，我们每一个导师几乎都在开展这个活动，并且我们法理学的读书会应该是在吉林大学法学院中讨论得最热烈的。

今天肖老师带大家阅读费孝通的《江村经济》《禄村农田》等作品，又提到其他一些社会学家。我想跟大家交流的问题是，我们为什么要读？我们现在读的这两本书和我们以前读的书有什么不同？

费孝通先生已经故去了，他的这两本著作是在20世纪三四十年代出版的。我们研究现在的中国问题，去读几十年前的书，对我们现在的研究有什么意义？如果要读的话，是否应该阅读当代社会学家的书？比如下节课你们打算读贺雪峰的著作。想要解决当代中国问题，可能贺雪峰的书会比费孝通的书有用，毕竟贺雪峰在研究当代中国的乡村问题，而费孝通研究的是几十年前中国的乡村问题。为什么我们现在还要研读这些书？你们考虑过这个问题吗？还有我们读的《江村经济》《禄村农田》，它们和我们高中时读的那些书，比如路遥的《平凡的世界》或者陈忠实的《白鹿原》相比，有什么不同？有的同学说读过《西游记》《三国演义》《水浒传》，读过《论语》以及《孟子》，那么，它们和这些书究竟有什么不同呢？你们考虑过吗？

我刚才问了肖老师一下，她说大家都是研究生，研究生的学习阶段中很重要的一项工作就是最后要写一篇论文。我们所写的论文是学术论文。

什么叫作研究？什么叫作学术？我们今天所阅读的书和研究、学术有没有关系？如果我们为了研究、为了学术而读书，这些书应该有什么特点？它们的特点其实就是我刚才说的，你读费孝通先生的著作，和你读《西游记》《平凡的世界》《白鹿原》以及《论语》《孟子》是不同的。

按照我的导师郑成良先生的观点，人类认识社会有三种形式：第一种形式叫作情感，第二种形式叫作逻辑，第三种形式叫作社会事实。

情感产生的是行动激励价值，好的观念我们应该坚持，坏的应该抛弃。那么什么是好的？什么又是坏的？它其实来源于人的情感。费孝通先生所写的《江村经济》当中没有情感吗？他的姐姐费达生要实业救国、开蚕丝厂，她没有情感吗？费孝通先生留在中国，这么重要的一位社会学大家，他一生都在谋求救国救民，他对中国这片土地具有很深的感情，所以他的著作当中有饱满的情感价值。

我说的第二种认识世界的方式叫作逻辑。初中学的平面几何，又叫欧式几何。它其实是从 23 个定义、5 个公设、5 个公理，最后推出 465 个定理，来构建它的理论大厦。欧式几何当中的很多东西是先验的。什么叫先验呢？它在经验之中无法检验，比如线段是没有宽度的，两条平行线永远不能相交。同学们想一想，对两条平行线永远不能相交这个定理，你做过实验吗？当老师提出这样一个定理的时候，你有没有考虑过这一定是真的吗？你有没有问过老师“你画过吗”？老师说“我画过，我从咱们江苏大学一直画到了丹徒，它没有相交”。那还可以再往下画，如果画到句容呢？接着画，画到南京呢？画到南京如果没相交，也不代表它永远不能相交。当我画到俄罗斯，我画到墨西哥，它如果相交了呢？你画不过来，因为那是先验的，它本身就是这么规定的，它完全是通过逻辑来进行推演的。刚才我说到情感产生价值，在我们法学中是价值命题。这个不需要明确的逻辑，它只需要情感，仅产生价值问题。逻辑如果放到法学当中，就是现在的法教义学、规范分析法学，从基础概念出发做逻辑推演。

第三个认识世界的方式就是社会事实，费孝通先生讲的很多东西属于社会事实。社会事实是从哪里来的？社会事实和自然事实、客观事实是不同的。自然科学家所面对的是客观事实。地球围着太阳转，银河系包括太阳系，中国陆地面积约有 960 万平方公里，地球是圆的，这些都是客观事实。社会事实源于人的参与建构，江村的社会生活毕竟不同于太湖的形成。

有一个空想社会主义者叫傅立叶。傅立叶最早有这样一个想法，他说科学家通过观察实验的方式来研究客观世界，那么我们可不可以通过观察实验的方式来研究我们的社会呢？他提出这样一个想法，但是他没有落实。他有个秘书叫孔德，孔德把它付诸实践了。他通过实验论证了这个想法完全可行，所以就创设了社会学这门学科。社会学便是用观察实验的方式来研究社会本身。随后又出现了社会静力学和社会动力学，分别用静态和动态的方式去研究社会变化过程。我们有两种科学研究方法：一种是逻辑的方法，像几何学那样，是通过先验的方式来进行研究的；另一种方法也是科学的方法，即通过观察实验的方式研究社会本身，这就是社会学的方法。费孝通先生采用的方法就是社会学的方法，通过观察实验的方式来研究社会学。

我们带着这样的问题再看书，书就变得不一样了。为什么费孝通先生的著作是一本学术著作？他用的方法是什么？是观察实验的方法，是社会学的方法，他写的是社会学的著作，是学术性的著作。老师爱用学术这个词语，如"我是搞学术的"。"不学无术"是一个贬义词，特别对一个老师来讲。搞学术的，这是一个巨大的光环。但是学术是什么？学术性的研究是什么？学术性的研究是要有要素的，不是所有的研究都是学术性的研究。学术性的研究要有四个要素，第一理论背景，第二专有概念，第三实证材料，第四逻辑方法。

首先说理论背景。什么叫作理论背景？理论背景就是你所研究的问题，它在整个的思想史上，在目前我国的学术界中处于哪个位置上，你明白吗？真正的学术论文必须要有文献综述。因为你要明白你所提出来的问题在人类的思想史当中解决了吗？如果已经解决得很好了，你还研究它做什么呢？有的人文献综述做得不好，把好多人的研究都罗列在一起，有些问题他们已经都解决了，你还解决什么呢？但是前人的研究或许还存在着误区，还存在着空白，过分强调了什么、忽视了什么，我在他的基础上弥补了空白，更正了误解，我的研究才有意义。如果你没有大量的阅读，你怎么做这个文献综述？你怎么知道它的理论背景？这也是阅读的作用。

第二个要素是专有概念。真正的学术研究不是在使用大众化的语言，而是追求使用专有概念来表达。刚才那两位同学提到一个概念"差序格局"。"差序格局"就是这种概念。这就是分析工具、理论模型。"差序格局"就是把一个石子扔到湖里，激起一圈圈涟漪，和你最近的关系是父子关系，其次是家族关系，再其次是同乡关系，复次是同胞关系，最后可能是你和世界的关系，像大饼越摊越薄，这就是差序格局。但如果你用“摊大饼”这个词，就缺乏学术规范性。

第三个要素是实证材料。费孝通先生写《江村经济》《禄村农田》等，他有大量的实证材料。通过观察记录的方式取得这些材料，这些材料起证明作用，它是你文章的血肉，证明你所得出的结论不是空谈，是有实证基础的，这才是科学的方法。科学是什么？是通过观察实验得出阶段性的可信结论。镁在氧气当中燃烧生成白色的氧化镁，科学实验百分之百得出的都是氧化镁。费孝通先生提出的各种观点、得出的各种结论，是通过他对江村、禄村进行调查得出来的，所以他得出的结论是较为可信的。你写论文的时候也要使用这种科学的方法。

第四个要素就是逻辑方法。逻辑方法有什么特点呢？它给你提供了方法，就是观察实验的活动，社会学的方法是实证调研。除此之外，还有逻辑推演方法、价值分析方法。实证调查、历史分析、比较分析也是方法，你总归要有方法。句子和句子之间要有逻辑，概念和概念之间也要有逻辑关系。我们在写论文的时候，主要面对的是一个逻辑的问题。如果说在做实证调查的时候，主要面对的是一个 problem，是一个实践的问题，那么在写论文的时候，我们应该把它转化成为一个 question，它是一个理论的问题。

那么，面对世界做观察记录的时候，你面对的是客观世界本身。当你写论文的时候，你面对的是表述客观世界的语言。比如说法官在审案的时候，他面对的是案件本身，他面对的是相对客观的经验事实。你在做研究的时候面对的是法官的判决书、案卷笔录，你所面对的是语言记录的法律事实。

同学们，你们想一想，你最终要解决的问题是什么？是逻辑问题。你的文章要有逻辑，通过文献综述提出你的问题，接下来不断地分析问题，最后把问题解决了，让整个文章浑然一体，这就是学术性研究。那么这些学术性研究的根本在哪儿？在于读书。读什么书？要读经典。如果不读经典就过不去知识储备这一关。为什么要读经典？经典是大师写成的。大师创造了理论模型，理论模型里面蕴含着更有解释力的观点，更有参考价值的研究方法。所以不断和大师对话，才能真正提升你自己。有句话叫“鸟随鸾凤飞腾远，人伴贤良品自高”。俗话说，你跟高手过招才能提升自己，你跟“臭棋篓子”下棋棋艺会越下越臭，是不是？所以经常读经典的书，你才能不断提升自己，对学术有兴趣的同学才能够跨过学术的门槛，走进学术的殿堂。

导师回应

将读书会引入课堂是本年度教学尝试

肖建飞

基于多年教学经历，我发现，平时我们的同学基本没有认认真真地阅读过一本学术著作。我之前关注过一些调查问卷，部分数据很让我震惊。我发现了什么呢？那就是中国当下阅读量最高的群体，反而是初中生和高中生。大家也知道为什么这个年龄段的学生阅读量很高，因为他们要进行课外阅读拓展知识视野，考试时拿高分。那么一旦到大学了，不管是本科生阶段，还是研究生阶段，其实同学们的阅读大多是非常少的。当下我们的阅读情况不容乐观。当中的问题是什么？初高中扩展阅读，是为了拿到高分，为了找到一个标准的答案。到大学不阅读，是因为不用拿分。

大学阶段的人文社会阅读不能这样去做，大学阅读不是找一个标准答案，每个人都可能有自己的阅读体会。那么有一些书我们为什么要找来阅读？因为这些书会给我们启发，给我们不一样的东西。作为指导教师，我也没有对做领读的同学提特别高的要求，只有一个要求，那就是找出这本书里边最核心的、你认为最重要的一个问题。当你提不出问题的时候，你顺着作者的问题链条来，你看其中有哪些论证层次，然后把事实与理论依据放入这个论证解释层次中，把这样的一个报告写出来，它就逐渐丰满了，最后你再把它讲出来。我们以往的读书会的规则就是，当学生完成了整本书阅读的时候，指导教师其实是要做一些拓展阅读的。

大家知不知道我们为什么要把这个读书会带到课堂上？我们只是想给大家做一个示范，告诉大家什么叫整本书阅读，什么叫主题阅读。

当然了，我还是觉得有点遗憾。我发现，作为指导教师，我逐渐形成了一个习惯，比如说我读完一本书，如果这本书重要且写得好，我可能会写一篇长长的书评，做非常细致的摘录；如果这本书不重要，我可能只会写千八百字。尤其是为了做好每一期读书会，领读的同学们只阅读一本书，而我要读三本书。然后我就会对这些书做细致的摘录，再用自己的语言把这些内容组织起来。比如说我接下来会继续带大家做拓展阅读，也就是主题阅读，可能要超出《江村经济》和《禄村农田》。先跟大家简单说一下，我们只有一个目的，想通过四次读书会给大家做一些阅读示范。

为什么我们会要求阅读？你觉得自己是聪明的一休，基本没有阅读，拍一下自己的头，到研二的时候就开始开题报告写作，就可以写出特别漂亮的论文吗？我不太相信，所以我就是为了提升学生的写作能力来做读书会的。

刚上课时，大家可能觉得有点莫名其妙，怎么一下子变成了读书会？对于我们课程组的老师来说，我们早就知道了，因为牛院长也在我们的课程群里面发了课程安排，但是可能没有提前告知同学们。现在跟大家解释了，大家就没有什么困惑了。不要想着这几个人是不是来打酱油的，怎么跑到课堂上来讲书了？这也是我们课程的一部分。

阅读准备

进行集体阅读的群公告

各位同学：

计划这学期继续开展读书会活动。

21 期阅读《江村经济》《禄村农田》，拟安排在 4 月 4 日晚 9—10 节，领读人汪小川、郭权鑫。

22 期阅读《乡土中国》《乡土重建》，拟安排在 4 月 11 日晚 9—10 节。

23 期阅读《新乡土中国》，拟安排在 4 月 18 日晚 9—10 节。

24 期阅读《城乡中国》，拟安排在 4 月 25 日晚 9—10 节。

请愿意做领读人、评议人的同学今天 17:00 前发信息给我。我们现在有一个月时间做阅读写作准备，以完成有质量的读书报告。

另外，这学期学院给研究生开了“文献检索与论文写作”课程。如果不阅读，即便听了这一类课程，效果也很有限。不阅读、不会读就没办法写作。我承担部分授课工作，想把读书会活动带入课堂。正好这学期计划的读书活动是一个系列，我也想在这个过程中让同学们认识到系列阅读的重要性。

我根据同学们的阅读意愿，做好计划，和牛院长商量，把以上四期读书会都放到课堂上，大家的读书报告也可作为课程作业。

写作读书报告的一些建议

《城乡中国》是2024年春季读书会指定的最后一本阅读书目，也是指定书目中我最后读完的一本书。

有领读同学问，如何准备读书报告。基于以往同学们读书报告的写作情况，我以《城乡中国》为例，给同学们提出了一些阅读建议。

阅读的层次

写作读书报告的前提是同学们要读懂一本书，知道作者关注的核心问题是什么，对核心问题做出了什么解释，提出了什么理论命题，用了什么关键词来表达这一理论命题。问题可以有多个层次，在核心问题基础上可以分解成多个子问题；理论命题也有层次，核心命题可以分解成若干子命题。理解消化是前提，写作过程也是思考过程。通过阅读思考与写作，读者才能把作者的问题、思路、结论，转化为自己的表达。

在读懂作者的基础上，读者能提出自己的问题，这些问题是作者在书中没有解释的，或者作者的解释不能说服读者，读书报告能写到这一步，就明显提升了一个层次。如果在提出自己的问题的基础上，阅读其他作者的文献，对其进行比较，提出更有说服力的解释，则是更高水平的书评。

故希望同学们从整本书阅读做起，读懂一本书，对全书有整体把握，之后把作者的核心命题与论证逻辑提炼出来。至于提出自己的问题，对阅读书目内容进行检视、提问，对作者的核心观点进行质疑、修正，只是期待，不是设定的目标。

无论是对一本书进行简单阅读而后消化、吸收、转写，还是进行批判性阅读、提问修正，把握住问题都是最为重要的。作者是围绕问题进行写作的，当读者提不出自己的问题时，顺着作者的问题链、论证思路进行阅读也是可取的。

《城乡中国》的问题链

在我看来，周其仁老师在《城乡中国》中试图分析的核心问题是：为什么中国会呈现出城乡二元结构，以及其如何破解。在此基础上，可以分解出很多子问题。

1. 中国经济体制改革的历史背景、制度资源与改革动力是什么？其中包括历史上各代王朝为何均重农抑商？20 世纪 70 年代末 80 年代初什么样的政治社会经济形势使得改革不得不为？为什么在经济体制改革中土地制度改革至关重要？

2. 公有制前提下的土地产权改革进展与瓶颈何在？其中包括“政府主导的中国城镇化”要借助哪些政策？政府主导土地流转，这部“超强的经济发动机”借助行政体制推进城镇化产生了什么结果？

3. 土地产权制度运行的弊端有哪些？如何反思与重构土地产权制度？其中包括资源配置的集体决策与分权决策，两者之间出错之概率大小与纠错能力之强弱如何？权责利脱节更容易出现在哪一类决策中，原因何在？农村土地制度改革的结构性障碍是什么？如何推动中国更健康地实现城镇化，其所需要的新的制度支持是什么？

《城乡中国》的视角

工业化、城市化是汤汤大势，经济学家周其仁老师更为关注资源利用效率问题。在《城乡中国》一书中，周其仁老师分析了经济学意义上的权利、自由、资源和产权。同学们在阅读时要注意，产权分明具有占有、使用、收益、处分一系列权能。为什么周其仁老师极为看重处分权，也就是转让权、选择权？

对《城乡中国》的提问

1. 周其仁认为，产品之价会传导为要素之价，即产品与要素定价密切关联。围绕大农业、大食物建设，如何建构农产品价格机制？

2. 当下，半城半乡的中国仍在持续，农村集体经营性建设用地入市已经得到合法性确认，当下哪些土地制度改革能促进城乡融合？

3. 土地用途管制制度设立之初旨在禁止城市扩展并侵占耕地，但面临着全国性的信息与执行成本过高，以及管制制度僵硬或者空子过多、名不副实等问题。当下我国实行最严格的耕地制度，土地确权办证工作已经完成，是否已经克服了信息与执行成本过高的问题？

以上三个问题是周其仁老师写作时没有发生或者没有考虑到的，同学们可作延伸思考。

请同学们现在就开始安排好时间，进入阅读状态。领读人务必精读指定图书，也请其他同学通读指定图书。《新乡土中国》与《城乡中国》针对的是发生了城市化、工业化的中国；《乡土中国》被视为认识中国社会与文化的起点，其观点来自对《江村经济》《禄村农田》的乡村调查。这些书之间有关联。《新乡土中国》注意到了中国半工半耕的现实，以及农村经济结构、基层治理与村民心态观念的变化。《城乡中国》是少见的好书，作者从经济学视角分析了中国的土地制度，这正是我们学习法律的人所缺乏的。

读书会的角色确定与日程安排

各位同学：

因读书会前后涉及清明节、五一劳动节假期，与学院领导几经协调，确定了读书会时间。此次读书会要解决的问题如下：

1. 考虑到领读书目的相关性，我初步安排了记录人。读书会上牛院长的点评不一定有文字版。另外，我们会给在场的研一同学发言的机会，其发言需要记录。同时，希望记录人能帮助领读人校对文稿，提高写作质量。

2. 希望读书会由学生做主持人，更大程度参与到读书会中，这也可以弱化指导教师的主导角色。领读人领读完，指导教师要做一些主题扩展。主持人工作不重，主要是引出阅读书目、领读人与领读主题。请有意做主持人的同学和我联系。

3. 《新乡土中国》与《乡村的视角》一期尚缺一位与谈人，不知道哪一位同学愿意做。

4. 请各位领读人抓紧时间阅读，拟定题目和提纲，我们师生商量后才能写作，接下来还要修改文稿。否则，工作集中到 4 月，对领读人和指导教师来说都是极大的压力。

希望我们共同阅读、相互提高，最大可能实现充分参与。

读书会的一小时四十分钟，只是前期工作的呈现。读书会的核心内容是阅读和写作，讲是衍生品。写作规范极为重要，今晚我组织开线上会议，分析两个学生的写作表达问题，有兴趣的同学可以参与。

表 7 第 21—24 期读书会策划

项目	第 21 期	第 22 期	第 23 期	第 24 期
阅读书目	《江村经济》 《禄村农田》	《乡土中国》 《乡土重建》	《新乡土中国》 《乡村的视角》	《城乡中国》
领读人	汪小川、郭权鑫	王海旭、金纯羽	解越、杜利利	朱晁薇、林星宇
主持人	杜利利	范佳宗	王海旭	李明澄
与谈人	杜利利、牛玉兵	杜利利、牛玉兵	王海旭、牛玉兵	范佳宗、牛玉兵
记录人	王海旭、金纯羽	汪小川、郭权鑫	朱晁薇、林星宇	解越、杜利利
设计师	李明澄	李明澄	李明澄	李明澄
指导教师	肖建飞	肖建飞	肖建飞	肖建飞
时间	4 月 11 日 19:00—20:40	4 月 18 日 19:00—20:40	4 月 25 日 19:00—20:40	4 月 28 日 19:00—20:40
地点	研究生院 104 教室	研究生院 104 教室	研究生院 104 教室	研究生院 104 教室

与杜利利协商本季读书会领读工作

肖飞[①]：利利，我和牛院长说好了，把读书会带到论文写作课，牛院长也做与谈工作。解越目前领读《新乡土中国》，但鉴于该书主题、论证与理论性，以及领读人批评阅读能力，我比较担心这一期读书会能否顺利进行。不知你能否和解越做第 23 期？她依然领读《新乡土中国》，你可以选择贺雪峰的近期作品。

利利：好的。

肖飞：你可比较一下《乡村的视角》与《南北中国》哪一本的关键词更清晰、理论性更强一些。半月后再交流选定书目。

肖飞：利利，你计划领读贺雪峰的哪一本书？

利利：老师，我预备领读《乡村的视角》，《南北中国》更多的是对不同区域的乡村进行对比，《乡村的视角》则关注当下的农村问题，我觉得更有可读性。

肖飞：好的，我想列一个日程表，需要把书目确定下来。

肖飞：利利，你为小川、权鑫主持第 21 期读书会可否？

---

① 肖飞即肖建飞。

利利：可以的，老师。

与李明澄协商海报制作与主持工作

肖飞：明澄，我们的读书会集中在4月，需要做4期海报，我想提前做准备。不知道接下来的40天内，你做4期海报，是否有困难？

明澄：老师，没问题！

肖飞：第21期就是小川和权鑫，我这周就请他们定题目。有了题目，你就可以设计了。

肖飞：明澄，你能否为晁薇、星宇领读的第24期做主持？

明澄：老师，我应该可以。

肖飞：《城乡中国》这一期关切现实，你阅读她们的稿件，也会有收获。

与王海旭协商主持与谈工作

肖飞：海旭，你能否为解越、利利领读的第23期做主持，并参与这一期的与谈？

海旭：肖老师，我可以做第23期的主持人，但是与谈对我来说难度比较大，我可能没办法短时间内读透多本图书。

肖飞：贺雪峰的《新乡土中国》并非难读的专著，他的著作经验记录远远多于理论分析。第23期是我们推荐书目中最容易读的。你如果确有压力，就请牛院长一个人与谈。

海旭：好的老师，我尝试做一下与谈人，后面的与谈稿还请老师多多指导。

肖飞：海旭，我把《乡村的视角》部分资料发到阅读群。

海旭：好的，多谢老师，有了这些资料阅读起来就事半功倍了。

与范佳宗协商主持与谈工作

肖飞：佳宗，你能否为海旭、纯羽领读的第22期做主持？

佳宗：好的，老师，没问题。

肖飞：谢谢，期待你们均有收获！

佳宗：和大家一起，共同进步！

与汪小川、郭权鑫讨论提纲

与汪小川、郭权鑫讨论第一稿提纲

题目：20世纪三四十年代中国农村农民生计问题——从江村到禄村

附提纲

引言

(一) 费孝通与20世纪三四十年代中国农村研究

(二) 研究视角与目标定位：田野调查与社区研究

一、农民生计的多元构成

(一) 农业生产：农民生计的基石

(二) 蚕丝产业：江南地区的特色

(三) 副业的发展：经商贸易与专门职业

(四) 农田的租营：基于土地的特殊交易

二、农民生计支出分析

(一) 俭：日常生活的核心原则

(二) 基本支出：衣、食、住、娱乐

(三) 礼仪支出：传统社会义务的经济负担

(四) 税费的负担

三、外来因素对农村生计的影响

(一) 外来经济因素的渗透与改变

(二) 政治与社会环境对农民生计的影响

四、农村生计问题与社会变迁

(一) 传统生计模式的局限

(二) 现代化进程中的生计挑战与机遇

五、结语

(一) 费孝通研究的理论与实践意义

(二) 农村生计问题研究的持续价值

(三) 对中国当前农村经济发展的启示与建议

肖飞：小川、权鑫，以下提示，供你们参考，修改提纲后，再发给我看看。

1. 题目过长，可否简洁表述为“江村与禄村农民生计的比较研究”？

2. 引言部分能否只交代研究背景与两村情况？

3. 第一部分“农民生计的多元构成”，可否改为“农民收入的多种来源”，能否分成主业与副业两大部分？江村主业是稻蚕结合；禄村则以稻米为主，副业可以分为养殖、贩卖等。对农村土地制度的讨论可以放到对主业的分析中。

4. 第二部分标题“农民生计支出分析”可否改为“农民支出的类别与特点”？两村都有基本支出、礼仪支出与税费，但江村农民普遍贫困，非常节俭；禄村则产生了休闲经济、女人劳动、雇工劳动。

5. 第三部分标题可否考虑使用“外因影响下的生计变迁”？江村表现为本地蚕丝竞争不过日本蚕丝，农民失去缫丝收入，收支难以平衡，于是出卖土地，大部分农民沦为佃农，自救方式是组成蚕业合作社，但也面临参与度与资金难题。禄村因为战时修路，工作机会增加，包括修路、从事运输，雇工成本增加，小有产者（小地主）开始自己下田劳动。原提纲第三部分“外来因素对农村生计的影响”与第四部分“农村生计问题与社会变迁”可以合并为第三部分。

6. 结语部分能否综述“田野调查与社区研究的方法论意义”？毕竟现在江村与禄村早已时过境迁，但费孝通先生开启了田野调查与社区研究，他使用微观社区参与式调查方法开启了我国本土的村庄研究，启发了后来的研究者。

另外，每一部分都要有江村与禄村的对比，分析异同及其原因。

小川：肖老师，我发现在第一部分“农民生计的多元构成”中，不知怎么继续往下分类。如江村农民的主业副业为a、b、c、d，禄村农民的主副业a、b、e、f，该以怎样的框架就第一部分继续往下分二级标题？因为还涉及两村之间的比较，两村的农民生计来源既有共同点，也有不同点，所以感觉点很细散，但不知道怎么整合在一起，感觉无从下手。

肖飞：小川，江村主业就是种稻养蚕；禄村主业是种田，只不过有地者自耕，无地者或者少地者要受雇于小地主耕种。江村副业有养殖，部分人开始在合作丝厂工作；禄村有贩卖、运输，也有修路工。不需要再细分，没必要把标题分得特别细碎，但建议你们在第一部分中分析农村土地制度。

小川：老师，我有两个方案。

方案1：

（一）主业

（1）江村：稻蚕结合

（2）禄村：稻米种植

（3）土地制度

（二）副业

（1）江村：养殖、兼职

（2）禄村：贩卖、运输、修路工

方案2：

（一）江村农民收入来源

（1）主业

（2）副业

（二）禄村农民收入来源

（1）主业

（2）副业

肖飞：小川，括号内的提示是写作时要注意的，不是标题。标题要从最重要的词组中提炼，要清晰简洁。

（一）主业

1. 江村：稻蚕结合

2. 禄村：稻米种植

3. 土地制度：租佃抑或自耕（江村大部分是佃农，禄村的小地主较多）

（二）副业

1. 江村：养殖、做工（在合作社或者丝厂做工）

2. 禄村：贩卖、运输、修路工

小川：知道的，肖老师，谢谢提醒！就标题这一块，我一直很纠结。从前几期读书会的汇报文稿来看，标题都是一段话式的提炼，基本上没有从二级标题再往下细分，所以就很矛盾。在列标题的时候我也这样想过，但感觉太简易，或者说不适合做标题。

肖飞：小川，你看费先生的标题，很简洁。

小川：老师，时间不早了，您早些休息吧！我再考虑考虑这个标题框架，做好了之后再发给您。

肖飞：好的，小川，明天再改提纲吧！你们的时间足够了。

与汪小川、郭权鑫讨论第二稿提纲

题目：江村与禄村农民生计问题的比较研究

附提纲

引言　研究背景与江村、禄村的概况

一、农民收入的多种来源

（一）主业

1. 江村：稻蚕结合

2. 禄村：稻米种植

3. 土地制度：租佃或自耕

（二）副业

1. 江村：养殖、做工（在合作社或者丝厂做工）

2. 禄村：贩卖、运输、修路工

二、农民支出的类别与特点

（一）俭：日常生活的核心原则

（二）基本支出：衣、食、住、娱乐

（三）礼仪支出：传统社会义务的经济负担

（四）税费

三、外因影响下的生计变迁

（一）外来经济因素的渗透与改变

（二）政治与社会环境对农民生计的影响（传统生计模式的局限穿插两点）

四、结语：田野调查与社区研究的方法论意义

肖飞：以下内容供你们参考，修改后晚上再发给我。

1. 第一部分主业、副业中有江村与禄村的对照关系。第二、第三部分没有对照关系，不能清晰地呈现思路。

2. 第二部分“农民支出的类别与特点”，江村农民的确非常节俭，禄村小地主可以不劳动，即便要总结江村节俭特征，也得先说事实，再评价。建议围绕以下两个问题：第一，“基本支出、礼仪支出与税费”这些项目两村都有，但数量与比例有别；第二，“生存经济与消遣经济的分野”，这是二级标题。三级标题可以暂时不列。

3. 第三部分“外因影响下的生计变迁”，主要讲的是“工业经济”与“战时经济”，江村受双重影响，愈加凋敝。禄村仅有战时公共工程建设带来的经济机会。

与汪小川、郭权鑫讨论第三稿提纲

题目：江村与禄村农民生计问题的比较研究

附提纲

引言　研究背景与江村禄村的概况

一、农民收入的多种来源

（一）主业

1. 江村：稻蚕结合

2. 禄村：稻米种植

3. 土地制度：租佃或自耕

（二）副业

1. 江村：养殖、做工（在合作社或者丝厂做工）

2. 禄村：贩卖、运输、修路工

二、农民支出的类别与特点

（一）基本支出、礼仪支出与税费

（二）生存经济与消遣经济的分野

三、外因影响下的生计变迁

（一）江村：工业经济与战时经济的双重影响

（二）禄村：战时环境下的机遇与冲击

四、结语：田野调查与社区研究的方法论意义

肖飞：回复提纲并定稿

题目：江村与禄村农民生计问题的比较分析

附提纲

引言　研究背景与两村村情

一、农民收入的多种来源

（一）主业

1. 江村：稻蚕结合

2. 禄村：稻米种植

3. 土地：租佃或自耕

（二）副业

1. 江村：养殖、做工

2. 禄村：贩卖、运输、修路

二、农民支出的类别与特点

（一）基本支出、礼仪支出与税费

1. 江村：佃农平时节俭尽力维持平衡

2. 禄村：土地保有情况决定生活质量

（二）生存经济与消遣经济的分野

1. 江村：收入锐减处于饥饿边缘

2. 禄村：小地主不劳作

三、外因影响下的生计变迁

（一）工业经济影响集中于沿海地区

1. 江村：被日本机制丝挤压，经济凋敝

2. 禄村：没有工业经济参与，延续传统

（二）战时经济影响波及全国城乡

1. 江村：深陷日战区，经济全面停滞

2. 禄村：处于“后方”，获得新经济机会

四、结语：田野调查与社区研究的方法论意义

肖飞：权鑫、小川，这是目前我能想到的，还可以再推敲。另外，想在一篇一万多字的读书报告中综括两本书的方方面面，根本不现实。找到自己认为最重要的问题，有次序地进行分析即可。

小川：老师，实在是太麻烦您了！我和权鑫接下来就开始写作。

肖飞：小川，这是指导工作，没有麻烦一说。

权鑫：收到，谢谢肖老师！我和小川起初拟提纲确实是有点儿使不上力的感觉，很多想提及，可篇幅受限。听您的建议，选择重要问题，有次序进行分析。

肖飞：写作中，你们可以用更好的方案替代。

权鑫：有新的想法，我和小川即时和您沟通，谢谢肖老师！

关于如何提炼命题、围绕命题写作的提示

各位同学：

文档不长，建议大家细读（第21期读书会的题目与提纲讨论记录）。以《江村经济》《禄村农田》为例，找到自己领读的书目中最核心的命题，找到论证这个命题的逻辑链。

费孝通先生把《禄村农田》视为《江村经济》的“续编”。在江村，

费孝通先生亲历并记录下现代工业经济对乡村手工业的排挤与替代：都市资本流入农村，耕地所有权大量外流，外来因素介入导致江村村民收支严重失衡。因禄村缺少手工业传统，较少受到现代工业影响，故禄村经济建立在农田之上，可作为江村经济的对照体系，以检验对江村经济的研究结论。

因缺乏手工业、现代工业、城市资本等经济类型，《禄村农田》的研究范围比《江村经济》的研究范围小，研究重心在于土地制度。但如费孝通先生所言，两书在研究方法上保持一致，都以村庄社区为研究单位，进行实地考察，但又略有差异。《禄村农田》“以叙事为纬，层层推进”，以整体解释禄村村民如何利用农田。

关于如何提炼命题、围绕命题写作，我给大家一些提示。

1. 命题

写作需要围绕命题展开，无论是阅读完一本书，提炼要点，写一份读书报告，还是围绕书的核心内容写一份更深入、有批判性思考的书评。读书报告与书评的差别是相对的，把两者分开是为了更清晰地说明问题。

何谓命题？命题即判断语句。20 世纪 30 年代，江村的生计基础是稻蚕结合，禄村的生计基础是稻米种植，这些都是基于事实概括得出的初级命题；江村农民生计的普遍特征是生存经济，禄村小地主生计的特征是消遣经济，这些都是基于更全面事实认知得出的评价性命题。

2. 纲目

题目最好能转化为一个命题，即判断语句。围绕这个命题列出提纲，再把自己要表达的核心想法写 200 字左右，这相当于摘要。没有题目、提纲、摘要，根本没办法写作。因为你没有思路，不知道怎么组织材料。

提纲就是各级标题。可以先只列出一级标题，然后再步步深入二、三级标题。如果文章篇幅没有超过 1.5 万字，则没有必要列到三级标题。标题细化到什么程度，依据需要而定。但写文章的任何部分、任何一段，头脑中都有一个隐性的标题，就是这一段我想表达什么。标题就是词组组合，例如“江村：稻蚕结合”“禄村：稻米种植”“江村：收入锐减处于饥饿边缘”“禄村：小地主不劳作、吸鸦片”。

另外，写作中题目可以微调，提纲与摘要始终在不断调整中完善，想法也是在写作中愈加清晰。

3. 自写

即便是读书报告，也不是简单摘抄，而是在把握全书主旨、论证思路的基础上，用自己的语言重新解读这本书。

无论我们自己能提炼出什么命题，设计出什么样的写作思路和结构，语言组织能力如何，都要自己写作，不要看别人的书评或者相关文献。什么时候我们自己的读书报告或者书评初稿写完了，再看别人已发表的文章。在比较中找差距，提升自己的文稿水平。

4. 分合

《江村经济》与《禄村农田》中调研的是不同的村庄经济类型，对比阅读、对比书写更有价值，基于比较视角写出一份文稿更合适。《乡土中国》偏重于对传统中国经济、社会、政治结构与关系中更为稳定的要素进行理论概括；《乡土重建》则针对严重衰落的中国乡村社会寻找自救的出路，更偏向于政策应用。可以就《乡土中国》与《乡土重建》分别写作文稿。同样，《新乡土中国》针对的是世纪之交“流动中国”和“城乡二元”现象，《乡村的视角》更多在思考乡村振兴战略如何在乡村落地，可以就两书分别写作文稿。《城乡中国》最重要的话题是改革开放以来中国的城乡土地制度改革，并对国内外制度进行了比较，故建议两位领读同学合作写作一份文稿。

5. 字数

建议第 21、24 期，合作文稿字数控制在 12000~15000 字；建议第 22、23 期，单独文稿字数控制在 6000~8000 字。这样篇幅不大，不必凑字数；也不算太小，以至于难以展开思路。

之前的读书会，部分同学不自信，照着稿子念，读完 8000 字大约半小时。故上述篇幅用 50 分钟报告足够了。但希望本季读书会大家能脱稿讲解。

6. 推介

8 位领读同学，请大家就自己领读的一期写一篇公众号推文，字数在 500 字左右，可参考学院公众号第 17—20 期读书会、2024 年初“钟爱阅读”特别活动的推文。注意推文写作要以问题为导向，以引起读者的阅读兴趣为目的。推文要在读书会前一周写好。

第 21 期海报题目可定为《江村与禄村农民生计的比较分析》，小川、权鑫可以和明澄商量制作海报了。

7. 时间

我们在 4 月的工作非常多，请第 22、23、24 期领读同学在清明节假期结束后，把初步拟定的题目、核心想法和提纲发给我。

读书会全长 100 分钟，时间分配见表 8。

表 8 读书会时间分配表

场次	内容	时间/分钟	备注
上半场	主持人引介书目、领读人、与谈人	5	准备 500 字文稿
	领读人做报告	50	准备 12000~15000 字文稿
休息		10	
下半场	与谈人 1	5	准备 500 字文稿
	与谈人 2 牛玉兵	5	自定
	现场交流	5	视情况而定，余时可交给牛院长
	指导教师做扩展分析	20	自写文稿，余时可交给指导教师

修改第 21 期读书会推文与海报

肖飞：小川，海报和推文如初步完成，请发给我看看，因为周四晚上就是读书会，这些最好在周二就能发出。

小川、权鑫：

初稿

《江村经济》是费孝通先生早期对江苏太湖东南岸开弦弓村的实地考察报告，主要分析了江村农民的生活方式。《禄村农田》则是对云南相对封闭的禄村的实地调研成果，采用社区分析的方法，分析当地土地制度的变迁。本次读书会以“农民的生计问题”为主题，比较分析不同地域乡村的生产生活和外来因素对两村的影响。

费孝通先生的墓志铭上写道：“逝者如斯而未尝往也。生命、劳动和乡土结合在一起，就不怕时间的冲洗了。”费孝通先生以超脱的视角、严谨的态度，细细地观察着中国的传统社会，把最真实的农村生活图景展示在世人面前。

对此作品，可以带着以下问题阅读：

1. 作为江南水乡代表的江村和代表西南地区的禄村，在生产活动、土地制度和生活状态方面存在哪些显著差异？是何原因造成了这些差异？

2. 农民生计问题的研究对象包括哪些范畴？费孝通先生是采用何种调查方法来进行研究的？

3. 当仅仅依赖土地无法满足生计需求时，江村和禄村的农民是如何寻求其他的收入来源的？

4. 农民生计具有脆弱性，面对外来不可抗力时，江村和禄村农民在哪些方面受到了影响？两者受影响程度有何不同？

5. 为何西南地区的禄村能够形成"消遣经济"，而江村没有？形成消遣经济的必要条件是什么？相关现象背后体现了何种社会心理？

6. 江村是靠近都市的农村，深受现代工商业的影响；禄村则还处在受现代工商业影响的初期。基于这两部作品，我们是否可以得出社会变迁的一般规律？

7. 费孝通先生认为，研究一村生计的变迁，需考虑促使变迁的外界力量和承受变化的传统力量，在江村和禄村中分别呈现出哪些形式的变迁？有哪些异同点？

肖飞：小川、权鑫，推文主要问题如下：

1. 没有对江村与禄村的情况进行高度概括，没有介绍费孝通先生选择两村进行调研的初衷。

2. 问题琐细，可以考虑压缩。

注：修改后的推文，见本期读书会文稿首页。

肖飞：小川、明澄，海报存在如下细节问题。

1. 题目"生计问题"用红色很奇怪。

2. 在记录人后面写"指导教师：肖建飞"。

3. 领读人、主持人、与谈人、记录人中间都空一格，与"指导教师"四个字排列一致。

4. 在地点下面加"设计师：李明澄"，"设计师"中间也空格。原来的"设计师"太小了，看不清楚。

5. 生计问题可否用法学院 logo 或灯笼颜色？

与汪小川商量解决写作难题

小川：肖老师，目前写作面临诸多困难，实在不知如何处理。

1. 语言表达太过简白，无法应用术语进行有效表达。

2. 针对同一主题，如“稻蚕结合”，不知从何说起。不知是从地理因素角度写作，还是对比近些年来的变化。书中的信息比较分散，不知如何整合，从哪方面论述。

3. 写稿子时没有清晰的脉络，内容很散很碎。

对原有框架做出以下修改：

1. 删除第一部分中的“农地：租佃或自耕”。原因在于，如果说这一节是讲部分地主通过租佃的方式获取主要收入，那自耕的性质如何解释？通过自耕获取收入，那岂不是和前部分的种植作物自食有矛盾？如果说是探讨土地的使用方式，那么难道不应归属于农民收入这一范畴？

2. “江村：养殖、做工”改为“江村：养殖、贩运、做工”。原因在于，我们后来发现贩运也是江村副业收入的主要来源。

3. “禄村：贩卖、运输、修路”修改为“禄村：职业分化、贩卖、运输、修路”。原因在于，想要补充论述职业分化部分内容。

目前发给老师这一版仍属未完成之稿，希望老师能够在写作思路上再予以指导。我会尽量在收到老师回复后3~4小时完成初稿。

肖飞：小川，我们先谈你遇到的问题。

1. 《江村经济》与《禄村农田》本身是“民族志”，细致的事实记述是这两本书的主体，两书本身语言特点就接近于“白描”。我们是读书会，如果遇到极为深奥的理论书籍，也需稀释理论，让难以理解的理论变得可以理解。本次阅读的《江村经济》与《禄村农田》都不是理论性强的图书，却完整地呈现了两种不同类型的农村经济生活。比较而言，《乡土中国》更具理论性。写稿子时，直白表达并无不可，也比较符合领读人的口语化的表达要求。

2. 稻蚕结合是江村乃至苏州一带乡村延续千年的经济模式，这种经济模式自然与太湖周边的自然环境有关。但我列这一标题时更想表达，水稻生产主体是男性，主要用于家庭消费；养蚕缫丝生产主体是女性，主要用于换取经济收入，应对家庭各项支出。

3. 你所言的“写稿子时没有清晰的脉络，内容很散很碎”，或许是因为相当一部分提纲是我列的，我的想法不能转变为你们的想法。再者，把两本书内容提炼成数千字自然有难度。

关于你做的框架修改，我有一些想法。

1. “租佃”或“自耕”都是针对耕地制度而言的，租佃就是租赁他人土地，耕作者没有所有权，但因多年租赁甚至代际租赁，部分租佃权有“准所有权”性质，这是江村典型的耕地制度。自耕就是自己所有、自己耕种耕地，这是禄村典型的耕地制度。“农地”指的是耕地，不是宅基地。这部分删除也可，权鑫或许会提及。权鑫不写，我的文稿中也会谈到两村的耕地制度。

2. 可将“江村：养殖、做工”修改为“江村：养殖、贩运、做工”。其实这些副业都是次要的，如要再添加，还有捕鱼等，但这些对江村村民生计影响都不明显。

3. 可将“禄村：职业分化、贩卖、运输、修路”修改为“禄村：贩卖、运输、修路”。“职业分化”就意味着原来为小地主做长工、短工的无地劳工可以从事贩卖、运输、修路。

发现你们的初稿写作存在一些问题。

1. 摘要部分“农民生计问题是考察农民生活状况的重要组成部分。生计问题包含着收入、支出及外来因素的影响。农民收入主要来源于农作物的种植，作物的种植则是因地制宜。农民同时从事相关副业来补贴家用”没有实质意义，没有基于江村与禄村的不同生计状况写作。

2. 刚初步浏览了你写的内容，比较空洞的是“基本支出、礼仪支出、税费与地租”一节，没有数据或案例支撑，比如高利贷和地租占江村农民收入的多少，禄村靠出卖劳动力为生者的收入能否维持生存、他们的生活水平如何，等等。

3. 图表标注、注释不规范，三级标题以下不需要“养殖”“贩卖”“做工”一类的提示语。

小川，你先看看，不明白我们再电话联系。

与汪小川、郭权鑫沟通写作进展

肖飞：权鑫，你和小川是否已经写完初稿，在校对稿件？

权鑫：肖老师，近期课业、竞赛和“大创”立项任务繁重，我和小川还在修改内容，写作难度确实比较大，尚未进入校对环节。

肖飞：你把写作重心定位在外力因素对江村与禄村的不同影响，也就是第三部分，村庄类型比较的方法论意义可以点到为止，读书会后面的扩展分析部分我来做补充。另外，吉林大学李拥军老师周四晚将参加我们的读书会，希望你们能有比较充分的准备。

小川：肖老师，您休息了吗？（此时接近23:00）

肖飞：没有。

小川：我的进度是已将稿子打印并进行第一次自我修改，对内容进行补充，对语句进行调整，但遗留的问题是不知摘要如何撰写。

肖飞：这是你和权鑫的进度，还是你自己负责的前两部分的进度？

小川：是我的进度。权鑫的进度有些卡壳，“工业经济影响”部分已经写了5000字了。我现在把我的文档发给他，他整合成一个文档后发给老师。因为后天就是读书会了，进度确实是太慢了。写作时有很多问题，不能再拖了，还是要尽快让老师知道我们的进展情况。

肖飞：小川，确实太慢了，估计到现在你们也没统一遍自己的稿子。摘要我来写，但你们要把格式、错别字、表述方式等问题解决了。你完成的部分可以先做PPT，你和权鑫用同样的模板，分别做，再整合。

权鑫：肖老师，您休息了吗？（此时接近24:00）

肖老师这个是初稿全文，很抱歉这么晚发给您。针对第三部分“战时经济波及全国”我思虑良久，仍没有写作的头绪。抗战在两本书中很少提及，是一个背景要素，实在不知该抓住哪一个点进行阐述。这是一些不成熟的内容，先发给您过目，后面我们再作修改。

肖飞：权鑫，你这一部分基本只写了江村如何被日本机制丝挤压而经济凋敝，对禄村的写作极其粗略，构不成对应关系，我试着补写一下吧！根本没有时间再让你们写了。

与汪小川沟通修改文稿

肖飞：小川，你这两天重新校对一下你和权鑫领读的文稿，然后发给我。

小川：请问此次校对是在原稿的基础上进一步找错别字等错误呢，还是就与昨晚领读的内容不一致的地方进行再次调整？昨晚汇报的时候很紧张，好多说的话自己也不记得了。

肖飞：在原稿的基础上进一步找错别字等错误。昨天你们表现得不错，看来你已经学会调整了，我在下面坐着听，没有感觉到你很紧张呀！

小川：好的，老师，我一定尽快把校对完的稿子发给您！

读书会同学分享领读文稿

肖飞：各位同学，这是小川、权鑫的领读稿件，补充一些行文规范，请大家注意：

1. 直接引文，加引号的，用仿宋体标记出来。

2. 多次出现的引用文献，可以只保留作者、书名和页码。

3. 图题在下，表题在上，同时要标注图表来源，自己做的表格就写“领读人绘制”。

4. 在正文中提示读者“见图＊”或“见表＊”。

阅读《乡土中国》与《乡土重建》[①]

阅读提要

“一介书生”是费孝通对自己一生的定位。费孝通用朴素易懂的文字，完成了意味深长的写作，为后人留下700余万字的作品。在费孝通的众多作品中，《乡土中国》与《乡土重建》熠熠生辉。

在《乡土中国》一书中，费孝通尝试回答了“作为中国基层社会的乡土社会究竟是个什么样的社会”，旨在构建传统中国的整体形象，该书兼具知识性与学理性。在《乡土重建》一书中，先生追问在20世纪三四十年代“资源有限的匮乏经济”中，被剥夺了土地所有权、人力资源、工业发展机会的中国乡土社会将会发生什么，并在问诊之后开出药方，该书更接近于“时政评论”。

两书出版距今已近80年，虽时势变迁、人事更迭，但阅读两书时，以下问题仍萦绕于领读人的脑际：

1. 为什么传统中国的基层社会是乡土性的？乡土性体现在哪些方面？

2. 男女有别、传宗接代、长幼秩序何以成为中国亲属制度中最基本的原则？“家本位”观念如何塑造国人的价值观，帮助国人实现内在超越？

3. 在乡土社会中，为什么农民会形成聚村而居、安土重迁的生活习惯？差序格局的社会结构是如何影响基层社会治理的？

4. 从清末到20世纪初，中国乡土社会面临哪些困境？如何在建设生产性城市的同时，赋予乡村发展工业的机会？

5. 立足当下，重读经典，费孝通先生当年提出的乡土重建构想对推进当下乡村振兴战略有何启示？

6. 从《乡土中国》的社会思想，到《乡土重建》的社会理想，社会责任与学术责任如何能合一？费孝通先生是那个时代的独行者，还是知识界卓越的践行者？

（王海旭、金纯羽供稿）

---

① 本期读书会领读人为江苏大学法学院硕士研究生王海旭、金纯羽，主持人为江苏大学法学院硕士研究生范佳宗，江苏大学法学院教授牛玉兵予以点评，江苏大学法学院教师肖建飞指导，并进行了扩展阅读分析工作。

楔子

读书可“增学问，广见识，养性灵”

大家晚上好，欢迎参加法学院第22期读书会，我是本期读书会的主持人范佳宗。本期读书会由王海旭、金纯羽两位同学上台领读，并由肖老师担任指导教师，牛院长和杜利利进行与谈。

林语堂曾说：“读书，可开茅塞，除鄙见，得新知，增学问，广见识，养性灵。”今天，我们在此相聚，共同完成这一期读书会。

本期的主题是“从社会思想到社会理想——阅读《乡土中国》及《乡土重建》”。这两本书的作者均是费孝通先生，费先生是著名的社会学家、人类学家、民族学家，中国社会学和人类学的奠基人之一。

《乡土中国》是费先生于20世纪40年代撰写的一部研究中国农村的作品。全书由14篇文章组成，涉及乡土社会人文环境、传统社会结构、权力分配、道德体系、法礼、血缘、地缘等多方面问题。在该书中，作者用通俗、简洁的语言，对当时中国基层社会的主要特征进行了概述和分析，全面展现了中国基层社会的面貌。

在《乡土重建》中，费先生在对江村、禄村等乡村社区调查研究的基础上，探索了中国乡土社会的自身特点和内在机理，提出了发展乡土工业、实现乡土重建的思想。他把中国乡村作为研究对象，对现代乡土经济的主要现象进行理论上的概述和分析，提出乡土重建的具体方法及措施。

时隔多年，《乡土中国》《乡土重建》仍被我们不断捧读。让我们认真聆听王海旭、金纯羽两位同学的精彩领读吧，大家掌声欢迎！

主题领读

《乡土中国》的社会秩序

王海旭

摘要：在《乡土中国》一书中，费孝通先生致力于对中国基层乡土社会做出整体性评价，分析以农为生、世代定居农村的农民如何构建传统中国的社会结构和社会关系。该书对乡土社会的秩序着墨偏多，书中认为乡土社会呈现三层结构——家庭—家族—村庄。男女有别、传宗接代、三角结构构成了第一层级的家庭秩序；差序格局、自我主义、界限相对构成了第二层级的家族秩序；长老统治、无为政治、耻诉厌讼构成了第三层级的村庄秩序。三层结构均源于基层社会的乡土性。从传统中国到当下中国，乡土社会部分特征发生变化，部分特征延续至今。

关键词：费孝通；中国乡土社会秩序；家庭秩序；村庄秩序

引言　基层社会的乡土性

乡土是一个实体，也是一种情怀，饱含着中国人的情感。费孝通先生把乡土性看作中国传统基层社会的一种独特体系，认为其支配着中国社会生活的各个方面。《乡土中国》是费孝通先生研究中国乡土社会整体特征的作品，全书涉及乡土社会的人文环境、社会结构、权力分配、道德体系、礼法、血缘、地缘等各方面，对中国整个社会学的研究具有奠基意义。以我目前的学识和能力，很难对整本书内容做概括性评价，所以我的领读侧重于分析费孝通先生笔下乡土社会秩序的内涵，并在每一小节中附带分析中国传统基层社会特征的变迁与延续情况。

在现代社会，“土气”这个词常常带有贬义和歧视意味。然而，在费孝通先生的书中，“土”指的是乡土本色，是中国人生长扎根的土地。中国传统基层社会是乡土性的，乡土性具有丰富含义。中华文明植根于农耕文明，早在五六千年前，我国的长江和黄河流域就已经存在相当发达的农耕文明。与游牧和工业文明不同，“以农为生的人，世代定居是常态”①，中国人深深扎根乡土，中华文化在此生根发芽。中国人在世代定居的土地上，经历一代又一代的繁衍，形成了乡土社会聚村而居的现象，村落之间相对孤立，但村落内部的人扎根于此，生于斯、长于斯、逝于斯，彼此相熟。对他们来说，这是一个熟悉的社会，是一个“土气”的社会。

一、第一层级：家庭秩序

（一）男女有别

在乡土社会中，男女感情是淡漠的。借用费孝通先生的解释，乡土社会中男女分工明确，追求的是稳定，是保持社会原来的生产模式不变。“男女生理上的分化是为了生育，生育却又规定了男女的结合。这一种结合基于异，并非基于同。”② 社会稳定需要男女有别，各做各的事。所谓男耕女织，就是要男女各有分工，各尽本分。在传统乡土社会，人们认为感情中的激情是一种冲动，会使社会处于无序的状态。而家庭就是男女分工合作的一项独立事业、一个小经济体。

中国的乡土社会有一种很典型的东西叫作“族谱”或“家谱”，“族谱”和“家谱”只把男人写进去，只承认男性，即便是少数地方会把优秀杰出的女性纳入进去，也是次要类型，不是主流。所以中国的乡土社会更近于男人的世界，这是乡村公共领域同性原则比异性原则更重要的一种体现。

（二）传宗接代

在中国，“传宗接代”的思想可以说是根深蒂固的。若要探究其理论基础，应该从中国乡土社会的基本特性出发。一方面，乡土社会是农耕社会，而非现代的信息社会。费孝通先生在《乡土中国》中提到，“‘土’是他们的命根”③，但是光有根不行，还需要劳动投入，播种、浇水，种子才能发芽。所以在乡土中国，除了耕地，最重要的生产要素是劳动力。但是劳动力不会从土里长出来，需要人的再生产，也就是子嗣繁衍。另一方面，在中国传统观念中，“香火”需要继承和延续，“香火”是指每个

① 费孝通：《乡土中国 生育制度 乡土重建》，商务印书馆，2011，第 8 页。
② 费孝通：《乡土中国 生育制度 乡土重建》，商务印书馆，2011，第 48 页。
③ 费孝通：《乡土中国 生育制度 乡土重建》，商务印书馆，2011，第 7 页。

家庭要不断有后代祀奉祖先。

在传统乡土社会中，结婚的主要目的是传宗接代，娶媳妇的主要目的是延续后代。生育是家族延续的根本，是家庭的重要任务和功能。现代社会中，随着女性社会地位的提升，工商业经济的发展，以及对教育的重视程度的增加，家庭的生育功能明显削弱。

（三）三角结构

费孝通先生在《生育制度》一书中提出，构成社会最小单位的基本结构是家庭基本三角，即“父、母、子的三角”。费孝通先生认为，父、母、子之间的关系如同三角形的三边，只有这三边同时具备，才能真正称为家庭。“婚姻的意义就在建立这社会结构中的基本三角”①，在这种结构里，“夫妇关系以亲子关系为前提，亲子关系也以夫妇关系为必要条件”②。婚姻缔结时，并没有形成真正意义上的家庭，只是家庭的过渡阶段；只有在子女出生后，夫妻之间的直线关系转变为父、母、子之间的三角关系，三者之间才能建立起稳固的联系，真正意义上的家庭才算形成，家庭生活才能全面开展。

在乡土社会里，家庭是承担生育功能的主要载体，只有生育了男婴，履行了家族延续义务的家庭，才能算是真正的家庭。而在现代社会，“丁克”逐渐成为一部分年轻人的生活选择。“丁克”观念不被广泛认可，或许是因为当代家庭中代际关系存在着冲突，选择“丁克”的年轻人的父母多出生于20世纪50至60年代，受乡土社会以生育为核心的家庭模式影响，他们很难接受只有夫妻关系、没有父母子女关系的新型家庭模式。

二、第二层级：家族秩序

（一）差序格局

“差序格局”是费孝通先生创设的概念，“在差序格局中，社会关系是逐渐从一个一个人推出去的，是私人联系的增加，社会范围是一根根私人联系所构成的网络”③。在中国，家的概念非常之大，可以牵扯到父母子女，也可以牵扯到邻里乡亲。总之，有血缘、地缘等关系牵连的人都可

① 费孝通：《乡土中国　生育制度　乡土重建》，商务印书馆，2011，第206页。
② 费孝通：《乡土中国　生育制度　乡土重建》，商务印书馆，2011，第206页。
③ 费孝通：《乡土中国　生育制度　乡土重建》，商务印书馆，2011，第32页。

以成为“家”的一分子。在中国，“家”的存在可以更好地维持人脉，以便自身在社会发展中谋求更多的利益，促进自身的发展，这便是中国自古以来重视的“关系网”。关系网能够帮助人们达到自己想要达到的目的，比如婚姻、工作、职业地位等。在关系网的形成过程中，人们往往在达到自身目的前后，通过回礼的方式来表达自己的谢意，这可以算是中国乡村最浅层次的“礼俗”。

这种关系网并不是一个固定的团体，而是一种不确定的范围，范围的大小要依据中心势力的强弱来定。在乡土社会中，普通人家的家庭关系网很小，可能只有比邻的两三家。而有钱的地主和官僚阶层的关系网富有伸缩性，哪天势力一倒，树倒猢狲散，又会缩成一个小团。中国人因此对世态炎凉特别有感触①。

在中国，这种关系网延续近千年才有所转折。当下建设法治社会，“关系网”的无形之手被社会治理机制遏制。中国社会向充满理智判断、刚柔兼济的人性化社会转变。

（二）自我主义

差序格局表明乡土社会中人是生活在以“己”为中心的富于伸缩性的网络里的，一切关系都是从自我出发的。这并不是个人主义的表现，而是自我主义的表现。个人主义是指个体独立，个人不能侵犯他人权利，团体也不能抹煞个人。而在中国传统思想里，我们只有自我主义，一切价值观都是由自己出发的②。

自我主义并非杨朱所谓的“一毛不拔而天下治”，杨朱的观点更像是利己主义，太过看重自身，以小己来应付一切情境。自我主义在儒家思想中得到更为贴切的体现，儒家思想讲求“为政以德，譬如北辰，居其所，而众星拱之”“君子求诸己，小人求诸人”“以直报怨，以德报德”。孔子的道德系统离不开差序格局的中心，也即自己，道德的范围会依据需要去放大或缩小，而不是像墨家所主张的兼爱天下，道德范围一放不能收。③

儒家与道家的差异在于，各自所代表的集体与个人存在冲突。一个人如果“爱集体”，会被公认是有道德的人。但细想之下，“爱集体”的出发点实则是“爱自己”。只有“爱自己”的人才会真的去“爱集体”。修

① 费孝通：《乡土中国　生育制度　乡土重建》，商务印书馆，2011，第28页。
② 费孝通：《乡土中国　生育制度　乡土重建》，商务印书馆，2011，第29-30页。
③ 费孝通：《乡土中国　生育制度　乡土重建》，商务印书馆，2011，第30页。

身、齐家、治国、平天下，一步步推己及人，小爱才能扩展为大爱。时至今日，个人至上或是集体至上，这样的争论远没有结束，也许我们更应思考的是道德思维收放的“度”该如何把握。

(三) 界限相对

在差序格局中，社会范围能收能放，能伸能缩。因此，在中国传统社会里，并没有分明的群己界限，也即公私界限。例如，相对于家族而言，家庭是私的；但相对于国家而言，家族亦为私。在差序格局中，公与私的界限是相对的、模糊的。

因此，中国的传统道德和法律，都因与施用对象的关系远近而存在一定程度的伸缩[①]。在传统法制中，就有“亲亲得相首匿”“亲亲相隐不为罪”等规定，体现传统乡土社会的“公私不明”。费孝通先生在书中更是用贪污的例子来说明：“我见过不少痛骂贪污的朋友，遇到他的父亲贪污时，不但不骂，而且代他讳隐。更甚的，他还可以向父亲要贪污得来的钱，同时骂别人贪污。等到自己贪污时，还可以‘能干’两字来自解。”[②]

在现代社会，我们或许可以用“双标”一词来解释这种道德体系——在评价是非对错时，总要先搞清对象是谁，与自己的关系如何，才能决定拿出什么样的标准。“双标”在今天的实践中屡见不鲜，但会受到人们的批判，因为我们已经逐渐脱离乡土社会的差序格局，形成了界限分明的团体格局。每个人都有着清晰的界限划分，权利义务十分明确。但这更多适用于生人之间。一旦遇到关系自身重大利益、亲友或熟人的利益的事，部分人也许会改变评价标准。“双标”观念、“界限相对”概念在现代社会依然存在。

三、第三层级：村庄秩序

(一) 长老统治

中国社会基层存在一种“长老式”的教化权力，“既不是横暴性质，也不是同意性质；既不是发生于社会冲突，也不是发生于社会合作；它是发生于社会继替的过程，是教化性的权力，或是说爸爸式的”[③]。教化的

---

① 费孝通：《乡土中国　生育制度　乡土重建》，商务印书馆，2011，第38页。
② 费孝通：《乡土中国　生育制度　乡土重建》，商务印书馆，2011，第38页。
③ 费孝通：《乡土中国　生育制度　乡土重建》，商务印书馆，2011，第67页。

是传统、是文化，“凡是被社会不成问题地加以接受的规范，是文化性的；当一个社会还没有共同接受一套规范，各种意见纷呈，求取临时解决办法的活动是政治。文化的基础必须是同意的，但文化对于社会的新分子是强制的，是一种教化过程”①。在变化很少的社会里，世世代代运用的几乎都是一套传统的办法，年长的人一定经历过年幼的人所遇到的问题，“每一个年长的人都握有强迫年幼的人的教化权力”②。这就是长老统治，其决定了长幼原则何以成为中国亲属制度中最基本的原则。

即便在现代社会，“长老统治”依然存在。父母对子女的干预权力体现在各个方面，小到衣食住行，大到学习、工作、婚姻。甚至在子女结婚后，父母对于孙辈生活、教育的干预，同样也不少见。不只是父母，凡是称得上长辈的人、年岁长的人，都有权实行说教。这样的教化传统会扼杀许多人的天赋。长老统治甚至会使社会结构变动放缓，乡土社会虽然稳定，其发展却是缓慢的。没有传统权威的社会恰恰相反，其发展快速，可以在冲突中发现问题。如果一个社会既有乡土社会中的稳定，又能快速发展，这样的社会模式堪称理想。

（二）无为政治

权力有两种用途：一是在阶级斗争中充当平衡冲突的工具，即横暴权力；二是支配社会分工，即同意权力。使用横暴权力的目的主要是获取经济利益，而经济利益是从被统治者的劳动中获取的。若将被统治者生产的价值总和视为售价，则被统治者生存所需即为成本，二者相减，统治者便可获得剥削利润。这使我不由得想到资本家与无产阶级劳动者的关系，也印证了文中所说，横暴权力是“统治者的工具”③。

中国基层社会是乡土性、农业性的社会，基本保持着“自给自足”的经济运转。这就表明劳动者没有太多的价值能被横暴权力剥削。可是，在中国古代，却长期存在着皇权，且皇权极有可能转变为横暴权力。事实上，在社会平稳发展时，人口会自然增长，可是粮食产量并不随之攀升。久而久之，剥削就触及了人民生存的根本。于是“合久必分”，引发战乱。战乱减少人口，休养生息显得更加有益。于是“分久必合”，而“合”时的皇权就像一个没有储蓄的人，唯有维生养民，才能尽量延长“合”的寿命。

---

① 费孝通：《乡土中国　生育制度　乡土重建》，商务印书馆，2011，第69-70页。
② 费孝通：《乡土中国　生育制度　乡土重建》，商务印书馆，2011，第70页。
③ 费孝通：《乡土中国　生育制度　乡土重建》，商务印书馆，2011，第62页。

而诸如修水利、筑长城之宏图大略，便会加速皇权衰亡。于是发展出一个正式国家权力体系不直接介入基础的治理模式，费先生称之为无为政治。

（三）耻诉厌讼

在中国的乡村，由于礼治既是一种传统，也是一种秩序，因此在这个社会环境中“每个人知礼是责任，社会假定每个人是知礼的”①。就像足球运动员被假定懂得足球运动的规则一样，如果一个运动员不了解这个规则，就会被认为是不专业的。在乡土社会，如果一个人不懂礼，会被认为是没有教养的。

乡土社会中，人们并不希望发生官司，打官司被认为是一种“可羞之事，表示教化不够”②。乡土社会中的“调解”承担了教化的功能，教会不懂礼的人识礼，督导他以后不再犯错。如果一个社会中没有官司，就意味着每个人都受到了良好的教养，这也是儒家追求的理想状态。

然而，在现代社会，法律体系庞大并且会因时而变，无法要求每个人都熟知法律，所以产生了律师等职业。现代社会的法律保障的是每个人的权利与社会的安全，因此法官不再被要求承担教化责任。

当中国社会从乡土社会转变为现代社会时，礼治体系和法治体系是并行的。这也导致很多在礼治体系中不占理的人，转而寻求法治体系的庇护。一些百姓眼中的“坏人”，由于缺乏证据或缺乏法律依据而未受到惩罚，因此部分人对法律产生了不信任感。在乡土社会中推行法治，要平衡法治和礼治的关系，合理运用法治。

结语　乡土秩序的常与变

时过境迁，传统乡土社会已经离现代社会越来越远。已经习惯了现代文明的人，诚然无法想象乡土社会为何会持续几千年之久。当今社会仍然有着乡土社会些许遗风。现代社会飞速发展，从现代文明角度看，“乡土中国”也在慢慢适应现代社会要求：家庭功能转变，但家本位思想依然深深影响着国人的行为；社会结构由差序格局向团体格局转变，但以自我为中心的道德体系依然是人们进行价值判断的潜在标准；“法治社会”取代

① 费孝通：《乡土中国　生育制度　乡土重建》，商务印书馆，2011，第59页。
② 费孝通：《乡土中国　生育制度　乡土重建》，商务印书馆，2011，第59页。

“礼治社会”，但法治依然离不开礼治的支持。物质生活在改变，制度在改变，但制度依赖的社会结构、社会关系、价值观念却有相当大的延续性。

如何重建被侵蚀的乡土

金纯羽

摘要：20世纪30至40年代，面对不断遭受现代文明侵蚀的乡土社会，费孝通先生做出整体判断：乡土社会之困境表现为土地制度遭破坏、乡土工业脱栓、乡土文化失衡及基层行政僵化。基于此，费孝通先生提出重建方案，涵盖进行土地制度改革，发展新型乡土工业，鼓励知识技术下乡和政府确为人民服务等，以期恢复乡村秩序，改造乡村以谋发展。费孝通先生的思想具有深刻的历史性和前瞻性，重读经典，费孝通先生的乡土重建构想对当下推进乡村振兴具有启示意义。

关键词：费孝通；乡土社会；社会侵蚀；乡土重建

鸦片战争后，中国传统乡土社会越发受到西方工业文明的强烈冲击，乡村失去发展基础，沿海都市逐渐兴盛，广大乡村日益衰败。直至20世纪40年代中期抗战结束，中国并未完成现代化转型，仍处于从旧社会向新社会转变的关键时期。农民生活充满艰辛与困苦，困顿日久的人们为求生存而尽其所能。

20世纪30年代，费孝通先生开始深入江村、禄村开展调查研究，从中探索解决中国乡村问题的切实办法。至20世纪40年代，先生从村庄个案研究转向整体研究，并写作完成了《乡土中国》《乡土重建》。在《乡土重建》一书中，先生把中国乡村作为研究对象，用通俗简洁的语言对乡土社会的种种病灶进行分析总结，提出导致“乡村悲剧”的重要原因在于土地制度遭破坏、乡土工业脱栓、乡土文化失衡及基层行政僵化等问题。“乡村和城市应当是相成的，但是我们的历史不幸走上了使两者相克的道路，最后竟至表现了分裂。这是历史的悲剧。我们决不能让这悲剧再演下去。这是一切经济建设首先要解决的前提。”① 如何使得乡村获得重建、自力更生，是《乡土重建》一书的核心关切。

① 费孝通：《乡土中国　生育制度　乡土重建》，商务印书馆，2011，第359页。

一、乡土社会的困境

自1840年鸦片战争至20世纪40年代的百年间，中国乡土社会长期受到侵蚀和冲洗，乡土经济文化资源流失。为探寻乡土重建的理想路径，提高农民的生活水平，先生对乡土社会所处困境进行了系统分析。

（一）土地制度的破坏

先生认可“从土里长出过光荣的历史”[①]，但也意识到我们的民族“自然也会受到土的束缚”[②]。一旦土地制度遭到破坏，就会导致以土地为生的农民食不果腹，严重影响农民生活水平和乡村发展前景。

近代，西方工业文明的侵入使我国传统乡村手工业受到沉重打击，乡村逐渐被迫蜕变为单纯农业经济。此时乡村的土地已无法同时养活地主和佃户，两者之间尖锐的矛盾愈发成为乡村发展的不稳定因素。至20世纪30至40年代，抗战初期后方乡村的壮丁或被征，或逃亡。抗战结束后，征兵的区域更广了，政令所到的地方，不免存在着人口逃亡的情况。大量地主离乡入城，土地所有权外流现象频发，更加深了高利贷和地租的盘剥问题。许多农民不堪忍受频繁的战争、沉重的税费和地主的剥削，被迫离开土地，于是出现了土地大量荒废的现象。另外，战争所到之处，土地也长期处于不生产的状态。此时“土地利用的边际实在已经太低”[③]。

（二）乡土工业的脱栓

当时，中国传统工业并非集中在都市里，而是分散在无数的乡村中，所以先生称之为“乡土工业”。分散在家庭里进行生产，导致中国传统工业在技术上不易进步，但其能够使无法单独依赖土地生存的农家获得手工业收入，维持温饱不愁的生活。

然而，晚清以来，传统农工混合经济开始不断瓦解，原在乡村中无数制造“土货”的农民失业，“一家的生活压在了土地上”[④]。在此期间，地主仍然享有收租的权利，在舶来品的刺激下，地主的消费增加，所以他们越发依赖地租的收入。在地主看来，收取和以往同样的租额并非过分之

---

① 费孝通：《乡土中国　生育制度　乡土重建》，商务印书馆，2011，第7页。
② 费孝通：《乡土中国　生育制度　乡土重建》，商务印书馆，2011，第7页。
③ 费孝通：《乡土中国　生育制度　乡土重建》，商务印书馆，2011，第375页。
④ 费孝通：《乡土中国　生育制度　乡土重建》，商务印书馆，2011，第416页。

举；可对于农民来说，交租后就面临着挨饿。先生发现，分散在乡村里兼营农业的传统手艺人无法与外来工业势力抗衡。就对农民生计的影响而言，外来工业势力的影响力大于地主势力，可是为求生存的农民对地主的仇恨更深了。换言之，乡土工业的脱栓，间接导致中国土地危机日甚一日。

（三）乡土文化的失衡

“人和地在乡土社会中有着感情的联系，一种桑梓情谊，落叶归根的有机循环中所培养出来的精神。”[①] 先生认为，在清代早期以前的传统中国乡土社会，不论人才还是物资，“取之于一乡的必须回之于一乡”[②]。如果只取不回，经过一段时间，这个地方必定会荒芜。

然而，由于乡土社会不断遭到侵蚀和冲洗，乡土培植出来的人已不复为乡土所用。先生发现，造成乡村精英流失的原因是他们既不愿回家，也不能回家。“不愿”表现为，在大学里即使没有学到任何学问和技术，乡村精英的生活方式和价值观念也已发生重要变化，足以让他们觉得自己已经异于乡下人。“不能”体现在，大学生在乡村里无法找到能够应用大学知识的职业。由此产生两个后果：第一，乡村精英并没有利用新知识回馈乡村；第二，产生了一批寄生性的“团阀”阶层，他们选择用权势去获取财富。

（四）基层行政的僵化

先生认为，“一个健全的、能持久的政治必须是上通下达，来往自如的双规形式”[③]。中国古代的专制政治中有两道防线——“无为政治”与“绅权缓冲”[④]，二者共同推动传统政治结构实现稳定运转。

可是乡土性的基层社会的自给自足时代已经远去。时势变迁，社会治理需要使得政府的任务日益扩大，继续维持有权力、无职能的政府显得不合时宜，因此防止权力被滥用的第一道防线走向溃决。先生认为，民国中央职能的加强是基层行政僵化的原因之一。此外，保甲制度的推行将第二道防线也冲破了。原因有三：第一，保甲制度本来意在构建基层自治单位，实现现代基层民主，现实中却成了中央法令的执行机关；第二，在保

① 费孝通：《乡土中国　生育制度　乡土重建》，商务印书馆，2011，第 401 页。
② 费孝通：《乡土中国　生育制度　乡土重建》，商务印书馆，2011，第 402 页。
③ 费孝通：《乡土中国　生育制度　乡土重建》，商务印书馆，2011，第 379 页。
④ 费孝通：《乡土中国　生育制度　乡土重建》，商务印书馆，2011，第 491 页。

甲的人选上产生了严重问题，保甲是执行上级机关命令的行政机构，同时又是合法的地方公务执行者，相当于这一类人员不代表地方利益，却有权管理地方公款；第三，该制度导致新的机构不能有效推行原有公务，旧的机构又失去了合法地位。先生认为，此时自下而上的通道受堵是基层行政僵化的另一重要原因。

二、重建构想的要素

先生认为，乡土社会之所以遭受侵蚀和冲洗，是因为社会有机循环遭到破坏。为快速恢复城乡之间的循环关系，改变都市汲取乡村、乡村供养都市的局面，让乡村获得重建、实现自力更生，先生提出乡土重建的现代化构想，包括以下四个方面。

（一）进行土地制度改革

“一块不能同时养活地主和佃户两重人物的土地上要能续继生产，只有让耕者去享受这土地上的出产，这是惟一的办法。”[①] 如何合理解决土地问题，实现“耕者有其田”，是先生考虑的首要问题。

因为在现实生活中，土地只能维持劳动者最基本的生存条件，所以在剥削之下农民并没有机会去节约消费，积累资本。面对这一困境，先生认为，应改革当时的土地制度。具言之，第一，需要“地主自动放弃地租”[②]，有效减少农民负担；第二，地主未必要和传统土地制度共存亡。地主可以选择“放弃农业，开拓（不是夺取）工业”[③] 的道路，社会的发展需要地主放弃特权阶层地位，进而助推资本的积累和再生产。总之，为合理解决土地问题，实现“耕者有其田”，亟须将寄生在土地上的地主安排到生产中去。

（二）发展新型乡土工业

土地问题的解决能减少寄生在土地上的人数。但若想提高村民的生活水平，先生认为，只从分配土地着手是不够的，还得开源，增加收入。先生主张，我们不得不重建被西方工业所摧残的乡土工业。

先生所倡导的新型乡土工业是传统与现代多种要素相融合的产物。其

---

① 费孝通：《乡土中国　生育制度　乡土重建》，商务印书馆，2011，第494页。
② 费孝通：《乡土中国　生育制度　乡土重建》，商务印书馆，2011，第494页。
③ 费孝通：《乡土中国　生育制度　乡土重建》，商务印书馆，2011，第430页。

特点如下：第一，新型乡土工业的所有权应当属于参加工业的农民，并且应当是合作性质的，如此才能更好地保障农民利益，改善农民生活；第二，新型乡土工业应分散在乡村或者乡村附近的城镇中，这样农民不必放弃农业去参加工业；第三，原料可以由农民自己供给，与其让农民当作原料出卖，不妨由他们自己加工甚至制造成成品，如此便可以做到农业与工业的有效衔接；第四，收益也要最广泛地分配给农民，“中国最大多数的人民是农民”①，乡土重建要让农民受益。

（三）鼓励知识技术下乡

先生认为，城乡之间的流通无法有效进行，会加剧乡村的衰败。基于乡土文化失衡这一困境，鼓励知识技术下乡，加强人才信息流动，便显得尤为重要。知识技术下乡的意义在于：第一，农民与现代技术之间需要一座桥梁。先生认为，技术学校作为桥梁十分合适。“技术学校不能停留在纯教育机构的性质”②，它既要扮演生产者的角色，又要扮演技术推广者的角色，让新的技术知识在农村得到广泛传播。第二，为加强人才循环，需要将现代工艺技术引入乡村，提高乡村传统工艺的整体水平。在传统与创新的融合下，促进城乡资源的优化配置，以城乡有机发展带动人才在城乡间的循环。简言之，知识技术下乡能够推动乡村的整体变革和持久发展。

（四）政府应为人民服务

“在确立乡土工业的过程中，政府有很多事可以做，而且必须做的。”③ 先生认为，在乡土重建的过程中，许多重建构想都需要政府加以推动，政府应始终坚持确为人民服务的工作宗旨。若政府没有本着为人民服务的宗旨对重建事业积极干预、有效推动，农民将被迫陷入因政治强力而引起的摊派、捐税和敲诈之中，中国经济也将长久停留在都市破产、乡村原始化的状态中无法自拔。

积极有为的政府需进行一系列改革。在政治上，为推动百姓朝着现代化生活迈进，政府需要正确处理自上而下的单轨政治所带来的基层治理僵化问题。若要维持政治机构的健全，政府必须致力于加强双轨中的自下而上那一道，避免权力滥用，保持地方活力。在经济上，政府需要始终关切

---

① 费孝通：《乡土中国　生育制度　乡土重建》，商务印书馆，2011，第448页。

② 费孝通：《江村经济》，上海人民出版社，2013，第158页。

③ 费孝通：《乡土中国　生育制度　乡土重建》，商务印书馆，2011，第496页。

农民生活，将乡村建设作为政府的主要政策，从而保障乡村现代化发展进程更为顺利。

三、重建构想的思路

先生毕生“志在富民”，探寻乡土建设的理想道路。重读先生经典，了解先生思考与解决问题的思路尤为重要。基于主体思维、整体思维和嵌入思维，能够进一步探究先生可贵的乡土情怀。

(一) 主体思维：建设自主经济体系

在乡土重建进程中，坚持乡村主体地位至关重要。基于国家整体经济运行角度看，想要提高人民的生活水平，发展都市是很重要的，因为城乡之间的商业越繁荣，城乡居民的生活水平也越高。乡村是中国社会结构的重要组成部分，中国社会的发展离不开乡村的发展。

正基于此，先生从乡村内部角度出发，统筹考虑土地、产业、人口、技术等诸要素如何能发展出合力，旨在建设乡村自主经济体系。“中国土地问题解决后，我们的乡土还是一个创造复兴能力的基地。”[①] 更为重要的是，政府要以发展乡土工业为中心，促进乡土复原。要将乡土工业建在乡村或乡村附近，尽可能减少乡村精英的流失，推动技术变革，使得乡土工业完成现代化转型的构想更具可行性，农民也能得以获得实现自力更生的重建资本。

(二) 整体思维：城乡工农相辅相成

在先生看来，近代中国城镇与乡村出现种种危机的根源在于，城乡之间有机循环关系遭到破坏。为解决都市和乡村资源无法来回流通这一问题，我们不该孤立地看待乡村的发展，而应当以整体思维来促进城乡工农相辅相成，同时警惕实施“单兵突进”的方案，避免对乡村造成更大的破坏。

对此，先生提出如下构想：第一，都市应成为生产基地，市镇的居民得以拥有更合理和更稳定的收入，从而改善都市一味对乡村索取的状况，如此便有利于促进城乡工农相辅相成。第二，警惕权力给乡村带来的压力和对乡村的干预，只要条件具备，当乡土工业发展起来时，伴随着资源的

① 费孝通：《乡土中国 生育制度 乡土重建》，商务印书馆，2011，第464页。

聚集，乡村也能变成城市。但如果权力过分介入乡村发展，就可能导致资源单向流入城市，农民将失去在乡土中致富的机会。

（三）嵌入思维：历史传统传承创新

在人多地少的传统中国乡村，土地的产出往往无法满足一户农家日常生活所需。农业的生产又是季节性的，在农忙时需要大量的劳动力，农闲时便无事可做了。故农民家庭得益于手工业增加收入，来维持庞大的家庭支出。

先生发现，我国传统手工业需进行技术传承和创新，故他将传统手工业向现代新型乡土工业的转变置于非常重要的地位。尽管手工业与机器工业相比存在巨大弱势，但在机器的使用上，先生认为不能只想着如何去抄袭他人的模型，而将自己的传统样式完全抛诸脑后。换言之，人们既要传承传统技艺，又要警惕西方机器对我国基层社会的破坏，新技术应以嵌入的方式与我国传统工艺融会贯通。

结 语

目睹中国所经历的沧桑巨变，先生作为见证人，用朴素易懂的文字，完成了意味深长的写作，为后人留下700余万字的作品。在先生的众多作品中，《乡土中国》与《乡土重建》永远熠熠生辉。

重读《乡土重建》，可以了解我国乡土遭侵蚀的历史与先生对乡土重建的构想。先生认为，城乡之间并非绝对的相生或相克，应该重建城乡之间的有机循环。先生的着眼点是乡村而非城市，在解决乡村土地问题后，乡村工业的发展被先生视为乡土重建中最关键的一环。先生所理解的乡村工业不是指传统手工业，而是传统与现代的结合，即传统手工业与工业机器相结合。此外，先生主张，政府应当在基层管理上有更多作用空间，防止权力滥用，同时提高行政效率，政府应确保其工作宗旨——为人民服务。

历史与现实是无法割断的，先生的思想遗产对当下推进乡村振兴也具有启示意义。第一，应把握城乡发展的有机循环。城乡之间不是孰轻孰重的问题，而要做到并行不悖，共同繁荣发展。第二，应推动乡村经济的多元发展。从历史经验来看，单一经济必须向多种经营发展，仅支持城市发展大工业，不仅会导致市镇上的商品交换日益萧条，还会连带导致小城市的萎缩。第三，应完善乡村治理的体系整合。重视基层组织建设体系和村民自治管理体系在乡村发展中所发挥的重要作用，重视自治、法治与德治的交融，能够确切保护农民的合法权益，保障乡村的有序发展。

导师接续

从社会思想到社会理想

——《乡土中国》《乡土重建》写作时期知识界片段追忆

肖建飞

摘要：采用潘光旦先生对社会科学关键词的解释，社会思想属于认知范畴，社会理想属于实践范畴。依此解释，《乡土中国》是社会思想的典范，《乡土重建》则是社会理想的典范。在两书写作的时代，战争构成了对中华民族存亡的巨大威胁。重压之下，仍可志存高远，社会责任与学术责任合一，是20世纪三四十年代知识界的精神面向。在《重走：在公路、河流和驿道上寻找西南联大》（下文简称《重走》）的记述中，众多知识分子的经历是上述精神面向的具体呈现。费孝通先生不是独行者，他是其中卓越的践行者。那一代的国人对国运的忧虑不同于当下我们对自身的焦虑。

关键词：社会思想；社会理想；抗战时期知识界；忧虑；焦虑

这一次的扩展分析和主题分析，我从学术概念谈起——何为社会思想，何为社会理想。但我想和大家分享的不是学术，而是学术背后的人生。《乡土中国》《乡土重建》写作的时期，抗日战争刚刚结束。在大历史、大时代中，知识界的精神面貌如何？在“多难”时代，为“兴邦”努力的人们构建了什么样的群像？了解这些或许有助于我们步出“小我”的焦虑，从容地面对生活与机遇。

一、潘光旦：何谓社会思想与社会理想

20世纪三四十年代，国内学术研究与域外中国研究带有明显的西方中心论色彩。与当时代表世界潮流与未来发展方向的西方文明相比，西方学者多将中国历史理解为异质的、停滞的古典文明，以“冲击—回应”模式来解释中国的近现代化历程，过于强调西方经济、军事、政治等外部因素对中国现代化的推动作用。

费孝通先生发现，走向现代化、工业化是大势所趋，但需从中国自身找到发展动力。《乡土中国》的写作从描述记录进入理论分析，阐释基于乡土的中国传统基层社会的特质。但费先生不以发展或证实某一学术理论为唯一值得追求的目标。《乡土重建》则试图挽救不断遭到侵蚀、处于瘫痪状态的乡土社会，寻找乡土社会获得新生的路径。换言之，《乡土中国》构建出一套关于传统中国的体系化的社会思想，《乡土重建》则传递出一个面向未来的社会理想。这里借用潘光旦先生（本文简称“潘先生”）对社会思想与社会理想的分析，对此加以解释。

（一）社会思想与社会理想之别

对一类社会现象进行观察、整理、分类、分析，实现充分了解，可以逐渐成就一门或几门科学。在构成学科之前或者学科形成发展之际，会提出种种假设和理论探索，这些假设和理论探索被潘先生称为“社会思想”。

社会思想试图解答的问题是，“社会曾经是什么，现在是什么”，社会的“曾经是”和“现在是”之间又有什么渊源、关联？对于“将来可能是什么”，主要是社会革命家、活动家的事业，而非社会思想家的事业。“社会思想家或许愿意鉴往知来的作一番推测，但这不是他的主要的任务：至于未来的社会应该是什么，如何而可以尽善尽美，他是搁过不问的，若问，他是暂时放弃了社会思想家的地位而采用了理想家的身份。”[①] 苏格拉底、亚里士多德、孔子是社会思想家的典范，伯利克里、亚历山大大帝则是社会理想的实践者。

社会思想与社会理想的区别：前者不断反思修正，旨在做理性分析，

① 潘光旦：《派与汇（代序）》，载费孝通《乡土中国 生育制度 乡土重建》，商务印书馆，2011，第115-116页。

社会思想的影响力表现为发展自己与学术共同体的智识和学术鉴别力；后者则在相当程度上是社会理想家对社会发展目标所做的论断，其影响力表现为改变他人的心理意愿。具言之，社会理想对人的影响主要在于情绪意愿，"它多少总须利用一些历史的经验和学术的结论，来支持它自己，来为自己张目，不过这些终究不是主要的心理成分"[①]。社会思想更关注反思修正，学者因研究志趣、学术立场、研究方法所限，认知不断变化。尽管思想家不随意在观点上跳跃腾挪，但只要给出足够理由，读者不会因社会思想家修正自己的观点而对其进行非议指责。社会理想"要的是更坚强的意志，更热烈的情绪，在求其实现的时候，又需要活泼的动作"[②]。社会理想更强调一贯坚持，"不轻易改动的东西，它是一切的准绳、一切的大前提，这一部分理智的活动极容易走上自因推果或演绎的一路，以至于趋于武断抹杀，武断其与自己符合的部分，而抹杀其与自己冲突的部分。……人们对理想家的武断抹杀，取的也往往是一个容忍以至于拥护的态度，容忍的是一般不认真的人，拥护的是认真而同具此种理想的心理倾向的人"[③]。

（二）思想、理想、冥想的交集

尽管有上述差异，思想与理想也并非互不相染，而是交集颇多。"理想家多少得利用一些思想，而思想家也随时可以踱出而成理想家。"[④]马克思、恩格斯更符合思想家的特征。一旦思想家转身成为理想家、行动者，则要承担更多社会责任，面对更多公众质疑与批评。

若理想抛弃经验与现实，仅凭一己的爱憎臆断，未能形成体系性的看法，无论持此想法者是一时兴起还是踌躇满志，其想法都不过是冥想。社会冥想与社会思想、社会理想的差异在于，前者是"没有社会的目的的，它既不想解释社会，又不想改造社会；冥想家总觉得当前的社会太不像样子，他认识不来，也不求认识，社会也不认识他，他对此社会，也丝毫动摇不了，社会也休想影响到他，社会与他，可

---

① 潘光旦：《派与汇（代序）》，载费孝通《乡土中国 生育制度 乡土重建》，商务印书馆，2011，第116页。

② 潘光旦：《派与汇（代序）》，载费孝通《乡土中国 生育制度 乡土重建》，商务印书馆，2011，第116页。

③ 潘光旦：《派与汇（代序）》，载费孝通《乡土中国 生育制度 乡土重建》，商务印书馆，2011，第116-117页。

④ 潘光旦：《派与汇（代序）》，载费孝通《乡土中国 生育制度 乡土重建》，商务印书馆，2011，第117页。

以说是绝了缘的”①。“冥想的唯一的社会意义，可能是给现实社会一个对照，一些讽刺，给那些太满意于现实的人一些刺激，太困顿于现实之中的人一些慰藉，好比诗歌文艺的慰藉一样，此外便没有了”②。冥想的影响主要限于个人，而非社会，其通常“始于心理上的慰安，终于生活上的逃遁”③。社会思想、理想与冥想的关系见表9。

表9 社会思想、社会理想与社会冥想的关系

	对象	目的	运用的心理方面	理论方法
社会思想	以往及目前的社会	了解，说明，解释	理智的体认与分析为多	因果的推寻，关系与关联的发见；归纳逻辑为多
社会理想	未来的社会	改革至于革命	意志，情绪，信仰为多	演绎逻辑为多，强作综合或至于武断
社会冥想	未来以至于莫须有的社会	憧憬，慰藉，逃遁	情绪的依恋，至于感伤主义；幻觉，白日梦，至于错觉	可根本不问方法，不用逻辑

注：本表来源于费孝通《生育制度》，载《乡土中国　生育制度　乡土重建》，商务印书馆，2011，第115页。

二、费孝通：在写作思考中安身立命

翻阅《梅贻琦谈教育》是因为想了解20世纪40年代清华大学的院系与课程设置，了解《乡土中国》《生育制度》写作时代的知识界氛围。无意之中看到一件趣事，从昆明迁回北京的清华大学有5个学院、26个系：

文学院有中国文学、外国语文、哲学、历史、语言人类学5个系。

理学院有数学、物理、化学、生物、地学、气象、心理7个系。

法学院有法律、政治、经济、社会4个系。

工学院有土木、机械、电机、航空、化工、建筑6个系。

① 潘光旦：《派与汇（代序）》，载费孝通《乡土中国　生育制度　乡土重建》，商务印书馆，2011，第117页。

② 潘光旦：《派与汇（代序）》，载费孝通《乡土中国　生育制度　乡土重建》，商务印书馆，2011，第118页。

③ 潘光旦：《派与汇（代序）》，载费孝通《乡土中国　生育制度　乡土重建》，商务印书馆，2011，第118页。

农学院有农艺、植物病理、昆虫、植物生理4个系。

法律学系最初于1932年与工学院同时成立，由燕召亭先生主持系务。当时国内一部分人士主张停办文法科，教育部于是责令清华大学停止招收法律系学生。1935—1946年，清华大学法学教育中断。1946年，清华大学呈准教育部恢复法律学系。至1947年，除照常招收一年级新生外，还招收二、三年级插班生十余名，增聘教师三四位，加上原来的两位教师，不过是五六人。此时潘光旦、陈达、费孝通、吴泽霖均在社会学系任教，学生86人（研究生5人，大学部学生81人），比战前多了几十个。潘光旦先生主讲社会思想史、优生学、家庭问题；吴泽霖先生主讲社会学原理、普通人类学；陈达先生主讲人口问题、劳工问题、社会立法；费孝通先生讲授社会制度、社会变迁和农村社会学。同期，南开、北大均无社会学专业，清华社会学系汇集了这一学科最优秀的师生①。

抗战时期的师生如何理解做学问与救国的关系，是我关心的另一个问题。清华大学梅贻琦校长认为，纾难救国不能求诸开会宣传，应研究切实有效之法；不盲从，不躁进，“拿半熟的主义去作试验，仿佛吃半熟的果子，不但于身体无益处，反倒肚子痛”；“七年之病，求三年之艾，苟为不畜，终身不得”，解决中国的“大问题”，需安心耐性、脚踏实地；“把学问做活”，指导学生成长为“社会上真有用的人才”。② 国难当头，梅贻琦先生更看重师生如何能做到求学与做人“两全”，“教授责任不尽在指导学生如何读书，如何研究学问。凡能领学生做学问的教授，必能指导学生如何做人，因为求学与做人是两相关联的。凡能真诚努力做学问的，他们做人亦必不取巧，不偷懒，不作伪，故其学问事业终有成就”③。

（一）身为写作者的费先生

《江村经济》是费先生思想成长关键期的学术著作，严格遵循人类学的学术规范，是典型的民族志作品。兼有诗书传统与西学教育背景的费先生自知自觉地完成了民族志的本土性撰写，该书是“世界性视野中一个本土人类学的研究者所讲述的传统中国社会在世界文明中将会如何发展的一个极好的本土研究范例”④。此后，费先生的大部分著作，包括名冠天下

① 梅贻琦：《梅贻琦谈教育》，辽宁人民出版社，2015，第130-132页。

② 梅贻琦：《梅贻琦谈教育》，辽宁人民出版社，2015，第15页。

③ 梅贻琦：《梅贻琦谈教育》，辽宁人民出版社，2015，第15-16页。

④ 赵旭东：《总序　一个重读费孝通时代的开启》，载费孝通《社会调查自白》，湖南人民出版社，2022，第12页。

的《乡土中国》，都是更接近于中国传统文人的随笔，即笔记性、随笔体的自由书写。

《乡土中国》有着极为宏大的历史纵深与地域广延，既试图囊括中国数千年农业社会传统，也试图涵盖中国全部农业区，呈现的是传统中国乡土的生活图景。费先生努力解答的问题是，中国农民为何长时期牢固地被束缚在一片土地上，如何创造出积淀深厚的农业文明，如何构建出一种乡土自生秩序并对之加以维持？传统中国的乡土秩序显然不是习惯意义上的秩序，而是基于乡土社会生活整体事实的文化塑造，费先生的学生、北京大学的赵旭东教授发现先生笔下的“乡土”具有整体性，即“乡土”是“社会、政治、宗教以及礼俗教化等诸多方面融为一体的整体性存在，而不会是就某一方面而言的单一向度的存在”①。乡村之所以是中国传统社会的基础，原因在于农民乃至商人、官员的生活都依赖于土地上的产出，故乡土社会自成一体，具备一定的自足性。费先生把基于“乡土”的特定区域（社区）而形成的生活方式视为一种有整体关联的社会形态。乡土中国和基层社会紧密联系在一起，在人与社会之间，乡土作为一种生活的媒介和根基而存在②。乡土是“这一片土地以及生活于这片土地之上的人群之间紧密的联系、关联和捆绑”③。《乡土中国》的学术价值不在于其给出了中国农村社会结构的精确表述，而在于其所开启的新研究范式，其理论关键词可不断被加以诠释的可能，以及其所形成的丰富意义空间。

《乡土中国》“为中国的文化传统以及社会结构画影图形般地描摹出一个轮廓或者剖面图，便于关心此问题的人士比照勘验”④。树立中国传统文化的标杆、描摹轮廓或者勾画剖面图的动因很明确，因为书中所立标杆、所画剖面图日益受到“外部以及自身本土力量的蛀蚀”⑤，而有可能发生坍塌。面对西方现代性的入侵，中国乡村原有结构遭到破坏、功能失调，需要以什么样的方式实现结构重组、功能再造，应做出新的道路选

---

① 赵旭东：《总序　一个重读费孝通时代的开启》，载费孝通《社会调查自白》，湖南人民出版社，2022，第14页。

② 赵旭东：《总序　一个重读费孝通时代的开启》，载费孝通《社会调查自白》，湖南人民出版社，2022，第5页。

③ 赵旭东：《总序　一个重读费孝通时代的开启》，载费孝通《社会调查自白》，湖南人民出版社，2022，第15页。

④ 赵旭东：《总序　一个重读费孝通时代的开启》，载费孝通《社会调查自白》，湖南人民出版社，2022，第15页。

⑤ 赵旭东：《总序　一个重读费孝通时代的开启》，载费孝通《社会调查自白》，湖南人民出版社，2022，第15页。

择。再造乡土的构想促成了《乡土重建》一书的写作，该书原本是为《大公报》写作的系列文章。《乡土重建》所关注的是问题，而不是制度本身。费先生基于结构功能主义视角分析中国乡村，用意在于为中国农村提供一些改革的意见与方案，这本书可归于社会理想。赵旭东对两书的定位是："费孝通基于对传统的不变的乡土中国的摹写、对这种摹写的种种回应以及不能不去关注的乡土之变的事实，而随后出版了作为《乡土中国》另一个向度补充的《乡土重建》一书。两本书，一正一反，恰成一体，费孝通也借此试图去扶正一路遭遇到现代世界发展之后的乡土中国的颓势。"①

（二）身为施教者的费先生

费先生具有一种属于20世纪三四十年代学人的精神气质，胸怀祖国、兼济天下、乐观坚毅，"从实求知"的治学态度与"志在富民"的学术追求贯穿于先生一生。赵旭东教授认为，先生有三种身份，重要性依次降低：首先，先生是"中国文化传统中的能书写的文人"；其次，先生是"做研究的学者"；最后，先生是"真正有着基层社会关注的社会活动家"②。正因为兼有这三种身份，先生行走四方，不停书写，将见识与思考倾注于文字。

《乡土重建》与《乡土中国》最初分别是《世纪评论》与《大公报》上的连载文章，读者群是受过一定教育的大众读者。《乡土中国》《生育制度》母本也是20世纪40年代西南联大与云南大学社会学系开设中国农村社会学与中国家庭社会学的课程讲义，两书均关注对中国传统制度实践的总结提炼与理论概括，有学科奠基作用。尽管当时的课程名称是"生育制度"，但实则是"家庭社会学"。阅读这两本书有助于提醒身为教师的我，怎么能让教学工作言之有物。

《江村经济》被誉为中国人类学实地调查和理论工作发展中的"里程碑"，费孝通先生本人也因此书成为国际人类学界一颗冉冉升起的学术新星。当时多所英国高校向他伸出橄榄枝，邀请他来任教。而当时中国面临着巨大的危机，日寇发动卢沟桥事变，并以此为借口吞没华北，进而侵吞

① 赵旭东：《总序　一个重读费孝通时代的开启》，载费孝通《社会调查自白》，湖南人民出版社，2022，第16页。

② 赵旭东：《总序　一个重读费孝通时代的开启》，载费孝通《社会调查自白》，湖南人民出版社，2022，第2页。

华东、华中。除了西北和西南，大部分国土沦陷。因为当时双方的巨大实力差距，许多人都对中国的未来持有悲观的看法，但此时费先生却做出了一个决定——回国。当时有不少人劝他，说社会学、人类学研究者即便回到中国也对国家毫无帮助。但费先生没有听这些人的说辞，毅然回国。他先任教于云南大学，后兼任西南联大教授。尽管云南已是抗日战线的大后方，但此地也不安全。日寇知道西南联大的存在，时不时就会派飞机过来轰炸。在连续轰炸中，西南联大师生总结出经验，刚刚听到警报，说明日本轰炸机距离还比较远，可以抓紧时间再看两页书；直到最终不得不跑，才会钻进防空洞。1940 年，西南联大遭受了有史以来最严重的一场轰炸，整个教育学院被夷为平地，费先生的家也未能幸免。尽管没有家人受伤，但全部家当都被炸毁。夫人在废墟中痛哭，但先生从废墟中发现了正在翻译的《人文类型》手稿，不由得放声大笑①。该书为费先生的老师兼师兄雷蒙德·弗斯（Raymond Firth，1901—2002）所著。这一时期，书非常珍贵，找到这些手稿后，费先生才能够继续上课。在生死存亡的危急时刻，先生的达观让人赞叹。

潘先生认为，“学者总希望自成一家言，自成一家当然比人云亦云、东拉西扯、随缘拼凑、一无主张的前代的笔记家和当代普通的教科书作家要高出不知多少筹，但如求之太亟，则一切自家来的结果或不免把最后通达之门堵上”②。《生育制度》讨论的核心是“家庭制度”，该制度源于种族绵延的需要，也承担着绵延种族这一重大功能。潘先生总结了《生育制度》的诸多优点：“条理的畅达轩豁，剖析的鞭辟入里，万变而不离功能论的立场，章法井然，一气贯串，则也未始不是一家言的精神的充分表示，在学殖荒落、思想杂遝的今日，也正复有它的贡献，初不因我的期勉的话而有丝毫损色。”③

当下我们的教科书写作情况又如何呢？我们不敢奢望给学生一件“锦衣”，但是否能供给学生一件“百衲袈裟”，一个“差强人意的通盘的认识”？这里的“差强人意，一则此种认识势必还是零碎片段，去完整的境界极远，再则它究属是一个拼凑起来的东西，中间的褶缝针缕是再也磨灭

---

① 《生活的影子：费孝通》，“人类学与民族学之夏”视频号，访问日期：2024 年 4 月 12 日。

② 潘光旦：《派与汇（代序）》，载费孝通《乡土中国　生育制度　乡土重建》，商务印书馆，2011，第 103-104 页。

③ 潘光旦：《派与汇（代序）》，载费孝通《乡土中国　生育制度　乡土重建》，商务印书馆，2011，第 104 页。

不了的，分工愈细，碎块愈多，则褶缝和针缕愈繁密；它可能是一顶瓜皮帽子，是一件百衲袈裟，却不是天孙织的锦衣”①。

“人生几见玉无瑕”，20年站在课堂上，不得不承认自己对教授的课程投入的时间、精力是有限的，甚至有时会有意逃避责任。不过从教多年，也多少积累了一些经验，从最初不知所讲为何，担心无话可说，到现在准备过剩，或者留下尾巴，或者只能择重要者讲之。可见，“此瑕”不是“彼瑕”。若我要工作到65岁，还有大约15年的工作时间，自然有补救的机会。补救确实需要从当下开始。

三、师生们：行走中认识国家与自己

回顾20世纪三四十年代费先生的求学、写作、授课，我一直有一个疑问：先生不会是独行者，他只是其中卓越的践行者，他的同道们何在？这些人出现在杨潇追忆西南联大西迁经历的著作《重走》中。在漫长的中国历史中，云南一直被视为“极难抵达之地”。直到民国时期，北平都流行一句俗语，遇到难以应对的痛苦的事情常会叹息一声，“受云南大罪”。1938年，联大师生组成湘黔滇旅行团，从湖南一路行军到云南。80年后，记者杨潇重走此路。在写作中，杨潇与前人的灵魂相遇。

（一）1938年湘黔滇旅行团策划

1937年，国难当头，覆巢之下岂有完卵。在当时，“书生何以报国”成为尖锐的问题。联大迁往昆明之际，教育界、知识界遭到政界质疑。时任湖南省主席的张治中直言不讳：“试问：在一个国家存亡危急之秋，我们口口声声喊全民的动员，而我们还把这些青年关在学校里不让他们去致力国家，这是不是合理的？”② 面对压力，联大师生报名徒步前往昆明，以示“书生求学但志在报国”。1938年春天，约300男生和11位教师及助教组成了湘黔滇旅行团，历时68天，完成徒步1600公里的旅程。

出发前，校方明确本次行军的要求：第一，学生步行沿途做调查、采集等工作，了解各地风土民情，迁移行军本身即是教育；第二，参与旅行团的学生沿途食宿费用都由学校承担；第三，步行时师生都适用行军组织

---

① 潘光旦：《派与汇（代序）》，载费孝通《乡土中国 生育制度 乡土重建》，商务印书馆，2011，第122页。

② 杨潇：《重走：在公路、河流和驿道上寻找西南联大》，上海文艺出版社，2021，第99页。

管理；第四，步行到昆明后，学生所提交报告如成绩优异，学校将予以奖励；第五，行李运输，由交通委员会拟定办法①。

后人每每谈及湘黔滇旅行团，多有感于其艰苦行军，称赞其精神可嘉，但往往忽略了主事者（主要是联大校长们）的政治智慧——“妥协、调试、化被动为主动”。“学术人”与“政治人”是两种身份，最杰出的校长能在两者之间“灵活切换”又“不失底线”，这是 20 世纪三四十年代最杰出的校长一以贯之的本领。②

（二）作为精神领袖的五位教授

阅读《重走》一书期间，我更关注行走中的师生获得了什么样的内心成长。在这次行军中，5 位教授成为精神领袖，他们分别是清华大学的闻一多、李继侗、袁复礼，北京大学的曾昭抡，南开大学的黄钰生。

闻一多离开北京前往南京时，在武汉遇到学生臧克家，被问及带了什么书籍，闻先生回答：“只带了一点重要稿件。国家的土地一大片一大片的丢掉，几本破书算了什么？”③ 旅行团出发前，学生恽肇强记得闻一多说了一句：“你们是天之骄子，应看一看老百姓的生活。”④

南开被毁后，黄钰生写信给妻子梅美德，告知妻子家中已是一片断瓦残垣、财物尽失。妻子回信：“论职守，校产毁，私产亦毁，于心无愧。若校产毁而私产存，就可耻了。现在你有我，我有你，还要什么？”⑤

李继侗毕业于耶鲁大学，是我国第一位林学博士、一位与野地为友的学者。抗战前，他每年带着学生从事野外考察，只许带极少的东西和钱，吃粗简的干粮。考察期间，他坚持自己背行李标本，除非万不得已才转移负担。李继侗有个说法，每年总要过若干天最简单的生活，试试一个人最低生活究竟可以简化到什么限度⑥。出发前，李继侗致书家人：“抗战连连失利，国家存亡未卜，倘若国破，则以身殉。”⑦

袁复礼是清华大学地学系教授。李继侗的专业是生物，袁复礼的专业是地质，两人都有丰富的户外经验。战前袁复礼参加西北科考期间，发现白云鄂博大铁矿、居延汉简，同时还考察了罗布泊，沿途测绘了多幅地

---

① 杨潇：《重走：在公路、河流和驿道上寻找西南联大》，上海文艺出版社，2021，第 103-103 页。
② 杨潇：《重走：在公路、河流和驿道上寻找西南联大》，上海文艺出版社，2021，第 103 页。
③ 杨潇：《重走：在公路、河流和驿道上寻找西南联大》，上海文艺出版社，2021，第 17 页。
④ 杨潇：《重走：在公路、河流和驿道上寻找西南联大》，上海文艺出版社，2021，第 111 页。
⑤ 杨潇：《重走：在公路、河流和驿道上寻找西南联大》，上海文艺出版社，2021，第 19 页。
⑥ 杨潇：《重走：在公路、河流和驿道上寻找西南联大》，上海文艺出版社，2021，第 19 页。
⑦ 杨潇：《重走：在公路、河流和驿道上寻找西南联大》，上海文艺出版社，2021，第 113 页。

图，并带回大批恐龙化石、古生物标本。因其才能杰出，1934 年瑞典皇家科学院授予袁复礼“北极星”奖章。1938 年 2 月，袁复礼遭遇重大打击。从北京南迁前，他将西北科考采集的 17 箱标本托付铁路部门南运，但不幸全部遗失。此后数年袁复礼多次利用上课间歇，沿铁路线一站一站地寻找，一直持续到新中国成立后，但这些箱子如石沉大海、音讯全无。大约到 1973 年或 1974 年，17 个箱子在青岛的一间仓库被发现，此时的袁复礼已年近八旬，被迫退休。袁复礼当时选择忍痛放弃：“你们处理吧！”我们很难揣度老先生说出这句话时的心情。

曾昭抡，湖南人，是曾国藩的曾侄孙。在麻省理工学院获得博士学位后，任教于北京大学化学系。曾昭抡总穿大褂，不修边幅，热爱旅行和写作。汪曾祺先生回忆，有一个女生从南院女生宿舍去新校舍，当时天已经黑了，路上没有人，这位同学突然听到后面有踢哩秃噜的脚步声，以为是流氓劫匪在追她，心一下就提到嗓子眼了。她稍稍镇定后，回头一看，竟是曾昭抡教授。此公穿着一双“空前（露着脚趾）绝后（后跟烂了，提不起来，只能半趿着）鞋”，走到哪里都有踢哩秃噜的声音。

(三) 2018 年重走联大西迁之路

杨潇在 2018 年春决定重走西南联大西迁之路，他带着问题上路了。

1. 这所学校是如何在战乱中点滴成形的？迢迢长路，他们又是如何抵达昆明的？”①

1938 年是中国人的“寻路之年”，民族命运的大历史，三千里路云和月，三百多个心系国运的智慧头脑成就了一段路程。正如闻一多先生对自身经历的自省，“……我在十五岁以前，受着古老家庭的束缚”。刘兆吉回忆，出发前闻一多摇着头说：“以后在清华读书，出国留学。回国后一直在各大城市教大学，过的是‘假洋鬼子’的生活，和广大的山区农村隔绝了……虽然是一个中国人，而对于中国社会及人民生活，知道的很少，真是醉生梦死呀！国难当头，应该认识认识祖国了！”②

2. “在不确定的时代，什么才是好的生活？思想和行动是什么关系？人生的意义又到底为何？”③“他们如何把那些‘在劫难逃’变成礼物，从

① 杨潇：《重走：在公路、河流和驿道上寻找西南联大》，上海文艺出版社，2021，第 2 页。
② 杨潇：《重走：在公路、河流和驿道上寻找西南联大》，上海文艺出版社，2021，第 4 页。
③ 杨潇：《重走：在公路、河流和驿道上寻找西南联大》，上海文艺出版社，2021，第 7 页。

而获得真正的雄心和现实感？”①

彼时在日军步步紧逼之下，中国的政治、经济、军事、学术中心被迫迁往西南。西迁确是为躲避战火，但步行三千里，却是为了实践出真知。如写序的李海鹏所言，这条路“是男孩们成为男人们的路，是中国珍贵又脆弱的大学传统的保存骨血之路，是既在逃难也在进军之路，也是20世纪中国知识阶层的甦生之路”②。

此时中国不仅处于国家民族存亡的生死关头，也面临文化传统的转向。“读书人，一种备受尊崇又备受蔑视的工具人，甦生为决心自负其责的知识分子；在策论中谈论统治道德的秀才们，甦生为反对其统治内核的学生群体。”③ 真正能告别传统、走向甦生之路的唯有年轻的生命，唯有他们可以有新期待、新意志、新行动。正因为这样的“行走”经历，这些年轻的生命获得了“智识与为人的双重技能……并最终成为一个见闻广博且具有行动力的公民”④。来路多辛，这一履历无疑有助于他们提升能力，尤其是使他们有心力继续面对生活的种种挑战。

把寻路之旅等同于与“真正的中国灵魂”⑤ 的接触，未免过于武断；将之等同于寻找“真正的中国灵魂”，或许更贴切。杨潇的寻找之旅也让读者受益，他书中的记述把300人的“远景”变成了“近景”。杨潇的行走看似是一人独行，但实际是众人同行，是无数面孔的重现，不仅有80年前的师生团，其中多位是一路“神交”的朋友。正因如此，才格外具有行走价值。

余论　再思当下我们如何走出焦虑

我们做的读书活动若只是简单的书目推荐，而无实际行动，这等于只提出口号；我们在采取切实的行动，通过阅读、写作、讲述回归教育本质。我们推荐阅读的书目即便不具备实用性，也有某一方面的示范性。这

① 杨潇：《重走：在公路、河流和驿道上寻找西南联大》，上海文艺出版社，2021，第220页。

② 李海鹏：《代路而言》，载杨潇《重走：在公路、河流和驿道上寻找西南联大》，上海文艺出版社，2021，代序第2页。

③ 李海鹏：《代路而言》，载杨潇《重走：在公路、河流和驿道上寻找西南联大》，上海文艺出版社，2021，代序第2页。

④ 易社强：《一次神游》，载杨潇《重走：在公路、河流和驿道上寻找西南联大》，上海文艺出版社，2021，第10页。

⑤ 杨潇：《重走：在公路、河流和驿道上寻找西南联大》，上海文艺出版社，2021，第1页。

一期我推介了《重走》，是想和同学们反思我们自己当下的生活和学习。

参与湘黔滇旅行团的诗人穆旦在68天的旅行中留下两首诗，其中一首叫《出发》：

…………

我们有不同的梦，浓雾似地覆在沅江上，
而每日每夜，沅江是一条明亮的道路，
不尽的滔滔的感情，伸在土地里扎根！
哟，痛苦的黎明！让我们起来，让我们走过
浓密的桐树，马尾松，丰富的丘陵地带，
欢呼着又沉默着，奔跑在江水的两旁。①

这首诗或许可视为那一代年轻学子在重压之下的心意流露，他们看到人民流汗挣扎、生息繁衍；他们看到人们有不同梦想，也有同样的希冀；他们看到逃亡之路也可能是明亮道路，这不是自我安慰，而是自勉，把澎湃的感情化为扎根生存的勇气和毅力；他们看到人民如松柏，人民沉默地生长，积蓄力量；他们相信痛苦会过去，黎明会到来……

疫情期间，人类学家项飙与"三联人文城市"共同发起"你好，陌生人"系列节目。该活动的缘起在于，项飙观察到，越来越多的年轻人陷入一种假装生活的状态，缺乏构建的自主性，没有"生活感"，缺乏有机的、扎实的思考和意义感，深陷撕裂焦灼的状态。在我们的生活中，意义过剩与意义缺失同时存在，"判断性、象征化的、抽象的、下断语式口号式的意义极度过剩。展开的意义，在平常里面看见有趣、在重复里面看到好奇、不断地去发问的意义又是缺失的"②。过剩的意义来自外界的直接灌输，缺失的意义源于我们缺乏真实的日常经验和对经验的认真反思。

李一诺也遇到很多向她咨询如何克服恐惧和焦虑的年轻人，其实这些年轻人想要的是成功秘诀，但没有一用就灵的办法。李一诺将焦虑分成三类，第一类"没有目的的学习和没有学习的目的"，第二类"没有行动的想法和没有想法的行动"，第三类"没有准备的机会和没有机会的准备"。我们从别人那里或许可获得一些技巧，技巧或许能解决局部问题、个别问题，但真正走出焦虑需要构建自己的系统性思维方式，知道现在怎样、所

① 转引自杨潇：《重走：在公路、河流和驿道上寻找西南联大》，上海文艺出版社，2021，160–161页。

② 项飙、刘小东：《我们同时面临"意义缺失"和"意义过剩"》，三联生活周刊公众号，访问日期2024年4月12日。

欲为何、现实与期待之间的差距如何缩小。没有系统思维，就不可能在面对抉择困惑时做出自己认可的笃定选择。

有意识地、相对自主地学习和生活，是为了未来有意识地、相对自主地工作和生活；系统、扎实地阅读思考，是为了准确、扎实地判断和行动，构建未来的生活；对自己、对生活诚恳，付出各种努力，不断完善自己，开放自己的精神世界、生活世界，或许是对抗焦虑的方法。焦虑时，不妨想想战火中的西南联大，漂洋过海回到祖国的费孝通先生，跋涉三千里重新认识国家、认识自己的湘黔滇旅行团，以及那个时代和大家同龄的人。

研讨互动

学生与谈…

体悟中国乡土　培养学术志趣

杜利利

起初肖老师询问我，是否继续参与读书会？我的回答是“一边阅读，一边写作”。一方面，好的书目会提供理论关键词，修正知识理解的偏差，给予思路引导；另一方面，理性写作必须建立在批判性地阅读和理解基础之上。这学期我也将继续体悟中国乡土，培养学术志趣。

费孝通先生的学术研究从未停止对中国乡土的思考，涵括对中国乡土、中华民族与世界的多层次研究。先生年轻时思考中国乡村贫困的缘由，中年时关注少数民族问题及小城镇的发展，晚年时关注世界和平与人类所向往的美好生活。从“志在富民”到“文化自觉”，先生以士人的襟抱和学人的“从实求知”孜孜探求中华文明的现代转型。

先生在《乡土中国》中回答了“中国基层的乡土社会究竟是个什么样的社会”，阐明了乡土社会的结构与秩序，以及建构路径。以“差序格局”和“皇权与绅权”勾勒了中国基层社会结构的原则。《乡土重建》则把中国乡土社会结构置于实际处境中，反思中国乡土社会问题的症结所在，继而在此基础上探寻乡土工业的新形式和以乡土重建完成社会转型的可能。

时隔多年，先生的乡土语系蕴含的思想对于当下中国社会的发展仍有重要价值。尽管当下中国乡村取得长足发展与进步，但从传统文化和心理层面上看，当代中国在很大程度上依旧是费孝通先生笔下的"乡土中国"，比如具有浓厚乡土特色的"熟人社会"，人际关系的"差序格局"，家庭关系的长幼有序、男女有别，以及发挥重要作用的社会团体等。先生立足实践，沿着"侵蚀—反侵蚀"的分析框架，深刻剖析了乡土社会被侵蚀的表征，并以此为依据，建构了以人为核心、旨在推动乡村社会系统全面改造与恢复的"乡土复员论"。面对当前一些农村地区"过疏化""空心化"所带来的乡村发展动力不足、城乡差距较大等现实问题，费孝通先生的"乡土复员论"无疑具有重要的参考价值。目前，以我对乡村农民生活进行的粗浅调查、获得的片面认识，不足以支撑起一份厚重的学位论文，但时常能从先生笔下寻找到写作的灵感。

嘉宾点评…

在内卷浮躁的年代里从容阅读

牛玉兵

首先要感谢肖老师，把读书会搬到我们写作课的课程上来，我觉得这是一个很好的教学实践。

从写作技巧到思想交流

之前在做写作课课程介绍的时候就给大家讲过，我们开这门课的目的是让大家对写作有一个基本了解。可是同学们要知道，要写好一个东西，光掌握一些写作的基本方法和技巧是远远不够的。技巧是用来帮助我们去展示思考的，可是思考的东西从什么地方来呢？思考的东西是从阅读当中来的，是从经验当中来的。

我看贺雪峰在给陈柏峰老师的博士论文《乡村混混与农村社会灰色化——两湖平原（1980—2008）》所写的序言中讲，他们那边（当时贺雪峰老师任教于华中科技大学）训练学生有两条原则，叫"两经训练"，第一要阅读经典，第二要做经验训练，就是要做田野调查研究。所以我们开写作课课程，仅仅在课堂上讲一些写作的方法和技巧明显是不够的，把阅读的东西放到课堂当中来，是一个很好的教学方法。

推文中的六个问题

今天我们阅读的书目《乡土中国》和《乡土重建》都是费孝通先生非常经典的著作。我们到书店去看，可以发现，像《乡土中国》这些书常常摆在畅销书的板块中，供读者去查阅。

每一次去读《乡土中国》，去读《乡土重建》，包括费孝通其他的著作，我们都可以从中获得某些启发。肖老师已经做了一个海报，而且把读书的思考思路和问题发到学院公众号的推文中，为我们提了出来。其实这六个问题就是我们阅读《乡土中国》和《乡土重建》的一个基本的指导。沿着什么方向去走，当我们在读的时候，头脑当中可能要不断地回到肖老师所列的六个问题上去。

谈几点感想。第一点是在中国社会中去做研究，去做学术性的阅读，中国乡村社会是一个非常重要的领域。近代以来，中国社会发生变革，一直到今天的改革、转型、发展、变迁，在整个过程当中，这些变革是从什么地方开始的？回顾历史可以看到，中国近代以来发生的重大变革是从乡村开始的。所以如果要理解中国，就要理解中国的乡村。中国乡村社会是一个什么性质的社会，如何去判断它的基本性质，如何去理解它的结构，如何去分析其结构要素，如何去理解这样一个社会是如何运行的，在这个运作过程当中形成了什么样的文化、什么样的思想，这样的文化和思想是如何影响到我们今天生活的方方面面的，这些都是值得我们去思考的话题。所以很多人都会讲到，比如赵旭东说，费孝通先生对乡土之变的发问，重新设定了我们如何去理解过去的中国、当下的中国、未来的中国，它是一个起点。中国乡土社会的基本性质和基本问题，是农村社会研究的核心问题。

在这些研究当中，第一个问题是“为什么传统中国的基层社会是乡土性的？”乡土性是我们对中国基层社会的一个基本的判断，这个判断到今天还是能够成立的。即使到今天中国社会发生这么多变化，有很多新的因素，包括文化技术都慢慢升级了，其乡土特点依然没有实质性转变。它之所以是乡土性的，我理解是因为我们国家是以农业文明为核心的文明。所以费孝通先生在他的书上讲，从土里长出过光荣的历史，自然也会受到泥土的束缚。刚才两位同学谈到的家庭、家族、村庄结构，以及乡土社会的土地制度、乡土工业、乡土文化、基层行政，恐怕都应该从农业这个角度去理解。

刚开始时我大概谈了两点：第一点是说阅读对于课程、对于写作具有重要的意义和价值，第二点是《乡土中国》《乡土重建》等一些经典著作对于理解国家社会所具有的作用。像费孝通先生在他的著作当中创造性地使用了大家都很熟悉的概念，如差序格局等，这些概念已经成为今天我们分析社会现象、分析社会问题的基本工具。你会发现，这些概念工具仍具有相当大的解释力。像刚才两个同学在讲基层社会的乡土性，从费先生的乡土中国理论，延伸到现代社会，你会发现仍能够解释今天社会上的一些现象和问题，比如男女有别、传宗接代、长幼秩序、安土重迁、差序格局等。

那么从清末到 20 世纪三四十年代，乡土社会面临哪些困境，有哪些改变？如果从历史角度看，会发现清末以后中国社会走向了快速发展和快速变革的时期。这个历史进程其实不是自主发生的，主要是因为外来因素的侵蚀被迫发生的，很多重要变化影响到中国社会的发展变迁，影响到中国的乡村社会。以前我们做过一个课题研究“法治中国视野下的农村基层治理”，专门对中国基层社会发展和变化进行分析。在这个变迁过程中，比如皇权在清末消失了，皇权的消失对于中国人的观念和行为是有重要影响的。

还有就是我们讲到绅士绅权，绅士绅权在中国传统社会当中是重要的治理资源。但这个治理资源在清末以后也发生了很多变化，以前有士绅，后来变成我们大家熟悉的一个词，叫“土豪劣绅”。这个概念的发展反映的是清末以后社会结构、社会关系的一个重要变化。前面两位同学提到的乡土社会土地制度破坏、乡土工业萧条、乡土文化失衡、基层行政僵化，这些现象在这个过程中有相当程度的体现。

从农村治理到乡村基层治理，面临的很多问题是延续下来的。立足当下，重读经典，先生当年提出的乡土重建构想对于推进当下的乡村振兴，当然仍有启发意义。比如说今天我们在乡村治理当中提一个词叫“新乡贤”，找历史资源到哪儿去找？可能还是要回到历史实践中去，到乡村的治理机制和治理主体中去找。还有法律下乡与工业下乡问题，从费孝通先生的文字中也能够找到相应的影子。经典之所以是经典，是因为它所提出的理论、概念能够超越历史，能够在当下体现出相当程度的启示意义。这就是我们阅读经典的意义。

对同学的阅读期待

最后，就读书会我再谈一点想法。一个就是刚才两位同学为我们大家做了领读，我相信在下面他们一定花了比较多的时间和精力来做这件事情。我想在做这件事情的过程当中，同学们一定会有收获，这就像最近我们搞法律文书的写作一样。我们还需要同学来参与，你参与进去的话，你就会从做中学到东西。这是一个很重要的学习途径。从两个同学讲的内容，能够看出来大家对文本内容做了适当的延伸。当然这距离我们所希望的，比如说能不能在这个基础上有更多思考、更多扩展，可能目前来看还相差甚远。

我以前一直跟肖老师商量是否要继续搞这个读书会，因为在这个过程中真正地参与其中的同学好像并不是特别多。但是我想还是要把阅读活动不断办下去，就是说要保留读书会这个组织。

在后面读书写作的过程当中，我提两个希望，一是希望我们的同学能更多地阅读，能够养成一个读书习惯；二是希望我们能有更多互动。上次李拥军老师来参加我们的读书会之后，跟我也有交流。他发现，我们的同学在互动和交流方面表现得还不尽如人意。当然不仅仅是同学当中存在这一现象，在老师当中也一样，我们请很多专家过来开讲座，我们的老师跟专家做的交流也不是很多。但是我想，我们既然有这样的活动，既然邀请了专家，就要充分地利用起来。所以希望后面大家能够有更多互动，形成良好的对话和讨论氛围。

还有一点，也是一个期望。希望我们的同学在学校期间能够更多一点儿从容。我知道现在大家都很忙，我也很忙，大家要做的事情特别多，不断地有各种各样的活动，这个报告、那个比赛，党团口、学工口、研究生培养等项目，不同条线都会有任务下来。所以大家都很忙，忙到我们都没有心情、没有时间比较从容地去读一些经典著作。但是各位想想，对我们来说，我们最好的年龄、最好的读书年华，其实就是在大学受教育期间。

回到费孝通先生，他写《乡土重建》，最后对于各家批评进行了总答复。我感觉，他是一个真正的学者，当然有他理想的一面，比如他讲地主最好都把自己的土地所有权主动交出，也就是当时的知识分子会这样提。所以大家看到了，实际社会生活当中，不是地主自动放弃土地，而是以暴风骤雨的方式去开展土地革命。

学者有学者的使命，学生也有学生的使命，如果不在大学阶段认真地去读一些书，你们工作以后还有那么多的时间来读书吗？在一个内卷的时代当中，在一个浮躁的社会当中，让自己静下心来，从容地去读书，这也是我们把读书会和我们的写作课程结合起来的一个原因。

导师回应

读书会三年到了一个幼儿入园的年龄

肖建飞

我经常想，我们的读书会是两个小时也好，三个小时也好，我们讲的内容有一些是同学们真的可以记住的，哪怕就是一句话、两句话能够引起大家深刻的反思，这就是我们上课的价值。我们这个读书会到现在为止已经进行到了第 22 期，可能这个学期结束就完成了 24 期。前后历时三年，我也经常在想这三年意味着什么。如果是一个孩子的话，他已经可以被送到幼儿园了。

有一些问题是反反复复出现的，因为不同时期我们面对的是不同的书友。比如说像我们的同学可能在表达的过程中还是有一些小的瑕疵，我也特别能理解。因为在我读研的时候，我的表达是远远不如你们的，我也不如上一次的两个本科生。

我想讲的第一个问题是，不是说你说得越多就越有用。我们总觉得，我说不完了，然后我就快快地说。其实不是这样的。我原来也会犯这样的病，后来我就想，必须改。比如说今天下午上课，我知道计划讲的东西我是讲不完的，我就把最重要的那些东西跟同学们交流了，剩下的时间我可以从容安排。我能讲多少是多少，但是不影响我上课的完整性，最关键的东西我已经说了。所以同学们不要着急，不要说得那么快，刚才两位同学讲话太快。有一个原因：大家毕竟很多的时候是在念稿子，并不是在讲。我也不止一次地说，念和讲是非常不一样的。当我讲的时候，我看着每一个人，我知道你们是怎么样的状态；但是如果我念，我就只能看我自己的稿子，看我自己的电脑，我没有跟别人的眼神互动，我不知道别人是不是在听。

我们的读书会到现在有了阶段性的进步，我们基本上可以完成整本书阅读。就从上一次课的两本书（《江村经济》《禄村农田》）到这节课的两本书（《乡土中国》《乡土重建》），大家明白完成整本书阅读的目标，把这本书最核心的命题提炼出来，同学们可以做到这一点了。自己读这本书，然后把它写出来，最后就是讲。讲还是有非常大的困难的，大家相当程度上还是在念自己的稿子，而不是在讲自己的稿子。

我想讲的第二个问题，就是选材的适当性。我看有的同学挺有创意的，比如说用了一段视频，像金纯羽用的关于老包溺爱小包的视频，但是我觉得这个视频在恰当性和说服力上可能要弱一点，为什么呢？因为看老包和小包的衣着，小包还穿得干干净净的，老包一看就是贫民。在那个时期，贫民能够受比较高的教育，尤其是高等教育，基本上是不可能的。稍后我会说到《重走》，就是杨潇的那本书，大家就知道那个时期的教育情况了。

刚刚牛院长也一直在说一本书的价值和意义。我跟领读的同学们几经推敲，提炼出了这么多关键词。尤其是在王海旭的汇报里面提取出大量的关键词，这些关键词也就构成了乡土社会的三层结构。但是我们总有遗漏，而那些遗漏也是非常重要的概念，比如说费孝通先生对双轨政治的分析，对三种权力（横暴权力、同意权力、教化权力）的划分。当然，还可以再加上一种时势权力。到现在为止，这些概念对于我们做政法研究，尤其是偏法社会学的研究，都是非常具有说服力的。

阅读准备

与金纯羽沟通写作思路

与金纯羽第一次沟通写作思路

纯羽自拟

题目：乡土社会的瘫痪与重建问题分析——阅读费孝通的《乡土重建》

摘要：20世纪三四十年代，费孝通先生面对不断被侵蚀的中国乡土社会，以分析社会问题症结为基础，尝试提出解决问题的切实主张，从而希望在恢复乡村秩序的同时改造乡村以谋发展。由“瘫痪”到“重建”的分析框架是贯穿本书的重要线索，“瘫痪”可表现为基层行政的僵化、乡土工业的脱栓、乡土意识的淡薄及土地制度的破坏等，可以说在政治、经济、文化和制度上乡土社会都受到了不同程度的破坏，导致乡村失去了发展的基础。基于此，先生提出提升行政效率、复位乡土工业、铸造桑梓精神、加强土地变革等重建方案，旨在恢复乡村发展的活力。这些理论依然为我们当下推进乡村全面振兴带来诸多深刻启示。

关键词：费孝通；乡土社会；瘫痪；重建

附提纲

引言　研究背景概述

一、乡土社会瘫痪的困境

（一）政治上：基层行政的僵化

（二）经济上：乡土工业的脱栓

（三）文化上：乡土意识的淡薄

（四）制度上：土地制度的破坏

二、乡土社会重建的原则

（一）总体性：把握各个要素间的关系——乡土工业不可单独发展

（二）嵌入性：把握新旧制度间的关系——新旧制度不可截然对立

（三）主体性：把握乡村都市间的关系——乡土重建不可照搬西方

三、乡土重建理论的提出

（一）政治上：提升行政效率

（二）经济上：复位乡土工业

（三）文化上：铸造桑梓精神

（四）制度上：加强土地变革

结语　立足乡土：从乡土中来，到乡土中去

肖飞：纯羽，阅读题目、摘要和提纲，看得出你想围绕《乡土重建》中的核心观点，重述本书的核心内容，我也大体认可你的写作思路。我发现目前题目、摘要和提纲有如下问题。

1. 题目

（1）你用了"瘫痪"，但费先生用这个词评价的是20世纪40年代农村经济情况，用于全文标题似有不妥。

（2）主标题用"与"表达并列结构，这样等于题目有两个关键词。其实可以考虑不用这个并列结构。

2. 摘要

大体可以按照背景、问题、方案的思路写作，但需要注意：

(1) 乡土重建是一种社会理想，不是一种理论。

(2) 随着问题与方案的调整，以及逻辑关系的变化，摘要需要重新写作。

(3) “为当下推进乡村全面振兴带来诸多深刻启示”是延伸分析，目前我从结语的表述中看不到如何延伸。是否需要这句话，暂时画问号。

3. 提纲

(1) 第一、第三部分各二级标题之间的逻辑关系不清楚：乡土中国首先是“乡土”——农工结合，土地制度是乡村经济的核心；然后是乡村社区生活，社会人类学家认为，生活即文化；最后才是双轨政治，这也是《乡土中国》的思路。

(2) 提纲用词的准确性不足，例如乡村社会文化最大的问题是否是“乡土意识的淡薄”，文化重建的核心是否是“铸造桑梓精神”，这些表述比较宽泛空洞；结语部分“立足乡土：从乡土中来，到乡土中去”，读者看后不知所云。

(3) 不必效仿小川、权鑫的提纲，还有我的提纲。在标题中加“：”是因为前一个词是抽象的，需要进一步解释；没有必要则不加“：”。第二部分表达尤其臃肿，第一、第三部分都可以不用“：”。

与金纯羽第二次沟通写作思路

纯羽自拟

题目：乡土重建的理想路径分析——阅读费孝通的《乡土重建》

摘要：20世纪三四十年代，费孝通先生面对不断被侵蚀的中国乡土社会，以分析社会问题症结为基础，尝试提出解决问题的构想，希望在恢复乡村秩序的同时改造乡村以谋发展。乡土社会面临的主要问题可表现为土地制度的破坏、乡土工业的脱栓、农民负担的加重及基层行政的僵化，导致乡村失去发展的基础。基于此，费孝通先生提出加强土地根基变革、发展新型乡土工业、转换地主身份和健全民主社会结构等方案，旨在恢复乡村的发展活力。虽然费孝通先生的这些构想距今已有几十年的历史，但是依然为我们当下推进乡村全面振兴带来诸多深刻启示。

关键词：费孝通；乡土社会；乡土重建

附提纲

引言　研究背景概述

一、乡土社会的困境

（一）土地制度的破坏

（二）乡土工业的脱栓

（三）农民负担的加重

（四）基层行政的僵化

二、乡土重建的构想

（一）加强土地根基变革

（二）发展新型乡土工业

（三）转换地主阶级身份

（四）健全民主社会结构

三、重建构想的角度

（一）整体构想：基于城乡工农的相生相克关系

（二）主体构想：基于自主经济体系与中外关系

（三）嵌入构想：基于历史传统的传承与创新

结语　对乡村振兴的启示

（一）促进城乡发展的有机循环

（二）促进乡村经济的多元发展

（三）促进乡村治理体系的整合

肖飞：纯羽，以下是关于题目与提纲写作的建议。

题目：如何重建被侵蚀的乡土

注：计划把第 22 期读书会名字定为“从《乡土中国》到《乡土重建》”，子报告可以不加书名和作者。

附提纲

引言　《乡土重建》的写作背景

一、乡土社会的困境

（一）土地制度的破坏

（二）乡土工业的脱栓

（三）乡土文化的失衡

注：这一节可以讨论乡村精英流失、现代教育未能回馈乡村等问题。

(四) 基层行政的僵化

注：统治阶级对农民的剥削压迫，导致农民起义、改朝换代是中国历史上多次出现的事实。但20世纪三四十年代中国面临如何转型为工业国和建立现代民主政治的问题，这个内容可在引言中稍加讨论。

二、重建构想的要素

(一) 进行土地制度改革

注：转换地主阶级身份，可以放在这一小节，包括节省资本、自筹资金等问题。

(二) 发展新型乡土工业

(三) 鼓励知识技术下乡

(四) 政府应为人民服务

三、重建构想的思路

(一) 主体思维：建设自主经济体系

(二) 整体思维：城乡工农相辅相成

(三) 嵌入思维：历史传统传承创新

结语　重读经典的意义

(一) 城乡发展的有机循环

(二) 乡村经济的多元发展

(三) 乡村治理的体系整合

注：结语三标题，未必需要列出，依据行文篇幅而定。

纯羽：收到，谢谢老师！我把提纲改过之后将内容充实起来。

肖飞：(把纯羽提纲分享给读书会同学) 我在外地，没有随身携带指定阅读书目，不能随时核对原文关键词与命题，故若同学们发来题目、摘要、提纲，我6号后陆续回复。

建议大家写到二级标题即可。

与金纯羽、王海旭沟通推文写作

纯羽版本

题目：从社会思想到社会理想——阅读《乡土中国》与《乡土重建》

“一介书生”，是费孝通先生对自己一生的定位和概括。作为20世纪中国享有国际盛誉的卓越学者和社会活动家，先生为后人留下了700余万字的作品，用朴素易懂的文字完成意味深长的写作。我们重读这两部经典著作就是为了认识民国时期乡土社会面临的生存发展困境，继而理解费孝通先生对乡土重建的构想。

《乡土中国》勾勒出中国基层社会结构的原则，更加学术，更加抽象，更加本质，也更成体系。而《乡土重建》则是面向费孝通先生身处时代的具体问题，从社会学的角度分析症结所在，尝试提出重建的构想。

在《乡土重建》中，费孝通先生分别从经济、文化、政治几个角度思考后，分析中国基层社会的问题与困境，探寻乡土工业的新形式和以乡土重建进行现代社会转型的可能性。虽然本书写作距今已有近 80 年，社会格局大变，但是依然有被当下的我们再次深入阅读的价值。

重读《乡土重建》，以下问题有待我们共同探讨：

1. 二十世纪三四十年代我国的乡土社会正面临哪些困境？

2. 费孝通先生分别从哪几个方面提出的重建构想，重建构想又包含哪些要素？

3. 如何改变都市剥夺乡村、乡村供奉都市的局面，让乡村在自力更生的原则下重建起来？

4. 费孝通先生思考与解决乡村困境中的具体问题的思路是什么？

5. 立足当下，重读经典，梳理和反思费孝通先生提出的重建构想，对我们当下推进乡村振兴有何启示？

海旭版本

题目：《乡土中国》

《乡土中国》是费孝通先生在西南联大和云南大学讲授“乡村社会学”的讲稿的汇编，它尝试回答了“作为中国基层社会的乡土社会究竟是个什么样的社会”。这本书并不是对具体社会的描写，而是先生结合自己的见闻，从日常生活、规矩礼数、历史渊源等诸多方面，讲述了形成乡村人生活现状的背后原因，提炼出如“差序格局”“礼治秩序”“长老统治”等概念，让读者由此更好地理解乡土社会、乡土文化，以及这个长期影响、支配着中国乡土社会的独特运转体系。看到“乡土”二字，读者很容易将其定性为乡村研究，但其实它是对中国乡村及乡土社会下的中国的剖析，对于整个中国社会学研究都具有启发意义。

在阅读这本书时，以下问题值得我们深入思考：

1. 基层社会是乡土性的，乡土性体现在哪些方面？

2. 为什么中国乡土社会下的农民是聚村而居的？

3. 中国乡土社会下的人们为什么养成了安土重迁的生活习惯？

4. 较之西方，中国人的感情为何表现出更多的骄矜和保留？

5. 中国人为什么对世态炎凉特别有感触？

6. 长幼秩序何以成为中国亲属制度中最基本的原则？

7. 乡土社会下的人们为何形成“耻诉厌讼”的思想观念？

肖飞：海旭、纯羽，在推文初稿中，你们都简述了自己领读书目的缘由和写作核心，并大体总结了领读书目的核心问题。纯羽还试图回顾费孝通先生的写作生涯，并比较《乡土中国》和《乡土重建》在写作主题、写作目的上的差异与内在关联。

目前推文的主要问题如下：

1. 没有回应本次读书会的题目“从社会思想到社会理想”。尽管你们不能把推文写成概念解释，也不需要在自己的文稿中深入剖析这两个概念，但至少需要在推文中点题。深入剖析这两个概念的工作，由我来完成，并在主题扩展分析环节讲解。

2. 你们没有考虑到应该充分沟通、合作写作同一篇推文，事先交流也有助于你们在写作文稿、汇报领读期间形成很好的对话关系。

3. 问题的总结比较琐细，并且缺乏归纳，比如纯羽提炼的问题 2、3、4 相互包含，不是相对独立的问题。海旭提炼的问题 4、5、6 比较琐细，只能视为乡土社会关系或社会治理的子问题。

与金纯羽沟通写作规范

纯羽初稿首页

摘要：20 世纪三四十年代，费孝通先生面对不断被侵蚀的中国乡土社会，以分析社会问题症结为基础，尝试提出解决问题的构想，希望在恢复乡村秩序的同时改造乡村以谋发展。土地制度的破坏、乡土工业脱栓、乡土文化的失衡以及基层行政的僵化，为乡土社会面临的困境。基于此，先生提出进行土地制度改革、发展新型乡土工业、鼓励知识技术下乡和政府应为人民服务等方案，旨在恢复乡村的发展活力。费孝通先生的思想具有深刻性和前瞻性，重读经典，这些重建构想依然为我们当下推进乡村振兴带来诸多深刻启示。

关键词：费孝通；乡土社会；社会侵蚀；乡土重建

20 世纪 40 年代，刚刚结束抗战的中国社会还未得到全面解放，彼时中国社会正处于从旧社会向新社会转变的关键时期。在这个转型过程中，农民的生活依然充满艰辛与困苦。生活在水深火热中的人们往往衣衫褴褛，表情木讷，为了生存而不得不艰难前行。同时，中国传统的乡土社会在鸦片战争后受到西方工业文明的冲击愈发强烈，乡村失去发展的基础，表现为都市逐渐兴盛而乡村逐渐衰败。在这样的时代背景下，费孝通先生开始深入江村、禄村等地开展调查研究，从中探索解决中国乡村问题的切实办法。

费孝通先生在《乡土重建》中把中国乡村作为研究对象，用通俗简洁的语言对乡土经济的主要现象进行分析和概括。他分别从经济、文化、政治几个角度进行思考，提出土地制度被破坏、乡土工业脱栓、乡土文化失衡及基层行政僵化等问题的存在是导致当时“乡村悲剧”的重要原因。为了改变都市剥削乡村、乡村供奉都市的局面，使乡村在自力更生的原则中重建起来，亟须分析困境所在，寻找解决问题的切实构想，从而恢复乡村的秩序和活力，改造乡村以谋发展，解救处于水深火热中的穷苦百姓。

肖飞修改初稿首页

摘要：20 世纪三四十年代，面对不断遭侵蚀的乡土社会，费孝通先生做出整体判断，指出乡土社会之困境表现为土地制度遭破坏、乡土工业脱栓、乡土文化失衡及基层行政僵化。正基于此，先生提出重建方案，涵盖进行土地制度改革、发展新型乡土工业、鼓励知识技术下乡和政府应为人民服务等，以期恢复乡村秩序、改造乡村以谋发展。费先生的思想具有深刻的历史性和前瞻性，重读经典，乡土重建构想对当下推进乡村振兴具有启示意义。

关键词：费孝通；乡土社会；社会侵蚀；乡土重建

鸦片战争后，中国传统乡土社会受到西方工业文明愈发强烈的冲击，乡村失去发展基础，沿海都市逐渐兴盛，广大乡村日益衰败。直至 20 世纪 40 年代中期抗战结束，中国并未完成现代化转型，仍处于从旧社会向新社会转变的时期。农民生活充满艰辛与困苦，困顿日久的人们衣衫褴褛，表情木讷，为求生存而尽其所能。

20 世纪 30 年代，费孝通先生开始深入江村、禄村开展调查研究，从中探索解决中国乡村问题的办法。至 20 世纪 40 年代，先生从村庄个案研究转向整体研究，并完成《乡土中国》《乡土重建》的写作。在《乡土重建》一书中，先生把中国乡村作为研究对象，用通俗简洁的语言对乡土社会的种种病灶进行总结分析，提出导致“乡村悲剧”的重要原因在于土地制度遭破坏、乡土工业脱栓、乡土文化失衡及基层行政僵化等问题。如何实现乡村重建、自力更生，是《乡土重建》一书的核心关切。

肖飞：纯羽，关于提纲我们之前推敲数次，无须做修改。现在的问题是你的语言表达、行文规范方面存在较多问题，几乎每一个句子都要修改。

1. 语言表达缺乏逻辑性。如：

（1）在第一段中先提到20世纪40年代抗战后状况，后又提到鸦片战争。按历史顺序，应该是先鸦片战争，再抗日战争。

（2）第一段结尾谈禄村与江村调研，第二段开始便谈及《乡土重建》写作。更合理的语言表达应该是第一段谈历史事实，第二段谈学术研究。

2. 缺乏对自己写作内容的提炼，例如摘要第一、第二句前后重复，第二段第一句句子长且前后重复，第二段最后一句后半部分无实质意义。

3. 语言风格不一致，如“在这个转型过程中，农民的生活依然充满艰辛与困苦。生活在水深火热中的人们往往衣衫褴褛，表情木讷，为了生存而不得不艰难前行”不是客观描述、分析论证语句，略带文学表达，与全文风格不一。

我只做了第一页文字表达修改，以此示范，请自行修改后七页。另有如下建议：

1. 先电脑校对，明早打印校对，白天请一个文字能力好的同学帮助校对，明晚再发给我。

2. 为保障注释统一，建议用商务印书馆2011年版的《乡土中国　生育制度　乡土重建》做注释。

纯羽：收到老师，我会尽快修改。

肖飞：主要是改文字。

纯羽：老师，因为我是阅读纸质版的《乡土中国》，注释中的页码也是按照我看的那本书来写的。所以改动的话，页码还需要重新找。

肖飞：学院重视文稿质量，读书会资料可能结集成书出版，故需要同一期汇报人使用同一版本。费先生的《乡土中国》《乡土重建》版本极多，商务印书馆出版的这一版，被引证率高；北京联合出版公司出版的版本，很少使用。你引用北京联合出版公司出版的《乡土中国》做了十几个注释，按照这个版本章节找商务版的页码工作量不大。

纯羽：好的，老师。

肖飞：先改文字，再改注释，请参考小川、权鑫的稿做注释。

与王海旭沟通写作思路

与王海旭第一次沟通写作思路

海旭自拟

题目：中国基层社会—乡土社会的特性分析——基于费孝通《乡土中国》

摘要：费孝通先生的《乡土中国》致力于探索作为中国基层社会的乡土社会具有怎样的特性。除去序言和后记，全书共分为十四个章节，看似毫无关联各自独立，我认为却可以分为五个部分，分别是：熟人社会（即面对面社群）、差序格局、礼治秩序、无为政治、社会变迁，围绕这五个主题各自展开，阐述乡土社会根深蒂固的特性。本次读书报告选取前四个部分，重点分析费孝通先生笔下的乡土中国具有哪些基本特性，这些特性又是怎样血脉相传影响一代又一代中国人的，以及蕴含在这些特性背后，推动其发展的内在逻辑。

附提纲

引言

一、乡土社会的基本性质：熟人社会

（一）安土重迁的生活方式

（二）无需文字的交流习惯

二、乡土社会的基层结构：差序格局

（一）克己复礼的道德体系

（二）功能繁复的家族性质

（三）男女有别的感情定向

三、乡土社会的秩序维持：礼治秩序

（一）继承传统的礼治性质

（二）知礼明理的厌讼观念

四、乡土社会的权力结构：无为政治

（一）囿于经济的无为治理

（二）长幼有序的长老统治

结语

肖飞：海旭，题目、提纲的问题与建议如下：

1. 题目冗长且表意不清。

（1）“中国基层社会”“乡土社会的特性分析”“基于费孝通《乡土中国》”这三个短语之间是什么关系？哪些词是有用的、必不可少的？

（2）在写作《乡土中国》的时代，中国的社会基础即是乡土社会，乡土中国即植根于乡土上的中国。

（3）就目前各部分内容看，你似乎想围绕乡土社会秩序写作。建议再明确题目，删除重复词汇。

2. 题目与提纲都缺乏明确视角，四部分内容基本是总结陈述，缺乏分析性内容和逻辑层次。费孝通写作《乡土中国》时深受结构功能主义理论影响，关注基础性因素，分析以农为生、世代定居如何影响传统中国基层社会的结构与关系。

3. 能否围绕着乡土——黏着于土地、以农为生、世代定居，分析中国乡土社会秩序特点？如：

（1）第一层级家庭秩序，男女有别、传宗接代、三角结构；

（2）第二层级家族秩序，差序格局、自我主义、界限相对；

（3）第三层级村庄秩序，长老统治、无为政治、耻诉厌讼（或厌诉无讼）。

以上只是建议，不是强制要求，需你自己再推敲捉摸。

4. 部分内容不甚重要。如“无须文字的交流习惯”，在“熟人社会”中比较常见，但是对于整个中国乡土秩序讨论而言，尤其是对于乡土特色分析而言，不甚重要。

5. 部分内容超出上级标题。如尽管第二部分一级标题为“乡土社会的基层结构：差序格局”，但实际讨论内容似乎是围绕家庭，“功能繁复的家族性质”“男女有别的感情定向”可被家庭秩序讨论涵盖，但“克己复礼的道德体系”远远超出家庭讨论范围，甚至也可以解释传统中国公共道德、政治道德。

6. 部分内容重复。如第三部分“乡土社会的秩序维持：礼治秩序”与第四部分“乡土社会的权力结构：无为政治”都在讨论超出亲缘关系的村庄社区秩序问题。更符合思维逻辑的是，先讨论常规秩序维系，即长老政治、无为而治；再讨论纠纷处理，即耻诉厌讼或厌诉无讼。“继承传统的礼治性质”与“长幼有序的长老统治”内容交叉，且都可以涵盖在

“克己复礼的道德体系”讨论内容之中。

7. 结语也缺乏明确指向，可否考虑对家三角结构变迁、差序格局对当下社会关系的解释效力、无讼心理转变等问题稍加回应？

与王海旭第二次沟通写作思路

海旭自拟

题目：中国乡土社会秩序特点——基于费孝通《乡土中国》分析

摘要：费孝通先生在《乡土中国》中致力于探索作为中国社会基层的乡土社会具有怎样的特性，他在创作时深受结构功能主义理论影响，关注基础性因素，分析以农为生、世代定居如何影响传统中国基层社会的结构与关系。其中对于乡土社会的秩序特点着墨较多，本文拟围绕乡土——黏着于土地、以农为生、世代定居，分析中国乡土社会秩序特点。其中，第一层级家庭秩序：男女有别、传宗接代、三角结构；第二层级家族秩序：差序格局、自我主义、界限相对；第三层级村庄秩序：长老统治、无为政治、耻诉厌讼。

附提纲

引言

一、第一层级：家庭秩序

（一）男女有别

（二）传宗接代

（三）三角结构

二、第二层级：家族秩序

（一）差序格局

（二）自我主义

（三）界限相对

三、第三层级：村庄秩序

（一）长老统治

（二）无为政治

（三）耻诉厌讼

结语

肖飞：海旭，这个提纲基本是我上次回复意见的整理，没有新增加的内容。提纲内容也是我对《乡土中国》整理出的论证线索。如果你没有更好的想法，可以按照这个思路写作。

另外有一些建议，供你参考：

1. 题目用“《乡土中国》的社会秩序”，是否更简洁？

2. “引言”修改为“基层社会的乡土性”，这样是否更明确？

3. “结语”修改为“乡土秩序的常与变”，这样是否更明确？

4. 建议你按照我在读书会群里提示的行文规范写作，包括字号、行距，还有正文段落都要左对齐，一行文字排列到最右侧。这段时间我的文字校对工作量极大，你们规范行文，可以适度减少我在行文技术问题上花费的时间。

与王海旭沟通如何理解关键词

海旭：肖老师，我对于提纲中一些词的概念的理解不是很到位。我理解的是“团体格局”与“差序格局”有区别，但是好像不太正确，请老师稍微解释一下。

肖飞：海旭，“团体格局”的核心含义是个人自愿形成团体，基于个人主义做出决策判断，公与私的界限是分明的。“差序格局”更多是基于亲情伦理形成的社会结构与社会关系，以“自我”为中心向外推演，但“自我”不是以个人作为重要决策与理性分析的基点，相当程度上基于家庭单元，以家庭重大利益作为决策与行动的基点。家庭相对于家族可能是中心，家族相对于村社可能是中心，村社相对于地方可能是中心。

与李明澄沟通第 22 期海报制作

肖飞：明澄，打印社印海报会耽搁一两天，每次我们至少需要提前三天发海报给打印社，这样读书会前海报也只是放了一天。希望后续三次能早些交稿。接下来两周有三次读书会，辛苦你了。

明澄：老师，不好意思，这几天参加文书大赛写文稿，有点儿忙，今晚一定做出来。

肖飞：明澄，确实是时间可贵，要做的事情太多。第 23、第 24 期读书会题目都定下来了，后续请两期领读同学和你联系。

明澄：老师，做好了，您看看有什么需要修改的地方。

肖飞：明澄，我特别喜欢这张海报，“思想”能否换成深蓝，或者思想（换成黄绿）与理想（换成暗黄）的颜色调换？

与读书会同学沟通规范行文

肖飞：各位同学，读书报告从设题、理出核心想法到列提纲均是思考训练，更不要说写作了。想法应该写出来，自己想清楚、写清楚，别人才能读明白。因为我们过去普遍缺乏严肃认真的阅读，找不着主题和论证主线是正常的。

近期读书会密集，我不仅要改大家的题目、提纲，后续还要做内容文字修改。这期间还有 6 个研究生论文定稿。请大家按以下规范行文，这样可以节省一些时间、提高效率。

1. 正文用宋体小四号、1.5 倍行距。

2. 各级标题分别键入，不要自动生成。

3. 按照规范做注释，我发给大家《大国宪制》书评，作为格式参考。

此书评文档至少发过三次，请大家收藏这一版，作为我们读书会行文范本。请大家以后不要在这些问题上浪费时间。

提醒领读同学抓紧时间写作

肖飞：各位领读同学，因第 21、第 22 期文稿写作进展迟缓，再提醒一下大家要把握写作时间。

尽管大家是向设计好的提纲中充实内容，但初稿中也会出现逻辑与表达的种种问题，故需校改。请第 23、第 24 期领读人务必在读书会前五天发稿件给我，发文前请打印校对、同组汇报同学相互校对。如果大家迟迟不交稿件，我很难抽时间逐字逐句再校改一遍。

另外，文稿不需要写得太长，第 22、第 23 期两人分别写作稿件，每人文稿字数可以在 5000 字左右，第 24 期两位领读人合作写稿，字数可在 10000 字左右。

纯羽：肖老师好！因为我白天在兼职，现在刚回到宿舍，我马上继续修改我的初稿，可能要到半夜，那就太晚了，不好打扰您，明天一早发给您可以吗？

肖飞：纯羽，你自己把握好时间，即便你明早发给我，其实也来不及请同学们帮助校对。

纯羽：老师，我早上就打印出来，再请同学们帮我校对。

与王海旭沟通修改摘要与文稿

海旭原稿

摘要：费孝通先生在《乡土中国》中致力于探索作为中国基层社会的乡土社会具有怎样的特性，分析以农为生、世代定居的生活习惯如何影响传统中国基层社会的结构与关系。其中对于乡土社会的秩序特点着墨较多，乡土社会可分为三个层级，即家庭—家族—村庄，本文围绕着乡土——黏着于土地、以农为生、世代定居，分析中国乡土社会秩序特点。

关键词：费孝通；乡土中国；乡土社会；社会秩序

肖飞：海旭，文稿已读，以下情况反馈给你。

1. 原稿摘要只能视为引言，交代自己汇报领读的主题。但没有对文稿的高度总结，故我重写了摘要。摘要其实是文章的高度浓缩，无论200字、500字，还是1000字，都需要独立成文。

2. 你的文字表达相对流畅，而且更难得的是，每一小节后面都有一些当下关注，在历史与当下之间形成对照。我基本没有大改你的文章，有部分重复表达，我直接删除了。

修改后的摘要：在《乡土中国》一书中，费孝通先生致力于对中国基层乡土社会做出整体性评价，分析以农为生、世代定居的农民如何构建传统中国的社会结构和社会关系。该书对乡土社会的秩序着墨较多，乡土社会呈现三层结构——家庭—家族—村庄：男女有别、传宗接代、三角结构构成了第一层级的家庭秩序；差序格局、自我主义、界限相对构成了第二层级的家族秩序；长老统治、无为政治、耻诉厌讼构成了第三层级的村庄秩序，其均源于基层社会的乡土性。从传统中国到当下中国，乡土社会的部分特征发生变异，部分特征延续至今。

关键词：费孝通；乡土中国社会秩序；家庭秩序；家族秩序；村庄秩序

海旭：肖老师，我仔细阅读了修改后的版本，比我自己写得流畅太多了。肖老师，您辛苦了！摘要写作确实是我的短板，我一直都不太会写，还是要加强训练。我明天开始做PPT，再次感谢老师逐字逐句用心修改！

关于制作PPT的建议

肖飞：各位领读同学，关于PPT制作和汇报时间，有一些建议：

1. 第22期与第23期因为是两个同学要写作两个文稿，最多不超过

15 页 PPT，请同学们务必在 25 分钟内讲完，请主持人把握时间。第 24 期为一份文稿，页数在 25 页左右，请同学们在 50 分钟内讲完。

2. PPT 能用图表就不用文字，要图文结合。

3. 切记不要大量粘贴文稿，PPT 是文稿思路的呈现与观点的提炼。

4. 汇报题目可以考虑选择 54 号或 60 号字。

5. 每页标题都加黑，选择 36 号字；内容文字字号选择 24 或 28 号、内容行距选择 1.5 倍。

6. 标题与标题、正文与正文内容之间选择同样字体，标题与内容字体区别开来。

阅读《新乡土中国》与《乡村的视角》[①]

阅读提要

作为华中乡土派的重要代表，贺雪峰教授深耕田野、著作等身。其成名作《新乡土中国》记录了世纪之交的“三农”变迁，“半工半农”的中国在经济生活、社会治理上的种种变化。在当下城市化大幅迈进、乡村振兴战略全面实施的背景下，其新作《乡村的视角》试图剖析身处城乡之间的农民的现实困境。

接续费孝通先生提出的构建中国乡村现代性论题，如何理解《新乡土中国》之“新”，如何基于《乡村的视角》理性审视城乡关系，成为领读人与师友、同学分享的两个主题。在尝试与华中乡土派对话的同时，领读人不仅关注其研究范式，也对乡村研究有所省思。

1. 如何能将田野调查的“在地经验”提炼为具有理论价值的“在地知识”？华中乡土派如何拓展乡村治理研究方向，其关注重点何在、学术命题为何？

2. 从村庄类型比较到区域比较，如何将具体的、地方性的经验上升为总体知识和抽象理论，继而形成对中国的整体认识？

3. 从“乡土中国”到“新乡土中国”，是社会转型，还是国家转型？“新乡土中国”是否在经验、方法与理论上重释了“乡土中国”的理论体系？

4. 在近期有关中国社会科学研究本土化与主体性构建的论争中，华中乡土派是主要参与方，其给出了什么论据，论据是否精准，论证思维是否符合逻辑？

（解越、杜利利供稿）

---

① 本期读书会领读人为江苏大学法学院硕士研究生解越、杜利利，主持人为江苏大学法学院硕士研究生王海旭，江苏大学法学院教授牛玉兵予以点评，江苏大学法学院教师肖建飞指导，并进行了扩展阅读分析工作。

楔子

《新乡土中国》和《乡村的视角》的现实关切

各位老师、同学：

大家晚上好！欢迎大家来到第23期“钟爱阅读”读书会，我是本期读书会的主持人王海旭。本期读书会由肖老师担任指导教师，解越、杜利利两位同学领读，牛院长和我参与讨论。

本期的阅读书目为《新乡土中国》和《乡村的视角》，这两本书都是贺雪峰教授所著。贺雪峰教授现任武汉大学社会学院院长，其所带领的学术团队长期致力于农村研究。作为华中乡土派的重要代表，贺雪峰教授深耕田野、著作等身，其成名作《新乡土中国》是一部描述中国当代乡村的纪实性著作，该书是对当下中国乡村所做调查的集合，由60余篇调查笔记构成。《乡村的视角》就“三农”工作的现状、遇到的问题及未来规划做了深入解读，旨在从田野调查中理解中国乡村，照见中国农民的现实、困境和梦想。

在阅读这两本书的过程中，解越同学更关注《新乡土中国》与《乡土中国》的学术关联，杜利利同学更关注《乡村的视角》对城乡一体化建设议题的构想。

接下来将由解越、杜利利两位同学为我们解答这些疑惑，带领我们深入阅读贺雪峰教授的两本著作。

主题领读

《新乡土中国》之“新”

解　越

摘要：《新乡土中国》是贺雪峰在2001—2002年农村调查期间写作随笔的汇编。作者发现，农业在我国国民生产总值中所占比例不断缩小，农民收入结构转变为“半工半耕”；农村社会结构由“熟人社会”转变为“半熟人社会”，人际关系趋于理性化；传宗接代观念开始消解，个体主义兴起。贺雪峰作为华中乡土派的代表性学者，以乡村治理为研究方向，采取经验饱和研究方法，致力于对乡土中国的变化做出理论重释。从乡土中国到新乡土中国，从差序格局到人际关系理性化，从村庄的类型比较到区域比较，贺雪峰捕捉到中国农村社会的显著变化，并提炼出若干描述性概念，只是并未提出有更强解释力的理论概念。

关键词：乡土中国；新乡土中国；理论重释；中国乡村研究省思

我国自古以来以农立国，“三农”问题一直是国家建设过程中的重大问题。以贺雪峰老师为首的华中乡土派，主张中国乡村研究应当坚持“田野的灵感、野性的思维、直白的文风”① 三大原则，进行饱和经验训练，形成经验质感。贺雪峰基于广泛的田野调查，揭示了处于世纪之交的中国乡村在时代宏观背景、农民收入结构、乡村社会结构、农民价值观念等方面发生的变化。尽管贺雪峰注重实践调研，呼吁在“呼啸着走向田野中”发现真问题，但《新乡土中国》一书有问题意识而无理论建构，有研究宽度却缺乏研究深度，该书在“怎么做”层面语焉不详。

本报告关注新乡土中国之“新”在何处，华中乡土派的乡村研究方法和方向，以及在中国乡村研究过程中《乡土中国》与《新乡土中国》之间的学术联系，并对中国乡村研究做出省思。

一、新乡土中国之变

在经济全球化、新社会思潮影响下，21 世纪的中国不再是完全捆绑在土地上的中国了，逐渐成为“市场中国”。中国农村正发生着巨变，农村为推进现代化建设发挥了稳定器和蓄水池作用，“乡土中国”为“市场中国”提供了健康发展的基本条件②，乡土中国还未完全成为市场中国，其变成了“新乡土中国”。

---

① 贺雪峰：《新乡土中国（修订版）》，北京大学出版社，2013，第 401 页。

② 贺雪峰：《新乡土中国（修订版）》，北京大学出版社，2013，自序第Ⅱ页。

（一）时代宏观背景之变

农业税是国家对一切从事农业生产、有农业收入的单位和个人征收的一种税。延续了数千年的农业税在 2006 年被全面取消，表明中国在减轻农民负担，实行工业反哺农业、城市支持农村方面取得重大突破，该项改革也为解决“三农”问题、建设社会主义新农村做了铺垫。

20 世纪末，中国完成了工业化。在国家财政收入中，农业税所占比重很低，农业产值占国内生产总值的比重降到了 15%以下。20 世纪 80 年代以来，中国农村发生了两波脱离农业的高潮：第一，改革开放初期乡村工业大发展，农民“离土不离乡”，就业和收入来源实现了多元化；第二，随着市场化程度的不断加深和沿海城市手工业的发展，数以亿计的农民“离土又离乡”，进入沿海或者大中城市务工经商①。

（二）农民收入结构之变

进入 21 世纪后，越来越多农民家庭的收入来自进城务工经商。一方面，农民家庭中年龄比较大的父母仍然在家务农；另一方面，年轻子女外出务工，从而普遍出现了“以代际分工为基础的半工半耕结构”②。一个农民家庭可以同时获得务工和务农的两份收入：一般情况下，农业收入可以维持一家人的生活，而务工收入可以储蓄下来，从而让农民更好地融入城市生活。半工半耕结构不仅为中国制造业提供了高素质的廉价劳动力，从而使“中国制造”在全球化中具有强大竞争力，而且为进城务工人员提供了进城失败后返回家乡的可能，这使得中国更有能力应对各种危机③。

农民收入多元化和收入结构分化，引发村庄社会多元化和社会结构复杂化。世纪之交，中国出现了两种不同的现象：第一，农村人、财、物的流出造成农村衰败；第二，农民将外出务工经商获得的资源用于村庄内的竞争，或是竞争建房，或是举办仪式进行人情竞争，这种竞争在春节期间外出务工人员返乡时尤为明显。中国人有“故土情结”，村庄是进城务工农民的归属和精神寄托。随着村庄的日益衰败，青壮年进城务工人员认为，返乡没有意思，村庄竞争也变得毫无意义，本来心系村庄的情感寄托逐渐消失，村庄价值生产能力越来越弱④。

---

① 贺雪峰：《新乡土中国（修订版）》，北京大学出版社，2013，第 68 页。
② 贺雪峰：《新乡土中国（修订版）》，北京大学出版社，2013，第 22 页。
③ 贺雪峰：《新乡土中国（修订版）》，北京大学出版社，2013，自序第Ⅱ页。
④ 贺雪峰：《新乡土中国（修订版）》，北京大学出版社，2013，第 22–24 页。

(三) 乡村社会结构之变

半工半耕的收入结构意味着农民一半以上的收入来自村庄以外的城镇，相对封闭的传统村庄结构逐渐解体。村庄边界日渐模糊，村民间的熟悉程度降低，农民对村庄失去主体感①，中国农村进入了“半熟人社会”。规范村民行为的传统规范受到了市场经济的强烈冲击，不同区域的农民正以不同的方式共同向人际关系理性化迈进②。

在费孝通先生的《乡土中国》中，中国农村基本结构是家庭与宗族的复合结构。在《新乡土中国》中，农村的家庭结构和代际关系发生了巨变，典型表现是父子分家，妇女地位提升，农村家庭结构日益核心化。传统社会中构成村庄内生秩序基础的是各种源于家庭并超越家庭的结构性力量，宗族、村社组织是常见的农民认同与行动单位。改革开放以来，中国某些农村地区出现了宗族的复兴，但是绝大多数地区的宗族组织都已解体，宗族力量大为削弱，甚至宗族意识也不复存在③。在革命运动和市场经济双重冲击下，构成农村内生秩序基础的宗族和农民家庭快速解体，农村社会基础结构发生巨大变化④。

(四) 农民价值观念之变

自2000年以来，中国农村在收入结构、社会结构与价值观念上均发生了巨大改变。“一直构成农民的意义世界和人生价值基础的传宗接代观念开始丧失，出现了农民价值之变。”⑤ 在传统时代，传宗接代、延续香火是中国农民的终极价值关怀，是他们的人生目标和最为深沉的生活动力。⑥ 受到这些观念的影响，中国的人口基数持续激增。同时，受到中国传统重男轻女观念的影响，很多人持有“至少要生一个儿子，不生就会断子绝孙”的观点。20世纪80年代以来，全国实行“计划生育”，政府刚性的“计划生育”政策和农民强烈的生育观念之间存在着极大的矛盾。但到了世纪之交，传宗接代的观念被大多数人抛弃了，即使政策允许生育二孩，很多地方甚至大多数地方的农民都开始选择不再生育二孩⑦。

---

① 贺雪峰：《新乡土中国（修订版）》，北京大学出版社，2013，第8页。
② 贺雪峰：《新乡土中国（修订版）》，北京大学出版社，2013，第66页。
③ 贺雪峰：《新乡土中国（修订版）》，北京大学出版社，2013，第70页。
④ 贺雪峰：《新乡土中国（修订版）》，北京大学出版社，2013，自序第Ⅲ页。
⑤ 贺雪峰：《新乡土中国（修订版）》，北京大学出版社，2013，自序第Ⅲ页。
⑥ 贺雪峰：《新乡土中国（修订版）》，北京大学出版社，2013，第71页。
⑦ 贺雪峰：《新乡土中国（修订版）》，北京大学出版社，2013，第71页。

农民价值之变是生存意义、传统道德、生活预期和生命价值定义的改变[①]。随着农村经济的发展，法律制度越发强调个人权利，个人主义等观念影响日深，中国农民本体性价值的核心“传宗接代”被“个人奋斗”“及时行乐”等取代，导致农民安身立命的观念基础瓦解。终极价值的缺位致使当前农村出现了一些不可理喻的事情，比如虐待父母等。

二、华中乡土派研究

农村研究不是只理解中国农村，而是要理解中国。贺雪峰认为，没有一个“呼啸着走向田野”的阶段，从外国引进的科学社会概念就无法着地，近乎玄想。他是经验主义者，同时亦寄望于在厚重经验的基础上提炼出概念、判断、推理，形成学术对话、学术批评、学术积累和学术传承，消化吸收西方社会科学，建立具有中国主体性的中国社会科学[②]。“呼啸着走向田野”、西为中用、借鉴西方社会科学的理论与方法来理解中国历史和中国经验，形成真正有中国主体性的本土化的社会科学[③]。贺雪峰原供职于华中科技大学中国乡村治理研究中心，该中心汇聚了徐勇、吴毅、董磊明、罗兴佐等一批致力于农村研究的学者，他们被称为“华中乡土派”。该学术群体崇尚“在野之学”，主张积累厚重经验，服务乡村建设。[④]

（一）乡村治理的研究方向

华中乡土派学者进入农村研究领域后，实践经验的复杂性让他们认识到制度实践的社会基础的重要性，于是他们将研究重心从政策研究转向政策的社会基础研究。这种研究以农村本身为研究对象，试图从本质上理解构成当前中国现代化巨大瓶颈的原因，弄清各种现象之间规律性的关系；并试图构建一套适合于理解中国农村的概念体系，为解决农村问题的政策方略的起草提供理论和学术基础。[⑤] 此外，该学派主张建构中国本土化问题导向的“中观理论”，反对进行走马观花式调查、不做大理论研究的补充工作。这样可以保证研究问题的中心性，防止以西方既有理论体系替代

① 贺雪峰：《新乡土中国（修订版）》，北京大学出版社，2013，第73页。
② 贺雪峰：《新乡土中国（修订版）》，北京大学出版社，2013，第464页。
③ 贺雪峰：《新乡土中国（修订版）》，北京大学出版社，2013，第446页。
④ 罗兴佐：《在野之学：“华中乡土派”的研究方法》，《法律和政治科学》2021年第2期，第183-195页。
⑤ 贺雪峰：《新乡土中国（修订版）》，北京大学出版社，2013，第403页。

对中国本土问题的关怀和思考。

（二）经验饱和的研究方法

研究中国，需要真正进入经验世界。进入经验世界的一个重要前提是通过田野调查，形成经验质感，提高调查者对农村的熟悉和认识水平。培养经验质感的一个办法是“饱和经验法”，其要点有三：第一，整体经验。在具体村庄调研中，饱和调研要求不带课题任务，不以学术论文写作为目的，而以了解中国农村为目的，以某个具体村庄为对象，进行政治、经济、文化等全面考察。第二，海量经验。通过不断重复和亲身访谈，形成对整体经验的有层次把握。第三，经验的意外。调查 A，意外发现 B 很重要，因此调研 B；调研 B，发现 C 很重要，因此调研 C。如此往复，一直到 Z；经过若干时间，自然又会回到 A，这样就通过经验意外而达到对经验的厚重把握。[①] 经过大量的田野调查后，要进行深入、全面的思考，及时撰写田野调查报告。有了上述基础之后，即使做理论研究，也会有自己的主体性。建立在经验质感基础上的中国社会科学研究，有望构建出有中国主体性的社会科学，并可为基础理论研究做出贡献。[②]

三、中国乡村研究省思

《乡土中国》开启了中国乡村研究学术史。时隔半个多世纪，中国乡村发生巨变，《新乡土中国》应运而生。“新乡土中国”“半熟人社会”“人际关系理性化”“区域类型”等都是《新乡土中国》提出的重要理论概念。《新乡土中国》究竟提供了怎样的学术价值？其与《乡土中国》相比又有哪些新经验？在理论提炼上有何不足之处？这些是领读人关心的核心问题。

（一）从乡土中国到新乡土中国

《乡土中国》指出了基层社会的乡土性。农民以农为生，黏着在土地上，世代定居，很少流动。祖祖辈辈生活在同一片土地上，大家聚村而居，村民之间互相帮助、合作生产，村民之间的关系越来越近、彼此熟悉，村民之间不讲究契约，但遵守公认的行为规矩，于是出现了乡土社会

① 贺雪峰：《新乡土中国（修订版）》，北京大学出版社，2013，第 406-407 页。

② 贺雪峰：《新乡土中国（修订版）》，北京大学出版社，2013，第 408 页。

中独特的“熟人社会”。正基于此，费孝通先生还提出一套概念体系：父、母、子的家三角关系；差序格局以“己”为核心，强调自我主义、克己复礼、延续礼治秩序、实行长老统治等。这些概念是对乡土社会的家庭关系、社会结构、社会秩序及权力结构的有力总结。

《新乡土中国》之所以“新”，最直观的表现就是农民收入结构变化为半工半耕。在城乡二元结构下，中国形成了“以代际分工为基础的半工半耕的农村劳动力再生产方式”，为中国经济的发展提供了充足的高素质廉价劳动力，让农村为中国现代化提供了稳定器和蓄水池。[①] 此外，贺雪峰提出了一些试图描述或者理解当前乡土中国的概念，如“半熟人社会”“人际关系理性化”“村庄精英”等。

《乡土中国》中提出的“乡土”概念，它既不是虚构，也不是理想，而是存在于具体事物中的普遍性质，是通过人们的认识过程形成的概念。[②]“乡土中国”并不是具体的中国社会的素描，而是包含在具体的中国基层传统社会里的独特体系，支配着社会生活的各个方面。[③] 因此，“乡土中国”和费先生提出的其他概念之间有完整的逻辑联系，具有很强的解释力。《新乡土中国》多是使用描述性概念，与《乡土中国》的概念体系相比，解释力较低。

（二）从差序格局到人际关系理性化

《乡土中国》发现，基于乡土社会中血缘关系所形成的社会关系就如同朝水里丢石头形成同心圆波纹，石子投入水中，水的波纹一圈圈推出去，愈推愈远，也愈推愈薄。[④] 波纹推及处就会产生社会关系，但每个人在何时何地发生社会关系由自己决定。可见，中国传统结构中的差序格局具有伸缩能力。

《新乡土中国》发现，在受到西方文明和市场经济双重冲击的情况下，村庄人际关系的理性化是一个总的趋势。亲属之间关系的亲疏越来越取决于他们在生产经营中相互之间合作的有效和互惠的维持。这种关系的转变极有可能向农民日常生活渗透，导致理性化考量全面进入农民生活，这一现象被贺雪峰描述为“差序格局的理性化”。[⑤] 人际关系理性化能准确描

---

① 贺雪峰：《新乡土中国（修订版）》，北京大学出版社，2013，自序第Ⅱ页。
② 费孝通：《乡土中国　生育制度　乡土重建》，商务印书馆，2011，第5页。
③ 费孝通：《乡土中国　生育制度　乡土重建》，商务印书馆，2011，第4页。
④ 费孝通：《乡土中国　生育制度　乡土重建》，商务印书馆，2011，第28页。
⑤ 贺雪峰：《新乡土中国（修订版）》，北京大学出版社，2013，第61-62页。

述当前农村人与人之间关系的变动趋向，但可能存在以偏概全的情况。传统人际关系，即差序格局，仍有存在空间。

（三）从村庄的类型比较到区域比较

费先生基于地理位置、产业结构、工商业影响程度差异的考虑，对江村、禄村进行了村庄类型比较。江村位于江苏省，有家庭手工业传统，深受现代工商业发展影响。禄村位于云南省，没有家庭手工业传统，受现代工商业影响不深。费先生对这两村的研究，为因时因地制宜发展农村工业，实现农村现代化提供了经验样本。

区域村庄类型比较是贺雪峰的研究方法。根据村庄社会结构的区域差异，贺雪峰将中国乡村分为南方、中部、北方三大区域——南方多为团结型村庄，北方多分裂型村庄，中部多分散的原子化村庄。① 此后，贺雪峰从经济发展差异方面将中国乡村分为东西两大部分——东部沿海发达地区和中西部地区。贺雪峰认为，只有经过区域研究，才可以将一个个具体经验认识上升为对中国的总体认识。

费先生基于实用主义目的开展村庄类型研究，提出工农相辅，解决当时农村贫困问题。贺雪峰根据村庄结构的差异和经济发展程度的不同，总结南北差异和东西差异，但并没有构想乡村经济的未来发展图景。

乡村视角下的城乡关系

杜利利

摘要：我国的城乡关系经历了“索取”“保护”“一体化”三个阶段，重构城乡关系是中国式现代化最重要的课题之一。针对主流意见中城乡差异判断与对策建议的偏差，贺雪峰在《乡村的视角》一书中试图厘清城乡在收入、景观、产业领域的差异。但城乡关系的复杂性决定了城乡差异形成机理分析与重构机制探讨的难度，故需理性审视《乡村的视角》一书中所列城乡差距的对照体系是否严谨，“限资”下乡的“三农”政策能否切实维护农民权益，城乡差距能否成为中国经济持续发展的巨大动力。

关键词：城乡差异；城乡差距；城乡关系；乡村视角

① 贺雪峰：《新乡土中国（修订版）》，北京大学出版社，2013，第48页。

引　言

乡村和城市是进入文明社会以来人类聚落的两种主要形式。自城市诞生之日起，就产生了城乡关系，这一关系伴随着人类文明史发展的全过程。城市是社会分工、行业分化与产业聚集的产物。传统乡村的特质是人口分布高度分散，主要从事农业生产。

"中国是个农业大国，它的长期发展受制于两个基本矛盾：第一是人地关系高度紧张，我们把它叫作'基本国情矛盾'；第二是基本体制矛盾，就是城乡二元结构。"① 作为血脉相连、地域相连的共同体，乡村与城市在资源分配、经济发展模式和社会文化层面存在着显著差异。城乡关系的现代化转型是影响国家现代化进程的关键变量。从抽象层面看，城乡关系本质上是一种生产关系，体现为城市和乡村的生产关系理想类型的差异与关联——城市经济活动的专业化、生产要素的高度流动性，乡村的同业形态、家庭合作与生产要素的低流动性；从具体层面看，城乡关系表现为在一定社会条件下，经济关系、政治关系、文化关系、社会关系、生态环境关系等诸多因素在城市和乡村的普遍联系与互动关系。

在乡村振兴与共同富裕背景下，贺雪峰教授从乡村的视角出发，凭借对农民"进城—返乡"流动现象的田野调查，解读城乡差异和城乡差距，针对主流意见和政策建议中存在的偏差，试图提供自己的观察经验以供决策参考。阅读《乡村的视角》一书，领读人也试图理性审视城乡关系：第一，考量该书对城乡关系的对照体系的梳理是否严谨；第二，"限资"下乡政策是否能保护农民的利益；第三，城乡差距能否成功转变为中国社会持续发展的巨大动力。

一、城乡关系的演进逻辑

我国经济社会可以分为不同发展阶段，不同阶段城乡关系的特征也不尽相同。城乡关系是一个历史范畴，历史阶段性是研究城乡关系演进规律的重要维度。贺雪峰教授从历史的角度考察，认为城乡关系经历了从分化

---

① 温铁军：《解构现代化：温铁军演讲录》，东方出版社，2020，第163页。

对立到融合统筹的过程，连续的阶段性演进反映了新中国城乡关系发展的基本脉络。

（一）索取型城乡关系：取之于农

新中国成立初期，中国选择了城乡二元体制[①]，以适应当时中国发展的需要。以取消农业税为时间节点，从新中国成立到2006年1月1日废除农业税历时50余年，城乡关系的主要内容是城市向农村索取资源。

在城乡分治背景下，城乡人口迁移自由被户籍制度、票证制度、就业制度等阻隔。城乡之间产品不能等价交换，要素无法自由流动，城乡居民的发展机会也不均等。在加速发展重工业的战略引领下，城市从农村汲取资源，重点建设城市和发展重工业，形成了“以农支工，以乡援城”的格局。工业化和城市化所必需的资本积累来自农村，新中国用20多年时间建立起相对完整的国民经济体系。

只有建立现代产业，城市才有能力回馈乡村。20世纪70年代，工业化成果开始回馈农业和农村，乡村有了更多的发展机会。一方面，国家启动农业基本经济制度改革，分田到户调动了农户积极性，大量农村剩余劳动力从农业中释放出来。另一方面，农村劳动力大量转移到第二、第三产业，创造了20世纪80—90年代的乡镇企业发展奇迹。到20世纪末，乡镇企业发展式微，越来越多的农村剩余劳动力“离土离乡、进厂进城”，开启了中国高速城市化进程。[②] 有限的农业剩余劳动力转移到城市，投入工业与服务业。农业为中国工业化提供了最为重要的基础，使中国在短期内完成工业化，从一个农业国转变为一个初步实现工业化的国家。

（二）保护型城乡关系：保护农民

2006年废除农业税标志着我国进入城乡关系发展的第二个阶段，这一阶段国家不仅不再从农村收取农业税费，而且进行政策转变和体制改革探索，公共财政和公共服务向农村倾斜，形成了保护型的城乡关系。国家与农民的关系由此发生从“取”到“予”的根本性转折。[③]

之前的索取型城乡关系转变为保护型城乡关系。国家开始大规模向农村转移资源，实行以工哺农、以城带乡，政策上允许农民自由进城，却限

---

① 1958年1月，全国人民代表大会常务委员会第91次会议正式通过《户口登记条例》，标志着我国城乡二元户籍管理制度的建立，城乡二元体制由此形成。

② 贺雪峰：《乡村的视角——乡村振兴与共同富裕若干问题的解读》，大有书局，2024，第49页。

③ 桂华：《保护型城乡关系下的中国特色城镇化实践》，《人民论坛》2019年第33期，第58页。

制城市资本自由下乡。这既不同于计划经济体制下的城乡分割，也不同于其他发展中国家被资本主导的城市化。在保护型城乡关系下，农民向城市自由流动，同时保留乡村的田宅，将乡村当作退路，形成独特的农民进城模式。①

保护型城乡关系下的进城模式，具有以下两方面优势：第一，提高农民的进城能力。在农民进城过程中，农民的农业生产资料留在农村，体现了社会主义中国的制度优势。第二，降低社会风险。其他发展中国家在城市化进程中出现农业人口大量涌入城市、资本下乡使得土地集中等现象。当进城人口在城市无法获得稳定收入时，就会产生"贫民窟"问题。而中国不存在城市"贫民窟"，原因在于，在保护型城乡二元结构下，农民可进可退，当农民有机会进城买房定居时，他们选择进城；当农民没有能力在城市维持稳定的生活时，他们有条件返回乡村。农民在乡村拥有住房和土地，就不会出现流离失所的情况，我国城镇化的风险大幅降低。②

（三）一体化城乡关系：全要素自由流动

城乡二元结构逐渐消解，直至最终消除，是一个循序渐进的过程。城乡关系的高阶形态命题即为"城乡发展一体化"。为实现赶超型现代化，我国采取了城乡二元划分的体制，以集中资源进行重点突破。一旦我国实现赶超型现代化，限制城乡互动与一体化的必要性便不复存在。由城乡二元转向城乡一体后，农村便不再是城市汲取资源的地方，也没有必要通过限制城市资本来获得保护。实现城乡一体化后，各种要素资源实现最优配置，进入"有差异、无差距，可流动、无障碍"的状态。③

城乡一体化的前提是，中国已经走出中等收入阶段，真正实现了不可逆转的现代化，国家有能力为所有人提供较高水平的基本保障。得益于城乡一体化的基础设施网络、公共服务与社会保障体系，以及促进要素自由流动的体制机制，城乡之间呈现出形态上"有差异"，但在社会关系和福祉上"无差距"的状态，亦即城乡公平得以实现，包括生产要素得以自由流动，资源得以合理配置，城乡居民享有平等的公共服务和发展机会，社会流动能顺畅进行。人们是选择在"城市"还是选择在"乡村"居住或

① 贺雪峰：《乡村的视角——乡村振兴与共同富裕若干问题的解读》，大有书局，2024，第47-48页。

② 桂华：《保护型城乡关系下的中国特色城镇化实践》，《人民论坛》2019年第33期，第58页。

③ 赵民、方辰昊、陈晨：《"城乡发展一体化"的内涵与评价指标体系建构——暨若干特大城市实证研究》，《城市规划学刊》2018年第2期，第16页。

就业，主要因素不是经济因素，而是个体对生活环境和生活方式的偏好。

根据贺雪峰教授的判断，就目前发展形势来看，即使到了 2035 年中国基本实现现代化的时间节点，中国式现代化仍有很多的不确定性，仍需应对各种危机，做各种艰难的突围。故农村仍是中国式现代化的稳定器和蓄水池，农民仍将农村作为基本保障与最后退路，保护型城乡关系仍要延续下去。

二、城乡关系的差距判断

城乡差距体现了二元结构的刚性和系统性。[①] 从经济属性来看，城乡差距可划分为两种类型：一是私人产品性质范畴内的差距，体现为城乡居民收入差距，以及与此密切相关的生活差距，主要是由市场竞争决定的；二是公共产品性质范畴内的差距，涵盖社会福利、教育文化、医疗卫生、公共基础设施等方面，很大程度上取决于政府的制度安排和施政能力。[②] 立足于农民的主体性视角，贺雪峰教授根据对城乡差距的直观现象判断，将城乡之间的差距归结于收入差距、产业差距和景观差距。

（一）收入差距

城乡发展不平衡涉及多个方面，但其最突出的表现在于城乡居民收入差距。城市与乡村之间的收入差距直观地体现在基尼系数和城乡居民的可支配收入上。

从宏观层面来看，基尼系数是一个衡量收入分配不平等程度的重要经济指标，基尼系数越小，意味着居民之间的收入分配越趋向平等。自 2003 年到 2022 年，我国居民收入的基尼系数一直未低于 0.46。[③] 联合国开发计划署规定，0.4 是基尼系数的警戒线，超过这条“警戒线”时，贫富两极分化容易引起社会阶层对立，从而导致社会动荡。根据国家统计局发布的数据，2023 年我国城乡居民可支配收入差距达到了 2.49 倍。

---

① 李恒：《城乡差距、人口流动与乡村振兴的路径选择》，《南都学坛》2021 年第 4 期，第 103 页。

② 马晓河、杨祥雪：《以缩小城乡发展差距推动实现共同富裕》，《改革》2023 年第 4 期，第 1-2 页。

③ 2003 年我国居民收入的基尼系数为 0.479，2008 年达到 0.491 高点，之后开始下降，2015 年下降到 0.46，此后 2016—2023 年回升到 0.47。数据来源：国家统计局官网，https://www.stats.gov.cn/zt_18555/zdtjgz/yblh/zysj/202302/t20230215_1904762.html，访问日期：2024 年 4 月 21 日。

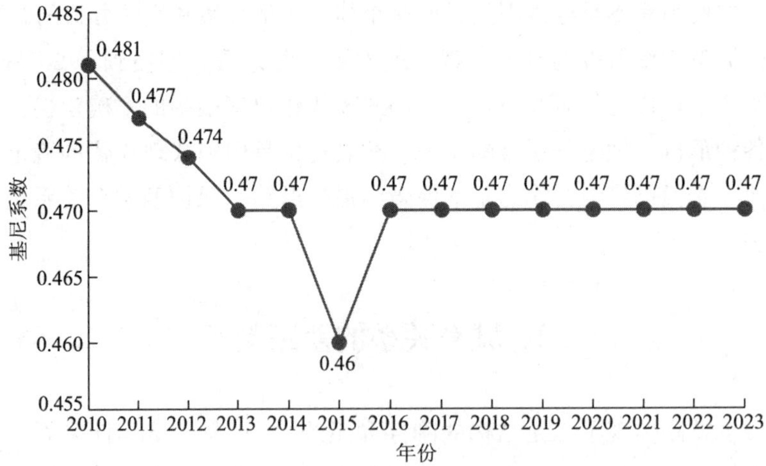

图 3　2010—2023 年中国基尼系数趋势

国家统计局的数据显示，2023 年年底，约有 5.64 亿人的月均可支配收入低于 1703 元，约 8.46 亿人的月均可支配收入低于 2682 元，约 11.28 亿人的月均可支配收入低于 4185 元。

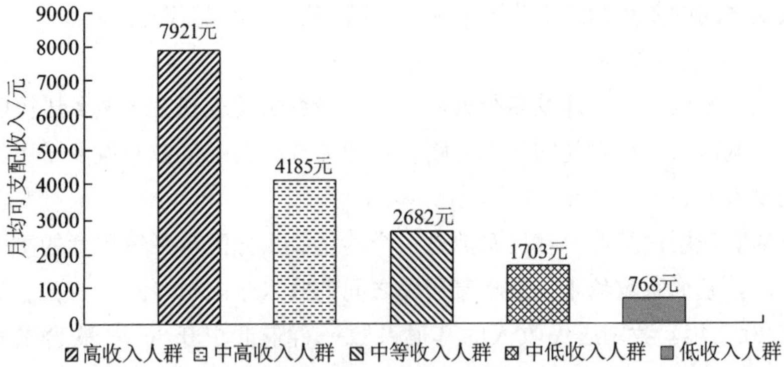

图 4　2023 年全国居民按照五等份分组的月均可支配收入①

尽管前文的介绍多与城乡居民收入差距有关，但图 3 和图 4 对分析城乡居民收入差异也有着重要的作用。缩小城乡居民收入差距的办法之一就是农民进城。但农民进城是一个长期、艰难且复杂的过程。农民进城并非能够轻易割舍与土地、家园的联系，他们需要为“进城失败”预留退路，

① 国家统计局将所有调查户按照人均可支配收入水平从低到高顺序排列，分为五个等份，处于最低 20% 的收入群体为低收入人群。官网暂未公布 2023 年全国居民按照五等份分组的月均可支配收入，笔者自行测算得出。数据来源于国家统计局官网，https://www.stats.gov.cn/sj/ndsj/2023/indexch.htm，访问日期：2024 年 4 月 21 日。

将宅基地和耕地作为最基本的保障。“保护型”的城乡体制可以发挥以下作用[①]：一方面，保障农民可以自由进城，城市完全向农民开放，清除了几乎所有妨碍农民进城的体制机制障碍；另一方面，防止农民失土无家，限制资本下乡，以保障农民的“三块地”权益，守护农民的家园和土地。

（二）产业差距

由于市场体制不完善、体制机制改革滞后，劳动力、土地、资本和技术等要素在城乡之间自由流动面临着较大的壁垒。城乡发展空间的不对等、产业结构的不平衡，形成了城乡产业差距。

1. 城乡发展空间不对等

城乡发展空间的不对等不同于一般意义上的发展不平衡问题。在城乡二元结构下，城市与农村被区隔为不同的社会空间，城乡之间不仅存在着地理分异，而且存在着制度化的空间隔离。[②] 在城乡居民对社会空间及各要素的利用和占有中，资金、技术不断向城市聚集，城市空间不断拓展，使得城市具有经济发展的天然空间优势和吸引力。大量农村劳动力涌入城市，为城市创造财富。农村则处于不利地位：一方面，城市资源难以迅速延伸至乡村，乡村的发展难与城市同步；另一方面，乡村有限的地理空间被挤占，城市蔓延和非合理的城市规划也使得农村土地资源面临蚕食的风险。

2. 城乡产业结构不平衡

城市的产业多为第二和第三产业，相对集中了高端制造业、现代服务业等高附加值产业，故城市的物质财富也比乡村的多得多。而在农村，产业定位一度是农业生产，小农经济模式生产效率有限，抗风险能力较弱，主要依赖传统农业和初级加工业，土地的用途明显受限。我们常说的“三块地”，即农用地、建设用地和宅基地，其中农用地只用于务农，宅基地用于农村居民居住，而只有建设用地可以有相对更高价值的利用。这种产业结构的不平衡导致城乡经济发展的差距明显，从而限制了农村地区经济的进一步发展。

（三）景观差距

城乡间景观差距主要体现在地理景观和社会景观两个方面，前者主要

---

① 贺雪峰：《乡村的视角——乡村振兴与共同富裕若干问题的解读》，大有书局，2024，第42-43页。

② 林聚任、王佳：《空间不平等与城乡融合发展——一个空间社会学分析框架》，《江海学刊》2021年第2期，第126页。

表现为自然环境差异，后者主要表现为公共服务及社会保障差异。

1. 地理景观

城乡之间由于地理空间上的分异，形成了聚落形态、塑造力量、社会结构形式和经济活动的不同特点，见表10。

表10 城市与乡村的地理景观对比

对比要素	城市	乡村
聚落形态	高度集中；高楼大厦鳞次栉比；人居楼中，难接地气	相对分散；前庭后院，亲近自然
塑造力量	人工的，建立在混凝土上	保留自然元素，与农业耕种相结合
社会结构	陌生人社会	熟人社会
经济形式	货币化	实物
经济活动	非农经济活动	农业经济活动

之所以存在城乡地理景观差异，很大程度上是因为城市和乡村代表着两种不同的经济社会文化系统。城市是高度市场化、高度异质性、快节奏的系统，脱离自然，人情相对淡薄，城市要素具备高度功能性，人群高度异化。乡村则具有一定自给自足性，居民同质熟悉、相互了解，交往不完全功利，乡村是节奏比较从容的生产生活系统，生产随季节展开，有农闲，农民可以相对自由地安排生产时间，社会交往礼尚往来，有情有义。①

2. 社会景观

随着城市化的推进，城市确因其经济、文化和社会发展优势而吸引了大量农村人口进城，一定程度上促进了城市的繁荣与发展，但同时也对农村产生了负面影响。相较于城市人口的年轻化与高度聚集，农村的“386199部队”② 成为常住人口，人口老龄化和空心化不断加剧。

在基础设施方面，农村地区尽管在水、电、路、气等传统基础设施方面实现了基本全覆盖，但在新型基础设施，特别是在新型生产基础设施方面还存在较大缺口，这成为农村产业发展的重要制约因素。同时，受制于

① 贺雪峰：《乡村的视角——乡村振兴与共同富裕若干问题的解读》，大有书局，2024，第70页。

② “386199”部队，不是一个真正部队的番号，是指农村留守的妇女、儿童、老人特殊群体。“38”指“三八”节，代指妇女；“61”指“六一”节，代指儿童；“99”指农历九月初九，既是重阳节，也是老人节，代指老人。

不断扩大的基层财政压力，乡镇教育、医疗、文化和法律等公共服务也存在结构性矛盾。城乡公共服务的“二元”困局同样是影响城乡居民实现共同富裕的重要阻碍。

三、城乡关系的理性审视

城乡关系面临着重大变革。决策者要理性审视城乡关系，紧紧抓住城乡融合发展的历史机遇，努力破解城乡发展不平衡等问题。本部分旨在思考贺雪峰教授对城乡差异的对照表述是否严谨，“三农”政策中限制资本下乡能否保护农民，城乡差距是否是实现现代化的发展动力。

（一）对城乡差异的对照表述是否严谨

在对比城乡差异时，表述的严谨性至关重要。为了准确、全面地展示城乡之间的差异，需要从多个维度进行深入剖析。以下是城乡差异对照表述的几个关键变量：

1. 考虑数据来源与可靠性

在进行城乡差异对照表述时，数据来源和可靠性是首要考虑因素。需确保使用的数据有权威、可靠的来源，以保证对比结果的真实性和准确性。不同学科的城乡收入差异表述见表11。

表11　不同学科的数据来源与数据表现差异

比较维度	社会学者	经管学者
数据来源	官方公布数据	数学计算模型
数据表现	基尼系数、人均可支配收入	人均消费指数、数学计算结果

社会学者对城乡收入差距进行研判时，通常采用官方发布的数据，如国家统计局以人均收入为基础的统计公报和世界银行以消费情况为基础的基尼系数。上述数据虽为我们提供了城乡收入情况的部分信息，但在选取要素和测算方式上都存在一定的片面性。加之统计学方法在数值选取和计算方法上存在主观性，采用不同的统计方法和计算模型可能会得出不同的结果。

2. 比较差异维度的全面性

城乡差异的对照体系包括但不限于经济、社会、文化、教育、医疗、基础设施等方面。在分析过程中，应注意避免以偏概全，确保各个维度的差异都得到充分的体现。

表 12 部分文献关于城乡差距的比较维度

学者姓名	比较维度	比较依据
贺雪峰	收入差距、景观差距、产业差距	感观判断
李恒①	私人产品性质范畴内的差距 公共产品性质范畴内的差距	经济属性
叶璐、王济民②	居民生活、基础设施 基本公共服务、要素配置、产业发展	多维指标

城乡差距是一个复杂且多维度的问题，不同学者基于各自的判断依据和研究方法，提供了不同的分析维度，共同指向的是如何缩小城乡差距以实现乡村振兴和共同富裕。

（二）限制资本下乡能否保护农民

由于政策红利、市场利润的驱动，近年来资本下乡蔚然成风，对此支持和限制的观点针锋相对。资本下乡是大势所趋，不能也不可能进行全面限制。“限制”不是“禁止”，在我国现实背景下，限制资本下乡成了一种政策选择。当前较多工商资本以一种“自由”投资形态下乡，导致村民离土非农化，挤压新中农群体的发展空间，乃至瓦解乡村社会基础，农村人地结构变形。

在资本下乡过程中，除农民和资本外，政府必须在场。我国的国情决定了不允许工商资本自由主导下乡，而应该是政府监管下的资本有序下乡，将工商资本嵌入农民主导的产业体系和农村社会秩序，促使工商资本适应乡土逻辑：一方面，保护农业生产链条的运作和农民生计模式的延续；另一方面，引导资本合理流入，政府应当加强对资本下乡的监管，确保资本投入农村产业发展的关键领域，如农业产业链的完善、农村基础设施建设等。

（三）城乡差距是否是实现现代化的发展动力

城乡差距在我国现代化进程中扮演着举足轻重的角色，它不仅是经济发展的动力，而且是推动社会进步的重要因素。从多个角度来看，城乡差距的存在对于我国的现代化建设具有积极的意义。

---

① 李恒：《城乡差距、人口流动与乡村振兴的路径选择》，《南都学坛》2021 年第 4 期，第 103 页。

② 叶璐、王济民：《我国城乡差距的多维测定》，《农业经济问题》2021 年第 2 期，第 125–126 页。

在经济层面上，城乡差距的存在实际上对农村地区的经济发展有推动作用。改革开放以来，我国城市地区的快速发展为农村地区带来了经济增长的机遇。部分农村通过吸收城市的先进技术、管理经验和资本，逐步形成了具有地方特色的产业体系。这种城乡之间的互动模式不仅推动了农村地区的经济崛起，而且为我国的现代化建设提供了坚实的经济基础。

从社会视角看，城乡差距促进了城乡之间的文化交流与人员流动。随着城市化进程的加速，大量农村人口进入城市，为城市发展提供了丰富的劳动力资源，同时促进了城乡文化的交流与融合。这种人员流动与文化交流对于社会整合与发展具有积极意义，为现代化进程营造了良好的人文环境。

从政策层面分析，城乡差距促使政府加大对农村地区的投入与支持。为了缩小城乡差距，我国政府实施了一系列政策，如新农村建设、扶贫政策等。这些政策不仅提高了农村地区的生活水平，改善了农村的基础设施条件，还加强了农村地区的民主制度建设，增强了农民的政治参与意识，为我国现代化政治体制的建设奠定了基础。

然而，我们也必须清醒地认识到，城乡差距所带来的问题不容忽视。例如，农村人力资源稀缺、乡村精英缺失、教育资源贫乏、医疗资源短缺、社会保障体系薄弱等。城乡差距曾是中国现代化进程中的一种动力，但在农村各项资源严重流失乃至发展动力枯竭的情况下，城乡差距将成为实现乡村振兴和共同富裕的一大障碍。

结　语

中国正处于城乡中国快速转型的进程中。乡村是一种经济形态、社会形态、人居空间，也是社会变化的显示器。20 世纪 90 年代以来，我国进入城市化快速发展时期，虽有乡镇企业发展、外资进入，但总体上乡村主要还是土地资源和劳动力的供应地。从乡村的视角看城乡关系，城乡关系反照出农民在城乡之间往返的生命历程：年少时离乡进城，中年时扎根城市，年老时可能离城返乡。他们为城市的发展付出了辛勤的努力，也为家乡的发展贡献了力量。正是这样一代又一代农民的接续，推动了我国城乡关系的不断发展与融合。

城市与乡村是一个互动共生的有机系统。在“中国式现代化是全体人民共同富裕的现代化”的国家建设目标下，正视并理解城乡差距是推动城乡关系现代化转型的必要条件。城乡非均衡性是中国城市建设和现代化实现过程中的产物，正基于此，城乡关系现代化既不是全盘城市化，也不是农民市民化与城市现代化同步走，而是在保留农村特色产业、文化、生活和生产的基础上，实现农村与城市的互惠互利、异构共生。正确认识乡村、理解农民，尊重城乡之间的差异，从城乡关系的理论辨析中照见中国农民的困境、现实和梦想，是乡土学人最大的学术理想。

导师接续

社会科学研究本土化与主体性之争

——基于读者视角对谢宇与贺雪峰论辩逻辑的分析

肖建飞

摘要：谢宇提出“社会学本土化是个伪问题”这一否定性核心命题，并借助议题本土化、应用本土化与范式本土化均不成立三个论点，证立核心命题。贺雪峰则提出肯定命题“应建立有主体性的中国社会学（社会科学）”，支持核心命题的是议题本土化未完成、应用本土化有必要、范式本土化是真问题等论点。对于读者而言，重要的不是提出论点，而是给出的论据是否充分、精准，论证思维是否符合逻辑。在论证逻辑性与论据充分性上，需根据两文的内容进行评判。构建中国社会科学研究的主体性确有实践与理论需要，但在东西之间划分出绝对边界存在一定武断性，中国社会科学研究需要证明自己，构建自己的话语体系。

关键词：社会科学研究；本土化；主体性；读者视角；论证逻辑

引言　谢宇文与贺雪峰文的核心命题

谢宇先生的《走出中国社会学本土化讨论的误区》（本文简称“谢宇文”）① 发表于《社会学研究》2018 年第 2 期，贺雪峰先生在《探索与争鸣》2020 年第 1 期发表《本土化与主体性：中国社会科学研究的方向——兼与谢宇教授商榷》（本文简称“贺雪峰文”）②。读者阅读应从引发这场争论的谢宇文开始，再转到贺雪峰文。读者关心的是，如何提出命题，如何展开论证逻辑，一个逻辑清晰的作者能给读者提供明确论点和清晰叙事，而一个逻辑混乱的作者只能给读者制造更大的思维混乱。我们一起分析二文，一方面试图引导大家细致阅读，另一方面重在培养大家的逻辑分析能力和论证技术判断力。

（一）论者的核心命题

作为一个坚持社会学研究规范的学者，谢宇老师对国内学界热议的“社会学的本土化”进行了剖析，同学们看这个词组就能猜测出需要解释概念的不是“社会学”，而是“本土化”。对于一个社会科学重要概念的解释是相当不容易的，越是抽象的、评价性的概念，越不容易解释。面对“本土化”这个难以解释的概念，谢宇文将之分解成三个层级：第一，议题本土化，某一些社会现象和问题为我国独有或者在我国表现尤为突出，例如城乡户籍制度、国有土地与集体土地制度设置、计划生育制度，以及近年来的迅速调整、改革开放 40 多年形成的“流动中国”与“迁徙中国”等。第二，理论与方法应用的本土化，简称“应用本土化”，包括“将西方社会学的理论和方法应用于中国，并对其加以改进和创新，使之契合本土特质，成为适用于理解中国社会现象的工具”。“师夷长技”与“拿来主义”可以解决自然科学与应用技术领域面临的问题，但研究我国面临的各种政治、经济和法律问题，则会遭遇重重考验，必须进行本土化改造，寻求理论方法与实践的契合。即便如此改造，失败的可能性也极大。第三，范式本土化，为了更好地研究我国的社会问题，不仅要在议题

---

① 谢宇：《走出中国社会学本土化讨论的误区》，《社会学研究》2018 年第 2 期，第 1-13 页。

② 《本土化与主体性：中国社会科学研究的方向——兼与谢宇教授商榷》，《探索与争鸣》2020 年第 1 期，第 83-89 页。该文后被收入贺雪峰：《在野之学》，北京大学出版社，2020。收入文章名为《社会学研究的本土化与主体性——评谢宇教授〈走出中国社会学本土化讨论的误区〉》，与最初期刊文章题目与内容略有区别，本文引用以收入《在野之学》的文章为准。

方法上实现本土化，还要从“传统文化”中发展新理论，总结新方法，乃至从“认识论层面去形成植根于中国历史文化的新范式”。[①] 这三个层级的分析遵循由浅入深、由易到难、由通识到争议的逻辑。

谢宇文提出的核心命题是“社会学本土化是个伪问题”，换一个更容易被同学们接受的表达就是：中国社会学本土化工作已经完成，不需再进行本土化，故中国社会学本土化这个话题不重要，讨论中国社会学本土化已无必要。

贺雪峰文则延伸谢宇文的核心命题，其认为，“表面上看，谢宇教授反对的是社会学本土化主张，实质上谢宇教授反对的是建立中国社会科学的主体性”[②]。贺雪峰文扩大论域，不仅涉及我国的社会学研究，还涉及我国的社会科学。贺雪峰文提出的核心命题可以总结为“坚持社会科学的本土化，并且构建社会科学的主体性”。

（二）命题的基础知识

在形式逻辑学中，命题是表达思维对象的情况并具有真假之分的语句。命题或表达思维对象的逻辑性质，或表达思维对象之间存在或不存在某种逻辑关系。

S 与 P 表达两个概念间的关系，例如：

（1）日常语言判断，所有犯罪行为都是违法行为；逻辑命题，SAP。

（2）日常语言判断，有的律师不是兼职的；逻辑命题，SOP。

p 与 q 表达两个命题间的关系，例如：

（1）日常语言判断，甲危险驾驶行为或表现为驱逐竞驾，或表现为酒驾；逻辑命题，$p \vee q$。

（2）日常语言判断，凡是现场作案人，都到过犯罪现场；逻辑命题，$p \rightarrow q$。

命题形式是多种多样的，对命题进行分类存在不同方法。再强调一下，所有的分类都是为了让我们的思维更清晰。从命题的形式结构出发，根据命题是否包含“必然”“可能”“必须”“允许”之类的模态词，可以把命题分为模态命题和非模态命题。法律规则就是模态命题中的规范命题。

---

① 谢宇：《走出中国社会学本土化讨论的误区》，《社会学研究》2018 年第 2 期，第 2 页。

② 贺雪峰：《社会学研究的本土化与主体性——评谢宇教授〈走出中国社会学本土化讨论的误区〉》，载《在野之学》，北京大学出版社，2020，第 72 页。

非模态命题描述过去已发生的事实或者现在正在发生的事实。例如，2023 年我国常住人口城镇化率为 66. 16%，2023 年我国人口比 2022 年减少 208 万人。根据一个命题是否包含其他命题，可以把非模态命题分为简单命题和复合命题，简单命题不包含其他命题，复合命题包含其他命题。简单命题分为直言命题和关系命题，例如“中国社会学研究不需要强调本土化”是直言命题；“中国社会科学研究本土化是构建主体性的前提”则是关系命题。根据复合命题所包含的支命题之间的逻辑关系差异，可以把复合命题分为联言命题、选言命题、假言命题和负命题，例如“中国社会科学研究既需要实现本土化，也需要构建主体性”是表示并列关系的联言命题；“中国社会科学研究或已经实现本土化，或没有实现本土化”是表示排他关系的选言命题；“只有中国社会科学研究实现本土化，才能构建主体性”是表示必要条件的假言命题。

模态命题又可以分为狭义模态命题和规范命题。狭义模态命题是对过去可能发生或未来事态发展的判断。例如：人必有一死、杀人犯可能被判处死刑。规范命题则是基于主观目的的评价，表示评价者的态度与价值取向。例如：法官必须公正裁判，法官不得徇私枉法；允许法官休息，允许法官不用夜以继日地工作。命题分类见图 5。

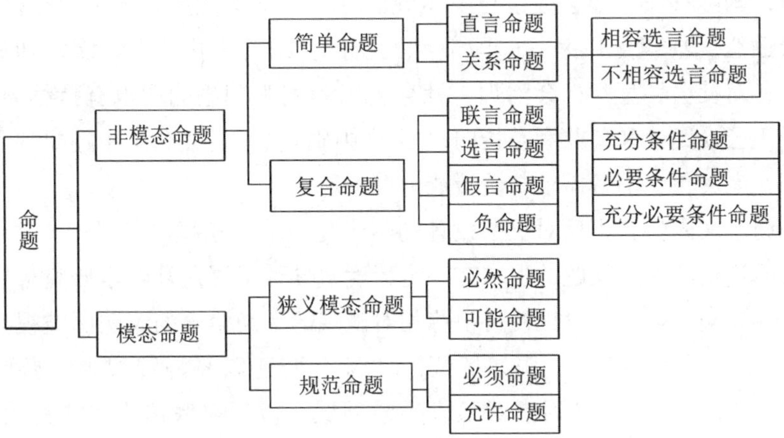

图 5　命题分类

我们这次读书会一起分析文章，其实是一次学术论辩的记录。在读书会之前，需要向同学们介绍一下正负命题的关系。负命题是对一个命题的否定；命题与被否定的命题之间存在真假互相逆反的关系。“中国社会学研究已经实现本土化”（P）是正命题，“中国社会学研究尚未实现本土化”（¬P）是负命题。谢宇文认为，中国社会学的研究议题已经相当程度上实现了本土化（P1）；社会学理论或方法应与中国研究本土议题相契合（P2）；秉承社会学研究的规范性与议题的情境性，保持社会学研究的独立性和原创力（P3）。贺雪峰文认为，议题本土化未完成（¬P1）；警惕食洋不化，社会学研究应服务于中国实践（≠¬P2）；警惕做以美国为主的西方社会科学大厦的建筑工，树立中国的社科范式（≠¬P3）。贺雪峰文的第二、第三个论点并非直接构成对谢宇文第二、第三个论点的负命题。

一、议题本土化之辩

两位论者都认可我国社会科学研究议题已实现或正在实现本土化，争议在于议题本土化的发展程度，以及有无必要再申明强调议题本土化。

（一）谢宇文：议题具有公共性与长远价值

社会学研究对象是特定时空中的问题，研究不能脱离研究对象发生的社会情境。谢宇文罗列了多年来吸引美国社会学家注意力的问题，包括种族、肤色、社会阶层、社会不平等、教育资本、贫困化、高犯罪率、家庭离散、国际移民、社会健康与个体健康等，当下可能还要加上社会撕裂、社会愤怒。21世纪以来，中国学界关注社会结构变化、人口流动加速等现象，对社会转型、社会治理、社会公正等宏观理论问题也有持续研究，这源于公众舆论和公共利益指向。当下中国社会学研究名单中还要加上生育率、老龄化、消费需求与消费能力等议题。

谢宇文先生并不反对议题设计的本土化，他真正担心的是，“对这些重大而迫切的宏观议题的追求在一定程度上导致了国内社会学研究选题的单一性和同质化，同时也使另一些相对微观的、经验性的议题因被视为细枝末节而遭到忽略”①。例如持续的“社会变迁以经济转型为主要驱动力”，整体情境与经济因素对私人生活领域，包括家庭结构、家庭关系、生育观念与决策均有极其深入的影响，这些问题看似细小，但可见微知著。谢宇文将我国社会学面临的突出问题归结为，“不是议题的西方化或美国化，而是缺乏判断议题学术价值的长远意识”。当下中国社会学必须

① 谢宇：《走出中国社会学本土化讨论的误区》，《社会学研究》2018年第2期，第3页。

具备更宽广的理论视野，“不必为突出本土化特征而束缚研究选题，更不必去争论这些议题是中国的还是美国的，而应关注议题本身在中国长远而非眼前的学术价值和潜力”①。

（二）贺雪峰文：研究服务于理解中国经验

谢宇文把社会情境作为孕育研究议题的温床，认为成为研究议题的问题应具有公共性，回应公众舆论和公共利益。贺雪峰文最初发表时有如下表述：“社会科学在选择研究议题、形成研究结论方面，显然受到意识形态、历史、特定发展阶段等诸多影响。”贺雪峰文认为如不深耕于中国经验，“与以美国为主的所谓世界社会科学对话”，“融入以美国为首的西方社会科学”，将形成“依附于西方主要是美国的社会学”②。

尽管《在野之学》一书中的“意识形态、历史、特定发展阶段”等表述被删除，但在有关学术立场的讨论中，贺雪峰多次重申要以本土化反对西方化，理由是社科研究有时代性、阶级性与中国特殊性，西方理论有不曾言明的前提预设，西方理论不能轻易用于解释中国。③ 面对知识霸权主义的威胁，贺雪峰文强调，“当前中国社会学最紧迫的任务是呼啸进入田野，真正从中国实践中提出问题，科学分析问题，以建立对中国经验与实践的科学的理论解释体系”④。

二、应用本土化之辩

尽管社会情境有别，但谢宇文对社会学研究方法的普适性有足够信心；贺雪峰文则再次申明，应该西为中用，社会科学研究的基础是长期浸泡于中国经验。

（一）谢宇文：方法应用重在契合而非本土化

西方学者开启了中国社会学研究。谢宇文将关注中国社会的域外研究者归为两类：一类人行走于中国的大地上，他们是熟悉中国的传教士、学者、政治家，其中一些人成为敏于观察、富有洞见的质性研究者，他们的

① 谢宇：《走出中国社会学本土化讨论的误区》，《社会学研究》2018年第2期，第4页。

② 贺雪峰：《社会学研究的本土化与主体性——评谢宇教授〈走出中国社会学本土化讨论的误区〉》，载《在野之学》，北京大学出版社，2020，第71-73页。

③ 贺雪峰：《社会科学研究与饱和经验训练》，载《在野之学》，北京大学出版社，2020，第38-39页。

④ 贺雪峰：《社会学研究的本土化与主体性——评谢宇教授〈走出中国社会学本土化讨论的误区〉》，载《在野之学》，北京大学出版社，2020，第73页。

著述也成为"研究中国社会的起点"，这一类研究观察到中西方历史文化传统的差异，但对中国内部差异的研究不足；另一类人多借助社会调查的数据资料与历史文献研究中国，与当下中国有时空区隔，并将中国研究纳入现代性宏大理论，这一类研究者更为关注中西历史发展阶段的差异，忽视中国自身的发展逻辑。上述两种研究取向在国内都有追随者、效仿者，难免会有东施效颦之嫌，乃至出现邯郸学步的结局，"其中不乏西方社会学知识机械、草率、投机的应用者，让本已显得亦步亦趋的学术移植沦为更加廉价、粗糙的学术加工"①。

基于不同的社会情境，中外社会学研究议题有不可通约的差别。即便如此，社会学研究方法仍有相通的规范性，"实现本土契合性的难点在于对中国与西方社会组间与组内差异张力的把握：一方面不能太过于强调特殊性，另一方面也要知道中国的确存在特殊性"②。以本土化为旗帜和口号，不代表能完成具有"原创力"的知识产品。"食洋不化"形成的粗糙、劣质著述，只能反映学者学术水准的有限。即便投喂者是欧美学术界，效仿者是国内的部分学者，也不能将上述学术现象归结为美国或西方社会学的"入侵"③。

（二）贺雪峰文：西为中用长期浸泡于中国经验

贺雪峰文坚持应用本土化，"将中国经验和实践本身当作认识对象，西方理论与方法只是认识工具和认识手段"④，可视为拿来主义、中体西用观念在当下社会科学研究领域的另一种表达。

贺雪峰文并没有否认西方社会科学理论与方法训练的价值，但西方社科理论学习与方法训练远远不是最重要的学术工作，姑且只能作为"学术预热"，更重要的是"长期浸泡在中国经验中，尽可能完整地理解中国经验。中国经验一定是理论与方法的出发点和归宿"⑤。至于如何研习西方理论方法，贺雪峰文只是从原则、方向上提出了建议。贺雪峰文坚信，只有长期调研，经过经验的充分浸泡，才能理解中国，这也是最好的理论研究方法。贺雪峰文反对套用西方理论，食洋不化。

---

① 谢宇：《走出中国社会学本土化讨论的误区》，《社会学研究》2018年第2期，第5页。

② 谢宇：《走出中国社会学本土化讨论的误区》，《社会学研究》2018年第2期，第5页。

③ 谢宇：《走出中国社会学本土化讨论的误区》，《社会学研究》2018年第2期，第6页。

④ 贺雪峰：《社会学研究的本土化与主体性——评谢宇教授〈走出中国社会学本土化讨论的误区〉》，载《在野之学》，北京大学出版社，2020，第79页。

⑤ 贺雪峰：《社会学研究的本土化与主体性——评谢宇教授〈走出中国社会学本土化讨论的误区〉》，载《在野之学》，北京大学出版社，2020，第79页。

三、范式本土化之辩

谢宇文认识到范式本土化是讨论核心，坚持逻辑推理、有理有据的普遍标准；贺雪峰文重申，中国社会科学研究必须建立自己的“范式、大厦、体系”，树立自身主体性。

（一）谢宇文：恪守社会科学研究的共同标准

谢宇文发现，相对于议题本土化、应用本土化，范式本土化是最激进、最具感召力，也最强有力的本土化观点。范式本土化倡导者上溯2000年，将西方文化追溯到古希腊、古罗马的哲学或神学思想，将中国文化追溯到周代天下观、秦汉大一统与儒释道思想。谢宇文仍认为，尽管科技发展与信息技术给全世界带来了趋同影响，中西方社会仍存在着实质区别，突出表现为：第一，我国没有贵族传统，拥有“庞大的中央集权官僚体系”；第二，我国“从未建立起政教合一的一神论宗教体系”①，行政与法律系统合一。

谢老师不是学术政治化的支持者，故不认同一切学术研究都有政治目的或者普遍受到政治意识形态影响等观点。他认为，社会学研究有纪律性和规范约束，“逻辑推理”“有理有据”是学者应一致接受并遵守的标准。至于社会学定性与定量两大类研究方法分野，尤其是国内部分学者对定量研究方法不信任这一点，谢宇文认为，定性与定量研究方法各有优长与界限，使用何种方法取决于研究问题与研究资料。他在《走出中国社会学本土化讨论的误区》一文中指出：“在描述总体分布和研究原因的结果时，定量研究能够做得更好；在提供对现象所有可能的解释及理解机制的发生过程时，定性研究能够提供更丰富的洞见；如果针对研究对象或核心概念没有很好的定量操作化方案和可靠的定量数据时，采用定性研究也许能更好地了解真实的情况；而当有较成熟的定量操作化方案时，定量研究能更好地检验理论假设”②。

（二）贺雪峰文：建立中国社科的范式体系大厦

贺雪峰文认为，欧陆与美国在研究方法上各有侧重，欧陆社科研究侧

① 谢宇：《走出中国社会学本土化讨论的误区》，《社会学研究》2018年第2期，第7页。
② 谢宇：《走出中国社会学本土化讨论的误区》，《社会学研究》2018年第2期，第9页。

重定性，美国社科研究侧重定量。在贺老师看来，国内学者多以美国定量方法为“效法”对象；其参与学术对话的主要方式是在国外顶尖刊物发文，进入西方社科研究的大厦，搬砖加瓦，做建筑工。贺雪峰文认为，中国社会科学研究必须建立自己的“范式、大厦、体系”①。这也符合贺雪峰老师一直强调、不断重申的治学思路——“走向田野—经验饱和—致力于原创—母语对话—实现社科本土化（主体性）”，即“实践—理论—实践”的研究进路，贺雪峰老师称之为“大循环”。贺老师反对的是“理论—经验—理论”的“小循环”进路，前一个“理论”指的是“既有社会科学研究中形成的若干结论”，“经验”是指为了找到与现有社会科学研究的“对话点”，选择出部分中国经验，后一个“理论”指的是与中国经验对话后得以修正的西方既有研究结论。② 贺雪峰老师区分了两类经验：小循环中的经验是“片段的、支离破碎的，是服务于具体理论论证需要的”；大循环中的经验“是本体的，是完整的，是有机联系为一个整体的”。③

社会科学本土化论争的核心与焦点是本土化的“思维方式”或“研究范式”问题，但两位论者都未充分展开论证。世纪之交，我国社会科学的研究取向乃至大学教育的学科建设存在着一些问题。正是在这种知识氛围下，苏力老师的《法治及其本土资源》《送法下乡》一经问世，就吸引了众多读者。这些书的批判性、反思性远多于建设性、应用性。而在社会学界，也不乏对此学术倾向的批评者。周飞舟就认为，西方社科理论和研究方法不足以深入中国社会现实，解释中国社会的迅速发展，捕捉世态人心变化；本土的社会学乃至社会科学研究将学科建设和学术目标定位于“排名”和“接轨”，无力把握时代脉搏，却在“议题”设计与研究“应用”方面，越发以西方人“关心的问题、使用的方法、信奉的理论为指针”。社会科学研究本土化论题被广泛讨论，原因恰恰在于学术研究滞后于中国社会发展，迅速变化的现实超出了既有研究范围。“本土化讨论与社会现实的关联，从来没有像今天这样紧密和紧迫。”④

① 贺雪峰：《社会学研究的本土化与主体性——评谢宇教授〈走出中国社会学本土化讨论的误区〉》，载《在野之学》，北京大学出版社，2020，第82页。
② 贺雪峰：《建立中国社会科学主体性的提纲》，载《在野之学》，北京大学出版社，2020，第67页。
③ 贺雪峰：《建立中国社会科学主体性的提纲》，载《在野之学》，北京大学出版社，2020，第67页。
④ 周飞舟：《社会学本土化的演进与本位》，《中国研究》2022年第1期，第11页。

四、社科评价标准之辩

关于社会科学研究成果的评价标准，谢宇文认为，一流研究需要参与国际学术对话，提升学术竞争力；贺雪峰文则主张基于经验主义、实用主义态度来评价社科研究质量，呼吁“呼啸着走向田野”。

（一）谢宇文：同行评价的学术质量保障

谢宇文主张以参与世界社会学对话为目的，借助普遍研究方法，提升理论解释力。对于美国以组建科学团队、向之投入资源、推动科研产出的“大团队”模式，谢宇文亦不认可。其肯定学者个人作为先驱者，具有独一无二的个体意义，追求个人出类拔萃，才有可能有原创性成果。学者作为科学团队成员，作为“贡献数量”的“数字”，是对学术意义的消解，服从团队工作很难有高水平的科研产出。[①] 谢宇文高度关注学术研究的质量，“在学术界，质量最重要，研究质量永远重于发表数量”[②]。学术贡献会呈现梯级分布规律，优秀著述永远是少见的。“要有足够的耐心去期待真正优秀的作品诞生；我们也可以适当鼓励一些严谨的重复性的研究，至少这些研究能够肯定或质疑前人的发现。”[③] 盲目追赶学术风潮，乃至东施效颦，不可能有高质量的学术作品，“警惕那些貌似达到国际发表的标准、使用前沿的量化模型，但却内容肤浅、具有误导性，甚至结论完全错误的研究”[④]。

大部分研究者，包括我们这些在大学任教、始终把大量精力投入科研工作中的教师，一生也未必能写出一篇对学术发展有实质性助益的论文，更不用说对学科发展有直接推动作用的著作，但至少我们不能丧失学术标准。换言之，我们不能因为自己做不到优秀，就不知道什么是优秀、优秀的标准何在。既然不以学者头衔为重，而以课题类别、发表数量为准，那么社科研究质量以何为准？谢宇文给出的三个标准如下：第一，“提高方法论上的严谨性”，方法不仅仅是工具意义上的，更直接关涉到能否提出有研究价值的问题、设计可行的研究环节；第二，与学术同行分享研究资

---

① 谢宇：《走出中国社会学本土化讨论的误区》，《社会学研究》2018 年第 2 期，第 9 页。
② 谢宇：《走出中国社会学本土化讨论的误区》，《社会学研究》2018 年第 2 期，第 11 页。
③ 谢宇：《走出中国社会学本土化讨论的误区》，《社会学研究》2018 年第 2 期，第 11 页。
④ 谢宇：《走出中国社会学本土化讨论的误区》，《社会学研究》2018 年第 2 期，第 11 页。

料，鼓励数据公开与共享，其意义不仅在于能“更好地挖掘和不浪费既有的研究资源，还可以校验学术发现”；第三，呼吁国内学者“参与到社会学更广泛的学术社区中去，而不仅仅只参与中国的学术社区，不要人为地划定学术社区的中西阵营”①。“对普适的社会学学术规范的忽视，以及对定量研究浅尝辄止的理解和毫无建设性的批判”②，无助于中国社会学研究产生原创性作品，甚至会损耗研究者的原创力。“一个真正好的研究，应该既能被中国人欣赏，也能被西方学界欣赏，它既是本土的，也是世界的。”③ 就此看，谢宇对国际社会学的学术同行评价给予较大的信任与认可，他认为社会科学研究是“科学”，至少有学术规范约束，并以扩大学术共识为主要研究目的。

（二）贺雪峰文：“呼啸着走向田野”思潮

谢宇文认为，我国社会学研究已“成功走过了本土化的阶段”，如何做出有原创性的理论贡献，是我国社会学研究“更为艰巨的历史使命”。当下我国社会学研究者在发展理论和选择方法时，“应该考虑的已经不再是社会学本土化的问题，而是如何做出一流的社会学研究，使其理论和方法有助于整个社会学学科的知识积累并产生国际影响。这也意味着我们需要参与到世界范围内社会学学科的对话中去，需要与西方社会学家竞争，需要在国际已有的学术共识的基础上通过更为严谨规范的方法获得世界影响力”④。从这段内容看，谢宇老师建议做一流研究、参与学术对话、提升学术竞争力，将之作为当下社会学研究的首要目标定位，这并不等于说不可以再有其他目标，只是各项目标的重要性有别。贺雪峰老师将之定性为“中国社会学唯一的正确道路”。这意味着，谢宇文提出的是一个具非排他性、选择性、表达可能性的狭义模态命题，而贺雪峰文将之定性为一个具排他性、无选择性、表达必然性的狭义模态命题。

贺雪峰文认为，谢宇文把自然科学等同于社会科学，以美国为主导，以英文为基础，以在美国顶刊发表为学术目的。贺雪峰文更强调中体西用，以中国实践为出发点与归宿，社科研究的主体就在于理解中国经验。故社科研究应为服务政府决策提供“理论基础”与“学术支撑”，而非致

① 谢宇：《走出中国社会学本土化讨论的误区》，《社会学研究》2018 年第 2 期，第 11 页。
② 谢宇：《走出中国社会学本土化讨论的误区》，《社会学研究》2018 年第 2 期，第 12 页。
③ 谢宇：《走出中国社会学本土化讨论的误区》，《社会学研究》2018 年第 2 期，第 12 页。
④ 谢宇：《走出中国社会学本土化讨论的误区》，《社会学研究》2018 年第 2 期，第 12 页。

力于“与国际学术界接轨和对话”。[①]

在贺雪峰老师的著述中，反复出现“呼啸着走向田野”的提法，强调“田野的灵感，野性的思维，直白的文风”[②]。贺老师的文风确实很直白，比如他强调，“要强调做研究而不是写文章，要强调创新而不是不犯错误，要真正做脑力劳动而不能成专注修辞的体力劳动”[③]。“呼啸着走向田野”非常重要，但这只是科研工作的起步阶段。仅仅“呼啸着走向田野”还不足以获得更为深广的认识，更丰富的素材、更合理的研究方法、更广阔的理论视野均是高质量研究的必要条件。当然，持续深入“田野”无疑是社科研究的基础。

余论　再思西方、主体与自主

概念为理论构建和实证研究打基础，《乡土中国》正是借助“家三角”“差序格局”“双规政治”“无讼”等概念构建起传统乡土社会的理论图景。这些富有解释力的理论概念建立在城乡比较、中外比较的认知框架体系内。但当下学界使用的很多概念没有经历过概念分析，既无法被严格定义，也缺乏度量意义。借由谢宇老师与贺雪峰老师的论辩，我们做一些延伸分析，即何为西方、主体性与自主性。

（一）何为西方

什么是西方？以地理位置、语言文化还是以其他划分条件为准？梁永佳老师发现，中国学界对“西方”的理解可大体归为三种类型：第一，按地理位置，这种观念可以框定“西方”的核心，即西北欧和美国，但难以归类英联邦国家和东欧。第二，按语言文化，将“西方”想象成以英、法、德等国文字写作的学术文献。但同样存在不可回避的麻烦，大量来自开罗、加尔各答、拉合尔、墨西哥城、东京、首尔等“非西方”（并非来自西北欧和北美）地区的西文著作无法归类。第三，按幅员，将西方学术想象框定成幅员辽阔、文化深厚的民族国家所承载的学术传统。但荷兰、斯洛文尼亚、

---

① 贺雪峰：《新乡土中国（修订版）》，北京大学出版社，2013，第402-403页。

② 贺雪峰：《大循环：经验的本位性与中国社会科学的主体性》，载《在野之学》，北京大学出版社，2020，第62页。

③ 贺雪峰：《大循环：经验的本位性与中国社会科学的主体性》，载《在野之学》，北京大学出版社，2020，第62页。

匈牙利不仅有自己的学术语言，而且学术实力强大；当下无论是自评，还是他评，印度、伊朗、土耳其、巴西等国的学术思想又何尝输给“西方”？故“西方”这一概念在使用时经常成为一个“歧义众多、边界模糊”的范畴。梁永佳认为，“中西二分”或许更多只存在于文化精英著述和上层制度设计中，社会生活实践和价值观念却是“巨量的杂糅体系……将这一杂糅体系简化成传统、西方、中西混合三种因素，并通过追溯经典找到这些因素的根由，不仅有损于社会生活的整体性，而且几乎是挂一漏万的”①。

杂糅体系的一个范例或可通过农民土地产权观念加以解释，当中国农民说某一块儿土地是“我的”，农民的土地权利是“不完整”的，农民也自知承包经营权是没有所有权的“不完整”权利，但这并不妨碍农民认为承包地为自家所有。周飞舟老师认为，社会科学研究本土化问题的本质是寻根的过程、文化自觉的过程，但不意味着自我封闭，他建议从当前社会现实中辨别出“传统”因素，“透视”社会现实中各种“混杂成分”，把握社会生活“变动、跃动的脉搏”。② 如果说当下中国社会生活是多种传统因素的杂糅体系，我们是否更应该关注杂糅的过程、动力因素，杂糅结果是否符合公共利益，杂糅形成的规则是否公正？辨识、提炼杂糅成分的还原工作之意义大小值得商榷。

（二）何为主体

“所谓主体性，就是中国社会科学当前一个时期最为重要的目标是要理解中国经验与实践，在理解中国经验与实践的过程中，依据需要来运用各种具体的理论和方法。”③ 中国社会科学研究主体性的核心含义，即基于中国经验，提出中国理论，形成中国共识。这一解释过于简单，难以证成主体性。对此解释可以进行追问，中国经验和理论是否需要多种参照系、更大经验视野与更充分理论辨析才能达成共识？“呼啸着走向田野”如何能转化为各类扎实有机的学术行动，如何与有质量的学术产出之间建立起直接关联？

个体作为主体的核心在于具备理解能力、判断能力与行动能力、责任能力；学术共同体作为主体的核心在于，进行多样的理论表达，提高整体理解能力与判断能力，开展多主题、多方法、多理论的学术行动，求真务

① 梁永佳：《超越社会科学的“中西二分”》，《开放时代》2019年第6期，第70、73页。

② 周飞舟：《社会学本土化的演进与本位》，《中国研究》2022年第1期，第15页。

③ 贺雪峰：《社会学研究的本土化与主体性——评谢宇教授〈走出中国社会学本土化讨论的误区〉》，载《在野之学》，北京大学出版社，2020，第81页。

实，对学术成长负责。仅仅关注自己则无法认识自己，仅仅书写自己也不能构建起自己的完整形象，中国的自主学科体系不能只适用于自己的学科体系。中国社会科学研究的伟大任务在于，“在认识论上明确界定西学体系的成立条件”，继而建立一个可以吸纳“西学”且“非东非西学”的理论体系新范式。自主学科体系创立的第一步，“不应当是在自己的社会中否定对方，而是在第三方社会中证明自己”。①

（三）何以自主

对社会学乃至中国社会科学自主知识体系的追寻，始于20世纪30年代吴文藻、费孝通等老一代学者提出的“社会学中国化”主张。《江村经济》最初在英国出版，费先生心系的是灾难深重的中国，不是为英国社会学和人类学发展添砖加瓦。

将发表平台定位于西方顶尖的刊物和出版社，为什么就只能被认为是为了建设西方的社会科学？为什么不能被认为是为我们自己开一扇窗、开一扇门？对此自然有不同的解释，“我们学者的创新只有让西方人在一定程度上能理解，形成对话，才能真正把中国特色的社会科学话语体系传出去”。②“我知道西方学术框架很难突破，我们在做的事情，就是在整个西方的学术‘大厦’里东敲碎一块玻璃、西敲碎一块砖，目的是让西方人意识到，他们提出的东西并不是看问题的唯一方式。”③ 这是赵鼎新在接受《中国新闻周刊》采访时做出的回答。

研讨互动

学生与谈

学术脉络与阅读收获

王海旭

感谢两位同学的介绍与分享，接下来由我和牛院长进行讨论。首先，

① 梁永佳：《超越社会科学的“中西二分”》，《开放时代》2019年第6期，第78页。
② 霍思伊：《浙大教授赵鼎新辞职风波背后》，《中国新闻周刊》2024年4月15日。
③ 霍思伊：《浙大教授赵鼎新辞职风波背后》，《中国新闻周刊》2024年4月15日。

我想分享一下我读贺雪峰教授这两本著作时的感受。在上一期读书会，我和纯羽同学围绕费孝通先生的《乡土中国》和《乡土重建》展开汇报。如果说费孝通先生的著作是中国农村重建的理论构想，那么贺雪峰教授的《新乡土中国》与《乡村视角》便是将这种理论构想付诸实践。如何在中国式现代化进程中实现乡村振兴，是贺雪峰教授所代表的华中乡土派追求的学术理想。贺雪峰教授提出了乡村振兴战略的三个特点：第一个特点是全局性，即乡村振兴战略要服务于中国式现代化大局；第二个特点是动态性，即不同时期，乡村振兴遵循不同的逻辑；第三个特点是历史性，即站在历史高度看待乡村振兴，遵循历史规律，任何想一天建成共产主义的想法都是错误的。相信贺雪峰教授的这些观点，对于乡村振兴战略的实施，一定具有添砖加瓦的作用。

另外，我想谈谈参与“钟爱阅读”读书会的感受。到今天，我在“钟爱阅读”人地关系读书季的所有任务就结束了。当然，我们的人地关系读书会还有一期，将在本周日进行。在这一季读书会中，我担任过记录人、领读人、主持人、与谈人，可以说体验是比较完整的，收获也是很多的。因为我从来没有如此认真地阅读过一本书，并且在读完之后还写下长达六千字的读书报告。在这个过程中，我不仅要去阅读，还要去深入思考，思考作者写书时每个章节的逻辑关系，也要思考作者每一个理论概念背后到底蕴含了什么深意。而对于费孝通先生的《乡土中国》，对于这本格外具有启发意义的著作，我还要去想作者到底想引发我们怎样的思考，其揭示的基层社会运行原理到底是如何运作的，是如何影响国人的思维方式和行为模式的。在思考结束后，我要用尽可能书面化的语言，把想法写作成读书报告。在此过程中，我的思维能力、阅读能力、语言表达能力都得到了很强的锻炼。《乡土中国》这本书看似和我们的专业毫无关联，但就我个人而言，参加这次读书会仍然非常有意义。

在此，我要特别感谢一下肖老师。看起来我们的读书会只是两位领读人在讲台上分享两篇读书报告，但其实每周的公众号推文，还有长达上万字的读书报告，都经过肖老师一字一句阅读、修改，甚至不止修改一遍，有时半夜十一二点肖老师还会及时回复我的消息，甚至进行电话沟通。当然，这些只是肖老师工作的冰山一角。所以，也希望同学们能多多参加肖老师的读书分享会，无论作为参与者，还是聆听者。我相信，只要用心参与，我们一定会有收获。

嘉宾点评

理论标准与田野调查

牛玉兵

肖老师在第二节课一开始给大家讲了一段话，我很有同感。因为这段时间我正在修改学生论文，感觉这是一个在“互相折磨”的过程。今天学院把2021级的所有硕士生论文都收了上来，其中的问题很多。

分析不是宣传

同学们之所以存在表达缺陷，原因至少有二：第一，我们的理论学习是不够的；第二，我们对怎么样去展开一个分析、展开一个论证的了解也是不够的。或者说，我们的学习和训练不够。今天肖老师给我们讲有关社会科学的争论，是一个非常好的范例。她不仅告诉了我们存在这么一场争论，而且把他们是如何去论辩、在论辩过程当中论点和论据是如何提出的、在展开的过程当中有什么样的逻辑问题，都给我们呈现出来了。

分析不是宣传。有些时候各位同学都习惯了宣传，我们从小接受的教育和训练可能就是这样子，但是那不是真正的学术性对话。真正的分析是类似于“剥洋葱”的感觉，你剥开一层之后里面还有一层，再往下剥还有一层，一层一层剥下去，最后一层剥到了问题的核心，这才是分析的模式和方式。而不是说我们这也讲、那也讲，或者一开始表达就先定调子说这样讲就是对的。

讲中国的主体性，首先就感觉到很自豪，可是仅有自豪感而没有坚实的论据，就可能滑到宣传的层面上去，以至于最后论证的时候，不是讲道理，而是开始讲定论。每次听肖老师讲课，我都很有收获，我想同学们应该也有这种体会。

就理论创造来说，我以前看张恒山老师的书，他谈到了理论的判断标准。我记得张恒山老师说，理论有力量，不在于是什么人提出来的，而在于这个理论逻辑上是自洽的。比如在论证过程中，可能某一方有意或无意间把一个概念转移或扩大，转到另一个方向去，那就不是就这个问题本身来讨论问题，而变成了另外的概念或问题。你说的是A，他说的可能是非A，这时候的对话讨论肯定不是对应的，不能够得到有力的逻辑支持。

张恒山认为，理论应用于解释现实，依此评估理论有没有解释力。贺雪峰老师讲，理论从经验当中得出，提炼出来以后理论应该是有解释力的。不同的理论在解释力上可能是有差别的。就像市场上的蔬菜，为什么这个菜买的人多，那个菜买的人就少。其实，学术市场上的理论也是一样的。一个理论有比较强的解释力，我们就可能遵从或者运用它。张恒山老师说，一个理论能不能解释现实，以及解释力的高和低其实是判断问题，有独立标准。我想，这可能和我们法学的特点相关，也可能和我们中国学者相关。尽管解释世界很重要，但我们总是怀抱着改造世界的想法。我觉得，学者或者研究者并不一定能完成后一项任务。

张恒山老师说的理论的自洽性、理论的解释力，也就是我们可以拿过来去做判断的标准。当我们写作提出不一样的观点时，要反问自己能不能经得起别人的追问。如果有些追问你明显感觉你是回应不了他的，你要想想你的论证到底存在什么问题。

我们同学写文章写到最后，到答辩时，一旦老师来提问，随便问几个问题，回答不出来，为什么？因为你对这个问题没有深入斟酌过，没有构建出体系性认知，没有实施的可能性，逻辑上也没有充分展开。

阅读是正确选择

把读书会搬到课堂上，这是一个正确的选择。在两位同学讲的过程当中，我去观察课堂上我们的同学在干什么？可能确实有同学像肖老师说的在“处理事情”。我们之所以把读书会活动引到课堂上去，是因为我们觉得部分同学内心还是想读书的。但是确实感觉到我们同学现在读书的时间少，读的书也少，时间都是碎片化的。相当一部分时间都花在了刷短视频上，你有多少时间去静下心来读书？当你们写东西的时候，不读书的后果当然会显现出来的。

我们有很多同学在学院里面做了很多事，很勤快，表现很好。但是一到写作时，没读书，写不出来，讲来讲去就那么几句，但是你也佩服他，对吧？就这么几句话，他也能写到五万字。我们删改到三万字，当中大概有两万字是老师写的。这种情况说明，我们的同学在读书和写作方面真的是缺乏训练的。随着每年招生规模的扩大，尤其是非全日制招生人数的增加，我们学院的压力特别大。因为非全日制学生的专业阅读量有限，他们工作太忙了。在这个过程中，如果导师再稍微懈怠一点，论文写作质量就实难保证。

读到好的文章，会有愉悦感，这种阅读愉悦感不仅读小说会有，读一些真正有理论、有体系、有论证的书也会有。但是有些阅读感可能也会差一点儿，质量不佳的写作也有价值，在比较意义上有价值。

前面两位同学都参与过多期读书会，可以看到是有成效的。只要你去做，认真地参与到这个事情当中，就一定会有收获。所以我们一直给大家讲，你要在做事情当中去学习。对于读书和写文章来说，尤其需要时间和精力投入。

领读者的总结能力

今天解越同学讲新乡土之变，我觉得梳理的东西还是蛮好的。从这本书谈到华中乡土学派，从乡土中国谈到新乡土中国的变化，把核心、要领给我们列出来。刚刚讲到华中乡土学派的研究，提到乡村治理研究方向。其实我们学院一些老师也在做，比如说基层司法问题、乡村法律文化问题，我们江苏大学打造的一个研究方向是农村治理研究，寻找自己的特色。

杜利利同学领读了贺雪峰老师的另外一本书，我还没来得及仔细看，只是读了一部分。但是我从杜利利同学讲的内容中受到极大的启发，可以总结为以下两点：第一，城乡关系演进逻辑，主要介绍了书的内容，对演进过程做了描述，但演进逻辑也需要关注，到底是什么原因造成了上述演进。第二，城乡关系的判断，讲了三个方面的情况，其实这还是表面内容，在其背后应该有更深层次的东西，对吧？

田野调查的重要价值

最后再提一点，从贺雪峰老师这两本书中，我自己有一些阅读体会：第一，做经验研究是有用的。我们做社会科学研究，大家都知道田野调查的重要性。肖老师做了很多调查，我们这边也做过一些，当然我们没有肖老师做得深入。当我们做研究的时候，需要有责任感和使命感。

一些学生写偏法社会学的论文，一开始做不下去，做不下去怎么办？我告诉他做不下去，是因为你没有经验，你连最基本的感受都没有。那怎么办？问问别人，做做访谈对不对？你去访谈，找到了素材，东西基本上就能做出来。去年一个同学，我们跟小强（江苏大学法学院魏小强副教授）老师开组会，到中期检查的时候，这个同学讲，“老师，我做不下去”。小强老师批评他：“不想做就算了，不想调研就不要写这类问题，怎么可以一直在抱怨呢？如果需要去做社会调查，去做就是了。问题在于你愿不愿意沉下心来去做。”这个同学最后沉下心去做，拿到很多材料和数据，之后论文做出来，成绩还不错。所以田野调查是很重要的东西。

第二，概念的创造和内容的丰富，这是我们经历完整学术研究过程后的收获。要想提出一个新的概念和新的理论是很难的，目前我们做的很多研究其实都是在跟从已有研究，我们很少有开创性发现和充分对话。在研究过程中，如果想让自己在学术和科研能力上获得成长，还是应该向概念创造、理论提炼、命题反思方面努力，在这些方面去深入思考，往底下去挖，不能仅仅把调查资料一堆，说这就是我的成果。这样的研究深度肯定是不够的。

以上是我对读书的一些感受。写作课帮大家了解写作的基本规范和要求是什么，其实更重要的方面是让自己的知识有提升，让自己的理论有成长，这样你才能够真正做出来既符合规范又有思想和观点的研究，这才是我们真正期待的。我希望我们 2023 级的同学，在师生共同努力之下，能够借助课程学习，都有一个好的写作成果。

导师回应

相互尊重并学会倾听

肖建飞

各位同学，这次留给我的时间多一些，我就简单说一下这几节课的感受。可能有一些同学是看过《乡土中国》和《新乡土中国》的，或者至少知道贺雪峰老师这个人。我觉得解越同学跟之前的各位同学有共性，她非常努力，以至于上讲台之前她都一直在读自己的稿子。

可是，我不知道你们现在为何对着各种各样的电子设备。我查了一下，我们现场至少有 14 台电脑，我说的是笔记本电脑，还不算你们手里边的 Pad。当然，我承认有一些同学的电脑是用来学习的。但我不知道你们现在看的是什么样的至理名言，什么金玉之言，能够对你们的哪些考试特别有帮助，以至于你们的同学做的报告，你们都觉得不值得听。

现场的同学，只要你认真听了，至少你会知道，解越和利利最大的一个突破在于，她们不是在照本宣科，她们是把书中最核心的内容提炼了出来。贺雪峰老师的书涉及的内容比较散，找到一个主题也是相当不容易的。两位领读同学不仅找到了对我们当下中国乡村建设有价值的问题，而且跟中国乡村研究的学术脉络衔接了起来，这是她们二人做的非常值得肯定的事。也就是说，她们根本不是在照着一本书来讲，而是提炼出了一本书最核心的命题，而且还可以反着说，她们的领读有批判性。我甚至冒昧推测一下，我们在座的50多个同学，如果能找出5人就这两本书写的报告比她们两人好，我们学院都应该为研究生培养质量感到满意。

同学们读稿，我知道是因为他们不自信。我相信，任何人站在讲台上面都会胆怯。他们不自信，但是这并不等于说他们讲的东西不值得听，其中有一个最基本原则——相互尊重。不管同学们写的论文多糟，近期老师们一直频繁遭遇挑战，我们都得看。不管同学们做了什么饭，我们作为指导教师的都得吃。你们什么时候能够相互尊重，对作者尊重，认认真真地读一些文献；对领读人尊重，当然如果他们确实领读内容写得不好，没有任何价值，那的确可以不听，免得浪费大家的时间和精力了。可是同学们什么都不知道，竟然还觉得别人的东西不值得听，连最基本的尊重都没有。在我看来，这是一种非常不好的学风，这是要和同学们强调的。

阅读准备

与解越沟通写作思路

与解越第一次沟通写作思路

解越自拟

题目：《新乡土中国》较《乡土中国》之“新”

摘要：21世纪的中国在经济全球化、新思潮及现代化发展的影响下，不再是完全捆绑在土地上的中国了，而是逐渐成为一个“市场中国”。贺雪峰先生基于其对中国社会和农民的学术关切，采用驻村调研的方法，认识到正是在城乡二元结构下，中国形成了以代际分工为基础的半耕半工的农村劳动力再生产方式；认识到农业在中国国民生产总值中的比例逐渐变小，农民收入结构有所变化；认识到一直构成农民的意义世界和人生价值基础的传宗接代观念开始消失，出现了农民价值之变；也认识到乡村治理过程中遇到的问题。贺雪峰先生关注、分析问题本身，将理论知识作为理解、分析和组织材料的工具。

附提纲

一、21 世纪初的中国乡村现状

（一）熟人社会到半熟人社会

（二）村庄类型及演变

（三）人际关系理性化

二、以村民自治原则运作的村庄治理

（一）村庄治理的类型

（二）权力网络的构成

（三）固化的权力结构

三、实施制度下乡过程中遇到的问题

（一）土地的使用及土地制度

（二）村级财务管理

（三）农民收入问题

四、反映村庄秩序的生产生活现象

（一）修建水利遭遇困境

（二）动员型乡村治理和分配型乡村治理

（三）村民自治与民主选举

（四）村庄政治中的村庄精英与普通村民

五、乡村治理存在的问题

（一）调整农业税前后的干群关系

（二）村·镇·县的上下级工作机制

六、中国本土乡村研究方法

（一）研究方向

（二）研究方法

（三）中观理论

七、《新乡土中国》较《乡土中国》之“新”

（一）时代背景变化

（二）农民收入结构变化

（三）农民价值之变

肖飞：解越，以下想法反馈给你。

1. 题目，认可写作《新乡土中国》之“新”，可否考虑把“较《乡土中国》”删除。

2. 整个摘要除了第一句，似乎在《乡土中国》与《新乡土中国》之间建立起历史、社会、学术关联外，再无历史演变或者学术史回顾的内容。

3. 设计七个一级标题，只有“七、《新乡土中国》较《乡土中国》之‘新’”回到比较视角，其下三个二级标题也仅仅是历史背景、收入与观念变化的事实梳理，缺乏学术性。

4. 第一部分与第七部分有交叉，而且也基本是事实概括，没有解释性概念，也没有学术史剖析。

5. 个人认为第二到第五部分价值不大，这些提纲基本是你对《新乡土中国》一书目录的再整理。近 20 年来乡村治理、农地制度、村级财政管理制度都发生了重大改革，2013 年《新乡土中国》再版时没有全面改写，基本保留原文，并加以补写。原内容对于村庄治理研究史综述写作或有一定价值，但对于读书报告写作意义不大。摘要中基本也没有提及这些内容，可见你本人也不认为第三、第四、第五部分内容重要。

6. 保留第一、第六、第七三部分，可否按照如下思路写作：

（1）新乡土中国之新，包括宏观背景（涉及国家核心任务、经济结构、城乡关系等）、农民收入、乡村结构与价值观念等。

（2）华中乡土派研究，包括研究方向、方法与理论。

（3）中国乡村研究省思，包括从乡土中国到新乡土中国、从差序格局到人际关系理性化、从村庄类型比较到区域比较。

最后这一部分是有些难度的，需要做一定学术史回顾。

与解越第二次沟通写作思路

解越：老师，我有几个疑问，麻烦老师解答一下：

1. 第三部分中是否应该是“从差序格局到人际关系理性化”？

2. 第三部分“从《乡土中国》到《新乡土中国》”主要写作内容是否是之前是捆绑在土地上的中国，而新乡土中国中农村越来越市场化？但是这个跟第一部分时代背景有所重合，我对这一部分的写作内容不太明白。

3. 第三部分“村庄类型比较到区域比较”。

（1）变化原因是否是村庄社会结构的区域差异？

（2）两种不同比较如何分类？

肖飞：解越，第三部分“中国乡村研究省思”旨在在《乡土中国》

开启的中国乡村研究学术史中，分析《新乡土中国》的学术价值。此部分目前想到的三个二级标题都试图在两书之间形成学术对话关系。

1. 第三部分第一个二级标题是“从乡土中国到新乡土中国”。

（1）费孝通先生那里“乡土中国”是评价性概念，由此形成众多概念，以农为主加乡土手工业的“复合经济”“家三角”“差序格局”“长老统治”等概念群组是对传统中国乡村社会生计状况、社会结构与社会关系的有力总结。

（2）贺雪峰老师那里“新乡土中国”最直接的含义是描述半耕半工的当下中国，“乡土中国”与“新乡土中国”两个概念的解释力是否存在差别？

2. 第三部分第二个二级标题是“从差序格局到人际关系理性化”。

（1）“差序格局”是费孝通先生对传统中国社会关系特征的高度概括，“人际关系理性化”是贺雪峰老师对当下中国社会关系特征的概括。

（2）人际关系理性化似乎还不足以解释中国当下社会关系，无论是农村，还是城市，仍存在人际关系的差序格局。

3. 第三部分第一个三级标题是“村庄类型比较到区域比较”。

（1）村庄类型比较被费孝通先生用于江村与禄村的比较研究：前者有家庭手工业传统，深受现代工商业影响；后者没有家庭手工业，受现代工商业影响不深。

（2）区域村庄类型比较是贺雪峰老师的研究方法，其十年前开始进行南北中国村庄比较，近两年在进行东西中国村庄经济社会发展比较。

与解越第三次沟通写作思路

解越自拟

题目：《新乡土中国》之“新”

摘要：《新乡土中国》是贺雪峰先生在2001—2002年的农村调查随笔汇编，相比费孝通先生创作《乡土中国》的20世纪40年代，中国农村发生了很大的改变。作者基于其对中国社会和农民的学术关切，采用驻村调研的方法，认识到农业在中国国民生产总值中的比例变得非常小，农民收入结构发生改变；认识到农村社会结构的变化，由熟人社会到半熟人社会，由差序格局到人际关系理性化，而且在城乡二元结构下，中国形成了以代际分工为基础的半耕半工的农村劳动力再生产方式；认识到一直构成农民的意义世界和人生价值基础的传宗接代观念开始消失，出现了农民价值之变。《新乡土中国》是在具体农村调查中形成的一些随感，作者关注、分析问题本身，却并未提出有力的理论概念。

附提纲

一、新乡土中国之“新”

（一）时代宏观背景

（二）农民收入结构

（三）乡村社会结构

（四）农民价值观念

二、华中乡土派研究

（一）研究方向

（二）研究方法

（三）研究理论

三、中国乡村研究省思

（一）从乡土中国到新乡土中国

（二）从差序格局到人际关系理性化

（三）从村庄的类型比较到区域比较

肖飞：解越，我修改了摘要，增加了关键词，细化了部分二级标题。目前先按着这一构思写作，写作过程中可以再完善。

摘要：《新乡土中国》是贺雪峰先生在2001—2002年的农村调查随笔汇编。20世纪40年代费孝通先生创作《乡土中国》，时隔半个多世纪，中国农村发生了显著改变。贺雪峰基于其对中国社会和农民的学术关切，采用驻村调研的方法，认识到农业在国民生产总值中所占比例不断缩小，农民收入结构为半工半耕；农村社会结构发生明显变化，由熟人社会转变为半熟人社会，人际关系趋于理性化；传宗接代一度是农民的意义世界和人生价值基础，但此观念开始丧失，个体主义兴起也伴随着意义感消失。《新乡土中国》是在具体农村调查中形成的一些随感，贺雪峰老师能捕捉到中国农村社会的显著变化，但并未提出有力的理论概念。

关键词：乡土中国；新乡土中国；理论重释；中国乡村研究省思

附提纲

一、新乡土中国之“变”

（一）时代宏观背景之变

（二）农民收入结构之变

(三) 乡村社会结构之变

(四) 农民价值观念之变

二、华中乡土派研究

(一) 乡村治理的研究方向

(二) 经验饱和的研究方法

(三) 对乡土中国理论重释

注:“新乡土中国”“半熟人社会”“人际关系理性化”“社会关联”“区域类型”都可追溯至《乡土中国》的重要理论概念,或受之启发。

三、中国乡村研究省思

(一) 从乡土中国到新乡土中国

(二) 从差序格局到人际关系理性化

(三) 从村庄类型比较到区域比较

与杜利利沟通写作思路

利利自拟

写作思路:

阅读《乡村的视角》这本书,开始是为了我的毕业论文写作。我与“华中乡土派”的调研团队进行过交流,学习了一些做农村调研的思路和方法。我也为他们提供了一些调研样本,调研团队作为赠礼,将此书赠予了我。

本书回应了我关注的乡村养老问题的对策,虽然我对互助养老模式不是全然赞同(因为我调研的村庄不具备互助养老的条件,即使在政策的强力推行下也不会维持长久),却认可它是实践中最积极的一种养老模式探索。同时,这本书纠正了我对一些关键词的认知偏差,尤其是在毕业论文提纲的构建上,我想当然地提出“立法论”的政策建议,也循着错误的思路提出国家、社会怎么做的对策建议,犯了贺雪峰老师称之为“抽象的讨论”的错误。每种意见都有合理性,具体来看情况就可能不同。农村养老的模式本就因时因地不同,必须认真研究、认真对待。我也将继续再阅读再实地查验,努力与书中最后一部分“如何应对农村人口老龄化”的问题对话。

《乡村的视角》这本书共分为“乡村振兴与共同富裕”“城乡差距和城乡差异”“全国市场和区域差异”“县域经济”“乡村养老”五个部分。

细读发现，每一部分之间的关联性不强，每一章之间的论述不够严密，有些章节安排在逻辑上也不能自洽。这本书像是“为了写作而写作”，可能只能作为“政策回应书”，并未达到理论研究指导书的深度。在读了几遍之后，我深感怎么读了这些还是这些，没有往下推进理论认知，语句复现之处太多。但是这本书还是有值得一读之处，包括对城乡关系的理解。另外，读了一些关于城乡关系的论文和著作，还是觉得贺雪峰老师在此书中的论述更胜一筹。我打乱了书中原本的章节排序，重新梳理了书中内容，写下这份提纲。

题目：城乡之间——重新理解城乡关系

摘要：理解城乡关系，方能读懂中国。城乡关系的协调融合是中国式现代化的巨大动力。为适应乡村振兴和共同富裕的时代背景，充分释放城乡发展潜能，应从乡村的视角审视城乡关系。当前的中国农村不再是一个封闭的自给自足的社会，被卷入全国性市场体系中，区域差异造就了农村当下和未来的秩序机制。正因于此，乡村与城市之间的巨大差异也构成了城市与乡村的二元对立，造成政策的理解偏差。而通过发展振兴县域经济这一战略基点重塑城乡关系，是共同富裕进程中城乡融合发展的重要过渡。

关键词：城乡关系；区域差异；城乡差异；县域经济

附提纲

引言　乡村振兴与共同富裕的战略需求

一、中国乡村的不同走向——全国市场与区域差异

（一）全国市场与农户生计

1. 全国农产品市场：小农户是生产主体

2. 全国劳动力市场：增加家庭获利机会

3. 全国婚恋市场：性别资源定向流动

（二）区域差距与经济格局

1. 沿海城市经济带

2. 中西部产业

（三）市场优势与收入差异

1. 市场中心

2. 半市场中心

3. 非市场中心

（四）文化核心与文化边缘（《南北中国》中详述，在此只讨论文化影响下的农民行动）

1. 儒家文化影响下的农民（文化基因）

2. 文化边缘区的农民（自由基因）

二、城乡关系的调整偏差——城乡差异与城乡差距

（一）城乡关系的阶段划分

1. 索取型城乡关系

2. 保护型城乡关系

3. 一体化城乡关系

（二）城乡差距的理性审视

1. 城乡差距的现状判断（主要是收入差距）

（1）收入差距

（2）景观差距

（3）产业差距

2. 城乡差距的实质意义

（1）农民可以自由进城

（2）限制资本下乡，保护农民的土地和家园

（3）合理的城乡差异是现代化的巨大动力

（三）城乡差异的对照关系

11 组城乡对照关系

三、重塑城乡关系的战略支点——县域经济

发展县域经济即可以缓解中国区域的不平衡，也能够为缓解城乡不平衡提供扎实基础。

（一）县域经济的角色定位

1. 空间维度

空间上找到本地在中国乃至世界版图上的位置。

2. 时间维度

时间上寻找今日可商业化的文化元素。

3. 突破元素

时空都定住了，坐标也就确定了。确定坐标和方向后，还要找到一个或几个突破点以便落地。

（二）县域经济的发展逻辑

县域经济的发展和治理本质是农村的。

1. 服从产业布局（中西部/沿海）

2. 顺应战略目标（农民进城/乡村振兴）

3. 强化有效供给（县域治理的中心工作）

4. 厘清县乡村体制（稳健、简约、消极行政）

肖飞：利利，不同书能为我们带来的收获有别，有些是信息提供，有些是方法示范，有些是思路乃至思想引导，有一方面收获就值得一读。

在准备本季读书会期间，我最需要说服自己读完的书就是《新乡土中国》，后来选读了《在野之学》，相当程度上是因为我试图找到这两本书中的关键词及其在多大范围内有描述、评价、规范意义，也想找到其中有层次关系的理论命题，但比较困难。

贺雪峰老师对南北中国与东西中国的区域类型划分对当下我国经济社会状况概括或有一些解释力，我让解越在读书报告中补充这一部分内容。解越的报告要就《乡土中国》与《新乡土中国》、社会学中国学派与华中乡土派做学术史回顾。这样可以超越原书，获得一些理论反思。

贺雪峰老师的著作多是论文集，主题不够集中，这些文章一方面捕捉到一些新问题，另一方面是回应国家“三农”政策，或是政策评估，或是政策建议。我们不能把一个做农政时评的学者设定为体系化的理论家。

即便你在读书报告中放弃总论“乡村振兴促进与共同富裕”与第四章“农村养老”的评述，对第一章“城乡差距”、第二章“区域差异”、第三章“县域经济”进行评述，主题也过多，非一篇6000~8000字的读书报告所能涵盖。你现在所列提纲多是书中标题的择取与有限改写，基本是述，没有评价。

既然你认为第一章“城乡差异与城乡差距”最有价值，为何不只是针对这一章写书评？或可以按照所列提纲再延伸讨论。题目可以考虑“乡村视角下的城乡关系”。

附提纲

引言

一、城乡关系变动

（一）索取型城乡关系

（二）保护型城乡关系

(三) 一体化城乡关系

二、城乡差距判断

(一) 产业差距

(二) 收入差距

(三) 景观差距

注：贺雪峰老师列出收入、产业、景观差别，这个排列是相对随意的，我还可以想到宏观视角的经济贡献差距，微观的支出、消费、公共服务可获得性等方面差距。同样，梳理时要评价。

三、城乡关系审视

(一) 城乡差异对照表述是否严谨

(二) 限制资本下乡能否保护农民

(三) 城乡差异是否是现代化动力

注：这部分有更强的评论性，不是梳理贺雪峰老师观点，是摘取后评论其观点。

结语

与解越、杜利利沟通海报标题

肖飞：解越、利利，你们自己的汇报文稿题目定了，还要想一个名字，用于海报制作。“华中乡土派学术视野中的城乡关系——阅读《新乡土中国》与《乡村的视角》”，你们认为如何？

利利：老师，我觉得可行。

肖飞：题目已定，你们和明澄商量做海报吧！请提前准备推文，两人合作写一篇。

与解越、杜利利沟通推文写作

肖飞：解越、利利，你们的读书报告写作框架设计不仅是阅读书目的梳理，还涉及较多评论内容，且不乏阅读书目的缺陷分析，这些有必要，这才是有价值的写作。但评价务必有理有据，并且务必有分寸，有一分理据给一分评价。就文章进行评价，不要就人评价，也不就学派泛泛评价。

推文初稿：

“在野之学”是华中乡土派对社会科学研究的立场、观点和方法。华中乡土派提倡“田野的灵感，野性的思维，直白的文风”，形成了基于田野调查的大量理论。贺雪峰教授是华中乡土派的核心代表之一，著作等身。其在《新乡土中国》中记录了新世纪“三农”变迁的缩影，以《乡村的视角》回应解读了当下农民的现实与困境。

贺雪峰教授以费孝通先生为学术楷模，饱含乡土感情，追求在田野调查中理解当代中国的农村和农民。如何理解乡土之“新”是《新乡土中国》的核心问题，如何理性地从《乡村的视角》审视城市与乡村的关系，是领读人即将回应的两个问题。

与华中乡土派对话的同时，领读人不仅关注了其研究范式，对中国乡土研究也进行了省思：

1. 华中乡土派是如何拓展乡村治理的研究方向的，关注的重点和命题何在？

2. 如何能将通过田野调查获得的“在地经验”凝练为具有理论价值的“在地知识”？如何构建“经验—理论—经验”的研究方法？

3. 华中乡土派是如何重释乡土中国的理论体系的？怎么理解从差序格局到人际关系理性化的转变？

4. 从乡土中国到新乡土中国是社会转型还是国家转型？其现实观照在何处？

5. 从村庄类型比较到区域比较，如何将具体的、地方性的经验上升为总体经验和抽象经验，继而形成对中国的整体性认识和判断？

肖飞：解越、利利，你们已经比较好地概括了华中乡土派的学术立场和方法，引出了《新乡土中国》《乡村的视角》两书要讨论的问题。我的修改如下：

1. 细化了华中乡土派的学术立场，目的在于引出最后一个问题（这是我要做的主体分析）。

2. 细化了《新乡土中国》《乡村的视角》的写作背景，在华中乡土派学术发展中对两书进行定位。

3. 问题部分进行了合并（问题1、2、3）和添加（问题4），目的在于在《乡土中国》与《新乡土中国》之间建立学术关联，分析在中国社会科学研究本土化与主体性构建的论争中贺雪峰教授的参与情况。

你们读一读，看是否合适，是否有错别字？

注：修改后的推文，见本期读书会文稿首页。

与李明澄沟通海报制作

肖飞：明澄，第23、第24期海报制作进展如何？

明澄：老师，进展又有点缓慢，因为主题比较接近，暂没有很好的想法。

肖飞：贺雪峰关注的是乡村，周其仁则关注城乡整体，第23期可以考虑乡村风光，第24期可以考虑城市景观。

明澄：好的，老师，我思考一下。我一旦有思路，会做得很快的。

肖飞：是的，这和写作是一样的，一个海报画面就是一个主题呈现。

同时制作两期读书会海报，明澄压力较大。看明澄迟迟未动手，便发给明澄高铁图片作为《新乡土中国》海报制作的底图，高楼作为《城乡中国》海报制作的底图。4月21日晚，明澄很快就完成初稿。

明澄：老师，两份海报做好了，一起做的，难免有些相近，还请老师提出修改意见。

肖飞：明澄，我们心意相通了，我就想用这两张图。能否减少一些《城乡中国》上的斑点？画面有点乱。我想请你把“指导老师”改为“指导教师”。

明澄：可以的，老师。

肖飞：谢谢明澄！最近密集的读书会大大增加了你的工作量。

明澄：没事，分内之事。

肖飞：明天可以印海报，发推文了。

与杜利利沟通文稿写作

肖飞：利利，你已经比较好地提炼出《乡村的视角》一书对城乡关系的主要观点，补充了作者未能充分提供的论据，并对该书进行了批判性阅读。我的修改集中在以下几方面：

1. 重写了摘要，主要是基于表达逻辑的考虑。

原文：城乡关系是中国式现代化最重要的命题之一，我国的城乡关系经历了“索取—保护—一体化”阶段。城乡关系的前置关键词是城乡差距，贺雪峰在《乡村的视角》中针对主流意见中的城乡差异判断和对策偏差进行了厘清，分析了城乡在收入、景观、产业上的对照差异，并基于乡村的视角给予了政策建议。但城乡关系的复杂性远非一言可蔽之，需理性审视城乡差距的对照体系是否严谨，“限资”的“三农”政策能否切实维护农民权益，城乡差距能否成功扭转为巨大的发展动力。

修改：我国的城乡关系经历了“索取”“保护”“一体化”三阶段，重构城乡关系是中国式现代化最重要的课题之一。针对主流意见中城乡差异判断与对策建议的偏差，贺雪峰在《乡村的视角》一书中试图厘清城乡在收入、景观、产业领域的差异。但城乡关系的复杂性决定了城乡差异形成机理分析与重构机制探讨的难度，故需理性审视《乡村的视角》一书中所列城乡差距的对照体系是否严谨，“限资”下乡的“三农”政策能否切实维护农民权益，城乡差距能否成为中国经济持续发展的巨大动力。

2. 改写了部分语句。

（1）基于表达清晰的考虑，例如原文是“从抽象层面看，城乡关系本质上是一种生产关系，是广泛存在于城市和乡村之间的生产关系总和”，改写为“从抽象层面看，城乡关系本质上是一种生产关系，体现为城市和乡村的生产关系理想类型的差异与关联——城市专业化、生产要素高度流动性，乡村的同业形态、家庭合作与生产要素的低流动性”。

（2）基于相反观点，例如原文是“城乡差距作为现代化进程中的一种动力，在我国现代化建设中发挥了重要作用。我们应充分利用这一动力，推动乡村振兴和共同富裕”，改写为“城乡差距曾是中国现代化进程中的一种动力，但在农村各项资源严重流失，乃至发展动力枯竭的情况下，城乡差距将成为乡村振兴和共同富裕的一大障碍”。你坚持原观点可以不改。

3. 另外，尽管前面的介绍多少与城乡收入差距有关，但两图与城乡收入差异的关系需要补强。

另建议你统一注释，再次打印校对，与解越相互校对，之后发文稿给我。

与解越沟通文稿写作

肖飞：解越，你已经比较好地提炼出《新乡土中国》一书对“新”的论点论据，并在《乡土中国》与《新乡土中国》之间进行了比较客观的分析。我的修改集中在以下几方面：

1. 摘要写作遗漏了第二、第三部分内容，我做了补充，并对原摘要进行了删减。

原文：《新乡土中国》是贺雪峰先生在2001—2002年的农村调查随笔

汇编。20世纪40年代费孝通先生创作《乡土中国》，时隔半个多世纪，中国农村发生了显著改变。贺雪峰基于其对中国社会和农民的学术关切，采用驻村调研的方法，认识到农业在国民生产总值中所占比例不断缩小，农民收入结构为半工半耕；农村社会结构发生明显变化，由熟人社会转变为半熟人社会，人际关系趋于理性化；传宗接代一度是农民的意义世界和人生价值基础，但此观念开始消解，个体主义兴起也伴随着意义感丧失。《新乡土中国》是在具体农村调查中形成的一些随感，贺雪峰老师能捕捉到中国农村社会的显著变化，但并未提出有力的理论概念。

修改：《新乡土中国》是贺雪峰在2001—2002年农村调查期间写作随笔的汇编。作者发现，农业在国民生产总值中所占比例不断缩小，农民收入结构转变为半工半耕；农村社会结构由熟人社会转变为半熟人社会，人际关系趋于理性化；农民的传宗接代观念开始消解，个体主义兴起。贺雪峰作为华中乡土派的代表性学者，其以乡村治理为研究方向，采取经验饱和研究方法，致力于对乡土中国的变化做出理论重释。从乡土中国到新乡土中国，从差序格局到人际关系理性化，从村庄的类型比较到区域比较，以《新乡土中国》为代表，贺雪峰捕捉到中国农村社会的显著变化，并提炼出若干描述性概念，只是未提出有更强解释力的理论概念。

2. 主题句提前，开宗明义，如农民价值观念之变最后一段“农民价值之变是生存意义、传统道德、生活预期和生命价值定义的改变”。

3. 没有对重要关键词（如“华中乡土派”）进行必要解释。我加了一段话：贺雪峰原供职于华中科技大学中国乡村治理研究中心，该中心汇聚了徐勇、吴毅、董磊明、罗兴佐等一批致力于农村研究的学者，他们被称为“华中乡土派”。该学术群体崇尚“在野之学”，提倡积累厚重经验、服务乡村建设。

4. 第二部分“华中乡土派研究”第三小节“对乡土中国的理论重释”与第三部分“中国乡村研究省思”内容重合，我做了处理。

阅读《城乡中国》系列作品①

阅读提要

中国很大，但从土地产权视角观察，“只有两块地方：一块叫城市，另外一块叫乡村”。中国人口很多，但从户籍差异角度观察，“仅分为两部分人：一部分叫城里人，另外一部分叫乡下人”。在经济学家周其仁先生看来，城乡中国即是中国城乡。以《城乡中国》为著述定名，向费孝通先生的《乡土中国》隔空致敬。

周其仁先生以社会观察家所特有的敏锐，捕捉、研究真实世界里的经济问题。从下乡到黑龙江、求学于人大、留学于美国，再到任教于北大，先生生逢其时，有机会深入观察世纪之交我国的经济体制改革。北至天津、京郊，南至海南，西至成渝，东至上海，中国呈现出城乡有别的鲜明特征，土地产权之别是城乡差别的制度性根源。

反复阅读《城乡中国》，领读人锁定如下问题与各位师友、同学交流分享：

1. 什么是工业化？什么是城市化？城市化等于工业化吗？

2. 为何1982年宪法确立城市土地属于国家所有，农村土地属于集体所有？耕地经营权允许流转的动力机制何在，城镇土地使用权交易具有哪些特征？为何我国存在城乡二元的土地市场区隔？

3.《城乡中国》的关键词——体制成本，从何而来？周其仁先生与科斯、张培刚等前辈学人形成了什么样的学术对话？

（林星宇、朱晁薇供稿）

---

① 本期读书会领读人为江苏大学法学院硕士研究生林星宇、朱晁薇，主持人为江苏大学法学院硕士研究生李明澄，江苏大学法学院教授牛玉兵予以点评，江苏大学法学院教师肖建飞指导，并进行了扩展阅读分析工作。

楔子

从事真实世界的经济学研究

晚上好，同学们！欢迎参加第24期“钟爱阅读”读书会，我是本期读书会的主持人李明澄。

在读书会开始之前，想要提醒大家，请大家遵守课堂纪律，将手机及其他电子产品静音；请同学们不要在下面窃窃私语，可以在他人发言完毕之后再进行交流；我们特地安排了这么一段时间来聆听你们的见解，感谢大家的理解和配合！

本期读书会的主题是从城市与农村的土地差异的视角，阅读周其仁的《城乡中国》。周其仁是著名的经济学家，他倡导从事真实世界的经济学研究，深入真实的经济生活，通过学术研究推进中国的改革与发展进程，堪称中国改革的“活化石”和鼓手，他的作品也在中国的公众和决策层产生了广泛的影响。《城乡中国》是周其仁教授关于中国城镇化这一焦点问题的理解，在这本书中，周其仁教授将城乡之间的差异、形成的原因后果，以及可能的解决方法娓娓道来。同时也期待更多像我们这样的读者，通过阅读《城乡中国》，了解和思考今日的中国及其未来如何发展。

下面就有请林星宇同学从城市与农村土地之别这一核心问题出发，带我们走进周其仁的《城乡中国》。

主题领读

城市与农村土地产权之别

——阅读周其仁《城乡中国》

朱晁薇、林星宇

摘要：中国农村土地与城市土地产权制度设计有别。自20世纪50年代中后期起，我国农村土地产权被确立为集体所有。改革开放以来，农村土地产权改革之路始于确认农户的土地承包经营权，随之而来的是耕地经营权获准流转，近年集体建设用地获准入市。1982 年宪法规定城市土地属于国家所有。自 80 年代末起地方政府开始按年向市场批租国有土地使用权。为应对城市无序扩张、侵占耕地，21 世纪初国家实行城乡建设用地增减挂钩制度。尽管规定“土地的使用权可以依照法律的规定转让”，但下位法仅赋予城市土地使用权流转自由，农村土地需先由政府征用再批租。城乡二元土地市场形成原因在于，行政权力集中配置土地资源，同时决策部门又对农地保障社会稳定给予较高预期。

关键词：城乡中国；土地产权；国家所有；集体所有

引　言

长久以来，中国人和土地的关系都异常密切，乡愁似乎是所有人都绕不过的话题。那么多中国人选择背井离乡的原因很简单，也很无奈。工业化和城市化持续加速，城乡的收入差距越来越大，刺激农村人前往城市打工，但城市似乎并没有给农村人以立锥之地。1954 年宪法以国家强制力限制公民迁徙、农民进城，之后一系列政策在户籍、粮油供应、教育、就业等方面设置了城乡二元的制度安排，将农民“捆绑”在土地上，以致城乡之间的差距变成了一道鸿沟，城乡分割的二元体制越发严重。

阅读《城乡中国》，有助于理解新中国 80 年土地制度的历史演进。从土地改革到人民公社期间，再到改革开放以后城乡土地制度设计与改革实践，该书分析了不同历史阶段土地制度变革的多种原因与政策实施效果。以土地制度沿革为视窗，亦可剖析我国经济体制改革动力、成效与局限。此外，周其仁教授创造性地使用了“制度成本”这一概念，对剖析当下全面深入推进改革所需破解的难题亦有启发意义。

一、农村土地产权改革之路

（一）农村土地集体化

1956 年通过《高级农业生产合作社示范章程》，该章程规定“社员的土地转为合作社集体所有、取消土地报酬”。农民不再有选择是否入社的自由，也不再有选择退社的自由，不再享有土地分红的权利，不再享有以所有权为基础的自由经营、买卖及出租土地的权利。人民公社实行“政社合一”体制，凡公社行政范围内的所有人口天生都是人民公社的社员。自此，在人口和土地高度集中的情况下，“‘集体’作为农村土地公有制的主体，变成一个绵延不绝、开放的‘人口川流’”①。

（二）农地承包经营权确立

20世纪80年代实施家庭联产承包责任制改革确实改善了农业积贫积弱的问题，提高了农民个体的经济收益和生产积极性。但承包经营也导致新问题出现，“耕地经营不断细碎化；减弱对农民改良耕地、投资耕地的激励；新增人口有权增地，不但把人‘黏’在狭小耕地上，而且还刺激各家增加人口，因为那是重新分地的筹码”②。

湄潭率先提出一个解决方案——增人不增地、减人不减地。并非湄潭有独特优势，而是因为该地实际情形极为严峻，1988年的情况如下：“全县15.4万农业劳力，闲置了4万个，剩余劳动率为30%。”③ 如果不改变包产到户的具体措施，逐年细化耕地，土地肥力也锐减。湄潭尝试帮助农民们打开思路，去思考在逐年细分农地之外，究竟有没有其他的经济改革出路。2002年全国人大通过《中华人民共和国农村土地承包法》，该法第二十七条把湄潭经验纳入其中，规定“承包期内，发包方不得收回承包地”。

（三）集体建设用地获准入市

一方面，随着城镇化、工业化发展，大量进城农民落脚集体建设用地。靠近城镇的集体建设用地早已不再是用于农民自建、自用，而是用于出租或以其他形式转让，成为事实上的经营性建设用地。据此，部分集体建设用地事实上早已进入市场的范畴，“产品市场化终究要导向要素市场化，其中也包括土地要素的市场化”④。一方面，受外资刺激和巨大经济收益的吸引，政府如火如荼地推进城市化，不断征收征用集体建设用地为城市土地。农民意识到土地的经济价值，试图以土地流转的方式突破承包经营权流转限制，获得更多经济收益。这也是作者认为“政府有权买卖国有土地，终究会导向农民也有权买卖农村集体土地”⑤ 的原因。

---

① 周其仁：《城乡中国》，中信出版社，2017，第227页。
② 周其仁：《城乡中国》，中信出版社，2017，第241页。
③ 周其仁：《城乡中国》，中信出版社，2017，第246页。
④ 周其仁：《城乡中国》，中信出版社，2017，第379页。
⑤ 周其仁：《城乡中国》，中信出版社，2017，第379页。

2015年国务院启动农村集体经营性建设用地入市试点，旨在增加农民的土地财产权利，激活农村资源要素，为乡村产业发展、青壮年返乡创新创业提供土地支撑，同时也可缓解部分城市用地紧张局面。直至2020年我国农村集体经营性建设用地才全面入市。

二、城市土地产权改革之路

（一）城市土地国有化

国有土地最初源于没收而来的旧中国官僚买办资本的土地，以及对原民族资本主义工商物业的社会主义改造。[①] 想要城市土地全盘国有化，私房改造政策必不可少。但历经“文革”十年，国家决策机构仍承认城镇存在非国有土地。1978年宪法中没有关于城市土地国有化的规定。

1982年宪法宣布“城市的土地属于国家所有”，其中原因只能进行推测。据说在修宪时，有人提出，连农村土地在内一律国有。[②] 理由在于，把土地收归国有可以避免征地时土地所有者漫天要价，妨碍经济建设和国防建设。但农民所获得的土地源于在革命年代农民所做出的巨大贡献和牺牲，一下子宣布均为国有难以为农民接受，同时征地的障碍可以通过土地征用案例解决。故宪法只规定城市土地属于国有。[③]

（二）按年期向市场批租

20世纪80年代以来，原计划经济下的政府划拨土地已经满足不了新时期的经济建设需求。1987年9月，深圳以协议和公开招标方式，分别出让了两幅土地。同年广东省人大常委会通过地方性条例，规定“特区国有土地实行有偿使用和有偿转让制度”。

在试点成功的基础之上，1988年《中华人民共和国宪法修正案》宣布：“任何组织或者个人不得侵占、买卖或者以其他形式非法转让土地。土地的使用权可以依照法律的规定转让。”1990年国务院颁布《城镇国有土地使用权出让和转让暂行条例》。自此，土地使用权转让有法可依，我国土地制度改革也被装入了名为“市场”的发动机。

---

① 周其仁：《城乡中国》，中信出版社，2017，第132页。

② 肖蔚云：《我国现行宪法的诞生》，北京大学出版社，1986，第42页。

③ 肖蔚云：《我国现行宪法的诞生》，北京大学出版社，1986，第43页。

（三）城乡建设用地增减挂钩

2004年，中央出台了城乡建设用地增减挂钩政策。都是建设用地，城乡之间一增一减挂钩互换的意义何在呢？原因还得归结于两者的经济属性，两者空间位置和经济集聚程度不同，城市地价与农村地价差别很大，可用农村建设用地的减少换取城市建设用地的增加①。

增减挂钩政策能实现多重政治社会经济功能：第一，缓解城乡建设用地供需矛盾，有效增加耕地面积，减少城市建设用地短缺问题，推动土地资源的合理布局与利用；第二，促进新农村建设、农业产业结构调整，推动工业反哺农业、城市反哺农村，改善广大农村地区居民的生产生活条件；第三，有利于在土地利用总体规划期范围内弹性管控建设用地，是对建设用地管理的一次大胆尝试。②

三、城乡土地产权制度设计

（一）1982年宪法中的“土地的使用权可以依照法律的规定转让”

1982年宪法规定：“任何组织或者个人不得侵占、买卖、出租或者以其他形式非法转让土地。”甚至此时刑法也把“以牟利为目的，非法转让、买卖、出租土地”的行为，确定为刑事犯罪。80年代初，因土地不能合法流转，刚刚兴起的“非公经济”陷入了尴尬境地，导致没有土地可以承载厂房、机器、设备和人工。③政府划拨供地并不符合当时的法律规定，也不能够满足市场需要。此时正值大规模经济建设时期，为了引进外资发展经济，1987年深圳先行先试开展土地拍卖。在此成功经验的基础之上，1988年宪法修正案正式规定：“任何组织或者个人不得侵占、买卖或者以其他形式非法转让土地。土地的使用权可以依照法律的规定转让。”至此，在法律层面上，国有土地使用权流转获得合法性。

（二）下位法赋予城市建设用地使用权流转自由

先有深圳先行先试经验，而1988年宪法修正案也规定土地使用权可依法流转。这为下位法提供了上位法根据。两年后，1990年国务院出台有关土地出让、转让的行政法规，但允许转让使用权的只限于城镇国有

---

① 周其仁：《城乡中国》，中信出版社，2017，第333页。
② 梁世骥：《城乡建设用地增减挂钩政策演变及展望》，《低碳世界》2023年第2期，第88页。
③ 周其仁：《城乡中国》，中信出版社，2017，第108页。

土地。

国有土地使用权可以依法流转，城市建设用地使用权流转自由，集体建设用地该如何落地入市？除了城乡建设用地增减挂钩政策，对于存在土地饥渴的城市地方政府和房地产企业而言，还有一件利器即政府的征地权。

（三）下位法设定农村土地先由政府征用再批租

集体土地不能自由流转，工业化、城市化又需要农村土地，政府就只能进行征地。2004 年宪法修正案规定："国家为了公共利益的需要，可以依照法律规定对土地实行征用。"作为前提条件的"公共利益"是评价性概念，没有明确的定义。快速工业化和城市化过程中，大量的土地利用是为了商业目的和商业利益。①

在"征地加政府出让"体制下，农村土地只能获得征地补偿，而市场带来的收益却与其无关。1999 年《土地管理法》规定，征地给予补偿不超过土地原用途三年平均所得的 20 倍。补偿标准没有下限只有上限。政府一手征地，一手卖地，权力和市场的畸形发展结合，破坏了财富公平分配原则，激发了社会矛盾。

四、城乡土地产权差异归因

（一）行政权力集中配置土地资源

1987 年前，中央计划经济体制完全不允许土地流转。1987 年修改土地法律，使大型外资企业终于合法落地中国，为土地使用权的流转打开一道口子。

土地的市场化流转被行政权高度垄断。法律是顶层设计，政府负责具体执行，城市土地供不应求，农村土地较迟才有合法化流转的契机。"我国'城市设立模式'也是高度行政化的。以'设市'为跳板，政府的行政权力大规模伸向土地财产。"② 合适的土地资源等同于巨大的经济价值。政府以城市土地为基础吸引各方投资，以推动城市发展，城市土地进一步升值。然而，除了法律上设置的禁止性规定外，农村土地因不具有高度集

① 周其仁：《城乡中国》，中信出版社，2017，第 354 页。
② 周其仁：《城乡中国》，中信出版社，2017，第 165 页。

中的人口、良好的基础设施和有利的地理位置等吸引土地融资的条件，失去了获取更多市场机会的契机。

（二）对农地保障社会稳定的预期

"在任何情况下，能保障人们生活的，并不是资源和资产（包括土地）本身，而是从资源和资产里产出的收入，即那些可以带来享受的经济物品。"① 城市土地产权发展的契机，一定程度上得益于宪法规定的"城市土地国有化"。设置这款条文最主要的目的在于，满足国家快速工业化的土地需求，还不能得出最初是出于城市优先发展考虑的制度设计目的。

长久以来，无论是决策部门还是相当一部分学者，均认为限制农地流转有助于稳定农村社会。但单一地寄希望于农地承担起全部保障社会稳定的功能，这并不适合中国的国情。破除城乡土地市场区隔，增加土地资源的流动性，极有可能提高经济效益，也能为实现社会稳定提供物质基础。农村土地应当享受和城市土地同样的经济权利和市场机会，各地政府、各集体组织、农民共同推动农村土地产权改革，有效经验应获得法律认可，这是农村土地产权为自己谋发展之路。

结语　发现真实世界中的经济难题

2023 年我国第一产业增加值仅占国内生产总值的 7.1%。2023 年末，我国 14.1 亿人口中，城镇常住人口 9.33 亿人，农村常住人口 4.77 亿人；城镇居民人均可支配收入 51821 元，农村居民人均可支配收入 21691 元②。

财产权利是市场体系运行的基础，但没有转让权的市场再大也是空架子。保护产权重点不是保护资源本身，而是保护产权主体自由选择利用资源的权利，以允许主体拥有谋求更好生活的机会。政府负责顶层设计，并充当止纷定争的最后第三方。单一的禁止或开放都不是好方法，把产权改革和约束权力的其他改革结合起来推进，才是土地产权发展的正道。

---

① 周其仁：《城乡中国》，中信出版社，2017，第 273 页。

② 《2023 年国民经济和社会发展统计公报》，中华人民共和国中央政府网站，https://www.gov.cn/lianbo/bumen/202402/content_6934935.htm，访问日期：2024 年 4 月 22 日。

导师接续

交易费用、纯商业成本与体制成本

——《城乡中国》等著作中关键词的来源与解释力

肖建飞

摘要：科斯发现，在市场充分发育的环境中，除了生产成本外，企业还需支付交易费用。在动荡的战乱年代，张培刚发现，沿海城市粮食贸易除了存在运输成本，还需支付关卡税费等纯商业成本。受交易费用与纯商业成本理论启发，周其仁将体制成本作为分析我国城乡二元土地市场的理论关键词。降低体制成本是市场经济发展的前提，改革开放以来，我国经历了体制成本的先降后升。“以地谋发展”模式功能衰竭后，体制成本仍是下一步房地产市场改革乃至财政体制改革的关键性议题。

关键词：交易费用；纯商业成本；体制成本；《城乡中国》；城乡二元土地市场

引言　一切制度运行都有消耗

为什么要关注制度成本或者体制成本问题？用一句最简单的话来解释，就是“制度之形成、运行与变更，本身皆有耗费”①。这里的制度是广义的，有一定约束力的规则都可视为制度。

举一个最简单的例子。今晚 51 名同学，还有 2 名大二同学、1 名研二同学和 2 位老师，共计 56 人，我们在这个教室里进行周其仁老师《城乡中国》一书的阅读分享，我们各自付出的时间、投入的精力是不一样的。

我大约用了一周时间精读了《城乡中国》，做了一个问题索引发给我们读书会的 10 名同学；之后用了大约 10 天时间阅读了周其仁老师的《真实世界的经济学》《改革的逻辑》《突围集》，才有了继续做主题分析的想法和基本思路。每一位领读同学从设计读书报告题目、编制提纲、写作文稿，到最后制作 PPT 大约用了 15 天时间。从 3 月初确定把读书会带到课

① 周其仁：《城乡中国》，中信出版社，2017，第 325 页。

堂，我就没有间断过对同学们进行阅读指导，同步进行的是我自己的主题分析写作。这两个月是我们读书会 11 人的阅读季。对领读人和指导教师而言，最大的成本是时间和精力投入。

读书会同学的阅读写作和领读工作源于参与读书会之初的师生约定，而大部分领读学生是我指导的硕士生，这是相对的强约束。读书报告写作与领读不能作为最终的课程作业，对于“文献检索与论文写作”课程来说是软约束。当然每个领读同学都希望自己能提升阅读写作表达能力，给课堂上的同学们以知识收获，这是内生动力。其他同学未必阅读这本书，也许抱着两小时至少了解一本书的核心内容这一目的来上课，这也是内生动力。也许相当一部分同学主要是担心点名，影响必修课程成绩，而出现在课堂上，这是硬约束。约定的软约束与课程考核的硬约束都是制度，制度运行都有成本。

当然教育领域不是进行成本分析的最佳领域，毕竟老师不是知识兜售者，学生也不是知识买家。教育是思维方式的训练与引导，更是心性的培养。教育过程中有经济因素考虑，但经济因素未必是最重要的，更不是唯一的因素。

现在我们把话题转移到最适合使用成本分析的经济领域，也就是商品交易、生产要素交易领域。在本期阅读的《城乡中国》一书中，周其仁老师使用了一个重要概念——体制成本。在罗纳德·H. 科斯（Ronald H. Coase，1910—2013）的交易费用理论、张培刚的纯商业成本理论基础上，周其仁老师扩大分析对象范围、修正内涵，创造性地使用了“体制成本”这一概念。在《改革的逻辑》与《突围集》中，体制成本的内涵与外延被进一步明确。此后我阅读了科斯《企业、市场与法律》中的《企业的性质》《社会成本问题》二文，《张培刚集》中的《浙江省食粮之运销》一文。读完科斯的文章，越发觉得周其仁老师的书贴近生活、通俗易懂。我查阅科斯与张培刚的文章的原因在于，不看原始文献，简单转述周其仁老师的观点，我站在这里会没有底气。尽管现在我对科斯的了解也是一知半解、极为浅薄，但至少多了一点儿信心。周其仁老师用体制成本解释中国的经济体制改革，其中土地产权制度改革最有代表性。周其仁老师或许不是最早提出者，却是相当出色的观察者和解释者。

我们常听别人说某一本书好，但必须是我们自己钻到这本书的“肚子里”去看，看是什么样的问题意识、什么样的论证结构和结论使这本书好。《城乡中国》出版时距离《乡土中国》出版已过去65年，距离费孝通先生去世已经8年。“或许是城乡之间深刻的分野，才激发前辈学人认知城乡、认知中国。”[①]《城乡中国》是对《乡土中国》的隔空致敬。周其仁老师的学术志趣深受科斯、张培刚两位经济学家的影响，如果再加上一位，那就是香港大学的张五常先生。如其所言，“一代人对问题的认知，不仅来自书本，还来自那代人对生活的感受”[②]。科斯、费孝通、张培刚、周其仁都是从实求知的典范。

一、科斯：完备市场背景中的交易费用

1931年，21岁的科斯写作了一篇论文《企业的性质》（The Nature of the Firm），直到1937年才在《经济学》（季刊）（*Economica*）第4期发表。经济学界一般认为，1937年科斯正式提出“交易费用理论”。

（一）科斯发现的研究盲区

科斯这个大器早成的睿智年轻人发现，此前微观经济理论只关注生产成本和运输成本。亚当·斯密发现，专业化分工生产可以有效利用生产要素，提高生产效率，降低生产成本。马克思发现，资本家购买了原材料、生产设备与劳动力，出售后所获收益大于支出，多出来的部分也就是剩余价值，剩余价值为劳动者所创造，却被资本家占有了。可是大家思考一下，原材料、生产设备与劳动力不会自动组合到一起，这需要有生产组织活动；制造出来的产品也不会自己走到市场上去，自己卖出自己。古典经济学将价格机制作为配置资源的首要因素乃至单一因素，但无法解释为什么近现代经济活动中最重要的主体是企业，而不是个人或家庭。在专业化的交换经济背景下，企业出现的根本原因是什么？科斯发现了古典经济学研究存在的盲区和空白，发现上述研究的不完整性，因为这些研究忽略了生产组织过程要支付成本，同样，搜寻交易对象进行谈判、签约、履约也需要支付成本。

以下是科斯对市场环境中交易成本多样性的表述：“直到现在我们一直假定通过价格机制发生的市场交易是同质的。事实上，没有一件事能够

① 周其仁：《城乡中国》，中信出版社，2017，序第Ⅷ页。
② 周其仁：《真实世界的经济学》，中信出版社，2021，引言第XX页。

比我们现代社会中发生的实际交易更多样化了。这似乎意味着通过价格机制完成交易的成本彼此差异很大，而在企业内部组织交易的成本亦如此。因此，即使撇开收益递减问题，在企业内部组织某些交易的成本似乎也有可能大于在公开市场上完成交易的成本。"① 正因为市场运行有成本，在节省成本方面，企业的优势就在于，依赖作为"权威"人物的"企业家"的判断、决策、组织来调动支配资源、协调"公司"的生产经营行为。②企业运营存在着"组织成本"，它属于交易费用的一部分。科斯阐明了一个大家熟视无睹的事实背后的经济规律，即企业生产经营实为有利可图，企业借助企业家的判断决策能力与执行力，低成本地利用了价格机制。相对于个人、家庭、行会，作为充分市场环境下的经济主体，企业能降低生产经营成本，也就是交易费用。

面对不确定的市场环境与经营风险，企业家的优长不是利用知识得出确定结论，而是利用自己的判断力做出明智决策，应对不确定环境中的各种经营风险，实现动态均衡。企业家负责企业运作，即"预测和通过签订新的契约、利用价格机制进行操作"；管理则是"仅仅对价格变化作出反应，并在其控制之下重新安排生产要素"③，企业家具备运作与管理这两种能力，可节省交易费用。

自科斯提出交易费用以后，从经济学家、知识分子到普通人，都开始用交易费用解释市场行为与组织能力，各种职业的人解读经济现象的能力获得很大提升。科斯的分析语境是成熟市场经济国家且交易成本发生在公司制的企业之间，其理论最基本的考虑在于，如何在市场交易各环节减少支出，以此评价交易制度的优劣。科斯在中国的影响力之所以比他在欧美的影响力更为"广泛、深刻和持久"，主要是因为他的组织成本理论。④该理论恰恰为面对经济体制改革难题的中国学者提供了一个参考。

(二) 科斯的三组定理

为了了解科斯定理内容，我选择稀释理论的方法。我们先看一下科斯在《社会成本问题》一文中使用的案例，我对其稍加改造。

---

① 罗纳德·H. 科斯：《企业的性质》，载《企业、市场与法律》，盛洪、陈郁译校，格致出版社，2014，第36页。

② 罗纳德·H. 科斯：《企业的性质》，载《企业、市场与法律》，盛洪、陈郁译校，格致出版社，2014，第33页。

③ 罗纳德·H. 科斯：《企业的性质》，载《企业、市场与法律》，盛洪、陈郁译校，格致出版社，2014，第42页。

④ 周其仁：《改革的逻辑》，中信出版社，2017，第27-28页。

某工厂在生产期间会造成烟尘污染，城区附近原是无污染区，附近住有居民。工厂每年排污造成100万美元损失。只要工厂冒烟，也就是生产，每年需要交税100万美元，政府用于污染治理。冒烟工厂提供了就业机会并形成产业集聚效应，故附近的居民和企业持续增加，烟尘污染损害扩大，纳税额随之增加。解决方案一：假定安装消除烟尘装置，每年花销90万美元。只能节省10万美元，结果不能称为最优。方案二：假定居民迁走，成本大约40万美元。与方案一比，工厂继续排烟、不安装设施，并且居民迁走，能多产生50万美元收益。如果让该地区居民支付等于工厂主为避免损害而追加的成本，人们就不会留在该地区居住生活，这样成本将少于生产者为减少损害所花费的成本。“仅用来向引起损害的生产者征税的税收制度，将倾向于产生过高的避免损害的成本。”① 科斯用此例说明，税收征收标准难以确定，计税困难重重。不仅有计算标准问题，还有边际损害的差异、不同财产损害之间的关系等问题。决定迁移到工厂附近求职就业的人们，并未考虑他们迁来给工厂带来的产值下降（需要交税、治污）。“这种不考虑给他人带来成本的缺陷与工厂主不考虑其烟尘污染带给别人造成的损害的性质是一样的。没有税收，在工厂区将会烟尘污染太多、居民太少；但有税收，则相反。”② 我们惯常的思维是，谁施害谁赔偿，赔偿以受损物的市场价格为准，但往往忽略了问题的“交互性质”，也就是价格机制的运行是有成本的。“即避免对乙的损害将会使甲遭受损害，必须决定的真正问题是：是允许甲损害乙，还是允许乙损害甲？关键在于避免较严重的损害。”③ 科斯提醒读者从“总体的和边际的角度”④ 看待损害赔偿规则乃至产权界定问题。“如果我们想达到资源的最优配置，那么理想状态应是双方当事人在决定他们的行动计划时都考虑有害影响（即妨害）。顺利运行的定价制度的长处之一是……因有害影响而造成的产值下降将是当事双方的一种成本。”⑤ 科斯关注的不是单纯个人

---

① 罗纳德·H. 科斯：《社会成本问题》，载《企业、市场与法律》，盛洪、陈郁译校，格致出版社，2014，第116页。

② 罗纳德·H. 科斯：《社会成本问题》，载《企业、市场与法律》，盛洪、陈郁译校，格致出版社，2014，第116页。

③ 罗纳德·H. 科斯：《社会成本问题》，载《企业、市场与法律》，盛洪、陈郁译校，格致出版社，2014，第79页。

④ 罗纳德·H. 科斯：《社会成本问题》，载《企业、市场与法律》，盛洪、陈郁译校，格致出版社，2014，第79页。

⑤ 罗纳德·H. 科斯：《社会成本问题》，载《企业、市场与法律》，盛洪、陈郁译校，格致出版社，2014，第90页。

损失的计算与实际损失赔偿，而是经济体系的运行，参与经济体系运行的各方都创造了不同的产值并给对方带来影响。这个影响可能使得对方收益下降或者成本增加，合理的产权制度设计则要考虑如何降低交易费用，增加社会产值。

科斯定理由三组定理构成。第一定理的内容如下：如果交易费用为零，不管初始产权如何安排，当事人之间的谈判都会实现财富最大化的安排，所有参与者都受益，无人受损，即市场机制会自动达到帕累托最优。在经济社会生活的一切领域和一切活动中，交易费用无处不在、无时不在。故科斯第一定理只存在于理论世界中，旨在为科斯第二定理提供重要铺垫。

科斯第二定理，也被称为科斯定理的“反定理”，其基本含义如下：在交易费用永远大于零的真实世界里，不同权利界定会带来不同效率的资源配置。换言之，交易皆有成本，但在不同产权制度下，交易成本存在明显差异，资源配置效率高低有别，故为优化资源配置，选择合理产权制度是必要的。科斯将交易费用作为构建产权制度的首要考虑因素。

科斯第三定理旨在评判产权制度的选择方法。“合法权利的初始界定会对经济制度运行的效率产生影响”①，故需要比较不同的权利制度安排所能产生的产值大小。“最优的权利安排”的判断标准是“更高的产值”。② 第三定理主要包括四个方面：第一，如不同产权制度设计带来的交易成本相等，则数个产权制度选择依制度设计、执行成本高低而定；第二，某项产权制度势在必行且是不二选择，该制度实施方式方法存在不同成本，则实施成本应被考虑；第三，如果设计和实施某项制度所支付的成本大于实施该制度所获的收益，则这项制度无设立必要；第四，设立一项新制度的成本大于既有制度，即便后者存在不合理之处，制度变革也无必要。③

在科斯的论文中，给予法律人最大启发的文章莫过于《社会成本问题》。此文中科斯关注的核心议题在于，在合法权利相互冲突之际，“用何

① 罗纳德·H. 科斯：《社会成本问题》，载《企业、市场与法律》，盛洪、陈郁译校，格致出版社，2014，第92页。

② 罗纳德·H. 科斯：《社会成本问题》，载《企业、市场与法律》，盛洪、陈郁译校，格致出版社，2014，第92页。

③ 科斯定理，MBA 智库·百科，https://wiki.mbalib.com/wiki/%E7%A7%91%E6%96%AF%E5%AE%9A%E7%90%86，访问日期：2024年3月11日。

种方式正确地度量和界定权利和利益边界”，也就是“法律界权和重新界权的问题”。[①] 尽管科斯的理论从交易成本角度切入，但确实让读者意识到法律的重要性。第一，法律的初始界权，尤其是对私人财产权的界定，是市场交易的前提。无私权界定，则会产生两种后果：一则是“交易无门”，类似于我国改革开放前实行的计划经济；二则是奉行“武力和拳头”的“丛林规则”。第二，初始权利界定给私人后，因为“权利不止一类，私人主体也不止一个”，法律要回答的问题是“应该将何种权利界定给何种主体”。在科斯看来，在现代市场经济社会，如一种权利的制度安排比其他安排能产生更大的产值，法律就该确认此种界权方案。现代社会中交互性外部效应问题无所不在，这意味着合法权利冲突会频繁发生，一旦出现纠纷或诉讼，法官面临的就不是一个侵权赔偿问题，而是重新界权问题。以“促进社会产值最大化”为目标，法官重新界权的效率标准仍然是“两利相权取其重”的比较考量[②]，其势必要考虑未来的权利交易所支付的成本大小，从而决定支持或否定当事人的权利诉求。

二、张培刚：战乱背景中的纯商业成本

学者张培刚在1940年独立提出“纯商业成本”。周其仁老师认为，“纯商业成本”实乃解释“抗战时期沿海城市粮食供应变化的画龙点睛之笔”。[③]

（一）江汉到沿海的粮食运输成本

1936年6月下旬至9月中旬，张培刚、张之毅两位年轻人赴浙江进行粮食运销情况调查。此次调查区域涉及32个县的56个市场。张培刚等人调查期间正值江浙地区炎热季节，奔波于城乡之间，大量时间要徒步行走在田间地头，烈日炙烤。虽然每天汗流浃背，双脚胀痛，但看着密密麻麻的调查记录，张培刚又愉快又满足。[④] 卢沟桥事变后，大量科研机构西迁，张培刚先生先后赴广西大学、浙江大学任教，张之毅赴国立西北农林专科学校（现在的西北农林科技大学）任教，浙江调研报告不得不暂行搁置。

① 艾佳慧：《法律界权视野下的科斯定理：厘定、推进与不足》，《财经法学》2018年第6期，第132页。

② 罗纳德·H. 科斯：《社会成本问题》，载《企业、市场与法律》，盛洪、陈郁译校，格致出版社，2014，第133页。

③ 周其仁：《城乡中国》，中信出版社，2017，第325页。

④ 《〈张培刚传〉：浙江粮食运销问题调查》（第49期），https://baijiahao.baidu.com/s?id=1662397433740372021&wfr=spider&for=pc，访问日期：2024年3月11日。

张之毅因写《福建省食粮之运销》，仅承担了浙江调研报告五分之一的写作任务；张培刚先生主笔《浙江省食粮之运销》，最终于1939年1月完成写作工作，1940年由商务印书馆出版。调研时张培刚先生只有23岁，张之毅先生仅22岁。《浙江省食粮之运销》出版时，张培刚先生27岁，张之毅先生26岁。

张培刚先生将粮食价格问题进行切割分析，包括粮食的生产成本、纯运输成本（主要是沿长江及其支流的水路运输成本）和纯商业成本（运输途中的额外支付）。他发现，20世纪30年代江汉平原生产大量大米，生产成本比较低，借助长江水系，运输成本明显低于铁路运输，但彼时厦门、宁波、上海等沿海大城市却从泰国购买大米经香港海运送来。究其原因在于，尽管内地省份粮食的生产成本很低，但是要把粮食从江西、湖南、湖北的乡下运到沿海城市，运输过程非常艰难，国内水路运输途中关卡重重，要多次缴纳过路费，甚至可能遇到土匪抢劫。与之相反，走海路的泰国大米一上船，就可以畅通无阻地进入中国沿海城市。[①] 以1936年运输成本为例，从长沙运到宁波的大米包装费占15%，运输费占51%，交易费占20%，捐税占9%，贷款利息占5%；同年香港到宁波的大米运输成本包括包装费占2%，运输费占98%。比较数据可知，外国大米运销成本构成简单，以运输费用为主。

张培刚先生认为，"凡运销程序较简，运销机构合理者，运输费所占比例亦较高"。国外大米比国内大米的运输条件明显更好，"洋米运输较之国米为便利，其销售机构亦较国米为简捷"[②]。张培刚先生指出，"佣金之免除，与捐税之减轻，皆可视为交易机构之改善"[③]，均可减少纯商业成本。健全交易机构，疏通陆路渠道，减少纯商业成本，则可减少运输成本，继而降低米价，提高国产大米的市场竞争力。但非常不幸，抗战全面爆发后，苏皖与浙江之间运输路线断绝，浙江市场大量缺米，米价不断攀升，运输成本较之此前再次提高。

（二）同一时期托尼观察到的制度成本

并非只有张培刚先生一人注意到彼时我国极高的交易成本。30年代初来华的托尼发现，国内部分地区将小麦运至50英里外的市场，运费与

---

① 周其仁：《真实世界的经济学》，中信出版社，2021，引言第19页。
② 张培刚：《张培刚集》（中），华中科技大学出版社，2017，第922-923、929-930页。
③ 张培刚：《张培刚集》（中），华中科技大学出版社，2017，第931页。

小麦价格相当；从北京到天津不过80英里，需要经历7道纳税关卡；将大豆从黑龙江富锦（彼时我国第一产粮大县）运往哈尔滨，一路要经历22个税卡；[①] 1929年距离南京不到10英里的地方，就有土匪设卡收保护费，而国民政府却把财政经费用于集结军队围剿江西与福建的共产党。国民政府的施政行为涉及两个关键词——“税收”和“战争”[②]。“内乱、重税、强制性借贷和货币混乱”[③]，上述严重影响中国产业发展的负面因素均是交易成本或体制成本。尽管周其仁没有引用托尼著作，相信学术履历至少一半写着农村经济研究的周其仁老师也读过托尼的《中国的土地和劳动》，该书对彼时中国高昂制度成本或体制成本的关注，定会启发周其仁老师。由此可见，同一时代真正关心中国农民的学者发现的问题是大体一致的。

考察民国政治，托尼发现南京国民政府重理念轻落实、重立法轻实施，法律的理想表述让位于现实的变通处理。这些立法没能变成行之有效的治理实践。换言之，束之高阁的法律不过是徒增了立法成本。“中国的政治以发表宣言为始，亦以发表宣言为终。在西方，人们只讲手段不讲目的；在中国，人们只讲目的不讲手段。中国人一个会议接着一个会议，一个计划接着一个计划，一个报告接着一个报告。立法会议制定了那么多的法条，编纂的法律文书卷帙浩繁，法律文书堆积如山。”[④] 写一篇机械学论文无法修好机器，同样仅仅制定政策法律文件，无法有效治理国家。民国政治的表象是“文牍政治”，实质仍是“官僚政治”，成为彼时中国的“代表性体制”。[⑤]

三、周其仁：改革背景中的体制成本

能否很好地理解概念、使用概念，直接影响到学者分析真实世界现象和问题的能力。跳出古典经济学家长期关注生产成本的思维习惯后，科斯发现企业组织生产经营活动是为了减少交易费用，“成本”概念随之被拓展，在生产成本之外增加了交易成本。1969年肯尼斯·约瑟夫·阿罗

① 理查德·亨利·托尼：《中国的土地和劳动》，安佳译，商务印书馆，2014，第50–54页。
② 理查德·亨利·托尼：《中国的土地和劳动》，安佳译，商务印书馆，2014，第185–186页。
③ 理查德·亨利·托尼：《中国的土地和劳动》，安佳译，商务印书馆，2014，第130页。
④ 理查德·亨利·托尼：《中国的土地和劳动》，安佳译，商务印书馆，2014，第188页。
⑤ 理查德·亨利·托尼：《中国的土地和劳动》，安佳译，商务印书馆，2014，第188页。

（Kenneth Joseph Arrow）将交易费用扩展解释为整个经济体系实际运行的成本。张五常先生撰写《新帕尔格雷夫经济学大辞典》中“交易费用”词条时，认为用“制度成本”替代“交易费用”更合适，但其仍关注市场行为本身。此后相关概念的诠释与构建工作没有停止，周其仁老师使用“体制成本”代替“制度成本”，并对经济运行过程中的政治行政因素予以更多关注。学术概念的使用要面对事实，即能面对所指，也就是内涵面对外延。有时一个概念在外延方面需要更为一般化，则内涵就要减少；有时概念在外延方面需要更为具体化，则内涵增加。具有真包含关系的概念内涵与外延之间呈现反变关系，例如财产权外延大、内涵少，土地所有权外延小、内涵多。我们解释一个概念的目的无外乎是面对解释对象，使用概念，使之在解释力（内涵）上更为妥帖。

（一）体制成本的解释力

在周其仁老师那里，“制度”是广义，很抽象，“看不见、摸不着，观察起来有难度”①。但任何一个组织体的运行都有规则支撑，只是规则约束力有软硬之别，运行成本有大有小，运行收益高低有别，但没有零成本的制度。

周其仁老师遵循我国改革开放以来的语言习惯，用“体制成本”替代“制度成本”，“成体系的制度，其运行必有资源损耗”②。在我国，体制比制度更有解释力，其不仅包括法律制度，还包括成文政策、不成文政治惯例，以及有适用空间的其他非正式社会规则，上述有约束力或影响力的规则运行过程与结果，均产生体制成本。用“体制成本”解释中国经济生活的运行，远比“生产成本”“交易费用”“制度成本”更有包容度与解释力，当然“体制成本”这一概念的使用也更依赖于中国语境。

越是大的组织体，越需要这个组织体得以存在运行的核心制度，该“制度之形成、运行和变革通常历时久远”，周其仁老师将这一类制度称为“慢变量”。③ 宪法更应归入“在经验上就难以被列入可观察行为的约束条件”④，自然是“慢变量”中的“慢变量”。如周其仁老师所言，“算我辈之幸，赶上中国改革开放。前后左右都是制度和制度变迁现象，想要闭上

---

① 周其仁：《城乡中国》，中信出版社，2017，第325页。
② 周其仁：《体制成本看中国》，载《突围集：寻找改革新动力》，中信出版社，2017，第56页。
③ 周其仁：《城乡中国》，中信出版社，2017，第325-326页。
④ 周其仁：《城乡中国》，中信出版社，2017，第326页。

眼睛也难”[1]。

50年代末至70年代末，我国实行严格的计划经济体制。经济计划自中央发起，自上而下落实于整个国民经济体系，“由国家控制一切资源，靠行政命令来组织国民经济”，周其仁老师称之为“超级国家公司”[2]。中国改革的基础与出发点是“降低超级国家公司的巨额组织成本。……重新界定权利的合法认定”[3]，改革初期目标则是激发“个人、家庭、基层组织和地方的积极性，还同时把企业家协调和价格机制协调一并请回到中国经济的舞台”[4]。发展中国特色社会主义市场经济，就是“用一系列合约代替一个组织”[5]。

周其仁老师的这个解释深受科斯启发。科斯比较企业与政府作为经济活动主体分别对交易费用的影响，若政府对自身定位不是“建立一套有关各种可通过市场交易进行调整的权利的法律制度，取而代之的是强制性地规定人们必须做什么或不得做什么，以及什么是必须遵守的”，政府则成为“一个超级企业”，其运作机制则是“通过行政决定影响生产要素的使用”。此时政府行政机制可能制造出“大得惊人”的运行成本。“没有任何理由认为，屈从于政治压力的且不受任何竞争机制制约的、易犯错误的行政机构制定的限制性的和区域性的管制，将必然提高经济制度运行的效率。……直接的政府管制并不必然带来比由市场和企业来解决问题更好的结果。”[6]

基于体制成本变化考察我国的经济体制改革，周其仁老师发现，大体呈现出“体制成本降，中国经济升”，到“体制成本重新上升”、经济增速放缓的曲线。他认为，2008年前，“中国制造”立足世界得益于三大因素：第一，大量低成本劳动力不断供给；第二，解除过多管制，从而大幅度降低了国民经济的运行成本和组织成本；第三，基础教育实现普及后，高等教育逐渐走向普及，家庭、社会和国家都致力于投资教育，学习曲线上升，大幅提升了劳动者的知识和技能。2008年后经济下滑的起因有三：

---

① 周其仁：《城乡中国》，中信出版社，2017，第326页。

② 周其仁：《改革的逻辑（修订版）》，中信出版社，2017，自序第Ⅵ页。

③ 周其仁：《改革的逻辑（修订版）》，中信出版社，2017，第21页。

④ 周其仁：《改革的逻辑（修订版）》，中信出版社，2017，第21页。

⑤ 周其仁：《改革的逻辑（修订版）》，中信出版社，2017，第31页。

⑥ 罗纳德·H. 科斯：《社会成本问题》，载《企业、市场与法律》，盛洪、陈郁译校，格致出版社，2014年版，第94页。

第一，外需收缩；第二，真实利率转正；第三，行政管制造成的制度成本上升，“体制成本先降后升，横看过去像是一只碗的侧影”。其中原因一、二不能（或难以）控制，但就“行政管制造成的制度成本上升”仍有相当大的改进空间。①

周其仁老师肯定改革开放以来的成果，但也发现，“渐进改革留下了不少硬骨头，不少半拉子改革工程”②。经济体系运行的体制成本过高，并且在相当程度上都是法定成本，具有强制性，不支付相关成本就是违法。法定成本包括如下项目：企业要经过竞拍支付土地出让金，方能获得土地使用权；工资税收社保支出比例与数额迅速上升，工资与社保支出增速均大于 GDP 增速。

（二）城乡土地二元市场

改革开放以来，我国陆续实现产品、劳动力、资金、设备、人力资本、技术、投资项目的自主流动，且流动的范围逐渐跨越县、市、省行政边界，不仅开放国门，而且还走出国门。上述资源流动均不听命于地方政府，唯有土地另外，工商用地由各地政府供应。尽管“纯从经济的角度看，土地无非是一种生产要素，与人力、资本、技术等一起投入生产过程产出产品，以满足人的需要”③。

土地划分成为城乡二元体制的支柱，即农村土地的集体所有制和城市土地的国有制。“两种土地，价格不同，权利不同。”④ 全国土地资源的基本格局如下：“仅有占比很小的城镇商业住宅用地，才被纳入市场的范畴，其他大量工业用地、政府和社会事业用地、农民和农村自用土地，均被排除在市场准则之外。”⑤ 农转非、集体土地转国有土地的唯一途径是政府征地。土地资源利用的运行体制是“以行政管制替代产权和市场”⑥，大大推高了体制成本。

周其仁老师为此病症找到的病根是“半拉子”改革工程⑦，国有土地批租制中，只有一个出让方——本地政府，是城市工商用地的唯一供应方，竞价方是多个开发商。政府一手征地、一手卖地（名为出让土地使用

---

① 周其仁：《突围集：寻找改革新动力》，中信出版社，2017，第 56、61-64 页。
② 周其仁：《突围集：寻找改革新动力》，中信出版社，2017，第 62 页。
③ 周其仁：《城乡中国》，中信出版社，2017，第 320 页。
④ 周其仁：《突围集：寻找改革新动力》，中信出版社，2017，第 141 页。
⑤ 周其仁：《突围集：寻找改革新动力》，中信出版社，2017，第 127 页。
⑥ 周其仁：《突围集：寻找改革新动力》，中信出版社，2017，第 127 页。
⑦ 周其仁：《城乡中国》，中信出版社，2017，第 359 页。

权），获得高额土地出让金。这意味着增加了土地市场准入的成本，准入成本由土地管理政策法律设定。开放土地市场的壁垒过高，障碍在于“陈旧观念与既得利益联手把门，就是不让竞争机制发挥应有作用”①。地方政府的特征是“画地为牢”，通俗解释就是，每个地方政府的“行政权力受到行政区划的范围限制”②，仅能决定自己行政管辖范围内的事务。

我们接下来看一看周其仁老师如何概括“半拉子”土地市场运行带来的后果，即形成了“土地批租—土地饥渴—土地管制”的循环怪圈。农村土地为集体所有，集体所有土地被征收为国有后，方可在土地市场上出让。征地权的性质是“非自愿、非交易、直接强制”③；地方政府垄断土地批租市场，依赖于土地财政维系地方政府运行；土地出让金激增，价格机制失灵，刺激商业资本的房地产开发投资；政府更倾向于扩大征地范围，导致全国范围内耕地面积缩小；中央政府被迫出台土地用途管制制度，核心目的是保障农地农用；土地用途管制又进一步固化了农村土地市场，农村农地资源无法变成便捷流动的资本；农业经营性收入增长空间有限，农民收入低于全国城镇在岗职工平均工资，几乎没有财产性收入，整体拉大了城乡收入差异；国家财政收入有限，面对广大农村，大水漫灌式的财政补贴能分配给农民集体的财政性收入极为有限（见图6）。

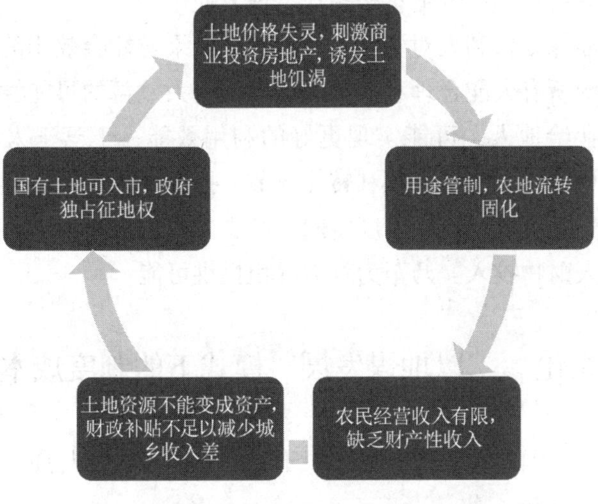

图6 土地批租—土地饥渴—土地管制循环圈

① 周其仁：《突围集：寻找改革新动力》，中信出版社，2017，第64页。
② 周其仁：《城乡中国》，中信出版社，2017，第178页。
③ 周其仁：《城乡中国》，中信出版社，2017，第353页。

(三) 以市场转让代行政管制

周其仁老师认为，基于本地政府财政需求与政绩考虑，很难做到土地资源供给与需求合理匹配。在国有土地使用权出让中，强征与竞售发生"畸形结合"，实质是"半市场化路子"[①]，运行过程中难免造成"肠梗阻"。独家征地权在给地方政府财政提供保障的同时，也带来大量负资产，譬如"土地政策叠床架屋，执行的成本高、效果差，不时诱发变通和潜规则，导致法外活动的覆盖面渐宽，违法、违规行为查不胜查、禁不胜禁，为权力腐败提供了巨大的温床"[②]。征地成为引发不稳定因素的导火索，国家信访局提供数据如下，2013 年前后全国因征地引发的纠纷每年约 400 万件，其中一半以上群体性事件由征地拆迁引发。[③]

以市场转让代行政管制是周其仁老师为"半拉子土地市场"开出的药方。所有权是一系列权能之和。使用权是权利人"在资产的不同用途中做选择"，转让权是权利人"在资产自用还是他用之间做选择"，收益权则是"在资产不同的收益方式之间做选择"。[④] 产权分明具有占有、使用、收益、处分等一系列权能，为什么周其仁老师极为重视处分权呢？在他看来，保护产权既不是"保护资源本身"，更不意味着"资源永不换手、永不转让"，而是保护权利人对资源不同用途的选择自由。权利人可以选择自己使用，亦可选择以合适价格转让给他人使用。[⑤]

转让权能保证权利人对资源利用的最佳效果与社会效用的最大正外部性。初始资源所有人能合理利用资源、发挥更大效益的可能性较低。在此情况下，转让给他人，可能实现更好的利用效能，于己于人于社会都有利。故制度成本主要集中在权利转让环节。换言之，产权制度设计可以为交易提供更安全有效便捷的制度空间，减少成本支出；但亦可能制造交易障碍，增加人财物投入，乃至为权力寻租提供可能。

余论 "以地谋发展"模式下的制度成本

土地之于中国的重要性，远不限于乡土中国时代。与周其仁老师同在

---

① 周其仁：《突围集：寻找改革新动力》，中信出版社，2017，第 129 页。
② 周其仁：《突围集：寻找改革新动力》，中信出版社，2017，第 127 页。
③ 周其仁：《突围集：寻找改革新动力》，中信出版社，2017，第 141 页。
④ 周其仁：《城乡中国》，中信出版社，2017，第 425 页。
⑤ 周其仁：《城乡中国》，中信出版社，2017，第 388–389 页。

国务院农村发展研究中心共事过的刘守英老师认为，考察中国自改革开放以来40多年的发展会发现，“土地是个全局性问题”，不仅涉及从农业社会向工业社会转型，而且涉及从计划体制向市场体制转轨。疫情暴发前，我国高速增长的经济、快速的工业化和城市化、不断增加的财政收入都与土地从资源变为资产、土地流转权扩大、土地融资能力提高、房地产大发展直接相关。无论是早期地方政府通过“征地制度”获取级差地租充实本地财政收入，还是在此基础上建立起土地资本化的机制——“土地抵押融资，支撑了城市大规模的基础设施建设”，大量的土地资本化收益被“用在工业化和城市化的发展”，刘守英称之为“以地谋发展模式”。[①]

但在2013年后，靠“土地宽供应保增长”的发展模式出现拐点，土地供应量增加对经济的拉动效果迅速弱化，刘守英老师称之为“土地模式的衰竭”，具体表现为：第一，工业用地需求下降，企业向高质量增长发展方式转变；第二，2008年后，国家经济发展越来越靠投资基础设施来拉动，基础设施用地的权重越来越大；第三，城市化从增量阶段转变到存量阶段，征地拆迁成本与卖地成本不断上升，土地出让的净收益不断下降[②]；第四，自2021年中起，房地产行业呈现全面衰退趋势，需求不足（支付能力不足）与供给过剩（新房+二手房）并存，房地产进入长时间低迷状况。

尽管“土地财政”“土地金融”广受诟病，但此前连续多年土地升值、不动产快速升值，地方政府、企业和城市家庭作为房地产市场主体，其“所有者权益”就会随之膨胀。直至2020年，家庭、企业与政府的资产负债表中的所有者权益一项急剧扩张，所有者权益规模远大于股市、债市所形成的所有者权益，更大于贸易顺差所对应的国外负债。当前经济衰退的原因也被归结为“房地产市场的崩溃”。2021年7月起，政府采取“放量限价”的政策，通过改造棚户区、改造城中村、城市更新等途径投放了大量供给，此时城市化接近尾声，房地产市场已近饱和；同时部分地方政府把“房住不炒”简单等同于“打压房价”，触发此次房地产危机。在此背景下，房地产市场突然逆转，各类债务失去了土地信用支持。为修复资产负债表，所有市场主体均大量抛售资产，兑出权益资产以修复资产

① 刘守英、周飞舟：《土地制度与真实世界》，《经济观察报》2022年8月29日。

② 刘守英：《止于2013年的土地奇迹，始于2020年的土地新模式》，中国财富管理50人论坛，http://cwm50.net/newsitem/278348690，访问日期：2024年4月19日。

负债表。其结果是，资产价格进一步下跌，资产负债表陷入衰退循环。当下我国宏观债务端主要建立在房地产市场上，房地产市场萎缩，必然导致系统性的债务违约。[①]

这也让我们反思"土地财政""土地金融"房地产市场运行的体制成本问题，地方政府主导"征拍挂"，政府与房企靠抵押土地融资，银行靠按揭放贷收贷，业主靠工资薪金还贷，这一机制已不能维系。当下土地的功能、政府和金融机构与土地的关系、房地产发展模式都将面临体制性转变。体制成本仍是政府财政和房地产下一步改革的关键性议题。恢复不动产在资本市场上的流动性，恢复处于抵押状态的存量不动产的信用，修复市场主体的资产负债表，这些问题都可以归为降低房地产市场运行成本。

经济学家对制度成本的考虑是后果主义的，看制度运行的"结果对经济发展起什么作用，对资源配置和收入分配有什么样的效果"[②]。

经济学家对制度成本的考虑是经验主义的，而非理性设计，无论是农村土地包产到户，还是城市建设用地增补挂钩，"完全写出来的东西很难生根。基层探索出来的东西，有旺盛的生命力"[③]。

经济学家对制度成本的考虑是整体系统的，"越关心农村，越要注意研究城市、利用城市。……因为城市是国民经济的引擎，是发动机，是带动农村建设的力量"[④]。农村建设要善用城市消费力，城市居民的可支配收入是农村居民的2.4倍，现存的主要市场购买力在城市，同时乡村也要善用城市的智力与财力资源。

"体制成本决定经济未来。"[⑤] 故需在城镇化、城乡协调发展中扎实推进改革，大幅降低体制成本，提升资源配置效力，否则乡村振兴、城乡一体化发展仍是口号，经济、社会、政治领域都无法负担高昂的体制成本。工业化、城镇化、市场化、产业化、城乡一体化……周其仁老师对它们有一个观点，供大家反思，所有这些"化"应该有共同目标、系统规划和实效，即"一定要惠及更多的人，如果哪一种搞经济的办法不惠及更多的人，它就不能叫'化'"[⑥]。

---

① 赵燕菁：《遏制经济衰退，要马上救活房地产?》，澎湃新闻，https://www.thepaper.cn/newsDetail_forward_23537922，访问日期：2024年4月19日。

② 周其仁：《突围集：寻找改革新动力》，中信出版社，2017，第163页。

③ 周其仁：《突围集：寻找改革新动力》，中信出版社，2017，第165-166页。

④ 周其仁：《突围集：寻找改革新动力》，中信出版社，2017，第170页。

⑤ 周其仁：《突围集：寻找改革新动力》，中信出版社，2017，第68页。

⑥ 周其仁：《突围集：寻找改革新动力》，中信出版社，2017，第206页。

我在此基础上做一些改写，森林法、草原法、农村土地承包法、土地管理法……所有这些土地法，乃至全部法律体系，应该有共同目标、体系协调和富有实效，一定要惠及更多的人，如果哪一部法律的规范不惠及更多的人，它就不能叫“法”，至少不能承担起社会主义国家的制度职能——为人民服务。

供给决定经济增长，还是需求决定经济增长？经济学界争论了一百多年，越来越多的研究者倾向于认同，供给与需求之间的流动，也就是价值流，决定了经济增长。这是市场环境的普遍规律。

研讨互动

学生与谈…

城乡中国核心问题与阅读收获

范佳宗

感谢林星宇同学精彩独到的领读，让我们了解到了不一样的《城乡中国》，下面由我来简单谈谈自己的一些读书感受。

作者周其仁是研究经济的学者，成长在那个年代，吃过上山下乡的苦，也经历过改革开放，见证了家庭联产承包责任制让农业焕发出活力，所以作者都在极力肯定市场配置资源的重要性。

全书是专栏文章集结而成，里面有非常多的案例，其内容分为农村与城市两部分。作者花费如此大的篇幅讨论城乡土地问题，原因有二：第一，中国的城市和农村改革发展虽然取得举世瞩目的成就，但受历史沿革、体制桎梏、思想观念等影响，改革之路依然任重道远；第二，要减少体制成本，坚定对市场化的信心和实践。

作者认为城市化的动态化过程表现为“人口聚集—经济聚集—人口聚集”的循环。过去 30 年中国城市化水平虽然突飞猛进，但户籍制度等限制经济自由、人口迁徙自由等的负面因素仍继续存在。新中国成立初期起便实施“重工轻城”经济决策，导致相对于西方，我国出现了工业化极度超前、城市化滞后的状况。改革开放以来，我国出现“土地城市化”远超

“人口城市化”的独特现象。作者落脚点在于“自由”二字，强调自由是城市之基。新中国成立后，城市地权经历了从部分房屋用地等生产资料收公，到“文革”时住房租金和收益权收公，再到改革开放后城市土地系为国有之地权变革，后参照香港土地制度采用批租制。于是出现如下情况，各地为发展经济、招商引资，将大量城郊土地征收为国有土地，国家权力和国民财产权利之边界持续博弈，形成了中国独有的“房地分离”的二元格局。质言之，我国城镇化总体特征是行政化或政府主导，依托于三大支柱——土地归国家所有，城市设立需行政审批，以及政府独享征地权。

作者认为，农村发展的关键在于土地产权，并反复强调农村集体土地确权之重要，以及确权后需解决流转问题。新中国成立之初引入苏联体制，人民公社化时期形成了土地集体所有制。作者认为，集体土地制的权力边界先天模糊：在乡村内部，农民之间、农民与集体之间行为边界不明；而在乡村外部，农村集体组织与城市政府，政府与村集体的行为边界也不清晰。改革开放初期，农村集体土地无法流转，导致农民被束缚在土地上脱不得身。土地，尤其是宅基地，作为农民的一项重要财产资源，却变不了现。而中国的经济发展又需要建设用地，导致土地供需关系紧张。在乡村内部，农村土地集体制和承包制长久不变，也由于人口增减，存在内生矛盾。作者强调未来土地实现全自由流转的可行性、必然性和迫切性，批评了“土地保障论”等观点。

总的来说，《城乡中国》是一本全面、深入地探讨中国城乡关系的书。它既有理论的高度，又有实践的深度，对于理解中国城乡关系的现状和未来发展趋势具有重要意义。通过阅读这本书，我们可以更加清晰地认识到城乡之间的差异及其背后的原因，并思考如何推动城乡一体化发展，实现共同富裕。

不知不觉中，本学期的读书会活动即将落下帷幕。时间转瞬即逝，记得肖老师曾说，“每一次读书会都是一次邀约赴约，每一次圆满结束都是一种释怀”。从上学期的《百年孤独》到本期的《城乡中国》，读书会所挑选的书都是经典中的经典。这些书为我们打开了一扇扇明亮的窗户，帮助我们了解这个世界，重温过去发生的鲜活故事，让我们感受脚下的土地，畅想魅力无限的远方。

对于阅读，我常怀谦卑之心，因为我自知所读的书远远不够，仍然还有很多领域的东西要去学习和了解。但是在我有限的读书经历中，也积累了一些阅读体会。在此，想跟大家分享一下自己的两点小感悟。

第一，正如牛院长所说，拿到一本书，我们要学会前面翻翻、后面翻翻。意思就是，要先看作者简介，再看序言，然后是后记，最后再来看主体内容。这确实是一个非常好的阅读习惯，希望大家也可以试试效果。

第二，最大的体会就是，阅读时一定要带着批判性思维，一定要有独立清醒的思路。阳光底下无新鲜事。学会在书本中与贤者对话，多学习前辈们的智慧，让自己成为生活中的一道光。我想，这或许才是阅读最大的意义吧！

相逢即是缘，聚散皆有时，读书会也许要暂时告一段落，但是读书却永远在路上。希望我们都能在阅读中成长，在交流对话中有所收获。最后，衷心地祝愿读书会活动越办越好，蒸蒸日上！

嘉宾点评

学术研究如同爬金字塔

牛玉兵

读书会办起来很辛苦，就像我最近在做同学们的论文修改和送审，感觉特别累。本来计划是昨天晚上给同学做论文查重，但是由于其他事耽搁了，再加上第二天还有课要上，只能早上 5 点钟去完成这件事。我在想很多时候为什么要花那么多的时间和精力去做这件事情，是不是说我可以不去做这件事情？

其实我也喜欢像肖老师这样，举办读书会，跟同学们交流，看着同学们有所成长、有所变化。但是身在其位，我基本上把时间和精力都放在研究生管理、教学管理这方面，用于科研的时间就很少。在做这些事情的过程中，什么东西让我们坚持下来？我觉得其实就是看到我们学生整体的变化。学生刚刚进入研究生学习阶段，不知道怎么去讲话，不知道怎么去交流。三年之后，看到这个学生在学业、人际关系、社会阅历方面有了很大的变化。毕业时，他（或她）告诉我说找了一个好工作，这样的成长和变化对老师也是很好的鞭策和鼓励。当发现一个同学有变化，而且这个变化是我们想看到的变化，是同学成长和心性的变化，我觉得这是让老师感到欣慰的时候，感到自己做的工作是有价值的。

我们举办这个读书会，不是为了考核，也不是为了分数。学院里面有很多老师是在用心付出，在做一件事情。我特别佩服肖老师，把读书会坚持举办下来，而且几场读书会办下来，我感觉我们已经形成了一种模式和范例，肖老师在其中付出得特别多。同学们在前面的领读，是经过肖老师尽心指导和字字斟酌的。更精彩的东西其实是肖老师后面为我们讲的内容，像今天周其仁的《城乡中国》，中国就两块，一块城市、一块乡村。以前我们做农村基层治理的相关研究时，也注意到了这个点，也关注到周其仁老师的书。但是我读得不深入，更没有像肖老师这样对这本书背后的理论来源——科斯、张培刚等的理论，包括交易费用、制度成本、体制成本等做系统梳理。我也认同，体制成本比交易成本更有解释力。这些理论关键词能够帮助我们去理解制度背后的东西。大家说法律是行为规范，那法律是如何调整人的行为的？如果我们想去调整这个行为，去建构制度，我们是不是应该对制度背后存在的那些规律性的东西有所理解？不去理解背后的规律性内容，恐怕对制度的理解还是难以到位。

我们在读书的过程当中，阅读法学著作比较多，文学、经济学著作也比较多。我上次给大家说过我的一个看法，文科的很多东西是相通的，就像我们爬金字塔，你从这个侧面爬，我从那个侧面爬，越往上爬，你会发现我们的目标越接近。有同学说，“老师，我是学法律的，就重点看法律书”。可是在法律之外的其他阅读，我们也要去做，这样你就可以反过来理解我们今天的制度是如何来的，它变化的真正原因。某种解释代表特定角度的认识，它会让我们从不同的侧面去把握法律的规范，让我们的理解更深入，跟别人讨论问题时，你才可能看得更深入全面。我们写论文，讲来讲去就这么几句话，为什么讲不出更深的东西？原因就是解释能力、理论储备、观察阅读都有所欠缺。

如果大家两三年后或者毕业很长时间后，回想起来，自己在江苏大学法学院非常幸运地遇到了几位老师，度过了一段比较沉静的读书时光，在那个时间段有比较好的成长，让自己的人生更加丰满，让自己未来的道路更加宽广。这是我们作为老师，对大家的期待。

导师回应

真正的经典是有限的

肖建飞

今天我们同学的领读时间比较短，让我感到意外的是两个声音如此嘹亮的人组合在一起，我之前不知道他们都有这种好嗓音。尽管林星宇同学也不能够突破读稿子的局限，但是她在表达上做到了吐字清晰、字正腔圆，这是以前的同学做不到的。

在我们选与谈人的时候，范佳宗同学主动报名要做《城乡中国》的与谈人。我想在此之前他应该对这本书有了一定了解，到真正要与谈发言时，估计他又重新阅读了这本书，所以他对这本书有一个整体性的认知，然后又梳理出其中的一些关键性问题。

佳宗说我们在阅读的时候有两个非常重要的方法：一是检视阅读，读者通过阅读导言、目录、结语来分析这本书有没有阅读的价值；二是批判性阅读，但是不知道是不是我理解得有偏差，你刚刚说的“阳光底下无新鲜事”。我其实想跟各位同学说，当我们阅读积累有限的时候是很难有良好的鉴别力的。各位同学，比如说我们这一期的读书会只有一本书，而第21期、22期、23期都是两本书，是两两组合的，两本书之间是有对照关系的。其实每一次做主题扩展的时候，我会给大家提供别的文献。比如说我为了这一期的主题，拓展分析了至少6本我读的其他书。周其仁老师的表达是非常清晰的，他的分析能够直指主题。我在阅读的时候就会很迅速地捕捉到他的核心观点。当我看完他的第一本书再看其他三本时，我就阅读得非常顺利且高效。在看周其仁的这些书的时候，我必须解决一个理论的前提。周其仁老师非常重要的理论来源就是科斯，而科斯是我最大的阅读困难。

因此不是“阳光底下无新鲜事”，而是真正的经典是有限的，后续很多的文本只是延续了经典的话题，或者验证经典理论，或者只是增加了一些新的素材而已。这些研究也有必要，因为它要印证社会科学的经典理论究竟有没有解释力，但是还有大量的文献，包括专著，它是东拼西凑的，可能找不到一个主题。

正好这次读书会我们会分析一些理论关键词，上次读书会我们讲的命题，那这次读书会留下的时间我们就分析一下什么是理论关键词。

赠书意味着书与人相遇

肖建飞

我们给领读的同学准备了一些书。我在对同学们的交流指导工作中，逐步了解了同学们的教育背景、兴趣爱好，每一本书的送出都是基于不同的考虑。每一本书到达同学们手中，都意味着书与人的相遇。

先从小川和权鑫开始，考虑到小川来自淮北，所以我们送给他《北上》和《被牺牲的局部》。权鑫最近在做土地制度研究，我们送他《大国大城》和《土地制度与中国发展》。

第 22 期的领读人是我们的海旭和纯羽同学。海旭同学来自内蒙古，想到我去年读过的一本非常喜欢的书——《草与禾》。因为金纯羽一直对土地制度有兴趣，我们送她《肮脏的 30 年代》，该书讲的是美国 20 世纪 30 年代的沙尘暴问题。

到现在为止，我们还有多位研究农村的思想人物没有介绍，比如说温铁军。本学期我没有选他的书进行领读，但他是一个很重要的人物。我个人觉得他的书里面，比较有历史深度和国际视野的是《八次危机》。我们打算把这本书送给第 23 期的领读人解越。因为我跟利利来自同一个地方新疆，这是我最喜欢的一本关于边疆的书——《中国的亚洲内陆边疆》，所以打算把这本书送给利利。

还有就是我们的佳宗同学，他对周其仁比较感兴趣，所以我们打算把《真实世界的经济学》送给佳宗。这一期读书会的领读人林星宇同学，我们打算送给她周其仁的《改革的逻辑》。最后就是我们的主持人明澄，我们的主持人是一个特别灵活的人。想起我去年读过的非常有趣的一本关于宪法的书，叫《宪法里的生意经》，讲的是美国公司如何获得宪法里的各种各样的权利保障。我们把这本书送给今天的主持人明澄。

阅读准备

与朱晁薇、林星宇沟通写作思路

第一次沟通

晁薇、星宇自拟

题目：城市与农村地权之别——阅读周其仁的《城乡中国》

核心想法：作者观察到农村土地不能拥有和城市土地相同的入市机会，以及人民群众改革求变的种种尝试，着重写农村土地入市之路，其中的影响因素极多，所以篇目也多。我们想写出中国城市独有的特点和农村土地确权入市之路，着重在后者的过程。

首先，通过比较城市与土地有关地权方面的不同，分析近代中国城乡分割的原因。其次，通过阐述农村地权确权的困难路径，引出只有先确权才能土地入市，农民也可以自由选择如何支配自身的劳动权利。可进行城市建设的土地增多，可自由支配的劳动力增加才能进一步发展城市化，改变工业化超前、城市化滞后的局面。接着，从政府和市场两个方面入手，分析对于农村土地入市的作用力。最后，从理论意义上分析实证研究和比较研究对于转型期中国研究的意义。

附提纲

引言　城乡中国的现实基础：城乡分割

一、城乡中国的特征

（一）城市化滞后，工业化超前

（二）改革推动城市土地先确权入市

（三）城乡差距逐步扩大

二、农村地权确权之路

（一）确权困难的前因

（二）确权的举措及意义

三、农村土地入市之路

（一）入市的困难境地

（二）合法试验性的逐步探索

（三）精彩的“法外世界”

四、政策与市场的共同作用力

(一) 政府主导

(二) 从还权到放权，让市场发挥作用

结语 实证研究与比较研究对于研究转型期中国经济的意义

肖飞：晁薇、星宇，我的想法、建议如下：

1. 认可围绕农村与城市土地制度改革或土地产权制度改革写作，但"地权"是否有更合适的替代概念，如"土地产权"或者"土地流转权"？

2. 因为写作主题需明确，结构内容需要重新拟定，摘要也要重新写作。

3. 引言与第一章可以合并。建议围绕主题列一、二级标题，"城乡分割"这样的概念过于宽泛，城乡分割可以表现在户籍制度、公共服务、就业机会等方面，也包括二元土地市场或不完整市场，周其仁老师称之为"半拉子土地市场"。

4. 整个内容设计有乡村内容，无城市内容。因此完全没有城乡土地产权制度对比的框架设计。

5. 即便只谈农村土地，第二、三、四章也缺乏逻辑关系。尤其是第四部分一级标题"政策与市场的共同作用力"与两个二级标题"政府主导""从还权到放权，让市场发挥作用"非常宽泛。

6. 概念使用缺乏推敲，这会直接影响到一、二级标题的设定。如"农村地权确权"同语反复，地权与确权语意含混；"农村土地入市"指代不明确，是农村的什么土地，耕地管理严格，尤其是对基本农田的管理；"土地"是否是宅基地，还是集体建设用地？"入市"入的是什么市场，如果是耕地，在不改变用途情况下的使用权流转，1988 年宪法修正案就允许了；2015 年起农村集体建设用地入市开始试点推广，2020 年全面实行；当下的难点是否是农村宅基地可否入市？

7. 结语"实证研究与比较研究对于研究转型期中国经济的意义"也是宽泛的提法。另外，周其仁老师的《城乡中国》是时事评论性质文章访谈合集，不是典型学术著作，这个结语标题就显得更不合适了。

第二次沟通

晁薇、星宇自拟

题目：城市与农村土地产权之别——阅读周其仁的《城乡中国》

摘要：中国很大，但说到底，一块是城市，一块是乡村，其中乡村土地占比较大。虽说是两块地方，但两地的土地产权发展却极为不同。笔者首先介绍城乡中国的特征，分析近代中国城乡土地发展不一致的原因；其次通过介绍城乡土地分割的现实情况，阐述城市和农村土地产权的不同发展进程，城市土地自国有化后，农村土地却不得不通过尝试多样化的试验性政策工具和争取同地同权以逐步实现发展；最后分析城乡土地产权的差异。

关键词：土地产权；城乡中国；实地研究

附提纲

引言　土地产权对城乡发展的重要性

一、城乡中国的特征

(一) 城市化滞后，工业化超前

(二) 重工轻城是经济发展的不利因素

(三) 经济发展是城市土地产权发展的推动力

(四) 城乡差距逐步扩大

二、城市土地产权之路

(一) 城乡土地分割的多种因素

(二) 城市土地国有化

(三) 城市土地的使用权先合法流转

三、农村土地产权之路

(一) 集体建设用地的使用权

(二) 宅基地入市

(三) 城乡建设用地增减挂钩

(四) “土地交易所”

(五) 同地同权

四、城乡土地产权差异

(一) 法律层面不同

(二) 各阶段不同的土地政策

(三) 中国土地面向越发开阔的市场

(四) 以城带乡模式

结语

肖飞：晁薇、星宇，二稿提纲较之一稿有明显改进。但目前提纲仍存在如下问题：

1. 写一篇书评务必围绕设定的主题，用提纲呈现行文逻辑。一本有质量的书的信息量是极大的，因此必须要做取舍，不能面面俱到。就目前你们设定的主题与列出来的提纲看，似乎要围绕主题——“中国城乡土地产权之别”，从现象描述到制度分析，再到体制归因。

2. 已有提纲写作逻辑不够清晰。

（1）第一部分“城乡中国的特征”，其实是想对中国经济社会状况进行总结，“城乡中国”可涵盖“两块地”“两种人”，这一部分内容完全可以放在引言中。

（2）第二部分“城市土地产权之路”、第三部分“农村土地产权之路”次序有待推敲。如果回顾 20 世纪 80 年代初以来的土地产权改革历史，农村在前，城市在后；如果看世纪之交的土地产权改革，其动力在于城市土地市场价值，故城市是动力极。另外，第三部分“农村土地产权之路”中各二级标题排列混乱，我看不出逻辑关系。“农村集体建设用地入市”改革启动的原因是城市建设用地需求，但又要保证基本农田不缩减，于是有了“城乡建设用地增减挂钩”政策与“土地交易所”的实践尝试，当下“农村集体建设用地入市”不存在制度体制障碍；迄今为止，“宅基地入市”只是提法，不是实践。

3. 已有提纲存在结构残缺。

（1）缺乏对城乡土地产权制度差异的规范分析，第四部分“城乡土地产权差异”这个标题未能直接提示读者要分析什么制度规范。第一个、第二个二级标题“法律层面不同”“各阶段不同的土地政策”使用不准确，第三个、第四个二级标题“中国土地面向越发开阔的市场”“以城带乡模式”都是图景性表述，与产权制度差异没有直接关系。

（2）缺乏对城乡土地产权差异原因的分析，只有第二部分“城市土地产权之路”第一个二级标题“城乡土地分割的多种因素”有所涉及，但要讨论什么问题尚不清楚，“多种因素”只是框架性表述。

题目：城乡土地产权之别——阅读周其仁的《城乡中国》

附提纲

引言

一、农村土地产权改革之路

（一）农村土地集体化

（二）农地承包经营权确立

（三）耕地经营权允许流转

（四）集体建设用地获准入市

二、城市土地产权改革之路

（一）城市土地国有化

（二）按年期向市场批租

（三）城乡建设用地增减挂钩

三、城乡土地产权制度设计

（一）宪法中的“土地的使用权可以依法转让”

（二）下位法赋予城市建设用地使用权流转自由

（三）下位法设定农村土地先由政府征用再批租

四、城乡土地产权差异归因

（一）行政权力集中配置土地资源

（二）对农地保障社会稳定的预期

注：这集中体现在中央政府不断延长耕地承包经营期，对资本下乡、农村宅基地入市持有审慎态度。

结语　发现真实世界中的经济难题

给读书会同学系统阅读的提示

肖飞：各位同学，以《城乡中国》为阅读内容，理出城乡土地产权差异是比较有难度的写作，二稿提纲与修改建议发给大家参考学习：

1. 不能消极地把读书报告写作当成任务，而且只看自己要领读的书。之所以选择集中阅读这些书籍，是因其主题关联，但因宏观背景有别，作者写作角度有别，故需整体阅读，对不是自己领读的书至少要做到泛读。集中做四期读书会就是想让大家对中国土地制度沿革有整体认识。

2. 请大家找好提前量。这些书去年就已发给大家，开学初就由同学们认领领读，但估计领读人们不到临界时间点就不动笔。到目前为止，除了利利的提纲未定，所有同学的提纲都是在最近一周定下来的。指导就是校改，这个工作并不轻松。大家写作领读文稿期间，我也在写主题分析的文稿，而且主题分析文稿长度都不低于一万字。更不要说近期还要为研三同学毕业论文定稿忙碌，即便只有读书会工作，这段时间内我的工作量也极大。请大家务必在自己领读日的前五天完成文稿（注意格式规范、无文字瑕疵），否则我来不及修改，读书会质量就没有保障。

3. 提纲代表思路，文稿是对阅读书目的内容提炼与阅读收获的全面呈现，做报告则是讲给别人。提纲是基础，内容写作同样重要，写明白不等于能讲明白，这些都是相互关联的环节。希望同学们做好每一步，获得相对完整的训练。

与朱晁薇、林星宇沟通海报

肖飞：星宇、晁薇，24 期海报题目就用你们的汇报文稿题目，你们和明澄商量做海报。后两周工作多，挤到一起，明澄工作压力也大。另请你们提前准备推文，两人合作写一篇即可。

星宇、晁薇推文原文

周其仁先生一直倡导真实世界里的经济学，以一位经济学家所特有的耐心和敏锐，以实地调研的形式，深入观察 19 世纪末至 20 世纪初的城乡统筹改革。

不仅细察成都，亦参照调查了重庆、长沙、嘉兴、天津、北京、镇江、海南与深圳，在横看侧看间周其仁先生看到了中国城乡的鲜明特征，也看到了城市和农村土地之间的巨大差别。城市土地如火如荼地迅猛发展，有燎原之势；农村土地发展不易，过五关斩六将。“城乡土地产权之别”是本期钟爱阅读读书会的主题，亦是领读人打开周其仁《城乡中国》的核心线索。

本期读书会主要关注以下问题：

1. 什么是城市化，什么又是去城市化？

2. 为何 1982 年宪法突然宣布城市的土地为国家所有？

3. 增减挂钩政策中，政府先得主体地位，是否还有机会让新的、非政府主体接着冒出来？

4. 如何逐步实现农业土地集体化？农业土地集体化有何弊端？确立农地承包经营权后，其有限性是什么？

5. 什么是耕地经营权允许流转的动力机制？

6. 集体建设用地获准入市的主要原因有哪些？如何规范集体建设用地入市？

7. 集中配置土地资源的过程中，政府作为主要推手如何发挥作用？农村土地产权对保障社会稳定的作用主要体现在哪里？

肖飞：晁薇、星宇，你们遗漏的一些信息我做了补充：

1. 未能在《城乡中国》与《乡土中国》之间建立起学术关联。

2. 问题较多，我进行了合并。同时个别问题周其仁先生没有讨论，例如去工业化。

3. 补充了我要扩展分析的问题，即《城乡中国》的关键词——体制成本，从何而来。

与朱晁薇、林星宇沟通写作

与朱晁薇、林星宇沟通一稿写作

肖飞：晁薇、星宇，报告初稿内容问题较多，归纳如下：

1. 摘要明显不合格，只是简单的框架性表述，姑且只能作为引言，但也没有引出问题来。摘要没有对文章核心观点的提炼与内容的高度总结。

原文：中国很大，但说到底，一块是城市，一块是乡村，其中乡村土地占比较大。虽说是两块地方，但两地的土地产权发展却极为不同。笔者具体分析农村土地产权改革和城市土地产权改革的逐步走向；进而尝试从法律层面剖析其中的制度设计，以更清晰的视角认识城乡土地产权的改革之路；最后分析城乡土地产权差异大的原因。

修改：基于产权界定视角，中国农村土地与城市土地产权制度设计有别。自20世纪50年代中后期起，我国农村土地被确立为集体所有。改革开放以来，农村土地产权改革之路始于确立农户的土地承包经营权，随之而来的是耕地经营权获准流转，近年集体建设用地获准入市。1982年宪法确立城市土地属于国家所有。自80年代末起，地方政府开始按年向市场批租国有土地使用权。为应对城市无序扩展、侵占耕地，新世纪初国家实行城乡建设用地增减挂钩制度。尽管宪法规定，“土地的使用权可以依照法律的规定转让”，但下位法仅赋予城市土地使用权流转自由，农村土地需先由政府征用再批租。城乡二元土地市场形成原因在于，行政权力集中配置土地资源，同时决策部门又对农地保障社会稳定给予高预期。

2. 缺乏对全书内容的整体把握、对该书价值的适当评价。

(1)“《城乡中国》对于理解中国现代土地权利的发展具有重要意义。它从土地改革到人民公社期间，再到城市土地国有化、农村用地市场化、城市与农村建设用地挂钩等方面，展现了国内土地发展至今的种种事项。”《城乡中国》的意义不限于了解新中国以来的土地制度沿革（不是“现代土地制度发展”），而是以土地制度沿革为“视窗”剖析我国经济体制改革的动力、成效与局限。“土地改革”“人民公社期间”似乎是时间概念，“城市土地国有化”“农村用地市场化”“城市与农村建设用地挂钩”都是土地制度，前后表述没有关联。

（2）“这些内容为理解中国城市化进程中的土地问题提供了深入的分析。”这句话还是对前面内容的重复，没有实质意义。

（3）“城乡中国是一个发展中的经济社会结构，该如何打破工业化超前，城市化滞后的格局？时代变迁，经济推动，在当代中国，城市和农村到底该如何发展？”“工业化超前，城市化滞后”是改革开放初期的情况，当下已经明显缓解。后一个问题比较空洞，没有实际意义。

3. 头重脚轻，农村土地制度写作几乎占全部内容的2/5，后面三部分内容大约只有全文一半的篇幅。我删除了第一部分内容，以此为例，你们继续删除，以使全文结构更均衡。

4. 写作规范欠缺。

（1）主要是引用观点，还有部分原始数据资料应参考公开文献，比如《高级农业生产合作社示范章程》，不需要从《城乡中国》中引用。

（2）语句表达不符合逻辑，也不完整，例如：“实行集体化一段时间后，上至中央机关下至人民群众都发现集体化并没有改变中国贫困的现状，反而加剧农村的贫困、拉大城乡之间的差距，农村和城市的人民都没有因此而过得更好。而集体化的初衷旨在促进农业生产，当它事实上已经背离中国经济发展的方向，哪怕在政策或法律层面没有即时的反映，社会实践的尝试层出不穷。”应该先讲政策初衷，再谈政策效果。“哪怕在政策或法律层面没有即时的反映，社会实践的尝试层出不穷”，与前一句话没有关联。

（3）“家庭承包经营权由此成立，并于1982年合法化，但并不能解决新问题。”该句表达也不完整，出现了什么新问题没说清楚。这句话是第一部分第二个主题下的内容，第一句话该肯定家庭联产承包责任制的功效，而非一开始就谈带来的问题。

我的修改只限于文稿第一部分第一个二级标题，“（二）农地承包经营权确立”以后未做修改。你们继续删改，建立语句之间、段落之间的逻辑关系，改后文章控制在8000字左右就可。明晚发给我。

与朱晁薇、林星宇沟通二稿写作

肖飞：晁薇、星宇，你们对《城乡中国》与我国土地制度改革没有整体把握，领读文稿写作基本是对书中部分章节的有限梳理，乃至摘录书中内容。同时针对我列出的提纲，你们添加的内容很多都不合适。如果你们不理解提纲揭示的写作重心与逻辑关联，为什么不和我交流？另外文字表达不规范、语句不完整，文风不一致。我甚至很难找到一个没有表达瑕疵的流畅句群。

文稿主要缺陷如下：

1. 基本概念核心含义不清楚。例如，“国家根本大法赋予集体土地转让的权利，地方政府予以积极推进，但没有国务院颁布的全国性法律，集体土地转让权实际仍得不到落实和保障。”是什么类型的“集体土地转让权”？《宪法》《农村土地承包法》对耕地经营权流转没有限制；农地非农使用一度被禁止，至今如此。农村集体建设用地近年来才获准入市。另外，为什么要国务院颁布行政法规（不是“全国性法律”）才能落实转让权？

2. 不理解标题内涵，未能就标题进行有效阐释、论证，仅举出几例为证。

（1）第一部分第三个二级标题“耕地经营权允许流转”，原计划让你们写作的内容是因农民进城务工，有流转耕地承包经营权的需求，法律也认可，但限于农地农用。耕地经营权从来都没有由承包农民在城市土地市场上交易，只能通过政府征收为国有，才能批租出去。你们写作的这一段我读后不知所云，就删除了。

（2）第一部分第四个二级标题“集体建设用地获准入市”，完全没有写集体建设用地 2015 年入市试点改革和 2020 年的全面入市。

3. 选材不得当，仅举出几例为证。

（1）第四部分“城乡土地产权差异归因”第一个二级标题“行政权力集中配置土地资源”，用一半篇幅讨论迁徙自由权问题，限制农民的迁徙自由确实把农民绑定在土地上，但与报告写作主题相距较远。

（2）第四部分第二个二级标题“对农地保障社会稳定的预期”，不适当地增加了城市土地内容，考虑到这一部分内容过于单薄，我才没有删除。

4. 评价较为片面，例如认为“政府以城市土地为基础吸引各方融资，以推动城市发展，城市土地进一步升值”是“良性循环”。如果由此导致城市商品房价格不断攀升，商品房造价中土地出让金占比最高，有使用需求者无力买房，炒房者大获其利，这是否还是良性循环？

5. 行文的严谨性不足，仅举出几例为证。

(1)“中国的农村土地产权发展到现在，行政和市场是一双手，农业、耕地、非耕地、非农业、工业、商业和城市的大门都要打开，彼此间互通有无，共同维系社会稳定，条条大路才走得更长远。”这句话让人读起来似懂非懂，只能猜测其意思。我将它修改为“破除城乡土地市场区隔，增加土地资源的流动性，极有可能提高经济效益，也能为实现社会稳定提供物质基础”。不知是否是你们要表达的意思？

(2)“占人口50%以上的农民只分享不足10%的农业GDP，终究是富裕不起来的”，既没有出处，也不准确。准确数据完全可以从《2023年国民经济和社会发展统计公报》中获得。

(3)“作为土地产权的总方向标，但具体如何走，东南西北都得让土地产权在市场里试一试。”这也许是周其仁老师接受访谈时的表达，访谈发言通常很随性，不能直接用于读书报告文稿。这样既不符合学术规范，也与整个文稿文风不一致。

大量删除后，报告只保留五千余字。你们再相互校对一下，也可以请解越帮助校对。校对好发给我。另外，不需要再扩充内容了。这是最后一次读书会，我们有赠书活动，牛院长可能有很多观感要表达，我也有很多要讲的内容。

星宇：肖老师，因为我们是分别完成的，晁薇同学写了第一部分和第四部分，我写了第二部分和第三部分，所以文风不一致。这么晚了，老师还在修改我们的文稿，实在羞愧，谢谢老师的辛勤付出，晚安！

肖飞：不管是几人写作，统稿都是最基本工作。你们发给我的又是二稿，此前我还做了语言表达的示范，你们写的内容还远远达不到一篇读书报告的基本标准——用自己的话相对流畅地解释作者的核心命题。

星宇：谢谢老师的教导，让我知道自己的不足，同时也让我明白了改进的地方，我会继续努力改好。

与朱晁薇沟通继续修改文稿

晁薇：老师，这是我们校对后的三稿，请老师指导！

肖飞：晁薇，你和星宇也反复修改了数次，辛苦了。

肖飞：这个习作也许是你们第一次认真阅读整本书。写作中出现的各种问题也都在情理之中。你们着手做PPT，28号你们的汇报时间在半小时左右。

晁薇：老师，我们确实有很多不足，也很有收获。PPT控制在20页左右合适吗？

肖飞：可以。

与林星宇沟通领读汇报

肖飞：星宇，你们领读内容可以控制在20~25分钟，15页PPT就可以。最后一次读书会活动内容多，我又想再给各位领读人一点儿时间，讲一讲自己的阅读收获。不必担心，能站在前面讲话就是进步。PPT你们做好后发我看看。另外，晁薇家里有事，明天的领读只能你一个人完成了。不要担心，你讲到哪里，我都能接着讲下去。

星宇：老师，您看看有什么需要修改的？我做了完整的PPT，做好可能自己要独立讲完的准备了，谢谢老师的鼓励！

肖飞：第7页、18页缩图，减少一点字数，可能更美观。可以改成这样的表述：

1. 随着城镇化、工业化发展，大量农民进城，靠近城镇的集体建设用地以出租和其他形式转让，成为事实上的经营性建设用地。

2. 受外资刺激和巨大经济收益的吸引，政府推进城市化，不断征收征用集体建设用地为城市土地。农民意识到土地的价值，试图以流转方式获得经济收益，突破农地承包经营权困局。

星宇：收到，谢谢老师！老师，我修改好了。

肖飞：可以了，星宇。熟悉一下内容，不用背！讲的秘诀是记住关键词，全部背诵下来是不可能的。

豫村靠地养老研究的师生对话①

阅读提要

真问题是开启学术研究的前提，是获得学术发现的门径，更是学术写作的起点。提出真问题并非易事，发现问题比解决问题重要。

“三农”问题是实现国家治理现代化的重点难点，农民问题则是“三农”问题的重中之重。长期以来，土地是农民生计的基本保障，也是农民养老的主要保障。但在传统农业向现代农业转型的过程中，土地的养老保障功能明显弱化，这已成为学界共识。在农村人口老龄化规模大、速度快、高龄化，国家未富先老、养老负担持续加重的现实国情下，探索构建与我国经济社会发展相适应的农村养老模式是学界面临的重要研究议题。

本期读书会以《靠地养老：豫村耕地承包经营权的社会保障功能研究》开题报告为分析样本，探讨真问题从何而来。豫村位于中原粮食主产区，汇报人基于对豫村“靠地养老”现状的初步调查，从农村靠地养老现象中提炼出社科法学研究的理论问题，通过分析农地制度与农民养老的深度关联及其时空流变，揭示农地制度所承担的养老功能、保障程度及其面临的制度机制转型。

报告人期待与师友、同学们一起探讨如下问题：

1. 什么是“靠地养老”的制度支持与保障功能？
2. 豫村老人如何利用耕地实现基本的养老保障？
3. 豫村耕地发挥养老保障功能的深层原因何在？
4. 从豫村推而言之，“靠地养老”会走向何方？

（杜利利供稿）

① 本期读书会主题分享人为江苏大学法学院硕士研究生杜利利，江苏大学法学院教师肖建飞指导，并进行了扩展阅读分析工作。

楔子

豫村靠地养老选题的形成

杜利利、肖建飞

在选题过程中，杜利利同学一直在人地关系与司法研究两个领域之间徘徊，并且对两个领域都有一定的研究兴趣。但这两个领域研究侧重点各异，对研究者有不同的能力要求。人地关系需要基于微观社区进行参与式观察，重新审视当下农民与土地的关系。该研究的难点在于，研究者需具备必要的调研资源和良好的社会调查能力。司法研究则需立足于某一地域司法改革推进情况，关注司法改革的宏观性、普遍性问题。该研究的难点在于，要深入到司法改革基层实践的内部，超越事实记录推进理论研究。

杜利利同学最初有畏难情绪，一度搁置“人地关系”，认为对“靠地养老”研究文献阅读不足，并且有写作风险；此后又放弃“司法研究”，认为“枫桥法庭”写作初衷难以确定，写作尺度难以把控；经过一个多月时间的权衡利弊和反复思考“人地关系”主题，利利同学将之细化为养老保障问题；最后锁定“靠地养老”这一关键词，并以“豫村”农地养老情况作为研究样本。

以下是杜利利同学与指导教师肖建飞长达半年的交流记录（从 2023 年 6 月下旬到 2024 年 1 月上旬），整理这些师生对话的原因有三：第一，选题是写作的关键，开端良好、成功一半，故选题务必审慎。第二，围绕某一主题，写作者掌握的信息越丰富，越有助于对选题形成清晰的判断，包括这一主题研究现状如何，哪些是有待开发的研究题目与研究空间，需要哪些研究资料，如何设定题目，怎样细化研究问题链条，等等。第三，在理想的指导关系中学生与导师类似于设计师、施工方与监理人：导师的职责在于发问与提醒，学生要负责设计题目、结构与写作，回答导师问题。而不是学生每一个环节都等着导师来推进，包括设定题目、列提纲、找材料，甚至改文字。这就等于导师兼做设计师、施工方与监理人，学生负责“小工”工作，在署名为自己的毕业论文中，给导师做助手。

研讨互动

初次沟通选题内容

肖飞：利利，我想和你聊一下毕业论文选题的事。

赵修洋初步拟定的选题是学生欺凌案件审判。如果要做类案研究、群案研究的话，可以关注制度设计与适用，也可以讨论司法的局限性。只要搜集好相关素材、阅读核心文献，很容易就把文献综述部分做出来，论文也是比较容易上手写的。我比较担心的就是你的选题，我不知道你关于毕业论文的想法是什么，有没有思考选题方向？

那先说说我的问题吧！暑假计划到阿勒泰做游牧法庭调研，当然这不仅仅是法庭的事，我更关注传统的生计方式，阿勒泰的自然环境决定了游牧民族的生计方式。此外，社会环境与公权力机关之间的关系，尤其是社会关系和法院纠纷调处，是我研究的重点。附带调查法院（法庭）与矛盾调解中心、普法部门、政法委之间的关系。这个选题从游牧法庭出发，结合游牧社会背景，具有法律社会学研究色彩。

再看看我们的读书会，比如李涵提出的问题“一国多制：历史中国的疆域宪制实践”。如果要写这个问题的话，就涉及组织法问题，关乎边疆地区治理、民族团结构建，比较偏向政治学研究。

如果你还对选题没有头绪的话，不妨关心一个区域问题，做区域研究，不过这需要更多的社会观察、更强的表达能力。

之前我们讨论过兵团土地制度。如果担心写作风险，可以匿名写作。但也得下功夫阅读土地法相关书籍，加深对于这个方向研究的理解和认识。我有一些初步想法：新中国成立之初，开展平均地权（政治社会学的问题）运动，平均地权的思想具有延续性（所有权归国家、承包经营权归农民）。土地为全民所有，与我国的国家性质密切相关。平均地权在不同时代如何变化、演绎是一个值得讨论的问题。当下的共同富裕，与平均地权传统有相关性。

我们可以思考如何在更大的背景中，挖掘到理论线索和现实问题。以你家所在的阿拉尔市为例，兵团个案契合大背景，结合土地制度改革、人地关系变化来思考，这个研究不仅对于现实具有解释力，也具备一定的前瞻性。阿拉尔市的农地资源分配具有相对平等的特征，也具有一定的民生保障功能。在宏大叙事下，关注人地关系，依然是一个值得深入研究的问题，有研究空间。

如果我们做诉源治理的话，其理论层次是比较低的。对于硕士论文来讲，司法研究运用大量的报道，会稀释理论性。诉源治理是司法改革的任务、政法委工作议题，更是一个综合性的社会治理工程，若不进入法院系统内部，写作只能是浮于表面。

如果有兴趣做人地关系问题的研究，可以做土地制度的相关阅读。我们要研究一个区域的话，要先搜寻一些基本数据，比如人口、分地情况、年龄段、民族、自然特征、生计资源匹配，也要做一些基础的访谈工作。深挖研究空间对理论的理解重构能力是有要求的。你如果做人地关系研究，我是肯定的、支持的。

利利：好的，老师，我在暑假期间先搜集资料，慢慢阅读，看看能不能发现问题。

区域人地关系重组讨论

肖飞：利利，你暑期是否做了云南昭通移民到新疆阿拉尔的稳定脱贫情况调研，在人地关系重组上可有收获？调研发现可否用来做选题准备？

利利：老师，我暑期走访的绿园镇，正是《春去冬回》一书中的“黄园镇”，在那了解到移民土地房屋的有关情况。

（一）土地房屋政策

1. 耕地

落实家庭联产承包责任制，由阿拉尔市根据自然资源条件和地理环境，分别按照人均3.5亩或4亩两类面积标准给搬迁群众提供承包耕地。其中九团按人均3.5亩提供，托喀依乡按人均4亩提供。对搬迁后办理户口迁移并在迁入地实际居住满3年的搬迁户，按程序予以确权颁证，保持土地承包关系稳定并长期不变。

2. 宅基地

阿拉尔市按照户均0.5亩的标准给搬迁群众提供宅基地。安置住房采取集中建镇或多点布局分户建设庭院等模式，实行统规统建。在满足居住需求的同时，充分体现昭通特色。安置住房原则上暂按人均25平方米、最大户型150平方米进行配置（平房、两层半）。对搬迁后办理户口迁移并在迁入地实际居住满3年的搬迁户，实行宅基地确权登记。搬迁户只有居住权，不能买卖、出租住房。

3. 菜园地

阿拉尔市根据本地自然资源条件和地理环境，分别按照户均 0.5 亩或 1 亩两类面积标准给搬迁群众提供菜园地。其中九团按户均 0.5 亩提供，托喀依乡按户均 1 亩提供。菜园地归集体所有，仅供农户使用，不确权颁证。

4. 职工身份地

符合第一师阿拉尔市九团新招录职工办法，职工招录以户为单位，落户 3 人（含 3 人）以上的，可招录 1 人为职工。条件为：女性年龄 18~35 周岁，男性年龄 18~40 周岁，初中以上学历。职工退休后享受法定退休待遇。新招录人员可参与承包棉花地、果树地（主要有红枣、苹果、香梨等），也可发展畜牧养殖、林下养殖经济。

（二）政策落实现状

1. 耕地

按照户籍人口人均 3.5 亩承包已落实，移民所拥有的土地已进行土地流转，租金为 700~750 元/亩。

2. 宅基地

移民已入住安置房屋，第一批 2019 年迁入的搬迁移民已进行了宅基地确权登记。

3. 菜园地

菜园地位于移民安置房周围，已使用、种植。

4. 职工身份地

随迁 35 周岁以下的劳动力，选择进厂打工的较多，阿拉尔市职工身份地资源有限，故提高职工招录门槛，需要参加文化课程和市政考试。兵团希望能挑选出政治过硬、综合素质高，能履行好职工职责的青年加入职工队伍。

（三）调研收获

1. 上述绿园镇移民的人地关系是脱贫攻坚工作背景下我国土地制度的地方实践，不同于东部地区的土地制度运行情况，阿拉尔市（兵团）的土地制度更加强调国有性质和农用性质，故土地的市场价值比较低。

2. 移民原在云南的土地是看得见摸得着的，在哪座山下、哪条河边，都很清楚，具有一定的生活标识性。而现有的土地以签订的合同为准，他们获得的只有租金和协议，而不是全部的土地权能。

3. 土地经营权情况发生明显变化，在绿园镇更加强调土地经营权流转，而在昭通更加强调土地归自己耕种利用。

肖飞：利利，你已经对云南昭通移民的情况有了基本了解和掌握。绿园镇移民最大的特征就是国家政策性移民和地方政府执行联动，如果脱离国家政策的话，移民政策落实情况是怎么样的，你有没有了解过呢？

利利：老师，绿园镇的移民情况基本上是一家至少 3 人迁过来，大部分是一家三代（7~9 人）移民。在绿园镇，主要依靠季节性旅游带动经济，镇上年轻人就近进厂打工，年老劳动力大多都在工地、农地打工，比如季节性的收茴香、在工地上打小工。不过我调研发现，他们也会遇到一些工作生活上的阻碍，移民的工资会比先前来兵团的务工群体（包括四川人、河南人、甘肃人等）的工资低，正常工价是 200 元一天，而移民可能只有 120~150 元。也有一些年轻人，迁居绿园镇后工作不适应，毕竟在新疆的打工环境、生活便利性不如沿海地区，他们一方面出租自己的安置房，另一方面返回云南、广东打工。有人认为，在大城市送外卖比在新疆进厂生活更潇洒。

肖飞：绿园镇的问题如果用来写作的话，也会遇到一些深入调研难以开展与分析视角难以确定的问题。我们也可以去思考不同时期的移民政策和生计，比如你爸爸妈妈移民新疆，以及后续的几次移民的生计对比，有没有什么变化？

利利：阿拉尔近十年的人口聚集，主要是发生在重大自然灾害之后，比如汶川地震、舟曲洪水、云南地震，移民政策都是整村整户搬迁。像之前的甘肃移民，大多数人在阿拉尔定居，也获得了不错的生计。

肖飞：移民搬迁过来后，一部分获得职工身份。利利你清不清楚兵团职工的身份资格？

利利：以我父母的经历，兵团职工一方面是农业种植的承包户，另一方面也要承担一部分民兵执勤义务。兵团职工每人 40 亩身份田，需要缴纳兵团养老保险，直至退休年龄（男 60 岁，女 50 岁），可以领取退休养老金，退休养老金会逐年增加。

肖飞：那利利你有没有思考一个问题，兵团职工作为国有土地承包经营户，具有“退休”的正式社会保障；而大部分农村的农民是集体土地承包经营户，只能依靠基本养老保险金和土地经营收入来获得保障。这两者之间我们或许可以做对比研究。可以搜集这方面的资料和文献，看看有没有什么启发，以及思考如何设计题目。

利利：好的，老师。我再去看看。

初次汇报题目

利利：区域公平视角下农地制度与土地功能的衔接研究（汇报题目）

1. 问题起点

土地是农民最稳定的生活保障，但土地的种植收益与经济转化率，与老龄化、城市化的整体社会发展不相适应。“土地社保论”这一说法是暂时性的和区域性的。基于我国国情，东、中、西部土地功能的经济社会生态需求差异明显，所衔接的社会保障制度也不同。

2. 题目诠释

区域间差异越大，越需要建立区域差异的视野，不能笼而统之地将不同区域视为一个整体，否则区域混淆与认识错位就难以避免。不能完全将东部沿海地区基于特殊工业化背景与区域发展条件形成的制度实践照搬到中西部地区，否则可能导致制度改革与区域经济条件的错位。

事实上，我国的土地公有制，将土地划分为集体土地与国有土地这两种权属形态并形成二元结构，不仅有利于国家保持土地这一首要生产资料的公共属性，而且具有强大的灵活性与适应性，能够更好地适应东、中、西部复杂的区域分化结构。

理解土地制度在不同区域的实践样态意义重大。不同于抽象的土地制度争论，土地制度运行实践是特定地区经济社会发展的产物。东部沿海地区的土地制度实践建立在农村土地利用非农化与土地具有较高经济价值的基础上，这两个条件的形成依赖于沿海地区乡村独特的工业化历程与其所处的区域位置。为提高城市经济发展速度，这些地区有重新整合分散在集体手中的土地开发权的较强诉求。与之相比，中西部农村土地非农开发机会少、土地经济价值低，缺乏引入沿海地区土地制度实践的条件与需求。在这些区域，土地制度实践需要服务于农业现代化与乡村振兴，集体所有权的有效统筹与农户经营权配置的机制创新应成为土地制度改革的重点。

根据《土地管理法》的规定，在土地公有制前提下，土地被明确区分为国家所有与集体所有两种权属形态，这两种土地权属与城乡两类权利主体紧密结合，由此形成二元地权结构，构成了我国土地制度的首要特征。

从农村土地权利结构来看，东部沿海地区与中西部地区仍然维系了集体所有的基本制度框架，所有权归集体所有，农民享有土地的承包经营权。事实上，关于土地开发权在国家、集体、个人之间的配置模式，东西部地区的土地制度实践已经产生了根本性分化。

3. 不同区域土地制度的功能需求

土地具有不可移动性，但土地制度的地方性实践是特定区域土地利用方式对土地价值变动的系统性回应。我国土地制度实践整体呈现出因区域经济发展不平衡而产生土地价值区域差异的特征。

（1）东部沿海地区土地制度功能需求

在东部沿海地区，快速工业化与城市化改变了这些地区的土地利用方式与土地价值。土地服务于农业的功能弱化，大量土地成为工业化与城镇化的空间载体，与之伴生的是这些地区农民对土地保障需求的弱化。他们快速进入城市经济体系与制度化的社会保障体系中，实现了高水平的“离农化”。

（2）中西部土地制度功能需求

中西部农村二、三产业相对较少，经济形态以农业产业为主，集体土地缺少进行非农开发的经济机会，土地长期服务于农业生产，便于农民开展生产生活。同时，土地市场价值较低，大量农民尚未完成城镇化转型，仍然高度依赖土地带来的农业收入。由于城镇化的完成还需要相当长一段时间，稳定土地承包经营权将长期为农民群体提供基础保障，因此，中西部农村土地制度实践要解决的核心问题在于，通过地权合理配置推进农业生产，最大限度地保障农民的农业收入，维护其基本土地权利。集体土地服务于农业生产，也有利于国家推进农业现代化、保障粮食安全这一宏观战略目标的实现。

可以看到，中西部地区的土地制度创新更加灵活地在集体与个人之间配置土地的承包经营权。但这并未改变土地开发权在国家、集体、个人之间的配置方式，突破城乡土地权利与土地性质的严格划分；同时，在集体所有权内部，尽管农户承包经营权的固化在一定程度上弱化了集体所有权的统筹调配能力，但目前自承包经营权中派生出的经营权始终未被明确财产化，其物权属性较弱，仍延续着经营属性。

中西部地区的土地主要用于农业经营，以家庭为主体的小农生产方式高度依赖村集体公共服务的供给。随着乡村人口外流、机械化水平提升以及土地规模经营需求的增加，乡村原本高度细碎化的土地也亟待整合。这些问题的解决很大程度上依赖土地集体所有权的行使，即发挥集体土地的统筹功能，从而增加土地利用的灵活性，并为公共服务供给提供空间载体。然而，承包经营权这一土地财产权属性的强化可能不断销蚀集体土地的统筹能力；农民土地财产意识不断提升，也使得关于公共利益的共识难以达成。例如，一些地方出现农民以保护土地财产权利为由阻碍公共设施落地，村干部怕违反政策越来越不愿意进行土地调整以回应土地整合需求的问题。同时，土地财产化改革可能会在一定程度上强化“离地农民”的土地权利，一些农村出现了如下情况：农民基于对土地财产权的想象，要求提高土地承包流转费用，挤压生产者利益，导致土地流转失败。

附：初步构想的研究框架

一、农村社会保障的制度变迁

（一）新中国成立之初的农村社会保障制度安排

（二）改革开放后农村社会保障制度的不断探索

（三）21 世纪以来农村社会保障制度的建立完善

二、不同区域间土地制度与功能需求

（一）东部地区的土地制度与功能需求

（二）中西部地区的土地制度与功能需求

三、土地的保障功能机制的地方经验

（一）土地集体所有制下的保障实践

（二）土地国有制下的保障实践

四、农村社会保障制度发展展望

（一）农村社会保障制度的主要趋势

（二）农村社会保障的政策方向

肖飞：利利，我明白你的想法，结合我们之前的沟通和你提交的题目，目前的写作关键词就是农地制度和社会保障的联结，如果没有更好的想法，目前就先这样，后续再思考。

提示写作难度

肖飞：利利，鉴于你不一定有社会调查经验与资源，将兵团耕地—社保制度模式个案调研作为毕业论文选题是有很大风险的。你不妨先阅读文献，再斟酌选题。

可以考虑以地养老（或耕地养老）地方制度模式的比较研究，这类题目不需要扎实深入的社会调查，兵团只作为一种模式、一个类型就可以。这样研究的可行性更大。

利利：好，老师，我再看看相关的文献。

写作难度沟通反馈

利利：老师，我已经粗略地阅读了一些土地养老、以地养老方面的论文，我有一些问题（疑惑）。

1. 研究视角

我阅读的期刊论文大多是社会学、管理学、经济学类的，我很担忧论文开题时会遇到一些障碍，没有足够的法学类文献参考，很难从法学的角度着手写作。

2. 以地养老制度研究阻碍

以地养老存在土地流转、土地信托和土地银行三种模式，分别讨论这三种模式体量太大，应该如何缩小命题？

3. 土地流转模式运行情况

基于土地流转模式，我也了解了部分地方实践，我还有一些疑问。

（1）退出宅基地模式

① 如何获得子女的支持。宅基地上的住宅涉及离乡打工的子女返乡归宿问题。此时宅基地已经作为老人的老年安居房，丧失了家的意义。宅基地可以作为已故父母的财产由子女继承。一旦退还了宅基地，子孙后代就丧失了继承的资格。由村集体或企业建设的安居房屋显然不能作为子女后代继承的资产，离乡子女有还乡的可能性，那么返乡子女面临没有宅基地的境地，他们如何生存？

② 宅基地的价值问题。如果宅基地上没有新设房屋，可以按照地皮的价格估价计算，但是宅基地上建设的房屋如何折价？所得的价款能否与市场价格画等号，能不能与建设房屋所付费用相互抵消？

（2）退出承包地模式

① 耕地价值问题。有些地方人均耕地 8 分地（0.8 亩），一家两个老人，流转 1.6 亩土地不足以换取等价的养老保障和生活保障。

② 流转地的利用问题。山东和河南是家族和生死观念比较重的两个省份，一般自家的耕地上都会有一处或者几处坟墓，甚至也涉及现在的老

人去世后的安葬问题，流转的土地怎么利用？如果流转的是没有地上坟的土地，那么能流转的土地面积会非常小，可能也会引发土地流转的规模较小，对于其他村民流转土地的吸引力不强的问题。

老师，我觉着这个论题很难写。

肖飞：利利，你发给我的这些信息，是在极为宽泛的意义上论证这个题目，但是我觉得有一些不是很精准的提法。举一个特别简单的例子，“以地养老”这个里面说的是耕地，所以关于宅基地的问题你不用考虑，我们只考虑耕地问题。再有一点，你说的文献问题，你不说我也知道，其他学科文献多，相关的法学文献少。我先谈你的问题，然后再说我的想法。

1. 利利的疑问

（1）以地养老的障碍问题

你认为有三种模式——土地流转、土地信托和土地银行。但是你的概念是混乱的，因为土地信托和土地银行分明就是两种特殊的流转方式，三者不是并列关系。换言之，土地信托和土地银行都只是特殊的流转方式，土地的性质就是耕地，不能转换为商业开发、工业开发等其他性质的土地，土地信托和土地银行的流转能力较弱。还有一点，这两种流转方式不是用来解决养老问题的，而是用来解决土地规模化经营和可能出现的土地抛荒问题的。

（2）退出宅基地的问题

我们不谈宅基地的问题，因为我们要讨论以耕地养老。宅基地的价值如何计算与养老没有直接的相关性，因为我们关心的是耕地。其实对于农民来说，具有经济价值的是耕地，宅基地本来就是满足住的需要，也不是用来换钱的，生活功能更重要。

（3）退出耕地的模式

流转不是退出。退出是因为一系列的原因，可能是自愿的，也有可能是强制的，已经没有土地经营权了，那才叫退出。而土地流转不同，农民转让出去的只是经营权，并没有改变承包权，他们可以出租、转包、交换、置换或者加入合作社，但这些方式都不是退出。

2. 导师的想法

你没有搞清楚基本的概念。但这是一个认识的过程，我的想法是这样的：

(1) 以地养老的情况

以全国的情况来看，典型的情况就是两类：第一，在有劳动能力的情况下，自行耕种，这是典型的以地养老；第二，在没有劳动能力的情况下，流转出去，出租、委托代耕、加入合作社也是以地养老。你也可以看看一些边缘案例，比如黑龙江农垦集团和新疆生产建设兵团。再说耕地的价值，耕地自养只是养老的途径之一，现在农民家庭少有只靠耕地解决全部生计问题的，耕作收入只能作为收入途径之一。

(2) 全面理解农民养老

靠地养老，是不是一个法律问题？这个问题我们换一个思路。我们讨论农村的养老保险，农村养老保险也无法可依，只有国务院的指导意见，非法律规范性文件。我们的确有《社会保险法》，严格意义上这部法律只是针对两大类人：一类是有稳定就业的，另一类是灵活就业的，而不涉及绝大部分农民。农民的基本养老制度主要出自国务院文件。那我们能狭义地理解养老问题吗？我们一直强调，宅基地是用来满足住的需要的，耕地是获得经济收入的，既然我们强调稳定承包关系，促进土地流转，那么不是变相地增加农民的社会保障吗？所以我们对农村的社保不能做狭义理解。也就是说，对待农民的养老问题，我们不应该只看国务院的文件，还应当与土地制度联系起来，与《农村土地承包法》结合起来，与国务院关于土地的规范性文件联系起来，才能建立起对农村养老的体系认识。

3. 找到合适的研究对象

之后我们再来找类型，比如说新疆生产建设兵团、黑龙江农垦集团，然后再看土地信托和土地银行（地方政府实践），这些是我初步的想法。当然这个问题最好是做一个法社会学的调查，确定调研点。我知道这个地方怎么靠土地养老的，不管自耕，还是流转，这也是一个好的题目。但是如果我们在兵团调研失败了怎么办呢？我们题已经开了，如何保证写作的完整性呢？可以再继续思考。

利利：老师您前面说的农村的社保，我也咨询了老家的一个主管城镇养老的工作人员，他反映农村现在也是要缴纳基本养老保险的。

肖飞：利利，我的观察如下，现在大部分农民没有缴纳灵活就业社保的能力，国家政策法律只能规定自愿选择缴纳。当然这也是一个有价值的问题，在新农合与城乡基本养老保险推行的过程中，为什么大多数农民会选择低档的缴纳数额？我们谈的这些问题都是需要做社会调查的，如果不做社会调查，我们这个论文难以为继，相当于白选。

利利：老师，我可能要再想想做司法研究的题目。我之前也搜集了枫桥式人民法庭的素材。

肖飞：枫桥式人民法庭研究，大多都是二手资料和新闻报道，我目前还想不出如何能提炼出理论价值。

利利：老师，我对以地养老还是有不太理解的地方。比如以地养老的地方模式中，确有提到宅基地问题。

肖飞：我发给你的文档标注了是耕地。以地养老确实不是一个法学概念，但是我们这个题目是可以做限缩的。第一，最好是去做社会调查，但是如果社会调查失败，没办法补救；第二，做类案分析，可以利用二手资料，研究成果质量难以有较高保障。所以你自己需要做一个判断取舍，不需要你现在就给出结果。只要你有调研点，你能发现问题，我个人觉得以地养老是一个有价值的题目。如果你选择枫桥式人民法庭研究，也可以迅速地完成一篇论文写作。枫桥式人民法庭是近期热议问题。我反而希望你做一个回避，不要追逐社会热点。

肖飞：利利，枫桥式人民法庭建设是枫桥经验在司法系统推广的产物，各地措施大同小异。尽管为了创先进、树典型，各地法院不惜付出巨大人力物力财力，但我对其实际效果持保留态度。如果各地大体是在做形式多于实质的工作，正面价值有多大？

如果真要写有些学术价值的问题，可能得从预期、措施、实效这一问题链写作着手，但不接触法院、法庭，只看报道，还是隔靴搔痒。有机会接触实践，如实写，但尺度不好把握。

这是我的初判，需要你自己继续去评判选题价值。如果你坚持，也可以写，即便你不需要发资格论文，也需再审慎推敲写作角度，解决题目、素材问题。

利利：好的，老师，我再思考思考这两个选题。

肖飞：如果利用司法案例做涉农问题研究，可以考虑土地抛荒、土壤污染，这些都是真问题。兵团耕地与社保衔接的民生保障制度实践因何发生，以及其运行要素、保障效果，是好问题，但我不能冒险让你做社会调查。开完题不能换主题，只能微调题目。调查不了就写不了论文。

肖飞：《论司法公开的价值取向——对〈人民法院报〉409篇报道及评论的分析》是多年前旧文，从中提取案例（例文是报道）关键信息，可以仿效此文来做类案、法庭报道研究。不过模仿此文分析评价枫桥法庭建设，有很大外审风险。

短暂的线下交流

利利：老师，您现在在模拟法庭听讲座吗？稍后讲座结束后不知道您有没有时间，想再和您聊聊选题。

肖飞：你去办公室等我，我在模拟法庭。

利利：老师，我最近将在兵团法院实习期间撰写的人民法院审判绩效考核的调研报告改写为论文去参赛。

肖飞：利利，审判绩效考核的问题已经被广泛讨论，审判绩效考核显现的是表象问题，本质上是法院的体制机制问题，这个我不建议作为硕士论文题目写作。接续我们前面观察、讨论过的人地关系，我还是更倾向于土地制度与社会保障制度。至于如何设题，可以再思考。

利利：像老师之前提及的，如果将兵团人地关系作为个案资料，会面临写作风险，所以我不打算将兵团作为调研地点。如果要考虑人地关系研究的话，以农村集体土地的人地关系为方向，河南也可以作为调查地。

肖飞：河南确实是一个不错的调研选择，具有代表性。河南也是你的老家，更适合做社会调查。那你需要先掌握村庄最基本的数据资料，以便后续设计题目和社会调查方案。

利利：好的老师，就是不知道题目如何设计，怎么嵌入河南的元素。

肖飞：再想想，不着急。

初拟与微调题目

（一）初拟题目

肖飞：“豫村耕地制度实践的养老保障功能研究”，这是我初步想到的题目。

肖飞：我最初想的是“豫村耕地养老调研”，估计很多老师认为不是法学题目。

（二）微调题目

肖飞：“靠地养老：豫村的耕地利用与社会保障”，如果耕地确实是重要养老资源，可以考虑这个题目。

利利：老师，我觉得有两个问题需要思考：第一，土地自耕和土地流转的对比；第二，土地对于养老的作用。

以下土地自耕和土地流转的收入比较以豫皖两地为例，农民自耕收入约为410元/亩。土地流转的收入为300~400元/亩，两者比较差距并不是很大，甚至普通地块的土地流转收入可能比农户自耕收入多。对于豫皖大多数农村而言，农村人没有把地“丢掉”，通常是由老年人在家守地，壮年在农忙季节回乡进行收割耕种，以维持家庭的自耕自收。土地流转通常发生在青壮年距离家乡太远无法回乡收种，家中老人无法守地耕种的情形下。

另外，土地对于农村人的养老保障承载能力有限。在农村，养老和医疗是密不可分的。豫皖两地2023年的新农保为380元/人，门诊报销限额为400元。患有慢性病、基础病的老年人需要长期门诊就医与用药，医疗支出在其家庭支出中占有较大比重，超出了生活基本费用。土地经营收入远不能支撑他们治疗长期慢性病的费用，老年人更多的养老保障来自家庭其他经营收入以及子女的赡养费。如果面临大病急病重病的情形，土地种植收入更是杯水车薪。土地对于农村老年人起到糊口的作用，而不是延续生命、保障健康的功能。

肖飞：你的统计漏了两项：

1. 国家补贴，可能比种植收入还高。

2. 种养结合的直接间接收入。

现在只是收集信息，还不能得出结论来。

肖飞：多读一些农村养老社会调查文章，看别人如何设计问题，有何调研发展。

利利：好的，收到！

继续完善题目

第一次调整题目

利利：老师，我在想论文的题目如何再优化一下，初步设想是“农地的保障功能及其制度配置研究——基于豫村‘小农户家庭经营’的田野调查”。

第一，对不同时期土地保障功能进行历史分析。第二，结合小农户家庭经营的现实状况，探讨土地保障的功能（养老保障、社会稳定、发展保障等）。第三，分析土地保障功能制度配置中存在的问题。包括：土地保障与社会保障之间的衔接问题，农村社会保障法律的缺失导致农民权利存在真空；土地保障与产业发展之间的矛盾，引发农地、农民与公平效率之间的“钟摆效应”。第四，在制度的构建和优化方面提出建议。

以上的想法，我不知道是否具有可行性，还请老师给出一些意见。

肖飞：利利，我大致认同你毕业论文设计使用如下关键词，即耕地制度、保障功能、豫村。我认为当下题目设计存在几个问题：

1. 不清楚你使用“农地”这一概念的含义

农村土地，是包括耕地、宅基地与村集体建设用地，还是仅仅包括家庭承包的耕地？就你设计的副标题看，应该是指农户家庭承包耕地。

2. 不认同“农地的保障功能及其制度设置研究”主标题

第一，题目指向的是“保障功能”，会让参与开题的老师认为法学性质不强。第二，一个村更多是在国家制度框架下落实土地制度，除非该村有自己的先行制度创设或者创新性实践。即便有，也是制度实践创新，而非制度设置，这不符合一般表述。第三，“农地的保障功能及其制度设置研究”前后用“及其”联结，就是两个层次，且有主次，老师们一般不看好复杂层级题目。第四，前期沟通，我们关心的是耕地制度实践或者耕地承包经营权行使对于以老年农民为主群体（农民在年老、因疾病丧失劳动能力时）的社会保障功能，不是更宽泛地讨论农地制度或者农地保障。

3. 不认同副标题

豫村本身就是以小农家庭承包经营耕地为主，全国绝大部分粮食主产区都如此，加上“小农户家庭经营”意义何在？另外，主副标题结合，题目长，关键词多，层级主次不分明。

4. 围绕核心问题展开思考

你目前处于收集资料、阅读分析、写作综述、设计调研计划阶段。自然可以围绕主题——农村土地社会保障功能做适度扩展。但并非可以把大量边缘问题都纳入写作计划，例如“土地保障与产业发展之间的矛盾，引发农地、农民与公平效率之间的‘钟摆效应’”，我看不出你想直接表达什么。目前你列出的前三点都可以作为文献综述阅读整理的小问题。

利利：老师，关于第四点“土地保障与产业发展之间的矛盾”，我的理解是过分强调土地的保障功能会在一定程度上阻碍土地流转，不利于经济效率的提高，是农民和农地之间的一对矛盾。

第二次调整题目

肖飞：利利，学院发通知：2022级研究生开题临近，现定于2024年1月13、14日（第19周）进行2022级全日制硕士研究生论文开题；2022级非全日制同学的开题，在1月20、21日同学最后一次返校授课时进行。请提前做好论文开题报告撰写等工作。

利利：好的，老师，我已经开始写作开题报告了。

肖飞：利利，你计划写作的题目是什么？

利利：老师，我初步拟定的题目是“靠地养老：豫村耕地的保障功能及制度配置研究”。

我觉得写“靠地养老：豫村的耕地利用及社会保障”这个题目有点突兀。我认为这个题目给人的第一感觉是不知道重点在哪里，题目的重点无法聚焦。我也不清楚在写作的时候是聚焦于耕地利用，聚焦于社会保障，还是聚焦于靠地养老，拟写提纲我也毫无头绪。

现在的题目主要是从“现象—本质—功能—问题”来拟写提纲的，我不知道这样具不具有一定的可行性，还请老师批评指正。题目与写作提纲如下：

靠地养老：豫村耕地的保障功能及制度配置研究

第一章　靠地养老：现象及本质

第一节　现象描述

第二节　本质

第二章　靠地养老的形成原因

第一节　靠地养老的客观条件——老人种地的能力：农民与土地的关系

第二节　靠地养老的内在动力——老人种地的动力：老人与社会的关系

一、代际伦理

二、社会评价

三、情感反馈

第三章　靠地养老的三层面向以及强弱变动

第一节　养老保障功能得到加强

一、积累养老资本

二、获得社会评价

第二节　农地衍生出新型发展保障
一、提高家庭资源积累能力
二、提高家庭抵御风险能力
第三节　农地社会稳定保障长期延续
一、补充劳动力资源
二、缓解供养压力
第四章　靠地养老制度配置的法理思考
第一节　农地制度在社会回应性上的不足及优化
一、农地制度在社会回应性上的不足
（一）集体所有权缺乏制度抓手有碍保障功能的发挥
（二）土地承包经营权细碎抑制农地社会保障功能
（三）土地经营权市场化削弱社会保障功能
二、农地制度优化路径
（一）强化夯实土地集体所有制的政策配套
（二）推动土地经营权转让的制度创新
第二节　农村社会保障法律制度的缺失与构建
一、农村社会保障法律制度的缺失
（一）软法的效力
（二）具体的规制（包括基本保障、福利保障、群体保障）
二、农村社会保障法律制度的构建
（一）立法层面
（二）政策层面

肖飞：

1. 现在题目

靠地养老：豫村耕地的保障功能及制度配置研究

（1）讨论两个问题，且主次不分明。

（2）耕地一度是农民最重要的生产资料和生计资源，耕地承包经营权最初是农民家庭生计保障，但当下对于青壮年农民不甚重要，对老年农民的养老保障功能也因地域呈现明显差异。靠地养老在东北极为重要。在河南如何，需要你自己了解。

2. 推荐题目，后续再斟酌

（1）豫村养老：耕地承包经营权的社会保障功能研究

(2) 靠地养老：豫村耕地承包经营权的社会保障功能研究

对于农民家庭来说，耕地、耕地制度、耕地承包经营权行使基本是同一个意思。

3. 提纲中的问题

(1) “靠地养老：现象及本质”基本是空话，没有任何内容。

(2) 完全没有对豫村老年农民耕地承包经营权的行使进行类型化分析，农民如何根据健康、劳动力与替代性生计资源情况，进行耕地利用决策，选择自耕、自耕+适当承租或完全出租。

(3) 靠地养老原因没有考虑到老年农民缺乏替代性、补充性养老资源，即农民自己无财力参与社保，同时子女承担小家庭供养责任，无力赡养老人。

(4) “第四章　靠地养老制度配置的法理思考”这部分提纲也很空洞。个人认为，当下最大的问题是靠地养老只能是维持基本生存，离“获得感与幸福感”很远，当下要考虑的问题是如何增加、充实、丰富农民养老资源，包括如何完善基本养老金结构、能否统筹乡村老年人高龄津贴与失能失智老年人生活和护理补贴标准、如何扩大养老保险参与范围、如何扩大养老服务供给等。

肖飞：利利，我想和你分享一些我得到的信息，对你可能有用。

在我们东北的一些村庄，1998 年当时分地的情况如下：每人 3.5 亩，一户人口是 4~5 人，每家耕地平均在 1.5 公顷左右。无论是种玉米还是大豆，年收入最高的都不超过 1 万元，0.8 万~1 万元是平均水平。我们村中原来有 300 户左右，现在只有 100 户了。现在有壮年农民（40~50 岁）十余户，他们耕作我们村将近一半的耕地，每家的耕地在 10~20 公顷；剩下的就是以自种为主，户主年龄都在 55~70 岁。

所以我的判断是，在东北，中年农民靠地养家、老年农民靠地养老。我们村农民 60 岁之后能够拿到的生活补助是每月 138 元，这是最基本的养老金。还有个别农民在冬天的时候会去县城，主要的生计来源还是在农村，他们到了县城想节省开销，就把农村老家当成生活资料储备仓库，大量存储农产品然后带到县城。

在东北农村的生计考虑就是节省两大笔支出：一是买菜，二是取暖。所以农地最大的作用就是节省日常基本支出。至于你说的大病，子女为此的支出有限。我们村的 60~70 岁农民在有体力的情况下，也会转包一些别人的土地，也有一些农民会选择就近务工，比如我的姑父，季节性务工能有接近1万元收入，所以并不是所有的老年农民只靠种自己的地养老。

我的判断是河南的农民比东北的农民会更加勤快，家庭供养压力也可能更小。尤其是在河南多子女家庭占比高，不仅有多个儿子，还有多个孙子，这是和东北农民不一样的。我比较担心你能不能做社会调查。

利利：老师，就我了解到的河南的情况和东北差距比较大：第一，在我们村，人均耕地是0.8~1亩，耕地面积少；第二，种地的意愿比较低，中年农民都不想种地。

肖飞：如果在你们家那里种地的老年人已经很少了，他们主要依靠子女供养吗?

利利：是的，我们村是这样的。

肖飞：那你再考虑，我们还要不要做这个，可以考虑豫村养老中耕地的作用。有一些学者也发现了耕地在养老中发挥的作用已经发生了变化，比如长三角地区或者山区。你们老家的情况是这样，我们也可以把它列为不是靠地养老的典型。虽然是在河南，但是由于耕地面积特别少，收入是有限的。如果这样，我们只能把它列为转变型的村庄——由靠地养老向家庭养老的转变，耕地养老的作用是在淡化的。

我也有一点儿担心，你能不能做社会调查。对于硕士论文来说，不需要太长的实地调研，但是对于你列的提纲我是相当不满的。虽然准备的时间还不够，毕竟还是看了一些文献。你需要在已有的文献中找到一个突破口，不能重复别人的研究，无论是研究对象，还是方法，要从已有的研究中找到突破口。

你不仅要描述你看到的现场，还要归纳出一些类型来。比如说在一些地方靠地养老根本无足轻重，在一些地方靠地养老是非常重要的，那河南究竟是什么情况呢?梳理完了之后你要得出一个结论来，当下老年农民是怎么用地的，有几种模式，哪种是主导性的。再延伸到一些普遍性问题，比如说主要靠耕地，次要靠子女，子女的供养能力怎么样呢?当下你老家所在村庄的养老充分吗?有保障吗?

说了这么多，我还是想提醒你究竟能不能到现场捕捉到问题，获得足够多的素材，你得给你自己多画几个问号。

利利：就是在河南的农村，有一种普遍的现象：无论是自行耕种，还是土地流转，收益都是特别低的。

肖飞：利利，我还是想纠正你的认知偏差。在全国任何一个地方，耕地都是无法保障全部生活的，除非是种地大户。所以不可能靠土地养一大家子人，只能说老年人靠地养老，获得基本生存保障，年轻力壮的农民就是去打工。所以你那个村是什么情况只能自己调查，每个地方都有差异，耕地无法保障全部的生活。我们再次限缩，我们考虑的是老年人的养老，是日常开销，不是医药费这种开销。还有我们关注的是农地收益在日常生活开销中的作用。如果农地经营收入有结余的话，可以用于支付医药费。但是我感觉东北老人大病时，子女的支付能力也是非常有限的。这是另外的问题。核心问题还是耕地对日常生活开销方面的保障作用，而不是为治疗疾病提供医药费。

你要不要再和家里人聊聊，再充实你的素材？如果你想实现短平快的写作目标，我也是支持你写法庭这类论文的；如果你想做点儿有质量的东西，我觉得农地类研究还是比较有写作价值的。

带着预设但可能有多种修正

肖飞：利利，你还是想做这个东西，对吗？想做的话，我就给你提供一些资讯。

利利：老师，我觉得做也是可以做。但是我阅读的文献主要体现的是耕地基本生活保障功能得到加强、养老保障能力下降的趋势，比如有关阜阳市的研究文献也如此。

肖飞：我突然想到一个案例。我们现在还没有怎么到现场呢，我们可能有一些预设，这是难免的。因为没有预设的话，我们不知道自己要研究什么。所谓的预设基于我们初步的调研访谈、阅读的文献，我们一定是要带着预设的。但是预设的前提主要依靠的就是已有的文献。

别迷信统计数据，生活保障和养老保障是有交叉的，不是完全分开的，没有明显的界限。河南是一个农业大省。我们可以这么考虑：假如说现在河南土地社会保障作用很强，其他地方都很弱，我们就讨论为什么强；假如说河南土地保障正在过渡期间，其他保障功能越来越明显，我们要分析过渡的原因和表现；如果说当下耕地保障作用是次要的，中原农耕区耕地保障也作用式微，已经成为一个反例了，更具有说服力了，我们就要考虑替代性的保障是什么，是否稳定，需要怎么在政策和法律上补强。不管土地养老保障是延续、逆转还是过渡，都需要国家的政策和立法补强。

我们先把这些状态和原因描述出来，究竟河南是什么样的情况，不管哪种情况，我们都可写作，你觉得呢？

利利：老师，我们先基于一个假设，然后来印证这个假设吗？

肖飞：对呀，我们这个假设主要来自已有的文献，但是我们也可以进行初步访谈，形成一个预判。在我们进入现场时，可能增强预判，也可能会修正，甚至推翻预判。

确定论题及开题报告进展

利利：老师，我还是继续研究耕地的养老保障功能。目前我的进度如下：

1. 文献综述部分的问题

我已经对国内外的农村养老问题、土地承包经营权研究、土地的保障功能三个部分进行了文献梳理。我觉得这三个关键词都是论题研究的基础，都有必要进行文献综述，但是综述不能做得全而散，我现在也在想怎么进行优化。

2. 论文的研究内容

我们上回讨论了耕地的养老保障功能的三种形态：第一，耕地仍具有极强的养老保障功能；第二，在土地保障向社会保障的转型中，耕地的养老保障能力较弱；第三，已经出现了具有代替性的养老保障，耕地保障能力极为有限。

根据文献阅读和现有资料分析，我比较认同的是第二种。现在初步的框架为：第一，对农村靠地养老进行阐释，即为什么会出现这种现象（传统养老式微、社会养老不足、自我养老兴起）以及动力机制（耕地为老年农民带来了收入保障、基本生活保障、土地承包经营权的权利保障）；第二，对豫村样本进行实证分析（现象描述、对于不同年龄村民的耕地利用方式进行分析、总结靠地养老的功能出现的变化）；第三，对于变化的原因进行剖析；第四，如何回应（政策层面上惠普养老资源，法律层面上健全法治轨道）。后面继续精读文献的过程中，也许会有新的启发。

3. 制定调研计划

我现在在整理我们村的一些基本情况，也对之前的电话记录进行了汇总，作为前期调研的基础，拟定了一个不太成熟的调研提纲。

肖飞：我也认为是好选题，就是要给你打打预防针，以免掉以轻心。

修改报告与准备读书会

报告初稿

利利：老师，这是我初步完成的开题报告，辛苦您有时间批阅一下，写得不到位、不准确的地方我再修改，麻烦老师了！

肖飞：利利，我只初看了开题报告，无论是文献梳理还是提纲，比前几次交流都有改善。在开题报告这个阶段准备已经很充分了。这两天我再细读，返稿给你。

肖飞：另外，有一事和你相商。我们学院很少有高质量的开题报告。想围绕你的开题报告做一期读书会，你来主讲。这样可以帮助同学们了解如何找到有价值的研究选题。不知你意见如何？返稿时，我们再商量怎么做这一期读书会。

修改报告

肖飞：目前开题报告的主要问题如下：

1. 文献多而杂，看不出域外研究如何成为你研究的理论起点，文献梳理也存在逻辑问题。

2. 研究内容设计没有考虑到现行农地制度设计隐含的社保职能。

3. 访谈提纲缺乏条理性。

读书会文稿

肖飞：如何找到真问题——对《靠地养老：豫村耕地承包经营权的社会保障功能研究》开题报告分析。把这个作为领读题目如何？

利利：可以的，老师。

肖飞：利利，我和海桓说好了，她设计海报。

你要做的：

1. 找到你喜欢的风格底图，发给海桓，和她商量海报细节。

2. 可以自己找两个与谈人，也让他们帮你校对文字错误。

3. 写一篇微信公众号推文，主要是引出问题来。仿效第19期、第20期，500字内就可以。

时间初定在1月8日11:45—13:15，当天下午我还有课。地点定在16楼法学院会议室，我和牛院长说好了。

肖飞：利利，你准备1小时的汇报，围绕着推文中的四个问题，同时前面要加上在确定目前题目前被否定的题目以及原因。

请两位与谈同学每人准备 5 分钟发言。也许有同学提问，也为我留一点时间，20 分钟就可以。

开题后的完善

肖飞：利利，你如修改完报告，可再发我看看，提纲可能还有完善空间。

利利：好的，老师。这是我调整过后的框架。

肖飞：婉璐老师昨晚发了文件夹，提纲我昨晚看到了，后两章二、三级标题还是逻辑不通，目前没有更好的方案，暂时这样。稍后我审核报告。

利利，你介绍选题时要强调自己是基于法社会学研究视角、微观视角，以豫村一个村庄为研究单元，做的是定性研究，但这个村庄靠地养老有区域类型意义。

肖飞：利利，你可以借鉴邱琴的写作，不提建议。

1. 扩大了解老年农民全部养老资源与生计来源。

2. 集中分析原因。

利利：老师，我最近也在思考，能否把老年人从事小商品经营获得一定收入作为一个调研的内容。这是除了靠地养老以外的最为普遍的养老方式。

肖飞：这个可以作为靠地养老之外的另一养老资源，可以作为调研内容。

附：写作题目与写作提纲的设计改进

题目	区域公平视角下农地制度与土地功能的衔接研究	靠地养老：豫村耕地的保障功能及制度配置研究	靠地养老：豫村耕地承包经营权的社会保障功能研究
写作提纲	第一章　农村社会保障的制度变迁 一、新中国成立之初的农村社会保障制度安排 二、改革开放后农村社会保障制度的不断探索 三、21世纪以来农村社会保障制度的建立完善 第二章　不同区域间土地制度与功能需求 一、东部地区的土地制度与功能需求 二、中西部地区的土地制度与功能需求 第三章　土地保障功能机制的地方经验 一、土地集体所有制下的保障实践 二、土地国有制下的保障实践 第四章　农村社会保障制度发展展望 一、农村社会保障制度的主要趋势 二、农村社会保障的政策方向	第一章　靠地养老：现象及本质 第一节　现象描述 第二节　本质 第二章　靠地养老的形成原因 第一节　靠地养老的客观条件——老人种地的能力：农民与土地的关系 第二节　靠地养老的内在动力——老人种地的动力：老人与社会的关系 第三章　靠地养老的三层面向以及强弱变动 第一节　养老保障功能得到加强 第二节　农地衍生出新型发展保障 第三节　农地社会稳定保障长期延续 第四章　靠地养老制度配置的法理思考 第一节　农地制度在社会回应性上的不足及优化 第二节　农村社会保障法律制度的缺失与构建	一、“靠地养老”制度支持与保障功能 （一）“靠地养老”模式形成的实践基础 （二）农地制度对“靠地养老”模式的认可 （三）“靠地养老”模式的多重保障功能 二、“靠地养老”模式的豫村样本 （一）老人农业：豫村耕作的现实状况 （二）人尽其力：退而不休的家计模式 （三）地尽其用：豫村耕地的多重效用 三、豫村耕地发挥养老保障的深层诠释 （一）耕地赋能：支持豫村养老的功效 （二）制度层面：制度基础与衔接裂隙 （三）现实层面：人口负增长和社保困境 四、回应农村养老保障需求的可预图景 （一）逐渐摆脱“靠地养老”路径依赖 （二）改进农村养老保障的制度设计 结语

导师接续

什么是好的学术问题

——从农村养老说起

肖建飞

摘要：研究生指导工作中有一说法，好的学术问题源于良好的问题意识，代表这一问题有研究价值，这个表述正确却无用。以农村养老研究为例，可以验证萧延中所言，好的学术问题与重大关切相关联，具有普遍意义，没有非此即彼的固定答案，其内部充满了张力，能释放出更深层次问题。好的学术问题不是意见，不是话题，不是知识，但可以给读者新的观点。好的学术问题应该重经验，需研究者经历深思与提炼，对现实有高敏感性，以及理论想象力。

关键词：学术问题；问题意识；理论关切；农村养老

依循读书会惯例，我顺着利利的报告做一些总结和拓展。利利只是讲了自己寻找硕士学位论文选题的经历，以及期间的发现和收获。但从这个写作个案中，我们可以提炼出哪些普遍性经验呢？这个工作利利没做，或者说做得不充分。我尝试做一些总结和提炼。这里我借用利利的写作素材，分享给大家的想法和观点则主要受益于陈锡文①和萧延中②老师的研究成果。

从资格论文选题到毕业论文选题，研究生最难的就是找到好的学术问题。选题失败的学生得到老师的评价通常就是缺乏问题意识。学生基本是一脸懵懂，有勇敢者会求教老师，什么是“问题意识”？老师通常微言大义，回答“问题意识就是提出的问题要有研究价值”。这基本是循环定义，解释正确但却无用。

---

① 陈锡文：《当前农业农村的若干重要问题》，《中国农村经济》2023 年第 8 期。

② 萧延中：《什么是“问题意识”？如何培养“问题意识”?》，中国人文社会科学综合评价研究院公众号，微信号 gh_ 1e1aa79b89be，访问日期：2024 年 1 月 3 日。

一、对好的学术问题的理解

（一）好的学术问题与重大关切相关联

学术问题不是日常生活中的问题（problem），日常问题对应的词汇是“解决”（solved），其结果是问题被消除了。比如你饿了，吃一碗米饭、一盘炒菜这个问题就解决了。你爸爸妈妈上了年纪没有收入来源，你按月给生活费，这个问题也解决了。好的问题关涉全局性的某种重大关切（great concern），有焦虑和深切感悟。[①] 从农村养老、农村发展、农业强国建设，到中国如何实现治理体系与治理能力现代化，从具体问题延伸的全局问题，跟现代中国的前途和命运有着直接联系。一个具体问题关涉到一个大问题，大问题才是关心、关切所在，涉及中国发展的前途和命运的深层逻辑。把具体问题放在学术史中才能判断其是否具有重要的学术价值和实践意义。

我国基本国情之一是农业人口规模巨大，“大国小农”的状况不可能在短时期内就得到根本改变。按照不同统计口径，我国农业人口有三种数据：第一，农村常住人口不到5亿人，按在农村居住半年以上时间计算；第二，农业户籍人口7亿多人，第一类人口加上没在城镇落户的进城务工人员及其家属；第三，农村集体经济组织成员有9亿人，第一、二类人口再加上村委会改居委会、乡镇改街道后，村改居后，原村民虽然在户籍上农转居了，但人还是农村集体经济组织的成员。这种数据都有依据，只此一个农业人口数据就这么复杂，反映了中国国情的复杂性、农业的特殊性，以及目前城镇对市民承载能力的有限性。[②]

（二）好的学术问题具有普遍意义

好的学术问题不是一人一地一时的问题，与越大群体、越广地域、越长时段相关，这个问题就越有意义。比较一下两个题目：“毛泽东究竟有多爱吃红烧肉？”“《湖南农民运动考察报告》对《土地改革法》的影响”，前一个题目作为一篇考据文章也未必没有意义，但这样的论题体现不出作者有什么“问题意识”。读者会问，通过考证毛泽东究竟有多爱吃红烧肉，究竟想证明什么道理？后者就不一样了，《湖南农民运动考察报告》帮助共产党人

① 萧延中：《什么是“问题意识”？如何培养“问题意识”？》，中国人文社会科学综合评价研究院公众号，微信号gh_ 1e1aa79b89be，访问日期：2024年1月3日。

② 陈锡文：《当前农业农村的若干重要问题》，《中国农村经济》2023年第8期，第10页。

认识到革命年代群众基础在哪里，对新中国成立初期基本经济制度确立有直接影响。这样看，一个问题是否包含道理、意义（可明确，可隐含）才是关键。

农地制度是两千多年来乡土中国养老的传统资源，在当下中国亦如此。不过农地制度对于中国有着特殊的政治社会意义，是中国基本经济制度的基础。1984 年中央“一号文件”首次提出延长土地承包期为十五年；1993 年中央“11 号文件”提出耕地承包期到期后再延长三十年；2017 年党的十九大报告再次明确第二轮土地承包到期后再延长三十年。

（三）好的学术问题没有非此即彼的固定答案

农村养老的深层逻辑和基本问题是中国农村农业、中国经济社会的生产与分配、发展与福利的关系问题，这涉及国家政治经济社会资源的配置。这是包括中国在内，所有国家面临的现代性困境。

同学们不妨回顾一下近五年中国农村农业立法的进程，《乡村振兴促进法》（2021 年），《黑土地保护法》（2022 年），《粮食安全保障法》（2023 年），《农村集体经济组织法》（2024 年）。可见国家立法重心是发展，不是再分配。中共中央办公厅、国务院办公厅印发《关于推进基本养老服务体系建设的意见》，“十四五”时期我国将根据经济社会发展对基本养老服务的对象、内容、标准等内容进行动态调整，政策重点聚焦失能、残疾、无人照顾的老年人最基本的养老服务需求。[①]

党的二十大“全面推进乡村振兴”要求中提出“加快建设农业强国”的目标。尽管中国粮食产量已经连续 20 年丰收增产，2023 年全国粮食总产量 13908. 2 亿斤，比上年增加 177. 6 亿斤，连续 9 年稳定在 1. 3 万亿斤以上。[②] 中国社会科学院农村发展研究所报告认为，“十四五”期末，中国可能出现 1. 3 亿吨左右的粮食缺口，其中谷物缺口约为 2500 万吨。当下我国粮食安全问题依然较为严峻，尤其是饲料作物缺口依赖进口程度依然较深。[③] 2018—2022 年，我国平均每年从国际市场进口 1. 39 亿吨粮食，2022 年进口 1. 47 亿吨，相当于 14 亿人口每年人均进口粮食 100 公斤。粮食进口已经成为常态。2023 年 1—10 月，我国累计进口粮食量接近 1. 3 亿

---

① 中共中央办公厅、国务院办公厅：《关于推进基本养老服务体系建设的意见》，https://www.gov.cn/govweb/gongbao/2023/issue_10506/202306/content_6885267.html，访问日期：2024 年 1 月 6 日。

② 《2023 年全国粮食总产量 13908. 2 亿斤，比上年增长 1. 3%——中国粮食生产再获丰收》，《人民日报（海外版）》2023 年 12 月 12 日。

③ 《2023 年我国粮食进口高增，粮食安全仍需重视》，https://www.163.com/dy/article/IMTKNNFV05561J7W.html，访问日期：2024 年 1 月 6 日。

吨，同比增长7.3%。2023年我国进口粮食占国内粮食总产量的比例已经超过20%。从资源角度看，我国目前农产品的自给率大约为66.6%。联合国粮食及农业组织测算的世界各国粮食安全指数的排名中，中国排在30位之外，该组织认为中国的潜在粮食（食物）自给率为70%。①

（四）好的学术问题内部充满张力

好的学术问题往往意味着带来更多的问题，这个问题“没有一个固定的答案”，随着思考的深入，问题已超出了原来的层次。怎么理解“张力”？最简单的解释就是一种思想或某人的行为的紧张状态。② 一种思想可能有理有据、言辞恳切，可能金玉其外、败絮其中，可能有真理的颗粒，可能裹挟泥沙。一个人可能既善又恶，既自尊又自卑，充满了紧张和焦虑、矛盾和冲突。事物内在逻辑并不和谐，多种相互矛盾的因素彼此共存等。这是人类社会常态，也是人生的常态。

当下农地如何发挥养老的社会功能？农村家庭组织能否作为一般民事主体？能否把集体土地用于抵押、拍卖？没有一个非此即彼的答案。在这种争来辩去的喧哗之中，优胜劣汰，取长补短，研究者逐渐增强认知世界的能力，也把认知世界的深度向前推进。

（五）好的学术问题意味着即便写作结束了研究也并未终结

对这一“问题”研究得出的结论是阶段性的，其会释放更深层次的问题。当下看，豫村农地确实发挥着极为重要的社会保障职能，但其也面临着制度机制转型。未来中国如何整合国家、社会、家庭、个人养老资源，以共担性、体系性制度机制为城乡老年人提供基础保障、普惠保障，这是需要持续研究的问题。

二、否定加肯定的描述方式

我们可以尝试用先否定、后肯定的方式去描述好的学术问题：

（一）否定角度

1. 好的学术问题不是“意见”

意见（idea）未经充分理性思考和论证。每个人都可以凭据已有感

① 陈锡文：《当前农业农村的若干重要问题》，《中国农村经济》2023年第8期，第7页。

② 萧延中：《什么是“问题意识”？如何培养“问题意识”？》，中国人文社会科学综合评价研究院公众号，微信号gh_ 1e1aa79b89be，访问日期：2024年1月3日。

觉、经验和好奇心，而即时地发表若干对于社会事物的感慨、评论，这些意见很可能稍纵即逝。有些意见可能异常宝贵，有些意见客观但片面，也可能无甚价值，有时还可能由于对自身经验的盲信而导致错误。比如，一位东北受访人提供如下信息，全村青壮年中只有一人定期供养父母、提供生活费。对此受访人颇有微词。访谈人问受访人，青壮年生活水平是否明显高于父母？受访人的回答是否定的。两个信息都真实，但第一个信息明显有受访人的主观倾向与立场预设——子女就应该供养父母。

2. 好的学术问题不是“主题”或者“话题”

主题与话题过于宽泛，不能聚焦。比如在养老保障方面，有美国的自由资本主义模式、西欧的福利国家模式、中国的社会主义（国家主义）模式，这一类总结是粗糙的。当研究者从源于整个判断导向的层面下降到具体问题意识的层面时，比较研究才能落地，也才具有启发性。[①] 学术发现往往存在于精微的差异之中，而不是存在于对于 X 体制（模式）和 Y 体制（模式）的笼而统之的整体性概括之中。

3. 好的学术问题不是“知识”本身

知识（knowledge）相对确定，不能提供争论点。成人的基础热量约为 1200 大卡（由于年龄、性别、体形、气候等原因，基础新陈代谢快慢因人而异），一般生活（不干体力活，不从事体育运动）一天需约 2000 大卡（见图 7）。以此为基础，确定贫困线与最低生活保障是重要的社会科学研究议题。

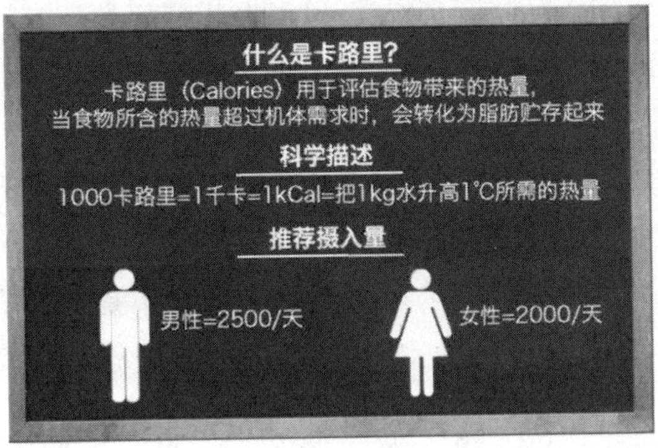

图 7 什么是卡路里

注：图片来源于彝州营养网，https://mp.weixin.qq.com/s/Hv2h-X4F89-KNsbzUiS-CxQ，访问日期：2024 年 1 月 5 日。

---

① 萧延中：《什么是“问题意识”？如何培养“问题意识”?》，中国人文社会科学综合评价研究院公众号，微信号 gh_ 1e1aa79b89be，访问日期：2024 年 1 月 3 日。

贫困线又叫贫困标准，指在一定的时间、空间和社会发展阶段的条件下，维持人们的基本生存所必须消费的物品和服务的最低费用。2015 年 10 月世界银行宣布，按照购买力平价计算，将国际贫困线标准从每人每天生活支出 1.25 美元上调至 1.9 美元。2022 年 5 月，世界银行发布信息，全球贫困线将由 1.9 美元上调至 2.15 美元。此次大幅上调并不代表世界贫困人口减少了。21 世纪以来世界减贫事业的最大贡献者是中国。整体看全球贫困人口数量大量增加。所以在此提议同学们历史地看问题，家庭联产承包责任制改革给了农民最基本的生计保障；脱贫攻坚提供给农村贫困人口住房、就医、入学等公共服务。

好的学术问题与知识积累、知识重构有着千丝万缕的联系。但严格地说，知识本身并不必然能产生好的学术问题，也就是说，好的学术问题不是累积起来的知识自身繁殖的结果，知识不是问题是孳息。申言之，好的学术问题生发于问题意识，问题意识是一种思考、重构、表达的综合“能力”，其既不是一种信息知识收纳技能，也不是一种语言表达技巧。好的学术问题的提出需要学者“识别知识、组织知识、提炼知识和综合知识”，继而生产新的知识，因此其是“知识的知识”。[①] 就此而言，好的学术问题来自对自以为知的知识、习以为常的“常识”的追根溯源和不断“拷问”。尽管对于当下的研究生自我定位和学校培养体制而言，调和预期与现实的差距，降低理想预期成为不得不为的选择，但作为教师，我们都知道，一个以学术为志业的人，培养、建构和提炼好的学术问题、有大的学术关切，这种终身治学体会应该是一种惯常形态、一种生活方式。

（二）肯定角度

如果要检验自己是否找到了一个好的学术问题，是否有清晰明确的“问题意识”，先要自问写作这篇论文究竟想要告诉读者什么？给读者一个新的清晰的核心观点。这个核心观点和命题不是对社会现实的描述，也不是对政策法律设计的总结，更不是来自对已有学术文献的梳理概括。

① 萧延中：《什么是“问题意识”？如何培养“问题意识”?》，中国人文社会科学综合评价研究院公众号，微信号 gh_ 1e1aa79b89be，访问日期：2024 年 1 月 3 日。

三、寻找好学术问题的经验

如何寻找好的问题，这个问题极难回答，我们还是基于利利的报告做一些扩展。

（一）好的学术问题应该重经验高敏感

一个好的学术问题无一例外地都植根于自己的经历和经验，既可以是生活经历，也可以是学术经历，最好是两者结合。这就要回到一个认清自我、反观自我的老问题。敏感性不是均质化的，每个人都有自己独特的敏感区域，其异质性和个体化非常突出。一个人十分麻木，认为一切都“理所当然”，就无法进入学术研究领域。

我们可以比较两张图：黑龙江农村与河南农村。前者更地广人稀，房屋稀少、陈旧；后者人多地少，房屋稠密、较新。前者核心家庭占主流；后者有相当一部分主干家庭。前者更依赖土地自养；后者兼具靠地养老和家庭养老。即便同是农业大省、粮食主产区，但靠地养老程度也有差别，这和农地资源、家庭结构有直接关系。

（二）好的学术问题应该有理论想象力

全国人大常委会颁布实施了《农村集体经济组织法》，旨在加强壮大集体经济，变集体资源为资产，保障村民的收益分配权。需要思考村民决策机关（村民大会或村民代表大会）、执行服务机构（村委会）与经济机构（农村集体经济组织）的职权职责关系，农村家庭经济组织能否增进成员福利，包括提升农民养老保障水平。

学术研究需要有意识地去“解构”（deconstruction）一些习以为常的现象和事实，反思我们生活在其中的现实世界的逻辑过程。理论不是事实的简单呈现，而是思维建构的结果。理论的“反思”特征源于研究者将现象、事实和当下的理论解释作为起点，对已有的解释“质疑”，带着一种不完全信任的眼光去审视它。在此基础上提出新的解释，新的解释建立在对“可能性”的想象基础上，会刺激和扩展我们的思路。①

① 萧延中：《什么是“问题意识”？如何培养“问题意识”?》，中国人文社会科学综合评价研究院公众号，微信号 gh_ 1e1aa79b89be，访问日期：2024 年 1 月 3 日。

（三）好的学术问题需经历深思与提炼

深思不是浅思，是要在表象描述之后分析事物内在本质。豫村靠地养老是主流，这是现实描述之后的规律总结。为什么会形成靠地养老主流模式？这种模式能提供相对稳定、可持续的养老保障吗？这才是更需要投入精力解决的问题。

在这个深入解析的过程中，未必有人给你答案，甚至没有直接的理论参照，这时候需要研究者通过“向内”的自我质疑、自我提问的方式，提炼问题，理清思路，分析因果；分清主干和末节，显现思想主线和各种层级之间的关系，清理“思维垃圾”，从而保持思维的有序状态。每当研究或写作面临解释事实的焦虑状态时，有待描述的事实或者经验已有所显现，这才真正捕捉到一种需要“深思与提炼”的信号。①

真正好问题的捕捉要经历步步深入的思考、追问、论证过程，我不愿意称这一过程为“选题”。不是说许多问题像摆在橱窗里的商品一样，等你挑选，支付价款。这个题目买不来，更不应该直接向老师索要，而是需要学生自己思考、淬炼、设定。这一过程是对写作者知识广度、学术积累、思考深度和写作技巧的综合检验。

研究生教育的重心在于为学生提供一系列阅读、追问、实践的机会。注意是机会，不是现成的问题。学生要自己通过反复、自觉的观察和思考，逐渐发现、确定有研究价值的好问题。有部分人以此为起点，会逐渐形成自己的学术思维，乃至将学术写作作为自己“生活方式”“生命价值”的一部分。

好的学术问题应该是属于自己的，这个问题从研究者个人头脑中萌发、成长、表达、呈现出来，其是研究者理解和透视世界的一种内在能力。导师、学界大家的作用仅在于引导和刺激研究者，使其“问题意识”得以萌发，问题意识生长、好的问题设定都得靠自己。外部助力替代不了内在能力，拔苗助长不是真正的成长。

---

① 萧延中：《什么是“问题意识”？如何培养“问题意识”?》，中国人文社会科学综合评价研究院公众号，微信号 gh_ 1e1aa79b89be，访问日期：2024 年 1 月 3 日。

后记　阅读不息

肖建飞

栀子花开的日子，就是告别的日子。对于读书会的师生，今年的毕业季有着特别的意义。自 2021 年秋开展师生集体阅读以来，读书会走过了四度春秋，即将送走第一届本科毕业生和第二届硕士毕业生。

一

在过往的师生集体阅读活动中，读书会始终致力于培养学生阅读长篇复杂文本的能力、耐心和注意力。我们权衡对立观点、接纳分歧、改变固有认知，获得了持续学习的能力。在严谨的理性分析能力和多维的批判性思考能力之外，情感联结与人际沟通能力也为读书会所关注。读书会最看重的是学生的创造力，通过阅读、理解、共情、想象的点滴呈现，逐渐培养出“软性”创造力。创造不必是公开重大的科学发现，不必是提出重要的理论观点；创造可以极为具体细微，阅读后的书写、讲述、交谈、分享都是创造。

一个人如果没有对复杂文本的分析阅读和主题阅读能力，可能会失去理解自我、理解历史、认识当下的学习机会，乃至永久失去深度自主学习的能力。这样的人或可能无知狂妄、自高自大，或可能缺乏判断力、易受欺骗。

二

尽管很多人会从实用主义的角度去计算上大学的回报，但按照实用主义的逻辑，可以引出一系列追问：父母对子女的养育，尤其是教育支出有何回报？与师友们共度四年、七年时光有何回报？在校园中听音乐、看电影，在球场上奔突跳跃有何回报？被问者计算不出来，因为这些点滴经历和持久影响无法被计算出来。

如果说以单一实用主义逻辑为准，提出上述问题本身就不成立，接下来的问题就简单了。阅读书籍、交流分享，为某个故事深深感动，为证成某个观点而和同学争得面红耳赤，有什么回报？一个自己一直试图表达却无力表达的命题，竟然从书中读到了，为此自己兴奋不已，有什么回报？一个自己一直试图理清却无力理清的因果关系，竟然从论文中读到了，为此自己按捺不住内心的喜悦，有什么回报？阅读以及随之而来的智性上的证立、证否、解惑，感性上的感动、兴奋、喜悦，本身就是收获。

一些事情之所以值得做，之所以重要，是因为这些事情本身就富有意义。这些事情构成了我们独一无二的经历，不能被其他事情所替代。

三

在校时，我们师生曾一起深度阅读，也开启了专业学术阅读；离校后，不是阅读的结束，而是独立阅读的开始。书籍在，读书的人在，有形或无形的阅读网络就在。

希望我们都能认识到世界不是一个巨大的仓鼠轮。在狭窄的饲养空间中，轮圈不停地转动，仓鼠追着轮圈奔跑，其实不过是原地踏步，找不到行动的意义。一定会有一些人不去随大流，不只阅读备考教材、应试技巧书、畅销书，不做当下被吹捧得大红大紫、承诺打通职场的事；一定会有一些人不加入浩浩荡荡的“军团”，不去走同一条路，不去挤同一座桥；一定会有一些人选择阅读真正值得投入精力去读懂的书，从事看似冷门、不够“明智”的工作，但着实锻造出属于自己的独特技能；一定会有一些人能用更多样的目标、更丰富的意义感和更持久的行动力，取代优绩主义的成功指标，勇敢地跳出单一狭隘的评价体系。

希望我们都能进行更广泛的阅读，不只阅读文字，还阅读生活、职业，阅读他人和社会。面对一个个鲜活流动的事件，我们不断探索，主动发掘阅读资源。在这个丰饶与纷扰并存、热情与冷漠同在、果决与苟且对峙的世界上，我们要不断追问，自己真正关切的是什么？什么能让自己感到内在的满足和充实？什么能让自己满怀期待地投入学习、工作和生活？怎样的精神状态会让自己确信，这就是自己想要的人生，是自己愿意为之不懈努力的事业？为此自己需要制定怎样的人生路线，接受或者选择在哪里工作，和谁一起生活？生活中处处要做取舍，也必须做取舍，追求志向可能要放弃安逸，每条道路都伴随着得失。患得患失、举足不前不只在消耗宝贵的时间，也在消耗心力、缩小心量。

追求自我实现，不是一句口号，也不能只是悬置的理想目标，而应付出踏踏实实的行动。从事能发挥自己禀赋优长的工作，过一种适合自己心性的生活，有内驱力的行动才会更长久。追求自我实现，不是坐在树下读诗写诗，不是去雪山大漠挑战极限，而是走入生活世界。生活世界就在房门之外、小区广场、办公室内、与朋友畅谈的桌边，与这个世界真实的人、事进行互动，这便是更丰富的深度阅读。

无论身处何处，能阅读世界、阅读生活就意味着我们在持续获得优质教育。我们将在自立与反思、接受自我与提升自我之间寻求价值平衡，在自律与互助、自主与协作之间寻求到恰切的社会位置，不断获得创造力和灵活性，获得抗压能力和突破常规的勇气。

四

“五一”小长假期间，我阅读了坂本龙一的《阅读不息》和《我还能看到多少次满月升起》，它们分别是本年度我阅读的第二十九本和第三十本书。

《阅读不息》，是一个富有流畅乐感的书名。打动我的不是坂本的书评写得精彩，而是他足够强大的心智。与癌症抗争期间，坂本的阅读领域远不限于艺术，还扩展到人类学、经济学、历史学与哲学，包括我一直想认真阅读却尚未研读的作品，作者名单中有詹姆斯·C. 斯科特、雅克·德里达、安德烈·塔可夫斯基、侯孝贤、杨德昌……面对这位读者和诸位作者，我怎么能不汗颜。

《我还能看到多少次满月升起》，是一个包含爱意和不舍的书名。坂本不是乐迷心目中的“超级偶像”，不是被媒体包装的“谜一样的人物”，他和我们一样都要独自面对生死。生命消逝的前两天，坂本在线上指挥了日本东北青年管弦乐团的演奏。听到孩子“谢谢你找到了我的爷爷，我可以和他永别了”的诗句，他泣不成声。音乐家与音乐同在，才能传承音乐的生命力。读者与经典同在，才能传承经典的生命力……

也许我们赶赴的下一程是没有栀子花的地方，抵达的季节也不再是初夏。那里也许有桂花、菊花、月季、玫瑰、木槿、大丽花，也许有辽阔原野上盛放的薰衣草、马铃薯花、葵花、亚麻、棉花……即便身边没有任何花朵，我们仍期待能嗅到书香，那是吸引作者和读者灵魂的香气。

『钟爱阅读』的结绳记事

"LOVE READING" KNOTTING NOTES

（二）经由阅读认识乡土中国

肖建飞 编著

江苏大学出版社
JIANGSU UNIVERSITY PRESS
镇 江

图书在版编目（CIP）数据

“钟爱阅读”的结绳记事. 二，经由阅读认识乡土中国 / 肖建飞编著. -- 镇江 ：江苏大学出版社，2024. 12. -- ISBN 978-7-5684-2396-0

Ⅰ. G252. 17

中国国家版本馆 CIP 数据核字第 2025CJ2770 号

“钟爱阅读”的结绳记事 ·（二）经由阅读认识乡土中国

“Zhong’ai Yuedu” De Jiesheng Jishi ·（Er） Jingyou Yuedu Renshi Xiangtu Zhongguo

编　　著/肖建飞
责任编辑/徐　文　李　娜
出版发行/江苏大学出版社
地　　址/江苏省镇江市京口区学府路 301 号（邮编：212013）
电　　话/0511-84446464（传真）
网　　址/http：//press. ujs. edu. cn
排　　版/镇江文苑制版印刷有限责任公司
印　　刷/镇江文苑制版印刷有限责任公司
开　　本/710 mm×1 000 mm　1/16
总 印 张/55. 75（全三册）　　总插页 36 面
总 字 数/984 千字（全三册）
版　　次/2024 年 12 月第 1 版
印　　次/2024 年 12 月第 1 次印刷
书　　号/ISBN 978-7-5684-2396-0
总 定 价/168. 00 元（全三册）

如有印装质量问题请与本社营销部联系（电话：0511-84440882）

春天，如约而来抑或意外袭来

当春天如约而来
我们能否以平静之心等待
我们能否以坚韧之志等待
我们能否以平缓之步等待
我们能否以持久之力等待

当春天意外袭来
我们能否以喜悦之心迎接
我们能否以昂扬之志迎接
我们能否以奔跑之步迎接
我们能否以勃发之力迎接

召集教师：肖建飞　彭亚媛　胡　超　雷婉璐　申屠晓莉
郑淑珺

参与学生：邱　琴　李　颖　马金凤　张旭辉　陈　莹
范元培　汪小川　郭权鑫　李　涵　姜　楠
杜利利　苗奥娴　曹路遥　孙　玮　吴运通
严海桓　苗媛媛

指导教师：肖建飞承担本书各期读书会指导与主题领读工作；胡超参与《大国宪制：历史中国的制度构成》的阅读指导；彭亚媛参与《天下的当代性：世界秩序的实践与想像》的阅读指导。

收录说明：鉴于阅读书籍主题的相关性，2021—2024 年间部分读书会文稿未能收入本书；同时依据本辑主题，指导教师对读书会实录内容进行了重新改写、编辑与审校；在阅读准备的记录文字中，师生姓名一般采用简称。

本辑收录了读书会师生对北方草原、中原腹地、太湖沿岸、闽江流域等村庄生计的民族志文献及非虚构写作文献的研读与思考，以期培养学生对身边事物的观察力。本辑同时收录了《大国宪制》与《天下的当代性》两期读书会文稿，以期引导学生对具有悠久农耕传统的中国政治治理进行有历史纵深的思考。

报告人：肖建飞

与谈人：雷婉璐、彭亚媛、
申屠晓莉、郑淑珺

钟爱阅读读书会

2022年春“自北向南中国乡村生计”
系列阅读第一期

时间：2022年3月18日18:30-20:00

地点：三江楼16层法学院会议室

（郭子韵设计）

钟爱阅读读书会
江苏大学法学院
《中国在梁庄》：非虚构写作中的法律事件
经由阅读，接近一个真实的中国乡村
领读同学：张旭辉、邱琴
指导教师：肖建飞
与谈教师：雷婉璐、彭亚媛、申屠晓莉、郑淑珺
时 间： 4月1日18:30
会议号： 613-852-949

（张旭辉设计）

江苏大学法学院

钟爱阅读读书会

4/19

领读人：李颖、陈莹

主持人：范元培

与谈人：马金凤、邱琴、张旭辉

指导教师：肖建飞

特邀嘉宾：罗妤、雷婉璐、彭亚媛、申屠晓莉、郑淑珺

时间：2022年4月19日
19:00-20:30

会议号：781—549—288

（范元培设计）

江苏大学法学院
钟爱阅读读书会

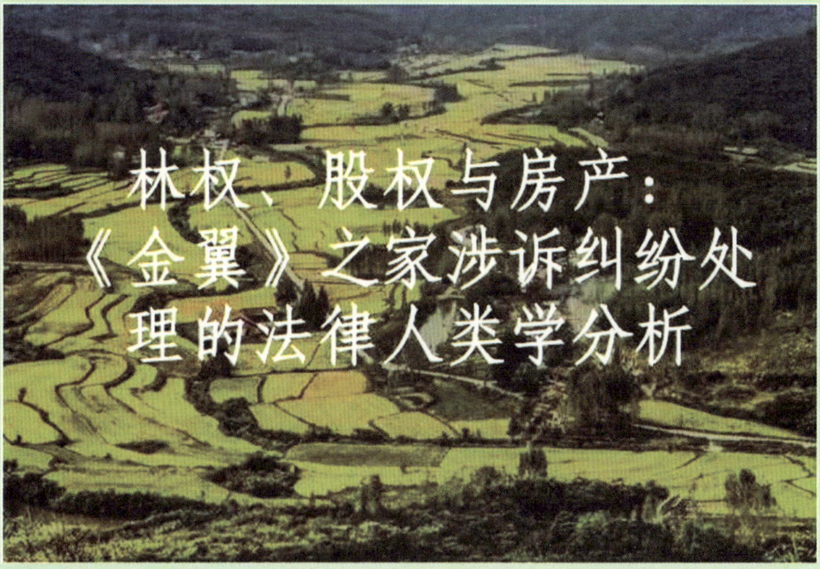

领读人：马金凤、邱琴

主持人：李颖

与谈人：陈莹、范元培、张旭辉

指导教师：肖建飞

特邀嘉宾：罗好、雷婉璐、彭亚媛、申屠晓莉、郑淑珺

时　间：2022年4月30日 19:00-20:30

会议号：958-272-384

（李颖设计）

钟爱阅读读书会·2023春“认识中国”阅读季第14期

|推荐书目：《中国历史地理十五讲》（韩茂莉）

历史中国的自然地理、农业开发、经济中心与行政区划

领　读　人：汪小川、郭权鑫
主　持　人：肖建飞
与　谈　人：曹路遥、苗奥娴
设　计　师：严海桓
摄　影　师：严海桓、苗奥娴
嘉宾教师：雷婉璐、彭亚媛、申屠晓莉、郑淑珺、胡超
指导教师：肖建飞
时　　间：2023年4月9日9：00-11：30
地　　点：研究生院203室

（严海桓设计）

宪制何以构建历史中国——阅读《大国宪制》

2023 04 23 19:00-21:00

三江楼16楼法学院会议室

腾讯会议：327-522-495

[阅读书目]

苏力《大国宪制：历史中国的制度构成》

[领读人]

李涵、姜楠、杜利利

[主持人]

曹路遥

[与谈人]

孙玮、吴运通、苗媛媛

[设计师]

严海桓

[摄影师]

严海桓、苗奥娴

[嘉宾教师]

雷婉璐、彭亚媛、申屠晓莉、郑淑珺

[指导教师]

胡超，肖建飞协助

[致谢]

感谢『北大出版社·燕大元照法律图书』

（严海桓设计）

钟爱阅读读书会·2023年春“认识中国”阅读季第16期

2023 05 07 19:00-21:00

三江楼16楼法学院会议室

腾讯会议：714-659-282

【领读人】苗奥娴、杜利利

【主持人】汪小川

【与谈人】郭权鑫、吴运通

【设计师】严海桓

【嘉宾教师】雷婉璐、郑淑珺、胡超

【指导教师】彭亚媛、肖建飞

【阅读书目】

赵汀阳：《天下的当代性：世界秩序的实践与想象》

赵汀阳：《惠此中国：作为一个神性概念的中国》

从旋涡模式到天下体系——关于中国与世界的政治哲学

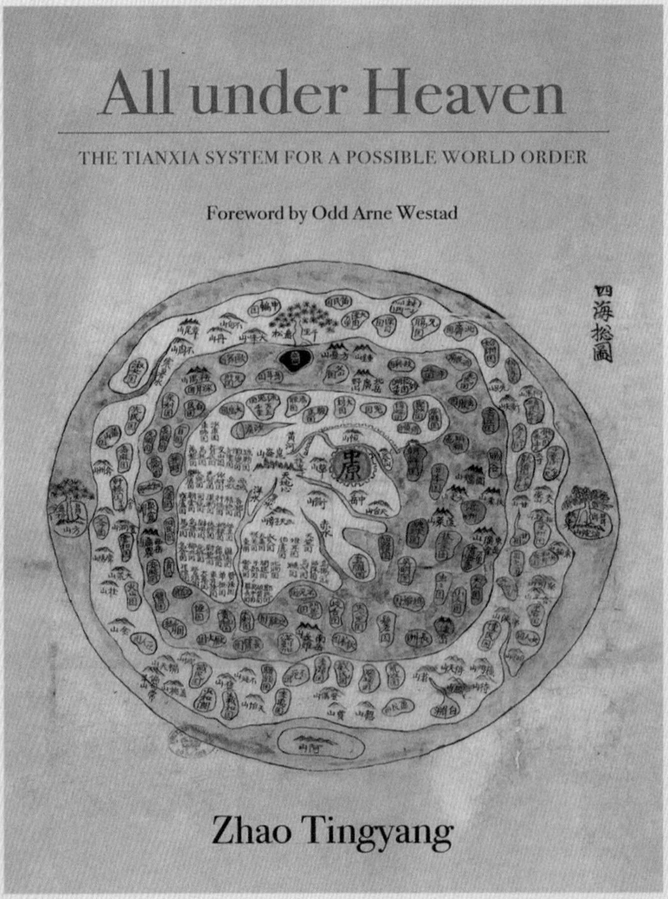

（严海桓设计）

目录

游牧世界中的人草畜

阅读《牧人笔记》

阅读梁庄

把非虚构写作视为法学文本

费孝通与江村的八十年

阅读《江村经济》

林权、股权与房产

金翼之家涉诉案件的法律人类学分析

历史中国的自然地理、农业开发、经济中心与行政区划

阅读《中国历史地理十五讲》

宪制何以构建历史中国

阅读《大国宪制》

从旋涡模式到新天下体系

关于中国与世界的政治哲学

二辑小结 以读书会为载体的阅读指导试验及其效果

游牧世界中的人草畜

阅读《牧人笔记》

肖建飞

阅读提要

肖建飞从张承志先生的《牧人笔记》切入，以40年间草原生态、社会、生计变迁为主线，分析20世纪60年代内蒙古草原地区草场、牲畜、牧人之间的动态平衡关系及其背后的社会价值观；并指出20世纪80年代后，牧区推行“草畜双承包”改革（草场与牲畜经营权承包到户），随着市场经济体制改革的推进，牧业生产逐渐市场化，游牧地区的社会价值观体系因之解体、重构，随之出现了“三牧”难题。回顾内蒙古草原近40年的整体变迁可知，单一发展模式、自上而下的制度植入、外来经济社会力量的过度介入，导致了草原自然、社会、经济的三重失衡。草原地区亟待构建现代畜牧业生产体系。肖建飞在领读收尾时，分析了基础阅读、检视阅读、分析阅读与主题阅读这4个阅读层次的递进关系。对于研究者而言，自分析阅读提升到主题阅读，需要经历身份、目的与认知层次的一系列转变。

针对本期主题汇报，罗好认为，本期读书会结合《中华人民共和国草原法》（以下简称《草原法》）、《中华人民共和国畜牧法》（以下简称《畜牧法》）等相关法律规定，从《牧人笔记》这一人类学文本引入“三牧”（牧业、牧民、牧区）问题，有助于引导学生思考现实问题。主题阅读最重要的环节是主题文献的识别和检索，雷婉璐分享了提高主题文献搜索能力的3种方法——依据优质的文献综述、相关领域优秀学者的指导和本人的摸索总结，第一种方法最可行有效。法律思维是法科生观察社会的方式之一，彭亚媛认为，我国自然环境立法经历曲折反复，相关法律面对实践难题仍在探索之中；关注生态变迁能让我们更深刻地认识到法律对生态的调节功能重在事先预防，而非事后救济。郑淑珺分析自己的阅读经验时认为，只要是优秀的文本，就不存在选书的偏颇与否，钟爱阅读者自然会从其所爱。基于自身的写作经验，申屠晓莉反思，过于狭隘的专业阅读过早地闭塞了法科生的心智，活跃心智的途径是进行更广泛的主题阅读。来自辽宁政法管理干部学院的史亚杰老师出生成长在内蒙古草原，正是因为草原情结，她和领读人肖建飞老师一样，长期持续地关注内蒙古草原。本期读书会启发史亚杰老师准备在自己任教的学校也组织阅读活动。扩展认知、寻求智慧的努力可以随时随地开始……

（邱琴供稿）

主题领读

一、 草原掌灯人：阅读初衷与动力

20世纪80年代是张承志的小说创作期，《黑骏马》（1982年）、《北方的河》（1984年）、《金牧场》（1987年完成，1994年删改后定名为《金草地》）均创作于这一时期。从文体上来说，《蒙古大草原游牧志》（1983年，张承志在日本出版日文版《蒙古大草原游牧志》。此书的中文版《牧人笔记》由花城出版社于1996年出版，此后又有多个中文版本）在其20世纪80年代的作品中是一个例外。按照作家自己的归类，“《牧人笔记》是小说体和诗体作品以外的、有关（内）蒙古草原作品的总集”①。至于“总集”属于何种文体，作家没做解释，只能依据该部作品的内容和文风而定。尽管《牧人笔记》内容接近散文随笔，但从日文版书名来看，这本书在日本被视为民族志作品，它被当时日本学界视为了解内蒙古草原文化的重要读本。将《牧人笔记》视为具有民族志特征的散文作品，大体是合适的。

20世纪80年代，相当多的读者阅读了张承志的小说，赏识其“硬派”“深沉”的风格，不少文学青年视其为偶像。② 而作家本人“直道而

① 张承志：《牧人笔记》，载《草原边疆》，东方出版社，2015，第256页。
② 许子东：《重读张承志的〈金牧场〉与〈心灵史〉》，《文艺争鸣》2021年第5期，第137页。

行”“特立独行”“与俗鲜谐”的孤独，也可追溯到这一时期。[①]《牧人笔记》的写作风格与张承志大多数小说的抒情风格并不相同。这部作品以作家在汗乌拉生产大队（位于内蒙古锡林郭勒盟乌珠穆沁草原）的插队经历为基础，以一个游牧社区一年四季的“生活和生产循环”为主要内容，详细记述了游牧生计特征、社会结构、情感方式，以及这一社会的自然、生命、宗教、伦理观念。

归国后，张承志一直想在日文书《蒙古大草原游牧志》的基础上写一本名为“青色草原”的散文集，但这一写作计划搁置了12年。直到日文书的中文底稿失而复得，作家才重新发现这部多年前的草原民族志与同期作品在精神气质上的内在关联，继而放弃原计划。“箭头快活地飞过去了，带着清脆的呼哨，而没有碰上墙壁的折断。中文的《黑骏马》是这样，日文的《蒙古大草原游牧志》也是这样。”[②] 日文书《蒙古大草原游牧志》出版12年后，作家将其中文版定名为《牧人笔记》。

（一）《牧人笔记》的十个命题

查阅张承志的写作履历会发现，他将创作《牧人笔记》视为唯一一次带有民族志书写特征的写作尝试。这次写作源于作家对草原由衷的爱和对游牧生计的熟稔。如其所述，“那时候我对草原有一种把握：我清楚自己对蒙古语中一系列重要词汇有着某种本质的认识，而且对纯粹游牧生活的细节记忆很深”[③]。作家真诚期待游牧文化能培育出“优秀的儿子”，关注民众主体性和他们真实的生存体验，他认为，鲜活的游牧文化作品会“挟裹着风雪的寒气、携带着羊皮的温暖、遵循着四季的周始和五畜的规律，以全套的牧人语言被描写出来”。[④] 作家一直以草原的“养子”[⑤] 自称，可见其本人并未将《牧人笔记》归于民族志之列。但在这部约5万字篇幅的作品中，每一个小节对游牧生产生活的记述都如数家珍，如随性吟唱的古歌一般，塑造出草原的文化形象。半是有意、半是无心，《牧人笔记》的内容为游牧社会生活史研究提供了具象化的文本素材。

尽管《牧人笔记》并非严格意义上的民族志作品，但其内容可从民族志视角分析诠释，而不应仅作为文学作品欣赏。作品的十个小节分别记述

---

① 旷新年：《深秋夜读——读张承志〈三十三年行半步〉札记》，《南方文坛》2019年第2期，第148页。
② 张承志：《牧人笔记》，载《草原边疆》，东方出版社，2015，第253页。
③ 张承志：《草原小说集自序》，载《草原边疆》，东方出版社，2015，第82页。
④ 张承志：《牧人笔记》，载《草原边疆》，东方出版社，2015，第257页。
⑤ 张承志：《二十八年的额吉》，载《草原边疆》，东方出版社，2015，第234页。

了牧区生产生活的一个侧面，或可将每一个侧面提炼为一个命题，十个命题组合则呈现出 20 世纪 60 年代内蒙古乌珠穆沁草原游牧社会的具体图景。

1. 乌珠穆沁草原是摇篮

在乌珠穆沁草原辽阔的怀抱里，草木一年一度枯荣交替，骏马、牛、羊、骆驼一年一度孕育着生命，蒙古包里跑出一个又一个健壮可爱的儿童。这片草原是张承志蒙古哥哥阿洛华祖先们的生息之地，也是作家张承志的第二故乡。

2. 生命从春天开始

避开初春的暴风雪后，在天穹与雪原之间徐徐吹来的风变得温暖、干燥，雪壳软化、雪原开裂、湿草露出。从山岗的南坡开始，残雪逐渐消退，山岗半明半暗，草原片片斑驳，大地开始变得黝黑。清明过后，“安全的日子”“生育季节”① 到来了，新生的幼畜给寒意尚未退去的草原带来无限生机。

3. 白色代表着奶制品

当太阳变得明亮滚烫，绿色在不知不觉中浸染草原，畜群日渐膘肥体壮，“苏根·恰克”（蒙古语，意为“奶季”）到来了。牧民们向牲畜索取奶食，这是牧人的麦季，收获的是“查干·亦得”（蒙古语，意为“奶制品”）。“七月的草是金，八月的草是银”②，奶季通常限于这两个月。

4. 喜庆来自那达慕

牧人的日月年节随着草木的枯荣、牲畜的繁息而流逝。夏末秋初的那达慕大会上，万千骏马逞强争雄，草原男儿角逐荣誉，这是一年之中天气、草原、牲畜与牧民劳作的结晶，是艰苦辛劳的生活中罕见的欢愉。

5. 迁徙是游牧的主题

在游牧世界中，迁徙（也称转场）是生产生活的主要方式。春季转场接生幼畜，夏季转场增加水膘，秋季转场固定油膘，冬季转场避寒保畜。时序与草情变化决定着迁徙的方向与周期，牧民的一生都在频繁的迁徙与短期的驻牧居留之间流转。

6. 雪国中的生计目标

11 月中旬至次年 4 月，雪封北国 5 个月，雪原白茫茫一片。牧民在避

① 张承志：《春水泛滥时》，载《草原边疆》，东方出版社，2015，第 20 页。

② 张承志：《牧人笔记》，载《草原边疆》，东方出版社，2015，第 280 页。

风、暖和的地方扎下蒙古包，全家人的目标限缩为对抗灾害（大雪导致的“白灾”、无雪引发的“黑灾”、频发的狼灾）、战胜严寒、保存生命。

7. 血脉构成游牧基础

分散孤立的蒙古包是家庭的标志，而将各个“蒙古包”连接起来的是家族亲属组织，这与游牧的生产方式相适应。以“艾玛克”（蒙古语，意为“部落分支”或“家族”）为单位，内蒙古牧民组成生产互助组织，亲缘关系与生产关系相互结合。生产能力不仅仅决定了户主、族长的地位，更体现着游牧生计的长久与韧性。

8. 牧民的生存靠智慧

牧民对于家庭的依赖，既出于社会需求，也出于生产需求。“乳牛需要有女人挤奶，山羊羔要在包里过夜，整个畜群要靠着一个蒙古包或帐篷卧下。游牧生产深深地侵入了人的生活，活的马牛羊要与活的人取得生存节奏的协调。”① 尽管有家庭、家族相助，但“玛拉沁钦”（蒙古语，意为“放牧者”）仍需在放牧过程中独立应对诸多生产风险。牧民称职的标准不是强悍，而是智慧和坚韧。

9. 朋友即草原五畜

为了牲畜繁衍、家族兴旺，牧民以畜为友，一生操劳。牛、马、绵羊、山羊、骆驼合称“草原五畜”，但对牧民来说，畜群中重要的伙伴是马。“在蒙古牧人的心目中，骏马集中了一切动物的优点，在游牧生产劳动中，马变成了人的脚，马的速度保证着和鼓舞着人的意志和欲望，马从生产对象、畜群中的一员化为人本身的一部分，使人的能力得到成倍的提高。骏马的形象使牧人的自尊心得到满足，夏季骑着一匹漂亮骏马的牧人觉得自己的身心都在升华着。这种即使在游牧生涯中也显得珍贵的事情，在漫长的历史中逐渐变成了牧人内心世界里最美好的一部分。骏马的形象和对骏马的想象憧憬，构成了游牧民特殊的美意识，神奇的骏马是牧人心中的美神。”②

每一个牧民都需要一群鲜活的牲畜、一匹矫健的骏马作为生存支撑。张承志在 4 年牧人生涯中与 6 匹马“情深似海”，但没有哪一匹马能比得上漆黑绝美的黑色哈拉。③ “钢嘎·哈拉”（蒙古语，意为“黑骏马”），

---

① 张承志：《牧人笔记》，载《草原边疆》，东方出版社，2015，第 309 页。

② 张承志：《牧人笔记》，载《草原边疆》，东方出版社，2015，第 329 页。

③ 张承志：《午夜的鞍子》，载《草原边疆》，东方出版社，2015，第 37 页。

既是一首草原民歌的名字，也是作家成名作的名字。草原民歌《钢嘎·哈拉》是作家理解草原文化的重要媒介，也是让他得以走进草原文化的一把钥匙。

10. 古歌来自草原环境

古歌是经历“时间考验”的“生活的精华”。[①] 在牧民不善抒发却怀有持久抒发热情的内心世界里，所有的收获与辛劳、喜悦与悲恸都经洗尽铅华、欲言又止地沉淀，被转化为简单的叠句、平凡的用词。于是牧民的内心回归平静与沉思，心境变得舒缓、舒展。马鞍之歌就这样从平阔的草原上传来……

读者在阅读《牧人笔记》时会发现，命题或者观点需要在理解作家写作主旨的基础上提炼，而游牧生产生活的画面感贯穿这部作品的每一个段落。作家无意将内蒙古草原牧民家庭的衣食住行、油盐酱醋都转写成“学问”。与其变成“学院学究”，毋宁直接呈现“生活教益”。[②] 作家也不愿意以人类学、民族学、社会学常用的田野调查模式，替换自己在 20 世纪 60 年代的特殊经历——被扔进草海，融入牧民家庭并获得承认。

（二）草原环境和生活的曲调

呼麦是风、山谷和神灵的音乐，长调是大地、河曲和心灵的音乐，马头琴是骏马、牛羊和生灵的音乐。这让我想到张承志在另一篇随笔中，对“马鞍之歌如何从平阔的草原上传来”的描述：

> 环境和生活的调子，创造了艺术形式。马鬃和肠弦相摩擦，奏出的音质只会是悲凉的。马头琴的物质特性，使它完成了对舒缓的蒙古古歌的伴奏。两根肠弦间的呜咽、强调了大草原的平坦感觉，也暗示了它的单调。当然是歌在前、乐器在后。但细细端详，马头琴起源的古老是无疑的。
>
> 游牧世界并非缺乏变化。哈萨克崇山峻岭的牧区，养育了另一类乐器，是急促宛如蹄音的冬不拉。
>
> 要注意，冬不拉也是使用肠弦。这是它起源古老的证据。[③]

写作《牧人笔记》源于对草原由衷的爱，对内蒙古游牧生计的熟稔，以及一种感激与惜别的复杂情感。“十二年前后我的心情，主要是对教育

---

① 张承志：《初逢钢嘎·哈拉》，载《草原边疆》，东方出版社，2015，第 15 页。

② 张承志：《牧人笔记》，载《草原边疆》，东方出版社，2015，第 251 页。

③ 张承志：《涂画半生路》，中国友谊出版公司，2017，第 58 页。

和改造我的（内）蒙古草原的牧民们，宣布一个不变的感激，并上缴一份我的作业。”① “我早已郑重道别，离开培育了我和黑骏马的亲切世界，投向了后来的旅程。只是难舍难别，既别又目，依然如旧地向你们索取这支撑和证据。但是这本《牧人笔记》恐怕是我此生关于（内）蒙古草原的最后的作品了……”②

两年前，作为 2020 年末领读人的我也离开了新疆草原，每每想到中国北部，想到养育自己、塑造了自己内在精神气质的草原，我眼前都会浮现草原母亲“额吉”的形象，还有“额吉”安眠的青色山峦。穿越层层山峦的是骏马，是月光，是归乡的心。

十六的月光，从天窗那儿射进来
一步步接近你的路上，长大的是我
二十八年前的旧盘上，马儿停住不走
衣着褴褛的你，是在伟大者的数中
有石头的敖包下面，是以前的公社
使你安宁了的庙宇，在我眼里颜色好看
离去那天向远眺望，一层层的山连山
滚烫的胸膛里头，正柔软地哭着③

（三）把种子留在身上、心里

从少女到成年，我几乎读过张承志所有的小说和随笔，却没有读过《牧人笔记》。因为要做这次读书会的主题报告，我用一个下午的时间读完了这部约 5 万字的作品，扑面而来的是亲切感。每一个话题我都熟悉，因为这些话题曾经分散在我此前的草原阅读里。

对于我，或者对于很多熟悉张承志作品的读者来说，《牧人笔记》既是初读，也是重读，近似于卡尔维诺的阅读感受：“当我们在成熟时期重读这本书，我们就会重新发现那些现已构成我们内部机制的一部分的恒定事物，尽管我们已回忆不起它们从哪里来。这种作品有一种特殊效力，就是它本身可能会被忘记，却把种子留在我们身上。”④

正如我的草原阅读一样，个人的生活经历与认知偏好影响到我对游牧

---

① 张承志：《牧人笔记》，载《草原边疆》，东方出版社，2015，第 254 页。
② 张承志：《牧人笔记》，载《草原边疆》，东方出版社，2015，第 257-258 页。
③ 张承志：《二十八年的额吉》，载《草原边疆》，东方出版社，2015，第 236-237 页。
④ 伊塔洛·卡尔维诺：《为什么读经典》，黄灿然、李桂蜜译，译林出版社，2006，第 3 页。

地区文化的关注。但我走向草原之时，也是游牧文化与游牧生计蜕变之际。少女时期的欣赏与仰慕，止于抵达草原之时，我亲历的草原是另一番形貌：植被稀疏、风沙四起。为何内蒙古这片摇篮蜕变成了“失序”的自然？[①] 40年间草原发生了什么？草原的“养子”张承志离开养育了自己的草原，离开孕育了《黑骏马》和《牧人笔记》的亲切世界，他把作品作为献给草原“额吉”的礼物。而我作为草原的“养女”，能回赠内蒙古草原、其以西的昔日的游牧世界，以及中国北部什么呢？何时草原的“养女”才有能力把自己当作方法、把经历当作问题、把写作当作回赠？

二、四十年前内蒙古摇篮的“草-畜-人”

张承志曾多次表示，不想将全部精力用于科学研究，自己“喜爱自由自在不受领域的束缚”，“偶然揭示出一些道理，但害怕繁杂地把它剖析清楚”。[②] 如前所述，《牧人笔记》是作家写作生涯中的一次跨界尝试，写作主题是“草原季节和游牧生涯的周而复始，以及与游牧生产天衣无缝丝丝入扣的游牧生活”[③]。尽管每一节都采用简洁的描述，但写作的重心无疑是阐释游牧社会的生存法则与生计模式——牧民的衣食住行都来自牲畜，“草原五畜”的繁息则有赖于充分合理地利用多种草场资源。这一生计模式一直延续到20世纪80年代初期。

（一）草原社会空间

锡林郭勒曾是内蒙古最富裕的一个盟，乌珠穆沁草原被视为内蒙古的一颗明珠，如一只巨大的摇篮，以宽广的怀抱哺育着生命。

我们今天关注的地域是草原（grasslands）。生态学家一般基于植物群落来定义草原：“分布于半湿润、半干旱到干旱地区主要由多年生草本植物组成的植物群落，是不受地表水与地下水影响而形成的地带性的天然植物群落。”[④] 或更宽泛地将草原描述为“由草本植物和灌木为主组成的天

---

① 这里借用荀丽丽《“失序”的自然：一个草原社区的生态、权力与道德》一书中的关键词。该书是国内较早出版的一部基于草原微观社区调查的社会学著作，系统分析了在政治权力与市场扩张的双重力量作用下，草原社区所经历的自然与社会改造。参见荀丽丽：《“失序”的自然：一个草原社区的生态、权力与道德》，社会科学文献出版社，2012。

② 张承志：《牧人笔记》，载《草原边疆》，东方出版社，2015，第255页。

③ 张承志：《牧人笔记》，载《草原边疆》，东方出版社，2015，第254页。

④ 陈佐忠：《走进草原》，中国林业出版社，2008，第1页。

然植被覆盖的土地”①。但就游牧生计所需的自然资源要素而言，驯养的畜群可移动的范围限于有植物资源可利用的地理空间，这就是草原。阿尔泰语系里草原叫作 tala，这是最让阿尔泰语系的人们感到亲切的词汇之一。tala 不仅包含“草原”“草地”的意思，而且突出表示“平坦和宽广”。

世界上的草原面积为 2400 万平方公里，相当于 2.5 个中国的国土面积，约占地球表面陆地面积（约 1.49 亿平方公里，即 14900 万平方公里）的 1/6。世界上草原的主要类型包括温带草原、热带草原、亚热带草原与寒带草原。我们所熟悉的草原是温带草原，主要分布在北纬 30°~55°的欧亚大陆（西起多瑙河下游，经罗马尼亚、俄罗斯、哈萨克斯坦，至蒙古高原，构成世界最大的温带草原带）及北美地区。温带草甸是温带半湿润地区的天然草原类型，也是草原中最湿润、最丰腴、最高产的类型，集中在森林向草原过渡的地带，例如美国中部、加拿大南部草原。

我国有天然草原约 4 亿公顷（400 万平方公里），约占国土面积的 41%，主要包括温带草原、高寒草原和亚热带草原等类型。温带草原是最主要的组成部分，分布于大兴安岭西侧，经蒙古高原、黄土高原北部延伸至新疆山地，是欧亚大草原的东部延伸。呼伦贝尔、科尔沁、锡林郭勒及新疆伊犁、阿勒泰等地分布有温带草甸，面积约 14.5 万平方公里，相当于安徽省行政区域面积（14.1 万平方公里），大于江苏省（10.72 万平方公里）、浙江省（10.55 万平方公里）行政区域的面积。温带草甸只占我国草原面积的 3.7%②，却是我国最丰腴的草原，当下也几乎都设有 AAAA 级或 AAAAA 级景区。

在我国北方，降雨量自东向西依次减少。以内蒙古为例，大兴安岭东侧山麓、通辽与赤峰南部、大青山南麓等地的年降水量约 400 毫米；从二连浩特沿中蒙边境到乌拉特后旗，再到贺兰山，年降水量减少到 150 毫米；向西至阿拉善地区、甘肃河西走廊、新疆哈密，年降水量均在 150 毫米以下，属于干旱荒漠化草原和草原化荒漠区。这条降水线与长城基本吻合，从宁夏中卫沿着青藏高原西北段，向西南延伸，纵贯我国东北至西南，被称为“十五英寸等雨线”（1 英寸为 25.4 毫米，15 英寸为 381 毫米）。此线以西区域的自然环境不适于农业，但人们可以依赖游牧维生。

---

① 徐柱：《西部地表：中国的草原》，上海科学文献出版社，2008，第 2 页。
② 陈佐忠：《走进草原》，中国林业出版社，2008，第 5 页。

这条等雨线中有相当长的一段与中国长城的走向吻合。最早发现这一点的是美国人欧文·拉铁摩尔（Owen Lattimore，1900—1989）。作为“中国通”，拉铁摩尔于1940年出版了代表作《中国的亚洲内陆边疆》（*Inner Asian Frontiers of China*）。在此书中，拉铁摩尔全面阐述了“十五英寸等雨线”的生态地理人文意义：

长城以内农业发达，人口众多。长城以外则人口较少，居民稀疏。在某些地点水的供给充足，特别在一些山脉的边缘，不受缺雨的影响，形成类似长城以内那样发达的绿洲农业。但这些绿洲却被沙漠或干旱的草地分隔。有几千英里的范围干脆没有农耕，人们不直接依赖地面的植物生活，而在人与植物之间建立起一种特别的关系。游牧生活的秘密是人对动物的管理：羊、骆驼、牛、马和吃植物的野生动物，人们就通过畜牧和猎取野生动物来取得他们的衣食，以羊毛毡为帐篷，以兽粪为燃料。①

草原并非大荒之地。在游牧者眼中，草原是“融合了春夏秋冬、风霜雨雪、地形地貌以及牲畜习性的动态的复杂生态空间。……在这个流动性的生态空间里，牧民的移动跟随着自然的节奏。同时，草原作为游牧者栖居的家园，也是一个有着清晰边界的社会空间。牧民并不仅仅根据畜牧经营的需要漫无边界地移动，为了保证生计攸关的水草资源的相对稳定的权利，族群内部的不同层次的社会群体在草场上有着相对稳定的游牧界限”②。

（二）草原上的“五畜”

张承志对游牧世界中的牲畜——牛、马、绵羊、山羊、骆驼，有远远超乎实用目的的深刻理解：

mal，也就是牲畜，才是这个世界的真正核心。

经济学不能洞彻丰满的游牧。牧人与牲畜的关系，不同于农民和土地的关系。牲畜不仅是生产资料，还是主食、朋友。马有骏马，牛通人性，人性被牲畜的生命启发了。

mal——牛、马、绵羊、山羊、驼，合称“五畜”，匈奴云“使我六畜不安息”，可能加上了牦牛。它们是牧人的依靠，也是牧人的

① 拉铁摩尔：《中国的亚洲内陆边疆》，唐晓峰译，江苏人民出版社，2010，第15-17页。

② 荀丽丽：《“失序”的自然：一个草原社区的生态、权力与道德》，社会科学文献出版社，2012，第42页。

朋友。至于狗，这种更加灵性的家伙虽不可或缺，但它不算牲畜。①

我们接下来对此进行更为严谨的社会科学解释。借用王明珂老师对“游牧”的定义：“从最基本的层面来说，游牧是人类利用农业资源匮乏之边缘环境的一种经济生产方式。利用草食动物之食性与它们卓越的移动力，将广大地区人类无法直接消化、利用的植物资源，转换为人们的肉类、乳类等食物以及其他生活所需。”② 质言之，在干旱、半干旱环境中，游牧是人们依赖驯养动物转化植物资源，从而获取主要生活资料的一种生计方式。

那么，哪些动物适合游牧呢？大体可以做如下总结：第一，被人们驯养的动物，例如马、牛、羊、骆驼、牦牛、驯鹿等，都喜好成群生活，并有典型的“社会性”；第二，被驯养的动物都有草食性，以草、叶、嫩枝、荆棘、苔藓等为食，而这些植物资源人类无法直接作为粮食利用；第三，驯养动物有着卓越的移动力，幼畜在出生数十分钟内即可行走，这一特征契合游牧生计中“快速迁徙”与节省人力的需求；第四，驯养动物多具有高产乳特性，游牧人群的饮食以奶制品为主，平时畜肉消耗较少，冬季因奶制品供应减少，牧民会通过冬宰适度补充食物，同时淘汰体弱老畜以节省草料。③

（三）人畜转场迁徙

蒙古草原上有一个传说：

> 孩子：妈妈，我们蒙古人为什么总是搬家？
>
> 妈妈：孩子，我们搬家，大地会舒服。就像你给妈妈捶背，妈妈会很舒服。假如一直只捶一处，妈妈会怎么样呢？

农耕社会或者城市社会对游牧人群常常抱有不切实际的幻想，认为他们逐水草而居，拥有“风吹草低见牛羊”的草场，过着自由不拘的生活——草原、畜群与牧人仿佛构成了“诗与远方”。在一首蒙古古歌中，一只可怜的小羊自怜为草原上最不幸的生灵。小羊羡慕飞驰的骏马、壮硕的犍牛、新婚的女人，小羊向他们寻求幸福的答案，等到的回答却是游牧社会的艰辛。

长鬃的骏马回答：

---

① 张承志：《涂画半生路》，中国友谊出版公司，2017，第57页。

② 王明珂：《游牧者的选择：面对汉帝国的北方游牧部族》，上海人民出版社，2018，第18页。

③ 王明珂：《游牧者的选择：面对汉帝国的北方游牧部族》，上海人民出版社，2018，第31-39页。

含着冻透的嚼铁，
背着坚硬的木鞍，
挨着呼啸的鞭子，
跑过坎坷的草原。
——我有什么好呢？

红褐色的犍牛回答：

忍着鼻孔的剧痛，
驾着沉重的车辕，
嚼着干硬的枯草，
踏上漫漫的长途。
——我有什么好呢？

新婚的女人回答：

伴着清冷的晨星，
挤着调皮的奶牛，
受着男人的折磨，
咽下心酸的眼泪。
——我有什么好呢？①

若称游牧人的迁徙为"诗"也未尝不可，只是这绝非抒情诗，而只能被称为负载着生计的"史诗"。这种负重的迁徙是游牧生活的常态，无论是在蒙古草原还是哈萨克草原。"夜色浓厚，星空高远，世界漆黑无底，山路隐约发白。……驼队在山谷南面的开阔地带汇合后，沿着山路向东方缓缓出发。……各家的驼队被各家女主人修饰得体面又富裕。年轻妇人们额外打扮了一番，披了庄重美丽的头巾。男人们也都穿着做客才穿的外套。……生活总是在到来与离开之间，只是经过而已。……这里究竟发生过什么事？使得这支人群甘心沉寂在世界上最遥远的角落，披风沐雨，顺天应地，逐水草而居。从南面的荒野沙漠到北方的森林草原，绵延千里地跋涉。一年三百六十五天，差不多平均一个礼拜搬一次家，几乎得不到片刻停歇……据说这是全世界最后一支真正意义上的游牧民族。真想知道，到底为着什么，全世界只剩他们坚持到了如今……但又怎么能说这样的生活动荡，这样的生活没有根呢？它明明比世上任何一种生存方式都更为深

① 张承志：《阿勒克足球》，载《黑骏马》，山东文艺出版社，2001，第31-32页。

入大地。又怎么能说它脆弱？它依从自然的呼吸韵律而起伏自己的胸膛，它所凭恃的是地球上最强大的力量……”[①] 这是李娟记录下的阿勒泰游牧民族的迁徙之路。

再次回到社会科学的话语体系。牧人将迁徙、移动叫作转场，转场称得上一门学问。迁徙受制于自然与社会因素，包括气候、地形、植被、畜产、水源等自然因素，以及社会结构、人力配置、农区、市镇与国家威权等外在社会因素，游牧人群由此形成不同的迁移模式。一般而言，游牧社会的迁徙主要受制于气候条件所决定的植被分布情况。“气候南暑热而北严寒，低处湿热而高处凉爽”，因此最基本的移牧方式分为两类，即“夏天往北而冬季往南的水平移动，以及夏季往高山而冬季向低处的垂直移牧”。以内蒙古草原为例，牧人与牲畜通常 3 月下旬或者 4 月初离开冬牧场，此时牲畜羸弱，缺乏饲草，且有“白灾”（暴风雪）威胁；5 月至 9 月进入夏牧场，放牧地点多选在大河边或沿溪谷的山坡上；9 月至 11 月秋季放牧期间，为了让牲畜长秋膘，人畜移动较多，其间牧人需要打秋草以便留作冬季饲草；11 月至次年 4 月，人畜迁移较少，牧人赶着马、牛、羊在覆盖薄雪的山坡上就近放牧。[②] 牧民深知牲畜的生长周期规律是“春瘦、夏肥、秋壮、冬掉膘”。

（四）人依赖草畜

没到过冬天的草原，就不会真正了解草原。风雪把牧人的筋骨磨硬了，却把牧人的心肠磨软了。严冬季节，为了让畜群获得草料、赢得生存，牧人不得不做出牺牲。《牧人笔记》记录了 1970 年至 1971 年冬季“白灾”期间，作家随“额吉”、哥哥阿洛华一家人搬家超过 20 次的经历。当年在乌珠穆沁草原，只有山顶因风大而没有积雪。牧民们便把蒙古包安在风最大的山顶上，让羊群沿着山脊的一连串山顶吃草。人们在雪海中开路，牲畜跟在人身后，蜿蜒的长队通向山顶。做出这种选择的不止一家牧民，山脊上扎着一顶顶蒙古包。雪国岑寂冷酷、狂风呼啸，牧人却从温暖的冬窝子里搬出来，搬到了山顶，只为牛羊能生存。游牧民族的坚韧与伟大，正体现在这严冬风雪中。“如果世界只剩下汗乌拉的山顶没有雪的话，我想，我们也一定会不顾一切地向着那座高高的大山移动，把蒙古

---

① 李娟：《羊道·前山夏牧场》，上海文艺出版社，2012，第 288-290 页。

② 王明珂：《游牧者的选择：面对汉帝国的北方游牧部族》，上海人民出版社，2018，第 46-47 页。

包搬到那九座大敖包的旁边。”①

游牧业以有生命的畜群为劳动对象，牧民的生产活动充满了生命感，牧业生产劳动就是生活本身。牧民牧养畜群，畜群养活牧民一家。畜群不仅决定着牧民的生计，也关乎牧民的尊严。没有畜群的人只能做放牧之外的辅助性工作，成为没有发言权的边缘人，也难免被歧视。“放牧携带着人的社会地位、邻里关系、技能和经验、人格和名声。”② 因此，牧民“以人道视畜道，爱惜牲畜如同爱孩子”③。牧民不只关注牲畜的数量和价格，“生机勃勃的、源源而生的动物也在安慰着牧人们的人生”④，牧民们“追逐着水草变移和牛羊饱暖，径自完成自己的生命”⑤。

在传统游牧社会中，游牧人与生产资料（牲畜与草场）的关系可总结为“草-畜-人”逻辑，即“草原第一、羊群第二、自己第三”。⑥ 对“逐水草而居”的游牧者而言，水草是神圣之物。再美丽的草原也只是覆盖在大地之上的一层薄薄的绿色毯子，草下的土壤只有 10 厘米厚，约为成年人半个手掌的长度。自清朝以来，以内蒙古草原为例，草场资源以旗为单位确定边界，一旗之内的草场为部落共有，再被划分给较小的组织单位。牧民对固定草场没有所有权，游牧边界是交错流动的。由于降水极不确定、水源分布不规则，河流、湖泊等是游牧人群共有的水源。牧民注重土地资源的使用权，而相对轻忽所有权。这种体制延续到人民公社时期，其时牧业生产采取了更密切的集体合作模式。牧民对水草资源的利用，均是围绕最大限度地保护畜群而展开的。草原“五畜”均被分成“群”来驯养和放牧。例如马每群 200~300 匹、牛每群 50~60 头、骆驼每群 50~60 峰、山羊或绵羊每群 500~600 只为宜。质言之，游牧地区的自然、社会、生计之间的彼此影响，形成了草原地区公有共用、五畜结合、合作生产、维系生计的社会文化形态。

---

① 张承志：《牧人笔记》，载《草原边疆》，东方出版社，2015，第 298 页。
② 张承志：《劳动手册》，载《草原边疆》，东方出版社，2015，第 6 页。
③ 张承志：《牧人笔记》，载《草原边疆》，东方出版社，2015，第 273 页。
④ 张承志：《牧人笔记》，载《草原边疆》，东方出版社，2015，第 322 页。
⑤ 张承志：《二十八年的额吉》，载《草原边疆》，东方出版社，2015，第 234 页。
⑥ 周立、姜智强：《竞争性牧业、草原生态与牧民生计维系》，《中国农业大学学报（社会科学版）》2011 年第 2 期，第 134 页。

三、四十年来“失序”草原中的“人-畜-草”

张承志是一个多面手，兼具作家、考古学者、历史学者、人文地理学者的多重身份，但读者不能苛求张承志同时成为生态人类学家。在其20世纪90年代以后创作的草原随笔、杂文中，部分篇章和段落虽记录了游牧社会的生产生活生态变化，但缺乏系统分析。[①] 如张承志所言：“我早已郑重道别，离开培育了我和黑骏马的亲切世界，投向了后来的旅程。只是难舍难别，既别又目，依然如旧地向你们索取这支撑和证据。但是这本《牧人笔记》恐怕是我此生关于（内）蒙古草原的最后的作品了……”[②]

（一）短暂的小康

20世纪50年代农业合作化运动开展前，额吉和20岁的蒙古哥哥阿洛华只有16只羊和2头乳牛。20世纪90年代初，阿洛华哥哥和莲花嫂子的三男三女6个孩子都已经长大成人：两个儿子成家、两个女儿出嫁，家中有羊千只、马近百匹、牛百头，俨然成为“小康之家”，相当于20世纪40年代以前的“上中牧”。富裕起来的牧民哥嫂为从北京归来探亲的作家兄弟置办了“里外三新”服饰——团花蓝缎子蒙古袍、意大利式西装、镶嵌着金属扣的高筒马靴。[③]

理想的富裕牧人仅出现在20世纪80年代末，“享有四望远山一口好井的宽敞草场、山上有千只羊百匹马、门口拴着二十头乳牛”[④]。阿洛华哥哥的长子巴特尔生于20世纪60年代，他与其父亲一样心存忧虑，已察觉这种乍现的“小康”极不稳定。未来严峻的压力主要来自两个方面：第一，若将千只羊分给父母、三兄弟、一姐妹各一份，每家不过二百只羊，小康生活马上就变成紧巴日子；第二，相对于羊只数量变少而言，缺乏牧场是更主要的问题，村里的草场都已经划分完毕，分家则缺乏草场，同居则有诸多不便。

2004年，阿洛华哥哥与儿子们毅然决定分家。新房留给两个已婚儿

---

① 张承志记录20世纪90年代草原社会生态变化的文章主要有《安宁的权利》《一页的翻过》《历史的翻页》，《西海与东乌》《阿尔善——谨把此文献给我的蒙古兄长》《时光白驹》也对上述问题有所涉及，其中《一页的翻过》与《历史的翻页》两文重合度较高，以上文章均收入《草原边疆》一书。

② 张承志：《牧人笔记》，载《草原边疆》，东方出版社，2015，第257-258页。

③ 张承志：《一年被潮水三次淹没》，载《大西北》，中国青年出版社，2007，第300-301页。

④ 张承志：《巴特尔与俊仨儿》，载《草原边疆》，东方出版社，2015，第152-153页。

子，阿洛华夫妻俩带着幼子迁回泥屋。苦于没有牧场，牲畜还是合并放牧。阿洛华哥哥于 2005 年冬离世，他带走了看似平凡、实则过人的本领——“天生一副认羊的锐眼”，而羊群恰恰是“牧业命脉”。[①] 巴特尔接下了父亲的担子，却因缺少父亲的决策指导，加之连年干旱、水井干涸、牧草稀薄，而和其他中年牧民一样，面临的是难以为继的困境。生计系于草场与牲畜，而巴特尔对家族生活状况的简单回答是，“草吗，不好”，“我们，嘎怪”。“嘎怪”在蒙古语中含义复杂，涵盖“还行、凑合、勉强”乃至“还活着”多重意思。[②]

（二）草畜双承包

20 世纪 80 年代，内地农区的人民公社解体，“政社合一”和“集体统一经营”的农业生产经营模式被联产承包责任制取代。农区推行家庭联产承包责任制，北方草原牧区效仿农区，开启了“草畜双承包”的产权制度改革——“牲畜私有、草场承包”。草场承包经营的核心内涵是草场所有权归嘎查（相当于内地的村），使用权归牧民家庭。根据草原和牲畜的产权归属，自 20 世纪 50 年代至今，内蒙古牧区草场使用的管理模式经历了如下三个阶段。第一，公地共管，公有阶段（1949—1983 年）。该阶段经营方式的核心特征是草场公有，牲畜公有。人民公社基本承袭盟旗制时期的惯用牧场，划分季节草场，牧民可以进行更大尺度、更远距离的转场放牧，使“组织化”“流动化”的牧业经营方式得以保持。[③] 因此，这一时期延续了传统游牧方式，“草-畜-人”的平衡关系未被打破。第二，部分改革，公地私管阶段（1984—1989 年）。该阶段经营方式的核心特征是草场公有，牲畜私有。这一阶段，嘎查将牲畜承包到户，牲畜的收益归私人所有，而草场仍然维持公有。“以草定畜”逐渐转换为“以需求定畜”。第三，深化改革，私地私管阶段（1990 年至今）。该阶段经营方式的核心特征是草场承包，牲畜私有。20 世纪 90 年代初期，继牲畜私有之后，牧区逐步实施草场承包制度，旨在解决草场过度放牧问题。草场承包改革以内蒙古牧区为先导，其他地区纷纷效仿（见表 1）。

① 张承志：《阿尔善——谨把此文献给我的蒙古兄长》，载《草原边疆》，东方出版社，2015，第 241 页。

② 张承志：《西海与东乌》，载《草原边疆》，东方出版社，2015，第 180 页。

③ 荀丽丽：《“失序”的自然：一个草原社区的生态、权力与道德》，社会科学文献出版社，2012，第 52-57 页。

表 1　草原产权与管理制度变迁①

管理方式	年份	管理特点	“三牧”（牧民、牧区、牧业）状况
公地共管	1949—1983 年	草场公有，牲畜公有；强调公平、资源适应	牲畜增加，实行轮牧，无草场退化状况
公地私管	1984—1989 年	草场公有，牲畜私有；强调效率	牲畜剧增，草地滥用，草场退化，“公地悲剧”
私地私管	1990 年至今	草场承包，牲畜私有；强调效率	草场退化加剧，牧民分化加剧，贫困率上升，“私地悲剧”

自 20 世纪 90 年代起，北方牧区全面实施草场承包制度，以期解决草场过度放牧问题。② 在这一时期返回草原的张承志发现，游牧生产生活方式的变化体现在诸多细节中：先是泥坯房、后是砖房代替了蒙古包；一辆辆摩托车取代了马匹，草原破天荒出现了“蒙古人不愿骑马”的现象；而在各家草场之间，最醒目的标志物便是铁丝网——用于圈定方圆十里的草场，这不仅破坏了传统的移动生产生活方式，也引发了社会文化的转变。“牧人的心慢慢地陷入了紧张——自由被限定了……视野和闯荡被缩小了，再也没有谁熟悉附近的草情，更不用说有谁对半个乌珠穆沁了如指掌。”③

（三）法律确认承包制

进入 21 世纪，“三牧”问题愈趋严重，典型表现为生态退化、牧业成本攀升、牧民生计困难。此间我国北方频繁出现沙尘暴天气，影响甚至波及长江以南省区。2002 年朱镕基总理考察锡林郭勒时，确立了“治沙止漠刻不容缓，绿色屏障势在必建”的治理理念。虽从中央到地方政府不断加大对牧区的资金、政策与人力资本投入，实施休牧禁牧、舍饲圈养等一系列生态治理政策，但治理效果未达预期。

与草原保护相关的重要立法基本延续土地承包法的立法思路，确立草原承包制度。例如《草原法》第十三条规定，集体所有的草原或者依法确定给集体经济组织使用的国家所有的草原，可以由本集体经济组织内的家庭或者联户承包经营。该法第十四条规定，承包经营草原，发包方和承包方应当签订书面合同。草原承包合同的内容应当包括双方的权利和义务、

① 周立、董小瑜：《“三牧”问题的制度逻辑——中国草场管理与产权制度变迁研究》，《中国农业大学学报（社会科学版）》2013 年第 2 期，第 96–97 页。

② 周立、董小瑜：《“三牧”问题的制度逻辑——中国草场管理与产权制度变迁研究》，《中国农业大学学报（社会科学版）》2013 年第 2 期，第 96–97 页。

③ 张承志：《历史的翻页》，载《草原边疆》，东方出版社，2015，第 136–137 页。

承包草原四至界限、面积和等级、承包期和起止日期、承包草原用途和违约责任等。同时，该法明确在牧区建设围栏、设立居民点、实施圈养、给予粮食与资金补贴等，但禁牧、休牧、轮牧等草原养护制度难以落实（参见《草原法》第二十八条、第三十四条、第三十五条）。《畜牧法》再确认农区舍饲模式，该法第三十五条规定，国家支持草原牧区开展草原围栏、草原水利、饲草饲料基地等草原基本建设，优化畜群结构，改良牲畜品种，转变生产方式，发展舍饲圈养、划区轮牧，逐步实现草畜平衡，改善草原生态环境。[①]《中华人民共和国农村土地承包法》规定牧民对草原享有更长承包期。该法第二十一条规定，耕地的承包期为三十年，草地的承包期为三十年至五十年，林地的承包期为三十年至七十年；前款规定的耕地承包期届满后再延长三十年，草地、林地承包期届满后依照前款规定相应延长。

（四）草原社会“失序”

尽管有采集、狩猎等辅助性的生计模式，但牧业生产始终是草原地区最重要的生计方式。“草原畜牧业生产是一个由牧民-牲畜-草场等三要素构成的闭合生态食物链。从人地关系的角度看，牲畜是牧区人地之间的物质‘纽带’。而牧区人地关系的演变也主要表现在人-畜-草三者关系模式的变化上。”[②]

自20世纪80年代实施草畜双承包改革以来，草原社会“草-畜-人”的动态平衡关系逐渐被打破。原本居于第三位的“人”，逐渐成为家庭经营式畜牧业体系的核心，市场竞争成为牧业发展的决定性因素。牧民逐渐摒弃“草-畜-人”这种人与自然互为依存的生态观；转而奉行以人为中心的“人-畜-草”市场适应经济观，即牧民第一、牲畜第二、草场第三。[③]但游牧人的生计终究依赖牲畜与饲草资源，他们在长期生产生活中形成了适应性生存策略：“屯积最大限量的青贮草应付冬天的雪害；然后盼着下雨，盼着被啃秃了的退化的草地一茬茬地长出绿草。然而偏偏地球变暖，雨水稀少，羊毛跌价，被私有化政策宠得骄奢得意的牧民，心中茫

① 参见2022年10月全国人民代表大会常务委员会修订通过《畜牧法》修正案。与修订前的第三十五条内容对应的是修订后的第五十三条：“国家支持牧区转变草原畜牧业发展方式，加强草原水利、草原围栏、饲草料生产加工储备、牲畜圈舍、牧道等基础设施建设。国家鼓励推行舍饲半舍饲圈养、季节性放牧、划区轮牧等饲养方式，合理配置畜群，保持草畜平衡。”“半舍饲圈养、季节性放牧”被纳入修订后的内容。

② 海山：《内蒙古牧区人地关系演变及调控问题研究》，内蒙古教育出版社，2013，119页。

③ 周立、董小瑜：《“三牧”问题的制度逻辑——中国草场管理与产权制度变迁研究》，《中国农业大学学报（社会科学版）》2013年第2期，第97页。

然失了方寸，他们被抽去了判断明日的经验。”[①]

游牧社会在千年时间里逐渐形成了自己的生计传统：“享有几十里空阔的前庭，又枕靠同样几十里空阔的腹地。”[②] 在这一区域内，牧人之间相互熟悉，守望相助，共渡难关。20 世纪 80 年代以来，内蒙古草原自然生态、社会结构与生计秩序发生系统性断裂（即“草原社会失序”），具体表现为：第一，草原承包制度未能遏止草原退化，牧民家庭为应对支出压力扩大畜群规模，导致单位草场上的牲畜保有量不断增加，草场超载加重；第二，定居舍饲模式使牧人移动范围缩小，不仅加剧草场退化，还导致饲养成本上升；第三，水草资源使用权归家庭，家族合作、亲族互助减少，水草争端持续增加；第四，伴随上述变化，牧民生计分化加剧，牧区贫困率上升。2005 年，内蒙古牧区开始大范围施行围栏禁牧政策，乌珠穆沁草原也在禁牧范围内。

东乌珠穆沁旗是较大的草原畜牧旗，也一度是牧民人均收入较高的县级行政区。张承志初到草原时发现，乌珠穆沁的服饰非常鲜艳，牧民的袍子上有五颜六色的锦缎镶边。在当时全国很多地区一穷二白的情况下，乌珠穆沁是“唯一使用锦缎妆饰的地区”[③]。《牧人笔记》中提到著名摔跤手波·吐木勒所在的吉仁宝力格嘎查，几十年来该嘎查牧民人均收入一直名列内蒙古自治区近 3000 个牧区之首。但据该旗政协的调查报告，到 2005 年底，该嘎查贫困牧户占比已达到 61%。[④]

世纪之交，因牧业收益低，对提升本地地区生产总值的贡献有限，牧区地方政府开始实施“矿业兴旗战略”，滥采矿产对生态环境造成了巨大的破坏。20 世纪 90 年代后，阿洛华变得愤世嫉俗，不停地咒骂着乌珠穆沁草原上层出不穷的坏人坏事。最让阿洛华痛恨的是深入草原的采矿队留下的越来越密集的小矿坑，它们既破坏了草原的植被，也毁坏了阿洛华的心情，他把小矿坑视为“世纪末的万恶之渊薮”[⑤]。张承志于 20 世纪 70 年代末反对在牧区开荒，于世纪之交抗议在草原采矿，但均告无效。面对城市化、商品化与沙漠化对草原“狂飙暴风”[⑥] 般的扫荡，张

① 张承志：《历史的翻页》，载《草原边疆》，东方出版社，2015，第 137 页。
② 张承志：《一页的翻过》，载《草原边疆》，东方出版社，2015，第 132 页。
③ 张承志：《袍子经》，载《草原边疆》，东方出版社，2015，第 26 页。
④ 章轲：《超越“家庭承包”内蒙古牧业酝酿合作经济》，《第一财经日报》2008 年 3 月 19 日。
⑤ 张承志：《阿尔善——谨把此文献给我的蒙古兄长》，载《草原边疆》，东方出版社，2015，第 245 页。
⑥ 张承志：《时光白驹》，载《草原边疆》，东方出版社，2015，第 219 页。

承志只能不无震惊与遗憾地看着，持续的变革与草原生态的变化怎样将延续数千年的游牧文明翻到"最后一页"，而且"不仅翻了页，而且翻到了底"。[①]

草原的"养子"张承志离开"养育"了他的草原，离开孕育了《黑骏马》《金牧场》《牧人笔记》的蒙古语世界，他把这些作品作为献给草原额吉的礼物。正是这为时 4 年的滋养了他青春的牧人生涯，以及与草原"半生相知相交"[②] 的经历，让《牧人笔记》这部仅约 5 万字的作品在多年后仍不失其美学价值与文化意义。这部具有民族志特质的作品，其力量都来自"背后的扎实"，字字都有依据。[③]

额吉当然也有离开的那一天，就像草原上岁岁枯荣的季节。接纳了额吉的生死、启蒙了张承志心智的草原还在北方，"斩不断、离不成，我和青青草原之间已经难舍难分"[④]。七月的浓绿、胸脯一样起伏的盛夏草场、大小五畜组合的畜群、循着时序迁徙的牧民，支撑这一切的坦荡北方大地是否仍能够细水长流、绵绵不断地输送力量？在蒙古语中，nutug（努特格）本意为营盘、家乡，引申为草原乃至祖国，而在草场承包制的语境中，它却被窄化为"草场承包以后的那一块地盘"，作家给读者留下疑问："等到草海历史再次翻页的时候，它会演变向何方？"[⑤] 面对这一新旧交替的状况，张承志本人是极不愿意接受的，他在文中自言："窥见了历史的翻页，究竟是一种收获呢还是一种痛苦？我不知道。"[⑥]

"离离原上草，一岁一枯荣"，这是草原延续千年的生命演替，游牧生计的维系便依托于这一演替。"野火烧不尽，春风吹又生"，当下草原生态能否延续仍是未知数。近年来各级政府与牧区社会力量致力于草原保护管理，推进草原生态修复。"远芳侵古道，晴翠接荒城"，草原生态修复的实效能否长期保持、北方重要生态安全屏障能否持续筑牢，仍有待继续观察。

① 张承志：《西海与东乌》，载《草原边疆》，东方出版社，2015，第 179、181-182 页。
② 张承志：《阿尔善——谨把此文献给我的蒙古兄长》，载《草原边疆》，东方出版社，2015，第 249 页。
③ 张承志：《北方文化札记》，载《草原边疆》，东方出版社，2015，第 94 页。
④ 张承志：《一年被潮水三次淹没》，载《大西北》，中国青年出版社，2007，第 299 页。
⑤ 张承志：《历史的翻页》，载《草原边疆》，东方出版社，2015，第 138 页。
⑥ 张承志：《历史的翻页》，载《草原边疆》，东方出版社，2015，第 139 页。

附录　从分析阅读到主题阅读的转变

（一）阅读文献

为了准备这次讲座，我主要阅读了以下文献。

1. 张承志：《牧人笔记》，载《草原边疆》，东方出版社，2015。

2. 王明珂：《游牧者的选择：面对汉帝国的北方游牧部族》，上海人民出版社，2018。

3. 荀丽丽：《“失序”的自然：一个草原社区的生态、权力与道德》，社会科学文献出版社，2012。

4. 周立、董小瑜：《“三牧”问题的制度逻辑——中国草场管理与产权制度变迁研究》，《中国农业大学学报（社会科学版）》2013 年第 2 期。

5. 荀丽丽：《再造“自然”：国家政权建设的环境视角——以内蒙古 S 旗的草原畜牧业转型为线索》，《开放时代》2015 年第 6 期。

6. 海山：《内蒙古牧区人地关系演变及调控问题研究》，内蒙古教育出版社，2013。

7. 周立、姜智强：《竞争性牧业、草原生态与牧民生计维系》，《中国农业大学学报（社会科学版）》2011 年第 2 期。

8. 斯钦朝克图：《蒙古语草原词汇与草原文化》，载《民族研究》2009 年第 6 期。

9. 张承志：《涂画半生路》，中国友谊出版公司，2017。

10. 陈佐忠：《走进草原》，中国林业出版社，2008。

文献 1—5 有的提供了分析素材，有的提供了观点。对传统游牧生计方式特点的总结，主要依赖文献 1、2；文献 3、4、5 关注草畜双承包以来游牧生计方式的变迁，在分析思路上与文献 1、2 构成接续关系。文献 6—10 的主要作用是补充辅助信息，其重要性相对较弱。

（二）阅读层次

我对阅读层次的划分主要借鉴莫提默·J. 艾德勒、查尔斯·范多伦在《如何阅读一本书》中的观点，阅读层次从低到高渐进提升：第一，基础阅读（也叫初级阅读或初步阅读），针对的是摆脱文盲状态的读者在阅读中理解语句、句群的含义；第二，检视阅读（也叫略读或预读），指的是在短时间内发现一本书的重点，了解书籍的主题、结构与组成部分；第三，分析阅读，以"追寻理解"为目的，读者需要咀嚼与消化一本书，将其转化为自己的知识和思想；第四，主题阅读（也叫比较阅读），指的是读者带着自己的问题阅读同一主题的多本书，请作者回答自己的问题。在批判性阅读中，读者逐渐构建起分析框架，力图实现对已有著述的超越。

借用卡尔维诺小说中一位读者的阅读体验："我读的每本书都将成为我通过阅读逐渐积累起来的那本综合的、统一的书的一部分。这个过程并非不需经过努力：要积累这本统一的书，每本特定的书都要经过处理，要与以前读过的书发生联系，成为它们的推论、发展、反证、注释和参照。"① 这一阅读经历就是主题阅读，主题阅读是相对系统的、完整的、探究性的阅读。

研讨互动

罗好：主题阅读与群文阅读的相似性

我其实在你（肖建飞）面前应该是一个小学生的状态，因为我觉得自己的阅读能力、学习能力是很弱的，所以我很关注你们的读书会。我很想成为你的学生，向肖老师学习阅读。上学期参加了《美国陷阱》的阅读活动，我觉得你的分析很好。

这次这个主题，我觉得并不是陌生的问题。大学生需要了解的东西应该是很宽广的，包括现在针对小学生，国家都在推广素质教育，现在一年级的孩子被要求知道的东西是非常多的，更不要说大学生。关于游牧地区的"三牧"问题，也是"大三农"问题，并不偏。这个问题来源于生活，非常真实，且有研究价值。加上肖老师剖析了其中的法学问题，包括目前《草原法》的规定，以及在现实运行产生的效果。这次读书会不是简单地让我们读书，而是真正在引导我们思考问题。

我觉得你今天做的其实是群文阅读工作。主题阅读不局限于一本书，一次主题阅读需要多份资料。你今天分析了很多相关主题的文章，这其实是做了个群文阅读。在北京等大城市，群文阅读热潮涌动，但这种阅读多

---

① 卡尔维诺：《如果在冬夜，一个旅人》，萧天佑译，译林出版社，2012，第 295 页。

集中于网络和云端平台。从事群文阅读的企业或者组织比较关注语文教育从业者这一类职业。我觉得做这些活动的人水平非常高，他们根本不是在做小学老师的听说读写教育工作——每次群文阅读至少读两篇长古文，再加上同一主题的七八篇散文、小说，基于各种材料谈一个主题。尽管主要教育对象是中小学生，但就一个主题探讨的深度远超小学生的认知水平，比一般大学生思考的问题还深，很多参与者都很有思想深度。我觉得你今天做的其实就是群文阅读工作，不过思考的内容更具实践性，比群文阅读要接地气。

雷婉璐：社科文献收集的三种方法

线上读书会的效果肯定没有线下好，但这是暂时的。

就读书会本身而言，我觉得具体选什么样的主题，没有那么重要，因为我觉得你（肖建飞）的目的主要是带学生学会阅读。通过现象看本质，就是要通过一系列书籍阅读带大家经历一个过程，教会大家以后如何进行主题阅读。毕竟对需要写论文和做科研的人来讲，主题阅读是最常用的方法。

至于读书热情，我觉得是个人问题，没法强行改变。喜欢读书的人，你拉也拉不住；不喜欢读书的人，你逼也逼不来。所以我觉得读书会的初衷，本就是面向钟爱阅读的人，就是找一些真正热爱阅读的人。如果学生热爱，自然会主动参与；如果现在不热爱，就尽量引导他慢慢爱上读书；如果实在不热爱，就做他自己热爱的事，前提是完成学业。我觉得这样也挺好。

我其实挺惭愧，前段时间一直在弄国家社科申报，弄得焦头烂额。《牧人笔记》我只看了20多页，虽然找了借口，但时间本应能挤出来。你刚才也说一个下午就能看完了（《牧人笔记》）。今天的主题阅读给我们做了很好的阅读示范，通过解读主题文献，分析了草原生态恶化的现状、原因和对策，这其实就是主题阅读的成果。

主题阅读最重要的是如何识别和检索主题文献，如何在同一系列相关文献中找到和自己研究的主题切合度高的资料。这对刚开始写论文、做科研的学生来讲比较困难。我自己的经验如下：第一，最简单的方法是先找权威的综述，但不是每个主题都有高质量的文献综述。第二，请教专业老师，这样上手更快。因为存在知识交叉，看似讨论不同主题的文献可能涉及同一问题。如果只按自己想到的问题用关键词检索，可能会错过很多有价值的文献。第三，自己检索，逐渐提高检索技能。

彭亚媛：人类与生态的共生关系仰赖于法律

虽然肖老师给我们挑了一本人类学或者说有点儿社会人类学性质的书，但实际上这本书和法律的结合非常紧密。整个自然的发展进化是这样的：如果把地球生命史视为一天，从智人发展到现在，可能不到地球生命史的 5 秒钟，我们把这个时间段叫作“人类世”。在这个时间段中，我们经历了从人和自然和谐相处到人和自然“失序”的不同状态。肖老师以内蒙古大草原为观察区域，以牧民的生活为例，分析游牧生计逐渐消亡的状态。

大家可能听到过碳中和的概念，碳中和也跟我们的生态息息相关。自然本身就有吸收二氧化碳的好方法。现在碳中和交易有一种叫森林碳排放的交易，也叫作林业碳汇，可以把它简单解释为“卖空气”。比如说临安竹子多，竹子在生长过程中会吸收很多的二氧化碳，比从工业角度去优化技术吸收二氧化碳的效果更好，所以有很多造纸厂就去购买临安竹子（等于厂家通过竹子生长制造氧气、吸收二氧化碳，降低碳排放）。通过一系列方法测算出碳排放量，并形成一个比较好的生态互动。这是通过市场交易的方式刺激大家保护环境。草原也应该有碳排放机制，只不过我们目前还没有实施。如今国家林业局开始倡导林草碳排放。金山银山不如绿水青山，或者说在绿水青山当中也可以产生金山和银山。

我们国家保护自然的过程经历了很多的曲折反复，但是我们一直在尝试，并且通过法律把环境保护的工作制度化。刚开始国家要解决人民吃饱饭的问题、人活着的问题，所以通过家庭联产承包责任制来激活生产力。随后我们发现自然生态恶化了，国家和社会逐渐开始采取一些措施预防，刚开始的时候是退耕还林还草，现在实行生态补偿，包括碳交易，这些都和我们息息相关。因此，我们需要研究法律制度应如何设置，才能不断地适应社会发展需求。

肖老师介绍的这本书，是一本人类学的书，但是它和法律有很多连接，甚至涉及法律制定、修订与新实施机制构建等问题。法律是观察社会的途径之一，法律不仅有定分止争的功能，还对于整个社会有调整功能。想要用法律工具更好地帮助整个社会、整个人类实现永续发展，就需要我们对整个世界拥有一种关怀，去关注身边的世界。法律人的这种情怀可以放得更远一点儿，我们应关注到整个生态和人类的关系。

申屠晓莉：真正的知识是先博后渊

我刚刚开始反思：是不是科研让我们一直都在做非常狭隘的主题阅读？其实真正的主题阅读不该是这样的。我们现在总以为自己在做所谓的主题阅读，却把所有时间都放在极其狭小的范围内，迫切希望在短时间内得到答案。我们做的都是这样的主题阅读，所以我非常惭愧。我还是更喜欢之前不那么功利的阅读。

我觉得真正的知识应该是先博后渊的，但实际上我们的知识根本没做到“博”。我自己就被推到了这样的位置上——或者说推到了这样的时间点，它告诉我必须在一个领域做到非常深刻，以至于现在做的主题阅读越来越狭隘。所以肖建飞老师的读书会对我而言，是我平时狭隘的主题阅读之外的一个非常美丽的空间，这些阅读让我感到很放松。

回忆起来，我大概没见过真正的草原，也没接触过游牧民族，甚至无法理解他们。开始我就想起脱口秀演员李诞的话，他说，“你们人人都想要诗和远方，但是我一点儿都不想要诗和远方”，他不想要在大草原里上厕所，被蚊子叮屁股。所以我以前觉得，游牧民族的消失真的那么可惜或让人悲伤吗？其实可能游牧民族觉得，结束游牧让自己的生产生活更便利——因为他们只是不再游牧了，现在依然有人在放牧，他们只是换了一种形式。我在读这些书之前，或者说在了解他们之前，根本无法真正理解这本书。如果我没做这方面的主题阅读，我是无法感同身受的。所以我希望每位同学趁着年轻多读一些书，想读什么就读什么。

阅读准备

2022 年春的阅读主题与书目

李炳烁与肖建飞：阅读主题与可选择的书目

炳烁：研究生如果需要进行相对集中主题的阅读，也可以考虑以下书目，比如《小村故事：罪过与惩罚》（朱晓阳）、《岳村政治：转型期中国乡村政治结构的变迁》（于建嵘）、《桥村有道：转型乡村的道德权力与社会结构》（谭同学）、《秦窑法庭：基层司法的实践逻辑》（丁卫）等。

肖飞[①]：南北四村的书籍选择，考虑的阅读主题是“生计”，和当下我的写作关联性更强。除考虑主题之外，我也倾向于选择文字表达清晰、富有文学性的作品。我打算让本科生和研究生合作，每期均有3人组合。

从法学院研究生论文写作能力提升的角度来考虑，你推荐的书更合适。如果有人能分担读书会组织工作，我们可以一学期选读8本书。我试着联系一下婉璐、亚媛，看看她们是否有兴趣指导法律社会学或者人类学的书的阅读。

炳烁：下学期本科有法律社会学的课程，研究生有文献阅读和写作课程。我指导的硕士研究生可以参与下学期的阅读活动。

肖建飞：读书会至少有4个备选方案

肖飞：作为读书会召集人，我春节前后一直在考虑春季学期读书会的阅读书目：

方案1：阅读论文写作工具书，但这些书讲的都是实际操作，缺乏思想性和趣味性，作为读书会集体阅读的书目不合适，这类书更适合做个人阅读。

方案2：阅读上海译文出版社的纪实系列图书，该系列多册书籍兼有思想性和文学性，比如《与荒原同行》《创水纪：以色列的治水之道》《肮脏的三十年代》等，但这些书没有一致主题。

方案3：阅读南北中国村庄生计系列图书，也就是当下我选择的四本书：《金翼：一个中国家族的史记》（林耀华）、《江村经济》（费孝通）、《中国在梁庄》（梁鸿）、《牧人笔记》（张承志）。除主题考量外，我也倾向于选择文字表达清晰且富有文学性的作品。

方案4：阅读村庄治理或基层治理系列图书，例如《小村故事：罪过与惩罚》（朱晓阳）、《岳村政治：转型期中国乡村政治结构的变迁》（于建嵘）、《桥村有道：转型乡村的道德权力与社会结构》（谭同学）、《秦窑法庭：基层司法的实践逻辑》（丁卫）。此方案是李炳烁院长的提议，想配合本科生法律社会学课程与研究生论文写作课的教学。

当然还可以有方案5：方案3+方案4，但这需要一学期做8期读书会。

① 肖飞即肖建飞。

彭亚媛与肖建飞：这学期读书会首先要明确目的

亚媛：我可以做一次试试看，于建嵘的那本书（《岳村政治》）我还挺感兴趣的。

肖飞：谢谢亚媛！

亚媛：乡村治理系列《乡土中国》没放进去呀？

肖飞：《乡土中国》更像是一般意义上的文化介绍，尽管费孝通先生的概括能力非常强，但不是严格意义上的微观人类学或社会学研究。比较而言，《江村经济》的学术性更强。

亚媛：我去读一下，《江村经济》这本我还没看过。

亚媛：肖老师，我们这个学期读书会的目的是什么？重在培养洞察问题的意识，扩展知识，还是培养写作能力？您这边需不需要定一个核心目标？我们围绕这个来安排。

肖飞：初步考虑的目的是引导学生关注身边与附近的事物，培养洞察问题的意识，也有扩展知识的意图。本学期研究生、本科生都会开设12次（24学时）论文写作指导课，因此不想在读书会上安排阅读论文写作类书籍，也不想让同学们阅读、汇报操作性、模式性的内容。

2022年春季“自北向南的中国村庄”系列阅读公告

重新建群的公告

各位同学：

钟爱阅读2022年春季“‘自北向南的中国村庄’系列读书会”将重新建群，本群即时解散。

请保留对阅读的热爱——此时此地，便有无形的读书会，有相伴阅读的人。

认知从附近开始，阅读从当下开始……

“自北向南的中国村庄”系列读书会召集倡议

1. 阅读书目：《牧人笔记》（张承志）、《中国在梁庄》（梁鸿）、《江村经济》（费孝通）、《金翼：一个中国家族的史记》（林耀华）。

2. 阅读时间及地点：2022年3月15日、2022年3月29日、2022年4月12日、2022年4月26日晚19:00—20:30；地点为江苏大学三江楼16层法学院会议室。

3. 阅读目的：（1）扩展视野、深化认知，培养学生对“附近”（身边事物）的观察力，并能有历史性的纵深思考；（2）引导学生发掘社会生活中日常事件的法律含义，分析法律与社会的关系。

4. 师生合作：本期4册书的主题相关联，书籍内容兼具学术性与文学性，出色的文本能启发多层面思考。故本季读书会不采用指导教师拟定汇报题目、提纲、内容的方式，而是由汇报人（组）先自行拟定，此后师生商定题目、提纲、内容。师生合作，致力于将读书报告结集成书。

5. 学生组合：（1）本科生立足于文本，分析书籍的主题、写作脉络，分享阅读心得，即做分析阅读汇报。（2）研究生就文本的某一问题，结合当下的政治经济社会法治环境做深入发掘。文本问题仅作为切入点，研究生需跳出文本，结合多份相关文献做主题汇报。（3）每期读书会以一名本科生、一名研究生为汇报负责人，负责人可自行组团，与志趣相投的同学共同开展阅读写作。

6. 保持开放：不做读书汇报的同学既可以参与讨论，也可以选择旁听，读书会保持开放性。

有意愿做读书汇报的同学，请就4本书中任何一本撰写500~1000字的读书报告，发送至召集人信箱（略），收稿截止时间为2022年3月9日晚20:00。

指导教师（肖建飞）将这份倡议书及4本书的电子版发给2021级本科辅导员老师，委托其转发到学生QQ群中。但在收稿截止日，指导教师只收到2名学生投递的读书报告。2022年元旦期间，指导教师通过问卷调查获知：明确表示不参与阅读的本科生只有12人，占参与问卷调查学生（119人）的10%。2021年秋冬参与读书会的35名2021级本科生均表示愿意继续参与阅读，其中8人想参与全部汇报，24人想参与部分汇报。但是相当一部分学生因未留意或认真阅读读书会召集信息而未能及时反馈（相关信息被每天群内发送的大量信息淹没了）。此外，作为入会"门槛"，500~1000字的读书报告使一些有意参与读书会的本科生望而却步。此后，指导教师不得不改变读书会组织方案，建议自己指导的6名硕士生做主汇报人，同时逐一联系2021年秋季读书会期间表现积极、阅读意愿较为强烈的学生。

阅读梁庄

把非虚构写作视为法学文本[①]

阅读提要

《人民文学》于2010年10月11日启动“非虚构写作计划”，此后数年间陆续出版了一系列非虚构作品，《中国在梁庄》《出梁庄记》便是其中的代表作。非虚构作品超越了“文学即虚构”的常规，作家走向“大地”、走向“人民”，观察、记录公共事件。有公共关怀的非虚构写作成为社会变迁与时代记忆的珍贵记录，也在无意之中为法律人留下了具有普遍社会意义的案例。这是指导教师肖建飞选择《中国在梁庄》《出梁庄记》的初衷。

张旭辉同学首先介绍了《中国在梁庄》的章节结构和叙述脉络，此后重点分析了发生在梁庄的两起案件——“王家少年奸杀案”和“清立故意伤人案”。对比18岁（王家少年）和82岁（遇害老妪）的两个生命，不乏功利主义者认为：“老人一条腿已经迈进死亡之门，说不定哪天自己摔个跤，命就没了，生命哪有年轻人珍贵?!”但作者梁鸿却发现：“道德感在乡村深深地埋藏着，他们对王家少年的极端态度显示了乡村对古朴道德的尊重，因为这与他们善良的本性不相符合，与乡村基本的运行方式也不符合。”村民面对王家少年义愤填膺，对患有精神病的清立却给予了极大的包容，相当程度上是因为“清立故意伤人案”的被害人梁兴隆在梁庄一直仗势欺人、为非作歹。由此可见，道德是乡村社会生活的主要调控手段，是村民“内心的法律”。法律为主、道德为辅，是未来乡村社会治理的可取模式。

邱琴同学将关注点集中于农民工的生存状态，梁庄农民工的群像也是中国农民工的镜像。《出梁庄记》记录了在外打工的梁庄人，他们的足迹几乎遍布整个中国，西边最远到新疆的阿克苏、阿勒泰，西南到西藏的日喀则、云南曲靖，南边到广州、深圳等地，北边到内蒙古的锡林浩特。农民工群体进入城市、为城市经济注入活力，同时，城市也呈现出双重面

① 本期读书会领读人为2021级硕士研究生张旭辉、邱琴，肖建飞指导并做了总结回应。

向：一面是城市经济的快速发展、贸易的日趋繁荣、大规模的基础设施建设，以及市民生活的舒适、便捷与高效；另一面则是农民工群体的“两栖”生活——城市对于他们而言只是获得工资的功能性存在，他们的生活环境恶劣，面临的生存压力巨大，安全感近乎丧失。家庭分离、城乡割裂、维权障碍等农民工群体面临的普遍问题，无一不出现在梁庄外出务工者的生涯中。

（张旭辉供稿）

楔子

梁庄对于当下的我们意味着什么

肖建飞

梁庄是什么？它是农耕文化的延续地，父母妻儿的栖居地，老弱病残的留守地。在梁庄，欢乐、悲愁和力量并存，这里便是中国。

梁庄在哪里？梁庄不仅仅是位于河南的半耕半工的中原村庄，更具有转型时期中国乡村的特征。梁庄确实没有壮丽的风景，但并不缺乏庄重的思考。

梁庄何其重？村庄对于我们这个国家的意义之重大就在于，村庄超越王朝政治、家族世系，村庄史就是我们这个民族的历史，村庄是生活在这片土地上的祖先、我们和后代的根。

梁庄人去了哪里？他们生活在任何一个城市最不起眼的角落；用双手甚至是身躯建造城市，融入现代洪流。而他们自己却仍然生活在由几千年历史累积而成的围墙之内，渴慕着一棵树。

生命最朴素的结局是这样吗？“活下去，是死亡”？不全然如此，甚至最重要的从来都不是悲伤和空虚，而是“庄严”，“一种肩负着某种重任的庄严。新的人生开始了”。

我在想念我的村庄和乡亲，可是我的村庄在哪里？东北平原、南疆绿洲抑或高原河谷。

一个村庄在东北平原，冬季太长、冻土太深、人们来得太晚。东北平原是百年前人们奔赴的土地，也是百年后子孙离开的土地，这里不是中原梁庄，难有落叶归根，难有归乡情切。

一个村庄在塔里木盆地，旱季太长、浮尘太深、人们来得太早。南疆绿洲是数千年前人们生活的土地，也是至今子孙未曾离开的土地，这里不是中原梁庄，人们未曾离开，无须落叶归根。

一个村庄在帕米尔高原，山高路长、河谷幽深、人们来得不早不晚。高原河谷是数百年前人们辗转定居的土地，也是一部分子孙离开、一部分子孙留守的土地，这里不是中原梁庄，人们刚刚离开，归乡情切。

主题领读

《中国在梁庄》：非虚构写作中的法律事件

张旭辉

读一本书不仅仅要理解作者所描写的事件，更要读懂作者写这本书想要传达的观点和想法，这些事件与观念会引发我们每个人不同的感悟，这才是读书的意义。《中国在梁庄》这本书是肖老师推荐我读的，翻开第一页我就很感兴趣。作者梁鸿是河南邓州人，正好我也是河南人，对书中描写的很多人、很多事都感到既亲切又有些陌生：亲切可能是源于对自己家乡的热爱；陌生则是因为作者笔下的人和事我都没有接触过，没有切身的经历。阅读梁鸿细腻笔触下的记录，我有许多感悟。

一、经由梁庄看中国

河南是一个农业大省。提到河南，可能很多人的印象都停留在高考分数高和粮食产量高上面。就算是我这样一个土生土长的河南人，对河南乡村的了解都是极不全面的。尽管梁鸿在这本书中记录的是自己从小生活的小村庄——梁庄——的故事，但很多描写何尝不是河南乃至我国大部分乡村的共同经历？梁鸿笔下的那些人那些事，或多或少反映出当下我国乡村所面临的一系列问题。

比如该书第二章“蓬勃的‘废墟’村庄”，介绍了新时代农村存在的“用环境来换取发展”的问题。这一章的小节标题如下：废墟、平地掘三丈、黑色淤泥、河岸、河的终结。沿着作者的足迹，我们完全可以感受到农村环境的恶化。人们不断开采沙泥，使作者记忆中的河流早已变得面目全非、千疮百孔。作者亲历的那一场少年溺水事故，更是提醒读者，作者童年记忆中关于河流的美好回忆已经成为过去，不复存在。“平静的河流暗藏凶险，随时都可以吞噬人的生命。虽然天空干净，有鸟飞过，清流缓缓，但洗澡，在河边玩耍，却成为不可能的事。”① 可见，过度开发对中国乡村的环境破坏是十分严重的。

我们当然知道城市代表着发达、便利与机遇。但乡村何尝不是一笔巨大的财富呢？有人羡慕城市里的高楼大厦，也有人向往乡村中的静谧安逸。过度的攫取、破坏性的建设，使得乡村的空气质量下降、耕地面积减少、土质被严重破坏，乡村的环境质量较之城市更差。这些难道是作者笔下的“梁庄”独有的问题吗？大家可以去自己生活居住的城市周围的乡村看一看，很多厂区已经迁出城市、落户乡村。这些厂区的确为周边农民提供了大量的工作机会，但也恶化了乡村周边的环境。

一部优秀的社会小说就是一个民族的社会史。在中国大地上的古老村庄里，每一家、每一户都有着自己的酸甜苦辣。这些五味杂陈的事情融合在一起，成了家家的“难念的经”。《中国在梁庄》仅仅是在写梁庄的事情吗？这些家长里短、这些困苦、这些无奈所反映出的问题，很值得我们这些学习法律的人深思。其实纵观全书，蕴含的法律问题有很多，我先为大家介绍书中比较典型的两个案子。

二、 王家少年奸杀案

一位正在读高中的王家少年，一天晚上在学校上完夜自习回到家中，从哥哥抽屉里翻出一张黄碟看，看完以后就睡觉了。凌晨一点起床小解后，摸到同村一位82岁的独居老太家中，先用砖头、锄头将其杀害，然后实施强奸。

---

① 梁鸿：《中国在梁庄》，台海出版社，2016，第57页。

法院一审时判处少年死刑。王家人认为，少年实施犯罪行为时未满18周岁，不应判处死刑，于是私下里做了一系列工作：找人做伪证，疏通法院，恳求被害人的家属看在少年还年轻的分上给他一个改过机会。案子拖了很久，被害老太65岁的女儿一直坚持为母亲申冤。市中级人民法院一位法官以私人身份给受害人女儿打电话，说："你看，这是个小鳖娃儿，我妈信佛，我受她影响，得饶人处且饶人，你非要让他死，多可惜。"受害人女儿回复："你真心软，你可不能坐这个位子，他年轻该活，我妈八十多了就该死？"①

听闻此案，梁鸿最初感受是，"我本能地对王家孩子有一种同情的心态，那么年轻，正值青春，这样的事情又是在怎样压抑和冲动的情况下所做的呀……让人有种说不出的难受"②。此后梁鸿不禁怀疑自己，反思道："也许，只是因为王家少年杀害的是八十二岁的老太，她行将就木，不值得搭上一条年轻的生命，所以我才本能地产生同情。如果他杀害的是一个十几岁的青春少女，我的心态也许会是另外一种。在根本上，我也是轻视生命的。"③

梁鸿是上过大学的知识分子，教育经历明显比村里大多数人都要多出一大截。在听说这个案子的时候，她会本能地同情十几岁的少年，本能地为那个少年被斩断的青春和被毁掉的人生而惋惜。她甚至会想拿施害人与受害者的年龄进行比较。国外曾发生过一起交通肇事案，受害者是一对母女。这起案子本无特别之处，按正常司法程序审判即可。但当肇事者在法庭受审的视频被媒体公开之后，不可思议的事情发生了，竟有近15000名观众请求为其减刑，理由竟然是"肇事者太年轻、太帅了"。请愿者们忽略了，一对母女永远地离开了，一个男人失去了妻女，失去了自己的一生挚爱。就像梁鸿同情王家少年时，下意识地在18岁与82岁的生命之间做对比，才会对犯罪的少年产生同情和惋惜。但82岁的老太太行将就木还要受此屈辱，无辜死于非命还被奸尸。她的家人一直也在为此事东奔西走，困难重重。他们的悲苦又该向谁诉说呢？

法律应该是公正中立的。如果仅因受害者年老而行凶者年轻，就对行凶者予以同情宽宥，那么弱势群体的合法利益将由谁来保护呢？每个人的

---

① 梁鸿：《中国在梁庄》，台海出版社，2016，第73页。

② 梁鸿：《中国在梁庄》，台海出版社，2016，第71页。

③ 梁鸿：《中国在梁庄》，台海出版社，2016，第75-76页。

生命权都是平等的，无关其他。如果对待生命采取双重标准，那么是否即使犯下滔天罪行，对社会有重大贡献的人也可逃避法律的制裁呢？这显然是不合理的。

村民对王家人的所作所为是十分愤怒的。他们认为，王家少年作案时已满 18 周岁，王家人找关系、跑路子企图更改罪犯年龄，这种做法是“不要脸”。再说杀人偿命天经地义，王家少年实施这样的恶行，在村民心中俨然已经变成了一个“魔鬼”，他的存在对村子也是一个威胁。所以除了与王家有利益牵扯的少部分村民，大部分梁庄人都认为，这个罪犯应该被判处死刑。梁鸿这么写道：“道德感在乡村深深地埋藏着，他们对王家少年的极端态度显示了乡村对古朴道德的尊重，因为这与他们善良的本性不相符合，与乡村基本的运行方式也不符合。因此，当我又试图说中国的死刑好像太多，太随意，而在国外，有些地方并没有死刑，或有些国家已经废除时，他们很惊异。在他们的观念里面，那么残忍的行为只有死刑才能达到惩罚的目的。”①

村民们虽然大多文化程度都不高，但是他们仅凭着自己朴素的正义感与道德观，对这个少年生不出任何同情。他们甚至觉得，哪怕王家少年是未成年人，杀人偿命，他也活该被判处死刑。但我们知道，并不是所有的故意杀人犯都会被判处死刑，对未成年人则不适用死刑。可是村民们不了解法律的相关规定，在他们的观念里，杀人偿命、欠债还钱都是天经地义的。所以他们接受不了很多国家已经废除死刑这一事实。

三、清立故意伤害案

清立在梁庄其实是一个长期受到压迫的人，他的情绪压抑太久，出现了精神问题。清立持刀砍杀梁兴隆夫妇的根本原因在于，梁兴隆做村支书时仗势欺人。清立因沉默寡言、憨厚木讷的性子，没少受欺负。受他父亲为人处世（“脑子特别死劲”“没有一点正义感”）的影响，清立十分孤僻，在村子里没有什么可以说得上话的人。清立的妻子又是一个强势的人，老是嫌弃清立没有什么本事，挣不来钱。清立和梁兴隆的矛盾根源在于房子。清立家的房子盖在坑塘边，离梁兴隆家其实比较

① 梁鸿：《中国在梁庄》，台海出版社，2016，第 75 页。

远。梁兴隆家的下水道被挡住了，不是个大问题，其实也并不关清立的事。但是梁兴隆习惯了仗势欺人，就跑过去骂清立，他的三个儿子也教训了清立一顿。清立受了重伤，却因村里治安主任是梁兴隆儿子的亲家，而无处说理。

从此之后，清立就出现了严重的精神问题。某天梁兴隆的儿子在周家看完电视回去，正准备开门，有人拍他肩膀，等他回头后就被戳了几刀。明明没有证据，梁兴隆却把此事归结到清立身上，并把清立打了一顿。之后，清立的老婆也带着儿子离开了清立。或许是压抑得太久，或许是受了重伤还无人看护，清立更加憋屈，此后手持砍刀把梁兴隆和他老婆砍进了医院。

按照刑法的一般规定，清立应被按故意伤害罪判处至少十五年有期徒刑。但是有村民认为，应该给清立找个律师，做个精神鉴定。清立的父亲找到梁鸿的兄长毅志帮忙。毅志受托找了律师，给清立做了精神鉴定，确定为躁狂型精神病。开庭之后，法官也发现清立精神状态不正常，便宣布休庭，又给清立做了司法精神鉴定，证明清立的确是精神病患者，最终清立被无罪释放。“对于清立来讲，法律的公正已使得他逃离了刑罚的苦难，但是，他精神内部的崩溃又有谁能负责呢？”①

清立疯癫伤人案让我想起了发生在四川泸县的一起案件。死者在村民口中是一个“疯人”，他被自己的母亲、叔叔以及其他几个亲朋好友一起电击致死。当记者去采访村民时，村民对此事的态度却是一边倒地支持犯罪嫌疑人。在村民口中，死者无恶不作，不仅打死了自己的父亲，甚至强奸了自己的母亲，就因为他日常疯傻，竟然无须承担相应的法律后果。他愈发肆无忌惮，在村中作恶多端，村民们都生活在极大的恐惧中。他叔叔的儿子也被威胁，叔叔怕儿子真的有生命危险，于是与对受害者不满的亲友们一起实施了谋杀行为。虽然我们知道死者的这些亲友都是犯罪嫌疑人，都可能面临刑事处罚，但是在质朴的村民眼中，死者才是更应该被判死刑的人，这些犯罪嫌疑人则是为民除害，值得原谅。我们能说村民的想法错得离谱、没有任何道理吗？

---

① 梁鸿：《中国在梁庄》，台海出版社，2016，第 154 页。

四、村民道德情景性

之所以要介绍清立伤人这起案件，是因为我想与前面王家少年奸杀案做对比。村民对这两个案子的态度完全不同。村民对王家少年以及王家人几乎都是喊打喊杀的，但是对待清立，村民主动为其找律师、建议其做精神鉴定，清立被无罪释放后，村里人对他也没有过激的言行。为什么会出现这样不同的反应呢？

其实，大多数村民并不了解法律，法律的概念在村民心中是比较模糊的。他们不清楚王家少年和清立的行为在法律层面该如何评价、处理。但在他们心中，都有着一架名为“道德”的天平。村民都有朴素的正义观，他们对事情不会深究，只要符合他们心中的道德观念，他们就能接受。书中的巧玉事件是一个很有说服力的例证。巧玉多年遭受丈夫明的家暴，后与同村一个男人万青相好，此后丈夫明的家暴更甚。最后巧玉、万青远赴深圳务工，明在家气急败坏。巧玉与明离婚后，明得了脑血栓。巧玉、万青得知明重病后，返乡照顾了明一年，直至其去世。两人的善良逐渐得到村民的认可。如果按照法律规定，巧玉丈夫属于家暴，而巧玉属于有婚姻关系与他人同居。明的虐待行为、巧玉与万青的重婚行为均属违法，乃至犯罪。但是在村民眼中，巧玉是被逼无奈，且她在丈夫明中风患脑血栓后，仍与万青一起照顾他，可谓有情有义的好媳妇。“在古老的乡村大地上，只要你真正做出有美德的事情，人们会自然忽略你的其他问题。”①

村民凭借朴素的道德观念去评判每一件事情。王家少年做出伤天害理的事情，他们是完全不能接受的。尽管平时王家少年在村里人看来是一个安静、沉稳、内向的孩子，但他的所作所为是不能为人所忍受的，所以村子里的人对此义愤填膺。梁鸿对这个少年产生了同情，与王家少年相处了很多年的村民却对他恨之入骨。这是因为村民冷血吗？其实不然，村民心中有着自己的道德标准，他们不偏袒任何他们认定的坏人。与王家少年相比，村民真的是因为清立是精神病人才觉得他不用坐牢吗？其实他们更多想到的是梁兴隆在村子里一直仗势欺人、为非作歹。清立作为弱者，本身更容易获得村民的同情，村民眼中的“赦免”完全

① 梁鸿：《中国在梁庄》，台海出版社，2016，第250页。

基于他们的道德观念。

每一个村庄都是一个小共同体，只要是群体，就可能存在拉帮结派——谁家跟谁家好，谁家跟谁家不来往。每个村子都有明显被边缘化的人，比如梁庄在墓地旁安家的昆生，没有人关心、在乎他们一家人。在村民眼中，昆生似乎是一个品德极坏的人，他喝酒闹事、勒索政府、卖闺女、故意装穷等。在村子里，流言是能毁了一个人的。村民口中的昆生跟梁鸿看到的昆生并非同一形象，或者说不是一个观察体系中的观察对象，村民即用另一种眼光看待昆生。村民有意疏远昆生，但并未有意排斥清立。清立是一个精神病人，也伤过人，现在更是刀不离身。村民虽然对他有所忌惮，怕他突然发病伤到自己，但认为，兔子急了还会咬人，清立是受欺负受狠了。正因如此，村民并未因清立伤人而孤立他，也未在其本已崩溃的精神上再添打击。

这两个案子体现出在乡村治理中道德与法律之间的关系。道德与法律并不是相互抵触、相互对立的，而是相辅相成、共同发挥作用。由于道德具有不确定性，并且缺乏强制性，因此作为社会秩序稳定器与社会关系调节器，道德的规范性明显弱于法律。如果王家少年的确未满十八周岁，那么依照法律规定，他不能被判处死刑；如果清立并不是在精神异常的情况下举刀伤人，那依照法律规定他也不会被释放。村民对这两件事情的看法过多地掺杂了个人主观感受，在他们的道德观中，王家少年杀了人，不管他有没有成年都应该以命抵命；而清立被压迫得那么厉害，即使当时精神状况正常，其举刀伤人的行为也情有可原。我们能说村民的想法是绝对错误的吗？

2019 年大连发生了一起影响极大的恶性案件，13 岁的男孩蔡某杀害了 10 岁的女孩小琪。该案件在社会上引起了广泛的讨论，民众普遍希望该凶手入狱甚至被判处死刑。但是根据当时我国刑法的规定，因蔡某未达到法定刑事责任年龄，依法不予追究其刑事责任。但是这个刑法条款合理吗？女孩死于懵懂无知的花季年龄，而施暴者却不用承担任何刑事责任。显然，该凶手的作案手法及反侦察手段已完全超出其年龄应有的认知范围。正因如此，《中华人民共和国刑法修正案（十一）》明确规定：已满十二周岁不满十四周岁的人，犯故意杀人、故意伤害罪，致人死亡或者以特别残忍手段致人重伤造成严重残疾，情节恶劣，经最高人民检察院核准追诉的，应当负刑事责任。

《出梁庄记》：农民工的务工特点与工资权益①

邱　琴

在《中国在梁庄》中，梁鸿开篇提到，“永恒的村庄一旦被还原到现实中，就变得千疮百孔”。梁鸿在梁庄生活了 20 年，之后外出求学、工作，自此每年回家都只是短暂停留。在她的记忆里，梁庄有着难以形容的清新、柔美、安静、朴素，仿佛被定格为“永恒”，但这仅是梁鸿的回忆。梁鸿于 2008 年、2009 年回到故乡进行实地调查，完成《中国在梁庄》与《出梁庄记》的写作，一个个故事由此展开。

农村里的大人逗小孩，总是喜欢问：“你爸妈去哪里了？”小孩多会不假思索地回答：“打工去了。”农村的小孩早就习惯了这样的问答。我们今天将从《中国在梁庄》出发，延伸至《出梁庄记》，一同关注农村孩子们那些进城打工的父母们。作为农民工，他们在城市里是怎样讨生活的？他们在城市的生活有哪些变化？他们的生活是悲凉的还是充满希望的？

从梁庄农民工看中国农民工，接下来我将从三个方面分析农民工的生存状态，第一部分是我国农民工的人口学特征，第二部分是农民工的社会学特征，第三部分探讨农民工的工资权益保护。

一、 农民工人口学特征

（一）梁庄的农民工

梁鸿在书中写道，农民工是梁庄隐形的“在场者”，梁庄的房屋，梁庄的生存，梁庄的喜怒哀乐，都因他们而起。

1. 务工范围

继《中国在梁庄》后，作者创作了《出梁庄记》。在这本书中，作者采访了在外打工的梁庄人，共计 347 人，其中主要人物 50 人。他们的足迹几乎遍布整个中国，主要分布在西安、南阳、北京、郑州、深圳、青岛

---

① 本文为 2022 年度江苏省研究生科研与实践创新计划项目“压力性体制下农民工讨薪策略与行动分析——基于苏乡与渝乡的调查”（SJCX22_1834）阶段性成果。

等地。西边最远到新疆的阿克苏、阿勒泰，西南到西藏的日喀则、云南曲靖以及靠近越南边界的一些城市，南边到广州、深圳等地，北边到内蒙古的锡林浩特。

2. 职业分布

我将梁庄农民工的职业分为三类，即工人、小老板和其他（见图1）。

（1）工人。工作地点包括建筑工地、砖厂、翻砂厂、鞋厂、铁厂、煤矿、电子厂、服装厂、镀金厂、养鸡场等。简而言之，又累又脏、工资不高的工作，大多与农民工沾边儿。

（2）小老板。从事服装批发、校油泵、开面馆或蛋糕店、卖菜、收废品等。

（3）其他。包括三轮车夫、保安、销售人员、保姆等。

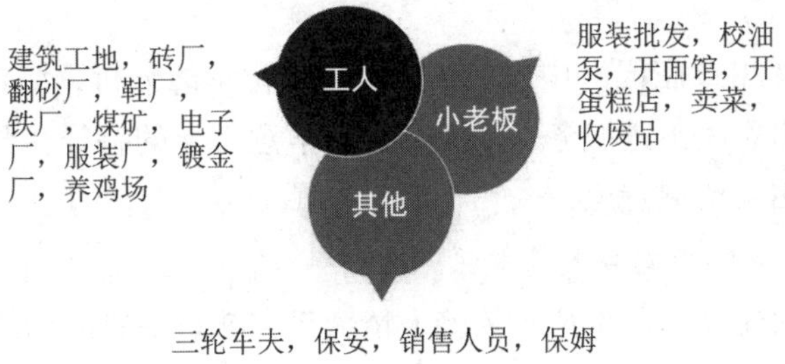

图1 梁庄农民工的职业

（二）中国的农民工

为准确反映全国农民工规模、流向、分布等情况，国家统计局自2008年起建立了农民工监测调查机制，为公众提供比较准确和全面的农民工调查数据。以下是关于农民工的重要数据。①

1. 农民工数量

2008年（也就是梁鸿回乡调查那一年）中国农民工数量为22542万人，2020年为28560万人。农民工的数量一直在增长，近几年增速放缓。

2. 农民工输入地

东部地区农民工输入地包括北京、上海、广州、江苏、浙江、天津、河北、福建、山东、海南10个省（直辖市），占比最大，达52.98%；中部地区和西部地区占比相差不大；东北、港澳地区以及国外占比较小。

① 数据来源：《国家统计局：2020年全国农民工总量比上年减少517万人》，央视新闻客户端，http://m.news.cctv.com/2021/04/30/ARTI2lqbbxcKX9bNYvvFfiOM210430.shtml，访问日期：2021年4月30日。

3. 年龄结构

40岁及以下农民工所占比重为49.4%，青壮年仍为农民工的主体。值得注意的是，50岁以上农民工所占比重为26.4%，且占比连年提高。这说明，我国人口老龄化在农民工群体中也有明显体现。

4. 行业分布

从事第三产业（批发和零售业、住宿餐饮业、卫生和社会工作、公共管理、社会保障等）的农民工占比超过一半，为51.5%；从事第二产业（制造业、建筑业）的农民工比重为48.1%；从事第一产业的农民工较少，仅占0.4%。

二、农民工社会学特征

基于对《出梁庄记》中农民工生产生活记录的分析，结合相关文献资料，我总结出农民工进城务工的3个社会学意义上的特征，分别为依赖关系、家庭分离、留城意愿。

（一）严重依赖同乡人情关系

农民工的流动与谋生严重依赖人情关系，就是书里所称的“扯秧子”。这体现在拖带就业、聚居生活、抱团维权等多个方面。

韩叔一家如何来到内蒙古？老赵是吴镇最早到呼和浩特的人，他前前后后带出了一百多人。老赵带来了朝侠和她丈夫，朝侠来了以后，朝侠的二弟弟恒武也来了，朝侠的大弟弟恒文随后而来，再后来是朝侠的父母韩叔夫妻。后面恒文的二舅和三舅、朝侠的小姨父也到了呼和浩特。恒文、恒武店里的师傅、徒弟，大多是老乡或亲戚。

农民工在流动方式和方向上呈现趋同现象，都市中出现了一支支以亲属和地缘为单位的劳动大军。这里我们可以引出一组关系，即强信任和弱信任。对中国人来说，即使两个人彼此之间没有交往，但只要天然的血缘和地缘关系存在，就可以确保他们之间的亲密和信任关系，这就是强信任关系。在强信任关系中，亲属和同乡是排在第一位的。农民工根据信任的强度判断信息的真伪。

（二）夫妻子女分离的常态

夫妻分离、亲子分离，成为农村家庭的常态。青年夫妻外出打工，用打工挣来的钱在家里盖房子，孩子在家上学，由爷爷奶奶抚养，春节或农忙时父母可能会回来。很多情况下，即使夫妻两人到同一个城市打工，也很少能够同吃同住，他们在不同的工厂、建筑工地干活，吃住在厂里，连见面的机会都很少。

父母在外，大量“留守儿童”出现，最直接的后果就是父母对孩子的教育和关爱缺失。这里可以看看书里的案例，芝婶对梁鸿说：“我这奶奶活成了爹妈、老师和校长。你说，六七十岁的老两口又当爹妈，又当老师、校长，能当好吗？村里上小学、初中的孩子，没几个学习好的。”

还有五奶奶的悲伤往事。她儿子光亮和儿媳在外打工，11 岁的孙子宝儿交给五奶奶抚养。宝儿因调皮失足落水溺亡。光亮夫妇其时只有这一个孩子，宝儿的死是一家人的痛。后来光亮夫妇又生育了一个男孩阳阳。这一对夫妻无法再承担失去孩子的痛苦，于是光亮向务工企业的老板求情，最终获准将阳阳留在身边。电镀厂里有 2000 对夫妻，只有光亮夫妇的孩子跟父母生活在一起。这是因为这对夫妻已经失去了一个孩子。

（三）新生代农民工倾向于留城

与老一代农民工强烈的返乡意愿不同，新生代农民工的居留意愿显著转变，更倾向于留城。“新生代农民工”通常是指“80 后”农民工。

先来看看书里的故事。在西安打工的虎子对西安并无特殊情感，来这里只是为了挣钱。第一代打工者还愿意在村庄盖房子，因为那是他们的家，在村里显示自己的财富、确立自己的地位也是在确定自我的价值。更年轻一代的乡村青年对乡村的感情非常淡薄，他们在家乡居住的时间很短，往往初中毕业就外出求学或打工，对未来充满渴望。但因无城市户口与社会保障，城市对他们而言并非家园。在梁鸿看来，第一代打工者（老一辈农民工）是有意愿回乡村生活的，而年轻一代农民工的态度则较为矛盾，在留城与返乡之间犹豫不决。

以下是几项研究的调查结果。2009 年李强、龙文进调查了 843 个农民工家庭，一半以上的农民工希望留在城市生活。在影响农民工留城抑或返乡决定的诸多因素中，教育的作用最为明显，即人力资本水平越高的农民工，其返乡意愿越低。[①] 景晓芬、马凤鸣的研究也得出了相似的结论，越来越多的农民工希望能在工作的城市定居下来，且出生年代越晚，留城意

---

① 李强、龙文进：《农民工留城与返乡意愿的影响因素分析》，《中国农村经济》2009 年第 2 期，第 54 页。

愿越强。[①] 王志涛、李晗冰的研究表明，身份认同显著影响农民工返乡意愿。随着户籍制度改革的深入和城乡二元体制的瓦解，农民工与市民的身份边界已经被打破，目前农民工更愿意居住于城市。[②]

三、农民工工资权益保护问题

除获取工资外，农民工权益还包括职业安全卫生、社会保险、劳动休息、就业、住房、子女受教育等。《出梁庄记》这本书里对上述农民工权益受损的案例也有记述，比如没有任何社会保险的食堂厨师等。但是因为我的能力和精力有限，今天主要跟大家一起探讨农民工工资权益保障的情况。工资权益保障主要涉及两个问题，第一个是工资低，第二个是拖欠工资。

（一）工资低，不得不加班以获得更多收入

几乎所有的工厂都只按国家规定的最低工资标准给工人发基本工资，更多的收入必须通过加班来换。

农民工工资低，这是不争的事实，那农民工工资如何才能提高？是靠农民工自己去议价吗？农民工在企业面前完全没有议价能力，只能依赖体制内的政策保护和行政检查监督。

（二）拖欠工资情况一度较为普遍

书里拖欠工资事例有两则。梁万国 1992 年在北京的工地做小工，他说：“干了几个月想走，厂里不给工资。梁万科当时在北京当保安，他们去了两个人，穿保安服，才把工资要过来。”2010 年梁磊在深圳一家认证公司上班，他说：“（公司）制度也非常不健全，不人性，加班三个小时以上才给加班费，一个小时才十几块钱，有人要走不让人家走……”

上述两则案例在农民工群体中具有一定代表性。一项对 200 多起农民工上访案件的调查显示，上访原因为克扣和拖欠工资的占 41%，劳动环境恶劣占 14%，工伤纠纷占 15%，无故解雇占 10%，言辞或者肢体冲突占

---

① 景晓芬、马凤鸣：《生命历程视角下农民工留城与返乡意愿研究——基于重庆和珠三角地区的调查》，《人口与经济》2012 年第 3 期，第 62 页。

② 王志涛、李晗冰：《身份认同、个人技能与农民工返乡意愿——基于 CMDS 数据的实证研究》，《经济经纬》2021 年第 3 期，第 41 页。

4%，劳动时间纠纷占8%，其他占8%。[①] 通过这组数据，我们看到欠薪在农民工权益受损事件中占比最大。什么行业的欠薪在所有欠薪事件中占比最高呢？毫无疑问是建筑业，95%的欠薪发生在建筑领域。[②]

为何建筑领域欠薪事件高发？其原因可概括为垫资承包、建设单位与施工单位的合同纠纷多、层层转包、欠薪成本低（见图2）。

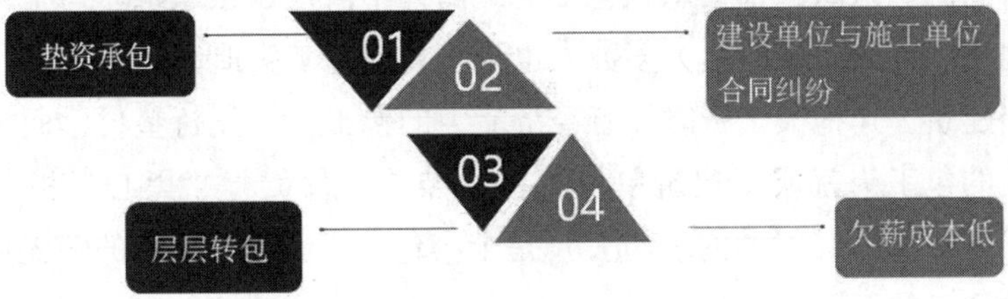

图2 建筑领域欠薪事件高发的原因

1. 施工单位垫资承包

垫资承包模式是指为获得工程项目，施工单位与发包方约定施工达到一定程度或全部施工完毕后，再由发包人支付工程价款。垫资施工使建设单位把资金缺口转嫁到施工单位身上，施工资金周转出现困难，容易导致欠薪事件发生。

目前我国的法律承认垫资合同的效力，但对建设单位的资金能力提出了要求，若建设单位没有满足施工所需要的资金，就不得开工建设，建设单位应当向施工单位提供工程款支付担保。对于政府投资建设的项目，严禁垫资建设。

2. 建设单位与施工单位的合同纠纷多

建设单位与施工单位发生合同纠纷，常见原因有三种：第一，发包方与承包方或者承包方与分包方因工程数量、质量、造价等产生争议；第二，发包方将建设工程发包给个人或不具备资格的单位，或者承包方将建设工程分包给个人或不具备资格的单位；第三，施工单位允许其他单位和个人以施工单位的名义对外承揽建设工程。针对上述三种情形导致的拖欠农民工工资问题，现行法律做出了一个强制性规定，即明确规定施工总承包单位对分包单位或者转包单位拖欠的农民工工资负总责，分包单位或者

① 于建嵘：《中国农民工的依法维权》，《云南财经大学学报》2008年第6期，第15页。

② 《建筑领域成拖欠农民工工资“重灾区”》，河北新闻网，https://hebei.hebnews.cn/2013-01/14/content_3046836.htm，访问日期：2022年12月24日。

转包单位拖欠农民工工资的，由施工总承包单位先清偿再追偿，极大地降低了农民工的讨薪难度。

3. 工程领域普遍存在层层转包情况

工程项目存在总包单位、分包单位、劳务公司、大小包工头等多个层级，故有层层转包关系，农民工是整个关系链条的底层和终端。农民工在提及自己的老板时，都会想到包工头，而弄不清楚哪家建筑公司是自己真正的雇主。拖欠工资时，大多数人也是直接向包工头追讨。

当建筑公司拖欠工资时，有经济能力的包工头会先行垫付，而没有经济能力的包工头就成了建筑单位的替罪羔羊，背负着"黑心老板"的罪名。梁庄的青哥（梁鸿的表姐夫）是个小包工头，就用自己的钱先垫付了手下农民工的工资。

针对工程建设领域工资支付容易出现被截留、被克扣情况的现象，以及农民工工资缺乏单项预算等问题，2020 年国务院颁布了《保障农民工工资支付条例》。该条例设立了农民工工资专款专用制度，要求施工总承包单位开设农民工工资专用账户，通过专用账户直接将工资发到农民工本人申请开设的银行账户。建设单位将人工费用及时足额拨付到农民工工资专用账户，由银行代发。

自 2003 年温家宝总理为重庆农民工讨薪起，农民工工资问题开始受到中央的高度关注。经过 20 年的治理，农民工工资保障机制建设取得显著成效。自 2015 年起，我国农民工被欠薪人数逐年递减，从 2015 年 385.9 万人次下降到 2018 年的 100.9 万人次①，降幅为 73.85%。

4. 用工单位欠薪成本低

针对用工单位欠薪违法成本低的问题，现行制度规定了"联合惩戒制度"。用人单位拖欠农民工工资，达到入罪标准或者造成严重社会影响的，经人社部门责令限期支付；逾期未支付的，人社部门应当将该用人单位及其法定代表人或者主要负责人等列入失信联合惩戒名单。

对被列入失信联合惩戒名单的当事人，由相关部门在政府资金支持、政府采购、招投标、融资贷款、市场准入、税收优惠、评优评先、交通出行等方面，依法依规予以限制。

---

① 国家统计局：《2015 年农民工监测调查报告》、《2018 年农民工监测调查报告》，国务院网站，http://www.gov.cn/xinwen/lianbo/index.htm，访问日期：2022 年 12 月 23 日。

四、 工资权益保护成效

当前各级政府针对拖欠农民工工资行为加大了治理力度，对垫资承包、层层转包等容易导致欠薪的环节，做了更为严格的规定。

2020 年国务院颁布《保障农民工工资支付条例》，该条例属行政法规，立法层级更高，证明中央政府保持着治理欠薪问题的高压态势，并将欠薪治理作为法律制度固定下来。若自觉履行支付义务已经成为用工单位的常态，国务院则没有立法必要。

结合《中国在梁庄》和《出梁庄记》对农民工的务工特点与工资权益保护的分析就分享到这里。我之前看到豆瓣上一条关于梁鸿的梁庄系列写作的评论。评论者认为，梁鸿矫情又虚伪。其实，我在读这本书的时候，刚开始也有这样的感受，但是到后来我认为这恰恰反映出一种真实。农民工留城意愿的转变，也能说明梁鸿的描述手法无可厚非。习惯了城市生活的我们，再次深度感受农村的人情世故时，难免会摒弃某些守旧的特质。与其挑剔写作者，毋宁问写作者记录的事件是否真实？如是真实的事件，我们更应关注其中寻求解决的问题，这些问题会归于同一个议题，即在整个社会发展的同时，如何避免损害农民、损害农村，同时让农民、农村融入发展的大格局？

研讨互动

嘉宾点评

雷婉璐：你推他一下，他会产生出很多火花

我觉得两位同学做得挺不错，我主要是来学习的，没有什么经验可以分享。但是就读书会一直存在的大家讨论不积极这个问题，在上学期读书会上我说过，如果由我主持，我就会随机点名，建议每位同学提前准备一两个问题，每期随机找两位同学发言。

为什么要这样做呢？因为我觉得很多同学都是有想法的，他们只是没有说话的机会或者欠缺一点儿按下解除静音键的勇气。所以有的时候推一下，就会产生出很多火花，但是这样也会给确实不想发言的同学造成一种压力。我只是提出一点点建议，你（肖建飞老师）可以适当采纳。不要怕给大家造成压力，有的同学是想说话的，你点到他的时候他肯定有话说，你不点他就抱着“算了吧”“不说了”的心态。我觉得可以尝试一下，尤其是在线上的时候，彼此都看不到对方，感觉很生硬，如果同学们愿意发言，气氛会活跃一点儿。否则每次读书会都是听两三个同学汇报，大家其实都有想法却没有表达。

申屠晓莉：让出主持人的位置，让同学来主持

既然要说读书会的模式，我也有一些建议，但是我的建议跟雷老师提的可能不太一样。我们与谈的角色还可以再退一点儿，包括主持人的角色也可以再退一点儿，给学生更多的表达机会。可以适当地让出主持人的位置，在下一期的时候让一个同学来主持，让他来介绍，再让别的同学汇报，然后让两三个同学评议或者与谈，这样可能参与的同学会多一点儿，大家的分工也会明确一点儿。至于与谈时可能出现的一些问题，大家没有办法解决的问题，你（肖建飞老师）就可以站出来替大家解决一下或者进行引导。这样是不是也可以减轻你（肖建飞老师）的压力，同时让更多的同学参与阅读？

郑淑珺：分组交流并确定发言人

申屠刚刚说找同学参加与谈，我觉得可以提前确定发言的同学是几个人，同学们可以再分成几个组，在读书的过程中互相交流探讨，接着推选一个人代表这个组来发言。我就是结合大家的想法，认为这样可能比随机点名或者直接指定哪些同学来发言，效果要稍微好一点儿。

彭亚媛：通过思想交锋才会使读书会发挥作用

两位同学讲得都非常好。我对农民工讨薪这个问题会更感兴趣一点儿，所以我在这个方面会给出一些建议。我觉得这个切入点非常好，从梁庄到梁庄农民工，再到探讨农民工的讨薪问题，主要研究的是农民工讨薪的策略，我建议邱琴做一个类型化分析。

很有可能不同类型的农民工讨薪需要不同的社会救济机制，不仅是法院的救济机制，还包括人社部门或者一些社会互助机构。我最近看到《光明日报》发了一篇文章《零工驿站》，文章中说，我国有两亿人口是灵活就业的，有些农民工也是这样的，处于一种不定时的工作状态。因此现在就有了一种新型的工作机制叫作“零工驿站”，即设置一个专门的法律服务平台，去帮助这些打零工的农民工维护自己的权益。我觉得你（邱琴）可以把这些社会救助机构的案例资料整理汇总一下，而不只是关注农民工自己怎么讨薪，这也许会是一个非常棒的研究。还有一个读书会的模式问题，我觉得刚刚三位老师的建议非常好。我当初做文献阅读的时候，为了促进同学之间交流，会规定两组同学提前把内容发给对方，然后两组分别提前准备 3 个问题，到时候现场相互提问、现场回应。这种问答形式比单方面给建议会好很多，有思想的交锋。通过这种交锋，大家可以交流讨论某些读不太懂的或概念模糊的地方以及不同的意见，从而使读书会更好地发挥作用。以上就是我的一些小建议。

罗妤：给自己定下一个目标，下次说出想法

我就说一个小小的想法，因为大家都希望同学们多发言。我自己在线上上课的时候也感受到一个问题，如果主讲人讲完后下面没有互动，连留言区也不给你回复一下的话，真的感觉很冷清，感觉一个人在自言自语一样。所以遇到这种情况，我会想一个办法，每一次来参加读书会的时候，就准备一点儿自己的想法，然后主动参与汇报、参与聊天，要不然我觉得我的收获很少。我来的目的就是学习，所以也希望能学到东西。我要讲的就是，我们可以给自己定下一个目标，下次说出想法。

导师回应

有对话才有互文，试图理解也彼此求解

肖建飞

第 5 期读书会后，指导教师越发感觉到，读书会面临的最大问题是，学生只是沉默的听众，参与不足。第 6 期结束后，指导教师在阅读群里写下这样一段留言：

“各位老师、各位同学，本季读书会的书目主题都与乡村生计有关，没有艰涩难懂的内容，请大家提前阅读。提前阅读是读者与作者对话，读

书会上的交流则是读者之间对话。有对话才有互文，在理解中彼此求解。读书会不是汇报人一个人的电台。不做阅读而被动接受资讯，不仅收获有限，也失去了组织读书会的意义。”

导师接续

法律语言与文学语言的差异

肖建飞

一、非虚构写作

2010 年 10 月 11 日《人民文学》启动“非虚构写作计划”，时任主编的李敬泽宣布，该杂志将启动名为“人民大地·行动者”的非虚构写作计划，吁请国内作家和写作者，走出书斋，走向现场，探索田野和都市，以行动介入生活，以写作见证时代，走向生活世界的内部，记录这个时代复杂、丰富的细节。2010 年和此后几年间陆续出现了一系列非虚构文学作品，如梁鸿的《中国在梁庄》《出梁庄记》，李娟的羊道系列——《冬牧场》《春牧场》《前山夏牧场》《深山夏牧场》，阿来的《瞻对：一个两百年的康巴传奇》，乔叶的《拆楼记》，等等。

文学界认为，非虚构写作能在中国文学界异军突起，得益于如下两大因素：第一，该类写作回应了公共问题，大量非虚构作品倾向于关注社会核心事件，如城市化、创业潮、进城、下岗、返乡等，写作者以个人视角描述生活、叙述故事，呈现一个个小人物与时代潮流的互动，有人顺势而上，有人无奈沉下，也有人与之对峙博弈。第二，在急速现代化的中国，非虚构写作传递了一种反向意识，这一写作方式展现了当地的历史文化与生活状态，以及这种地域文化对人们的日常生活和精神气质的塑造，记录了特色地域文化对个体成长的影响。①

非虚构文学体现了文学“社会性”和“公共性”的特质，形成了一

① 项静：《非虚构写作中的情感表达》，《探索与争鸣》2021 年第 8 期，第 62 页。

种更加宽阔的、融会贯通的认知体系。写作主体—写作对象—生活世界三个维度互相依赖，也互相生成。[①] 正如梁鸿对自己写作视角的澄清：“‘非虚构’不再是扮演一个真理的声音，扮演一个宏观的、宏阔的声音，它扮演的是自己，或者说是一个个人的有限的视角，这个视角不是俯瞰的、从上往下看的，而是从下往上看的，以我个人的眼睛来看梁庄，而不是以一个上帝的眼睛来看梁庄。”[②] 平民化、日常化出现在我们的阅读体会中，父亲梁光正、哥哥毅志、小柱、光亮叔、五奶奶、丽婶、阳阳……梁庄故事的主角们如同我们的家人、族人和邻人。想必很多阅读了梁庄故事的同学，与我有同感。

但我的问题在于，为什么人们需要不同的语言去记录、去表述？法律语言与文学语言如何呈现出差异和互补关系？

二、文学的语言

在《中国在梁庄》的姊妹篇《出梁庄记》中，让读者久久不能释怀的人物是小柱。1995 年夏天，小柱到青岛电镀厂，在那里工作了将近 6 年时间。2001 年农历二月初五，在去工厂的路上，小柱突然倒地，重病，被送回南阳。不到两个月，小柱的生命已如风中之烛。医生告知小柱的家属，再治下去也无济于事，于是小柱被接回梁庄。小柱对前来探望的亲友邻居们低声说：“我喜欢人多一点儿，都来和我说说话，我不敢睡着，我怕一睡着就醒不过来了。”对生的眷恋也无法留住或者延续一个年轻的生命。

三、法学的语言

作为对比，我们看一下法律语言的表述方式。2018 年 6 月 20 日最高院审委会发布第 94 号指导案例——重庆市涪陵志大物业管理有限公司诉重庆市涪陵区人力资源和社会保障局行政确认案。

该案罗仁均系涪陵志大物业公司保安。2011 年 12 月 24 日，罗仁均在

---

① 梁鸿：《非虚构文学的审美特征和主体间性》，《中国现代文学研究丛刊》2021 年第 7 期，第 90 页。

② 梁鸿、邵丽、李敏、刘军：《“梁庄的堂吉诃德”——梁鸿作品对谈纪实》，《汉语言文学研究》2018 年第 1 期，第 103 页。

志大物业公司服务的圆梦园小区上班。8 时 30 分左右，罗仁均发现有人在兴华中路宏富大厦附近对一个过往行人实施抢劫，罗仁均立即拦住抢劫者的去路，要求其交出财物。因抢劫者拒不交出，在与其搏斗的过程中，罗仁均不慎从 22 步台阶上摔倒，在巷道拐角的平台上受伤。

罗仁均向人社局提出工伤认定申请，涪陵区人社局根据《工伤保险条例》第十四条第七项之规定，“法律、行政法规规定应当认定为工伤的其他情形”，认定罗仁均所受之伤属于因工受伤；志大物业公司不服，向法院提起行政诉讼。其间人社局做出《撤销工伤认定决定书》，根据《工伤保险条例》第十五条第一款第二项之规定，“职工在抢险救灾等维护国家利益、公共利益活动中受到伤害的，视同工伤”，认定罗仁均受伤属于视同因工受伤。志大公司不服，向重庆市人社局申请行政复议，市人社局予以维持。志大公司遂诉至法院，请求判决撤销《认定工伤决定书》，并责令被告重新做出认定。另查明，重庆市涪陵区社会管理综合治理委员会对罗仁均的行为进行了表彰，并做出了表彰通报。

法院最重要的裁判理由是，虽然职工不是在工作地点、并非因工作原因受到伤害，但其是在维护国家利益、公共利益活动中受到伤害的，也应当按照工伤处理。该案的裁判要点在于如何认定职工的见义勇为行为，为制止违法犯罪行为而受到伤害的，属于《工伤保险条例》第十五条第一款第二项规定的为维护公共利益受到伤害的情形，应当视同工伤。①

在强调以理服人（符合逻辑是极为重要的说理工具）的法律人看来，逻辑圆满的言辞是“法律事实”的“载体”，法言法语不是一种“编造”，而是“剪辑加工”。语言堪称法律人的“手术刀”。法律术语就像各个肌肉群，法律规定、法学理论和逻辑说理则是神经、血管和 DNA，法律人必须构造出一个逻辑圆满的文本，以使人信服。

四、两种语言的殊同

法学语言与文学语言的表达差异极大，粗略列举如下三点：第一，法律人是为其他人而写作，自己却要置身事外；文学写作者则常常是参与人，非虚构写作尤其如此。第二，法律人是事后参与事件处理；非虚构写

---

① https://www.court.gov.cn/fabu-xiangqing-104272.html，最高人民法院官网，访问日期：2022 年 12 月 23 日。

作者则置身事件之中，有足够的时间和精力投入，进行参与式观察。第三，法律人必须以最简单的方式让人理解自己，尤其是自己如何得出结论，这种表述不过多诉诸修辞技巧；非虚构的文学写作却有更多的表达自由，以故事线连缀起所有细节，有足够的情感空间。

即便如此，法学语言与文学语言仍有共通之处。“表象”对应的是广义的文本，指任何能够被观察、被解读的一切社会文化的表征（事件、新闻、印刷文字等），表象仅仅是一种陈述性知识；而“真相”则是一种默示性知识，不易被觉察，同时是一种根深蒂固的认知模式。探知后者才是文学写作者的真正目的。若借这一关系解释法学写作，则案件事实其实是表象，是一种陈述性知识，并不等同于法律层面的真实。为将案件事实归入法律条文的行为模式，剪切事实、解释法律，从而将事实涵摄于法条，才是法律适用的真相。法律真实即以陈述性知识为素材，提炼出法律人群体内部的默示性知识。

费孝通与江村的八十年

阅读《江村经济》[1]

阅读提要

《江村经济》（原书名为《开弦弓：一个中国农村的经济生活》）于1938年以英文成书，是费孝通先生的博士学位论文。该书以开弦弓村（学名“江村”）的实地考察为基础，运用大量事实详细地展示了太湖沿岸村庄的生产、消费、分配和交易等经济体系环节的运行情况，成为社会学中国学派“社区研究”的经典之作。

李颖同学梳理了《江村经济》的章节结构和叙述脉络，重点分析了80年间开弦弓村经济结构的变迁：20世纪30年代“水稻+缫丝”的村庄经济结构，转变为近年来“务工+经营”的村庄经济结构，种植业逐渐淡出。从“小地方”透视“大社会”，从“地方史”剖析“国家史”，这正是《江村经济》及其学术续作的价值所在。

开弦弓村的土地利用状况与中国东部城市化程度较高地区的人地关系变迁相吻合。故陈莹同学将关注点集中于农村土地利用问题，并着重分析家庭农场这一新型经营主体。家庭农场是农村家庭联产承包经营的“升级版”，家庭农场准入制度是家庭农场制度体系构建的基础。但对于家庭农场注册标准、法律性质、登记程序等问题，学界尚无系统性的思考。

两位领读人使用大量数据资料来增加论证力，对此张旭辉同学深受启发，同时他发现东亚、欧洲、美洲的农业发展模式存在差异，并提出其背后深层次的政治社会历史原因。马金凤同学发现，农村劳动力要素的合理配置与农业生产机械化程度是家庭农场发展的关键。邱琴同学分析了当下农民工生计选择的困境，认为进城不返乡更多是基于对机会成本的考虑。

肖建飞老师以此书为例，分析个案研究如何与典型性、代表性研究建

---

[1] 本期读书会领读人为2021级硕士研究生李颖、陈莹，2021级硕士研究生范元培主持，肖建飞指导并做回应总结。

立起联系。彭亚媛老师提议法学研究应该关注农村土地三权分置这一主题。申屠晓莉老师、雷婉璐老师、郑淑珺老师肯定读书会改版后的互动效果。

（范元培供稿）

楔子

一个人、一本书、一个国家的百年命运

肖建飞

1935 年费孝通先生（以下简称“先生”）奔瑶山调研，妻亡已伤。

1936 年先生被姐姐费达生的工作吸引，费达生在开弦弓村帮助农民建立生丝精制运销合作社，先生回乡进行了一个多月的调查。

1937 年先生自上海出发经威尼斯抵达伦敦，航程两个多星期。船上无事，把开弦弓村调查资料整理成篇，为该村提学名“江村”。

1938 年在伦敦经济学院，经弗思（Raymond Firth）、马林诺夫斯基（B. Malinowski）指导，先生完成博士学位论文，题目为“开弦弓，一个中国农村的经济生活”。先生在文末写道：“现在日本入侵，给我们一个机会去打破过去在土地问题上的恶性循环。成千个村庄，像开弦弓一样，事实上已经被入侵者破坏，然而在它们的废墟中，内部冲突和巨大耗费的斗争最后必将终止。一个崭新的中国将出现在这个废墟之上。”由导师推荐、Routledge 书局编辑评阅后，将书名改为 *Peasant Life in China*（《中国农民的生活》）。同年初秋先生离英返回中国，在轮船上得到广州沦陷的信息，临时决定在西贡登陆，直奔云南昆明。

该书 1939 年出版，当时欧洲已发生战事。全球战乱连年，直到战后先生回到清华园，收到该书的英文原版。

英国皇家人类学会于 1981 年授予先生赫胥黎奖章，接受奖章时要宣读论文。为叙述江村在四十多年中的变化，先生到江村进行了短期的访问，写下《三访江村》。

1982年先生又回江村继续开展农村调查，随后开始研究小城镇，研究地域包括苏州、无锡、常州、南通、南京、镇江，后扩大到苏北。小城镇研究是江村研究的继续。

引用先生的话，该书“作为我个人在人生道路上的一个脚印，自当珍惜；作为国家社会历史的一些历史记录，固然也有它存在的价值；但是我既然还活着，而且尚能工作，自觉有责任再把江村在这半个世纪里的变化写下来，作这本书的续编，并当尽力把这段时期自身的长进来补足早年的不足”①。

主题领读

江村经济80年

李　颖

一、《江村经济》的写作背景

1935年秋天，刚从燕京大学毕业的费孝通先生（以下简称“先生”）收到了伦敦政治经济学院的入学通知书。他觉得有必要在出国前进行实地调查，便与妻子王同惠前往广西大瑶山。1935年冬天，雪下得特别大。意外发生了：先生在考察途中身受重伤，而他新婚108天的妻子王同惠在寻求救援时溺亡。

1936年夏天，先生收拾行装，准备远赴英伦。在姐姐费达生的邀请下，他利用出国前的两个月考察了开弦弓村。在伦敦攻读人类学博士学位期间，先生在马林诺夫斯基教授的指导下完成博士论文《开弦弓：一个中国农村的经济生活》。论文获得通过的当晚，马林诺夫斯基将之推荐给英国的Routledge书局出版，并预言该书将“被认为是人类学实地调查和理论工作发展中的一个里程碑”②。书局建议把书名改为*Peasant Life in China*

① 费孝通：《江村经济》（修订版），上海人民出版社，2013，第5页。
② 费孝通：《江村经济》（修订版），上海人民出版社，2013，第7页。

（《中国农民的生活》），还在书的扉页印上了中文书名《江村经济》。从此“江村”就成了开弦弓村的学名。同样一份文稿有三个不同的名称，但关键词均包含开弦弓（或江村）、中国农村（或农民）、经济。

我们首先要思考的问题是，开弦弓村这样一个微小样本能否代表当时中国农民的生活呢？

这本书率先在国外出版。当时国外学界对中国知之甚少，自然期望通过中国人的眼睛观察中国农民的现实生活，并了解中国学者是怎样思考中国乡村的。

先生选择开弦弓村作为调研点。他认为，通过开弦弓村这个窗口观察中国农村的样貌，能看清一些东西。换言之，对小样本进行细微观察和客观分析有其重要意义。研究社会的途径之一是从社区入手，而研究社区是为了认识和改良社会。如果是为了认识社会，不管选择哪个社区作为研究对象，其都具有典型性或代表性。[①] 先生在书中“调查区域”一章中写道，对小社会单位进行深入研究，得出的结论不一定适用于其他单位，但是社区个案的结论可作为参照系，作为其他地区研究的比较材料。这是获得科学结论的有效方法。

二、 费孝通与江村的学术情缘

先生与江村的学术缘分起源于姐姐费达生的引导。1923 年，在江苏省立女子蚕校校长郑辟疆的带领下，费达生等青年教师到吴江县的震泽、双扬、开弦弓村（即江村）等地宣传土丝改良。费达生多次到开弦弓村指导养蚕，提倡以合作工厂代替家庭手工生产，并组织当地村民创建了吴江县震泽区开弦弓有限责任生丝精制运销合作社。此外，早在 1936 年前往江村实地调查前，先生就曾为姐姐费达生代笔，先后在北平的《独立评论》上发表《我们在农村建设中的经验》，在天津的《大公报》上发表《复兴丝业的先声》。由此可见，先生在江村调研前，对当地的情况已有所了解。

1936 年 6 月底，先生回到苏州家中养伤，对江村的考察就此开始。先生将其所观察到的当地生产生活，以及姐姐的工作给本地带来的变化记录

---

① 周拥平：《江村七十年》，《中国农业大学学报（社会科学版）》2007 年第 1 期，第 40 页。

下来。到英国伦敦政治经济学院后，先生利用收集到的江村资料完成了博士论文。

1956年，即先生首次调查江村20年后，澳大利亚悉尼大学人类学系的威廉·葛迪斯（W. R. Geddes）教授来华提出重访江村，并于5月中旬进行了为期4天的考察。1957年先生偕同姐姐重访江村，历时20天，重点考察农民的经济生活，并与20年前的调查情况进行比较，考察结束后先生撰写了《重访江村》。

1956年后，大量知识分子被打成右派，先生也在被批判之列。江村研究随之成了众矢之的，成为他的“典型罪证”之一。此后，先生的研究渐渐被遗忘，至20世纪60年代，仍听不到有关他的消息。1957—1979年，先生在国内未发表过著作。先生于1963年致函伦敦出版商，请求其不要再版《江村经济》一书。①

20年后国家拨乱反正，社会学科于1979年开始恢复建设，先生也迎来了“第二次学术生命”。1981年，71岁的先生偕同78岁的姐姐三访江村。先生将再访江村作为“第二次学术生命”的起点。三访江村时间不长，只有4天，但先生在这里看到了中国特色的工业化道路——工业下乡。自1981年起，先生每年一至两次访问江村，累计达二十余次。先生怀着对家乡的深情，长期关注着家乡变化，同时不断“走出”江村，关注小城镇发展问题，并写下《小城镇大问题》《小城镇再探索》《小城镇新开拓》等文章。

三、《江村经济》的章节结构

《江村经济》一书的写作主线是江村的经济活动与特定地理环境及所在社区社会结构的关系。同大多数中国农村一样，这个村庄在20世纪30年代也经历了巨大的变迁。阅读期间，读者能看到江村经济变化的动力与面临的问题。该书共有16章，内容大致可以分为三部分。

第一部分为第一章至第六章，记录了村中以血缘关系为纽带的家族及家族的延伸、村与户的关系等。读者可以从中详细了解到当时太湖流域农

① 王莎莎：《江村八十年——中国乡村研究的回顾与展望》，《原生态民族文化学刊》2016年第4期，第86-87页。

村的家庭模式、血缘与亲属关系的构成。开弦弓村的土地继承模式为儿子平分，但并非完全的均等平分，一般长子会获得额外一小部分。这一土地继承模式带来如下影响：第一，土地使用的狭小、分散，限制了畜力的使用，也妨碍了其他集约化劳作，农业生产率较低。第二，耕地面积狭窄限制了抚育孩子的数量，家庭即使耕地相对较多，养育了较多的孩子后，经历几代人的土地继承，家族内各家户的土地面积也会持续缩小。第三，土地细碎化导致农业劳动力剩余，这些剩余劳动力缺乏非农就业渠道，间接制约了城市化进程和工业化发展。书中令我印象深刻的一处描述如下：村里有了两台动力抽水泵，但并未被普遍采用，主要是因为使用机械节约下来的劳动力尚未找到生产性出路，村民宁愿使用旧水车也不愿让自己空闲数月。

第二部分为第七章到第十五章，深入探讨了开弦弓村的生产经营活动，对农业、缫丝业和贸易等都有翔实记录。村里有 2/3 以上的人主要从事农业，一年中有 8 个月用来种地；从事手工业和服务业的人员占总户数的 7%，比重相当低。木匠、篾匠、水泥匠等手工艺人，以及缝纫的工作，均不需要非常专业的知识和技巧，生孩子不一定需要专业人士协助，就连平时请和尚念经，村里人也觉得陌生口音的和尚经念得更灵。换言之，村内专门职业发展处于停滞乃至萎缩状态。由此可见，农业（尤其是水稻种植）在村庄经济中的重要性不言而喻。因此，研究江村的经济生产活动，就需要了解农业的基础——土地制度。根据当时的土地制度，土地权属被划分为两类——田面权和田底权（即“永佃制”下的产权分割）。田底权属于土地的所有权人，其支付土地税，以本人名字在政府登记。所有权人可能只占有田底，不占有田面，即其无权使用土地进行耕种。这类人通常不居住生活在乡村，而是生活在城镇，故被称为“不在地主”。既占有田面又占有田底的人，被称为“完全所有者”；仅占有田面不占有田底的人，被称为“佃户”。完全所有者和佃户可以根据需要把土地租给他人，或者雇工耕种。根据先生的统计，村中耕种土地不到 10 亩的家庭超过了 90%。这些家庭存在剩余劳动力，但因土地不足且缺乏非农就业途径，部分劳动力不得不成为佃农（租种他人土地）或雇工。在经济萧条年代，村民依赖有限的农田“靠天吃饭”，地租成为其沉重的负担，村民依靠土地难以维持最基本的生活。

第三部分是最后一章，总结出 20 世纪初中国农村的基本问题，即

“农民的收入降低到不足以维持最低生活所需的程度”，也就是“农民的饥饿问题”。造成这种情况的直接原因是乡土工业的崩溃。随着西方工业产品的输入，太湖周边的乡土手工业无力竞争，导致乡村大量人口失业。乡土工业萧条激化了早已存在的土地利用冲突：地主们一边握有收取地租的权利，一边享受着西方洋货，在增加了消费的同时也不放松收租的权利。在佃户眼里，收租者变成了来要最后一颗谷的“催命鬼”，社会阶级矛盾空前激化。先生提出，可行的解决办法是“恢复农村企业增加农村收入”。先生从姐姐费达生在江村发展蚕丝业的实践中，敏锐地观察到中国农村工业化的希望。

四、江村80年的经济变迁

先生将探索中国城乡发展道路作为自己一生致力研究的课题。他提出，中国农民穷困的根源有二，即土地制度的不合理与人口的不断增长。[①]自1936年起，开弦弓村历经80余年的发展，在改革土地制度、控制人口增长的同时，充分利用剩余劳动力，在实现农业繁荣的基础上，农副工业齐头并进，农民生活逐渐富裕。

1938—1949年，历经抗日战争和解放战争，农民的生活更为贫困。先生将造成这种悲惨局面的根本原因归结为封建土地制度和维持这种制度的政治权力。当时开弦弓村的土地56.5%为地主所有，75%的家庭靠租田和借高利贷过日子。水利无人关心，太湖洪水一发，这些滨湖地区立即受灾，粮食产量逐年下降，亩产稻谷大约只有300斤，蚕丝副业几乎停顿。加上日军扫荡，苛捐杂税，贼盗横行，导致民不聊生。

1949—1952年的土地改革废除了封建土地所有制，确立了农民土地所有制。1949年在中国共产党的领导下，开弦弓村得到解放。和全国其他地区的农民一样，村民政治经济上的翻身是从土地改革开始的。1951年初开弦弓村进行了土地改革，94%的农户分得了土地，农民成了自己土地的主人，积极性空前高涨。就全国情况看，与1949年相比，1952年全国平均粮食产量增长了42.8%，农民购买力提高了一倍。

与其他农村改革趋势一致，1958年开弦弓村建立了人民公社。当时

---

① 费孝通：《中国城乡发展的道路——我一生的研究课题》，《中国社会科学》1993年第1期，第4页。

提出了过高的生产指标，经济上搞“一平二调”，挫伤了农民生产的积极性，粮食减产，农民收入减少。[①] 1962年开弦弓村以生产队为核算单位，实行计件工分制。同时组织农民开展农田基本建设，平整土地、开通沟渠、推广机电排灌。1962—1966年开弦弓村粮食产量平均递增率为8.25%，其间恢复和发展了蚕桑生产这一传统副业，农民人均收入从1961年的约80元上升到1966年的约118元。

1966年“文革”开始，由于强调以粮为纲，集体副业和家庭副业都受到极大限制，加上管理上强调统一指挥而不考虑地域差别，分配上实行平均主义，农村经济几乎进入停滞状态，开弦弓村村民年均收入徘徊在116~127元。

“文革”在农村中的消极影响从1978年底开始被逐步纠正。20世纪80年代，开弦弓村农民收入的增加主要得益于两方面政策：第一，实行家庭联产承包责任制，农民生产积极性大幅提高，农业经济进入一个新的发展阶段；第二，农村经济结构改革，实行家庭联产承包责任制后，农村剩余劳动力问题暴露无遗——每个家庭都清楚承包土地所需的劳动力数量，剩余劳动力便自觉寻找出路，这成为太湖沿岸乡镇工业发展的巨大推动力。在开弦弓村，不仅已纳入集体经济的养蚕业获得了大发展，各种家庭副业也迅速壮大，农民收入超过了全国平均水平。1980年各类家庭副业人均收入约120~150元，占人均总收入的一半左右。此后太湖周边乡镇企业迅速发展，随之出现了大批亦工亦农的劳动者。[②]

从1998年开始，开弦弓村出现了鱼蟹套养的经济模式，村民们渐渐脱离种植业，将土地出租给水产养殖户，坐收租金（每年每亩地约800元），原从事种植业的劳动力转入其他行业。从种植收入转向租金收入、务工收入与个体经营收入，这一变化是相当重要的，农民的收入来源趋于多样化。由此可见，农民出租土地使得传统小农社会自给自足的超稳定社会结构发生松动，市场经济日益发展壮大是撬动稳定结构的杠杆。

依据农村家庭收入构成，即家庭经营收入、工资性收入、财产性收入和转移性收入，开弦弓村村民收入结构的变化也是分析该村80年经济变迁的重要视窗。第一，1936年村民家庭经营收入包括耕种、养蚕和养羊，

---

① 费孝通：《江村五十年》，《社会》1986年第6期，第5-6页。

② 费孝通：《江村五十年》，《社会》1986年第6期，第4-9页。

占村民家庭收入的比重为86.27%；至2014年，家庭经营收入多源于经商、纺织、羊毛衫等产业，比重回落至44.7%。第二，1936年村民中获取工资者较少，工资性收入所占比例较低；至2014年，农村剩余劳动力逐步向工业和服务业转移，村民工资性收入占收入总额的41.8%。第三，1936年江村农民大多只能租田耕种，缴纳租米，这其实是地主的财产性收入，而非农民的财产性收入；进入21世纪，开弦弓村家家户户都出租田地，村民普遍有田地租金收入。21世纪，开弦弓村村民的财产性收入还包括利息、余额宝收益、基金收益、股票收益等，储蓄利息、房屋租金等同样属于财产性收入的重要组成部分。第四，转移性收入直至2007年才略有起色，但占比较低，此前几乎可忽略不计。考察开弦弓村农民收入结构和来源，可看出该村农民收入增长渠道主要依靠工资性收入与家庭经营收入，财产性收入呈现增长趋势。①

在《江村经济》中，先生认为，村民从未被土地束缚，而是无法舍弃与土地的感情，那是一份归属感和安全感。正如一个村民所言：“地就在那里摆着，你可以天天见到它，强盗不能把它抢走，窃贼不能把它偷走，人死了地还在。”土地取之不尽、用之不竭的性质，为人们提供了相对有保障的生活。时隔大半个世纪，仅就土地利用而言，商业用地、工业用地、租房市场的发展也改变了土地延续千年的稳定的种植功能。

见微知著，开弦弓村经济结构的变化，在我国并不是个别的特殊现象。就算不能说中国几十万个农村都已发生了上述变化，但至少也可以说开弦弓村的发展代表着我国商品经济高度发展、城镇化程度较高地区的共同趋势。大半个世纪中，开弦弓村所走过的道路和其他乡村大体一致，故可作为分析中国农村变化的“小窗口”。② 尽管均为小范围的实地调查，江村研究系列却能反映中国农村普遍的生活状况，以及政治经济体制改革引发的一系列社会问题。

---

① 张旻蕊：《江村农民收入结构的八十年变迁》，苏州大学硕士学位论文，2015，第26-27页。

② 费孝通：《三访江村——英国皇家人类学会1981年赫胥黎纪念演讲》，《江苏社联通讯》1981年第17期，第50页。

中国农村经营主体的变迁

陈 莹

一、从江村研究到禄村研究

（一）江村农田的经营方式

“江村”即位于长江三角洲太湖东南岸的开弦弓村，这个村庄的生计来源是农业和蚕丝业。20 世纪 30 年代，该村有 2/3 以上农户主要从事农业，农业是周边农户的第一项收入来源，蚕丝业则是他们的第二项收入来源。在江村，一方面，90%以上的家庭自有土地不足 10 亩，这是江村呈现出的第一个经营模式特点——分散式小农经营；另一方面，由于多数农户土地匮乏，家庭存在剩余劳动力，耕地不足，因此不少家庭成为承租者或者佃户，这是江村经济呈现出的第二个特点——佃户占比较大。

江村农田的继承方式是对分散式经营最好的解释。在江村，大家庭分家时，父亲从自己耕种的土地中挑出一部分，除去额外分给大儿子的部分，剩余土地由儿子们平分；待父亲去世，他那一份地还要再分配。分家造成土地不断被分割，导致江村农田碎片化，村庄里几乎没有成片的大规模耕地。

随着城镇商业资本渗入乡村，到 1936 年，江村约 2/3 的田地为“不在地主”所有，1/3 的田地仍保留在农民手中。这是因为，日本机械缫丝品质更好，致使中国市场的生丝价格下跌，农民蚕丝收入减少，农家整体收入随之下降，有限的收入已难以维持日常生计，农民只能选择借贷。当无力偿还借款时，农民又被迫将田底所有权抵给债权人。由于债权人多居住在城镇，因此产生了越来越多的“不在地主”，失去土地的农民只能向“不在地主”租赁。这便是江村佃户居多的原因。

（二）禄村农田的经营方式

禄村是禄丰县的一个村子，距昆明约 100 公里，几乎完全是一个农业村庄。在禄村，没有田的农户占 31%，有田不足 16 工[①]的占 35%。也就

---

① “工”为本地土地计量单位，费孝通先生以每亩 250 方公尺为计算单位，在禄村/市亩合 2.6 工。参见费孝通：《江村经济》，上海人民出版社，2013，第 328 页。

是说，禄村大部分家庭要么无田，要么田产极少。同时，禄村最大的地主也只有 65 工田，折算为 25 亩。就此看，禄村私家田产规模普遍较小。但在禄村，很多无田或少田的人可以靠租田的方式得到经营较大面积农田的机会。

20 世纪 40 年代，禄村经济结构以农田为重心。禄村向外输出农产品，农产品的价格因都市人口的增加而上涨。禄村没有手工业，现代工商业对于禄村与江村的影响是不同的。

城镇化对于禄村的影响在于劳力的使用，而非农田产权流转。禄村劳力来源包括：（1）无田的新户；（2）流浪劳工；（3）季节性外来劳工。随着城镇化的发展，城镇就业机会增多且工资较高，而禄村村民支付给雇工的工资未上涨，导致禄村劳力供给减少。

（三）江村与禄村的差异

江村靠近都市且手工业较发达，居民并不全靠农田收入来维持生计。江村村民生产的蚕茧与生丝并非自给自足，而是用作外销的商品。因此，江村深受现代工商业发展的影响。20 世纪 30 年代，传统手艺敌不过现代机器，生丝价格一落千丈，江村经济遭受空前打击。农村生产生活不得不依赖市镇资金的输入，但后者带来的并非接济，而是榨取，这就导致农村土地所有权流入市镇。

禄村是小土地所有者占多数的村子，其特色是众多人口聚集在狭小的土地上，凭借简单的农业技术，依靠土地产出，维持很低的生计水平。周边城镇发展后，禄村农田所有权并未像江村一样流入市镇，而是出现劳工逐渐外流的现象，这对禄村传统的雇工自营农业经营方式构成了威胁。

二、从农村承包经营户到家庭农场

（一）家庭农场产生的背景

无论江村还是禄村，农田的经营方式都是分散式的小农经营，这也是我国传统农业生产的基本经营模式，从汉代以来已延续 2000 余年。经历了 20 世纪 50—70 年代的农业集体化，仅就经营规模而言，家庭联产承包责任制与历史上小农的分散生产经营有众多共性。

自改革开放，尤其是 21 世纪以来，随着工商业的发展，城镇就业规模扩大，城乡就业结构明显转变，越来越多的农民涌入城市，导致农村常住人口减少，土地荒废现象严重，传统分散式的小农经营开始出现多种弊端，无法解决城镇化带来的农业可持续发展问题。为此，党的十八大提出构建新型农业经营主体。随后，2013 年中央一号文件中提出，要鼓励和支持承包土地向专业大户、家庭农场、农民合作社流转。家庭农场被赋予如下职能：有效利用农村土地，以规模化的生产经营方式来解决农地荒废问题，同时带动农村经济的发展。

2017 年党的十九大报告提出实施乡村振兴战略，其中产业兴旺是乡村振兴的重点。随着乡村振兴战略的实施，2018—2022 年的中央一号文件均重点关注家庭农场的培育和发展。2022 年党的二十大报告提出："巩固和完善农村基本经营制度，发展新型农村集体经济，发展新型农业经营主体和社会化服务，发展农业适度规模经营。"新型农业经营主体以家庭农场为重要组成部分。由此可见，家庭农场的兴起在我国有特定的经济社会政治背景。

在中央政策的支持下，农业投资环境得以改善，各类资本纷纷向农业领域流入，出现了"资本下乡"的现象。主要表现如下：第一，外来工商业资本下乡参与土地流转，资本雄厚的企业在资金上扶持部分农户，帮助其扩大经营规模，这成为推动农业经营模式转型的一大因素。第二，外出打工经商的农户经过艰苦努力，积累了一定量的资本，开始投资农业，成立家庭农场。第三，农户通过农业生产经营中的资本积累，发展为家庭农场。资本流入农村为家庭农场的发展提供了必要的资金支持。

囿于不同年龄与技能水平，农民在城乡面临的机会成本存在差异。农村劳动力外流趋势加剧，但农村土地流转比重仍很低，这说明农村有一定数量的劳动力无法或者不易外出务工。家庭农场可以根据经营需要，在本地相对灵活、廉价地雇佣适量雇工。这些雇工往往是一些经营少量土地、未能充分就业的农民或者老年农民，他们为了增加家庭收入而选择出卖劳动力。这些人生活在村庄，为家庭农场提供了一个可以随时雇佣到雇工的劳动力市场。

综合政治、经济、社会等方面的支持，家庭农场在我国有很好的发展前景。从传统的小农经济，到改革开放以来的农村承包经营户，再到如今的家庭农场，这是我国农业经营主体的转变史。农业新型经营主体的出现主要是国家政策引导与社会自我调节共同作用的结果。

(二) 农村承包经营户与家庭农场的关系

《中华人民共和国民法典》第五十五条规定:“农村集体经济组织的成员,依法取得农村土地承包经营权,从事家庭承包经营的,为农村承包经营户。”2013年农业部办公厅发布的《关于开展家庭农场调查工作的通知》中将家庭农场定义为:“家庭农场是指以家庭成员为主要劳动力,从事农业规模化、集约化、商品化生产经营,并以农业为主要收入来源的新型农业经营主体。”

农村承包经营户与家庭农场的主要区别在于:第一,从生产方式上看,农村承包经营户从事农业生产,其劳动成果最初主要满足自家需要,后来逐渐作为商品出售,生产经营从自给自足向商品化转型;家庭农场从事农业商品化生产,虽然有自给自足的部分,但主要以营利为目的。第二,从生产规模上看,农村承包经营户是在自家的土地上,依靠自身的劳动力从事简单的农业生产,规模偏小;家庭农场主要通过土地流转的方式进行规模化经营,规模较大,且在农忙时可能雇佣雇工,以家庭成员为主要劳动力,但不完全依赖。第三,从设立方式上看,农村承包经营户自依法取得农村土地承包经营权时获得法律地位,无须附加其他法定程序;家庭农场需通过土地流转合同取得经营土地,并依据家庭农场管理办法进行工商登记。

综上,无论从生产方式、生产规模还是设立方式上看,家庭农场都可被视为农村承包经营户的进阶版。农村承包经营户是小农经济的象征,在过去长达几千年的时间内,我国的小农经济一直发挥着主导性、基础性的作用,成为中国社会发展的基础性力量。家庭农场是对农村承包经营户的升级,实现了对传统小农经济的现代化改造。家庭农场的规模化经营符合我国人多地少的国情,如今这种局面并没有彻底改变。农村人口因城镇化而减少,剩余的人口数量已难以支撑一家一户的小农经济,而家庭农场整合农村土地资源、进行规模经营,且生产经营的人力仍集中于家庭成员,经营目的仍立足于(但不限于)维系家庭生计,故与小农经济有历史渊源。同时,以家庭为中心,能够将劳动力的工作效率提升到较高水平,以实现家庭农场的高效运营。因此,我国的家庭农场应继续采用小而精的模式。

三、家庭农场的发展与法律地位

（一）家庭农场的发展

随着我国经济的发展以及各项惠农政策的落实，越来越多的地区自发组建家庭农场，我国家庭农场的数量呈现上升趋势。2013 年中央一号文件首次提出家庭农场，截至 2015 年底，经农业部门认定的家庭农场有 34.3 万个，2016 年底增长到 44.5 万个，2019 年底已达到 85.3 万个。[①] 2021 年 7 月 15 日，中国农业农村部官网发布了《对十三届全国人大四次会议第 3477 号建议的答复》，该答复提供了如下数据："截至 2020 年，全国家庭农场名录系统填报数量超过 300 万个，创建县级及以上示范家庭农场数量达 11.7 万个。"在 2022 年 6 月 27 日"中国这十年"系列主题新闻发布会上，农业农村部副部长邓小刚表示，党的十八大以来，农村改革全面推进，推动重要领域和关键环节取得突破性进展，新型农业经营体系加快构建，家庭农场达到 390 万个。

由于区域差异性，全国各地形成了各具特色的家庭农场类型，与其生成和发展的区域环境相适应。例如上海松江模式、浙江宁波模式、湖北武汉模式、安徽郎溪模式和吉林延边模式，都有着特定的地域条件和社会背景。从产生的原因看，上海松江模式体现了城市郊区解决农村劳动力非农化和老龄化的农业转型要求；浙江宁波模式和湖北武汉模式的共性在于都市郊区农业在工业化和城市化背景下服务城市发展的特征；吉林延边模式和安徽郎溪模式则发生于农业主产区，是在农业劳动力不断转移的背景下实现农业规模化转型的代表。

（二）家庭农场的法律地位

由于没有明确的立法规定，各学者对我国家庭农场的法律地位众说纷纭。贾超翔、张新民认为，应将家庭农场界定为非法人团体。[②] 沈月娣认为，家庭农场的组织形式应当在个人独资企业、合伙企业和公司中自由选择。[③] 张帅

---

① 《农业现代化辉煌五年系列宣传之二十：家庭农场加快培育》，载农业农村部官网，http://www.ghs.moa.gov.cn/ghgl/202106/t20210615_6369594.htm，访问日期：2021 年 6 月 15 日。

② 贾超翔、张新民：《论家庭农场的法律地位》，《宁夏社会科学》2014 年第 5 期，第 19 页。

③ 沈月娣：《我国家庭农场法律定位若干问题的思考》，《河南财经政法大学学报》2014 年第 1 期，第 111 页。

梁认为，应当将家庭农场界定为独立的组织形式。[①] 贺茜认为，有限责任公司的组织形式能够满足家庭农场的规模经营需求。[②] 武焱、马跃进认为，家庭农场的组织形式应该是有限合伙企业。[③] 曹兴权认为，应抛弃对新型农业经营主体的身份迷信，转而立足于为经营主体提供政策支持，界定家庭农场资格的问题将变得无关紧要。[④]

目前，我国家庭农场可以登记的民事主体类型有个体工商户、个人独资企业、合伙企业、有限责任公司等。虽然我国实践中家庭农场登记的类型多为个体工商户或个人独资企业，但是这并不意味着现阶段登记的主要主体类型就是适合家庭农场未来发展方向的。家庭农场经营者选择登记为个体工商户或个人独资企业，主要是基于手续简便、政策优惠等因素。但登记为个体工商户，家庭农场需以个人或家庭财产承担无限责任；而以个人独资企业形式设立的家庭农场，其财产归属需依据《中华人民共和国个人独资企业法》判断，即若投资人以家庭共有财产出资，需在登记时注明，否则视为个人财产，这一模糊地带为大量纠纷的发生埋下了伏笔。

基于此，我认为将家庭农场登记为有限合伙企业或者有限责任公司更能满足其规模化经营和融资的需求。原因如下：第一，家庭农场要求适度规模经营，将土地集中利用，这就必须依赖规模化的管理方式和经营理念。组织性是合伙企业和有限责任公司有别于个人的一大特征，通过组织化的管理和经营，可以实现家庭农场的经营规模化，提升品牌效应，从而提高销售额和经营利润。第二，合伙企业中的有限合伙企业能够很好地满足工商资本进入家庭农场的需要。有限合伙企业由普通合伙人和有限合伙人组成。普通合伙人承担无限连带责任，执行合伙事务；有限合伙人承担有限责任，不执行合伙事务。因此，有限合伙企业可以吸引家庭成员作为有限合伙人参与投资，这既能保证家庭成员对农场的控制权，维持家庭经营模式，又有助于融资并扩大生产经营规模。[⑤] 同样，有限责任公司的组织形式也有利于家庭农场对外融资。当家庭农场确立为有限责任公司后，现行的法律空白就可以由《中华人民共和国公司法》予以弥补，家庭农场

---

① 张帅梁：《家庭农场的法律属性及市场准入问题研究》，《中州学刊》2015 年第 4 期，第 64 页。

② 贺茜：《家庭农场商事主体资格的建构》，《西北农林科技大学学报（社会科学版）》2019 年第 2 期，第 120 页。

③ 武焱、马跃进：《家庭农场立法的相关问题探讨》，《理论探索》2021 年第 6 期，第 124 页。

④ 曹兴权：《走出家庭农场法律地位界定的困境》，《中共浙江省委党校学报》2015 年第 1 期，第125 页。

⑤ 武焱、马跃进：《家庭农场立法的相关问题探讨》，《理论探索》2021 年第 6 期，第 124 页。

就有了公司主体资格，就能以公司（而非农场主个人）的身份申请贷款，这一定程度上提高了交易主体对其的信任度，从而能缓解个人融资难的问题。

研讨互动

学生与谈…

张旭辉：中国农村土地利用细碎

我总体了解了这本书的各章节，即知道每个章节的核心内容，比如第二章解释为什么选择开弦弓村作为调查对象，以及开弦弓村的大致情况。其实，该书对乡村经济、农民生计活动的描写于我而言都较为遥远。李颖同学在汇报时提到，农民在子女成年后，会对家庭土地进行分割并分给自己的子孙后代，致使土地变得零散、细碎。

我未曾亲身接触，不知道是不是所有农村都是如此。但若情况确实如此，便能解释为何中国的土地制度、土地利用方式与美国等实行大面积单一作物种植的国家存在差异。我们向来重视血缘关系，农村的土地基本由村委会按人头或家庭分包给每家每户。如今，中国农村的许多土地被转包给他人耕种。我也听闻，有些村庄会将大面积土地集体转包给农业企业，用于种植树木、树苗并进行销售；还有一些村庄，仅由一两个人耕种大片土地，每年按每亩几百元的标准支付租金。

美国采用机械化方式，一个人可以种植上千亩土地，跟我们国家有很大不同。我国农民对土地的执着及家族观念与美国是不一样的。在我们国家，一提到农民，很多人会觉得这一群体收入并不高。但如果大规模流转土地使用权，农业收入也可以是可观的。

马金凤：劳动力过剩产生的原因

《江村经济》基于实地考察写成，旨在阐述乡村经济体系与特定地理环境、社会结构的关系。尽管此项研究属于小范围的实地调查，却反映了当时中国农村的普遍生活状况，以及社会变迁引发的一系列社会问题。

农村劳动力过剩便是其中之一。这一问题在当时尚处于萌芽状态，如今已成为相当严重的社会问题。该书的第十章提及:"前两年,村里有了两台动力抽水泵……然而,这种机器尚未被普遍采用,主要是因为使用机械而节约下来的劳力尚未找到生产性的出路。"这两台抽水泵在村里存在了两年,从当地村庄密集程度与水泵存放时间来看,水泵是可以得到推广的,但偏偏没有被普遍采用,其根本原因显而易见——当地农民家庭担心劳动力过剩导致出现"吃闲饭"的情况。也就是说,从那时开始村民们就已经意识到这个问题了。该书曾不止一次提到,每个家庭都不敢要过多的孩子,怕养不起,就算养大了也是个问题,因为家庭财产要进行再分配,人均占地面积又将减少。

造成劳动力过剩的原因主要有两个:一是人口增长过快,二是农业机械化。人口虽然在当地受到抑制,但是还在持续增长中,人均占地量则快速下降,人们的生活条件非但没有改善,反而可能继续恶化。人口增长问题还没有解决,更大的挑战接踵而来。如果农业机械得到普遍应用,那又将有大批的农民沦为剩余劳动力。随着农业资本的积累和技术的提高,农业劳动生产率将进一步提高。即使农业人口不再增加,农业中的剩余劳动力也将迅速增长。尽管当时人们未能普遍采用机械化,但是这一趋势已有足够的征兆,这也是历史的潮流,难以抵挡。二十世纪七八十年代,农业机械化在全国都得到了普遍的应用。

农业生产力的现代化过程是不可抗拒的,在这一进程中必然有更多的农业劳动力转移出去。农村剩余劳动力不可能全部由农村内部产业的分工和分化来吸收。一方面,农村的一些产业不断向城镇集中;另一方面,相当多的农村剩余劳动力也逐渐向城镇转移。农村剩余劳动力向城镇转移也有伴生性问题,城市管理机制对农村剩余劳动力来说是不公平的,因为城乡居民的竞争起点不一样。因此,我认为陈莹同学所说的家庭农场制度是一个很好的解决方案。

邱琴:平衡城乡发展的新途径

李颖同学提到,改革开放以来,农民的工资性收入逐渐提高,已经超过了家庭经营性收入。其实,现在的江村和费孝通先生 20 世纪 30 年代调查的江村区别很大。下面我就城乡发展做一点儿补充。

费孝通先生的城乡发展思想是随着社会发展而演变的,主要可分为三个阶段。第一,乡土工业化思想。在二十世纪二三十年代,针对中国如何走上现代化道路的问题，费孝通先生基于1936年“江村”调查和20世纪40年代“云南三村”调查，提出通过发展乡土工业实现乡土重建的理念。第二，小城镇道路。改革开放后，国家允许农村开展多种经营并扶持乡镇工业。由于农村人多地少，劳动力过剩，在人地矛盾突出的地区，乡镇工业的积极发展推动了小城镇的迅速崛起。第三，多元城市化道路。从20世纪90年代开始，随着中国参与经济全球化的程度不断加深，乡镇企业和小城镇难以应对全球化和信息化等方面的挑战，各地的农民从“离土不离乡”转为“离土又离乡”，人口大流动成为不可逆转的趋势。

陈莹说现在农民工宁愿在外面打工也不愿回农村，我认可，但并非全然认可。我认为，农民工不愿意回到原来的、传统的农耕作业中去，但是如果成立家庭农场，农民工可能还是愿意回到农村的。我个人比较看好家庭农场成为平衡城市和乡村发展的新途径。

嘉宾点评

申屠晓莉：把负担转换成阅读收获

我觉得非常感动，上次读书会我和雷老师提出让同学们参与与谈，其实是有点儿不太好意思的，因为这在一定程度上给大家造成了一些负担。虽然读书不是坏事，但是每个人都有自己的事情要做。这次的读书会大家确实做得非常优秀。总的来说，我很感谢各位同学，让我和大家一起阅读这本书。

郑淑珺：同学们从自己的视角看问题

这次读书会中，同学们一起进入阅读状态。每个人的观点、看法都是从自己的视角出发的，比之前丰富了很多。有一个小建议，元培同学在主持的时候能不能把视频打开？

彭亚媛：从土地制度看中国改革趋势

今天讲的是关于农村的问题，我觉得很多时候农村都是改革的发源地，比如刚刚大家讲到的土地制度改革。大家可以关注一下，我们现在正倡导农村土地“三权”分置。原先我们只是把承包权、承包经营权独立出来，但现在我们提倡所有权归集体、承包经营权归农户，加上经营权归土地经营人。另一个是实施地票制度，很多农民工进了城，但是城市的规划是按照原有的土地进行的，城市发展需要建医院、学校等公共设施，需要额外的土地供给。一个人进了城，但是带不走他的土地，所以重庆开始试验把农民的土地换成地票，让地票在市场中流转，以缓解城市用地紧张的问题。

从土地改革可以看到整个中国的改革趋势。大家可以进一步思考我国的土地改革问题，包括农民利益的保障问题。

雷婉璐：思考是发生在头脑中的真实思想过程

肖老师这次采纳了我们上次的建议，我觉得这第一次的执行效果还是挺好的，给了大家一个锻炼和思考的机会，大家的表现让我感到惊讶。肖老师刚才还补充了一些信息，就是分享的点是同学们自己想的，我们上次的建议还是挺正确的。再坚持几次，看看能不能再有所创新。大家的表现让我感到十分放松，这或许得益于大家对费孝通先生这本代表作的熟悉和深入思考。思考本就是发生在头脑中的真实思想过程，同学们的表现恰恰体现出你们已做足准备——这种充分准备让大家在表达时更显从容自若，举手投足间都透着对知识的稔熟与自信。

导师回应…

与《江村经济》阅读相关的七个问题

肖建飞

我刚刚在听同学们汇报和与谈时，总结了几个问题，现在回应一下。

系列磨合后出现观念共通

我其实特别想表达一下感谢，昨天我看到李颖的 PPT 时，心中涌起一股莫名的感动。因为之前我并没有跟她说定什么题目。包括这次的读书会海报，我第一次看到海报上“江村的 80 年”这句文案时，瞬间深受触动。其实这就是我想让你们定的报告主题，但我之前没有对你们透露任何想法。你们自己就选择了这个主题，你们想的跟我想的一样，让我备受鼓舞、倍感欣慰。李颖负责汇报的“江村的 80 年”，查阅了江村研究的最新文献。这些本需要我指引的工作，她都自主完成了。同学们的表现让我很感动。

各位同学可能还不知道，现在陈莹同学在医院里，她是在医院里面给我们做的这次报告。一个多小时之前，我还跟陈莹说，我们有三个选择：第一，在陈莹身体允许的情况下，自己可以做这个报告；第二，我和邱琴都看过陈莹的文章，邱琴可以代陈莹做这个报告；第三，如果陈莹身体不允许，在此之前我看了这个报告，我可以替陈莹汇报。可是陈莹说她自己可以。

我们这十几个人，能够聚在云端开读书会，其实很难得。经过一系列磨合，好像我们观念里面有了一些共通的东西，无意之中便呈现出来了。我觉得这可能就是读书会能够延续下来的非常重要的原因。我也希望每次的读书会都能给同学们带来一些收获，否则我们做这个读书会就没有意义了。

数据使用因文本类型而定

我首先想到的是旭辉提的问题。旭辉说李颖用了较多的数据资料，他和邱琴的上一次汇报没有用这么多的数据和图表。这相当程度上是因为阅读文本各自的特点。《中国在梁庄》《出梁庄记》是两本非虚构写作作品，可以归于广义上的文学，文学怎么可能有那么多的图表呢？文本不一样，可供分析的内容素材也不一样，在读书会上呈现出来的内容肯定也有差别。

未选择《乡土中国》的原因

之前我在选书的时候，亚媛老师问我为什么不选择《乡土中国》。我说，严格地说，《乡土中国》不是特别典型的社会学微观社区的研究样本，它更适合作为社会学的入门读物，或者推荐给外国人，让他们通过这本书了解中国的传统社会。但是《江村经济》不一样，《江村经济》是非常典型的微观社会学研究文本，偏向民族志，更适合用来做学术分析。《江村经济》非常重要，这本书能够通过几个要点的提炼，让相当多的读者了解中国的农村，尤其是太湖流域农工复合的经济模式。近代以来，这一区域较早且较多地受到资本主义工业的影响，并被卷入世界经济体系。清末到改革开放初期，中国农民面对的最大问题就是吃饭问题。即便在“苏湖熟，天下足”的太湖流域，农民也面临着吃不饱饭的问题，更广阔地区的老百姓势必面临更为严重的生计困难。费孝通先生认为，土地问题是解决中国农村当时危机的一个关键——让种地的人拥有土地所有权，至少可以阶段性地缓解农民吃饭问题。但是农村土地制度改革只能让农民有饭吃，不能让农民富起来。费孝通先生的思想是不断在变化的，他在二十世纪三四十年代的时候特别强调农村工业，主张通过发展农村工业让农民建立多元生计，保证农民的生计稳定，甚至实现一定程度的小康。《江村经济》是非常标准的社会学文本，若进行学术阅读，选择它更合适。

从江村到禄村的学术探索

可能有一些同学会对陈莹在汇报时一下子从江村跳到禄村感到费解。1938 年费孝通先生从英国伦敦经济学院留学回来，拿到了博士文凭。那时候抗日战争已经打响，他不能从上海前往内地，所以直接到了云南。既然无法再进行内地乡村研究，先生就选择了云南禄丰县的一个村庄——学名为“禄村”，大约离昆明 100 公里。禄村没有受到资本主义工商业的影响，没有进入世界经济体系，这是他选择的另一种村庄类型。无论江村还是禄村，土地都是农民最基本的生产资料，也是其最基本的生存保障。

中国与欧美农业发展模式存在差异

旭辉提到中国农业的发展模式跟欧美的不一样。就种植模式和种植规模来说，农业经济的研究者有一个最基本的归类：第一，以新大陆为代表的地区（比如南北美洲和澳洲），经营主体多是大规模农场，家庭农场耕种面积达上千公顷。另外，由于资本主义工商业发展较早，这些地区较早进入农业资本主义经济模式。第二，欧洲农场的面积多为 50~100 公顷，这是典型的中等种植规模。第三，东亚和南亚以中日韩这三个国家为典型，均属于小农经济。为什么是“小农”？这可从世界经济发展的宏观趋势分析：中日韩较晚发展农业商品经济；且不同于新大陆，三国均为原住民国家，传统生计模式与小农经济深深影响着东亚的农业模式，所以这三个国家均采用小农生产模式。这三种模式也有共性，比如美国的农场、日本的小农场、欧洲的农场，其“盈利”主要是靠政府补贴。这有可能是未来世界农业的共同命运——农民若要获得稳定的生计保障，相当程度上需依靠政府补贴，尤其是种植粮食作物的农民。

种植成本持续升高的原因

陈莹汇报时提到，她认为现在农村存在大量的剩余劳动力。我认为，这个判断可能不准确。据我所知，即便是在粮食主产区，比如东北，雇工也是非常困难的，能够雇到的都是老年人和妇女，而且雇工的成本不断上涨，这也是导致粮食种植成本持续升高的原因之一。为什么种植成本会持续升高呢？大致有三方面原因：第一，租地的成本，从他人手中承包土地，租金年年都在增长；第二，雇工的成本年年增长，日工资200元已是常见水平；第三，随着农业机械化水平的不断提高，农机具更新换代的周期缩短，购买农机具的成本也在不断增加。所以，当下中国的农业面临着一个非常重要的问题，即农业生产成本的持续攀升，这是全国的农民（包括家庭农场）面对的一个普遍性问题。

城乡之间机会成本的差异

邱琴提到了一个问题：现在中国大量的农民工为什么会留在城市？我认为，最重要的一个原因在于机会成本，因为种地获得的单位收益太少，所以大量的青壮年农民到城市里寻找务工机会。

另外我特别想提一点（这是我个人的观点，也吸纳了朱启臻老师、温铁军老师等农业经济研究者的观点）：别把“城市反哺农村”“工业反哺农业”这些话挂在嘴边。

导师接续

对三个书名与社会学的中国学派的解释

肖建飞

昨天（2022年4月14日）晚上我给李颖提了一个问题：《开弦弓村：一个中国农村的经济生活》《中国农民的生活》《江村经济》这三个书名有什么差别？这个问题本身对于没有社会学背景的同学来说非常有误导性。首先，《开弦弓村：一个中国农村的经济生活》，这个题目特别大，这是费孝通先生拿到博士学位的毕业论文题名。他读博士期间，以开弦弓村为个案，记录中国农村的经济生活，试图通过开弦弓村反映长三角地区尤其是太湖流域农业和手工业相结合的村庄经济形态。20 世纪 30 年代初，外国人对中国缺乏了解。费孝通先生学成回国后，伦敦的出版社考虑到英美读者认知需求，希望通过这个个案来管窥中国乡村经济生活的全貌，因此将书名改为《中国农民的生活》。当时的欧美学界及对中国感兴趣的普通外国读者，常将这本书作为了解中国的途径，甚至在相当程度上把开弦弓村误解为中国农村的缩影。到 20 世纪 80 年代初，随着我们国家社会学和人类学研究的恢复，这本书从英文重新翻译回中文，翻译回来的时候，当时定的名字就是《江村经济》。“江村”也就是费孝通先生给开弦弓村起的学名。

费孝通先生一直在做什么样的努力呢？他曾说，自己那一代的中国学者自 20 世纪 30 年代开始做人类学研究；后因为“文革”影响，基本上失去了 30 年的研究时间；到 20 世纪 80 年代初，他们又成了披荆斩棘恢复中国社会学和人类学研究的一批人。他要做的就是选择全国不同区域的村庄作为研究样本。即便这种研究对于中国农村尚不具有普遍性，不同地区、不同类型的村庄也至少具备地域的典型性。费孝通先生一生都在致力于做典型性和类型性研究。

李颖同学在汇报中使用了“中国的社会学派”这一概念，其实准确称呼应为“社会学的中国学派”。我稍作补充，社会学的中国学派之发展源起，主要是指 20 世纪 30 年代中后期在燕京大学吴文藻先生的组织指导下，培养出的一批优秀学者，包括我们此次阅读的《江村经济》的作者费孝通先生，还有即将阅读的《金翼：一个中国家庭的史记》（以下简称《金翼》）的作者林耀华先生。

这些人有什么共同的特征呢？他们都开展了对中国乡村社区的微观研究。以往欧美的人类学和社会学学者致力于研究边远的部落，甚至是没有文字的部落，这些部落中的人群一度被很多欧美人类学家认为处于未开化的野蛮状态。但是像费孝通和林耀华这一批先驱者、社会学和人类学的领军人物，他们选择中国本土的乡村社区——这些社区及其所在地域有着非常悠久的历史，不单单是农耕史、贸易史，还有文化史。他们非常注重借鉴英美的结构功能主义，并开创了研究拥有悠久文明史的乡村社区的先河，在国际社会产生了深远影响，创立了社会学的中国学派。

阅读准备

申屠晓莉与肖建飞：读书会改组建议

申屠：肖老师，您可以考虑下我的建议，其实大家也不会太累的。可以要求主持人通读，带着一点儿浅层的感想来，领读人当然要精读和做报告，评议人事先看报告，带着评价和问题来就可以了。主持人通读全书，与谈人完全可以精读感兴趣的章节，让他们不要有压力。这样大家都有事儿做。

肖飞：谢谢申屠！在6名研究生中可以尝试这样做。我和研究生商量了，大致可以确定同学参加与谈。

肖建飞与6名学生：第7、8期的改组方案

读书会的新安排：

1. 《江村经济》

（1）领读人：陈莹、李颖。

（2）与谈人：马金凤、范元培、邱琴、张旭辉。

（3）与谈记录人：邱琴。

2. 《金翼》

（1）领读人：马金凤、邱琴。

（2）与谈人：陈莹、李颖、范元培、张旭辉。

（3）与谈记录人：陈莹。

3. 4位领读人要做的准备

（1）每期一个领读人介绍所选图书的主旨、写作思路，同时进行主题汇报（40分钟）；另一个领读人做一个主题汇报（20分钟）。建议主题汇报的主题能够结合自己的毕业论文或者写作课作业设立，至少要有相关性。

（2）每期汇报领读人从与谈同学中选出一个主持人。

（3）主持人要做一份海报、撰写一份新闻稿。

4. 主持人和与谈人

每期通读两本书就可以，然后就自己感兴趣的章节精读，提出问题或见解，与大家交流（与谈时间：5分钟）。

无论领读人还是主持人、与谈人，大家都不要有压力，我们都是在尝试，共同参与、学习、提高。

林权、股权与房产

金翼之家涉诉案件的法律人类学分析①

阅读提要

《金翼》是林耀华先生的经典之作。马金凤梳理《金翼》的写作背景、金翼之家的写作线索，并重点分析了其如何在叙述家族的兴衰故事时阐释均衡理论。中国家族主义的内核便是对均衡状态的不懈追求，且这一目标并非单一世代的追求，而是代际传递的目标。

通过阅读《金翼》与《银翅：中国地方社会与文化变迁（1920—1990）》，邱琴同学重点分析了金翼之家的三起涉诉纠纷——姻亲间的林权纠纷、生意伙伴与同乡间的股权纠纷、堂兄弟间的房产纠纷。若在较为宽泛的意义上使用"诉讼成本"这一概念，对三起案件进行横向比较，我们会发现，在贿赂、程序和假证等问题上当事人的投入与收益存在明显的不匹配；依照时间顺序进行纵向比较则会发现，中华人民共和国成立后，国家对诉讼中的违法行为（以索贿、行贿为典型）予以严格规制。

李颖阅读的最大收获在于，她发现《金翼》采取的小说叙事形式与民族志的真实性并不矛盾。尽管《金翼》提出"风水"观念在古田一带极为流行，但陈莹发现，作为族长的黄东林（书中角色）与作者林耀华先生一样，深知影响家族兴衰的核心因素在于家族关系网的稳定性。张旭辉认为，人际关系是社会资本，纠纷及诉讼会消解其作用。范元培从邱琴的汇报中得到启发，认识到随着时代的发展，节约诉讼成本已成为重要的司法课题。

肖建飞老师补充了阅读经典的方法，并提出可深入思考的问题：社会科学如何关注人、关注社会？乡土家族观念是否等于父权主义？国家法与民间法是否存在二分对峙？法律可能断裂，但社会如何会断裂？法律人类学研究对象是否限于纠纷？回访经典文本的意义何在？

罗好老师表示，读书会突破了法学研究的常规认识，促使其在规则的

---

① 本期读书会领读人为2021级硕士研究生马金凤、邱琴，2021硕士研究生李颖主持，肖建飞指导并做总结回应。

合理合法性问题之外追问社会和人的问题。彭亚媛老师提议，可以探寻在新型家庭思想观念下农村的财产关系可能发生的变化。

（李颖供稿）

楔子

《金翼》为读者埋下的“富矿”

肖建飞

未读此书时，我只是听闻林耀华先生写作的巧妙——以小说的形式完成民族志创作。阅读此书方知民族志竟然可以如此“观察入微、文笔细腻、叙事长远”。

《金翼》记录了20世纪初的40年间福建乡村一个家族的贫穷与富裕、农作与商业、新生与死亡。以家庭为基本形态，外扩的血亲、姻亲、朋友、商圈对家庭或家族都意味着某种力量，家庭结构与生计均在拉力与斥力之间寻求平衡，家庭成员在调适中塑造权威、履行责任。社会互动塑造着个人与家庭命运：“命运就是人际关系和人的再调适”，这大概是作者最想阐释的主题。

阅读中，读者能感受到，有一双眼睛细细打量着东林的家族，有一颗心灵对这个家族有隐而不现的直觉认识和理解；读者也能感觉到，这是一双年轻人的聪慧眼睛、敏感心灵，但作者绝不滥情，所有的同情式的理解都适可而止。

金翼之家成为林耀华先生的学生庄孔韶教授的“学术富矿”，50余年后，他以《银翅：中国地方社会与文化变迁（1920—1990）》（以下简称《银翅》）续写学术脉络。金翼之家的学术续写不只有论文、民族志，还有诗歌、随笔、绘画、戏剧、电影等。庄孔韶教授试图以跨学科综观来实现对区域文化触类旁通的深度理解，进行“不浪费的人类学”的学术实践。

《金翼》也为法科生提供了分析素材，书中不仅有一个世纪前中国南方农村的土地制度、商事规则，还有极具分析价值的诉讼，如黄东林为维护林权、获得建房木材而以总管和户主的身份起诉姻亲家族、其子“三哥”（轮船公司董事会主席）为利益与荣誉起诉反对派董事和大股东等。这些正是林耀华先生为法科生埋下的学术“矿”。[①]

主题领读

金翼：一个中国家族的史记

马金凤

一、 作者与文本的地位

（一） 中国社会学、人类学初创期的代表作

先给大家放一段视频，这是庄孔韶教授 30 多年前拍摄的一部影视人类学作品《端午节》。1986—1989 年，林耀华先生的学生庄孔韶在“金翼黄村”完成了田野工作，后于 1996 年出版《金翼》的学术续本《银翅：中国的地方社会与文化变迁（1920—1990）》，并在该地拍摄了影视人类学作品《端午节》（1987—1989）。在水库移民搬迁前，闽江边湖口镇居民在祖居地庆祝最后一个端午节，庄孔韶为他们留下了珍贵的影视记录。

林耀华先生写作的时代正值中国社会学、人类学的早期发展阶段。20 世纪早期，伴随现代民族国家构建，中国社会科学开始在借鉴西方学术传统的基础上进行学科构建。学者逐渐认识到，单凭翻译国外人类学家的著作是行不通的，要想建设中国的社会学、人类学，就必须从实际调查开始，在田野工作中寻找学科建设所需的资料、经验，发展自身的理论。

《金翼》首次于 1944 年在美国以 *Jin Yi: A Family Chronicle* 为书名出版（当时的副标题为“一部家族的编年史”）。1947 年伦敦修订版更名为 *Jin Yi: A Sociological Study of Chinese Familism*（副标题改为“中国家族制

---

① 本期读书会阅读的《金翼》与《银翅》两本书，涉及汇报书目的引文均出自以下两本书。林耀华：《金翼：一个中国家族的史记》，庄孔韶、方静文译，生活·读书·新知三联书店，2015；庄孔韶：《银翅：中国地方社会与文化变迁（1920—1990）》，生活·读书·新知三联书店，2016。

度的社会学研究”），较原稿增加了第 16 章的理论阐述。1989 年，三联书店出版了中文版。这本书的中文版本一问世，就引起了中国社会学界与人类学界的广泛关注。

尽管《金翼》以小说的体裁呈现，但若林耀华先生没做过充分的实地调查，那么也无法写出如此精彩的作品。作者描写的年代为辛亥革命至全面抗战爆发；地点设在闽江中游的南方乡村，这一区域航运便利，民间贸易发达。书中内容涉及农业、商业、船运、政治、法律、教育、宗教、家族及民俗等多方面的社会生活，主线以黄东林（以下简称“东林”）和其姐夫张芬洲（以下简称“芬洲”）为代表的两个家族的兴旺、衰微，尤以东林的家族生活为主。不像其他的社科书籍有极为复杂的阐释，这本书主要是以时间为轴展开家族的生命叙事，其逻辑结构十分清晰。

（二）对功能学派平衡理论的深化发展

中国社会学、人类学初创期深受马林诺夫斯基和拉德克利夫-布朗（Radcliffe-Brown）的功能主义理论影响，形成了中国社会学的功能学派。就读于燕京大学且为吴文藻学生的林耀华就是其中的代表。这一派学者强调社会学、人类学与民族学的应用性质，研究主题以实际问题为主。这在《金翼》中表现显著，作者应用 20 世纪 30 年代后期功能主义学派的均衡理论，分析了华南乡村社会的结构，在人际关系领域存在一种均衡状态。在金翼之家中，平衡状态具体表现为人际关系的不断重组、重构，即均衡—反均衡—再均衡的动态重组过程。人际关系的均衡状态会因外部大环境的改变而变化。在非均衡的状态下，如果没有办法让家族恢复到均衡状态，那么这个家族就会逐渐走向灭亡。黄家和张家之所以有不同的命运，就源于家族成员在非均衡或者反均衡状态下的不同反应——黄家通过调整重建均衡，而张家未能及时应对外部冲击。

与 20 世纪初步入工业社会的欧美乡村相比，中国的村庄无疑是令人惊奇的丰富宝库。对于人类学和社会学研究者而言，中国的每一个村庄里都有高度精细、成熟和复杂的社会组织和社会关系（可追溯至数百年前）。《金翼》作为功能学派的抽象理论与中国乡村研究创新性结合的典范，在一定程度上奠定了中国社会学、人类学发展的大方向，即与现实生活相结合，全力解决现实生活中的问题。林耀华先生的研究并不是专注于玄妙的哲学思索，而是力求贴近现实生活，适应社会发展。就此而言，《金翼》为早期中国社会学、人类学学科建设提供了珍贵的资料和一种写作范式。

二、《金翼》的结构与结尾

对黄家的兴起，在《金翼》中有这样的记录：东林的儿子三哥——一个接受了教会学校教育的年轻人，带着同学香凯来家中做客。讨人喜欢的香凯在爬山时发现，东林家屋后的山状似山鸡，一只金色的翅膀伸向黄家正房，于是他用"羽翼荫护"来解释东林一家兴旺起来的原因，这也正是"金翼之家"名字的由来。

（一）全书结构

东林的家族原本比较富裕，但是因东林父亲和祖父去世后失去经济支柱而衰败了。东林和姐夫芬洲为了改变贫困的家庭情况而抓住了一个机遇。芬洲告诉东林，湖口镇近来人口大增，人们聚在那里交换商品，有利可图的买卖越来越多。于是两人便在湖口镇合营了一家小店，生意果然不错。不久两家的生活都变得宽裕起来了。他们利用这"第一桶金"来投资营造新居，供孩子上学读书，并资助儿子娶妻生子。就像书中所说的那样，自从东林和芬洲增加了咸鱼和稻米买卖，这店铺便日益兴旺，两人的社会地位也随着经济地位的提高而上升了。

从情节发展看，张、黄两家的家族兴衰史呈现为三个阶段：第一阶段，青年时代的东林和芬洲都遭受了家境贫穷和居无定所之苦，后开始经商，试图摆脱贫困；第二阶段，两家都遇到了麻烦和不幸，在此过程中黄家不断兴旺；第三阶段，芬洲退出了商业活动，黄家继续发展。对此可以稍加解释。东林和芬洲有了积蓄之后便开始谋划着为家人建造新居，两个人一起去请风水先生寻找风水宝地。风水先生放置好罗盘，定好方向，突然兴奋地叫起来，说自己发现了一处宝地，称为"龙吐珠"。芬洲占住了这块儿地，而东林只能在远离村庄的地方独自盖起新房。后来，两家发生了较大变化。芬洲长子茂魁的去世是芬洲家不幸的开始，不久芬洲幼子茂德意外亡故，婆媳无法适应家庭变故，家里总是吵吵闹闹，芬洲妻子因过于忧虑，健康状况持续恶化，最终离世，芬洲一生的纽带就这样被剪断了，孑然一身的芬洲无心也无力重振家族。相反，东林在困境中吸取教训，逐渐适应了社会形势的变化，经营活动与社会关系合拍，店铺一年年不断获得发展，从而使家境走向繁荣的顶峰。最后，芬洲退出了商业舞台，只剩下东林继续奋斗。

（二）本书结尾

20余年间，东林的儿子们先后长大成人，面对后代的崛起，东林逐渐让渡了对家庭重大事务的决定权。随着儿子们逐渐成熟，金翼之家的商业经营面临重组，东林把店铺和房屋都分给了几个儿子。所有争执都得到解决后，黄家便选了一个吉日举行分家仪式。此时的东林尽管已经年老体衰，但仍然是这个大家庭最高权威的代表。他的控制力虽比以前弱了，但依然存在。后来，黄家经历了土匪侵扰、诉讼之苦、刑狱之灾，只能艰难度日。日本军队入侵后，黄家不得不放弃所有的商业经营，但东林拒绝了孩子们请他离开家乡的请求。《金翼》故事的末尾，东林又拿起锄头干起了农活儿，他叮嘱着："孩子们，你们忘记把种子埋进土里了！"

三、基于金翼家族的均衡论

林耀华先生对该书的核心命题有一个譬喻，即人们的日常交往圈如同由竹竿和有弹性的橡皮带紧紧连在一起构成的网，精心保持着平衡，若拼命拉断一根橡皮带，整个网就有可能破损。但是均衡状态是不可能永远维持下去的，变化是常态，人们生活就摇摆于平衡与非平衡之间。这种均衡理论（均衡—失衡—再均衡）可以解释东林家族如何在生计、婚姻、家庭分合中，通过调适应对内外部冲击，维持关系网络的平衡。

（一）家庭生计的农商结合

东林一生对土地保有深厚感情，这份感情让他继续在土地上劳作，同时积极地将赚到的钱投入扩大再生产。东林家早期务农，后来经营商业，抗日战争开始后东林带着子孙回乡耕种。这一过程体现了"农商协作"的生计策略。

虽然东林已经习惯城里的商业生活，但他对家乡事务和兄长东明并非不闻不问。每逢年节或一些特殊的场合，在合家团聚的餐桌旁，黄家兄弟总是谈起买卖和农活儿，谈起季节性雨水与灌溉、犁田锄地、播种收获和交租纳税。东林一家试图在家庭与商店、田园与商业、乡村与城镇之间实现平衡。由此可见，地方社会的"农转商"并非完全离开土地和农业。一直到民国时期，中国乡绅仍普遍认为，无论商业何等辉煌，荣归故里、告老还乡都是最终归属，因为乡村故土是根。因此，纵然有人成功转型为商人，其在价值观念上仍然保持着农民本色。

（二）婚姻传统的延续与变化

1. 配偶的选择

《金翼》一书以辛亥革命后的福建乡土社会为写作的时空背景，这一时期是中国传统文化与西方文化相互碰撞的时期，旧有婚姻家庭观念在中国广大农村依然有强大影响力，与此同时，外来的思想也在冲击着人们的头脑。新型的婚配形式在乡村社会悄然生根，但传统的婚姻观念和婚配形式依然占据主导地位。择偶从根本上来说并不是青年男女自主缔结的关系，而是父母或者其他家长权衡的结果，父母的好恶判断成为子女择偶的前提条件。

金翼之家的家长东林是自主择妻的，东林不仅为自己找到了合适的婚配对象，而且直接去姑娘所在的村庄一探虚实。当东林坐船碰巧遇到未来的岳父时，起初他不敢自我介绍，因为“根据传统，在成婚之前，男人不应与未婚妻的家庭成员有联系”。但东林的婚姻也并非全凭自己做主，还必须征得叔父黄玉衡、母亲和兄长的同意，黄玉衡是东林这房长辈中仅存的男性。在芬洲儿子茂德和惠兰的婚姻中，芬洲的意见至关重要，两人婚事达成全是双方家长协商的结果。在当时的婚姻缔结过程中，父母扮演了极其重要的角色，作为当事人的男女双方却是被动参与者，东林儿子五哥的几次婚姻便是如此。

此时婚姻缔结还必须有说媒这一形式要素。即使双方都心生爱慕，双方长辈也已同意，也还是要通过介绍人才能缔结婚姻。即使是受过西方思想熏陶自由恋爱的三哥和素珍，在两人欲将婚礼提上日程时，也仍然按照程序由朋友香凯和祝同去向两家说媒。

2. 婚礼的举行

婚礼的举行伴随着各种各样严格的仪式。新婚夫妻必须参拜祖先和家族中的长辈，家族中的长辈是否出席对于婚礼能否顺利进行影响很大。二哥曾经因为不满叔叔东林的斥责拿砍柴刀追赶过东林，东林对其恶劣行径难以释怀。在二哥的婚礼上，东林为了让二哥丢脸故意缺席，使二哥夫妇极为难堪，宾客们也大为吃惊。

3. 婚后女性生活

女性在婚后需要经历一番调适才能确定自己作为家庭成员的地位。中国传统的家庭内部性别分工模式是“男主外、女主内”。在当时的农村，人们只知道妇女应体格健壮、勤于劳作、顺从传统以及多多生育。三哥的妻子素珍是一个受过良好教育、举止文雅的女性，当她嫁入黄家后却发现自己无法适应那里的生活。在乡村社会中，风俗和习惯的约束力极其强大。对于生活在农村的人们来说，乡村社会祖祖辈辈的生活方式有其自身的逻辑。但是外出求学返乡的年轻人并不认为这种做法是天经地义的，他们怀疑传统并有可能打破传统。

4. 童养媳的特殊婚姻

童养媳制度是传统婚姻模式里最为特殊的一种。童养媳在乡村社会又称“养媳妇”。如果农民家里过于贫困，儿子可能娶不上媳妇，父母就会买一个或者领养一个同样来自穷人家的女孩子，待其成人后和自己的儿子成婚。童养媳现象多发生于贫困家庭。东林由于早年家庭贫困，曾送二女儿做了童养媳。

从以上分析中，我们不难看出当时乡村社会的婚姻形态：第一，婚姻形式相对完整地保留了传统观念和习俗，“父母之命，媒妁之言”仍然是婚姻缔结的前提；第二，从婚姻的缔结到婚后的生活，习惯的约束力量不容忽视，古老的仪式贯穿婚姻始终；第三，在传统的男权社会，女性虽然在家庭生活中扮演着重要角色，但仍作为男性的附属品居于从属地位；第四，政治社会环境的变化孕育着新的生活选择的可能，包括新的婚姻形态、婚礼仪式与居住模式。

（三）子女抚养教育的取舍进退

东林的哥哥东明去世后，黄家陷入家庭危机。东林决定自己一家人与母亲潘氏、嫂子林氏和4个侄子侄女一起生活。由于家里过于拮据，潘氏因发现东林的大女儿在吃糖，便认定小儿媳黄氏挪用了家中为数不多的存款。潘氏非常愤怒，这个小姑娘遭到毒打，此后不幸夭折。当时东林家接连遭遇变故，全家都为应付变故而费尽心思。为了削减家庭开支，林氏决定将最小的女孩送到别人家做童养媳。此后不久，东林的妻子黄氏也生了一个女儿，这个孩子也被送去做了童养媳，唯有如此母亲才能从育儿事务中抽身出来，承担更多耕作与家务劳动。

在家境改善以后，相较于张家，东林特别重视孩子的教育。在社会急剧变化期间，对于教育的重视让东林家族大为受益。三哥从小就被送去学堂，后来因为打官司一事，东林越发意识到教育的重要性，将小哥也送进了学堂。

（四）扩大家庭的分分合合

俗话说，“树大分权，子大分家”，分家是家庭政治中最重要的事件之一。分家，纵向上是家业在父子之间的代际传递，横向上是家产在兄弟间的分割。分家既是家庭的裂变，又是家庭的再造，标志着家庭成员之间权利与义务的重新界定和家庭财产的再分配。分家之后将有几个新的家庭成立，新的家庭成员共同负责赡养父母，各自照顾妻儿。但新家庭不能只守着父辈留下的田产，必须靠自己的奋斗开辟一番新天地，这才是最重要的。因此，从这个意义上说，分家不仅确立了新生家庭各自独立的经济关系，还要求男人们独立负担家庭责任。

东林、东明这两兄弟皆成家立业后，二人都有实现家庭经济独立的愿望，这一愿望促成了黄家的第一次分家。林耀华先生对这次分家所着笔墨不多，从字里行间大致可以推断此次分家是相当顺利和平静的。然而在东林商业经营起步后不久，正当壮年的东明去世，使得黄家陷入绝境。作为血缘上的至亲以及家族内唯一的成年男子，东林不得不收留自己的侄子侄女和嫂子，原来独门独户的黄家重新组合成一个人口众多的家族。在之后的十几年里，东林是整个家族的家长。血缘关系是整个家族团结的基础，经济上的共生关系成为巩固家族团结的纽带。

但是随着东林的侄子大哥和二哥（东明的两个儿子）相继成婚、为人夫父，家庭内部摩擦渐渐增加。大哥抱怨东林利用家族里的钱送三哥和小哥上学，认为自己寄人篱下，希望通过分家改善自己的境况，家族内部的裂痕越来越深。家族成员在分家过程中争夺土地、家族存款和商铺股份，矛盾最终发展到家族关系几乎彻底决裂的地步，家族内部原有的平衡关系被彻底打破。

林耀华先生写道：“我们日常交往的圈子就好比一个由竹竿构成的保持微妙平衡的网络，用橡皮带紧紧地绑在一起。”① 如果把这个圈子限制在家族内部关系之中，那么家族成员就是一根根竹竿，捆绑住整个家族网的则是血缘关系和经济关系。血缘关系使破裂的家庭网重新弥合，经济上的成功使家族摆脱危机。人们以家族为单位相互扶持、谋求发展。但血缘关系不能保证家族成员不出现反目的情况，即使人们心中总有把家族凝聚起来的渴望。经济合作关系转变为利益冲突后，便成为促使家族解体的催

① 林耀华：《金翼：一个中国家族的史记》，庄孔韶、方静文译，生活·读书·新知三联书店，2015，第3页。

化剂。就此看，与血缘关系相比，经济关系在家族分合中发挥着更为关键的作用。

（五）家族主义与平衡理论

中国传统家族以严格而稳定的形态存在，这一形态直接决定了社会的基本结构和关系。从个人到家族，从家族再到社会，其间关系往往是一荣俱荣、一损俱损。这种家族形态与生活方式相辅相成，直到今天依然发挥着显著作用，影响着我们的日常生活。

一个人的生活体系将他和身边的人联系在一起，他时刻受到这种牵引力的影响，家庭乃至家族就是这种关系的体系，其围绕某个人结成牢固的网络，他的习惯、义务、情感和欲望都要微妙地维持平衡。从《金翼》中可归纳出家庭—社会的同构性逻辑，表现为：第一，因儒家礼教在传统社会具有深远影响，中国基层家族村社支撑着上层社会和政治意识形态；第二，基于对秩序和稳定的追求，中国传统家族是社会维持稳定的重要手段；第三，传统家族在应对变局时展现出极强的稳定性，发挥了社会稳定器的作用。

作为一种历史久远的世系性组织，宗族经历了漫长的演变和发展，在不同地区表现为不同的特性，并具有不同的内涵。辛亥革命至抗日战争期间，福建乡村地区虽然在一定程度上受到了新文化运动和五四运动的影响，但传统宗族制度仍根深蒂固，存在于社会生活的方方面面。直至现在，我国南方省区的宗族意识虽已淡化许多，但宗族组织与传统仍然存在。

金翼之家涉诉纠纷诉讼成本分析

邱　琴

林耀华先生根据他在家乡福建省闽江流域黄村及所在县、乡、镇（今福建省古田县境）的生活经历，以及他本人赴美留学前（1936 年和 1937 年）的最后两次田野工作，于 1940 年完成了《金翼》的写作。这本书描述了两个家族（黄家和张家）的兴衰史。这部以小说文体呈现的民族志中有两起诉讼案件——1916 年黄欧两族的林权之争，1937 年轮船公司的股权之争。《银翅》中还记录了 1988 年黄家内部的祖产之争。本次汇报我先简要介绍三起案件的案情，然后分析每起案件的诉讼成本，通过横向和纵向比较，剖析不同的政治社会历史环境下诉讼成本的个案差异。

一、与金翼之家相关的三起涉诉案件

（一）黄欧两族的林权纠纷

1. 基本案情

东林在湖口镇开了一家鱼米店铺，店铺生意兴旺，积累了一些财产。于是东林决定盖一处新房，并计划去花桥山上的林场伐木。但欧家人认为林地的所有权属于欧家，坚决不允许东林砍伐，矛盾由此而起。事件的真实情况是，黄家和欧家祖上有姻亲关系，东林的曾祖母为欧家女儿，嫁到黄家后育有三子（见图 1）。当时欧家老族长为了帮助这三个外甥，便给他们写了一份租地契约，允许外甥们在欧家的土地上植树。东林计划盖新房的时候，这批树木恰好可以用了，于是前去砍伐。到东林这一代，欧家的族长是欧阿水，他听到黄家伐木的消息后，立即带人赶赴现场，以林地属于欧家财产为由阻止黄家采伐。双方为此大打出手。

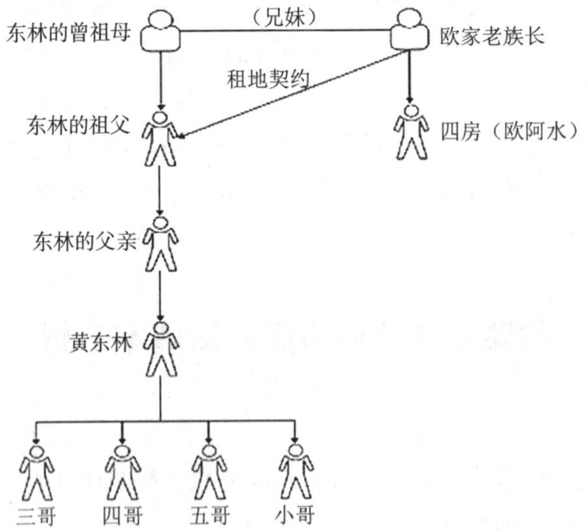

图 1　黄欧两族林权纠纷涉案当事人关系图

2. 审理经过

欧家的行为使东林十分生气，他将一纸诉状递到法院。这起案件经历了三次审理：一审时东林拿出当年的租地契约，契约写明了欧家老族长将花桥边山地租给包括东林祖父在内的三位亲属（其外甥），立约年份为

1849 年。一审东林胜诉，欧家提起上诉。二审时欧家伪造族谱，族谱中记载欧家老族长于 1846 年逝世，租地契约的立约年份在老族长逝世之后，据此欧家认为东林拿出的租地契约是伪造的。二审东林败诉。案件到重审时东林找到一份补充证据，即欧家老族长于 1851 年同东林祖父的一位堂兄弟签订的土地转让契约，说明欧家族谱中记载的欧家老族长于 1846 年去世的内容不实。法院多方查证比较后，认定东林出示的两份证据为真，东林最终赢得了这场官司（见图 2）。

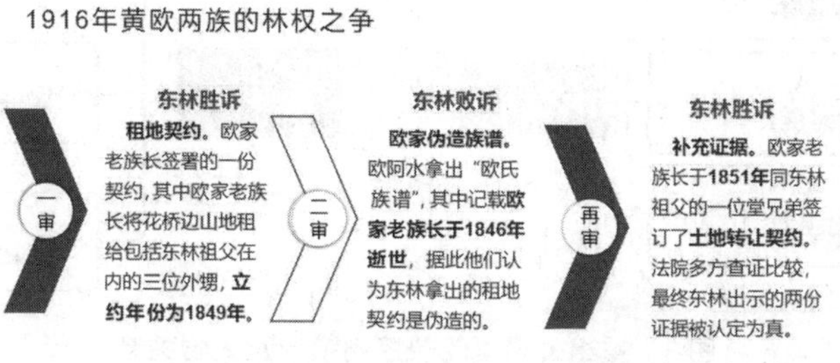

图 2　黄欧两族林权纠纷案审理经过

（二）1937 年轮船公司股权之争

1. 基本案情

根据福建省政府重建局对省内交通运输的管控规定，在轮船事务方面，每个内陆码头均需成立一家公司来管理所登记的轮船，以便消除以往的混乱并减少恶性竞争。在实行公司制管理之前，省城福州与湖口有 8 条轮船定期往返，并沿闽江驶向内陆市镇。各条船都有自己的组织和股东，有不同的收费标准和航运日程，相互竞争货运和客运业务。黄家的船名为“江鸥”号，三哥是最大的股东，五哥是名义上的船长。其他几条船与“江鸥”号十分相似，背后都是拥有控股权的大家族。

为了符合新规，湖口镇 8 条轮船的股东们聚在一起组建了一家公司，新公司由董事会和监事会管理。后来轮船公司发生了一起触礁事故，导致两名乘客死亡，股东认为董事会和经理管理不善，公司经历了一次重组。

重组的时候，剩下的 7 条船中出现了两派，一派以马南绍为首，一派以老梁为首，各占 3 条船，势均力敌，黄家是中间派。马南绍实际控制了 3 条船，其拥有 2 条，其女婿齐檀拥有 1 条；另一派控制 3 条船的核心人物是老梁，小刘和长邓是其支持者（见图 3）。重组后的轮船公司选择中间派三哥担任董事会主席，还选了 4 名董事，两派各 2 个人。由于董事会依法主导公司管理，因此两派在董事席位上达成人数平等。开始的时候，五哥和老梁很熟，三哥和马南绍关系更好，在两兄弟的平衡下，公司还能正常运转。然而五哥婚姻不幸，与第三任妻子相处不融洽，公司重组后不久，五哥因染上梅毒病逝，公司的平衡状态就此被打破。

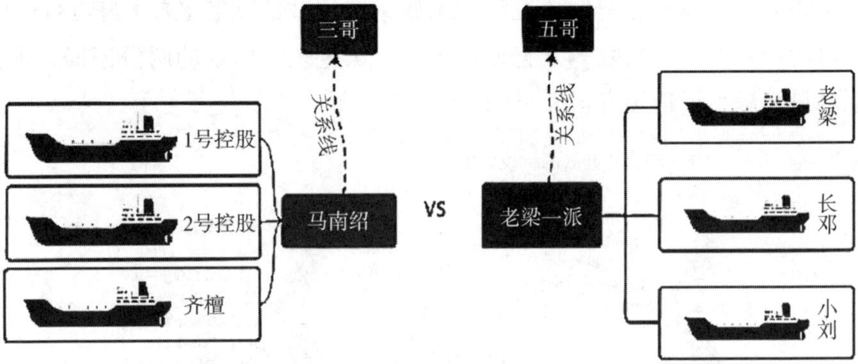

图 3　重组公司里轮船控制情况及人物关系

董事会主席三哥的态度成为公司决策的决定性因素。公司的股权矛盾被三哥选任齐昆为经理一事激化，齐昆决定对公司进行改制，此举彻底激怒老梁一派。老梁一派对齐昆的当选非常不满，当初董事会选任齐昆时，老梁一派并未出席。齐昆对公司进行改制时做了两项重大决定，触动了老梁一派的利益：第一，解雇了公司的法律顾问包胖子，此人是老梁的亲密好友；第二，接管了货运收费，以现金方式征收航运费用。之前管理处只接管客运费，货运费仍由各轮船自己管理。接管货运费意味着，船运的所有收入都将集中到管理处。更重要的是，公司可借此扩张权力：船长、会计、领航员以及水手的雇用和解雇由公司全权负责。此外，若管理处以现款方式征收货运费，股东将无法以赊账方式为自己运货，替自己运货正是他们买船的最初动力。

由于个人重大利益遭受损失，老梁一派对三哥的决定极为不满，乃至心怀强烈怨恨。在三哥启程去南京参加国防会议当日，老梁一派找到了陷害三哥的理由。他们以公司监委会的名义向法院提起诉讼，指控三哥涉嫌携带公款潜逃上海。

2. 审理经过

这起案件也是经历了三次审理。一审经过三次听证后，检察官将指控提交到地方法庭进行审判，老梁一派不仅“走后门”，还做了伪证。地方法院判处三哥6个月监禁。二审期间，老梁一派放大了管理处账簿上一些极细微的纰漏，三哥依然被判处了3个月监禁。再审期间，案件移交到了最高法院。在老梁一派贿赂所不能及的最高法院，对三哥的起诉最终被驳回。

（三）湖口店铺祖产纠纷

半个世纪后，林耀华的学生庄孔韶重访金翼黄村，他在《银翅》一书中记载了一场东林后代关于湖口店铺这一祖产搬迁补偿费的纠纷及其处理过程。

1. 基本案情

20世纪40年代，东林在湖口镇转卖咸鱼和大米，购买了镇上的一处店面。到20世纪80年代，福建玉田县水口电站建设项目启动，东林家的湖口店铺也被纳入搬迁范围，此时家族即将获得一笔可观的拆迁费。关于这笔拆迁补偿费如何分配，东林的后人发生了争执。主角是黄少扬和黄荣香，他们都是东林的孙子，黄荣香一家住在黄村老屋，黄少扬一家住在湖口店铺。

黄少扬主张争议店面属其个人所有，拆迁费应作为安家费。主要证据如下：第一，1946年的房产买卖契约，登记黄志山（黄少扬的父亲）为该房产的业主；第二，1953年新政府颁发的土地房产所有证，重新确立产权归属，此时店面为黄志山的儿子黄少扬所有。

黄荣香则主张争议店面属黄家共有，拆迁补偿费也应当家族共享。事实依据如下：第一，湖口店铺为东林早年置办的产业，依据传统，湖口店铺应作为家庭共有财产，由东林几个儿子平均分配，但是东林家一直没有正式举行分家仪式。第二，当年名义上的户主黄志山常年在外，湖口店铺一直由东林二儿子黄志司（黄荣香的父亲）负责经营。20世纪50年代土改时，黄志司先被划为地主，后被判处死刑。第三，黄志山的儿子黄少扬同黄志司原一起经营湖口店铺，黄志司被处决后，黄少扬就住在了湖口店铺，并于1953年获得了房屋的产权证。

2. 审理经过

作为东林的小儿子、黄志山与黄志司的弟弟，黄志留作为唯一在世的长辈，试图协调两个侄子间的纠纷，但黄少扬和黄荣香二人无法达成共识，无奈之下他们选择通过法律手段解决。根据两份重要的书证，法院最终判决结果为湖口店铺的搬迁费归黄少扬所有。

二、涉诉案件的成本类型

上述三起案件反映出20世纪40年代和80年代法院处理案件时的一些问题，比如地方司法腐败、裁判不公、诉讼效率偏低、法官司法能动性不足等，我们可以从当时的历史背景及社会结构中寻找原因，进行深入分析。

（一）三起案件诉讼成本

1. 1916年黄欧两族的林权之争

本案的诉讼成本包括：第一，贿赂成本。一审中，欧阿水被收监后，其族人筹集钱财贿赂法官，致使案件进入二审程序。二审期间，东林入狱，东林的侄儿也向地方长官的顾问塞了一些钱，请求顾问利用自身的影响释放东林。第二，伪证成本。典型表现为欧家伪造家谱。第三，时间成本。三次审理过程中，原被告投入了极大的时间与精力。第四，经济损失成本。诉讼期间，东林在湖口的店铺遭抢劫，账房姚云生被绑架，土匪索要高额赎金，致使东林家的生意濒临破产。第五，声誉成本。欧阿水败诉后名声扫地，东林家族则借此提升了声誉。

2. 1937年轮船公司股权之争

本案的诉讼成本包括：第一，贿赂成本。一审期间，老梁一派贿赂检察官，三哥的秘书魏成清也贿赂了检察官，但是老梁一派投入更多，导致指控被提交到了地方法院。第二，伪证成本。老梁一派雇佣乞丐做伪证，乞丐说他曾经花几块钱买到了股东的自由通行票，依此证明三哥渎职。第三，时间成本。该案经历了三次审理。第四，经济损失成本。原被告陷入僵局，整个古田县都被卷入其中。其间公司多次召集全体股东开会，为三哥做担保。第五，社会资源消耗成本。古田县的士绅们一起到福州，敦促两派和解，试图说服诉讼当事人避免县里的经济资源浪费在无谓的官司上。

3. 1988年黄家内部祖产之争

庄孔韶教授并未详细介绍案件审理经过，无法估测具体的诉讼成本。但有一点可以确定，家族团结与互助互信关系自此打破。相当程度上，黄少扬一家被排斥在家族之外。黄少扬一家获得了补偿款，却失去了家族亲情。

（二）三类常见的诉讼成本

横向比较1916年黄欧两族的林权之争和1937年轮船公司的股权之争，两起案件均发生在中华人民共和国成立之前。在当时社会动荡的背景下，司法权运行极度混乱，“诉讼正义”名存实亡，诉讼成本沦为撬开资本秀场的出场费，博弈性质的贿赂支出（制度外成本）和时间投入变成诉讼成本的主体。

1. 贿赂

黄欧两家的林木纠纷和轮船公司的股权纠纷这两起案件都反映出严重的地方司法腐败问题。其时诉讼中当事人向法官送礼是正常情形，不送反而不正常。地方法院变成商贾大户的秀场，司法沦为有钱人可以大加操控的工具。

2. 程序

两起案件都历经三次审理，一审或二审的错误判决都是因为法官贪腐，导致涉诉案件又经历了上诉和再审。这不仅增加了当事人的直接制度性支出（诉讼费、代理费）与间接非制度性支出（试图继续疏通关系的费用与生产经营活动停滞的损失），而且浪费了大量诉讼公共资源。

3. 伪证

两起案件中均有一方当事人做了假证：一起案件中是假的家谱，另一起中则是假的证人。就制作伪证的一方当事人而言，贿赂的成本最高，伪证的成本较低，但两者都属于非制度性的成本，实际成本都有很大的弹性空间，当事人对之可做选择，且均会被机会主义采用。与之相反，司法程序具备法定性，成本相对确定。就此看，非制度性的诉讼成本越高，司法腐败、司法不公程度就越高。

三、诉讼成本共性与差异

（一）诉讼成本的共性

1. 诉讼成本即界权成本

法律始终是一种界权体制。[①] 金翼之家的林权纠纷、股权纠纷、房产纠纷的起因其实都是权利界限不清。从供求关系角度进行分析，在民事诉

① 凌斌：《法律的性质：一个法律经济学视角》，《政法论坛》2013年第5期，第3页。

讼中，国家和当事人就诉权形成供求关系，国家提供诉权，公民需要诉权。① 不同的历史时期，审判工作都要求法官“以事实为依据”做出判决，不能违心论断，合乎法律规定是判决的基础。

2. 司法理念差异造成的司法不公

三起案件的判决表现出不同程度的不公正。黄家与欧家林木纠纷、轮船公司股权纠纷的裁判不公，原因在于诉讼成本极度浪费，致使诉讼效益扣减。林木纠纷其实在一审结束时就已经达到效益最大值，二审和再审都是在浪费当事人的财产成本和司法资源。股权纠纷在整个诉讼过程中都是负效益，整个诬告陷害就是在浪费资源。法院对黄家内部祖产纠纷的判决注重书面证据，已经符合“以事实为依据，以法律为准绳”的现代司法观念，但是法官缺乏对整体事实的考察，机械适用法律规定，导致判决缺乏说服力。

3. 家族主义对社会秩序的双重影响

中国的家族是维持稳定的重要力量，同时也可能会制造纠纷。三起案件都体现了家族的力量。诉讼的发生不是由一次偶然事件导致的，而是长时间积累的结果。因果关系的发生发展可能长达几年或几十年，一个事件牵扯到整个家族甚至同房同宗。家族内部的纠纷一般不会立即上升到诉讼，而是先由家族的族长、家长等有身份、有地位的人扮演居中调解的角色，调解不成才会交给法院。中国的家族结构复杂，家族内部因世系、共同财产、共同利益、姻亲关系等因素形成紧密、稳定的团体。此外，中国家族与地方权力、国家力量相互影响——国家资源与力量介入家族事务，而家族力量有时也被地方政府邀请参与处理地方社会事务。②

4. 人情成本向诉讼成本的转变

诉讼意味着原本的亲友关系走向决裂，人情成本由此转变为诉讼成本。三起案件中，林权官司中发生了流血事件，东林和欧家关系走向决裂；老梁诬告陷害、争夺股权的行为，是出于对三哥的极度痛恨；叔叔黄志留居中调解无效后，黄少扬和黄荣香兄弟才就祖产纠纷提起诉讼。

（二）诉讼成本的差异

1916 年的林权纠纷、1937 年的股权纠纷与 1988 年的祖产纠纷，这三

---

① 白岱恩：《民事诉讼供求的经济分析》，《政法论丛》2003 年第 4 期，第 55 页。

② 杜靖、雷月：《金翼之家的法律纠纷：看 corporation 在不同文化模式与场域中的运作》，《湖北民族大学学报（哲学社会科学版）》2021 年第 2 期，第 106、107 页。

起案件发生与审理期间的社会背景和司法理念存在着显著差异，诉讼成本也有所不同。

1. 权力寻租的成本不同

清政府被推翻后，从西方引进的现代法律制度取代了清朝律令，但原本的权大于法的观念仍然深入人心。林权纠纷和股权纠纷中，当事人均使用了贿赂收买权力，而且这在地方法院颇为有效。黄家内部祖产纠纷发生在中华人民共和国成立后近 40 年，经历了改革开放之后，人治逐步淡出公共治理，违法的诉讼成本支出行为被严格规制，该案没有贿赂的体现。

2. 诉讼效益不同

社会的诉讼效益与当事人的诉讼成本支出呈负相关，当事人的诉讼成本越高，社会的诉讼效益越低。林权纠纷和股权纠纷均经过三次审理，几经周折，耗费了大量的诉讼成本，诉讼效益被压到最低。黄家内部祖产纠纷案处理过程则相对公开透明，法院将房产登记情况认定为“客观事实”，并据此做出判决，没有通过暗箱操作增加诉讼成本。

考察上述三案，仍留下诸多有待思考的问题，例如：诉讼成本是否仅限于正式合法的资源消耗？如何评价贿赂一类的非正式乃至不合法的资源消耗？不管在哪个时代，贿赂总是见不得光、应被制裁的。对诉讼当事人而言，他们可以选择贿赂，也可以不贿赂。贿赂是否属于诉讼成本应区别讨论。成本指人们要进行生产经营活动或为了达到一定的目的时必须耗费的资源。在清政府被推翻后的三四十年，法官“敲竹杠”司空见惯，因为权力寻租现象普遍存在，法院成了“衙门的陷阱”，干的就是敲诈勒索，摆明了是在出卖诉权。依照经济学的理性人假定，只要人们的合作可以得到经济剩余，只要有租可寻，人们总会努力寻找合作的办法（包括钱权交易）。这种情况下，贿赂成为诉讼的必要成本。

研讨互动

学生与谈

李颖：作品游离于小说和民族志之外

先就这本书使用的写作手法说一下我的想法。林耀华先生是以小说的形式来写的这本民族志。一开始看这本书的时候，我觉得其写作手法存在矛盾——小说是通过作者的想象进行创造的，这与民族志的真实性是有冲突的。但林耀华先生既追求内容的真实性，又追求小说的叙事风格（流畅、完整与优美），使这部作品游离于小说和民族志之外，成为文学创作和人类学研究之间的第三种文体。那这本小说体裁的民族志是否做到了真实呢？

作者在自序中提到，这本书包含了自己的亲身经历、家乡及家族的历史。书中人物活动的场景是作者青少年时期耳濡目染的一切，是他生于斯、长于斯的地方。该书描绘的每一个事件，甚至一些细枝末节，从本质上讲都是真实的，每个人物都有所指。作为这个四世同堂的家族成员之一，作者对福建乡土多年沿袭的风俗习惯、文化特质无不熟悉。因此，作为社会调查成果，《金翼》的真实性是毋庸置疑的。作者不仅仅是实地观察，更是以参与者的身份在记录家族史。

读完这本书，我联想到马尔克斯的《百年孤独》。两位作者都是讲一个家族的百年兴衰，而且都是以小说的形式在叙述故事。

陈莹：人丁、教育、人脉的综合作用

《金翼》第一章中提出了推进全书写作的问题：为何两个交往密切的家族会面对不同境遇——东林家族兴旺，芬洲家族破败？书中也曾提到也许是风水在起作用。芬洲为抢占先机，在一块名为“龙吐珠”的风水宝地“起高楼”，东林虽大为不满，却不得不在金鸡山旁另择房址。后来张家发生了一连串不幸，风水先生解释说是因为这个原本看似吉祥的地方被穿过龙头山的西路破坏了，“龙尾”被斩断了，这里也就成了不祥之地。黄家日渐兴旺，家所在之地有一座形状很像鸡的山，山峦的一侧如翅膀般延伸至黄家新房附近，因此黄家被族人和村民称为“金翼之家”。可是读完全文，真的是风水在起作用吗？想必答案是否定的。真正影响这两家兴衰的是他们家族关系网的稳定性，它使两家族呈现出不同的命运轨迹。家庭是一个人最好的庇护，大家族虽然约束多，但是抗风险能力更强。尽管我们现在的生活起起伏伏，但有些东西仍是相对稳定的，如日复一日的勤劳学习、面对困难挫折时的淡然、时时刻刻都要坚守的家庭团结等。即便到今天，这些也仍然是维系我们生活的重要部分。

金翼之家的发展可以说是人丁兴旺、教育、人脉的综合作用，人丁兴旺使家族更具抗风险能力，教育在一定程度上决定着人的眼界和格局，人脉是随着时间积累起来的。这些推动家族发展的因素，仍是我们当下所要关注与思考的问题。

张旭辉：社会资本在诉讼中的作用

就《金翼》这本书，两位同学的介绍各有侧重，邱琴同学主要介绍了三起案件，马金凤同学主要介绍了《金翼》这本书中发生的一些故事。马金凤同学强调，自己汇报的重点是基于金翼家族生命史的均衡论，汇报中提到了婚姻传统、子女抚养教育的取舍进退、家庭生计的农商结合。

总的来说，《金翼》这本书就是描写黄家和张家两个家族在复杂年代中的兴衰起落，描写家族中的亲人间的争斗与合作。在林耀华先生看来，家族的兴衰其实是有规律的，要保持一个家族的长盛不衰，就需要家族成员的团结与和睦相处。

在对三起案件进行横向对比和纵向对比时，邱琴同学提到了人际关系这种社会资本在诉讼中的重要性。我记得论文写作课上跟我一组的张苏永同学写的就是有关社会资本的问题。分析论文期间，老师说社会资本这一概念虽被普遍使用，但是很多学者对这一概念的了解有限，使用某一学术概念时须了解概念内涵并界定使用语境。

范元培：节约诉讼成本是重要问题

今天读过《金翼》这本书后，特别感谢邱琴同学，因为邱琴同学为我们介绍了诉讼成本的相关问题。我国自古以来都有“调处息争”“无讼是求”的传统。其实在传统中国社会，特别是在大家族内部和大的社会环境背景下，很多家庭成员和社会团体是不希望通过诉讼来解决问题的。

随着社会的发展，诉讼成为我们维护自身权益的一个必要手段。如何节约诉讼成本、构建和谐社会，其实也是当下法律实务中一个非常重要的问题。天同律师事务所与无讼网络科技创始人蒋勇律师曾经坦言，自己有“无讼”追求。“无讼”就是尽量降低法律风险、诉讼风险。比如企业面临成本增加的风险，或家族内部可能发生资产分割的风险，律师提前预告给当事人，让当事人事先采取方案，争取达到无讼的境界。这也是未来法律的发展方向。

嘉宾点评

彭亚媛：《金翼》中的家庭财产关系

非常感谢两位同学为我们展现了《金翼》的写作线索，以及《金翼》和《银翅》中的三起案件。邱琴的领读基于法律人类学视角，探寻法律在社区生活秩序建构中起到什么样的作用。大家也可以从那三起诉讼中发现，引起争端的主要原因不是人身关系，而是财产关系。在《金翼》中，我们可以看到数十年间农村的财产关系经历了很多变化。

《金翼》是从乡村的家庭制度开始分析财产关系的，如今家庭制度都有哪些革新？现今我们的家庭发生了很大的变化，由于数十年实施独生子女政策，现在很多家庭的家庭结构是“4+2+1”。家庭（人身）关系发生了变化之后，（家庭）财产关系也会随之发生变化。比如在《金翼》中，婚姻是分家的开始，也是一个人独立谋生的开始。在我们现在的这种“4+2+1”状态下，有更多的婚姻形式，我们俗称“两家并一家”，反而是把两家的财产合并在一起。大家如果想做农村研究，可以从财产关系入手，探寻新型家庭观念之下农村家庭财产关系如何变化。

罗好：2022 年春季读书会最精彩的一次

我觉得，这是本季读书会最精彩的一次。同学们的梳理提纲挈领：第一位同学（马金凤）找出了与整本书主题相关的三个问题，回顾了相关内容；第二位同学（邱琴）对三起纠纷进行解读，后面有一个小的升华，也很不错。最后肖老师的介绍为我打开了一扇窗，她提出的几个问题，真的让我学到了很多东西。我自己以前可能更多专注于法律规范的学习和研究，真的没有想到去研究纠纷中的各种社会关系，以前更多关注的是规则性问题、规则的适用、规则的合理性与合法性；今后也许应关注规则的背后，更多去研究人和社会的问题。

期待下一期读书会能进一步探讨人类学、社会学和法学之间的关系。这种跨学科的探讨为法学研究提供了新思路，是一个很好的路径。此外，读书会的主持风格越来越好了，同学来主持，同学来分享，然后由老师进行升华。在升华的过程当中，不仅点通了一些我们没有想到的问题，而且提出了一些问题供我们思考。包括彭老师刚才提出的问题，其实就是给了我们一个很好的研究方向。

导师接续

经典文本可开放出来的问题

肖建飞

林耀华先生青少年时期生活在闽东古田乡村，往返于福州和湖口求学。他目睹了农家生计、店铺扩张和闽江船运的社会变迁，也体验到传统朱熹家礼在乡间依然存续的事实。

尽管《金翼》的写作背景处于民国与抗日战争的动荡时局，但该文本的启发意义具有极大的开放性，阅读《金翼》期间我至少想到了如下问题。

一、社会科学如何关注人、关注社会

渠敬东在《探寻中国人的社会生命——以〈金翼〉的社会学研究为例》一文中肯定了民族志写作的时空背景与文化价值："民族志所理解社区意义上的社会，首先是一种时间性的生成、演化和流变过程，是一种动态的机制化和结构化形式。社区亦是一种空间性的关联形态，通过交往或传播的方式与其他社区乃至国家不断形成一种多向度传递的关系，进而形成弥漫或扩展性的文化网络。"[①] 当下社科研究的弊端之一便是，有太多的社会理论"只见社会不见人"，而应该做到的是"既见社会又见人"。[②]《金翼》是其中的代表作，是突破当下学科体制的固化、展开对社会学内部批评的解毒剂。

二、乡土社会的家族观念是否等于父权主义

《金翼》中个人或家庭与所在社区之间有着众多绵密的经济社会联系，

---

① 渠敬东：《探寻中国人的社会生命——以〈金翼〉的社会学研究为例》，《中国社会科学》2019年第4期，第103页。

② 渠敬东：《探寻中国人的社会生命——以〈金翼〉的社会学研究为例》，《中国社会科学》2019年第4期，第100、101页。

上述联系并不只在宗族父系继嗣群体组织下发生。读者会发现，《金翼》写下的商业贸易、婚姻安排、政治权术等事件中，朋友、姻亲、非父系亲属亲戚及同乡等均扮演着重要角色。

《金翼》为我们提供了多层次、多维度的乡村图景，突破了我们对乡土社会的刻板印象——家族观念等同于父权主义。在生计维系上，除了农业，乡村存在大量商业和手工业，在航运便利的地方，商业贸易极为繁荣；在政治领域和自治领域中，主体不单纯是血缘继嗣群体，而是吸纳了不同群体，包括村社、商会等乡族组织，以及超越地域的学源群体与政治结盟；在社会治理领域，除家族调解外，还有不同层级的司法权力运行。

三、国家法与民间法是否存在二元对立

近年来学界对非正式制度（相对于国家法律政策）的研究中，流行二元分析视角——国家法与习惯法、庙堂与乡野、正式制度与民间规范，并考察二者之间的冲突或调适。

庄孔韶考察发现，古田地方社会的“类蛛网模式容纳了中国文化的平衡论”。古往今来，高层精英文化（即“大传统”）与基层大众文化（即“小传统”）保持着“历史性的关联”。对“上下文化过程的变异、协调、互补与关联性的认识”，为社会科学研究提供了“反向”观察与探索的途径。[①] 郑振满等亦发现，宋以后贵族和官僚的礼仪、规范乃至信仰逐渐被推广到民间，这一“庶民化”的过程对民间宗族组织的发展具有决定性的影响，在明清时期的福建尤其如此。历史学与人类学较早走出了国家法与民间法的二元叙述框架，正如郑振满所言，从国家的角度看，自治化的实质是“国家内在于社会”；从地方社会的角度看，则是“社会内在于国家”。[②]

四、法律可能断裂，但社会是否会断裂

黄宗智教授总结清末至民国我国的法制改革，认为这一时期法律确实

① 庄孔韶：《银翅：中国地方社会与文化变迁（1920—1990）》，生活·读书·新知三联书店，2016，作者导言第4页、正文第404-405页。

② 郑振满、郑莉、梁勇：《新史料与新史学——郑振满教授访谈》，《学术月刊》2012年第4期，第157页。

发生了极大的变化。从正式制度、法典表述及官方话语层面出发，似乎民国时期的法律体系已经完全抛弃传统、全盘引进了西方法律；但转向法律实践、制度运作层面则会看到中国法律与西方法律并存、互动的丰富实践，不仅在财产法领域民国法律保留了清代制度（如典权），同时家庭主义在产权、赡养、继承法领域也顽强延续。中西方法律的混合既不是全盘西化，也非简单延续传统，而是两者在并存中互动。故而在法学研究中应注意，“经验和实践视野的不可或缺，以及历史视野的必要，也突出了探寻兼容两者，甚或超越性地融合两者的必要”[①]。

自孙立平教授使用“断裂社会”[②] 一词概括20世纪90年代以来中国社会的急剧变化，该词就被广泛应用于社会科学研究。如果把法律视为维系社会秩序的子系统，我的疑问是：“法律可能断裂，但社会会断裂吗?”

五、 法律人类学研究是否限于纠纷

长期以来，法律社会学与法律人类学一度将自身关注的焦点置于小社区或基层社会司法过程，亦即将纠纷的发生、发展与解决视为研究对象。如果说法律社会学与法律人类学研究有此偏好，那么规范法学研究更是如此。我们法学院的课堂，即以纠纷处理作为教学的核心内容。

纠纷确实值得投入大量的学术精力与教学资源进行探讨，原因在于纠纷能够突出诱发矛盾、存在张力的社会结构。但法学研究者也需要思考，与纠纷相比，更为常规的社会秩序，也就是社会生活的常态应如何维系?正如吉尔兹（Geertz）所提出的法律的文化阐释“模式”，即文化是人类自身编织的意义之网，法律的文化阐释是对法律现象进行文化意义分析，应透过文化看法律，以及从法律中观察文化。“任何一个想要维持下去的法律体系，都必须尽力把在当地人所想象的存在样态中的‘如果-则’结构，与当地人感知经验中的‘因为-所以’过程扣连起来，使二者看起来只不过是互为表里的同一之物……它或许比较近似一种市井里的人情世故(Anschauung)。”[③]

---

① 黄宗智：《探寻扎根于（中国）实际的社会科学》，《开放时代》2018年第6期，第165页。

② 孙立平：《断裂：20世纪90年代以来的中国社会》，社会科学文献出版社，2007。

③ 克利福德·格尔茨：《地方知识：阐释人类学论文集》，杨德睿译，商务印书馆，2014，第202-203页。

六、回访经典文本的意义何在

庄孔韶先生在撰写《银翅》前后，多次回访金翼之家。如其所言，回访不能只限于以今日的知识批评昨日的知识，而是“在新知识的基础上提供再诠释”，因此“回访重新找到审视同一调查点的机会，延伸了先驱者作品的学术生命与意义”。[①] 金翼的影响不限于人类学界，该书对于21世纪的社科研究仍有启发意义：“农村还是无引擎的社会吗？农民的集体心态将引向何方？不死的小农经济将引向何方？”[②]

让我仰慕的不仅是老一辈学者的学识，还有他们历经世事磨砺后的淡定、从容，在身不由己时仍不会自我放弃。如先生所言：“先前我自选题目，按自己理解的方法去实施。这时呢？从教学到研究，我都成了一个更大棋盘上的棋子，要接受统一的调度。当然，从结构—功能派社会人类学的理论上讲，我以前也不过是个棋子，无形中受到社会需求（还有我自身需求）的调度。但那时我还算半个棋子，可以估量下一步该往哪里走。现在社会场景大变，棋盘大变，游戏规则大变，我自己也不知道自己是在棋盘的哪个位置上，因此也不能选择该走哪一步了。简言之，除了教学以外，我后半生的学术研究都是插曲。”[③]

阅读准备

这一期的读书会在题目设计上颇费周折，4月25—27日，连续三天师生都在讨论如何设定题目的问题。

肖建飞与邱琴：讨论题目与写作思路

邱琴：我们下一期读书会的主持人定下来是李颖，初步拟定的主题是

① 庄孔韶：《金翼家族沉浮的解说：回访和人类学再研究的意义之四》，《西南民族大学学报（人文社科版）》2004年第4期，第4页。

② 庄孔韶：《金翼家族沉浮的解说：回访和人类学再研究的意义之四》，《西南民族大学学报（人文社科版）》2004年第4期，第4页。

③ 林耀华：《林耀华学述》，浙江人民出版社，1999，第166页。

“《金翼》：纠纷解决的路径选择与成本考量”。

肖飞：好的，我们这 6 名同学真是人尽其才了。以下题目供参考：“林权、股权与房产：《金翼》之家涉诉纠纷处理的法律人类学分析”。

这个题目设计的基本考虑如下：

1. 纠纷类型更具体；
2. 限定为涉诉纠纷；
3. 找到并确定分析视角；
4. 解决途径与成本考量都可列入分析内容。

邱琴：好的老师，不过法律人类学确实拔高了思考方向。

肖飞：邱琴，你和金凤再推敲，不要简单“迎合”我的建议。

邱琴：我觉得很好，我会再和金凤同学讨论的。

邱琴：老师，我们拟定的题目是“《金翼》之家：法律人类学视野下的涉诉产权纠纷”。

史亚杰与肖建飞：阅读的影响要经历时间酝酿

亚杰：肖飞，感觉学生们这期进步特别大，表达更流畅了，课件也做得越来越好。

肖飞：谢谢，还是有很多缺陷和不足。阅读《金翼》，更多的是一种认识与方法论的训练，书中仍有多起案件可以做法律人类学分析。

亚杰：肖飞，读书会结束，还真舍不得。今天听了你的分享，收获很多，感谢肖飞！

肖飞：亚杰，我也是在组织读书会时，才真正感觉到一个师者的责任。

亚杰：是的，今天我还和黎巍感慨，肖飞的学生们是多么幸运，他们现在可能还不能体会太深，多年后他们会为你所做的这些而深怀感激。我也很幸运，所以感谢肖飞！

注：作为指导教师的朋友和师妹，亚杰对读书会是有偏爱的，“多年后他们会为你所做的这些而深怀感激”，这一预判无疑有着过于明显的个人感情色彩。指导教师并非资深读者，只是因为组织读书会，才必须多阅读、先阅读。但指导教师深知，书籍的影响不是立竿见影的，阅读的收获像酿酒一样，要经历时间、温度、水分的变化，置于坛中的原料需经历缓慢的酝酿过程，才能蜕变为佳酿。

肖建飞与李炳烁：六生各尽其才、全面参与

肖飞：炳烁，至此春季阅读阶段性地结束了，真正参与的同学们确有成长。她们六人各尽其才、全面参与。才能是当下的，还大有可发展空间。

炳烁：这就和文献写作课一样，只有通过系统的训练，学生才能获得成长。今年9月入学的生源质量更好一些，他们可以获得更好的成长。

肖飞：是的，学生有成长和收获，大家才有兴趣和动力继续阅读，把“钟爱阅读”从一个人的独角戏变成一部大型多幕话剧。

炳烁：回头我们一起考虑把读书会纳入文献写作课。

肖飞：目前考虑的重点应该是如何让更多师生真正进入阅读的语境。

历史中国的自然地理、农业开发、经济中心与行政区划

阅读《中国历史地理十五讲》[①]

阅读提要

历史农业地理是韩茂莉老师最擅长的研究领域，两位领读人汪小川、郭权鑫关注农业开发中人与自然的关系，作者的专长与读者的兴趣存在交集。汪小川分析了自然环境对农业开发的制约作用，包括制约着人类聚落的形成和食物供应的数量，约束人口分布与数量增减，以及决定着农畜牧分化和发展；同时，农业开发活动也加速了农牧业技术的发展与传播，并实现跨区域的商品、信息、技术传播。郭权鑫重点分析了农业开发对自然环境的扰动，如导致黄河地上河的形成，长江中下游出现湖泊锐减与水土流失等问题；同时认为，古代中国精耕农业的指导思想是天地人“三才”理论，其中蕴含着人与自然协调共生的可持续发展思想。

苗奥娴认为，常识性知识来自人类对自然的千百年探索，人与自然的和谐共处中闪烁着人类的智慧之光。曹路遥认为，领读同学更多关注人为因素而非自然因素，并希望主题领读能更加全面。

肖建飞老师肯定了两位领读人的充分准备和流畅表达，更欣赏他们的应变能力。接续此次读书会主题，肖建飞老师结合《中国历史地理十五讲》(韩茂莉)、《为什么有的国家富裕，有的国家贫穷》（贾雷德·戴蒙德)、《神州：历史眼光下的中国地理》（段义孚）三本书，分析不同人群与自然环境、地理要素之间互动的差异，认为地理区是中国的本底，经济区是中国政治的基础，行政区依赖于地理区与经济区；在地理区、经济区、行政区中，人与地理环境的关系稳定性依次降低；历史中国经济中心的转移为政治中心的转移奠定了基础，政治中心转移亦有助于重塑经济体系。

（汪小川供稿)

① 本期读书会领读人为2022级本科生汪小川、郭权鑫，肖建飞指导主持，并进行回应总结和扩展性阅读工作。

楔子

人与自然环境最紧密的联系是获得食物

肖建飞

韩茂莉老师把地理学视为植根于大地的学科：“人类立足在大地上，改造环境、整治景观并不能完全摆脱自然力的制约，因此探寻人类出于不同需求，改造环境且建构地理现象之间的空间关系，成为这些领域的基本研究内容。”① 历史地理学研究地理的过去，融时间与空间于一体，但又与当下密切相关。

采集食物、集体狩猎、垦殖土地、放牧牲畜、聚落而居、建造城市、商贸交通、行政规划、布兵设阵——在人与自然地理环境产生的种种关联中，最紧密的联系是获得食物。人类刨土谋食的农业开发史已逾万年。

“民为国基，谷为民命。粮食事关国运民生，粮食安全是国家安全的重要基础。”“中国人口占世界的近 1/5，粮食产量约占世界的 1/4。”② 实施“藏粮于地、藏粮于技”战略，构建粮食安全保障体系，既需要创新粮食科技体系，也需要汲取以农立国的古代中国的农作经验。

本期读书会的两位领读人汪小川与郭权鑫同学选定“历史中国农业开发中人与自然的关系”为分享主题，既是出于个人的阅读偏好，也有着深切的现实关切。③

① 韩茂莉：《中国历史地理十五讲》，北京大学出版社，2015，绪论第 4 页。

② 国务院新闻办：《中国的粮食安全》白皮书，http://www.scio.gov.cn/ztk/dtzt/39912/41906/index.htm，访问日期：2023 年 4 月 8 日。

③ 韩茂莉老师的农史系列著作有：《宋代农业地理》，山西古籍出版社，1993；《辽金农业地理》，社会科学文献出版社，1999；《草原与田园：辽金时期西辽河流域农牧业与环境》，生活·读书·新知三联书店，2006；《中国历史农业地理》（上、中、下），北京大学出版社，2012。

主题领读

历史中国的自然地理与农业开发

汪小川、郭权鑫

摘要：历史中国农业开发中，自然环境制约着人类聚落的形成与可采食物资源的数量，约束着人口分布与数量增减，并决定着农业与畜牧业的分化及发展。同时，人类的开发活动带来农牧业技术的发展与传播，并使跨区域的商品信息技术传播成为现实；其间农业开发也给自然环境带来扰动，如导致黄河地上河形成、长江中下游湖泊锐减与山地水土流失等。历史上中国精耕农业依循的指导思想是天、地、人“三才”理论，其中蕴含着人与自然协调共生的可持续发展思想。

关键词：历史中国农业开发；人与自然关系；天、地、人“三才”理论

引言　中国的历史地理学科发展

大家好，我是此次“钟爱阅读”读书会的汇报领读人汪小川，另一位汇报人是台下的郭权鑫同学。由于《中国历史地理十五讲》这本书包含的内容比较多，并且我们经验和阅历也远不及在座的诸位，所以我们两个人共同承担领读人的职责。我们关注的是历史中国农业开发中人与自然的关系问题。我主要负责引言和前半部分，权鑫同学负责后半部分和收尾。

受到肖老师的邀请，我们很高兴有这样的机会来分享关于这本书的阅读心得，让更多的人对历史地理这门学科感兴趣。肖老师在前几天发朋友圈说，我和权鑫在没有接收任何暗示的情况下都选择了《中国历史地理十五讲》，并且关注农业开发问题。肖老师提出了疑问：不知是出于个人兴趣，还是对韩茂莉老师的学术认同？其实于我而言，这与我高中选科有着极大的联系，由于我本人选的是政、史、地三门，在看《中国历史地理十五讲》这本书时，就感觉像是在看高中时的课外读物。我当时会看《中国国家地理》或《历史的温度》这一类书刊，都是或多或少包含政治历史地理内容的读物。《中国历史地理十五讲》被纳入“名家通识讲座书系”

是合情合理的。我在读这本书时常会感慨，书中涉及不少高考地理简答题知识，假如之前就看过这本书，会不会高考能再多考几分呢？无论如何，对于此书，我也只能说“相见恨晚也”。

这本书的作者是北大的韩茂莉教授。在介绍韩茂莉老师之前，我要先介绍中国研究历史地理学的第一代宗师，有顾颉刚、谭其骧、侯仁之、史念海等（当然，列出的只是一小部分），韩茂莉老师则是这几位宗师中后两位的弟子，历史地理学科研究可谓一脉相承。

这里还要补充一个小插曲。19 世纪西方曾兴起一股考古热，相关研究者如斯文·赫定（Sven Hedin）、马尔克·奥莱尔·斯坦因（Marc Aurel Stein），他们专注于对史前文化遗址的考察研究，进行了多次西域探险，考古发现极其丰硕。

20 世纪初，在经历了一系列政治革命和思想变革后，国人意识到，要救亡图存，要振兴中华，我国的历史地理学研究也须进入新的阶段，迎接第一个春天。1909 年张相文创办“中国地学会”，1910 年 2 月创刊《地学杂志》，该杂志至 1937 年停办时，共出版 181 期，刊登文章超过 1500 篇。20 世纪 30 年代初，禹贡学会成立，创办了半月刊《禹贡》。地学会研究地理学的各个领域，禹贡学会则倾向于专门研究历史地理学这一领域。《禹贡》从 1934 年 3 月创刊，到七七事变时被迫停刊，共出版了 82 期，发表文章 700 多篇。学会与刊物虽然存在的时间不长，但开启了中国历史地理学的现代化之路，是中国历史地理学发展的重要里程碑。韩茂莉教授师从的侯仁之和史念海两位先生正是开创禹贡学会的元老级人物。

侯仁之先生在全面审视地理学的性质和研究宗旨之后提出，研究历史时期主要由人的活动而产生或影响的一切地理变化，就是今日所理解的历史地理学的主要课题。而如今的历史地理学仍研究“由人的活动而产生或影响的一切地理变化”① 的各个领域。

毛泽东主席在《沁园春·雪》中写道：“江山如此多娇，引无数英雄竞折腰。”江山指的是我们的祖国大地，英雄则是在这片大地上、在历史的时空中落地有声的那些人物。回顾历史，无论帝王将相还是寻常百姓，由他们所创造的那段历史也许翻天覆地、轰轰烈烈，也许是俗人俗事，但是所有这一切都发生在我们脚下的大地上。从这个角度看，历史从来没有

---

① 韩茂莉：《中国历史地理十五讲》，北京大学出版社，2015，绪论第 4 页。

和地理脱离过，而这正是历史地理学研究的前提。

韩茂莉老师在一次访谈中说："中国在世界发展进程中，一个最重要的贡献往往被社会忽略了，它就是农业。"① 有一句古话叫作"民以食为天"，农作物开始被驯化距今已逾 1 万年，直到今天这句话仍是真理。历史农业地理是历史地理学中一条重要分支，我们今天这次读书会的主题就是要讨论历史中国农业开发中人与自然的关系。

一、自然环境对农业开发的影响与制约

（一）制约食物获得和生产方式选择

人类当初为什么要发展农业呢？

"江畔何人初见月，江月何年初照人"，农业是什么时候来到人类身边的呢？人类又是在什么时候有了发展农业的想法呢？我们都知道有野生的水稻植株和人工养殖的水稻植株，农业的诞生就是指将农作物驯化，即在自己划出的一片地方去种植小麦、水稻之类的作物。我们今天要谈农业的起源，就要去分析农作物如何被驯化的问题。

1 万年前是人类发展史上一个很重要的发展时段，考古学界将这个时间定为旧石器时代和新石器时代的分界线。从旧石器时代到新石器时代，人类制作的工具实现了从打制石器到磨制石器的重要技术跨越。更重要的是，人们的生计方式从采集渔猎转向发展农业。也就是说，在距今 1 万年的旧石器时代，人类生活是依靠渔猎采集的，对于这种直接从自然界中索取生存资源的生计方式，经济学家称之为"利用型经济"。农业诞生之后，人类通过自己的劳动生产出产品，则叫作"生产型经济"。利用型经济时期，人们直接付出的劳动量较少。进入生产型经济时期后，人们则要投入大量的劳动。这一变化被考古学家称为新石器时代的革命。但是为何古人类从利用型经济转换为生产型经济了呢？是什么原因、动力迫使人类放弃采集渔猎，而走向以农耕生产为主的时代？世界各地的学者对此展开了各种讨论。

第一种说法认为，随着人口的增加，人类向自然界索取的食物资源量

---

① 韩茂莉：《农业为何是中国给世界最大的礼物?》，中国新闻网，https://baijiahao.baidu.com/s? id=1750205795249043596&wfr=spider&for=pc，访问日期：2023 年 4 月 14 日。

也随之扩大了。有限的资源不能满足人类不断增长的食物需求，迫使人们从利用型经济的直接索取，转换为通过种植农作物保证足够的食物数量。①

第二种说法认为，大约1万年前整个地球气候转冷，大地上丰富的动植物资源逐渐减少，已经不能够满足人类生存需要，这个时候农业生产诞生了。这也是《中国历史地理十五讲》所持的观点。②

第三种说法则比较富有戏剧性。一个部落的首领希望吸引其他部落的人，增加其他部落对自己的支持和关注，于是驯养动物、种植农作物来丰富产品，以此吸引、招揽其他部落的人。这种猜想在学界叫作“宴享说”，意思就是摆开宴席招待大家。

对于整个世界的农业发展而言，上述有限的说法并不一定完全适用。这说明对于这个问题的讨论并没有形成一个最终的结果。其实有关历史的研究都是这样，后人只能无限接近历史的真相，而无法获得真正的历史。

我们知道，农业已经有1万多年的发展历程了。就占地面积来讲，可以说在整个地球上可利用土地之中，农业用地所占的面积是最大的，约占可利用土地的60%～70%。学者认为，世界早期农业起源地一共有三处：第一处是西亚、北非，以今天的底格里斯河和幼发拉底河构成的美索不达米亚平原为中心；第二处是中国的黄河、长江流域；第三处是从美洲大陆中部的墨西哥向南直至安第斯山区。如果从今天的世界地图上来看，我们会发现，这三个地带都不是世界上自然条件最好的地方，甚至大部分地区具有干旱特征。

世界文明的起源地几乎都在干旱的大河流域两岸，从中东的底格里斯河、幼发拉底河到非洲的尼罗河流域，从中国的黄河到印度的恒河流域，都具有相对干旱的特征。大概在1万年前，在古巴比伦所在的土地上，人们将野生小麦驯化为人工栽培小麦；美洲大陆上，从墨西哥到南美安第斯山区，人们驯化了玉米、马铃薯等；而在中国的大地上，人们将野生植物驯化为谷子、大豆与水稻。

为什么世界的农业会起源于这样的干旱地带？这极有可能是环境压力所致。我们可以想象，随着人口的增加，这种干旱的大河流域本身的自然禀赋能够给予人们的天然可采食资源是有限的。人口增长，天然资源愈发

---

① 赵志军：《中国农业起源概述》，360个人图书馆，http://www.360doc.com/content/22/0326/07/58656721_1023363608.shtml，访问日期：2023年4月14日。

② 韩茂莉：《中国历史地理十五讲》，北京大学出版社，2015，第14页。

难以满足人们的生存需求。这个时候，人们无意之中发现采集到的种子落在地上后会生根、发芽、开花、结实；猎获的动物可以继续饲养、繁殖，增加幼畜，补充奶制品和肉食。于是原始农业产生了。此后人们制作工具、兴修水利，文明就在此过程之中诞生。古巴比伦、中国、印度以及古埃及，都属于在原始农业基础之上形成的文明古国。美洲大陆中部和南部亦曾诞生了玛雅文明、阿斯特克文明，包括美洲安第斯山区的印加帝国所创立的文明。这些地区都不是自然条件最好的地带，却在环境压力之下孕育了古代文明。

相比之下，欧洲的中部和西部有茂密的森林和草原，生活在那里的人直到公元5世纪还被称为“蛮族”，文明进程比较落后。自然条件好，有大片的草地、茂密的森林、数不清的可以采集渔猎的动植物，有这些现成的食物，为什么还要自己去劳动呢？正因如此，西欧、北欧的文明进程要比干旱的大河流域落后得多。

也许大家还有疑问：世界文明的起源地是在干旱的大河流域，那么南方的长江流域为什么也能早早诞生农业文明呢？从长江中下游地区到钱塘江流域，那里非但不干旱，反而降雨量丰沛。那里也存在着一种古人类生活的环境压力吗？地理学上是这样解释的，当年中国江南一带，因环境特征而被称为“水乡泽国”，那里当年有着大片的沼泽、湖泊，河流密集，这种潮湿溽热的环境同样给人类生活造成了极大的环境压力。人类直接从环境之中索取资源存在着巨大的困难，于是开始将野生水稻驯化为人工栽培的水稻，从利用型经济转化为生产型经济。水稻这种农作物完成驯化之后，迅速传向世界各地。如今，以水稻为主粮的人口占全世界总人口的60%以上。水稻、谷子、粟、稷、大豆等，这些都是在中国本土完成驯化的。正如韩茂莉老师所说，上述驯化农作物是“中国人送给世界上最大的一个礼物”①。民以食为天，任何一个时代没有粮食，历史、文化都不可能延续下去，因此可以说，中国为世界文明做出了巨大的贡献。

（二）决定农业与畜牧业的分化和发展

畜牧业是广义农业的组成部分，但其所需要的地理环境与种植业完全不同。表面上看畜牧业依托的是草原，种植业（狭义农业）依托的是农田，但决定草原与农田存在的基础是地理环境。就中国而论，伴随降雨量

① 韩茂莉：《文明诞生地的“不优越”》，https://www.thepaper.cn/，访问日期：2023年5月30日。

自东向西逐渐减少，人类的经济生活方式也从种植业转向畜牧业。两者之间的地理分界线与400毫米降水线相关。这条看不见、摸不着的地理分界线自大兴安岭向西南延伸，与明长城的走向基本吻合，被当代地理学界称为中国北方"农业畜牧业交错地带"①。

400毫米的年降雨量是维持农作物正常生长的基本水量保障，中国北方农牧交错地带就在400毫米降水线附近。其实，我国草原面积超过耕地面积，畜牧业在农业地理中所占的远不止半壁河山。自然环境导致中国历史上始终存在双轨，一条为中原农耕社会的王朝史，另一条则是"马背民族"的征服史，两条轨道在长城地带交会。与长城以南的定居农业不同，草原上的"马背民族"在逐水草而居的流动生活中，建立了自己的社会秩序、经济体制乃至军事制度，并走向世界征服者的征程。自然环境的不同决定了生产方式的差异，继而决定了农业与畜牧业的分化和发展。

从地理方位上着眼，分布在北方的非农耕民族可以分为东北、西北两大部分。观察各民族地域分布的空间关系，我们不难发现，不仅各民族的经济生活方式随自然景观变化呈规律性分布，而且生活环境相同的民族表现出基本相同的经济生活方式。

畜牧业可分为放养型畜牧业（不具备迁移特征）和游牧型畜牧业两大类。游牧型畜牧业的出现晚于放养型畜牧业，游牧业出现后，畜牧业才真正从原始农业中分离出来，成为独立的生产部门。② 是什么原因导致畜牧业从农业中分离出来呢？地理学、考古学研究显示，推动畜牧业从原始农业中分离出来的主要动力是气候变迁。距今3000~3500年，欧亚大陆的气候转入冷期。正是冷期的出现，导致畜牧业在气候变化最敏感的地方从原始农业中分离出来，并在草原环境中发展为游牧经济。

（三）约束人口分布和数量变化

聚落是人类的居住之处。早在史前时期，人类为了满足生产生活的需要，便有了聚落分布。其实各物种的聚集生存在自然界中十分常见，不只是人类，像马、牛、羊等动物也都会选择群居的方法来实现自己生存的最优化。韩茂莉老师选择以西辽河流域作为研究区域，发现人类早期的聚落十分常见，可谓星罗棋布。古人类对聚落位置的选择几乎有着统一的意识和要求，400~700米高程的近河坡地是聚落的首选位置。在这一高程之外

① 韩茂莉：《中国历史地理十五讲》，北京大学出版社，2015，第153页。
② 韩茂莉：《中国历史地理十五讲》，北京大学出版社，2015，第157页。

的山地河谷则只在一定时期发挥过作用。

当时可能几家几户就形成了一个小的聚落，聚落之间也不会有太多的联系，那么人们为何会不约而同地选择这一海拔区域作为聚居地呢？其实并不难解释。因为在原始部落时，人们主要的食物来源以采集渔猎为主，是利用型经济模式，所以聚落大多会靠近树林和水源地，从而满足人类的饮食饮水需求。同时，水往低处流，水源主要分布在河谷地带，山顶离水源地太远，太靠近河谷又随时有被洪水淹没的风险，于是古人类选择将可上可下的山坡中间地带作为理想的聚居地。以上说明了自然界中的水源和食物制约着早期古人类的居住地选择。

让我们从原始时期回到现代。在分析人口分布和密度时，我们不禁会联想到胡焕庸先生——他于 1935 年提出了划分我国人口密度的“瑷珲—腾冲线”（又称“胡焕庸线”）。

在胡焕庸线的背后有什么样的地理基础？其实，决定胡焕庸线走向的是降雨量。中国内地的降雨几乎都是从东边的太平洋一路输送过来的。在这样一种自然地理基础之上，中国东西南北部的降雨量及其变化是不一样的。地理学家、气象气候的观测者将他们所观测到的数据绘制到地图上，就形成了一幅中国版图之内降雨量的分布地图。

无论是胡焕庸线所具有的地理意义，还是 400 毫米等降水线所具有的地理意义，都在中国大地上形成了一条隐形的界线。这条界线我们看不到它的踪影，但是在降雨量的支配之下，它造成了中国东西之间的地理差异。

《凉州词》中写“春风不度玉门关”，指的是什么呢？这里所说的“春风”，指的就是东部太平洋季风带来的温暖、湿润的空气，随之而来的是丰沛的雨水。但是位于河西走廊西端的敦煌的玉门关一带，很难享受到太平洋带来的这种雨水。所以古人感叹“春风不度玉门关”，这就是降水量导致的差异。

一方水土养一方人，中国东西部环境差异显著，人们的生活方式也大不相同。农业生产意味着什么呢？如果与草原游牧业进行比较的话，农业生产可称作人口密集型劳动。在农业基础之上形成了定居的生活方式，有固定的土地、定居的村落，大量的人口生活在这里。我们看到，在胡焕庸线以东、以南地区，是一个人口密集的区域，占中国全部人口的 90% 以上，产生这一现象的决定性因素是自然环境支配之下的劳动密集型的农业生产方式。

而胡焕庸线的以西、以北，或者说在400毫米降水线的以西、以北，宁夏、内蒙古河套地区可以引黄灌溉，甘肃河西走廊可以依托祁连山的冰雪融水形成绿洲，天山两侧以及昆仑山脚下可以依托冰雪融水形成绿洲，除了上述地区有小片的农业区域，大多数地区是大漠、戈壁，还有广阔的草原。

总的来讲，400毫米降水线以西、以北地区有三大草原地带——内蒙古草原、青藏高原草原、天山山地草原。在这三大草原地带生活着不同民族，有着依托畜牧业的生产生活方式。内蒙古高原游牧民族以蒙古族为主，新疆天山牧场的牧民以哈萨克族为主，青藏高原上的牧民则以藏族为主。草原畜牧业可以说是在有规律的迁徙流动中完成了整个生产周期。尽管草原是一种可再生资源，但是为了维持大群牲畜的生存（前一天被吃的草，不会在第二天就生长出来），牧民仍需追逐那些没有使用过的草场资源、没有被畜群动过的牧草。牧民生活在转场迁徙之中，有效利用有限的草场资源。一般是季节性的长途迁徙，加之小范围游牧，有时大概每隔1~7天就要完成一次转场。

与农业区域相比，牧业区域因具有迁徙流动的特性，且多处于劳动不密集的地带，人口数量相对较少。农业区域与牧业区域之间形成了鲜明的差异，这与中国的地理环境密切相关——受降雨量影响，不同区域形成了环境差异，进而使人们发展出不同的生产生活方式。当然，胡焕庸线是在20世纪30年代提出的。此后中国在传统农业社会的基础之上，发展出一个新的生产部门，即工业。中国工业最早的诞生地是中国东部地区沿江沿海地带。

我们再度观察20世纪30年代学界提出的这条界线，看到的是地理环境支配下人类经济生活方式形成的一种对应性特征。而受不同地理环境的制约，东西部发展出不同的生产生活方式，两大区域人口密度从密集到稀疏，这就是胡焕庸线蕴藏的人文内涵。

二、人对自然资源的开发和利用

（一）农业技术的发展和传播

人类将第一粒种子撒在土壤之中时，就开启了农业生产的大门。以此为基础，人类活动直接参与了对环境的改造。农业生产是以提供人类生存基本物质需求为目的的动植物生产过程。[①] 农业工作的对象植根于大地，农田与农作物每前进一步均会侵夺植被的自然生长区域。毫无疑问，农田的出现不仅意味着天然植被的退却甚至消失，而且介入了对自然环境的改造。当然，农田对环境的影响有好有坏，纵观历史长河，该影响是否以破坏为主尚待商榷。一些西方学者说，人类是地球的毒瘤。但人类的活动肯定不是无节制地破坏，否则我们如今脚下的土地早就是荒芜的不毛之地了。人与自然应该和谐共生，这个道理我们都懂，古人也懂，于是他们总结出了天地人的“三才”理论。这是中国古代以农业生产为背景形成的人地关系论，也是精耕细作农业技术的思想基础。农业开始大多是粗放型经济，但在人口压力或环境压力下，古人开创了精耕细作的农业。精耕细作，即在有限的土地上实现效益的最大化。

众所周知，黄河中游地区是早期中国文明的起源地，夏商西周直至春秋战国时期，北方无疑是人口最密集、农业发展历史更悠久、生产技术最先进的地区。永嘉南渡之后，在人口南移的过程中，江南的农耕技术水平才有所提高。

中国古代经济重心也是粮食生产重心，粮食自给与外运是经济重心形成之初的首要特征。在中国古代经济重心南移的进程中，北方移民参与所有农业活动，还成为水稻插秧与稻麦复种两项技术的携带者与推广者。这两项技术结束了江南地区火耕水耨[②]的粗放农业，并将土地利用率从50%提升至100%，又从100%提升至200%。中国古代经济重心从北方黄河流域移向江南，也是对亚热带水乡自然环境全面开发的过程，其中包括以土地利用面积扩展为核心的广度开发和以精耕细作农业技术提升为主的深度开发两个层面。在唐宋两代，经济重心南移的前期以广度开发为主，即扩大耕地面积，方法是开垦荒地、林地等；后期以深度开发为主。

这里我们选择从易田制到土地连作制这一农业生产技术的发展的角度对以上观点加以解释。历史自然地理与第四纪地质学的研究成果显示，在人类历史早期，长江下游地区是典型的水乡泽国，这里成为世界水稻起源

① 韩茂莉：《中国历史地理十五讲》，北京大学出版社，2015，第73页。

② 火耕水耨，即在水稻撒种前，先放火焚烧野草，此后割掉未烧尽的野草，将之浸入水中，草木灰和腐化物都可作为肥料。易田制即轮作休耕制度，轮耕周期决定了土地利用效率，例如轮耕周期为2~3年，意味着有1/3或1/2的土地处于闲置状态。

地之一。但江南地区久远的水稻种植历史仅是环境适应的结果，并不能说明这里的农业技术水平先进，地广人稀与水乡的环境必然导致该地区的原始农业技术较为粗放。《史记·平准书》载：“江南，火耕水耨。”即水稻播种前先烧掉野草，然后播种，当未烧死的野草长到七八寸时，全部割掉，并灌水令其腐烂以助肥田。火耕水耨的劳动基本由播种与收获两个环节组成。水稻收获后土地处于闲置状态，由于没有任何人工措施为土壤补充缺失的养分，休耕成为实现土地肥力自然恢复的唯一途径。这种种植模式即易田制。

从东汉末年开始，在中原地区历次战乱的影响下，南迁人口逐渐增多。至唐中期，南方各地不但改变了地旷人稀的面貌，而且一些地方的人地关系开始出现紧张状况。在人口压力下，火耕水耨、易田制的耕作方法显然已不能满足日益增长的粮食需求，而提高粮食产量的基本途径就是放弃易田制，采取土地连作，通过扩大耕地总面积来达到提高产量的目的。水稻连年种植，随之而来的就是杂草伴生，掌握复栽技术的北方人自然会想到利用这一技术去除杂草，于是水稻在苗床育苗之后移栽的技术就这样完成了传递和发展。

（二）区域间的商品信息技术传播

区域间的商品信息技术传播的方式有很多，如京杭大运河、茶马古道以及丝绸之路，均是不同地区之间实现商品信息交换的交通通道。在交换的过程中，古人为了更加方便，自主创造出更好的条件，打破地形的束缚，这在一定程度上推动了人类文明的发展。

我们以茶马古道为例进行分析。解读茶马古道的关键点在“茶”“马”这两个字上。有茶马古道，自然就有茶马贸易、茶马互市。茶马贸易的实质是中原农耕民族与周边地区以游牧为主的民族进行物资交换，其中重要商品即茶和马。

其实，茶与马对于游牧民族和农耕民族来说都是必需品。首先，中原农耕民族为什么要和周边的游牧民族交换马呢？其实这里所交换的马主要是具有战斗力的战马，而中国适于饲养优良战马的地带并不多，大概包括内蒙古的呼伦贝尔草原、新疆的伊犁山地牧场、甘肃的山丹牧场等地，同样是牧区的青藏高原就难育良马。回顾中国历史，无论呼伦贝尔草原还是新疆的天山，乃至青藏高原，在很多历史阶段，中原政权都未能完全统辖这些地方。中原王朝要获得有战斗力的战马，就需要进行交换。因此，在交换物品之中，除了游牧地区拥有的皮毛等畜产品，战马可谓最重要的商品。

茶为什么能作为交换的代表物呢？游牧民族的食物以肉食、奶制品为主，如何解决肉奶食物的消化问题呢？草原上几乎没有蔬菜和水果，但是有了茶就不一样了，尤其是那些很粗的茶（黑茶、紧压茶），充分发酵的黑茶非常有助于消化。尽管在东西之间、农牧之间的物质交换之中，来自中原农耕区的物产不仅有茶，还有粮食、布匹、丝绸等，但在所有这些交换物品之中，茶最为重要。所以茶马贸易也好，茶马古道也好，都以茶作为一种标志性的商品。

以茶马古道、丝绸之路和京杭运河为代表，尽管由自然造成的地理隔阂和生活习性制约着区域间的商品交换、信息交流，但人类依然能够打破地域的隔阂，这也体现了人类的创造性与想象力。

三、 农业开发对自然环境的扰动

农业是中国古代经济发展的支柱，至今亦是人们赖以生存的食物来源与国家稳定的根本保障。随着社会经济的发展、生产技术的提升以及人口的增多，人们对土地的农业开发愈加频繁，对自然环境造成破坏的风险也随之增加。在古代中国相当长的时期内，人们能顺应自然规律进行适度开发，但当国家处于军事对抗、风雨飘摇的时期，抑或供给严重不能满足需求、人地矛盾尖锐的时期，人们为求生存只得非理性地开垦可以利用的土地，不惜烧山毁林、围湖造田，对环境造成不可逆的扰动。生态学研究发现，在外界力量没有对生态系统造成致命破坏的情况下，生态系统具有自我修复功能；当人类活动施加于环境的压力减轻，生态系统在裸地上自行恢复的周期一般为50年左右；若人类的农业开发对自然环境的扰动造成持续的、严重的、不可逆的后果，生态系统就会陷入生态恶性循环，阻碍后世的发展。人为因素影响下，黄河形成地上河及改道、决口，长江中下游的农业开发导致湖泊锐减甚至消失，山地的农业开发导致水土流失乃至生态灾难，这些均是不合理农业开发对自然扰动的典型案例。

（一）人为因素扰动黄河形成地上河及改道、决口

从古至今，黄河带来的灾难都源于河水中携带的巨量泥沙。古人论及黄河之浊，有“一石水，而六斗泥”之说，这意味着水中一半以上是泥

沙。这些泥沙是如何产生的呢？当代地理学研究成果显示，黄河的泥沙90%来自中游地带，即位于黄河中游的黄土高原是主要产沙区。人类诞生之前，黄河的泥沙主要也是由自然侵蚀产生的。事实上黄土高原的侵蚀活动由来已久，地质学家分析了河套平原、关中平原、华北平原等与黄土高原侵蚀相关的沉积区，发现自更新世以来黄土高原至少经历了三次堆积、侵蚀交替的轮回期。黄河携带的泥沙进入中下游，塑造了土壤肥沃、平坦开阔的华北平原及周边中原地区，并使得中华文明在此生生不息，绵延至今。黄河因此被冠以中华民族“母亲河”的称号。

人类既是自然环境的享受者，也是改造者。人类生存发展模式由利用型经济转为开发型经济，随之而来的就是农业的开发，生存空间的拓展，以及政权的更迭引发的战争。在黄土高原，人类活动突破一定阈值会直接加剧河流侵蚀，这被称为人为加速侵蚀，其与自然侵蚀共同构成了黄土高原环境变动的主要原因。韩茂莉教授通过分析四种历史数据（黄河下游冲积扇沉积模式、地貌循环理论、侵蚀的自然脉动、沟谷侵蚀速率），得出如下结论：“由于黄土自身的物理特性与黄土高原的综合自然地理条件，黄土高原环境演变过程中自然侵蚀始终占主导地位，人类活动在整个侵蚀总量中仅占较小部分。”① 历史上黄河的地上河、改道、决口主要是自然力所致，人为因素只起到推波助澜的作用。但人为提高侵蚀率的行为呈递增状态，据函数逻辑，人为因素存在超越自然因素成为主导因素的可能。因此，我们讨论黄河地上河形成及改道、决口的问题时，需要在历史中重新审视人为因素的影响，并尝试通过生态恢复、生态综合治理对环境变化做出积极回应。

（二）长江中下游的农业开发导致湖泊锐减甚至消失

我们知道水热条件和地貌土壤条件是农业发展的两个核心因素，对于某些作物来说甚至是限制性因素。亚热带季风气候、广阔的湖泊河流提供了极佳的水热条件，广袤平整的长江三角洲、肥沃厚实的土壤层均提供了极佳的种植条件。如此看来，长江中下游地区有农业开发得天独厚的优势。但在汉代以前，该地区劳动力不足、生产技术落后，当下看来十分优越的自然条件，都成为那时人们开发利用土地的障碍，这使得长江中下游地区徒有大片良田却无法进行农业开发，该地区经济发展水平长期远远落

① 韩茂莉：《中国历史地理十五讲》，北京大学出版社，2015，第137页。

后于黄河流域。当黄河流域已成为秦汉帝国经济重心的时候，南方还处于“筚路蓝缕，以启山林”的开发初期，大部分地区还保持着自然的原始面貌。[①]

历史的演变遵循着一个规律，即战争引发王朝阶段性更替，继而使得南北方经济政治力量此消彼长。黄河流域每一次战乱都为长江流域提供了一次发展契机，于是发生了历史上三次人口的大规模南迁。第一次持续时间较长，从西汉末年王莽之乱以及随之而至的农民起义，到东汉末年黄巾军起义以及三国鼎立，再到西晋的“八王之乱”“永嘉之乱”与随之而来的十六国更迭，黄河流域累经兵匪蹂躏，民生凋零，大量人口南迁。第二次为“安史之乱”引发的北方人口南迁，再度推动原已颇具规模的江南经济走上新的发展阶段，不但成为北方政治中心赖以持续的支点，而且成为全国的经济重心。第三次为北宋末年“靖康之难”造成的人口南迁，此次南迁规模最大，促使江南全国经济中心的地位日益巩固。

三次人口南迁为南方带来了丰富的劳动力和先进的生产技术，使南方农业生产从粗耕农业向精耕农业转变。凭借农业的蓬勃发展，江南迅速成为全国经济中心。

可是“欲戴王冠，必承其重”，北民的南迁对南方来说是机遇也是挑战。在人口迁移成就南方发展的同时，人口膨胀也加剧了人地矛盾。人们不再满足于对环境的利用，转而大刀阔斧地对环境进行改造。从平原走向山地、走向湖泊，只为开垦更多可以种植的田地，其中难免有非理性、违背自然规律之举。下面我们把目光聚焦在古云梦泽地区和太湖流域，集中探究在人口南迁背景下长江中下游农业开发如何导致了湖泊的锐减甚至消失。

古云梦泽位于今江汉平原一带。早在诸侯争霸不休的先秦时期，云梦泽就是当之无愧的内陆第一大湖。它虽然因地形限制，并未形成完整的“超级内海”，却拥有数个大体联通的淡水湖泊，全盛时期总面积约 2.6 万平方公里，面积超过彭泽湖和太湖的总和，但最终在人们非理性的农业开发中走向衰竭。秦汉至唐宋是云梦泽水体退却的时代。在人口南移的背景下，大规模农业开垦导致云梦泽水域萎缩。长江与汉江两侧的湿地被大量开垦，却不能很好地解决汛期大潮问题，于是云梦泽因新注入的两江之水

---

① 韩茂莉：《中国历史地理十五讲》，北京大学出版社，2015，第 78 页。

而向东偏移，“落户”到今日的潜江市一带。来自上游的大量泥沙淤积，使水域周围形成了更多沼泽和泥泞小径，平原的拓展逐渐压缩了水体的面积。到了魏晋南北朝时期，被人力“驱赶”的云梦泽又“跑路”到今武汉附近，所经之处留下大片季节性河流或新形成的湿地，湖体的主体部分则日益凋零。此后随着陆上三角洲的不断扩展，湖水日趋平浅，唐宋时期云梦泽多已淤填成平陆。司马相如所称道的“九百里云梦泽”为零星小湖所取代。南宋后人们开始修建垸田，最终导致云梦泽消失。

再看太湖流域。太湖的形成是大江淤积的结果。长江三角洲地区的太湖、阳澄湖、淀山湖等湖群原是与海相通的大海湾，由于扬子江和钱塘江向东延伸与反曲，部分海面被环抱于内，遂成内海；两侧诸山水流不断注入，冲淡了其内海的水，最终形成淡水湖。太湖西侧和西南侧为丘陵山地，东侧以平原及水网为主，太湖水系呈由西向东泄泻之势。在相当长的历史时期，特别是六朝时期真正形成水利工程体系之前，太湖东部排水入海的“三江”（即吴淞江、娄江、东江）受泥沙淤积的影响很大，太湖长期以积水湖的形态存在，被研究者称为“纳而不吐”。因此会出现雨季湖水越过湖岸流向平原的情况，太湖面积不断扩大。在人口大规模南迁的背景下，人地矛盾成为政府需着力解决的大问题。南迁人口从两汉开始便开展太湖水利工程建设，利用圩田手段围湖造田，力图缩小太湖面积，开发出更多的田地。宋代是水利工程建设和围湖造田的高峰期。宋人单锷犀利指出，太湖水患形成的自然条件是“纳而不吐”，治理太湖的核心问题和因弊在东部，故而主张“凡欲疏导，必自下而上”。[①] 韩茂莉教授认为，该治理方案具有全局性且符合科学性，应该是彼时整治太湖水患的最佳方案。在此方案基础上，太湖水面扩张受到了一定限制。纵观历史，推动太湖面积缩小的主要原因是宋代以来的大规模围湖造田运动。围湖造田，本质是人与水争夺土地，人口增长和集中的压力是围湖造田的根本动因。中国古代人口大规模南迁，主要流向下游长江三角洲，并以太湖平原为首选，这片区域是南迁人口就生存之地所做的最佳选择。可是核心问题在于，该地区实际的环境人口容量不足以容纳涌入的全部人口。于是在生存本能与发展欲望的诱导下，人们另辟蹊径，将手伸向广大的湖泊流域。开发太湖流域的实际成效是在宋代实现了“苏湖熟天下足”，太湖流域成为

① 韩茂莉：《中国历史地理十五讲》，北京大学出版社，2015，第150-151页。

天下粮仓。但其弊端也是明显的，以圩田为手段的大规模围湖造田运动，导致湖泊面积锐减，加剧了水旱灾害。

（三）山地的农业开发导致水土流失乃至生态灾难

中国历史上的山地农业开发主要在南方进行，可大致分为三个阶段。第一阶段，自距今 1 万年左右原始农业起源开始，至公元 2 世纪末结束，此时的山区经济形态以采集渔猎为主、原始种植农业为辅。受限于当时的农业技术、交通和劳动力条件，大部分地区的农耕规模很小，农作物产出甚低。得到初步开发的地区，主要集中在山区内地势较为低平的河谷、盆地及其周边的低丘地带，呈点块状分布，总体开发规模较小。此时农业开发对山地自然环境基本上不会造成破坏。第二阶段，自六朝至北宋末，山区农田垦辟面积不断扩大。低山丘陵地区的河谷、山间盆地逐步被开垦成农田，局部山区被改造成梯田，人们还建设了中小型水利工程。此时刀耕火种性质的“烧畬”仍是山区主要的垦耕方式。这一阶段的农业开发开始对山地自然环境造成实质性破坏。第三阶段，自南宋至明清时期，浙闽山地、南岭山地、川东丘陵山地、粤桂山地、秦巴山地以及西南云贵高原山地渐次得到全面开发。这一阶段，山区种植农业，以及对山林资源的多种经营，包括矿冶、手工业等，均得到长足发展。特别是在明清时期，各省交界山区，如川陕楚交界处的秦巴山地、湘鄂川黔边的武陵—雪峰山区、闽浙赣交界处的武夷山地、湘赣粤交界处的南岭山地等，均成为山区开发的主要对象，山地利用达到了新的高度。山区的土地利用方式已逐步脱离刀耕火种式的撂荒游耕—休耕制，普遍推行连作制，普遍引种、推广玉米、甘薯等高产旱作农作物。

韩茂莉教授认为，真正对山区环境构成威胁与破坏的是第三阶段。北宋末年“靖康之难”造成第三次人口南迁，这是中国历史上规模较大的一次人口迁移，持续将近一个世纪。人口迁移的伴生物是丰富的劳动力和先进的生产技术。但这是一把双刃剑，其虽然使南方社会经济的发展达到了前所未有的高度，逐渐成为国家的经济重心，但也对南方的自然环境造成了极其严重的破坏。人们大张旗鼓地进行农业开发，从平原拓展到山地，非理性地毁林造田，破坏天然植被，开垦荒地；同时不停地在土地上进行复种轮作，导致土地肥力耗竭，使山地成为不毛之地。结果本来欣欣向荣的山地变得满目疮痍，“山上失去植被，导致水土流失；山下泥沙壅堵，河道不通，舟楫无法通行，农田为泥沙覆盖，难以耕种”①。

那么究竟为什么山地农业开发会引发如此严重的水土流失乃至生态灾难呢？结合韩茂莉教授在书中的阐述，我认为原因主要有以下四点。

环境人口容量的超压。环境人口容量是指环境所能容纳的最大人口数，若突破环境人口容量的弹性范围，则会造成尖锐的供需矛盾，包括人地关系矛盾、人与自然和谐共生的天平失衡。人们为求生存，会进行非理性的农业扩张，遇山开山，将原本维系山地土壤的树木连根毁去，代之以单一的农作物，山区植被对土壤的维系作用骤减，为水土流失之恶果埋下前因。

开发方式的粗放。人们依然采取最原始的农业方式——刀耕火种性质的“烧畬”，在砍伐焚烧之下，山地植被遭到根本破坏。清人严如熤记载，秦岭山中“产松杉美材，大连抱十余寻，足供栋梁之用”，但即使这样的美材亦遭到砍伐，“山民垦荒砍伐，朽腐烧炭”，为此他连呼“殊可惜也”。② 可是山民不顾这些，他们认为只有彻底地铲除土壤之上的杂物，开垦出田地种植农作物，才能满足自身生存需要，于是顾此失彼，不假思索，粗放开发，破坏了山地的生态系统，直接加速水土流失和生态破坏。

行政监管的漏洞。山民处在偏远山区，朝廷对之管控力度不足，对开发者放任自流。明清时期前往山区垦荒的棚民往往以三年为契约期，因此耕作方式粗放，以撂荒收尾，仍以游耕作为生产方式。租山垦种是人们对自然的破坏，即使山区再多，也总有破坏完的一天。事实上，一条河流周围的山区被农业开发破坏了土壤层而水土流失、泥沙俱下时，会淤塞河流，造成大面积的生态环境恶化，反过来影响整个流域（包括平原）的农业生产。这不是人类对大自然的胜利，而是无知导致的灾祸。

种植作物的嬗替。为满足南迁人口的食物需求，山地普遍种植玉米、甘薯等高产农作物，这类作物根系粗大，并不适宜在山地种植，“根入土深，使土不固，土松遇水则泥沙随雨而下”③，加剧了水土流失。同时，北方人习惯面食，故采取稻麦连作制，复种指数急剧升高，大大增加了肥力殆尽后的裸地数量，使之成为水土流失的沙源地。

---

① 韩茂莉：《中国历史地理十五讲》，北京大学出版社，2015，第 91 页。

② 严如熤：《三省边防备览》卷六《险要口》。

③ 韩茂莉：《中国历史地理十五讲》，北京大学出版社，2015，第 92 页。

四、精耕农业延续的天、地、人“三才”理论

翻开厚重历史大书的扉页，回顾人类与地球万年间共生共荣的历程，这是人类从探索自然到利用自然再到改造自然的渐进过程。我们既看到了祖先蹒跚学步的利用型经济发展模式，也看到了文明璀璨的生产型经济发展模式，其中最被世人称道的是精耕细作的农业生产模式发展，其使中华文明熠熠生辉并延绵至今。中国古代农作延续的天、地、人“三才”理论意义非凡，它表示人们在农业耕作中已经意识到并探索出协调农产品需求与农业生态保护的途径，在实践中走可持续发展之路。

（一）天、地、人“三才”理论的起源和发展

中华民族从古至今都是一个善于思考、乐于创新、勤于劳动的民族。从蒙昧时期至农业发展早期，人们对自然的认识不足，为求生存，只能粗放地利用自然资源，甚至破坏自然环境。在经历一次次自然灾害之后，人们逐渐意识到自然力量的强大，不得不再次探寻，以更为合适的方式适应自然。于是有了《易传·说卦传》中所叙写的“是以立天之道，曰阴与阳；立地之道，曰柔与刚；立人之道，曰仁与义”，对此可理解为乾坤要和谐，天地要共生，自然生态要平衡，万物才能正常生存，这反映了中国古人对人与天地平衡、和谐共生的突破性认识。至此，古人把天地放在了至高无上的位置，历代君王登基时均以祭天祭地为文化正统，从而将“三才”思想融于治国理政，包括农业经济发展之中。

成书于战国时期的《吕氏春秋》“审时”篇载有中国人早期的“三才”思想：“夫稼，为之者人也，生之者地也，养之者天也。”韩茂莉教授认为，这里的“三才”理论与农业生产直接挂钩，其中所言人、稼、天地三者就是农业生产所包含的生产者、生产对象、生产环境三个组成部分，通过农业生产技术因天时、顺地利、协调三者的关系是“三才”理论的核心。[1] 该思想体现了一种有机统一的自然观，深刻地揭示了农业生产中农作物与自然环境、人类劳动之间的联系。“三才”理论标志着我国传统农学思想体系的形成，也是我国系统阐述农学原理的开始。

---

① 韩茂莉：《中国历史地理十五讲》，北京大学出版社，2015，第 74 页。

（二）天、地、人“三才”理论对农作的影响

中国传统农业技术的主要特点是精耕细作。精耕细作是现代人对中国传统农业精华的一种概括，指在一定面积的土地上投入适量的生产资料和劳动，采用大量体系化的技术措施，如生产工具的革新以及灌溉、施肥技术等，进行细致耕作，从而提高单位面积产量，继而增加产品总量的农业生产技术体系。精耕细作本质上就是充分发挥人的主观能动性，利用自然的有利方面，克服其不利方面，从而创造一种巧妙的农艺，其指导思想就是“三才”理论。

按照“三才”理论，人既有其自身的独立性，又是天地人这一大系统中的一部分；因天时、顺地利，人既要遵循自然界的规律，又要充分发挥自己的作用。于是人们开始深思熟虑地进行农业开发，在有限的土地上追求高效率生产、集约式发展。人们升级了土地利用方式，如垄作法、代田法；改良了生产工具，如耦犁、曲辕犁；创新作物种类和种植制度，如明清时期引进高产的玉米、甘薯；在田地里实行稻麦轮作，提升复种指数；拓展了对自然的认知，如通过观察与总结，形成了二十四节气，以此来指导农业顺天时的生产；同时不断凝聚农业智慧，《天工开物》《农政全书》等农书相继问世。

中国传统农学的“三才”理论包含着一种动态的世界观，即农业环境条件并非固定不变的，农作物的特性及其与周围环境的关系也非一成不变。这就为人们在农业生产领域充分发挥主观能动性提供了广阔空间，促成精耕细作农业的生成与发展。“三才”理论强调集约经营、少种多收，这是中国古代农民的伟大创造。

李根蟠先生的研究结论是，精耕细作不仅是中国传统农业技术体系的特点和主流，而且是中国历史发展的一项关键要素，对社会经济制度发展变化产生了重大影响，甚至可以说，精耕细作是中国历史的一个“基因”。[①] 精耕细作的基础是中国古代各族人民“应对”既定的自然条件进行的广度和深度空前的农业实践。精耕细作在中国传统文化中打下深深的烙印，支撑中华文明不中断发展，为中国人口增长提供了动力和基础保障。精耕细作、亲缘组织与科举制是中国历史发展的三重动力，士绅则是政治权力和农村社会的连接点，上述结构关系不仅仅影响着中国的历史发

---

① 李根蟠：《精耕细作的传统农业的形成和发展》，中华文明在线，http://wenmingcn.cupl.edu.cn/info/1018/1259.htm，访问日期：2023年4月9日。

展，更影响到中国乃至世界的现代化道路。许倬云先生就指出，自汉代至民国，中国精耕农业与乡村社会未发生显著变化。①

（三）“三才”理论蕴含可持续与创新发展思想

古人没有提出系统的可持续发展理念，却在实践中将其精髓贯穿始终。韩茂莉教授认为：“精耕细作农业生产技术伴随中国农业延续 2000 年，得益于天、地、人‘三才’理论。”② 该理论是古代中国人民在数千年的农业生产中，通过对自然的细致观察和深度思考，提炼总结出的人与自然和谐共生的一套理论。在人与自然之间构建一种动态的平衡，这既是一种理解和解释世界的方法，也是人们面对客观世界时的能动反应，展现了人们受益于自然，也受教于自然的过程。古代中国人民将因天时、顺地利的朴素自然观融入日常的农业生产之中，形成并发展了精耕细作农业，延续千年，使中国农业经久不衰。该理论也提醒我们正视当下农业生产的乱象：烧山毁林、围湖造田、滥用农药等，可见，农业生产亟须可持续发展理念的指引。

回顾中国精耕农业史，我们会发现提升土地利用效率的方式主要有三种：一是提升农业生产技术，二是升级农业生产工具，三是提高土地利用水平。这三项与社会经济条件紧密关联，也体现了人们凭借创新精神提升食物产品的数量和质量的美好追求。正是出于对美好生活的向往，站在历史存亡的关键时刻（食物供给满足不了人们的需求）的人们选择的不是偏安一隅、故步自封，而是上下求索、勇于创新。例如在耕作条件不佳的地区，人们引种玉米、甘薯，替代传统作物粟、黍，既实现了产量提升，也丰富了食品种类；再如，为了解决食用油问题，农民因地制宜，先后种植了芝麻、油菜、花生、大豆等油料作物，产量与出油率不断提升。我国精耕农业之所以长盛不衰，除了因为坚定不移地贯彻天、地、人“三才”理念，还有一个重要的原因就是创新精神，这与当今社会所弘扬的“创新是引领发展的第一动力”不谋而合。

自从人类步入近代社会，在经济高速发展的时期，人们非理性地改造自然，环境污染加剧，气候恶化，直到近些年开始提倡绿色原则和可持续发展理念。我认为，再完善的事后补救措施都不如事前的未雨绸缪。不必再抱怨人们对自然已经造成的损害，因为历史无法重来。幸运的是生态有恢复期，这给了我们补救的机会，我们应该抓住机遇，从现在做起。

---

① 许倬云：《游走在学术与大众之间》，《新京报书评周刊》2020 年 7 月 26 日。

② 韩茂莉：《中国历史地理十五讲》，北京大学出版社，2015，第 73-74 页。

研讨互动

学生与谈

苗奥娴：常识性知识来自人类对自然千百年的探索

我想结合小川和权鑫的领读分享一下自己印象比较深的几点。

第一，秦汉以来黄河中下游一带是经济（农业生产）中心、政治中心、文化中心。农业生产需要适宜的自然条件和稳定的社会条件，而黄河流域作为政治中心最容易发生社会的动荡，继而严重影响农业生产与经济发展。黄河流域经历了多次长时间、大规模的战争，人口大量南迁。江南地区因此获得了大量劳动力及先进的种植技术，为江南地区的开发提供了人力与技术条件。此后经历唐宋两代，古代中国完成了农业生产重心和经济重心的南移。这里我想到了“修身齐家治国平天下”这句话，反过来讲也是合理的。我们通常讲要先修身，然后齐家，之后治国，最终平天下；反之，如果天下太平，那么大概率国家能得到良好的治理，更多家庭安居乐业，民众也能有更好的修养和发展（“其政闷闷，其民淳淳”）。黄河中下游虽在秦汉时期政治、经济、文化发达，是群雄逐鹿之地，但难抵天下动乱、战争不断，导致后来经济衰落、政治动荡。一个区域或者国家要得到持续良好的发展，政治社会环境稳定是首要条件，否则再伟大的经济文化成就，最后也成了为他人做的“嫁衣”。第二，基于整体视角回顾人类与大自然的关系，会发现两者之间相互依存、相互制约。这个在今天看似属于常识的认识，却是人类在对大自然上万年的探索中逐渐获得的。在近万年的历史中，农耕民族经历无数次迁徙、填湖造田、烧山毁林，总结出易田制、土地轮作等耕种方法，并快速传播，成为集体知识；草原民族则采取逐水草而居的游牧生计方式，遵守各有分地等游牧规则。我们看到了不同民族、不同地域的先人为生存努力，在贪婪与敬畏中试探，大量行为与创造无不闪烁着人类智慧的光芒。第三，两位同学的汇报领读都特别自然，言之有物、言之有理，特别值得我学习。

曹路遥：领读同学更多关注人为因素而非自然因素

《中国历史地理十五讲》是很专业的书，小川和权鑫用了很多心思、付出了很多精力进行阅读，他们很认真负责地完成了领读工作。

我就该书内容稍微分一下类：第一类是空间环境与条件问题，包括第二讲到第四讲，第二讲关注史前人类与环境的关系，第三讲关注历代疆域变迁，第四讲则关注气候变化与植被分布；第二类是人类社会与历史地理的关系，主要包括经济和政治关系，集中于该书第五讲到第十讲；第三类是流动的政治社会空间，包括道路演变和战略空间的演变，以及城市发展。

小川、权鑫今天的汇报以农业为切入口，农业是人类历史上最基本的经济活动。小川同学介绍农业的起源问题，与第四讲、第六讲直接相关，但好像有点儿忽略了畜牧业起源；权鑫讲述的重点是人类活动对环境的影响，与第五讲、第七讲直接相关。

汇报领读的重点是人与环境之间的关系。环境决定农作是前提，但随着技术革新，人的影响不断增加。江河湖泊虽因人力而变化，但自身也受制于很多自然因素，比如说不定期泛滥成灾的河流。故应将自然环境演变的历程置于自然规律与人类活动的影响之下。两位同学非常充分地介绍了人类活动产生的影响，我觉得可以适当增加对自然因素的分析。

导师回应

小川与权鑫的进步与不足

肖建飞

自己发现的问题才更有价值

这期读书会有一系列的阴差阳错。其实就我本意来说，我真的特别希望小川和权鑫汇报领读历史中国的农业发展问题，因为韩茂莉老师最擅长的就是农业地理、中国农史，她研究过辽西的农业和畜牧业的混合经济、宋代的农业史，2012 年出版了三卷本的中国农业史。我在阅读《中国历史地理十五讲》时，认为该书写得最好的部分就是农业地理的部分。

但是我并没有给这两位同学任何暗示，是他们自己选的农业问题。我在喀什的时候，他们给我发信息说，想讨论一个农业问题。我只是在他们初步拟定的题目的基础上凝练出了一个相对学术化的表述。题目是他们自己选的，这就是本科生的一个进步。为什么说是进步呢？大家可以想象一下，整个本科阶段，包括研究生阶段，你们选不出论文选题时会怎么办？

“老师给我个题目”，同学们不是经常这样做吗？但是小川、权鑫两位同学是自己选的题目，自己选的题目就不一样了。如果说期末考试回答老师出的简答题、论述题，你其实只是在陈述，问题永远是别人的问题；可是你自己选了问题，这就是你自己的问题。面对文本或者实践，你提出自己的问题，还想去解释，这就是一个反思的过程。这一点让我非常满意。

轻松自如、图文并茂、素材丰富

我还看到小川和权鑫在汇报的时候都是比较轻松自如的，他们没有紧张到连喝水都忘了。

在汇报的过程中，两位同学用了大量的图片，图文并茂，还展示了影视资料，这样会给别人身临其境的感觉。我突然发现，一个视频真是远远比单纯站在讲台上讲解更有说服力。但不可能完全看视频，否则谁也没有必要来到课堂上了。我说的是穿插一段视频，这样能让听众从听觉中“走出来”，调动各种感官。

郭权鑫令人赞赏的应变能力

权鑫有更多让我吃惊的地方。小川和权鑫可能稍稍领会错了一点，不过他们做得特别好。我昨天对他们说：“你们的汇报控制在一个小时左右。”他们两个肯定错误地理解成每个人汇报一个小时，其实我希望他们两个合在一起汇报一个小时。

就在这样的情况下，权鑫本来做的是一个小时的汇报准备。我一小时前问他：“汇报能不能压缩一下？”这对本科生来说是非常大的挑战。因为他做好了 PPT、写好了稿子，老师突然间说只能讲一半，等于说让他当下决断哪些东西不讲、哪些东西讲。其实这是不容易的，这需要高度的应变能力。

大家看到了，权鑫一开始上场，就把自己的核心观点表达了出来。我也没有想到他会用这样的一个图，简洁明了地把自己最核心的观点写出来：当人们改造自然时，可能会出现两种情况，一种是适度改造、合理利用，让自然哺育人类，也让人类反哺自然；另一种则是人类不合理的开发行为对自然过度扰动，导致人和自然之间的关系失衡，结果就是双方的毁灭，自然被破坏了，人可能要走向生存的极端困境。权鑫一开始就把自己的观点总结并呈现了出来，完全是因为我给了他压力，而且是临场给的。

从事实到评论的素材取舍

路遥提到本书有15讲，涉及的内容非常多。我们很难全面汇报这本书的完整内容，这就需要我们从中选择自己真正有兴趣的主题，此后主要就这一主题遴选素材，然后表达自己的整体想法，这并不是那么容易的事情。

在整个汇报的过程中，我们发现，从小川到权鑫的汇报内容是有变化的，其实难度在增加：第一部分讲述自然环境如何制约着人类的农业开发；第二部分分析人类的农业开发又是如何影响了自然环境；第三部分讨论不合理开发行为对自然的扰动；而中国农业延续了几千年，绝对不是一个单纯的破坏过程，故第四部分分析中国古代的"三才"理论，其中蕴含着创新发展与可持续发展思想，以及人和自然和谐共处的观念。我们看到汇报从描述到评价，从陈述事实到阐发自己观点，难度是逐步增加的。

汇报领读中表达技巧提升

在汇报领读过程中，两个同学也稍稍需要改变一些小的表达问题。

比如说小川，既然已经用了茶马古道的视频，那就没有必要重复讲茶马古道路线了。读书汇报没有必要重复信息。

权鑫也有一些有待改进的地方。你们是男孩，站在这儿应该堂堂正正说话、字正腔圆，对吧？你们总比我有气力。我觉得最近几天都是在"弥留之际"爬起来，然后来到课堂上，差不多这一周都是这个状态。但是我觉得，真的不是因为我体力怎样好，而是因为我一直有一个信念，我要站在课堂上。我知道，今天读书会结束后，我就可以稍稍休整一下了。大家一定要注意自己的表达，就是要声音洪亮、吐字清晰，说话要有停顿，注意语调的高低。

我是本科生的时候，远远不如你们，我当时站起来都不知道该说什么。完全是职业训练的原因，当然我也没有被训练得很优秀，我只是在不断改正我自己。以前当我特别疲惫的时候，一节课下来嗓子就会沙哑。大家有没有发现，其实前两次上课（就是周四和周六）我特别疲惫，却没有出现哑嗓的情况。原因是什么？我知道了我的极限，我不会吼着说话，我能讲多高的声音，我就讲成什么样。真的需要不断地反思自己的表达，慢慢才知道自己的极限在哪儿，当下自己的局限、极限是什么，以及自己希望自己怎样表现，这样才能有改进。你当下是这样的，但希望自己是那样的，面对中间的差距，你会有进步的。

导师接续

历史中国的常与变：地理区、经济区与行政区的关系

肖建飞

摘要：在生产生活生计系统与政治行政军事系统中，人与自然环境、地理要素之间互动的差异何在，是读者对中国历史地理的追问之一。地理区是中国的本底，经济区是中国政治的基础，行政区依赖于地理区与经济区。在地理区、经济区、行政区中，人与地理环境的关系的稳定性依次降低。历史上中国经济中心的转移为政治中心的转移奠定了基础，政治中心的转移亦有助于重塑经济体系。

关键词：历史中国；地理区；经济区；行政区；人地关系稳定性

地理学家通常将地理分为两个层面：一类为自然地理，也称第一自然，如山脉、河流、湖泊、荒漠、植被的分布，气候、土壤的形成与变化，均属自然界的本有；另一类为人文地理，也称第二自然，包括农业、聚落、城镇、交通、工商业乃至政治、军事、文化等要素及其构成的人类社会政治体系，这些源于人类的创造。自然地理与人文地理两大分支所涵盖的地理现象的成因不同，但两者“相互关联、相互依存，共同点缀、改造着我们脚下的大地与头顶的天空”①。

时至今日，人类的历史留给今人的大致有两类地理现象，“一类如同化石，不仅残存且已固化，成为我们探讨、复原过去的标识”，微观如良渚文化遗址、二里头文化遗址、兵马俑、交河故城、圆明园、故宫等；“另一类生成于过去，却通过人类不间断的、连续性的行为影响到今天”，中观如关中地区的麦作、江南地区的稻作、新疆绿洲的粮果兼作以及中国政治中心的北方偏好等，宏观如中国地理的三大阶梯、东部季风区与西北干旱区等。②

尽管如韩茂莉老师所言，“原封未动且沿袭至今的景观与地物几乎不

① 韩茂莉：《中国历史地理十五讲》，北京大学出版社，2015，绪论第 2 页。
② 韩茂莉：《中国历史地理十五讲》，北京大学出版社，2015，绪论第 4 页。

存在"[1]，但地理学研究要素在不同领域的变化幅度与频率存在显著差异。部分领域人与地理环境的关系相对稳定，人对自然要素的依赖性较强烈；部分领域人与地理环境的关系相对易变，人对自然要素的依赖性较薄弱。人与自然发生直接关系的领域，例如历史农业地理、经济地理，保持着高度的稳定性；人与自然发生间接关系的领域，更多表现为人类的社会构建、政治想象力与意义创造，则具有高度的变动性。"历代疆域变化、历史人口地理、历史政治地理、历史军事地理则着重体现了人类的组织形式与集群形式，由此形成的地理几乎没有改变大地上的什么，却凭借人类组织与政治、军事意愿利用了地理，并就此形成人类组织空间分布形式以及与政治、军事捆绑在一起的空间谋略，这就是国家疆域、人口的分布与迁移、国家执行管理的空间单元——行政区以及行军作战的路径与战场。"[2]

地理学勤耕千年、薪火相继，致力于探索"地球表面自然现象与人文现象的分布，以及它们之间的相互关系"，也即人类活动方式与空间的关系。[3] 人与地理要素、空间系统存在着密切的互动关系，相当程度上，人也是时空生态系统中的一环，这一点自不待言。人与地理要素在不同领域的互动存在着显著差异，并因此影响到历史地理研究的不同分支学科。这些差异并不是韩茂莉老师《中国历史地理十五讲》写作的重点。《中国历史地理十五讲》是通识教育读本，而非历史地理某一个主题的专著，故其在兼顾知识体系准确性与全面性的基础上，很难进行某一主题的深度研究。在生产生活生计系统与政治军事行政系统中，人与地理要素、自然环境之间互动的差异何在？地理区是中国的本底，经济区是中国政治的基础，行政区依赖于地理区与经济区，地理区、经济区、行政区中，人与地理环境关系的稳定性的差异是我要和大家分享的核心问题。

在准备这次读书会期间，我再次全文阅读了韩茂莉老师的《中国历史地理十五讲》；部分重读了贾雷德·戴蒙德（Jared Diamond）的《为什么有的国家富裕，有的国家贫穷》；选读了段义孚先生的《神州：历史眼光下的中国地理》。我的主题分享所使用的材料即源于这三本书。《中国历史地理十五讲》这本书想必大家至少都泛读了，这里简单介绍一下另外两本书。

---

① 韩茂莉：《中国历史地理十五讲》，北京大学出版社，2015，绪论第4页。
② 韩茂莉：《中国历史地理十五讲》，北京大学出版社，2015，绪论第5页。
③ 韩茂莉：《中国历史地理十五讲》，北京大学出版社，2015，绪论第1页。

段义孚先生是人文主义地理学的创始人，他对人的种种主观性情与客观地理环境的丰富关系进行了极具智慧的阐发。段义孚先生10岁前有在中国生活的经历，后来大部分时间则是在欧美工作生活。他36岁时写作《神州：历史眼光下的中国地理》这本书，自称“懵懵懂懂地把母语忘光了，就更别提认得汉字了”，故写作主要是参考汉学家的研究文献。① 即便如此，段先生也提供了分析中国历史地理的人文视角。景观不是风景，人与风景的关系是观看、欣赏、无动于衷、不悦或厌恶；人与景观之间的关系则更为复杂，人在特定环境中进行生产生活实践，并因此形成认知、观念与评价，景观之中自有文化内涵。这里借用该书最后一章的写作者、北京大学城市与环境学院的唐晓峰教授和该书的校对者、北京师范大学地理科学学部的周尚意教授的解释：“我们习以为常的中国景观……是数千年来我们的祖先不断将我们的文明建设融入自然环境中的产物。”② 于是在段先生的眼里，具有中国特色的景观就是一个界面和载体，通过观察这些景观，可以进一步思考在历史进程中引起景观变化的事件，“揭开中国人如何在空间中延展出我们所特有的思维方式，继而形成我们特殊的内心世界”。了解中国历史地理，不能只了解自然风景、空间表象，“目的是今后更好地认识世界、指导实践。实践包括了生产生活和精神等层面”。③

初识戴蒙德是因《枪炮、病菌与钢铁》，该书以“地理环境决定论”为理论基础，以野生动植物的驯化区域分布为论述起点，继而将人口增长、疾病传播与文明的扩张（枪炮、病菌与钢铁是欧洲近代文明的表征）联系起来，对欧洲近代崛起并征服世界做了新的生动解释。这部综合生物、地理、政治、历史等多学科、多领域知识，并能阐释新见解、新理论的著作的作者竟然是研究胆囊与鸟类的生物生理学家。2014年戴蒙德受邀在罗马路易斯大学（Luiss University）做讲座，《为什么有的国家富裕，有的国家贫穷》是他七次讲座的记录。作者选择以自然实验（natural experiments）替换化学家和分子生物学家极力推崇的实验室对照实验方法进行社会科学研究。作者对东亚与欧洲，具体说是中国与欧洲之间地理环境

---

① 段义孚：《神州：历史眼光下的中国地理》，赵世玲译，周尚意校，北京大学出版社，2019，中文版序第1页。

② 唐晓峰、周尚意：《唐晓峰与周尚意对谈：中国地理景观背后的文化建构》，澎湃新闻，https://baijiahao.baidu.com/s? id=1627248675805923616&wfr=spider&for=pc，访问日期：2023年3月20日。

③ 唐晓峰、周尚意：《唐晓峰与周尚意对谈：中国地理景观背后的文化建构》，澎湃新闻，https://baijiahao.baidu.com/s? id=1627248675805923616&wfr=spider&for=pc，访问日期：2023年3月20日。

差异对文化政治影响的分析，丰富了我对中国历史地理的认知。“欧洲的半岛、山脉、岛屿以及河流，这些地理因素使得欧洲被分割成许多具有不同政治体系的部分。中国缺少半岛、大的岛屿，没有横亘在中心的山脉以及辐射状流淌的河流，这些地理因素使得中国易于形成并保持统一的政治体系。统一的政治体系有时会带来有利条件，有时则会成为不利因素。统一的政治体系带给中国的影响是，中国的历史总是在一条主线上前后摇摆着向前发展。但是对于欧洲来说，几十个国家里的数百个诸侯意味着可以有几百次或者至少数十次尝试。纵观历史，欧洲最终会在有些国家出现成功的发明家或探险家，随后其他国家会效仿成功者，在中国则不然。”①

历史地理属于广义的人文地理，是地理学与历史学的交叉学科。不同学者因背景知识与学术志趣的差异，写作角度与作品立意均存在差异。就我个人的阅读经验来说，《中国历史地理十五讲》更偏重将地理因素纳入其中涵盖的经济政治军事交通内容的历史研究，对历史的关注多于对地理的关注；《神州：历史眼光下的中国地理》一书关注中华文明中的“景观”背后所蕴含的文化内涵和历史变迁，用景观置换地理，对景观文化价值的关注远多于景观自身及其历史变迁；在《为什么有的国家富裕，有的国家贫穷》一书中，地理因素只是一个切入点，作者更关注地理因素作用下地区政治的走向与国家影响力的强弱，这本书是广义社科综合性著述。

一、作为中国本底的地理区

（一）400 毫米降水线的意义

植物处于食物链的底端，是动物与人类生存的基础保障。气候制约着植物的地理分布与空间变化。植物立足于大地，依托于特定地理环境的水热条件，因此，植物分布具有鲜明的地域性，并成为地理环境的标识物。360 万年前，青藏高原快速隆起，对中国的地理区、气候带、环境区域差异产生了巨大影响，东南季风区、蒙新干旱区与青藏高原区相继形成，与之相应的气候、植物带也逐渐形成。适应自东向西水热条件的变化，植物带形成“森林、草原与荒漠的分布格局”。②

---

① 贾雷德·戴蒙德：《为什么有的国家富裕，有的国家贫穷》，栾奇译，中信出版社，2017，第 94-95 页。

② 韩茂莉：《中国历史地理十五讲》，北京大学出版社，2015，第 65 页。

受拉铁摩尔的影响，韩茂莉老师高度关注地理气象学意义上的400毫米降水线对中国物候、经济、社会、政治乃至军事等方面的影响。400毫米降水线东段与明长城基本吻合，两者"走向惊人的相似"。正是这一降水量成为制约种植业发展的关键因素，也因此决定了长城沿线拥有农耕—游牧过渡地带的特征。天雨旱作农业对降雨量需求的下限是400毫米，400毫米降水线成为东南部半湿润区、湿润区与西北部半干旱区、干旱区的分界线。受雨量因素的制约，400毫米降水线两侧环境地带不仅呈现出"农田与草原、荒漠的差异，同时也造就了农民与牧民的区别"。长城沿线农牧交接，是"真正的过渡地带"。400毫米降水线两侧的地理环境不仅具有经济社会意义，而且具有政治军事意义。沿此线修筑的长城既是"农耕民族守疆保土的底线"，也是"农牧双方交锋的战场"。[①] 围绕400毫米降水线的地理环境，造就了与长城军事防线、资源垄断线有关的2000余年游牧与农耕互动的历史。由此可见，"地理不仅仅是展现历史的舞台，而且是推动历史的基础。而真正的地理既可以显山露水，也蕴藏在人们的生产活动摸索中"[②]。400毫米降水线、胡焕庸线与长城高度吻合，至今影响着中国的人口布局、生产生活方式与经济发展：西北半壁的地形地貌是草原、戈壁、雪山，人口稀少，历史上是游牧民族的生活区域，城镇化程度较低；东南半壁的地形地貌是平原、水网、丘陵，人口稠密，历史上以农耕为本，城镇化程度较高。

(二) 中国纵横交错的棋盘状地文特征

段义孚先生认为，中国广阔地域最基本的地文特征是两个主要结构线相交构成的棋盘状地形：一条线是较为明显的东北西南线，大兴安岭—太行山—巫山构成了这一线；另一条线在地形意义上不明显，呈现为自东向西的多层次延展。自东向西看中国，"大地幔帐上一排排凸起的褶皱和洼陷的地槽。凸起产生山脉和岛屿，凹陷形成海洋、平原和盆地。凸起和洼陷一起构成欧亚大陆东部边界的同心弧形（concentric arcs）"[③]。自东向西第一道弧形是日本列岛、琉球群岛和台湾岛构成的圆弧；锡霍特—阿林山脉（又称远东山系、老爷岭)、长白山脉、渤海湾、黄海、江南丘陵构成第二道弧形，这条弧形与东北西南线之间镶嵌着东北平原、华北平原、

---

① 韩茂莉：《中国历史地理十五讲》，北京大学出版社，2015，第302页。
② 韩茂莉：《中国历史地理十五讲》，北京大学出版社，2015，第302页。
③ 段义孚：《神州：历史眼光下的中国地理》，赵世玲译，周尚意校，北京大学出版社，2019，第4页。

长江中下游平原；东北西南线可视为第三条弧线，与祁连山、横断山（青藏高原东北东段弧形）之间镶嵌着内蒙古高原、黄土高原、四川盆地、云贵高原；阿尔泰山、天山、昆仑山、青藏高原构成最内的弧线，其间镶嵌着准噶尔盆地、塔里木盆地、柴达木盆地。

就气候区而言，我国干湿地区分界线的标准表述为大兴安岭—阴山—贺兰山—巴颜喀拉山—冈底斯山。该线以东的秦岭—淮河一线分割了我国的湿润区与半湿润区。段义孚先生看到了中国地理的棋盘格局，也发现了构成棋盘格局的横纵线性结构。人们对大地改造最多、最显著的地方即最容易满足人们的基本生存需求的区域。人们“最主要的需求过去是，现在也仍旧是食物”①。气候区决定了不同地区的食物生产能力。

（三）中国与欧洲地理影响下的政治进程

《为什么有的国家富裕，有的国家贫穷》的第三章聚焦于中国。引发戴蒙德关注中国的原因是在他写作该书时，中国拥有世界上最多的人口，亦是经济增速最快的主要经济体。戴蒙德认为，中国和欧洲的地图是一个有趣的自然实验的案例。站在两张地图前，你立刻就会注意到，“欧洲拥有大的岛屿（如不列颠和爱尔兰），大的半岛（如意大利和希腊），横亘陆地的山脉（如阿尔卑斯山脉和比利牛斯山脉），以及如同车轮的辐条一样向四周流淌的河流（如莱茵河和多瑙河）”②。以上情况在中国都不存在。戴蒙德亦发现中国是地理环境差异巨大的国家，从北纬53°的北寒带气候到北纬3°的热带海洋气候，从长江下游的亚热带季风区到大西北的极端干旱区。自然之神的伟大创造让中国拥有世界上面积最大、海拔最高的青藏高原，这里是亚洲的“水塔”，长江和黄河均发端于高原，自西向东奔流入海，两河成为东亚文明的汇聚地。

半是天作，半是人为，中国的历史地理文明故事就发生在两河及周边区域之间。“与中国相比，欧洲的地理结构更多地表现为区块化。也就是说，欧洲的主要河流是从阿尔卑斯山脉流出，这些河流的流向呈辐射状。每一条河流流经的区域都孕育了不同的人民，形成了各自的语言和文化，如波河流域的意大利人、罗讷河流域的法国人、莱茵河流域的日耳曼人、多瑙河流域的匈牙利人和斯拉夫人。但是在中国，两条主要河流的流向呈

---

① 段义孚：《神州：历史眼光下的中国地理》，赵世玲译，周尚意校，北京大学出版社，2019，第19页。

② 贾雷德·戴蒙德：《为什么有的国家富裕，有的国家贫穷》，栾奇译，中信出版社，2017，第11页。

平行状，历史上很早就有运河将这两条河流相互连接。"[①] 山河没有将中国划分为相对隔离的区域，却在欧洲分隔出不同的国家。"欧洲大陆被阿尔卑斯山脉、比利牛斯山脉以及意大利的亚平宁山脉等高山分割成一块块区域。在欧洲这些被高山分隔开的地区形成了不同的民族，不同的语言，不同的国家，如意大利和德国被阿尔卑斯山脉分隔开，西班牙和法国被比利牛斯山脉分隔开。在中国则相反，中国的核心区域并没有被高山分隔开。"[②] 基于此，欧洲呈现为块状地理结构（geographic fragmentation），中国呈现为一体性地理结构（geographic unity），块状地理结构对于欧洲的诸国林立、语言多样、宗教多元产生了重要影响。欧洲的地形决定了语言、文化、民族的多样性以及小国政治单元，一体性地理结构则对中国的中央集权、文化一统起着重要作用。换言之，连续的地形地势、同向平行的河流更有助于政治、文化的统一，并形成强大的中央政府。[③]

二、作为政治基础的经济区

（一）从黄河到长江中下游的农业开发

汉代以前，黄河中下游平原是当之无愧的经济发达地区，也是全国政治与军事中心。大关中地区人口众多，物产丰富，是天下财富的生产地与聚集地。正因如此，"关中本位"是秦汉两代最为重要的地缘政治思想。关中原指秦人崛起的关中平原，这里指关中核心区；后随着秦国疆域的扩展，关中区域扩大至包括今陕北、陇东和巴蜀地区在内的整个西部区域，被称为"大关中"。"依托关中，控御关东是'关中本位'的要旨，基于这一思想，汉武帝迄至元鼎年间，将大关中区域北部的东界，由以临晋关（今陕西省大荔县）为标志的黄河一线向东推进至太行山一线；中部区域的东界，由旧函谷关（今河南省灵宝市）向东推进至新函谷关（今河南省新安县）；南部区域的东界，由四川盆地东南缘向东南推进至柱蒲关、进桑关一线的滇桂、黔桂间山地。"[④]

---

① 贾雷德·戴蒙德：《为什么有的国家富裕，有的国家贫穷》，栾奇译，中信出版社，2017，第 80 页。

② 贾雷德·戴蒙德：《为什么有的国家富裕，有的国家贫穷》，栾奇译，中信出版社，2017，第 80-81 页。

③ 贾雷德·戴蒙德：《为什么有的国家富裕，有的国家贫穷》，栾奇译，中信出版社，2017，第 80-81 页。

④ 韩茂莉：《中国历史地理十五讲》，北京大学出版社，2015，第 186 页。

政治统辖能力的大小相当程度上取决于经济实力的强弱。对于以农为本的古代中国而言，精华农业区在哪里，经济中心就在哪里。冬小麦原产于西亚、北非一带，约4000年前传入中国，经由西域（今新疆地区）传入关中地区，逐渐取代粟、稷，并推广到各地，自此奠定了中国北方农业的基本格局。自西汉以来，中国诗歌中出现了“忧郁寡欢的新格调，其主题是关于边疆的征战、大漠的荒凉、故乡与异乡的阻隔、寒冷的朔风”[①]。但更值得关注的是，自汉武帝开始，帝国西扩的重要影响是为中原文化注入诸多新元素。自长安到地中海长达7200公里的商路连接起欧亚大陆的两端，西亚的物产与技术，诸如良马、葡萄、苜蓿等相继传入汉帝国。

从唐到宋，古代中国经济中心经历了从以关中为本到以江南为主、以江汉平原和川蜀盆地为辅的移转。自唐以来，中国经济重心逐渐移向太湖平原，这一地区物产富足，经济水准明显优于其他地区，故每年可通过漕运向北方政治中心输送大量物资。北宋时期政治中心与经济中心分离已成定势。

（二）江南经济开发的人力与技术因素

罗新老师在《有所不为的反叛者：批判、怀疑与想象力》中就江南开放史有类似的通俗解释，“北方战乱，大量北方农民到了南方，带来了北方先进的农业生产技术，所以南方就得到了大开发”。[②] 罗新老师有如下疑问：

先进的北方生产技术是指作物品种、生产工具、种植技术，还是指劳动者的组织方式？当时北方旱作农业比南方稻作农业的技术更先进吗？那么旱作农业的种植技术能够直接移植到稻作农业中去吗？这是一个简单的说法，这个说法掩盖了许多深刻的历史议题。换个思路，首先要问的是，那时的南方劳动者是从哪里来的？他们都是北方逃难南下的流民吗？难道不是以土著为主吗？土著是些什么人呢？除了原有的在郡县体制下的国家编户，大量不说汉语、不服属国家管理的山区土著人群，所谓“蛮人”“山越”，是如何进入国家体制的？今日所谓南方人，他们的祖先难道都是北方移民吗？当然不都是，或主要不是。更多的是南方土著人民被北方来的统治者从“蛮人”“越人”改造成了国家体制下的新型劳动者，他们转变了文化和政治认同，成了说汉语、服属王朝的华夏臣民，也就是我们今

① 段义孚：《神州：历史眼光下的中国地理》，赵世玲译，周尚意校，北京大学出版社，2019，第134页。

② 罗新：《有所不为的反叛者：批判、怀疑与想象力》，上海三联书店，2019，第8页。

天汉人祖先的一部分。由此，华南变成了华夏，也就是后来汉人的家园。①

就罗新老师的疑问，韩茂莉老师基于农业种植空间与技术推广的时空线索给出解释。第一，人口增加与农业种植空间的扩展。从西汉末年至西晋“八王之乱”、“永嘉之乱”、十六国更迭，黄河流域累经兵燹，人口大量南迁至江南，长江下游农业开发所需的劳动力得以补充，获得了从粗耕农业向精耕农业转变的人力资源。经“安史之乱”第二次人口迁徙与“靖康之变”第三次人口迁徙后，中国农业开发从长江流域延伸向珠江流域，从平原扩展到山区，逐步推向所有尚有农业资源可资开发利用的地带。第二，以提高产量为目的的农地深度开发。直到6世纪，江淮地区仍采用火耕水耨的易田制耕作方式，至“安史之乱”后北方移民将复栽的农业技术带到南方，江南改直播（直接撒种）为复栽（水稻插秧），易田制被土地连作制度取代。继水稻秧栽、土地连作后，稻麦两熟制的普遍适用实现了江南土地利用率的第二次提升。北宋时期出现了稻麦轮作一年两熟制度，南宋时期该种植制度被北方移民带到江浙一带，后江浙均实行这一种植制度。明朝晚期一年两熟制（即双季稻）零星出现在长江中下游地区。农业种植空间自北向南的延伸——自黄河流域经长江流域，至珠江流域，可视为第一次农业开发；复种轮作制的出现可视为第二次农业开发，后者“不仅提升了土地利用强度，且叠加了更多的技术元素”。尽管古代中国精耕农业起步于黄河流域，但传统农业技术的融会是在长江流域。中国农业开发经历了最为重要的技术传递与改进，经济重心也自黄河中下游地区移至江南。②

三、本底基础上的行政区

中国古代行政区划历史演变以秦汉为界，从分封制向郡县制转变，当然其间王朝政治版图时有收缩、时有扩展。中原王朝对长城之外、胡焕庸线、400毫米降水线以西以北的地区则因俗而治，政治考虑多于经济考虑是历史常态。

（一）从封建到郡县的行政体制

多数历史学家认为分封起源于商朝，西周时期定型。分封制即封建

① 罗新：《有所不为的反叛者：批判、怀疑与想象力》，上海三联书店，2019，第8–9页。

② 韩茂莉：《中国历史地理十五讲》，北京大学出版社，2015，第95–113页。

制，核心含义在于封邦建国，具有共主政治的特点。对于追求大一统的帝王而言，分封制是王朝政治统合控制力有限的表征。采用分封制的政治背景是，周天子不具备对天下的全部掌控能力，其直接统治区只限于王畿，王畿以外则分封委托给他人管理。分封制因既授土又授民，故具备委托政治特点——“受封者不仅得到土地，还同时得到土地上的民众”。“土地是构成国家的实体，而民众则是支撑国家的基础。”经由几度分封，政治权力形成分支分叉的结构，“天子名义上拥有天下，诸侯有国，卿大夫有家，分封制下国家分属于各自拥有实权的受封者，天子、诸侯、卿大夫皆为有土之君，因此天下、国、家具有相对独立的地位，此时的政治具有鲜明的分权特点”。①

郡县制始于秦始皇统一六国。《史记·秦始皇本纪》载，始皇二十六年（前 221），初并天下，“海内为郡县，法令由一统”，并“分天下以为三十六郡”。秦朝实行郡县两级行政区划，县一级行政区超过 1000 个，保持相对稳定，郡一级行政区数量却有过多次变动。郡县体制下，中央与地方之间是统辖与被统辖关系，故具有集权政治的特点。郡县制下，行政区空间大小与边界选择决定着官员施政区的资源禀赋，中央给予地方官员权力的大小以及中央对于地方官员的制衡措施，则直接影响政权的稳定与疆土的完整。因此行政区以及执掌行政区的官员在整个郡县制政治体制中具有至关重要的地位，他们不仅仅是施政的空间单元与中央旨意的执行者，更是国家肌体的构成者……”②

汉承秦制，实行郡县制的国家管理模式。汉初分封诸王，到汉武帝施行推恩令，大幅缩减诸王权力，国家政治进入真正意义上的郡县制阶段。西汉前期面对诸王反叛，注重削藩；后期以加强中央集权为目的，对地方官员施以监督。汉代监察区成为郡之上的一级行政层级，监察区后演变为行政州。

从东汉末年至 581 年隋王朝建立，中国经历了 300 多年的战乱，呈现为南北分裂的政治局面。其间地方行政管理沿袭东汉的州—郡—县三级政区层级，又出现政治、军事双重因素制约下的非正常管理方式与政区设置。三国时期与南北朝时期，地方割据政权均自认为“正统”，且均试图一统天下。于是在州—郡—县三级政区的层级基础上，出现了遥领、虚封

---

① 韩茂莉：《中国历史地理十五讲》，北京大学出版社，2015，第 170 页。
② 韩茂莉：《中国历史地理十五讲》，北京大学出版社，2015，第 175 页。

的行政区。遥领指设置刺史、太守，但州郡并不在本国内，虚封指仅给诸侯虚号，封土却不在国内。两者均属虚授行政职务，并无实际统辖的行政区。

唐代从两级行政区转向三级行政区。唐初承隋制，设立州、县两级行政区。因全国有300多个州，中央难以实现直接管理，故在州之上设道。唐玄宗开元年间，设立节度、经略使，“大凡镇兵四十九万人，戎马八万余匹”，这为“安史之乱”埋下隐患。此后朝廷急于应付安史之乱，任命一批上马管军、下马管民的节度使，节度使的权力不减反增。至唐中后期，在“道”“节度使”的建制基础上，以“道”之名形成了40多个方镇。兼容节度使、观察使权力的军事行政财税空间因此形成，长官称为节度观察使或观察节度使。被称为“道”的方镇逐渐获得了一级行政区职能，其下是州，再下一级为县。

唐朝留下前车之鉴，导致宋代采取了高度中央集权制和与之相配的行政区建置，集兵权于中央、以文官遏制武将。宋初只设州、县两级行政区，设置代表中央掌控州县的“路”，路只是中央的分属性办事机构。

辽、金、元三朝建立者均是来自长城以北的少数民族，非农业民族入主中原后建立起两套系统，被称为“因俗而治”的混合政权。一方面，对于精华农业区的农业人口，仿效中原王朝的管理方式，设置行政体系与行政空间；另一方面，对于游牧地区的非农业人口，依照其传统经济生活方式和社会结构，以及与政治军事活动相吻合的组织特点和空间范围，设置行政体制。帝国的经济生产方式、族群关系越多样，治理体系就越复杂。以元朝为代表，这一时期地方行政管理呈现出多元性、多层级的复式结构。元朝行政区的层级达五级之多，一级行政区为行省，行省之下为路、府、州、县，部分地方在行省与路之间还设有宣慰司管辖的“道”（行省派出），行政区层级之多开历史之先河。复式结构行政区指各地区行政区层级的设置不统一，同一名目的行政单元领属关系与级别也不同。这里稍加解释，元朝设立之初的行省不等于现在的省，其最初是朝廷的派出机构；后来逐渐成为中央机构的分治区，方与现在的省意义接近。

明朝旨在加强中央集权，最高行政区分属于两京和十三布政使司。两京指京师、南京两地，均为中央直辖区域，即南、北两直隶。布政使司全称为“承宣布政使司”，职责是“承宣皇帝之命，布行中央之政”，是明代管理地方的最高行政区，职能类似于元代行省。

清代亦是一个混合王朝。清初针对农耕区，将明代两京十三省析置为十八省，亦称“汉地十八省”。清代针对长城外的地区设立不同的地方建制：漠南蒙古（内蒙古）实行盟旗制，由理藩院管辖；西藏派遣驻藏办事大臣、青海派遣西宁办事大臣管理地方事务；在新疆设伊犁将军，漠北蒙古设乌里雅苏台将军，东北设有黑龙江将军、吉林将军、奉天将军。除内蒙古外的边疆地区由中央委派重臣，授以将军、都统、大臣等官职，实行军政合一管理。清末行政区划设置与治理体制进行重大改革，1884 年设新疆巡抚，建行省；1885 年设台湾省；1907 年设奉天、吉林、黑龙江省。清末全国共 23 省，省之下设有府、县，地方行政区层级为复合式的三个层级：中央—省—府（直隶州、直隶厅）、县（散州、厅）。另外，全国范围内设八大总督。总督、巡抚总领一省或数省的行政权、军事权和监察权，位高权重。

中国古代行政区划变迁见图 1。

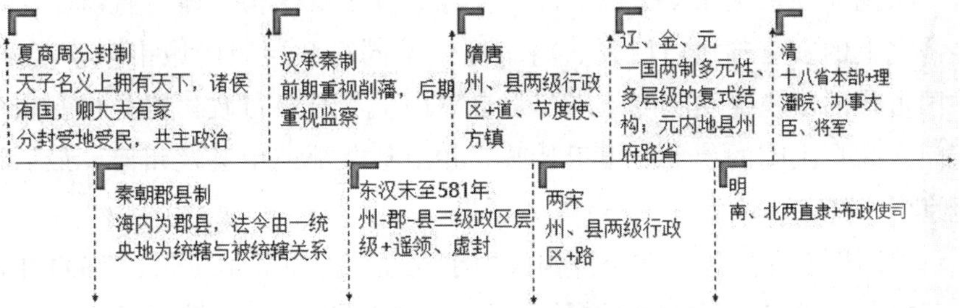

图 1　中国古代行政区划变迁

注：本图由指导教师制作。

以秦为界，秦代以前为分封制，秦代以后在郡县制的基础上建立行政区，基本皆针对内地的农业区。行政区域的划分、地方官职的设置，不仅划定了地方最高官员的施政空间，也折射出中央与地方之间错综复杂的经济政治利益关系。王朝中央权力核心既需要依托地方官员主政一方，又需对之加以制衡。尽管有汉初“异姓封王”“八王之乱”，唐中后期“安史之乱”“方镇林立”，但整体来看，中原地区“从公元前 3 世纪秦王朝将郡县制确立为全国性的政治制度，在地方利益与国家利益的较量中，在地方分权与中央集权的反复摸索中，逐渐将权力的准星定在国家利益与中央集权一线；而这一历史性的关键转折出现在唐宋两代，唐及唐以前各代地方分权不断表现出优势，自北宋时期中央集权成为权力分配的主流，以此为核心形成的组织体系与权力制衡举措既在历史时期发挥作用，也随着时代更替而被继承下来并融入现实政治之中”①。

（二）权力体系内外的税收与商贸

古代中国的行政区几经变革，地方官员的行政层级随之变动，受中央之托，官员管理四方。“在国家政治力量的推动下，行政区上下相属，层层相叠，高级行政区拥有对低级行政区的统辖权，高级行政区的官员也有权支配、统领、过问下一级别官员的政务。”②

从中央到地方，建立起权力体系的金字塔结构。国都、皇城与皇室，作为政治中心与权力金字塔的塔尖，与地方行政区划之间形成统属相辖关系。国家权力体系的作用主要限于行政体系与官员系统，并不涉及社会经济生活的各个层面。将官员、百姓都纳入一个体系之中，唯有经济具有如此巨大的力量。这些经济力量涉及两个领域：一是以县为单位的赋税征收系统，二是以城镇集市为中心的商业贸易体系。

赋税征收系统完美呈现了行政权力的金字塔结构，即“置身于小农经济之上的官府却通过赋税，将隶属于不同行政层级的城市串联起来。中国古代的赋税缴纳制度从来都是自下而上，县级行政建置是最基层的衙门，来自民间的粮食汇集于县城，并由县及郡或由县及州府，最后送至京师”③。

中国以农业立国，在经济构成中小农经济占主导地位长达2000年之久。在以户或家族为单位的自给自足的经济背景下，农户与市场未能直接形成繁密的商贸关系，甚至经济关联被压缩到最低，农户对市场交易的参与限于出售农产品、购买生活必需品，或因重大人生礼仪（出生礼、婚礼、葬礼等）而进行消费。

从地理学角度看城乡之间、城城之间的商贸经济联系，会发现这些关系中的商品经济发展水平如平原与山丘般存在显著差异。农民是中国社会人口的最基本组成部分，立足于满足农民基本需求的乡村集市是在自然经济背景下由农民自然选择形成的，不存在服务地的行政级别问题；乡村集市以上的中心地经济圈——县城、州城、省城、都城，其形成则得益于商人以及商人所从事的经济活动。“商人的经营活动与各级政治中心结合，

① 韩茂莉：《中国历史地理十五讲》，北京大学出版社，2015，第212-213页。
② 韩茂莉：《中国历史地理十五讲》，北京大学出版社，2015，第311页。
③ 韩茂莉：《中国历史地理十五讲》，北京大学出版社，2015，第311页。

使各级政治中心不仅被赋予较高级别中心地的职能，同时也因行政级别的差异而集中了档次不同的商品，建立了相应的金融机构等，进而推动城市与城市之间物资、人员、资金以及信息往来，并推动城市与城市、城市与地区即经济腹地的联系从政治隶属关系向经济关联关系发展。"① 从乡村集市到大城市市场，不同的经济体存在着实质性差异，前者处于市场体系的底端，后者处于顶端。"不同的服务职能有着不同的门槛值和门槛服务范围，门槛值高，服务范围大；门槛值低，服务范围小；门槛值低的服务区包含在门槛值高的服务区之内，并就此在高低之间形成相互关联的商业网络。较高级别中心地不仅服务于普通交易者，兼为较低级中心地商家提供批发业务，因此凌驾在较低级中心地之上，并将低级中心地服务区纳入自己的服务范围之内。"②

（三）因经济关联出现城市体的时间

韩茂莉老师认为，"明代前，中国几乎不存在因经济而关联的城市体系，仅存在由于政治统辖而建立的城市间上下相属关系。中国历史进入明代，社会经济发生重要变化，商业经济地位不断提升，工商业城镇大量涌现。沿江、沿海地区响应这一变化，成为新兴工商业城市最集中的地域"③。最典型的商业型城市便是天津和上海。

段义孚先生将历史上中国经济的"商品化""地区专业化"的发端追溯至唐代，并认为到南宋时期，中国经济发展出现"类似于近现代经济形态"④。因南方地处经济中心位置，且具有人口优势，地区专业化也体现于此区域。例如，湖北江汉平原、江西九江与安徽芜湖盛产稻米；淮安府的盐城等地盛产海盐；闽北盛产茶叶；扬州、苏州、南京、杭州的手工业精巧至极；浙东与福建多山，水稻种植条件不佳，打鱼、采矿、制盐、种茶、制茶、手工业与海上贸易则蒸蒸日上。⑤

自 11 世纪起，商品经济继续发展，对铁制货币、铁制武器和铠甲、铁制生产生活工具（如农具、煮盐锅、铁钉）的需求刺激了工业发展；冶铁工业与造船业发展需要更多木材供给，制盐、制矾、造砖瓦、酿酒也需

---

① 韩茂莉：《中国历史地理十五讲》，北京大学出版社，2015，第 317-318 页。
② 韩茂莉：《中国历史地理十五讲》，北京大学出版社，2015，第 315 页。
③ 韩茂莉：《中国历史地理十五讲》，北京大学出版社，2015，第 312 页。
④ 段义孚：《神州：历史眼光下的中国地理》，赵世玲译，周尚意校，北京大学出版社，2019，第 166 页。
⑤ 段义孚：《神州：历史眼光下的中国地理》，赵世玲译，周尚意校，北京大学出版社，2019，第 166-167 页。

要更多木材。煤炭取代木材，部分解决了燃料稀缺难题。也是在这一时期，纸币进入流通领域，铸币所需的铜铁数量达到历代王朝的最高水平。①

结 语

南稻北麦、东耕西牧建立在中国自然地理环境复杂性的基础上，地理区、气候带同时影响天然植物与农作物的地理分布。先是地理区、气候带造就了植物属性与区域分布，此后才有“一方水土养一方人”的民谚。②一方水土不仅在生理意义上养活了一方人，而且形塑着一方人的社会组织结构、社会关系、经济生产方式、市场规模与交易品类型，并对其政治组织结构与行政区划产生深远影响。行政层级设置与边界划分，不仅关涉如何配置政治权力，亦关涉如何配置经济资源。(见图 2)

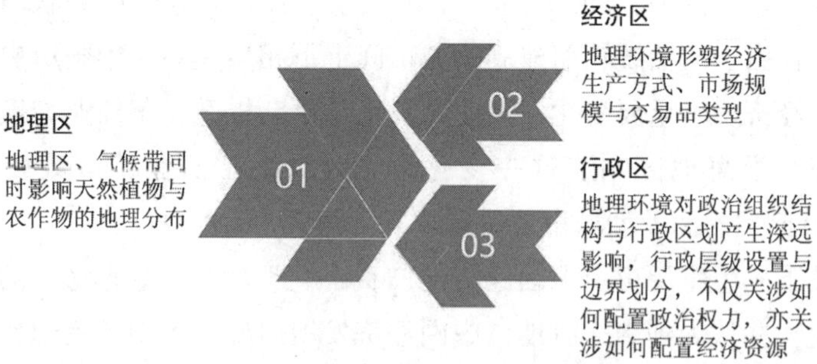

图 2 地理区、经济区与行政区的关系

注：本图由指导教师制作。

人类开启文明进程，“首先改变的不是精神追求，而是食物获取方式”。人类历史的根基也并非限于自身的行为与创造，而是取决于人与环境的密切互动。结庐为舍、觅食垦殖，“人类不仅叩响了文明之门，且依自然环境的变化，展现了各地人类活动的地理差异”③。正如地理学家段义孚先生所言，“当使用火的直立人出现之后，我们必须更重视人改变地球表面细节的强韧力量。但人类力量同塑造棋盘地文格局的构造性力量完全不可同日而语。人力只是影响了地质变化的速度，而不是变化的方向。

① 段义孚：《神州：历史眼光下的中国地理》，赵世玲译，周尚意校，北京大学出版社，2019，第 174 页。
② 韩茂莉：《中国历史地理十五讲》，北京大学出版社，2015，第 65 页。
③ 韩茂莉：《中国历史地理十五讲》，北京大学出版社，2015，第 6 页。

但在小片地区和有限的时间中，人类的努力可以说阻止或者逆转了自然进程”①。

中国自然地理沧海桑田，变迁巨大，这是地质营力的作用。而政治区划的变迁更为惊人，从商周时期的中原分封制，到南北朝、五代十国时期的割据裂土，再到唐元清时期的广域版图，清晰地凸显了中国历史上综合实力的消长变化。

阅读准备

第13—16期读书会角色选择

各位老师、各位同学：

我把第13期读书会的完整文稿发给大家，方便大家了解我们读书会的运作，也可熟悉写作规范。每一期文稿都将记录我们一起经历的阅读时光，也记下我们的思考。如有可能，我们争取把这些文稿汇编成书，故请大家自觉保护我们的知识产权。

近期请参与读书会的同学，思考如下事项：

（1）自主选择是否愿意做汇报领读人、主持人、与谈人、海报设计师、新闻发布人、摄影师。

（2）如选定角色，愿意分享哪本书？

（3）可以两位汇报领读人合作完成一本书的汇报领读，可以自由组合。

（4）请大家爱惜时间，尽量能有沉浸式阅读，并且能动笔写作。

大家有想法后请于17日20：00前微信告知我。

第13—16期读书会角色设定

各位老师、各位同学：

几经沟通，我们读书会的角色分工大体确定下来（见表1）。

---

① 段义孚：《神州：历史眼光下的中国地理》，赵世玲译，周尚意校，北京大学出版社，2019，第1页。

表 1　第 13—16 期读书会角色名单

项目	中国历史地理十五讲	大国宪制	天下的当代性
汇报领读人	汪小川、郭权鑫	李涵、姜楠、杜利利	苗奥娴、杜利利
主持人	孙玮	曹路遥	汪小川
与谈人	曹路遥、苗媛媛	孙玮、吴运通、苗媛媛	郭权鑫、吴运通
新闻撰稿人	汪小川	李涵	苗奥娴
摄影师	严海桓、苗奥娴	严海桓、苗奥娴	严海桓
海报设计师	严海桓	严海桓	严海桓
嘉宾教师	雷婉璐、彭亚媛、申屠晓莉、郑淑珺、胡超	雷婉璐、彭亚媛、申屠晓莉、郑淑珺	雷婉璐、申屠晓莉、郑淑珺、胡超
指导教师	肖建飞	胡超、肖建飞	彭亚媛、肖建飞
读书会时间	4 月 6 日晚	4 月 20 日晚	5 月 4 日晚

选定领读人汪小川

小川：肖老师，我想选的是与谈人，书籍是《中国历史地理十五讲》。

肖飞：小川，你不想做领读吗？

小川：怕功力不够啊！效果也许会很差。

肖飞：小川，读书会的领读是锻炼，不是表演，我们指导同学们阅读，目的是让大家能投入阅读，找到自己最有兴趣的主题，尝试书写，站起来完整讲述阅读收获。这就是我的预期。

小川：好的，我尝试一下吧！

肖飞：小川，我想为你们 4 个一年级同学做一个专期，你们 4 个在一期里分别做汇报领读人（可以是 2 人组合）、主持人和与谈人。

肖飞：小川，你是否愿意结束《中国历史地理十五讲》后写一份新闻稿（核心工作是总结读书会情况，可以参照以往的新闻稿写作）；并在 5 月 4 日做《天下的当代性：世界秩序的实践与想象》（以下简称《天下的当代性》）读书会的主持人？这样我就把第 14—16 期读书会主持人的角色都选定为本科生，可以让研究生和本科生有更好的组合。

小川：好的。

选定领读人郭权鑫

权鑫：肖老师，我愿意在第 14—16 期做一次与谈人。

肖飞：好的，权鑫。你不想做一次领读汇报吗？这个工作会更有挑战性。

权鑫：好的，肖老师，我可以和小川一起合作，做一期领读人。

肖飞：权鑫，不要有顾虑。能完成整本书的阅读，找到你的关切点，完整地表达出来，还能讲给别人，这就是进步，是属于你们自己的进步。成长首先是自己现在做的事情与过去做的事情比有变化和长进，这是最重要的。

权鑫：谢谢肖老师的鼓励！可能这学期学业比较紧张，使我有些犹豫。但是压力也是动力，何况阅读学习本身就是充满乐趣的，我也有兴趣在阅读中找到我所向往的，找到我自己。

肖飞：权鑫，那你和小川就先通读一遍《中国历史地理十五讲》，然后我们再谈围绕什么主题汇报。你们两个的汇报可以是上下部的两个问题。

权鑫：好的肖老师。我先阅读，有思路我再与您交流。

主持人职责及变更

孙玮：肖老师，我想做《中国历史地理十五讲》的与谈人。

肖飞：孙玮，你可否做《中国历史地理十五》的主持人？这样你们四个本科同学就是一个组合。

孙玮：老师，我还不太熟悉读书会，请问主持人的工作是什么？

肖飞：主要工作有五项：

（1）高度概括《中国历史地理十五讲》，但注意不要和领读内容重复。

（2）先后介绍两位汇报领读人和他们汇报的主题。

（3）引出两位与谈人。

（4）征询嘉宾教师的意见，请其点评。

（5）征询其他同学的意见，看其是否有不同观点或阅读观感，以及是否有需要求解的问题或困惑。

孙玮：好的，我觉得我可以。

肖飞：期待你们四人组的作品！

孙玮：好的，谢谢老师！

肖飞：利利，孙玮因家中有事儿，回泰州了，你可否代他做第 14 期读书会的主持人？

利利：老师，不好意思，我昨天没看手机很早就睡了。近期身体状况不太好，上星期突发急性喉炎，无法发声，这两天稍微好转，但还是不能大声说话，所以没有办法做读书会的主持人。老师，您再看看有没有其他同学可以代替。

确定与谈人曹路遥

路遥：老师，我想担任与谈人。

肖飞：好的，路遥，你选哪本书？

路遥：《中国历史地理十五讲》。

肖飞：路遥，小川、权鑫是《中国历史地理十五讲》的汇报领读人，你与谈，也希望你能参与小川、权鑫的写作，帮助他们找问题、校对文稿。

肖飞：路遥，你做《中国历史地理十五讲》的与谈，这个角色工作有点儿少，你可否考虑做一次主持人，主持《大国宪制：历史中国的制度构成》（以下简称《大国宪制》）这期读书会？

路遥：好的。

肖飞：谢谢，不要有压力，就是锻炼着站起来说话而已。

路遥：嗯，我会努力提高自己的。

选择与谈人及变更

肖飞：媛媛，你是否考虑做一期领读？

媛媛：老师，我觉得领读对我来说有些困难，我担任与谈人会更自在一些。

肖飞：领读才有更多精力投入，收获也大。不必有压力，只是做一次尝试。

媛媛：是这样的，肖老师，我在备考下个月的考试，其他同学可以准备得更充分，我做与谈人可以进行补充。

肖飞：媛媛，你的硕士指导老师从事哪一领域研究？

媛媛：纪检监察。

肖飞：媛媛，目前要阅读的三本书中，与纪检监察相关度高一点儿的是《大国宪制》，你是否考虑做这期读书会的与谈人？

媛媛：好的，老师，没问题。

媛媛：肖老师上午好，我本周末要出省参加考试，周日早上赶不回来，我申请参加线上读书会可以吗？我是本期的与谈人。

肖飞：奥娴，苗媛媛本周日到外省参加考试，你可否代替她做第 14 期读书会的与谈人？

奥娴：老师，我最近一直在看赵汀阳的书，这本书还没来得及看，我担心时间紧张，到时候说不出什么。

奥娴：老师，看您的安排，需要的话，我这两天抓紧认真阅读。

肖飞：时间很紧，不能完成全书阅读。领读集中于农业开发问题。小川、权鑫修改完文稿后，我发给你。你针对他们的写作与谈，这样才能聚焦。

奥娴：好的，老师，我认真准备，珍惜宝贵机会。

汇报领读主题的设定建议

肖飞：权鑫、小川，我近期去喀什，下月初才能回来，第 14 期读书会准备我们主要靠微信沟通。

我们今年选择的四本书都是学术著作，知识性更明显的是《中国历史地理十五讲》。但即便是此书，知识体系也极为庞杂，并且在每一讲中韩茂莉老师都有对理论观点的系统梳理，阅读的难度比较大。尽管丛书编委会试图把这一系列书作为通识教育教材或者入门读物来推广，但在我看来，《中国历史地理十五讲》的难度一点儿都不亚于历史学或者地理学专业学生的基础课教学内容。

大部分理论书籍都可以通过阅读引言或者结语、细致阅读目录来把握全书结构和核心观点。但这本书的绪论只是高度概括写作主旨、章节关系，没有提纲挈领地概括诸多历史地理要素之间的逻辑关系和作者的核心观点，同时该书没有结语（或结论）。所以建议你们从头到尾精读一遍。

书中的每一讲都有一个主题，都可依此设定为汇报领读的题目。在我看来，汇报领读题目有三个选择：第一，阅读开始之时选择自己感兴趣的问题，并且带着这个问题阅读指定书目；第二，阅读指定书目之后选择那些改变自己原有认识的章节标题；第三，阅读完指定书目并进行一定比较阅读后，选择自己认为中国历史地理中最重要的主题。

希望你们能在 26 号前将本书阅读一遍，并初步选定自己想汇报的题目。26 号晚上，把你们的初步想法用微信发给我。

汪小川、郭权鑫自拟题目提纲

题目：人与自然的平衡与冲突

1. 平衡

1.1 自然对人类的影响与制约

1.1.1 影响人类聚落的选择和生产的方式

1.1.2 制约人口的分布和数量

1.1.3 影响农业、畜牧业的产生和发展

1.1.4 影响行政区的划分

1.1.5 对交通的限制

1.2 人对自然的开发和利用

1.2.1 农业畜牧业的发展（技术交流）

1.2.2 军事上的以山为兵、以水为兵

1.2.3 运河文化

1.2.4 地区间的沟通交流（丝绸之路、茶马古道等）

2. 冲突

2.1 人对自然的破坏

2.1.1 农业开发带来的环境问题

2.2 自然对人的惩罚

2.2.1 黄河引发的地上河、改道、决口

2.2.2 湖泊的锐减和消失带来对人类的影响（洪水、温差幅度等）

指导教师建议的题目提纲

题目：历史中国农业开发中人与自然的关系分析

一、自然环境对农业开发的影响与制约

（一）制约人类聚落形成和生产方式选择

（二）约束人口分布、数量与增减

（三）决定农业与畜牧业的分化和发展

（四）影响区域市场与交通发展

二、人对自然资源的开发和利用

（一）农牧业技术发展与传播

（二）依托自然环境进行专业生产

（三）跨区域的商品信息技术传播

三、农业开发对自然环境的扰动

（一）人为因素影响黄河地上河形成及改道、决口

（二）长江中下游的农业开发导致湖泊锐减甚至消失

（三）山地的农业开发导致水土流失乃至生态灾难

结论

（一）精耕农业延续的天、地、人“三才”理论

（二）历史中国农业开发广度与深度的阈值

（三）中国精耕农业历史发展的经验与教训

肖飞：小川、权鑫，我根据你们的提纲，适度做了调整，供你们参考，建议如下：

（1）只集中讨论一个问题，更为清楚地限定问题。

（2）不能只是梳理，要对阅读书籍的理论观点进行总结评价，并适度和现实结合。

（3）另外，《中国历史地理十五讲》涉及问题极多，你们为何选择农业问题，要在汇报开始做个说明。

小川：感谢老师，的确应当就一个主题来讲。但这样的话第一部分的四个二级标题好像跟农业的联系并不大。

肖飞：当然有关，农业发达会产生剩余，要交换，就需要区域市场和道路交通保障（包括水路、陆路）。

小川：嗯，这个我能理解。但早期聚落的形成主要影响因素应当是地形和水源吧？

肖飞：早期聚落人口过剩，才会在西亚两河流域发展农业，这也和主题有关。

小川：聚落一开始形成时不应当是靠打鱼捕猎吗？在本书中，韩茂莉老师否定一个观点——人口过剩进而发展农业，因为传统部落能有效控制人口数量，当人口过多时，会采用溺婴等手段减少人数，从而有效分配食物（鱼、肉、坚果之类）。书中的观点是，当时虽然有粮食作物生产，但并不多，捕猎仍然是获取食物的主要来源。直到冰期来临后，全球气候变冷，森林退化，动植物资源变少，这时人类才开始发展农业。所以我想，就自然环境对农业的影响而言，与生产方式的变化有关，但与早期聚落的

形成关系不大。

肖飞：小川，采集社会是否是最初的丰裕社会是有争议的，原始农业产生原因也有争议，如你认同书中观点，可将“（一）制约人类聚落形成和生产方式选择”改为“（一）制约可采食物获得和生产方式选择”。

指导教师建议先写文稿再做课件

肖飞：小川、权鑫，建议你们按提纲写成文稿，先写完稿子，再做PPT。

（1）不必拘泥于细节问题，我们不需要做历史考据，而是要关注中国农业地理的全局性问题，梳理其中的主线。

（2）要尽可能用自己的话来概括总结，但你们如认为韩茂莉老师的句子极为经典，也可以直接引用。

（3）引用时，注意标注页码，保证注释完整。

权鑫：好的，肖老师。我和小川也做了一下分工，我负责第三大点和结论部分，我们先分别撰写文稿，再检查整体的连贯性，最后基于文稿内容凝练成PPT，以尽量做到流畅汇报。文稿在这周末提交给您。当时和小川讨论主题时，我主要是受到天地人“三才”理论的吸引，也想结合《周易》的平衡理念做一个分析。借由韩老师在这本书中对中国历史农业方面的叙说，分析近现代我国和世界上其他国家在经济发展与自然环境关系方面的得失。

肖飞：我也希望你们有均衡的分工写作，都能做汇报领读，这样才是完整的阅读锻炼。

指导教师对文稿写作的建议

肖飞：权鑫、小川，难得你们在多项学习任务并行的情况下，短期内写完这么长的稿件，并且能尽可能用自己的话转述。

稿件目前存在的主要问题如下：

（1）在问题提出上仍有提升的空间，比如为何关注农业？可以结合中国的粮食安全问题，以及粮食作为战略物资的重要性来破题。这些可以为汇报问题找到现实关切，并增强听众的代入感。

（2）因为时间有限和知识准备尚有不足，故文稿只是就农业谈农业，既没有附带介绍关联性问题，比如为何农业发达的长江中下游平原最早出现了手工业的专业化生产与区域城市群；也几乎没有引证其他同一主题的著作，补充、扩展、修正韩茂莉老师的观点。

（3）既可能是时间受限，也可能是不理解我的意图，你们都减少或略写了提纲所列的部分内容。比如小川没有写“依凭自然环境进行专业生产”小节，“影响区域市场与交通发展”小节的写作粗糙；权鑫“历史中国农业开发广度与深度的阈值”小节的写作粗糙。我均做了删改建议。

（4）文稿存在如下技术问题：

① 部分段落表述重复；

② 存在错别字与标点符号使用不规范问题；

③ 图表、引文不标注出处。

另外，你们没有写摘要和关键词。为了一开始就给书友们一个汇报的总观，我代写了，你们可以再修改。

尽管我通篇修改了，但文稿仍存在很多文字瑕疵。请你们再相互校对修改。这样的修改是趁热打铁，可以节省后期我们结集成册所耗费的时间和精力。

你们按照修改校对稿制作 PPT，然后发给我，我们再商量修改。

尽管周日读书会人会多一些，但不必担心。孙玮无法主持，我请杜利利师姐做你们的主持人。另外，我会准备新疆茶给你们喝，把对茶马古道的想象变为味觉的现实。

指导教师对汇报领读的建议

权鑫：肖老师，想请教您，明天我和小川上去领读有什么需要注意的事项？

肖飞：小川、权鑫，你们做了质量很好的 PPT，呈现了文稿的主要观点，没有大量复制粘贴文稿，并且加了很多图片，做到了图文并茂。

汇报领读时请注意如下事项：

（1）请今晚再通篇看一下自己汇报的稿子，这样能更熟悉汇报内容。

（2）因为你们的 PPT 没有大量粘贴文稿，并且我还做了删减，部分没有写在 PPT 上的重要数据或者信息，建议你们写在一张纸上，汇报时瞄一眼就能想起来。

（3）读书汇报领读，不是打辩论赛，不是表演，更没有输赢。重要的是分享阅读收获，就阅读书目，为没有阅读或者阅读不细致的同学理出一个主线，没必要紧张。

(4) 你们两人的汇报时间控制在1小时左右。根据我上课的经验，你们准备的内容足以讲1小时了。

(5) 你们汇报领读完，我们中场休息，喝一点儿“边销茶”，还可以分享一点儿新疆糖果。

(6) 中场休息后，接下来是与谈发言，可能有嘉宾教师发言，最后我会做一些回应补充。

读书会后郭权鑫的阅读需求

权鑫：感谢肖老师的鼓励和指导，让我和小川能顺利地完成这一次的读书会领读，谢谢您！也想请您推荐一些社会心理学和逻辑学的书籍，作为法学学习的拓展阅读。

肖飞：正是你们的身心投入，让我看到你们的求知欲和自我成长的努力。我稍晚发法律逻辑学书给你们。

权鑫：好的，谢谢肖老师，向您学习。

肖飞：权鑫、路遥想自学法律逻辑学，故将这些书分享给同学们：

(1) 英格博格·普珀：《法学思维小学堂：法律人的6堂思维训练课》，北京大学出版社，2011年。

(2) 亚狄瑟：《法律的逻辑：法官写给法律人的逻辑指引》，法律出版社，2007年。

(3) 克卢格：《法律逻辑》，雷磊译，法律出版社，2016年。

数年前，我因准备法律逻辑学课程阅读过前两本书，推荐第三本书是相信雷磊老师的学术鉴别力。

另外，上述三本书都是法律逻辑学入门书，最核心的知识大同小异，只是作者会选择不同的案例素材。考虑到大陆法系与英美法系的法律思维方式略有差异（远不止教科书所列举的显著差异），建议大家先看第一本、第三本，都是德国人的著作。

肖飞：权鑫，请到阅读群中下载法律逻辑学书籍，因为我没有阅读过社会心理学著作，所以无法推荐这一类书籍。

读书会后汪小川的简讯写作

小川：肖老师，新闻稿的撰写有需要强调或注意的地方吗？

肖飞：小川，你安心准备晚上的辩论赛，我争取今天整理完文档发给你们。稍后我写给你学术新闻写作的关键点。

（1）读书会的阅读书目、主题（“历史中国的自然地理、农业开发、经济中心与行政区划”）、参与者、时间、地点，这些都是新闻稿第一段的固定信息。

（2）汇报领读的题目、阅读发现、主要观点，这一部分最为重要，可以根据汇报领读文稿的摘要加以扩充完成。

（3）与谈同学发言的主要观点、指导教师的回应和总结，可参考读书会文字记录提炼。

（4）指导教师扩展分析与主题阅读的题目、主要观点，可根据指导教师文稿的摘要加以扩充完成。

（5）学术新闻稿一般为 800~1000 字。

小川：肖老师，这是初稿。

肖飞：收到了，小川，一会儿修改。（两小时后返稿，增加主报告内容，删除部分与谈内容，增加边销茶介绍）

小川：肖老师，我的语言太过贫乏了，太感谢您了！这段时期麻烦您太多，实在不知道应当怎样感谢！

老师您最近事很多，时间也少，每次都要耗您时间改稿子，实在是对不住。但最近的科研立项申请书还是需要再麻烦您，有劳了！

肖飞：小川，认识到当下的自己，同时有一个理想的自己站在可及的前方，你们的成长空间是广阔无限的。与之相比，近乎父母辈的我们只会羡慕你们，并有所期待。

读书会文稿参照示范作用

各位同学：

近来疲惫，做事效率不高，直到今天（4 月 14 日）才完成第 14 期读书会全稿修改编辑工作。

以下是建议和要求，第 1—3 条供大家参考，第 4 条需大家遵守：

（1）这一期的指导花絮我写得比较细致，如何设定主题、列提纲（见两位同学的初稿和修改稿）、主持人的职责、汇报领读注意事项都在其中，给同学们一个参考。大家阅读后遵守，这样指导教师就不必每次都重复初级问题。

（2）大家现在的写作基本是读书报告（或读书笔记），部分同学在向书评迈进，但还达不到主题论文的写作标准。从读书报告迈向书评，首先要有问题意识。自己提不出问题，就循着作者的问题去思考。汇报领读文稿设定的主题得是阅读书目讨论的重要问题。不明确写作主题，就根本列不出提纲，也无法行文。建议大家构思时，务必基于阅读书目的重要问题设题目，梳理出这本书的写作思路和论证线索；之后视主题讨论的需要，与其他文献的观点、论证思路做比较。这是深度阅读和写作读书会报告的基本要求。

（3）汇报领读文稿的初稿质量是决定性的。在写作技术方面，请大家以第 13、14 期稿件为参照，遵守行文规范，包括完善各级标题表述、自查错别字、注意注释的完整和准确等。

（4）写作是一件亦苦亦乐之事，汇报领读同学与指导教师的写作皆如此。请大家尊重写作者的知识产权，文稿仅限我们内部交流。

宪制何以构建历史中国

阅读《大国宪制》[①]

阅读提要

李涵从历史中国疆域概念的丰富性切入，梳理自汉至清中央王朝对边疆因俗而治的治理传统，并分析清末边疆建省的原因。疆域治理体系的演变不仅反映出历史中国“一国多制”的特征，也对当代中国国家政治结构采用复杂单一制产生实质性影响。姜楠分析小农经济的宪制基础和宪制难题，发现国家主导重要基础工程项目、实行均输平准和盐铁专营，政治账和经济账相互勾连，这是中国古代经济宪制存在的原因。杜利利发现，精英政治是各国通例。在历史中国的宏大视野中，文士培养依靠经史子集的正统教育，中央政府逐渐形成标准较为统一的选才机制，政治精英束带立朝，同时承载着农耕中国的宪制行政与文教功能，文治是历史中国治理体系的核心特征。

接续此次读书会主题，胡超老师拓展分析了宪法学的研究方法。《大国宪制》写作的初衷之一便是苏力对宪法学研究现状的评判——失去社会历史语境，趋向教条化，患有“理论肥大症”。在美国革命与法国大革命之前，宪法是描述性概念。此后转化为规范性概念，有了更明显的道德内涵，约束力越来越强。《大国宪制》对宪制正当性的解释更多基于实用主义的描述立场。全程听取汇报后，肖建飞老师发现，同学们的表达更趋自若，PPT 图文并茂、简洁美观，汇报内容逐渐由单纯梳理转向述评结合。当下汇报领读的主要问题表现为，未能交代汇报主题的由来及其重要性，详略不当故缺乏对时间的把控，阅读不细致导致忽略大量知识点。肖建飞老师认为，《大国宪制》具有深广的学术视野，提供了社科法学研究的新概念、新思路。该书引发大量批判性阅读，恰恰证明其思想分量。

（李涵供稿）

---

① 本期读书会领读人为 2022 级研士研究生李涵、姜楠、杜利利，主持人为 2022 级本科生曹路遥，胡超、肖建飞指导，肖建飞做了总结回应和扩展性阅读工作。

楔子

宪制需适合本国的疆域治理与经济整合

曹路遥

今天是我们“钟爱阅读”读书会的第15期读书活动，也是4·23世界读书日。相信在这个特别的日子，今天的读书会会像以往一样精彩并且更令人回味。本期的推荐书目是《大国宪制：历史中国的制度构成》，该著作是苏力对中国古代宪制的研究，作者从法学、社会学、历史学等多个学科视角出发，对历史中国的宪制经验进行评述。作者从重要政治问题研究出发，逐一阐述“齐家”“治国”“平天下”三个领域间的关系，以及相关军事制度、经济制度、官僚体系和社会制度等，继而重构历史中国的制度图景。

经济基础决定上层建筑，一国的宪制要适合本国的疆域管理与行政规划，经济构成与整合既是宪制基础，也是宪制难题。作为宪制共识的精英政治与疆域大国的政治治理在古代中国宪制中的地位也尤为重要。

今天李涵、姜楠、杜利利同学将从疆域治理、经济制度和精英政治三个方面分析苏力对中国宪制历史的研究，剖析疆域、经济、政治因素与宪制的密切关联。

主题领读

“一国多制”：历史中国的疆域宪制实践

李　涵

摘要：边疆治理是以中原为核心区的中国宪制产生的动因，是推动历史中国宪制演化的驱动力。疆域有着极其丰富的含义，王朝实力与疆域伸缩直接相关。边疆地区的治理体系大体经历了从汉至清的因俗而治，再至清末的边疆设省。历史中国“一国多制”的实践创造和维系了更大疆域内的统一与和平，也为民族融合创造了条件。疆域宪制事关大国生存，历史中国“一国多制”的宪制经验对当代中国采取复杂单一制产生了深远影响。

关键词：历史中国；疆域治理；“一国多制”

引　言

我选择第五章的疆域宪制问题进行研究，是经过了一番深思熟虑的。第一，我从小一直生活在内陆城市，没有接触过与边疆相关的人、事、物。在参加读书会之前，我甚至都没有意识到边疆问题的存在。感觉到了眼界的狭隘，我决定“开眼看中国”，不仅要注意到与自己生活学习息息相关的内地，还要把目光投射到更远处的边疆。第二，本学期读书会推荐了《中国的亚洲内陆边疆》《中国历史地理十五讲》《大国宪制：历史中国的制度构成》《天下的当代性：世界秩序的实践与想象》这四本书，我均已阅读完毕。上述书籍为我提供了基本背景知识和部分理论观点，使我对边疆问题有了一定了解。第三，肖老师一直对边疆问题抱有极大的热情，也投入了很多时间和精力深入边疆地区进行实践调研。我也想追随肖老师的脚步，一同探索大美边疆。

《大国宪制》用全新的视角去观察和解释历史中国的制度构成，回答了中国为什么是现在这个样子，并且用中国的历史坐标和框架来描述与定义何谓中国“宪制”，以类似于生物演化的过程和视角，来解答中国的制度构建。

苏力将历史中国的宪制分为三个层面或领域——齐家、治国和平天下。肖老师建议我着重关注边疆问题，指出边疆问题更多的是在治国层面上如何实现平天下的治理目标。“平天下”包括中原农业文明的主动拓展，例如将山川阻隔的农耕区域（主要是东南、华南和西南山区）逐步纳入以中原农耕为中心的文明体制，并使之最终融入中原文明体系；但更重要的治理实践则是在边陲地区（主要包括北部游牧区、青藏高原、西域绿洲地区）采取多种类型的羁縻政策。至少从西周以来，“天下”概念便内在于中国的治理理念中，故可将历史中国的疆域治理视为“一国多制”的制度实践。

“平天下”的事业可以说是以中原为核心区的中国宪制产生的动因，

是推动历史中国宪制演化发展的最重要刺激因素，也是中国在历史中得以逐步拓展的构成要素——疆域、人口、物产，甚至文化——之渊源。若没有在经济、文化和治理模式上与中原存在显著区别的边陲地区，则不可能有多元一体的中国，也就不可能有作为政治治理事业的中国宪制。

接下来就让我带领大家讨论一下历史中国的疆域宪制实践。

一、 疆域概念的丰富性

说到疆域或领土，我们首先想到的会是土地，但疆域的概念不只是土地那么简单。

(一) 不只是土地：历史中国的疆域内涵

历史上我国是农业大国，农耕需要稳定的土地，农民有稳定的土地才会有稳定的收成预期，才会年复一年地努力耕作。在西周分封时代，正因为“封地建国”，诸侯才有动力管理和捍卫土地。疆域不只是地球上的一片土地、一个地理区域。正如苏力在书中所说，疆域概念中还隐含着一个非肉身的“天子”“皇帝”或“主权者”，其对这一区域的土地、土地上的人与物及各种关系主张排他性的权力，并往往能有效、排他地行使权力；皇帝及精英集团通过策略性地界分和掌控这片土地，来持久、稳定并因此制度性地影响、塑造或掌控土地上的人。因此，疆域是一个被精细界分后得以建构起来的地理空间，生活于这一地理空间中的人获得并维持了政治性的组织联系和架构。

北方有游牧文明，中原农耕区要同它们竞争，还要能活下去，就必须以华北平原为中心，逐渐涵盖周边地区，构成疆域大国。中原王朝需要集中这片辽阔土地上的人、财、物，在广阔的北部边陲，同游牧民族展开有效竞争，起码得维持农耕。如何以“文治”来有效管控并整合这些当初主要靠军力拢在一起的地方，就成了棘手的政治问题，一个规范意义上的宪制问题。①

(二) 大国难题：王朝实力与疆域伸缩

疆域不仅具有一般的文字学、语义学、逻辑学等抽象阐释意义，而且是国家统治范围的地理支撑。基于国家类型与治理方式的差异，疆域的内

① 苏力：《大国宪制：历史中国的制度构成》，北京大学出版社，2018，第227页。

涵在历史语境中有很大区别。古代中国的疆域概念最初产生于商周时期，作为宪制概念，其使用历史已有三千余年。其间朝代更迭，民族属性演替嬗变，经历的历史时空范围非常广。中国是文明古国，因各个历史发展阶段不同，前后期的疆域差异极大。因此，在特定语境中产生的关于历史疆域及周边关系的价值判断，不能不随历史语境变化而变化。尽管现代中国是历史中国发展的结果，但并不能简单地将前后视为继承关系，其本质是一种重建。这种重建建立在旧邦新造、除旧布新的制度替代的基础上。[①]

疆域大国注定比小国的治理更难。疆域大国面对的麻烦数量大，复杂程度也不同；麻烦的性质不同，解决的难度、应对的措施自然也存在差异。就中国而言，典型农耕社会的人口数量和密度通常会与疆域正相关；游牧社会即便难以明确疆域何在，但其活动或流动范围也与地域幅员正相关。

小国发生地方割据或分裂的风险更小或没有。小国可能只有一级政府，至少不需要多级政府，因此不存在中央与地方的关系问题。从理论上讲，也很少会发生信息不畅与失真，或行政管理上“强弩之末不能穿鲁缟”的问题。疆域辽阔的大国一般有复杂地形，各地相互隔绝，存在不同的生产生活方式，更多的文化族群使用着多种方言或不同文字，这意味着更容易出现族群冲突等问题，并构成对疆域大国政治统一治理可能性和有效性的直接挑战。即便统治者和政治精英都较为清醒、明智，也无法消除上述问题，最多只能以制度措施弱化固有难题。当然，约束条件不止这些，但均要求疆域大国必须有一套功能出色的制度。[②] 大国一定要采取某种方式的纵向分权，构建多层级政府，因此就有了广义的央地关系，包括中央集权与各种联邦制。

二、疆域治理体系的演变

从汉至唐，从元到清，中国疆域的一次次拓展总会让我们燃起对国家历史的自豪之情。为了避免话题太过分散，导致浅尝辄止、泛泛而谈，本部分我的汇报内容只关注边疆地区治理体系的演变。

---

① 毕奥南：《历史语境中的王朝中国疆域概念辨析——以天下、四海、中国、疆域、版图为例》，《中国边疆史地研究》2006 年第 2 期，第 9–16 页。

② 苏力：《大国宪制：历史中国的制度构成》，北京大学出版社，2018，第 229 页。

（一）从汉至清对边疆因俗而治

汉代在北方边陲地区各郡设立了部都尉。部都尉是主管一郡军政事务的副职，职能是协助太守处理军政事务，以近似“军管”的方式强化边防、防御匈奴来袭。汉代还设有武职官员——属国都尉，专职负责管理和安置投降朝廷的少数民族，其管辖区域后来逐渐演变成与郡同级的专门管理少数民族的行政“特区”。另一个军事行政区是汉、唐均设置过的都护府。汉代的西域都护府与郡同级，以军事行政管辖的方式管理西域数十个小国。唐朝前期在天山南北分设了安西大都护府和北庭都护府。前者以军事行政管辖形式管理天山以南各绿洲城郭；后者则下辖羁縻州县。

唐代的边疆地区极为辽阔，统辖东北、西北、西南及岭南众多地区。唐以各边疆民族部落的分布范围为基础，设立了羁縻府州，由中央任命当地部族首领担任各级羁縻行政区的长官，官职可以世袭。羁縻府州的户籍通常不上报户部，本地人也一般不承担赋税。

失去北部边疆的宋朝只在西南部分地区因袭唐制，设置了羁縻州、县。明代在东北、西北和川青藏等边陲地区设置羁縻卫所，性质与唐宋的羁縻府州相似。

元朝在西南边疆创立了土司制度。由于元是边疆民族入主中原后设立的朝代，苏力认为，其对中原制度文化吸纳不足，本民族政治人才严重匮乏，但又不放心任用大量汉人治理偏远的西南边疆。因此，在蒙古统治层眼中，土司制度是一种“以夷制夷”、保持政权稳定的治理措施，算是另一种羁縻。

清代的疆域极为广大，也继承了前朝复杂甚至艰难的边陲治理问题。除了满蒙联姻、军事镇压及“以黄教柔顺蒙古”，清朝采取的最有影响的边疆治理措施仍然有“地缘政治”考虑。清朝先在漠南、后在漠北建立了盟旗制度，原本以部落为单位在草原上自由迁徙的牧民均被固定在以盟旗为单位的固定地域内。部落间不能流动，既不可能产生庞大的群体，也不可能产生全蒙古的政治首领，自然无法形成统一的地方政权或政治势力。通过这种措施，清朝从根本上消除了蒙古诸部联合的可能，继而消除了蒙古诸部对清朝统治可能构成的威胁，有效稳定了北部边疆地区。

但明清两朝统治者清楚这种“一国多制”隐含的问题。中央政府允许边陲地区的政治职位世袭，这种政治妥协只能换来各地上层贵族一时的政治忠诚，基于利益交换的关系不可能长期稳定可靠。只要中央出现控制力不足，或有其他外部更强大力量的介入，或地方势力自身坐大，边陲地区就一定会出现尾大不掉乃至地方割据的局面。这不仅影响边疆稳定，也影响内地政局。

明清两代的“改土归流”可谓典范，即由中央任命的定期轮换的地方官置换元朝设立的世袭土司。明朝在西南地区按照土司管辖区域的大小，设立了土知府、土知州、土知县三种文官职务。从官职上看，这一举措把分立的土司群体纳入了明朝官员系统，在弱化了地方自治色彩的同时，强化了全国的行政统一。

清朝改造了新疆南疆的“伯克”制度，限制伯克世袭权力，令各级伯克互不隶属；又在新疆设伊犁将军，实行军府制，修筑城堡，驻扎军队，巡查边界，移民屯垦。种种措施都强化了清王朝对西北边陲的直接统治，实现了与“改土归流”类似的战略目标。

1793年清廷订立《钦定藏内善后章程》，规定中央政府驻藏大臣督办藏内事务，应与达赖喇嘛、班禅额尔德尼平等，共同协商处理政事，并确定了以“金瓶掣签”方式认定达赖、班禅等活佛转世灵童的法定制度。由此，清朝加强了对西藏地区的管理。清代的边疆治理大致确定了近现代中国的疆域。①

（二）清末以来在边疆地区建省

清初在边疆地区曾设置五大将军府，分别是盛京将军、吉林将军、黑龙江将军、乌里雅苏台将军、伊犁将军。到19世纪末期，风雨飘摇的清政府对边疆的统治逐渐衰落。为了稳定边疆，清朝在一些地区设置行省，加强了对边疆的统治力度。

这里仅以新疆建省为例展开分析。晚清时西北边疆和海疆均面临空前的危机，西方列强对新疆的觊觎已严重威胁到边疆安全，迫使清政府不得不改变以往的治理方式。

1865年，中亚浩罕国军官阿古柏趁清朝忙于平定太平天国运动及新疆内部之乱的时机，占领南疆，建立了“哲德沙尔”政权。1870年，阿古柏入侵吐鲁番和乌鲁木齐，控制了北疆的部分地区。为应对新疆面临的严重主权危机，1875年，清政府委派左宗棠收复新疆。左宗棠统帅湘军旧部，确定了“缓进急战”战略，用了约一年半的时间，击败阿古柏政

① 苏力：《大国宪制：历史中国的制度构成》，北京大学出版社，2018，第262页。

权，收复了天山南北的大部分失地。新疆发生的内乱和外患足以证明，原来的军府制和伯克制已难以适应近代国际局势和边疆治理需求。经过内乱和外部势力的蚕食，清政府认识到必须改革自强，新疆建省一事逐渐获得重视。1884 年新疆正式建省。“新疆”之名此前已沿用，建省后取“故土新归”之意，改称“西域”为“新疆”。新疆南北两路遍设道、府（厅）、州、县，勘定边界，选定界址。

三、 多族群的疆域宪制实践

从历史经验来看，无论哪个民族执掌中原，要想天下太平，都需弱化地方势力，将之逐步纳入常规行政区划，实现国家的宪制整合，促进中华民族的文化融合。

中国历代王朝针对边疆的复杂区情，采用的基本制度和方略都是“羁縻”。“羁”就是以军事压力予以控制，“縻”则是以经济利益予以安抚拉拢。在明清之前，中央政府更多强调当地因俗而治，会保留当地的部族组织，尽量避免介入部族内部的事务。中原朝廷通过封赏部族首领，获得柔性甚或象征性的控制。部族首领因地制宜，便利行事。概言之，中央政府对边疆地区实行高度的地方自治。

总体而言，采取这一制度的最重要原因是中原王朝的统辖能力有限。无论汉族还是入主中原的边疆民族，受限于自身政治、财政或文化，不可能以中央集权的常规行政体制治理边陲，只能创造替代性的治理制度。对边疆地区统而不治或只有名义上的统治，古代中国“一国两制”甚至“一国多制”的实践，承认了各地方和民族的差别，至少在一段时间内，可以创造和维系更大疆域内的统一与和平。上述宪制实践既有利于中原核心区的政治经济发展，也有利于民族间的交流，为民族融合创造了条件。

（一）争取生存资源的竞争

苏力将历史中国理解为在特定地理区域内的民众集体为应对重大现实外部威胁和压力的结果，其发展趋于以中央集权模式逐步构建多元一体的疆域大国；而非以典型的社会契约理论来理解国家——视国家为同一文化群体内自我化解冲突和矛盾的结果，其发展逻辑趋于建立文化相对单纯的民族国家。

基于民众生存论的解释，更具体的寓意包括：第一，外来威胁必须足够强烈、频繁和确定，受威胁地区要足够广大，受威胁的人口要足够众多，这一共同威胁才能促使受威胁的人们在政治精英领导下采取统一措施应对；第二，受威胁的人们必须有望通过一两代人的努力基本消除或至少大大弱化外来威胁，并能长期获益，这种对成本收益的权衡才能激发受威胁的人们努力积极应对；第三，受威胁地区的自然地理条件也非常重要，必须有足够数量且相对便于调动和利用的人力财力资源，交通条件和文化交流足够便利，乃至在该地区已初步形成了一个足够强有力的政治组织。

由此反思中国历史会发现，北方游牧文明持续的重大威胁，这个对中原农耕区非常不利的条件，反倒成为一个最重要的激励因素。游牧群体带来的压力成为一种触媒或催化剂，推动了中原地区大型政治共同体的形成，以及与其相应且必备的其他政治文化制度条件的产生和演化。

（二）多族群多文化的互化

在多族群多文化的互化过程中，中原文化一直是互化的核心资源。进入中原的游牧族群尽管通常部分保持其原有文化，但由于缺乏中原所拥有的高度成熟的知识生产系统，因此几乎都理性地接受了中原业已高度发达的文化资源，进而成为中原文化的信奉者和推进者。科举制被认为是中国文化的一大发明，该制度由有鲜卑血统的隋文帝初创。入主中原的游牧王朝推进儒学的积极性不亚于中原人建立的王朝，游牧王朝给予孔子的封号至少与汉人王朝的封号等级相当。

另一个意味深长的事例是，元朝首次把程朱理学定为科举考试的主要内容和评判标准，宋朝自身却未曾给予程朱理学如此高的地位。文化原产地并不能独占其文化的解释权，一种文化可成为被多族群共享的资源，继而成为共同资源。中国众多族群分享中原文化的现象类似于欧洲各国分享来自希腊、罗马和耶路撒冷的文化①，当然仅仅是“类似”，而非“一致”。

四、历史中国疆域宪制的思想资源

“国家的统一，人民的团结，国内各民族的团结，这是我们的事业必定要胜利的基本保证。”② 研究统一多民族国家的宪制实践，无论对于认

① 赵汀阳：《天下的当代性：世界秩序的实践与想象》，中信出版社，2016，第178页。

② 汪晓东、李翔、王洲：《共享民族复兴的伟大荣光——习近平总书记关于民族团结进步重要论述综述》，《人民日报》2021年8月25日。

识古代中国还是认识当代中国，都是一个意义重大的课题。

（一）疆域宪制事关大国生存

自夏商以来，经秦汉唐，虽有乱世、有偏安，但通过有效的疆域实践，历史中国的疆域总体上是稳定扩张的。唐以后，中国的疆域扩张主要是因蒙古族和满族等北方民族入主中原，由此带来民族大融合。但元和清，特别是清，完全继承了历代王朝形成的基本制度，沿袭长期以来的边疆治理思路，不断增强中央政府的权威，削弱限制地方势力，坚决打击破坏和威胁国家统一的各种地方力量，既强调制度效果的长期累积，又重视审时度势、与时俱进，在行政区划和官员任用上适时且坚定不移地推进全国基本制度或制度原则的统一。如果以疆域稳定扩展为标准，那么从西周到明清，无论封建还是郡县，无论在中原核心区还是在周边的“天下”，历史中国央地关系的宪制实践总体是成功的。

历史中国的中央集权宪制处于持续调整和完善中，不但经历了郡、州、路、省等行政区名号的变迁，而且存在各地行政区划的永久性或临时性调整，有从中央到地方各级政府的军、政、监察、人事和财权的系统改革或微观调整，以期实现中央对地方的制衡。

评判宪制成败的标准，并非其是否永生并因此“普世”，或是否符合某个理论；而是在特定历史时段，在当时经济社会各种条件的约束下，这个制度是否充分利用了当时可能利用和想象的一切资源，促成了一个国家（尤其是大国）的产生和长成，以及该制度是否为无可替代的。

（二）当代中国的复杂单一制

《中华人民共和国宪法》序言中这样表述：“中华人民共和国是全国各族人民共同缔造的统一的多民族国家。”就行政体制而言，当代中国是实行复杂单一制的国家。对该宪法表述可做如下解释：第一，中国建立在深厚的历史土壤之上，而这种历史土壤是各民族在几千年的民族交往、民族融合中不断培育的，因此各民族对中国的成长、发展都有贡献。缔造国家的力量不是单一的，而是多元的。第二，强调中华人民共和国是“统一的”国家。学界通常认为这是在强调国家的单一制特征，其实不尽然。单一制、联邦制国家都是统一的国家，不统一的是邦联。宪法强调“统一”是在排除“分裂”，因此从“统一的”这一表述中难以推断出我国的国家结构形式是单一制。第三，强调中国是“多民族国家”，这也是在强调多元性，反对简单化和一刀切。只不过它不是在强调各民族历史上的功劳

（共同缔造），而是在描述现实：我国不仅过去长期是、目前也是一个“多民族国家”。

大国和小农：历史中国的经济宪制

姜 楠

摘要：经济宪制是对一国的国家建构与整合发挥不可替代作用的经济制度。历史中国是小农经济社会，国家为了维护农耕社会的稳定、推动经济社会发展，在超级基础设施建设、重要资源配置等方面实施宏观调控。小农经济社会不会自发形成大国，但其发展高度依赖国家的统筹规划和制度设计。大国和小农看似互斥，实则通过经济宪制勾连，维系了封建王朝数千年的统治。

关键词：经济宪制；小农经济；大国宪制；宏观调控

人们常说，“无利不起早”。正如司马迁在千年前发出的感慨：“天下熙熙，皆为利来；天下攘攘，皆为利往。”普通百姓在日常生活中关注的重点往往并非“国家政体”“权力配置”这些宏观层面上具有高度专业性的政治大事，而更偏向于“吃饱穿暖”“工资待遇”这些与自身直接相关的基本民生问题。因而在国家政治建构中，经济因素往往比政治、文化等因素具有更高的生活关切度。将军事、经济、文化、官制等非传统宪法学研究范畴纳入宪制视野，并归于“家—国—天下”体系内进行讨论，属实是苏力的创建。在大国与小农的相互形塑、整合中，经济制度成为历史中国宪制的重要内容。

一、 经济宪制：宪制的经济基础

宪制在苏力看来不过是国家建构在规范意义层面上的表达。因此，苏力不仅仅在政治维度上谈人民主权、权力配置、中央集权这些传统议题，更放眼整个中国历史，让制度回归特定时代背景、历史语境，努力探求制度产生的必要性和合理性。通俗地讲，“天时、地利、人和”缔造了时下的国家结构和重要制度，其绝不是由决策者简单地“拍脑袋”、缺乏深思熟虑的临时决策。对于那些为历代统治者所坚持、对整合和构建中国具有无可替代性的制度实践，苏力称之为“宪制”。

（一）经济宪制的关键：确保国家存活

所有朝代、所有国家都有经济举措和经济制度。无论开创新制还是沿袭旧制，均旨在维持国家机器的正常运转，但这并不是苏力所论述的经济宪制的重点。

所谓经济宪制，是关乎一国生存和长治久安的经济举措与制度。此处对“长治久安”的理解自然不能以现当代的视角考量，即持“事后诸葛”的心态对历史制度进行批判。即便对制度的评价依旧采用功能主义和实用主义的立场，也要注意回归时代舞台，设身处地思考。在国家建立之初，保障政权稳固之后，国家百废待兴、举步维艰，面对萧条凋敝的时局，如何在短期内振兴经济、强国强民成为当权者需面对的首要问题。秦王在一扫六国执政后，无论是迅速推行统一度量衡、大规模修建连接各国的驰道，还是采用“徙天下豪富十二万于咸阳”的移民举措，都富含深刻意义。只有在确保政权稳固、经济平稳发展之后，才有保障文化传承、文明延续的考量，一个食不果腹、流离失所的人不能也不会每天想着如何创作诗歌。当然，现实生活中也存在“浪漫主义者”，但毕竟是极少数，大部分人需要做的一定是先填饱肚子、寻找庇护所；长远一些的考虑则可能是进行农作物的耕种及牲畜的养殖，以确保长期的食物来源；至少也是找到稳定的食物供应源，以确保自己能在残酷的自然考验中生存下来。至于精神层面的满足、艺术天赋的开发，那一定是在风和日丽、饭饱衣暖后晒太阳时才会思考的第二位活动，必须让位于生存这个第一要义。

国家的存续发展亦是如此。只不过相较于只需自己的大脑就能发号施令、即刻采取行动的个人，国家机器的运作要复杂得多。就国家而言，作为指挥中心和决策中心的“大脑”（以皇帝为核心的中央政府）未必能又好又快地向各个器官（不同层级、地理位置相对分散的地方）发布命令，使之相互协调并依据指令快速做出回应。经济是保障国家存活的关键因素，解决的是“今天吃什么”和“明天吃什么”的基本生存问题。国家生存依赖于对造福后世千秋万代具有决定性作用的制度，而非一次性政策，如土地归属、耕种技术革新、修渠建坝、修筑灌溉水利设施等，这些才具备宪制意义，称得上是经济的宪制。

（二）经济宪制的辐射：社会文化整合

从辩证唯物主义视角来看，世界是普遍联系的，不存在完全独立的事物。从社会视角看，除纯粹的经济功能外，经济交往还具有更加深远的意义。“由于任何经济交往中都必定伴随了社会、文化甚或政治的因素或维度，无论交易者或当事人是否追求甚至自觉，都具有社会和文化的整合功能。”① 或许经济活动的主体一开始并无心追求交易之外的其他目的，也无心考虑逐利之外的其他因素。但不可否认的是，在时间积淀下，成规模且持久的交易一定会形成制度，无论正式或非正式，亦无论自愿或被迫。正式制度多用于维持非短期、非一次性的交易，典型代表是“丝绸之路”；非正式制度可能是当权者出于政治考量，为巩固两地关系而将经济作为“黏合剂”，有意将两地或两国联系起来，典型代表如 2001 年美国入侵阿富汗以来对该国的经济援助。

经济制度实践对宪制的辐射范围绝不限于财政税收，尽管这一领域可以说“最直观”、有时也“最粗暴”地勾连起经济与政治。苏力在讨论这一主题之前明确指出，并非所有经济活动或制度都具有宪制意义，只有那些被历史验证确实对本国宪制有实际影响的制度实践才足以称为经济宪制。

经济宪制的实践特征在于，它对于一朝一代的政治经济军事的强盛和社会安定来说不可或缺。经济制度如不具备抗风险能力，在山雨欲来之时便会分崩离析，转瞬间“樯橹灰飞烟灭”，不仅仅在经济层面对国家产生扰动，更使得国家在政治基础、社会治理层面出现问题，可谓牵一发而动全身。

二、 小农经济：宪制基础与宪制难题

“田夫抛秧田妇接，小儿拔秧大儿插”，“大儿锄豆溪东，中儿正织鸡笼，最喜小儿亡赖，溪头卧剥莲蓬”。这些诗句描绘的正是我国古代小农社会典型的生产生活情境，数千年来男耕女织的传统社会沿袭着家庭成员全员参与生产的习惯。即便在当下，也仍然有人向往“日出而作，日入而息”的小农生活，渴望远离城市的喧嚣和嘈杂，这也恰恰印证了经济制度并没有绝对的好与坏之分。对于当权者而言，其更多考虑的因素是制度与本国时下形势的契合度。

---

① 苏力：《大国宪制：历史中国的制度构成》，北京大学出版社，2018，第 317 页。

小农经济并非无中生有，其与经济宪制密不可分。承接上文，若想判断何种制度才具备成为苏力笔下的经济宪制的资格，还需刨根问底、追本溯源，从我国古代的经济特征谈起，不仅仅要弄清楚当权者采用了何种经济宪制，更要弄明白当权者为何采用这一类经济宪制。

(一) 小农经济的起源：封闭的自然地理环境

古代中国生存环境的突出特征之一是地理位置相对“封闭”。有学者将古代中国地理环境的封闭特征表述为“独立性”。这种“封闭性”是与西欧、地中海周边诸国的海上交通便捷相比较而言的。中国的地理环境呈现为如下单元：北部是辽阔的草原、戈壁沙漠，西北部是巍峨的帕米尔高原，西南部是“世界屋脊”青藏高原，东北部是兴安岭和长白山，东面和东南则是茫茫无际的太平洋。对中国古代仅靠牲畜乃至双脚长途跋涉的先民而言，上述地理环境极不利于和外界交往。上述自然环境使得古代中国成为一个相对独立的地理单元，有学者称其为“东亚大陆”①。

华北平原是中华文明最重要的发源地和后世中国的核心区。它位于亚洲东部，面对太平洋，近海岛屿很少，相距也颇远，即便是夏秋季也较少受台风影响。就自然条件而言，这片土地远不如古希腊、古罗马乃至包括北非在内的地中海周边地区，并不便于进行交流和商贸。由于太平洋的浩瀚与强季风的影响，也碍于生产力水平，古代中国海运和海上交通的困难和风险远大于陆路运输。华北平原因具备地势平坦、气候温和、水土适宜等特点，适合农作物耕作，这也使中原地区居民早早就掌握了先进的农作物耕作技术。地理位置虽使中国与周边各主要文明中心相对隔绝，大规模贸易往来颇为不便，但其内部的自然条件有得天独厚之处，利于农业的发展。固定的村落、稳定的生活生产方式，将一代代百姓牢牢地束缚在他们扎根的土地上，这种稳定性恰好是统治者需要的。相较于有强流动性的游牧文明，定居村落更便于统治，也极大降低了治理成本。

需要注意的是，小农经济并非天生就与封建专制相匹配。小农经济最显著的特征之一就是自给自足，是“你耕田来我织布，我挑水来你浇园”的生活。在农耕社会，家庭被视为一个生产生活消费单元，涵盖几乎所有基本生活需求（除了旅游等次要需求）。因此，每个家庭成员都会自觉地承担家庭责任，使小农家庭成为高效的“小微企业”。核心家庭是基本的

① 林刚：《小农与中国古代社会的商品经济》，《中国社会经济史研究》2017年第4期，第3页。

生产生活单位，它可以调动全家人的生产力和积极性，促进人口增长和财富积累，并为政治组织的发展壮大提供基本前提。

（二）小农经济推广逻辑：从中原扩展到全国

地理环境对文明的影响极为深刻。最典型的例子无外乎古代中国的农耕文明与西方海洋文明的碰撞对比。为何我国早期没能形成发达的商业体系而环大西洋沿岸没能形成稳定的农耕文明？其原因相信大家早已在初高中历史地理课上背得滚瓜烂熟。此处我们讨论的重点并不在两个半球的文明对比，而是聚焦于我国内部，面对幅员辽阔、西高东低、山川相接的复杂地势地貌，要做到在全国范围内推广农耕，恐怕地理环境并非全部决定因素。即便此种生活生产模式具有鲜明的优势特征，也不能以此为由，想当然地认为所有中原居民都会自觉自愿自发地采用农耕生计模式。若非人为介入，统一农耕模式也并非易事。

基于小农经济在我国地区的发展和推广历程，大致可以总结出这种生产生活模式在中华大地上的推广逻辑：小农经济在地理位置优越的中原地区诞生→因效率高而被多数家庭采用并形成一定规模→土地耕作规模化便于统治者管理，集中统一聚落的治理成本低→发展家庭农业对百姓和统治者都有利，因而以中原为中心呈辐射状向四周推广。

在这一农业推广逻辑中，核心推动因素是小农经济生产生活模式极大节省了统治者治理国家的成本，因而颇受当权者的青睐，并在整个治理空间内推广。这便是小农经济对古代中国的宪制贡献。至于后期配套的郡县制、税赋徭役制度等，都如布渔网般将皇权的控制力按层级延伸渗透，将本来独立分散的“马铃薯”般的农户整合为一个整体，但最终由“渔网的收口”（至高无上的皇权）管控。为了收紧这张偌大的网，强化对每个内部构成体的控制，一方面，执政者采取积极措施，在行政管辖、税收管理、度量衡、语言文字统一等方面做出要求；另一方面，抑制土地兼并的政策成为贯穿古代中国的主流政策之一。土地兼并会使大量土地集中到地主手中，导致农民失去土地成为佃农，在削弱农民对土地依赖性的同时，导致大量农民逃亡或沦为奴婢，继而引发社会动荡和统治危机。由此可见，不仅要在整个统治区域推广小农经济，维持小农经济的生产模式也同样重要。

（三）重农抑商：小农经济抵触商业扰动的原因

在中国这一传统农业大国，重农抑商政策被奉行上千年。在以小农经济为基础的历史中国，私人工商业的发展害大于利。仅就物质方面的利害而言，私人工商业对国家的不利影响至少有三点：第一，与国家争夺“山海陂泽之利”。在中央集权专制之下，“普天之下，莫非王土”，一切财富资源亦莫非王有。工商业发达有赖于对自然资源的开发利用，开发行为被视为对皇家财产的侵犯。第二，与农业争夺劳动力资源，甚至使农田荒芜，威胁国本。这也直观反映出商业发展与小农经济存在一定程度的对立关系。第三，易形成对朝廷构成威胁的“叛乱”势力。地方商业一旦形成一定规模，容易形成地方割据势力集团，不服从中央管理，甚至发动叛乱。基于以上三点原因，朝廷采取了严厉的“困”商政策：长期实行盐铁茶酒等官营政策，禁止民营。①

在自给自足的自然经济状态下，商业是使社会风气荒淫奢侈的一种破坏性力量。小农社会的专制皇权所需要的是大众服从、安于现状，而商业的活动必然威胁这种伦理秩序。至于商业在其他方面对封建王权、宗法伦理、民风民俗等的影响，在此笔者姑且不论。

三、国家主义传统：经济宪制经验

小农经济社会存在“马铃薯”特征，我们从中可发现这样一个悖论：独立的小农经济本可以自给自足，过着“阡陌交通，鸡犬相闻”的农耕生活，并没有自发形成大规模政治共同体的趋向，但是实际上，小农经济只是一种脆弱的“封闭经济”。当出现外部的扰动因素，无论是气候变化、自然灾害等“天灾”，还是北方少数民族袭扰造成的“人祸”，都足以打破这种脆弱、短暂的平静和美好。为此，小农在与大国互斥的同时，又呈现出对大国的依恋，小农需要一双强有力的臂膀来遮风挡雨，如同被呵护在襁褓里的婴儿一般。

（一）超级基础建设：国家主导修建的“世界文化遗产”

超级基础建设和世界文化遗产并不是同一概念，二者在功能上也大相径庭：对于一国而言，前者工程量浩大，需要投入大量人力物力资源，是需在强有力的指挥者的指导下方能完成的宏大民生工程（体现在“基础”

① 范忠信、秦惠民、赵晓耕：《论中国古代法中“重农抑商”传统的成因》，《中国人民大学学报》1996年第5期，第62页。

二字上)；后者则超越一国内部影响力，在整个世界历史中担负着展示人类文明多样性、展现人类智慧创造、彰显民族精神文明的重任。在对人类文明传承的深远意义上，很难说后者的贡献小于前者。但苏力强调了一些关乎国家存亡和发展的超级基础建设，而对一些不太具有实用功能的建筑奇观表达了相当程度的不屑，因此带着批判性的视角。这是在正式进入本版块论证前需要提前说明的。

1. 基于生存需求的国家干预项目

关乎历史中国生存的首要问题是黄河治理。作为蜿蜒匍匐在中华大地上的母亲河，黄河以其广阔的流域和相对不充沛的水量勉力哺育着两岸的居民，同时周期性地露出其野性的一面——汛期的泛滥。这一危害在当下看来似乎已不构成重大治理难题，毕竟各种水利工程、大坝水电站等都力图降伏这只“蛰伏的猛兽”。但在几千年的农耕社会，在一穷二白、物质奇缺的情况下，治黄并非易事。治黄之难孕育了大禹治水的上古神话，大禹功劳之大足以支持其成为部落领袖。频繁泛滥的黄河一直严重威胁着两岸广阔平原地区的农耕者。平原地带受洪水影响面广，受灾者往往无处可逃。即便是局部发生洪灾，灾民流离失所，也会影响周边未受灾地区，引发社会骚乱和政治动乱，甚至导致改朝换代。面对蜿蜒绵长的河道，只有强有力的政治组织者才能整合和协调人力物力，进行大区域范围内的治理，制服黄河这匹“脱缰的野马”。大国的治水举措不仅仅保护了小民的耕地房屋，更守护了中原、华北乃至全国的小农经济。

被苏力给予高度评价的都江堰是一项地区性水利工程，具有深远的意义和影响。该工程不仅仅惠及地方百姓，稳定了四川盆地的农耕社会，更在相当程度上充实了地方政府的实力，促进了王朝的统一。令人惊叹的是，李冰父子在主持修建这座水利工程时，因地制宜，顺应了都江堰西北高、东南低的地势特点，使得都江堰这一世界上最古老的无坝引水水利工程至今仍在发挥效用。

作为军事防御工程，长城经过历史的积淀早已成为中华民族坚韧精神的象征之一。除象征意义外，作为防御工程的长城还能够实现抵御劫掠、保护资源的基本功能。长城最主要的作用是使农耕与游牧两种文明处于相对分隔的状态。农耕文明地处长城以南的中原地区，自然环境优越，适合耕种谷物、蔬菜、经济作物，世代居民长居此地，以不流动为生产生活特征；游牧文明处于太行山、阴山、燕山以北，自然环境比较恶劣，世代逐水草而居，流动性较强。北方游牧民族出于对获得生存资源的渴望，常常越过长城南下进入中原地区劫掠，而农耕地区的人们不得不长期抵御游牧民族的入侵，保护自身的生存安全，两种文明由此产生多次武力冲突。

苏力直言不讳："曾有不止一个人称，长城纯粹是个神话，因为从其第一天建设，在军事上，长城就毫无用处。我必须打其脸。"① 他认为，长城承担着制度性的角色，不但有用，而且非常重要。长城在阻止游牧民族对农耕地区小规模日常侵扰和劫掠、控制与游牧民族的贸易权这两个方面发挥着不可替代的作用。作为一项耗费了大量人力物力的国防工程，其最基本的功能就是为农耕地区提供保护，"秦汉正面例证了长城对于维护中原农耕文明的制度意义"②。从中原王朝的角度看，修建长城就意味着中原王朝为自己建立了一条能够进行实际有效控制的防御线。实际上，长城不仅是防御线，也是进攻出发线。每个王朝在国力强盛时期对北方游牧民族发动进攻，都是在长城沿线完成军事集结、储备军事物资的。苏力也承认，作为一项被动防御战略下的国防工程，长城要发挥其功能，需要许多其他条件的配合。长城始筑于春秋战国时期，秦始皇统一中国后，以秦、赵、燕三国长城为基础修缮增筑，但主要发挥作用是在汉朝。在匈奴强盛时期，几乎每一次匈奴大规模南下，长城都未能起到有效的防御作用。直到汉武帝时期，汉朝放弃了沿长城被动防御的战略，而改为主动进攻策略，越过长城线，深入漠北，才最终迫使匈奴逐渐走向衰落。换言之，长城作为防御线的功能可能被高估，而作为进攻出发线的功能却被低估。"筑城本身不是目的，而是为了改善阵地，有利于自己部队的行动、不利于敌人行动的一种手段。"③

交通和通信设施的建设同样离不开大国的支持。无论是四通八达的交通网络，负责转运调配军队物资的驰道，还是为保障经济高效运行开凿水路交通动脉——大运河，无不需要一个强有力的统治者跨地区进行统筹协调，主导推动上述贯通全国的道路交通建设。尽管交通工具并未发生革命性变化，仍仰仗牛马人力，但此后运输效率有了显著提升，不必再翻越高山、跨越坎坷崎岖道路，大大节省了人力，降低了货物在运输过程中的消

① 苏力：《大国宪制：历史中国的制度构成》，北京大学出版社，2018，第 200 页。

② 苏力：《大国宪制：历史中国的制度构成》，北京大学出版社，2018，第 203 页。

③ 萧武：《大一统，中国为什么能：评苏力〈大国宪制：历史中国的制度构成〉》，《东方学刊》2022 年 3 月春季刊，第 118 页。

耗和损失。成本的节省、效率的提升意味着社会生产生活水平的稳步提高，对国家和百姓来说实现了真正意义上的“双赢”。

2. 超级基础建设对国家资源的绝对依赖

苏力提到上述事例旨在充分说明小农经济对大国实力的依赖。治理黄河、修筑长城、开掘运河，单独哪一项几乎都需要举全国之力。这对于自然状态下形成的小农社会而言，无论其是以家为生产单元、以“户”为基本社会结构，还是以村落为单位，都是天方夜谭，是不可能完成的浩大工程。

除了小农对大国的高度依赖，小农经济的封闭性还决定了其不可能从宏观角度进行长远规划，对风险的预见和抵抗能力也无法与大国相提并论。超级基础设施建设不仅仅需要对工程作用的全面预判，更需要一系列的配套措施：征集劳工（或自愿或强迫）、解决技术难题（在缺乏精密仪器和科学技术的前提下施工）、原料运输（无论就地取材还是车马运输，均涉及时间与成本）、后勤保障（包括劳工补给、粮草保障）、应对突发情况（传染病传播、气候变化和建设周期中政权更替等情况），甚至还需要推行工程实施的决心和忧国忧民的家国情怀等，每一环都可能直接影响到项目建设最终的成功与否。这就要求从宏观层面上对工程建设进行整体把握。

综上，“超级基础建设中，小农对大国绝对依赖”这一观点并非失之偏颇，相反恰恰再度体现了小农与大国之间相互影响的张力关系。

（二）土地、人口、水路：重要资源全国配置的制度建构

作为整个生产链条的重要环节，生产资料的分配在经济活动中起着举足轻重的作用。历史经验一再告诉我们：统治者不仅要带领百姓“做大蛋糕”，也要注重“分好蛋糕”。底层百姓关心的往往不是朝代的更替抑或政策的颁布是否合乎情理或法理，而是利益的分配是否公平、是否满足自己的内心预期。古人说的“不患寡而患不均”，大意如此。土地、人口、水路均是历史中国极为重要的资料。

1. 土地分配：以名田制和均田制为例

名田制是秦汉时期的土地分配制度。所谓名田，就是以名占田，“名”就是爵位，其本质是按照爵位的高低占据相应的土地。名田制以军功爵制为基础，在地广人稀的国情下制定实施。这一制度实际是完全承认土地的私有。名田制的优点显而易见，在战乱年代的确可以鼓舞士兵士气。但其

缺点是致命的，即一旦确认土地私有，确认土地可以买卖，封建王朝的梦魇——土地兼并——就会随之出现。“富者田连阡陌，贫者无立锥之地”，执政官不得不想方设法抑制土地兼并，防止地方形成割据势力，危害中央集权和国家统一。①

均田制其实就是将无主土地按人口数分给无地之人耕作，土地为国有，但在耕作一定年限后可以归耕者所有。田分露田、麻田、桑田、宅田四种，露田、麻田不许买卖，桑田和宅田则可以传给后人。均田制的实施确实给统治者带来不少实在好处：第一，减少田产纠纷，有利于无主荒田的开垦，适用于当时的社会环境。第二，有助于贫民摆脱豪强大族的控制，转变为国家的编户。政府控制的自耕小农这一阶层的人数大大增多，保证了赋役来源，从而巩固了专制主义中央集权制。均田制也存在不少缺点：第一，均田制虽可适用于私有土地，但用来授予的土地只能是无主土地和荒地，数量有限。第二，虽然规定使用者在年老、身死后需将土地归还官方，但实际上还官的情况很少。随着人口的增多和贵族官僚地主特权的合法化，大量公田被非法地据为个人所有，能够授予的土地越来越少。第三，虽然均田制限制了土地买卖、抑制占田过限，但是农民获得的土地不足，经济力量仍然脆弱，赋役负担沉重，稍遇天灾人祸，就被迫出卖土地，破产逃亡，地主兼并土地必然发生。

值得注意的是，无论名田制还是均田制，都不是官府把全部土地收回再进行重新分配，而是在当时土地占有关系的基础上加以调整。土地制度是贯穿历朝历代的基本制度之一，对战乱后恢复和重建小农经济有重要作用。土地确权是小农关注的重点问题，是小农经济发展的基石。

2. 人口迁移：政治、经济、军事多维考量

公元前221年，秦始皇统一六国后建都咸阳，颁布了“徙天下豪富于咸阳十二万户”的诏令。

统治者对政治安全、经济建设、社会稳定、民族融合等方面有多重考量。就政治安全来说，秦才结束了战国时期的割据现状，统治者以史为鉴，很容易推测到若不对遗留的六国贵族加以控制和监管，那么在“天高皇帝远”的情况下，政权割据的情形会再度发生。由于地方贵族势力的强大，加之中央控制的不足，新政权处于岌岌可危的境况，因此，即刻将贵

① 朱绍侯：《论汉代的名田（受田）制及其破坏》，《河南大学学报（社会科学版）》2004年第1期，第38页。

族集中到政治经济中心、放在“眼皮底下”进行管理和控制可以说虽“简单粗暴”，但效果立竿见影。就经济发展而言，人口密集才会促进经济文化的发展，只有将大量富豪贵族集中在首都，才能在短期内促进咸阳经济繁荣。随着人口的增长，咸阳成为秦朝名副其实的首都。就社会效果看，将不同地域甚至不同民族的人聚集在一起，对促进民族融合和文化习惯的传播功不可没。这种地域空间的靠近直接提升了民众对国家的认同感，有效整合了五湖四海的文化习惯。就社会稳定而言，对于国家和领土，征战占有只是第一步，如何稳定治理新增领土与百姓才是君王需要考量的重要事项。历史上只是一味征战而怠于治理的领导者最终都无法维系对领土的长期占有，元朝就是其中的典型。

3. 运河漕运：南北物资运输的咽喉要道

在交通运输极度不发达情况下，漕运是能够最大限度提升运输效率的交通方式。陆路交通需要修路或者修建铺设轨道，漕运依托的则是先天形成的河道或后天人为开凿的运河，利用水的流动性将货物物资运输到其他地区。中国最大的漕运工程当属隋唐大运河和京杭大运河。大运河与运河城市相伴而生，两者相互依存、相互推动、互相影响。一方面，大运河影响着沿线城市的兴衰变化，影响着沿线城市的规模与等级、性质与结构，以及分布和体系。另一方面，运河城市也影响着大运河和运河体系的发展，影响着运河网络结构的改变和功能的发挥，推动运河开凿技术的提高和管理制度的完善。运河营造了城市，城市推动了运河的不断发展，城市因运河而兴，运河因城市而凿。运河与城市是命运共同体，两者相互作用，推动着运河沿线经济的繁荣。①

交通运输的便捷带来的变化不仅仅是货物交换，更是中央统辖能力的延伸。便利的交通进一步连接南北地区，是大一统的必要条件；同时加强了中央对地方的政治管理和军事管控，有效保障了地方对中央缴纳税金的稳定性；最为重要的是，漕运粮食对于保障基本生计功不可没。站在“事后诸葛”的角度来看，大运河并不只是君主贪图享乐、临时起意之结果，其意义不仅限于“烟花三月下扬州”的一时之乐。此处姑且不去辩驳“劳民伤财”之类负面评价，因为古代任何大型基础建设都必定伴随着对民众的剥削。开凿运河并维系其运转，国家需大规模调配资源，其伴生品

① 王明德：《大运河与中国古代运河城市的双向互动》，《求索》2009年第2期，第203-204页。

是政治中心稳居北方与经济中心南移。漕运也使移民更加便利，北方百姓向南迁移，北方则一直稳居全国政治军事中心的核心地位。

（三）为且必为：“看得见的手”宏观调控、全面统筹

均输平准、盐铁官营与国家财政实力壮大之间互相支持、互相促进。官营商业一般是在财政支持下产生和发展起来的，而官商的利润又是财政收入的重要来源。从产销成本上看，遍布全国的盐铁管理机构、均输平准机构的建立，需要大批人力投入，还需建设仓库、场地等必不可少的基础设施；同时，制造交通工具，组织、运行各种运力，都需要官府投入资金。均输法产生的原因之一是以往贡物在运输过程中的浪费，其设立是为了提高贡物的财政效益。均输平准中物资的转卖、收放及运输都需中央财政收入的支持。这也说明试办均输一开始就使增加政府财政投入与提高财政效益紧密相连。西汉时，随着中央财政需求的扩大与桑弘羊地位的升迁，政府专营范围进一步扩大，并与平准法和盐铁官营一起，形成了一套财政与官营工商紧密结合的统一的国家经营管理系统。①

1. 均输平准：源自资源调度的内生制度

均输平准是中央为实现全国资源合理配置和调度，而内生形成的本土化制度。将远方的郡国所交纳的贡赋，按商贾贩运时的最高价折物，由于高价所折物数量少、体积小，运输费用相对低，与从近处所输贡赋的价值及费用相当，是谓均输。用这种方式可以充分调动远方郡国输物为赋的积极性，极大提高了生产效率。但均输发展到后来，在具体执行过程中逐渐发生变异，均输官员不论离均输所远近，都按“如异时商贾所转贩者为赋”。平准的政策则十分明确，元封元年（公元前 110 年）京师设平准官，接受全国的各种积压物资，然后调剂有无、平抑物价，由官府控制贸易。②

均输平准制度的设计本是为了减轻农民负担，但在执行过程中官吏难免中饱私囊、损公肥私。他们一旦掌权便和豪民商贾勾结，荼毒地方百姓。但就资源的利用率及调度配置的效果而言，均输平准制度还是功大于过的。官员的贪污行为历朝历代皆有，将普遍存在的弊端归咎于某朝的某项具体制度，失之偏颇、着实不妥。

---

① 赵梦涵：《桑弘羊财政工商调控论》，《文史哲》2001 年第 5 期，第 89–90 页。

② 薛振恺：《试论汉武帝的敛财政策》，《北京师范大学学报（社会科学版）》1997 年第 4 期，第 86 页。

2. 盐铁官营：皇家私产的社会化转变

盐铁官营最直接的效果仍是聚集财力。除了可以给政府带来丰富的财源，盐铁官营还明显提高了盐铁生产能力，并在更广范围内推广了铁器的应用。

研究者注意到，在汉武帝时期的官营冶铁行业中，使用的劳动者并不具有较高的生产积极性，他们只是被政府征用的服役者，被迫提供劳动力。他们不在乎最终产量的多寡及质量的优劣，只是机械且被动地完成给定的指标和任务。由于是政府垄断经营，没有竞争，必然造成盐铁生产中只求数量、不求质量；由于不问社会实际需求，品种单一是其另一弊端，也会出现质次价高的情况。[①] 盐铁官营饱受后世学者诟病，不仅在古代不受儒家学人的认可，还频遭当今经济学家的抨击。但无论是提出“与民争利”的质疑，还是其他本末倒置的批评，都无法掩盖这样一个事实，即正是这一制度使国家财产为社会所用，促成了国家财产的社会化转变，并使得盐铁成为国家和社会财富的来源。这对于国家经济而言，即便不能称为雪中送炭，至少也是锦上添花。

“看得见的手”明确指引着未来国家发展的趋势和方向，综合运用宏观调控手段对一国经济发展进行谋划布局。提出上述经济措施的桑弘羊在经济上创设了诸多政策，帮助富有雄心壮志的汉武帝建立了一个强大的国家，其宏观调控思想和政策在两个重要方面是值得肯定的。第一，把国家的干预同经济杠杆的运用紧密结合起来，把政府行为同市场行为有机结合起来，把搞活经济、拓宽财源同充实财政紧密结合起来。桑弘羊不是简单用行政命令和法律手段指令性地干预经济，而是力图将行政法律手段同商业运作规律相结合。第二，上述经济宪制实践取得了巨大的社会效益和经济效益，推动了国家社会经济的发展。这两点都是具有普遍指导借鉴意义的历史经验。[②]

四、“经济账”勾连“政治账”：回归经济的宪制

对历史中国采取重要制度合理性的高度肯定，是苏力写作《大国宪

① 赵梦涵：《桑弘羊财政工商调控论》，《文史哲》2001 年第 5 期，第 91 页。
② 赵梦涵：《桑弘羊财政工商调控论》，《文史哲》2001 年第 5 期。第 90 页。

制》的整体思路。他认为，“不可能历史中国一直错了。即便错了，用尼采的话来说，那也一定为历史的焙烤硬化成真理了”①。国家干预经济不仅仅对中国的经济社会发展具有长远的战略意义，更对整个国家的政治文化结构与整合发挥重大作用。同时，回归本次探讨的主题，对国家存活及后续长远发展有深远影响的经济制度才称得上是经济宪制，才在经济层面具备宪制的意义。

（一）生存经验论：实用主义的分析角度

一个国家的政治和经济从来都不是相互独立的制度建构，两者必定有着千丝万缕的内在联系。经济基础决定上层建筑，一国的经济结构对应着其政治模式。在小农经济结构中，分散而独立的“马铃薯”需要的是一个强有力的网络为其发展保驾护航。封建君主专制正是符合时代发展、应运而生的制度模式。

尽管当下人们对封建专制、君主集权有诸多不满、抗议和批判，但其是维持中国这个传统农业大国的文明穿越数千年历史长河，依然屹立于世界民族之林并岿然不动的制度保障。只有在生产力获得大发展，生产技术显著提升，原有的政治制度模式已经无法适应新型经济社会结构的情况下，封建专制才成为绝唱，湮灭于历史长河中。这并非要为封建专制“正身”抑或“洗白”，只是顺着苏力的思路，回溯至那个遥远时代，试图找到一个解释历史中国治理模式的新思路。

我国的地理位置、自然条件等决定了小农经济在很长的历史时期内是我国经济社会的最佳模式，与其相匹配的治理模式则是封建专制统治。封建王朝类似于一个操心的大家长，尽可能恰当地安排其子民的生产生活。国家干预经济，类似于大家长在经济领域为子民做出种种制度安排。这受到发源于海洋文明和海洋贸易经济的西方国家的抨击和批评。其认为，政府干预经济会破坏市场规则和产权制度，不利于国家的经济繁荣和自由竞争秩序。故而一些西方国家高举着“自由经济”的旗帜，对国家干预经济的举措高度敏感，似乎国家一旦伸手干预经济，就注定会剥夺民众固有的权利，国家决策一定缺乏深思熟虑，不过是专制者随性拍脑袋、独裁专断的结果。

这里需要注意，“国家干预”和“国家过度干预”是两个不同的概

① 苏力：《大国宪制：历史中国的制度构成》，北京大学出版社，2018，第336页。

念。二者都体现为国家处在家长地位影响经济政策、制定实施宏观调控措施，区别在于干预程度的差异。对经济稳定发展而言，一般性的国家干预是不可或缺的，个人永远无法站在决策者的高度对一国的发展进行提纲挈领的规划和指导，更别说推行了。在经济自由主义与国家干预主义这两种经济模式的生成与运行过程中，大体存在这样一个规律，即经济自由主义和国家干预主义两种模式并非并驾齐驱，而是必有其一为主轴，后辅之以相对者，以此形成两种模式的良性互动。历史也证明，单纯的“市场之手”或单纯的“国家之手”都难以实现资源的最优配置。回顾历史，中国在没有外来因素干扰的情况下，小农经济只能自发形成小范围内的物品交换，无法进行大宗货物贸易或大规模、跨区域的商品货物流动。相比之下，国家主导下有不同程度强制性的大规模经济活动，不仅包含资源配置、流动，还包括公共产品的供给和交换。实际上，绝大部分公共产品的供给均由国家主导。在农耕时代，公共产品不可能自生自发生产，也更难由私人提供。

（二）实力与公信力：唯国家干预能整合资源

国家将独立分散的“马铃薯”联结起来，须具备足够的实力与资源。在此前提下，还需要考虑另一个事关国家干预经济能否实现资源整合的因素，即政府是否具有公信力，能否获得民众的普遍支持和心理认同。

政府采取干预措施的效果受到官员公信力的影响，对此，苏力举了江西都昌千眼桥修筑的例子。其结论是，政府干预手段得以成功的重要因素在于，推动者采取的行动并非出于狭隘的个人私利。但需要注意的是，在强势政府推行政令之际，普通民众对政府公信力的信赖程度未必能起到决定性作用。历史上君主因追求享乐而大举调动民力、财力兴修大型工程的事例不胜枚举，民众虽有不满，却慑于皇权而不得不从。苏力使用千眼桥案例也旨在说明，地方官员想要群策群力、借用自己的名声为本地基础设施建设添砖加瓦，或试图以推动者的个人魅力折服广大村民，从而使村民对官府行动从无所谓、不参与的态度转变为积极参与、出钱出力。换言之，政府公信力不是工程成功与否的影响因子，而是村民是否参与公共事务、是否具备集体认同感的影响因子。

（三）集权的政治理性：对专断的批判性思考

通读苏力的《大国宪制》，会发现两个明显的价值倾向：第一，高度认可重要制度的历史合理性，类似于黑格尔的“存在即合理”；第二，有着深刻的宪制本土化思考，致力于打破由西方设定的传统宪法话语体系与分析框架，同时或多或少地流露出对主流宪法学研究的不屑和质疑。美国联邦最高法院大法官霍姆斯有言：“应当想事儿而不是想词儿。”苏力的思维方式也是如此。基于苏力的核心观点和论证逻辑，集权和专断并不必然是暴政的代名词。政治制度并没有绝对的好与坏之分，也不存在非黑即白的评判标准。对宪制的研究更应关注制度本身是否能推动社会经济发展，带领国家走向强大；而不是持上帝视角，机械地、教科书式地将制度迁移到一个真空环境，并列举其缺点和优点。在应试教育体制下，后者确实是快速掌握制度性知识的捷径，但学术研究还是应该基于更宽阔的视角，避免片面单向的知识获取与理论分析。尽管在现当代，民主观念早已深入人心，对专制、集权这样的字眼的批评早已鞭辟入里、深刻透彻，但当我们带着现代人的“智慧”穿越回古代时，先进的思想观念未必能在国家治理层面帮得上忙。专制和集权虽是少数人（有时甚至是皇帝一家之言）的上命下达，但不可否认其具备效率高、执行快的特点，而这也正是小农经济社会所需要的。

总之，对于中国这一庞大的统一多民族国家，以及附着其上的五千年文明史，试图用几个抽象范畴形成一种严密而自洽的历史叙事和宪制理论，也许是一场注定要遭受各种非议、吃力不讨好的理论冒险。法学、历史学、政治学等不同学科背景的学者对苏力的论证模式和论证细节提出各种质疑，甚至一些老读者也不习惯《大国宪制》的叙事模式，不认可其论证合理性。例如有学者认为，该书过于强调历史情境、过于执着于功能主义与实用主义，给人以“存在就是合理”的感觉；对一些柔性制度或者意识形态之于国家构成的作用，未能进行公允评价。但苏力解说历史中国宪制生成原理的理论努力，以及试图在此基础上提供一种一般性宪制理论的理论抱负，无疑体现了学人本色。①

结　语

谈论宪制，不能只就宪制泛泛而谈。苏力跳脱出传统的宪制理论框

① 常安：《国家构成与历史进程——评苏力〈大国宪制：历史中国的制度构成〉》，《法治现代化研究》2019 年第 3 期，第 100 页。

架，在军事、经济、精英政治等多领域展示了历史中国宪制构成的固有理性和正当性。就经济层面而言，苏力开创性地提出“经济宪制”理论，论述了足以对国家产生构成实质性影响的经济制度及其作用。其论述过程未落传统西方宪法话语体系的“窠臼”，处处体现着大国的理论自信和从容。该书不仅仅能帮助读者通过小农与大国两个主体相互形塑的制度实践，探求历史中国经济宪制的运行规律，更有助于开拓宪法学研究的新领域、新思路。

精英政治：历史中国文士培养、选拔与参政

杜利利

摘要：精英政治是各国治理的通例，文化精英参与国家治理贯穿历史中国宪制的各领域。精英阶层参与国家治理需要制度载体，文士培养依靠同文同音、经史子集的正统教育。从推举、察举到科举，中央政府逐步构建起遍布全国、标准较为统一的选才机制。政治精英不仅束带立朝，参与全国性政治治理，而且古代中国几乎所有的基本制度实践都需要其参与。精英政治承载着历史中国的宪制内涵，超越了“有治人，无治法”的局限。

关键词：文士培养；官员选拔；精英参政

引言　“框架性国家”的联结模式

历史中国的统治得益于“公”和“私”两大体系：“公”的体系指封建政权体制，是行政体系（国、省、县、乡）和官僚制度的结合；“私”的体系集中了皇权、族权、神权、夫权等诸多力量。人类学家项飙用“框架性中国”这一概念来概括中国的社会整合和社会联结，即不区分地域意义上的国度、民族共同体、暴力统治机器及行政执行机构，而将关注焦点集中于如何在社会的上层结构和下层结构——或说中心结构与边缘结构之间建立良好的联结。①

费孝通先生则认为，在“双轨制”（皇权与绅权）下的历史中国，国

① 项飙：《普通人的“国家”理论》，《开放时代》2010年第10期，第117-118页。

家通过各种机制与个人发生直接联系，国家高度依赖人格化的社会整合机制。[①] 政治精英在中国政治社会结构中的功能类似于古建筑中的“榫卯”，能够实现不同政治单元之间的联结互动，沟通上下、勾连四方。历史中国政治的重要特征之一是将君主、官僚、士绅权力结合起来，通过政治精英贯通君、臣、民之间的关系，维系国家的稳定。

在任何复杂的社会中，政治精英都是政治生活不可分割的一部分。而在农耕中国，政治精英勾连齐家、治国、平天下三个层级的治理议题，国家治理离不开政治精英。政治精英本身不是一个宪制问题，如何选拔任命管理治理国家的政治文化精英，才是宪制问题。本文中，我按照苏力的论证思路，基于文化宪制的角度，分析在中央集权的政治架构下，以文士为基础的政治精英如何参与政治，解读其中的政治智慧；同时聚焦于理解政治精英如何成为中国“框架性国家”联结模式最重要的功能性要素，继而为农耕大国的法治张目，这也恰是历史中国的制度自信。

一、文士培养：经史为主、辅以诗文

在古代中国，文士阶层的形成要先经历同文同音的文化意识唤醒、经史子集的正统知识汲取，后入官学太学继续培养文士品格。

（一）初学选士：同文同音的家国意识唤醒

语言是人类沟通的重要工具，文字是传承文明的重要载体。统一的语言和文字通常被视为民族的伴生要素，书同文和语同音成为政治文化精英认识国家、理解天下的工具。同文同音并非仅依靠国家力量形成的文化认同，其更为重要的作用是唤醒士人赋诗言志、纵横捭阖的家国意识。

1. 书同文是赋诗言志的前提

赵汀阳认为，天下体系衰于春秋、终亡于秦，此后天下收缩为中国，中国成为一个内含天下的国家，汉字书写体系的出现要早于天下体系观念。[②] 自商开始，汉字作为信息交流载体与共享文化符号，获得广泛的文化共识，书同文成为古代中国最重要的文化宪制。凭借汉字这一书写系统，历朝历代培养了大量能够熟练使用标准汉字进行有效交流的职业群

---

① 费孝通：《费孝通全集》（第五卷），内蒙古人民出版社，2009，第34-52页。
② 赵汀阳：《天下的当代性：世界秩序的实践与想象》，中信出版社，2016，第135页。

体——官和吏。基于此，汉字书写系统的扩大使用与文士培养制度的发展成熟彼此促进、相互增益。

统一文字有助于“礼乐征伐自天子出”的政治愿景在一代代王朝的治理实践中成为现实，且使得建立一个几乎必须借助文字运转的农耕大国的中央集权政治体系成为可能。文字统一往往是巩固政治统一的重要文化基础，想要实现大国统一，主要的文化工具是汉字。“书同文”既是秦统治者规范与简化文字的过程，也是秦依托这一变革实现文化整合和制度重塑的过程。文字统一使秦朝“以吏为师”的思想得以推行，为延续两千多年的皇权专制思想奠定了基础；同时，作为媒介革命的“书同文”也为高效率的文官统治提供了条件。“书同文”促进了列国文化的融合，进而为政治统一奠定了基础。当然，不能说“方块字”从一创始就一成不变，其会随着朝代的更替、时代的发展而“形变”。概言之，为了构建一个统一的国家框架，书同文极为必要。

周公“制礼作乐”赋予西周政治活动以人文色彩，流风至春秋。赋诗言志在诸侯卿大夫交往中颇为盛行，以《左传》为例，其共记录33次赋诗活动，诗歌成为文人交流的媒介。士人也以赋诗作为传达某种政治、伦理、外交、军事观点的工具，或“将诗歌作为讽谏、游说、著述时的理论论据”①。以文字赋诗言志的士人群体不断发展壮大，跨越时空有效交流，在此过程中相互熟悉、相互依赖、相互认同且相互信任；以诉诸文字交流为基础，形成网状共同体，在世代“文治”实践中，发展为职业化、专业化的政治文化精英共同体。官僚体制的长期运转会增强整个社会的政治文化凝聚力，即庙堂文化向下渗透，吸引民间的文化投入，事实上是鼓励人读书入仕，包括贫寒子弟。读书人多了，他们不仅会更多地关心外面的世界，也会理解朝廷和国家政治，在众多公共事务上还可能成为国家与民众之间信息传递的中介。②

2. 有通语方能成就纵横捭阖

假如人与人之间语言不通，就会面临交流障碍。如果任由“语言不通”继续下去，是不可能构建起一个大型的国家组织的。现实难题在于，农耕乡人中读书识字者本就是少数，不同地区的家族和村落赋予政治精英

① 《尚书·尧典》所云“诗言志”，《诗》便为“言志”服务，“赋诗言志”被视为士人政治活动的人文色彩。

② 苏力：《大国宪制：历史中国的制度构成》，北京大学出版社，2018，第353页。

最初习得的语言能力只有乡音和方言。乡音承载乡情，农耕社区通过方言口语即可完成交际，无须依赖文字。然而在地域广阔、山川形异的大国中，当文质彬彬的“赋诗言志”让位于唇枪舌剑的“纵横捭阖”时，唯有以通用语言文字为基础的文化共同体，才能支撑广袤疆域的文化交流和政治治理。

没有广泛交流的口语能力，意味着一个读书认字、博古通今、学富五车的读书人就没有实际能力和资质参与全国（包括中央和地方）的政治治理。方言成了各地读书人进入朝廷的障碍，也阻断了中央到地方各级政府的人才通道。当然，熟练掌握通用语言文字的读书人也不会全部被国家体制吸纳，也不可能全部成为国家或朝廷的政治精英，相当一部分人会回归故乡。但回到故乡又如何？没有理由低估读书识字的投资，这些人即便开始忙于农耕稼穑、融入本地方言文化共同体，也会更加重视人情礼节、关心婚丧嫁娶，他们有可能会放下全国性的政治、经济、军事、文化和社会事务，不再关心全国山川地形、风土人情，但他们仍是地方的文化精英，成为体制与乡野之间的中介、桥梁。当不存在真实或可以想象的利益之际，人们就不会对家乡以外的地方有真实深刻的关切，也就不会产生深厚的家国情怀，无法“以国为国，以天下为天下”，最多只能做到“以家为家，以乡为乡”。

如果因为“语不同音”，本地人无法与本地以外的人正常地进行语言沟通，那么在精神上怎么能担负“横渠四句”（“为天地立心，为生民立命，为往圣继绝学，为万世开太平”）所标榜的儒家士大夫的政治社会责任呢？又怎么能成为拥有全国格局的国家官员呢？因此，若想在政治文化层面构成这个“中国”，除“书同文”外，还必须有“语同音”。通语以独特的文化感召力和政治吸引力支持并有效兼容“书同文”的文字共同体，实现农业大国的有效治理，使政治文化精英在朝堂与乡野之间纵横捭阖。因此，中国历代王朝的统治者会以各种方式和途径，致力于以汉字和北方（中原）音为基础，构建和维系以官方规范为核心的官话体系。接受文化教育的士人感知官话在政治治理中的重要性，理解官话对于实现自己的政治文化愿景和人生理想的重要性，开始有意识地学习和使用通用语言，即以汉字为基础、区别于任何一地方言、基本为政治文化精英口头交流所用的语言，从而铺就一条离开故土、走向仕途的道路。

（二）国学育士：经史子集的正统知识汲取

国学的力量培养知识分子成为坚定的理想主义者，“正心、诚意、修身、齐家、治国、平天下”是儒家思想给知识分子设计的一条康庄大道。文士的文化根脉源于经史子集的文化感召和兼济天下的自觉意识。

1. 经史子集的文化感召

古代文士的文化资本在于熟知经史子集。诵经、明史、知世、抒怀，才是文人。经史子集为文士提供了一套完整理论和方法，同时造就了这一阶层的知、情、意、传的文化感召力。

古人说读“大书”，即读“四书”“五经”等，注重从理论上讲明白道理。“经”能给人以方向指引，确定价值取向的“正负号”。比如一个人的能力出众（满分100分），可是在经义上违背原则，就相当于加了一个负号，即-100分，这类人不符合经义上的人格要求，常被归为奸臣、反派一类。只有接受了经义教育，士人才不至于离经叛道。经义教育教会士人礼义廉耻、忠义孝悌等伦理规范，是文士培养的基础。

“史”包括正史、别史、杂史。如《史记》《汉书》《战国策》《三国志》《资治通鉴》等均为正史，注重用故事吸引人、感染人、打动人。读史可以知今，读史的意义在于提供改造世界、建功立业的经验启示。历史读好了，文士既可以在科举考试中取得好成绩，也可获得治理国家的经验。

诸子百家、佛道阴阳，通称为“子”，如《老子》《庄子》《墨子》《荀子》《韩非子》《黄帝内经》《孙子兵法》等。文士阅读上述书籍，得悉同学派的见解，在百家争鸣中洞晓天地万物之智慧。上到宇宙天体，下到各种技巧，尽在掌握中。

由词曲、诗文形成的“雅集”，如《楚辞》《李太白集》《杜工部集》《柳河东集》《白香山集》等，注重用情感打动人。文士可以此抒发情怀、愉悦心灵。“集”给文人以个性的标签，使其借此抒怀咏志，留名于史，即使未经科举、未入官场，也能因为一本诗集而为后人所熟知。

2. 以儒取士的情怀塑造

每个文明系统都会有一个居于主导地位的思想体系，儒家思想是历史中国思想的核心。在古代文士选拔中，儒家思想或作为荐举德行之依据，或成为评定品级之参考，或构成衡文取士之标准。

细细品读历代文人的千古华章，多表达炽烈的济世情怀、家国之志。

“长太息以掩涕兮，哀民生之多艰”①；“安得广厦千万间，大庇天下寒士俱欢颜”②；“自惭居处崇，未睹斯民康”③ ……在文人看来，生命不是孤立的，既然传承了圣人之道，便应有强烈的使命感和责任感，心忧天下，救国救民。济世情怀是文人最珍视的品德和素养。文士言出必行、心口合一，为理想“虽九死其犹未悔”④，犹如精卫填海般执着。

中国文人的责任感如此强烈，主要原因在于儒家思想文化熏陶、培养了文人们的济世救国情怀。具体来说至少包括如下三方面：第一，自汉代以来，儒家在治国理政、追求长治久安方面的基本理念为历代执政者所选择，且被文人普遍认同。第二，文人先贤的言行举止、文字篇章无不充溢家国意识、济世情怀，率先垂范，强化了文人们的济世情怀。历代后生学子效法圣人，树立拯救苍生的宏大志向，将个人的荣辱与天下的兴衰紧密结合，浪漫主义情怀和强烈的功名意识催促着他们成长。第三，历史中国战乱频发加重了社会的苦难，社会的不堪催生了文人的正义感及朴素的变革意识，他们期望主政一方，驱除黑暗与野蛮，匡扶社稷江山，重整朗朗乾坤。

（三）兴学养士：官学官育的培养立考选升

古代官学的教育使命在于为王朝提供专业人才，传授治国平天下之道，锻造读书人的政治品格。官学不仅仅能授予读书人礼乐经义的基础知识，更重视通过设立考选晋升的考核机制撷取人才、锻造精英。

1. 官学养士的教育使命

尊师、重教、敬学是中国古代社会的传统。古代中国的教育职能一般由各类学校承担，除私塾、社学和部分书院以外，还有从中央到地方的官办学校。朝廷通过设立官学，直接培养各种治理人才，由此形成学术官守、官守学业的文化规训风气。

学在官府始于西周，各地读书人通过各种渠道进入官府接受共同教育，通过选拔成为“国之俊秀”。汉代开始以博士官为教育体制核心，建立了太学，随后历经千百年的演变，基本形成了国子监与太学并立的官学体系。古代官学开设之课程虽有变化，但有不变之本贯穿其中，即帝王家

① 屈原：《离骚》，出自《楚辞》。
② 杜甫：《茅屋为秋风所破歌》，出自《全唐诗》。
③ 韦应物：《郡斋雨中与诸文士燕集》，出自《全唐诗》。
④ 屈原：《离骚》，出自《楚辞》。

需要的"为政术""治平术"。例如汉代，官学教育的主要内容是经学，无论今文经学还是古文经学，其实际内容都是儒家经典《诗》《书》《礼》《易》《春秋》，加上《论语》《公羊传》等。东汉时曾形成了一部由皇帝亲自主持会议审定内容的太学教材《白虎通义》，对国家政治生活中的各类重大事项做了官方定义。上述儒家经典等文献的研习，都是儒生未来从政的基础。"唯仕"是官学生就业的出路。严格意义上说，历史中国无所谓就业问题，因为只有一个用人单位，那就是帝王家。这决定了文士毕业后只有一个"就业"去向，那就是"做官"。当然，这个"官"，可以从最广义上理解。这种"唯仕"的就业取向，也说明了中国历代国家政权的人才需求取向：国家更需要的是能执行普遍制度、从事行政管理的人才，即"文化"（教化）型人才，而非实用技术型人才。官学生"就业"，成为正式官吏，不外乎走两条路：第一，从官学毕业后，经过学业考试或资格审查，直接被授予官职；第二，通过较为正式的"公务员任用考试"（隋唐以后即科举考试）获得官职。凭借这两种途径都无能力走通的"成绩较差"者，还有第三种途径，如明清时代对"屡试不第"的高龄老生员直接授以虚职俸禄，使其颐养天年。

2. 立升选考的选吏机制

古代中国官办学校针对学生的学业考试考查形成了许多制度，这些制度的总目标是德学双修。官办学校对学生的学绩考核不仅包括对文化课程成绩的检验，还包括仪状、品行、能力的综合考察。这是一个逐步淘汰愚劣、撷取精英的过程，也是一个对学生奖惩黜陟、动态选拔"公务员"的过程。

二、文士选拔：从推举、察举到科举

在历史中国的宏大视野中，政治精英本身不是宪制问题，以某种合理、公道且相对有效的方式选拔政治精英才是政治问题。真正意义上的政治精英选拔制度始于汉武帝时期，经过长期的系统实践，逐渐累积经验，促成了科举制这种相对稳定的制度形态。科举制不仅对文士个人能力有更高要求，而且能够实现人才地域选拔的平衡。

（一）文士选拔制度的演进

1. 推举制：由下至上的人才荐举

推举制出现和普遍适用的大背景是汉朝取代秦朝治理天下，新王朝建立之初任用了诸多因立下战功而在朝参政的人，这一点与秦朝是一致的。这是自商鞅变法时期确立下来的用人原则，也是历代提拔武将的原则。随着政局逐渐稳定，动荡的战争状态转为相对和平的状态，文臣和武将的分工逐渐明确，对于文臣的需求也随之增加，由此形成了推举制——以儒取士、广揽英才的由下至上的人才荐举模式。

汉武帝时期的推举主要有两条路径：第一，以孝廉为名，由地方郡国按照人口比例向朝廷举荐孝廉之才；第二，以才德为由，由朝廷高级官员推荐本地的优秀人才，所推人选不限于官员，还包括民间有德者。中央政府会考察并试用这些候选人，针对重大政治和社会问题，请他们提出对策，并根据其回答的表现选拔候选人。①

2. 察举制：由上至下的人才察访

魏晋南北朝时期，为解决推举之流弊，旨在选贤任能，“盖以论人才优劣，非为世族高卑”②，故废除地方对人才的推举制，采取由上至下的人才察访制，弱化地方势力和门阀士族对精英选拔的控制。“九品之制”设立之初面对的是所有的士人，在这个意义上寒门和士族都有资格参与遴选，虽然家世是标准之一，但并非决定性因素，这在当时激发了很多士人的进取之心。

察举制是由朝廷选择贤能官员兼任其原籍地的州、郡、县的大小中正官，负责察访本地的读书人，依据“家世、道德、能力”三个尺度来选拔人才，从家世（祖辈的资历、仕宦情况和爵位高低等）、个人道德品行和才能三个方面给当地读书人定出品级，供吏部选人时参考。此举加强了皇帝和中央政府对全国各地人才选拔的控制。

3. 科举制：阶层流动的人才擢选

中国科举制度的创立绝非偶然，它是社会文化、官僚政治及选官制度长期发展的结果。大体归纳，科举制形成的原因有三：第一，其形成的极为重要的前提即“书同文”和中原雅言在社会中已有持续累积的效果；第二，长期的“罢黜百家，独尊儒术”已格式化了全国各地的基础教育，渗透到社会各阶层；第三，推举制和察举制的长期实践也逐渐加入了文字考试的制度因素，且分量渐增。南北朝时期的察举制度就有了一系列重要变化，日益重视文字考试和“以文取士”。制度效果的累积汇聚创造了一系

---

① 苏力：《大国宪制：历史中国的制度构成》，北京大学出版社，2018，第412页。

② 《宋书·列传》（卷四十九）。

列新的重要制度条件，为政治精英选拔制度的创新或升级创造了新的社会环境，独立于社会利益集团、完全由中央政府掌控的全国性标准化书面考试——科举制得以创设，用以选拔精英。①

隋唐以降，历代王朝为了“长治久安”之计，无不把“开科取士”当作第一等大事。“一切以程文为去留”，“投牒自试”，士人可以自由报考，不分门第出身，也不需要地方官员的推举。这一模式逐渐形成定制，考试定期举行，而不是临时进行。以较为成熟稳定的明清科举制为例，其考试方法比前代更加严密、完备，考试内容和形式却未随着时代发展而改进，仍是以四书五经和八股文取士。从一介布衣到官服加身，文士无疑要经历一个投牒自试、朝廷设试萃选的过程。衡文取士打破了血缘世袭关系和世族对政治的垄断。

（二）选拔制度变迁的宪制意义

1. 文士个人能力和才华要求

在各自时代的综合条件下，推举、察举和科举均是筛选政治精英的最佳方式，无可替代，却注定不那么可靠，尤其是在时代对文士个人能力和才华逐渐提出更高要求的情况下。

推举制偏重德行。汉武帝下令郡国岁举孝廉各一人，又颁制规定对察举之人的德行、学识、性格等的要求。制度设计的初衷是好的，但出现了民间大加讽刺的现象——“举秀才，不知书；举孝廉，父别居”。

察举制设立之初更加偏向于读书，其目的在于弱化皇室与门阀、豪强的斗争，以及缓和官民之间的冲突。九品中正制不仅看门第，还比较注重人的实际品德和才能，注重调动读书人的积极性。但到后来这种制度逐渐贵族化了，品第变成了门第的代名词，原本由德才和家世诸因素共同决定品第的九品中正制，演变成以家世为品评世人唯一标准的贵族化制度，以致出现“上品无寒门，下品无士族”的局面。

科举制将做官、读书、考试有机地结合起来，使得人们想要做官就必须读书，掌握理论知识，养成道德规范，因此选拔出来的官僚具有相对优秀的素质，可以称得上德才兼备。士人不仅仅要会读书，更要会做官，必须“有能力有效治理国家，能出色理解、应对和解决重大政治问题”，而且“需要智力和能力，需要文字和口头表达能力”，需要关注民情，揣测

① 苏力：《大国宪制：历史中国的制度构成》，北京大学出版社，2018，第418页。

圣意，不畏权威且不恋权威，既需耿直又需圆滑，以达到建言献策、治理国家的目的，要求极高，责任重大。①

2. 地域人才选拔的政治意义

（1）追求国家政治理想

回顾当年汉武帝“令郡国举孝廉各一人”的诏令，不难发现汉武帝坚定不移的政治追求。该诏令目的有二：第一，无论各地人才分布是否均衡，汉武帝要求各郡国都要向中央推荐人才，就是希望来自全国各地的政治精英，即便在其他地方未必被视为政治精英，都能有足够的机会以某种方式参与国家政治治理。第二，各地官员要齐心合力，凭借国家的政治架构和制度化渠道，来实现这个政治追求，从而使朝廷聚集起全国各地的政治精英，全面增强朝廷的政治文化凝聚力和向心力；同时有意识地影响各地的其他政治精英，“光宗耀祖”的正向激励会促使民间源源不断为国家培养人才。②

从推举制、察举制到科举制的演变表明中央政府逐步加强了对精英选拔的控制力，减弱了权贵和门阀对选拔过程和结果的影响。同时，在皇权拥有至高无上地位的大国中，中央政府不断巩固自身合法性，并强化对全国政治经济文化的整合力，至关重要。各地读书人对皇权的认可，以及获取国家政治候选人的分配名额的机会，都会影响实际参与国家政治决策和治理的精英数量，并影响到中央对中原地区及边疆地区的控制力。③

（2）平衡各地文士政治参与机会

科举考试制度不是一成不变的。科举制度既然是政治制度的重要组成部分，那么其设计与运行就取决于每个历史时期的政治形势，为适应时代政治需要而不断发展变化。由于中国各地经济社会发展不平衡，随着中国经济中心的转移，北宋时科举考试的结果显示，在经济和商业发达的地区考中进士的人数更多，由此引发了南北学人的争执。他们都想为本地区争取更多的进士录取名额，实际也是为各地争夺政治表达的渠道，即争取在国家高层政治集团中的发言权和影响力。在科举取士的人才选拔中，地域政治竞争变得愈加激烈。

法久必弊，弊积必变。在制度完善向好的过程中，也有试错的成分

① 苏力：《大国宪制：历史中国的制度构成》，北京大学出版社，2018，第421页。
② 苏力：《大国宪制：历史中国的制度构成》，北京大学出版社，2018，第409-416页。
③ 苏力：《大国宪制：历史中国的制度构成》，北京大学出版社，2018，第434页。

在。洪武三十年（1397年）的“南北榜”事件便是会试名额分配不均导致南北矛盾激化的表现。该事件不仅仅是一次考试中最高决策者的舞弊事件，在相当程度上更是政治考量的结果。朱元璋通过贬抑南方读书人来笼络北方士人，目的就是巩固自己的统治基础。因为当时北方与元朝残余势力经常处于直接的军事对抗状态，朱元璋必须笼络北方士子以稳定北方社会秩序。本科会试之所以出现南人在贡院中独擅胜场的状况，主要原因在于，自宋代以来，北方地区经济文化就已远远落后于南方，因此科举考试中南方士人名列甲第并不足为怪。从考试公平的角度讲，“南北榜”事件带有扶植北人、压抑南人的意蕴，是一次血腥的政治试错。但好在经过时间的沉淀，明朝统治者开始反思科举录取的弊端，于宣德年间采用南北中分卷取士办法，该做法一直延续到清朝。

分区取士的政治意义在于：第一，通过进士考试和特别分配名额降低偏僻地区的精英参与政治的门槛，为这些地区提供了政治代表和表达渠道，平衡了中国疆域内各地域、族群和民族的利益，创造了重要条件来实现国家的地域和民族融合。第二，区域化选士促进了中国社会的阶级流动，加强了中国各地的政治文化整合，并在不同地区和阶层中实现社会、经济、文化和政治的平衡发展。①

三、文士参政：多等级官僚辅佐治理

（一）共治天下：皇帝文士分工协作的治理格局

1. 共治天下的时代背景

历史中国的政治体制由魏晋隋唐的贵族政治转变为官僚政治，是唐宋年间发生的巨大变革之一。一言以蔽之，宋代政治架构呈现“皇帝与士大夫共治天下”的特征，其背景较为复杂。

经济上，均田制和租庸调制瓦解，“两税法”得以推行，促使官僚地主阶层日益壮大。地主作为“田主”，中央政府早已确认了其土地所有权，以换取他们对中央政府的支持和效忠。思想上，通过唐末五代近百年的大动乱，知识分子认识到国家的盛衰与自身命运是息息相关的。对于国运的兴衰，不仅仅皇帝有责任，知识分子自己更有责任。政治上，北宋文士作

---

① 苏力：《大国宪制：历史中国的制度构成》，北京大学出版社，2018，第436-439页。

为参政、议政的主要力量，是地主阶级在政权中的代表。北宋进行了科举改革，儒生基本上是经由竞争、凭借经典知识与文字表达能力进入文官系统的，这使士大夫的队伍空前扩大。而赵宋皇朝给予官户的种种优待，又使士大夫与土地联系在一起，他们能够占有土地、成为地主，确保了阶级地位的稳定可靠。

2. 圣君贤臣的治世王朝

赵宋皇朝在以法治国的基础上，形成了“皇帝与士大夫共治天下”的成规，充分发挥与利用了士大夫阶层的智慧，这使北宋近二百年间无论如何变化，国家机器均能循制运行、有条不紊，其稳固程度在中国古代社会中是少见的。

宋代经过太祖、太宗两朝，法制基本已完善，形成宋后世所习称的“祖宗法制”“祖宗家法”。在治国成规上，皇帝握立法与否决之权，宰辅理事，握行政之权，此为“共治天下”。《续资治通鉴长编》卷 41 记载：“至道三年五月，真宗即位才两个月，即下诏御史台，告谕内外文武群臣，‘自今人君有过，时政或亏，军事臧否，民间利害，并许直言极谏，抗疏以闻’。七月以后，君臣纷纷上书言事。”从此，大开士大夫畅言国事之风，至仁宗朝，此风益炽。

学界一般认为，赵宋一代以仁宗朝为最盛期。宋仁宗这位大宋皇帝待人宽厚和善，喜怒不形于色，故而政治氛围显得空前开明。他开放言路以争取士大夫归心，士大夫对于国家大事的干预空前有力。皇权适时恰当地运用，又恰合共治之需要，故而当世及后世士大夫深感仁宗之恩泽，颂声不绝。

（二）文士治国：集权政治架构中的文官角色

在“偃武修文”思想的指导下，文化不再是一种装饰，而是在政治构建中发挥着实质性作用。儒生士大夫支撑起一个庞大的文官系统，包括宰相、副相、地方要员等。文官系统形成了相当广泛的社会影响，至少可以从选拔、管理、监察三方面得到印证。

1. 在文官的选拔上强调经世致用

确立“文人治国”理念后，宋朝君主面临的首要问题是如何确保入仕文官具备一定的治理能力。当权者对科举制度进行了重大变革：一方面，在考试内容上更强调活学现用，不仅仅考察经义，更注重治世能力；另一方面，在考试程序上严防考试舞弊，不仅保证考生平等参与的权利，而且注重考试结果评判的公正性。上述措施旨在确保入仕文官的学识素养，从而为国家筛选出真正的政治精英。据史料记载，两宋时期任用的133位宰相中，绝大多数是进士出身，仅有一位出身武将。科举制成为宋朝文官制度发展的坚实保障和最大助推器。

2. 在文官的管理上侧重权责统一

经由科考脱颖而出的文臣通常被分配在中央和地方的重要职位上，文尊武卑的局面直接造成了文官在俸禄上享有高薪、在行政上独大、在地位上尊贵的局面。在集权政治背景下，一方面，皇帝要依靠文官推进国家机器高效运转，故而给予其优待；另一方面，为了稳固皇权，皇帝也要对各层级文官的职责行使情况进行严格考核，通过磨勘、印纸批书、巡视进行考核。这三种考核措施与文官仕途的进退升沉直接相关，因此对文官具有较强的约束作用。

3. 在文官的监察上构建具体的执行机制

宋代重用文官，采用台谏合一的制度监察中央官员，监察职责更加明确。在监察地方官员上宋朝对官员的监管分为中央和地方两方面：一方面，中央官员主要受御史台和谏院等监察机构的监督，每个机构各司其职，共同形成严密的监察网络；另一方面，地方官员则主要受监司（路级）与通判（府州、军监级）的监管，力度更大，促使地方官员廉洁奉公。监察人员的选拔十分严格，监管机构也具有较强的独立性，直接对皇帝负责而不受上级约束。这种模式有效避免了官官相护的陋习，进一步强化了君主专制。

（三）文官系统的制度功效

文官制度为士大夫阶层的孕育和壮大提供了坚实的制度保障。文官士大夫横跨政治和社会两大领域，兼具官员、文人、乡绅等多重身份，是中国历史稳定发展的建设性力量。文士形成的官僚系统发挥着多方面的制度功效。

1. 赢得天下大部分读书人的支持

众所周知，自春秋战国时期“文士”崛起，此后文士（即“读书人”）在中国历代王朝的治国理政中占据极其重要的地位。得到大部分读书人的认可和支持，是宋朝文官制度最大的收获之一。宋朝的文官制度建立在“重文轻武”的国策之上，宋朝的统治者害怕武官威胁政局，毕竟宋太祖赵匡胤就是通过陈桥兵变黄袍加身的。所谓文官系统，即针对读书人量身定做的官僚体制。既然赵家皇族如此给天下读书人面子，那么天下的读书人不可能装清高不接受，他们只会举双手赞成，并且是五体投地地支持。

2. 可以获得更多忠于国家的治士

从春秋战国时期发展至唐朝时期，“士族”已经成为一个固化的社会阶层，士族阶层在汉朝、魏晋南北朝、隋唐时期有着威胁皇权的能量。直到武则天时期，士族阶层的牢固地位被打破一个缺口，但其真正被彻底打倒是在五代十国时期，士族门阀被大肆屠戮，其对朝局的影响彻底消失。宋朝建立后，赵家皇族支持天下读书人从政，无论什么出身，只要通过科举考试都能上位，完全可以凭着能力晋升为朝廷重臣，官位不再由士族门阀垄断。如此一来，宋朝遴选人才真的是面向天下读书人，很难再埋没一个有能力的读书人。据记载，宋朝对官宦子弟参加科举考试实行额外审核，其即便通过初试，也仍需复试，而平民百姓家的子弟通过科举考试即可被朝廷录用。

3. 得益于宋朝整体朝局的稳定发展

宋朝在军事方面没有太大的成就，反而处处受辱，赔钱“买”和平。但凭借文官制度，宋朝的朝局获得稳定发展，具体原因如下。第一，古代文官和武官有很多区别，文官做事情讲究一个“礼”字，比如文官想造反就会给自己找很多冠冕堂皇的理由，而武官造反则未必在意这些表面文章。第二，宋朝皇室对文官的重视，让文士们对赵氏皇族忠心耿耿，即使有人想着图谋不轨，也很难聚集起一个造反的集团。第三，大部分读书人终究是手无缚鸡之力，也没有打仗的本事，即使掌握军权也不似武将能在军队中建立足够的影响力，因此很难对朝廷构成真正的威胁。这也是宋朝皇帝与士大夫共治天下的根本原因。

四、精英承载：超越“有治人，无治法”

古代中国几乎所有基本制度实践都依赖于政治精英，包括但不限于中央地方关系、财政税收、民生和军队安全等方面。政治精英既体现人治特征，也蕴含法治要素，是农耕大国法治的代表，也是国家制度的载体。

（一）宪制安排：政治精英的制度规训

1. 政治精英运行以选官制为基础

历代王朝在初创时都会迅速从社会名流或旧政权中选拔人才，建立一支对君主负责，高度组织化、专业化的官僚队伍。统治者在日后的统治过程中，不断更新官僚阶层，从社会中选拔优秀人才进行补充。

官僚阶层的建立，以选官制度为基础。王朝初建之时，根基不稳，新的统治和治理任务非常繁重。在此背景下，统治者会创设选官制度或沿用、改进前朝的选官制度，也会不拘一格、多渠道选拔官员。通过选官制度，社会上的人才得以入仕为官，从而形成了官僚阶层。

官僚阶层的更新以选官制度为基础。在统治过程中，历代王朝也会借助选官制度的实施来保证官僚阶层的更新。更新官僚阶层的原因在于：第一，向社会开放国家政权，为优秀人才提供入仕为官的机会。第二，限制私党朋党，制约和铲除把持朝政的少数官僚集团，为官僚体系补充新生力量。

2. 对官僚阶层要求的变化影响制度演进

从推举、察举到科举的制度变迁中不难看出，中国古代的选官制度对于人才的需求是逐渐变化的，经历了偏重德行—偏重读书—德才兼备的变化历程。需要什么样的人才治世，国家就创设相应的制度，选出合适的人才，对官僚阶层要求的变化推动了制度的演变。

在历史发展中，官僚阶层和平民阶层间的冲突是不可避免的。当官僚对平民的压迫越过了平民所能承受的底线时，就会官逼民反，酿成民变，甚至引发起义，对政权构成重大威胁。为缓和官民间的矛盾，统治者需要使国家政权具有一定的开放性，使平民中的精英人才有机会进入国家政权。事实上，那些平民中的精英人才一旦决心反抗当局，其影响是巨大的。开放国家政权的本质是开放官僚阶层，这就要求选官制度面向全社会，以更加公平且不重门第的方式来选拔官僚。

（二）国家统合：精英政治的宪制使命

1. 国家统治和治理的实际力量

中国历代王朝通过设置暴力机关、确立法律制度、颁布政策法令、推行国家意识形态、调配社会资源等方式，实现对全社会的统治和治理。为了实现统治和治理，需要一种具有社会影响力的阶级或阶层作为支撑。自秦朝至清朝，中国历代王朝实现其统治，都离不开地主阶级和文官阶层的支持。其中，地主阶级是国家统治的依托力量，文官阶层、官僚阶层是国家统治的实际力量。

地主阶级是历代王朝实行统治的依托力量，却不是直接掌握政治权力和治理资源的实际力量。在古代，国家对社会的统治和治理是通过各种具体行为实现的，如镇压叛乱、惩治匪盗、兴修水利、征缴税赋、教化民众、保卫领土、修路建城等。这些事情必须由具体的人去完成，而在这些人中发挥关键作用的即掌握着国家权力的官僚。所以说，在以农耕和土地为基础的历史中国，官僚阶层是国家实现有效统治和治理的实际力量。

2. 国家统治和治理对精英的要求

国家统治和治理是通过国家公职人员（尤其是官僚）行使国家权力、履行国家职责来实现的，但这并不意味着只要有官僚就能够实现有效统治和治理。事实上，国家统治和治理的现实困难及核心目的，也对官僚阶层提出了原则性的要求。

（1）对君主负责且高度组织化、专业化

秦汉至清两千余年里，国家统治和治理面临着社会事务纷繁复杂、社会缺乏有效统合、外交矛盾日益突出等现实困难。历代王朝在建设官僚队伍时，都要求官僚队伍既要对君主负责，又要实现高度组织化、专业化。对君主负责体现为忠君体国、报效朝廷；高度组织化体现为官僚在刚性的官制下成为纪律严明、分工明确的有机整体；高度专业化则体现为官僚熟悉政务，且彼此之间分工合作、各司其职。唯有如此，才能保证各项对内、对外事务得到妥善处理。

（2）与农耕社会的生产生活规律相适应

秦汉以来，历代王朝通过国家统治和治理来保障农耕社会主要生产方式——小农生产的正常运行。这不仅仅是为了满足地主阶级的需要，更是为了确保以君主为核心的国家政权和皇室贵族赖以生存的物质基础。可以说，在这一时期，国家统治和治理的核心目的就是维护小农生产方式，要求官僚阶层必须与农耕社会的生产生活规律相适应。一方面，为民制产，守护田制；另一方面，轻徭薄赋，劝课农桑。

总体来说，国家统治和治理对官僚阶层提出了两个方面的要求：第一，对君主负责，且高度组织化、专业化；第二，与农耕社会的生产生活规律相适应，维持社会生产的正常进行。当官僚阶层基本能达到这两个要求时，王朝便会趋于稳定；当官僚阶层偏离这些要求时，王朝往往走向衰败或覆灭。

结语　历史转型中回望科举选才制度

西方进入工业文明时代后，资本主义势力向中国扩张，以坚船利炮打开了中国闭关自守的门户。为适应经济、政治、社会和知识转型的需要，觉醒的知识分子推动“废科举，兴学堂”。儒学经义与集权政治、传统政治体制的关系自此变得越发松散，丧失了权威性和正统地位。

在激烈的变革中，科举被看作“不自然”的教育体制，新的政治体制、机构及文化制度的出现向传统帝制信念体系和政治组织形态提出了强有力的挑战，皇帝、官僚机构及士人文化成为落后反动的标志。传统学问形式被不加批判地视为“迷信”，而在欧洲和北美兴起的“现代科学”很快得到了新知识分子的支持，并被认为是实现知识启蒙、实现国家富强的有效途径。

科举制度创立于公元605年，历经一千三百年，不仅名称未变，作为历史中国选拔文官的考试制度的本质也未变。科举考试并不是单纯的考试制度，它发挥着无形的统合功能，将文化、社会、经济诸领域的制度与政治权力结构紧密联系在一起，形成了一个多层面的互动整体。科举可以说是大一统王朝的中央政府通过公开考试的方式，从全国各地的文士阶层中选拔人才并将之纳入整体的行政系统，从地方到中央，文士担任各级职务。为什么文士会成为治国人才的主要来源呢？这基于中国传统政治理论的一个基本假定：文士是精神修养和经典教育的成果，只有他们才具备维系政治秩序所必需的道德操守和知识技能。出于个人和家庭对世俗功名利禄的追求，以及对儒家“修身齐家治国平天下”理想的追求，文化精英形成了一个源自各地却不只属于地方的全国性群体。

研讨互动

学生与谈…

孙玮:《大国宪制》有全新视角又点到为止

正如书中所说，“一方水土养一方人”，苏力从中国古代历史文化的角度，阐释了中国宪制的构成。他撇开西方宪制观，从中国古代经济、政治、文化的角度入手，深入剖析了中国的宪制问题，为我们研究中国宪制问题提供了一个全新的角度，让人受益匪浅。

苏力试图融合法学、社会学、政治学、历史学、地理学等学科视角，撰写《大国宪制》。该书虽有广角研究的特点，但部分内容点到为止，给读者留下很多问题，这是我认为这本书的不足之处。

吴运通：精英政治平衡利益并实现文化整合

感谢几位同学的介绍与分享，首先我想分享一下我读苏力这本《大国宪制》的感受。苏力以历史视角为我们介绍了中国古代政治制度各方面的重要内容，可以说体量很大，但分析具有针对性。历史的原貌就在那里，不同的作者会有不同的写法，读者也会有完全不同的感受。苏力的这本书沿袭了他一直以来的文笔风格，读起来很轻松，可读性很强。

就家国天下关联的问题，我的理解是，国家主要负责大事，比如抵御北方游牧民族（军事）或治理黄河（建设）。疆域问题中我也更关注长城，长城对于中原抵御北方游牧骑兵有重要意义，也在一定程度上使农耕文明更为稳固。我个人很关注这本书中有关秦始皇的部分，秦始皇是引起中国政治变革的关键人物，也是精英政治的代表人物。秦始皇推行的一系列政策背后都有宪制原因，本质是从各方面巩固秦朝的统治。从当时的社会状况来看，很多政策确实具有很重要的意义，甚至可说是不可替代的，比如从分封制到郡县制、统一度量衡和货币、修筑长城等。秦王朝以“武功”统一并因此垄断了政治领域的主导权，各地地方精英就不再可能“朝秦暮楚”了，他们的政治才能如今只有一个“买家”，他们的政治忠诚只剩下一个长期稳定的对象了。

精英政治也并不是纯粹的，它不是追求并实现“哲学王”的统治，而是必须平衡各种利益。精英政治也存在风险，比如面对明朝的“南北榜”

之争，很难找到一个没有风险的完美政治模型。精英政治在实现文化整合、平衡各方利益方面起到了很大的作用。

评判宪制的标准，不是它是否“永生”，是否符合某种理论或某个看上去很美的愿景。在特定历史时段，在当时经济社会各种条件的约束下，某一制度充分利用了当时可利用的一切资源（包括非物质性的制度文化资源），促成了一个国家，尤其是大国的形成和成长，并且其无可替代，这便是好的宪制。

最后再次感谢几位同学的分享，还要感谢肖老师能够给我们提供这样一个机会，大家在一起读书交流。这种知识的交流与思想的碰撞真的很有魅力，这学期参加的几场读书会和读过的几本书都让我受益匪浅。

苗嫒嫒：《大国宪制》基于本土视角、视野开阔

在我看来，这本书整体是在讲历史上中国宪制的固有理性和正当性。

初识本书，被其大名“劝退”，但“大国”“宪制”这样“高大上”的题目在苏力笔下竟然变得通俗易懂、妙趣横生。读这本书让我学到了很多新知识，对古代中国的宪制及相关学科有了更多的了解。苏力的研究视角也十分独特，经过他的勾连、点拨，我对很多历史事件的认识有了新视角，很多旧观念甚至被彻底颠覆。阅读该书解答了我对历史的很多疑惑。

《大国宪制》第一个亮点是研究视角本土化，从实际出发。书中谈到禅让制的问题，我一直不明白，为何早在上古时期，祖先们就能如此“高尚”，依靠才能来选拔部落首领？而自秦至清末，几千年的宗法制度亘古不变，明显更符合当时的人性。苏力给出答案，原来上古时期生产力低下，物质资料匮乏，没有剩余劳动成果，更没有税收制度可供“皇帝”独享生产成果。而首领进行公共管理其实是占据了自己从事生产劳动的时间，可以说这是一份“吃力不讨好”的差事，自然没有人争抢这个位子了。

这本书的另一个特点是视野开阔。宪制是一个法学概念，但苏力把它与历史、政治、经济、社会、地理甚至文字、语言等放在一起进行综合研究，让人耳目一新。举一个和语言有关的例子，“异地为官”（或“易地为官”）是中国历史上的政治创新之一。我们学法制史时只知道这一制度是为了防止人际关系带来的腐败，苏力的观察则更深一层，把语言因素也考虑了进去。农耕时代的中国，绝大部分人固守本土、只讲方言，能讲官话的人很少。“异地为官”的制度使朝廷派出的官员听不懂当地方言，因此需要中介（往往是通晓官话和当地方言的当地胥吏）的帮助，才能与当地人进行有效的言语交流。苏力认为，这种“异地为官”造成的言语障碍，也能起到降低腐败的功效。因为当地人如想行贿，就要通过当地胥吏的“翻译”，这会留下受贿的旁证。因此，行贿者还要贿赂中介胥吏以堵住其嘴，这样就增加了贿赂成本，降低了贿赂收益，从而减少了贿赂动机。本书中有很多这样初听新奇、细想不无道理的分析。

用两点来概括我的心得体会。第一点是“一方水土养一方人”，这本书在讲“一方水土养一国宪制”。一国的政治制度与其地理环境有密切关系，中国之所以成为中国，就是这句话的最好佐证。老祖宗推动中华文明延续五千年，发展出来的制度最适合古代的农耕中国，体现了古代智慧。第二点是“与时俱进”，这是我们从先辈身上看到的智慧。祖先们遇到挫折总能逢山开路、遇水搭桥，从春秋战国的百家争鸣到秦汉的一统天下，从疆域管控到行政区划，从统一度量衡到书同文，从都江堰到大运河，从科举取士到“异地为官”，与时俱进，不断创新。随着治理疆域的扩大，先人们想方设法使得中华民族虽历尽劫难却延续至今，这对我们今天的现代化建设也具有指引作用。

导师回应

三位同学领读优长与不足

肖建飞

23 日晚读书会上三名同学汇报领读、三名同学与谈发言、胡超老师扩展分析结束后，已接近 22:15。建议淑珺、申屠、胡超先离开，留下读书会的成员同学，分析当晚汇报情况并讨论第 16 期读书会的题目设定。读书会结束时已接近 23:15。本期读书会是所有读书会中时间最长的一期，持续四个多小时。

李涵的主题重要但没能破题

今天同学们的汇报是有一些进步的。比如说李涵同学，她特别想用一个视频来更为直观地为我们呈现国家疆域的一些变化。尽管播放视频时出现了一些问题，但那个视频是特别棒的。建议她在读书会结束后将视频发到我们的阅读群里。

她的汇报最大的缺陷就在于没有直截了当、开门见山地告诉大家，她为什么要选择疆域变化这个问题。没有疆域，中国这个大国何来大国之名？也就是说，李涵同学没有给自己很好地开题。

说到清朝疆域治理的变化，即晚清在边疆地区设省时，有两个关键点没有把握好。清朝前期的盟友是东蒙古各部落，当然西蒙古也是清朝最重要的竞争者，否则从康熙到乾隆就没有必要用数十年的时间去征讨准噶尔汗国了。因为对于清朝而言，不控制准噶尔，就实现不了对新疆、青海和西藏的全面控制。但是到了清朝晚期，威胁清廷统治的因素就换成了欧洲国家、近邻日本，尤其是沙皇俄国。也就是说，对清朝而言，早期最重要的关系是内部的对蒙古的关系，晚期最重要的关系是对俄国和日本的外交关系。李涵同学本科学习的是经济学，所以法学基本功弱一些。这学期研究生宪法课上我发了林来梵老师的《宪法学讲义》，林老师的讲义上面说得很清楚，中国实行的不是联邦制，连非对称性的联邦都算不上，比如说英国就是非常典型的非对称联邦，中国顶多能被视为“复杂单一制”。苏力认为，中国是“混合宪制”。历史中国的“混合宪制”与当下中国的“复杂单一制”有什么样的历史关联？这是一个很好的问题，可以继续思考写作。

姜楠自信但阅读不够细致

在自信方面，姜楠做得是更好一些的。但姜楠和李涵存在同样的问题，就是没有解释好为什么关注小农，以及大国和小农的关系。中原地区的小农是中央政府的主要财政来源。中央集权问题非常重要，军事也好，行政也好，都得靠公共资源，控制公共资源后，中央政府才有对国家的掌控力。可以说，对于特定的经济资源的控制，是从封建王朝一直到当下具有贯穿性意义的制度。

还有一点就是一些内容阅读得不够细致，这在姜楠的汇报中体现得较为明显。比如说度量衡，度量衡最初的主要功能并非计量商品交易中的总量（如避免购物时短斤少两），而是测量土地面积，因为历史中国大国宪制最重要的问题就是把土地搞明白了，然后才能收税。丝绸之路不是连接欧亚大陆两端的单一路线，而是一张路网，是一段路接一段路、一批商人接一批商人的一系列的转口贸易，穿越欧亚大陆7000多公里。这条路线运输的主要是奢侈品，与普通人的生活联系不大。还有姜楠在行政区划概念上用了“规模化”，这个用法不准确。秦朝开始实行的郡县制属于整齐的行政规划，而非“规模化”——“土地规模化”是指单个经营主体经营土地的面积，这涉及人地关系。能否实现适度规模化或大规模经营，与特定时期的生产力发展水平直接相关。在未实现机械化的条件下，不可能出现规模化经营。小农家庭即便把所有的人力资源、劳动力都利用起来，碍于技术条件，也不可能实现规模化经营。小农经济有无可置疑的优点，小农不需要监督，他们给自己干，挣多挣少交完税都是他们自己的。现代大农场就需要监督，但农业生产很难监督，保障农业生产的质效是很难的。还有运河，修筑京杭大运河的主要目的不是运兵，而是运粮，这是漕运最重要的职能，也就是从江南的经济中心运输物资来支持北方的政治中心。在案例分析中，姜楠提及明朝崇祯年间任职江西的官员钱启忠捐俸集资建桥的案例。钱启忠祖籍浙江，他筹资为当地人建了一座桥。此人在任职地建造了一座桥梁，并非为了自己和家人的私利，而是切实造福当地民众，也为自身赢得了良好的声誉。待他告老还乡之际，甚至连名声也毫不留恋。不过我觉得书中的这个例子还可以再深挖、追问，比如，在建这座桥的时候钱姓官员经手财物吗？如他经手，那么他是怎么把财务公开的？他募集了多少钱，是怎么支出的？这才是真正的公信力。姜楠还重复了苏力的一个问题，即“专断”就一定是坏的吗？但姜楠更多关注的是决策人数问题——一人决策、数人决策，还是大部分人参与决策。不过从柏拉图到亚里士多德，他们关注的问题主要不是决策人数多少的问题，而是执政是否是为了政治共同体的利益。

我们的同学目前存在一个共性问题：既不会自主破题，也不理解他人的破题逻辑。比如媛媛谈到，苏力认可“一方水土养一方人”，将宪法视为地方性知识，却未探讨苏力多次提及的“多难兴邦”。苏力使用“多难”不是隐喻，而是具体事实。对抗匈奴、治理黄河，一个是人为的灾难，一个是自然的灾难，能够把这两个问题连接起来，才能破题，讲清楚为什么要“大国宪制”，才能提出一种生存论的观点。

另一个问题就是细致阅读。细致阅读是非常重要的。我为什么读得比较细致？因为我担心你们提问，担心我无法和你们对话。我两年前读《大国宪制》只留下模糊印象，没有做写作主题、论证思路和论据使用等方面的深入分析，最近我又抽空从头到尾读了这本书。我先读了引论，目的是了解这本书的写作目的与体系结构，这一部分非常重要，因为要破题；接下来读结语，我想知道苏力的研究方法；然后依次读了第八章、第九章、第七章、第五章，这是同学们要领读的章节；最后从第一章开始，查缺补漏，读完了剩余章节。

有一天你知道自己要领读，意识到自己有这项任务时，你在读一本书的时候，感觉是不一样的，因为你对自己有要求了。你会担心，自己说不明白怎么办？有遗漏怎么办？把最关键的环节遗漏了怎么办？阅读汇报是对一个人非常好的锻炼。

杜利利准备很充分但详略不当

利利有很多优点，她真正做到了把关键词和摘要写出来，这是我一直对学生提的要求，另外两位同学没做到；还有利利的 PPT 做得很漂亮、很简洁，图片很美，文字不多，而且连字号都是一致的。

但她也有缺点，就是时间把控得不好。比如说我们之所以讲到现在，是因为利利自己差不多讲了一个小时，导致我们读书会拖的时间比较长。我现在就问问利利，如果时间只允许你讲一个部分，你会选择什么？（利利回答，讲第三部分政治精英的宪制承载）我会选择最后一部分，回应苏力的主要观点——文治就是法治，政治就是宪制。

我还想说的仍是细致阅读的重要性。比如南北分卷问题，利利也提到了。但这不是阶级固化或者阶层固化的问题，而是地方经济社会发展不平衡导致的，体现的是人才资源的地域结构固化。利利的另一个优点是超越以往汇报的梳理为主或者完全是梳理，比如说，她真正提出了王朝的两大力量：地主代表经济力量，是可依托的地方力量；官僚阶层是统治力量。这两个因素《大国宪制》没有清晰评述。汇报的结语部分有总结，利利能够站在近代制度改革背景下，回望历史上的科举制。历史上的科举制真的可以实现文化和政治的贯通；而民国的考试院职能接近当下各省的考试院，职能无法与科举制度相比。

导师接续

《大国宪制》的问题意识与理论抱负

肖建飞

摘要:《大国宪制》试图重新解释历史中国的政治建构实践，同时旨在改变宪法学研究的惯习。基于研究"整体中国"的学术抱负，作者聚焦于对国家治理具有实质性影响的重要制度，具有深广的学术视野。该书将宪制视为地方性知识，对宪制持有实用主义、后果主义的功能观。在提供社科法学研究的新概念、新思路的同时，该书也存在稀释价值标准、忽视社会等级、模糊人权概念，乃至将政治存在合理化等问题。该书被大量批判性阅读，这恰恰证明其思想分量。

关键词: 大国宪制；历史中国政治建构；问题意识；理论抱负；学术视野

"一方水土养一方人""多难兴邦"两句话印证了历史中国的生存经验，展示了中国政治社会文明体发生、发展和构成的独特性。但历史中国的政治构建问题长期处于法学研究者视野的外围。苏力的可贵之处在于，秉承研究"整体中国"的学术抱负，始终保有跨出既有研究边界的学术热情和行动力。十年磨一剑，"拧干时间""以论代史"，写作完成《大国宪制》一书。[①] 阅读此书，尽管不能彻底更新法学研习者的宪法知识、完全颠覆既有的宪法观念，但足以优化研习者的知识结构，淬炼其批判性思维。

《大国宪制》出版以来，吸引了大量读者，赢得广泛赞誉，其间也自然会有学人进行深入的批判性研读。此前有研究者认为，"大国"乃至"宪制"的概念都限于对现象或问题的直接描述，而非具有生命力的、令人兴奋的理论关键词，该书缺少理论总结与提升[②]；有学者发现，《大国宪制》使用"拧干时间"的研究方法，忽视外部条件的变化，弱化了理

① 《大国宪制：历史中国的制度构成》一书于 2018 年出版，距苏力此前出版的《法律与文学》已有 12 年之久。

② 于明：《中国何以发生——〈大国宪制〉的问题意识》，《法治现代化研究》2019 年第 4 期，第 82 页。

论解释的纵深①；有学者指出，该书极为强调历史情境，执着于功能主义与实用主义②；更有学者坦言，该书率性的语言风格写作近乎随笔，存在论证的逻辑瑕疵（有精英官僚辅佐不能否定皇帝独裁），并对“军事塑造宪制”的现实意义质疑③。掩卷覃思，我的关注在于《大国宪制》的问题意识、写作初衷、学术预期与核心观点之间的逻辑关联，以及该书对推进宪法研究与理论法学研究的意义，而非写作技术与方法问题。

一、《大国宪制》的问题链条

“需要是创造之母。”④ 基于中国“小农”与“大国”的国情特点，为维系中国作为政治经济社会文化共同体的持续存在，中国社会定会产生某些重要的制度需求；同时针对“高调但无用的宪法理论肥大症”⑤，基于中国宪制“实践挤压出来的学术视角”⑥，苏力倡导让更多研究者进行更有价值的知识生产，这是苏力写作的出发点。换言之，该书写作基于一系列问题。

（一）宪法、宪法学研究之问

（1）宪法或者宪制是终极真理、普遍价值，还是源于政治共同体生存需要的基本制度条件，因此更可能是地方性知识？就此能否推论宪法和宪制实践尽管重要，但没必要将之神化？

（2）宪法或宪制（constitution）研究能否局限于成文宪法（constitutional law）的规范分析或者道德评判，是否应走向经验和历史？宪法研究视野可否扩展到对一个政治共同体具有构成功能的重要制度实践？

（二）历史中国国家构建之问

（1）生于中国这片土地上的人，是否只有“齐家治国平天下”才能活下去？为此打造的相应的制度和规范在现实中屡次实践，有效性屡次得以印证，为历代政治文化精英高度重视并能长期延续，其是否因此构成了

---

① 萧武：《大一统，中国为什么能：评苏力〈大国宪制：历史中国的制度构成〉》，《东方学刊》2022年3月春季刊，第121页。

② 常安：《国家构成与历史进程——评苏力〈大国宪制：历史中国的制度构成〉》，《法治现代化研究》2019年第3期，第100页。

③ 王世涛：《被误读的宪制——评苏力〈大国宪制〉》，《中国法律评论》2021年第4期，第160页。

④ 苏力：《大国宪制：历史中国的制度构成》，北京大学出版社，2018，第533页。

⑤ 苏力：《大国宪制：历史中国的制度构成》，北京大学出版社，2018，序第5页。

⑥ 苏力：《大国宪制：历史中国的制度构成》，北京大学出版社，2018，第543页。

中国发展和存续的重要条件？

（2）家是城市里的一套商品房吗？“户”“家”“族”在历史中国各有什么含义？为什么“齐家”可以理解为农耕村落生活共同体的组织构成问题，同时是现代中国基层治理的关键问题？

（3）为什么可以把对内地郡县的治理理解为“治国”，把对边陲地区的治理理解为“平天下”？为什么历史中国亟须解决“治国”与“平天下”的双重难题？

（4）为什么中央政府必须以中央集权方式来防止地方分裂和割据？在宪制层面上，“山川形便”“犬牙相入”的行政区划是否有助于实现中央对地方的制衡？

（5）统一度量衡与统一货币是什么关系？两者是否有助于实现赋税的统一和公正？中央政府为什么要主导超级基础工程建设，施行均输平准、盐铁专卖制度？其为何不能只算经济账，还要算政治账？

（6）大一统的王朝为什么要依凭书同文和官话制度来构建文士的培养机制？为什么要吸纳全国各地的政治文化精英，建立官僚体制？

（7）能否把历史中国视为整合君主、庶民和贵族的制度要素于一体的“混合宪制”的典型？在精英政治的常态运转中，为什么必须有皇帝这一制度要素？

（8）历史中国有种种前缀与“民”组合形成的复合词，如子民、臣民、黎民、草民或小民，构成了国人的主体。在更大范围的天下视野下，还有“苍生”或“生灵”。为什么尽管有种种包含“民”的称呼，却没有“公民”一称及其制度实践？

二、《大国宪制》的学术视野

如果说宪制实践被需求推动，那么宪制研究就是被问题推动。问题的真实与否、深刻与否，相当程度上取决于作者的学术视野。苏力在更宏阔久远的时空背景下筛选对历史中国生存至关重要的制度，发掘其功能价值。这意味着《大国宪制》的主题研究是一项长线工作，持续的学术投入也保障了研究质量。

（一）宪制视野：广谱社科研究进路

苏力从国家的构成（constitution）的角度使用“宪制”一词，其中根本制度在政治共同体建构中发挥着至关重要的作用。故其研究的切入点是历史中国“最持久存在的制度经验”，分析其持存的原因和合理之处。既与单纯着眼于宪法制度设计及其实践的宪法学研究主流有别，也与关注王朝兴衰更迭细节的历史研究主流有别，苏力更为重视作为历史过程的宪制，指出其是“一个结构、整合和构成的事件，是一个过程”，《大国宪制》写作追求的是“一种理论叙述，而不是历史叙述”。[①] 该书的论证资源来自历史学、政治学、军事学、地理学与社会学的知识和理论，其间穿插着国外宪法案例的比较分析。整本书从社会科学研究的宏观视角出发，旨在对历史中国宪制经验进行总体把握和系统总结。

尽管调动了多种论证资源，但在立论上该书均围绕着“齐家”“治国”“平天下”三个圈层（共同体）的宪制构成展开，分析与之相关的家庭、军事、经济、文化、官僚、帝制、国民等重要制度等，进而重构历史中国的宪制图景。因此，对这本书很难进行学科归类。按照当下的学科分类，该书更接近中国政治制度史与思想史的融合体，苏力将之归于“社会科学”[②]。鉴于法学研究的窄视野，也有部分理论法学与宪法研究者不将该书视为法学著作。

（二）研究选题：聚焦于长存制度

广谱视角以聚焦研究为目的。所谓聚焦就是要找到焦点，苏力从中国国家治理错综复杂的历史过程中提炼出几个“领域”——齐家、治国、平天下。这三个领域是历史中国的核心特征与存在基础，之后作者用具有丰富含义的制度概念来支撑起上述领域。但凡使用抽象概念，旨在构建思想体系，就不可避免地存在疏漏（或者是有意放弃）。就如摄影，焦点清楚的同时，自然有模糊的地方。比如在“央地关系”（这一概念不准确）的分析中，苏力更关注边疆治理而非郡县治理；在权力体系建设上，苏力更关注介于皇帝和乡绅之间的文官制度。这一取舍的目的在于，对于历史中国治理而言，锁定的焦点制度是更加重要、难以被替代的。

《大国宪制》所考察的制度关乎国家政治生活的大问题，并融入国民生活之中，稳定而持久，“真正的伟大会融入生活，成为常规，成为背景”[③]。苏力关注长久存在的制度，以及这些实在性制度中蕴含的道理。

---

① 苏力：《大国宪制：历史中国的制度构成》，北京大学出版社，2018，引论第2页。

② 苏力、于明：《基于中国经验的学术创造——苏力教授访谈》，《学术月刊》2020年第3期，第183页。

③ 苏力：《大国宪制：历史中国的制度构成》，北京大学出版社，2018，序言第4页。

他同样关注宪制规范的规范性，这里的“规范性”不只来自权力机关所设定规则的约束力，也来自规则的长期实效性，从朝廷到乡野的常态遵守，制度本身蕴含于历史实践之中。宪制的生成不仅出自政治最高层，相当程度上也源于社会生活的需要，即便“见其首不见其尾”或者“首尾皆不见”[①]，但仍影响着当下中国人的生活。比如，作为政治制度的分封制度在秦汉以后便逐渐退出历史政治舞台，而宗法制度却长久存在于民间社会。

（三）质量把握：先专题再编撰

苏力试图唤醒（不能说“改变”）部分研究者厚彼（欧美制度）薄此（本国经验）、厚今薄古的研究取向。“对作为大国的中国宪制的自觉。我们需要一种只有在智识和情感上都进入这个传统才可能获得的那种学术敏感和自觉。”[②] 作为一个对自身学术贡献有所期待、对文字表达有洁癖的学者，苏力避免在写作中“注水”——“堆积大量资料和引文，看似资料翔实，却缺乏集中的学术关注或问题，严谨的内在逻辑和强有力的理论论证表达”[③]。为此他先分专题写作论文，每一章（包括附录）都按学术论文的标准来写作。从第一篇有关宪制的文章见刊（2013 年）到《大国宪制》出版（2018 年），写作持续了 5 年，宪制研究则持续至今。[④] 对于收入《大国宪制》一书的先期发表文章，苏力也做了大量调整、删减、修改、增补乃至重写，部分篇章则是全新的。这一写作方式可用于自我监督，作为学术名人（权威），应避免利用自身优势占据学术资源。对读者、学术负责，先要对自己负责。十几年前，就有研究者认为，七七、七八级学者已经成为学术进步的绊脚石。[⑤] 其中部分学者对论文和著作的态度是能发即可，难免会发生“客大骗店”（知名学者质量平平的文章占据重要期刊版面）的现象。苏力却是七八级学者中恪守学术标准的典范。

《大国宪制》共有 11 章，每一章的主题都可单独成书。就理论价值而

① 苏力：《大国宪制：历史中国的制度构成》，北京大学出版社，2018，第 76 页。

② 苏力：《大国宪制：历史中国的制度构成》，北京大学出版社，2018，第 387 页。

③ 苏力：《大国宪制：历史中国的制度构成》，北京大学出版社，2018，序第 7 页。

④ 苏力的宪制研究从 2013 年持续到 2023 年。查询知网获知，苏力最早的宪制研究是《何为宪制问题？——西方历史与古代中国》，《华东政法大学学报》2013 年第 5 期；最近的研究是《大国与大一统，以及帝国》，《开放时代》2023 年第 1 期。

⑤ 苏力 1978 年就读于北京大学法学院。有研究者认为，七七、七八级为“文革”结束后恢复高考之初参加高考并进入学界的研究者，因其成长背景的限制，在知识结构、外语能力、科学素质、学术品位和视野眼界等方面都存在“先天”不足，严重制约其学术创造力和生命力。后辈学者视其为“学术发展的绊脚石”。参见陈春声：《学术评价与人文学者的职业生涯》，《开放时代》2009 年第 5 期，第 47-49 页。

言，每一章的主题都足以作为博士论文的选题；每一节的问题，都足以作为硕士学位论文的选题，例如公民概念在不同历史语境中的含义变迁，村民在历史中国村落共同体中如何受益于分配正义，清代村民从国家可获得的公共资源与公共服务，战国政治格局与希腊城邦政局的类型学比较，等等。大部分研究生会在选题时深感困惑，是该选择大问题还是小问题？选择小问题，不是只求深入、专精。如果没有大的理论视野，不知自己选择的问题在所属领域研究中的位置，如盲人摸象一般，只见树不见林，那么找到的或许只是一个芝麻绿豆般的问题，即便把这一问题写得极尽工巧、纤毫毕现，也没有多大的学术意义。选择大问题，如无实际内容，或是束书不观、游谈无根；或是紧跟学术市场的“行情”，找到高层政治文件中某些关键词，做注解、演绎，则弊端更甚。大问题要有经验根据，小问题要有理论关怀。既要有宏大的学术视野，又能对一个个具体制度做精细的研究，依此标准写作完成一部优质的学术著作必定是一项长线工作。苏力《大国宪制》的写作提供了一个范本，其示范意义在于，可以“给大学生常识，给硕士生方法，给博士生视野”①。

三、《大国宪制》的核心观念

本国历史记忆、历史问题，不是包袱，而应是激发问题意识的学术原材料。制度史与思想史的研究价值主要在于改变研究者与学习者的世界观和价值观，而非提供实用性的知识。从古代宪制实践、理论资源中，汲取中国法治建设的营养，这是苏力的理论立场和实践关怀，由此也形成了其核心宪制观。

（一）作为地方性知识的宪制

针对国内部分宪法研究呈现的“唯洋是举”的风气②，苏力认为，宪制实践（归于“人和”因素）立足于本国基本国情（“天时地利”），一国的“基本制度都一定嵌在该国的天时地利中”③。例如，古希腊的雅典城邦在平民与贵族的长期博弈中，形成了奴隶制民主制；光荣革命后，英

① 葛兆光：《专业的历史学者必须“保卫历史”》，“北京大学出版社”公众号，https://mp.weixin.qq.com/s/2SI-PyThJlOBJO5qn4zLCQ，访问日期：2023 年 5 月 1 日。

② 萧武：《大一统，中国为什么能：评苏力〈大国宪制：历史中国的制度构成〉》，《东方学刊》2022 年 3 月春季刊，第 114 页。

③ 苏力：《大国宪制：历史中国的制度构成》，北京大学出版社，2018，第 8 页。

国议会为避免天主教国王复辟，不得已颁布《王位继承法》；美国制宪者为了避免13个州（state）的分离倾向，推进国家的商业化发展，致力于构建新联邦。对于历史中国而言，最显著的国情特点便是以“小农”为社会基础的“大国”。“诱发”亦是“促进”“推动”，中国超越无数村落经济社会共同体的分离结构，整合众多族群部落，成就超大型政治共同体的诱因有二：第一，治理黄河，以保障更大农耕区的基本生存；第二，为应对北方游牧民族不时的军事入侵与长期的战略威胁，需充分利用政治经济文化措施，从而有效整合广阔农业区的人财物力。

就此看，宪制“不是用来体现某种普世分享的理论或价值”[①]的。“也不应指望有跨越时空放之四海而皆准的宪制原则和理想宪制”，人类历史上一切重要的制度都是对本国主要宪制问题的制度回应[②]。基于此，有价值的宪制研究“不可能脱离具体国情，演绎抽象原则或公式，而必须回到具体国家面临的具体问题上来，贴着问题走”[③]。大量宪法研究文献使用外国学者的语言、理论，甘当一只只“肉喇叭”[④]。苏力对宪法研究的建议则半是严肃、半是调侃：“必须让中国宪制/宪法的理论和实践能同中国人的日常想象和感知密切地联系起来，摆脱‘小资’式的柔情蜜意，摆脱普世价值的诱惑，走向具体务实的实践和思考，走向伟大明智的政治判断。”[⑤]

（二）基于实用主义目的的宪制

真正可视为“伟大”的国家制度创建“会融入生活，成为常规，成为背景”[⑥]。在历史中国，最重要的制度就发生于齐家、治国、平天下这三个“相互勾连和纠结”的领域。[⑦]“齐家”领域关涉农耕村落共同体构建，父子、兄弟、夫妻在村落生活世界进行着一系列的制度实践，目的在于保障生活世界的安定、有序。[⑧]“治国”领域关涉如何将无数分散于广阔国土之上的村落，也就是广大农耕地区，构建成大一统的王朝，统一皇权、官僚集团、郡县区划等制度均旨在“有效包容、吸纳、克制和平衡各

① 苏力：《大国宪制：历史中国的制度构成》，北京大学出版社，2018，第530页。
② 苏力：《大国宪制：历史中国的制度构成》，北京大学出版社，2018，第536页。
③ 苏力：《大国宪制：历史中国的制度构成》，北京大学出版社，2018，第45页。
④ 苏力、于明：《基于中国经验的学术创造——苏力教授访谈》，《学术月刊》2020年第3期，第180页。
⑤ 苏力：《大国宪制：历史中国的制度构成》，北京大学出版社，2018，第552页。
⑥ 苏力：《大国宪制：历史中国的制度构成》，北京大学出版社，2018，序4页。
⑦ 苏力：《大国宪制：历史中国的制度构成》，北京大学出版社，2018，引论第2页。
⑧ 苏力：《大国宪制：历史中国的制度构成》，北京大学出版社，2018，第23-24页。

地区的利益冲突”，防止政治分裂与地方割据，增强国家的政治经济社会文化凝聚力。[①]“平天下”领域则不仅仅关涉如何主动拓展农耕地区，更关注如何在农耕核心区外的广大周边地区实现“一国两制”“一国多制”，继而构建内含“天下”的中国、“多元一体的中国”，边疆治理（苏力所称的“平天下”）也成为历史中国的“构成要素”或“刺激因素”。齐家、治国、平天下三者不是同心圆结构，而是为应对政治共同体生存难题而形成的互补结构，其中以“治国”最为“关键”、最富“创造力和想象力”。治国既是“出发点”和“思路”，又是“落脚点”。[②]齐家则为治国和平天下提供了所需的人财物资源。

不同于写入宪法文本的规范语句，宪制实践均有实用主义趋向。宪制面对的是“具体时空中人类的一些持久难题”[③]。为解决一个政治体生存的基本问题，有限宪制只能“是从多种实在约束条件中挤压出来的以制度体现的当时当地人的生存智慧”[④]。这决定了宪制研究应该“考察和理解具体时空中的问题和具体约束条件。什么样的具体时空下催生了人们哪些具体和基本的生存需要？利用了什么甚至挪用了什么，创造了什么制度？”[⑤]。

（三）基于功能后果考虑的宪制

苏力对历史中国的宪制考察，立足于历史中国政治社会文化共同体的生存保障，“多难兴邦”是对历史中国生存智慧的总结。在秦汉时期，最大的治理问题是治理黄河、防范匈奴。直至清代，中央政府均从农耕区获取税赋人力资源，维护边疆稳定也是历史性的宪制大事。宪制创制源于强烈且长久的需求——满足小农社会和疆域大国的生存需求，故宪制本身也为政治共同体所持续实践，通过长时段的考验和筛选累积沉淀而成。[⑥]

“面对社会危机动乱，统治者的临时应对，因其有效，就保留下来了；并一次次累积下来了。”[⑦]从帝制到官制，反映出中国人所持有的世俗精英观，即“英雄不问出身”，不迷信门第、血统、种族、阶级之间存在高下之分，否则也就不会有玄武门政变后李世民对兄长李建成取而代之，时

① 苏力：《大国宪制：历史中国的制度构成》，北京大学出版社，2018，第24-25页。
② 苏力：《大国宪制：历史中国的制度构成》，北京大学出版社，2018，第27页。
③ 苏力：《大国宪制：历史中国的制度构成》，北京大学出版社，2018，第533页。
④ 苏力：《大国宪制：历史中国的制度构成》，北京大学出版社，2018，第533页。
⑤ 苏力：《大国宪制：历史中国的制度构成》，北京大学出版社，2018，第534页。
⑥ 苏力：《大国宪制：历史中国的制度构成》，北京大学出版社，2018，第20-21页。
⑦ 苏力：《大国宪制：历史中国的制度构成》，北京大学出版社，2018，第568页。

人和后人都没有称李世民为“僭主”，而视其为“以德配天”的“明君”。就文官制度看，隋唐以后，来自各地、各阶层的文士精英通过科举考试参与政治治理，精英政治置换和替代了世卿世禄的贵族政治或门阀政治。苏力考察上述政治实践旨在说明，对于政治精英而言，无论创业者还是守业者，采取重要制度均旨在取得更好的治理效果。

四、《大国宪制》的未解之问

《大国宪制》的写作旨在将作为历史常识的制度实践重新“问题化”，将与齐家、治国、平天下相关的重要制度置于国家构建这一上位议题之下，以呈现相关重要制度独特的宪制功能与意义。该书试图给历史中国的国家治理经验与实践以体系化的解释，从而使其获得“正当性、合理性”，同时并不回避其“有限性”乃至“局限性”。① 这里的“正当性”是对历史制度实践发生与存在理由的诠释，也就是为已然实存寻找理由、给出诠释；并非对历史制度予以批判性分析，更不是面对未来发现抑或设计出一系列规范，并在此基础上建构一个可预期的未来宪制图景。后者是苏力在写作时没有回应或者有意回避的问题。

（一）法治宪制能否抽取、稀释价值诉求

在苏力看来，文治不仅仅是“依据成文法典和祖制（宪法惯例）的治理”，其制度实践的核心更近似韦伯所说的“官僚制”——“以官僚专业人员支持的合法权威”；继而推导出如下结论，即在历史中国最接近现代“法治”概念的是“文治”概念。② 法治不是“无需军事和武力的宪制天下和法律世界”，而是“法律人/政治家”的事业。③ 苏力认为，法治的关键在于凭借政治精英体系，实现政令统一、一体执行，也就是“中央集权下的统一治理”。④ 自秦汉以来，历代王朝的常规政治均由守成君主凭借政治精英、科层化官僚来展开治理，这构成了“常规政治生态”，既是“文治”，也是“法治”。⑤ 简言之，苏力的论证思路即将文治视为法治，将常规政治视为宪制。这种解释可能会突破甚至颠覆理论法学或者宪法学

① 苏力：《大国宪制：历史中国的制度构成》，北京大学出版社，2018，序第2页。
② 苏力：《大国宪制：历史中国的制度构成》，北京大学出版社，2018，第344-345页。
③ 苏力：《大国宪制：历史中国的制度构成》，北京大学出版社，2018，第216-217页。
④ 苏力：《大国宪制：历史中国的制度构成》，北京大学出版社，2018，第344页。
⑤ 苏力：《大国宪制：历史中国的制度构成》，北京大学出版社，2018，第486页。

界对“法治”“宪制”的既有认识。

我按照苏力的逻辑做如下推导：如1789年法国国王不是路易十六而是路易十四，法国就不会发生大革命；如1911年在位的不是清帝溥仪而是康熙大帝，革命党人便没有推翻帝制的机会；如1917年沙皇俄国不是在尼古拉二世的治下，彼得大帝复活，便可避免十月革命和社会主义建设实践。这里使用数个反历史的假设，只是想设问：上述开创者是否均能挽救王朝于危局，重新恢复常规政治？在苏力的法治观中，主要保留了政治体的秩序与和平，抽去了现代法治与宪制的价值诉求，如公民身份平等、人权保障、限制权力、为权力设定运行规则等。相当一部分读者会对这种抽取法治、宪制的现代内涵，稀释法治、宪制的价值诉求的解释体系存疑。也有学者认为，这一将历史中国主要宪制实践合理化的论证逻辑与对古代中国宪制的深入挖掘是“徒劳无功”的，甚至对当下中国的宪制构建“有害无益”。[①]

（二）强调精英主义是否意味着忽视社会等级

引论中，苏力似乎并不认可在历史中国宪制中精英发挥着决定性作用。他认为，自战国时期起，中国便具备了土地、人民和政事这一国家构成的三要素，有疆域和文化认同，因此会经历一次次旧邦新造、生生不息。[②] 但他同时强调，尽管国家治理确实不能只看政事和君王，但君王和政治精英无疑是国家治理的核心和关键。“问题（question）会有答案”，但宪制“难题（problem）则没有，只能解决，创造性地解决”。[③] 创造性地解决宪制难题的责任便落到了政治精英身上。

通读全书，除了第二章、第三章齐家主题的论述，国家治理各领域无不仰赖于政治精英的推动，这种精英宪制观在该书第八章到十二章中有明显的体现。在历史中国，精英主义存在的政治社会基础是显著的社会分层，以及由此形成的金字塔结构。种种“民”的组合复合词，如臣民、子民、黎民、草民或小民[④]，即便不是贬义，也至少是被矮化或自我矮化的。普通人，也就是子民、百姓，安于村落日常生活共同体，他们在村落共同体中是“自觉成员”，但在国家政治共同体中只是“自在成员”。[⑤] 自秦汉

① 王世涛：《被误读的宪制——评苏力〈大国宪制〉》，《中国法律评论》2021年第4期，第154-160页。
② 苏力：《大国宪制：历史中国的制度构成》，北京大学出版社，2018，第5-6页。
③ 苏力：《大国宪制：历史中国的制度构成》，北京大学出版社，2018，序第2页。
④ 苏力：《大国宪制：历史中国的制度构成》，北京大学出版社，2018，第491页。
⑤ 苏力：《大国宪制：历史中国的制度构成》，北京大学出版社，2018，第42-43页。

以来，历史中国的政治体制把政治资源、知识、文化乃至信仰均集中在政治精英手中，最后则“予一人”（皇帝）。国家政治生活中，活跃的角色是以皇帝为中心和最后仲裁者的政治文化精英，作为政治文化共同体的国家离百姓的地理、社会、心理距离都极为遥远。文字和官话更是政治精英的专用品，即便皇帝本人不是政治精英，他也是由政治精英所构成的官僚制的要件。“天下”即边陲，这一农耕区的外围世界经常会出现中原王朝的竞争对手，争夺“天下”与“平天下”是（尽管不能完全视为是，但至少主要是）中原与边陲政治领袖的事业。

（三）和平秩序是否为公民的基本权利

在评价开国之君（如刘邦、赵匡胤、朱元璋等）时，苏力认为：“政治家要对天下负责，不能只对自己部下或功臣负责，当两者有冲突之际，他只能对前者负责。因此，他注定不是要做也做不成一个传统意义的道德上的好人。他要维护的始终必须是国人的利益。”[①] 对这一论断可以再深入追问：政治家对天下负责是否就是对国人利益负责？“对天下负责”有非常广阔的解释空间，而在特定历史情景下，“部下或功臣”都可能成为皇权的威胁力量。以“对天下负责”为由，褫夺“部下或功臣”的职权，“对天下负责”岂不是成了无所不包、大而化之、冠冕堂皇的政治措辞？

“宁做太平犬，莫作乱离人。”苏力认为，“家破人亡”“妻离子散”真正的社会背景“永远”是“战乱”，而不是自然灾害。[②] 给出这一论断，更多是为了凸显国家对于维护和平与统一的重要性，即国家负有提供公共物品（和平与安宁）的职能。战乱比自然灾害对百姓生活的危害更甚，这是否符合历史事实有待商榷。在苏力看来，王朝中央政府和各级地方政府为百姓提供和平秩序与行政司法服务，百姓与王朝的联系主要是纳税、服兵役，偶尔涉及打官司告状。百姓获得的福利表现为“收益或负担在平等意义上的公平分配”[③]，这也是其“基本权利”。此处需要注意，无论战乱还是社会动荡，精英集团作为既得利益持有者都会是主要的受冲击目标。维持秩序与和平，最多可以视为常规国家给国民提供的公共物品，其能否换算为百姓的“最大福利”尚且存在疑虑，视其为百姓的“基本权利”则更是论述逻辑的跳跃。

---

① 苏力：《大国宪制：历史中国的制度构成》，北京大学出版社，2018，第484页。
② 苏力：《大国宪制：历史中国的制度构成》，北京大学出版社，2018，第509-510页。
③ 苏力：《大国宪制：历史中国的制度构成》，北京大学出版社，2018，第511页。

（四）政治存在是否即政治合理

如前所述，《大国宪制》着眼于历史中国中重要制度的发生发展，尤为关注制度功能①，即“组织法”内容。该书的学术价值在于，对历史中国国家治理实践中的重要制度功能予以体系化解释，而非建构面向未来的规范体系。书中部分内容明显美化了某些重要政治制度，例如皇权。从汉武帝、唐太宗到明成祖，这些被列入“有为”之君之列的君主，共性是“在相当程度上都有远见卓识、坚毅果决，不但虚怀若谷、兼听则明，更常常独断专行、说一不二”。② 尽管从类型学上看，尤其是只做字面解释时，上述帝王都属于“专制君主”和“绝对君主”，但这并不影响中国人基于后果论的分类系统。

理想类型归纳提炼自然基于对素材的取舍标准。开国君主往往大有作为，不仅要凭借战争手段实现国家统一，而且要创制有利于王朝长存的基本制度、清除实在或潜在的割据势力，为后世“文治”创造条件。③ 但我们能否断定被开国之君剪除的政治对手就一定会祸国殃民？开国之君自身的政权尚立足未稳，怎么就能认为其他潜在政治竞争者会威胁国家政权的和平转移？可以设想，没有垓下之围，胜利者不是刘邦而是项羽，中国的历史会如何发展？没有吴三桂引清军入关，胜利者不是顺治帝而是李自成，大顺的政治治理情况会如何？国人的生存境遇是否会变得更糟糕？历史事实均是一次性事件，治理体制也有惯性（其间也有惰性），为其寻找正当性（描述其存在）的理由有很多，但解释其存在理由不等于承认这种存在就是可欲的、应该被承袭的。

结　语

如何成为一个优秀研究者？无外乎超越既有研究的宽度和深度。不限于学术研究领域，这是任何行业从业者的通例。宽度就是看到别人没看到的问题，深度就是想到别人没想到的道理。道理很简单，但实践颇有难度。仅就我个人有限的阅读而言，评价一本书主要是根据研究主题的重要性，以及作者视野的广阔、思路的探索性与分析的层次。依此评价作品是

① 苏力、于明：《基于中国经验的学术创造——苏力教授访谈》，《学术月刊》2020 年第 3 期，第 183 页。

② 苏力：《大国宪制：历史中国的制度构成》，北京大学出版社，2018，第 485 页。

③ 苏力：《大国宪制：历史中国的制度构成》，北京大学出版社，2018，第 484-485 页。

否有足够的思想和学术含量，这是广度与深度的另一种表达。就此而言，《大国宪制》堪称苏力最重要的作品之一。

考虑到《大国宪制》立足于历史中国国家建构的重要制度功能研究，可参考历史学家葛兆光教授对优秀学术书籍的判断标准——有无新材料、新观点、新范式[①]：第一，《大国宪制》是否给法学界乃至社科界提供新史料和新证据？即便没有提供，能否就认为该书不是好书呢？考据文本是历史学家的专长，考据实物是考古学家的专长。苏力自知自己不擅长考据，也没有把自己的职责定位于发掘或逼近历史真相。更重要的是，他不迷信历史研究“论从史出”的规则，而更关注史料记述中“相对稳定的行为格局”，包括“记录者对历史的合乎情理的想象”。[②] 故史料新旧不能作为评判《大国宪制》一书的合适标准。第二，《大国宪制》是否提供了新思路和新概念？它确实做到了。《大国宪制》以家、国、天下三个历史中国共同体为原点，联结了国家治理最重要的制度——宗法封建、父慈子孝、男女有别、武功文治、中原郡县、边疆羁縻、度量衡与货币统一、均输平准、盐铁专营、书同文与官话、科举入仕、精英政治，大大延展了宪法学的研究空间，并将宪法研究视角引向本土历史经验。第三，《大国宪制》是否给法学研究者乃至社科研究者提供了新的典范和方法？较之费孝通、瞿同祖等前辈学者的研究，《大国宪制》推进了基于社会科学视角研究“整体中国”的学术进路。[③] 该本不仅能为本专业研究者提供一个“整体视角”的社科法学研究新样本，对历史政治学、历史社会学乃至政治经济学研究也均有所启发。

“平庸而无用的全面论述，绝不是好书，深刻的片面，有时候恰恰是好书。”[④] 一本好书不必白璧无瑕、完美无缺、无可挑剔。我即便对苏力稀释价值的宪制研究、忽视社会等级的精英政治观、视基本社会秩序维系为人权保障，乃至将政治存在合理化的论证思路存疑，但仍认为《大国宪制》是一本好书。该书开辟了新领域，提出了新概念和新思路，引起学者的广泛关注，乃至被大量批判性阅读，均证明了其自身的思想分量。

---

① 葛兆光：《什么才是好的学术书》，《光明日报》2021 年 5 月 15 日，第 11 版。

② 苏力：《大国宪制：历史中国的制度构成》，北京大学出版社，2018，第 567 页。

③ 于明：《中国何以发生——〈大国宪制〉的问题意识》，《法治现代化研究》2019 年第 4 期，第 80-81 页。

④ 葛兆光：《什么才是好的学术书》，《光明日报》2021 年 5 月 15 日，第 11 版。

阅读准备

肖建飞与李涵：设定主题

李涵：肖老师，《大国宪制》这本书内容比较多。是不是多人合作比较好呀？或者和您上次讲拉铁摩尔一样，着重讲其中某一部分。

肖飞：李涵，建议你先通读一遍，找到你关切的问题，我们再商量汇报题目。稍后看看同学们的申请情况，再决定是否组合汇报。

李涵：肖老师上午好！对于人地关系与经济制度这两个主题，我还是蛮感兴趣的，但之前没有太深入了解，需要您多指点。

肖飞：李涵，历史中国的社会基础性关系是人地关系，“业”是相对单一的产业（种植为主，附带手工业）；当下乡村振兴的核心是人地业关系，业态是多业态。目前《中华人民共和国农村土地承包法》与《中华人民共和国乡村振兴促进法》是两部不同性质的法律，前者是农村农业的单行法，可执行性强；后者是综合立法，可执行性弱，而且基本不涉及人地关系。农村农业立法中人地业关系的相关制度是值得关注的问题。我也只有粗浅考虑，你可以在阅读《中国历史地理十五讲》《大国宪制》时留意古代中国如何设计制度来处理人地关系。

李涵：好的，肖老师，明白了！我接下来阅读时会留意这一点的。

李涵：肖老师，其实我一直明白您的意思。我想更负责任地完成读书会的汇报，然而论文写作汇报就像达摩克利斯之剑，我想解决掉这个燃眉之急后，专心做读书会的汇报，确实是有些浮躁了。跟您沟通完，我明白了，会沉下心去探索、去发现问题的。

李涵：肖老师，晚上好！因为之前阅读拉铁摩尔先生的《中国的亚洲内陆边疆》，对疆域问题有了一定的了解，这次读书会我想试试汇报《大国宪制》第五章。初拟题目为《地缘政治视角下历史中国疆域问题的宪制实践分析》。大致思路是：首先，比较分析中国与他国的地理特征；其次，将古代中国按所采取的制度粗略分为先秦时期、秦汉唐宋、元明清这三个时段，分析统治者就边陲治理与内部行政区域划分所采取的宪制制度与实践；最后，评价古代疆域治理，讨论其对当今的启示。

肖飞：李涵，你现在初步设计的有关“边陲治理及内部行政区域”的题目，是中国法制史与思想史的重要问题，也是近年来学界讨论的重要议题。尽管短期内你未必能提出新的观点，但对已有重要文献加以梳理分析，也是非常有意义的学术训练。如果选择这一主题，《中国的亚洲内陆边疆》《中国历史地理十五讲》《大国宪制：历史中国的制度构成》《天下的当代性：世界秩序的实践与想象》这四本书都能给你提供背景知识和理论观点。建议你均细致阅读。另外如果你当下想完成读书会汇报与文献综述写作工作，这个题目供你参考：《地缘政治与行政区划：历史中国的疆域宪制实践》。

肖建飞与李涵：编写提纲

第一轮提纲

李涵：肖老师，上午好！我想按照这个思路写作《地缘政治与行政区划：历史中国的疆域宪制实践》：首先，简述学者对历史中国疆域含义的讨论；其次，简述学者对历史中国疆域形成问题的讨论；再其次，我本来构思的是对政治组织结构及权力配置宪制实践进行梳理，但是这个宪制实践是个动态过程，因此有点儿难以落笔；最后是文献评述。我之前完全没有接触过文献综述的写作，还望肖老师指点！

肖飞：李涵，文献综述是对以往成果进行条线清晰的梳理和系统评价。其意义在于，梳理主题研究的历史脉络和主要路径，明确写作工作的起点，发掘亟待解决的问题，凝练有价值的问题。

你所列提纲的问题如下：

（1）没有清晰的问题意识，你梳理评述别人的文章，目的是要找到别人没有充分解释、存在解释错误或瑕疵的问题。但你的提纲中丝毫没有体现这一点。

（2）历史中国的疆域含义、疆域形成、政治组织结构及权力配置，这些都可以作为一个独立主题，你可能以梳理为主，但论文（文献综述也是论文的一种）写作需要述评结合；最后一部分列的是文献评述，明显不符合综述写作规范，让人不解其意。

（3）以你现在的阅读量与知识储备，可能很难完成综述写作，建议你基于四本推荐书目的阅读，就中国边疆治理体系写作读书报告，既可作为领读文稿，也可作为课程论文。

李涵：好的肖老师，我再梳理一下读书会汇报的思路。

第二轮提纲

肖飞：李涵，你把梳理的汇报思路发给我看看。

李涵：肖老师好！梳理了一半，而且是手写稿，有些许杂乱，晚上有课，我出来吃晚饭了，明天中午前汇成电子版发给您。

肖飞：我想先看看提纲而不是全文。

李涵：肖老师好！刚刚下课，我大概整理了一下。

第一部分：我国是地理地形地貌非常复杂的传统农耕大国，基于此地缘政治的考量，才有巩固国家统一、防止分裂的宪制意义。因此第一部分我打算先进行中国地理特征的分析，并与其他大洲、其他国家做比较分析。

第二部分：按朝代更替顺序，从地缘政治角度，结合历朝历代不同的军事政治风险来进行阐述。具体而言，这部分主要讲历朝历代对中原地区进行的宪制实践。首先是西周的分封制。西周之后，地缘政治格局发生了变化。因为高层的政治自觉和经济政治实力的积累，西周统治者主动、清醒地创制了广义上的央地关系，这是疆域大国实现层级化行政区域体制的最早宪制努力。分封制上承接城邦国家，下启秦朝郡县制。秦代创设了郡县制，其重大政治军事经济举措也取得了显著的地缘政治效果，地缘政治也由此成为后世中国宪制实践的重要维度。汉承秦制，在国家政权结构上完成了从分封制向郡县制的伟大转变。隋朝开凿了大运河，从地缘政治视角看，也是为了实现中央对各地政治军事经济控制力、影响力的最大化，防范各种潜在的军事威胁。历代政府也通过地缘政治制衡，来消除不利于中央集权和国家安定的政治军事风险。中央政府长期坚持行政区划的两项基本原则——山川形便和犬牙相入，这也需要进行分析。

第三部分：集中讨论边陲（天下）问题。首先讨论边陲（天下）的内涵。边陲不仅是地理概念，也是政治经济文化概念。边疆政治制度看似是边缘、辅助、非常规的地方制度，实则创造性地改变了内地所实行的中央集权治理制度。我细分了三个时期，唐宋的羁縻府州、元朝的土司制度、明清的改土归流，其中清朝不仅对西南边疆进行改土归流，也对西北青藏进行了类似的改土归流实践，还在内蒙古地区创设了盟旗制度。

最后是结论与反思：第一，历史中国央地关系的宪制实践不断发展变化，总体上是成功的。第二，评判宪制的标准是这个制度是否利用了当时可利用的一切资源，促成了国家，尤其是大国的产生和成长。第三，地缘政治考量和实践对历史中国影响久远、重大，在当今中国宪法学术话语中却缺失了。

肖飞：李涵，《大国宪制》第五章“疆域管控与行政规划”领读提纲主要存在如下问题：

(1) 缺乏问题意识，基本停留在梳理层面。其实这一主题的写作，可以回应学界讨论莫衷一是的两个问题：第一，对中国历史上少数民族建立的半割据政权（如辽、金、西夏）和入主中原建立的统一王朝（如元、清）怎么定位，它们是所谓的“征服王朝”，还是“混合王朝”（赵汀阳所说)、“一国两制”（苏力、赵汀阳使用的概念)？第二，如何认识当下中国的国家结构形态，因为有民族区域自治和特别行政区，中国既不同于日本、法国的单一制，也不同于美国、德国、英国的联邦制。你的写作可以回应这些问题。

(2) 建议以边疆治理体系演变为写作的主要内容，也可使用“边陲”一词，但建议不要使用“天下”。你读过赵汀阳的两本书就知道，“天下”一词含义极其丰富。中原乃至内地的行政体制演变只作为次要参照系，做简要介绍即可。

(3) 基于 (1) 和 (2)，原题目《地缘政治与行政区划：历史中国的疆域宪制实践》中的“地缘政治”可能引发歧义，因苏力使用“地缘政治”一词不是基于当下含义——邻国之间或者政治历史文化相关的国际区域内国家之间政治关系；因不把内地行政区划作为重点，“行政区划”也可以考虑删除。用《“一国多制”：历史中国的疆域宪制实践》是否更合适？

(4) 你可能只是细看了苏力的书，你对赵汀阳的《天下的当代性》和《惠此中国：作为一个神性概念的中国》（以下简称《惠此中国》）中对古代中国生产的“旋涡”动力结构没有任何涉及，这两本书对中国族群政治的讨论更充分。

第三轮提纲

李涵：肖老师，晚上好！我重新构思了一下文章结构。

题目：“一国多制”：历史中国的疆域宪制实践

第一章　疆域的含义

第二章　疆域治理体系演变

(一)（简写）中原内地的行政体系演变

（二）（详写）边疆地区的行政体系演变

第三章　打算分析如何定位中国历史上少数民族建立的半割据政权（如辽、金、西夏）和入主中原建立统一王朝（如元、清），但是感觉想出的章节标题都无法很好地概括。

第四章　评析

（一）历史中国的疆域宪制实践评析

1. 积极作用

2. 历史局限性

（二）对当代的启示

1. 积极影响

2. 消极影响

3. 如何认识当下中国政体

肖飞：李涵，你比较一下上期师弟领读和我扩展汇报的提纲，先自查一下这个写作提纲有何问题。

李涵：好的，肖老师！

第四轮提纲

李涵：肖老师，这是新的提纲。

题目："一国多制"：历史中国的疆域宪制实践

一、历史中国的疆域概述

（一）不只是土地：历史中国的疆域内涵

（二）恒产者恒心：历史中国疆域的重要性

（三）大国难题：历史中国疆域治理的必要性

二、历史中国疆域治理体系的演变

（一）中原内地的行政体制演变

（二）边疆地区治理体系的演变

三、历史中国多族群的疆域宪制实践

（一）少数民族逐鹿中原的内在动力结构

（二）多族群多文化的互化

（三）对少数民族所建立政权的定位

四、历史中国疆域宪制实践的启示

（一）历史中国疆域宪制实践的评析

（二）对当代中国政体的认识

肖飞：李涵，昨晚睡前（4 月 14 日深夜）发的版本有些文字瑕疵，稍加更正。你昨天发来的这一版本较之以前有明显进步，我在此基础上稍作调整补充：

（1）保留部分标题，改变了文字，目的是使同一级标题有逻辑关系，并且在表述上相对一致、规范。

（2）部分标题为新增加，主要是最后一部分，目的是增加结论性观点，并且避免俗套、空洞的表述。

题目：“一国多制”：历史中国的疆域宪制实践

一、疆域概念的丰富性

（一）不只是土地：历史中国的疆域内涵

（二）大国难题：王朝实力与疆域伸缩

注：“恒产者有恒心”是一个基础，但疆域对于王朝，“不只是土地”：虽然中国大一统王朝有“家天下”观念，但“天下为公”思想实际上有蓬勃的思想生命力；同时，中原王朝在边疆地区往往不直接治理民众和控制土地，更多是进行军事统辖。故“不只是土地”可以包容“恒产者有恒心”。

二、疆域治理体系的演变

（一）从汉至清对边疆因俗而治

（二）清末以来在边疆地区建省

注：建议这部分只关注边疆，不关注内地行政区划变迁，否则话题太分散，只会浅尝辄止、泛泛而论。

三、多族群的疆域宪制实践

（一）争取生存资源的竞争

注：少数民族逐鹿中原存在内在动力结构，这是赵汀阳的观点；苏力倾向于生存竞争理论，建议重点解释苏力观点。

（二）多族群多文化的互化

注：这里建议不只关注一般社会文化，还要关注政治文化、政治传统。

（三）少数民族建立政权的性质

注：少数民族建立割据政权或者统一王朝，更是典型的“一国多制”，比如辽和清。

四、历史中国疆域宪制的思想资源

（一）疆域宪制事关大国生存

（二）当代中国的复杂单一制

注：这一部分最难，你我的考虑都不成熟，可修正补充。

肖建飞与李涵：文稿写作

肖飞：李涵，因为之前我们反复推敲过题目提纲，这次我对文稿的修改主要集中于内容和表述问题，主要问题如下：

（1）没有写摘要和关键词，说明对自己写作文稿的整体概括能力还存在明显不足。我代写了，仅仅是示范，你可再行修改。

（2）详略不当，对清末新疆建省着墨甚多，故我做了大量删除，包括删除图片。因为图片没有出处，且不够清晰。写作论文时，使用历史地图务必审慎。

（3）部分注释不完整，或者未标注出处。

（4）对当代中国复杂单一制的论述过于简单，仅采用了马岭老师一篇文章的观点。

（5）课程作业可考虑定题为《从“一国多制”到“复杂单一制”——中国边疆地区治理制度的历史考察》，只是推荐，你需自己斟酌。

肖飞：《从“一国多制”到“复杂单一制”——我国宪法民族区域自治制度的历史原因分析》，这个题目可能更合适。

肖建飞与姜楠：选定角色

姜楠：肖老师晚上好！第一个板块我想做与谈人，第二个板块我希望阅读《中国历史地理十五讲》。麻烦老师了。

肖飞：好的，收到了。

姜楠：抱歉给您发消息有些晚，今天下午听讲座，不小心忘记了，希望老师谅解！

肖飞：没关系，我也在听讲座。

姜楠：谢谢老师！

肖飞：姜楠，你的写作课程作业与毕业论文，可有方向性选题？

姜楠：感谢老师关心！目前我的写作课程作业已经有方向了，是关于经济法方向的，毕业论文选题暂时还未作打算。

肖飞：你的课程作业打算写什么？希望你的课程写作能与读书会找到结合点。

姜楠：大概是关于《中华人民共和国消费者权益保护法》的问题，主题是七天无理由退货制度的线下推广研究。

肖建飞与姜楠：选择书目

肖飞：目前《大国宪制》只有李涵同学一个领读人。她不是法学专业的同学，一个人领读一本书会有些吃力。不知你是否愿意与李涵同学一起领读这本书？你们可以各自找一个自己关注的主题写作。

姜楠：《大国宪制》这本著作对我来说，阅读和理解起来可能有些困难，我害怕不能很好地理解和把握作者的思想和书籍内容。请问老师，我可以选择第一本书《中国历史地理十五讲》，与其他同学一起进行领读吗？

肖飞：本期读书会有四位本科生，他们阅读《大国宪制》和《天下的当代性》困难会更多一些。我也想鼓励他们领读，故他们四人成了一个组合。《大国宪制》中“经济构成与整合”一章，或有助于你理解古代中国对重要经济资源的配置。不过若你确实对偏理论性书籍提不起兴趣，也没关系。可否考虑在参与《中国历史地理十五讲》与谈外，做《大国宪制》的主持人？

姜楠：感谢老师的推荐！如果老师不介意，我可以挑战一下领读“经济构成与整合”一章。但是不知汇报是什么时间？希望能在偏晚一些时间进行汇报，4 月初可能时间有些仓促了。谢谢老师！

肖飞：4 月 20 日才举行《大国宪制》的读书会。

姜楠：收到，那时间应该足够了，等法考结束我就着手准备。

肖建飞与姜楠：设计提纲

题目：“大国”和“小农”的对冲与调和：中国古代经济举措中的宪制思考——《大国宪制》第七章“经济的构成与整合”读书汇报

一、经济与宪制的关系：何为“经济的宪制”

（一）经济交往的不纯粹

1. 经济交往具有社会和文化整合功能

2. 经济往来对大国宪制的潜移默化

（二）具备宪制意义经济制度的关键：对国家安定的不可或缺

1. 一般意义上的经济制度特点

2. 经济的宪制：确保国家存在的必要措施

二、小农经济源起：既是宪制基础，也是宪制难题

（一）小农经济产生特点与必然性（结合引论中关于小农经济的介绍）

（二）小农经济在全国统治范围内的推广逻辑：从中原到全国（降低治理成本，维护社会安定）

（三）小农经济与中世纪欧洲的不同：农民的人身依附性（小农家庭的“企业化”）

（四）小农经济下采取重农抑商制度的必要性（小农社会抵触商业经济的扰动）

三、国家主义传统引导下的经济举措

（一）国家主导的超级基础建设：名副其实的“世界文化遗产”

1. 国家干预的现实基础（古人无力对抗的自然灾害和生存必需）

（1）治黄

（2）水利工程（都江堰）

（3）长城

（4）交通和通信设施（包括驰道、水路）

2. 超级基础建设对大国人财物的绝对依赖

（二）重要资源全国配置的制度建构

1. 土地分配：以名田制和均田制为例

2. 人口迁移：政治经济军事的多维考量

3. 漕运：物资运输的重要咽喉

（三）宏观调控为且必为：“看得见的手”全面统筹

1. 均输平准：源自资源调度的内生制度

（1）均输平准的制度意义

（2）对质疑制度成本观点的反驳

（3）政府主导必要性与唯一性的重申

2. 盐铁官营：皇家私产的社会化转变（对传统批判观点的反驳及意义思考）

四、“经济账”与“政治账”相勾连：回归经济的宪制

（一）本书总基调：制度意义考察不能做事后诸葛，一定要还原彼时

的社会环境（小农经济）

（二）唯有国家干预方能整合资源（实力+公信力的双重保障）

（三）对专断的批判性思考：未尝不具政治理性

1. 正向举例：秦国治理政策顺序的剖析（分散状）

2. 反向举例：貌合神离的欧盟共同体

（四）基于本章节的发散性思考和批判性阅读（没有列举完全，在后续的写作过程中会有新的想法）

按照苏力的观点，现当代国家的经济制度具有宪制意义，该制度是如何直接或潜移默化影响该国的宪制构成的？“经济的宪制”这种观点对我们以后研究一国宪政又有何启发，能否在当代世界做出合理解释？

肖飞：姜楠，看得出你对《大国宪制》第七章有细致阅读，也列了详尽的提纲，我也认可你基于文本关键词和核心观点编制提纲的做法。我在你的提纲基础上加以精炼，供你参考。主要考虑如下：

（1）在题目尽可能保有原意的基础上对其做文字修改，与李涵的题目《“一国多制”：历史中国的疆域宪制实践》保持相对一致。

（2）提纲基本尊重你的意见，只做文字修改，努力不改变原意，统一语言表述。

题目：大国和小农：历史中国的经济宪制

一、经济宪制：宪制的经济基础

（一）经济宪制的关键：确保国家存活

（二）经济宪制的辐射：社会文化整合

二、小农经济源起：宪制基础与宪制难题

（一）小农经济的起源：中原的自然地理环境

（二）小农经济推广逻辑：从中原扩展到全国

（三）中欧差异：农民是否具有强人身依附性

（四）重农抑商：小农经济抵触商业扰动的原因

三、国家主义传统下的经济宪制经验

（一）超级基础建设：国家主导修建的“世界文化遗产”

1. 基于生存需求的国家干预项目（注：包括治黄，兴修都江堰、长城、驰道等设施）

2. 超级基础建设对国家资源的绝对依赖

（二）土地、人口、水路：重要资源全国配置的制度建构

1. 土地分配：以名田制和均田制为例

2. 人口迁移：政治经济军事多维考量

3. 运河漕运：南北物资运输咽喉要道

（三）为且必为："看得见的手"宏观调控、全面统筹

1. 均输平准：源自资源调度的内生制度

2. 盐铁官营：皇家私产的社会化转变

四、"经济账"勾连"政治账"：回归经济的宪制

（一）生存经验论：实用主义的分析角度

（二）实力与公信力：唯国家干预能整合资源

（三）集权的政治理性：对专断的批判性思考

姜楠：收到，谢谢老师！您修改后的提纲语言表达更加规范，结构也更加合理，那我接下来就按照这个提纲着手写作了。

肖飞：写作期间，多和胡超老师交流，他的宪法知识理论储备远远多于我。

肖建飞与姜楠：文稿写作

肖飞：姜楠，非常抱歉，拖了这么久才给你反馈阅读意见。

周二以来，断断续续读完了你的汇报领读文稿。看得出你不仅精读了《大国宪制》，还阅读了历史中国重要经济制度的论文，以及《大国宪制》的书评。文稿写作线索比较清晰，资料也很丰富。

对我而言，历史中国重要经济制度是相对陌生的话题，故我很难就你的文稿内容提出实质性的建议。此处只能凭阅读《大国宪制》和汇报领读文稿提写作技术方面的外围意见。

（1）文稿中相当多的语句表达不够流畅，估计是你受苏力文风的影响，较多使用了倒装句、双重否定的句式及大量从句，而非使用更容易被读者接受的简单句、直述句。但你又没有苏力那么好的语言表达能力，所以文稿读起来有些晦涩。

（2）很多语言表达不够精练，前后句的连贯性也不够好。

（3）尽管你阅读了历史中国经济制度的论文和《大国宪制》的书评，文稿仍是基于苏力的核心观点，以总结梳理为主，也就是以述为主体，到评的部分就草草收尾了。这是汇报领读同学的共性问题，只做了一方面工作——总结作者研究的问题及研究结论；而没有做另一方面工作，即评价

作者的研究成果。

（4）前 7 页修改我都用红色标注了，后面 12 页没有特别标注。

姜楠：收到，麻烦老师费心修改！我会尽快按照标注要求进行修改并返稿的，也谢谢老师给出的建议！在日后的学习中我将多多注意，及时改善。

肖建飞与杜利利：设计提纲

第一轮提纲

利利：老师，这是之前拟定的框架，主要内容如下。

一、政治精英共同体的形成

这一部分主要讲述“家”中的“士”如何成为“国”中的“辅”，即政治精英跳出家庭的范畴，成为国家治理的辅佐。

（一）政治精英从何而来：从士大夫的封地——“家”

注：论证家族和村落对于政治精英的作用。

（二）如何成为政治精英：通过文字、官话选拔

注：书同文、语同音是政治精英实行统一治理的重要工具。

（三）政治精英与精英政治：皇帝制度

注：皇帝个人不只是独裁和专制，帝制的共同特征是“一个最高领导人独享最后的决定权，由精英组成等级官僚体制辅佐，王权世袭”，主要探讨政治精英对于皇帝制度的功能。

二、政治精英的文化认同观（与主题关联不强，这部分已删去）

注：该书以极少的笔墨论述政治精英的文化认同。我认为，政治精英的文化认同主要集中在乡土情怀（政治精英的家族、村落情怀）、儒家文化、赤子之心（政治文化精英通常忧国忧民、心怀天下，最普遍的共性是爱国）。

三、政治精英参与国家治理

注：该书论证的是政治精英选拔的制度正当性，但是没有论证或者极少论证政治精英参与国家治理；而且论证更多集中于朝堂上的政治精英参与国家治理，包括发展经济、进行行政管理、参与军事行动、参与基础设施建设等。这一部分我想论证江湖上的精英参与国家治理，从历史中国的一个难题出发——黄河治理。历史中国有两个难题，一是黄河的治理，二是北方的匈奴。

四、古代精英治理的当代价值

注：这一部分主要讨论旧天下的“臣民”与新江山的“人民”，结合《中华人民共和国宪法》的人民观进行综述。

肖飞：利利，相当程度上中国文化精英培养是为政治精英选拔做预备，即遵循学而优则仕的文化政治规律。《大国宪制》第八章的文化宪制与第九章的精英政治之间直接相关，所以我大体认同你把两章结合起来的写作思路。

历史中国政治文化与精英治理涉及的问题非常多，集中于一个主题讨论更合适。换言之，你要思考一个前提，你关注精英在朝还是在野的作用？

看你目前列的提纲，似乎主线偏重文士培养选拔并进入国家正式体制的过程。如以此为主线，文士在乡土社会、基层社区的作用，也就是精英联结朝野的中间层作用，就应该是略写或者不进行汇报领读的内容。例如家族和村落对于政治精英的作用、政治精英的文化认同、政治精英参与的社会治理（包括治理黄河），均可以删除。

“古代精英治理的当代价值”这一部分是比较难写的，因为前面你可以在《大国宪制》的基础上提炼总结，可以循着苏力的问题链和思路写作；但这一部分需要你分析评判，你没有自己的问题，就写不好这一部分。此前我提及从旧天下的“臣民”到新江山的“人民”，这是中国古代的精英政治最引起当代人思考的问题之一。这可以作为你继续思考的问题。

题目可以考虑改为《精英政治：历史中国文士培养、选拔与参政》。

可以思考分四部分写作：

一、文士培养：经史为主、辅以诗文

二、文士选拔：从推举、察举到科举

三、文士参政：多等级官僚辅佐治理

四、精英承载：超越“有治人，无治法”

另外，《大国宪制》一书我是两年前读的，很多内容已生疏，只留下模糊印象。一直想重读，但最近事情太多，书在案头，却没有再读。周四上完课后，我再选读。故以上均为建议，供你推敲、取舍。

利利：老师，初拟题目是《历史中国的政治精英与政治参与》，是想从历史中国的角度去解读，想以一个更加宽阔的视角去理解政治精英与政治治理，所以不仅关注在朝的政治精英，也关注在野的政治精英。因为我所了解的史实不多，所以只想就比较熟悉的黄河治理中在康熙时期参与治河的两位历史人物靳辅、陈璜进行论述，二人一朝一野。回顾这两个人物的影响，可以回应之前论述的第一部分，也能够使政治精英这个角色更加饱满些，也想回应历史中国的两大难题（黄河的治理、北方的匈奴）之一，这是我的原意。

肖飞：利利，《大国宪制》其实是想论证历史中国国家治理体系的合理性，一方面旨在分析中国重要的国家制度（家、疆域、军事、经济、文化、政治等），并试图建构起一个理论体系；另一方面旨在突破学界对宪法的狭义理解，包括对欧美（尤其是美国）宪法的攀附艳羡的学术态度，把学术自觉化为学术行动，这一点非常可贵，也值得敬佩。苏力的视角在相当程度上是历史性的，他的目的是证成证立。

第二轮提纲

题目：精英政治：历史中国文士培养、选拔与参政

一、文士培养：经史为主、辅以诗文

（一）初学选士：同文同音的文化意识唤醒

注：语言和文字是文士培养的基础。

（二）国学兴士：经史子集的正统知识汲取

注：由经史到诗文的文化传承凸显的是对儒家正统知识的汲取。

（三）兴学养士：官学官育的立考选升培养

注：官学太学对文士品格的培养。

二、文士选拔：从推举、察举到科举

（一）文士选拔制度的模式演进

1. 推举制：由下至上的人才荐举

注：地方政府和上级官员向朝廷荐举人才。

2. 察举制：由上至下的人才察访

注：朝廷任命的中正官对读书人进行察访。

3. 科举制：双向流动的人才擢选

注：文士投牒自试与朝廷设试萃选相互作用。

（二）选拔制度变迁的宪制意义

1. 文士个人能力与才华要求

注：偏重德行→偏重读书→德才兼备。

2. 人才地域分布的政治意义

注：集才于中央→全国性综合平衡。

三、文士参政：多等级官僚辅佐治理

注：以北宋朝政为主要分析对象。

（一）共治天下：皇帝文士共天下的政治格局

（二）文士治国：集权政治架构中的文官角色

（三）政治得失：文官政治系统中的得失之处

四、精英承载：超越“有治人，无治法”

（一）宪制安排：政治精英的制度规训

注：更加强调制度的作用，若无制度实践，则仅是一些文本。

（二）仿古循制：历史转型中回望宪制

注：缺少农耕中国的历史背景，宪制也将成为摆设。

利利：老师，这是我根据您之前提供的写作思路拟定的提纲，还请老师看看有何不合理之处。

肖飞：利利，目前你列出的《大国宪制》第八、九章读书报告的提纲已较为详细，且立足于文本。读书会组织集体阅读的目的恰恰在于，基于文本深入研读。先要深入文本，之后比较阅读，才能逐步进入批判阅读、主题阅读的阶段。

我也大体重读完了这两章，对你所列提纲稍加修改，供你参考。

一、文士培养：经史为主、辅以诗文

（一）初学选士：同文同音的家国意识唤醒

注：语言和文字是文士培养的基础，但是否用“家国意识”更合适，你再推敲。没有同文同音教育，出生乡野的孩子也会受社区文化教育，“文化意识”表述比较宽泛。

（二）国学兴士：经史子集的正统知识汲取

注：由经史到诗文的文化传承，凸显的是对儒家正统知识的汲取。这一节表述不变，不过建议注意经史教育的道德教化与家国情怀培养效果。

（三）兴学养士：官学官育的培养、立考、选升

注：此处只调整了三个并列词的次序，将“培养”环节提前。

二、文士选拔：从推举、察举到科举

（一）文士选拔制度的模式演进

1. 推举制：由下至上的人才荐举

注：地方官员向朝廷荐举人才，另外中央官员也有此职责。

2. 察举制：由上至下的人才察访

注：朝廷任命中正官对读书人进行察访。(未修改)

3. 科举制：阶层流动的人才擢选

注：文士投牒自试、朝廷设试萃选，这确实是一种双向互动关系，但是不能视为双向流动。因为科举选拔后部分人实现了向上流动，但考试不中的大部分人不能视为向下流动。

（二）选拔制度变迁的宪制意义

1. 文士个人能力与才华要求

注：这一标题保持不变，不过偏重德行→偏重读书→德才兼备或许只是理想状态，诗文才华与实践智慧很难兼顾。

2. 地域人才选拔的政治意义

注：对这一标题稍加修改，即地域性人才选拔的意义在于，实现全国性的综合平衡，集才于中央。

三、文士参政：多等级官僚辅佐治理（北宋）

（一）共治天下：皇帝文士共治天下的治理格局

注：“政治”可考虑改为“治理”。

（二）文士治国：集权政治架构中的文官角色

注：本级标题未变，不过建议在小农大国的结构背景下思考文官的角色。

（三）实用与后果标准：文官系统的制度功效

注：“政治得失：文官政治系统中的得失之处”这一标题前后关键词重复，且这一评价性标题没有表达出观点，与侧重梳理的上一级标题“文士参政：多等级官僚辅佐治理”有些不协调。如采用我的建议，需注意“共治天下：皇帝文士共天下的治理格局”，侧重整体治理结构；“文士治国：集权政治架构中的文官角色”，侧重文士在整体结构中的角色；“实用与后果标准：文官系统的制度功效”，则要解释苏力观点，即文人选拔、精英政治为何是历史中国“更好”的用人制度，尽管有可能出现“举秀才不知书”，或者秀才只会写“八股文”的情况。

四、精英承载：超越“有治人，无治法”

注：注意这一部分要在相当程度上跳出文化政治、精英政治的话题，发现其与历史中国治理根本问题的密切关联。

（一）宪制安排：政治精英的制度规训

注：苏力使用宪制一词，确实更加强调实践中的制度作用，而不关注有无文本，也就是宪法典，但这一部分可能需要强调一下精英参政是制度性实践，而不是皇帝一人意志。

（二）国家统合：精英政治的宪制使命

注：这一部分基本是结尾了，该有一个对精英政治之于国家治理，尤其是维系国家统一的意义总结，即政治精英也是文化精英，政治参与和政治代表是国家稳定统一的重要助力。

结语　大国宪制：历史转型中回望宪制

注：历史上若缺少对农耕大国的历史背景和齐家治国平天下的根本问题的回应，则宪制不过是摆设；当下若缺乏对城乡大国质量现实状况的关切，则宪制同样会成为摆设。

肖建飞与杜利利：文稿写作

肖飞：利利，你不到一周时间就完成了文稿的写作，一定熬了很多夜。能用自己的语言完整表达一个问题，这很重要，你初步完成了这项阶段性工作。以下是建议，供你参考。

（1）关键词使用的准确性。如：① 开篇使用的“框架性国家”中的“公”与“私”体系、“双轨制”，这些关键词需要标注出处；并且需要解释其说服力，“皇权”属于“私”体系就不能说服我。② 苏力不认为历史中国是“帝国”，他更倾向于“混合宪制”。

（2）标题不能涵盖内容。如最后一部分的标题为“大国宪制：历史转型中回望宪制”。本来计划是你最后一个汇报，可为《大国宪制》一书做一个结语，不限于你汇报的一部分。但看你这部分的内容，不适合用这个标题，可以考虑改为“历史转型中回望科举选才制度”。

（3）表述的准确性不足。这个问题是文稿最突出的问题和明显的缺陷，我只改了一段，给你作为范例。

原文：天下体系衰于春秋，终亡于秦，天下收缩为中国，逐渐形成以汉字为共享文字符号的广泛文化共识，书同文成为古代中国最重要的国家标准之一。在统一文字过程中，培养了一个能够熟练使用标准文字有效交流的专业职业群体——官和吏，基于此，文字统一才能真正成为一个生生不息的机制，不断衍生和拓展，由此形成一个可借以传达意义的汉字系统。

修改：赵汀阳认为，天下体系衰于春秋、终亡于秦，此后天下收缩为中国，中国成为一个内含天下的国家，汉字书写体系的出现要早于天下体系观念。自商开始，汉字作为信息交流载体与共享文化符号，获得了广泛的文化共识，书同文成为古代中国最重要的文化宪制。凭借汉字这一书写系统，历朝历代培养了大量能够熟练使用标准汉字进行有效交流的职业群体——官和吏。基于此，汉字书写系统的扩大使用与文士培养制度的发展成熟彼此促进、相互增益。

（4）注意文风的一致性。前四部分写得中规中矩，表述是修辞较少的学术论文语言，但最后一部分接近学术随笔。

（5）注意行文规范性。例如建议以“一、（一）、1、（1）、①”列出五级标题，用于给段落或段落群命名，足够用了；段内再有分句，建议统一用“第一、第二、第三……”

肖建飞与杜利利：文稿校改

肖飞：利利，希望你们能在这两天从头到尾审校一下第15期汇报稿：

（1）尽可能用自己的话概括、总结。

（2）不要大段引用，重要引文请直接引用，并完整注释。

（3）在电脑上改完以后，打印出来再校对一次。

请尽可能在周四中午前发给我。我也争取在“五一”前把第15期读书会的全部文稿编校出来。

肖建飞与胡超：参与指导

肖飞：胡老师，根据同学们的报名加之我的动员，每期领读人都已经确定。不知你是否有精力和兴趣指导李涵、姜楠和杜利利三位同学阅读《大国宪制》一书？读书会时间初定在4月20日，三人都是硕士生。我让她们先精读，再考虑如何设题和写作，她们也都有意向问题。另外，我也会参与她们的写作工作。

胡超：好的，没问题，肖老师，那我还需要做报告吗？

肖飞：稍后我发角色分工表给大家。这期除了回应同学们的问题，做一些主题扩充，也希望你能给大家介绍一下宪法学的研究方法。以往我做扩充时，会自己写稿子。你看自己的时间、精力而定。

肖建飞与胡超：商定指导

肖飞：胡老师，晚上好！这两天杜利利、李涵、姜楠相继联系我讨论题目设定和提纲设计，我也给了她们回复。李涵集中领读第四章“疆域管控与行政区划”，姜楠集中领读第七章“经济的构成与整合”，杜利利集中领读第八章“‘书同文’和‘官话’”与第九章“精英政治与政治参与”。

目前还需指导教师完成如下工作：

（1）结合三位领读同学的领读题目，设计一个总题目。

（2）联系严海桓设计海报，并给她修改意见。

（3）修改、确定领读文稿的题目和提纲。

（4）督促写作，建议4月18日晚前完成初稿；4月23日前完成修改工作。

（5）修改文稿，建议初稿只关注学生的写作框架和内容，二稿要逐字逐句地修改，这样可以提高文稿质量，否则后期修改非常麻烦。

（6）查看她们的PPT，建议不要大块儿粘贴文字，尽量做到纲目清晰、图文结合、文字简约。

（7）考虑到三生都未曾想到或者不能概括苏力的问题意识、关键词与方法论，这个工作需要指导教师来做。这部分可作为导师回应的内容。此前的读书会上，我的回应多针对学生们的遗漏、瑕疵，也会评价他们的表现。

（8）适度补充宪法研究范式。这部分可作为导师接续的内容。此前我接续的内容，会单独撰写文档，并制作PPT。

（9）指导李涵写作学术新闻稿，并修改文稿，可参考学院网站上之前发的各期新闻稿。

（10）指导学生的过程最好留下文字，这是写作指导花絮的素材。

不知你近期工作量如何，承担上述工作是否有困难？

胡超：好的，肖老师。关于宪法研究方法，我会单独做个PPT。三生合作一份PPT是指三位同学的内容整合到一个PPT里吗？

肖飞：她们用统一模板，各自做PPT，最后整合到一起就好，汇报时李涵、姜楠、杜利利依次汇报。另外，不知你是否有时间和精力，就苏力的问题意识、关键词与方法论也写一个文档？读书会后能否编辑整个读书会文字稿，如此前第13、14期一样的编排体例？

胡超：好的，肖老师，我可以在读书会后编辑文稿。问题意识、关键词、方法论这个文档，正好和宪法学研究范式相关，我可以完成。

肖飞：特别感谢！这段时间你们的事情太多了，指导读书会真的是会占用你们很多时间的。

肖建飞与申屠晓莉：联系赠书

肖飞：申屠，本周末阅读《大国宪制》，不知北大出版社能否赠书，是提前赠送，还是要读书会办完了才赠送？另外，是否需要在海报中特别提及北大出版社？

申屠：我来问问！肖老师您稍等。负责人还没回复我，等她回我了，我再告诉您。

肖飞：好的，申屠。

申屠：可以的。但是需要推公众号，在院网发新闻稿。

申屠：海报上加什么，我问问。

肖飞：好的，等你消息。

申屠：“感谢‘北大出版社·燕大元照法律图书’”，海报上写这句话。赠书不知道会有几本，这两天寄来我告诉您。另外出版社额外送了《送法下乡》和《法治及其本土资源》。

肖飞：申屠，能送我们书就是支持，已经很满意了。

申屠：到时候多拍照片给他们反馈就可以了。

肖飞：好的，我跟负责拍照的同学说。

读书会筹备全员参与

（1）胡超老师参与指导。

（2）研一同学李涵、姜楠、杜利利领读历史中国的疆域宪制、经济宪制与精英政治。

（3）大一同学曹路遥担任主持人。

（4）大一同学孙玮、研一同学吴运通与苗媛媛参与与谈。

（5）研一同学严海桓设计第 15 期海报。

（6）胡超老师针对海报给出了竖排的意见。

（7）申屠晓莉老师争取到了北大出版社的四本赠书。

这些消息让人喜悦。

从旋涡模式到新天下体系

关于中国与世界的政治哲学①

阅读提要

历史中国形成自足秩序的内在动力结构是什么？这是中国政治哲学需要持续思考的重大问题。苗奥娴分析赵汀阳在《惠此中国》中提出的旋涡模式理论的解释力，中原地区因其丰裕的物产资源与丰富的精神世界，而成为四方集团纷纷来争的宝地，并保持着持续的向心力。逐鹿中原的结果是形成了经济互补、文化多元、“一国多制”的历史中国。天下体系是历史中国的政治哲学，也是赵汀阳在《天下的当代性》一书中构建新政治哲学的理论资源。杜利利同学认为，新天下体系以天道自然神学为哲学观念基础，持共在的生存论与关系理性，旨在构建共在的世界格局，提供了世界政治的可预见图景。

肖建飞老师肯定了两位同学为本次汇报所做的充分准备，以及她们的时间把控能力。接续此次读书会主题，肖建飞老师认为，赵汀阳的学术贡献在于，剖析自我人、经济人和政治人所构成的个人世界是原子化的、无根的、空洞的，而生活世界的基础事实是“与他人共在”。新天下体系旨在为霸权主义主导的国际社会减熵，试图实现世界共在，而非幸福。

彭亚媛老师针对新天下体系提出疑问：旋涡模式在当代是否有适用的空间？如果能够适用，旋涡的中心在哪里，中国还是西方国家？

（苗奥娴供稿）

① 本期读书会领读人为2022级硕士研究生苗奥娴、杜利利，主持人为2022级本科生汪小川，彭亚媛、肖建飞指导，肖建飞做了总结回应和扩展性阅读工作。

楔子

以天下为天下，以天下观天下

汪小川

本期读书会推荐的书目是《天下的当代性》及其姊妹篇《惠此中国》，两本都是充满睿智洞见的著作。作者赵汀阳是当代中国著名的政治哲学家和国际关系学者，他的研究主要涉及中国现代化、国家治理和全球化等领域。

全球化进程正在开创新的历史时代。赵汀阳在书中强调，只有具备天下的当代性，才能让当代人获得更好的发展。天下的当代性不仅仅是一种思想，更应是一种行动，需要具备包容性、和谐性，以有效促进不同文化和民族之间的交流、沟通、合作与发展。

正如希腊哲学家提出了正义、公共领域和民主等经久不衰的问题，中国古代（周朝及先秦时期）的思想家同样提出了天下德治、协和、民心等无法回避的问题。需要注意的是，天下并非单纯指地理上的世界，更是社会心理学中的民心和政治学意义上的世界性政治制度；德治也并非单纯的伦理学原则，其本质是融合伦理价值与资源分配的公正制度。赵汀阳在书中写道：“周公思想是在时间和空间概念上的政治神学革命，将时间转为世界，世界化为天下。”我们今天正应顺着这种打破常规的思维去解读天下体系和天下的当代性。

古代中国人的智慧远远超出常人的想象，古代的许多奥秘仍需当代人探索，因此我们更应警惕西方知识霸权对其他文明传统的直接否定。

主题领读

旋涡模式：历史中国生成之解释

——阅读《天下的当代性》与《惠此中国》

苗奥娴

摘要：历史中国形成自足秩序的内在动力结构是什么？这是中国政治哲学需要回应的重大问题。互相交流模式、中心外展模式有一定的解释力，但均不足以对中国生长方式做出深层解释。旋涡模式理论为历史中国的生长动力给出了新解释，中原地区因其丰裕的物产资源与丰富的精神世界，成为四方政治力量角逐的宝地，并保持着向心力。逐鹿中原的结果是形成了经济互补、文化多元、“一国多制”的历史中国。

关键词：旋涡模式理论；历史中国；逐鹿中原

《天下的当代性》与《惠此中国》聚焦历史中国，研究的历史时段是从夏朝至清末，因此本文的主题也聚焦历史中国。中国是一个绵延了五千多年、拥有悠久历史的国家，中国文明也是当今世界唯一延续不断的古文明。那么，历史中国为何拥有如此强大的生命力，经历了几十次的王朝更替、数不清的战争洗礼，却依然屹立不倒？

一种文明得以长存，是因为它自身有一种难以被解构因而自足的“存在的秩序”，而这种自足的秩序必然来自一种自身生成的内在动力结构。[①]那么历史中国的存在的秩序是什么？这种自足秩序的内在动力结构又是怎样的？这是赵汀阳写作的核心问题，也是我汇报领读的主题。

一、 虚位以待：历史中国的生成理论

历史中国的时段是自夏朝至清末。时间概念是理解历史中国的重要概念，但其只是理解历史中国丰富含义的关键词之一，历史中国还蕴含空间、物质、文化等多重含义。历史中国的生成理论是对中国不断实现旧邦

① 赵汀阳：《惠此中国：作为一个神性概念的中国》，中信出版社，2016，第6页。

新造、文明延续5000余年的系统解释。《惠此中国》一书，开篇就从关于历史中国生成的理论切入，探讨了中心外展模式和互相交流模式。不可否认，这两种模式具有一定的解释力，但是都不足以构成对历史中国生长方式的深层解释。

（一）中心外展模式

中心外展模式需以武力为基础。但是中原地区不擅武力，且扩展过程需消耗自身相当大的能量，能量削弱易导致系统失稳，便难以维持历史中国数千年的茁壮生长，这一理论与相当多的史实不符。具言之，中心外展模式基于一个基础假设，即以中原地区为中心，中原文化向周边地区进行文化输出，由此历史中国逐渐形成。该种传播方式的前提条件是中原文化已经形成，中原地区有一定的武力基础，并且中原地区的外部环境已有众多小邦国存在。这一理论的侧重点是中原文化本身不易受到其他文化的影响，并且文化输出速度快，能够提升中原地区的文化影响力。其解释缺陷在于，中原文化外展过程易受到阻力，如果没有足够强的武力基础，则容易影响中原地区与中原文化的稳定秩序；同时不利于邦国间形成文化多样性，也不利于中原文化从其他文化中汲取营养，从而获得自身生长。

赵汀阳认为，中心外展模式假设的提出基于如下事实，即中原出土的考古证据远多于其他地区，故而形成了一种错觉。中心外展模式若成立，需要有足够的武力作为支撑，因为从本质上讲，扩展就是入侵，入侵必然面对排斥，故扩展需要以武力为基础，去克服外界的阻力与排斥。中原最早进入农耕生活，武力并非其强项。中原并不擅于向外扩展。此外，没有强大的武力作为基础的扩展是对自身能量的消耗，结果是导致自身系统十分脆弱，难以长久生存。故中心外展模式与茁壮生长千年的历史中国不符，并不能用来解释历史中国的生成。

（二）互相交流模式

互相交流模式的核心观点即作为众多邦国之一，中原地区的中原文化与其他邦国的文化之间进行自由传播、互相影响。该种传播模式成立的前提是中原文化业已形成，其他邦国也拥有自己的文化。该模式有助于促进各种文化自身的完善与成熟，以及邦国间文化多样性的保留。但这种自然交流模式不能为中原文化发展带来直接助力。依据考古学的证据，古代中国（新石器时期）有"四土"之说——西土为青海、甘肃至新疆，北土为蒙古和东北，南土为长江流域，东土为山东一带。"四土"有和中原相近水平的文明发生，并且各地文明的物质技术或器物有某些相似之处，这说明远古各地文明之间存在交流。[①] “中原只是众星之一，而且并非众星之核心”。苏秉琦将其描述为“满天星斗”模式，指各地间有文明交流，但各处文明保持其独立性，尚未形成整体。[②]

由此可见，文化间的互相交流几乎是常态，互相交流模式更接近基于人的社会性而形成的文化间的自然状态。这种自然状态并不必然导致文化的互化合一，有可能各取所需但又各自独立，也有可能互相交往后反目成仇、互相远离[③]，因此互相交流模式可视为文化间的基本状态、自然状态。文化交流始终存在，但文化交流模式无法解释历史中国的生成，难以解释中原地区及中原文化的影响力为何自商朝以来逐渐加强，更不能够解释历史中国的整体发展。那么，历史中国究竟是如何生成的呢？

二、旋涡模式：历史中国的生长动力

历史中国精神内核的生成源自各方势力对中原地区的竞逐。从漠北到江南、从东海到西域之间的广大地域形成了一个无分割的广域空间，这就是我们所说的历史中国，其中间区域就是中原。中原地区是早期中国经济文化最发达的地区，因丰裕的物产资源与丰富的精神世界而成为四方来争的宝地，也就是群雄逐鹿之地。较早载入史册的有阪泉之战、涿鹿之战。那么，中原地区拥有怎样的物质世界与精神世界，而引起了群雄逐鹿呢？

（一）中原的物质和精神世界

1. 中原物产与交通

“得中原者得天下”，中原地区物产丰饶、交通便利，为政治实体提供了经济基础。中原地区的地理、气候，都有助于农业发展，而关中、华北平原的交通条件也为各方之民进入提供了便利。黄河中下游两岸堆积的黄土层易于开垦，在新石器时期与青铜时代便有先民从事农业生产。农业聚落沿着黄河中下游不断拓殖，便形成连续而广袤的农业地带。这为城镇发展乃至建立邦国等政治体奠定了物质基础。中原成为逐鹿之地的另一原因

① 赵汀阳：《惠此中国：作为一个神性概念的中国》，中信出版社，2016，第39页。

② 赵汀阳：《〈满天星斗：苏秉琦论远古中国〉选编代序》，载苏秉琦《满天星斗：苏秉琦论远古中国》，中信出版社，2016，第8页。

③ 赵汀阳：《惠此中国：作为一个神性概念的中国》，中信出版社，2016，第39页。

是这里有便利的交通条件，相对于高山、戈壁、沙漠，平原地带不存在难以逾越的交通障碍。当然，相对于消耗性的物质资源，不因利用而减损的经济资源同样具有吸引力。

2. 汉字与文化传承

汉字与汉字所承载的思想，是中原地区精神世界的宝贵财富，拥有比物质财富和交通优势更大的吸引力。物质资源是消耗性的，而精神世界的效益却是无限递增性的。某一区域精神世界的文化资源，越是被广泛使用，越被人分享共用，它就会凝聚起越多的文化附加值，形成令人难以拒绝的政治魔力。① 中原地区的特殊之处便在于中原的汉字、思想与两者所具备的文化传承功能。

汉字的成熟促进了中原地区思想文化的逐步成熟与世代传承。约3500~4000年前，汉字的雏形最初是原始人用来记录生活经验的图画，后来逐渐发展为一种整齐规范且具有一定规律性的表意符号，由此具备了简单文字的特征。后在殷商形成了较为成熟的汉字，这也有古书佐证："惟殷先人有册有典"②。从此，汉字成为能够记录和储存大量信息的信息系统，以及复杂思想和丰富叙事的书面载体。由此，中原地区率先具备拥有大规模传播能力的信息和知识系统，具备了建构精神世界的能力。此外，汉字的起源是象形文字，故中原语音无法独占汉字，汉字可独立于中原语音而存在。因此可以说，汉字本质上是一种开放性的普遍共享资源，以汉字为载体的精神世界也随之成为可普遍共享的精神资源。

汉字的成熟促进了中原地区思想系统的形成与成熟，推动了中原地区思想文化的传承，例如推动了《诗经》《尚书》《周礼》《周易》《春秋》等经典著述的诞生。中原文化成为当时最具解释力和反思性的思想系统，拥有解释世间万物、人类生活的世界观和历史观。此外，中原文化的思想系统也具备组织大规模社会的能力和创造制度的能力，这意味着其既占有历史性又占有公共性，能够解释历史、社会、制度和权力的正当性。③ 因此，中原文化自然成了当时最具优势的精神资源。

3. 天下观念的思想体系

以天下观念为核心的思想体系是深埋于历史中国的政治基因，并决定

① 赵汀阳：《惠此中国：作为一个神性概念的中国》，中信出版社，2016，第44页。

② 《尚书》，北京联合出版公司，2015。

③ 赵汀阳：《天下的当代性：世界秩序的实践与想象》，中信出版社，2016，第158页。

了历史中国数千年的政治制度。周朝在大约3000年前创制了天下体系，并开创了以世界为起点的政治思路。周朝天下体系即使放在今天也有其超越性与解释力。那么，周朝为何能够在物质条件较为落后的大约3000年前构建起天下体系呢？

克商前，周是疆域、人口量远小于商的邦国。在克商的战争中，因周王的德行厚重，周受到很多部族的帮助，成功以小邦克商。克商后，周面对着如何"以小治大""以一治众"的特殊问题。之所以称此为特殊问题，是因为通常邦国之间的自然状态是大国治小国，而这种自然状态所依靠的是武力、战争。要做到"以小治大""以一治众"，就需要创制出一种新的政治制度，以制度优势替代武力优势。这种政治制度的关键在于消解邦国间的"外部性"，也即将外在的、对立的、互斥的众多邦国转化为统一政治体的内部组成部分。因此，周朝需要创制一种德治、协和且高于国家的天下体系。这个天下体系为各邦国所接受的关键在于，各邦国接受天下体系所获得的利益大于拒绝或背叛所获得的利益。基于此，德治的最初含义便包含政治经济学原则，即关于利益公正分配的原则；协和的含义是"无外"，消解邦国间的互斥性、外部性。周朝的天下观向各方政治势力展示出其开放性，承认了革命的可能——"汤武革命"是顺天应人之举，故而为其他政治势力赢得政权提供了正当理由，即实现了天命的普遍性。

秦朝一统六国后，历史中国的政治理想由"以天下为一家，以中国为一人"收缩为后半句"以中国为一人"，秦朝也由此开启了历史中国的国家政治。[①] 历史中国虽由天下政治转型为国家政治，但与西方的国家及国家政治概念仍相去甚远。中国并非城邦、民族国家，也非帝国。历史中国并无扩张意图，且"大一统"后的历史中国依然将周朝天下观念运用于疆域治理、行政规划与社会管理，形成了内含天下的中国。

(二) 逐鹿中原的地理位移

"中原"的内涵在历史发展中有所变化。逐鹿中原的说法起于商周，之后数百年的春秋战国基本上奠定了逐鹿中原的旋涡模式，此后历代王朝不断加强旋涡效应。随着朝代的更替，旋涡模式逐渐成熟，逐鹿旋涡的地理中心也在逐渐变化。逐鹿旋涡的地理中心位移的轨迹及规律，可以从历

---

① 赵汀阳：《天下的当代性：世界秩序的实践与想象》，中信出版社，2016，第144页。

代王朝的都城变迁中窥见一二。从夏商周至唐宋，各朝代都城都在中原地区或其附近。直到元朝，都城迁移至北京。明清的都城也在北京。

那么，为什么历史中国的政治核心从中原腹地位移到了华北平原东段的北京呢？这一过程呈现出逐鹿旋涡的变化。自秦汉以来，漠北势力逐步成为逐鹿中原的最强竞争者，与中原势力大致势均力敌，甚至时常强于中原政权，逐鹿游戏的旋涡中心便由中原位移至幽燕一带。与此一致，王朝首都也从西安、洛阳移到北京。逐鹿中心的地理位移也是一个经济学现象。北京位于长城一带，而长城一带是典型的南北均衡线，定都北京最有利于同时控制南北中国。此外，金朝和元朝的建都理由均已言明，当政者旨在重新解释"天下之中"的含义。金朝建都于北京并称之为"中都"，明确表达了将北京作为中国核心的理由，即"唯燕京乃天地之中"；元朝建都北京也有同样的解释，"天子必居中"，于是"非燕不可"。①

（三）旋涡模式的持续向心力

旋涡模式是历史中国各方政治势力谋求最大精神资源和丰裕物质资源的博弈机制。前文讲到，中原地区不仅有丰饶的物产与便利的交通，还有汉字、以汉字为载体的思想及天下观念。正因如此，中原地区成为旋涡模式的中心，"无外"的天下观也蕴含着革命的可能。各方政治势力的争相角逐形成了逐鹿旋涡，并为旋涡中心注入越来越多的文化附加值和令人难以拒绝的政治魔力，旋涡成为不断生长的存在。旋涡模式的形成及规模决定了历史中国的体量。

旋涡模式的持续向心力也源于各方政治势力对权力与财富的追逐。在物质方面，竞逐者获得了中原地区的物质条件、技术条件后，可以与自身的军事优势形成互补关系。在政治方面，中原文化拥有现成的精神世界、知识生产系统、全面且成熟的制度体系等，继承遗产比起重新建构更能大量节约时间、人力等成本。可以设想，即使竞逐者重新建构一个精神世界，其也很可能落后于中原文化，不具备可增值性。更重要的是，中原文化的天下观向各方政治势力展示了革命的可能与正当性。这意味着各方政治势力都有可能成为"天命"所在，即具有政治正当性。因此，政治势力选择卷入旋涡并继受、发展中原文化，这有助于对其历史及政治正当性的

---

① 赵汀阳：《天下的当代性：世界秩序的实践与想象》，中信出版社，2016，第 189 页。

解释。可见，参与逐鹿游戏是各方政治势力的理性选择，也因此形成了旋涡模式的持续向心力。

三、逐鹿结果：多文化多民族的历史中国

逐鹿中原的结果主要体现为三个方面：经济互补、文化多元、“一国多制”。两千多年的逐鹿中原之所以能够演绎出多文化多民族的历史中国，得益于历史中国的天下观。协和无外、兼容共在等政治基因决定了中国历史的发展方向。

（一）经济互补

中原与周边各地经济互补关系的形成源于各地自然环境与物产的差异，以及由此决定的居民生计方式的差异。以长城为界，我国南北两大区域的自然环境是各地居民生存的基础。黄河、长江中下游的平原地区是农业文明发祥地，也是农业精华区。长城以西以北的蒙古高原、新疆戈壁、青藏高原，均不宜耕种、只可游牧。我国的五大牧区均在少数民族地区，从事游牧业的人口都是少数民族。如费孝通先生所言：“农业是离不开土地的，特别是发展了灌溉农业，水利的建设更加强了农民不能抛井离乡的黏着性。牧业则相反。在游牧经济中，牲口靠在地面上自然生长的草得到食料，牲口在草地上移动，牧民靠牲口得到皮、毛、肉、乳等生活资料，就得跟牲口在草地上移动，所谓逐水草而居。”[①] 北方草原一旦遭灾荒，牧民就会成群结队，南下农区“就食”（这是费孝通先生“含蓄”的说法，有时则是“掠食”）。到汉初，已形成“南有大汉，北有强胡”的局面。[②] 但是历史上中原与周边的交往，绝不限于战争、劫掠，互市贸易才是交往的主流，否则也就不会有举世闻名的丝绸之路、茶马古道了。

（二）文化多元

历史中国文化的多元得益于逐鹿旋涡强劲的卷入效应。逐鹿旋涡之所以会产生卷入效应，是因为逐鹿成功的政治势力自然卷入了旋涡，并成为旋涡的“天命”所在；而逐鹿失败的政治势力如果拒绝“合”入旋涡，

---

① 费孝通：《中华民族的多元一体格局（二）》，载网易，https://www.163.com/dy/article/H7QOOIBC0552PE5Q.html，访问日期：2023 年 5 月 5 日。

② 费孝通：《中华民族的多元一体格局（二）》，载网易，https://www.163.com/dy/article/H7QOOIBC0552PE5Q.html，访问日期：2023 年 5 月 5 日。

则会面临失去一切利益的巨大风险，故竞争失利者通常难以全身而退。中国政治文化的形成方式被称为“化”，所产生的效果是“和”与“合”。“化”是多种文化的互化，不同于“皈依”，其结果是多种文化对一种共同存在秩序进行合力重构，形成一种成分丰富而难寻其原貌的共享文化。在多族群多文化的互化过程中，中原文化是主要资源，比如当下汉语的通用正音经历了与多种少数民族语音的互相影响，已难寻古中国的“雅”音。进入中原的族群通常会保留部分原有文化，但会接受中原现成的知识生产系统和制度体系等。但是，这些族群并不只是中原文化的接受者，还是推进者，成为中国文化的共同创造者。比如，科举制是有着鲜卑血统的隋文帝所创；程朱理学为宋朝所创，却是元朝给予了程朱理学作为科举考试标准答案的地位；再如入主中原的历代游牧族群领袖均积极推进儒学，给予孔子各种封号，如文宣王、先师等。①

（三）“一国多制”

基于天下观念，历史中国善于以“一国多制”解决不同族群间“和”的问题。“一国多制”所蕴含的制度基因最早产生、体现和运作于周朝天下体系。周朝天下体系要解决的是协和万邦的问题，彼时其政治观体现为无外、协和。在秦朝将天下整合为大一统的中国后，协和共在的政治基因体现为“一国多制”的政治制度。汉朝以“大一统”制度解决了中国“同”的问题，采用都护制度解决族群之间“和”的问题。汉朝设立西域都护府，该都护府作为军事据点，驻军屯田、管辖西域，但不进行行政管理。都护制度所蕴含的“羁縻”原则是后来隋唐采用羁縻制度的基础，唐朝的羁縻制度的观念基础是文化平等，故而形成了更为灵活的“一国多制”。唐太宗身兼天子与可汗的身份，羁縻州的自治程度各有不同，各州内制度可依民俗而定。北方游牧民族建立的割据政权或统一政权会更明显地采取混合制度，比如十六国时期的胡汉分治、辽的藩汉分治等。

总之，无论是中原民族建立的政权，还是北方游牧民族建立的政权，都不会放弃利用中原文化中已经成熟的知识生产系统和政治社会管理制度，因为接受并延续中原文化的管理制度有明显的好处，接纳这些制度的成本远小于重新建立管理制度的成本。

---

① 赵汀阳：《惠此中国：作为一个神性概念的中国》，中信出版社，2016，第66页。

四、发展结构：政治理念、生长方式与疆域伸缩

历史中国因其本身具有配天的神学意义，故也有“协和”“无外”的性质。在以旋涡模式作为动力结构的逐鹿游戏中，历史中国固有的天下观的政治基因，体现为以易为在、兼容共在的生长方式，外化为历史中国的政治神学、生长方式与疆域伸缩。

（一）政治理念：人道配天

一种常规看法认为，中国人没有信仰。但实际上中国人只是没有西方意义上的宗教信仰，而有自己的信仰形式。中国人的根本信仰是天道，中国人对天与自然有极丰富的神性理解。天道观念的广泛影响力在如下方面有充分呈现：第一，中国人认为，上天是完整的，因此上天所覆盖的大地（即世界）也具有先验完整性。自殷商已有“协和万邦”的观念，故周朝创制了天下体系。据说夏时期的“二里头遗址”（夏朝王宫遗址）也体现了绵延至今的中原文化基因，比如具有神学隐喻意味的“中轴线”概念。因此“中国”概念本身就因配天的内涵而具有神学意义，“中国”本身就是信仰。第二，中国人的“家”也极具神学意义。比如“中轴线”概念贯穿中国的房屋设计，再如中国人将家庭的伦理秩序外推至国、天下，以解释天下的兼容性、无外性，使天下为一家。第三，生活于天地之间的人也遵循着以人道配天道的原则，人道本身同样具有神学性质。比如人道的“德”与“和”对应天道的“德治”与“协和”，君主之德与天道相配方能承担起天命。再如，周朝天下体系中的礼乐制度建构了一种人的具有精神性的存在秩序，礼乐赋予生活形式、行为举止、事务程序、物质生活以精神意义，使人敬畏自然、敬畏万物，塑造了一切存在的神圣性。现代“泛心论”的内涵及意义与此较为相近。

质言之，中国自古以来就有信仰，该信仰是人对天与自然的丰富的神性理解，人们遵循人道配天的理念，并建构出天道、天下、国家、家与人的同构性。

（二）生长方式：变在与共在

历史中国本身还体现出一种独特的生长方式——变在与共在，且二者内涵统一，典型表现为历史中国的政治制度的特征与逐鹿旋涡的核心本质。历史中国有配天的政治观，因而信仰天下的先验完整性，故需要达到

协和共在的政治生态。可见，共在是历史中国本身的存在所要求的生长方式。要达到协和共在的政治生态，便需要不同族群之间的互化。“化”便是一种以变应变、连续演变的变易方式，体现了以变为在的历史中国生长方式。

共在最初体现于周公创制天下体系，协和万邦。秦汉建立起大一统的中国，并实行朝贡制度、羁縻制度、奉正朔制度等“一国多制”。协和共在始终是历史中国的政治基因，并外化为历史中国的生长方式之一。比如历史中国虽最早形成于中原，其都城却随逐鹿形势的演变逐渐迁移至北京。再如逐鹿旋涡的核心——中原文化，也始终在与各种文化进行互化，而非要求他者皈依。

概言之，之所以能够形成多文化多民族的历史中国，正是由于历史中国以无外、协和的天下观为其政治观，以变在、共在为其生长方式。

（三）疆域伸缩：裂土广域

历史中国的广域疆域自有其生长历程，其体量取决于卷入旋涡的政治势力的规模，即旋涡外围的范围。历史中国之所以自称中国，最初是由于夏商周三代建都于洛阳盆地，而洛阳盆地自古被认为是天下之“中”。“国”字本义是都城，“中国”最初指天下宗主国的都城。比如周成王建造东都的青铜器铭文“余其宅兹中国”，这里的中国仅指洛阳。此后中国的概念由“中原核心文化区”① 逐渐扩大为整个国家。春秋战国时期，“中国”已经开始被用于表示中原地区，包括今日黄河流域的河南、陕西、山西、山东及河北南部，以区别于南方和漠北的蛮夷文化地区。当长江流域开始卷入逐鹿游戏之中，中国的概念进一步扩大至长江流域。随着更多地区卷入逐鹿游戏，中国的疆域随之扩大，曾经扩大到比今天的中国大得多的地域。此间也有多政权并存或疆域收缩时期，比如三国两晋南北朝时期、宋与辽金的对峙时期。

历史中国的极致广域是元朝的疆域，西越葱岭，东临日本海，北至西伯利亚南部，南至南海；小于极致广域的是其次的广域，也是长期稳定的疆域，是清朝的疆域，同样西越葱岭，东临日本海，南至南海，北达蒙古高原和西伯利亚南部。② 由此可见，中国的疆域规模取决于逐鹿游戏的参与者所统辖的地域范围。

---

① 赵汀阳：《惠此中国：作为一个神性概念的中国》，中信出版社，2016，第 57 页。

② 赵汀阳：《惠此中国：作为一个神性概念的中国》，中信出版社，2016，第 70 页。

结语　旋涡模式的解释力

旋涡模式得以持续两千多年的原因在于，这个模式不需要向外施力，因为向外施力的过程注定会消耗系统的能量。部分学者所支持的中心外展模式就是一种消耗性结构，中心外展的过程中必然出现对抗、斗争，因而会消耗自身的能量，形成高度内耗的生长模式，故不可能长久存在，也不可能生长出始终具有旺盛生命力的历史中国。比较而言，互相交流模式虽不因主动扩展而消耗能量，却难以使自身能量得到增强，故也难以解释历史中国的生长。

旋涡模式之所以能更有效地解释历史中国的生长，关键在于作为旋涡模式核心的中原地区，其优先发展、渐趋成熟的精神世界所释放出的无限吸引力，使得各方政治势力对此精神世界展开角逐。激烈角逐的本质就是向本就具备增值性的精神世界不断注入物质、文化等能量，使得旋涡模式本身能量值提升，使其成为兼具稳定性与灵活性的生长模式。这种模式与历史中国的生长轨迹较为相符，故可以用来解释历史中国的生长。

天下体系：可预见的世界政治图景

——阅读赵汀阳的《天下的当代性》

杜利利

摘要：天下体系是历史中国的政治哲学体系，也是赵汀阳构建新政治哲学的理论资源。当下霸权主义势力凭借科技加持享有金融霸权，发动负和博弈的贸易战，煽动、扶持并拖延战争，这是当下霸权主义形塑坏世界的典型实践，加剧了国际政治的失衡失序，也成为构建新天下体系的现实动因。新天下体系继承了古代天下观念的思想遗产，将整体世界观、世界主权、系统权力作为思考世界政治的新视角。新天下体系以天道自然神学作为哲学观念基础，秉持共在生存论与关系理性，不预设其他价值，为构建共在的世界格局提供了世界政治的可预见图景。

关键词：坏世界；霸权主义；新天下体系；世界政治秩序

本文试图梳理赵汀阳在《天下的当代性》一书中新天下主义的论证思路与核心观点，即该书如何以坏世界的政治作为问题起点，反思国际秩序，并试图基于共在（关系）理性，构建具有理想意义的国际秩序。

一、旧天下遗产：批判性阐释思想资源

“天下”意味着一个以世界为整体政治单位的共在秩序，三千年前的周朝是天下体系的一个缩影。新天下体系面对的是不同于周朝的政治实践和政治问题，不可能是古代天下体系的翻版，也不能完全复制周朝模式。故构建新天下体系需以新的视角阐释天下体系的含义，让天下体系与现实建立起批判性的建构关系。

当下全球化虽与三千年前天下体系面临的问题完全不同，但同样需进行政治创造，构建新的政治秩序。以周公为核心的政治集团，借助天下体系的政治哲学，要在商朝的旧疆域上实现“旧邦新造”的政治创举。一个最初崛起于渭河流域的西北邦国，如何能治理黄河中下游的广袤领土？这是彼时最现实的政治问题。周公集团的政治策略是封邦建国，对以姬姓为主的子弟授土授民，即实行封建制，周王为“天下共主”。周公集团的政治哲学则是天下体系，周天子并不是“奉天承运”的政治宠儿，而是“以德配天”的最终政治责任承担者。赵汀阳构建新天下体系，旨在使世界免于霸权体系的支配，免于未来可能面对的高科技战争或技术系统的全面宰制。故构建新天下体系需要借助旧天下体系的思想遗产，超越现代以来的霸权逻辑。新天下体系继承了周初天下体系的三项重要遗产，即天道与配天观念、家与天下的循环观、德治与协和精神。

（一）天道与配天观念

天道即自然之道，天道不是科学的对象，不是科学所定义的自然规律，而是自然保持自身和谐的变化方式。这种保持自身和谐存在的方式，长久以来被中国人视为人的存在方式的参照标准。

天道不同于西方基督教文化传统中的一神论概念，而更接近自然神论或者泛神论的概念。“天道是一切存在得以存在的标准，那么，从属于天道的人道就必须符合天道，即配天。配天意味着自然是自由的限度，万物是人的尺度，这是天意。与此相反就是逆天，就是说，如果自然被理解为自由的征服对象，或者人的意志被理解为万物的尺度，就是逆天。人如果

背叛天意，或者说是背叛存在的本意（telos of being），就将会因为人为制造的自然失衡而自取灭亡。”①

上天之道与天下体系是对应性的存在，第一哲学决定了政治哲学的核心观念：上天覆盖世界，天下就必须达到世界尺度。天道的意图是兼容共存，天下的意图也必然是所有人的兼容共在，创制天下就必然把原本存在的或者可能发生冲突和分裂的世界构建为兼容的天下，替代以世界为对象、以排他性竞争为目的的国际秩序。理想世界秩序是组建世界政府，以人类普遍利益为出发点，制定世界各国的交往规则与惩罚规则。不过，在理想状态实现之前，人类社会必然会经历世界政府与各国政府共存的过渡期。这个过渡期和中国古代周朝天下体系一样，都面临如何“以一治众”“以小治大”的难题。②

（二）家与天下的循环观

在中国传统政治哲学框架里，政治单位有三个层次：天下—国—家。个人只是一个生命单位，还部分地作为经济结算单位，更重要的经济结算单位是家，而不是政治单位，故古代中国没有产生出如何实现政治自由和个人权利的政治问题。现代中国引进了西方的理性个人概念，个人才变成一个政治单位。在天下—国—家政治框架里，天下不仅是规模最大的政治单位，而且是整个框架的最终解释原则。这意味着，天下定义了政治全语境，一切政治问题都在天下概念中被理解和解释。于是，政治理论的解释力形成了天道—天命—人和的递进系列；同样，政治合法性也形成于齐家—治国—平天下的循环体系中。

现代政治框架是由个人—共同体（主要是民族共同体）—民族国家的结构所定义的，其中，“个人是现代政治框架的基础，同时也是对整个政治结构的最终解释——与天下作为政治结构的最终解释正好相反”③。

可以看出，个人—共同体—民族国家的政治系统与天下—国—家的政治系统之间形成了一种齿轮式的错位咬合。赵汀阳试图在两者之间寻找到互补性，这种互补性可以扩大政治可能性空间，从而有助于建构一种政治新概念。如果缺少“天下”的政治层次，只有谋求个别国家利益最大化的霸权制度，那么共在互惠的世界制度就无处安身，这对于全球政治将是个

① 赵汀阳：《天下的当代性：世界秩序的实践与想象》，中信出版社，2016，第271页。
② 赵汀阳：《天下的当代性：世界秩序的实践与想象》，中信出版社，2016，第270-271页。
③ 赵汀阳：《天下的当代性：世界秩序的实践与想象》，中信出版社，2016，第14页。

致命的缺陷。在全球化条件下，世界需要一种能够保证利益共享的普遍秩序，否则将深陷类似帝国主义时代的失序状态，帝国主义引发的效仿或者反抗将引发更多恐怖行动和非理性冒险。

（三）德治与协和精神

周朝这个超级托拉斯采用公司架构，主要实施分封、礼乐和宗法三大制度，“德治天下”和“协和万邦”是其最核心的政治哲学。“德治”和“协和”的侧重点有所不同，“德治”针对的是政治体与国民之间的关系，目标是社会的内部化，没有人是被排斥者；“协和”针对的是不同政治体之间的关系，目标是世界的内部化，没有政治体被视为绝对意义上的敌国或竞争对手。两者的基本精神是一致的，都是为了实现合作最大化和冲突最小化。

德治的核心是公正。古代社会的公正被称为古典公正，即“每个人配得什么就应得什么”（比例原则），以及“一个人如何对待别人，别人就如何对待他”（对称原则）。西周德治的内容主要包括土地政策、民生建设、权力分配三方面。在土地政策方面，主张耕者有其田，实行井田制；在民生建设方面，主张政府要承担修路、劝农、节用等具体义务；在权力分配上，讲究选贤任能。也就是说，德治要解决的是“政府必须对人民做什么”，即统治的合法性问题。

而协和治理主要解决的是不同邦国政治体如何合作的问题。“和”的意义很明确，就是强调不同事物之间的兼容和互补。古人讲“和而不同”“和实生物”，“和”是万物生机之所在。“和”的概念蕴含着理性思考，具体表现为：第一，关系决定存在。任何一个事物都无法绝对独立存在，与之相关的事物是事物存在的条件。第二，共存关系的最低标准是相互伤害的最小化。第三，共存关系的最优标准是相互利益的最大化。因此，协和策略是最佳的合作策略，它能创造最稳定的合作关系及各方都满意的利益改进。正因如此，“和”在中华文化中才拥有如此高的地位。“和为贵”“众心协和”“和谐社会”等语汇和概念直到今天还在使用。概言之，“德治天下”和“协和万邦”是古代天下体系的核心精神之所在，也是天下方法论的核心理念。①

① 赵汀阳：《天下的当代性：世界秩序的实践与想象》，中信出版社，2016，第105-118页。

二、新天下体系：构建世界政治哲学

（一）新天下体系的视角

1. 从切割论到整体论

西方的政治观念源自古希腊的城邦政治实践，强调政治的边界性。城邦的边界并非自然地理边界，而是公共政治边界，城邦的政治生活主体是男性成年自由民，即公民。古希腊的城邦政治开启了西方政治哲学崇尚个人理性的传统，把每一个人都看成独立、理性的个体，重视个体权利和自由。现代国家最重要的政治使命则在于，明确定义每一个独立个体的权利和自由的界限。在霍布斯的自然状态思维实验中，最坏世界的极致就是冲突对抗，排除了合作的可能。西方法律是以最坏的假设去防范人性的恶，人人在法律界定的范围内追求自身利益的最大化，自利之外别无共处空间。然而这种切割理论上升到国家层面之后，因为缺乏世界法律的约束，使得国际政治陷入奉行丛林法则的“弱肉强食”状态，使得人人为敌的政治博弈随处可见。

中国古代的政治哲学则源自周朝的天下体系，强调和谐关系和存在的整体性，个体存在以关系理性为基础，比如统计人口均以户为单位。人与人之间的基础社会关系构成一个整体性的家族；邦国与邦国之间的政治关系则构成一个整体性的天下。天下就是古人心中的整个世界，“天下无外”，天下只寻求共在内部性，而无意于排他性和对抗的外部性。天下体系兼容并包，逻辑上可以吸纳一切民族。

2. 从国家主权到世界政治

现代政治史是在西方框架下写出来的，主张城邦政治最终发展出国家政治。新教改革引发了长达三十年的宗教战争，于是才有1648年的《威斯特伐利亚条约》，该条约被视为近代意义上第一份国际条约。其确立了“教随邦定”的原则，将中世纪晚期大小王国和领地的宗教信仰决定权授予政治首领。此后经历光荣革命和法国大革命，欧洲君主国演变为“民族国家”。民族国家定义了国家政治，以及为国家利益服务的“国际政治”。在国际政治中，霍布斯式的国际无政府状态使得谋求均势几乎成了唯一策略，但对霸权策略的效仿与反抗使任何均势都是暂时的。除非能够改变政治游戏本身，否则没有办法也没有希望逃脱国际政治的囚徒困境，因为国际政治的困难是个"存在论问题"(是否允许不同政治体、不同文明体存在),而不是能以策略改进的问题。

全球化催生了一种逐步取代国际政治并改造国家政治的世界政治诉求,旨在将世界当作整体问题来处理,构建一种确立世界公共权力并关注共同福祉的世界政治制度。不过,当今全球治理的主题似乎被误导了。由于把"全球性"错误理解成"跨国性"或稍复杂的"国家间性",全球治理仍然被放在国际政治的框架中进行解释,尽管名义上是全球的,但其本质无非试图以更多国际组织和更多的多边合作来解决跨国问题。以国际思维去解决全球问题无异于缘木求鱼。国际政治在解决长期国际政治问题上乏善可陈,最典型的例子就是巴以冲突。如果说民族国家的政治主题是民族国家间的竞争乃至战争,那么大量的跨国公司、国际组织、非政府组织确实正在不断削弱民族国家体系。但是这些非国家行为体以世界为对象,事实上试图成为独立于并最终取代民族国家的新政治权力,其会以不同于民族—国家的方式重新瓜分世界。跨国性不同于国际性,却是国际性的扭曲表现形式。民族国家至少还关注本地利益,而跨国组织只关注组织自身利益,美国联合欧盟部分成员国遏制中国科技企业发展就是一个典型表现。无论国际性还是跨国性,都不足以改善全球治理。

认真考虑世界政治正当其时,当下国际政治思维只关注对特殊利益团体的维护,服务于谋求霸权的政治逻辑,对成长中的国家施加制裁,最终会毁掉世界的共存。世界政治可以超越国家政治和国际政治,如老子所说,世界政治是"以天下观天下",这意味着政治目标的转向。世界政治作为一种"政治转向",将超越国家—国际的二维框架,而以国家—国际—世界的三维架构重构政治框架。①

3. 从地域权力到系统权力

原始部落的权力机构简单落后,只能为一个部族提供服务,因此原始社会的最大政治单位只能是一个部族,没有复杂的权力机关与统治技术。随着统治技术的不断进步,一个权力机构能够统辖更大范围、更多人口,也能为越来越多的人提供服务,权力覆盖的地域也就越来越大,直到形成现代主权国家。

以大型科技公司与金融企业为代表,全球化产生的新权力并不是以政

① 赵汀阳:《从国家、国际到世界:三种政治的问题变化》,《哲学研究》2009 年第 1 期,第 89–95 页。

治边界为存在方式，而是采取了全球网络化的方式，这是一种系统权力，以完全不同于主权国家的方式去统治世界。这种系统权力不需要组建政府，没有军队和警察，旨在提供普遍的和必要的“最好服务”。系统化权力所定义的全球游戏改变了政治的存在论条件，谋求共享利益最大化，而只有系统化权力才能通过控制世界获得其中最大的利益份额。除了帝国主义的霸权行为，新天下体系需要面对的还有技术革命与金融资本带来的新服务，也即新专制。系统化权力的成功验证了天下概念所蕴含的形而上学原则：共在先于存在。全球化系统把世界更加紧密地结合在一起，也为新天下体系准备了物质条件。①

（二）新天下联结

1. 从争霸模式到共在格局

帝国主义追求零和博弈，认为国家之间只能通过相互角逐才能获取自身利益——全球话语权、地位和资源，故而在军事、经济、文化、科技等方面展开竞争，导致国际紧张、冲突和战争，由此形成了国际政治的争霸模式。曾经支配世界或仍在支配世界的帝国都只考虑国家理念和国家利益，都把自身看作世界的统治者。

周朝天下体系的含义可用一句名言隐喻——“秦失其鹿，天下人共逐之”。这里逐鹿追求的不仅是物质利益，也有精神利益，不同时期的逐鹿者不以消灭他人为目的，而是旨在逐鹿中原时被内化于中国文明体系。构建新天下体系的方法在于，以世界为尺度去定义政治秩序和政治合法性。天下作为在理论上无所不包的政治世界，一切政治实体都属于天下。其形而上学的观念基础在于，既然天是整体存在，天下也必须是整体存在才能与天相配，所谓“天无私覆，地无私载”。天下体系只有内部性而没有外部性，无人被理解为不可接受的外人，没有一个国家、民族或文化被识别为不可化解的敌人，任何尚未加入天下体系的国家或地区都可以被“化”入天下的共同存在秩序。

共在关系是世界内部化的关键一环，个体存在应当以共在为前提。共在原则存在于周朝古老的天下体系之中，作为共存原则的和谐观念有悠久传统。中国形而上学的核心思想是以共存作为存在的先决条件。也就是说，若无与他物的共在关系，则无物能够存在。中国哲学不断追问的是

---

① 赵汀阳：《天下的当代性：世界秩序的实践与想象》，中信出版社，2016，第 261-265 页。

“关系”而非“事物”。没有一个事物能够定义自身，每个事物都只能由关系所定义，关系就是一个事物成为此物的存在论条件。存在预设共存，共存决定存在，这种哲学思维逻辑以和谐原则为根据。

天下体系图景体现的是一个以共在为原则的世界存在秩序。在对立斗争与化外部性为内部性这两种政治范式中，冲突对立的政治概念所表达的并非真正的政治，其无法解决冲突，只能继续或者强化冲突。天下体系有望保证和平和安全，其基于共在的存在论前提，追求共同利益最大化，有及时惩罚的制度安排将使敌对行为不再是有利可图的策略，或者说，将使任何试图摧毁他者的行为都无利可图。在这个意义上，天下体系构建的是一个足够好的世界。

2. 从个人理性到关系理性

现代政治哲学以利益、权利和权力的分配为核心问题，是一种应用哲学和斗争哲学，是一种“术”。试图构建人类共在秩序的政治哲学属于“道”，所思考的问题是何种存在秩序是有助于实现全球善治的目标。

世界冲突的源头到底在哪里？冷战时期，意识形态冲突是世界政治的主要矛盾；冷战之后，民族冲突又显现出来；再后来，恐怖主义兴起，世界主要矛盾又变成文明之间的冲突。不过，所有这些解释都还没有触及政治冲突的最底层。

学过经济学的人都知道，经济学的整栋大厦是建立在理性人假设的基础之上的。什么是理性人呢？理性人指的是每一个做决策的主体都是理性的，而主体所追求的唯一目标就是自身利益的最大化。将这个主体上升到国家层面，形成的就是现有国际政治格局——每一个主权国家都在追求自身利益的最大化。西方现代制度正是基于这种理性人假设而构建的。为了适应这种理性人假设，现代国家不得不把错综复杂的人类社会切分成一个个边界清晰的政治小单元。到头来，作为国际关系的主体，国与国之间的边界越发清晰，基于理性博弈的国际竞争也愈加激烈，这就是当今国际冲突的底层原因。由此，个体意义上的理性人与国家关系意义上的主体国家在思维上是同构的。

个人理性更多是由个人利益的选项集合构成，无法解决合作的难题，故需放弃个人理性，引入关系理性。与追求自我利益最大化的现代个体理性有不同的优先级排序，关系理性要求互相敌对最小化优先于自我利益最大化。或者说，共同安全的最大化优先于排他策略的最大化，同时共同利益的最大化优先于排他利益的最大化。关系理性的理论根据是博弈模仿测试结果，即与人为敌的策略经过他者的模仿或反抗必定变成自我挫败的策略，因违反了风险规避的理性原则，自然不可持续也无望获得最优结果，其最乐观的结果也不可能好过囚徒困境。孟子所谓“仁者无敌”是关系理性的最早直观表述，关系理性所期望达到的社会结果是共同利益最大化、无人不受益，赵汀阳称其为“孔子改善”。①

3. 替代联合国的全球权力

当下的国际政治是一种对外政治，即国家之间的政治，核心问题是国家之间的博弈、合作、竞争、斗争甚至战争。而联合国终究只是一个立足于主权国家体系的国际协商组织，并不是一个世界性的管理机构，更不是有能力构建世界政治制度的世界政府。为避免世界性战争，联合国遵循的是“权力逻辑”，即大国拥有更大的权力和责任，和平抑或战争主要取决于大国，故联合国也很难改变国际秩序。在本质上很难脱胎换骨地转化或者创制一个属于世界的世界制度。

如果新天下体系成为可能，那么其物质基础更可能是全球金融系统、全球技术系统和互联网等真正有实权的机构组织，即世界共享共管的全球系统是实现新天下体系的一个重要条件。②

三、政治观检验：世界政治的正义观念

（一）自然神学与政治神学

“中国”概念的神学化自有其演化过程。按照古代中国的想象，天下之中是中国。这个观念从一开始就借助天地空间格局的想象，构建出自然神性。天下体系包容万邦，中国居中而为宗主国，而天下体系中每个层次都是同构的，保证了天地神圣秩序在政治秩序中的普遍传递性，于是中国成为神圣天下的核心。虽然秦汉将天下收敛为中国，但中国继承了天下的基因而成为一个内含世界结构的国家。这种天下观念成为重要的精神遗产，使“中国”同时成为一个复制了天地秩序的自然神学概念和一个复制了天下秩序的政治神学概念。

① 赵汀阳：《天下的当代性：世界秩序的实践与想象》，中信出版社，2016，第30-37页。
② 赵汀阳：《天下的当代性：世界秩序的实践与想象》，中信出版社，2016，第227-230页。

政治神学这个概念具有鲜明的西方历史背景，其以以基督教为代表的天启宗教为基础，强调世俗政治和神学思想之间的互动博弈，同时具有排除异教徒的强烈诉求。在现代社会，政治神学更多地关注如何在政治行动和决策中融入道德命题和宗教价值观念，其中包含的敌我观念和优越感是基督教的精神遗产。

（二）普遍主义与伪普遍主义

古代天下体系中一项具有当代意义的遗产即兼容普遍主义。基于共在的生存论，新天下体系不预设其他价值。新天下体系承认文化具有“多元性”，而非衬托性的“多样性”。也就是说，普遍价值只能以“关系”去定义，而不能以“个体”去定义。

将普遍主义作为掩盖自身的政治、经济或者文化阴谋，便是伪普遍主义。其表面上声称尊重多元文化和多样性，但实际上以维护自身的利益、意识形态、文化观念作为标准和宗旨，其背后是欧美文化及精神优越感，具有浓烈的种族主义底色。这种虚伪的普遍主义掩盖了实际的权力斗争、经济竞争，加剧了文化和社会的割裂与纷争。

（三）精神革命与物质革命

物质革命指通过重大制度或技术的转型，来改善社会经济状况及人们的物质生活水平。例如，历史上发生过的农业革命、工业革命、信息革命等都被视为物质革命。工业革命与信息革命为人类社会带来空前的财富，但同时加剧了国家间、阶级间、阶层间的不平等。

如果没有精神上的革命，那么物质上的革命会让这个世界更加危险。精神革命强调对人类内在精神层面的转变，主张超越纯粹的物质桎梏，注重对思想、信仰、道德、价值观念等方面的变革。构建新天下体系的首要问题在于，如何改变政治行为的逻辑和政治思维方式。构建新天下共在格局，应当超越国际政治，摒弃霸权主义，鼓励对话、协商和互利互惠，强调共赢和可持续发展。在世界政治实践中，处理气候变化、国际冲突、金融危机、恐怖活动等危机问题时，新天下体系给出行为原则，作为最低标准的原则是互相伤害最小化，作为最优标准的原则是相互利益最大化。

结语　新天下体系与“人类命运共同体”的关联

世界秩序有两个传统：帝国传统和天下传统。帝国传统是霸权体系，意味着向外辐射力，向外征服或向外扩展，最终目的是单边支配世界；天下传统是共享体系，意味着内聚向心力，向内汇合纳入，从而构建共享世界。从短时段和中时段来看，霸权体系对世界的统治更为成功（例如历史上的英帝国体系，还有当下的美帝国体系）。但从长时段和超长时段来看，世界霸权体系对权力、技术和金融资本的垄断很难持续，新天下体系很可能更加可信和可靠。赵汀阳倡导用“天下方法论”解决坏世界的政治问题，当然不是要复制西周制度，而是要从天下体系的遗产中找到现代启示。

天下概念使世界成为政治主体，旨在以世界为整体政治单位构建共在秩序。以整个世界作为思考单位去分析问题，能够超越现代的民族国家思维方式。天下概念的根本意义在于强调了一个“无外”的世界，即一个只有内部性而没有外部性的世界。世界秩序的建构需要承认“天下无外”的先验概念。就当下来说，新天下体系与从“人类命运共同体”的角度做决策的视角吻合，绝非“一超多强”“某国优先”之类的丛林法则或单边主义。唯有如此，才能实现冲突的最小化、合作的最大化，即“天下太平”。

研讨互动

学生与谈

郭权鑫：国际关系的四种理论模式：敌人、竞争、同盟、天下

两位学姐的汇报领读都很精彩，内容翔实、各有侧重，将赵汀阳论证的新天下体系的前世今生娓娓道来，且脱稿和控制汇报时间的本领也是我望尘莫及和需要逐渐学习培养的。

读一本新书前，我会对作者的学术背景进行检索。赵汀阳教授是中国当代哲学家、中国社会科学院哲学研究所研究员，在哲学界的“江湖地位”很高，且有许多头衔。他被认为是当代最具原创思想的中国哲学家，有人把他誉为“中国的哈贝马斯”。不过，也有人说他在学术上过于“狂妄自大”。起初读导言时，我对赵汀阳定义的只有内部性而没有外部性的新天下体系构想存在怀疑，思考他的理论是否太过理想化，只能束之高阁而缺乏适用性。随着阅读的深入，我跟随赵汀阳深入探寻中国古代自周朝以来的“天下”制度的内涵、外延和实践，从政治哲学的角度挖掘其在当前世界现实中的价值。该书论证了一种中国式的兼容普遍主义，即共存先于存在；并提出了以“天下”建立当代世界秩序的观念，对当代中国乃至世界的体系重新进行了讨论。我从中认识到，新天下体系具有前瞻性、普遍性、终局性、包容性的特性，新天下体系并非乌托邦的幻想，而是一个有望保证和平和安全的体系。新天下体系制度安排的关键在于，使竞争或敌对策略无利可图。更准确地说，使任何试图摧毁他者的行为都无利可图，因此能够确保共在成为存在的条件。

赵汀阳的文章像是为读者打开了一个新的政治哲学世界。书中提到了西方政治家提出的三种国际关系的文化：眼中只看到敌人的霍布斯文化，以竞争代替战争的洛克文化，以及与朋友建立同盟关系的康德文化。而赵汀阳超越了上述视角，提出了用中国的天下体系来化解国际冲突的可能。他将“天下”这一视角列为三种国际关系之外的第四种角度，以中国传统政治哲学框架——天下—家—国三个层次，反思现代个人—共同体—民族国家的政治框架，形成结构上的互补性，搭建一个以共在为原则的世界存在秩序。我想，这是这本书对国际政治关系研究最大的贡献。

我一直有一个疑问：周朝的天下体系这么好，为什么它还是崩溃了？好秩序为什么也会崩溃，这是一个需要严肃思考的问题。对此，这本书的回答是，周朝的崩溃恰恰是由于其严格执行了自己的“德治”标准，造成了德治的难以为继。前面说了，德治就是公正分利，但是古代农业社会可分的“利”是极其有限的，基本上只有土地。到了西周中期，所有能分的地都分完了。后世精英再也没有获得“分封”的机会，也就没人愿意为了天下公利去建功立业了。同时，周王室为了维持天下体系的运转，要消耗大量资源，但其并没有对各诸侯国征收重税，这就导致周王室的实力越来越衰弱，无力管制诸侯作乱。到春秋时期，天下体系已经名存实亡。周朝天下体系的崩溃还有一个更深层的原因。天下体系虽然建立了一个政治上的协作网络，但当时的物质条件和技术条件决定了经济上的协作网络不可能真正建立起来，天下万邦通过协作能够产生的共同经济利益非常有限。

一旦诸侯国发现，各自为政获得的利益要大于共享协作的利益，那么天下体系崩溃就是迟早的事了。从这个角度也可以看出，天下体系的确是一个过于超前的政治实践，它所面临的制度上的根本漏洞，只有真正进入了全球化时代才能解决。周朝的天下体系早已远去，只留下天下概念，作为我们构想未来世界政治秩序的一种理论资源。

最后，以此书的天下观为理论基础，我想说，在全球化的浪潮中，当代世界正处于一个前所未有的重要阶段，面临的机遇和挑战也是前所未有的。因此，我们需要保持开放包容的心态，积极倾听各方的声音并尝试寻找一种共同发展的路径。同时，我们也需要继续秉持多边主义，参与全球治理，推动全球体系的进一步完善和发展，为人类社会发展找到更加稳定、公正和可持续的秩序。

吴运通：重新思考世界政治的本质、单位与分析框架

赵汀阳的这本书的阅读难度确实很大，政治与哲学其实是密不可分的，在阅读的过程中我经常是一头雾水。但读下来还是由衷地赞叹，赵汀阳的理论是具有开创性的。

书中谈及当今世界政治存在的问题，改变了我和很多读者对政治的看法。首先，是对政治本质的理解，政治不是互相斗争的技术，而是共同生活的艺术；其次，衡量利益的政治单位不是国家，而应是世界；最后，思考利益的模型不应是个人理性，而应是关系理性。

我认为，周朝的天下模式虽然囿于当时的经济条件及疆域面积，仅限于一定范围内的天下，但中国传统的天下观仍是站在更远、更高层次上的政治世界观。

天下体系并非乌托邦式的幻想，它是一个有望保证和平与安全的体系，其制度安排的关键在于使竞争或敌对策略无利可图，其所期望的是一个以共在为原则的世界存在秩序。同时书中也写道："现代性创造了全球化，但现代性却无法解决全球化所带来的问题。"传统的帝国主义、霸权主义所主导的世界政治格局乃至国际政治关系正逐渐走向末路。天下无外的理念是一种美好的构想与愿景，如果世界政治格局中各国始终保持排外心态，则终将导致斗争，唯有天下无外才能够使世界政治格局走向和平稳定，也即天下太平。

导师回应

第16期读书会与“认识中国”系列阅读进展

肖建飞

先谈谈这一期读书会情况，再谈谈我们整个的春季阅读的情况。这次读书会我看着奥娴和利利在前面做汇报领读，你们知道我当时的感觉是什么吗？我觉得特别像我自己刚刚硕士毕业时站在大学本科一年级的讲台上，当时自己要硬记住一些内容，并没有把这些要讲解的内容都做到了然于心。工作前我自己并没有那么多站起来说话的机会，所以其实特别紧张，在台下时自己记了一些东西，一站起来讲话就忘了。我看见两位同学做汇报，有当年自己初次上课时的那种感觉。

苗奥娴脱稿讲解、用心准备，但知识储备尚有欠缺

奥娴的一大进步就是尝试脱稿，而且基本做到了，尽管还做不到自己真的完全理解或者对自己讲的内容非常熟悉。另外，能够看到整个PPT的制作特别用心，基本上做到了图文相配、文字简洁。比如讲到中原的物质文化吸引力，讲到经济因素时，奥娴用的是古代城镇集市的图片；讲到文化因素时，用了甲骨文图片。但是稍有一点儿瑕疵，奥娴讲到“天下”时用了世界地图，推断是明末清初传教士画的世界地图，这里完全可以换成一幅古代中国的石刻地图，比如沈括在《梦溪笔谈》里面提到的石刻地图。

我们读书会汇报领读现在基本上还是在做整本书阅读工作，自己进行知识理论扩展的能力不强。比如苏炳琦发现远古中国文明遗迹呈现“满天星斗”的分布模式，如果我没记错，那个注释是我加的。但是奥娴很可能不知道，“满天星斗”的状况出现在新石器时期和夏商交接的时候。那时候远古中国各地的确都有了文明，北至辽宁的西北与内蒙古东南部的红山文化，南到长江下游河姆渡文化，西至甘肃，各地都有精致陶器、青铜器、大规模聚落等。可是就在商朝以后，尤其是在西周，情况就不一样了，文明形态发生了变革。此前是“满天星斗”，此后就是“月朗星稀”。中原也就是商周的文化繁荣，中原文化的一轮明月升起来了，其他区域的文化却萧条了。除了气候原因，可能也有其他原因。因为我们自己没有做扩展阅读，所以只能讲得比较单线条一些。

另一个问题是怎么理解基于精神利益的增值。其实奥娴的文稿里面写了精神上的增值，是与物质上的消耗相对应的。谁都知道物质资源是越用越少的，先不要说可不可再生，所有物质都是绝对意义上不可再生的，只是有一些东西不可再生的性质更强。举一个特别简单的例子，粮食肯定越吃越少，但是粮食跟石油比，粮食毕竟来年还能继续种植；石油用完就没了，这种资源要用三四亿年的时间来生成。但是精神资源不一样，一套文化文字体系，你也可以用，我也可以用，用的人越多，这种文字体系越有助于扩大这种文化的影响力，越是增值。这也就可以解释为什么当下英语影响力那么强。100 多年前，没人能想到英语会有如此之多的使用者，因为那时候德语、法语的影响力都很强。

杜利利的领读内容难，节奏把控能力仍需提升

利利的确下了很多的功夫，因为她汇报的内容更难讲，都是一些深奥的概念。除了第一个部分的“坏世界”能举一些事件，后两个部分都非常难。能看出利利课下肯定用了很多的时间在记内容。但利利还有很多可以表现得更好的改进空间，比如利利站着讲话时总是在动，以至于我想给她拍一张照片都不容易。建议下次利利就稳稳地立住，目视别人讲就好。

再谈谈节奏把控与内容选择的问题。利利本来以为自己可以讲 40 分钟，她的稿子内容比较多，她就讲得特别快，因为她担心自己说不完。当然我的时间控制力也是比较差的，在宪法学的课堂上我多数都会拖延 5~10 分钟。在时间不充足的情况下就得减少汇报内容，有一些东西就可以不讲了。利利可能觉得，第二部分新天下体系继承的思想遗产与其新视角比较重要。但我个人认为，第三部分两种正义观的竞争更为重要。新天下体系的共在（关系）理性与个体理性之间有什么差异？个人主义最初指涉的是人与人之间的关系，个人主义也发端于此。原子化的极端个人主义的政治文化应用于国际社会就演变成了霸权主义。特别典型的是 19 世纪的英国与当下的美国。很多政治哲学研究者认为，欧美政治文化的特点是，国内奉行洛克主义，人与人之间是独立的个人；在国际社会却截然相反，国与国之间的关系是狼与狼的关系。所以在我看来，最重要的部分其实是两种正义观念的竞争，但是这一部分也是最难讲的，也是利利写得不尽如人意的部分，这一部分只有一页多的篇幅。

利利现在的汇报内容，第一部分和第二部分的衔接是不够好的，把坏世界总结了一下，但是怎么跟新天下体系衔接起来，文稿的衔接是不畅通的。事实与理论部分不能衔接，说明我们对理论的理解还不够通透。返稿时我也发现了这个问题，但是读书会前的准备时间太短了，两三天内利利的稿子也不太可能有实质性的改进。

最后一个最主要的问题是利利对重要关键词的解释不够透彻，这完全在预料之中。别说是现在，就是再多看一年的西方哲学史和中国哲学史，也不一定能解释明白一些关键词，因为这些词的确太难解释了。比如中国古代思想家谈天道、人道、仁义，西方哲学家谈存在、理性、个人理性，两者的话语体系存在非常大的区别。西方的哲学家特别注意定义的准确性，他们采取的是概念体系性的思考方式。这些西方哲学家忙了几千年，就是为了把这些哲学的元概念解释清楚。西方的哲学是概念性的体系。可是中国哲学的元概念特别难以定义，因为中国的哲学概念都是意向性的。如果大家想不明白概念性与意向性的观念表达之间有什么区别，就比较一下中国文人的山水画与欧洲人的油画。山水画不注重写实，自然景观要经过观念、思想、情感的加工，写意远比写实重要；而且山水画不会突出人物的重要性，人物就是一个小点儿。相较之下，欧洲的油画则是彻底追求写实，达·芬奇、米开朗琪罗等都注重人体结构的精确比例，他们不仅是画家、设计师，还是生理学家；另外，油画最初就是用来画基督、圣母、天使的，后来用来画世俗人物，最后才有风景画，直到现在油画中的风景画也不是主流。我说西方哲学体系力求清晰，也是相对意义上的。因为哲学思考做不到绝对清晰精准，哲学多涉及对世界的整体思考，无法做到像自然科学分析客观规律那样清晰精准。还有一些关键词，比如“存在”与“共在”，利利也没有给出清晰的解释。

汇报领读时，重要哲学概念解释得不充分，这不能归责于我们读书会的同学，因为这些词的确难以解释。

郭权鑫与吴运通对《天下的当代性》有总体把握

权鑫其实挺让我惊讶的，因为他会关心像赵汀阳这样比较晦涩难懂的做政治哲学研究的学者，关心他的学术背景。权鑫还发现，政治哲学不是关注应用性的技术方法，政治哲学有理想性，正因为有理想性才有前瞻性。

运通对这本书做了一个非常好的总结。阅读赵汀阳的新天下体系理论，改变了我们以往对政治的粗浅认识，包括政治的目的是什么、政治的分析单元是什么、政治哲学分析的核心概念应该是什么。

四季读书会的质变：难度、投入、师生互动

接下来我想回顾并分析一下我们的春季读书会。这个春季的读书会是“钟爱阅读”的第四季，与以前三个季度的读书会相比，发生了质变。

第一，我们选择的书特别难，一本比一本难。选书难意味着同学们为了读书会要投入的时间和精力就会非常多，也要求大家的写作是有深度的。

第二，参与阅读的同学来源多样，不但有研究生，还有四位本科生，我们非常在乎本科生与研究生的合作；只有一位同学是指导教师的研究生，其他学生更多是自愿来参与阅读的；几乎所有的成员都有两个以上的角色，都有两次以上汇报领读或者发言的机会；除了正式成员，每一期都有学生来旁听，多则五六人，少则一两人。

第三，除此之外我发现各位汇报领读的同学的汇报内容非常有设计感。设计感不仅体现在写作上，当然这些写作提纲和内容都过了我和亚媛老师的手；还包括 PPT 的制作、海报的制作，有很多老师说，我们的海报越来越漂亮了。我们的读书会已经有设计感了，这个设计感不是为了什么走秀，而是因为我们对自己有要求了，这时候汇报领读呈现的内容就会有提升。

第四，新的指导教师的加入为读书会带来了积极变化。尤其是亚媛老师和胡超老师参与到阅读指导工作中来，也改变了我以往单兵作战的状态。我自己的知识理论储备非常有限，思维也容易陷入定式之中。他们的参与，对于提升我们读书会的品质是一个非常大的助力。

《第一哲学的支点》是本次阅读的理论基础

这是我们本季最后一次读书会，我不能这么敷衍。既然我们在读理论，什么叫理论？赵汀阳的政治哲学理论里的几个关键词都是什么？什么是存在，什么是共在，什么是幸福？怎么理解政治哲学的最终的目的是幸福？赵汀阳认为，所谓的共存仅仅是一个底线原则，在其构想的未来政治世界里，共存仅仅是基础，在此基础之上应构建幸福生活。怎么理解这些观点？我把赵汀阳的《第一哲学的支点》作为理解上述问题的理论基础。

在这一份 PPT 中，我跟同学们简要介绍一下赵汀阳的政治哲学理论图景。存在、共在和幸福，这三个关键词基本上就能够概括出赵汀阳最核心的观点。说实话，我读的政治哲学著作并不多，但是我觉得赵汀阳是国内不多的能打动我的研究者。这也可能是因为我读的政治哲学文献太少，只认真读了赵汀阳的书。还有一个比较私人的理由，我觉得赵汀阳这个人特别有趣。起初我并不知道谁是赵汀阳，我只知道在《读书》杂志上有个经常画漫画的人叫赵汀阳。大家可能还不知道，赵汀阳有一个爱好，就是画漫画。喜欢画漫画的人大多是特别幽默、非常有想象力的人。一个人可以保持这么旺盛的创造力，相对于普通人，这种创造力堪称“奇迹”，其以幽默性格为底本。

本期扩展阅读文稿的写作过程与写作经验

直到今天凌晨一点钟的时候，大家现在看到的这个稿子我连导言都没有写完。我一点多睡了一觉，六点半就醒了。我必须完成这个稿子并制作一份 PPT。我就一直坐在电脑前写，直到奥娴给我发信息的时候，应该是下午两点多钟，我写完了初稿。我今天三顿吃的都是面包。组织读书会实在是一项特别需要投入时间和精力的工作。

假如我们读小说，我们师生都没有这么累。可我们现在读的书确实难，它和以前阅读的书不是一个重量级的。我自己读完赵汀阳的这三本书，也花了非常多精力。同学们读完这三本书，当然也有收获。

我想和同学们说，能不能做完一件事，就看这件事在你心目中有没有那么重要，你是否愿意为这件事尽心尽力。其实我不是无中生有地写完稿件的。这大半个月，我阅读时一直在做整理。这两天我就围绕着三个关键词——存在、共在和幸福——组织稿子。也就是说，我不是从无到有地写作，而是把以前做的阅读笔记再次调整完善一下。

我想给大家再分享一个经验。从今天早上我开始写作起，我根本不看手机。四五个小时后，我看了手机信息，没有发生什么要紧事。因此同学们想完成一件事时，该把所有的妨碍因素都屏蔽掉，专心地干那件事。

我不确定下个学期是否继续做读书会，组织、筹备、指导读书会的确是有压力和挑战的工作。值得庆幸的是，通过集体阅读活动，我们逐渐体会到什么是阅读。如果同学们热爱阅读，那么我们自然会再相遇的。

注意哲学思潮出现的时代背景并审视其可行性

彭亚媛

我们本期读书会读的大部分书都偏向哲学。我每次读赵汀阳的著作时，都很有危机感。他把很多问题都政治化了，你会发现法律在他的著作当中实际上位置是很边缘的。天下体系可能颠覆我们学的法律，现代法律制度多是基于理性个体的模型设计。赵汀阳的哲学可能提出得太早，过于超前了。

过于超前就可能失败，比如周朝提出的天下观念很好，但是与时代环境不适应。赵汀阳现在提出天下体系，我们就得思考一下，天下体系在当下到底适不适用？比如旋涡模式，在五代十国时期是适用的。现在旋涡模式还存在吗？若存在，中心点在哪里？谁来选中心点？是我们卷入西方世界，学英语，接受西方的个体理性观念，还是我们吸引他人卷入？我们要再反思一下赵汀阳的理论。

清末西方思潮涌入中国，引发了强烈的争议。中国那时候就想到，儒学能不能国际化？那个时候的设想被现实打败了，因为我们天天打败仗，所以我们后来就不再设想儒学国际化这个问题。但是到现在这个阶段，我们国家已经很强盛了，经济体量位居全球第二，这种时候我们能不能再去倡导新儒学国际化的思潮呢？

当然，赵汀阳是学哲学的，故书中对具体制度的设计不够具体，只是批判我们这个世界的弊端，但是这些问题能通过理念解决吗？他提出的观点，比如德治，我们自古就有，我们解决战争与贫困问题了吗？我们可以再思考一下，法律可以起到什么样的作用。有一些人的理论设想看起来很美好，但未必能变成现实，比如康德提出建立世界政府，但最后出现的是联合国。赵汀阳也设想了一个新天下体系。理想可以是美好的，但现在就只能实现 1/3（或者更少）。我们能不能依靠制度去落实这一构想？赵汀阳为我们画了一幅很漂亮的图，但是这个图到底能不能实现，我觉得值得大家认真思考。

导师接续

存在、共在与幸福：新天下体系的理论图景

肖建飞

摘要：针对国际社会的失序、失衡，赵汀阳提出新天下体系，构建出新的国际秩序的理论图景。赵汀阳认为，人至少存在于四个世界，物的世界、语言的世界、意识的世界与行事的世界。现代哲学从关注存在转向关注意识，却深陷于自我人、经济人和政治人所构成的原子化个人世界中，原子化的自我面对着“自我悖论”和“无效率的方法论”这两大困境。生活世界的基础事实是“与他人共在”。承认、接受他人，遵守公正这一基于共在（关系）的元定理规则，可为生活世界减熵；高于公正标准的高贵行为则为他人带来幸福，为生活世界增值。新天下体系旨在为霸权主义所主导的国际社会减熵，构建世界共在关系而非增进幸福。其仅是诊断，而非处方。

关键词：理论图景；政治哲学；生活世界；共在（关系）；幸福

2016年至2017年间，赵汀阳连续出版或改版了四部著作，依次是《天下的当代性：世界秩序的实践与想象》①，出版时间为2016年1月；《惠此中国：作为一个神性概念的中国》，出版时间为2016年6月；《第一哲学的支点》，再版时间为2017年5月②；《四种分叉》，出版时间为2017年5月。这似乎是一种“井喷”式的写作，其思想创造力在学者中是少见的。逐一阅读后会发现，四本书互有关联。《天下的当代性》一书试图为中国传统天下观念注入现代性的因素，面对霸权主义主导下国际政治的无序、失衡状态，提出一种新的世界政治存在的可能性。在《天下的当代性》第二章“内含天下的中国”中，赵汀阳提出历史中国生成的“旋涡”模式理论，但只此一章不足以解释这一理论，其扩展版就是《惠此中国》。作为哲学家，赵汀阳绕不开如下问题：如果说哲学思考的范围是无限，那

① 2005年赵汀阳老师出版《天下体系：世界制度哲学导论》（江苏教育出版社，2005），在国内外都引起很大反响。其2016年出版的《天下的当代性：世界秩序的实践与想象》一书接续前书的主题，但进行了整体改写和编辑。

② 2013年1月《第一哲学的支点》在生活·读书·新知三联书店首次出版，2017年为再版。

么势必要提出终极之问，即什么样的议题是第一哲学的支点？哪些概念可作为第一哲学的首位关键词？如何理解第一哲学源于为思想奠基问题，既需要为思考找到支点，又需要自证其合理性？《第一哲学的支点》接续了赵汀阳一贯的主张——哲学应讨论可能生活，可能生活关涉人们如何能共在，第一哲学的支点即政治哲学。《四种分叉》则直指形而上学的根本问题与核心问题："什么是存在？"探讨人文世界与生活的可能性。

理解赵汀阳政治哲学思想的合适读本自然是《第一哲学的支点》。如果说存在是哲学的根本问题与核心问题，那么共在就是政治哲学的根本问题与核心问题，生活世界需基于共在（关系）确立公正规则。幸福源于超越生存基本需要的高贵行为，关涉精神利益与生活意义，成为人之自由的最终证明。共在（关系）也是构建新天下体系的基础性范畴，新天下体系提供的理论图景以共在为核心，而非以超越公正规则的幸福为核心。故赵汀阳政治哲学理论体系的三个关键词便是存在、共在与幸福，体系之轴则是三个关键词之间的理论勾连。

当下对赵汀阳政治理论（即新天下体系）的批判性阅读主要集中于该理论的可行性问题上，如认为新天下体系是具有乌托邦色彩的想象的观念性运动①；以"配天"代替"人权"、以"世界主权"替代"国家主权"，缺乏实现路径②；因不具备客观条件和主体力量，新天下体系缺乏架构功能③。部分文献指出新天下体系的立论基础与论证瑕疵，如认为赵汀阳过于强调天下体系中的"无外"，并试图消解周朝天下体系中的不平等性④；忽视西方民主社会的晚近变化，对基督教历史作用做出片面和偏激的评价⑤。证否或者修正一种理论，最重要的是找到其在立论基点与论证逻辑上的不足或缺陷，而非直接评价其可行性与可操作性。就此来看，理解新天下体系的关键词是理解该理论体系的基础，而对该理论的批判性分析也需深入其内部。

---

① 徐英瑾：《世界秩序："重建"抑或"改良"——与赵汀阳先生商榷》，《探索与争鸣》2016年第3期，第28-23页。

② 白彤东：《谁之天下？——对赵汀阳天下体系的评估》，《社会科学家》2018年第12期，第15-24页。

③ 程广云：《天下语境内的中国叙事———评赵汀阳的"天下体系"系列》，《中国社会科学评价》2021年第2期，第19-29页。

④ 杨吉平：《一元还是多元：反思当代世界秩序的基础——兼评赵汀阳教授的"天下体系论"》，《探索与争鸣》2016年第2期，第50-54页。

⑤ 张盾：《政治哲学的现实主义与理想主义——评赵汀阳的〈坏世界研究〉》，《中国社会科学评价》2021年第2期，第30-39页。

一、作为“图景”的理论

我们剖析赵汀阳为何把政治哲学视为第一哲学，要解决的一个认知前提问题便是“什么是理论”。在与常识、策略的差异比较中，理论获得了自身的含义。

(一) 区分常识、理论与策略

常识性认识只停留在经验层面的描述和总结上。比如“中国历史悠久、幅员辽阔、人口众多”这一表述，就仅仅是经验描述。“中国文明的连续性、兼容性和非宗教性与其说是答案，还不如说正是需要分析和解释的问题。”①

理论研究则需要从常识中提炼出问题，并将常识问题化。理论是图景，追求解释的正当性、说服力和可预期性。赵汀阳写作《惠此中国》的目的在于，循着中国的“生长线索”，寻找其“内在动力”②，也即寻找中国生存的深层理由，一种存在论意义上的生存理由。“必定存在着某种无法拒绝的利益动力使得兼容的共在方式成为共同最大利益之所在。……一个存在之所以如此存在的最终理由必定是一种在利益上有效的存在动力和存在方式”。③ 赵汀阳用旋涡模式理论来解释历史中国的生成原理，其观念基础是自西周以来“天下秩序的发明”，其现实基础则是中国历史上各方政治集团争夺核心利益（政治经济精神的整合性利益）的博弈游戏。旋涡是对一个个博弈过程的概括，博弈参与方并不以博弈过程本身为目的，而是以化解形成旋涡的激烈冲突、“恢复”天下秩序为最终目的。这里的“恢复”不是简单回归，而是融于新要素，从而形成具有包容性的“万民共在制度”。④

思想家构建理论，主要目的并非回应技术问题，为之提供具有可行性、可操作性的技术方案。只有策略才把可行性、可操作性作为自身目标。比如古代守边官员、将领会考虑如何组织能工巧匠、利用民夫民力修筑长城这一军事防御工事。长城不是我们在地图上看到的一条线、照片上

① 赵汀阳：《惠此中国：作为一个神性概念的中国》，中信出版社，2016，引言第 13-14 页。
② 赵汀阳：《惠此中国：作为一个神性概念的中国》，中信出版社，2016，引言第 1 页。
③ 赵汀阳：《惠此中国：作为一个神性概念的中国》，中信出版社，2016，引言第 14 页。
④ 赵汀阳：《惠此中国：作为一个神性概念的中国》，中信出版社，2016，引言第 16 页。

看到的一道孤立的城墙，而是以城墙为主体，由城墙、敌楼、关城、墩堡、营城、卫所、烽火台等多种工事集合而成的完整防御工程体系，用于阻隔北方骑兵的军事行动。遇到敌情，长城守军在白天放烟称为“烽”，夜间举火称为“燧”，实现台台相连，迅速传递信息，这是策略。长城建造者将关城隘口或选址在两山峡谷之间，或选址在河流转折之处，或选址在平川商贾居民往来的必经之地。这些关城隘口既能控制险要，又可节约人财物力，以期获得“一夫当关，万夫莫开”的政治经济军事效果，这也是策略（见图 1）。

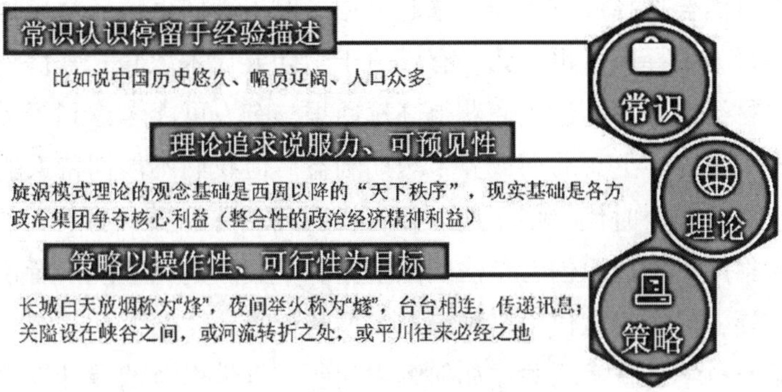

图 1　常识、理论与策略的区别

注：本图由指导教师绘制。

哲学家的职责不在于记录常识、提供策略，而在于构建理论。赵汀阳将哲学视为思想“设计师”的“创造性”工作，而非思想“工程师”的“技术性”工作，两者的差别类似“建筑设计师与建筑工程师”的区别。①

（二）哲学思考可能图景

一块土地是否适合耕种有确定标准；一个人是否擅于奔跑、是否是好的运动员也有标准；但评价一个人是否是好人、高尚的人，评价一件事是否是好事、善事，未必亦有绝对一致的标准。举一个非常容易理解的例子，相对于此前抡板斧伐木，人类发明了电锯后，伐木的速度大大提高了，判断单位时间的伐木量可以依赖客观标准，但伐木是否给森林里的树木、啄木鸟、喜鹊、黑熊、虎豹的生存带来福利，是否有助于人类自身的长久生存繁衍，答案可能是否定的。概括地讲，对于事实问题，人们能确立标准，这主要是由科学完成的；对于价值问题，人们难以确立一致标

① 赵汀阳：《第一哲学的支点》，生活·读书·新知三联书店，2017，第 67 页。

准。赵汀阳比较了以下两种说法：

“（1）这是做x的正确方法m；（2）做x是绝对好的行为。显然，（1）的逻辑意义是：‘只有采用了m，x才能够做得成；如果不采用m，x就做不成。’”①

“……（2）所期望的行为标准却不包含这样的必然性，没有一条伦理准则具有客观必然的制约力量，没有一条不走就必然吃亏的‘绝对正确的路’。”②

再回到伐木的事例上，人们思考的问题如果是在单位时间内如何多伐木，那么自然会选择放下板斧、拿起电锯。但当人们思考乃至反思是否该伐木时，行为选择就不再一致。有人迫于生计要伐木取暖、盖房，有人想通过卖木材给家具商、建筑商获得高额回报，有人可能考虑到子孙后代不能生活在荒山秃岭上，故而放弃了短期利益。但我们不能期待人们都选择第三种行为，哪个时代，哪个地方都有“我死后哪管洪水滔天”的人。这句话流传很广，据说原创者是法国国王路易十五。是哪位统治者说的这句话并不重要，毋宁将之作为一种思维类型和行为选择。

哲学与科学、技术均关注如何解决问题。哲学思考的特殊性在于，其寻求解决问题的方式不是旨在获得普遍必然的答案，而只是试图“为思想开拓一种可能性而有助于建构一种可能生活。实质性的思想必须是建构性的，必须是一种更好的思想创作，而不仅仅是变更表述方式”③。也就是说，“哲学要研究的是存在的可能性，而不是研究言说方式”④。这里的存在主要不是指物质世界如何存在，而是指人的生活世界如何存在。生活世界有爱恨情仇、悲欢离合、高低尊卑，哲学家会思考有无其他构建生活世界的方式。

理论应指向一种图景，不只哲学思考如此，所有人文社会科学研究都如此。人类学家项飙就认为，普通人也会对自己生活的小世界发生兴趣，有意识地把自己经历的生活讲出来，形成一个独立的叙述，但普通人一般不做分析。研究者要做的是什么呢？在拉丁文里“理论”有“图景”之意，提出一种“理论”，相当于提供了一种“世界的图景”。换言之，理

① 赵汀阳：《第一哲学的支点》，生活·读书·新知三联书店，2017，第55页。
② 赵汀阳：《第一哲学的支点》，生活·读书·新知三联书店，2017，第55页。
③ 赵汀阳：《第一哲学的支点》，生活·读书·新知三联书店，2017，第71页。
④ 赵汀阳：《第一哲学的支点》，生活·读书·新知三联书店，2017，第71页。

论的作用不在于“给出判断”，而在于给出一幅精确“图景”，也展示“未来可能的图景”。理论的精确性在于，能把握住事物发展的“内在的未来方向”。理论精确与机械精准差别很大，“机械就是拍照，但精确是不仅抓住现在是什么，而且抓住它将会是什么、内在的矛盾是什么”。因此，“图景”具有两重含义，“一是现在的概括，再一个是未来可能的走向”。[①]

二、“存在”的四个层面

明确了何谓理论与理论建构的意义后，哲学需要为自己的思考范围划界。当然，划界并不意味着哲学要为自己开辟出一片“保留地”，而是要求哲学认清自己的工作重心，更好地承担起反思和沟通的职责。

（一）四个世界均不可缺

赵汀阳认为，人至少存在于四个世界中。第一，由物（things，简称T）组成的世界，也就是自然或物理世界。其曾一度被哲学家作为认知对象，当下却日益成为自然科学的研究领域。第二，语言（language，简称L）世界，由语词、语句和语法组成。语言是思维的载体，人类无法超越语言去思想，语言成为“思想的基因库”，语言的基因序列也成了“意识演化的历史刻度”。[②] 虽说禽有禽言，兽有兽语，但人类语言的特殊性在于可以构建出现实世界中无以对应的观念性存在，如信仰、民族、政党、国家等。东北虎妈妈会跟小虎说：“我捕了一头野猪，我们今天晚上有饭吃了。”它不可能说：“孩子，我犹豫不决，我们是信仰佛教，还是信仰基督教好呢?”动物的关注集中于生存繁衍，人类可以产生与生存没有直接关联的关注，人类会深深关注观念性的存在。而且越是观念性的存在，越

---

① 项飙、吴琦：《把自己作为方法——与项飙谈话》，上海文艺出版社，2020，第22页。项飙老师在学界引起最多关注的著作是《跨越边界的社区：北京“浙江村”的生活史》，该书也是他的成名作。项飙老师在北大读社会学专业时，花了大量的时间参与浙江村社会工作，并没有清晰的社会调查目的，却在长期的事实浸泡中获得了足够的研究资源。当时计划经济体制刚刚松动，北京城市管理体制还是相当严格的，可自20世纪70年代末、80年代初开始，大量来自浙江温州的农民来到北京谋生发展，这是一个很有价值的社会问题。计划经济本身也是条块分割的，各类国家机关、国有企业、基层政府参与其中。在条块分割的权力空间中，有一些权力罅隙。而来自浙江的农民就游走于各种各样的权力机构之间，寻找生存空间（主要是生产、居住、经营地点和经营机会）。他们亲带亲、邻带邻，做服装生意，开始发家并逐渐形成自己的社区。20世纪90年代以来，随着城市管理体系改革的推进，温州人逐渐创立企业，实现经营模式的升级换代。进入21世纪后，温州商人很难像二十世纪八九十年代时一样找到权力罅隙，此前形成的社区也难以维系。就此看，学术研究不单单是概括，还要有对未来的预见性。

② 赵汀阳：《四种分叉》，华东师范大学出版社，2017，第47页。

有集体动员力，有集体动员力也意味着更容易引起群体间的冲突。第三，意识（cogitatum，简称 C）世界，由意向、观念和意义组成。这里要注意，思考的主体是人，近代哲学从思考世界转向思考意识。在所思的世界里，人是自由的，你我他都如此，我们有对称性的自由。第四，人类的行为与实践组成的行事（facts，简称 F）世界。① 根据赵汀阳的解释，如果仅有一个人存在，那么与之相关的问题就是“事关生存的经济问题”，经济就是此人的“存在论”；若是两个人，那么与经济问题并存的便是“伦理问题”，“存在论和伦理学是合一的”，两个人的道德关系可以建构出“最小伦理模型”；若是三个人，三人为多、成众，那么经济和伦理之外便产生了“政治问题”，“存在论就与政治重叠一致”。② 在众人世界里，我们互为恩人、敌人，相互报恩、报应（见图 2）。

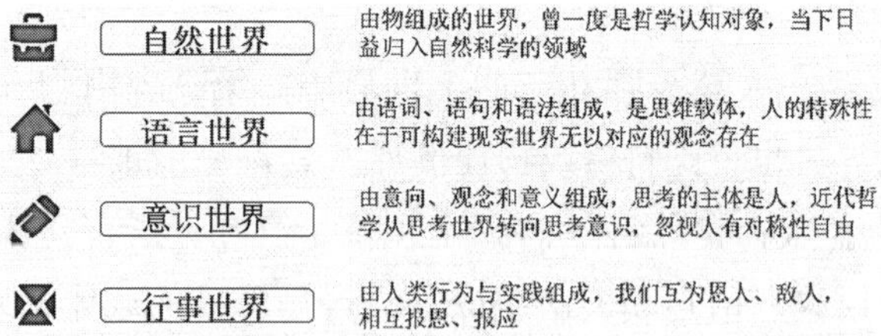

图 2　人类身处的四个世界

注：本图由指导教师绘制。

对于人类存在而言，四个世界皆不可或缺。四个世界一度都是哲学的思考范围，至今哲学也是思考的汇集点。“哲学是任何思想道路不期而遇的汇集点（focal point）。如果完全否定哲学就必定使整个思想系统失去反思性和沟通。”③

四个世界的划分主要是为了论证便利。以排除法推导出第一哲学中的“第一问题”——“人的创世问题”，也就是行动实践问题；继而推导出第一问题中的“第一个”哲学关键词——否定词“不”，该词为意识提供可能的思想空间，并开启自由的创造状态④；最终确定第一哲学，即政治

---

① 赵汀阳：《第一哲学的支点》，生活·读书·新知三联书店，2017，第 203、212 页。

② 赵汀阳、R. 弗斯特、M. 威廉姆斯：《全球正义如何可能？——M. 威廉姆斯、R. 弗斯特和赵汀阳三人对话》，北京歌德学院翻译，徐慧敏整理，《世界哲学》2021 年第 5 期，第 7 页。

③ 赵汀阳：《第一哲学的支点》，生活·读书·新知三联书店，2017，第 61 页。

④ 赵汀阳：《四种分叉》，华东师范大学出版社，2017，第 53 页。

哲学的理论基点——“共在先于存在”，其“逻辑上在先，时间上同时”[①]。

（二）从存在到意识的哲学转向

无论人如何思考，世界如其所是。赵汀阳举了一个极容易理解的例子：根据改造后的庄子哲学视角，在东北虎与天山雪豹的世界中，物质仅分为可吃的和不可吃的、美味的和算不上美味的；虎豹、狮子都不知道人们把它们归入猫科，就像玫瑰和月季不知道人们把它们归入蔷薇科一样。人们可以获得对世界的知识，但并不能掌控全世界；人们可以更为有效地从自然中获得资源为己所用，却很难把握所用的限度，并确定利用自然的方式是正确的。人类对自然世界思考的结果是，接受自然是超越于人的存在。

自笛卡尔开始，近代哲学从思考世界（存在的终极原因，关于世界的形而上学）转向思考意识（我思，关于意识的形而上学），又从思考意识转向思考语言（仍未脱离我思的载体）。“我思”成为意识领域与语言领域共同的载体。但是如果没有内容，那么意识与语言都是空集，对于人的生活毫无意义。哲学家不得不思考，“每个世界各有各的问题，但并非所有问题都能够成为哲学问题”[②]。

没有内容的我思、意识与自我，如同造物主一样，是虚构的超越存在。封闭的我思、意识与自我，即使不是虚构的主观存在，也至少是虚构的哲学问题。因为造物主和自我都不会在世界和生活中现身，在生活世界中人们无须面对两者。然而世界和他人确实是无法回避的超越存在，其超越性在于，世界和他人对“每个人的可能生活有着必然的限制或必然的干预”[③]，因此它们构成了真正的终极问题。世界即自然，自然之道不是人能够支配的，但人可以努力认识、了解世界；他人的存在对“我”而言是自由，也同样超越了因果律。

自然科学的研究对象是物质世界。当自然科学蓬勃发展之时，哲学只好步步退后。但自然科学涉入由人的行为所构建的生活世界的程度较为有限，乃至面对希望、信念、意义等问题时无能为力，只好不置一词，而这些问题恰恰是哲学擅长的领域。换言之，行事的世界才是哲学的后花园。赵汀阳认为，严格意义上的哲学起源于对行为选择的困惑。“为什么有了

---

① 程广云：《思想宪法何以可能：论赵汀阳的历史形而上学》，《哲学动态》2021年第7期，第28页。

② 赵汀阳：《第一哲学的支点》，生活·读书·新知三联书店，2017，第203页。

③ 赵汀阳：《第一哲学的支点》，生活·读书·新知三联书店，2017，第116页。

如此强大的科学还仍然需要哲学？问题不在知识不够强大，而在于知识与自由问题不匹配。知识无非描述以及对描述的解释，对事物的充分描述就几乎足以表达其必然性（尽管科学仍然做不到充分描述，但已经是足够可信的描述了），可是对于自由所为的事情，描述却不得要领。”①

三、从“我思”到“共在”

第一哲学在回归行事世界的过程中，要面对的首要问题便是如何认识并定位行事主体。哲学家构建出基于个人理性的原子化个体，最终无路可走时，才思考人类实践的另一种可能性——基于共在（关系）构建生活世界。

（一）自我人、经济人和政治人

笛卡尔的名言“我思故我在”，为意识哲学确立了起点。现代哲学锁定了思考的核心问题，即便不能准确回答世界是什么，也至少可以回答“我”是谁——“我”是理性存在的大写的人。“思想的根基就是思想的界限，那里已经是思想不可超越的极限”②，即便是提出原创性理论的哲学家也是如此。笛卡尔的探究止步于“我思”，而不及“所思”。康德与胡塞尔接过行至半途的主体性研究，“试图证明无疑之我思能够直接保证无疑之所思”。尽管如笛卡尔一样的哲学家用意识来表征人作为主体性的存在，但人并不是“全知全能”的“绝对主体”，而是受限于外在世界与他人（对称性存在）的“卑微作者”。③ 先验自足的主体性概念隐含着一个巨大的风险，即过于关注内心世界，构建出孤独的自我，唯心论自身越是圆满，自我离生活世界就越遥远，但自我又无法放弃生活世界。赵汀阳为孤独的自我画像：“即使我思占有了现象与本体，占有了语言与意义，我思在存在论上仍然一无所有，我思没有生活，没有土地和庄稼，没有敌人和友人，没有值得珍惜的事物。”④ 唯心论的世界越来越局促，充其量是构建出一个“为我”的小世界，一个没有他人也没有众生的世界。“我思证明了我在，却没有说明我在做什么，那么我在的意义何在？”⑤ “也许

---

① 赵汀阳：《第一哲学的支点》，生活·读书·新知三联书店，2017，第213页。
② 赵汀阳：《历史·山水·渔樵》，生活·读书·新知三联书店，2019，第9页。
③ 赵汀阳：《四种分叉》，华东师范大学出版社，2017，第16页。
④ 赵汀阳：《第一哲学的支点》，生活·读书·新知三联书店，2017，第85页。
⑤ 赵汀阳：《第一哲学的支点》，生活·读书·新知三联书店，2017，第85页。

思想可以不理会外在世界，但人却不可能不理会外在世界。”① 这种孤独的我思，可以从加缪的作品《局外人》中的主人公莫尔索身上发现，可以从此前日本社会学家所讨论的“下流社会”、当下国内社会学家所关注的“空心”一代和“巨婴”一族身上得到印证，更典型的代表是各种各样的毒品成瘾者。孤独封闭的自我生活在迷茫或迷失的状态中，自认为自身需求是绝对优先的，实则陷入自我隔离、自我挫败的困境。

自我的构建工程从我思开始，承认自私欲求的合法性，自我也在制度层面不断被合法化、合理化，自我人、经济人和政治人三者合而为一，形成原子式的个人，完成了个体自我的构建工程。经济人的学术表述是“自身利益最大化”，实质是允许自私变成贪婪，“贪婪几乎可以解释人类的全部悲剧”，涉及公共资源利用的囚徒困境、公地悲剧和反公地悲剧等，也涉及国际社会的争权争霸、国际无政府状态和文明冲突等。在谋求成为政治人时，自我人与经济人合而为一，政治个人的影响力不只限于公共政治领域，还扩及个人对自身事务拥有全权，“个人的政治边界是个人权利，而个人权利是个人主权”。“人人都想成为独裁者，但显然不可能，而且绝大多数人毫无希望，于是退而求其次，人人都想在自己的小小地盘里当个小小独裁者。”构建完成的个人拥有多重边界：“身体是个人的自然边界，自我是个人的精神边界，财产是个人可支配空间的边界，而权利是个人的政治边界。”② 这三种形象均在存在论意义上被质疑，即自我人不切实际，经济人唯利是图，政治人寄望于划界为王。基于此，赵汀阳对权利优先或权利为本的现代政治文化深感忧虑。

合法化、制度化的自我面临着两大存在困境，即“自我悖论”和“无效率的方法论”。“自我悖论”表现为，我思没有对象，我思不能独自为所思的世界和他人建立标准，只能回归空洞且毫无内容的自我。“我做我自己”既是流行话语，也是典型的自欺欺人。“自我正是一把无刻度的尺子，而主体是个最大的虚构作品。”“无效率的方法论”则源于，个人主义以个人理性为核心展开假设，坚持一种“从个人出发、为个人着想、以个人为准、谋求个人利益最大化的理性思考方式”。个人排斥他人、树立敌人，这种行为必定带来互相伤害或互相妨害，故其所构成的生活世界

① 赵汀阳：《第一哲学的支点》，生活·读书·新知三联书店，2017，第 84 页。

② 赵汀阳：《第一哲学的支点》，生活·读书·新知三联书店，2017，第 134-139 页。

是"无效率或低效率的"。[①] 赵汀阳发现，现代哲学的主体性革命是违背常理的"逆向革命"："人类主体性反对自然，个人主体性反对他人，于是制造了人与自然和人与人的紧张关系。"[②] 自17世纪以来，哲学将"世界是什么"的问题留给自然科学去解决，哲学在"意识是什么"的问题上徘徊了几百年，依然解决不了生活世界的问题。更重要的哲学问题不是"意识是什么"，而是"事该怎么做"。

(二) 我思和他思的循环关系

人仅仅是"有限主体"，而非"绝对主体"。姑且不讨论他人与世界的超验性，即便在我思（意识）世界中，自我意识也无力自主决定与构造未来，"人的主体性在未来、理论、外部世界和他人那里失去了主权"[③]。"人的生活必须有他人参与才成为可能"[④]。独自生存缺乏可持续性和意义，如何构建有意义的生活？人凭借一己之力可以思考、可以做的事情多吗？独白式的主体是否会走向枯竭？即便不了解赵汀阳的哲学理论，没有读过他的书，人们也会给出否定回答。

在《第一哲学的支点》中，赵汀阳让古今中外的思想家对话——霍布斯对话荀子、帕累托对话孔子、哈贝马斯对话箕子，在相当程度上也证实了"互相作证的先验论证模式"的有效性。在循环关系论证模式中，我思和他思"互相作证"。换言之，循环关系论证模式是一种"先验关系"，无他则我思和他思无法被"同时证明"。用赵汀阳的话来表述："在任何一种语言L中，任何一个句子s′都先验地要求：对于s′，至少存在一个应答句子s″，句子s″或是对s′的认同，或是对s′的否定，或是修正，等等，总之是对s′的应答。"[⑤]

四、共在之上的"幸福"

人的存在最基本的追求是继续存在，人超越自我认识的有限世界源于"既简单又质朴"的存在事实——"与他人共在"[⑥]。生活世界持续存在的

---

① 赵汀阳：《第一哲学的支点》，生活·读书·新知三联书店，2017，第140-143页。
② 赵汀阳：《第一哲学的支点》，生活·读书·新知三联书店，2017，第145页。
③ 赵汀阳：《四种分叉》，华东师范大学出版社，2017，第7页。
④ 赵汀阳：《第一哲学的支点》，生活·读书·新知三联书店，2017，第31页。
⑤ 赵汀阳：《第一哲学的支点》，生活·读书·新知三联书店，2017，第32页。
⑥ 赵汀阳：《第一哲学的支点》，生活·读书·新知三联书店，2017，第121页。

前提在于，对与自己呈现对称性存在关系的他人予以承认和接受。在生活世界中，人们的共处元规则应该是公正，公正并不完全以人的自由、自主为要件，及时有效的惩罚与救济是维持公平、维护秩序之所需；超出维持生存所需的公正规则之上，为他人自愿奉献、自主创造才是幸福的来源。

（一）共在指向承认、接受

不同于西方哲学中的“物”，中国哲学思想中的“道”并不执迷于对世界的追问。关于道的思考不是对世界天地发问，反而是试图基于天地这一类自然存在的角度对人进行追问，其思维方向是“质疑人而不质疑天，并且以天正人。天是人的界限，所以人不可能质疑天，而天能质问人”，这种思维设定在于：“从天的角度问的是，人之所为是否（是）对天的正确回应，或者，人的存在方式是否（是）天的存在方式所允许的”。[①] 尽管我们都知道，天地不会发问，天地发问仅仅是一种思想构建。在中国人的观念中，天地是包容万物、承载万物的。从天的角度质问人，仍然需要由人代替天来发问，问的人要知晓或者参悟天道。参悟天道者有义务和责任去传道，让更多的人闻道，和更多的人一起行道。替天行道其实是参道、传道、行道，而不是大义灭亲之类的偏狭解释。参道、传道、行道皆在于人，道“生于行、在于行、成于行”[②]，人的行为创造开启了生活世界的多种可能。

中国哲学使用“道”这个难以解释的、极富包容性的概念阐释世界万物存在之本意，即“继续存在”，不断肯定自身存在和他者的存在，这就是“天地之大德曰生”，“生生”就是“大德”。“保持存在、继续存在、永远存在就是存在之本意”。[③]“阴阳之道，变化之数，仁义之理，礼乐之制，历史之论，兴亡之忧，一切思虑皆因生生的问题而具有意义。”[④] 与其说关注物质世界，毋宁说中国绝大多数传统哲学家更关注人的存在、人们共同构建的生活世界。以儒家为代表，中国哲学家确信，在与他人的积极共处中创造生活世界，肯定彼此的存在并构建积极的共在，才是“生生”之本意。

他人是一种超越自身经验的存在，生活世界的前提在于，接受和认可

---

① 赵汀阳：《第一哲学的支点》，生活·读书·新知三联书店，2017，第85页。
② 赵汀阳：《四种分叉》，华东师范大学出版社，2017，第4页。
③ 赵汀阳：《第一哲学的支点》，生活·读书·新知三联书店，2017，第88页。
④ 赵汀阳：《第一哲学的支点》，生活·读书·新知三联书店，2017，第100页。

他人与“我”一样有生活的机会、意愿，有他人才有生活。“没有他人可以对话、互动、博弈和印证，我就根本无法开展生活，因为无处可以开展生活，也就根本没有生活，正因为他人的来临，我与他人之间才形成了生活空间，就像两点才能成一线。”① 中国古代哲学所思考的人道观念由仁、义、忠、恕等关键词构成，均以他人作为思考核心，他人就是思考“我”的存在、“我”的生活世界的核心；理解人就是理解他人，认可、尊重他人就是接受共同存在。

（二）自由创造的幸福之道

思想冷静而清晰的维特根斯坦为赵汀阳留下一个断言，“真正的道德问题仅仅是幸福问题”，真正具有道德意义的“绝对赏罚”是“幸福和不幸”。作为生活的绝对目的，幸福与“规范约束”无关，与“立志行善”无关，与休谟经验意义上的“利益考虑”无关，与康德先验论的“绝对命令”无关。“幸福只与个人的生活选择有关。”选择了有意义的生活，自得善果，幸福便是“绝对奖赏”；选择了无意义的生活，自作自受，不幸则成为“绝对惩罚”。幸福因此具有“不言而喻的生活品质”。② 为什么说上述判断只是断言呢？相信赵汀阳也认可其是断语。“人们真正关心的问题不是什么是幸福，而是如何才能获得幸福。幸福的感觉是明显的，可是幸福之道却不是明显可见的，通向幸福之路不可能自动铺开”。③ 维特根斯坦并没有给出实现幸福的基础条件和衍生条件，他回避了这个最重要的问题。什么是可能实现幸福的基础前提？“幸福的条件”或曰“幸福之道”正是赵汀阳致力于思考并解决的政治哲学问题。

生活世界的内容远远超出了生存、活着的本能需求，赵汀阳的哲学化表述则是：“存在之最高目的仅仅就是存在，那么，存在的目的就只不过是存在的重言式含义，而如果存在的目的被限制在其重言式含义之中，存在就只是一个自然事实，毫无超出存在本身的意图，这样的话，人的存在就毫无价值光辉。”④

赵汀阳对幸福之道的探索主要基于对利益获得方式的比较。这里的利益不只是基于个人理性所追求的利益，还包括基于共在（关系）所追求的

---

① 赵汀阳：《第一哲学的支点》，生活·读书·新知三联书店，2017，第115页。
② 赵汀阳：《第一哲学的支点》，生活·读书·新知三联书店，2017，第57页。
③ 赵汀阳：《第一哲学的支点》，生活·读书·新知三联书店，2017，第57页。
④ 赵汀阳：《第一哲学的支点》，生活·读书·新知三联书店，2017，第262页。

利益，且后者更重要。基于个人理性所追求的利益指涉的范围很窄，多指向可交易、可量化计算或在法律上可清楚界定的利益，大体限于物质利益和政治权利，而把精神利益排除在外。但以自我为准的存在方式成为生活目的的否定式，“自私最大化却达不到幸福最大化，自私求福却变成对幸福的否定”①。物质利益关涉生存的基本需要，精神利益则关涉生活意义。“所谓精神利益，就是能够让人感受到幸福的那些事情。”② 思考一下，我们生活中期待获得的收益都是无法独占的，例如交流、理解、信任、亲情、友谊、家庭、爱情、承认、尊重、互助……一旦你试图独享，这些重大利益就都烟消云散了。就像组织一次读书会，书友们聚在一起的目的不是喝茶、吃点心和水果，而是听领读人、指导教师的阅读收获，这种交流收获是无法独享的。

共在（关系）把维持基本生存作为基础性问题。考虑到人的本性之一是自私，且有逃避惩罚的侥幸心理，共在（关系）规则的元定理是“公正（justice）、公平（fair）和平等”。这一元定理同时也是“法律的元定理”，不仅涉及生产、分配的规则要公正，救济规则（包括最重要的惩罚规则）也要公正且及时。基于规则元定理来评价人的行为，则“凡是低于公正标准的行为都是不道德的行为，凡是高于公正的行为都是高贵的行为”③。共在（关系）的元定理确立了人们之间的共处规则，其最显著的作用是为生活世界减熵。也就是在共在的生活世界中，最大限度地减少人们的背信弃义、偷奸耍滑、强取豪夺等行为。

高贵行为不是基于生存本能的行为，并非“进行利益选择或成功地苟活于世”④；也不是基于道德准则与法律规范的要求，不如此就要接受惩罚。高贵行为超出了维持生存均势的规范标准，是意志的自由选择，因而也是“自由的最终证明”。它让自身存在、自主行动产生超出自存的、更大的价值，这些价值可以是正义、真理、爱或者美，“世界具有了幸福的品质，出现了爱情、友谊、信任、仗义和拯救等事情”⑤。

如果说生存理性尚不能超出自存、自足（但不是绝对的自助、自立），那么超越此状态的行为就是涉他的正外部性行为，其不仅能为生活世界

① 赵汀阳：《第一哲学的支点》，生活·读书·新知三联书店，2017，第 252 页。
② 赵汀阳：《第一哲学的支点》，生活·读书·新知三联书店，2017，第 252 页。
③ 赵汀阳：《第一哲学的支点》，生活·读书·新知三联书店，2017，第 265 页。
④ 赵汀阳：《第一哲学的支点》，生活·读书·新知三联书店，2017，第 262 页。
⑤ 赵汀阳：《第一哲学的支点》，生活·读书·新知三联书店，2017，第 264 页。

“减熵”，而且能为其增值，所增之值便是“幸福”。换言之，人的概念不是物理概念，而是价值概念；人的存在不是自然状态，而是社会状态。让人的存在高贵化的唯一途径是涉他的行为，而非自涉的行为。他人与自己具有“同等存在论地位”，自己因行为实践“创造了高贵的存在而成为高贵的存在”，在让他人高贵化的同时实现了自身高贵化。①

爱国爱家、支持公益、投身环保等行为，并不是基于道德命令、法律条款，而是基于自愿、自主的创造行为。人们通过这些行为试图使生活世界具有更多幸福品质。“幸福是来自他人心灵的高贵礼物，最重要的生活奇迹就是给予他人幸福，如果舍不得给他人幸福，就不能得到来自他人给予的幸福，自己就自绝于幸福世界。幸福的存在与高贵的存在是一回事。”② 赵汀阳将此作为对维特根斯坦问题的回答。

结论　新天下体系指向共在而非幸福

新天下体系理论旨在为解决世界的存在论难题提供思路。世界的存在论难题可概括为世界如何实现共在的问题，新天下体系给出了一种图景，而非具体路径。这不全然是哲学家推卸论证责任，而是出于理性自知。

（一）基于集体理性构建共在关系，并为世界减熵

《天下的当代性》探讨的主题是“理想的可能生活所需要的可能世界的存在论条件”，尤其是理想世界的“精神品质问题”。“理想不是用来实现的，而是充当一种尺度，用来衡量现实和理想之间的距离。”③ 赵汀阳用正义规则为新天下体系奠基，其理论体系的前提不是康德的道德律令或者罗尔斯所设想的无知之幕下人民所做的选择。“天下概念是一个远眺的理论视野，不是眼前的现实政治斗争。”④ 如其所述，新天下体系恐怕不能消灭世上所有的不正义和不平等。历代最智慧的头脑都试图去解决这些问题，但是皆未能成功。赵汀阳认为自己对正义的理解比较保守，接近古代理解，“正义意味着对称性（symmetry），人与人或事与事的对称性”⑤。

① 赵汀阳：《第一哲学的支点》，生活·读书·新知三联书店，2017，第 266 页。

② 赵汀阳：《第一哲学的支点》，生活·读书·新知三联书店，2017，第 268 页。

③ 赵汀阳：《天下体系的未来可能性——对当前一些质疑的回应》，《探索与争鸣》2016 年第 5 期，第 52 页。

④ 赵汀阳等：《天下体系与未来世界秩序》，《探索与争鸣》2016 年第 5 期，第 61 页。

⑤ 赵汀阳、R. 弗斯特、M. 威廉姆斯：《全球正义如何可能？——M. 威廉姆斯、R. 弗斯特和赵汀阳三人对话》，北京歌德学院翻译，徐慧敏整理，《世界哲学》2021 年第 5 期，第 9 页。

或者说对称性的正义更接近实质正义，而非形式平等。尽管形式平等也是一种对称性，但因缺乏对背景、效果的考虑，这种去背景的对称性概念的内涵比较单薄。

当下我们面对的是全球问题，如全球资本霸权、气候变化、大流行病、经济危机乃至战争等，这一类问题是历史问题的当下演进；人工智能、基因改造工程等问题则是新发危险，而非历史问题的新变化。这些问题具有如下共性：第一，上述问题均是强调自由竞争规则的现代制度的伴生物，也是敌对性的国际政治运作的主要产品。第二，上述危机都在为世界增熵，即增加了世界的混乱指数，同时为极少数国家减熵。最典型的事例就是美式霸权体系，美国为降低本国债务危机，而增加其他国家的金融风险；以压倒性的军事力量确保自身的安全，却导致其他国家的高度不安全。

新天下体系的理论基点是世界性的集体理性，目的在于解决和平、安全、合作的共在问题，谋求人类普遍安全与共享利益、兼容利益[①]。构建新天下体系的目的是为世界减熵，而非直接增进世界幸福——以系统手段来控制军事竞争、减少资源浪费、减少排放、保护水源和森林，建立普遍公正的共同秩序。新天下体系在构建“世界和平、对等安全和合作最大化的全球体系”，这一体系的有效运行会为世界集体减熵[②]。就此而论，新天下体系绝非“人类普遍幸福的神话”，而更近似一个“无外（inclusive）的监护体系”，摒弃排他性存在方式，监护世界实现共在，避免人类的彻底失败。[③]

（二）政治哲学负责诊断，但非开出精准处方

如前文所言，自2005年赵汀阳出版《天下体系》一书，新天下体系的可行性（而非立论基础）便成为学界评论的焦点，可行性争论沿袭至今。就如何消除世界上较为严重的不正义，如金融资本主义及其新型专制，赵汀阳坦言，自己“没有什么好主意来对付它”。国际政治事务确实需要全球性制度安排，但是否需要一个世界政府，赵汀阳则颇为犹豫，因为世界政府意味着其“拥有支配性的权力”，这一权力会带来新的危险，

① 赵汀阳：《天下：在理想主义和现实主义之间》，《探索与争鸣》2019年第9期。

② 赵汀阳、R. 弗斯特、M. 威廉姆斯：《全球正义如何可能？——M. 威廉姆斯、R. 弗斯特和赵汀阳三人对话》，北京歌德学院翻译，徐慧敏整理，《世界哲学》2021年第5期，第9页。

③ 赵汀阳：《天下的当代性：世界秩序的实践与想象》，中信出版社，2016，第267-268页。

故应“更谨慎的思考，现在没有结论”。就“天下”概念所需的实质支持，包括制度性的、可归责的架构来说，赵汀阳的回应是，新天下体系只是“未来世界的一个可能的理想”，如何让天下这一“理想化的概念”获得具体落实，“多少超出了哲学的能力”。① 从政治哲学理论到政策实践的转化，不是“多少超出”，而是实质性地大大超出了哲学或者哲学家的思想构建能力的范围。

赵汀阳曾声明，作为新天下体系理论的系统阐释，《天下的当代性》一书“只限于讨论天下体系有可能创造好世界的理由，却没有涉及世界如何才能够有好生活的问题”②。如按照作者的思维进路，新天下体系不讨论两个问题：第一，新天下体系只关注如何为排他的、敌对的世界提供一种共在世界的理论图景，既不枉谈幸福世界的上位目标，因幸福源于人的自由创造、自愿奉献，这是高尚者的事业；第二，新天下体系也不接续共在世界的实现途径——因为该理论自身无法改变现实，甚至也不能催生变革现实的力量，这是预言者的事业。面对实践转化抑或操作性问题，赵汀阳半是辩解、半是自省：“无法预想未来天下体系是否能够实现，也无法预想未来天下体系的具体制度安排，因为无法预知未来社会的情况。”③

天下体系作为一个理想社会类型，其价值不在于解决现实问题，而是作为对现实和实践的度量而存在。换言之，理想的功能在于“充当一种尺度，用来衡量现实和理想之间的距离”④，借此人们可以更清楚地认识到现实世界中有待改善的状况、有待解决的问题。在近期发表的论文中，赵汀阳赋予了新天下体系的道德理想更丰富的内容，其蕴含“相互善意的经济”“对称公正的法律”“智慧民主”。作为一种能够化敌为友的新政治，天下体系“或可期望是跨主体性的政治最大值”，但其自身却无法保证能构建出“一个理想化的完美世界”，因为真正支撑现实的不是理想主义，而是“永远需要政治、经济和法律”。⑤

存在、共在与幸福构成赵汀阳新天下体系理论的关键词，以谋求普遍安全、共享利益的共在（关系）取代排他、对抗性的个体理性；共在

① 赵汀阳、R. 弗斯特、M. 威廉姆斯：《全球正义如何可能？——M. 威廉姆斯、R. 弗斯特和赵汀阳三人对话》，北京歌德学院翻译，徐慧敏整理，《世界哲学》2021 年第 5 期，第 9 页。

② 赵汀阳：《天下的当代性：世界秩序的实践与想象》，中信出版社，2016，第 281 页。

③ 赵汀阳：《天下的当代性：世界秩序的实践与想象》，中信出版社，2016，第 268 页。

④ 赵汀阳：《天下体系的未来可能性——对当前一些质疑的回应》，《探索与争鸣》2016 年第 5 期，第 52 页。

⑤ 赵汀阳：《如何定义跨主体性?》，《读书》2023 年第 5 期，第 11 页。

（关系）为生活世界奠基，生活世界的幸福品质则有赖于人的高贵的、创造性的行为。新天下体系自身仅是诊断，而非处方，其最大的功能预期似乎是以教化的方式引起精神革命。即便如此，新天下体系也绝非清谈，更非空谈。其意义不只限于开创了批判“坏世界”的政治维度，直击现代民主制度要害①；抑或与世界哲学对话，“重思世界”也“重思中国”，重构意义世界的价值体系②。

近年来，霸权主义试图继续主导全球游戏规则，导致全球政治环境持续恶化、无序失衡状态加剧。面对负和博弈的贸易战、旷日持久的消耗战、一意孤行的军事封锁，人类所身处的“坏世界”使新天下体系的解释力得以增值，尽管这一状况并非哲学家所期待的。

说明：这份文稿只是为了帮助读书会同学更好地理解赵汀阳政治哲学思想——新天下体系——的导读文章，而非对新天下体系的批判性分析。换言之，文稿写作的主要目的是帮助同学们深入文本，而非超越文本、反思文本。就新天下体系的批判性分析可查阅表 1 所列文章。

表 1　关于新天下体系的主要批判性阅读文献与观点

序号	文章	作者	出处	视角	主要观点
1	一元还是多元：反思当代世界秩序的基础——兼评赵汀阳教授的“天下体系论”	杨吉平	《探索与争鸣》，2016 年第 2 期	立论合理性	过于强调天下体系中的“无外”，试图利用“内外”的概念工具消解周朝天下体系中的内在不平等
2	世界秩序：“重建”抑或“改良”——与赵汀阳先生商榷	徐英瑾	《探索与争鸣》，2016 年第 3 期	立论合理性	1. 将最多具有“家族相似”性的含糊的现代性概念描述为环环相扣的体系； 2. 对现代性持明显不信任与负面评价，高估世界秩序的无序与阴暗面； 3. 新天下体系有乌托邦色彩，实为观念性运动——从想象中的“实然”到想象中的“应然”，而与真实的历史运行有所脱节

① 张盾：《政治哲学的现实主义与理想主义——评赵汀阳的〈坏世界研究〉》，《中国社会科学评价》2021 年第 2 期，第 34-35 页。

② 程广云：《天下语境内的中国叙事——评赵汀阳的“天下体系”系列》，《中国社会科学评价》2021 年第 2 期，第 20 页。

续表

序号	文章	作者	出处	视角	主要观点
3	谁之天下？——对赵汀阳天下体系的评估	白彤东	《社会科学家》，2018 年第 12 期	可行性为主，兼论合理性	1. “无外”的天下观有与哈贝马斯商谈伦理一样的天真； 2. 以“配天”代替“人权”，以“世界主权”替代“国家主权”，缺乏具体构建和实现的路径； 3. 将西周政体作为历史上实现或接近实现天下体系的模式，解读天下体系的历史支持与文本支持主要来自秦朝以后
4	政治哲学的现实主义与理想主义——评赵汀阳的《坏世界研究》	张盾	《中国社会科学评价》，2021 年第 2 期	论证细节瑕疵	1. 切割政治与伦理的观点值得商讨； 2. 偏重对民主政治的批评，忽视民主社会晚近变化（大众文化和消费社会）； 3. 对基督教历史作用做出片面和偏激评价，忽视其内在价值与被希腊罗马世界接受的社会思想原因
5	天下语境内的中国叙事——评赵汀阳的“天下体系”系列	程广云	《中国社会科学评价》，2021 年第 2 期	研究方法与可行性	1. 在治学方法上，介于应用历史学和历史形上学之间，试图以理想模型来示范引导（教化）政治世界； 2. 在可实施性上，缺乏客观条件和主体力量，没有架构功能，只有对教化的寄望，系政治世界的乌托邦及学术版中国方案
6	思想宪法何以可能——论赵汀阳的历史形而上学	程广云	《哲学动态》，2021 年第 7 期	立论合理性	1. 四个世界的划分乃关于世界观的划分，思考结果究竟是“没有世界观的世界”，还是“没有世界的世界观”？ 2. 当事者之在优于旁观者之在的哲学观，究竟是“存在论换位”，还是“生存论换位”？

续表

序号	文章	作者	出处	视角	主要观点
7	天下体系与未来世界秩序	姚大力	《探索与争鸣》，2016 年第 5 期	立论合理性	1. 历史中国的天下观有强烈等差结构特征，“去等级化”的新天下观除空壳外，较少隐喻价值； 2. 拯救世界的志向过分夸大中国因素的重要性
8	天下体系与未来世界秩序	任剑涛	《探索与争鸣》，2016 年第 5 期	立论合理性，兼论证方法	1. 基于中华中心立场，偏好替代价值，用西学背景掩盖中国偏好； 2. 忽略欧洲而针对美国，并以声称的理想性掩盖现实性； 3. 天下体系反历史性、反政治性； 4. 理想性稍欠，现实感不足，感召力受限
9	天下体系与未来世界秩序	刘擎	《探索与争鸣》，2016 年第 5 期	论证方法与论证细节	1. 陷入民族国家框架束缚而不自知，基于华夏中心论视角对比中西文明； 2. 采纳双重标准，以历史学家或社会学家的身份讨论西方，用扭曲或不完善的现实否定观念，同时，以哲学家身份讨论中国时，坚持理念重要性，淡化或忽视实践弊端； 3. 当下世界现实非霍布斯状态，而更接近洛克式状态（合作）
10	天下体系与未来世界秩序	许纪霖	《探索与争鸣》，2016 年第 5 期	论证方法与论证细节	1. 大国追求普遍性，小国反抗普遍性； 2. 未深入讨论自由帝国，其是新天下主义的肉身

注：《探索与争鸣》2016 年第 5 期围绕赵汀阳的《天下的当代性：世界秩序的实践与想象》组织了“天下体系与未来世界秩序”主题讨论，自由讨论内容分三个单元刊发，姚大力、任剑涛、刘擎、许纪霖均为与谈人。

另，当下对新天下体系的批判性阅读主要集中于该理论的可行性，而非其立论基础与论证逻辑。就此看，理解新天下体系的关键词仍是研读该理论体系的基础，对该理论的批判性分析也需深入其内部。证否或者修正一种理论，最重要的是找到其在立论基点与论证逻辑上的不足或者缺陷，而非指责其不具有可行性与可操作性。

阅读准备

肖建飞与苗奥娴：确定角色

奥娴：老师好，我想做《中国历史地理十五讲》的汇报领读人。

肖飞：奥娴，两个本科生想领读《中国历史地理十五讲》，这本书偏向通识写作，也相对比较适合本科生。你可否考虑汇报领读《天下的当代性》？尽管这是一本政治哲学书，但完全可作为超出以往阅读经历的尝试。或者，也可以考虑《大国宪制》，这本书对历史中国各类彼此相关的制度进行高度浓缩，提炼出中国作为一个政治经济文化共同体的观念基础。可以讨论的话题很多。

奥娴：不好意思老师，我刚刚下课。谢谢老师的建议！其实这次报名领读人也是想要挑战一下自己，因为我看具有专业性的图书、文章几乎产生不了自己的想法，可能是因为不敢表达、知识匮乏。这三本书我都大致看了一些，其实我都没有把握能够向大家汇报出一些内容。不然我报名摄影师吧，旁听学习。

肖飞：最初进行专业阅读很难有自己的阐释，梳理提炼也是极为必要的。你的学业指导老师是哪一位？

奥娴：是李院长。

肖飞：你有意向性的硕士论文选题吗？

奥娴：暂时还没有呢，老师。

肖飞：那你可以通过阅读《大国宪制》，完成论文写作课的文献综述和课程作业，同时可以寻找硕士论文选题。

奥娴：老师，《天下的当代性》吧！《大国宪制》我读的时候不太能懂。

肖飞：奥娴，谢谢你对读书会的支持！请先通读全书，再依据你的关注设定可汇报领读的题目。

奥娴：好的老师，我尽快通读，不知道这本书的汇报大致在什么时间呢？

肖飞：五四青年节。

奥娴：OK，老师早点休息！

肖飞：谢谢，今天计划早睡。

肖飞：奥娴，考虑到写作便利，汇报领读人写作新闻稿比较合适，你尝试写作《天下的当代性》一期的新闻稿如何？另外，也希望你和严海桓同学给书友们拍照，不知可否？

奥娴：老师，您的意思是领读《天下的当代性》的过程中给大家拍照记录，结束后写一下这期的新闻稿，对吗？可以，没问题。

肖飞：你领读《天下的当代性》时，中间就发言做一些简要记录，我也会带录音笔，不必担心记不下来。这一期你不用拍照，让海桓拍照。你安心做报告就好，结束后写新闻稿，总结读书会情况，可以参照以往的新闻稿写作。

奥娴：好的老师，我明白啦！

肖建飞与苗奥娴：阅读进展

奥娴：肖老师晚上好！《天下的当代性》我马上就读完啦！我们“文献检索与写作”课有写作任务，要写一篇综述和一篇论文，我想可以结合这本书思考选题，但是我现在还比较迷茫，所以想再读一些这方面的书，不知道老师有没有可以与这本书搭配阅读的书籍推荐呢？十分感谢老师！

肖飞：奥娴，你大论文（毕业论文）想写偏向理论研究的文章吗？

奥娴：不想的，老师，实力不够。老师是觉得这本书理论比较强，不太适合以此作为参考，朝这个方向（政治哲学）写是吗？

肖飞：奥娴，我个人认为，从思想史的角度，小论文和大论文都有写作可能。例如“天下与世界如何对话”“关系理性与工具理性如何对话”“天下政治想象影响的历史中国疆域观”。但写作这样的文章，确实是有难度的。我现在在黑龙江，回镇江我们再聊。

奥娴：好的老师，您提供的意见，我会认真考虑的。“文献检索与写作”课的综述文章我再去其他地方找找选题，时间也比较紧张了。十分感谢老师，您在外照顾好自己（此时指导教师在新疆喀什）。

肖飞：你的读书会文稿就可以做文献综述。晚些我把第 14 期两个本科生的提纲发给你看看。

肖建飞与苗奥娴：增加书目

肖飞：奥娴，《惠此中国》这本书的抽象程度低于《天下的当代性》，是赵汀阳对历史中国族群政治史的理论概括与观念凝练。此书可能有助于你理解当代中国的行政建制与地缘政治，也可作为你写作综述文章的重要资料。

奥娴：收到，谢谢肖老师的推荐！我尽快阅读。老师一直把这件事放在心上，我十分感动。我会认真阅读的。

肖飞：虽说好书读来开卷有益，但如果读了同一作者相关主题的书，会对作者的问题意识、核心理论与研究方法有更全面的了解。《惠此中国》与《天下的当代性》这两本可参照阅读，在写读书报告（可作为写作课综述）时可进可退：对高度精神性的观念有兴趣，就去分析“天下”；对经验性更强的概念有兴趣，就去分析“中国”。

奥娴：好的，谢谢老师的指导！《天下的当代性》中的部分内容我的确读起来不太理解。彭老师周末对我进行了一些阅读方法的指导，明天开始读第二遍，希望能将这本书的脉络及上下文的逻辑关系梳理得更清晰一些。我也会抓紧时间阅读《惠此中国》，最近的阅读任务比较重，希望能多些收获，也能帮助之后的写作。老师，您早些休息，晚安，好梦！

奥娴：老师晚上好！《惠此中国》我今天看完啦，太棒了！看得很爽、很上瘾，有心灵被震撼的感觉！尤其是最后一章“方法与命运”。谢谢老师向我推荐这么好的书！

肖飞：根据你的阅读，可以选择其一作为领读汇报的题目：解答你最大困惑的论点，明显改变你认知的观点，抑或作者的关键词或核心命题。建议只集中领读汇报一个问题。

奥娴：好的，老师，我再思考思考怎么选择主题。阅读写作的时候，我经常面对的困难就是不知道怎么产生想法，只是停留在觉得一本书好、很好、很震撼等层面。

肖飞：好的，你再想想。

肖建飞与杜利利：确定角色

肖飞：利利，昨天和几个同学反复沟通，汇报领读人已经大体确定：目前是汪小川、郭权鑫汇报领读《中国历史地理十五讲》，李涵、姜楠汇报领读《大国宪制》，苗奥娴汇报领读《天下的当代性》。考虑到《大国宪制》读书会上，李涵可能关注的是人地关系、家国关系，姜楠可能关注的是重要经济资源的国家配置，这期读书会还可以增加一个有关精英政治的子报告。《天下的当代性》中旧天下—臣民到新江山—人民观可深入分析，这两个问题都和你的写作有关，你是否愿意做这两期的汇报领读？另外考虑到写作便利，让汇报领读人写作新闻稿比较合适，你写过多次，这次让别的同学锻炼写作，你看可否？

利利：老师，我可以做这两期领读，新闻稿也可让别的同学写作。

肖飞：好的。

肖建飞与杜利利：准备进展

肖飞：利利，你的《天下的当代性》一书的领读提纲是三份文档中最好的一份，提纲中既初步拟定了题目，又总结了全书的关键词和核心理论观点（见图 3）。

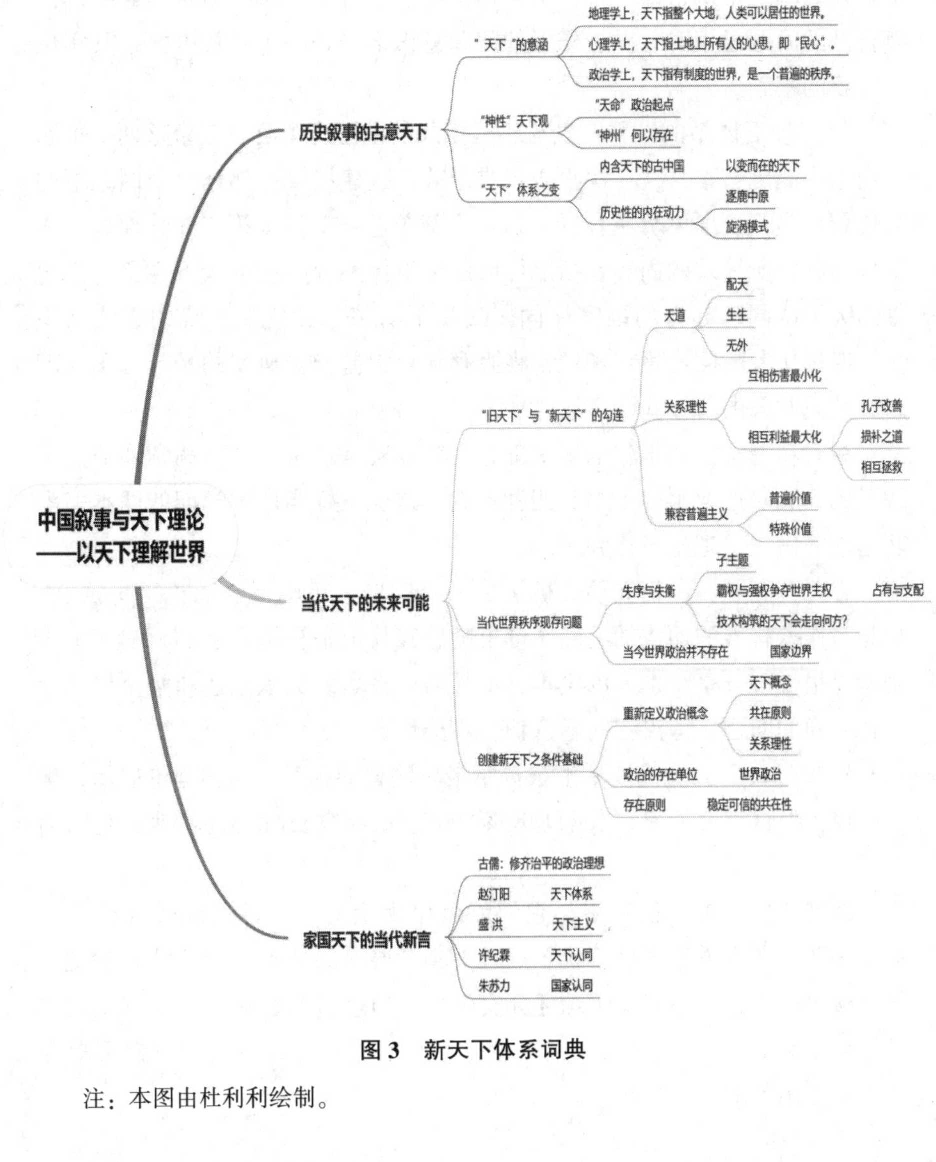

图 3 新天下体系词典

注：本图由杜利利绘制。

以下建议供你参考：

（1）可以思考以《中国叙事与天下理论——以天下理解世界》为基础，设定《天下的当代性》一书汇报的题目，但建议你和奥娴基于“中国叙事”和“天下理论”两个关键词，各负责一部分。我们再商量如何分工。

（2）建议从问题引出汇报内容，即天下体系理论要回应哪些重大政治现实和理论问题？其理论资源和理论预设是什么？旋涡模式要突破中国历史解释的哪些常识，回应中国历史理论与政治哲学的哪些质疑？当我们没有自己的问题意识时，循着作者的问题意识推进是一个替代方案，其实也是阅读的基础。

（3）天下体系的世界图景与旋涡模式的中国历史哲学叙事这两个主题的理论内涵足够丰富，一次报告很难承载，故建议第三部分“家国天下的当代新言”只对学术界关注转向做一个简单总结。目前第三部分你只列了简单标题，所涉及的内容包括赵汀阳的天下体系、盛洪的天下主义、许纪霖的天下认同、苏力的国家认同，我尚不清楚你的立意。我的粗浅认识是，四位作者的问题意识和理论视野存在较大差异，典型的是赵汀阳与苏力，其他两人的著作我没有读过。

利利：老师，在报告的第三部分，我其实是想做一个新儒学和旧儒学的对比，所以选取了四本书、四种观点。这也正好能把本学期的两本书串联起来，做一个理论对比和总结。

肖飞：利利，一篇文稿分析解决一个问题，否则泛泛而论不能成文，只是写作素材堆积而成的毛坯。读书随感和札记是写给自己的材料库，不是可以呈现、分享给别人的文本，汇报需要聚焦。文献综述和两个提纲都存在同样的问题，即没有问题意识，不聚焦。

你在《天下的当代性》汇报提纲最后设置的相对广角的理论展示，确有必要，但这需要积累，非一时一刻能完成。预期目标不能迅速转化为当下可完成的成果。

你把两份汇报文稿写好，它们就可作为论文写作课的综述和课程作业。不要被课程方案进度干扰了。进度到了要求的节点，大部分同学交上的文稿仍然只是毛坯。文献综述先交上去，但这可不是让人相对满意的作品。接下来20天写完这两个文稿就是不小的工作量，论文写作课程期末结课，不用焦虑。

精英政治中有文士无民众，也就是有臣无民，这就为“宪法中的人民观与国家统合理论的主体基础”提供了一个问题意识的起点；我们在“宪法中的人民观”与“国家统合理论的主体基础”之间可以借助全过程人民民主这个中间概念，思考全过程人民民主对以人大、政协为代表的代议制民主有哪些补充或替代作用，其如何能从典型的高位政治领域延伸到社会公共领域，从而稳固国家、实现统合。

以上是建议，只供你斟酌判别，定题、设题的决定权还是在你。

另外，不要想着一个想法马上就能成型、成立，但即便是试错，也是一种成长。

肖飞：利利，就我个人的阅读收获而言，《天下的当代性》更具有开放性。它不仅是对历史经验的提炼，也有强烈的当代关切；它不仅仅与历史中国的经史对话，更试图与当代国家政治理论对话。这样偏观念体系的主题写作难度更大，思想容量也更大。“天下体系”及其以词典方式排列的关键词/命题无疑是该书的精华，汲取精华是阅读的目标。另外，不知你是否认为天道、天下等中国观念体系可视为历史中国统合的最为重要的思想资源？这种观点是基于中国的历史经验，而不是简单比附国家认同、民族认同等近当代学说。

写作期间，多和胡超、亚媛两位老师交流，胡超的宪法知识储备、亚媛的国际法（尤其是公法）知识储备远远多于我的。

肖建飞与杜利利、苗奥娴：设题

肖飞：利利、奥娴，如果我给自己设题，会有如下的想法：

天下秩序是否是更可预期的世界政治图景？——阅读赵汀阳的《天下的当代性》

旋涡模式理论能否解释历史中国的生成？——阅读《天下的当代性》与《惠此中国》

只是粗浅的建议，想给你们一些启发。

肖建飞与杜利利：设计提纲

杜利利自拟

题目：天下秩序：可预见的世界政治图景——阅读赵汀阳的《天下的当代性》

一、坏世界秩序：现代政治失衡与失序

（一）神学逻辑的西方政治文明

（二）冲突对抗的失序地理空间

（三）多极化、泡沫化的失衡政治结构

二、世界政治观：重构世界的不同思维

现代政治的失衡与失序、不同的思维方式下的实践模式、传统政治文化与天下建构模式的区别，以及当下精神革命的重要性，这些是思考新天下图景的条件和前提。

（一）天下观念与帝国意识（天下与帝国的差异，传统政治文化观念的差异）

（二）中式天下与美式天下（中美天下观的差异，两种天下建构模式的差异）

（三）物质革命与精神革命（物质革命后的世界充满危险与挑战，精神革命改变政治行为的逻辑和政治思维方式）

三、新天下图景：构筑天下的理想概念

周朝的天下体系是丰富的精神遗产，是构筑新天下体系的重要思想资源；对现存的世界政治秩序的重塑，需要转换视角；新天下的存在必须依托具有说服力的联结方式，如共在格局、关系理性、主体条件。

（一）旧天下遗产

1. 天道

2. 关系理性

3. 兼容普遍主义

（二）新天下视角

1. 整体观念（从切割论到整体论，内部化的世界，强调紧密贴合而非割裂的世界）

2. 世界主权（从国家主权到世界主权，国家政治、国际关系之外的第三种政治）

3. 系统权力（从地域权力到系统权力，回应现代政治的封闭与边界）

（三）新天下联结

1. 共在格局（共在与存在的关联）

2. 公共理性（由个人理性到关系理性）

3. 主体条件（联合国只是国家关系的调和者，不是全球政治的主导

者，必须借助新的力量——系统化的全球权力来构建）

肖建飞修改

肖飞：利利，这个题目的基本思路可以成立，即：

1. 当下既有国际社会或国际政治存在哪些重大问题？其背后的观念基础是什么？为此需要提供一种新的政治哲学。这里需要注意两点：

（1）增加现实素材，让你的汇报领读有现实针对性、有代入感，不要一开始就讨论抽象概念。

（2）对当下国际秩序观念基础及其政治哲学要做高度概括。称之为美国体系、霸权主义、帝国主义还是霍布斯主义，你自己考虑决定。我比较认可帝国主义或霸权主义。

2. 赵汀阳的新天下体系的核心概念、基本原则是什么？

3. 新天下体系与当下世界主导性观念的差异何在？作为未来世界的一个可能的理想图景，新天下体系的优势是什么？这里需要把天下体系与帝国主义做多层次对比。

4. 最后还是希望你能总结说明，天下体系只是构想了未来世界的图景与基本原则，是为建立跨文化的知识正义所做的学术努力，而不是提供一套寻求普遍正义的制度体系与操作方案。

5. 另外，天下体系本身就包含一套不易理解、需清晰解释的概念，若无必要，不建议使用其他需要解释的关键词，例如“美式天下”。想必赵汀阳会认可称之为“帝国主义”或“霸权主义”。

即便按照上述思路，不同读者也会写出不一样的提纲。我在你现有提纲素材的基础上进行了删改添加，重写了第一部分内容，调换了第二部分、第三部分的次序，并补写了最后一部分内容。

你也可以征求一下亚媛老师的意见，她比我更了解国际公法。

题目：天下体系：可预见的世界政治图景——阅读赵汀阳的《天下的当代性》

一、身在坏世界：国际政治失衡失序

注：这一部分要交代国际社会与世界秩序如何运行，其面临着哪些迫切需要解决的问题。

（一）科技加持金融霸权

注：主要针对的是美国的科技优势与金融霸权。

（二）贸易战的负和博弈

注：主要针对的是美国为维持经济优势地位而对中国发动贸易战一事。

(三) 煽动冲突、扶持势力、拖延战争进程

注：主要针对的是欧美对俄乌冲突进程的影响。

(四) 霸权主义政治哲学

注：引出上述坏世界现实（政治实践）的观念基础。

二、新天下体系：构建世界政治哲学

注：周朝的天下体系虽具有丰富的精神性，可作为构筑新天下体系的重要思想资源，但新天下体系面对的是不一样的政治实践和政治难题，故需以新的视角，在历史思想资源基础上，阐释天下体系的含义，让天下体系与现实建立起批判性的建构关系。

(一) 旧天下遗产

1. 天道与配天观念

2. 家与天下的循环

3. 德治、协和精神

(二) 新天下视角

1. 从切割论到整体论

2. 从国家主权到世界主权

3. 从地域权力到系统权力

(三) 新天下联结

1. 从争霸模式到共在格局

2. 从个人理性到关系理性

3. 替代联合国的全球权力

三、政治观检验：世界政治的知识正义

注：比较天下体系与霸权体系的思想观念内核、政治效果（霸权主义效果）及预期（天下主义预期）差异。

(一) 自然神学与政治神学

注：自然之道、配天人道不同于敌我观念、竞争政治。

(二) 普遍主义与伪普遍主义

注：天下体系基于共在的生存论，不预设其他价值；霸权主义则是伪普遍主义，其背后是欧美文化及其精神优越感，有种族主义底色。

(三) 精神革命与物质革命

注：天下体系引入共在的存在方式，扬弃霸权主义、实力政治。

结语

肖建飞与苗奥娴：设计提纲

苗奥娴初拟

题目：旋涡模式理论能否解释历史中国的生成？

一、大一统：历史中国的政治神学信念

生存概念本身暗含对永在的追求：生存的物质需求与大一统政权背后的经济利益；中国作为一个与天相配的存在，也有与之相配的精神需求。

（一）生生不息

历史中国具有天下性质，故建立大一统的中国，以中国内含天下。

（二）中国——一个配天的神性概念

精神之需，共在先于存在，天下具有先验完整性。

二、旋涡模式：历史中国的生长方式

中国是一种“易”的生长方式。

（一）中原精神世界：逐鹿旋涡之中心

1. 汉字与思想系统

能够创造或虚构一个解释一切事物的精神世界。

2. 周朝的天下观念

周朝的天下观念向各种政治势力展示出开放性，承认革命的可能。

（二）旋涡模式的持续向心力

参与逐鹿游戏是政治势力的理性选择。

（三）逐鹿旋涡地理中心的位移

三、旋涡模式的结果：多文化多民族的历史中国

（一）多元文化

多种文化对共同存在秩序的重构，中国文化以变而在，是天下基因的外化成果。

（二）“一国多制”

兼容共在、权力一体的分治模式，采用和亲、朝贡、羁縻、奉正朔等方式，以及胡汉分治、藩汉分治等模式。

结语：历史中国的四层含义

神性概念——与天相配

中国信仰——非超越性

生长方式——以易之道

地理概念——旋涡规模的函数

肖建飞修改

肖飞：奥娴，我原来以为天下体系问题更难讨论，但看了你的提纲，方才认识到赵汀阳为什么说讨论中国的难度大于讨论天下。我大体认可你对中国历史生成的政治哲学理论进行解读的思路——旋涡模式发生、作用结果与中国的多重含义。我发现的主要问题如下：

（1）对历史中国生成做出政治哲学的解释非常不容易，而你第一部分从抽象概念解释开始，这样代入感会大受影响，读书会的同学理解起来会很困难。另外第一部分的部分关键词和问题与最后一部分有重合，我修改的提纲里把第一部分与最后一部分做了整合。

（2）现在的第二、三部分都过于关注中原的文化影响，几乎没有着墨于物质经济利益。

（3）最后一部分“结语：历史中国的四层含义”其实并不是结语，而是你对历史中国含义的系统梳理。结语一般是对论文观点的高度总结，对未讨论问题或者后续研究的简单交代，一般篇幅很短。

我在你的提纲基础上做了一些调整，供你参考。

另，你也发给亚媛老师，征求一下她的意见。

题目：旋涡模式：历史中国生成之解释

注：题目改疑问句为陈述句，可以和利利的汇报相呼应，读书会的同学看了题目就知道你们是认真推敲、有所设计的。

引言　历史中国生成之思

注：中国自西周起就有天下观念，作为疆域大国，自秦汉起，其核心区域与治理体系（大一统）就大体确立了。其他文明古国与大帝国纷纷落幕，中国不断生长的原因是什么？这个历史事实是思考的对象，不是谜。

一、虚位以待：历史中国的生成理论

（一）互相交流模式

（二）中心外展模式

（三）冲突防御模式

注：赵汀阳在书中对前两种模式有所提及并分析了其弱点；我把苏力有关疆域治理的观点总结为冲突防御模式，你试着分析一下，这种模式有

什么弱点？

二、旋涡模式：历史中国的生长动力

（一）中原的物质精神世界

1. 中原物产与交通

2. 汉字与思想系统

3. 周朝的天下观念

注：物质条件是中原成为逐鹿旋涡中心最重要的前提；汉字与思想体系确实能够构建（而非单纯虚构）与解释一个政治文化体系，继而节约治理成本；周朝的天下观念向各种政治势力展示出开放性，不仅承认革命的可能，也为其他政治势力赢得政权提供了正当理由。

（二）逐鹿中心的地理位移

注：主要是从关中平原的西安、关东的洛阳转移到华北平原的北京。

（三）旋涡模式的持续向心力

注：政治势力参与逐鹿游戏的理性选择，出于政治经济文化等多种理由。

三、逐鹿结果：多文化多民族的历史中国

（一）经济互补

注：不能忽视经济因素，边疆地区对中原的经济需求更强烈。

（二）文化互化

注：多种文化均参与历史中国共在秩序建构，中国文化以变而在，这是天下基因的外化成果。但中原与周边文化的相互影响力有别，前者对后者的影响大于后者对前者的影响。

（三）“一国多制”

注：在历史中国兼容共在、权力一体的分治模式中，中原对边疆经常采用和亲、朝贡、羁縻、奉正朔等政策，这可视为“一国多制”的表现；北方游牧民族建立的割据政权或者统一政权会更明显地采取混合制度，也是“一国多制”。汉朝的胡汉分治、辽的藩汉分治等可作为例证。

四、历史中国的三层含义

（一）政治神学：人道配天

注：你提到中国信仰的“非超越性”，不知基于何种目的使用，含义不清。如就人与世界的关系而言，中国人更倾向于将自己视为众生中的一员，此乃“天道”；中国人没有人与世界的物我二分思想传统，缺乏绝对排他性观念；中国人也有天生民而立之君、民贵君轻的观念，君主之德只

有与天道相配，方能承担起天命。

（二）生长方式：变在共在

注：中国生长方式的变在共在、存在追求永在，与天道的“生生”观念直接相关；其也是对旋涡模式的哲学解释，即历史中国的动力结构。

（三）疆域伸缩：裂土广域

注：与你使用的“地理概念——旋涡规模的函数”含义大体相当，但是更直接。

结语　旋涡模式的解释力

你可以高度概括自己的观点，说明与其他理论比，旋涡模式为什么更有说服力。如有可能，也可分析旋涡理论能否解释当下中国。

奥娴：好的，老师，您的“大体认可”让我这两天的绞尽脑汁得到了肯定。另外我中午也给彭老师发了一份，彭老师应该在忙，还没回复。我等下查看完您的修改建议，再回复您。

肖飞：思考是不容易的，而且不能闭门造车，要推敲不同意见，自己做判断。

肖建飞与彭亚媛：参与指导

肖飞：亚媛，根据同学们的报名加上我的动员，每期汇报领读人都已经确定。不知你是否有精力和兴趣指导苗奥娴和杜利利两位同学阅读《天下的当代性》一书？读书会时间是5月4日。

亚媛：可以。

肖飞：谢谢亚媛！先让她们精读，再设计题目和提纲写作，时间足够长了。我也可以参与她们的写作设计。

肖飞：亚媛，《惠此中国》是赵汀阳对古代中国族群政治史的理论概括与观念凝练，与《天下的当代性》同一年出版。但前者抽象程度低于后者；前者旨在明确中国概念的政治经济文化意义，后者旨在以天下观念与共在（关系）弥补个人理性和国际竞争规则的不足。我将此书的电子版发给了奥娴、利利，你如有时间，不妨看看，或许有助于你理解当代中国宪法中的行政建制与地缘政治格局。

亚媛：好的，谢谢肖老师！

肖建飞与彭亚媛：指导进展

肖飞：亚媛，晚上好！

这两天我问过杜利利和苗奥娴的阅读情况，我建议她们基于《天下体系与中国叙事》（建议海报题目）设定各自汇报主题，两人就两个关键词各负责一部分。天下体系的世界图景与旋涡模式的中国历史哲学叙事两个主题理论内涵足够丰富了，足以展开做主题报告。对于同学们来说，能解释清楚这两个理论已是很大进步。目前还需指导教师完成如下工作：

（1）结合两生汇报领读题目，最后设计一个总题目，《天下体系与中国叙事》只是参考。

（2）联系严海桓设计第16期海报，并给她修改意见。

（3）审核、修改、确定汇报领读文稿的题目和提纲。

（4）督促写作，建议5月2日前完成初稿，5月4日前完成修改工作。

（5）修改汇报领读文稿，建议初稿只关注框架和内容是否合理、有无缺失，修改稿则要逐字逐句修改，这样可以提高文稿质量。否则后期修改非常麻烦，质量不好的汇报领读文稿几乎要大部分重写。

（6）查看她们的PPT，以往学生会大块儿粘贴文字，建议学生的PPT做到纲目清晰、文字简约。

（7）如二生不能概括赵汀阳的问题意识、关键词与方法论，这个工作则需指导教师来做。这部分可作为导师回应的内容。此前的读书会上，我的回应多是针对学生的遗漏、瑕疵，也会评价他们的表现。

（8）根据汇报内容，导师可做接续汇报。此前我接续的内容，会单独撰写文档，并制作PPT。

（9）指导奥娴同学写作学术新闻稿，并修稿文稿，可参考学院网站上之前各期新闻稿。

（10）指导学生的过程中最好留下文字，这是写作指导花絮的素材。读书会后需要编辑第16期读书会文字稿，如此前各期一样。

不知你近期工作量如何，承担上述工作是否有困难？

亚媛：我说一下目前的进展吧，目前和两位同学交流下来，利利那边习惯很好，会留下文字痕迹，但另外一位苗同学刚初步看完文本，还没提炼出问题。这周让她们做关联阅读，还需要看看她们的成果。原先计划过程中，没有文稿这个部分，所以目前只有PPT，后续我会让两位同学逐步把思路用文字记录下来。

肖飞：奥娴应该是倾向于写中国部分，可建议她写历史中国生成的"旋涡模式"。另外，《天下的当代性》与《惠此中国》两本书都不容易读，建议她们做关联阅读时以深入核心文本为目的，否则核心文本与扩展文本的阅读都可能是蜻蜓点水。我发了两期读书会文稿全文，学生如果看了文档，就应该知道文稿写作是主要的，文稿写好了，再去制作PPT。

亚媛：利利说要写天下体系与人民观的问题，她说这是您给她的毕业论文题目。

肖飞：我给她的是科研项目题目，不能说她读的每一本书都要牵强附会地拉到项目上。

亚媛：她也是希望通过读这本书来丰富自己的论文写作，把赵汀阳的天下观中的人民性作为中国传统，与她关注的现代宪法人民性做个对比。肖老师，我觉得每个人都有自己的想法，学生做这样的对比研究也很有意义，也能促进他们在对比之中学会批判。我这边会让小苗同学更注重文本。利利有过经验，让她试试看围绕自己的论文思考，也是个不错的机会。

肖飞：先看她的思路吧！我也可以和她沟通此事。对比确实有必要，但需要找到合适的关键词。比如利利设定的"天下体系中的关系理性与当代宪法的个人理性"，我认为大体可作为题目，但若一下子跳到研究人民性和人民观，这太超出她目前的能力了。不过我可以对她提问，她无论如何解释都是成长。

肖建飞：给杜利利的一稿回复

肖飞：利利，短期完成写作是极大的挑战，想必你也熬夜多日。文稿尽管有诸多缺陷，但至少具备了需要讲述的核心内容。主要问题如下：

（1）摘要只是浅浅地提了写作思路和框架，没有对核心观点的高度提炼。前一个摘要写得也不太符合规范。我试着改写一下：

原文：天下体系是一个历史概念，更是一个关于世界的普遍问题。坏世界政治的失衡失序是新天下问题的起点，新天下体系继承了古代天下观念的思想资源，以崭新的视角观察世界。检验天下体系与霸权体系的政治观念内核，能够更好地理解天下体系何以是最好世界政治的底本，从而构建一个真正普遍有效的世界观。

改写：天下体系是历史中国的政治哲学，也是赵汀阳构建新政治哲学的理论资源。凭借科技加持享有金融霸权、发动负和博弈的贸易战、煽动扶持拖延战争，这是当下霸权主义形塑坏世界的典型实践，加剧了国际政治的失衡与失序，也成为构架新天下体系的现实基础。新天下体系继承了古代天下观的思想遗产，将整体世界观、世界主权、系统权力作为思考世界政治的新视角。新天下体系以天道自然神学作为哲学观念基础，持共在的生存论与关系理性，不预设其他价值，旨在构建共在的世界格局，提供了世界政治的可预见图景。

（2）文章结构内容上，头重脚轻。第一部分“身在坏世界：国际政治失衡失序”超过全文篇幅的一半，不能因为你哪些材料多就多写。这部分基本是事实描述，不涉及什么理论问题。写这一部分是为了引出问题，否则同学们听起来过于晦涩。建议删除大部分内容，只保留 4000 字。但你做 PPT 时，这部分可以占 2/5 的篇幅。

（3）第二到第四部分的表述虽然大体符合我的预期，但很多表述不完整或者过于理论化。自己读懂和能写清楚不是一回事，能写清楚也不一定能讲出来。写文稿一方面是为了锻炼自己的写作能力，另一方面也是为了让别人听懂。你现在大体懂了《天下的当代性》一书的思路和核心观点，但对其中很多论证细节似懂非懂。文稿部分语句表述不清，也是自然的。

（4）最后一部分结语，我原来列的标题是“可预见图景而非操作规范”，是希望你对赵汀阳的天下体系有一个批判性的总结。天下体系至多是针对当下主流政治哲学的证否，并试图基于中国历史政治哲学资源证成一种新理论。但该体系未提供操作方案，如何设计制度不是赵汀阳关注的，也不是这一阶段的理论任务。结合你写的内容，我把标题改为“天下体系与‘人类命运共同体’的关联”，并删除了后面三段与前文重复的内容。

肖建飞：给杜利利的二稿回复

肖飞：利利，经删减后，文稿至此已经基本成型，内容也比较完整，但仍有一些问题：

（1）导言部分没有直接提出问题，即为什么需要新的世界政治哲学。

（2）文字表述还没有达到流畅简洁的要求。既然阅读的书籍是高度理论性的书籍，读者不易读懂，汇报领读人就需要稀释原书的理论密度，而不是再度浓缩。你现在大量引用赵汀阳原著中的抽象概念和观点，但汇报领读文稿又远做不到对原著做出充分论述。这样会增加而非减轻听者的理解负担。

（3）没有把握好自己的写作角度。就文稿内容看，它只是读书报告，而不是书评。你本应梳理赵汀阳的核心观点、论证思路，但你现在的写作角度似乎表明自己是思想原创者。

（4）个人认为，在只有一段内容的情况下，没必要提取四级标题。现在的四级标题可以作为你制作 PPT 的提纲。这一级标题确实有必要，但它在你的头脑里，用以提醒自己写作的重点。

肖建飞与苗奥娴：写作压力

肖飞：奥娴，写作是非常有压力和挑战性的工作。到周日汇报时间非常紧了，你尽力而为吧！能动笔就是进步。另外汇报文稿不需要长篇大论，5000~8000 字即可。

奥娴：谢谢老师宽容和理解！我写的内容可能不会很有深度，但是有自己的理解，我会完成的，明天上午我给您发过去。

肖飞：好的，奥娴。不要说写书评，就是能从头到尾读完这两本书都是“成功”，至少对于自己以往的阅读经历而言。

肖建飞与苗奥娴：文稿写作

奥娴：老师，大部分内容完成了，但是中原物产与交通、经济互补这两块我在两本书里没有发现相关内容，所以也不知道怎么写了，如果您有推荐的书，我再找找看填补上。抱歉，现在才发。

肖飞：奥娴，写作是辛劳和欣悦参半的过程。你的文稿尽管不长，但总结了《天下的当代性》与《惠此中国》中关于历史中国生成方式的核心观点，文字也比较流畅。文稿主要的问题如下：

（1）没有摘要。摘要尽管短小，但作为一篇小文，能让读者和听众一目了然。这部分我代写了。

（2）原来列出的中原物产与交通、经济互补两个标题没有写出内容。可见你的阅读基本限于两书，扩展分析有困难。考虑到马上要做汇报领读了，我也代写了。

（3）个别表述不准确的地方，我做了文字修改，包括做了注释。

(4) 建议以后不要用自动生成标题，这样指导教师修改论文时比较麻烦。

请从头到尾校改一下论文，在原文基础上做 PPT。

另外，把文稿发给汪小川、郭权鑫、吴运通三位同学，请他们通读校改，一方面可减少文字瑕疵，另一方面也让他们学习规范行文。

肖建飞与李炳烁：阅读训练

炳烁：这种学术训练和读书体验，对于学生来说是终生难忘的。

肖飞：读书会本就是师生互动。汇报同学持续写作、不断修改，与谈同学与主持同学也在积极准备。各位召集人持续支持，胡超和亚媛投入大量精力指导。这样的经历，对于教师也是从未有过的从教体验。

郭权鑫：对读书会的建议

阅读本身就是享受，以书面写作和口语表述的方式分享，也有助于自我表达力与思辨力的提升。我这学期跟进了 4 期读书会，收获实在太多了。思辨能力、文书能力、表述能力都在知识的熏陶下潜移默化地得到提升；更重要的是，结识了热爱阅读的优秀的伙伴和学长们，也幸运地得到了肖老师的悉心指导。这些都是宝贵的财富。

由衷地感谢肖老师对读书会的付出，您是我认知体系里好老师的标杆。因为您不仅做到了老师授业解惑的本职，还在繁忙的教学和学术工作之余，主动担起传道的使命。作为您的学生我十分自豪，也很敬仰您。

鉴于时间和精力的有限性，我也提出一些建议：

(1) 每一季的阅读书目是否可以在开办前的寒假和暑假提前发给有任务的同学们，确保真正做到精读和拓展阅读。

(2) 每一期的读书会参与者都应该把自己当成阅读活动的一分子，相互间应该有足够的沟通，确保活动的活力与完整性。

希望以后的读书会可以越办越好。

最后，再次感谢肖老师的付出，您辛苦了。

二辑小结

以读书会为载体的阅读指导试验及其效果

摘要：大学生阅读匮乏是高校面临的共性问题。江苏大学法学院部分教师以读书会为载体对学生进行学术指导，集体阅读以师徒式的密切互动为基础，持续调整阅读书目与角色分工，让学生在每一个参与环节中均能受益。得益于教师的全程指导、学院的多方支持与学生的身心投入，在16期读书会后学生的阅读、写作、表达能力与学术判断力均有所提升，读书会也影响到学生的审美情趣。但阅读状况与预期效果之间仍存在明显差距，阅读活动基本由指导教师主导，学生主动阅读的动力不足且明显缺乏表达自信，难以进行深入的理论分析，尚不能进行持续的学术对话。唯有长期、深入、聚焦阅读，学生才能逐步学会提问与对话。

关键词：江苏大学法学院读书会；学术指导；阅读效果；预期偏差

目前，包括法学院学生在内的大学生阅读匮乏已成为教育界的共识。大学生不仅阅读量极为有限，而且阅读书籍多限于本专业教材与各类职业资格考试用书。阅读匮乏的直接影响是学生明显缺乏进行分析阅读与主题阅读的能力，思想创造力较低，乃至难以完成一篇符合学术评审标准的毕业论文。上述问题在研究生培养中尤其明显。鉴于论文送审、异地评阅不合格给学生获得学位与学院评估带来的诸多不利影响，近年来法学论文写作类书籍热销，各法学院系纷纷邀请期刊编辑或知名学者举办论文写作讲座，越来越多的法学院系开设论文写作课程。在笔者看来，上述做法均属于补救性的应急方案。要培养学生的认知、分析、表达能力，尤其是写作能力，阅读训练是一项基础工作。

自2021年秋季学期起，笔者和5位同事在江苏大学法学院组织了读书会①，4个学期先后进行了16期集体阅读活动。作为第一召集人和指导教师，笔者对师生集体阅读情况进行参与式观察记录，总结读书会的模式特点、实际效果与预期偏差。本文的分析视角较为微观，但并非笔者热衷

---

① 参与前三季12期读书会召集工作的4位同事分别是江苏大学法学院教师雷婉璐、彭亚媛、申屠晓莉与郑淑珺。胡超老师参与了第四季读书会的召集和指导工作。读书会定名为“钟爱阅读”。

于饾饤之学。本文写作的初衷与动力在于，基于当下高校人才（不限于法学院学生）培养机制普遍面临的真实的问题语境，提供渐进式阅读指导案例，力求概括总结阅读指导的经验与缺陷，或可作为同行对学生进行写作指导的参考。

一、读书会组织模式及其持续调整

发起读书活动之初，笔者与同事只有基本共识和初步目标，并没有系统规划。随着集体阅读活动的持续开展，召集人的目的方才逐步明晰，并随之适时调整阅读书目与读书会成员的角色分工，不断改进读书会的组织模式。

（一）发起初衷与召集人基本共识

2021 年秋笔者教龄刚好满 16 年，其他召集人都是青年教师，入职时间最长的不足两年，最短的刚满两个月。召集人均受益于博士培养单位的阅读氛围，这一氛围却是未设置博士学位点的法学院系所缺乏的。当下即便是“985”“双一流”高校中设有博士点的法学院，阅读氛围也有淡化趋势。近年来，部分高校图书馆公布本馆个人借阅数、泡馆时长排行榜，选出借阅之星、泡馆达人，作为榜样加以推介，但很少有高校公开本馆的全年借阅数据。多所知名高校均呈现如下阅读趋势：纸质书籍借阅量与电子资源使用频率此消彼长，数字时代碎片化阅读越发明显，学生难以沉下心来深入研读经典著作。此外，当下高校图书馆成为备考自习室是常见现象，相当一部分学生进入图书馆并非为了阅读。质言之，图书馆沦为自习室，处境尴尬。

笔者借用项飙老师引发的“附近的消失”话题与“最初 500 米”提议[①]，来解释发起读书会的初衷。读书会试图营造一个小空间、小氛围，因为学生和书籍是笔者和另外 5 位召集人在镇江、江苏大学的“附近”，这个“附近”是召集人生活世界的一部分，甚至可能是学术生涯的开始。

---

① 人类学家项飙认为，低龄群体的社会特征是自我构建为“纯粹原子化的个人”，对由邻里社区组成的“附近”丧失兴趣，邻里在个人生活中“隐身”。年轻人仅对家人或者世界感兴趣，无法构建出自己身处的完整“小世界”。“附近的消失”成为现代社会的一种发展趋势。有鉴于此，项飙提出“最初 500 米”的提议，呼吁每个人观察留意身边的人和一草一木，去探究“最初 500 米”是如何聚合在一起的。参见《对话项飙：从“最初 500 米”重新理解自己和周边》，《第一财经》2022 年 11 月 24 日；《因疫情邻里关系重建而被“刷屏”引用的项飙和“附近的消失”到底说的是什么》，《文汇报》2022 年 4 月 18 日。

任其荒芜，就等于自毁“附近”。组织读书会的初衷在于：第一，在阅读过程中激发学生的阅读兴趣，帮助学生读懂学术文本、深入研究主题，逐步提升学生的阅读能力、写作能力与表达能力；第二，通过集体阅读，师生相互交流思想，不仅仅在小范围内营造阅读氛围，更旨在建立更为亲善的师生同事关系。

（二）阅读书目的选择与基本考虑

2021年秋季学期，召集人中两人分别承担本科新生（三个班级共90人）的“法学导论”和“宪法学”课程教学，一人承担硕士研究生（6名，本文中简称“硕士生”）的学业指导工作。这一学期硕士生准备法律职业资格考试，故召集人组织本科生进行汇报领读，硕士生则听取汇报。这一季读书会的选书标准结合了一年级本科生的认知状态，同时主要参考第一召集人和指导教师的建议，最终选定了《美国陷阱》《纽伦堡审判：对德国法西斯的法律清算》《法学野渡》《宪法学讲义》这4本书。《美国陷阱》和《纽伦堡审判：对德国法西斯的法律清算》的内容偏重事件，分别针对新近热点事件和重大历史事件展开讨论。召集人的预期是通过阅读，引导一年级本科生的专业兴趣，让他们了解到学习法律不仅是学习如何处理案件，也需要思考与法律相关的“大问题”。在笔者任课的班级，《法学野渡》和《宪法学讲义》被作为阅读书目推荐给所有学生，目的在于弥补“法学导论”和“宪法学”课程指定教材的不足。在普遍缺乏读者观照的教材写作氛围中，这两本书都有明显的演讲体风格，郑永流老师与林来梵老师学养深厚、教学经验丰富，又都极富师者仁心。阅读过程中，法科学子可以真切地感觉到，学界前辈面对看得见和看不见的学生如何由浅入深、循循善诱、诲人不倦。同时，为了增强本科新生学以致用的成就感，笔者指定学生阅读重要章节——《法学野渡》的第五卷“法律人这样思维”和《宪法学讲义》的第三编“基本权利”，并向学生分发案例资料，利用这两个章节的基础知识和基本理论进行案例分析。

2022年春季读书会阅读的书籍以社会学、人类学书籍为主。书籍选择的部分依据是笔者的阅读偏好与知识储备，同时适度结合了硕士生毕业论文写作的准备需求。张承志的《牧人笔记》可视为散文体民族志，10个章节把游牧生活的重要环节串联起来，成为一部完整的游牧生计记录。费孝通先生的《江村经济——长江流域农村生活的实地调查》是微观社区研究的经典文本，该书写作严谨、富有理论性。林耀华先生的《金翼：一个中国家族的史记》同样是微观社区的民族志，将学术观照深藏在文学性记录中。梁鸿的《中国在梁庄》《出梁庄记》真切地反映了当下的农村生活状况，书中记录了梁庄人的生活、际遇、命运，同类事件在现实生活中俯拾即是。就文本与读者的距离而言，这两本书最容易读。

2022 年秋季读书会的选书考虑不同于前两季。第 9 期的读书会未指定阅读书目，笔者通过阅读部分文学作品（包括唐诺的《阅读的故事》、马尔克斯（Gabriel García Márquez）的《迷宫中的将军》、卡尔维诺（Italo Calvino）的《为什么读经典》、老舍的《茶馆》），发现了很多素材，可以弥补多部宪法学教材对宪法本质与特征解释的疏漏——过于追求一致性解释与普遍性结论，而忽视了历史情境。笔者将阅读上述文学作品之后获得的发现分享给学生。继第 5 期读书会后，第 9 期读书会是笔者做的另一次主题阅读示范。刚好又是一个新学期，笔者希望借此机会唤醒新生的阅读兴趣与求知热情。接下来的 3 期读书会则再次回归硕士生的论文写作主题——农民工权益保护、未成年人受教育权保护、研究生招生制度改革。经笔者推荐、学生试读，领读学生选定了汇报阅读与辅助阅读的书目：汇报阅读书目分别是刘绍华的《我的凉山兄弟：毒品、艾滋与流动青年》（本文中简称《我的凉山兄弟》）、J. D. 万斯（J. D. Vance）的《乡下人的悲歌》与程猛的《“读书的料”及其文化生产：当代农家子弟成长叙事研究》；辅助阅读书目分别是罗木散的《春去冬回：凉山彝族农民的流动生活》、塔拉·韦斯特弗（Tara Westover）的《你当像鸟飞往你的山》、黄灯的《我的二本学生》。

2023 年春季读书会阅读的书籍偏向宪法学、历史政治、历史地理与政治哲学，主要是为了配合研究生课程“宪法学专题”的教学。本门课程的教学以政治宪法学为主要视角，故笔者选择了欧文·拉铁摩尔（Owen Lattimore）的《中国的亚洲内陆边疆》、韩茂莉的《中国历史地理十五讲》、苏力的《大国宪制：历史中国的制度构成》以及赵汀阳的《天下的当代性：世界秩序的实践与想象》《惠此中国：作为一个神性概念的中国》《第一哲学的支点》。学生依次完成上述书籍的阅读后，可形成对中国治理模式的初步认知。上述书籍不仅具有跨学科的特点，而且具有较强的理论性。这意味着学生只有投入大量时间和精力，才能完成汇报领读工作。

（三）读书会成员及其角色调整

2021 年秋季，5 位召集人邀请了 35 名本科一年级新生，吸纳他们为读书会成员。前4期读书会每期有4~10名学生做阅读分享，每个学生发言时间短则5分钟，长则15分钟。尽管学生参与热情很高，但笔者发现读书会存在诸多问题：第一，汇报领读时间有限，学生无法完整地呈现阅读收获并进行深入分析；第二，汇报领读学生的阅读存在断章取义的现象，比如某位同学负责某一章的领读，他就只看这一章；第三，相当一部分学生用于阅读的时间和精力不足，只听不读的情况比较普遍。

2022年春季，读书会进行了乡村系列阅读。笔者选择了4本比较经典的社会学、人类学书籍或非虚构写作作品。这一季读书会除第5期外，基本上采取了硕士生两两组合的方式，这种配合模式类似羽毛球双打。两生相互配合，一个学生负责介绍整本书，另一个学生找出书中的一个关键问题进行深入分析。此后是学生评议，嘉宾教师发言和点评，最后由指导教师做总结。

到了2022年秋季，读书会又改变了运行方式。因为第9期由笔者做主题讲座，这一季读书会严格地说只做了3期集体阅读。第10~12期读书会先由学生汇报领读，然后由学生评议，嘉宾教师点评，指导教师做初步总结，最后指导教师接续主报告做比较分析或扩展分析。就整体结构而言，第10~12期读书会成了学生与指导教师的“双打”。这一模式的本质是汇报学生做分析阅读，指导教师做主题阅读。

2023年春季读书会主题为“认识中国”，第13期由笔者做主题讲座，第14~16期则由学生做主题汇报。本季读书会做到了跨学段、大重组、全员参与。本科生负责了第14期的专期汇报，同时承担第15期、第16期的主持工作；研究生两三人组合完成第15期、第16期的汇报领读工作；本科生与研究生组合担任与谈人。除1名学生是指导教师的研究生外，其他10位书友均是自愿参与阅读的。此外，每一期都有学生来旁听，多则五六人，少则一两人。故这一季读书会完全突破了师门读书会与研究生读书会的限制，具有明显的开放性。

(四) 师徒式互动与全程指导

在包括法学院在内的大学课堂上，教学内容在师生间传递，师生关系更接近电台与听众的关系，是“一对多”的交流，学生被当作信息接收器，教师很卖力地向学生“发送”“给予”信息。读书会与课堂教学模式全然不同，指导教师逐一指导汇报领读学生的阅读和写作，此时师生关系更像是棒球赛中的投手与捕手，指导教师给出方向和线索，汇报领读学生则要自己判断是否接受、修正或否定。师生关系在读书会期间发生转变，学生有判断决定权。读书会举行之前，学生往往要花长达十余天的时间阅读、写作、准备汇报。课堂上的听众或独自阅读的读者却不必这样做。在读书会上，比起充满主动性的写与说，读与听是相对被动的。阅读内容、写作线索、汇报思路与内容就像棒球一样在师生之间传递，主动性与活力是师生双方共有的，不是从教师开始传递，在学生那里终结，而是在两者之间反复传递、反复推敲。只有当“捕手”与“投手”密切合作时，读书会才会有实践效果。

准备首次读书会期间，召集人便达成一致意见，阅读方式应该是全员参与。教师是召集人、指导人、与谈人，类似舞台的搭建者；学生或是汇报领读人、写作者、演说者，或是与谈者、听讲者，类似舞台的主角与配角。围绕阅读书目，指导教师与汇报领读学生之间存在师徒式的密切互动，第一召集人是指导教师，全程给予指导：第一，在读书会启动期，指导教师是召集人，学生是参与人；第二，在读书会准备期，指导教师是策划人，学生是执行人；第三，在读书会进行时，学生是汇报领读人，指导教师则是“接盘手”。此外，召集人与学生的互动贯穿读书会全程的各个环节：主题策划—选定书目—设定题目—编制提纲—写作文稿—制作海报—改写文稿—现场汇报（+学生与谈+嘉宾教师点评）—指导教师总结（+主题拓展）—撰写学术新闻稿件—改写并发布。每一个环节的参与均旨在让学生受益。从选择汇报书目、报告人分组，到确定汇报主题、问题链条、各级标题，再到设计海报、录音、录像、拍照、文字整理等工作，召集人鼓励、支持学生自己动手、亲力亲为。读书会组织模式及其调整见表1。

表1　读书会组织模式及其调整

<table>
<tr><th>序号</th><th>阅读书目</th><th>汇报人角色</th><th>指导教师角色</th><th>嘉宾教师角色</th><th>学生参与</th></tr>
<tr><td>1</td><td>《美国陷阱》（弗雷德里克·皮耶鲁齐）</td><td rowspan="4">精读本书
初定主题
编写提纲
写作文稿
汇报领读
文字记录
撰写简讯
会后反馈</td><td rowspan="4">初选书目
确定主题
改写提纲
改写文稿
主持读书会
回应问题
阅读总结
改写简讯</td><td rowspan="4">参与发起
参与策划
参与选书
泛读本书
宣传推介
点评报告</td><td rowspan="4">泛读本书
制作海报
拍照录音
偶有发言
撰写简讯
会后反馈</td></tr>
<tr><td>2</td><td>《纽伦堡审判：对德国法西斯的法律清算》（何勤华）</td></tr>
<tr><td>3</td><td>《法学野渡》（第三版）（郑永流）</td></tr>
<tr><td>4</td><td>《宪法学讲义》（第三版）（林来梵）</td></tr>
</table>

续表

序号	阅读书目	汇报人角色	指导教师角色	嘉宾教师角色	学生参与
5	《牧人笔记》（张承志）、《游牧者的选择：面对汉帝国的北方游牧部族》（王明珂）、《失序的自然：一个草原社区的生态权力与道德》（荀丽丽）	指导教师做主题报告，进行阅读示范，回应嘉宾教师问题		参与策划 参与选书 泛读本书 宣传推介 点评报告	泛读本书 主持读书会 制作海报 拍照录音 参与与谈 文字记录 撰写简讯 会后反馈
6	《中国在梁庄》《出梁庄记》（梁鸿）	精读本书 初定主题 编写提纲 写作文稿 汇报领读 会后反馈	主题策划 初选书目 确定主题 改写提纲 改写文稿 回应问题 阅读总结 改写简讯		
7	《江村经济：长江流域农村生活的实地调查》（费孝通）				
8	《金翼：一个中国家族的史记》（林耀华）、《银翅：中国地方社会与文化变迁（1920—1990）》（庄孔韶）				
9	《阅读的故事》（唐诺）、《迷宫中的将军》（加西亚·马尔克斯）、《为什么读经典》（伊卡洛·卡尔维诺）、《茶馆》（老舍）	做主题报告，进行示范		参与策划 参与选书 泛读本书 争取资源 宣传推介 点评报告 图书赠送	泛读本书 主持读书会 制作海报 拍照录音 参与与谈 文字记录 撰写简讯 会后反馈
10	《我的凉山兄弟：毒品、艾滋与流动青年》（刘绍华）、《春去冬回：凉山彝族农民的流动生活》（罗木散）	精读本书 初定主题 编写提纲 写作文稿 汇报领读 会后反馈	主题策划 选定书目 确定主题 改写提纲 改写文稿 回应问题 阅读总结 主题分析 改写简讯		
11	《乡下人的悲歌》（J. D. 万斯）、《你当像鸟飞往你的山》（塔拉·韦斯特弗）				
12	《“读书的料”及其文化生产：当代农家子弟成长叙事研究》（程猛）、《我的二本学生》（黄灯）				

续表

<table>
<tr><th>序号</th><th>阅读书目</th><th>汇报人角色</th><th>指导教师角色</th><th>嘉宾教师角色</th><th>学生参与</th></tr>
<tr><td>13</td><td>《中国的亚洲内陆边疆》（欧文·拉铁摩尔）、《有所不为的反叛者：批判、怀疑与想象力》、《从大都到上都：在古道上重新发现中国》（罗新）</td><td colspan="2">做主题报告，进行示范，回应学生问题</td><td rowspan="4">参与策划
参与选书
泛读本书
争取资源
宣传推介
点评报告
图书赠送</td><td rowspan="4">泛读本书
主持读书会
制作海报
拍照录音
参与与谈
文字记录
会后反馈</td></tr>
<tr><td>14</td><td>《中国历史地理十五讲》（韩茂莉）</td><td rowspan="3">精读本书
初定主题
编写提纲
写作文稿
汇报领读
撰写简讯
会后反馈</td><td rowspan="3">主题策划
选定书目
确定主题
改写提纲
改写文稿
回应问题
阅读总结
主题分析
改写简讯</td></tr>
<tr><td>15</td><td>《大国宪制：历史中国的制度构成》（苏力）</td></tr>
<tr><td>16</td><td>《天下的当代性：世界秩序的实践与想象》《惠此中国：作为一个神性概念的中国》《第一哲学的支点》（赵汀阳）</td></tr>
</table>

二、开展集体阅读的实际效果

16 期读书会结束后，参与集体阅读的师生均不敢妄称自己做了富有经验的尝试，取得了较为显著的成果。但读书活动能持续开展，不断自我修正、自我改进、自我超越，这不能只归因于召集人的意愿与组织，相当程度上也受益于任教学院的支持，更归功于学生的身心投入，参与阅读的学生亦收获颇丰。

（一）于教师：接受成为发动机的考验

钱理群教授认为，要办好教育，需要三个条件：第一，要有“好校长”，好校长的一个重要品质就是“喜欢读书”，并且能物色、培养一批好教师；第二，要有好教师，好教师要爱教育、爱学生、爱读书，这样的教师有教育理想和良知，有奉献精神；第三，有一个好的图书室，图书室里不能只有考试用书，应该有经典名著并提供获取图书的便捷方式。[①] 钱理群教授对好教师品质的排序是爱教育、爱学生、爱读书。笔者更倾向于

① 钱理群：《中国教育病症已不是观念问题，而是利益问题》，载澎湃-湃客，https://m.thepaper.cn/baijiahao_13922380，访问日期：2022 年 9 月 15 日。

将好教师的标准调整一下，先是爱读书，其次是爱教育，最后是爱学生。这个排序中有一种传递关系，因为所有教师的求学生涯都是从做学生开始的，他们应该爱阅读、会阅读。但热爱阅读与组织读书会并非同一性质的行为，组织集体阅读，对于召集人，尤其是指导教师而言，相当于接受了汽车发动机的角色设定。

1. 把握标准、调整升级

从筹备系列读书活动开始，召集人一直秉持一个信念：让每一个参与读书会的学生有所学、有所思、有所获。2021 年秋季的读书会具有尝试性质；自 2022 年春季第 6 期读书会起，召集人经商议决定进行大幅度改版，让读书会成为学生自己的读书会。此后，读书会的汇报领读人、主持人、与谈人均由学生担任。

2021 年秋季的读书会以本科生为主体，笔者对汇报领读文稿未提出严格要求。2022 年春季，笔者完成第 5 期主题阅读示范后，随即提高了对文稿质量的要求，并建议与谈同学将发言整理成文字。这些文稿不仅仅记录了师生共同经历的阅读时光，更承载了双方的思考。2022 年第 9 期读书会后，笔者设计了第 10~12 期的 3 套备选方案，分别为指导教师亲自汇报领读、召集人分别汇报领读、学生汇报领读。召集人分析了 3 种方案的利弊，最终因方案三更具优势，选择了学生汇报领读模式。2023 年春季读书会延续了学生汇报领读模式，不同的是，本科生与研究生自此组成团队开展集体阅读。

从 16 期读书会的开展情况来看，学生汇报领读的优势在于：第一，学生需完成深度阅读、文稿撰写并进行主题汇报，能够做到充分参与；第二，学生结合自身的硕士毕业论文写作或课程作业撰写需求，阅读汇报的均为核心文献，可达到一举两得的效果；第三，读书会第 3 季要求学生独立完成汇报领读，到了第 4 季，阅读书籍的难度显著提升，对学生能力的要求更高，学生投入的时间与精力也更多，随着读书会的持续升级，学生获得了更多成长。这一决定也得到了学院的支持，“学生的成长总是要经历锻炼，逐渐实现，而阅读汇报既要学生读，又要学生讲出来，这就是他们历练的过程。要给他们锻炼自己的机会，我们代替不了他们的成长”①。

---

① 见 2022 年 9 月 26 日读书会后江苏大学法学院牛玉兵副院长给笔者的回复。

2. 弥补缺陷、听有所获

尽管笔者曾试图指导硕士生同时阅读两本以上书籍，并在汇报领读时进行比较分析，但由于时间紧迫，更因为学生的阅读经验与写作能力不足，第 10—12 期与第 13—16 期的学生的汇报领读基本围绕单一文本展开。这 6 期读书会的扩展阅读与比较阅读工作转由指导教师完成。这意味着笔者在主题策划、初选书目、改写提纲、改写文稿、回应提问之外，又增加了一项新工作，而该项工作所需投入的时间和精力是最多的。2022 年秋季 9—11 月、2023 年 3—5 月，除了课堂教学，笔者几乎把所有时间都用在了读书会指导与文稿写作上。

在每一期的扩展分析与主题讨论中，笔者有意设定了不同的问题。在第 10 期主题阅读中，笔者分析了如何为本期读书会设定题目。笔者比较了 3 位学者为《我的凉山兄弟》写的推荐序与作者刘绍华的自序《生命之书》之间的差异，指出了汇报领读学生自拟汇报题目的不当之处，介绍了自己推荐的题目及取舍原因。笔者旨在说明，一个题目少则不足 10 字，多则 30 字，却是作者观点、论点的高度凝练，也彰显了作者的精神气质和语言风格。在第 11 期主题阅读中，笔者分析了书目的取舍。该期读书会原有两本备选书——J. D. 万斯的《乡下人的悲歌》和塔拉·韦斯特弗的《你当像鸟飞往你的山》。推荐这两本自传体作品源于笔者对师生身份与教育功能的思考。笔者与汇报领读学生充分交流后达成共识，《你当像鸟飞往你的山》的写作富于个体性、观察面偏窄，《乡下人的悲歌》则更能引发读者对当下美国普遍性社会问题的思考，故最终选择了后者。在第 12 期主题阅读中，笔者分析了文学、非虚构写作与社会学文本如何记述底层贫困，以引导学生注意不同学科观察视角与思考写作方式的差异。文学的优长在于，作者可以叠加多人的经历，最大限度地发挥想象力，并且无须突出观点与理论；非虚构写作的想象力弱于文学作品，理论性弱于社会科学著作，但其现实感比文学作品更直接，在叙事深度上比社科著作更具优势；社科研究亦需要作者发挥想象力，在研究问题与更宏观的社会结构之间建立起关联，其最有价值的部分在于作者独立的观点表述与理论推进。在第 14 期读书会上，笔者扩展分析了历史中国语境下地理区、经济区与行政区的关系，以丰富学生认识中国地理的视角，从而使其对公法中的国土管理、行政区划有更多经验性认识。地理区是中国的本底，经济区是中国政治的基础，行政区依赖地理区的本底与经济区的基础。在地理区、经济区、行政区中，人与地理环境关系的稳定性依次降低。在第 15 期读书会上，笔者扩展分析了《大国宪制》的学术视野与理论抱负，以帮助学生从整体上认识该书的研究方法、核心观点与理论价值，弥补学生汇报领读的不足。该书基于研究“整体中国”的学术抱负，具有深广的学术视野。尽管该书存在稀释价值标准、忽视社会等级、模糊人权概念等问题，却为社科法学研究提供了新概念、新思路。第 16 期读书会的拓展分析旨在理解赵汀阳政治哲学思想的关键词，为理解新天下体系提供认知前提。为此，笔者将《第一哲学的支点》作为核心文本，剖析存在、共在与幸福 3 个概念的关系，帮助学生理解为何共在（关系）理性可作为构建新天下体系的基础性范畴，以及新天下体系提供的理论图景为何是共在，而非超越公正规则的幸福。

笔者投入大量心力，确实是因为深知师生的时间可贵。在密集的学业课程安排与繁重的教学科研压力之下，要找到本科生、硕士生与教师能够坐在一起、分享一本书的阅读收获的机会非常不易。除了向读书会成员提供信息与他们一起发掘问题，笔者也期待读书会能成为学生学习生涯中的标志性事件。2023 年春季学期，二年级硕士生没有课程安排，其中 3 名学生计划求职，不再返校。在读书会上，师生对如何进行主题阅读的探讨，或许可作为一份礼物送予即将离校的学生。2023 年初的新书友中，有 10 名毛遂自荐的学生，笔者和召集人送给他们的“厚礼”，则是约 3 个月共同阅读的经历。

3. 善始善终、调整预期

不断尝试、持续改进，在 4 个学期的 16 次集体阅读活动中，读书会一直在进行自我形塑。召集人均认为，自我改进对于提高学生的阅读、写作、表达能力，是有直接帮助的。

就学生的阅读投入情况看，前 12 期两极化趋势明显：汇报领读同学全身心投入阅读和写作，与谈同学多是粗略阅读文本，旁听同学则大部分不阅读，成为“打酱油者”。第 13—16 期采取自愿报名、加强督促、频繁交流等措施后，粗略阅读情况明显减少，不阅读情况基本消失。在 16 期读书会期间，成员处于变动中，学生的阅读积累仍是比较有限的。就此来看，当下读书会最大的受益者似乎是指导教师，因为这一角色必须善始善终。读书会对指导教师而言，开启了一段全然不同的执教生涯；对部分学生而言，或许只是一处或者几处点缀。

随着集体阅读的不断深入，召集人形成了如下基本共识：一个学年内真正想阅读并且有动力阅读的学生比例不能高估，读书会不能好大喜功、盲目追求数量。即便如此，指导教师的及时督促和跟进也是极为必要的。在全过程指导下，学生的阅读质量有明显改善。当笔者怀疑自己的选书标准偏离主流时，一位召集人回复笔者："选书不在乎偏与不偏，总有人喜欢，总有人不喜欢。能够坚持做一件事本身就已经很了不起了。"① 至于读书热情问题，一位召集人则认为，这属于个人问题，无法强求。她说："读书会的初衷是'钟爱阅读'，就是找一些真正热爱阅读的人。如果学生热爱，他就会主动参与进来；如果现在不热爱，也尽量地引导他慢慢地爱上读书；但如果实在不热爱，就做他自己热爱的事儿，前提是也要完成学业。"②

（二）于学院：对阅读种子的培养和期待

江苏大学以农科、工科见长，并在教育界获得了一定的影响力，但这所大学没有放松过对法学、经济学、文学等社会人文学科的建设。历届师生辛勤耕耘，三江文脉绵续至今。像绝大部分大学一样，这所大学也有教学楼、实验室、宿舍、食堂、俱乐部等，好似五脏俱全的小城市。而一所追求卓越的大学，必须有一个"标配"——组织集体阅读、培养阅读文化。法学院期待并鼓励支持本院教师承担起召集、组织、指导工作。

1. 学院对读书会的长远预期

江苏大学法学院将读书会当作一颗种子、一株幼苗加以培养。"读书是我们每个人毕生的功课。……法学院如果能够营造出比较良好的阅读氛围，对同学们的成长非常有帮助。"③ 学院期待学生在求学期间获得全面成长："我们总是希望年轻人，尤其是一年级的学生，在大学期间、在研究生期间，不仅仅获得一个文凭，不仅仅获得那么多的证书，更让生命充盈起来，让它丰富起来。你（学生）看到了很多事，你有很多思考，你有很多想法，甚至你围绕着你的想法去做了很多事情，所有这些都会构成你生命成长的组成部分。"④

就笔者和其他召集人的顾虑——部分学生的阅读浅尝辄止、机会主

① 见 2022 年 3 月 18 日江苏大学教师郑淑珺在读书会上的发言。
② 见 2022 年 3 月 18 日江苏大学教师雷婉璐在读书会上的发言。
③ 见 2022 年 9 月 26 日江苏大学法学院朱玲萍书记在读书会上的发言。
④ 见 2022 年 9 月 26 日江苏大学法学院牛玉兵副院长在读书会上的发言。

义，学院有更长远的预期：“只要我们的读书会一期一期地持续，这本身就已经在学院营造了一定的阅读氛围，多少都会对学生和其他老师产生影响。”① “不管多少人参与，都是一个非常好的示范，保留了一颗读书的种子。”②

2. 全院合力做好每期读书会

6位召集人，尤其是作为指导教师的笔者，并非资深读者，只是因为组织读书会，才必须先阅读、多阅读，在组织读书会期间也才真正感觉到一个师者的责任。但召集人均了解，阅读的影响并非立竿见影，阅读的收获像酿酒一样，要经历时间、温度、水分的变化，置于坛中的原料经过缓慢的酝酿过程，才能蜕变成为佳酿。

如果把读书会视为一间酒坊，那么参与酿制的不仅有召集人，还有学院多位教师（包括行政人员）参与其中。以第9期读书会为例，一次成功的读书会得益于充分准备、多方协助。具言之，第一，报告主题设定、内容选择与本科生、硕士生都直接相关，从学生自身的阅读情况出发，而不是单纯地探讨学术问题，使学生听讲座时没有智识负担；第二，本院教师申请到北大出版社赠送的30本书，以抽奖方式赠送给学生，对学生而言获得入学后的第一本赠书有象征意义，这是相当一部分学生参与读书会的动力；第三，学院书记、院长均参与读书会，足以证明学院对读书会的重视，在相当程度上，学生是相信权威的，他们也怀有对大学学术活动的新鲜感、好奇心；第四，在一年级本科生、硕士生均有课的情况下，学工办教师与教务处协调，部分本科生才获准不必参与军事理论学习，转到读书会现场。

3. 本院教师的阅读拓展与反思

读书会阅读书目不限于法学著作，而是偏向广义的社科著作，这改变了部分教师尤其是召集人的阅读习惯。一位召集人深有体会：“只是为了了解一些背景知识的话其实不难，但要真的去深入别的学科体系，真正理解一本书到底讲的是什么，确实需要下很大功夫。”③ 另一位召集人不仅阅读了各期推荐书目，还阅读了笔者单独推荐的项飙老师所著的《全球猎身：世界信息产业和印度的技术劳工》，故而对专业阅读有了新的认识。

---

① 见2022年9月26日读书会后江苏大学法学院牛玉兵副院长给笔者的回复。

② 见2023年5月22日看过读书会文稿汇编后江苏大学法学院李炳烁院长给笔者的回复。

③ 见2023年3月18日江苏大学法学院教师胡超给笔者的回复。

她说："在不断阅读的过程中，发现自己的兴趣。不管什么样的书，大家都去看一看，增长自己的知识。"① 程猛在《"读书的料"及其文化生产：当代农家子弟成长叙事研究》一书中使用了自传社会学与深度访谈的研究方法，让参与阅读的教师颇受启发："从叙事的角度，我们完全可以从一个实际案例或者一个事例出发，然后以小见大，以一个观察者的身份来分析事例或者案例，总结出其中的理论问题。"②

阅读活动让每一位召集人思考阅读的目的、阅读的广博与深度之间的关系："我们把所有的时间都放在了一个非常狭小的范围内，迫切希望在短时间内得到答案。……我觉得真正的知识应该是先博后渊的，但实际上我们的知识根本没做到"博"。我自己就被推到了这样的位置上——或者说推到了这样的时间点，它告诉我必须在一个领域做到非常深刻，以至于现在做的主题阅读越来越狭隘。所以肖建飞老师的读书会对我而言，是我平时狭隘的主题阅读之外的一个非常美丽的空间，这些阅读让我感到很放松。"③ 也有召集人半开玩笑地提出阅读对抗焦虑法："把阅读变成一种兴趣，能够抵抗其他的焦虑，能够释放压力。将阅读作为一种和刷抖音、追剧、打游戏具有同样功能的事情，可能也没人能拦得住你了，你就非读不可了，不让读都不行。"④

（三）于学生：阅读、写作、判断、审美综合训练

1. 提升学生的读写讲能力

通过组织集体阅读，召集人能向学生提供阅读、写作、表达能力方面的基本训练。写作是阅读收获的呈现，也是汇报领读的基础，故读书活动开启之初，笔者就向汇报领读同学提出如下写作要求。第一，既然是集体阅读，就必须始于阅读文本，汇报领读同学的写作分析要与阅读文本发生深度关联。第二，汇报领读同学不要把自己阅读到的资料简单摊放在一起并呈现给别人。第三，汇报领读同学必须在意参与者的感受，就如写作时作者要在乎读者的感受一样。尤其是面对高度理论性的书籍（如《天下的当代性》），读者不易读懂，汇报领读人就需要稀释原书的理论密度，而不是再度浓缩。第四，为了增强汇报领读内容的代入感，在部分读书会

① 见2022年9月26日江苏大学法学院教师彭亚媛在读书会上的发言。
② 见2022年11月2日江苏大学法学院教师周爱春在读书会上的发言。
③ 见2022年3月18日江苏大学法学院教师申屠晓莉在读书会上的发言。
④ 见2022年9月26日江苏大学法学院教师雷婉璐在读书会上的发言。

上，汇报领读同学可增加视频和图片素材，改变单纯的文字呈现方式。

本科生刚刚迈入法学之门，从零开始积累知识、养成思维习惯。故在2021年秋季读书会上，笔者更关注培养本科生的阅读兴趣，鼓励他们有站起来表达想法的勇气。这一季读书会上，硕士生是配角，笔者希望他们以旁听方式参与阅读活动，反思自己的阅读经历，认识到分析阅读与主题阅读的区别，对阅读的重要性有进一步体认。2022年春秋两季读书会中，有6期以硕士生为主角。2023年春季读书会则是本科生与研究生全员参与。整体看，第1—4期读书会上，本科生汇报领读的内容基本限于回顾梳理（“照着说”）；第6—8期读书会上，硕士生大体能在回顾梳理的基础上，对阅读书籍略加评析（“接着说”）；第10—12期读书会上，在指导教师的督促和引导下，硕士生能部分实现对阅读书籍的深入拓展分析（“借着说”）①；第14—16期读书会阅读书目难度远远超过了此前3季，学生能从头到尾读完《天下的当代性》《惠此中国》这两本书，听懂《第一哲学的支点》的关键词之间的理论关联，至少相对于他们以往的阅读经历而言，已是极大的“跨越”。学生不但读完了、听懂了，汇报领读人还能写出读书报告，帮助其他学生减少理解负担。第5期、第9期、第13期读书会是笔者所做的讲座，旨在进行主题阅读（带着问题深入阅读多本书籍）示范。即在阅读核心文本之外，扩展阅读相关书籍，提供关联性知识点，致力于探索多元化与跨学科视角，在发散性思维图谱中发现有价值的学术问题。

有汇报领读学生反馈：“认真参与过一期的同学会留下深刻的记忆，至少对阅读有新的体验。”② 没有参与汇报领读的学生在承担记录和校对工作期间，也获得了观察力和表达力的训练。一位学生说：“首先，能够了解这些书目的内容，在生活的某个瞬间就会和书产生共情，比如校对《中国在梁庄》之后，我返回老家仍然在回想梁庄的故事。其次，就是学着如何说话和表达，我一直都没有自信，能站在公众面前说话，参加每一

---

① 这里借用清华大学法学院“中国法律史”研究生课程组教师对“一期一书一会”法史学经典著作研读模式的总结，“照着说”“接着说”“借着说”实为3种逐层深入的研读方法：“照着说”研读方法的核心在于“提炼、概括、整合经典文本所述内容”；“接着说”研读方法的核心在于“归纳经典文本所涉知识点（学术命题），补充经典文本中未涉及的内容”；“借着说”研读方法的核心在于“借此物言彼物，强调独立思考与知识延展能力，不断拓宽研读角度”。参见陈新宇、翟家骏、杨同宇：《一期一书一会：法史学经典著作研读的教与研》，《法学教育研究》2022年第1期，第216页。

② 2023年1月4日在校对读书会文稿期间，江苏大学法学院硕士研究生邱琴同学向笔者反馈上述信息。

次读书会我都会观察报告人的表达和说话方式。”① 准备汇报领读期间，部分同学对理论的魅力有所体认：“《惠此中国》我今天看完啦，太棒了！看得很爽、很上瘾，有心灵被震撼的感觉！尤其是最后一章‘方法与命运’。谢谢老师向我推荐这么好的书！”② 受“钟爱阅读”读书会启发，2022级本科新生于寒假期间自发组织读书会，名为“超级读书会”，阅读了罗翔老师所著的《圆圈正义》与彼得·萨伯（Peter Suber）所著的《洞穴奇案》。

本院教师参加读书会，也看到了学生身上发生的可喜变化：“(一年级本科生）能从这本书里面汲取营养并加以运用，而不是对这本书进行阅读复述，那这个层面就更高了，格局也不一样……整个读书会由同学来讲解，看到同学上来讲解之后，我觉得非常开心。因为我在你们这个年龄的时候，我是远远不如你们的。”③ 如果说本科生的变化在于提升了法律知识应用能力，硕士研究生的变化则在于阅读整本书后能够对其中的理论问题进行深入剖析。读书会对本院教师的学术研究也有启发意义，例如参与了第8期读书会的教师认为：“这是本季（2022年春）读书会最精彩的一次。同学的梳理特别有条理性，提纲挈领：第一个同学找出与整本书主题相关的3个问题，回顾了相关内容；第二位同学对3起纠纷进行解读，后面有一个小的升华，也很不错。最后指导教师的总结为我打开了一扇窗，她提出的几个问题，真的是让我学到了很多东西。……以前更多关注的是规则问题、规则的适用、规则的合理与合法；今后是不是应关注规则的背后，更多去研究人和社会的问题?”④

2. 提升学生的学术判断力

培养学术判断力的难度远远大于培养阅读、写作、表达能力的难度，但前者又渗透于后者之中。对于学术阅读刚刚起步的学生，笔者给了如下建议。第一，对比。最初进行专业阅读的学生都不知道怎么遴选书籍，他们可以就同一个主题，阅读5本以上质量较好的书，对该主题就会有最基本的判断力。第二，鉴别。最简单的办法是试读，看一本书的摘要、目录，通过这些大体就可以判断出其学术质量，故学生要学会速读并做出选

---

① 2023年2月1日在校对读书会文稿期间，江苏大学法学院硕士研究生杜利利同学向笔者反馈上述信息。
② 2023年4月4日写作领读文稿期间，江苏大学法学院硕士研究生苗奥娴同学向笔者反馈上述信息。
③ 见2021年12月8日江苏大学法学院教师江雪松在读书会上的发言。
④ 见2022年4月30日江苏大学法学院教师罗好在读书会上的发言。

择。第三，设题。一本优秀的著作可以引发读者很多有价值的问题，哪个主题最值得汇报领读，相当程度上取决于汇报领读人的兴趣偏好。

比较环节是基础，笔者会让汇报领读同学试读两本书并做出评价。被问及《你当像鸟飞往你的山》和《乡下人的悲歌》哪一本更适合做阅读汇报时，一位学生回复：“我在《乡下人的悲歌》里面看到了更多东西，而且问题更普遍，描述的不仅仅是一个人的悲歌，更是乡下人（白人工人阶级）的悲歌；另外，这个悲歌有白人工人阶级自己的因素，还有很多社会的因素，比如失业救济金政策、低收入家庭住房补贴政策、从民主党到共和党的执政策略转变，还有阶层分化和固化问题。《你当像鸟飞往你的山》，我感觉更偏向个性化的问题，作者的阻碍大多数来自原生家庭的影响。”① 在学生徘徊于作家杨志军的小说《最后的农民工》与人类学家刘绍华的民族志《我的凉山兄弟》之间犹豫不决时，笔者建议学生先阅读自己更感兴趣的那本。此后学生对前一本小说做出了评价：“越是读到后面，越是觉得（这本书）是虚构美化。在作者笔下，完全的利他主义、混乱的人物关系、不合常理的事件巧合、过于矫揉的情感堆积，这些不是农民工的真实写照。不过（书中）还是有不经意的几处能引起共鸣，我半信半疑地看完了这本书。它作为读书会的推介书目确实不太合适，不过可以作为我在选书上的反面案例。”②

没有参与汇报领读的同学，也可以设想自己如何做好此项工作。“读书会让我重新思考在自己的读书过程中应该怎么做。讲好一本书的故事不是一件容易的事，做主题汇报也不是简单照读，而是需要去挖掘和探索，从无到有，再到全面呈现。这是一个漫长的过程。”这位同学主动提出2023年春汇报领读《大国宪制》这样有难度的书籍，“我期待去挖掘苏力书中法治的本土资源和中国制度构建经验，也很期待自己能够像老师一样节省和珍惜生命中的时间，用以读书、用以丰富自我”③。2023年春季读书会上，该生不但出色完成了《大国宪制》的领读工作，还领读了《天下的当代性》。

3. 影响学生的审美趣味

每一期读书会的海报设计，无论是背景选图、文案、字体，还是汇报

① 2022年10月下旬第11期读书会准备期间，江苏大学法学院硕士研究生李颖同学向笔者反馈上述信息。
② 2022年10月上旬第10期读书会准备期间，江苏大学法学院硕士研究生邱琴同学向笔者反馈上述信息。
③ 2023年2月1日在校对读书会文稿期间，江苏大学法学院硕士研究生杜利利同学向笔者反馈上述信息。

领读人、主持人、与谈人、嘉宾教师、指导教师的排列方式，笔者与学生都会反复推敲。例如设计第 2 期《纽伦堡审判：对德国法西斯的法律清算》海报时，学生提出了两个备选方案——背景可选橘黄—粉紫过渡色，也可选暗灰蓝色，师生投票最终选择了后者。学生在背景中加了一张穿暗红色衣裙的犹太女孩图片，隐喻悲剧之后的希望。与海报文案对应，笔者借用历史学家伊恩·克肖（Ian Kershaw）在《地狱之行：1914—1949》中的开篇表述，“20 世纪的欧洲去地狱走了一遭”[①]，并续上下半句“欧洲要找到一个走出地狱的出口”，“出口”直指纽伦堡审判。设计第 9 期《阅读：一扇等待开启的门》海报时，笔者选择了马尔克斯、博尔赫斯、卡尔维诺和老舍的黑白照，倚窗而立的卡尔维诺与在烟圈半弧中的老舍构成了一条对角线，眉发银白的博尔赫斯与须发斑白的马尔克斯构成了另一条对角线。第 7 期《江村经济》海报选择的背景图片是粉墙黛瓦的苏州水乡民居。第 15 期阅读《大国宪制》的海报则以长城作为背景。第 16 期选用《天下的当代性》的英文版图书封面作为海报背景。

无论海报的图文设计还是汇报领读 PPT 的图文设计，笔者都建议学生，不但要符合阅读书目的主题与内容，还要符合文本研究地域的地理环境，此举旨在实现图文相配，突显主题。多位同事向笔者反馈，2023 年春以来，读书会海报较之以往更富有设计感。这意味着读书会师生把每一期活动视为自己的作品，对自己有了更高要求，汇报领读内容乃至与谈发言呈现的内容质量均有明显提升。就此看，读书会不仅在孕育法学院的阅读氛围，构建小的学术共同体，也在影响学生的审美情趣。

三、阅读实践与预期效果的偏差

从理想意义上讲，发展独立思考能力、想象力、审美趣味，开拓精神的自由空间，什么时候都不晚。但召集人面对心态、目的、能力、品味各异的学生时，只能以他们整体的心智状况作为读书活动开展的基础，这一基础条件也决定了实际阅读情况与预期阅读效果之间存在偏差。

（一）浅尝辄止，阅读动力不足

2021 年秋季读书会每期汇报领读的学生人数偏多，尽管在读书会准

① 伊恩·克肖：《地狱之行：1914—1949》，林华译，中信出版社，2018，导读第 3 页。

备期间笔者与学生有频繁交流，但他们来自不同班级，彼此交流较少，缺乏足够沟通，故主要是师生之间一对一交流。第一季的4期读书会中，师生关系是多条平行线，未能形成以汇报领读学生与指导教师为中心的多层关联网络；除了汇报领读学生之外，其他学生基本是听众，与汇报领读人、指导教师没有直接的阅读交流与观点交锋。出现这一状况有笔者自身的原因，以一人之力，与最多10名学生、最少4名学生频繁交流，半月内组织一次读书会，需要极大的时间和精力投入。此外，并非每一个报名参与读书会的学生都能泛读推荐书籍，也并非每一个做汇报领读的学生都能精读推荐书籍。本科一年级学生参与读书会有很强的尝试性与表演欲。

一学期过后，师生都需重新思考如何继续阅读。笔者联系了2021年秋季读书会上表现较好的本科生，试图找到几个“读书的料”，但这一次纳新颇费周折。在笔者逐一联系的9名一年级本科生中，5人表示愿意继续参与阅读，加上原来自愿报名的3名本科生，继续参与阅读的本科生仅有8人。本科生的读书热情远远低于笔者的预期。

笔者原计划采取本科生与硕士生组合阅读的方式。第一，本科生立足于文本，分析书籍的主题和写作脉络、作者的主要观点和结论，即做分析阅读汇报。第二，硕士生就文本的某一问题，结合当下的政治经济社会法治环境，做深入挖掘。文本问题只是切入点，硕士生要跳出文本，结合多份相关文献，做主题汇报。第三，每期读书会以一名本科生、一名硕士生为汇报领读负责人，负责人可以自行组团，找志趣相投的学生一起阅读和写作。第四，不做汇报领读的学生既可以参与讨论，也可以选择旁听，读书会保持开放性。但本科生与硕士生课上课下都不容易找到交集，笔者也想比较一下他们阅读写作能力的差异，故2022年春秋两季读书会均由指定硕士生做汇报领读人，本科生旁听并参与讨论。

受新冠疫情影响，2022年春季4期读书会在线上进行，其间本科生没有参与讨论，只是会后反馈给笔者部分信息。这一季阅读活动结束时，笔者清楚地意识到，本科生对切近的人、新鲜事物有热情；研究生则把阅读作为自上而下（导师指派）的压力性事件。为单纯的求知欲所推动、热爱阅读，不是法学院学生（乃至所有大学生）的普遍趋向。提高学生对阅读活动的参与度的可能途径有三：第一，任课教师与研究生导师同期组织读书会，这样动员效果更明显。第二，让学生交替做汇报领读人，尽管有可能是被动阅读，最初写作质量不高，但其参与度会有显著提高，与之相伴的是阅读质量的逐渐提高。第三，线下读书会远比线上更有吸引力，就如在信息传递效果上，视频比音频更具优势。

2023 年春，本科生与硕士生组合阅读的方式得以实现。考虑到本科生认知能力的局限，笔者建议本科生汇报领读知识性较强、理论性相对弱的《中国历史地理十五讲》，并参与各期与谈，同时负责主持人工作。

（二）缺乏自信，难以站起来表达

2021 年秋季读书会在法学院圆桌会议室进行，大一本科生站在幕布前进行汇报领读和阅读心得分享。尽管大部分学生无法做到脱稿，但每期都有表现出色的学生，不仅能脱稿，而且语言诙谐，表现轻松自若。2022 年春季读书会在线上进行，2022 年秋季读书会在一间教室进行，汇报领读学生的表达暴露出一些共性问题，最直观的缺陷就是坐着说、念稿子。2023 年春，读书会再次转移到法学院会议室，汇报领读同学逐渐摆脱了读稿状态，转向讲解的状态。

这里存在背景条件的差异，需要稍加解释：本科生的汇报类似混打、联唱或足球赛，汇报时长不一，大致为 5~15 分钟，因此对记忆力与表达力的要求较低；研究生则要么采用双人组合形式，要么采用独自汇报的形式，相当于对唱、独唱或羽毛球双打、单打，汇报时间较长，为 30~60 分钟。尤其是 2023 年春季学期，阅读书目的理论性强、理解难度大，这对汇报领读人的理解、写作、记忆及表达能力均构成了较大挑战。

笔者不止一次建议学生站起来发言，因为站着讲述有诸多优点。第一，站起来汇报领读时，环视教室并与听者目光交汇，本身就是一种交流。只有站起来，汇报领读人才能对现场产生一定的掌控感，但站起来的目的绝不仅仅是掌控现场。第二，站起来讲话是独立表达的过程，表达的目的是让听者更好地理解内容。只有站起来，发言人才会留意到自己所讲内容在听众那里引发的反应。第三，更为重要的是，角色设定（讲者与听者）、身体姿态（站着与坐着）、内在状态（讲者的事先准备、组织语言、即兴发挥，听者的聆听汇报、理解反思、提出问题）之间存在复杂的张力与互动关系。唯有如此，才能形成有效交流的场域，这种场域普遍存在于课堂、法庭等场景中。

汇报人坐着面对电脑发言，就如同拿着几页纸朗读。朗读并非讲解，它在很大程度上只是朗读者的个人活动，而读书会需要的是相互分享。若不站起来讲话，发言人可能永远无法知晓自己的缺陷与长处所在。表达方式的选择（坐着还是站着）与自信程度直接相关，坐着读往往是因为学生缺乏表达自信。

（三）对阅读书籍理论参照系分析不足

2021 年秋季阅读以兴趣激发、知识应用为主，不强调理论分析。该季指定阅读的 4 本书当然均有理论价值，只是召集人组织本科新生阅读、硕士生旁听的主要目的不是理论研读。2022 年春秋两季读书会均推介了几部理论书籍，比如费孝通和林耀华两位先生的作品都是经典的社会学、人类学田野调查著作，均有自己的理论参考系，也确立了理论范式。程猛的《“读书的料”及其文化生产：当代农家子弟成长叙事研究》明显是想回应布迪厄的文化再生产理论，旨在有破有立。2023 年的阅读书目，尤其是赵汀阳的 3 本书，理论性远超以往，知识与思想的容量更大，汇报领读的难度更高。

截至第 16 期读书会结束，学生对理论参照系的分析深度远远不够的。以第 12 期读书会为例，领读汇报人提到布迪厄的文化再生产理论，但这一理论有什么观点、回应的是发生在哪里的现实问题、对我国的教育分层有多大的解释力，就领读汇报和与谈发言情况看，学生基本没有弄懂。程猛强调，我国的底层文化是有生产力的，并非只有社会中上阶层才能进行文化生产。我国底层农民的生活就是他们的文化，他们的生活状态、家庭习惯、生存意志都可能成为一种文化资源和动力机制，可以推动农家子弟向上流动，故而底层文化也是一种文化资本。这与欧美学界的文化理论，尤其是布迪厄的文化再生产理论是不同的。布迪厄的文化再生产理论强调的是文化在同一阶级内部不同代际之间循环，使中上阶层实现了自身的阶层复制与文化延续。但程猛指出，我国的农民家庭有文化资本，家长可以通过严格的家教，对子女提出学业上的高标准、严要求，望子成龙、望女成凤，父母和老师共同督促农家子弟努力学习，帮助其实现社会流动。①

尽管 2023 年春汇报领读文稿的质量有了实质性提升，但因阅读书籍较难，汇报领读人仍以总结梳理为主，即以述为主体，到评论部分就草草收尾了，这是每期读书会的共性问题。对于纯粹理论性书籍，读书会组织集体阅读的目的恰恰在于基于文本、深入研读，先要深入文本，之后进行

---

① 程猛：《“读书的料”及其文化生产：当代农家子弟成长叙事研究》，中国社会科学出版社，2018，第 111-149 页。

比较阅读，逐步进入批判阅读、主题阅读的阶段。

研究生需要具备系统分析、解决问题的能力，问题意识是学习兴趣这一动力机制的核心。阅读一本书，相当于经历了一系列的逗号、分号。读者若只是为自己的阅读活动画下句号，不过是或多或少地了解了书中的内容；读者画下的若是叹号，就表示其认可作者的观点，乃至赞赏作者的创见；读者画下的若是问号，则是在了解作者思路、观点的基础上，对其视角、方法、结论有所怀疑、追问，乃至批评。为师者均深知，句号、叹号是基础，但问号比句号、叹号更有力、更有价值。

（四）明显缺乏持续对话与深入对话

好的阅读分享过程是持续对话与深入对话的过程，其中包括文本与读者、读者与读者之间的对话。具体到读书会阅读活动，对话的层次应该更丰富。这期间有指导教师与汇报领读学生的对话，汇报领读学生与阅读书籍作者的对话，读书会成员与阅读书籍作者的对话，汇报领读学生与读书会成员之间的对话。

在汇报题目选定、思路设计、提纲编制、内容撰写及 PPT 制作等环节，汇报领读学生与笔者有频繁交流，故大部分文稿质量符合笔者的预期。读书会最显著的问题表现在如下两个环节。第一，与谈同学对文本阅读的细致程度不够，不要说精读、做笔记，甚至连泛读都做不到。与谈学生多是粗读文本或是在现场捕捉一些信息，根据自己对文本的模糊印象发表意见，既没有深入文本内部，也没有针对汇报领读学生分享的内容提出有针对性的评论或问题。这在前 12 期的与谈环节表现得一清二楚，第 13—16 期与谈发言质量有所提升。第二，汇报领读学生不能回应与谈学生的问题与嘉宾教师的点评，更多是指导教师对此做出回应与总结，指导教师成为读书会的“接盘手”（见图 1、图 2）。当然，汇报领读内容是提前写好的，而现场与谈和点评提到的问题是汇报领读学生无法提前准备的，即时回应对汇报领读学生来说是极大的挑战。这要求汇报领读学生有更多的积累和更深入的思考。就此而言，与谈学生发言不及文本与汇报内容的本质，是态度问题；汇报领读学生无力回应评议或者点评，是能力问题。态度是能力提升的基础，没有认真阅读，自然无法实现能力提升。

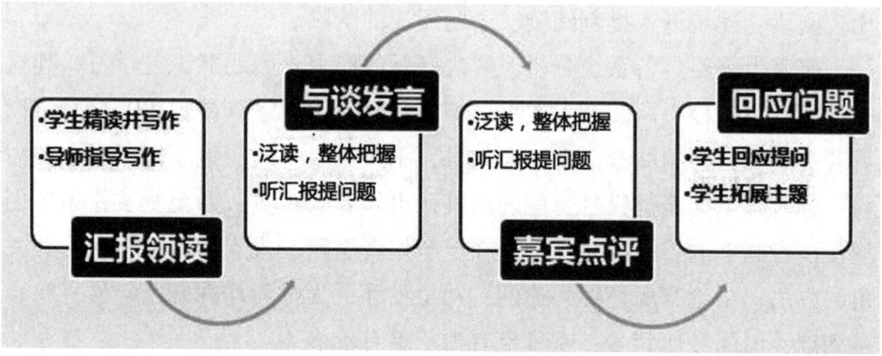

图 1　理想的阅读交流

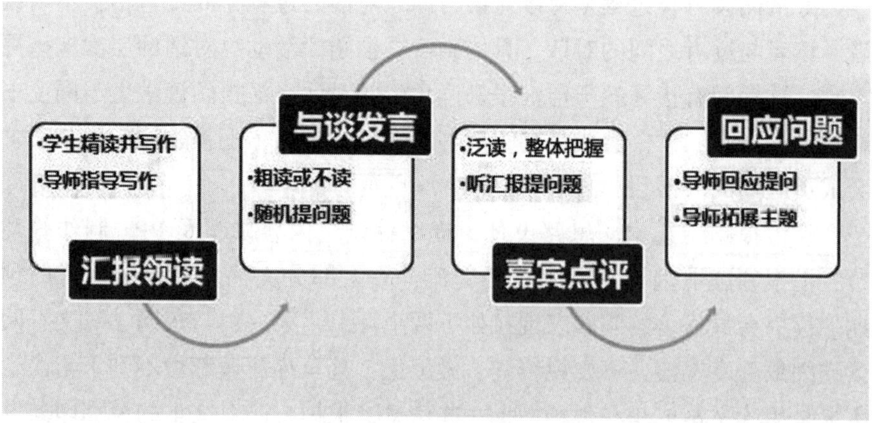

图 2　实际的阅读交流

综上，因长期缺乏阅读习惯，学生的阅读意愿、分析阅读能力与主题阅读能力都存在极大的提升空间，三者之间存在密切的相关性。第一，兴趣和意愿是阅读的动力，读书会不是汇报领读学生一个人的电台。其他同学不做阅读，只做沉默的听众，被动接受资讯，不仅收获有限，也明显弱化了读书会的作用和功能。第二，学生整体把握文本、剖析关键问题、凝练命题的能力不足，缺乏对阅读书籍理论参照系的系统深入的阐释。正基于此，指导教师要接续承担主题拓展工作。第三，学生尚不能从文本中发现问题、质疑、证成自己的观点，故也没能挖掘出更多真正有学术价值的问题并进行持续研究。

余论　长期、深入与聚焦的阅读训练

行文至此，笔者基本可以收笔了，接下来再赘述极有可能是重复常识。但是直面现实，依然有重述常识并进一步诠释的必要。对于大量“阅读唯课本”“交往唯手机”的法学院学生（乃至绝大部分大学生）而言，要想成长为德法兼备的法律人才（乃至各类专业人才），阅读、思考与交流是实现自我转变、能力提升的重要契机。由此可见，没有阅读习惯、被动阅读、自信不足、缺乏学术对话能力的学生，唯有长期阅读、深入阅读、聚焦阅读，才能学会提问、学会思考、学会对话。正基于此，组织读书会可作为重要的学术训练载体。

（一）长期阅读重构认知模型

如果广义地解释阅读，那么除书籍以外，图像、声音、语言、建筑乃至自然景观，一切皆可读，“阅读先于书写”。“我们每个人都阅读自身及周遭的世界，俾以稍得了解自身与所处。我们阅读以求了解或是开窍。我们不得不阅读。阅读，几乎就如同呼吸一般，是我们的基本功能。”① 但面对无处不在的信息轰炸，打语音电话聊天、网上冲浪、检查电子邮件、发微信等，社交网络带来的过于冗杂的信息导致学生的注意力涣散。此外，学生在校期间随时可能处于多任务并行状态，如上课、完成作业、参与社团活动、参加各种各样的考试。多任务并行的结果是各项任务互相干扰，导致学生效率低下，乃至疲于应对。在此过程中，学生真正消化吸收的信息较少。最典型的表现就是许多学生考前临时抱佛脚，强行记忆书本内容，记得有多快，忘得就有多快。“蓝色思维”推广者华莱士·J. 尼科尔斯（Wallace J. Nichols）解释道：“在不断的任务切换中，你的大脑浪费了大量能量来完成底层的基本工作，所以你只剩下一点点带宽可以用来处理真正重要的事情。在这种情况下，你很容易忽视原本非常明显的联系，也很难建立新的关系。”② 执行并行的多任务者往往不堪重负，任务执行结果通常是：“他们的脑子在深深的沙坑底下挣扎，徒劳地试图爬回地面，却总是被垮塌的流沙带回原地，所有努力

① 阿尔维托·曼古埃尔：《阅读史》，吴昌杰译，商务印书馆，2002，第 7 页。

② 华莱士·J. 尼科尔斯：《蓝色思维：与幸福感相关的大脑模式与思维偏好》，阳曦译，九州出版社，2018，第 94 页。

都看不到任何成效。”①

相当程度上，坚持长期阅读可以帮助学生重建大脑的认知模型。学生可以自行比较通过阅读和其他方式获取的信息的质量、作用和意义，判断更为重要的信息获取方式，依此来获取信息；继而调整、重构认知模型，借此掌控、抑制乃至排除不重要的信息获取途径，过滤低质量、不重要的信息。学生自幼就习惯被安排、被要求，而不是自主规划和设计自身事务，他们不擅于表达，更擅于承诺。指导教师安排学生阅读后，学生大体可以完成。而教师真正重要的职责则在于，把短期阅读安排变成学生的长期阅读习惯。

（二）深入阅读学会与文本对话

读书会期间，笔者为每个领读汇报学生都提供了思路建议，并为其修改文稿，但是每个学生投入有别、收获各异。相较而言，硕士生的文稿质量整体上明显好于本科生，第14期文稿质量较好，是5份本科生汇报文稿中的例外。参与阅读次数越多的同学，收获也越大，做了3次汇报领读的学生坦陈：“几期读书会下来，我确实感到自身思维的局限性及表达能力的匮乏。看第2期读书会的稿子，同学的汇报里能打动人的关键论述很多都是老师您提供的。或许对同学而言，这些正是突破自身思维瓶颈之所在。不过这种突破也很可能因为深入阅读体验的中止而止步。”②

真正热爱读书、擅长阅读的读者追求的是理解、吸收阅读的内容，将阅读的收获运用到日后的学习和工作中。专业研究的核心在于发现问题并试图求解，透彻理解已有研究成果是开展研究的基础。如不深入阅读，只是浮光掠影地翻阅，捕捉到的不过是吉光片羽。而就每一个主题，不建立起一个完整的知识图谱，任谁也不能凭空创造出新观点、新结论。正因如此，静心阅读、深入阅读是培养学术研究能力的前提。有共同的背景知识，才能进行学术对话，学术研究正是在彼此理解与试图求解的过程中推进的。正如优秀读者的阅读收获：“在我阅读时，某种无法用文本（text）这个词来准确定义的东西在我心中展开、往前推进、成长并生根。”③

---

① 华莱士·J. 尼科尔斯：《蓝色思维：与幸福感相关的大脑模式与思维偏好》，阳曦译，九州出版社，2018，第95页。

② 2023年1月4日在校对读书会文稿期间，江苏大学法学院硕士研究生邱琴同学向笔者反馈上述信息。

③ 阿尔维托·曼古埃尔：《阅读史》，吴昌杰译，商务印书馆，2002，第34页。

（三）聚焦阅读找到思考的路径

法学专业的阅读，尤其是理论法学的阅读，往往是从抽象概念、大概念开始的。没有哪一个有重大意义的法学理论问题是容易回答的，在欠缺一劳永逸的终极答案的情况下，思考的每一步推进都不过是一个小的进展，其间有众多不确定的、暂时性的解释。读者可以像笛卡尔一样，把一个大问题拆解成一个个小问题，然后步步为营、寻求解释，这或是可行的思考路径。为一个个大概念、大主题重新接上一条“时间纵轴”，寻回人类思维曾“绵密走过”的路。正因如此，研究者必须保持耐心和谦逊，把自己放到集体的思考历程中，弄清楚前人的研究成果，并在此基础上持续前进。专业研究处于长时段建构起来的思维传统中，这赋予了研究工作某种“坚实性”和“严肃性”。①

对于一个有阅读习惯的人来说，阅读需求近似于生物的本能需要——知道自己缺什么，就会补什么。当然并不是所有的疑问都可以在书中找到答案，更不能想象读一本书就能找到所有的答案。有智识准备的读者知道自己不能找到所有的答案，但是在阅读的过程中，自己会找到部分答案，其中相当一部分不是直接答案，而是间接答案。阅读不是点金术，点到哪里，哪里就都是金子，没有那样的阅读魔法。阅读过程中，读者需要自己去提问、去思考、去体悟，从而和很多答案不期而遇。

借用卡尔维诺小说中一位读者的阅读体验：“我读的每本书都将成为我通过阅读逐渐积累起来的那本综合的、统一的书的一部分。这个过程并非不需经过努力：要积累这本统一的书，每本特定的书都要经过处理，要与以前读过的书发生联系，成为它们的推论、发展、反证、注释和参照。”② 只有关注重大理论问题的研究者才能对上述阅读经历有切身体会。就如读书会仅仅是尝试、实验一样，总结大学生阅读匮乏症的治疗过程、学生在其间的种种症状和不适，建议长期阅读、深入阅读、聚焦阅读，也仅是路标（尚不能视其为比例尺适宜的地图，更不是准确路线），仅是尝试解决问题的开始。

阅读不是“看见”，而是理解、思索与启示，阅读收获不取决于读者眼睛的速度，而取决于读者心智可延伸的深度和广度。入学通知书、学历证书、文凭及种种资格证，它们确实很重要，但或许都不能有效抵御时间

① 唐诺：《阅读的故事》，九州出版社，2020，第 218 页。

② 卡尔维诺：《如果在冬夜，一个旅人》，萧天佑译，译林出版社，2012，第 295 页。

的侵蚀，只有书籍才有可能做到。至于师者能给学生的也相对有限，借用博尔赫斯对师者职责的自省：“我能教给你们的是爱，不是去爱我都无法掌握的文学，而是去爱某几个作家，不，那都有点太多了，爱某几本书，或许还有一些奇特的诗篇。”①

① 豪尔赫·路易斯·博尔赫斯：《博尔赫斯：最后的访谈》，汤笛译，中信出版社，2019，第 177 页。